증보판

安島山全書

주요한 편저

YOUNG KOREAN ACADEMY SINCE 1913
흥사단

대한민국 임시정부 시절의 도산

독립협회 평남지회 회원으로 활약할 당시 갓을 쓴 도산(가운데)

공립협회 회장으로 활동할 때의 도산(오른쪽은 정원명)

도산이 세운 대성학교 교직원 및 학생 일동(1909)

미주 오렌지 농장의 한인 노동자들과 함께한 도산(왼쪽 세 번째)

대한인국민회 임원들

제6회 임시의정원 회의 기념사진(1919년)

임시정부 국무원 성립 기념사진(1919년)

임시정부 사료편찬위원회 임원들(1919년)

흥사단 원동위원부 초창기 사진(1920년)

남경 동명학원 창립 기념사진(1924년)

한국독립당 결성을 추진할 당시의 도산(1930년경)

상해로 떠나기 전 가족사진(1917년)

도산이 1935년 대전형무소 가출옥 후 머물던 평양 대보산 송태산장

제2회 흥사단 남방대회(1935년)

가출옥한 도산과 함께 한 여운형(왼쪽)과 조만식(오른쪽)(1935년)

동우회 사건으로 서대문 형무소에 수감되었을 당시 도산(1937년)

서울 강남구 도산공원 내에 있는 도산 묘소

미국 리버사이드 시청 앞 도산 동상

흥사단 회관 앞 도산 흉상

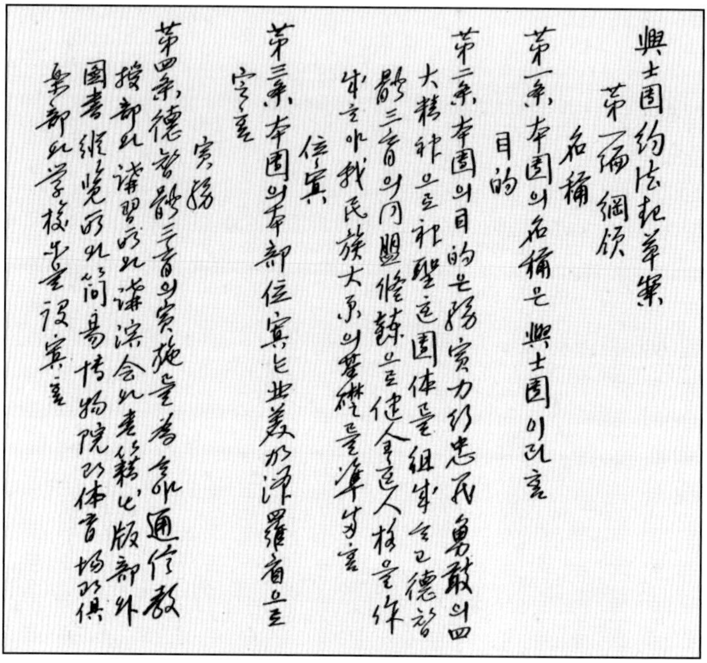

興士團約法起草案

第一編 綱領

名稱

第一條 本團의 名稱은 興士團이라 홈

目的

第二條 本團의 目的은 務實力行忠義勇敢의 四大精神으로 神聖한 團体를 組成하고 德體智三育의 同盟修鍊으로 健全한 人格을 作하야 我民族大業의 基礎를 準備함

位置

第三條 本團의 本部 位置는 北美加州羅省으로 定홈

實務

第四條 德體智三育의 實施를 爲하야 通信教授部와 講習所와 講演會와 書籍出版部와 圖書縱覽所와 簡易博物院과 体育場과 俱樂部와 學校 等을 設置홈

도산이 직접 기초한 흥사단 약법 초안

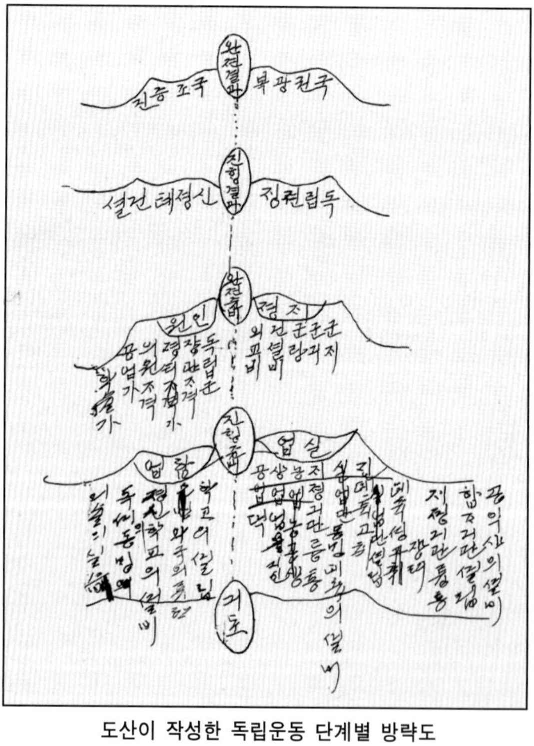

도산이 작성한 독립운동 단계별 방략도

도산이 쓴 '애기애타'

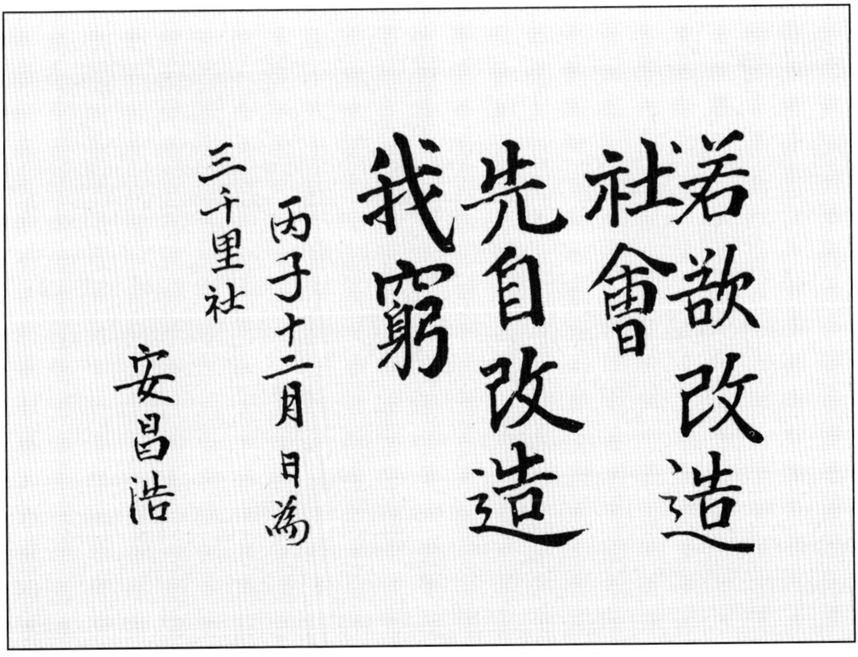

자아혁신을 강조한 도산의 유묵

도미 중 흥사단 단소에 걸려있는 대형 태극기 앞에서 조국의 장래를 구상하는 도산(1925년)

安島山全書

발 간 사

주요한 선생이 1963년에 펴낸 《안도산전서》는 도산 안창호 선생의 사상과 행적을 다룬 여러 전기 가운데 가장 구체적이며 객관적이고 방대한 자료를 수록하고 있습니다. 그동안 《안도산전서》는 도산을 연구하는 후학에게 큰 도움이 되었을 뿐만 아니라 도산을 처음 접하는 독자에게는 도산의 다양한 면모를 접할 수 있는 계기를 제공하였습니다.

《안도산전서》는 전기편과 언론 · 자료편으로 구성되어있습니다. 전기편에는 도산의 일대기를 연도별로 상세히 수록하고 있습니다. 또한 언론 · 자료편에서는 지면이나 구술을 통해 발표된 동포사회와 청년에게 주는 도산의 글을 소개하고 있습니다. 《안도산전서》에는 수많은 도산의 연설과 담화를 수록하고 있어 독자는 선각자로서의 도산의 면모를 느낄 것이며, 도산의 일기와 서한을 통해서는 도산의 내면적인 인간애를 만나게 될 것입니다.

올해는 광복 70주년이 되는 해입니다. 지난 70년간 우리나라는 많은 성장을 했습니다. 하지만 분단과 양극화, 차별은 여전히 우리의 앞길을 막고 있습니다. 이러한 때에 평생 민족의 화합과 발전, 평등을 위해 헌신하신 도산의 발자취는 우리에게 빛나는 좌표가 될 것입니다. 《안도산전서》가 도산 선생의 삶과 철학을 기리는 데서 멈추지 않고, 우리의 현실을 개척에 나가는 실천 지침서가 되기를 희망합니다.

이번에 발행한 《안도산전서》는 지난 1999년 9월에 발행된 증보판을 기초하였고, 도산 연보와 화보를 부분 보강하였습니다. 《안도산전서》의 발행은 반가운 일이나, 현대적 표현으로 고쳐 보완하는 작업은 미미하여 아쉬움으로 남습니다. 이러한 작업은 다음 세대에게 맡깁니다.

흥사단은 앞으로도 《안도산전서》와 같은 도산 전기 발행과 도산 리더십 강연회 개최 등 다양한 사업을 통해 도산 사상을 알리는데 경주할 것입니다.

2015년 7월 13일

흥사단 이사장 이 윤 배

자서(自序)와 범례(凡例)

도산(島山)선생의 전기(傳記)로서 기념사업회에서 출간한 것이 이광수 집필의 《도산 안창호》와 그 '한글판'이 있고, 이어서 《속편 도산 안창호》가 있다. 그후에 도산의 연설요지 필기록과 그 자필 일기의 일부가 발견되었으므로 이를 자료로 하여 종합적인 전기를 새로 만듦이 좋겠다 하여 필자는 기념사업회의 위촉으로, 1962년 여름 6월로부터 연말까지 약 7개월의 시간을 이에 전심하여 새로이 《안도산전서》를 탈고하였다. 이것은 지금까지 발견된 자료를 총망라한 완편(完篇)이라고 생각할 수 있다.

본책을 초고(草稿)함에 있어서 언행록과 평전의 두 가지 성격을 혼재시킨 것은 부득이한 일이었다. 중요한 자료들이 시간의 흐름을 따라 산일(散逸)되는 것을 막기 위하여서는 취사 선택 또는 고증의 정확을 기하기보다도 우선 이를 전부 자료 그대로 수록하는 데 중점을 두지 않을 수 없었다.

동시에 도산의 사상 · 인물 및 업적을 평가함에 있어서 종래 그의 애국사상과 도의적 주장에 치중함에 대하여, 필자는 그의 민주주의적 이념과 국민생활 현대화의 선결논리를 중시하는 각도로 보는 또 하나의 도산관을 논하려고 시도하였다. 하여간 이중적 성격을 혼합한 이 기록을 기본으로 하여 장차 진정한 도산 평전이 다시 쓰여져야 할 것이다.

이 책을 읽는 분이 유의하여 주실 점을 몇 가지 적어 두기로 한다.

(1) 도산의 생애 각기중 자료수집이 불충분한 기간을 열거하면, 우선 가장 중요한 신민회시대(新民會時代), 즉 1907~9년의 3년간의 정치활동에 대한 구체적 사실이다. 이것은 당시의 《대한매일신보》(大韓每日新報) · 《황성신문》(皇城新聞) · 《제국신문》(帝國新聞) · 《소년》(少年) 잡지 등을 면밀히 조사하면 약간

의 추가 자료가 발견될 것으로 생각되므로 앞으로의 숙제로 남는다. 그뿐 아니라 일본인이 저술한 〈한성풍운과 지사〉(?) 등의 기술이라든가, 일본 경찰이 임석 필기한 도산 연설의 개요(이등박문이 도산과 회견하였을 때 〈도산연설집〉을 내어 보이더라는 사실이 전함) 등이 하나의 자료가 될 것이다. 그러나 후자는 간행물이 아니요, 일종의 관문서인 만큼 지금 이를 찾아 볼 수 있을지 의문이다.

(2) 제2차 미주시대, 즉 1911~9년 약 9년간, 국민회와 홍사단 창성기의 자료는 당시의 《신한민보》(新韓民報) · 《신한국보》(新韓國報) · 《홍사단보》(興士團報) 등을 뒤져야 할 것이다. 《홍사단보》는 일부가 입수되었으나 불행히 6 · 25 사변 때에 소실되었고, 현재 재차 복제하도록 주선 중에 있다.

(3) 1926년, 도산이 길림 방면을 시찰하고 남중국 방면으로 돌아 간 이후 1932년 윤봉길 사건으로 상해에서 일경에게 잡히기까지 약 6년간의 생활에 대하여는, 당시 상해 방면에 거류하던 인사들에게서 좀더 구체적인 자료를 얻을 수 있을 것 같다.

(4) 본서를 편찬함에 있어서 앞서 발간된 《도산 안창호》 및 그 속편을 많이 인용 또는 참조하였으나, 특히 전자에 나타나는 도산의 사상과 인격평가에 관한 부분은 중복을 피하기 위하여 인용을 적게 하였으므로, 이 책을 읽는 분에게 《도산 안창호》를 아울러 읽기를 권하고 싶다. 《속편 도산 안창호》에 '도산유훈'이라는 소제(小題)하에 수록된 글은 가장 중요한 문헌의 하나이므로, 중복됨을 무릅쓰고 이를 정리 · 보완하여 본서 제II부에 전문 재게하였다.

(5) 도산에 대한 경찰 조서 · 검사국 기록 · 예심신문기 등은 도산 전기뿐 아니라 한국 최근대사의 중요한 자료가 되는 것으로, 해방후 그 일부를 법원 창고에서 찾아 내어 복구하였는데, 불행히 6 · 25때에 소실되었다. 극히 소부분이 《홍사단보》에 번역 기재되었으므로 《속편 도산 안창호》에 수록되었고, 본서에는 《홍사단보》에 속재된 부분을 수록하였다. 금후에 계속하여 일제 시대의 관문서를 조사하여 아직 잔존한 것이 있으면 이를 공개하여야 할 것이다.

(6) 도산에 관계된 글들을 모아서 하편 '도산어문집'(島山語文集)을 편찬하였거니와, 원칙적으로 이미 책자의 형태로 발간된 것은 할애하고 신문 · 잡지에

산재한 것만을 전문 수록하였다.(이번에 재간행하는《안도산전서》에서는 도산의 연설과 글 등을 제Ⅱ부 '언론 · 자료편'으로 묶었다-편집자) 책자로서 중요한 것은 주로《속편 도산 안창호》와《홍사단운동》의 두 가지이므로, 독자는 이 두 책을 참조하기 바란다.

(7) 제Ⅱ부에 수록된 문헌중, 도산이 구술한 문장 및 연설대지(演說大旨) 등은 현행 철자법으로 고쳐 기재하는 반면, 그의 자필로 된 일기는 원문의 철자법을 그대로 인용하였다. 여러 번 전기(轉記)되는 중에 원문과 틀리게 된 것이나, 또는 자형 불명의 것이 없지 않을 것이며, 연설 요지 중에는 전사(轉寫)한 지질이 약하여 소부분 산실(散失)된 것이 있어 미완된 채로 이기한 것이 있으니 양해하기를 바라며, 앞으로 시간 있는 대로 보완하려 한다.

(8) 본서에 있어서 나오는 인물에 대하여는 일절 존칭(씨 · 선생 등)을 약하였으니, 이는 간편을 위주함이다. 원문대로 인용할 때는 존칭을 그대로 두었다. 도산의 일기에 모든 인물을 '군'으로 통칭하고 있는데, 일본 문물이 한국에 들어 온 이래 '군'이라는 칭호가 평교간(平交間)이나 후배에게 대한 것으로 변하였지마는, 도산은 이를 외국의 '미스터'와 같이 누구에게나 붙일 수 있는 존칭으로 사용하였던 것이라 함을 부언하여 둔다.

(9) 본서에 인용되거나 수록된 문장에 대하여는 원저자의 승낙을 구하기로 최선의 노력을 하였는바, 이를 허락하여 준 데 대하여 감사하는 바이며, 혹 연락이 잘 안되어 승낙을 받지 못한 것도 있는 바, 특히 양해하여 주시기를 간망(懇望)하는 바이다.

(10) 이 책 본문 또는 전재 문헌을 누구나 인용하고자 하는 분은 출처를 명기하는 한에서 자유로이 할 수 있다. 다만 하편(제Ⅱ부) 중에서 서명 있는 글에 대하여는 전문 인용하고자 할 경우 원필자의 승낙을 얻어서 할 것을 미리 주의하는 바다.

(11) 재래의 도산년표에 대하여 약간의 수정을 가한 것은 추가된 자료에 의한 것인 바, 가장 중요한 것은 도산이 유학차(遊學次)로 처음 도미한 시기다. 지금까지 그것을 20세 경으로 추산하였었으나,《재미한인50년사》의 기록에 의하여 만24세에 접어들 때인 것이 확실하다고 인정하여 그렇게 고쳤다.

(12) '105인사건' · '안악사건'(安岳事件) 등은 신민회의 뿌리를 뽑기 위한 일본 경찰의 탄압 정책인 동시에, 지금에 있어서는 일반으로 널리 알려져 있지 않기 때문에 그 개요를 비교적 상세히 소개하였다.

(13) '동우회사건'(同友會事件)은 당시 일경에 의하여 신문에 게재 금지되었으므로 일반에게 알려진 것이 전무하다. 그러나 사건의 개요가 《홍사단운동》이라는 책에 기재되었으므로 본서에는 약하였으니, 알고자 하는 이는 그 책을 참고하기 바란다.

(14) 도산과 밀접한 관계를 가진 한말 지사 중 몇 분의 약전을 상편 본문 중에 삽입하였다. 그렇게 하고 싶은 인물이 아직도 많으나 우선 비교적 정확한 자료가 입수된 것에 한하였다. 즉, 이갑(李甲) · 이탁(李鐸) · 이강(李剛) · 송종익(宋鍾翊) · 윤현진(尹顯振) 등이다.

요컨대, 이 책은 일종의 평전인 동시에 고증과 문헌 수록을 겸하였기 때문에 그 성격이 혼잡함을 시인한다. 이것은 시간과 환경의 제한으로 그렇게 된 것이요, 두 가지 성질의 노력이 다 미완성이요 소루(疏漏)함도 사실이다. 우선 이것으로서 현재 있는 자료의 산실을 방지하고, 앞으로 계속하여 보완해 나갈 것을 기약하는 바다.

끝으로 부언하는 것은, 금년이 도산의 25주기요, 또 홍사단 창립 만50주년이다. 이 책의 출판은 이 두 가지를 아울러 기념하는 뜻도 되는 것이다.

1963년 5월 13일

편저자 기

재판을 내면서

이 책이 1963년에 출판된 후 '한국일보'의 출판문화상을 받았고, 최근에는 청년들에게 읽히고 싶은 좋은 책(良書) 10책 추천에 올라 일반 사회의 반향이 크다는 것을 알 수 있다.

하편(下篇)인 '도산어문집'을 따로이 떼어 '인격혁명'이란 제목으로 출판한 일도 있으나 전권(全卷)을 재판하라는 요구가 상당히 있어 이제 실현되게 되었다. 원래 미흡한 점이 많았던 만큼 8년이 지난 이 때에 응당 추가할 것과 수정할 점이 적지 아니하나, 필자의 개인적 사정으로 원판대로 내보내는 것이 마음에 거리낀다. 부득이 중요한 것 몇 가지를 여기 적어서 후일의 참고로 삼고자 한다.

1971년 4월　일

著者　識

증보판 일러두기

1. 이 책은《안도산전서》초판(삼중당, 1963)과 재판(샘터사, 1970)의 '상편-행적과 사상', '하편-도산어문집'을 각각 '제Ⅰ부 전기편', '제Ⅱ부 언론·자료편'으로 재구성하였다.

도산기념사업회에서 펴낸《안도산전서》제3판에 해당하는 수정증보판(범양사 간, 1990)은 상권 — 전기편, 중권 — 언론·자료편, 하권 — 연구·논문편으로 나누어 제책하였는데, 이번에 발간하는《안도산전서》는 하권을 제외하고 이와 같은 체제를 따랐다. 일차적으로는 제Ⅰ부에서 주요한의 독창적 작품인 도산 선생의 전기를 완전히 그대로 살리는 한편, 제Ⅱ부에서는 도산기념사업회편 수정 증보판 중권의 장별 구성을 준용하였다. 제Ⅱ부에서는 범양사 판에서 수정 증보한 내용에 그후 새로 발견, 확인된 중요 자료를 추가하여 도산 선생의 사상과 행적을 보다 객관적이고 심층적으로 이해하는데 도움이 되도록 하였다.

초판과 재판에서 부록으로 수록된 도산 선생에 대한 평론, 추모의 글 등 각종 2차 자료는 시의성과 분량 등을 고려하여 수록하지 않았다.

2. 편집은 전반적으로 가급적 한자의 사용을 줄이고, 필요한 경우 ( )안에 넣어 처리하였다. 단, 원자료가 주로 한문으로 된 일기나 문서, 기록 등은 원문을 그대로 살리는 것을 원칙으로 하였다.

3. 제Ⅱ부에 수록된 자료는 원문 대조가 가능한 것은 최대한 원문을 대조하여 철저하게 교정하고, 연도, 이름 등 초판의 오식은 바로잡았다. 모든 자료는 원문을 그대로 수록하는 것을 원칙으로 하였으나, 원문에 손상이 가지 않는 범위 내에서 지명과 철자법 등은 최근 한글 표기법에 맞추어 교열하였다.

4. 이번에 제Ⅱ부 언론·자료편에는 도산 선생이 직접 작성한 문서 또는 연설한 내용 등 1차 사료에 해당하는 것만을 선정하여 추가 수록하였으며, 그 목록을 간단히 소개하면 다음과 같다.

제5장 연설과 담화 부분에,

1) 공립협회 1주년 기념 연설(1906)

2) 삼선평연설초록(1907. 5)

3) 去日曜日西北學生親睦會 安昌浩氏 演說(1907. 12)

4) 흥사단 제7회 원동대회 대회장 연설(1920)

5) 우리 혁명운동과 임시정부 문제에 대하여(상해 삼일당 연설)(1926)

6) 기독교인의 갈 길(1937. 10) 등 7편의 글을 연대순의 배열에 맞추어 삽입하였다.

제7장 서한 부분에 두 편의 편지를 추가하였다.

1) 해삼위에서 이혜련 여사에게 보내온 도산의 편지(1910)

2) 멕시코에서 신한민보 주필 홍언에게 보낸 편지(1918).

제8장에 동우회 사건 중인 신문 조서(1937. 6)를 추가하였고,

제9장에 대한신민회취지서 및 대한신민회 통용장정(1907)을 추가하였다.

새로 추가한 자료는 각 장의 서두 부분에 간략한 설명을 붙이거나 글마다 출전과 각주로 설명하였다.

4. 제II부, 제6장 도산의 일기는 한문 원문을 전문가가 원본과 다시 대조하여 교정함으로써 오식을 바로잡았으며, 원문을 한자도 수정없이 그대로 수록하되 조사 등은 최근의 철자법에 맞게 일부 교정하였다.

5. 《안도산전서》 이후에 발굴 또는 간행된 도산 관련 참고서적과 1차 자료는 매우 방대하여 별도의 정리 작업을 요하는 일이다. 따라서 이 책에서는 말미에 주요한 편저 초판 《안도산전서》의 참고문헌을 그대로 옮겨 실었다.

1999년 9월

안도산전서 간행위원회

차　　례

【제 II 부】 언론 · 자료 편

제 I 부

전기 편

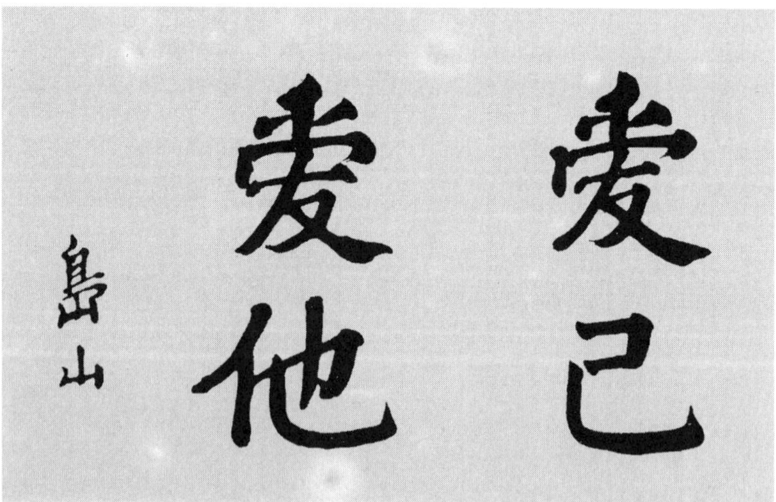
愛己
愛他
島山

제 1 장

참배나무에는 참배가

서론

사랑하는 나의 아들 딸들이여, 내가 도산 안창호 선생의 사적과 언론을 보고 들은 대로 소상히 전하고자 하는 것은 그대들이 한 번만 가질 수 있는 청춘과 인생을 어떻게 보람 있게 사는가를 알리고자 함이요, 그대들이 사랑하고 섬기려는 한국 민족의 부흥의 기틀을 발견하게 하려는 까닭이다.

도산, 이 사람이야말로 자기의 해와 날을 인격의 아름다움으로 채웠고 '긴 날이 맞도록, 깊은 밤 들도록' 겨레를 위하여 생각하고 일한 사람이었다. 그는 진정한 민주주의자였으며, 한국 사회의 민주화 · 현대화만이 민족 번영의 길임을 말하고, 이를 실현하려고 노력하였고, 그 원칙과 방법을 가르쳤으며, 스스로 그러한 표본을 보이려고 성심 노력을 쌓은 사람이었으매, 그를 연구하고 배우며, 그의 일을 계승 · 발전시킬 책임이 그대들 어깨에 메어져 있는 것이다.

도산은 웅변가로 이름이 높았으나, 그의 수많은 연설이 제대로 기록에 남은 것이 없다.

최근 발견된 자료 중에 도산이 상해 임시 정부 시절에 수시로 연설한 대지를 초록한 것이 있어, 이 책에 부록으로 수록되었거니와, 불행히 그것은 연설 전체가 아니요, 요지만 딴 것이다. 요지가 올바로 간추려졌는지도 문제지마는, 도산의 연설은 이론의 줄거리보다도 듣는 이의 마음을 움직이는 그 표현에 생명이 있는 것이다—모든 위대한 문장과 연설이 그러하듯이.

도산은 편지를 쓰지 않는 습관이었다. 다행히 1921년 7월 7일자로 미주 · 멕시코 · 하와이에 있는 동지들에게 보낸 공함이 보존되어 있다.

1927년경에 쓴 또 하나의 공함이 있는데, 그것은 1937년에 일본 관헌이 흥사단과 동우회 회원들을 검거하여 치안 유지법 위반으로 기소할 때에 증거물로 압수되었다. 이 편지 속에 저 유명한 "우리는 밥을 먹어도 혁명을 위해, 잠을 자도 혁명을 위해"라는 마디가 있었고, 그것이 흥사단을 독립 운동 단체라고 죄를 거는 데 유력한 증거물이 되었던 것이다.

1924년(甲子) 봄, 도산이 중국 북경에 체류하는 동안 이광수를 본국으로부터 불러내어 필기시킨 상당히 긴 글이 있다. 이것은 나중에 《동광》(東光) 잡지에 산옹(山翁)이라는 익명으로 여러 호에 갈라 연재되었는데, 불행히도 당시 일본 검열관에게 걸려 삭제된 부분이 많다. 그 원고가 일본 총독부 창고에 있었을 것이나, 해방 후에 이를 미처 찾아내지 못한 것은 유감이다(이 글을 '갑자논설'(甲子論說)이라고 이름해 본다).

도산이 1932년 상해에서 일본 관헌에게 잡히어 본국으로 호송된 후, 경찰 · 검사 · 법정 등에서 심문받던 기록이 또한 귀중한 자료가 되는 것이나, 그 중에서 예심 기록만을 겨우 찾아내어 복사하였던 중 6 · 25 동란으로 유실되고, 뒤에 다시 재판소의 원본을 찾아보았으나 아직 발견되지 못하였다. 그 기록의 극히 일부분이 《흥사단 단보》에 연재된 바 있다.

《도산 안창호》의 저자 이광수는 말하기를,

> 그에게는 언론의 자유가 없었으므로 그의 의견이 동포에게 널리 전해질 기회가 없었다. 그의 연설과 친지의 담화 중에 겨우 그의 사상의 편린이 드러났을 뿐이었다. 게다가 그의 연설도 다만 청중의 마음에 박혔을 뿐이요 기록된 것이 적으며, 개인과 친지의 담화는 더욱 그러하였다. 원래 기록이란 것을 소중히 여길 줄 모르는 사회인데다가 도산의 서한이나 설화의 필기를 집에 두는 것은 극히 위험한 일이었던 것이다(《도산 안창호》 한글판 130쪽).

(언론의 자유가 없었다는 것은 주로 일본 통지하에 있을 때의 일이다. 보호조약 시대, 또는 그전 시대의 도산의 애국 연설을 들은 감격을 많은 사람들이 기억하고 있었으나, 불행히도 그 내용이나 표현된 솜씨나를 아울러 기억하는 이는 별로 없다. 외국 망명 시대에 행한 언론들은 물론 자유를 구속받음이 없었던 것이나, 기록이 제대로 남지 못한 것은 국내에서의 연설이나 마찬가지다.)

도산은 좌담하는 때도 반드시 듣는 사람에게 유익이 될 말, 민족에게 일러 두어야 할 말을 남기었으나, 지금 그 흩어진 주옥들을 찾아낼 도리가 없다.

이상 말한 몇 가지 자료와, 또는 기억으로 전하는 이의 입과 붓을 빌어서 도산의 말을 단편적으로 다음에 옮겨 보았다.

구할 수 있는 자료들은 그 전문을 이 책에 수록하였거니와, 여기 골라 낸 조각 비늘로써도 그의 인격과 사상을 짐작할 수 있을 것이다.

□ 대성 학교 학생과 후배 청년에게 항상 훈유하기를 —

"죽더라고 거짓이 없으라."

"농담으로라도 거짓말을 말아라. 꿈에라도 성실을 잃었거든 통회하라."

"나라가 없고서 한 집과 한 몸이 있을 수 없고, 민족이 천대받을 때 혼자만이 영광 누릴 수 없다."

"개인은 제 민족을 위해서 일함으로써 인류와 하늘에 대한 의무를 수행한다."

"거짓이여! 너는 내 나라를 죽인 원수로구나. 군부(君父)의 원수는 불공 대천(不共戴天)이라 했으니, 내 평생에 죽어도 다시는 거짓말을 아니하리라."

"그대는 나라를 사랑하는가. 그러면 먼저 그대가 건전한 인격이 되라. 백성의 질고를 어여삐 여기거든 그대가 먼저 의사가 되라. 의사까지는 못 되더라도 그대의 병부터 고쳐서 건전한 사람이 되라."

□ 청년 학우회와 흥사단은 청년 훈련 기관으로 도산이 조직한 단체라. 그 목적을 세우기를 —

"무실 역행(務實力行)으로 생명을 삼는 충의 남녀를 단합하여 정의를 돈수하며, 덕 · 체 · 지 3육을 동맹 수련하여 건전한 인격을 지으며, 신성한 단체를 이루어 우리 민족 전도 대업의 기초를 준비함."

□ 흥사단우에게 한 말 가운데서—

"나 하나를 건전 인격으로 만드는 것이 우리 민족을 건전하게 하는 유일한 길이라."

"우리 중에 인물이 없는 것은 인물이 되려고 마음먹고 힘쓰는 사람이 없는 까닭이다. 인물이 없다고 한탄하는 그 사람 자신이 왜 인물 될 공부를 아니하는가."

"동지를 믿고 속으라."

"세상에 마음 놓고 믿는 동지가 있다는 것처럼 행복이 또 어디 있으리오."

"너도 사랑을 공부하고 나도 사랑을 공부하자. 남자도 여자도 우리 2천만이 다 사랑하기를 공부하자. 그래서 2천만 한족은 서로 사랑하는 민족이 되자."

"서로 사랑하면 살고, 서로 싸우면 죽는다."

"적더라도 동포끼리는 무저항주의를 쓰자. 때리면 맞고, 욕하면 먹자. 동포끼리만은 악을 악으로 대하지 말고, 오직 사랑하자."

□ 태극 서관을 창립할 때에 –

"책사도 학교다. 책은 교사다. 책사는 더 무서운 학교요, 책은 더 무서운 교사다."

□ 옥중 심문에서 일본 관헌에게 대답한 말 중에서 –

"나는 밥을 먹어도 대한의 독립을 위해, 잠을 자도 대한의 독립을 위해서 해왔다. 이것은 내 목숨이 없어질 때까지 변함이 없을 것이다."

"대한 민족 전체가 대한의 독립을 믿으니 대한이 독립될 것이요, 세계의 공의가 대한의 독립을 원하니 대한의 독립이 될 것이요, 하늘이 대한의 독립을 명하니 대한은 반드시 독립할 것이다."

"나는 진정으로 일본이 망하기를 원치 않고 좋은 나라가 되기를 원한다. 이웃인 대한 나라를 유린하는 것은 결코 일본의 이익이 아니될 것이다. 원한 품은 2천만을 억지로 국민 중에 포함하는 것보다 우정 있는 2천만을 이웃 국민으로 두는 것이 일본의 득일 것이다. 그러므로 대한의 독립을 주장하는 것은 동양의 평화와 일본의 복리까지도 위하는 것이다."

□ 국민 생활의 개조를 주창한 연설에서 말하기를 –

"만일 너도 한국을 사랑하고 나도 한국을 사랑할 것 같으면 너와 나와 우리가 다 합하여 한국을 개조하자. 교육과 종교도 개조하고, 농업도 상업도 개조하고, 풍속과 습관도 개조하여야 한다. 음식 · 의복 · 거처도 개조하고, 도시와 농촌도 개조하고, 우리의 강과 산도 개조하여야 한다."

"수령이나 인도자가 영웅이요 호걸이라도 추종자의 정도나 성심이 부족하면 아무것도 할 수 없다. 수령이나 인도자가 나라를 망케 하였다 할지라도 악한 사람으로 수령을 삼은 일이나 악한 일을 다하도록 살피지 못하고 내버려 둔 일은 추종자들이 한 일이다. 그런고로 일반 국민도 책임을 면할 수 없다."

"한국 민족 전체를 개조하려면 그 부분의 각 개인을 개조하여야 하겠고, 각 개인을 다른 사람이 개조하여 줄 것이 아니라 각각 자기가 자기를 개조하여야 한다."

"천병 만마(千兵萬馬)를 쳐 이기기는 오히려 쉬우나 내 습관을 이기기는 어려운 일이니, 우리는 이 일에 일생을 노력해야 한다."

"모든 큰 일은 가장 작은 것으로부터 시작하고, 크게 어려운 일은 가장 쉬운 것에서부터 풀어야 한다."

"나는 사람을 가리켜 개조하는 동물이라 하오."

"먼저 힘써 일하고 그 후에 도와 주기를 기도하라."

□ 산장을 지으면서 그 일하는 것을 감독할 때에 이렇게 말하였다 –

"얼렁얼렁이 우리 나라를 망케 했다. 우리의 최선을 다하더라도 최선 되기 어렵거든, 하물며 얼렁뚱땅으로 천년 대업을 이룰 수가 있는가."

"한번 잘못되면 그 잘못이 언제까지나 남는다."

"역사(役事)에 다소 관용하는 것은 관용이 아니요 무책임이니, 관용하는 자가 잘못하는 자보다 더 죄라."

□ 동지들에게 보낸 공개 서한에서 –

"참배나무에는 참배가 열리고 돌배나무에는 돌배가 열리는 것처럼, 독립할 자격이 있는 민족에게는 독립국의 열매가 있고 노예될 만한 자격이 있는 민족에게는 망국의 열매가 있다."

“세상이야 비웃든지 칭찬하든지, 돕든지 해하든지, 고와하든지 미워하든지, 믿든지 의심하든지 다 불고하고, 이것이 우리 민족을 건지는 데 합당한 도라고 깨달으면 그것을 붙들고 끝까지 나가려 한다.”

□《동포에게 드리는 글》에서 몇 마디 인용한다면 –

“남더러 합하지 않는다, 편당만 짓고 싸움만 한다고 원망하고 꾸짖는 그 사람들만 다 모이어서 합동하더라도 적어도 몇 백만 명은 되리라.”

“묻노니 여러분이시여! 오늘 대한의 주인 되는 이가 몇 분이나 되는가…… 민족 사회에 대하여 스스로 책임감이 있는 이는 주인이요, 책임감이 없는 이는 객이다…… 진정한 주인에게 비관도 없고 낙관도 없고, 제 일인고로 오직 어찌하면 우리 민족 사회를 건질까 하는 책임심뿐이다.”

“오늘날 우리가 요구하는 합동은 민족적 감정으로 하는 합동이 아니요 민족적 사업에 대한 합동이다.”

“서로 신용이 없으면 방침이 서로 같더라고 합동될 수가 없고, 서로 신용이 없으면 공통한 목적과 방법을 세우기부터 불가능할 것이다.”

“대한 사람은 대한 사람의 말을 믿고, 대한 사람은 대한 사람의 글을 믿는 날에야 대한 사람은 대한 사람의 얼굴을 반가워하고, 대한 사람은 대한 사람으로 더불어 합동하기를 즐거워할 것이다.”

“우리의 하려고 하는 위대하고 신성한 사업의 성공을 허(虛)와 위(僞)의 기초 위에 세우려고 하지 말고 진(眞)과 정(正)의 기초 위에 세우려고 하자.”

“어떤 신이 무심중에 와서 홀출, 내게 묻기를, ‘너는 무엇을 하느냐’ 할 때에 ‘나는 아무것을 하노라’고 서슴지 않고 대답할 수 있게 하라.”

“낙망은 청년의 죽음이요, 청년이 죽으면 민족이 죽는다.”

“사회에 정의가 있으면 화기가 있고, 화기가 있으면 흥미가 있고, 흥미가 있으면 활동과 용기가 있다.”

“우리는 각각 자기 허물만 스스로 고칠 뿐이요, 결코 남의 일에나 허물에 개의치 말 것이다.”

“모진 돌이나 둥근 돌이나 다 쓰이는 장처가 있는 법이니, 다른 사람의 성격이 나와 같지 않다 하여 나무랄 것이 아니다."

□ 공개 연설과 흥사단 입단 문답에서 도산이 항용 부르짖는 말에는 –

"내게 한 옳음이 있으면 남에게도 한 옳음이 있는 것을 인정하여서, 남의 의견이 나와 틀린다 해서 그를 미워하는 편협한 일을 아니 하면 세상에는 화평이 있을 것이다. 그런데 우리 나라에서는 예로부터 나와 다른 의견을 용납하는 아량이 없고 오직 저만 옳다 하므로 그 혹독한 당쟁이 생긴 것이다. 나도 잘못할 수 있는 동시에 남도 옳을 수 있는 것이어든, 내 뜻과 같지 않다 해서 이를 사문난적이라 해서 멸족까지 하고야 마는 것이 소위 사화(士禍)요 당쟁(黨爭)이었으니, 이 악습이 지금까지도 흐르고 있다. 그러므로 우리는 서로 사상의 자유, 언론의 자유를 인정하고 존중하면서, 비록 의견은 다르다 하더라도 우정과 존경에는 변함이 없음이 문명 국민의 본색일 것이다. 이리 해서 우리 나라에서 천만 가지 사상과 의견이 대립하더라도 우정과 민족적 애정만은 하나일 수가 있으니 그리하면 사상의 대립은 서로 연마 · 발달하는 자극이 될 수 있고, 서로의 존경과 애정은 민족 통일의 묶는 실이 되어서 안으로는 아무러한 의견의 대립이 있더라도 외모(外侮)나 전 민족의 운명이 달린 일에 대해서는 혼연히 하나가 되어서 막아 낼 수가 있을 것이다. 제 의견의 주장도 민족을 위함이어든, 민족을 깨뜨려서까지 제 의견을 살릴 사람이 있겠는가? 그런데 사실은 그만 저라는 것에 눈이 어두워 민족이 아니 보이는 일도 있는 모양이니 가히 한탄할 일이다."

"일 · 청 전쟁의 결과로 한국에 독립이 오지 아니 했는가? 그런데 우리는 그것을 지키지 못하지 아니 했는가? 구라파 대전이 또한 좋은 기회가 아님이 아니나, 우리는 이 기회를 우리 것을 만들 힘이 없구나."

"우리는 이것을 원통히 여겨서 이제부터 우리 각자가 저를 교육하고 수련해서 다음에 오는 기회를 놓치지 말도록 예비해야 한다."

"경술 국치 이후로 우리는 언제나 싸우자, 싸우자 했다. 그러나 싸울 힘을 기르는 일을 아니 했다. 그렇기 때문에 언제까지나 싸우자는 소리뿐이요, 싸우는 힘이 있을 수 없다."

"우리 나라를 망케 한 것은 일본도 아니요, 이완용도 아니다. 우리 나라를 망케 한 책임자가 누구냐? 그것은 나 자신이다. 내가 왜 일본으로 하여금 내 조국에 손톱을 박게 하였으며, 내가 왜 이완용으로 하여금 조국 팔기를 용서하였소? 그러므로 망국의 책임자는 곧 나 자신이다."

"자손은 조상을 원망하고, 후진은 선배를 원망하고, 우리 민족의 불행의 책임을 자기 이외에 돌리려고 하니, 대관절 당신은 왜 못 하고 남만 책망하는가? 우리 나라가 독립이 못 되는 것이 다 나 때문이로구나 하고 가슴을 두드리고 아프게 뉘우칠 생각은 왜 못 하고, 어찌하여 그놈이 죽일 놈이요, 저놈이 죽일 놈이라고 하고 가만히 앉아 있는가. 내가 죽일 놈이라고 왜들 깨닫지 못하는가."

□ 감옥에서 나온 후 어떤 동포가 도산에게 세상에 나오지 말고 산중에서 깨끗이 일생을 마치라고 권함에 대하여 –

"은둔하는 것이 내 일신으로 보면 가장 편안한 일이다. 내 쇠약한 건강 상태로 보아서도 그러하지마는 내 심신에 아직 활동할 기력이 남아 있고 우리 민족의 현상이 우려할 형편에 있는 이 때에 제 일신의 편안이나 명성을 위해서 가만히 있을 수는 없다."

□ 병원에서 별세하기 몇 달 전에 친지에게 한 말 중에 –

"일본은 자기 힘에 지나치는 큰 전쟁을 시작하였으니 필경 이 전쟁으로 인하여 패망한다. 아무런 곤란이 있더라도 인내하라."

"나는 죽음의 공포가 없다."

제 2 장

연설하는 총각

소년 · 청년 시절

도산은 농가의 3남으로 태어나 가정과 사숙(私塾)에서 한문을 수학할 새 동문선배인 필대은(畢大殷)에게 민족 사상 · 애국 사상을 배웠고, 청일 전쟁 때에 조국 강토가 외군의 발굽에 밟히는 것을 보고 깨달은 바 있어 서울에 유학하였다.

구세 학당에서 서양 문물과 기독교 사상에 준하여 미국 유학을 뜻 두게 된다. 동시에 독립 협회에 가입하여 연소한 몸으로 평양과 서울에서 연설을 행하여 처음 명성을 올리었다.

또 20대의 청년으로 고향에 와서 신교육 방침에 의한 소학교를 세우고, 황무지 개간 사업을 일으켰다. 유학을 목적하고 신혼한 처와 함께 태평양을 건넌 것이 만 24세의 일이니, 이 때까지를 편의상 그의 청소년 시기로 잡았다.

이 시기는 사가들이 말하는 소위 '태평(太平) 10년'으로서, 민비 일족의 권력 투쟁하에 국정은 날로 문란(紊亂)하였고, 지방 민요(地方民擾)는 점치(漸熾)하여 이조 한국의 운명이 종막을 재촉하는 시기였다.

쾌재정(快哉亭)

서기 1898년(光武 2년, 戊戌) 뙤약볕 내리는 한여름 어느 날, 평양성 대동강 서편 쪽 높은 언덕에 흰옷 입은 남녀노소가 꾸역꾸역 모여들었다. 갓 쓴 노인, 아이 업은 여인네, 상투바람에 잠방이 입은 농군, 머리 땋아 늘인 총각, 장삼 걸친 중, 관 쓴 학자님, 가지가지 차림의 사람 물결이 강 언덕 바위 위에 솟은 조그만 정자를 중심으로 앞뒤로 밀어오고 있다. 참외 장수, 엿장수, 갈매기 알 삶아 파는 장수들의 외치는 소리, 가윗소리도 요란하다.

이 날은 분명코 4월 8일 관등놀이도 아니요, 5월 단오놀이도 아니라, 평양성이 생긴 이래 이름도 처음 듣는 만민공동회(萬民共同會)가 열리는 날이었다.

만민공동회란 무엇인고. 1884년 갑신(甲申) 정변 때 거사에 실패하여 미국으로 망명했던 서재필(徐載弼)이 10년 만인 1896년(丙申) 본국으로 돌아와 독립협회(獨立協會)를 조직하고, 《독립신문》(獨立新聞)을 창간하고, 독립문(獨立門)을 세웠다. 독립협회에서는 그 활동 방법으로 황토마루 넓은 길에 정부의 고관들과 일반 국민들을 한자리에 모아 연설을 듣고, 정치를 토론하고, 정부에 건의를 하기도 하였으니, 이것을 만민공동회 혹은 관민공동회(官民共同會)라고 하였다. 수천 수만의 군중이 한자리에 모이는 것도 개벽 이래 처음이요, 연설도 처음이요, 백성들이 손을 들어 찬성하여 정부에 건의하는 것도 처음 되는 일이니, 이것이 서재필 박사가 외국에서 선물로 가지고 온 민주주의라는 새로운 정치 운동의 첫 시험이었던 것이다.

독립협회의 관서지부(關西支部, 혹은 평양 지부라고도 불림)가 생겨나고, 지부의 주최로 당시 한국의 둘째로 큰 성시인 평양에서 만민공동회가 열린 것이다.

이 날은 바로 광무 황제(高宗) 탄신일인 7월 25일(음력)이요,* 정자 이름은 쾌재정(快哉亭)이니, 정자 위에는 평안 감사 조민희(趙民熙)를 위시하여 진위대장과 다른 고관들이 벌여 앉았고, 정자 옆에 따로 설비한 연단에는 관서 지부장 한석진(韓錫晋) 이하 간부들이 열석하였는데, 놀랍고 의아한 것은 오늘의 연사가 겨우 스무 살밖에 안 되는 머리 깎은 총각이라는 것이다

총각은 무명 두루마기를 입고 연단 앞으로 나왔다.

"쾌재정, 쾌재정 하기에 무성이 쾌한가 했더니 오늘 이 자리야말로 쾌재를 부를 자리올시다." 소년 연사의 첫 마디에 청중들은 일시에 숨을 죽였다.

"오늘은 황제 폐하의 탄일인데, 우리 백성들이 이렇게 한데 모여 축하를 올리는 것은 전에 없이 첫번 보는 일이니, 임금과 백성이 함께 즐기는 군민동락(君民同樂)의 날이라, 어째 쾌재가 아니고 무엇인가."

"감사 이하 높은 관원들이 이 축하식에 우리들과 자리를 함께 하였으니 관민동락(官民同樂)이라 또한 쾌재가 아닐 수 없도다."

---

* 광무 황제 탄신은 음력으로 7월 25일이요, 1908년 융희 2년에 양력으로 9월 8일로 개정되었다 한다.

"남녀 노소 구별 없이 한데 모였으니 만민 동락(萬民同樂)이라, 더욱 쾌재라 고 하리니, 이것이 오늘 쾌재정의 삼쾌(三快)라 하는 바로라."

이것은 훗날 기억으로 전하는 이들의 요지만을 옮긴 것이라 수사(修辭)의 묘함을 정확히 전하였다고 하기 어려우나, 이 까까중이 총각이 저 혼자서 터득한 대중 연설의 기술을 짐작할 수 있는 것이다.

서론에서 본론으로 들어간 소년 연사는 단상에 점잔 빼고 앉은 고관들을 하나씩 면박하기 시작하니, 개벽 이래 처음 보는 청천 벽력이다.

"세상을 바로 다스리겠다고 새 사또가 온다는 것은 말뿐이다. 백성들은 가뭄에 구름 바라듯이 잘 살게 해주기를 쳐다보는데 인모(人毛) 탕건을 쓴 대관·소관들은 내려와서 여기저기 쑥덕거리고 존문(存問)만 보내니, 죽는 것은 애매한 백성뿐이 아닌가. 존문을 받은 사람은 당장에 돈을 싸 보내지 않으면 없는 죄도 있다 하여 잡아다 주리를 틀고 돈을 빼앗으니, 이런 학정이 또 어디 있는가. 뺏은 돈으로 허구헌 날 선화당에 기생을 불러 풍악 잡히고 연광정에 놀이만 다니니, 이래서야 어디 나라 꼴이 되겠는가."

"진위 대장은 백성의 생명 재산을 보호하는 것이 책임인데 보호는 커녕 백성의 물건 빼앗는 것을 일삼으면 우리 나라가 어떻게 되겠는가."

탐관 오리의 행색을 샅샅이 들어 성토할 때에 청중들은 귀를 의심하다가 통쾌하여 소리지르고, 관찰사 조민희는 얼굴 색이 변하면서도 연방 "옳소, 옳소" 하더라 한다.

연설이 끝나자 백성들은 이제야 살 날이 왔나 보다 감격하여 떠들기 시작하고, 여자들은 "어떤 어머니 아들이길래 저렇게 씩씩하고 담이 크냐"고 마침 연설 들으러 왔던 그의 어머니를 찾아 둘러싸고 법석을 이루게 되었다는 것이다.

18조목의 쾌재와 18조목의 불쾌를 설파한 것이 이 쾌재정 연설의 내용이라고 전해지고 있으나 그 내용을 분명히 기억하는 이가 없음은 유감이다. 일설에 명륜당(明倫堂) 연설이란 말도 있다. 혹은 이 총각의 연설이 한 번뿐이 아니고 여러 차례 있었는 지도 모른다.

총각의 이름은—여러분이 이미 짐작했을 것 같이—안창호. 관서 일대에 연설 잘하는 총각으로 그 이름은 퍼져 나갔고, 쾌재정이 헐린 지 오래 된 지금까지지 그 이름만은 전해지고 있다.

어떤 중은 촌으로 다니면서, "안창호의 말대로만 하면 지상에 극락 세계가 올 것이라"고 퍼뜨렸다는 말도 있고, 오자일(吳子一)이 기억하는 바에 의하면, 자기가 한문 서당에서 통감(通鑑)을 배울 무렵, 훈장인 박재후(朴載厚)가 말하기를, "안창호는 영웅이래. 연설을 잘한대. 사또와 원님이 혀를 빼고 머리를 들지 못했다는 걸. 성안 사람들이 안창호 말이라면 장상동지(長上同志)나 연배남녀(年輩男女)들까지 그대로 좇는대. 지금 미국에 공부하러 갔는데, 돌아오면 큰 일 할 사람이야." 하더란다(《새벽》 1954년 9월호 〈내가 본 도산〉).

대동강 하류

안창호(安昌浩)—도산(島山)은 그의 아호—1878년(戊寅) 양력 11월 9일*, 대동강 하류에 있는 도롱섬이라는 곳에서 농업을 경영하는 안흥국(安興國)**의 셋째 아들로 태어나, 7세에 부친을 여의고 조부 슬하에서 자라났다.

그가 자필로 쓴 이력서를 보면, 7세로 8세까지 평양 대동강면(大同江面, 지금은 大同郡 소속) 국수당(國水塘)에 살면서 가정에서 한문을 수학하고, 9세로 14세까지 같은 고을 남부산면(南釜山面) 노남리(魯南里)에서 살면서 한문 서당에 다니고 목동(牧童)을 겸하였다 한다. 이 때 황해도 구월산(九月山)에 놀다고 쓰여 있으며, 14세로 16세 사이에는 잠시 강서군(江西郡) 심정리(心貞里)에 유한 일도 있다. 아마도 이곳에서 김현진(金鉉鎭)에게 유학(儒學)을 배웠고, 자기보다 서너 살 맏이가 되는 필대은(畢大殷)이 같이 그 문하에 있어 의기 상통하였다.

16세 때에 청·일 전쟁(淸日戰爭)이 일어나 평양성이 전화에 짓밟힘을 눈으로 보았고, 17세에 서울로 올라가 구세학당(救世學堂)에 입학하여 기독교 사상을 배우고 교인이 되었다.

---

* 《도산 안창호》에는 생일이 11월 11일로 되어 있고, 비문에는 음 10월 6일이라 하였으니, 이를 양력으로 고치면 11월 10일이다. 가족들에게 물어도 확실히 기억되지 아니한다 하므로 이 책에서는 자필 이력서에 있는 대로 11월 9일(陽)을 채택하기로 하였다.

** 유족의 증언과 족보에 의하면 도산의 부친은 안교진(安敎晋)이다. 도산이 작성한 이력서에는 안흥국(安興國)으로 되어 있는데 이는 항열과 다른 이명(異名)이었던 것으로 추정된다.

금수 강산의 이름이 있는 대동강 연안이 선생의 고향이요, 나신 곳이요, 나이 많은 뒤에 들어앉아 계시던 곳이다. 안씨가 대대로 살던 곳은 평양 동촌(東村)이니, 대동강 동편 기슭 낙랑(樂浪)의 옛 무덤의 남쪽이요, 선생이 나시기는 대동강 하류에 있는 여러 섬 중의 하나인 도롱섬이다. 이는 그의 부친이 농토를 구하여 동촌으로부터 도롱섬으로 옮겨 간 까닭이요, 그 후에 그 백씨는 다시 강서군 동진면 고일리로 이사하기 때문에 선생의 적이 강서로 된 것이다.

이광수는 그의 저서 《도산 안창호》의 허두에 이렇게 썼다. 그런데 1913년 흥사단 창립 때에 도산이 자필로 쓴 이력서에 출생지를 강서군 초리면 7리 봉상도(江西郡 草里面 七里 鳳翔島)라 하였고, 1932년 경성 지방 법원 예심 조서에는 그의 출생지를 강서군 초리면 봉상리(江西郡 草里面 鳳翔里)라 하였다. 현재 대동강 서쪽인 강서군에서 흘러내리는 한 개의 지류가 봉상강이니, 아마도 그것이 합류하는 지점이 봉상리요, 그것이 섬이거나 혹은 섬을 포함한 동리였을 것이다. 가족의 말에는 도산의 출생지를 도봉리라고도 하니, 평안도 사투리로 새 조(鳥)자를 '도'라고 발음하니 '鳳翔里'가 '鳥鳳里', 즉 도봉리 또는 '도봉섬'이요, 그것이 다시 변하여 '도롱섬'이 된 것이 아닌가 한다.

도산이 대전(大田) 감옥에서 나와서 고향을 찾아볼 때 동행하였던 이광수는 또 이렇게 쓰고 있다.

거기(춘원이 말하는 동촌—東村)는 안씨만이 십수 호 사는 부락이 있어서, 부락 후면 남향으로 된 언덕에는 안씨 역대의 분묘가 있고, 도산의 부조(父祖)의 산소도 있었다.…… 선산 밑에는 안씨의 시조인 문성(文成) 안유(安裕)의 영당(影堂)이 있었는데, 도산이 성묘를 하고 돌아오는 길에 대동강변의 한 낡은 절을 찾았다. 이 낡은 절은 강변의 한 언덕이라고 할 만한 두던의 송림 속에 터만 남았다. 도산은 이 절에서 묵은 일이 있는 젊은 시절을 회구하였고, 그 아침 저녁의 종소리를 그리워하였다.…… 바로 여기서 비스듬히 대안 되는 곳에 만경대라는 유명한 곳이 있다. 이곳은 봉만이 기이하고 강에 임하여 절벽이 있으니, 절벽의 중턱에는 역시 옛 절의 남은 터와 샘이 있고, 그 앞은 물이 깊어서 40년 전에는 화륜선이 정박하는 항구였었다. 이곳도 도산이 사랑하는 곳이어서 동지 수양처의 건설지로 한다 하여 어떤 친지가 도산의 아들의 명의로 샀다(《도산 안창호》 하권 2장 〈송태산장〉에서).

가족의 말에 의하면, 그 당시 안창호의 집을 동리 사람들이 가리켜 '노내미집'이라 하였으며, 어린 창호를 말할 때 '노내미집 셋째'라고 하였다. 생각컨대, 안씨의 선산이 있는 곳은 대동군 남곤면(南串面) 노남리(魯南里)로서, 속칭 '노내미'였고, 그곳이 곧 춘원이 말하는 '동촌'인지도 모른다. 거기서 서쪽으로 농토를 찾아 첫 번 이사 간 곳이 봉상강 어귀에 있는 섬으로서, '도봉섬' 또는 '도롱섬'으로 불린 곳이었고, 행정 구역으로는 강서군 초리면 봉상리라고 짐작된다. 안창호 부친이 별세한 후, 즉 창호가 열 살 내외 되는 때에 백씨 안치호(安致浩)가 다시 서쪽으로 이사하여 안지면 고일리(古逸里)로 갔고 그것이 호적상 원적으로 된 것이다(지도 참조). 안씨의 시조 문성공 안유는 늦게 이름이 향(珦)이요, 고려 말기의 이름난 유학자로서 남송에서 일어난 정·주(程·朱)의 성리학을 처음으로 수입한 분으로 알려졌다. 홍주(興州·順興) 출생, 고려 원종(元宗) 때에 급제하여 지방관을 지나 충선왕(忠宣王)과 함께 원나라를 다녀오고 찬성(贊成) 벼슬을 하였고, 첨학전(贍學錢) 제도를 세워 학교를 부흥시켰다. 아호 회헌(晦軒), 시호 문성(文成), 충숙왕(忠肅王) 때에 문묘에 배향되었고, 이조 중종(中宗) 때에 그가 글 가르치던 풍기(豊基) 죽동(竹洞)에 백운동서원(白雲洞書院)을 창설한 것이 서원 제도의 효시가 되었다.

도산이 만 4세 되는 때가 임오군란(壬午軍亂)의 해였고 6세 때에 김옥균·박영효 등 개화당(開化黨) 일파의 쿠데타, 즉 3일 천하로 끝난 갑신정변(甲申政變)이 있었으며 그 때부터 10년간, 즉 갑오년(甲午年, 1894년) 동학란에 뒤따라 청·일 전쟁이 삼천리를 짓밟게 된 때까지가 역사가들이 소위 '태평 십년'이라고 이름 붙인, 자못 태평치 못한 10년이었다.

이른바, '태평 십년'에 대하여《한국사》〈최근세편〉은 이렇게 말한다.

> 갑신정변 이후부터 갑오동학란의 직전까지를 흔히 '태평 십년'이라고 일컫는다. 다름 아니요, 근대 자본 세계의 처녀지인 한국이 구미 제국과의 수호 통상조약을 체결하여 일약 세계의 한국으로 등장하는 동시에, 종래의 청·일 양국만이 아니라 신교(新交)의 영·로 양국까지 노골적으로 간여하여 그들의 새로운 균세 정책(均勢政策) 아래 서로 감시하게 됨으로써 잠시나마 소강 상태를 유지할 수 있게 되었던 때문이다. 그러나 이 동안의 내외 정

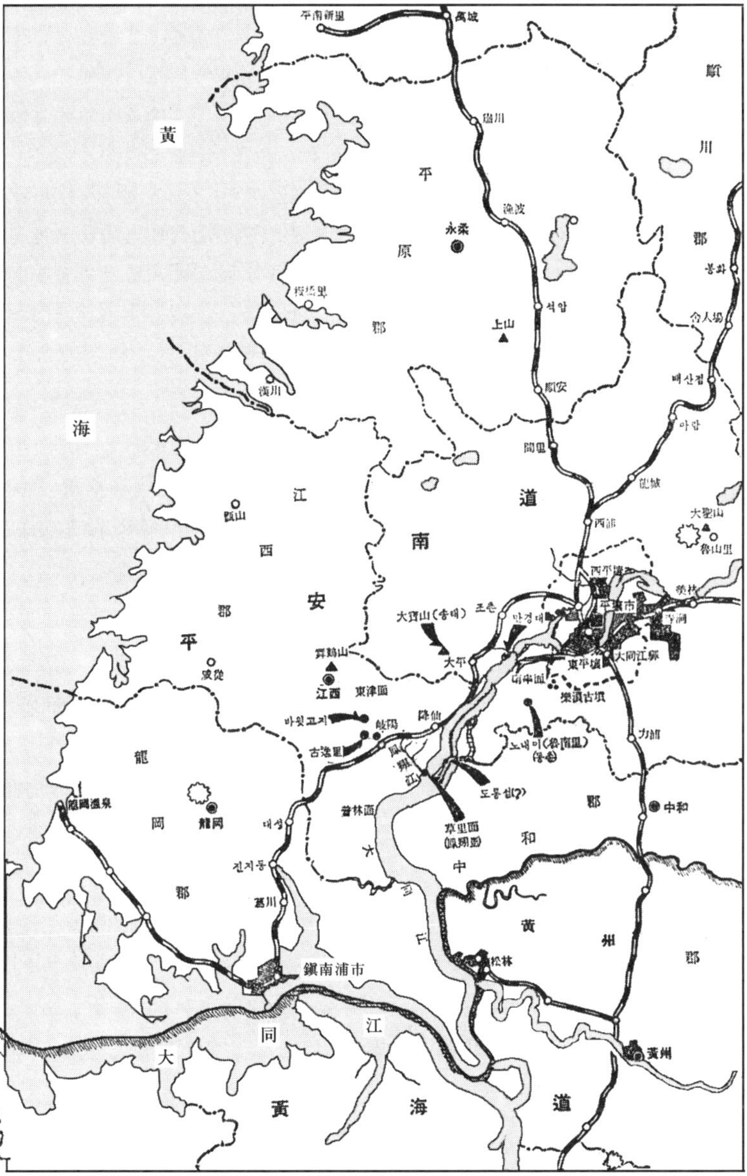
平南新里
黃
海
平
原
郡
永柔
上山
順安
順
川
郡
江
西
郡
安
平
南
道
江西
東津面
降仙
大平
平壤市
東平壤
大同江驛
中和
龍
岡
郡
龍岡
鎭南浦市
大
同
江
黃
海
道
中
和
郡
黃
州
郡
松林
黃州

세를 다시금 따져 보면, 청 · 일 양국의 일시적인 균세 정책은 도리어 어부지리를 노리는 제로(帝露)에게 적극 진출의 호기회를 장만해 주었고, 나아가 일제(日帝)와의 묵계 아래 청국의 무모한 내정 간섭만이 증대되었다. 그리하여 앞서 납치당해 갔던 대원군이 일개의 이용 도구로 석방 · 송환되는가 하면, 이로 인하여 유발된 척족 세도(戚族世道)의 신경 과민증은 자율 · 자강의 좋은 기회를 스스로 상실하고, 나아가 횡포한 원세개(袁世凱)의 왕위 폐립 음모까지 발생하게 되니, 국정 전반에 걸쳐 불안과 동요만이 점점 심각하게 되었다. 더구나 급속도로 증대된 외래 자본의 공세 아래 전근대적(前近代的)인 자급 경제 체제가 파탄 일로를 달리게 되고, 그에 따라 봉건 왕조 자체의 붕괴는 물론이요, 민족 전체를 휘몰아 근대적인 대수란에로 이끌게 되고 말았으니, '태평 십년' 은 실로 허탈 상태의 왕조를 위하여 폭풍 전야의 정적(靜寂)이요, 구안(苟安)이 아닐 수 없었다(《한국사》 〈최근세편〉 789쪽).

시골 서당에서 한문 공부를 하는 농부의 셋째 아들의 귀에, 서울 창덕궁 · 경복궁 이끼 덮인 기와 지붕 밑에서 꾸며지는 피 묻은 권력 투쟁이나 막을 내리는 신호가 없는 가혹한 정치 복수의 연극의 소문들은 들려 오지 않았을지도 모르거니와, 국고 재정의 극심한 궁핍과 매관 · 매직으로 부임하는 지방관의 가렴주구(苛斂誅求)로 인한 민간의 고초는 나 어린 도산의 생활 울타리에도 범접했을 성싶으며, 더군다나 창호의 나이가 만 열 살 잡히는 무자년(戊子=1888) 삼남 지방의 가뭄과 압록강 기슭의 수재 등을 분수령으로 하여 날로 창궐하는 화적(불한당)과 각 지방의 민요 발생, 마른 풀을 태우는 들불처럼 번져 가는 동학당 운동…… 들은 비록 대중적 신문이 없는 시대였을망정 바람 탄 소식으로 그의 주변을 어수선하게 했을 것이요, 마침내 청국과 일본의 군대가 내 고장 평양을 짓밟아 버리는 참상을 목격한 16세의 안창호의 머리 속에 '나라' 를 걱정하는 '엉뚱한' 생각을 싹 돋게 한다.

그는 평양에서 일본군과 청군이 접전하는 양을 보고, 또 전쟁의 자취를 보았다. 평양의 주민은 헤어지고, 고적과 가옥은 파괴되었다.

총각 안창호는 어찌하여 일본과 청국이 우리 나라에 군대를 끌고 들어와서 전쟁을 하게 되었나 생각하였다. 그의 소년 시대의 동지요, 몇 해 맏이가 되는 필대은(畢大殷)과 이 문제를 토의하노라고 밤새도록 격론하였다. 그래서 창호는 한 결론을 얻었다.—외국이 마음대로 우리 강토에 들어와서 설레는 것은 우리 나라에 힘이 없는 까닭이다(《도산 안창호》 상권 1장 〈소년 시대〉).

필대은은 16세 소년 안창호에게 무엇을 말하였을까? 일본과 맺은 수호 통상 조약이 겉으로는 평등 권리를 보유한다 하면서 실상은 영사 재판권과 관세 면제와 일본 화폐 사용 등을 규정한 불평등 조약임을 말해 주었는가? 그리하여 미국을 위시하여 영국·프랑스·러시아, 기타 유럽 모든 나라가 소위 특혜국 대우 조항으로써 특권들을 가지게 됨을 설파했는가? 그렇지 아니하면 한국의 궁정 정치가 일본·청국·러시아 외교관들의 음모장으로 화하였고, 청국 사신 원세개가 왕위 폐립 음모까지 하게 되도록 방자한 권한 행세를 하고 '대국사람'(청국인)들이 한국 땅에서 한국인을 멸시하고 있다는 치욕을 알려 주었던가? 일본 견학을 다녀온 젊은 정치가들이 《지구 전도》(地球全圖)와 《만국 공법》(萬國公法)과 《중서 관계론》(中西關係論)·《박물 신편》(博物新編)·《격치휘편》(格致彙編) 등을 읽고 있다는 사실이라든가, 금계랍·자기황·양면·양물감·석유·양철 등이 수입되고 우두법이 실시된다는 것을 토의했을 것인가? 그리하여 우리 나라는 이른바 선진 국가들의 상품 시장으로 전락되고 있다는 것을 개탄했을 것인가? 청·일 전쟁으로 일본이 이기고 마관 강화조약에서 조선의 독립을 규정한 것은 장차 일본이 한국을 자기 주머니에 넣으려는 첫걸음이라는 것을 깨우쳐 주었을까?

하여간 청·일 전쟁은 도산으로 하여금 농사 짓는 호미를 던지고 교육과 정치에 일생을 바치게 한 전환점이었다.—아니, 사생활을 모두 희생하고 나라와 민족을 위해서만 살고 일한다는 도산의 새 인생관의 출발점이었을 것이다.

필대은(畢大殷)

필대은의 사적은 자세히 알기 어려우나 이강(李剛)의 회고담에 이런 말이 있다.

내가 도산 선생을 만난 것은 하와이에 가기 전이니까, 아마 20세 전이었을 것입니다. 평안남도 용강군 바윗고지(岩花洞)* 에 임준기(林俊基)의 할아버지뻘 되는 임기반(林基盤)이란 분이 있었지요. 도산 선생은 그 임기반이란 분과는 독립협회 때부터 안면이 있는 모양이었습니다. 내가 진남포에 갔다가 오는 길에 거기 들렀더니 마침 도산 선생** 이 와 계시더군요.

그 때 이야기는 지금 잘 기억되지 않습니다. 그 때 함께 있던 필대은씨가 이런 말을 했습니다. 우리가 머리를 깎고 예수를 믿었는데, 필대은씨 말은, 머리를 깎은 바에는 모든 것을 좀 깨끗이 해야지 지저분하게 하고 다니면 다른 사람들한테 예수 믿는 사람이 더럽다고 욕먹을 것이라고 걱정하더군요.…… (《속편 도산 안창호》 198 쪽)

어투로 보아서, '우리가' 라는 것은 그 좌석에 있던 모든 사람, 즉 주인 임기반과 객인 필대은 · 안창호 · 이강, 모두가 예수교에 입교한 것으로 해석된다. 뒤에 나오지마는, 안창호는 이보다 앞서 서울로 가서 예수교 장로회 계통의 원두우 학교에 다니다가 내려왔기 때문에 그 학교에서 교인이 된 것으로 짐작된다.

요컨대, 필대은은 도산보다 몇 살 위인 선배로서, 새로운 사상에 먼저 접촉한 사람으로서 소년 도산에게 유일한 계몽자가 되었고, 도산의 가슴에 민족주의를 심는 데 중요한 영향을 주었다고 생각한다. 도산이 서울을 가기로 결심한 것, 독립협회에 든 것, 소년 연사로서 이름을 날리게 된 것, 그리고 나중에 미국 유학을 결심한 것이 모두 필대은의 영향이라고 추측된다.

이강(李剛)이 기억하는 바에 의하면, 필대은은 한문을 잘하였고, 고서적과 중국 서적을 많이 읽었으므로 도산이 지식 방면으로 그의 영향을 많이 받았으며, 후일에 그의 이야기를 늘 하였다고 한다. 그는 황해도 안악(安岳) 사람인데, '글도 잘 쓰고 계획도 잘 세우는' 것으로 세상에 알려져 있었다.

도산이 처음 서울로 올라간 뒤에 필대은은 동학 군대에게 잡히어 참모가 될 것을 강핍당하여, 얼마 동안 참모 노릇을 하다가 빠져 나와 서울로 도망하여 도산 있는 곳에 숨어 있었다(그 때에 도산의 권고로 예수교에 입교한 사연은 뒤에

---

* 원문에는 뱃고지(梨花同)' 라고 되어 있으나, 이는 '바윗고지' 의 와전으로 생각된다. '바윗고지' 는 東進面 岩花里로서, 古逸里의 바로 북쪽에 있는 동리다.

** 도산이 서울 가서 공부하고 돌아왔을 때, 아직 20세 전후의 청년 '창호' 에 불과하였을 것이나, 도산 선생이라고 함은 거슬러올라가 존경하는 칭호로 부른 것.

적는다).

독립협회에 가입할 때 도산은 필대은과 함께 하여 평양 지부 일을 맞게 되었다 하니, 도산의 행동과 사상에 필대은의 영향이 컸던 것은 틀림없다.

도산이 미국을 갔다가 30세에 본국에 돌아와서 항일 운동을 하면서 신민회와 그 산하 기관들을 만들어 활동하던 계획들이 역시 필대은의 머리에서 많이 나왔다는 말이 있으나 확실하지 않다.

그 시절에 김종옥이라는 사람이 필대은과 도산의 생활비와 정치 운동 비용을 도왔다고 한다. 김씨는 본래 백정 출신으로 재산을 모은 사람이다. 갑오경장(甲午更張)으로 계급 제도가 철폐되었으나, 아직도 민간 습속으로는 계급 사상이 완전히 청산되지 아니하였는데, 기독교회 안에서는 아무 차별 없이 교우로서 서로 대하였던 것이다.

김은 후일 딸과 함께 미국으로 건너가 실업에 종사하다가 가주에서 별세하였다.

필대은은 독립협회 해산 후 도산과 같이 평양에 와서 일하다가, 불행히 폐병으로 눕게 되어 유생원(流生院)이란 절에서 별세하였다. 도산은 여러 달을 두고 밤낮으로 간호하였다 하며, 그 때 치료비는 김종옥이 부담하였고, 고깃간을 경영하는 그가 자양 있는 음식을 제공하였다 한다.

김지간의 말에 의하면, 1897년(丁酉)에 평양서 이춘섭(李春燮)의 소개로 청년 선각자(先覺者) 필대은을 알게 되고, 필의 집에서 안창호를 처음 만났다 한다. 그 때 필대은은 병으로 누워 있었는데, 미구에 별세하였다 하고, 40년 후인 1936년경, 도산이 대전 감옥에서 출옥하여 평양으로 왔을 때 도산은 김지간·김동원·이광수·김병연 등과 함께 평양 서쪽 교외, 보통강 건너 서장대(西將臺) 예수교 공동 묘지에 있는 필대은의 묘소를 참배하였다.

노내미집 셋째

도산의 어렸을 때 일에 대하여 춘원은 "어려서 고향에 있는 사숙에서 공부하는데 그 천성의 명민함이 이미 드러나서 사람을 놀라게 하였다."라는 한 마디로 싸버렸다.

이강(李剛)은 다음 같은 이야기를 전해준다.

도산의 할아버지는 글 잘하고 엄한 분이어서 말을 안 듣는 손자를 쫓아 잡아서 벌을 주었다. 창호가 사십 리 밖에 있는 고모집에 놀러가고 싶었으나 조부에게 꾸지람 들을까 보아 꾀를 내었다. 조부와 친한 동네 할머니에게,

"우리 할아버지를 만나거든 나를 어디서 보았느냐고 물을 터이니, 오늘 아침에 고모댁에 간다고 가더라고 대답해 보아서 조부가 가만 있으면 갔다 올 것이고, '고현놈, 거기는 왜 갔노' 하고 노하시면 그만두겠으니 좀 떠보아 주시오." 하고 그 할머니를 구워 삶았다. 그 할머니가 그대로 조부한테 말했더니, "그놈 거긴 또 무얼하러 갔담……." 하고 과히 노하지 않더라는 보고를 받고 마음놓고 가서 며칠 놀다가 왔다는 것이다.

또 어느 해 여름에는 참외가 먹고 싶은데 돈이 없어 헐레벌떡 원두막으로 뛰어가 주인을 보고, "우리 할아버지가 나를 붙잡아 때리려고 쫓아오니 밭 속에 숨겨 주시오." 하고 참외밭에 엎드려서 마음대로 따 먹었다 한다.

"농담으로라도 거짓말을 말라"고 훗날에 대성학교 학생에게 교훈한 그의 말은 이러한 어린 시절의 엄한 할아버지의 채찍에서 받은 경험에서 나온 것일까.

도산이 '무정한 사회와 유정한 사회'를 말한 글 가운데에서,

여러분이 유년 시대 일을 회고하여 보시오. 사람과 사람 사이에 서로 사랑하는 정이 생김은 당연하거늘 우리 사회에서는 부모와 자녀, 형과 아우의 사이에 아무 정의가 없습니다.

어른들이 어린아이를 대할 때에 한 개의 장난감으로 여깁니다. 그리하여 그 울고 웃는 꼴을 보기 위하여 울려도 보고 웃겨도 봅니다. 또 호랑이가 온다, 귀신이 온다 하여 아이들을 놀라게 합니다. 또 집안에 계신 조부모나 부모는 호령과 매 때리기로만 일삼으므로 아이들은 한때도 마음을 펴지 못합니다. 아이들은 조부나 부친 앞에 있어서는 매 맞을 생각에 떨고 있습니다.

나는 어렸을 때에 산에 가 놀기를 제일 좋아하였는데, 종일 놀다가도 돌아올 때는 매 맞을 생각에 떨면서 돌아왔습니다. 그러다가 걸핏하면 잘못하였다고 내어 쫓습니다. 제 아비의 집에서 쫓겨나서 울면서 빙빙 돌아다니는 꼴은 참으로 기가 막혀 볼 수 없습니다. 이 같이 하여 강보에서부터 공포심만 가득한 생활을 하던 아이가 가정의 옥을 벗어나서 학교에 가면 훈장이란 이가 또한 호랑이 노릇을 합니다. 아이가 학교에 가고 싶어서 가는 것이 아

니요 부모가 가라니까 마지 못해서 가는 것이외다 (《홍사단보》, 1958년 9월호).

이런 구절들이 어디까지가 체험이요, 어디부터가 관찰인지는 추측에 맡길 수 밖에 없다.

14세부터 17세까지 김현진(金鉉鎭)에게 유학을 배웠다는 것도 더 자세한 자료가 없다. 그러나 유학을 배운 도산은 훗날에 이를 날카롭게 비판하고 있으니, 제1장에 인용한 도산의 말 중에도 그것이 나타났거니와, 그 밖에도 도처에서 발견된다. 물론 그것은 유학의 근본 정신을 반대하는 것이 아니라, 이씨 왕조 후반기에 들어서 형식화되고 독단화되어 공리 · 공론에 기울어지고, 허례에 그치고, 실학을 배척하며, 당쟁과 사화를 일으킨 그 폐해를 비판한 것이었다.

도산은 극언하였다. 이조 5백 년의 역사는 공론의 역사였다고. 그러하기 때문에 이조 5백 년에 경제적으로나 문화적으로 위대한 유산이 적고, 오직 갑론 을박과 그로 하여서 온 참무(讒誣) · 탄핵(彈劾) · 비방(誹謗) · 살육(殺戮)의 빈축 · 산비(酸鼻)할 기록이 있을 뿐이라고(《도산 안창호》 하권 1장 〈자아혁신〉).

이것은 춘원이 들은 대로 전한 말이다.

그의 일생의 좌우명은 '성심 성의'의 한 마디로 요약된다. 스스로 행함에 있어서 작은 일에나 큰일에나 성(誠)을 다할 것을 그는 가르치고 또 몸소 실천하였다. 표리 부동을 배제하고 모략 중상을 극도로 경계하였다. 사람을 대함에 있어서도 성심을 주로 하고 허례와 가식을 미워하였다. 애도나 경하는 성심으로 하여야 한다고 그는 항상 가르치었고 또 그렇게 하기를 몸소 노력하였다. 그가 유식(儒式)의 관혼상제 의식을 비판한 이유는 그것이 형식화하고 성심을 결하기 때문이었다. 영전에서 곡하는 것을 폐하자고 하는 것도 성이 아니고 형식이란 점에서다 (《속편 도산 안창호》 중 〈교육가 안도산〉).

서당에 다닐 때에 이암(李巖, 나중에 島山의 妻叔)도 같이 공부하였는데, 하루는 이암이 공부를 게을리하여 초달을 맞게 되었는데, 선생이 오기 전에 창호는 이암을 돗자리에 눕히고 뚤뚤 말아서 방구석에 세워 두어 선생 눈에 뜨이지 않게 하였다 한다.

창호는 또 동리 노인들에게 고담책을 읽어 드리는 것이 임무의 하나였다. 노인들은 저녁에 모여서 '노내미집 셋째'(도산의 아칭)를 불러다가 고담을 읽게 하였다 한다.

어린 창호의 또 한가지 일은, 여름철에 들에 나가 꽃을 모아서 병에 꽂아 선생님 책상 위에 놓는 것이었다. 후일에 도산이 항상 방안의 환경 미화와 정리를 가르치고 실행하던 것이 어릴 때부터의 성미임을 짐작케 한다.

구세학당(救世學堂)

1895년 을미(乙未), 창호가 만 17세로 접어드는 해에 서울 가서 공부하기를 결심하고 실행하였다. 그 때 일을 이강 씨가 전하는 바에 의하면—

때는 마침 청 · 일 전쟁이 끝나 갈 무렵인데 서울 갈 노자를 장만하기 위하여 창호는 삼촌을 보고, "남들은 다 피난 가는데 우리는 이렇게 있다가 다 죽을 터이니 온 식구가 다 못 가더라도 피하여 살 궁리를 해야할 것이 아니오?"라고 꾀었다.

"그러면 어디로 갈까?"

"남들 가는 대로 곡산(谷山)으로 가면 좋겠습니다.."

"곡산은 어디로 가느냐?"

"봉산(鳳山) · 서흥(瑞興)을 지나서 갑니다."

곡산은 황해도 땅이니 서울 쪽으로 가는 노정이다. 두 사람이 서흥까지 가서 보니 전쟁이 끝났다고 피난민들이 되돌아오는 것이 아닌가. 삼촌은 "남들도 고향으로 되돌아가니 더 갈 필요가 없다."할 때, 창호는 시치미를 떼고 "그럼 삼촌 님은 돌아가십시오. 저는 이왕 예까지 왔던 김에 서울 구경이나 하고 가겠습니다." 하여 여비 10원인가를 얻어 서울 가는 목적을 달하였다고 한다.

총각 안창호는 남대문 근처에 여관을 잡고 매일 구경을 다니니 여비가 떨어지게 되었다. 매일 한 번씩 올라가는 남대문에서 얼굴이 익어진 관 쓴 노인이 하루는 총각더러 삼남 지방을 구경 가자고 하였다. 여비는 노인 자기가 담당할 터이니 도중에 심부름을 해 달라는 것이다.

"그럼 사환이란 말이지요? 나는 그런 거 싫어요."

총각은 거절하였다.

이튿날 노인은 또 한 번 잘 생각해 보았냐고 지근대었다.

"생각해 보나마나 난 그런 일 안 해요."

"건방진 놈, 빈 손으로 구경할 놈이 그런 일쯤 해주기로 어떻단 말이냐?"

"속담에 평안 감사도 저 싫으면 안 한단 말이 있지요. 당신은 좋지만 나는 싫으니까 안 하겠다는 것인데, 당신이 나를 욕하는 것은 경우가 아닙니다."

도산이 남을 타이르는 방법이 이 때부터 벌써 나타난 것일까. 여비가 거의 다 없어진 때에 하루는 정동을 지나가다가, "배우고 싶은 사람은 우리 학교로 오시오. 먹고 자고 공부를 거저할 수 있소" 하고 권면하는 사람을 만났다. 서양 선교사 언더우드 밑에서 일하는 민 목사(미국 사람)였다. 소년 안창호는 속으로 생각하였다.

"공맹(孔孟)의 도를 숭상하는 한국인으로 어찌 오랑캐들이 세운 학교에 들어갈 수가 있을까?…… 그러나 돈이 떨어졌으니 우선 들어가서 겉으로 예수를 믿는 척하고 속으로는 공맹의 도를 그대로 지키면 될 것 아닌가?"

이리하여 예수교 장로회에서 설립한 언더우드 학교에 입학한 그는 접장인 송순명(宋淳命)의 전도를 받아 예수교에 입교하고 공부를 열심으로 한 결과 미구에 접장이 되어 한 달에 1원이란 보수를 받았다. 이 돈을 저축하여 고향으로 돌아갈 여비를 삼았다는 것이다.

예심 판사의 심문 조서에 의하면, 도산의 입으로 자기의 종교는 기독교 장로파라 하였고, 17세 때에 단신으로 상경하여 당시 경동에 있는 원두우 학교의 보통반에 입학하여 동반을 졸업하고 특별반에 들어가 19세 때 졸업했노라 하였다. 여기 '언더우드' (또는 한국식으로 원두우)라 함은 미국 기독교 북장로회 선교사 'Horace G. Underwood' 로서, 나중에 연희전문학교(Chosun Christian College)(연세대학교의 전신) 설립자요, 초대 교장을 말함이다. 그가 1885년에 한국으로 파송되어 와서 전도를 시작하였고, 1895년(乙未)에 정동에 '구세학당' (救世學堂)' 을 세웠는데, 이 학교가 언더우드 학당(Underwood School) 혹은 밀러 학당(Miller School)이라고도 불린 것이 교회 역사에 씌어 있다. 밀러는 그 때 같이 선교 사업을 하던 'F.S. Miller' 를 말함이요, 앞에 나온 미국인 민 목사라 함은 이 밀러를 가리킴일 것이다.

이 학교가 정동에 있으므로 어떤 이는 배재(培材)학교의 전신이라고 하였으나 이는 잘못 안 것이고, 경신(儆新)학교의 전신이라고 함이 가까울 것이다. 배제는 감리회(Methodist)에서 세운 것이고 경신은 장로회(Presbyterian)에서 세웠으니 언더우드는 장로회 선교사였던 것이다.

이 학교에서는 주로 기독교 교육을 치중하여 일반 학과 외에 찬미와 기도 등을 가르쳤으며, 한국 사람으로 초대 선생은 정동명(鄭東鳴) 씨였다.

그러나 그 후 이 학교는 1901년에 연동(蓮洞)으로 교사를 옮기고 경신(儆新)학교라고 하였다.

> 이렇게 신앙을 기초로 하고 기독교의 정신을 그 신념으로 하고 세워진 학교를 통하여 우리 교회 자녀들은 서양의 문화를 자유롭게 받아들일 수가 있었으며, 이들은 후일에 우리 나라에 공헌한 인물들이 되었다(《새문안 교회 칠십년사》 36쪽에서).

원두우의 아들 원한경과 손자 원일한 등이 계속하여 한국에서 선교하므로 3대 선교사로서 이름 있음은 널리 아는 사실이다.

언더우드가 창립한 서울 새문안 교회의 원로 장로로 송순명(宋淳明)이 있었으니, 그의 장로 장립이 1904년인즉, 이강이 말하는 송접장은 아마도 이분일 것이다.

"구세 학당에서 공부한 자녀들이 후일에 우리 나라에 공헌한 인물들이 되었다"고 교회 역사가 말하였거니와, 도산 안창호의 눈을 뜨게 한 것이 바로 이 학당의 12년 동안 생활이었던 것이다.

도산이 세례를 받았는가 하는 문제는 밝혀지지 않았으나, 그 당시 입교와 동시에 세례 주던 예로 보아 구세학당 시절에 세례를 받은 것으로 추측된다.

서울 유학은 소년 안창호에게 새로운 세계관과 인생관을 제공하였다. 김현진 문하에서 사서 삼경을 읽고, 필대은에게서 민족사상을 받은 그가 이제 기독교 사상에 접하고 과학문명이라는 새로운 지평선의 광경을 제 눈으로 보게 된 것이다.

외형으로는 땋아 늘였던 머리를 깎아 버렸고, 지식으로는 산수와 세계 지리와 과학의 세계를 엿볼 수 있었고, 태평양을 건너 미국으로 유학 가는 것이 "힘이다, 힘을 길러야 한다."는 청 · 일 전쟁의 교훈을 실천하는 오직 하나의 길임을 속으로 단정하게 되었을 것이다.

동학당을 피해서 서울로 도망쳐 온 필대은이 이번에는 창호에게 도리어 설복되어 예수를 믿게 되었으니, 소년의 민감한 머리가 새 세계 정복에로 앞뒤 가리지 않고 달려가는 모습을 상상할 수 있다.

"그는 인류를 사랑하는 점에서 기독교적이었다."고 춘원은 말한다(《도산 안창호》 한글판 277쪽). 그러나 도산은 어느 한 교회에 적을 두지 않았다. 해외에 오래 있은 관계도 있겠지마는 범종교적인 생각도 그 이유의 하나일는지 모른다.

그는 중요한 일을 당할 때는 예수교식으로 기도를 올렸다. 흥사단 문답을 할 때도 기도로 시작하였다.

"이제 우리는 우리 나라를 구하기 위하여 나라를 구할 이론과 방법을 토론하게 되었으니, 묻는 자나 대답하는 자나 다 터럭 끝만한 거짓도 없는 참으로 하여야 할 것이오. 이제 우리는 저마다 가진 신앙을 따라서 기도하시오."

이러한 도산의 말을 해석하여 춘원은, "이것은 (흥사단이) 종파를 초월한 단결임을 보임이요, 동시에 양심에도 없는 거짓 예를 행하기를 꺼림이었다. 예수교인이면 주기도문, 불교인이면 심경(心經)을, 무엇이나 제 믿음에 따라서 제가 참된 심정으로 묻고 대답할 힘을 달라고 빌 것이었다."고 하였다(《도산 안창호》 한글판 175쪽).

도산이 감옥에서 나와 각 지방을 순회하여 평안북도 선천(宣川)에 왔을 때, 옛날 친지와 후배들이 정성껏 마련하여 새로운 금침을 펴고 자게 되었는데, 새벽에 잠을 깬 도산은 같이 자던 백영엽(白永燁)을 깨워, 함께 꿇어 엎드려 눈물 섞인 기도를 올렸다(이책 제18장 〈고토 순례〉 참고).

"저는 우리 민족의 죄인이올시다. 이 민족이 저를 이렇게 위해 주는데 저는 민족을 위해 아무것도 한 일이 없습니다. 저는 죄인이올시다……" 하면서 오래 흐느껴 울었다 한다.

그가 흥사단을 창립하고 규칙을 정할 때에, 문답식과 입단식 · 서약례 등을 행하게 하고, 모일 때에 노래를 부르도록 한 것 등은 기독교의 의식에서 본뜬 것이 분명하다.

도산이 사랑의 세계를 말하고, 자유 인권을 존중하며 동포간의 무저항주의를 주장한 것 등은 기독교 사상의 영향임을 알 수 있다.

구세학당의 간부들은 쉽게 접장으로 올라갈 수 있었던 총각 안창호를 교회 일꾼으로 길러 보기를 꾀하였을 것이다. 그러나 창호의 생각은 딴 데 있었다. 서양 문화와 문물의 윤곽을 알게 되고, 그것이 '민족의 힘'의 표현이라고 본 그는 민족을 그러한 물질 문명의 세계로 깨우치는 교육 사업이 급선무라고 판단한 것이다.

훗날 독립협회가 해산된 뒤에 평양에 가서 있을 때 선교사인 마포(Samuel A. Moffett) 목사로부터 월급받는 직업인으로 교회 일을 보아 달라는 요청을 받고, "교회일은 나 혼자 자작하면 안 됩니까? 마 목사하고 같이 해야만 됩니까? 교회 일은 이미 내용으로 하고 있지 않습니까?…… 내가 하나님 일을 하는 것은 나 자신의 일인데 누구한테서 무슨 돈을 받는단 말이오?"

이렇게 거절하였다 한다. 도산은 이 때부터 사무적인 근무 생활에 매이기를 싫어하고 자유로이 활동하기를 원하여 평생을 그리하였다. 뿐만 아니라 도산의 생각은 종교보다도 교육사업과 정치로 달리게 된 것이다.

또 그 때 평양에 있는 감리 교회의 팽한주(彭翰周)라는 이가 원납(願納)운동을 일으켰으니, 즉 교인들에게서 기부금을 모으는 일이다. 안창호가 남촌 교인의 대표로 출석하여 이에 반대 연설을 함으로써 일이 실패에 돌아갔고, 그 까닭에 팽한주는 도산이 미국 가려고 할 때에 여비를 도와 주면서, "저 사람을 미국으로 보내 버려야 내 마음대로 할 수 있다."고 했다는 이야기.

도산 부인이 전하는 바에 의하면, 독립협회 해산 후에 도산과 필대은이 평양으로 내려왔을 때 필대은은 서양 선교사의 어학 교사로 있었다. 그와 도산은 선교사들이 교인을 가르칠 때에 내세(來世)에 관한 것을 주로 말함에 대하여 불만을 표시하였고, 특히 필대은은 격렬한 말로 충돌하여 교회에서 책벌(責罰)을 받은 일도 있다 한다. 한편, 도산은 선교사들이 강권하는 교회 직원됨을 거절하고 교육 사업과 과학 보급이 더욱 긴요함을 주장하였기 때문에 안창호는 하나님을 믿는 사람이 아니고, 그와 상종하면 재미없다는 말까지 들었다는 이야기.

1907년, 도산이 미국에서 돌아와 신민회를 조직하고 대성학교를 세우는 등 애국과 계몽 운동을 널리 추진할 무렵, 당시 교회 안에서 일어난 부흥 운동으로서 교인들이 예배당에 모여 죄를 자복한다 하여 울부짖고 땅에 구르는 것을 보고 저 어리석은 백성을 어떻게 깨우칠까 하고 한탄했다는 이야기.

어느 정도 정확히 전해진 것인지 알 수 없으나 요컨대 도산은 기독교의 정신을 추려 내고 그 폐해를 날카롭게 비판함이 유교에 대한 태도와 같았다고 보아 무방할 것이다.

약혼(約婚)

창호가 서울 유학을 마치고 고향으로 돌아온 것이 1896년, 그가 만 18세 되는 해로 추정된다. 고향에서는 난데없는 약혼 문제가 그를 기다리고 있었다. 조부는 그 때 풍속대로 당자의 의사도 듣지 않고 이치환(李致歡)의 딸 이혜련(李惠練)을 손자 며느리로 맞기로 결정해 버린 것이다.

창호는 파혼을 주장했다. 혼인은 당사자의 자유 의사로 정해야 된다는 새로운 사상이 당시의 창호의 귀에까지 울렸을는지 의문이나, 창호의 반대 이유는 종교가 다르다는 것이었다. 장래의 장인될 사람을 직접 찾아서, "나는 예수를 믿는데 당신네는 아니 믿으니 어떻게 혼인을 할 수 있겠습니까?"라고 대들었다. 이리하여 이치환 집안은 '등개터'에 있는 교회당에서 전 가족이 입교하였다 한다.

그러나 창호는 또 하나의 문제를 제기하였다.

"나는 공부를 했고 앞으로 더 공부를 할 터인데 당신의 딸은 낫 놓고 기역 자도 모르니 잘사는 가정을 이룰 수가 없습니다. 무식한 여자는 무식한 남자에게 시집가고, 유식한 남자는 유식한 남자를 취해야 이상적 가정이 될 것입니다."

이것은 약혼 반대라기보다도 장래의 아내를 학교에 보내기 위한 위협 수단이었을 것이다.

"아 그럼 우리 딸도 배우면 되지 않나. 자네가 맡아서 잘되도록 해주게."

승낙을 맡은 창호는 약혼한 처녀와 자기 누이동생을 데리고 만경대에서 뱃길로 서울로 다시 올라와 두 처녀를 정신(貞信)여학교에 입학시켰다.

다시 찾은 서울에는 창호의 생애를 결정 지을 새로운 사건이 기다리고 있었으니, 곧 1897년, 1898년 두 해에 걸친 독립협회 운동이다.

예심 판사의 심문 조서에 의하면, 도산 부인은 도산보다 여섯 살 아래로 되었으니 약혼 당시에 만 12세다. 그 부친의 이름이 이치환으로 되어 있으나 이강은 이석관(李錫寬)이라고 하였다.

앞서 말한 바와 같이, 도산은 7세 때(1884, 甲申)에 부친을 여의고 모친 황(黃)씨는 고향에 생존하다가 1929년에 별세하였다. 춘원은 어떤 때에 도산을 둘째 아들이라고 했으나, 도산의 말로 차형이 1900년경에 사망하였다 하였으니 셋째 아들이 맞다. 누님이 한 분이요 동생은 없으니, 4남매의 집안이었다.

도산에게는 필립(必立) · 필선(必鮮) · 필영(必英)의 세 아들과 수산(秀山) · 수라(秀羅)의 두 딸이 있으니, 다 미국에서 출생하여 거기서 살게 되었다. 두 아들 다음에 두 딸이 나고 필영은 막내다.

독립협회(獨立協會)

앞서 말한 바, 서재필이 미국에서 돌아와 《독립신문》을 발행한 것이 1896년(청 · 일 전쟁이 끝난 이듬해) 4월이요, 독립협회가 그 해 7월에 탄생하였다.

안창호가 독립협회에 참가한 것은 약혼한 처녀와 누이동생을 공부시키려고 두 번째 서울로 올라온 1897년(丁酉)의 일로 생각된다. 서울에 남아 있던 필대은과 행동을 같이 하였을 것이요, 필시 자진하여 관서 지부 조직의 임무를 맡고 그 해 여름에 평양으로 돌아와 앞서 말한 쾌재정 만민 공동회를 개최하였던 것이다.

서울에서도 만민 공동회가 종가(鍾街; 지금의 광화문통)에 천막을 치고 여러 차례 열렸다.

그 중 이름난 것이 1898년(戊戌) 11월에 열린 것이니, 그 때에 일곱 대신을 탄핵하는 상고가 가결되었고, 6개조의 정치 혁신 건의가 채택되었다.

1. 외국인에게 의부(依附)하지 말고 관민이 동심 합력하여 황권(皇權)을 공고히 할 것을 도모할 일.
1. 광산 · 철도 · 석탄광 · 삼림과 차관(借款) 등 일은 각 부와 중추원이 합동

서명 날인한 후에 시행할 일.

1. 이제부터는 중대한 죄인은 공개 재판을 하고 피고가 자복한 후에 법에 비추어 처단할 일.
1. 칙임관(勅任官)을 임명하는 것은 위로부터 정부 회의에 자순하여 가부간 다수결에 의하여 시행할 일.
1. 장정(章程)을 실시할 일.
1. 전국의 재정과 부과금은 모두 탁지부로 돌리어 각 부(部)와 부(府)와 회사가 간섭하지 못하게 하고, 예산과 결산은 인민에게 공포할 일.

독립협회의 운명은 순탄하지 않았다. 1898년 6월에 서재필은 정부 고문에서 해임되어 미국으로 돌아갔고 윤치호(尹致昊)가 협회 회장이 되었으며, 8월에는 매일같이 장악원(掌樂院)에 회원들이 모여 시사 연설을 하고 당시의 중추원 의과 조병식(趙秉式) 이하 고관들을 탄핵하다가 잡혀 갇히기도 하였다. 이 때 활동한 회원 중에는 이상재(李商在) · 이승만(李承晩) 등이 있었다.

조병식은 전국에 떠돌아다니는 보부상(褓負商) 패를 서울에 몰아다가 총상회(總商會)를 설립하고 스스로 회장이 되니, 약 석 달 동안 독립협회와 황국협회(皇國協會)의 난투극이 벌어진 끝에 독립협회의 궤멸로 끝막는다. 황국협회는 총상회 이름을 고친 것이다.

잡혀 갔다가 석방된 독립협회 회원들이 다시 만민 공동회를 연 10월 초 아흐렛날, 홍종우(洪鍾宇)가 지휘하는 황국협회 보부상 패들은 회장을 습격하여 난투가 벌어졌다. 홍종우는 후에 중국 상해에서 김옥균을 암살한 자다.

윤치호 이하 간부들은 피신하고, 피의 난투가 계속될 때 예정된 계획대로 황제가 친히 말을 내려 만민 공동회의 해산을 명령하고, 동시에 회장 윤치호에게는 한성 판윤(漢城判尹, 즉 서울 시장)의 벼슬을 내렸다.

그 뒤에도 만민 공동회가 몇 번 계속되었던 모양으로, 그 석상에서 안창호가 서울에서 처녀 연설한 광경이 전해온다. 아마도 이 때 안창호는 평양 지부 설립 사무를 마치고 다시 서울로 올라왔던 것이다.

시골티 나는 무명 두루마기를 입은 '황발'(시골뜨기)이 연단에 오르자 청중은 "내려오라, 다른 사람이나 연설을 시켜라" 하고 떠들고, 창호의 습관대로 연설 허두가 조용하고 느리게 시작되자 그만 두라는 야유도 나왔다.

차츰 음성에 열이 오르고 내용이 정부 공박에 이르자 청중은 이름 없는 시골 청년의 열변에 눈이 휘둥그레지고 장내가 엄숙하게 되었다.

"독립협회 운동의 목적은 나라를 바로 다스리고 백성을 잘살게 하자 함인데, 이런 충국 애민(忠國愛民)하는 사람들을 보부상패로 들이쳐서 해산시켰으니 정부는 마땅히 반성해야 한다."(박수 갈채)

"독립협회 회원들이 나라와 백성을 위하는 충성이 있다면 총칼이 가슴에 들어와도 물러서지 않을 용기가 있어야 할 터인데, 정부에서 시키는 보부상 패의 몽둥이에 흩어지고 말았으니 이런 약한 정신으로 어찌 나라일을 바로잡겠는가."(박수 · 환호)

"우리가 다시 만민 공동회로 모인 것이 지난번처럼 정부의 몽둥이나 기타 무엇이 무서워서 또다시 깨질 것이라면 아니 모임만 못 하다. 참으로 나라를 위한 모임일진대 지금부터 목숨을 내놓을 결심으로 모이자."(환호)

시골 청년 안창호는 환영 만찬을 대접하겠다는 여러 사람들에게 찢길 지경이었다. 그리고 그의 소문은 이제 서울과 전국에 퍼지게 되었다.

독립협회와 황국협회의 투쟁은 점점 격화되어 조병식 이하 고관들의 집이 습격 파괴되고, 보부상들은 통문에 의하여 지방에서 속속 서울로 모여 드는데, 연로에서 행패하고 서울에서도 약탈 행동을 감행하기에 이르렀으며 제부 고관들은 사표를 내고 시골로 피신하게 되었다.

이리하여 해가 바뀐 기해년 정월에 이르러(己亥, 1899) 독립협회는 정부 명령으로 영구히 혁파되고, 회장 윤치호는 원산 감리(元山監理)로 좌천되었다.

안창호는 첫번 정치 운동에서 패배의 쓰라림을 맛보았다. 일생을 통하여 거듭 당한 실패의 첫막이었거니와, 그는 끝내 한국의 해방을 보지 못하고 별세한 것이 아닌가.

얼른 보면 도산의 일생은 실패의 일생이었다. 그러나 그의 안중에 성공도 실패도, 노(勞)도 공(功)도 없었다. 오직 애국 애족의 일념에 말려도 말리지 못하여 한 일생의 노고였다.

그러나 그의 일생은 과연 실패의 일생이었던가. 그는 과연 노이무공(勞而無功)하였던가. 그는 우리 민족에게 참된 애국심을 심어 주고 민족의 진로를 밝히 보여 주었다. 그리고 몸으로써 애국자의 생활의 본을 보여 주었다. 그의 생활은 과연 실패의 일생일까. 그는 과연 노이무공일까. 일 세기를 두고 보면 다 알 것이다(《도산 안창호》 상권 7장〈피수순국시대〉).

점진학교(漸進學校)

안창호는 실패의 쓰라림을 마음에 간직하고 고향으로 내려와 점진(漸進)학교를 세웠다. 백씨가 이사 간 동리, 강서군 동진면 바윗고지(岩花里)에 자리잡은 이 초등 학교는 아마도 관서 사람의 손으로 세워진 사립 학교로는 시초였고, 또 남녀 공학을 실시한 최초의 학교였으리라.

점진 점진 점진 기쁜 마음과
점진 점진 점진 기쁜 노래로
학과를 전무하되 낙심 말고
하겠다 하세 우리 직무를 다

안창호가 지은 점진학교 교가는 노래 짓는 기교에 있어서도 흥미있다. '점진'을 겹하여 놓은 것, 끝 줄에 문장 구성 부분을 뒤바꾼 것 등, 그 당시의 정도로 보아 놀랄 만한 일이요 작자의 독창력을 보여 준다.

'점진'이라는 교명은 안창호의 실력 배양주의, '힘이다—힘을 기르자'는 그의 평생 신조의 첫번 표현이다. 독립협회의 불꽃이 사라지고 나서 교육에 의한 준비 시기를 가지자는 것은 안창호다운 생각이었다. 점진이란 뜻은 단순히 급진(急進)에 대조되는 것이 아니다. 훗날 나라를 잃게 된 뒤에 당장에 총을 들고 싸우자는 이들을 급진론자(急進論者)라 하고, 기회를 기다리며 준비하자는 도산을 완진론자(緩進論者)라고 하는 이도 있거니와, 도산이 말하는 점진은 천천히 나가자는 뜻이라기보다도 나날이 조금씩 나가자, 꾸준히 쉬지 말고 나가자는 의미라고 보아야 한다.

"점진 공부는 도산의 수학 태도였다."고 춘원은 말한다.

그가 애국자의 사표 될 것을 스스로 기약하고 육십 평생에 나날이 새로운 점진 공부를 계속한 것은 사실이요, 또 아무리 도산이 스스로는 자기를 부족하게 생각하였다 하더라도 그가 도달한 경지로도 우리가 앙모하고 따라가기에 넉넉한 높이와 깊이가 있었다(《도산 안창호》 하권 2장 〈송태산장〉).

십년 생취, 십년 교훈(十年生聚, 十年教訓)이란 말을 도산이 늘 사용하였거니와, 점진이라 말의 뜻이 그것이라고도 할 것이다.

점진학교는 최광옥(崔光玉) · 이석원(李錫元) 등이 교원으로 있었는데, 교장 안창호의 엄격한 교풍 수립 태도에 모두 '혼이 나고' '무서워했다'는 것이다.

창호는 또 그 고장에서 강변을 메우는 일(河川埋築工事)도 착안하였다. 이런 사업들이 다 그가 만 21세 되던 무렵의 일이다.

이런 사업을 착수한 지 3년 만에 그는 숙원인 미국 유학의 길을 떠난다. 반쯤 완성된 매축 공사는 백씨에게 맡기고, 학교 경영도 다른 동지에게 맡기고 태평양을 건너게 된다. 여기서 이 전기는 다음 장으로 넘어가게 마련이다. 끝으로 몇 가지 일화를 적기로 한다(점진학교는 후에 기독교 장로교에서 인계하여 일제 시대에도 계속되다가 해방 후 공산 정권의 손으로 폐쇄되었다).

서울서 독립협회 청년들이 잡혀 갇히는데(이승만은 이 때에 투옥되어 《독립정신》이란 책을 저술함), 고향으로 내려온 안창호는 왜 구금되지 않았는가 함에 대하여는 외국인 관계와 교회 관계가 있어 잡지 않았다고 한다. 그 당시 예수교와 그 선교사의 존재는 관헌의 탄압을 모면하는 일종의 피난처가 되었던 것이다.

이 무렵부터 안창호는 위장병이 있은 모양이었다. 나이 많은 뒤에 항상 위장이 좋지 못하여 고생하였고, 최후에 병원에서 별세할 때 병의 일부도 위하수증(胃下垂症)이었다. 이강이 뱃고지 임기반 집에서 안창호를 처음 만났을 때 창호는 체증이 있어서 밥강정을 달라 해서 먹는 것을 보았다 하고, 집주인 할머니가 "저 놈은 오기만 하면 밥강정을 달란다."라고 핀잔하는 말을 들었다 한다.

미국 갈 여비를 장만하기에 골몰하면서 창호는 "독립협회 당시만 같아도 문제가 없는데 세상 인심이 이렇게 냉정해졌다."고 우울한 말을 여러 번 하였다. 여비 관계로 안창호는 혼자서 미국에 가서 돈을 벌게 되면 약혼한 처녀를 데려가기로 계획을 세웠으나, 장인은 자기 딸보고 "이번에 안창호를 놓치면 아주 잃어버릴 테니 꼭 따라가야 한다."고 '충동' 하였다 한다.

여비가 모자란다는 핑계에 대하여 장인은 "딸의 여비는 내가 장만한다."고 대들었으나, "같이 가면 공부에 방해가 된다."고 끝까지 혼자 갈 의향인 것을 알자, 장인은 서울의 언더우드를 찾아 부탁하였다. 언더우드의 권고도 안창호가 잘 듣지 않으므로, "정 그러면 미국 못 가게 방해하겠다."는 '협박' 에까지 이르러 "방해할 테면 해보라."는 충돌이 일어났으나, 언더우드 씨가 사정 전술로 바꾸어서 겨우 동행하기로 되었다 한다.

언더우드 씨와 안창호의 교제는 전부터 긴밀하여, 양주삼(梁柱三)이 미국 유학을 간 것도 안의 소개로 언더우드가 주선한 것이라 한다. 미국 가기 위해 서울로 올라온 창호는 계속 언더우드 학당에서 공부를 하고 있은 것이다. 동행으로 작정되매, 결혼식을 올리는 것이 좋겠다 하여 김윤오(金允五)의 주선으로 서울 제중원에서 밀러 목사의 주례로 결혼식을 올렸다. 바로 인천에서 배에 오르기 전날이었다.

1902년(壬寅) 9월, 안창호는 신혼한 아내와 이미 미국 가 있는 장경(張慶)의 아내와 딸을 대동하고 태평양을 건너니, 그의 나이가 만 24세, 처의 나이 만 19세였다.

'교육학을 전공하여 교육자가 되겠다.' 는 청운의 뜻을 품고 하와이를 거쳐 미국 상항(샌프란시스코)에 도착한 것이 그해 10월 14일 이다(《재미 한인 오십년사》 183쪽). *

이강(李剛)의 사적은 나중에 기록하겠거니와, 그의 오촌 숙부되는 이로 이병확(李秉確)이란 분이 있었다. 그분이 이강보다도 교회에 먼저 다닌 탓으로 안

* 안 부인의 말에 의하면, 미주에 처음 도착한 항구는 시애틀이었고 4, 5일 후에 그 배로 샌프란시스코로 갔다 한다.

창호와 먼저 알게 되고 막역한 친구가 되어 독립협회 지회에서도 같이 일하여 생사를 나누는 사이여서, 이강에게 안창호의 이야기를 들려 주었다 한다.

"안창호는 나라를 위해서 일하는 사람인데 주위 사정이 마음대로 안 되어 몹시 고생한다."고 그는 말하였다.

이병확은 얼마 후에 활빈당(活貧黨)에 들어서 활동하다가 관문에게 잡혀 죽었다. 활빈당은 박영효가 일본에서 돌아와 비밀히 조직하고, 어떤 절에 근거를 두고 동지를 모아서 순사 장복으로 변장하고 부자를 납치해다가 운동 자금을 모으려 한 것이라 한다. 사람을 모아 보내라는 기별이 독립협회 평양지회에도 왔으므로 회장이었던 한석진과 필대은 등은 청년들을 보냈는데 모두 잡혀 죽거나 고생을 했고, 안창호는 청년들이 가겠다는 것을 "아직 그 일에 자신이 없으니 가지 말고 기다려 보라." 하여 희생자가 없었다 한다.

미국 유학의 목적에 대하여 홍사단 사건 예심 조서에 이런 문답이 있다.

문: "피고는 어떤 목적으로 미국에 유학하였는가?"

답: "미국에서 교육학을 연구하고 돌아와 국내에서 교육사업에 종사하려는 생각과 기독교의 오의(奧義)를 연구하려고 도미하였던 것이다."

문: "피고가 특히 미국을 택하여 유학한 이유는 무엇인가?"

답: "그 때 본인은 기독교에 관계하여 미국 선교사에 지인이 있은 것과, 본인은 무산자이므로 고학하지 않으면 안 될 사정인 바, 이에는 미국이 가장 적당하다고 생각하였으므로 미국을 택하였던 것이다."

문: "밀러는 어떠한 관계의 사람이었는가?"

답: "그 사람은 본인이 통학하던 원두우 학교의 교장이요, 또 미국 선교사이므로 동인의 주선으로 본인이 도미하였던 것이다."

도산의 약혼시절에 관하여 그의 부인은 다음과 같이 술회하고 있다.

헬렌 安女史는 平南 강서에서 태어났다. 8세 때 生母를 여의고 고모할머니 손에서 귀여움을 받으면서 곱게 자랐다.

安女史의 父親은 선비였다. 동네에서 書堂을 차리고 글을 가르쳤다. 이 때에 書堂에 드나드는 똑똑하고 잘난 생원이 있었으니, 그가 바로 島山 선생이다. 安女史의 父親은 어린 학생(島山)을 누구보다 사랑했으며, 장차 큰 人物이 될 것이 틀림없다고 장담했다. 그래서 安女史의 父親은 島山을 자주 집으로 招待했고, 마치 한집안 식구와 같이 지내게 되었다. 安女史는 고모할머니의 사랑을 독점한 채 마음껏 어리광을 부리면서 다른 동네 어린이들과 같이 뛰놀며 불편없이 커 갔다.

아내를 일찍 잃은 安女史의 父親은 再婚하여 새로운 生活을 시작했다. 安女史는 長女, 그 밑으로 동생이 둘.

어머니의 정에 굶주린 安女史는 몹시 서모*를 따랐으며, 서모 역시 사랑해 주었다. 집안에서는 동생들의 시중 들기, 그리고 서모의 일을 돕는 것을 즐겁게 생각하고 있었다.

고모할머니는 늘 安女史를 이렇게 말했다.

"계집애가 사내같이 마음이 툭 틔었단 말이야!"

安女史는 어릴 때부터 속이 좁지 않아서 동네 어른들의 話題가 되어 있었다. 누구에게나 미움을 받지 않는 구수한 면을 가지고 있었다. 서모도 자식을 낳아 주었다.

安女史는 동생이 넷이 되었다. 그럭저럭 세월이 흘러 安女史가 열세 살이 되었다. 집안에서는 書堂에서 뛰어나게 글 잘할 뿐 아니라 동네에서 이름난 美男(島山)을 사위로 맞아야 하겠다고 서둘렀다. 父親을 비롯하여 고모할머니까지 집안에서 모두 일치된 생각들이었다. 그 때 島山 선생의 나이는 18세.

島山 선생은 아버지를 일찍 여의고 할머니 손에서 자랐다. 3형제 중 막둥이였다. 安女史가 13세 때에 約婚을 했다. 約婚을 서두른 데는 다음과 같은 에피소드가 있었다.

하루는 온 집안 식구들이 교회로 가는 어떤 日曜日, 그 때 島山 선생도 끼여 있었다. 가는 길에 한 女人을 만났다. 그 女人은 머리에 점심밥을 이고 밭으로 가는 길이었다.

머리가 빠질 지경으로 무거운 짐을 이고 가던 女人이 島山 선생과 마주치자 정신 없이 바라보는 것이었다. 女人의 앞을 지나서 꽤나 떨어진 거리에 왔건만 그 女人은 斷念하려 하지 않고 머리에 짐을 인 채로 뒤를 돌아보다 그만 점심밥을 몽땅 땅에 떨어뜨리고 말았다. 같은 동네 강서에서 이 만큼 島山 선생은 동네 女人들의 선망 憧憬의 대상이 되었으며, 그 때부터 話題를 모으고 있는 靑年이었다.

約婚時節을 回想하여 安女史는 다음과 같이 말하고 있다.

---

* 곽림대 선생은 도산의 부인은 계모 밑에서 자랐으므로 여기의 서모는 계모의 착오라고 지적한 바 있음.

“집에 오셔서 식사도 하고 놀기도 하셨는데 자꾸 나를 놀리기만 했어요. 그분이 아니고 집안 사람들이 그러면 나는 부끄러워서 멀찌감치 나가 있었지요. 앞에서 똑똑히 그이 얼굴을 쳐다본 일이 없답니다. 그저 그이 뒤를 바라보기를 좋아한 것 같애요.”

어린 安女史의 마음은 흐뭇했다. 그것은 동네 女人들의 關心을 모으고 있는 島山 先生이 자기 사람이 되었기 때문이다. 무엇이든지 하라는 대로 하고 싶은 心情이다. 島山 先生은 將次 자기 아내가 될 사람이니 공부해야 한다고 했다. 지금부터 61年 前. 女人이 신식 공부를 한다는 것은 想像할 수도 없는 일이었다. 허나 安女史는 서울 정신학교에 入學하기 위해서 勇敢히 동네를 떠났다. 3년간 꾸준히 공부했다. 허나 安女史의 고모할머니는 공부를 그만 두고 돌아오라고 독촉이 심했다. 한동안 安女史는 버티었으나 別道理 없이 平壤으로 돌아오게 되었다. 그 때 安女史宅은 江西에서 平壤으로 옮기고 있었다. 돌아와서 얼마 후 不幸히도 安女史는 열병을 앓았다. 머리가 모두 빠지고 몹시 모양이 흉했다. 처음으로 무서운 病魔의 苦痛을 겪었다. 허나 安女史를 더욱 괴롭게 한 것은 約婚者 島山 先生의 뜻밖의 發言이었다.

“공부하러 美國으로 떠나겠는데, 10年 후에 돌아와서 당신과 婚姻하리다.”

安女史는 당황했다. 10年 후란 말을 들었을 때 安女史는 아찔했다. 그러나 다음 순간 담대하게 島山 선생을 따라갈 決心을 했다. 그 당시로선 約婚만 한 處女가 國內도 아닌 外國으로 約婚者를 따라 나선다는 것은 상상할 수도 없는 일이었으나 그 길밖에 없다고 생각했다.

“죽으나 사나 당신을 따라 가겠쇠다.”

이 말에 島山 先生은 깜짝 놀랐다. 島山 先生은 어느 郡守가 마련해 준 旅費만을 가지고 겨우 떠나는 길인데 아내 될 사람이 따라 나선다니, 旅費도 旅費려니와 여러 가지 걱정이 더했을 것은 말할 것도 없었다. 허나 安女史의 父親은 빚을 내서 딸의 旅費를 마련했다. 仁川教會에서 그 當時의 宣教師였던 밀러 夫人 도티씨를 우연히 만났다. 도티 夫人은 安女史가 島山 先生을 따라서 美國으로 간다는 말을 듣고 깜짝 놀랐다. 그 때 安女史는 ‘소제’라는 別稱으로 알려져 있었다.

“소제가 그 사람과 美國 간다니 무슨 소리요? 婚姻을 하고야 美國땅에 내릴 수가 있지. 어찌 처녀·총각으로 갈 수 있단 말인가.”하고 걱정하였다. 그 당시 島山 先生은 한국에 있는 宣教師들에게 好感을 사지 못했다. 왜냐하면 宣教師들은 地上의 일을 無視하고 天堂 가는 것만을 가르치고 있는데 反하여, 島山 先生은 이 民族을 위해서 地上에서 해야 할 일이 너무 많다고 主張했기 때문에 宣教師들이 믿는 方法을 찬성하지 않고 있었다. 安女史는 도티 夫人의 알선으로 서울 제중원(현 세브란스)에서 結婚式을 올렸다. 열병을 앓음으로 해서 머리가 짧아진 安女史는 다래를 세 내어다 머리에 붙였다. 비녀도, 옷도 세를 내어 입었다. 옷은 연두색 회장 저고리에 다홍 치마를 입었다. 신랑측 대표로는 김필순 씨, 신부측 대표로는 송석준 씨가 나섰고, 선교사 밀러 씨의 主體로 엄숙히 式은 擧行되었다. 허나 島山 先生과 安女史는 하나님 앞에서 夫婦가 되었을 뿐 저녁의 잠자리는 서로 各各 따로 했다.

新郞과 新婦를 위해서 온갖 便利를 周圍에서 봤지만 島山 先生은 應하지 않았다. 理由는 남의 신세 지기를 매우 싫어했기 때문이다. 서울에서 式을 올린 이튿날에 다시 길을 떠났다. 일주일 후에 日本에 到着, 그 곳에서 처음으로 신방을 차렸다. 며칠 동안 묵으며 安女史는 새 가정의 분위기와 島山 先生의 사랑을 마음껏 차지할 수 있었다. 安女史는 70 平生을 回顧하여 이 때만큼 즐겁고 幸福했을 때는 다시 없었다고 잠시 追憶에 잠기는 눈빛이었다.

다시 배에 올랐다. 20일 동안 배 안에서의 生活에 따른 船客들은 지칠 대로 지쳐 있었지만 安女史는 島山 先生을 바라보는 것으로 지칠 줄을 모랐다.

"島山 先生은 신비스러운 男性이었쇠다. 만나면 도무지 말이 나오지 않고 돌아서면 限없이 곱고 좋기만 했으니깐.…… 지금도 무엇이라고 딱 잘라서 이야기할 수 없지만, 눈에 보이지 않는 强한 힘이 그만 나로 하여금 父母兄弟, 그리고 지극히 사랑해 주던 고모할머니를 모두 남겨 둔 채 異域萬里길을 떠났으니……."

이렇게 말끝을 흐리는 安女史는 無限히 感懷가 깊어 보였다(《동아일보》 1963년 3월 15일 · 19일).

제3장

귤을 따도 정성껏

첫번 미주(美洲) 시절 (만 24~28세)

미국 가주(加洲)로 건너 간 도산은 가사 고용인(家事雇傭人)으로 생활을 유지하면서 일시 노학생(老學生)으로 미국인 소학교에 입학하였으나, 상업과 노동에 종사하는 수십 명 재류 동포(在留同胞)를 조직 · 지도하는 사업이 급무(急務)임을 보고 이에 착수하여 친목회와 노동 캠프를 세웠고, 그것이 발전되어 공립협회(共立協會)가 되고 《공립신보》(共立新報)을 창간하여 동포의 교도에 전심하게 된다. 이리하여 도산의 학업은 불행히 중단되었으나, 재유동포의 생활과 경제가 일신(一新) · 안정되었다.

러일 전쟁의 결과로 조국이 일본의 보호국이 되는 소식을 듣고 도산은 구국운동을 일으킬 목적으로 가족을 남겨 두고 귀국하였으니, 도산 만 29세의 일이다.

이 사이 약 5년간을 '첫번 미주 시절'이라고 하여 둔다.

며칠 밤을 자고 일어나 내다보아도 푸른 물과 흰 거품만 둘러 있는 망망한 바다, 동으로 동으로 가기만 하면 아메리카 대륙에 부딪칠 것은 지리에서 배웠고, 바다를 건너온 선교사에게 실지로 들어 알건마는 뱃길을 잘못 잡지나 않았나 의심도 날 만큼 지루한 10여 일, 육지 구경을 다시는 못 하고 푸른 바다를 영원히 맴돌이할 것으로 단념하게 된 어느 날 아침 동편 하늘 수평선 구름 사이를 뚫고 불룩 솟아오른 산봉우리가 안창호의 눈과 가슴에 뛰어들었다.

육지다 ! 하와이다 ! 미국이다 !

민족을 패망의 길에서 건져내겠다는 엉뚱한 꿈을 간직한 청년 안창호는 자기가 짜 놓은 순서지의 첫 곡목의 지휘봉이 휙 올라가는 감이었으리라. 이 순간의 인상이 그의 아호 도산(島山), 섬봉우리의 유래라고 한다.

그러나 운명의 순서를 짜는 자는 따로 있었다.

제1차 미주 생활 5년간에 도산은 계획하였던 학생 생활은 못 하고 이민으로 가서 있는 동포들을 조직 · 훈련하는 데 모든 정력을 빼앗겼다. 조직 · 훈련할 만한 자료가 눈앞에 있는데 아니 하고 공부만 열중할 수 없음이 도산의 천성이었던 모양이다.

상항(桑港: 샌프란시스코)에 상륙하자 이민국의 검사를 받게 되는데, 건강 진단하는 미국인 의사 드류는 앞서 한국에 갔던 일이 있어 도산과 아는 사이인지라 우선 첫 직업으로 그 의사 집에서 하우스보이가 되었다. 그리고 어학을 준비하기 위하여 공립 소학교에 다녔다. 아내가 있는 25세의 동양 청년은 10대의 미국 소년들 틈에 끼여 몸집에 안 맞는 책상과 의자가 거북살스러웠다.

당시의 학교 생활에 관한 에피소드가 다음과 같이 전하여 있다.

노학생(老學生)

도산 안창호 선생의 청년 학도 시대는 갑오년 난리가 한참 야단 법석을 이루고 있는 때에 고향 강서에서 배우던 한학을 집어치우고 원대한 포부와 경륜 밑에서 경성에 올라가고 원두우 박사가 창립한 경신학교(儆新學校)에 입학한때부터 시작된다.*

도산 선생은 경신학교에 입학하자 설립자인 원두우 박사에게 영어를 배우는 것과 동시에 학생들을 가르치게 되어, 절반은 학생, 절반은 선생의 역할 밑에서 몇 해를 경과했던 것이다.

물론 40여 년 전인 옛날의 일인 터이므로 경신학교는 서당(書堂)과 지금의 보통학교를 절충한, 다시 말하면 지금의…… (원본에 12자 탈자(脫字)…… 학교이었으며 70여 명의 학생이 있었는데 전부가 상투를 짜고 망건에 갓을 썼든가 그렇지 않으며 머리를 땋아 내린 후 댕기를 틀고 다녀서 사실로 지금의 서당 아이들보다도 모양이 창피할 정도였었다 한다.

그러나 이 시대의 학도들의 기풍이란 것은 실로 지금 학생들로서는 상상도 할 수 없을 만큼 활발하고 씩씩하였던 것이다.…… 누구나 자기를 위하고 각자의 향락을 취하고자 하는 사람은 한 명도 없었고 어떻게 하면 민족을 잘 인도하고 사회를 빛나게 할 수 있을까? 배운 후 자기의 몸을 민중을 위하여 바치겠다고 하는 불타는 생각뿐이었었다는 것이 그 시대의 학생 기분이었다.

---

* 실상은 경신학교의 전신인 구세학당(救世學堂)이요, 원두우 학교라고 통칭하였다.

그래서 그 시대의 학생은 누구나 자기가 조선 안에서 공부를 하든가, 그렇지 않으면 외국에 가서 공부를 하는 목표가 전부 이 생각뿐이었었고, 또…… (원본에 10자 탈자)…… 부모들이나 그 동리…… (원본에 10자 탈자)…… 기대를 갖고 있었던 것이다.…… 도산 선생이 미국에 건너가기는 스물 세 살 적인데, 건너가던 해에 어떠한 그라마 스쿠울에 입학을 해 가지고 공부를 시작했다.

그런데 어떤 날 그 곳 신문사에서 기자 한 사람이 찾아와 선생의 사진을 찍고 선생의 경력을 전부 물어 가지고 가더니만 그날 석간에 '기특한 조선 노학생(老學生)'이란 사단 제호 밑에서…… (원문에 일부 탈자)…… 보다 조금 격이 높아서 조선에 비하면 보통학교보다 조금 급이 높은 고등과와 같은 것이나 좌우간 소학교는 틀림없었고, 이 학교에서는 18세 이상은 절대로 입학을 허가하지 않는 만큼 도산 선생은 여교장으로부터 퇴교 명령을 받았다.

그래서 선생은 여교장을 면회하고 별별 하소연과 애걸을 다해 보았건만, "당신은 23세이니(만 23세) 공부시킬 수 없소."의 한 마디로 끝끝내 거절당했고, 최후에 이 여교장은 그 곳 학무 과장에게 소개 편지를 써주면서 거기 가서 졸라 보라고 이야기했다.

도산 선생은 그래도 일루의 희망을 가지고 예의 학무 과장을 찾았더니, 뚱뚱보 학무 과장 영감장이는 떡 버티고 앉아서 첫마디부터 마지막 마디까지 "노우―노우―"를 반복할 뿐.이래서 간신히 입학했던 것을 신문 기사로 그만 퇴교 처분이 결정되고 말아 노학도(老學徒)의 비탄이 적지 않았었다고 한다.

그러나 어쨌든 공부는 해야 되겠으므로 둘째 번 다른 학교에 입학을 하고자 했으나, 이 학교에서도 역시 연령이 많다고 퇴짜를 놓아 현하 조선의 취학 연령 아동이 공부할 때도 입학할 학교가 없어 문맹으로서 지나게 되는 예와는 근본부터 처지가 다르다고는 할 수 있으나, 입학 허가할 학교가 없어 선생에게도 퍽 곤란을 느끼게 되었다고 한다.

일이 여기에까지 미치니 선생이 하숙하고 있던 주인집 영감은 "그대는 동양 사람이므로 키도 작은데 정직하게도 스물 셋이라고 고집을 부리지 말고, 슬쩍 열 일곱 살이라고 넘기어 버리라."고 하면서 저런 푸울리시(미련하다는 뜻)가 또 어디 있으냐, 떠들어 대었으니, "나로서는 입학을 못 하면 그만 두었지, 연령을 속일 수 없다."고 대답하여 그 집 주부에게 동정을 얻게 되고, 무엇 때문에 남에게 거짓말을 하라고 권고하는가 하면서 부부싸움까지 생기는 희극까지 한 막 생겼다고 한다. 그러나 세 번째 입학하려는 학교에서는 여교장이 아주 삽삽하고 이해가 많아서 입학 시문에 연령 초과 문제가 도무지 없이 무난히 패스되어 공부를 하게 되어 우리와 같은 사정 밑에서 미주 학도 시대를 갖게 되었으나, 몇 차례의 축출 명령을 당하다가 초부 득삼이란 말과 같이 세 번째에야 입학 통과가 되어 한쪽으로는 기쁨도 없지 않아 여교장에게 "어째서 이 학교에서는 나를 내쫓지 않고 입학을 허가했는가."고 물었더니 여교장 대답이 "그것은 해석 여하에 있을 뿐, 17세까지 입학을 허가한다는 것은 미국 학생에게 국한된 문제이지 동양 사람에게 적용될 것은 없지 않느냐"는 답변이어서, 같은 미국인이라도 하후 하박을 생각할 수 있었다 한다.

이러한 모든 경과는 선생의 미주 학도 시대의 짧막한 에피소우드도 되려니와, 무엇 때문에 선생이 기어이 그라마 스쿠울에 입학을 하려고 애를 썼나? 여기에 대하여 선생의 이상과 그리고 그 때의 기분은 소학교로부터 시작하여 중학교, 대학교, 이렇게 계단 밟아 가면서 '미국의 학교를 공부해 보자'는 생각, 다시 말하면 미국의 교육 행정(敎育行政)을 직접 체험해 보고 상세하게 연구하여 조선에도 그 장점을 적용하고자 생각했던 것뿐이지, 정말 그라마 스쿠울에서 공부를 못 해서 축출을 서러워했던 것도 아무것도 아니었던 것이었다 한다(《조선일보》 1937년 1월 3일, 〈그들의 청년 학도 시대, 안창호 선생〉).

가주 하변(加洲河邊)

얼마 후 도산은 나성(羅城, 로스앤젤리스) 근방으로 이사 가서 하변(河邊, Riverside의 번역)에 거주하면서, 자기는 가사 고용인으로 생활비를 벌고 아내를 중국인이 설립한 학교에 다니게 하였다.

당시 상항에는 20명도 못 되는 한인들이 살았다. 하와이 이민이 1902년에 시작되었으니 아직 그들이 미국 본토에 들어오지 못했고, 오직 인삼 장사 하러 흘러들어온 이가 약 10명, 고학을 목적으로 도산과 비슷한 길로 바다를 건너온 이가 10명 가량이었다. 그 중에는 도산과 같은 시골서 온 이강(李剛)·정재관(鄭在寬)·김성무(金聖武) 등 학생도 있었다.

인삼 장사는 주로 중국 사람들에게 인삼을 파는 것인데, 상투를 틀고 있어 학생들은 그들을 '상투'라고 별명 지어 깔보았고 학생들은 머리를 깎았으므로 인삼 상인들이 그를 '깍아대기'라고 이름 지었다. '상투와' '깍아대기' 간의 암투도 있었거니와 '상투'들은 각 지방에 인삼을 팔러 나갔다가 돌아오면 술 먹고 싸우는 것이 일과처럼 되었다.

어떤 이는 도산더러 인삼 장사를 같이 하자고 하였다. 그러나 도산은 이를 거절하여 말하기를, "내가 보니 중국 인삼을 사다가 고려 인삼이라고 속여 파는 것이니, 나는 거짓말 아니 하기로 결심한 사람이라, 나와 내 가족이 비교적 평안히 살기 위해서 거짓말을 할 수는 없다."고 하였다.

상항에 상륙한 지 얼마 안 되는 어느 날, 도산은 길에서 '상투' 두 사람이 서로 상투를 붙들고 싸우는 것을 백인들이 재미난다고 둘러서서 구경하는 광경을 보았다. 도산이 싸움을 말리고 싸우는 연고를 물어 보니, 그들은 물론 가게를 가진 일이 없고 행상으로 장사를 하는데 맡은 구역을 침범했다는 것이다.

도산이 상항에 사는 20명 내외의 동포들의 생활을 샅샅이 조사해 보니, 그들의 생활 상태가 백인이 보는 데서 한국민의 체면을 유지할수 없음을 발견하였다.

"이것은 국민의 수치다. 미국 사람들은 한국인을 야만으로 보고 한국은 독립할 자격이 없다고 볼 것이다. 이들을 잘 지도하여 모범이 되게 하여야만 한국이 독립 자격이 있다는 것을 세계에 알릴 수 있다."

이리하여 그는 공부 목적을 중단하였다. 동지인 이강 · 정재관 · 김성무 등에게는, "공부도 해야겠지마는 이왕 늦은 공부니 한 3년 더 늦어도 큰일 없오. 우선 시급한 노동 주선과 생활 지도의 일을 해야 하겠소."

"그러면 우리 세 사람이 노동하여 도산의 생활비를 댈 터이니, 목적을 달할 때까지 이 사업에 전력하시오." 하여 희생의 3년 사업이 궤도에 올랐다.

도산은 비를 들고 동포들의 거처하는 집 안팎을 쓴다. 유리창의 먼지를 닦고, 철사와 천을 사다가 커튼을 달고, 창문과 문전에 화분을 놓고 꽃씨를 심었다. 동포들은 처음에 의심도 하고 거절도 하였으나 나중에는 믿고 환영하였다. 방안을 정돈하고 냄새 나는 것을 훔치고 치웠다. 주방과 변소까지 도산의 손이 갔다. 얼마 안 가서 동포들의 생활은 면목을 일신하게 되었다. 외양이 정돈됨에 따라 정신도 새롭게 되었다. 어느 새 그들은 면도를 하고 칼라와 의복에 때가 묻으면 눈에 거슬리는 것을 알고, 말할 때는 이웃집에 방해 안 되도록 나지막한 소리로 하게 되고, 이웃이 싫어할 만한 냄새나 음식이나 모양을 아니 보이려고 애쓰게 되었다.

"양코한테 왜 눌리느냐. 그놈들이 무어라든지 내 멋대로 한다."고 뽐내던 이도 "그런 것이 아니라 이웃을 위하는 것이 문명인의 도리요, 여기서 한국인이 미국인에게 불쾌하게 하면, 우리 민족 전체를 불쾌하게 생각할 것 아니냐."는 도산의 권고에 고개들을 끄덕였다.

동포들은 도산을 신임하게 되어 어려운 일이 있으면 의논하러 찾고, 음식을 만들고 초대하게 되었다. 비를 들고 변소를 치는 도산은 어느덧 동포들의 지도자가 된 것이다.

신임이 두텁게 될 무렵 도산은 인삼 장사들을 달래어 행상 구역을 서로 공평하게 정하고 한 달에 한 번씩 구역을 바꾸며, 파는 값을 협정하여 싸게 던지는 것을 방지하게 하였다. 나중에는 계를 만들어 인삼 사고 파는 것을 협동적으로 하여 신용을 세우고 이익을 보장하게 되었다. 협동 정신과 준법 정신의 훈련이었다.

이러기를 만 1년, 집을 세놓아 사는 미국 기업가에게 한인들의 생활이 변화된 것이 눈에 뜨일 만큼 되었다.

"당신네 나라에서 훌륭한 지도자가 왔습니까?"라고 그는 세 든 사람에게 물었다.

"당신네 한국인의 살림살이가 변했소. 특별한 지도자가 없이는 이렇게 안 될 것이오."

안창호라는 사람이 1년간 지도했다는 대답을 듣고 만나기를 원했다. 만나서 도산이 백발 노인이 아니고 새파란 청년임을 보고 더욱 놀랐다 한다. 집주인은 자기 집에 세 든 한국인의 집세를 1년에 열한 달치만 받기로 하고 한국인들이 모이기 위한 회관을 무료로 제공하였다.

나성에 농장 일자리가 생긴다 하여 동포들이 그리 가는 이가 있어 도산도 그리로 떠나려 하니, 상항 동포들을 위해서 친목회를 조직하여 서로 뭉치어 지금까지 해 온 일을 계속하기를 당부하였다. 이것이 미주와 하와이에 있어서 한인이 조직한 한인회의 첫 탄생이었을 것이니, 때는 1903년 9월 23일, 회장에 도산이요, 발기인이 박성겸 · 이대위 · 김성무 · 박영순 · 장경 · 김찬일 · 김병모 · 전동삼 · 박승지 등이었다. 이 친목회가 나중에 공립협회로, 다시 국민회로 발전하게 된다.

도산이 가사 노동을 하여 준 집에서 도산을 떠나 보낼 때에 무엇이든지 소원을 말하라고 하니 도산은 "내가 떠난 뒤에도 한국 사람을 계속하여 일하게 하여 달라."고 부탁하였다는 이야기도 전한다.

도산이 나성(로스앤젤리스)으로 이사 갈 무렵, 이미 하와이로 이민왔던 한인 노동자들이 몰래 가주(캘리포니아)로 건너오기 시작하였고, 그 때문에 새로 오는 동포에게 일터를 주선해 주는 일이 필요하게 되었다. 도산과 그의 세 동지는 피할 수 없이 이 일을 붙들게 되었다.

1902년에 하와이의 사탕 재배업자 연합회가 한국에서 이민을 데려오기로 계획하고, 데슬러라는 사람을 한국에 보내서 당시 미국 공사 알렌의 주선으로 한국 정부의 승인을 얻었다. 정부는 수민원(綏民院)을 신설하여, 이민 사무를 보게 하였고(총재에 민영환, 국장에 서병호), 서울 · 인천 · 부산 · 원산 등 항구처에 개발 회사(開發會社)를 설립하여 제1차 이민선이 그 해 12월 22일에 121명 일단이 인천을 떠나 일본 고베(神戶)에서 신체 검사의 결과 101명이 미국 상선 겔리크 호로 바꾸어 타고 이듬해 1월 13일에 호우놀루울루에 입항하여, 수일 후 목골리아 지방에 있는 사탕 농원에 배치되었다. 1905년까지 대한 제국 집조(執照,여행권)를 가지고 16척 선편으로 총 7226명이 하와이로 갔는데, 남자가 6048명, 여자가 637명, 어린애가 541명이었다. 그들은 예수교인을 위시하여 공부를 목적한 학생, 살림 어려운 시골 선비, 해산당한 군인 외에 머슴, 막벌이꾼, 건달들까지 합한 혼성 집단이었고 65퍼센트가 문맹이었다 한다. 하루 열 시간 노동에 69센트의 임금으로 겨우 생활을 유지하여 왔으나, 그들의 사탕밭과 농막에서의 슬프고 뼈저린 노력이 나중에 해외에서의 광복 운동의 기초가 되었던 것이다. 1905년, 보호조약이 체결되어 일본이 한국의 외교권을 빼앗은 후 이민은 중지되었다. 1910년, 대한인 국민회가 통계 낸 바에 의하면 하와이에서 도로 본국으로 간 자가 남자 964명, 여자 19명, 미국 본토로 이주한 자가 남자 1999명, 여자 12명, 죽은 사람이 45명으로, 그 당시 하와이 교민 전체 수는 이민으로 온 이가 4187명이요, 거기서 출생한 아이들이 107명인데, 이 때는 이미 자작농하는 사람과 장사하는 사람의 수가 많아 대체로 생활이 안정되기 시작하였다 한다(김원용, 《재미 한인 오십년사》).

앞서 말한 바와 같이 나성(羅城)으로 이사 온(실제로는 나성 부근 리버사이드라는 부락에 살았고, 도산은 이를 번역하여 하변이라 하였다)도산은 가정 고용인 생활을 하면서 아내를 학교에 보내고 이강 · 임준기(林俊基) 두 동지를 시켜 일자리 주선하는 일을 맡게 하였다. 이강 등은 우선 영어도 배우고 노동자

캠프 운영하는 실정도 알아야 하겠으므로 자신들이 노동 주선소의 소개로 귤 따는 농장으로 가 보니 공교로이 일본인 사사키라는 자가 경영하는 농장이었다. 후회 막급이나 부득이 거기 집을 얻고 들었는데, 농장 주인은 일본인 노동자에게 일을 먼저 주기 때문에 이강 등은 일 얻는 날보다 노는 날이 더 많았다. 농장이 인가에서 시오 리나 떨어져 있으므로 자전거를 한 대씩 월부로 사서 타고 다녔다. 모여든 한국인 노동자가 합쳐서 여덟 명이었다. 도산도 찾아와서 같이 노동하려 하였으나 이강 등이 말렸다.

일 없는 날은 집 안팎을 말끔히 소제하기가 일과였는데, 하루는 집 소유자인 미국인이 마차를 타고 지나가다가 보고, 깨끗한 주위가 맘에 들었던지, 너희들은 왜 일을 아니 하고 노느냐?"고 물었다.

"사사키가 일본 사람에게만 일을 주고 우리는 잘 안 준다."

"그러면 너희들끼리 따로 나면 될 것 아닌가?"

"그리하면 설비가 필요한데 돈이 없다."

"돈은 얼마나 있으면 되나?"

"1500~1600달러 있어야 한다."

이리하여 그날 밤 그 미국인이 이강 등과 상의하여 1500달러를 투자하기로 하여 따로이 노동 주선소를 세웠다.

"나는 이자도 바라지 않고, 신문사에 광고 교섭도 하고 전화도 놓도록 해줄 터이니 잘들 해보시오."하고 힘껏 후원해 주었다. 사사키에게 따로 캠프를 세운다고 말하니, 속으로 비웃는 낯이었다. 당장에 자전거 월부 대금을 내라고 하므로 선뜻 현금을 주니, 그제야 정말 경쟁자가 생긴 것을 깨달았는지, "전에 일을 많이 못 준 것은 당신네들이 처음이라 일에 서툴기 때문에 신용이 필요한 곳에 보내기 어려워서 그런 것이지 차별 대우한 것은 아니라."고 변명 섞어 앞으로 협력하자고 수그러졌다. 그러면 우선 쌀 두 가마니만 외상으로 보내라 하였더니 제가 끌고 왔더라 한다.

독립한 캠프를 세우고 보니 여덟 명으로는 미처 수용할 수 없이 바쁘게 되어, 미구에 열 여덟 명으로 식구가 늘고 전화도 두 대를 놓게 되었다. 임금을 찾을 때는 밀가루 포대로 두 포대나 되었다.

공립협회(共立協會)

도산은 이제 이만큼 사람이 늘었으니 "집을 따로 얻어 야학을 시작하자."하였다. 미국인 집 주인이 큰 집을 비워 주었다. 선대했던 1500달러는 한 달만에 갚았다.

이리하여 리버사이드 동리에서 18명의 한인 노동자들이 모여 공립협회(共立協會)를 조직하여 미구에 회원이 35명으로 늘었다.

도산은 또 회원을 교회에 보내기 위하여 근방 예배당들을 찾아다니면서 목사의 선을 보고, 그 중에서 가장 마음에 드는 목사가 있는 장로교 신령회 교회에 다니기로 하였다.

도산은 그 목사한테 캠프에 와서 야학을 봉사적으로 가르쳐 줄 선생을 청구했더니, 주일날 목사가 설교 끝에 지원자를 나서라고 하는데 11명이나 자원해 나섰다. 야학 학생은 5,6명인데 선생 수효가 배가 된 셈이다. 도산이 또 교사 선을 보고 그 중에서 4명을 골라서 오게 하였으나, 노동에 고단한 사람들이 야학에 성실히 나오지 못하는 것을 보고 그 지원 선생들은 틈 있을 때 언제든지 자기 집에 와서 배우라고 하였다.

노동의 기술도 늘고 신용도 점점 두터워 가므로 먼 곳에 있던 동포들이 모여들었다. 공립협회는 결의로써 경찰을 두기로 하여 생활 지도에 힘쓰게 하였다. 언제든지 회원의 집에 들어갈 권한을 주고, 9시에는 불을 끄고 잘 것, 부인들이 긴 담뱃대를 물고 거리로 다니는 것을 금할 것, 속옷 바람으로 밖에 나오지 말고 반드시 와이셔츠를 입고 다닐 것 등을 법으로 만들어 실시하였다.

강명화(姜明華)라는 사람이 이 무렵 이 곳을 방문하여 동포들의 생활을 두루 보고, "도산 선생의 공화국이 훌륭하다."고 감탄하였다.

공립협회의 자치 생활이 자리가 잡히고 회원들의 경제 토대도 점점 서게 되매, 회원들은 힘과 자신을 얻게 되었다.

"선생님, 이만하면 우리끼리 해 나갈 토대가 섰으니, 선생님의 귀중한 시간을 버리실 것이 아니라 더 큰 무대에 나가서 일을 하여야 하겠습니다."하고 다섯 사람이 버는 몫을 떼어 도산의 활동 자금을 대겠다고 하였다. 도산은 미안한 일이라고 사절하였으므로 그들은 다시,

"그렇다면 우리가 여기서 노동하는 것도 의미가 없으니, 오늘부터 해산하고 말자."고 협박 비슷이 강권하여 마침내 도산은 뜻을 결정하고 상항으로 되돌아가게 된다.

상항에 공립협회가 생긴 것이 1905년 4월 5일로 기록되어 있다. 초대 회장 안창호, 제2대 송석준, 제3대 정재관이었다. 이 때 도산의 나이는 만 27세이다.

앞서 도산이 조직했던 친목회는 공립협회에 흡수되고 사업 목적은 상부 상조(相夫相助)에다가 조국 광복(祖國光復)이 더하게 되었다. 퍼시픽 거리에 3층 집을 사서 그 해 11월 14일에 회관을 설립하였고 20일부터 《공립신보》가 발행되었다. 리버사이드에서 창설된 공립협회는 한 개의 지방회로 편입되었으며, 그 밖에 오클랜드 · 레들랜드 · 라크스프링스 등지에도 지방회가 생겼다.

후에 이강 · 김성무 등을 원동으로 파견하여 시베리아와 북만주에 원동 지회 · 만주 지회 등을 세웠으니, 이는 1908년의 일이요, 1909년에는 국민회가 창립되면서 공립협회가 발전적 해체를 하게 된다.

다시 리버사이드 시대의 이야기로 돌아간다.

새로 들어온 회원 중에는 신용 없는 사람도 더러 있어 협회의 골칫거리가 되었다. 예를 들면, 딴 지방에서 빚을 지고 도망해 온 사람이 있으면, 먼저 있던 곳에 편지하여 빚진 것을 알아 일삯 주는 날에 조금씩 떼어서 갚아 나가게 마련하니 좋지 못한 버릇도 고쳐졌다.

도산은 입버릇으로, "미국의 과수원에서 귤 한 개를 정성껏 따는 것이 나라를 위하는 것이라."고 말하였거니와, 그 말의 참뜻을 알게 되는 날이 마침내 있었다.

하루는 한국인들이 다니던 교회의 미국 부인, 어머니같이 한국인을 돌보아 주던 그이가 교회에서 도산을 대접할 터이니 오라 하여 같이 있던 다섯 사람이 소정한 시간에 갔다. 시간이 넘어도 주인인 미국 교인들이 나오지 않으므로 물어 본즉, 한국인을 다 청했는데 왜 오지 않느냐 하므로 비로소 알게 되어 15명이 더 참석하여 저녁이 시작되었다.

미국인 목사가 말하기를, "이곳서 일하는 한국인을 1년 동안 지켜보는데 모두가 좋은 사람뿐이니 놀라웁고 고마운 일입니다. 내가 여러분의 생활 내용을 우편국에 알아보니 다달이 본국으로 돈을 부치는 이가 많고, 은행에 알아보니 버는 대로 저금하여 수표를 쓰는 이도 여럿인 것을 알고, 차이나 타운에 알아보니 그런 불량한 곳에 드나드는 한국인이 없었습니다. 미국 사람도 본받아야 할 정도로 훌륭한데, 한 가지 담배 피우는 습관마저 버리면 나는 더욱 기쁘겠습니다. 야학 교사에게 물으니 영어도 진보되었고, 주일 학교 선생 말로는 우리들보다 성경을 더 잘 안다고 합니다."

한 과수원 회사 사장은 "우리 회사는 금년에 한국 형제들의 덕분으로 이익을 많이 보아 감사히 생각합니다. 그것은 한국 형제들의 지도자 도산 선생이 귤 한 개를 따도 자기 일처럼 정성껏 따라고 이야기했고, 한국 형제들이 그 말대로 잘 따 주었기 때문입니다. 가위질을 함부로 하면 귤을 상하기 쉽고, 꼭지를 길게 따서 팽개치면 다른 귤에 박혀서 흠이 생기고 그곳이 썩어 버려 손해를 보는데, 한국 형제들은 그런 일이 없도록 조심해서 따 주기 때문에 큰 이익을 보았습니다."

교인들은 한국인에게 40권의 성경과 찬미책을 기념으로 선사하고, 여자 교인들이 전부 나와 축하하였다.

도산은 대답하기를, "당신들이 도와 준 까닭으로 1년 동안 우리는 잘 지내 왔소이다. 일을 정성 들여 하려니까 자연 슬로가(더디다는 뜻) 되어 능률이 부족한 점도 있어 미안하외다. 그러나 앞으로 기술을 높이도록 힘쓰겠으니 더욱 깊은 이해로 사랑해 주시오. 그리고 다른 곳에서 일하는 우리 동포들도 당신 같은 고마운 사람을 만나도록 부탁합니다."

이 감사의 모임이 타국에서 품팔이하는 한인들에게 자신을 주고 희망과 용기를 더하게 하였다.

"귤 하나 정성껏 따는 것이 곧 나라 일이라." 하는 도산의 말이 무슨 말인지 이제야 알 듯하였다. 우리 나라가 독립하는 일도 이와 같다고 생각하였다. 캠프를 만든 뒤에 이처럼 성적이 좋아 경제적으로 넉넉하게 되어 회관 운영비와 간사들의 봉급도 전부 회원들의 회비로 충당하게 되고, 2년 후에는 더욱 협회 사업이 충실하였다(이상 주로 이강의 추억담에 의함).

1904년(甲辰, 도산이 만 26세) 2월에 아 · 일 전쟁이 터져 한국 땅은 다시 외국 군대의 발굽 아래 유린되었다. 일본군은 강제 부역으로 경부선과 경의선의 철도를 부설하면서 북진하여 여순(旅順) 요새와 봉천(奉天)성을 함락시키고, 러시아의 발틱 함대를 대마 해협에서 맞아 싸워 대승하므로 미국의 중재로 이듬해 7월에 포츠머스라는 미국 도시에서 강화 회의가 열렸다.

이 때에 하와이 교포들의 단체인 에와 친목회와 가주(加洲)의 공립협회가 협회하여 에와 측의 윤병구(尹炳求)를 대표로 하고 워싱턴에서 공부중인 이승만(李承晩)을 통역으로 하여 노·일 강화 회의에 한국 문제를 제출키로 하였다.

에와 친목회는 1905년 5월에 하와이의 오아후 섬 에와 농장에서 정원명·김성권·윤병구·이만춘·김규섭·강영소 등의 발기로 조직된 것인데, 그 목적은 항일 운동·일화 배척·동족 상애였고, 회장은 정원명이었다(《재미 한인 오십년사》 90쪽).

우리 대표가 당시 대통령 디오도어 루즈벨트에게 노·일 강화 회의에 참석할 것을 요구하였으나, 그는 한국 공사의 정식 요청이 있어야 한다고 하고, 한국 공사 김윤정은 본국의 훈령이 없다고 거절하여 종시 회의 참석 요구는 실패에 돌아갔다.

처음 대표를 보낼 때에 공립협회 회원들은 도산에게 대표로 갈 것을 권고하였으나 도산은 "나는 아니 간다. 우리가 참석할 권리가 없으니 아무리 애써도 십중팔구 참석 못 할 것을 뻔히 알면서 동포들의 땀 판 돈을 쓸 수 없다. 국제 무대 구경도 하고 새 양복도 한 벌 얻어 입는 맛에 헛된 돈을 써 놓으면, 후일에 참으로 돈을 써야 할 일이 생길 때에 동포들이 돈을 내지 않을 것이다."

임치정(林蚩正)과 밤새도록 논쟁한 끝에 도산은 가지 않기로 하고 모았던 돈은 하와이의 에와 친목회로 보냈다. 도산의 생각하는 법이 독특한 실례였다.

그해(1906) 4월에 상항에 큰 지진이 일어나 퍼시픽 거리에 있는 공립협회 회관이 불에 타고 오클랜드에 임시로 본부를 옮겼다가 이듬해 상항으로 돌아오고, 1908년에 페리 가에 집을 사서 회관을 만들었는데, 이것은 도산이 본국으로 돌아온 뒤의 일이다.

대지진이 났을 때 한국 정부에서는 상항에 있는 동포들을 위하여 1900달러의 위문금을 보내왔다.

당시에 이미 을사(乙巳) 보호조약으로 한국의 외교권이 일본 손에 들어간지라, 그 돈이 일본 공사를 통해서 왔으므로, 상항에 있는 일본 영사관이 공립협회에 통지하여 찾아가라고 하였다. 도산은 즉석에서 "일본 기관을 통한 돈은 받아서 안 된다. 그러나 각처 대의원들의 의사를 물어 결정지어야 한다."하고 공함을 돌렸더니, 전원 일치로 받지 말자고 결정되어 한국 황제에게는, "진재 구제금을 보내 주어 감사하나, 우리는 별로 손해가 없으니 도로 보내노라."고 핑계하여 돌려보냈다 한다.

한번은 철도 일터에서 살인 사건이 났는데, 피해자가 한인이므로 공립협회는 송석준을 보내어 조사를 하였다. 현장에 있는 미국인은 보고서를 일본 영사관에 내는 것이 정당하다고 주장했으나, 도산이 이를 반대하여 논쟁 끝에 공립협회 총회장에게로 보고를 내었다.

이리하여 외교권을 상실한 교포들에게 공립협회는 외교적 대표 기관이 되었고, 뒤에 국민회로 발전되고 아주 나라가 없어진 때에도 여기서만은 태극기를 걸고 안팎으로 정부 아닌 정부의 책무를 맡게 되었던 것이다.

나날이 기울어 가는 조국의 운명을 멀리서 보고만 있기에는 청년 도산의 피는 너무도 뜨거웠을 것이다. 1907년 일찌감치 그는 6년 전의 희망과 결심의 뱃길을 되돌려 험란한 시국에 시달리는 조국의 땅을 다시 밟게 되는 것이니, 도산의 나이가 만 29세 잡힐 무렵이었다.

《재미 한인 오십년사》에 기록된 바에 의하면, 상항 진재 구휼금의 경위가 대략 다음과 같다.

> 1906년 4월 18일 대지진 때에 상항에 있던 동포가 53명인데 사상자는 없었고, 공립협회·대동보국회 및 한인 예배당이 소실되었다. 그 때 본국서 발행되는《대한매일신보》기사로서 일본 통감부가 상항 주재 일본 영사의 보고를 받으니, 한국인 중에 죽은 이가 24명, 상처받은 이가 84명이라 하였고, 또 한국 정부가 구휼금 4천 환을 일본 영사에게 보내서 분급하게 했다 하였다.
>
> 공립협회가 즉시 조사한 바 그 때까지 일본 영사에게서 구제금을 받은 이가 없었으나, 일본 정부의 간섭 행위를 미리 막기 위해 통고문을 발표하고《대한매일신문사》에 그 등본을 보냈다.

"…… 이번에 재란으로 인하여 회관이 소화되고 신문을 정간하는 경우에 처하였으며 동포들이 곤경에 있으나, 그러나 왜적의 간섭을 거절하는 우리로서 일본 영사가 분급하는 구휼금은 받지 않을 것이다.

재래에 일본 영사가 우리의 일을 간섭하려고 여러 번 시험하다가 거절을 당한 까닭에 우리가 곤경에 빠진 때를 기회 삼아 구휼금으로 은혜를 베풀고 우리의 마음을 사려는 것이니, 우리가 굶어서 죽을지 언정 일본 영사의 간섭은 받지 않아야 한다.

일찍이 하와이 동포와 함께 배일을 공결한 바 있고, 그 신조를 지켜야 할 것이니 우리의 회관과 신문사 설비가 지체되고 동포의 곤란이 막심하더라도 일본 영사를 경유하여서 주는 구휼금은 거절할 것이다.

1906년 4월 24일
북미 한인 공립협회 총회장 송석준"

공립협회가 일본 영사에게 질문하기를, 상항 진재에 한국인 사상자가 없는데 어찌하여 통감부에 거짓 보고를 하며 한인의 일을 간섭하는가 하니 대답이, 일본 외무성에 보고한 일은 있으나 통감부에 보고한 일이 없으며, 구제에 관하여는 5월 10일에 교회 전도사 문경호에게 일본 돈 500원과 백미 13포대, 간장 3통을 주었다 하였다. 문경호를 심문하니 처음에 부인하다가 마침내 자백하므로 7월 14일 문을 친일자요, 구제금 횡령자라고 판정하였으며 문은 도망해 버렸다.

이 소문이 본국에 퍼지니 광무 황제가 보내려던 1900달러는 뉴욕에 있는 선교부의 브라운 목사에게 보내어 상항에 있는 라클린 씨로 하여금 분배케 하고, 대한매일신문사에서 수합한 4000환은 상항에 살던 드루 박사에게 보내어 분급하였다.

여기 "하와이 동포와 함께 배일을 공결한 바 있고"라 하는 것은 이러하다. 1906년 2월 15일 한국 정부의 발표로 "해외 한인은 어느 곳에 있든지 일본 영사의 보호를 받으라." 하였으니, 이는 보호조약 체결의 결과였다. 이 때에 재미한인 공동대회를 열고 배일을 공결한 후에 하와이의 에와 친목회는 미주의 공립협회가 연서하여 배일 결의문을 선포하고 그것을 한국 정부에도 보낸 것이다(《재미 한인 오십년사》 314~317쪽).

제1차 미주 시절에 관하여 도산 부인 안혜련 여사의 추억담을 《동아일보》는 다음과 같이 기재하고 있다.

한없이 넓은 바다를 바라보며 未知의 世界를 꿈꾸던 배 旅行이 끝나고 샌프란시스코에 到着하였다. 이 때 같이 동행했던 한 婦人의 남편(韓國人)이 나와서 반가이 맞아 주었다. 그리고 그 남편 되는 사람은 島山 先生에게 이렇게 말하는 것이었다.

"이곳에서는 人蔘 장사가 괜찮아요. 中國蔘을 韓國蔘이라고 속여서 파는데 장사가 잘됩니다. 같이 同業을 하면 生活 걱정은 없을 테니 그렇게 하도록 합시다."

"나는 그렇게 할 수는 없소……."

島山 先生은 한 마디로 딱 잘라서 거절하고 말았다.

島山 先生 夫婦는 샌프란시스코에 머물기로 했다. 허나 얼마나 외롭고 고통스러웠는지 모른다. 우선 낯선 고장이고 보니 아는 사람이 없고 言語가 통하지 않고 風習을 모르고 또 가진 돈도 없고 보니, 그날 그날의 식생활이 무엇보다 급했다. 安女史는 훌쩍훌쩍 울었다. 故國을 떠나온 것을 後悔하는 것은 아니었으나, 앞으로의 生活이 너무나 漠然하여 눈만 뜨면 높이 치솟은 빌딩을 바라보며 뜨거운 눈물을 흘렸다. 그런데도 島山 先生은 열심히 동포만 찾아다녔다. 그 당시 샌프란시스코는 人蔘 장사를 하는 한국인과 유학생이 있었다.

그날 그날의 끼니조차 해결하지 못하는 눈물겨운 新婚生活이 島山 先生 婦人를 무섭게 위협해 왔다. 安女史는 일종의 공포감에 떨었다. 그것은 아무리 굶어 죽는다 해도 島山 先生은 부정과는 타협하지 않을 것을 잘 알고 있기 때문이었다. 그런데 다행한 일이 생겼다. 그것은 샌프란시스코에 있는 人蔘 장사들의 소개로 한 美國人 선교사를 알게 되었다. 이 美國人은 島山 先生 婦人을 자기 집으로 案內하고 집안일을 시키는 대신에 말을 가르쳐 주었고 식생활도 解決케 해주었다. 이 곳에서 約 3개월간 있으면서 급한 고비를 넘긴 셈이다.

하지만 언제까지나 그렇게 식생활만의 해결을 위해서 한 곳에 머물러 있을 수는 없었다. 安女史는 島山 先生에게 생활 문제를 기대할 것이 아니라, 자신이 스스로 돈을 벌어야겠다는 생각을 처음으로 하게 되었다. 그것은 자기의 生活보다도 그 堂時 人蔘 장수와 유학생들 간에 금전 거래로 인하여 甚한 트러블이 있었던 僑胞들의 일에 더욱 열중해 있는 島山 先生을 발견했을 때이다.

安女史는 샌프란시스코에 머물러 있고 싶었으나 島山 先生은 한국인들을 爲한 安全地帶를 찾아서 로스앤젤리스로 다시 옮겼다. 할 수 없이 安女史는 男便을 따라 다시 생소한 로스앤젤리스로 갔다.

安女史는 특히 음식 솜씨가 좋았다. 島山 先生은 한 가지 음식을 입에 댔을 때 그 음식에 어떤 조미료가 너무 많이 들어갔는가를 正確하게 지적해 냈다. 安女史는 로스앤젤리스에서 조금씩 돈을 모을 수가 있었다. 그것은 주로 음식을 만들어 주는 일이었다.

그러면 일정하지 않게 받게 되는 돈을 고스란히 저축해 갈 수 있었다. 차차 같은 동포를 한두 사람 사귀게 되었다. 이 때도 安女史는 걸핏하면 눈물을 흘렸다. 그래서 그 당시의 별명이 '우는 아이'로 通用되었다. 울지 말라고 해도 울고, 고생이 너무 많구나…… 하고 위로해 주어도 울고, 얼마나 많이 울었는지 모른다. 그 때를 回想하여 安女史는 이렇게 말한다.

인사가 우는 것이었쇠다. 그 때 너무 많이 울어서 그런지 그 후에 더 심한 苦痛이 왔지만 그렇게 울어 보지는 않았쇠다."

安女史는 지나치게 가냘프고 감성적인 女人은 아닌 듯하다. 남달리 담대한 데가 있고 강직한 면을 가지고 있어 보인다. 그럼에도 불구하고 거의 매일 눈물로 지새웠으니, 그 생활상을 거의 상상할 수 있다.

安女史는 로스앤젤리스에서 첫 아기 필립 安을 낳았다. 그 때 初産인지라 매우 不安했지만 入院할 形便도 못 되고 助産員을 부를 여유도 없어서 교회 구제회에서 解産하였다. 필립 安을 낳은 지 1년만에 島山 先生은 귀여운 첫 아기와 아내를 낯선 美洲에 남긴 채 다시 故國으로 떠났다. 理由는 日本이 한국을 支配할 것이 뻔하다고 생각했기 때문에 동포를 깨우쳐야겠다는 念願에서였다. 安女史는 남편의 뜻을 너무도 잘 아는지라 그대로 가게 했다(《동아일보》 1963년 3월 20일).

제 4장

한국의 혁신은 한국인의 손으로

구국 운동 시절 · 1 (만 29세)

구한국 종말기에 고국에 돌아온 도산이 무너지는 대하(大廈)를 버텨 보려고 활약한 기간은 3년 미만의 짧은 시절이었으며, 그의 나이도 만 29세에서 32세라는 약관이었으나, 보기에 따라서 이 기간은 도산 일생 중 최고의 3년간이라고 칭할 만하다. 당시 성좌(星座)와 같은 민간 청년 지사들과 손을 잡고 정치적 비밀결사 신민회(新民會)를 조직하며 표현사업으로 대성학교(大成學校) · 청년학우회(靑年學友會) · 태극서관(太極書館) · 실업회사(實業會社) 등을 세워 교육 · 언론 · 산업 등 다방면에서 민족사상의 뿌리를 깊이 심었으므로, 이것이 비록 외형으로 단명하였다 하나 민족의 혈맥에 새로운 활소(活素)를 넣어, 10년 후에 3 · 1 독립 운동으로 피어나게 된 것이다. 한국 민족의 근대화 운동이 대중의 속으로 불붙게 한 최초의 불씨가 이 3년간에 심어진 것이다. 도산을 위시한 청년 애국자들의 필사의 노력도 즉시적인 보람이 없이 1910년에 조국은 제국주의 일본의 병탄(倂呑)하는 바 되니, 합병을 앞두기 4개월 전, 도산이 정치적 망명의 길을 떠날 때 그의 나이는 만 32세였다.

1907년 새해 어느 날 저녁, 세 사람의 한국인이 미국 가주 농장 집에서 머리를 맞대고 고국의 풍운을 열심히 토론하였다. 노 · 일 전쟁의 결과로 한국을 보호국화한 일본이 하루 속히 이를 아주 삼켜 버릴 야망을 이루려고 노리고 있었다. 군대는 해산되고, 도처에서 의병이 일어나 항쟁하고 있지마는, 일본 군대의 신식 무기 앞에 희생만 늘어갈 뿐이요, 일부 어리석은 자들은 소위 일진회(一進會)를 조직하여 나라 팔아 넘길 궁리에 골몰하고 있었다. 《황성신문》(皇城新聞)은 주필 장지연(張志淵)의 〈시일야방성대곡〉(是日也放聲大哭)이라는 논설을 싣고 폐간되었으며, 민영환(閔泳煥) · 홍만식(洪萬植) · 조병세(趙秉世) 등을 위시한 많은 지사들은 분통터져 죽음을 취하고, 최익현(崔益鉉) · 임병찬(林

炳贊) 등 학자는 의병을 일으켜 싸우다가 잡혀 죽었고, 대한자강회(大韓自强會)·서우학회(西友學會) 등이 생겨나 구국 운동을 부르짖었으나 힘이 크지 못하였다.

바람 앞에 깜빡이는 등불과도 같은 조국의 운명을 멀리 편안한 해외에서 보고만 있을 수 없다는 것이 세 사람의 결론이었고, 항일 구국 운동을 조직적으로 일으키기 위하여 신고려회(新高麗會)를 조직하고, 사람을 본국에 들여보내서 민족주의를 고취하기로 합의하였다. 이 한국인은 안창호·이강·임준기의 세 사람이었다. 동지를 규합하여 여비를 장만하기로 하니, 신달윤(申達允)·박영순(朴永順)·이재수(李在洙) 등이 가입하여 노동해 버는 돈으로 뒷돈을 대기로 하였고, 호랑이 굴에 들어갈 인물은 도산이었다.

당시의 국제 정세는 우리 나라에 극히 불리하였다. 영국은 러시아 제국이 태평양으로 터져 나오는 것을 막기 위하여는 일본을 이용할 수밖에 없다 하여 영·일 동맹을 체결하고 발틱 함대가 인도양을 지나 해삼위(블라디보스톡)를 향해 북상할 때에 영국 함대로 하여금 동지나해(東支那海)를 지키게 하여 러시아 함대를 대마 해협으로 몰아 넣어 진해만에서 대기하고 있는 일본 해군의 밥이 되게 하였고, 미국은 1900년 스페인 전쟁에서 획득한 필리핀을 보호하기 위하여 일본과 비밀 협정을 맺으니 유명한 '가츠라·태프트' 각서로서, 일본은 필리핀에서의 미국의 행동을 간섭하지 말고 미국은 한국에 대한 일본의 특별 이익을 인정한다는 것이다. 이것은 1883년의 한·미 우호 조약에 위반되는 행위라고 지적되는 것이나 당시 한국 궁정 정치의 부패와 무능은 영·미 등으로 하여금 러시아의 남하를 막기 위해서 한국을 믿을 수 없고 일본을 이용할 수밖에 없다는 판단을 가지게끔 한 것이라고 해석할 것이다.

동경(東京)

귀국 도상에 오른 도산은 일본 동경에 수일간 머물렀다. 동경에 있는 우리 유학생들이 태극학회(太極學會)를 조직하고 《태극학보》를 발간하고 있었다. 이름은 학회요 학보라 하였지마는 열렬한 애국 운동 단체였고 정치계몽 잡지였다.

도산은 태극협회의 간부되는 청년들을 만나 시국을 토론하고 국내 정세에 관한 예비 지식을 얻었다. 또 그들의 청으로 유학생들에게 연설을 하니, 모두가 그의 웅변에 놀라고 감탄하여 연설가로서의 도산의 명성이 새삼스러이 퍼지게 되었다. 독립협회 시대를 사이 두기 약 10년, 그의 이름은 본국에서 잊혀 버렸던 것이니, 전날 20세 청년의 쾌변은 신기스럽다고 훤전(喧傳)되었을 것이나 오늘날 30대에 접어든 도산의 변설은 새로운 지도자를 갈망하는 대중에게 길을 잡는 샛별같이 기대되었으리라.

동경서의 일을 목격한 김지간(金志侃)의 기억하는 바대로 몇 가지 적으면,

> 도산이 미주에 있을 때부터 일본 동경에 있는 한국인 유학생들의 단체인 태극학회(太極學會)의 회보를 통하여 유학생들의 소식을 알고 있었던 모양이다(태극학회는 유학생회가 생기기 전에 있던 단체니, 유학생회는 최린(崔麟)의 주동으로 그 뒤에 만들어졌었다). 그러므로 도산은 동경에 도착하자 유학생 중의 단 한 사람의 구면이라 할 김지간을 찾았다. 김지간은 당시 태극학회 총무였고, 회장은 장응진(張應震)이었다(김지간은 이 때를 丙午년 음 6월경이라고 하나, 도산이 미국을 떠난 것이 1907년 정미(丁未) 2월이니 아마도 정미년의 착각이 아닌가 한다). 도산은 동경에서 약 1주일간 체류하였는데, 그 때 일로 기억되는 것이 몇 가지 있다. ① 태극학회 주최 환영회에 참석하여 격려 연설을 하였는데, 구국제민의 열정이 구구절절 청중의 심금을 울렸다. ② 유길준(兪吉濬)이 저술한《서유견문기》(西遊見聞記)를 읽고 그를 숭앙하였으므로, 당시 일본에 망명 중인 그를 방문하였다. 도산은 우리 나라에 국가(國歌)가 없으므로 유에게 그것을 지어 주기를 청하였으나 유는 노래를 지을 재능이 없노라고 사양하였다. ③ 역시 일본에 망명중이던 박영효(朴泳孝)를 예방하였는데, 그 석상에서 태극기의 뜻을 물으니 박은 "태극(太極)은 무극(無極)"이라고 간단히 대답할 뿐이었다(박영효가 태극기를 창안하였다는 설이 있음).

삼촌설(三寸舌)

안창호라는 사람이 일본 동경에서 장쾌한 연설을 하고 미구에 서울에 오리라는 말이 입을 건너 퍼져 가게 되었다. 그러므로 도산이 서울에 도착한 날로부터 맡겨진 사명은 서울과 전국을 다니면서 애국 정신을 연설로써 고취하는 사업이었다.

얼마 안 되어 서울의 민족주의 진영은 도산을 유능한 동지요, 지도자로 받아

들였으니 도산이 사귀게 된 선각자 중에는 언론인으로 유근(柳瑾) · 박은식(朴殷植) · 장지연(張志淵), 관리층의 유길준(兪吉濬), 청년 장교 이갑(李甲) · 이동휘(李東輝) · 노백린(盧伯麟), 민간 지사층으로 이동녕(李東寧) · 이시영(李始榮) · 전덕기(全德基) · 최광옥(崔光玉) · 이승훈(李昇薰) · 유동열(柳東說) · 유동작(柳東作) · 김구(金九) 등이었다.

도산이 귀국할 때의 목적은 주로 국내 사정을 직접 알아본 뒤에 다시 미주로 건너가 그 곳 동지들과 함께 구국 운동을 진행시키는 방략을 세우고자 함이었으나, 새로이 사귀게 된 국내 동지들은 도산에게 국내에 머물러서 전 국민을 상대로 하여 애국 사업을 일으킬 것을 굳이 권하였고, 도산도 이에 뜻을 결하고 비밀 결사 신민회(新民會)를 조직하게 되었다.

도산의 연설에 관하여《도산 안창호》의 저술자는 다음처럼 말한다.

> …… 도산의 연설이 있다면 회장이 터지도록 만원이 되었다. 그의 신지식과 애국 · 우국의 극진한 정성과 웅변은 청중을 감동시키지 아니 하고는 말지 아니하였다.
>
> …… 그는 세계의 대세를 말하고, 한국의 국제적 지위가 빈약하고 위태하여 흥망이 목전에 있음을 경고하고, 그런데 정부 당국자가 어떻게 부패하고 국민이 어떻게 무기력함을 한탄하고, 나아가서 우리 민족의 결함을 지적하기에 사정이 없었다. 지금에 깨달아 스스로 고치고 스스로 힘쓰지 아니 하면 망국을 뉘 있어 막으랴 하고 눈물과 소리가 섞이어 흐를 때는 만장이 느껴 울었다. 그러나 그는 뒤이어서 우리 민족 고유의 우미성과 선인의 공적을 찬양하여 우리가 하려고만 하면 반드시 우리 나라를 태산 반석 위에 세우고 문화와 부강이 구비한 조국을 이룰 수 있다는 것으로 만장 청중으로 하여금 서슴지 않고 '대한 독립 만세'를 고창하게 하였다(《도산 안창호》 한글판 17~18쪽).

또 그 책 초판(국한문)에 실린 서언(緖言)의 필자는 이렇게 썼다.

> 선생의 음성은 그리 높지도 않고 그리 낮지도 않은 중음계(中音階)로, 깊이가 있고 부드럽고도 약간 비장조(非壯調)를 띤 것이며, 그 변사(辯辭)는 미문 여구(美文麗句)를 택하지 아니하고 솔직 · 평명 · 간결하면서도 독창적인 표현과 구성으로 되었다. 그러므로 듣는 자가 몇 시간이라도 지루함이 없고 고성 질호(高聲叱呼)하거나 탁자를 치고 팔을 뽐냄이

없이 침착 · 순탄한 듯하면서도 마치 대해의 물결처럼 부지불각중에 고조에 달하여 청중으로 하여금 손을 쥐고 호흡이 가쁘며 '만세'를 저절로 고창하게 하는 것이었다(《도산 안창호》 3쪽).

'일 문하생'(一門下生)이란 서명으로 추억 기사를 쓴 분은 다음과 같은 사실을 전한다.

그는 독립협회 때부터 항상 열변을 토하였다. 더구나 미국으로부터 돌아와서는 경향 각지에서 계속해 장시간의 연설을 하였으므로 아무리 건전한 성대라도 결국 난치(難治)의 고장이 생겨서 목병이 되고야 말았다. 오동짓달 추운 날에도 잠시라도 말씀하게 되면 전신을 땀으로 목욕하고 눈을 감고 한동안 고민하는 것이 통례였다. 그래서 지우들과 학생들이 되도록 목을 쓰시지 말도록 간곡히 권했으나 들으려고 하지 않았다(《속편 도산 안창호》 242쪽).

이 책의 필자는 〈도산 선생의 추억〉 중에서 다음 같이 쓴 일이 있다.

기미년 여름, 상해 북경로 중국 예배당에서 도산의 환영 연설회가 있었다.

"…… 대한의 남자야 여자야, 묻노니, 너는 네 나라를 위하여 무엇을 하고 있느냐?"

이것이 그의 연설의 허두였다.

음성은 부드럽고 깊이가 있어 대양이 우러나는 것 같은 인상을 주었다. 어조는 불급 · 불완(不急不緩)하고, 격렬하다기보다도 약간 침통미가 있는 영탄조(詠嘆調)였다. 호소도 아니요, 선동도 아니요, 비분도 아닌 장엄한 애무(愛撫)라고 할까.

'친애하는 동포 여러분'도 아니고 '삼천만 동포 여러분'도 아니고 다짜고짜로 '대한의 남자야, 여자야'라고 부르는 그의 수사(修辭)는 적어도 내 귀에는 새로운 것이었다.

그의 연설은 음성이나 어조나 용어에 있어서나 언제든지 독창적이었다. 평범을 초월한 무엇이 있었다.

이러한 독창성은 그에게 있어서는 노력의 산물이라기보다도 자연스럽게 태어난 것이었다.

후일에 거듭 그의 좌담이나 연설을 듣는 때마다 나는 이런 감상을 가졌다. 그야말로 천성(天成)의 웅변가였던 것이다. 세간에 웅변학과 웅변술이 유행하고 또는 각종의 전형(典型)이 전습 · 모방되지만, 도산의 화법(話法)과 변술은 오직 도산 자신의 것이요, 누구나 흉내낼 수 없다고 생각한다.

도산의 연설은 항용 두 시간 이상 계속되는 때가 많았다. 그러나 듣는 사람으로 하여금 지루하다 생각케 하는 일이 없었다. 다른 변객이면, 혹은 삽화(揷話)며 고담이며 소화(笑話)를 섞어 장시간 군중의 주의를 끄는 방법을 취하거니와, 도산의 경우는 그렇지 아니 하였다. 그는 알맹이 있는 실사(實事)와 신복시키는 논리로써만 두 시간 이상을 계속하는 것이었다. 그러면서도 싫증 안 나게 듣게 하는 것은 언제나 그 내용이 독특하고 충실하여 군소리가 없기 때문이었다. 물론 그는 원고나 노트를 가지고 연단에 서는 법이 없었다. 순전히 머리에 기억하여서 이론을 전개하는 것이었으나, 전편의 조직과 순서와 수미 상응(首尾相應)이 간연(間然)할 데 없었다. 간혹 "오늘은 감기 기운이 있어서 머리가 분명치 못하다" 하고 이야기를 중단하고 한참씩 생각하다가 잇는 수도 있었다……(《속편 도산 안창호》 207~208쪽).

도산의 수많은 연설 중에서 세인이 기억하여 이야기하는 것이 20세 전후의 평양 쾌재정 연설과 명륜당 연설, 서울의 만민공동회에서 행한 연설(이 책 1장 참조), 30대에 미국서 귀국하는 도중에 일본 동경과 귀국 후 평양과 서울서 행한 연설 등, 그리고 40대에 중국 상해에 도착하면서 행한 북경로 예배당 연설 등이 있거니와, 그 내용은 단편적으로밖에 전해지지 않는다. 도산의 30대, 즉 신민회를 만들기 전후하여 행한 연설의 소문이 몇 가지 전해 내려오는데, 하나는 기유년(1909) 단오날 평양 칠성문(七星門) 안 광풍정(光風亭)에서 열린 강연회의 이야기다. "청중은 만 명 이상에 달하였고, 연제는 '대한의 무궁한 자본'—윤치호(尹致昊) 씨, '금일의 평양'—이동휘(李東輝) 씨였다. 활발한 이씨의 웅변에는 일반 청중이 조용하였으나, 조리는 있지만 좀 잔잔한 윤씨의 연설은 좀 혼란하였다. 이 때 도산은 등단하여 '아! 여러분, 어떤 사람은 대포와 총검으로 나라 일을 하고, 어떤 사람은 문필과 구설로써 나라 일을 하는데, 여기 오신 여러분은 다 이제 귀로써 나라 일을 하십니다……' 하고 폭포 같은 구변을 발휘하매, 만여 청중이 쥐죽은 듯이 조용하여 무사히 그 강연회를 끝막았다."고 하는 것이다(《속편 도산 안창호》 237~238쪽).

귀로 나라 일을 한다는 구절에 대하여 더 자세한 기억을 전하는 이가 있다.

나라 일을 하는 데는 여러 가지가 있소. (평양 시가를 가리키면서) 저 시가에서 장사하는 사람은 지금 장사로 나라 일을 하고 있고, (능라도를 가리키면서) 저 능라도에서 김을 매는 사람은 호미를 가지고 나라 일을 하고 있고, (기자묘를 가리키면서) 저 솔밭에서 나무를 하는 사람은 낫을 가지고 나라 일을 하고 있고…… 그런데 오늘 여기 참석하신 여러분은 무엇을 가지고 나라 일을 하겠습니까? 여러분은 시방 귀를 가지고 나라 일을 할 때입니다(《새벽》 1960년 11월호 〈도산을 말한다〉 참조).

이강의 말에 의하면,

선생이 미국에서 돌아와 평양에서 연설할 때 일본 사람에게 땅을 팔지 말라고 하시면서 그것은 자기 넓적다리의 살을 베어 먹는 것과 마찬가지라고 아픈 비유를 하셨습니다(이것은 광풍정 연설과 같은 것을 말하는지도 모른다. 이하 《속편 도산 안창호》 참조).

개성(開城) 연설이 유명하였다는데 무슨 내용인지는 모르겠습니다. 연설을 듣는 사람들이 모두 울었대요…… 그 때 헌병대에 있던 일본 사람 형사는 조선말을 썩 잘했는데, 그가 직무상 연설 내용을 필기하면서 그냥 죽죽 눈물을 흘리고 울었대요.

당시의 연설은 모두 좋았지만 삼선평(三仙坪) 것도 잘 되었다고 평판이 높았습니다.…… 거기서 무슨 운동회가 있어서 갔다가 연설을 한 모양입니다(삼선평은 서울 동편에 있었으니, 현재 돈암동 · 안암동 일대다).

'세상 사람들이 날더러 대감이라 하고 영감이라고도 하는데, 그 소리를 들으면 아주 싫습니다.…… 우리 나라에는 매국자가 많은데, 대감이란 것이 1등 매국이요, 영감이라 하는 것이 2등 매국이요, 나으리라는 것이 3등 매국이기 때문입니다.' 그런 말이 기억납니다.

오자일(吳子一)은 《새벽》 잡지(1954년 9월호)에 다음과 같이 기록하였다.

현재 새문안 예배당 자리(그 때는 극장이었다)에서 안창호와 정운복(鄭雲復) 두 분의 연설이 있다기에 가 보았다. 먼저 정 선생이 한 20분간하고 다음에 안 선생이 단에 올라서자 초만원을 이룬 극장 안이 떠나갈 듯이 우뢰 같은 박수가 쏟아져 나왔다. 그 당시 일본인

(日本人)들까지도 안창호는 삼촌설(三寸舌)로 백만군의 힘을 낸다고 두려워 하였으니 이로써 가히 안 선생의 웅변을 짐작할 수 있을 것이다. 마침내 입을 열자 그의 웅변은 마치 천지(天地)에서 샘이 솟듯, 삼천 단애(斷涯)에서 폭포가 쏟아지듯, 그 뿐만 아니라 그의 용자(勇姿)는 희로 애화(喜怒哀和)의 표정으로 청중을 허공 무아(虛空無我)로 끌어 갔고 감격 자분(自奮)케 하였다.

어야지야 어서 가자
무실 역행(務實力行) 배를 대고
실행돛을 높이 달아
부는 바람 자기 전에
어야지야 어서 가자
(8字未詳)

…… 이것이 몇 자 안 되나 웅변의 요지이며, 또한 선생의 신조였다. 이 연설에 감복한 나는 선생의 명령만 있다면 사(私)를 버리고 오직 복종하는 것이 영광이라고 생각하였다…….

이상이 신민회(新民會) 시절의 도산의 연설에 관한 전설들이다.

운양 김윤식(雲養 金允植)의 일기 중 1908년(융희 2년) 1월 10일자에 다음과 같은 기록이 있다.

…… 校洞으로 西北學會 開會式에 往參하다. 初에 西人*의 在京者가 西友學會를 設하고 北人**의 在京者가 漢北學會를 設하더니 이에 이르러 合하여 西北學會라 하니, 會長에 鄭雲復, 總裁에 李道宰, 總務에 金達河라. 西北人士가 雲集하여 次第로 演說할새 規模가 靜肅하고 辭氣가 淸凉이라. 最後에 安昌浩가 演說함에 娓娓數千言이 激昻感慨하여 一座가 洒然動聽하더라. 此人이 美國에 遊學하기 5年, 나이가 方히 30云이라. 現方 西北에는 구름이 열려 風氣가 日進함이 3南의 冗冗昏睡함과 같지 아니하니 甚可嘉歎이라……《續

* 黃海·平安道人.
** 咸鏡道人.

陰晴史》 하권 139쪽).

(但, 11일字 日記에, 今日事를 昨日로 誤載라 함을 보면, 이 演說은 1908년 1월 11일의 일로 짐작된다.)

前記日誌中, 同年 1月 23日 記錄에는 下午 2시 新門內 官人俱樂部에 가니, 今日은 孤兒院記念式이다. 院主 李愚濬 · 全德基 · 鄭雲復 · 安昌浩, 日本人 大坦丈夫, 鄉喬 · 崔炳憲이 次第로 演說이라 (《續陰晴史》 하권 240쪽)(雲養은 이 當時 中樞院議長職에 있었다).

1936년, 도산이 대전 감옥에서 출감한 후 평양 남산현(南山峴) 감리 교회에서 연설한 것을 기억하는 이가 있다. 그 해 가을 어떤 일요일 저녁 예배 때에 설교라는 명목으로 모였는데, 당시 감리 교회 안에 있는 에벗 청년회 평양 지방 연합회가 예배의 주최자였고, 그 회장직을 가진 정일형(鄭一亨)이 사회하였다. 도산의 연설 제목은 '나가자' 였고, 소문을 듣고 모인 예배자가 교회당 밖 뜰까지 가득 차서 1만 명 이상이 되었다고 말한다. 도산은 《구약 성경》 〈출애급기〉(出埃及記)에 있는 유태인의 지도자 모세가 유태 민족을 영도하여 애급에서 나오는 것을 주제로 하여 '나가자' 는 열변을 토하여 그 설교가 2시간을 계속하였다. 연설이 끝날 때 도산은 회중에게 다 기립하기를 청하고 '나가자!' 는 구호를 세 번 고창하였는데, 흥분된 회중이 거의 자기를 잊어버리고 구호를 목청껏 외치니 '독립 만세' 대신에 부르는 것임을 누구나 속으로 짐작하였다. 그리고 헤어질 때는 찬송가 중에서 스코틀랜드 민요 '올 랭 사인' 곡조로 된 것을 합창하였으니, 이 곡조는 애국가 '동해물과 백두산이……' 의 옛 곡조다. 연설의 내용과, 나가자는 외침과, 곡조만 표시되는 애국가—이것은 1만 명 회중이 마음에서 주고받는 무언의 독립 운동 시위였다.

급전 직하하는 시국을 앞에 놓고 도산의 생각과 새로 얻은 청년 동지들의 생각이 대립되었다. 도산은 미국을 떠날 때부터 이미 국운이 기운 것을 감각하고 십년 생취, 십년 교훈을 진지하게 추진하는 길밖에 없다는 신념을 가졌던 모양이다. 그러나 국내의 청년 애국자들은 기사회생(起死回生)의 방도가 있기를 바라고 있다고 믿으면서 어떤 정치적 변혁을 책동하기에 바빴다.

중국과 러시아의 세력이 완전히 물러가고 일본의 독무대가 된 서울 정계에 있어서 이완용 · 송병준 등의 무리는 일본의 세력에 아부하고 그것을 이용하여 세도를 부리면서, 최후의 반발을 보이는 고종 황제를 핍박하여 순종에게 자리를 내어 주게 하였고, 이용구 등 일진회(一進會)의 무리는 일본의 앞잡이가 되어 일 · 한 합방 건의서를 내는 데까지 이르게 되었다. 한편 고종 황제의 유신들인 김윤식 · 민영소 등은 병을 칭하고 두문 불출하고, 어려운 파문이 있으면 불가불가(不可不可)라고 주답하는 형편이었다. 불가하고 불가하다는 말도 되고, 불가불 가하다고 읽을 수도 있는 궤변적 대답이다.

이런 시기에 있어서 도산의 동지 대부분이 그의 원대한 국민 조직과 훈련의 방략을 이해하지 못하고 즉각적으로 정치적 수단에 의하여 정국을 타개하자는 데 열중한 것은 무리가 아니었다. 나라가 무너지는데 어느 세월에 조직하고 훈련할 겨를이 있겠는가. 때마침 일본의 통감으로 와 있는 이등박문이 궁정 정치인들을 믿지 못하는 것을 알고 민간의 청년 지사들을 시켜 국내 정치를 혁신할 의사가 있다는 눈치라 하여 최석하(崔錫夏)가 중간에 내왕하고, 세칭 급진파라 하는 이갑(李甲) · 이종호(李鍾浩) 등이 이에 호응하는 기색이었다. 이등의 생각을 믿을 수 있었든 없었든 간에 그것을 이용하여 청년 내각을 조직하고 혁신 정치를 단행하면 국운을 만회할 수 있지 않느냐고 도산의 점진론을 반박하고 대드는 형편이었다. 도산은 내심으로 이미 결론을 짓고 있은 것 같으니, 이등의 힘을 빌어 정권을 잡는다는 것은 대의로 보아서 불가할 뿐 아니라, 갑신 · 갑오의 비극을 되풀이할 염려가 있어 자칫하면 매국의 직접적 책임을 뒤집어 쓸 가능성도 있는 것이니 절대로 불가한 것이라 함이다.

1884년 갑신(甲申) 10월에 김옥균(金玉均) · 박영효(朴泳孝) 등 청년 정객들이 일본 세력의 후원을 믿고 우정국 개설 피로연에서 수구파 대신들을 암살하고 정권을 장악하였으나 사흘만에 청국 군대가 창덕궁으로 쳐들어 오게 되매 일본 군대가 패퇴하고 김 · 박 등은 인천을 거쳐 일본으로 망명하였으니, 이를 갑신정변이라 한다.

1894년 갑오(甲午), 청 · 일 전쟁이 터저 일본군이 청군을 물리치매, 박영효 · 서광범 등 청년 정객들이 김홍집 내각에 들어가 혁신 정책을 실시하려 하였으니 구세력의 음모에 견디지 못하고 이듬해 5월에 박영효는 다시 일본으로 망명하였다.

이등박문(伊藤博文)

도산은 마침내 이갑 이하 여러 동지들이 성화같이 조르는 것을 무마하기 위하여 이등과 한번 만날 것을 허락하였다. 여러 차례 회견요구를 너무 완강히 거부하면 동지들에게 화가 미칠까도 염려되고, 또 이등을 한번 만나 보면 일본의 야심의 정도와 방략을 짐작할 수도 있으리라는 등 착잡한 심경으로 회견을 응낙하였을 것 같다. 이 때 도산은 30세의 백면 서생, 이등은 66세의 노련한 정치가였다. 뒤에도 인용한 〈예심 심문기〉에 이런 구절이 있다.

> 문: "피고인은 이등 통감과 회견한 일이 있는가?"
>
> 답: "있다."
>
> 문: "회견 내용 여하?"
>
> 답: "이등 통감이 본인에게 2차의 초청이 있어 회견했다. 회견 석상에서 이등 씨가 말하되 '그대의 연설은 이 연설집(일본인이 수집한 것)에 의하여 잘 알고 있다. 그대는 열렬한 애국자니 나는 일본인이지만 그대의 조선을 사랑하는 애국열은 충분히 알고 있다. 나는 일본 유신 공로자의 한 사람으로서 조선도 훌륭한 나라를 만들려고 생각하고 있는 즉 흉금을 열고 말하자' 하므로 나는 이등 씨에게 대하여 '만일 일본이 한국을 위한다면, 한국의 자주 독립을 용허한다면, 일본은 어찌하여 한인으로서 한국 독립을 위하여 활동하는 자이면 조금도 가차 없이 그들을 체포하고 투옥하는가. 이것이 한국을 위해 주는 것인가.' 하고 불평을 말한즉, 이등은 그것은 자기의 생각을 이해치 못하는 하부의 자들이 잘못하는 일이라고 했다."

이 때의 광경을 《속편 도산 안창호》에 기록된 데서 추려 본다면—도산은 이갑(李甲)을 통역으로 하여 함께 갔는데, 이등은 때마침 '울타리 안에' 서 있다가 도산이 오는 것을 보고 '울타리 밖에'까지 나와서 맞았다는 것이다.

회담 허두에 이등은, "그대가 한국 삼천리 남북을 두루 다니면서 연설을 하니, 그 목적이 무엇인가?" 하며 고압적으로 나와 통역을 맡은 이갑이 도산의 대답이 어떨까 속으로 약간 당황했는데, 도산은 태연하게, "귀하가 50년 전에 일본 강산에서 일본을 위해 하던 그런 사업을 나는 오늘 한국에서 한국을 위하여 하려는 것이라."고 명답을 내어 놓아 이갑은 신이 나서 통역을 하였다는 것이다.

참선 문답(參禪問答) 같은 문답이 계속된다.

이등: "우리 동양 사람끼리 서로 합해서 잘해 나가야 백인들의 화를 면할 것이 아닌가?"

도산: "동양 문제를 말하자면, 일본을 대가리라 하면 한국은 모가지요, 중국은 몸뚱이라. 대가리와 모가지와 몸뚱이가 한 데 달려 있지 않고 서로 믿지 못하고 의심하여 동강이가 나 있다."

이등: "믿지 못한다는 것은 무엇인가?"

도산: "예를 들자면, 이동휘(李東輝) · 강윤희(姜允熙)를 죄 없이 여러 해 가두어 두니, 그들은 교육가라 교육가를 구금하는 것은 교육을 말라는 것이니, 한국이 일본인의 말을 믿을 수 있겠는가."

이등: "처음 듣는 일이오. 하부 관리들이 그런 일을 한 모양이니 곧 내놓도록 하리다."

이 이상 더 자세한 기록은 구할 수 없으나 도산이 기억으로 말하는 당시의 회견 내용은 대강 다음과 같다.

이등: "내 평생의 이상이 셋이 있으니, 하나는 일본을 열강과 각축할 만한 현대 국가를 만드는 것이요, 둘째는 한국을 그렇게 하는 것이요, 세째는 청국을 그렇게 하는 것이라. 일본에 대해서는 거의 목적을 달하였으나 일본만으로 서양 세력의 아세아 침입을 막을 수 없으니, 한국과 청국이 일본만한 힘을 가진 국가가 되고 서로 사이 좋은 나라가 되어야 한다. 지금 한국의 재건에 전심 전력을 경주하고 있거니와, 이것이 완성되면 청국으로 가겠노라. (이 때 도산의 손을 잡으며) 그대는 나와 같이 이 큰 사업을 경영하지 않겠는가. 내가 청국으로 갈 때에 나와 함께 가서 세 나라의 정치가가 힘을 합하여 동양의 영원한 평화를 세우자."

도산: "세 나라의 정립 친선(鼎立親善)이 동양 평화의 기초라는 데는 동감하며, 그대가 그대의 조국 일본을 혁신한 것은 치하하며, 한국을 사랑하

여 도우려는 호의는 감사한다. 그런데 그대가 한국을 가장 잘 도울 방법이 있으니, 그것을 아는가?"

이등: (정색하면서) "그 방법이 무엇인가?"

도산: "일본을 잘 만든 것이 일본인인 그대였던 것처럼 한국은 한국인으로 하여금 혁신하게 하라. 만일 명치 유신을 미국이 와서 시켰다면 그대는 가만 있었겠는가? 뿐만 아니라 유신 그것이 되지 못했을 것이다."

이등: "……"

도산: "일본이 불행히도 한국이나 청국에서 인심을 잃었다. 이것은 일본의 불행인 동시에 세 나라 전부의 불행이다. 그대가 막으려고 하는 서양 세력의 침해를 끌어오는 원인이 될 것이다. 일본의 압제 밑에 있는 한국인은 도움을 미국이나 러시아에 구할 것이요, 일본의 강성을 원치 않는 열강은 한국인의 요구를 들어 줄 것이니, 이리하여 일본은 열강의 적이 되고 동양 여러 민족의 적이 될까 두렵노라.

그대가 만일 우방의 빈객으로 우리 나라에 왔다면 나는 매일 그대를 방문하여 대선배로, 선생으로 배우겠노라. 그러나 그대가 한국을 다스리러 온 외국인이매 나는 그대를 방문하기를 꺼리고 그대와 친근하기를 꺼리노라.

일본이 한국의 독립을 재삼 보장하였고, 청 · 일, 노 · 일 두 차례의 전쟁도 한국의 독립을 위함이라 하므로 한국인은 일본에 얼마나 감사하고 믿었던가. 그러나 전승 후에 일본이 제 손으로 한국의 주권을 깎을 때 한국인은 얼마나 일본을 원수시하는가. 한 · 일 두 나라의 이런 관계가 계속되는 동안 한국인이 일본에 협력할 것을 바라지 말라. 또 그대가 청국을 거들어서 도울 것을 말하나, 그것은 한국의 독립을 회복시킨 뒤에 시험하라. 청국의 4억 민족은 일본이 한국을 보호국으로 가지고 있는 한 결코 일본을 신뢰하지 않을 것이다. 이 세 나라를 위하여 불행한 사태를 그대와 같은 대정치가의 손으로 해결하기를 바라노라."

이 회견의 결과로 직접적인 성과는 옥중에 있던 이동휘 등이 방면된 것 외에

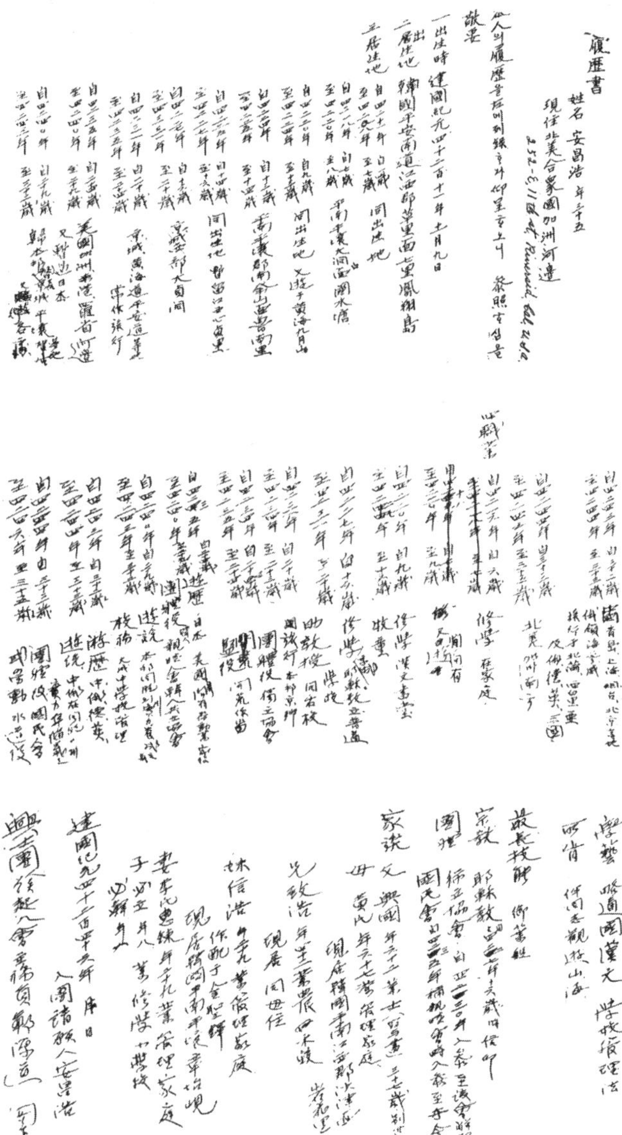

도산 안창호 선생의 자필 이력서

아무 것도 없었다. 그러나 이등은 이갑에게 "안창호는 바른 사람이요, 크게 될 사람이라."고 말했다는 것이 와전이 아닐 것 같으며, 소위 민간 청년 내각으로 하여금 혁신 정치를 시켜 본다는 안이 이등의 보고로 일본 정부측의 숙제가 되었다는 것이 사실일 것 같다. 나중에 이등박문 암살 사건이 있는 후 한국 합병을 강행하기 직전에 일본 관헌이 한 번 더 도산 내각 조직을 권고해 왔다는 것을 보면 짐작되는 것이다.

도산에게 있어서는 이등과의 회견에서 얻은 것은 일본의 국책이 이미 돌이킬 수 없는 야망의 구렁으로 너무 깊이 빠져 들어가고 있다는 것을 간파한 것이었다. 그러므로 내각을 조직하여 혁신 정치를 해본다는 것은 이등의 흉계에 빠져 마지막의 책임을 둘러 쓰는 외에 아무런 의미가 없다는 도산의 관측이 일층 확인되었을 뿐이다.

도산은 이갑 · 최석하 등에게 이등을 이용하자는 생각이 역이용을 받아서 일진회의 전철을 밟는 것밖에 아무 것도 아닌 것을 타이르고, 자기가 미국서부터 가슴에 품고 온 계획대로 실행하기로 결심하였다. 그리하여 비분 강개하고 초조히 날뛰는 동지들을 일일이 설득하여 신민회를 조직하고 대성학교를 세우게 되니, 1907년의 일이요, 도산의 나이 만 30으로 접어들 무렵이라.

제 5 장

빛나는 3년간

구국 운동 시절 · 2 (만 30~31세)

도산의 3년간 구국운동의 총본영(總本營)은 비밀 정치결사인 신민회(新民會)였음이 틀림없으나, 그가 가장 정력을 기울인 사업은 대성학교와 청년학우회의 양대 사업이었으니, 그가 대성학교의 대리 교장으로 숙소를 교내에 정하여, 서울 왕래나 전국 유세의 시간을 제외하고는 학생 훈육에 전심하였을 뿐 아니라, 대성학교의 교풍과 지도정신은 단순한 신식 교육기관이라는 데서 한걸음 나아가 민족주의와 독립 사상 수립에 있었음을 볼 수 있다. 당시 기독교 선교사들이 여러 곳에 학교를 세우고 소개하였거니와, 대성학교는 순전히 한국인의 손으로 세워진 사립 학교일 뿐 아니라, 의식적으로 구국운동의 투사 양성 기관이라는 데 특색이 있다.

이 때부터 도산은 독립의 기초가 '진실정신'에 있음을 간파하고 이를 교육의 지표로 삼았으니, 진실정신이라 함은 인격적인 성실과 사물에 대한 실질적 태도, 즉 재래의 공론화한 이학적(理學的) 생활 태도를 떠나 실학적(實學的)인 새 생활 철학을 수립하려 한 데 중대한 의의가 있을 것이다.

도산이 한말에 돌아와서 고국에 체재한 기간은 만 3년에 불과하다. 그러나 이 3년이야말로 도산의 일생에서 가장 광채 있고 보람 있는 시기였다. 도산의 나이가 만 30세에서 33세까지의 기운 왕성한 청년 시대였을 뿐 아니라, 일본 제국주의의 야심이 폭로되기 시작한 것을 보고 청년들과 국민들의 적개심은 폭발하는 화산처럼 터져 나오는 시기였다.

정치 비밀 결사인 신민회, 청년 훈련 기관인 청년학우회, 독립투사 양성기관인 대성학교, 그리고 출판 기관 태극서관과 실업 기관 마산동 자기회사가 도산의 계획으로 창립되었고, 《대한매일 신문》·《제국신문》·《황성신문》 들을 무대로 도산의 동지들은 산을 찌를 듯한 기개로 항일 언론전을 전개하였다. 일본 신문 기자가 《한성 풍운과 지사》라는 책을 저술할 정도로 서울의 거리는 청년 지사들로 현란한 정치 기상도를 그려 냈으며, 도산은 그 별들의 가운데 싸여 가장 뚜렷이 번쩍이는 별이었다. 도산의 주위에는 이동휘 · 이갑 · 노백린 등의 청년 장교도 있고, 장지연 · 유근 · 박은식 · 신재호 · 양기탁 등의 언론 투사며, 이용익의 손자 이종호 같은 청년 정객, 이동녕 · 전덕기 등 애국적 청년 운동자, 정운복 · 최석하 등의 중간적 정객, 최남선 같은 신진 문화 운동자들이 있었다. 최남선은 동경에서 도산을 처음 만나 스승으로 모시었고, 서울로 와서 신문관을 경영하며《소년》잡지를 발행하여 새로운 문체를 창작하고 새로운 문화를 수입하였다.

그는 도산이 발기한 청년학우회의 중요 간부로, 회관을 짓고 각 지방을 순회하여 지부 조직에 노력하였다. 계몽 시대의 양대 문호 육당 최남선(六堂 崔南善)과 춘원 이광수(春園 李光洙)가 도산의 정신적 영향을 받았다 하는 것은 중요하게 기억할 만한 사실일 것이다(이 책 제21장 참조)

도산의 3년간의 지방 순행과 국민 조직화 운동, 교육 운동은 일 · 한 합병으로 전부가 궤멸되고, 한국 사회는 암흑의 깊은 구렁에 빠진 것 같았지마는 그 꺼지지 않은 불씨가 10년을 지나지 못하여 3 · 1 운동으로 타올랐던 것이다. 신민회 동지들은 합병 직후 일본 관헌의 야만적인 탄압으로 이른바 105인 사건과 안악 사건 등으로 희생자가 되었으나, 그 희생은 당시의 청년 학생들에게 잊을 수 없는 깊은 인상을 주었던 것이며, 도산이 지어 부르던 노래들은 3 · 1 운동 때까지 숲속에서 몰래 불려져 애국 사상을 전파 · 보존하는 불꽃이 되었으며, 공책에서 공책으로 베껴져 퍼져 나갔다(해방 후 애국가 가사의 작가를 문교부에서 심사할 때에 우리는 그러한 손으로 베낀 비밀 노래책들을 실지로 볼 수 있었다). 3 · 1 이전의 독립 운동의 계통을 편의상 두 갈래로 나누어 말한다면, 하나는 의병 운동이었고 또 하나는 학생층과 예수 교회를 통한 정신적 반항 운동이라 할 것인데, 아마도 도산이 3년 동안에 심어 놓은 불씨가 3 · 1 운동으로 터져 나올 때까지 밑으로 연소되었던 것이다. 민족 독립 운동의 씨앗을 뿌리고 거름이 된 분이 허다하지마는, 눈 속에서 죽지 않는 뿌리가 된 것은 도산이었다 하여도 과언이 아닐 것이요, 그 뿌리가 30~33세의 3년간에 심어진 것이니, 도산의 사업이 이 짧은 기간만으로 그쳤었다 하더라도 그의 역사적 업적은 영구히 기념될 것이다.

그토록 짧은 기간에 그 같은 위대한 업적의 기초가 이루어졌다는 것을 우리는 놀라워하거니와, 역사상에 그러한 실례가 없는 것은 아니다.

신민회(新民會)

신민회의 조직 방법과 사업 계획은 주로 도산의 머리에서 나온 것이다. 도산의 변설의 능력은 새로운 타이프의 지도자로서 그의 지위를 인정받게 된 것도 사실이나, 그의 계획성과 조직력은 많은 동지자들에게 신뢰감을 주어 도산으로 하여금 당시의 구국 운동의 실질적 영도자가 되게 하였다. 거개가 30대의 청년이었던 동지들이 구국의 정열에 있어서 서로 뒤짐이 없었다 하겠으나, 이를 연단 위에서 표현하여 대중에게 공감을 일으키는 데 있어서 도산의 능력이 출중하였음은 물론이거니와, 열은 있되 방법론과 조직력이 박약한 그들의 세계에서 도산의 계획성과 조직하는 힘은 청신한 기운을 일으키고 신념과 용기를 북돋는 데 도움이 되고, 열렬한 애국 정신에 체계를 주고, 방향을 주고, 길을 주었다.

① 애국적 선구자들이 자기 수양에 힘써 역량을 키우고 민중의 모범이 될 것.

② 그러한 동지들이 굳게 단결(團結)하여 힘을 더욱 크게 할 것.

③ 그 힘으로 교육과 산업 진흥에 전력하여 전 민족적 역량을 준비할 것.

④ 그리하여 앞으로 오는 독립의 기회를 놓치지 말고 자주적 역량으로 민족재생(民族再生)의 큰 사업을 이룩할 것.

이와 같은 운동 방략의 체계는 이미 도산의 가슴 속에 배태되었고, 일생을 통한 그의 신조가 된 것이다. 이것은 뒷날의 대한인국민회 · 임시정부 · 홍사단 등의 운동에 있어서도 변함 없는 도산적 방법론의 줄거리가 된다. 그가 일반 민중에게 호소한 내용도 같은 줄거리였다.

① 독립은 타력으로 될 것이 아니라 민족 자체가 독립할 자격이 있는 후에라야 성취되는 것이요, 자기 힘으로 쟁취한 독립이라야 영구히 지닐 수 있는 독립이다.

② 자력을 발휘하는 길은, 첫째로 국민 각개가 분발 수양하여 도덕적으로 거

짓 없고 참된 인격과 기술적으로 지식이나 기능을 적어도 한 가지씩 가진 유능한 인재가 되어야 한다.

③ 그러한 개인들이 뭉쳐서 신의를 지키고 협동할 줄 알아 공고한 단결을 이루어야 한다.

이러한 것이 도산의 평생 신조요, 구국 방안이었다. 체계 있는 방법론을 가짐이 없던 당시의 청년 지도자들은 잘 되었거나 못 되었거나 하나의 구체적인 설계도를 내어 보이는 도산의 의견을 환영하였고, 신민회 발기회는 도산이 초안한 회칙을 아무 이의 없이 "찬성이오, 찬성이오."로 만장 일치 통과시켰다 한다. 법률을 배운 유동작이 초안을 보고, 전후가 맞고 각 조문에 기술적으로 모순이나 당착이 없는 안이라고 하였다.

도산은 신민회 조직의 실질적 지도자였으나 회장의 자리를 사양하고, 총감독이라는 최고 지위에 양기탁을 추대하였을 뿐 아니라, 처음부터 창안과 동지 규합의 공을 양기탁에게 돌렸다. "신민회는 피고인이 중심이 되어 조직한 것이었던가?" 하는 예심 판사의 질문에 도산은, "아니다. 양기탁이 중심이 되어 조직하였다."고 대답하고 있다(《속편 도산 안창호》 87쪽). 양기탁이 도산보다 8년 연장으로 당시에 거의 40을 바라보는 선배였다는 점, 해외에서 갓 돌아온 도산보다도 국내에서 이름이 알려진 사람이 중심 되는 것이 일을 맺는 데 유리하리라는 점 등을 이유로 생각할 수 있으나, 도산은 이 때 뿐 아니라 일생에 행한 모든 일에 자기가 명예를 취하지 아니하고 다른 이를 추대하기를 힘썼다. 그것은 겸손의 미덕이라기보다도 계획에 천분을 가진 자의 본령으로서 실무에 얽매이지 않음이 더 능률적이라는 견지와, 따라서 실무적 인재의 활용 범위를 넓혀 사업의 범위를 확대하자는 견지에서 수긍되는 방법적인 면에서 생각할 수 있다. 그러나 무엇보다도 감투 싸움이 심한 사회에 있어서 감투를 사양함이 일에 도움이 되는 것과 그렇게 하여 청년들에게 모범을 보여 그러한 기풍을 교정하자는 것이 도산의 참뜻에 가까우리라. 공립협회나 국민회나 흥사단의 장의 자리를 그는 첫 임기만 하고 곧 내놓았으며, 대성학교에서는 대리 교장이 되었고, 임시정부에는 노동국 총판을 달게 받았으며, 내무 총장을 맡은 일은 있으나 총리의 자리는 굳게 사양하였던 것이다.

신민회의 목적을 "① 국민에게 민족 의식과 독립 사상을 고취할 것, ② 동지를 발견하고 단합하여 국민 운동의 역량을 축적할 것, ③ 교육 기관을 각지에 설치하여 청소년의 교육을 진흥할 것, ④ 각종 상공업 기관을 만들어 단체의 재정과 국민의 부력을 증진할 것 등"이었다고 이광수는 기록하였다(《도산 안창호》 상권 3장).

〈예심 조서〉에 나타난 도산의 대답 중에서는, "대한 민족의 자립 자존 정신을 보급시킬 목적"으로 조직하였다 하였고, "무력으로 일을 도모하려고" 하지 않았는가 하는 데 대하여 "실력을 양성함에는 상당한 세월을 요하므로 그 실력이 생긴 때에 무력으로써 일을 도모하든가 혹은 정치적으로 일을 도모하든가 정할 심산이었고, 미리 그런……목적하에 조직한 것은 아니다"고 하였다(「속편 도산 안창호」 86쪽).

신민회를 비밀 결사로 조직한 것은 물론 일본 관헌의 탄압을 피하기 위함이어니와 앞서 말한 바 있는 〈예심 조서〉(豫審調書)에 도산의 대답으로 이렇게 적혀 있다.

> 당시 인민의 정도가 유치하여 이를 표면 단체로 하면 사회의 반감을 사서 방해를 받을 것이요, 또 입회 희망자를 전부 참가시키면 어떠한 인물이 섞이는지도 모르고, 따라서 동회의 참목적을 달성하기 불가능할지며, 또 동회는 정치적이므로 대한 민족의 자립 자존을 목적으로 하므로 총감부(總監部)* 에게 해산을 당하여서는 안되겠는 고로 실력이 생길 때까지는 비밀 결사로 두는 것이 필요한 까닭이다.

신민회가 비밀 결사였기 때문에 정확한 것은 오늘에 알기 어려우나, 그 발기인과 회원 중의 중요한 인물은 다음과 같다.

양기탁(梁起鐸: 1871~1938): 호는 우강(雩岡). 평양 출신. 당시 《대한매일신문》 주필. 후에 만주에서 무력 항일 운동을 지도하였으며, 여러 차례 투옥되었다. 임시정부 국무령으로 선임되었으나 사양하고 받지 않다.

전덕기(全德基): 당시 서울 상동 교회 목사. 상동 청년회를 중심으로 이동녕

* 보호 조약 시대에 일본 침략자가 한국 정치를 감독하기 위해 설치했던 경무 총감부.

등과 함께 애국 운동을 일으켰다. 기골이 장대하고 눈에 광채가 있어 거인의 풍채가 있었다.

이갑(李甲): 호는 추정(秋汀). 평남 사람. 당시 육군 참령. 일본 사관 학교 출신. 서북학회 · 오성(五星) 학교 등을 설립하였고, 고종 황제 양위 반대운동으로 투옥. 외교와 재정 조달에 능란하여 도산을 많이 도왔고, 후에 시베리아로 망명.

이동녕(李東寧: 1869~1940): 충남 사람. 당시 상동 청년회 간부. 후에 서간도로 망명하여 신흥(新興)학교를 설립. 상해 임시정부 각료, 의정원 의장, 총리, 주석, 한국 독립당 위원장 등을 역임.

이시영(李始榮: 1868~1953): 서울 출생. 호는 성재(省齋). 통정 대부, 평안 관찰사, 홍문관 부제학, 고등법원 판사 역임. 실국 후 남만주로 망명. 학교를 설립. 일본 토벌대와 교전하다. 상해 임시정부 각료, 임시 의정원 의장 등을 역임. 해방 후 귀국하여 대한 민국 초대 부통령으로 선임되었다.

유동열(柳東說): 군인. 해방 후 초대 통위부장(統衛部長)으로 대한민국 국군의 창설자.

이동휘(李東輝: ?~1928): 호는 성재(誠齋). 단천(端川) 사람. 한국 무관 학교 출신으로 당시 육군 참령. 서북학회 간부. 상해 임시정부 각료, 총리 역임. 공산당에 가입하여 시베리아로 갔다가 병으로 죽다.

안태국(安泰國): 호는 동오(東吾). 평양 출신. 대성학교 교원. 이재명(李在明) 사건으로 투옥. 후에 소위 사내 총독 암살 음모 사건으로 윤치호 등과 함께 일본 관헌에게 검거되었는데, 공판정에서 정확한 기억으로 검사의 기소 사실의 반증을 들었다. 후에 만주로 망명하였다가 상해에서 도산과 다시 만나 해외 독립 운동 대동 단결의 사명을 띠고 만주 방면으로 떠나려다가 급한 병으로 별세.

최광옥(崔光玉: 1879~1910): 평남 중화 출신. 《대한문전》(大韓文典)을 저작. 대성학교와 청년학우회 간부. 인격이 고결하기로 이름 났었다. 후에 교육가로서 활동한 최이권 · 최이순 자매가 그의 딸이다.

이승훈(李昇熏: 1864~1930): 본명 인환(寅煥). 호는 남강(南岡). 평북 출신. 정주(定州) 오산(五山)학교 설립자, 교장. 3 · 1 독립 선언에서 서명자 33인 중의 하나. 《동아일보》 사장 역임.

김구(金九: 1875~1949): 황해도 출신. 호는 백범(白凡). 18세에 동학당 가입. 일본 육군 장교를 타살한 죄로 사형을 받았으나 감 1 등 되었다가 탈옥하여 공주 마곡사에 들어가 중이 되다. 신민회 당시 고향에서 학교를 설립 · 경영하였고, 후에 안명근(安明根) 사건에 연루되어 15년 징역. 3 · 1 운동 이후 상해 임시정부 각원, 중경 임시정부 주석 등을 역임. 이봉창(李奉昌)의 일본 황제 저격 미수 사건, 윤봉길(尹奉吉)의 상해 공원 폭탄 사건 등 직접 항일 행동을 지휘하다. 행방 후 귀국하여 이승만 박사 다음 가는 정치 지도자로 인정되어 각 단체의 간부를 역임하던 중 1949년 암살되어 국민장을 거행하다.

노백린(盧伯麟: 1875~1926): 황해도 출신. 호는 계원(桂園). 일본 육군사관학교 졸업. 당시 육군 참령. 후에 상해 임시정부 각원, 국무총리 역임. 상해에서 객사.

이강(李剛: 1878~1964): 호는 오산(吾山). 도산과 동갑으로 평남 용강(龍岡)군에서 출생. 도산과 같이 미주에서 공립협회 창립. 《공립신보》 발간. 신민회 성립 후에 시베리아로 가서 신문 간행. 3 · 1 운동 후 중국 남부에서 독립 운동.

조성환(曺成煥: 1875~1948): 서울 출생. 또 이름은 욱(煜). 호는 청사(靑蓑). 무관학교 출신. 당시 육군 참위. 후에 일본 정치가 가츠라(桂太郞)를 암살하려다가 미수. 만주에서 북로군정서(北路軍政署) 신민부(新民府) 등의 간부. 상해 임시정부 각원.

신채호(申采浩: 1880~1936): 충북 사람. 호는 단재(丹齋). 역사학자. 성균관 박사. 《대한매일신보》 · 《황성신문》 논설 위원. 실국 후 중국으로 망명하여 독립 운동.

유동작(柳東作)

이덕환(李德煥): 평남 출신. 실업가. 기독교 장로. 후에 동우구락부 간부.

김동원(金東元): 평양 사람. 실업가. 후에 수양동우회 · 홍사단 · 한국 민주당 간부. 대한민국 국회 부의장. 6 · 25 공산 동란 때에 서울에서 납치되어 생사 불명.

김홍서(金弘敍): 평남 출신. 황성 신문사 간부. 후에 상해로 망명. 다시 중경으로 망명. 홍사단 간부.

임치정(林蚩正)

김지간(金志侃)

이 명단은 정확하다고 보증하기 어려우며, 물론 빠진 사람도 많다. 이 외에 정운복(鄭雲復)이 입회한 것으로 알려져 있는 바, 그는 관변의 정보원이었다는 설도 있다. 윤치호(尹致昊)는 신민회 회원이 아니었다. 그가 105인 사건(사내 총독 암살 음모 사건)의 수범으로 인정되어 7년 징역 언도를 받았으나, 이는 일본인이 그를 민족주의 진영의 거물이라고 인정하였던 까닭일 것이다. 도산이 윤치호를 신민회원으로 권입하지 아니 하고 청년학우회와 대성학교의 정식 책임자로 추대한 것은 만일의 경우에라도 될 수 있으면 학교와 청년회를 해산당하지 않도록 하려는 고려에서 나왔을지도 모른다.

신민회는 중앙 기관으로 총감독(양기탁) · 총서기(이동녕) · 재무(전덕기) 등을 두었고, 의결 기관으로 의사원이 있어 각 도 인사를 선임하였다. 지방에는 각 도에 총감을 두고 군에는 군감을 두되, 종으로는 연락이 되나 횡으로는 연락하지 못하게 한 것은 비밀을 지켜 어느 줄이 관헌에게 발각 · 탄압되더라도 피해가 다른 계통에 번지지 않도록 함이었다. 도산은 집행원(執行員)이란 직책을 맡았으니 주로 신입 회원을 심사하는 기관이었다.

산하에 표현 기관으로 청년학우회 · 대성학교 · 태극서관 · 자기(磁器)회사 등을 두어 교육 · 문화 · 경제의 삼위 일체로 정치적인 신민회의 지도 밑에 통일되도록 하였다. 신민회 회원은 도산이 마지막 망명의 길에 오를 때까지에 300명 정도였다는 것이 그의 증언으로 확실하다. 그가 집행원이란 직책을 맡아 신입회원 자격심사를 한 것은 비밀 결사의 비밀 확보에도 이유가 있지마는 소수의 믿을 수 있는 동지만이 결합하여 흔들리지 않고 영속성 있는 단체를 만들자는 것이 가장 중요한 이유일 것이니, 이른바 사생을 나누는 동지적 결합의 필요성과 공적 단합의 전통이 적은 우리 사회에서 유명 무실한 단체가 허다하게 되는 폐단을 미리 막으려는 원대한 고려에서 나온 일이다.

신민회의 비밀은 시종 누설되지 않다가 합방 직후에 일본 경찰이 소위 '사내(寺內) 총독 암살 음모' 사건이라 하여 민족 운동자 700여 명을 총 검거한 뒤에라야 그런 비밀결사가 있었다는 사실이 비로소 드러났던 것이다.

도산이 미국에서 떠나 오면서 신고려회를 조직하였고, 국내에 들어와서 같은 목적으로 조직하면서 신민회라고 이름 지은 까닭은 지금에 와서 알 길이 없다. 미주에 있는 기관을 본국에 와서 그대로 만들면 자기 세력을 심으련다는 오해를 받을까 함이 추측되는 한 가지 이유요, 신고려회라 하면 당시의 왕조를 전복하고 공화국을 세우련다는 오해를 받아, 만일 탄로가 나는 경우에 화가 클까 보아 미리 방지함이었을지도 모른다. 혹은 여러 동지들과 의논한 끝에 중론을 따라 신민회가 가장 적합하다고 결정했을 수도 있다. 동지들의 자기 수양을 특히 앞세운 점에서 '새백성이 되자'는 뜻의 신민회였을 것이다.

그런데 이보다 앞서 하와이에 신민회라는 단체가 있었다.《재미 한인 오십년사》85쪽 이하를 보면,

> 1903년 8월 7일에 하와이 호놀루루에서 홍승하 · 윤병구 · 문홍식 · 박윤섭 · 임치성 · 김정국 · 안정수 · 이교담 들의 발기로 신민회를 조직하였으며, 이것이 처음으로 조직된 정치적 활동 단체였는데, 그 목적이 구국 정신을 고취하여 일본의 침략 행동에 반항함이고, 그 강령은 동족 단결 · 민지 계발 · 국정 쇄신이며, 회장은 홍승하였다. 동년 12월 2일에 가와이 · 가파아 지방에 지회를 설립하고 회원 모집에 노력하였으나, 이 때 동포들의 정치적 의식이 박약하여 그 목적과 강령을 보급하기 곤란하였고, 필경은 내부 분열을 당하여서 1904년 4월 20일에 해체되었다…….

도산은 물론 이 사실을 알았을 것이요. 그 이름이 좋으므로 이를 채택한 것이니, 두 단체간에 아무런 관계도 없다(뒤에 가주에서 홍사단을 세울 때에 도산은 합방 전에 서울에 있던 단체의 이름을 따다가 쓴 실례가 있다).

1907년(丁未) 7월에 소위 7조약이 체결되고 8월에 군대가 해산되었다. 시위대장 박성환(朴星煥)의 부하가 군대를 해산하러 온 일본군과 대전하여 격전이 벌어지고 사상병이 거리에 쓰러질 때, 도산은 단신으로 팔에 적십자 완장을 두르고 여러 사람을 동원하여 구호와 운반 작업을 감행하고 부상자를 세브란스 병원에 입원케 하였다. 이것은 당시 목격자 김지간의 말이다.

이응준(李應俊)의 말에 의하면, 이 즈음 도산은 남대문 밖 제중원(지금의 세

브란스 병원) 숙직실에 유숙하고 있었다 하며, 의병 대장들에게 보내는 연락 통신과 격려 편지를 한국 종이에 잘게 기록하여 그것을 한 줄씩 베어 노끈을 꼬아서 인편으로 비밀히 보냈다. 이웅준은 소년 학생으로 그 노끈 만드는 일을 거들었다 한다.

이 즈음 대한문(大漢門) 맞은편에 '안창호'(安昌號)라는 중국인 상점이 있었다. 하루는 도산이 이갑의 딸 정희를 데리고, "내 이름과 같은 전방에 가자."고 하여, 거기서 지갑 한 개를 사주더라고 하는 것은 이정희의 회고담의 일절이다.

대성학교(大成學校)

신민회가 조직된 이듬해에 평양에 대성학교가 섰다. 이 해는 융희(隆熙) 2년(1908)이니, 나라가 없어지기 겨우 2년 전이다. 전 년(1907)에 헤이그(海牙) 밀사 사건이 생겨 광무 황제가 일본의 강박으로 선위하고 융희가 즉위하였으며, 소위 7조약이라는 새로운 국치 조약이 체결되어 일본인이 한국 관리로 등용될 수 있게 되어 궁내부(宮內府) 이하 정부 각부의 차관으로 일본인이 들어앉았다. 8월에 군대 해산식이 있어 참령 박성환(朴星煥)이 자결하고 해산된 군대의 무장 항쟁이 있었다. 2년 8월에는 미국 상항에서 전명운(田明雲)·장인환(張寅煥) 등이 미국인 스티븐슨을 쏘아 죽이니, 그는 한국 정부의 외교 고문으로 일본의 보호 정치를 찬양하였던 까닭이다.

조국의 운명은 이미 결정적이었다. 합방을 목표로 달리는 일본 제국주의의 걸음이 속도를 더하는 위태로운 판국을 둘러싸고 일부 청년 동지 중에 방편상 일본의 세력을 빌려서라도 청년 내각을 조직하여 정치를 혁신함으로써 망국의 수치를 면해 보자는, 이른바 급진론의 소리가 끊임없었으나 이를 꾹 누르고 학교와 서관과 공장을 세워야 한다는 것이 도산의 심경이요, 신념이었다.

대성학교는 평양의 유지 김진후가 희사한 2만 원으로써(약 1만 달러의 값이 있음) 세운 중등 정도의 학교로서, 선천의 오치은(吳致殷)도 재정적 원조를 했고, 이용익(李容翊)의 손자 이종호(李鍾浩)와 오희원(吳熙源)도 설립에 관계하였다 한다. 항용 있던 중학교와는 성질을 달리하여 소정의 학과 과정 외인 민족정신의 고취와 민족성의 개조에 더욱 치중하는 교육 방침을 가진 특수 훈련 기관으로서, 민족 운동자 양성 기관의 면목을 띠었다. 여기서 도산의 직접 훈련을 받은 학생들은 사회로 나간 뒤 일본 제국주의 시대의 30여 년과 붉은 독재 정치 10여 년을 통하여 투철한 독립 정신과 건전한 생활 태도를 굳게 지켰다는 것을 보아 도산의 영향이 컸던 것을 알 수 있다.

원래 계획은 평양 뿐 아니라, 서울 · 대구 · 광주, 그 밖에 각지 중심 도시에 같은 종류의 학교를 세울 예정이었으나, 평양 대성학교가 선 지 겨우 1년 반 만에 일본이 한국을 합병함으로써 도산이 해외로 망명하고, 계획이 수포로 돌아간 것은 불행한 일이다. 만일 도산으로 하여금 다만 수년 간이라도 더 활동할 시간을 갖게 하였던들 전국 각 지방의 청년들을 훈육하여 민족의 대동 단결의 기초를 준비할 수 있었을 것이다.

도산은 자기가 윗자리를 차지하지 아니하는 방침에 의하여 윤치호(尹致昊)를 대성학교 교장으로 맞아 오고 자기는 대리 교장이란 명목으로 있었으나, 신민회의 비밀 회의나 지방 유세를 다닐 때를 제외하고는 대성학교에 가장 주력을 둔 것 같다.

학생들과 기거를 같이 하면서 정신 훈육에 힘을 쓴 것은 후일에 제자들이 추억담을 할 때에 반드시 대리 교장인 도산의 말을 가장 많이 하는 것으로 보아 짐작된다. 교무에 관한 책임은 장응진(張膺震)이 맡았었다.

윤치호를 교장으로 맞아들이는 데는 이러한 일화가 있다. 먼저 윤씨를 초청하여 학생들에게 강연을 하게 하였는데, 그 때 종소리를 따라 400명 학생이 일제히 모여들고 질서 있게 강당에 들어오고 나가고, 열심으로 강연을 듣는 광경을 보고 윤씨는, "우리 나라 사람도 바로 지도하고 훈련하면 저렇게 훌륭한 사람들이 될 수 있구나."하고 감탄하였다.

그 당시 공동 생활에 서툴고 질서 없는 생활만을 보아 온 윤씨에게는 정신이 번쩍 들도록 새로운 광경이었던 것이다. 이로 인하여 윤씨는 교장으로 취임할 것을 승낙한 것이라 한다.

윤씨는 훗날에 개성에서 한영서원(韓英書院)이란 학교를 세웠고, 또 사립 소학교(초등학교)도 경영하였으니, 그가 교육 사업을 중대시하게 된 것은 대성학교의 경험에서 신념을 얻은 것이라고 볼 수 있다.

대성학교의 교풍에 대하여《도산 안창호》에는,

대성학교는 각 도에 세울 계획이었으니, 평양 대성학교는 그 제 1교요 표본교였다. 평양 대성학교를 실험적으로, 모범적으로 완성하여서 그 모형대로 각 도에 대성학교를 세우고, 그 대성학교에서 교육한 인재로 도내 각 군에 대성학교와 같은 정신의 초등학교를 지도하게 하자는 것이니, 그러므로 당시의 평양 대성학교는 오늘날 말하는 중등학교와는 교육 목적과 방침이 달랐다. 대성학교는, ① 민족 운동의 인재, ② 국민 교육의 사부(師傅)를 양성하자는 것이었다. (중략) 도산이 대성학교에 전심력을 경주한 것은 말할 것도 없었다. 다만 생도만을 교육하는 것이 아니라, 교원들을 동지의 의(誼)로 굳게 결속하였다. 그의 인격의 감화력이 어떻게 위대한 것은 잠시라도 대성학교의 생도이던 사람은 평생에 도산을 앙모하게 된 것과, 어떤 사람이든지 대성학교의 교원으로 들어오면 수주 내에 도산화한 사실로 보아서 추측할 것이다. 대성학교의 생도는 창립 1주년이 되기도 전에 평양 시민의 경애를 받게 되고, 방학 때 각각 향리에 돌아가면 그 생도들은 대선생의 훈도를 받은 선비의 풍격이 있다 하여 부로와 동배에게 경의와 존경을 받았다. 이러하기 때문에 멀리 함북과 경남에서까지 공부짐을 메고 대성학교의 문을 두드렸고, 각지에 신설되는 학교들은 대성학교를 표본으로 하였다.

(중략) 도산의 교육 방침은 건전한 인격을 가진 애국심 있는 국민의 양성에 있었다. 도산이 주장하는 건전한 인격이란 무엇인가. 성실로써 중심을 삼았다. 거짓말이 없고, 속이는 행실이 없는 것이었다. 생도의 가장 큰 죄는 거짓말이고 속이는 일이었다. 이에 대하여서는 추호의 가차도 없었다.

'죽더라도 거짓이 없으라'

이것이 도산이 생도들에게 하는 최대의 요구였다. 약속을 지키는 것, 집합 시간을 지키는 것이 모두 성실 공부요, 약속을 어기는 것, 시간을 아니 지키는 것은 허위의 실천이라고 보았다. 상학 시간 5분 전에 교실에 출석할 것—이것이 엄격히 이행되었다. 동창회나 강연회나 정각이 되면 개회를 선언함이 없이 자동적으로 개회가 되었다. 그처럼 시간 엄수에 훈련의 요목으로 역점(力點)을 두었다.

(훗날의 홍사단에서도 시간 이행을 중요한 훈련 과목으로 두어, 소위 '코리아 타임'이 고칠 수 없는 고질화한 사회환경 속에서도 홍사단의 집회만은 언제든지 '정각이 되면 자동적으로 개회'하는 것으로 이채를 띠었다.)

다시 같은 책에서 인용을 계속한다.

학과 기간에는 학과만 생각하는 것이 성실이었다. 다른 생각, 다른 일을 하는 것은 허위였다. 대성 학교 학과시간에는 생도들은 목석을 깎은 사람들과 같이 고요하고, 그들의 눈은 선생에게 집중되어 있었다. 강연회에 출석하는 태도도 마찬가지였다. 벌제위명(伐齊爲名)이 조국을 쇠퇴케 한 원수라고 도산은 말하였다. 동(動)할 때에 동에 전심력을 경주하고 정(靜)할 때에 정에 그리 하여라. 흐리멍덩하고 뜨뜻미지근한 것으로 애국자는 못 된다는 것이었다.

"대신이 이름만 대신이요, 다른 일을 하므로 우리 나라가 이 모양이 되었다."

도산은 이렇게 훈계하였다. 허위로 쇠한 국세를 회복하는 길은 오직 성실이 있을 뿐이다. 제자(諸子)가 만인의 신뢰를 받는 사람이 됨으로 우리 민족이 만국에 신뢰 받는 민족이 되게 하라. 이 밖에 우리 나라를 갱생하고 영광 나게 할 길이 없다고 효유하였다.

"농담으로라도 거짓을 말아라. 꿈에라도 성실을 잃었거든 통회(痛悔)하라." 하고 도산은 기회 있을 때마다 학도에게 타일렀다(《도산 안창호》 상권 3장).

대성학교 생도였던 전영택(田榮澤. 호는 늘봄. 후일에 종교가요 문학 작가)은 다음과 같이 추억한다.

거짓을 경계하시고 '진실'을 힘써 가르쳤다는 것은 흔히 애석한 모양으로 어떤 학생의 무기 정학 처분에 대한 광고를 친히 하셨는데, 그것은 다른 일이 아니라, 그 학생이 결석계를 내는데, 자기 도장이 없었던지 남의 도장을 가지고 슬쩍 비벼서 소위 카무플라즈한 것입니다. 그래서 선생님 말씀이, "이것이 비록 작은 일 같지마는 우리 대성학교의 정신에 어그러진 것이니, 박절하지만 이런 일은 중벌을 할 수 밖에 없소. 이런 정신으로 공부한다면 세상 없는 공부를 한대도 소용없소. 우리 대성학교에 이런 학생이 있다는 것은 참 부끄러운 일이오."

(중략) 한번은 조회 시간에 이런 간곡한 말씀으로 가르쳤습니다.

"한국 사람들은 개시 영웅이 되려고는 하면서도 영웅이 될 공부는 아니 합니다. 여러분들은 미국 독립군의 총사령관 와싱턴, 미국의 초대 대통령이 되려고만 하지 말고 (중략) 정직한 조오지가 되기를 배워야 합니다."

(도산은 이 때에 와싱턴이 어렸을 때 도끼로 벚나무를 찍고 정직하게 자백하였다는 유

명한 이야기를 들려 주었을 것이다 (《새벽》1954년 9월호 〈내가 본 안도산〉).

민족주의를 고취하고 장래 항일 투쟁의 투사를 양성하는 것이 근본 목적이었으나, 애국자의 조건으로서 '성실'을 근본으로 하는 건전한 인격을 가장 힘주어 훈련하였다는 데서 도산의 민족 운동의 기본 이념을 발견할 수 있다. 이것이 도산주의의 독특한 성격이요, 또 도산이 평생을 통하여 일관하게 주장한 것이다.

대성학교의 교육 방침은 또한 어느 정도 스파르타식이었다고 할 수 있다. 어떤 이는 이를 표현하여, "(전략) 유지 청년을 소집하여 종합 훈련 학교의 감을 주었다. 사관학교 · 청년 훈련소 · 정치 학교 · 중등 인문학교 · 특수 모험자 교양소 등등의 성격으로 나에게는 보였다. 그 학교 입학생은 선생 자신이 일일이 전형하여서 체력 · 총명 · 담력 · 정직 · 허식을 시험하였다. (중략) 이 학교의 특색은 언제나 방심을 불허하는 것이었다. 때때로 이른 새벽에 비상 소집을 하여 학생들의 긴장이 풀리지 않기에 유의하였다."고 했다(위에 말한 출처와 같음).

사실 신입생에게 대해서는 도산 자신이 지원자를 한 사람씩 면대하여 문답을 하였다. 가정 사정과 사회 환경 · 경력 · 정신 등을 면밀히 캐물은 후에 비로소 입학을 허락하는 것이다. 신민회 회원을 받을 때에도 그러하였고, 훗날에 홍사단 입단 문답도 그러하였으니, 이러한 문답은 대답하는 사람의 사정을 알자는 것보다도 그 결심과 각오를 촉구하는 초보적 교육이었고, 묻는 쪽에서 보면 하나의 회원이나 학생을 얻는 것이 아니라, 평생을 맹약하는 동지로서 맞는 것이다.

그러므로 도산은 400명 학생의 이름과 성격을 기억하고 노상에서라도 '아무개' 군하고 이름을 불러 주었다 한다. 도산은 학생과 말할 때에 '해라'보다도 '하게', '했는가' 등을 사용했다. 이름에는 반드시 '군'을 붙였다. 강화할 때는 '학생 여러분' 또는 '제군'하고 '하오', '했소' 등을 썼다고 한다.

대성학교의 체육 훈련은 맹렬하였다. 정인목(鄭寅穆)을 체육 교사로 초빙하여 체조 · 철봉 · 목마 등의 운동을 가르쳤고, 새벽에 비상 소집하여 만수대(萬壽臺)나 청류벽 꼭대기까지 행진하고 집단 체조를 시켰다.

"장하도다, 우리 학도 병식 행보(兵式行步)가 나파륜(Napoleon)의 군인보다 질 것 없겠네"라든가, "무쇠 골격, 돌 근육, 소년 남아야 애국의 정신을 분발하여라" 등의 노래를 목청껏 합창하면서 새벽 행진하므로 안면 방해라고 경찰이 금지한 일도 있었다.

눈 위에서 맨발로 교련을 한다든지, 염천에 10리씩 구보(驅步)하는 등 스파르타식 훈련을 학생들은 자랑삼아 달게 받았다. 야구와 축구를 처음으로 수입하여 서양 선교사 팀과 경기하게 하였다.

도산 자신이 헤엄치기를 잘했다. 학생들을 데리고 평양성 밖 서쪽에 있는 보통강(普通江)으로 수영을 갔는데, 상류인 순천(順天) · 영유(永柔) 지방에 비가 많이 와서 강물이 불어 있었다. 도산이 먼저 옷을 벗고 흐린 강물을 건너 맞은 언덕에 올라가서, "물이 깊고 물살이 빠르니 건너기 힘들 것이라." 하니 어느 학생도 따라 건너는 자가 없었다.

또 평양 소년들이 잘하는 돌팔매에도 능하여, 하루는 학생들과 함께 대동강가의 청류벽(淸流碧)으로 산보 나갔을 때 돌을 던져 강 중에 있는 능라도(綾羅島) 섬에 떨어지게 하였다 한다. 학생 중에서 팔 힘센 자가 시험하였으나 도산을 따르지 못하였다는 것이다.

입 벌리고 앉아 있거나 다니지 말 것과, 변소를 깨끗이 할 것이 그의 학생 지도의 조목이었다. 아침마다 변소를 순시하고 불결하면 손수 치웠으므로 학생들도 조심하게 되었다.

(《도산 안창호》에서 좀 더 인용하는 것이 좋은 듯하다.)

> 도산은 교내에 까다로운 규칙을 세우지 아니 하였다. 법이 번거로우면 지키기 어려운 때문이었다. 그러나 한번 정한 법은 엄수하고 이행하게 하였다. 준법(遵法)이야말로 국민 생활의 제1 의무적 조건이요, 의무다. 이미 법일진댄 지키는 데 대소와 경중이 없고, 상하와 귀천이 없다. 학교의 규칙이나 회의 규약이나 기숙사의 전례(傳例)나 모두 법이다. 단체 생활은 곧 법의 생활이다. 국가란 법의 위에 선 것이다. 법이 해이하면 단체는 해이한다. 그러므로 도산은 학생들이 '회' 조직할 때에는 입법을 신중히 하여서 지킬 수 있는 정도를 넘기지 말 것을 가르쳤다. 열심 있는 나머지 가번(苛繁)한 법을 만드는 것이 오래 가지 못하는 원인이 된다는 것을 지적하였다. 그 대신에 회원 중에 법을 범하는 자가 있거든 단호히 법에 정한 벌에 처할 것이요, 결코 용대(容貸)가 있거나 사사로운 정이 있어서는 아니 된다고 냉혹하게 말하였다. 법은 냉혹한 것이다. 법과 애정을 혼동하는 데서 기강이

해이한다. 한 사람에게 사사로운 정을 쓰므로 전체의 법이 위신을 잃고 법이 위신을 잃으면 그 단체가 해이하고 만다.

이것도 도산이 우리 민족이 경법 · 준법(敬法遵法)의 덕이 부족함을 느낀 데서 온 대증요법(對症療法)이었다. 이조 말에 소위 세도라는 것이 생기고 매관 육작(벼슬 파는 것)이 생겨 악법 오리(汚吏)가 횡행하매, 국민은 법을 미워하고 법을 벗어날 것만 생각하여서 경법 · 준법 관념이 희박하여지고 말았다.

이러한 반면에 도산은 학도들을 사랑하였고, 모든 긴장을 풀고 유쾌하게 담소 오락하는 시간을 정기적으로 베풀 것을 잊지 아니하였다. 이러한 좌석에서 도산 자신도 노래도 하고, 우스꽝스러운 흉내도 내어 남을 웃겼다. 학생들도 파겁을 하여서 어엿하게 나서서 제 장기대로 할 것을 권하였다.

도산은 학도들에게 노래를 부르기를 권장하였다. 자기도 많은 노래를 지어서 학생들로 하여금 부르게 하였다. 자연의 경치와 음악 · 미술을 사랑하는 것이 인격을 수련하고 품성을 도약하는 데 큰 도움이 된다고 하였다(《도산 안창호》 상권 3장).

당시 사회 여론을 무릅쓰고 여자 교육에 힘쓴 것도 도산이다. 대성학교는 남학생만을 받았으므로, 조신성(趙信聖) 여사로 하여금 평양 진명(進明)여학교를 설립케 하였고, 또 여학생을 서울로 유학시키는 것을 권장하였다. 그의 영향으로 기생 직업을 버리고 서울 유학한 여자도 있었다. 서울 학생들이 방학에 돌아오면 남녀 학생을 초대하여 환영회를 열었다.

사랑하는 우리 학생들
오늘날 서로 만나 보니
반가운 뜻이 많은 중에
나라 생각 더욱 많고나

하는 노래는 이런 때에 도산이 지어 부르게 한 것이다.

대리 교장 도산의 자리는 따뜻할 겨를이 없었으니, 때로는 탕건과 갓 차림으로 장죽을 물고 지방의 지사와 돈 가진 사람들을 찾아 학교와 회사(마산동 자기회사) · 서관(태극서관) 등에 자금 댈 것을 권유하고, 여기에 학생들의 숙소와 가정을 예고 없이 방문하여 가정 환경을 바로 잡기에 노력하였으며, 특히 고적한 학생들을 위안하였다. 도산은 그들에게 교장이나 선생이라기보다도 친부모와 같은 느낌을 주었다.

그가 지은 노래 중에 이런 구절이 있다.

긴 날이 맞도록 생각하고
깊은 밤 들도록 생각함은
우리 나라로다
우리 나라로다

이 노래 그대로의 자세가 전영택의 추억담에 그려져 있다.

> 그 때 학교에서는 마치 병영 모양이나 군대 모양으로 주번이 패를 지어 밤을 새워 학교를 지키고 돌았습니다. 그런데 한 번은 밤중 새로 한 시나 되었는데 내가 당번이 되어 어떤 학우와 같이 돌고 있는데, 마침 선생님 계신 숙사 앞을 지나다가 불이 켜졌기에 무심히 들여다보았더니, 선생님께서는 주무시지 않고 책상에 의지하여 이마에 손을 대고 앉아 계신 것을 보고는 깜짝 놀랐습니다.
>
> 기도를 하시는지 묵상을 하시는지, 어쨌든 나라 일을 근심하여 잠을 이루지 못하고 밤 깊도록 깨어 계신 것은 잘 알 수 있었으므로, 나는 문득 발을 멈추고 고개를 수그렸지요. 선생님께서는 매일 그렇게 지내신다는 말을 그 뒤에 듣고 나는 더욱 놀랐습니다(《새벽》 1954년 9월호).

돌담 쌓은 유명한 이야기는 여러 가지 해석이 붙어 전해져 온다. 학교의 돌담을 쌓기 위하여 도산은 학생들에게 매일 아침 상학할 때 돌 한 개씩을 가져오도록 하였다. 며칠 아니 가서 세 무더기의 돌더미가 생겨, 학교 담을 쌓고도 남게 되었는데, 어떤 이는 이로써 도산이 학생들에게 협동의 정신과 티끌 모아 태산된다는 이치를 가르치고자 한 것이라고 해석하였다.

어떤 이는 말하기를, 항심(恒心)과 신의(信義)의 미덕을 연습시킨 것이라 하였으니, "돌을 가져 오지 아니 한 학생은 교문 안에 들어서지 못하게 하였다.

한 번은 학생 학우회 회장이요, 최상급 급장으로 조회 정열을 지휘하는 책임자인 학생이 돌을 아니 가지고 들어오는 것을 발견한 도산이 도로 나가서 가지고 오라고 하였는데, 학생은 '선생님 용서하십시오' 하고 대오 속으로 뛰어들어갔다. 조회가 끝난 뒤에 도산은 그를 불러 세우고 머리에 새끼 수세미를 쓰고 한 시간 돌 무더기 위에서 팔 벌리고 섰는 벌을 씌웠다." 는 것이 당시의 한 학생의 목격담이다.

아마도 돌 한 개씩의 교훈은 그런 여러 가지의 교훈을 다 포함하였을 것이다.

학교 안에 기독교 성경 연구회를 두고 매 수요일 하학 후에 신민회 총무인 전덕기 목사며 외국 선교사 기일 박사, 부두일 목사 등을 청하여 강론케 하였다. 부두일은 땅재주를 잘하는 체육가였으므로 그것도 학생들에게 가르치게 하였다. 일요일에는 학생들에게 교회에 가기를 권장하였고 도산 자신도 교회에 자주 나갔다. 도산이 즐겨 훈화의 제목을 삼은 성경 구절은, "의(義)에 주리고 목마른 자는 복이 있나니 저희가 배부를 것이요,……(산상 보훈의 제4복)였다."

— 약한 자가 억울한 일을 당할 때에 구하려고 나서는 것은 옳은 일이다. 옳은 일을 보고 용기 있게 나서지 못하는 자는 사나이라고 할 수 없다.—

이런 교훈이 의외의 방면으로 발전되었다.

한 번은 학교 근처에서 불이 났는데, 학생들이 시민 속에 섞여서 구경만 하고 있는 것을 보고 책망하기를, "내 동포의 집에 불이 붙는데 구경만 하느냐? 뛰어들어 꺼 주는 것이 의로운 일이다."

이렇게 되어 학생들이 와 밀려 가서 불을 껐다. 소방대라는 것이 따로 없던 시절이라, 이 뒤부터 평양성 내에서는 불이 나면 학생을 동원하여 불 끄는 것이 관례가 되었다 한다.

도산에게 대하여 누구나 말하는 것은, 자나 깨나 공공한 사업과 혁명 운동에 전심하면서도 개인적 정의에 자상하였다는 점이다. 대성학교 시대에 있어서도 그는 엄한 스승인 동시에 자애로운 부형이었다. 학생 중에 어려운 사정이 있어 도산에게 호소하면 정성껏 듣고, 혹은 해결책을 마련하거나 혹은 격려 교훈을 주기에 시간을 아끼지 않았다. 전영택은 자기가 아침 상학 때 지각 아니 하려고 달려가다가 먹은 것이 체하여 조회 시간에 쓰러졌을 때 도산이 자기 방에 데려다가 눕히고 약을 구해 먹이고 위로하여 교실로 보내 주던 경험을 말하고 있다.

장학금 제도를 두어 빈한한 학생에게는 매달의 식비 3원과 월사금 1원을 보조받게 하였다. 3원이란 것은 조밥 값이다. 안중근(安重根)이 일본의 이등박문(伊藤博文)을 암살한 사건이 생기매, 도산은 일본 관헌에게 불시에 구속되었는데, 옥중에서 안태국(安泰國)에게 면회를 요청하고 10여 명 학생들에 대한 학비 보조를 계속 주선하도록 부탁하니, 원래 그 장학금은 기금이 서 있는 것이 아니고 도산이 달마다 돈 가진 사람에게서 거두어 쓰던 까닭이다. 안태국마저 투옥되니, 다시 차리석(車利錫)에게 그 주선을 부탁하여 학생들이 낭패 없도록 하였다 한다.

당시 재학생의 연령은 33세의 1년생도 있었고, 열세 살난 아들을 둔 아버지도 있었다. 그러므로 도산은 성교육에도 유의하여, 수음의 해독을 일러 주었고, 기혼 학생이 방학으로 집에 갈 때에는 부부 생활에 관하여서 정신면과 육체면에 주의할 것을 지도하였다. 그는 교육학을 전공한 일이 없으나, 자기의 경험과 생각에서 실제적인 교육의 원칙을 찾아낸 것이었다.

한문과(漢文科)의 교과서는 사서 오경보다도 중국 양계초(梁啓招)의 《음빙실 문집》(飮氷室文集)이었고, 담임 선생인 한학자 R씨가 결석할 때는 자신이 대리로 강의하기도 했는데, 그 해석이 R씨보다도 더 철저하여 그를 놀라게 하는 일도 있었다. 도산은 정규의 학교 교육을 받지 못하였으나, 그의 지식은 투철한 두뇌와 체험에서 얻는 자기 교육에서 온 것이므로 학교 교육 이상의 예지를 풍기는 것이었다.

《음빙실 문집》에 대해서는 이런 일화도 있다. 삼남 지방 출신인 유지가 도산을 찾아와 나라 일을 하고 싶은데 무엇을 하면 좋겠는지 모르겠다고 할 때에 도산은, "크게 용빼는 일만이 나라 일 아니요, 양계초가 만든 《음빙실 문집》이란 책이 있으니, 그것을 우선 몇 권 사서 삼남에 있는 유명한 학자에게 주어서 읽게 하시오. 그것이 나라 일이오." 하고 타일렀다는 것이다.

연로한 고모가 학교에 찾아와서 큰 소리로 "창호야, 창호야."하고 찾을 적에 교장실에서 일보던 도산이 버선발로 달려 나와 절을 하더라는 이야기도 전한다.

이 즈음의 일로서 도산이 여행중 강서군에 있는 되다리 근방에서 밤중에 강도를 만났다. 돈을 털어 주고 나서 도산은, "도적질은 죄가 되니 다시는 도적질을 말라."고 타이르니 도적 중의 하나가 도산의 얼굴을 자세히 보더니 "당신이 안창호 아니냐?"고 물었다. "그렇다."고 하니, 돈을 도로 내어 놓고 아무리 도적일이라도 '안창호'를 해칠 수는 없노라고 하였다 한다. 도산은 "어서 그 돈을 가지고 가서 밑천을 삼아 장사하여 도적을 면하라." 하니, 도적이 울면서 가서 바른 사람이 되었다는 전설도 강서 근방에 구전되어 온다. 있을 법한 일이기도 하다.

도산이 언제부터 담배를 피웠는지 모르나 대성학교 시대에는 궐련보다도 성천초(成川草)를 장죽에 담아 한 대 또는 두 대를 피우면 근심을 잊어버리고 또 생각을 할 수 있다고 말하였다. 학생에게는 담배를 엄금하고, 어기면 1원의 벌금을 받았다.

"내 나이만큼 되거든 담배를 먹어도 관계없다." 는 것이 그의 말막이였다.

상해 시대에 도산은 담배를 끊고자 수차 시험하였으나 실패하였다. 한 번은 이미 3주일이나 끊었었는데 동오 안태국(東吾 安泰國)이 중대한 사명을 띠고 시베리아 방면으로 떠나기 직전에 급환으로 별세하였으므로 극히 상심한 도산은 여관 방을 잡고 홀로 비통을 삭이려고 할제, 다시 담배를 가져오라 하여 피웠다.

도산의 상해 시대의 오락은 담배와 장기였다. 모이명로 홍사단소 오락실에 장기판을 비치해 두었는데, 정무에 피곤하여 들를 때마다 장기 친구를 붙들면 한 판 두는 것이었으나 고작 두 판 이상은 두지 않았다.

청년의 모범이 되기 위해서 담배를 끊어야 되겠다고 여러 번 시험했으나 끝내 성공하지 못하고 별세할 때까지 담배를 즐겼다. 술은 소주 4분지 1근을 두 사람이 대작하는 정도였다. 취하도록 마셔서는 안 된다는 자기의 가르침을 술의 경우에는 그대로 실행한 것이다.

'평양 대성학교와 안창호'라는 제목으로 졸업생 김형식(金瀅植)이 쓴 글을 참고로 수록한다.

朝鮮에 唯一한 政黨 獨立協會가 없어진 뒤 1906, 7年頃 朝鮮의 뜻 있는 이들은 到處에

서 '實力修養' 等을 絶叫하여 朝鮮 天地에는 靑年有志者가 輩出하고 坊坊曲曲에 私立學校가 簇生하였다. 그 中에도 西朝鮮地方은 다른 地方보다도 敎育熱이 烈火와 같이 熾盛하였었는데, 그 原因은 그 地方이 歷史的으로 가진 理由도 있겠지마는 富時의 環境으로 그 地方에는 先導者가 特히 다른 地方보다도 많았던 까닭이다.

그 先導者中에도 島山 安昌浩 氏와 같은 이는 實로 不滅의 感動을 西鮮民衆에서 준 偉大한 人格者로, 그의 渾身은 '民族을 愛하는' 血과 誠의 結晶이었다. 그가 한번 辯說을 토하게 되면 萬人은 모두 그에 感動되어 눈물을 흘리며 興奮하였었고, 婦女는 끼었던 指環과 찼던 佩物을 던지어 씨의 事業을 援助하였었다.

이 血과 誠의 人 安昌浩氏는 放放曲曲에 簇生한 私立學校의 卒業生을 收容하는 同時에 自己의 理想과 計劃을 實行할 民衆의 指導者-有志人士를 養成키 爲하여 西鮮의 中心地 平壤 薛岩里에 于先 中等敎育機關을 設立하고, 그 이름을 大成學校라 하였다. 大成學校는 實로 島山 安昌浩 씨의 誠과 血의 結晶이었으며, 當時 民衆思想의 縮圖이었다.

1907년 大成學校 設立의 報가 世上에 傳播되자, 이를 聲援 支持하는 소리는 全朝鮮을 흔들었으며, 入學志願者는 潮水와 같이 밀리어 不時에 五, 六百名의 靑年이 모이었다. (當時에 많은 學生들은 入學試驗을 行한 結果가 거의 全部가 豫備班으로 編入되고 1學年은 50名에 不過하였으며, 校長으로는 尹致昊 氏를 推戴하였고, 安島山은 스스로 代辦校長이 되었으며, 따로이 師範科와 農科를 附設하였었다.)

中學校 學生이라 하지마는, 이 當時 大成學校의 生徒들은 20세·30세의 靑年有志들로, 입을 벌리면 모두 憂×慨世의 歎息이었고, 行動은 모두 民衆의 指導者를 自負하였었다.

그 當時 學校의 課程은 中等學校라 하지마는 只今의 中等學校보다도 훨씬 高等이어서, 4學年 課程은 어떤 專門學校의 3學年 程度와 對等하였으며, 또 數學은 越等하게 高等하였고, 學校의 設備도 中等學校로서는 類例가 없을이만큼 完備하였었다. 그뿐 아니라, 이 學校는 前記와 같이 '愛×精神'을 鼓吹하는 것을 目的으로 한 學校이었으므로, 每日 아침 嚴肅한 朝會를 하되, ××歌를 高唱한 後 '愛×'에 關한 訓話가 있어 學生은 모두 이를 聖話로 服膺하였다. 그리고 體操時間을 第一 尊重하되, 當時 體操敎師로는 元來 軍隊의 士官으로 뜻 높던 鐵血의 人 鄭仁穆氏(只今은 故人)이었던 바, 全혀 軍隊式으로 學生을 敎鍊하였다. 積雪冱寒에도 曠野에서 體操를 시키며 쇠를 녹이는 曝陽下에서 戰術講話를 하였고, 이따금 夜間에 非常召集令을 내리어 險山溪谷에서 膽力을 기르게 하며 月下의 氷江에서, "壯하도다 우리 學徒 兵式行步가"의 노래를 부르며 肅肅한 行進을 하여 活氣를 길러 주었다…….

그리하여 學生들의 氣風은 活潑하고 規律은 嚴肅하여 一般賞贊의 的이 되었었다. 隆熙 3年, 當時 皇帝(純宗)가 伊藤統監과 같이 西巡을 할 때에는 當局에서는 奉迎者에게 日本旗와 韓國旗 交叉를 命令하였던바 學校에서는 (3行 略) 隊伍의 紊亂이 없이 預定行進을 하는 等 千兵萬馬라도 그 氣勢를 敢히 犯接치 못할 만한 凜凜한 威風을 가지고 있었다.

또 學生間에는 同門會란 것을 組織하여 全혀 自治를 하게 하였는데, 同門會 안에는 講論部 · 音樂部 · 運動部 · 檢察部 · 社交部 等이 있었고, 各部에는 設備가 完全하여 京城 · 平壤의 蹴球競爭은 이것이 처음이었으며, 西洋人과의 野球試合도 平壤이 嚆失이었다. 또 學校 안에 軍樂隊設備는 이 때가 처음이요, 그 器具도 完備하였으며, 講論部 會日에는 모두 悲憤慷慨한 辯說들을 吐하였고, 檢察部는 體操敎師의 所屬으로 氣風取締를 嚴酷히 하였던 것이다.

이리하여 校運은 날로 隆昌하였으되, 校庭에는 刑事와 憲兵의 발자취가 소리가 날로 頻繁하여 가고, 安島山이 上海로 亡命하게 될 때에 學生 中에서도 激越한 사람들은 모두 南北滿洲와 그他 外地로 헤어졌으며, 뒤미처 日韓合併이 되자, 學生들은 모두一學科를 ×하려 하였다. 그러나 當時 安島山의 뒤를 이어 校長이 되었던 張膺震은 '實力爲主'란 主義로 학생을 撫摩하였는데, 더욱이 當局의 여러 번 注意로 因하여 敎室 안에 걸리인 課程表에 '日語'를 '國語'로 고칠 때 學生들 (下略)

뒤미처 有名한 105人事件(寺內總督 暗殺陰謀事件)이 일어나 學校의 後援關係이던 平壤太極書館을 中心으로 心氣鋼鐵과 같은 安泰國氏(年前 上海에서 別世)를 爲始하여 모두 囹圄의 몸이 되고 學生들 中에도 被×된 者 多하여 西鮮一帶에는 實로 恐怖時代를 演出하였던바, 學生들 中에서도 뜻 있는 이나 當局의 注目을 받던 사람은 擧皆 亡命하였다(그 때 學生有志士로는 玉觀彬 · 吳大泳 等이 첫 손가락으로 꼽혔다). 그리하여 同門會의 事業도 前과 같이 興旺치 못하고 學校의 氣風도 萎縮되기 始作하였다.

그러나 1912年 봄, 제1회의 卒業生 19名이 났다. 이야말로 西鮮, 아니 全朝鮮의 囑望과 期待를 集中하던 民衆指導者愛=者養成所의 꽃다운 結實이었다. 그러나 當時 大成學院의 學生 中 激越한 思想을 품은 所謂 志士는 이 卒業生들 가운데 別로 많지 않았다. 그렇지만 全朝鮮 各地로부터 이 卒業生을 歡迎하여 敎員으로 招聘하려는 곳이 많아 卒業한 翌日부터 이 사람들은 敎員된 사람이 太半이었다. 이 1回의 卒業生을 내인 지 1년 후의 周圍環境은 一變하여 學校는 不得已 閉鎖되게 되었다.

오늘날 생각하면, 物換星移 벌써 29년 전의 옛 일이다. 學生들의 活氣를 養成하던 牧丹峰, 大同江은 依舊하게 있지마는 安島山의 血誠의 結晶으로 700~800의 熱血青年이 憂×慨

世의 ××××한 演說을 하여 山河를 움직일 만한 氣勢가 凜凜하게 날뛰던 大成學校의 校址에는 雜草가 茂盛하여 行人의 感懷를 자아내더니, 只今은 그 곳에 天道敎 平壤敎區의 敎會堂뿐이 建設되었다. 어찌 人世의 無常을 느끼지 않으리오! 더욱이 이 때 萬人의 囑望을 一身에 모으고 榮光의 卒業을 한 19名의 靑年들은 至今에 어디서 어떠한 生活을 하는가!

當時 熱血에 뛰놀던 이 靑年 19名도 지금은 벌써 40 以上의 中年으로 變하여 世上에서는 이미 그들을 잊게 되었으며, 그 中에는 不遇의 限을 품고 黃泉의 客으로 된 사람도 있다. 지금 그들의 하고 있는 일을 調査하여 보면,

郭鳳祚 (死亡)
張致鏞 (未詳)
金性業 (新聞記者)
李濟鶴 (實業)
尹永周 (在美國, 飛行士)
李炳浩 (中等校 敎員)
康敏郁 (中等校 敎員)
金瀅植 (新聞記者)
金善株 (普校 訓導)
趙鍾完 (實業)
趙明埴 (中等校 敎員)
金在璇 (美國行, 生死不明)
[illegible] (工業)
吳宗鉉 (在美國 飛行士)
金泰亭 (未詳)
朴容鐸 (自美國年前歸國, 現在 工業)
柳英烈 (實業)
金光信 (實業)
宋元泓 (郡守)

또한 이 卒業生 19名 外에 이 學校에 潛時라도 발을 들여 놓았던 千餘名 靑年은 只今 비록 海內·海外에 散在하였다 할지라도, 安島山主義의 精神은 連絡 一貫되어 있다. 己未萬歲後 平壤에 있는 卒業生들은 平壤에서 同窓會를 發起하였던바, 全鮮 各地로부터 모여 든 者數百名에 達하였었다. 그리하여 그들은 靑天白日의 옛날 校旗를 들고 大同江上에서 옛

날의 노래를 合唱하여 平壤의 사람들은 聳動케 하였었다.

그러나 그것도 벌써 20년이 지났다. 그만큼 모인다는 것도 安島山의 '誠'의 延長이라 할 것 같다.

그리고 當時 安島山의 同志로 大成學校를 爲하여 같이 活動하던 사람들은 前記와 같이 擧皆 死亡 或은 囹圄의 몸이 되고, 지금 平壤에 남아 있는 사람은 金東元·吳鳳石·李德煥·尹聖運 氏 等인데, 아직까지 모든 方面에서 有力한 指導를 하고 있다. 또한 當時 敎員들로 보면 當代의 名士들인데, 그 氏名은 다음과 같다.

제 1회

校長 尹致昊 大辦校長 安昌浩

제 2회

敎員 張膺震 車利錫 金斗和 羅一鳳 張基永 文一平 黃義敦
崔叡恒 柳祈烈 金鉉軾 劉鎭永 金鎭初 李相在 외 10여 인

體操敎師 鄭仁穆 李昇嵩

(20여 년 전의 옛 일이라 벌써 記憶이 稀微하여 알 수가 없다. 이 學校에 關係되었던 이에게 大端히 미안한 말이지마는, 卒業生 名錄만을 두 時間이나 생각하였으나 脫漏가 많을 것을 推測하여 諒察하고 容恕하기 바란다. 더욱이 倉卒間 이 글을 單 2~3시간에 쓰기 때문에 先輩에 問議도 못한 罪를 深謝한다.)(《삼천리》 1932년 1월호).

황해도 안악(安岳)의 김용대(金庸大)는 평양 숭실학교 재학 중 도산의 소문을 듣고 동창 10여 명과 함께 그를 찾아 밤 깊도록 말을 듣고 감명되어 동생을 대성학교에 입학시키고, 자기도 전학하여 갔었다고 한다. 김용대는 안악에서 양산(楊山)학교·면학(勉學) 서포 등을 설립하여 민족 운동을 추진한 김씨 일문 중의 한 사람이다.

대성학교 시절의 도산을 추억하는 김동인(金東仁)은 다음과 같은 회상록을 쓰고 있다.

내가 일곱 살 때 일인 줄 안다. 平壤 孔子廟 있는 明倫堂에서 하루 저녁은 演說會가 열린다고 여러 사람들이 무리를 지어 몰려갔었다. 나도 틈에 끼여 演說會場으로 갔더니 웬 30 남짓한 靑年 한 분이 壇上에 올라서서 熱辯을 吐하고 있었다.

하도 어린 때의 일이 되어 演說內容이야 알 길이 없지만, 어쨌든 그 數千의 群衆이 옷깃

을 바로잡고 고요히 演說을 듣고 있는 것이 퍽이나 嚴肅하게 보였다. 그러다가 한 귀퉁이에서 울음 소리가 났다.

그의 熱辯에 感激한 것이리라. 그 울음 소리는 瞬息間에 다른 한 귀퉁이에 옮아 가고 또 다른 한 귀퉁이에 옮아 가고, 그래서 조금 뒤에는 그 넓은 場內가 느껴 우는 소리와 팔소매로 눈물 씻는 光景뿐이었다. 그리고 婦人들은 머리에 꽂았던 비녀와 손가락에서 가락지를 빼어서 바치며 사내들도 주머니에서 돈을 꺼내어 내어 놓는다.

아마 이제부터 잘살자면 新學問을 배워야 한다고 하는 演客의 말에 學校寄附의 一助가 되라고 그 돈을 내어 놓는 듯하였다.

그 靑年이란 뒤에 알고 보니 島山이었다.

島山에게 누이 한 분이 있었는데 그 때 時節에 新女性으로 치는 美貌의 才人이었다. 新學問을 닦고 演說 잘하고, 구두 신고, 머리를 38로 가르고—30년 前에 이만하였다면 여간 깬 新女性이 아니었다.

그이가 只今은 鎭南浦敎會의 牧師로 있는 金聖澤 氏의 아내가 되어 바로 우리 뒷집에 新接 살림을 차리고 살았다. 그이 집에서도 無時로 우리 집에 出入하거니와, 우리 집에서도 無時로 그 집에 출입하는 퍽 가까운 사이였다. 그 때 島山은 가끔 그 누이를 찾아 우리 洞里에 온다. 그러면 우리들 동리의 어린 아해들은 늘 島山에게 안기기도 하고, 島山과 같이 씨름도 하고, 다른 내기도 하고, 학도야 학도야 청년 학도야 하는 창가도 배우고…… 하루를 정말 유쾌하게 보낸다. 島山은 어린 兒孩를 퍽 좋아한다. 어린 아해들을 만나면 아무리 急한 일이 있을지라도 걸음을 멈추고 自己도 어린 아해가 되어 한바탕 어울려 놀고야 만다.

우리는 늘 島山 어른을 정든 동무나 같이 기다렸다.

島山이 美國으로 떠날 때에《每日新聞》에 노래를 지어 發表하였다.

"간다 간다
나는 간다
너를 두고
나는 간다

내가 가면
아주 가며
아주 간들
영 잊을소냐"

우리들 젊은 少年들은 정든 어른 동무 한 분을 잃은 대신에 깨쳐 두고 간 그 노래를 불렀다

그 뒤 半島에는 이 노래가 널리 퍼져서 靑年學生, 少年들로 이 노래를 부를 줄 모르는 이가 별로 없었다(《삼천리》 호수 미상).

애국가(愛國歌)

"동해 물과 백두산"이로 시작되는 〈애국가〉는 오늘날까지 '국가' 대신으로 불려 온다. 이 노래를 누가 지었는가 하는 것으로 《대영백과사전》 출판사의 문의가 있어 해방 이후 문교부에서 심의회를 두고 조사하였으나, 결론은 "알 수 없다"로 낙착되었다. 항간에서는 도산이 지었다고 믿는 이가 많으나, 상해 시대에 "이 노래는 선생님이 지으셨지요?" 하고 도산에게 물으면, "웃고 대답이 없었다"는 것이다.

심의회에 윤치호(尹致浩)가 자필로 노래를 적은 것이 증거로 제시되었으나, 그것은 그가 임종 전에 자손들에게 남기려고 적은 것이요, 1908년경에 적었던 것이 아님이 판명되었다.

이에 대하여 안태국의 사위인 홍재형(洪在衡)이 장인에게 전해들은 대로 기억하는 바에 의하면 다음과 같다.

본래 애국가 가사의 첫 절이,

"성자 신손 오백년은
우리 황실이요,
산고 수려 동반도는
우리 조국일세"

라고 되어 있었는데, 대성학교 대리 교장으로 있는 도산이 하루는 서울서 내려온 교장 윤치호를 보고, "이 가사가 적당하지 아니하므로 고쳐서 부름이 좋겠으니, 교장께서 새로이 한 절을 지어 보시라."고 청하였다. 윤교장은 "미처 좋은 생각이 아니 나니, 도산이 생각한 바가 있는가?" 하매, 도산이 책상 서랍에서 미리 써 놓았던 것을 꺼내어 보인 것이,

"동해 물과 백두산이

마르고 닳도록
하나님이 보우하사
우리 나라 만세"

라는 첫절이었다. 윤치호는 즉석에서 그것이 매우 잘되었다고 찬성하였고 도산은 "그러면 이것을 윤 교장이 지은 것으로 발표합시다."고 하여, 그 뒤부터 대성학교에서 새 가사로 부르게 되고, 나중에 전국적으로 퍼져 나갔다.

도산은 다른 일에도 자기 공을 세우지 않고 남에게 공을 돌린 일이 많은 것처럼, 이 때에도 윤 교장에게 공을 돌린 것이라 하는 것이 안태국의 증언이었다고 한다.

이 애국가는 태극기와 함께, 잃어버린 나라를 추억하는 슬픔과 광복 독립의 결심을 표명하는 상징으로서 해외에서 불렸고, 비밀히 국내에서 불렸던 것이다.

곡조는 스코틀랜드 민요곡 '올 랭 사인'(Ol' Lang Sine)이니, 이별곡이다. 초창기에 외국 민요나 찬송가 곡조에 한국 가사를 지어서 부른 실례가 많았으니, 애국가도 그러하였던 것이다. 1940년대에 와서 음악가 안익태(安益泰)가 해외에서 새 곡조를 지어 부르게 하였고, 해방 직후 처음 터져 나온 애국가는 아직도 옛 곡조로 불리웠으나, 후에 새 곡조를 들여오게 되었다.

'올 랭 사인'이 일본서는 졸업가('호다루노 히까리')가 되었으므로 곡조 자체는 일본 관헌도 어쩔 수 없었기 때문에 합방 이후에 이 곡조에 딴 가사를 붙여 부른 일도 있었다.

심훈(沈薰)의 소설 《상록수》(常綠樹)에는 농민회의 노래가 이 곡조로 되어 있는 바, 애국가를 부를 수 없으니 곡조만이라도 그것으로 하여 민족 정신을 고취한다는 생각이었고, 사실 곡조만 들어도 한국인의 가슴은 끓었던 것이다.

본래가 이별곡인지라, 외국서는 송년회(送年會)나 야회(夜會)의 마지막 음악으로 연주되는 때가 많다. "옛날의 그 시절을 잊을 수 있을소냐." 하는 원 노래의 뜻도 서럽고 달콤한 것이지마는, 해외의 한국인은 거기다가 '애국가'의 향수를 더하여 놀음 끝의 소란한 분위기 속에서 남 모르는 가슴 아픔과 눈물을 가졌던 것이다. 죽죽 눈물 흘리며 우는 한국인의 모습을 까닭 모르는 외국인들은 이상스럽게 보는 것이었다.

끝 절은 원래,

"이 기상과 이 맘으로
임군을 섬기며
괴로우나 즐거우나
나라 사랑하세"

로 되었었는데, 1919년부터 상해에서 '임군을 섬기며' 대신에 '충성을 다하여'로 고쳐 부르기 시작하였는데, 이것은 분명히 도산이 고친 것이었다.

둘째 절의 '남산 위에 저 소나무'라든지 셋째 절 '가을 하늘 공활한데'와 같은 웅장한 구상은 도산의 머리에서가 아니고는 나올 수 없다고 말하는 사람도 있다.

이 밖에도 도산이 지은 것으로 전하는 노래가 많거니와, 그것은 이 책 부록에 수록되었다.

신민회 동지 중의 한 사람인 남강 이승훈(南岡 李昇熏)은 평북 정주(定州) 사람이었다. 그가 처음 도산을 안 것은 대성학교 시절에 도산이 평양에서 연설하는 것을 들은 때였다.

"나라가 없고서 어찌 한 집과 한 몸이 있을 수 있으며, 민족이 천대받을 때나 혼자만 영광을 누릴 수 있겠느냐"는 구절에 이르러 감동된 바 있어서 도산을 면회하고 그의 구국 이론과 교육에 대한 신념을 알았고 드디어 상투를 자르고 고향에 돌아가 오산(五山)학교를 세웠다. 춘원이 전하는 대로 옮기면,

> …… 그는 선천(宣川) 오치은(吳致殷) 집 자본으로 평양에서 인천 등지 상업을 경영하여 거상(巨商)이 되었다. 그는 재산을 얻었으나, 문벌이 낮은 것을 한탄하여서 금력으로 양반집과 혼인하고 자손을 위하여 경서(經書)를 준비하고 향리에 서당을 세워 아무리 하여서라도 그 자손으로 하여금 상놈이라는 천대를 면하고 양반 행세를 하게 하기로 결심하였다. 그는 자기 집이 양반이 되려면 이씨 일족이 함께 양반이 되어야 한다고 하여, 흩어져 있는 일가를 향리인 정주 갈산면(葛山面) 용동(龍洞)으로 모아서 천업을 폐하고 농경에 종사하고 자제를 교육하도록 마련하고, 남강 자신의 주택과 서당을 건축 중에 있었다. 남강이 보기에 양반촌에 사랑문 열어 놓고 양객(養客)하는 집과 현송지성(絃誦之聲)이 그치지 아니하는 서재가 있었기 때문이었다(《도산 안창호》 상권 3장).

남강이 도산을 만난 연고로 주택과 서당을 짓던 재목이 오산학교의 건축에 쓰이게 되었다.

남강은 기독교에 입교하여 장로가 되었고, 신민회 사건(소위 사내 총독 암살 음모 사건)으로 일본 관헌에게 잡혀 징역을 살았으며, 3 · 1 운동에 33인 중의 하나로 다시 감옥에 들어갔다. 독립 운동에 관한 의논을 처음 받았을 때, "인제 죽을 자리를 얻게 되었구나." 하고 즉석에서 찬동하였고, 출옥 후에 《동아일보》 사장을 지내기도 하였다.

오산학교는 합방 이후에도 계속 존립하였고, 해방 후에 공산 정권의 탄압으로 교원과 생도가 다수 월남하여 서울에 학교를 재건하였다. 김기홍(金起鴻) · 최창학(崔昌學) · 주기용(朱基瑢) 등이 재건에 힘을 내었다. 해방 전에 조만식(曺晩植)을 교장으로 맞았던 일도 있었다.

초창기에 춘원 이광수가 오산에서 학생과 교원으로 있었고, 그 교문에서 서춘(徐椿) · 김억(金億) · 김도태(金道泰) · 백린제(白麟濟), 그 밖에 지금까지 살아 있는 많은 인재가 나왔다.

대성학교 설립에 관계한 이종호는 뒤에 자기의 향리인 함북 경성(鏡城)에 경성중학을 세웠으니, 그 교풍이 대성과 같았으며, 오산 · 경성 등의 자극으로 서북 지방에 사립 학교가 속속 일어나게 되었다. 의주의 양실학원(養實學院), 안악(安岳)의 양산중학(楊山中學) 등은 대성학교와 함께 민족정신을 고취하는 민간 학교로 당시에 이름을 떨쳤다.

사립 교육 기관의 자취 중에서 종교 단체에서 설립한 것을 제외하고서 서울의 진명 · 숙명 · 양정 등은 왕실에서 세운 것이고, 순전한 민간 사업으로 서울의 보성(普成)과 중앙(中央)이 후일 김성수(金性洙) 일문의 재단으로 고려대학과 중앙중학이 되었고, 오성(五星)의 후신 협성(協成)이 여러 번 손을 거쳐 건국대학과 광신상업으로 남았고, 만주 신흥 학교의 전통으로 오늘의 경희대학이 있을 뿐, 해방 후에 신설된 것 외에는 매우 드물다.

1920년대에 민립 대학 운동이 있었으나 실패에 돌아가고, 평양의 숭인, 개성의 한영 등 자취가 오늘날은 묘연하다.

대성학교는 햇수로 3년을 존속하였으나, 기유년(1909) 가을에 도산이 해외로 망명하게 되매, 제1회 졸업식을 보지 못하고 떠났다. 합방 소식이 전해지자 학생들은 강당으로 모여 들었고, 교감 장응진은 단상에 올라 한식경을 아무 말 없다가, “내가 오늘 할 말이 무엇 있소?” 한 마디를 던지고 내려갔다 한다. 정주 오산학교에서는 전교생이 한자리에 모여 통곡을 하였다.

“슬프도다 우리 민족아
사천여 년 역사국으로
자자 손손 복락하더니
오늘날 이 지경 웬일인가

철사(鐵絲) 주사(紬絲)로 결박한 줄을
우리의 손으로 끊어 버리고
독립 만세 우뢰 소리에
바다이 끓고 산이 동켰네”

이런 비장한 곡조가 기자묘 송림 속과 청류벽 강물가에서 창공을 향하여 흘러 갔다.

“언제나
언제나
독립연에 다시 만날까”

하는 노래를 가르쳐 준 스승은 멀리 해외로 나가고 흩어진 양떼는 쓰라린 가슴을 안고 각기 고향을 찾거나 압록강을 건넜다.

105인 사건(百五人事件)이 일어나 대성학교 교원과 학생들은 일본 관헌에게 검거되어 혹독한 고문을 받고, 돌 한 개씩 집어 모아 쌓아 올렸던 돌담은 빈 교정만을 지켰다. 그러나 대성의 정신은 살아 남아 1919년 독립만세로 터져 나왔던 것이다.

태극서관(太極書館) · 청년학우회(青年學友會)

비밀결사 신민회가 표면 사업으로 계획한 것이 교육 · 실업 · 문화 · 언론의 4가지 갈래로 뻗쳤거니와, 실업 운동의 대표될 것은 마산동 자기회사(馬山洞 磁

器會社)라 할 것이다. 대동강 상류에 옛날부터 사기구이 재료로 알려진 진흙에 착안하여 사기 공장을 세우기로 하였다. 이덕환(李德煥) · 김남호(金南鎬)등 평양의 재산가가 발기인이 되어 한국인의 손으로 아마도 처음 되는 주식 회사를 창립한 것이다. 이 회사 설립에 있어서 세 가지의 의미를 찾을 수 있으니, 하나는 도산이 경제 발전을 민족 운동의 한 부면으로 인식하고 이를 주장하여 왔다는 점이며, 둘째는 서로 협력하는 정신을 실천으로써 훈련하자는 것이니, 당시의 경영법은 개인 경영이 있고, 다음에는 전주와 실무자가 동사하는 것이 있을 정도였다. 여러 사람의 자본을 합쳐서 크게 경영한다는 회사 제도를 실현에 옮기자는 것은 신용과 협동의 연습장인 것을 도산은 착목한 것이다. 끝으로, 도산은 본보기의 효과를 주장하고 실천하였기 때문에 자기 회사의 경영으로 모범을 보여, 그것을 본받아 많은 회사가 일어나고, 산업에 대한 국민의 눈이 트이기를 기대한 것이다.

이 회사 역시 합방 직후 105인 사건으로 관계자들이 투옥되어 해산의 운명을 당하였다.

민족자본 형성 운동의 첫 출발은 싹이 돋지 못한 채 쓰러지고, 10여 년을 더 지나 기미년 이후 김성수(金性洙)가 학교 · 신문 등의 경영과 함께 방직 회사를 발기함으로써 재출발하였던 것이다.

태극서관(太極書館)은 서울 · 평양 · 대구의 세 군데에 있었던 것으로 알려져 있고, 사업의 총책임자는 안태국이었다. 서관은 서적의 판매와 함께 출판 사업도 계획하였고, 특히 '건전한' 서적을 출판할 것을 목적으로 하여 어느 정도 비영리적인 사업으로 인식되었던 것 같다. 그리고 서관의 비밀 목적으로서는 신민회 활동에 있어서 동지들의 연락 처소로 이용하자는 것이었다. 연락처로서는 서관 이외에 여관 사업을 경영하기로 계획한 것도 사실이다. 그러나 여관만은 그 경영자의 정체를 절대 비밀에 붙여야 했었기 때문으로 신민회 붕괴 뒤에 다른 지방 연락 계통과 마찬가지로 세상에 탄로되지 않은 채 오늘에 이르렀다. 혹은 여관망의 배치는 미처 실제로 착수하지 못하였었다는 추측도 있으나 최고 비밀에 속하는 일이라 간부로서도 소상히 알 수 없었던 것이라고 봄이 타당할 것이다.

언론 사업에 대하여는 신민회가 직접 관계한 일이 없는 것 같다. 영국인 배설의 명의로 발간되던 《대한매일신문》(大韓每日新聞)에는 신민회원인 양기탁·신채호 등이 논설부원으로 있었고, 《황성신문》(皇城新聞)에는 유근(柳瑾)·박은식(朴殷植)·장지연(張志淵) 등 동지가 집필하였다.

1909년 기유(己酉), 즉 합방되기 바로 전해에 청년학우회(靑年學友會)가 탄생하였다. 비밀 결사 신민회의 표면 운동의 하나로서, 또한 현대적인 청년 운동의 효시였던 것이다. 윤치호를 중앙 위원장(혹은 朴重華라고도 함), 최남선(崔南善)을 중앙 총무로 하고, 지방 조직은 한성(漢城) 분회를 위시하여 개성(開城)·안악(安岳)·평양(平壤)·안주(安州)·선천(宣川)·곽산(郭山)·용천(龍川)·의주(義州) 등으로 확대하여 나갔다.

신민회의 조직이나 대성학교·청년학우회 사업들이 황해도·평안도 방면으로 활발하게 발전되어 나간 것은 관서 지방에 기독교가 먼저 퍼져 서양 문명과의 접촉이 다른 지방에 비하여 빨랐고, 따라서 근대적인 민족 사상이 먼저 자라나게 된 까닭이라고 볼 것이다. 기독교를 쉽게 받아 들인 이유는 물론 삼남 지방이나 기호 방면에 비겨서 전통적인 유교 사상과 유교 규범의 뿌리가 약한 처녀 지대였다는 데 있었을 것이다.

그러나 이러한 자연적인 추세가 지방적 분파 운동으로 오해되고, 또는 모략의 재료가 되어 소위 지방열이라고 하는 문제가 도산 개인에게나 민족 운동 전체에 있어서 두고두고 커다란 장애물이 되게 된 것은 유감된 일이라 하는 것이다.

최남선의 회고하는 바에 의하면, "우리는 미국에서 돌아오신 도산 선생을 동경에서 만나서 그의 지도하에 상의하였다. 도산은 먼저 귀국하여 평양에 대성학교를 설립하고 서울에서는 《대한매일신문》을 통하여 배일 사상을 선전·고취하였으며, 우리들로서는 그 정신에 의한 독립 전취를 위한 청년 운동으로서 국민 운동의 선구적 역할을 하게 되었다.

당시 도산 선생은 세브란스 병원 앞에 어떤 조그만 집에 계셨는데 조석으로 만났고, 문안에 들어오시면 반드시 우리 집* 에 들르셨다."

---

* 당시 최남선의 집은 나중에 출판사 신문관(新文館)이 된 자리로서, 지금 을지로 어귀 근방이다.

한번은 청년 운동에 대한 슬로건—즉 청년학우회의 취지서를 꾸며 보라는 분부가 있었다. 그 내용의 말씀은 "우리 국가와 민족이 이렇게 쇠망한 근본적 이유가 진실한 국민적 자각, 민족적 자각, 역사적 자각, 사회적 자각을 못 가진 데 있다. 배일 운동이 있기는 하지만 그 중에는 그냥 비분 강개에 그치는 수가 많고 믿을 만한 책임심이 결여되어 있다. 그러므로 우리가 하는 청년 운동(국민 운동)은 어디까지나 '진실'을 숭상하여야 한다. 언변(言辯)보다도 실행을, 형용보다도 내용을 존중해야 한다. 그것이 '무실 역행(務實力行)'이다. 이상과 목적을 책임 있게 실행할 능력도 기르고 정신도 기르자." 그러한 내용으로 청년 학우회의 취지서를 초안하라는 명령을 하였다.

그러나 나는 그것을 사양하고 신채호 씨한테 미루었더니, 그 유려(流麗)한 문장으로 하룻밤에 장대한 취지서를 썼는데, 너무 길어서 줄여서 쓰게 되었다. (中略) 나는 중앙 총무로서 한 달이나 두 달 사이를 두고 (中略) 사무 시찰과 유세 출장을 하는 데 분망하였다. 그 주장인 '무실 역행'은 눈이나 귀를 즐겁게 하는 말을 다 피하고 일을 실제로 하자는 것인데, 이것은 도산 선생의 머리 속에서 창작한 정신이며 표어였다. 선생을 그것을 알기 쉽게 설명하는 데 있어서 철학적인 문구를 쓰지 않고 "거짓말 말자"는 것이라고 단순하고 명쾌하게 말씀하셨다. '거짓말 안 하는 인간' '거짓말 안하는 민족'이 되어야 한다는 것이었다 (《새벽》 1954년 6월 창간호 〈진실 정신〉).

청년학우회의 목적은 무실 · 역행 · 충의(忠義) · 용감(勇敢)의 4대 정신으로 인격을 수양하고 단체 생활의 훈련에 힘쓰며, 한 가지 이상의 전문 학술이나 기예를 반드시 학습하여 직업인으로서의 자격을 구비하여, 매일 덕 · 체 · 지육에 관한 수양 행사를 한 가지씩 행하여 수련에 힘쓴다는 것이다.

4대 정신은 뒤에 일으킨 홍사단의 그것과 같은 것이나, 청년학우회 시대에는 무실 · 역행 다음에 자강(自强) · 충실(忠實) · 근면(勤勉) · 정제(整齊) · 용감(勇敢) 등을 말하였음이 그 회가에서 보이는 바, 아마도 처음에 일곱 가지의 덕목을 세웠다가 뒤에 정리하여 4대 정신이 된 듯하다.

당시에 이미 일본의 통감 정치가 실시된 지 3년이어서 일본 관헌의 감시와 탄압이 조직화되던 때라, 모든 집회와 결사는 내무 대신의 허가를 맡아야 하므로 청년학우회는 신민회처럼 비밀 결사로 하지 않고 관청의 허가를 얻어 조직하였다. 허가가 되기 위해서는 회의 목적과 사업에 일체 정치적 색채를 피하고 오직 인격 수양을 위한 단체로 표현한 것이다. 이것을 하나의 방편이요, 가장한 것이라고 해석하는 것이 보통이나, 도산의 생각은 그러하지 아니 했던 것 같다. 도산은 청년학우회를 철두철미 인격 수양단체로 삼아 직접 정치에 간여하지 않기를 기대한 것이다.

도산은 독립 운동을 민족 부흥 운동의 한 부분으로 인식하여, 민족 전체가 인간으로서 국민으로서 자격을 향상하면 독립 운동은 저절로 추진될 것을 믿었으며, 적어도 민족의 갱생 사업이 성공된 뒤에라야 독립 운동이 성공되리라는 원칙론에 굳은 신념을 가졌던 것이다. 이 점에서 도산은 항상 성급한 정치적 독립 운동자들과 대립하였고, 완진파(緩進派)로서 지목되고 공격 대상이 되었던 것이다.

그리고 또 한 가지는 청년학우회가 관헌의 탄압으로 해산되는 것을 피하여 민족 운동의 교두보를 항상 유지하면서 그 회원 중에서 뜻이 굳건한 자를 골라서 신민회의 진용을 강화하자는 방법론도 이유의 하나였을 것이다.

도산은 한 걸음 나아가 청년 운동에서 정치를 배제할 것을 주장하였다. 민족주의 사상에 입각하고 이것을 고취하는 청년 운동이기는 하였으나, 좁은 의미에서의 정치에 청년 운동 자체를 이용하지 말고 또 청년 운동이 정치 세력 싸움에 쏠려 들지 않는다는 원칙을 세웠다. 이것을 최남선은 '순수하고 열렬한 청년운동'이라고 규정하고 있다. 청년 학우회 노래를 지은 최남선은 그 가사에서,

"무실 역행 등불 밝고
깃발 날리는 곳에
우리들의 나갈 길이
숫돌 같도다
영화로운 우리 역사
복스러운 국토를
빛이 나게 하량으로
힘을 합쳤네"

라고 하였다.

도산은 최광옥(崔光玉)을 청년학우회의 모범 인물을 삼으려 하였다. 춘원은

해설하기를, "최광옥은 아직 청년이었으나 기독교인으로 조행이 심히 깨끗하고, 애국 지사요, 또 국어를 연구하여 우리 나라에서 최초의 문법을 저작하였으며, 문재(文才)도 언변도 있었고, 도산의 민족 향상 사상과 방책에 전폭적으로 공명하였다. 도산의 생각에 최광옥으로 청년학우회의 인격자의 모범을 삼으려 하였다."고 한다(《도산 안창호》 상권 3장).

최광옥은 도산의 신임이 두터웠고, 한 몸이 도시 정열이라는 평을 받아 황해도 일대의 교육 운동 발흥에 공적이 큰 바, 1910년에 백천(白川) 군수 전봉훈의 초청으로 그 고을 교육 사업을 의논하고자 왕래하던 중 병이 재발하여 그 해 가을 백천 여관에서 33세에 별세하였으므로 안악 사건과 105인 사건 때에는 이미 고인이었다. 그는 2남 3녀가 있었는데, 그 중 2녀 이권과 3녀 이순이 후에 교육 사업에 이름 있었다.

'무실 역행'이라는 표어는 도산의 창안임이 확실하거니와, 이것이 청년학우회의 표어인 동시에 뒤에 흥사단을 조직할 때에도 같은 표어를 내걸었다. 1909년의 청년학우회와 1913년의 흥사단은 사실상 하나의 단체라고 할 수 있다.

도산이 설명한 바에 의하면, '무실 역행(務實力行)'의 뜻은 '참되기를 힘쓰고, 행하기를 힘쓰자'는 것이다. '무실'의 반대는 '허위'요, '역행'의 반대는 '공리 · 공론'이다. 혹시 '역행'을 해석하여 '힘써 행하자'로 말하고 그 반대를 '나타'라고 할 수 있으나, 이것은 그 초점이 약간 빗나간 것이다. 도산이 말하는 '역행'의 참 뜻에는 주자학파(朱子學派)에 대립하는 왕양명(王陽明) 학파의 지행 일치(知行一致)의 사상과 통하는 점이 있고, 따라서 이조 유교 (李朝儒教)에 대한 통절한 비판이 들어 있는 것이다.

'무실 역행'이라는 표어로서 표현된 '진실의 정신'은 도산의 국민 훈련 운동의 기본적 정신이다. 앞서도 말한 바와 같이, 도산은 그 민족 운동 · 구국 운동 · 항일 운동의 정치적 주장에다가 언제든지 '진실의 정신'의 고취를 아울러 내세움으로써 그의 독자적인 이론 체계나 행동 강령을 삼았고, 이것이 민족 운동 역사상에 하나의 이채를 발하는 동시에 격렬한 찬성과 반대의 대상이 되어온 것이다. 반대가 있거나 말거나 도산은 그것을 신념으로 주장하고 실천하였다. 도산의 교육 사업에 있어서도 '무실 역행'을 도의 교육의 표어로 삼았음은 대성학교에서 본 바와 같다.

'민족 개조'(民族改造)라는 표어는 1919년 제1차 세계 대전 뒤에 역시 도산이 지어 낸 표어다. 그 당시 세계 개조 · 사회 개조의 소리가 동 · 서양을 흔들고 있었는데, 도산은 그것을 포착하여 한국 민족은 그 자신의 성격을 개조하여야만 독립을 할 수 있다는 의미에서, 자기가 20년을 두고 주장해 내려온 민족의 자기 혁신을 '민족 개조'라는 용어로 표한한 것이다.

'개조'라는 말은 reconstruction이란 영어 또는 프랑스어를 번역한 것인데, 엄격히 말하면 재건(再建)이란 말이 타당할 것이나, 먼저 이 말을 소개하기 시작한 일본인들이 프랑스어를 번역하여 썼던 것이다. 일본에 유명한 《개조》라는 잡지가 이 무렵에 창간되었다.

청년학우회 시대에는 '민족 개조'라는 표어가 아직 생기지 아니 하였으나, 이 과격스럽고 오해되기 쉬운 표어의 본뜻은 청년학우회의 인격 수련과 단결 훈련에 배태되어 있다. 개성의 발전과 협동 생활의 훈련, 도산의 또 한 개의 표어 '자조와 호조'의 정신은 현대 국민 교육의 기본 목표의 하나이거니와, 도산은 그 중요성을 지적하고 교육 사업에서 지식의 섭취 이상으로 인격 훈련에 치중하고, 정치 운동에 있어서 자아 혁신을 아울러 행하기를 힘쓴 데 도산의 특색이 있다.

청년학우회가 창립된 지 얼마 아니 되어 그 해 10월에 안중근이 하얼빈 정거장에서 일본의 이등박문을 암살한 사건이 생겨났다. 이로 인하여 일본의 군벌은 한국 합병을 서두르게 되었고, 신민회와 대성학교 · 청년학우회 등의 사업—다시 말하면, 도산의 원대하고 조직적인 계획은 모두 수포로 돌아갔다.

도산은 국가의 운명이 이처럼 급격하게 변동될 것을 예기 안 했을는지 모르겠다. 비록 쓰러져 가는 국운이나마 시간을 벌면서 청년 동지들을 단결하고 훈련하여 아주 무너짐을 막을 수 있으리라고 생각했을지도 모른다. 혹은 성패간에 최후 순간까지 그렇게 하는 것이 자기의 사명이라고 생각했을지도 모른다.

하여간에 운명의 수레 바퀴는 한국 민족에게나 도산에게나 너무도 숨차게 비극적인 방향으로 굴렀던 것이다. 만일 도산으로 하여금 수 삼 년의 세월을 더 가지고 조직 · 훈련 사업을 확대할 시간을 가지게 하였던들 한국의 역사는 달리

쓰여졌을지 누가 알 것이냐.

청년학우회는 창립된 이듬해, 1910년에 나라와 스승을 함께 잃어버리고, 일본 관헌의 쇠망치 아래 부스러지고 말았던 것이다. 오직 그 정신이 살아 남아 3년 후에는 미국 가주에서 홍사단이 일어나고, 9년 후인 1919년에는 독립 만세로써 삼천리 방방 곡곡에서 터져 나왔던 것이다.

제 6 장

간다 간다 나는 간다

망명의 길 (만32~33세)

실국(失國)의 해 1910년 봄에 해외 망명의 길을 떠난 도산은 중국 산동성(山東省) 청도(青島)에서 이갑 이하 동지들과 재회하여 이른바 청도 회의(青島會議)를 열고 숙론(熟論)한 끝에 북만주에 장차의 독립 운동 근거지를 만들고 영농과 군사 양성을 병행하기로 하고 해륙양로로 분하여 시베리아의 동단(東端) 블라디보스톡(海蔘威)으로 갔다. 그러나 자본 관계로 계획은 실패에 돌아가고 부득이 동지들과 작별하고 구주(歐洲)를 횡단하여 대서양을 배로 건너 가족들이 있는 미국 가주(加洲)에 도착한 것이 1911년이었고, 그로부터 9년간 재미 동포를 조직 · 훈련하여 십년생취(十年生聚), 십년교훈(十年敎訓)을 몸소 천행하게 된다. 〈거국가〉(去國歌)에 있는 문자 그대로 시베리아 · 만주 뜰을 헤매고 대서양과 태평양을 건너면서 때로는 심각한 비감(悲感)에 눈물을 흘리기도 하였고 가장 신임하던 동지 추정(秋汀) 이갑(李甲)이 전신불수로 병와(病臥)함은 더욱 타격이었다. 뿐만 아니라 한국 사회의 고질인 파당 상쟁이 도처에서 그를 괴롭혔으니 이를 악물고 실력양성에 분진(奮進)하는 그의 심경과 모습은 비장 그 물건이라 아니할 수 없다.

1909년 10월 안중근 의사가 하얼빈 정거장에서 이등박문을 암살한 사건이 발생하자, 한국에 있는 일본의 통감부는 즉각 한국인 민간 지사들을 총검거하였다. 사건의 배후에는 반드시 국내 독립운동자들이 지시, 또는 후원하였을 것이라고 추측한 것이다.

도산은 평양 대성학교에서 체포되어 서울로 압송, 용산 헌병대에 수감되었고, 이갑(李甲)은 사사 용무로 신의주까지 갔다오는 길에 개성역에서 잡히어 개성 헌병대에 억류되고, 이동휘(李東輝) · 이종호(李鍾浩) 등은 서울의 경무총감부(警務總監部)에 구금되었다.

당시 한국의 사법권과 경찰권이 이미 일본의 손에 들어갔었으며, 일본은 소위 통감부(統監部) 밑에 경부 총감부라는 경찰 총본부를 두었고, 각 지방에 일본 헌병대를 주둔시켜 경찰권을 행사하고 있었던 것이다.

정영도(鄭永道)가 말하는 바에 의하면, 도산은 체포되기 전날 밤에 미리 그런 일이 있을 것을 짐작하고 자기 숙소에서 서류 두 뭉텅이를 불살랐다고 한다. 이튿날 아침 일본 헌병들이 대성학교를 포위하고 도산을 찾으매, 그는 태연히 걸어 나와 평양역으로 끌려갔다. 정영도는 역까지 따라갔다가 다시 급히 학교로 돌아와 약간의 돈을 변통해서 거리에서 배 몇 개를 사서 도산에게 전하였다 한다. 정은 약간의 사무를 정리하고 뒤따라 서울로 올라왔는데, 도산을 면회하고자 한국인 헌병 보조원과 교제하여 간신히 만나 볼 기회를 얻었고, 동지들의 계획으로 국내를 탈출할 것을 권고하였으나, 도산은 이를 거절하고 정에게 "그대가 미국으로 갈 수 있으면 가서 나의 아내와 자식들을 부양하라."고 부탁하였다 한다.

이동휘가 일본 헌병에게 체포되면서 "너희 일본이 같은 동양인으로서 한국에서 이렇게 불법 무도를 행하니, 너희들이 서양인에게 채찍을 맞아 그 자리에서 구더기를 파내는 꼴을 내 눈으로 보리라."고 호통한 것이 바로 이 때의 일이다.

지사들이 갇혀 있는 동안 서울의 남녀 학생들은 밤이 되면 감방 근처에 모여들어 애국가를 합창하며, 도산이 지어서 가르친 다른 노래들을 불렀다. 어떤 여학생은 거짓 핑계로 도산에게 전화를 걸고, 노래를 불러 듣게 하였다는 말도 전한다.

달포를 두고 조사를 받았으나 아무런 증거도 없었다. 안중근이 해외에 있던 몇몇 동지들과 의논하여 일을 단행한 것이요, 국내에 있는 단체와 연락한 일은 없었던 것이다.

최석하(崔錫夏)라는 청년이 있었다. 그는 일본서 명치대학 법과를 졸업하고 서울로 돌아와 정치에 뜻을 두고 이갑을 찾아 문하생이 되기를 자원하였었다 한다. 노 · 일 전쟁 때에는 일본군의 통역으로 종군한 경력도 있다고 하는 바, 이갑은 그의 재주 있음을 보고 이를 이용하기로 하였다. 최는 순전한 민간 애국운동에 참가한 것이 아니라, 이른바 정치적 방법으로 풍운을 일으켜 보자는 생각으로 혹은 친일파의 거두들도 상종하고 통감부 방면에도 출입하였으므로, 자연 일종의 중간 조정의 일을 하게 되었었다. 정운복(鄭雲復)과 함께 정당을 조직하여 양반 정치에 대항하여 보자고 민간 지사들에게 건의한 것도 최석하의 구상이었다. 도산은 그것이 일본인의 함정에 빠지는 것이라고 판단하여 거절하였던 것이다.

이 최석하가 민간 지사들의 석방 교섭에 나섰다. 일본측으로서는 도산 등이 안중근 사건과 관련 있다는 증거가 없으므로 석방할 수밖에 없는 처지였었는데, 최석하의 교섭이 있으므로 이에 응하는 척하면서 엉뚱한 조건을 내걸었다. 청년 지사들로서 내각을 조직하여 정치를 혁신하여 보라는 것이다.

도산 내각설(島山 內閣說)

이른바 도산 내각 조직 권고 문제에 대하여서 정확한 경위를 알 만한 자료가 아직 없다. 일본측이 자진하여 제안한 것인가, 최석하의 책략에서 나온 것인가. 일본측이 발설한 것이라면, 그들의 국책으로서 정해진 것인가. 이등박문이 살았을 때까지는 한국을 보호국으로 두고 통감부의 힘으로 정치를 혁신시켜 보자는 문치파(文治派)의 주장과 즉시 병합하자는 무단파(武斷派)의 주장이 대립되어 있었다는 설이 있다. 국제 여론, 특히 미국과 러시아의 양해가 없이 한국을 아주 병합해 버리는 것은 위험한 일이라고 보는 것이 문치파의 정견이었을 것이다. 그러나 이등박문의 암살 사건은 일본에게 좋은 구실을 주었다고 관측하는 무단파는 이미 한국 합병 단행론으로 줄달음치고 있었다. 이에 대항하기 위하여 문치파 정부가 최종적으로 한국에서 청년 내각을 조직하여 정치를 혁신함으로써, 합병이라는 국제적 모험을 하지 아니하고 한국을 일본 세력하에 유지하자는 정략이 고려되었음직도 하다. 앞서 도산이 이등과 회견하였을 당시부터 일본은 그런 눈치를 보이고 있은 흔적이 있다.

혹은 일본측의 교묘한 책략이었을지 모른다. 청년 내각을 조직시킨 후에 합병을 단행하면, 청년 지사들의 명성을 떨어뜨려 민족 반항의 기세를 어느 정도 누를 수 있다고 계산하였을 것이다. 또는 합병 단행을 앞두고, 청년 지사들의 항일 운동을 잠시 휴식시키는 시간을 벌자는 계책이었을지도 모른다. 하여간 최석하가 그런 조건을 전달해 온 것도 사실이요, 석방된 요인들이 이 문제를 놓고 가부 토론을 하였다는 것도 사실인 듯하다.

일설에는 최석하가 내각 조직 비용으로 그 때 돈 30만 원(약 15만 달러)을 소네라는 일본인 통감으로부터 받았다는 말도 있고, 나중에 그것이 일본 국회에서 말썽되었다고도 전하나, 자세한 기록을 손에 넣지 못하였다. 말썽이라는 것은 그 돈을 도산 등이 받아서 해외 망명 비용으로 써 버렸다는 것이다. 그것은 사실과 틀리는 일인 듯하고 당시 관계자 김지간(金志侃)은 망명 자금을 이종호가 댄 것이라고 말하고 있다. 여기에 관하여는 이 책 부록에 있는 '도산 등의 망명 자금'이란 글을 참조하라.*

1909년 12월에 도산 이하 여러 동지들은 헌병대에서 풀려 나왔다. 그들은 즉시 원동(苑洞)에 있는 이갑의 집에 모여서, 이른바 내각 조직안을 토의하였다. 좌석에는 도산을 위시하여 주인 이갑 그리고 이동휘 · 이종호 · 김지간 · 최석하 등이 있었고, 일설에는 최린(崔麟)(천도교간부)도 참석했다고 한다.

김윤식의 《속음청사》 1910년(경술) 2월 22일 일기에 이런 구절이 있다.

> …… 이삼령(李參領) 갑을 역방(歷訪)하니, 안중근 옥사(獄事)로써 치의(致疑)하여 훼보(逮捕)되어 헌병소에 체류(滯留)되어 육삭(六朔), 무실하므로 방환(放還)되었고, 김명준(金明濬) · 안창호 · 이××(주; 이종호일 듯함)도 같이 방환(放還)되었으므로 가서 본 것이다.……
>
> (동년 3월 5일자)…… 혜천요리점(惠泉料理店)의 강구환영회(講舊歡迎會)에 가다. 금번 안중근 사건 남북인사가 많이 혐의받아 곤(困)을 보았는데 이갑 · 이종호 · 김명준 · 안창호 제인(諸人)이 다 반년을 피인(被因)하였다가…… 다 무사 방환된 고로 강구회원(講舊會員)이 이를 위해 환영하는 회라, 야팔시(夜八時)에 파하여 돌아오다…… (이상 양일《속음청사》 하권 220쪽 이하)

이로써 본다면 도산 등이 적어도 1910년 3월 5일까지는 서울에 있었음이 분명하고, 4월에 망명하였다 함이 큰 착오가 없는 것 같다.

---

* 《안도산전서》 1963년 초판과 1971년 재판 부록에는 공히 주요한이 쓴 〈망명자금출처〉가 실려 있다. 그 글은 원래 《동아일보》 1956년 7월1일~5일까지 연재되었다 — 편집자.

도산의 판단은 3년 전이나 다름이 없었다. 신민회나 청년학우회가 혁신 정치의 주도력을 쥐고 이를 성공으로 끌어가기에는 아직 힘이 미약하다. 밖으로는 구지배 계급의 반발과 음모가 거셀 것이요, 안으로 일반 국민이 기분상으로 열렬히 지원한다 치더라도, 정치적으로 혁신 정치를 뒷받침하기에는 너무 미약하고 미숙한 것이었다. 이런 환경에서 섣불리 정권을 잡으면 일도 치르지 못하고 실국의 책임만을 뒤집어 쓰게 될 것이며 일본으로 하여금 세계 여론 앞에서 자기의 침략 행동을 정당화시키는 구실만을 주게 될 것이 뻔히 들여다보였다. 이에 의하여 최석하 · 이갑이 이른바 적극론을 주장하였으나, 도산의 앞뒤를 재인 시국 판단을 이길 수 없었다. 그날 밤 늦게까지 격론을 계속한 끝에 내각 조직은 완전 단념하기로 결정되었다.

이 뒤에도 이 문제를 가지고 신민회 동지들이 수차 회의를 한 것 같으나 자세히 전하는 이가 없다. 하여간 도산의 시국관은 일관하였고, 내각의 책임자로 지목되는 도산이 완강히 반대하니 결론은 묻지 않아도 알 수 있다.

이 때뿐 아니라 언제나 중대한 문제가 발생될 때마다 도산은 밤잠 아니 자면서 자문 자답으로 문제의 모든 각도를 심각히 검토하는 것이 그의 습관이요, 천성이다. 그러므로 이론을 전개하게 되면 도산을 당하는 사람이 없었고, 어떤 각도로 반대나 질문을 하여도 도산에게는 대답이 분명하고 철저하였다. 도산은 정객들의 토론 태도가 즉흥적이고, 감정적이라고 불만히 생각하는 의견을 가끔 말한 일도 있거니와, 이는 정객들의 두뇌가 도산만 못한 것이 아니라, 깊이 연구 검토하는 데 시간과 노력을 들이지 않는 데 있다고 나무라는 것이었다.

최석하는 마침내 만일 도산이 내각 조직을 최종적으로 거부하면 아마도 동지 전체의 신변이 위험할 것이라고 경고하였다. 소위 일본측의 온화파는 청년 내각을 조직하여 정치를 혁신시켜 본다는 것을 최후의 대안으로 내어 걸고, 이른바 무단파들과 대립하였다는 것이다. 그러므로 그것이 안 되는 경우에는, 무단파의 즉시 합병 단행론에 양보할 수밖에 없는 것이고 그 전제로는 민간의 민족주의 진영을 일망 타진할 것이 명백한 것이었다.

거국가(去國歌)

이리하여 신민회 간부들은 최후 대책을 강구하기 시작하였다.

"우리 애국자에게 남은 오직 하나의 길은 눈물을 머금고 일보 물러서서 장래의 힘을 기르는 것이다. 우리가 망국의 비극을 당하는 것은 힘이 없는 까닭이니 힘이 모자라서 잃은 것은 힘을 길러야 찾아질 것이다. 국내에 남을 수 있는 이는 국내에서, 남을 수 없는 동지들은 해외로 나가서 인격력과 단결력을 기르고, 교육과 산업을 일으켜 민력을 배양하는 것, 다시 말하면 신민회 운동을 계속하는 것만이 조국을 다시 찾는 오직 하나의 길이다."

이렇게 말하는 도산은 눈물을 흘렸고 만좌가 다 울었다.

국내 책임으로는 서울에 전덕기, 평양에 안태국, 평북에 이승훈, 황해에 김구 등으로 정하니, 대개 이들은 그 때 교육가로서 세상에 알려져 있기 때문에 탄압 대상에서 벗어날 수 있으리라고 생각한 것이나, 그것이 너무 일본을 가볍게 본 것이라는 것은 나중 105인 사건으로 판명되었다.

구미 방면은 안창호 · 이갑, 연해주는 이동녕, 북간도는 이동휘, 서간도는 이시영 · 최석하, 북경에 조성환, 그리고 이종호도 해외로 나가서 모든 동지들의 운동 자금을 주선하기로 각각 임무를 분담하였다. 이종호는 그 때 그 조부 이용익이 중국 상해에 있는 덕화은행(德華銀行)에 큰 돈을 예금해 두었다는 것을 그대로 믿고 있었던 모양이다.

탈출 방법은 각자 자유 행동으로 하되, 중국 산동성 청도(青島) 항구에서 다시 만나기로 약속하였다.

2월에 이갑 · 이종호 · 이종만은 기차로 떠나 평북 석하(石下)역에서 내려 도보로 아직 얼음이 채 풀리지 않은 압록강을 배로 건너 다시 기차로 봉천을 거쳐 북경으로 가고, 안창호 · 신채호 · 김지간 · 정영도(鄭永道) 4인은 4월 7일에 경기도 행주(幸州)에서 조그만 목선을 타고 교동도(喬桐島)로 가다가, 신채호 · 김지간은 멀미로 개성 후포(後浦)에서 상륙하여 육로로 만주를 거쳐 북경으로 가고, 안 · 정 양인은 황해도 장연(長淵)에서 중국인 소금배를 갈아 타고 중국 산동성 위해위(威海衛)에 상륙하였다.

도산의 망명 날짜에 대하여는 경술년(1910) 4월 설과, 그 전 해인 기유년

(1909) 10월 설의 두 가지가 있다. 도산의 자필 이력서에 보면 32, 33세 때에 청도 · 상해 · 연태 · 북경 등지를 거쳤다 하였으니, 한국 나이로 보면 도산 32세는 1909년(己酉)에 해당하므로, 기유년 10월에 망명했다는 것이 옳은 듯하나, 기유년 10월은 바로 안중근 사건이 나던 달인 즉, 그 때 헌병대에 잡혔다가 3개월 만에 석방되었다는 사실과 맞지 아니하므로 아무리 보아도 기유년 겨울 망명설은 전후가 부합하지 않는다.

그러면 도산의 자필 이력서에 쓰인 연세는 서양식으로 만 32세를 말하는 것이라고 해석할 것이다. 도산이 첫 번 미국으로 간 것을 자필 이력서에 24세라고 했는데 그것을 한국 나이로 해석하면 1901년(辛丑)이나, 《재미 한인 오십 년사》에는 도산의 미국 도착을 1902년 10월 14일이라 하였은 즉, 여기도 1년 차이가 있다. 그러므로 이 역시 만 24세로 해석하여야 맞는다.

이런 점으로 보아서 도산의 자필 이력서에 32세 망명이라 함은 만 32세, 즉 1910년(경술국치의 해)으로 봄이 틀림없다고 본다.

행주(幸州)에서 배를 타기 전날 밤은 당시 모화관(慕華館, 동리이름. 지금 서대문 밖 독립문 부근)에 살던 서병호(徐丙浩) 집에서 자고 비밀리에 행주에 갔다. 서병호는 그 때 평양 대성학교 교원으로 있었으며, 그의 백씨가 장연서 중국 목선을 주선하였다 한다. 이것은 그 때 도산과 동행한 정영도의 증언이나, 서병호의 말에 의하면 1910년 봄에 서병호 일가는 장연군 송천(松川)에 살았고, 서울 모화관으로 이사온 것은 그 해 가을이라 한즉, 정용도의 착각인 듯하다 하며, 도산은 헌병대에서 석방된 후 세브란스 병원에 있었다 한다.

아마도 민족 운동자들의 해외 망명은 일본 정계에도 충격을 주었을 것이다. 그리하여 5월에 사내가 육군 대신으로서 조선 통감을 겸무하게 되고 7월에 부임하니, 부통감에는 군벌의 거두 산현(山縣有朋, 야마가다)의 아들 산현 이삼랑(山縣伊三郎), 경무 총감에는 육군 소장 명석(明石元二郎, 아까시)이었다. 6월 초에 경무 총감부령으로 '집회 취체에 관한 건'이 공포되어 사실상 모든 집회가 금지되고 8월 22일 합병 조약 조인, 29일 합병 발표, 9월 1일 일진회 · 조선협회 등 10개 단체에 해산 명령이 내렸다.

기우는 조국의 운명을 건져 보려고 본국 땅을 다시 밟은 지 만 2년 반만에 사생을 맹약한 동지들, 손때 먹여 키우던 학생·청년 그리고 이족의 멍에 밑에 나라 없는 백성이 될 2천만의 동족들을 뒤에 남기고, 망명의 길을 떠나는 도산의 심경은 어떠하였을꼬…….

그가 남기고 갔다는 거국가가 그의 심경의 일단을 가장 솔직하게, 그리고 소박하게 나타내고 있다.

1. 간다 간다 나는 간다
너를 두고 나는 간다
잠시 뜻을 얻었노라
까불대는 이 시운이
나의 등을 내밀어서
너를 떠나 가게 하니
일로부터 여러 해를
너를 보지 못할지나
그동안에 나는 오직
너를 위해 일할지니
나 간다고 설어 마라
나의 사랑 한반도야

2. 간다 간다 나는 간다
너를 두고 나는 간다
지금 너와 작별한 후
태평양과 대서양을
건널 때도 있을지요
시베리아 만주 들로
다닐 때도 있을지나
나의 몸은 부평같이
어느 곳에 가 있든지

너를 생각할 터이니
너도 나를 생각하라
나의 사랑 한반도야

3. 간다 간다 나는 간다
지금 이별할 때에는
빈 주먹을 들고 가나
이후 성공(상봉)할 때에는
기를 들고 올 터이니
눈물 흘린 이 이별이
기쁜 일이(환영) 되리로다
악풍 폭우 심한 이 때
부대부대 잘 있거라
훗날 다시 만나 보자
나의 사랑 한반도야.

이 노래의 가사가 조금씩 다르게 전하는 바 여기 수록한 것은 등사와 필사로 된 두 개의 창가집과 《도산 안창호》에 수록된 것과 종합 정리한 것이다. 자세한 것은 《도산 안창호》 상권 4장과 《새벽》 1955년 송년호 126쪽을 참조하라.

망명 당시의 사정이 〈예심 심문기〉에는 다음과 같이 진술되어 있다.

이등 통감이 하얼빈에서 안중근에게 암살되자, 본인은 그 사건의 혐의로 일본 헌병대에 구류되었다가 약 3개월 후에 석방된 즉, 일본은 한국에 대하여 일사 백사(一事百事)가 모두 무단적이어서 사회의 공기는 일변하였다. 당시에 정운복 · 최석하 등이 위주하여 서북인으로 일정당을 조직하여 기호파에 대비하였다가 상당한 역량이 생기거든 일본에 반항하여 자립을 도모하자 하며 본인에게 입당을 권유하였다. 이에 대하여 본인은 지금에 기호파니 서북파니 하여 파벌을 운운함은 상스럽지 않은 일이다. 또 일본인은 그런 가면적 복종을 간파치 못할 것이 아니니 바로 정정 당당한 행동을 취함은 가커니와, 그런 가면적 행동에 찬성할 수 없다고 거절하다. 최석하는 입당을 권고하던 나머지에 "그대가 입당을 불긍하면 신변이 위험할지도 모를 터이니 숙고하라." 하므로 본인은 국내에서 활동할 것을 단념하고 망명을 결의하였다.

정운복은 신민회 회원이었는데 도산이 먼저 그 행동이 수상한 것을 눈치채고 이갑에게 물었더니, 이갑은 절대로 그렇지 아니함을 보장하고 동지를 의심한다고 나무랐는데, 후에 이갑 자신이 조사한 결과 일본측과 내통하고 있음을 알고 도산의 안력에 감복하였다는 것이다.

생각컨대, 이 때에 일본은 민족 운동 진영에서 가장 세력이 크고 또 성격이 돌진적인 서북 인사들을 회유하여 그 예봉을 꺾는 동시에 민족 진영의 이간을 도모하기 위하여 정운복·최석하를 시켜 소위 서북인의 정당 조직설을 꺼내게 한 것이라고 생각된다. 도산이 일본의 이간 작전을 간파하고 이를 거부한 것은 당연한 일이다.

경술년 8월 29일 나라를 일본에 넘겨 준다는 조서가 발표되매, 전국 국민은 비분과 통곡에 잠겼다. 학교마다 학생을 긴급 소집하여 통곡회를 열고 혹은 광복의 맹약식을 거행하였다.

2년 전인 융희 2년(1908), 순종 황제가 이등박문과 함께 관서 지방 순회를 할 때, 평양의 학도들은 태극기와 일본기를 들고 정거장까지 환영 나오라는 당국의 지시를 거역하고 일본기를 찢어 버리고 태극기만 들고 영접하였거니와, 이제 그들은 깃발을 잃어버린 신세가 되었다.

> 동해 어별(東海魚鼈)도 맘이 있으면
> 우리와 같이 슬퍼하겠고
> 남산 송백도 눈이 있으면
> 우리와 같이 눈물 흘리리

학생들은 강변과 숲속에 흩어져 이런 노래를 부르며 울었다. 가을 개학이 되었으나 학교에는 학생도 선생도 오지 아니하였다.

'조선 주차 헌병 조례'(朝鮮駐箚憲兵條例)라는 것이 발표되고, 사내정의가 총독이 되어 헌병 정치가 시작되었다. 그 악착스런 손아귀에 민족의 정수 분자들이 체포되고, 학살되고, 고문당하고, 징역살게 되니 36년의 악몽이 막을 연 것이다.

청도 회담(靑島會談)

위해위에서 상륙한 도산은 북경으로 들어가 며칠 유하다가 약속한 대로 동지들과 만나기 위하여 청도로 갔다. 여기 모인 이들은 유동열 · 신채호 · 이동휘 · 이종호 · 김지간 · 조성환 · 이강 · 박영노(朴英魯) · 김희선(金羲善) · 이종만(李鍾萬, 이종호의 아우) 등 이었는데 이들과 함께 유명한 청도 회담(靑島會談)이 열리게 되었다. 불행히 이 때에도 의견은 두 갈래로 갈리게 되었다. 하나는 당장에 만주로 가서 광복군을 조직하여 일본과 개전하자는 이른바 급진론이요, 하나는 해외 동포를 조직 · 훈련하여 실력을 기르면서 장래의 기회를 기다리자는 점진론의 대립이었다. 군인이요, 성격이 불 같은 이동휘가 급진론의 선봉이었고, 도산이 점진론을 주장한 것은 물론이다.

"나라가 망하게 되었는데 교육은 무엇이고, 산업은 다 무엇이냐. 당장 나가서 싸우다가 죽을 것이다." 하고 이동휘는 눈물을 부리며 땅을 쳤다. 도산은 동지들의 감정을 가라앉히고 이성적인 판단을 할 수 있는 시간을 벌기 위하여 회식과 경치 관광 등의 모임을 열기도 하였으나 결국 의견의 일치를 보지 못하고 뿔뿔이 자기 주장대로 일을 시작하기 위하여 헤어지게 되었다. 당시 오직 이종호가 재정의 능력이 있었는데, 그가 어느 편이냐 하면, 이동휘의 주장에 기울어졌기 때문에 도산은 동지들을 설복시킬 힘이 없었다.

청도에서 잡지를 발행하자는 안도 나와 도산은 처음에 찬성 아니했으나, 여러 사람이 주장하여 청도의 독일인 총독에게 교섭하였다. 미국이나 그 밖의 서양 사람의 명의로 발간하면 될 수 있었으나, 그런 사람을 찾을 수 없기 때문에 한국인 명의로 발간하려고 독일 총독에게 교섭하였으나, 그는 일본과의 외교 관계를 염려하여 순수한 종교 잡지가 아니면 허락할 수 없다 하므로 잡지 계획은 중지되었다.

최종적으로 결의된 것은 이종호가 3천 달러의 자금을 내기로 하여 길림성(吉林省) 밀산현(密山縣)에 미국 사람이 경영하던 태동실업회사(泰東實業會社)의

땅 약 10리 평방 가량을 사서 개간하는 동시에 사관학교를 세워 독립군을 양성하자는 안이었다. 유동열 · 이갑 · 김희선이 군대 교련을, 신채호가 일반 교양 교수를 맡고, 김지간은 토지 경영 책임을 지기로 하여, 도산과 이갑은 해삼위(海蔘威, 블라디보스톡의 일명) 항구를 거쳐서, 다른 이들은 육로로 길림으로 들어가기로 하였다. 그러나 이 계획은 나중에 이종호가 출자를 거부하므로 실현되지 못한다. 이즈음 북경 유학생 백영엽(白永燁)이 도산을 만나 본 이야기가 전해지고 있다. 백은 연경대학(燕京大學)에 같이 공부하던 김중점(金重漸)의 권유로 정양문(正陽門) 밖 어떤 여관에서 검정빛 한복을 입은 도산을 처음 보게 되었다. 도산은 젊은 학생을 대할 때에도 늘 무릎을 꿇고 정좌하며, 예절은 어린 시절부터 배워야 한다고 몸소 그 본보기를 보여 준 것이다. 학생들이 작별하고 돌아갈 때는 여관 대문까지 상당히 거리가 있는데도 걸어나와 허리 굽혀 정중히 인사하여 보냈다 한다. 이런 행동이 학생들에게 깊은 인상을 주었다고 백영엽은 회고하였다.

해삼위까지 가는 경로와, 길림으로 들어가지 않고 유럽을 거쳐 다시 미주로 건너가게 되는 경위는 이강의 추억담에 자세하다(《속편 도산 안창호》 147쪽 이하). 〈예심 심문 조서〉에 도산 자신이 진술한 것으로 되어 있는 이 당시의 경위는 위에 말한 것과 약간 다르다.

도산은 망명의 길에 오를 때에 내심으로 만주로 가서 황무지를 개척하고 만주에 사는 동포들을 지도 · 훈련하여 실력을 길러 장래 광복 운동의 기초를 준비할 생각이었다.

동지들이 북경에 있다고 들었으므로 그 일을 의논하기 위하여 북경을 가니, 그들이 이미 청도로 갔으므로 도산도 청도로 가게 되었다. 도산은 이종호의 출자를 가지고 만주의 농지 개척 사업을 추진할 것을 제안하였는데, 유동열 · 김희선은 신문 잡지를 발간하자고 하여 의견이 일치 안 되고 동지들이 헤어지게 되었다. 이 때 이갑의 의견으로 우선 해삼위까지 가서 연해주(沿海州)와 만주의 상황을 시찰하고 태도를 결정하자 하여 그리로 갔다.

여기서 도산과 이갑은 의연 만주로 들어가 농지 개척에 주력하여 우리 교포들의 생활을 안정시키는 반면 독립 운동의 투사를 양성함이 민족의 장래 운동에 힘이 될 것을 역설했으나 유동열 · 김희선은 속히 항일군을 조직할 것을 주장하여 의견이 합하지 못하고, 그 두 사람은 거기를 떠나 만주를 거쳐 중국 본토로 가다가 연태(煙台)에서 일본 관헌에게 체포되었고 이갑은 해삼위에 머물고 도산은 정영도와 함께 모스크바 · 런던 · 뉴욕을 거쳐 로스앤젤리스로 갔다 하는 것이 도산이 진술한 것으로 되어 있다.

일본 통치 시대의 재판소 기록이란 것이 어느 정도 신빙성이 있다고 보겠으나 그것은 속기록이 아니요, 피고인의 진술을 서기가 요약하여 기록하는 것이므로 착오가 아주 없다 할 수 없는 것이다. 심지어 장시간 듣고 대답한 뒤에 그 요점만을 판사가 부르는 대로 서기가 기록하는 일이 통례로 되어 있어 피고인의 답변은, 그가 말한 대로라기보다 그 대답을 판사가 해석하여 들은 대로라고 함이 더욱 적절할 것이다. 형식적으로는 기록이 끝나면 피고인에게 읽어 주고 틀림없다는 확인을 받게 되어 있으나, 줄거리에 큰 착오가 없는 한 세밀한 부분에 있어서나 '같은 말이라도 음영이 미묘하게 다른 점'을 일일이 따질 수 없고, 또 따지려고 들면 판사나 서기가 귀찮다고 들어 주지 않는 것이 관례였다. 검사의 조서는 판사의 조서보다 더 일방적이요, 경찰의 조서는 대개가 직접 · 간접의 고문으로 꾸며지는 것이었다. 재판 기록을 역사 재료로 사용할 때는 이상과 같은 실정을 충분히 고려하여, 다른 재료들과 신중 대조하기 직전에는 무조건 신빙하기는 어렵다. 물론 진술자 자신이 관련자의 명예 등을 고려하여 사건의 진상을 가리고 진술하는 경우도 있을 수 있다.

이강이 전하는 바에 의하면, 도산이나 추정(秋汀, 이갑의 호) 같은 이가 아령(俄領, 시베리아를 말함)으로 들어가는데 정식으로 본인 명의의 러시아 여행권이 없이는 신변이 위험하겠으므로 다시 북경으로 가서 여행권을 주선하기로 하였다. 러시아 대사관에 아는 이가 없었으므로 오산(吾山, 이강의 호)과 추정이 몰래 상해로 가서 현상건(玄相健)을 찾았다. 현상건은 외교관으로 러시아에 주재한 일이 있어 프랑스 말과 러시아 말에 능통하였던 것이다.* 무턱대고 주소도 모르는 현씨를 찾아 헤매다가 다행히 그를 만나게 되어 같이 아화도승은행(俄華

* 현상건은 후에 한국 체육계에 이름 있는 현정주(玄正柱)의 부친이다.

道勝銀行) 총판이요, 동양 정보국장(東洋情報局長)인 러시아인을 만나 북경 러시아 대사관으로 보내는 소개장을 얻었다. 그리고 그 도승은행에 한국인의 예금이 얼마나 있는가를 알아보니, 두 사람의 예금이 있었으나 2년 전에 다 찾아갔다는 것이었다.*

그 소개장을 가지고 북경으로 돌아와 무난히 정식 여행권을 얻었다. 두 분과 도산 세 사람이 다시 상해로 와서 배를 타서 해삼위로 가는데, 그 배가 일본 나가사키(長崎) 항구를 들른다는 사실을 배 위에서 알고, 선장과 교섭하여 양자강 어구에 있는 오송(吳松) 근처의 등대에 도로 내려 버렸다. 세 시간 후에 지나가는 중국 군함의 구원으로 다시 상해로 돌아와 해삼위로 직행하는 차(茶) 나르는 배를 타고 무사히 가게 되었다는 것이다.

도산 일행이 해삼위에 도착한 것은 1910년 9월경이라고 본다. 여기서 도산은 일한 합방의 소식을 들었다. 그런데다가 동지 이종호가 농지 개척에 투자할 것을 주저하기 시작하였다. 도산은 울었다. 도산의 평생에 이 때처럼 상심하고 낙담한 일은 없었다고 그의 친지들이 말한다.

"도산 선생은 늘 어떤 경우에도 별로 낙담하는 빛을 보이지 않았는데 그 때만은 여간 비관하지 않았습니다. 또 선생은 어떤 때는 생각지 않은 행동도 하는 일이 있어서 은근히 염려했습니다. 그러나 요행히 아무런 사고도 없었습니다." 라는 것은 오산의 이야기어니와, '생각지 않은 행동'이란 말투로 보아 자해라도 하지 않을까 염려하도록 도산의 태도는 극히 감상적으로 되었던 것 같다.

도산은 평생을 통하여 좀체로 감정을 표면에 나타내거나 감정적으로 행동하는 일이 없었다. 그의 감상적인 일면이 밖으로 나타난 것은 상해에서 안태국이 별세했을 때에 슬퍼하고 끊었던 담배를 다시 피운 것, 대전 감옥에서 나와 서울에 도착한 첫 날 밤 지도자들은 당파 싸움만 한다며 탄식하면서 흐느껴 울던 일, 선천 지방에서 새벽에 꿇어 엎디어 '나는 죄가 많거늘' 하고 울면서 오래 기도 올리던 때 등이 있거니와, 아마도 이 때 해삼위에서 흘린 눈물이 가장 아

---

* 이종호의 조부 이용익이 상해 러시아 은행에 큰 돈을 맡겨 두었다는 소문이 있었으므로 이것을 알아 보아 해외 운동 자금으로 사용하려 한 것이다.

픈 울음이었을 것이다.

나라는 망하고 신민회와 대성학교 · 청년학우회의 동지들은 죽을 땅에 빠지게 되고 모처럼 희망을 붙인 만주에 근거지를 만들자는 계획은 유산이 되니 그의 극도의 낙망은 이유 없다고 못 할 것이다. 그러나 그가 그처럼 상심한 근본 이유는 사업의 실패에 있기보다도, 동포간의 파쟁이 격심하고 중상 모략이 성행하는 것을 근심하고 개탄함에 있는 것이다.

해삼위에 본래부터 살던 윤해(尹海) · 김립(金立) 등이 이종호를 꾀어 말하기를 안창호보다 더 가까운 친구가 여기 많은데 어찌하여 덜 가까운 안을 따라서 길림성까지 들어가 사업을 할 것이 무엇이냐, 여기서 우리들과 함께 일하자 하였으니, 더 가까운 친구라 함은 같은 함경도 사람을 말하는 것이다. 앞서 국내에서 소위 관서(關西) · 관북(關北) · 기호(畿湖) · 호남(湖南) · 교남(嶠南) 등의 지방별로 학회(學會)라는 것이 난립되어 처음에는 사업으로 경쟁하다가 끝내는 지방 싸움이 벌어졌고, 정운복 · 최석하 등은 일본인의 사수를 받아 관서인의 정당을 조직하여 기호를 누른다는 망동을 하는 것을 보았고, 이제 해삼위에서 함경이니 평안이니 하는 지방 싸움이 생기는 것을 목도함에 이르러, 도산은 민족 운동의 앞길에 커다란 약점이 싹트는 것을 내다보았다. 그뿐 아니라, "안창호가 지나가거든 죽여 버려라."는 편지가 탄로된 일까지 있으며, 하얼빈에 사는 교포에게 어떤 사람이 편지하기를 "안창호가 귀지를 지나갈 터인데 칼에 물들일지도 모를 자가 있다." 하였으므로 그 교포가 도산더러 조심하라고 편지 그것을 보내 준 일도 있었다.

"만주를 지날 때는 왜놈을 무서워했더니 뜻밖에도 한국 동포가 음모한 일이 있으니, 이런 야속한 일이 있느냐." 한 것은 나중에 치타에서 도산이 오산에게 보낸 편지의 일절이다.

이러한 해외 동포간의 불목과 파쟁이 도산의 굳은 의지를 후비어 드는 칼날과 같이 아프고 쓰린 상처를 준 것이다.

"내가 여러 해 동안 두고 경험해 보았는데 실패를 많이 해왔다. 이번에는 우리가 생사를 같이 할 동지들인데 또 이렇게 될 줄은 생각 못했다.* 이러고 보니 아무리 하여도 근본 문제는 우리 민족성이 잘못된 탓이 아니고 무엇이랴. 그러니까 그 일이 오래 걸려서 다른 일이 늦더라도 우리 민족성 개량이라는 것을 먼저 생각해야 하겠다. 우리 혁명 사업이 우리 아들 대에 못 되면 손자 대에 된다 하더라도 우리 민족성부터 개량하지 않고 이 민족을 그냥 가지고는 도저히 안 되겠다.

그러니까 이번에 미국에 건너가서는 그런 민족성 개량 운동의 단체를 조직해야겠다. 그 이름으로 흥사단(興士團)이 어떠냐."

이것은 도산이 해삼위를 떠나면서 오산에게 한 말이다.

"이름은 좋으나 이미 유길준 씨가 하던 단체 이름인데 그래서 괜찮을까요."

"좋은 일 하는데 좋은 이름이면 그만이지 그거야 무슨 상관있나."

도산의 흥사단 조직 계획은 해삼위에서부터 배태한 것이다. 그것은 또한 그의 상심과 낙담에서 벗어나는 새로운 신념의 싹틈이었다.

청도에서부터 동지들의 여비로 쓰다가 남은 돈 5천 원은 오산이 맡아서 동지들의 해산 비용으로 충당하였다. 도산은 미주로 가기로 작정하고, 미주 동지들에게 전보하여 여비를 청구하였다. 그 5천 원은 이종호가 내었던 돈인데, 그것이 아니라도 미주로 갈 여비는 있다 하여 받지 않았다. 밀산 농장 계획에 배신했다는 것을 매우 분하게 생각한 모양이다.

미주에서 여비가 오기를 기다리는 동안, 즉 1911년 봄까지 도산은 각 지방을 다니며 시찰하였다. 한국인이 많이 사는 팔면통(八面通)에 가서 안중근의 가족을 만나기도 하고 목릉현(穆陵縣)에 갔다가 중국 군인과 충돌한 사고도 있었다.

도산 · 오산 그 밖에 몇 사람이 땅을 보러 나갔다가 돌아오는 길에 중국 관병 한 소대를 만났는데 일본 사람으로 오해하였던지 길을 막고 강을 건너지 못하게 하였다. 도산이 항의를 하니까 병정 하나가 채찍으로 도산을 때리려 하고, 오산이 그 병정을 잡아 눌러 싸움이 벌어졌다. 관병들이 총을 메지 않고 있었다. 강 건너편에도 관병 수십 명이 있어 소리들을 지르게 되어 오산은 얼마 떨어져 철도 일을 하고 있는 러시아 군인에게 응원을 청하였으나 성공하지 못하고, 배를 타고 강을 건너니 관병들이 도산과 오산을 붙들어다가 매를 때렸다.

---

* 이것은 밀산 농장 계획이 수포로 돌아간 것을 말함.

도산이 "어째서 외국 사람을 이렇게 대우하느냐."고 항의하고 싸움은 관병이 길을 막고 배를 못 타게 하므로 생긴 것이라고 설명하니, 대장이 병졸들도 매를 치는 모양을 하고 놓아 주어 간신히 돌아왔다.

이 일에 대하여 도산은 한두 사람이 매맞은 분풀이보다도 만주에 사는 백만 동포의 앞으로의 대우 문제의 원칙에 관계된다 하여 철저히 교섭할 것을 주장하고, 그 부근에 돈 많고 세력 있는 중국인 송덕괴(宋德魁)를 내세우기로 하였다. 이 사람은 안중근 관계로 그 유족들과 본래부터 왕래가 있었다. 도산이 송씨를 만나서 이 일은 백만 우리나라 동포들의 장래에 관계되는 문제니 가만 둘 수 없고 내일이라도 하얼빈 교섭 공서(交涉公署)에 가서 교섭하겠고, 거기서 안되면 북경까지 가서 철저히 해결해야 되겠다고 하였다. 송씨는 그럴 것 없이 현지에서 해결되면 좋지 않느냐 며칠만 기다리라는 것이다.

현관(縣官)과 수비 대장인 중령에게도 같은 말로 교섭했는데 이들도 안중근의 이름을 알고 있었다. 이튿날 대장의 부관이 도산을 찾아 와서 무릎절을 하고 (최고의 경의를 표하는 절) 사과하였다. 도산은 안중근의 동생 안정근(安定根)과 함께 현장(縣長)을 찾으니 현장이 뜰 앞에까지 뛰어 나와서, "그 무례한 대장을 잡아 가두었는데, 곧 영고탑(寧古塔)으로 보내어 처벌케 할 터이니 만사를 평화롭게 해결하자." 하였다. 도산은, "우리 한국인이 중국 땅에 와서 사는 것도 덕분이라고 할 텐데 송사를 걸어서 무엇하겠소. 우리가 문제를 일으킨 까닭은 우리 몇 사람의 분풀이를 하자는 것이 아니요. 이 지방에 한국인이 십만이나 살고, 서북 간도에 백만이 사는 데 그들이 천대받을까 하여 그런 것이오." 하니 현장은 다시 그런 일이 없고 서로 화목하여 살도록 하겠다고 다짐하였다.

도산은, "그렇다면 잡아 가둔 소대장도 놓아 주라."고 하였으나 이미 상부에 보고하였으므로 어쩔 수 없다 하므로 그러면 한번 만나게 해달라고 여러 번 간청하여 그를 면회하였다.

소대장은 감격하여 죽죽 울면서 사과하였다. 잘 해결되었으니 염려말라고 위로하였으나, 나중에 알고 보니 2년 금고형을 받았다는 것이다(《속편 도산 안창호》 44쪽 이하 참조).

"국권이 조금만 있어도 외교에 승리할 수 있는데 지금은 국권이 없어졌으니 곤란하다."고 도산은 이 사건 뒤에 말하였다.

도산은 미주로 건너 간 뒤에 국민회를 조직하여 국권 없는 한국인들이 자치적으로 미국 국무성과 교섭하는 권리를 획득하였던 것이다.

한 번은 보그라니츠나야에 갔다가 기차를 타고 돌아오는데 하얼빈 정거장에 차가 다다르니, 도산이 홀연히 어디로 갔는지 없어지고 말았다. 그 뒤에 차가 다시 떠나니, 어디선지 나와서 자리로 돌아오더라 한다. 무슨 수상한 눈치를 채리고 그랬는지 알 수 없었다.

필자가 도산과 함께 남경을 갔을 때, 여관을 따로따로 잡았다. 두 사람이 한 여관에 있다가 봉변하기보다도 따로 자는 것이 안전하다는 도산의 말이었다.

중요한 요건으로 모여 이야기할 경우에는 반드시 "오늘 이야기한 것은 동지 아무의 입원비를 장만하는 문제였다." 이렇게 먼저 그 날의 화제를 서로 약속하여 후일에 경찰의 조사를 받더라도 말이 어긋남이 없도록 준비하였다.

이런 이야기들은 도산의 성격의 면밀 주도한 면을 보이는 것이다.

미주에서 여비가 도착하여 시베리아 철도로 유럽을 향한 것이 1911년 봄이니, 고국을 이별한 지 거의 2년이 되었다. 추정 이갑은 앞서 동지 한 명을 데리고 쎈트 · 피터스불그(러시아 제국의 서울, 뒤에 페트로그라드로, 공산 통치 하에는 레닌그라드로 개칭된 곳)에 가 있었다. 도산은 정영도(鄭永道 一名 楠水)를 데리고 떠나 치타에 잠깐 머물렀다.

도산은 치타에 한인들이 많이 사는 것을 보고 오산을 그리로 오게 하였다. 도산의 편지를 받고 오산은 우선 자기 없는 동안 가족의 생활비가 염려되어 부인에게 물어 본즉, 아직 몇 달 살 돈은 넉넉하다고 하였다. 웬일인가 알아보니, 도산이 해삼위를 떠날 때에 여비 중에서 몇 백 원을 떼어 오산 부인을 주면서 "오산이 알면 또 다른 데 쓸지 모르니, 절대로 알리지 말고 식량을 준비하라." 하였다는 것이다.

오산은 치타로 옮겨서 교포들을 조직하면서 《정교보》(正教報)라는 신문을 발간하니 이는 표면 종교 잡지나 실은 민족 정신을 고취하는 기관이었다.

치타에서 오산과 작별하고 추정이 있는 러시아 서울로 가니 불행히 추정은 뇌일혈로 반신 불수가 되어 있었다. 도산은 정영도를 추정 곁에 남겨 두고 떠나면서, "내가 미국을 가면 경비를 주선하여 추정을 미국으로 모셔다가 치료하도록 할 터이니 그 때까지 간호하라."고 당부하였다.

도산이 다음으로 들른 독일 서울 베를린은 카이저 · 빌헬름 1세의 전쟁 준비로 서성거렸다.* 독일인의 근면과 기술, 애국심, 조직적인 생활 등을 도산은 관찰하였으나, 후일 독일의 인상을 말할 때에 정의의 따뜻함을 항상 말하였으니 기이한 일이다.

도산이 두류(逗溜)하던 독일 사람의 집 가족이 도산을 심히 후대하여 정거장에서 작별할 때는 그 주인 모녀가 꽃다발을 주고 도산을 안고 뺨을 맞추어서 친족과 같은 예로 송별하였다고 춘원(春園)이 전하거니와(《도산 안창호》 상권 4장 참조), 이런 광경은 동양인인 도산에게는 뜻밖의 일이었을 것이요, 훗날에 도산이 정의 돈수를 말할 때, 유정한 사회와 무정한 사회를 비교할 때, 억눌린 가정 생활과 자연스런 가정 생활을 말할 때, 늘 베를린의 경험을 실례로 들었던 것이다.

뱃길로 영국 런던을 거쳐 뉴욕에 상륙하였고, 기차로 북미 대륙을 횡단하여 가족과 동지들이 사는 나성(Los Angeles, 로스앤젤리스)에 도착한 것은 그 곳을 떠난 지 만 4년, 1911년(辛亥)이요 도산의 나이 만 33세 되던 때다.

나라를 구하려고 조국의 땅을 밟았다가, 목적을 달성하지 못하고 도리어 나라를 왜적에게 아주 빼앗기고 지구를 한 바퀴 돌아서 타향을 고향삼아 찾아드는 도산의 가슴에는 감회가 구름 모이듯 하였겠거니와, 더구나 국경을 넘을 때마다 여행권의 사증이 문제가 되었다. 한국 정부 명의로 발행한 여행권은 이제 효력이 없다고 말썽이 되기도 하였다. 그 때까지도 일본의 동맹국인 영국에서는 도산에게 일본 신민이라고 선서하기를 요구하였으나, 승강이 끝에 결국 정치적 망명객이라는 명목으로 통과하였고, 미국으로 와서는 여행권 없다는(without passport) 미국 정부의 사증이 정식 여행권을 대신하게 되었던 것이다. 여행권 없다는 말은 곧 나라가 없다는 뜻이다.

이 때로부터 1919년 독립 운동 때에 중국 상해로 올 때까지 만 9년 간의 제2

---

* 도산이 지나간 지 3년 후인 1914년 제1차 세계 대전이 일어났다.

차 미주 생활이 시작된다. 그는 30대의 모든 정력을 재미 동포의 조직 · 훈련과 권익 옹호, 실력 양성에 바치게 되는 것이다.

여기에서 추정 · 오산 두 사람의 약력을 소개하여 둔다.

추정(秋汀) 이갑(李甲)

추정(秋汀) 이갑(李甲)은 1877년(丁丑) 5월 12일(음력) 평안남도 숙천군 서해면 사산리(肅川郡 西海面 蛇山里)에서 한학자(漢學者)요, 부농(富農)인 이응목(李膺睦)의 3남으로 태어나니, 도산보다 한 살 위다(숙천은 뒤에 평원군(平原郡)으로 편입되었다).

12세(1888)에 갑술과(甲戌科)에 응시하여 급제하고 진사(進士)가 되었다. 갑술과라는 것은 당시의 세자(世子, 뒤에 순종황제)의 생년이 갑술년이었으므로 갑술생에게 특별 과거를 실시한 것인데 이갑은 정축생이었음인데, 나이를 올려 갑술생이라 하고 응시한 것이다. 이 때에 그 형들도 응시를 하였는데 급제하지 못하였으므로, 가족들은 이갑이 포기하고 형에게 진사를 양보할 것을 권하였으나 듣지 아니하였다.

그 후 민영준(閔泳駿, 나중에 민영휘(閔泳徽)라고 함)이 평안 감사로 부임하여 이갑이 나이를 올려 진사가 된 것을 알고 그의 부친을 나포하여 치죄(治罪)하게 되매, 부친은 소유 농토를 전부 감사에게 바치고 놓임을 받으니 하루아침에 이갑 일가는 빈한하게 되었다.

20세(1895, 丙申)에 이갑은 서울로 올라와 독립협회에 입회하려 하였으나 뜻을 이루지 못하고, 그 길로 일본으로 건너가 성성(成城) 중학교를 졸업하고 일본 육군 사관학교 보병과(步兵科)에 입학하였다. 이 때 학비가 모자라 고생하였으나 박영호 등의 도움을 받았다는 설이 있다. 육군 사관학교에는 한국 정부의 관비생으로 취학하였던 것이다.

28세(1904, 甲辰)에 노 · 일(露日) 전쟁이 일어나니 당시 사관학교를 졸업하고 견습 사관(見習士官)으로 일본 군대에서 훈련을 받던 8인은 실제 전쟁의 경험을 얻기 위하여 자진하여 일선에 출전하였다. 이 8명을 8형제패라 칭하니 이갑 · 유동열(柳東說) · 박두영(朴斗泳) · 박영철(朴榮喆) · 전영헌(全永憲) · 김기원(金基元) · 남기창(南基昌) · 김응선(金應善) 등이었다.

이 해 9월 봉천(奉天) 함락 후 한국 정부의 소환으로 서울에 돌아와 한국 군대에 근무하니 그 때 계급이 부위(副尉, 현재의 중위와 같음)였다.

29세(1905, 乙巳)에 이재명(李在明)이 이완용(李完用)을 찌른 사건에 연좌되어 박영효(朴泳孝) 등이 제주도로 유배 갈 때, 이갑은 강화도로 유배되었다가 미구에 풀려 났다. 이갑은 부친이 빼앗긴 토지를 다시 찾기를 결심하고, 서울에 돌아와서 사는 민영휘의 집을, 장교 정복 입은 채로 돌입하여 담판하다가 민의 피신으로 목적을 달하지 못하였으나, 후에 민씨 집 측근자의 중재로,

(1) 농지 약 41 경과 10여 년 간 소출 배상조로 현금 20만 원을 도로 찾고,

(2) 민씨 재산으로 육영(育英) 사업을 일으키고, 장학금을 세워 외국 유학생을 보내며, 애국 지사들의 운동을 재정적으로 후원할 것.

등의 각서를 받고 타협하였다. 이로 인하여 휘문(徽文) 재단이 설립되고 지금의 휘문 중학교가 창립되었다. 이갑은 받은 돈으로 이종호(李鍾浩) 등과 합작하여, 바로 민씨 저택 앞에 있는 기지를 매수하여 오성(五星)학교를 세우고, 2층 교사를 지으니 민씨 저택 정원을 내려다보게 되었다 한다.*

31세(1907, 丁未)경에 미국에서 돌아온 안창호와 만나 동지의 의를 맺고 애국 운동에 종사하다 이 해 군대 해산 직전에 그는 육군 참령(參領, 즉 소령)으로 퇴역하였다. 서우(西友)학회를 조직하였다가 관북(關北)학회와 합동하여 서북(西北) 학회를 만들었으며, 신민회 · 청년학우회 등을 도산과 함께 창립하였다. 도산이 계획과 선전에 특장이 있음에 대하여 이갑은 정치적 수완과 자금 조달에 특장을 가져, 두 사람의 합작이 사업 추진에 힘이 되었다.

1907년 군대 해산 때에 이갑이 군부 대신 이병무(李秉武)의 부관(副官)으로 재직하면서 대신을 칼로 찔렀다는 설이 있으나 이것은 사실과 틀리고, 이갑은 이근택(李根澤) 군부대신 때에 부관으로 있었으며, 이근택의 집을 청년들이 습격한 사건이 있어, 이갑 부관은 그들을 돌려 보내는 데 노력하였다 한다.

이갑은 이른바 급진파(急進派)의 한 사람으로 도산을 권하여 일본 통감 이등

---

* 이것이 뒤에 협성(協成) 학교며, 지금은 낙원동 건국대학의 자리다.

박문과의 회견을 주선하였고, 고종(高宗)이 해아(헤이그) 평화 회의에 이준(李儁) 등을 밀사로 보낼 때에 그 계획에 참가하였다. 소네(曾彌) 통감이 청년 지사들로 내각을 조직하여 정치를 쇄신하라고 권하였을 때 이갑은 이것을 받아들일 것을 주장하였으나, 도산의 반대로 실현되지 못하고 망명의 길을 떠났다.

34세(1909, 己酉) 10월 안중근 의사가 이등박문을 만주의 하얼빈 역에서 암살한 사건이 일어나니, 이갑은 개성 헌병대(일본 관청)에 구류되었다가 3개월 만에 석방되었다.

35세(1910, 庚戌) 2월에 도산 등과 해외로 망명할 것을 결의하고 육로로 의주에서 압록강의 살얼음을 깨면서 배로 국경을 탈출하여 산동서 청도(青島)로 갔다.

청도에서 안창호 · 이종호 등과 협의한 결과 만주 밀산현(密山縣)에 농장을 경영하면서 사관학교를 세워 독립군을 양성하기로 하고, 상해(上海)로 가서 도산과 함께 해로로 해삼위(海蔘威, 시베리아에 있는 블라디보스톡)로 갔다. 그러나 자금 관계로 사관학교 설립 계획이 여의치 못하므로 이갑은 외교 운동을 목적으로 러시아로 들어가, 당시의 서울인 성 피득보(St. Petersburg)로 갔으나, 불행히 전신 불수의 병에 걸린다.

36세(1911, 辛亥)에 미국 캘리포니아 주에 가서 있던 도산의 주선으로《신한민보》주필로 초청되어 덕국, 영국을 거쳐 뉴욕 항구에 도착하였으나 병세가 위중하므로 미국 이민국의 상륙 허가를 얻지 못하고 다시 노국으로 돌아갔다. 이 때부터 6년 간 병 치료에 전심하였는데, 친지들이 사는 지방으로 오기 위하여 시베리아의 치따에 와서 유하다가 만주의 목릉현(穆稜縣)으로 옮겨, 안중근의 아우인 안정근(安定根) 일가와 같은 촌락에서 요양하였다.

혼자서는 몸을 움직이지 못하는 상태에 있으면서도, 치료 방법으로 매일 아침 냉수욕과 정좌법을 실행하였으며, 예수교인의 기도 생활을 하였다. 멀리서 문병 오는 친지를 만날 때마다 해외의 지도자들이 단결하여 통일 전선을 만들 것을 권고하였으며, 또 대필시켜 많은 편지를 동지들에게 띄워 단결할 것을 충고하였다.

41세(1917, 丁巳) 3 · 1 운동을 앞두기 2년에 시베리아의 소왕령(니콜리스크)

으로 이사하였고, 그 해 4월 24일 0시 40분 부인과 딸의 간호 밑에서 영면하다.

6년 간 병상 생활 중 한 번도 몸이 아프다고 함이 없고, 유쾌한 태도로 가정의 화기가 돌게 하였음은 특이한 일이다. 목릉현에 있을 때 본국에 있는 땅을 판 돈으로 팔면통(八面通)에 토지를 구매하여 도산의 아들 필립(泌立), 안중근 의사의 아들 분도의 이름으로 등록한 일이 있다. 이광수의 저작품 중 〈무명씨전(無名氏傳)〉이라 한 것은 추정의 사실을 기록한 것이라.

오산(吾山) 이강(李剛)

오산(吾山) 이강(李剛) 선생의 본명은 정래(正來 또는 필래(弼來)), 평안남도 용강군 노룻메(龍岡郡 黃山)에서 무인(戊寅, 1878년) 4월 18일에 났으니, 도산(島山) 선생과는 동갑이나 여섯 달 먼저 났다.

부친은 이병훈(李秉勳) 씨로 광주(廣州)가 본관이요, 농업을 세업(世業)으로 하였다.*

조부는 일찍이 돌아가셨는데 문장(文章)으로 이름이 있었고, 모친은 박성심(朴誠心), 선생의 슬하에는 아내 안혜반(安惠盤)의 배에서 아들 숙(肅)과 딸 신애(新愛)가 있다. 안여사(安女史)는 함경도 경흥(慶興) 출신으로 선생이 해삼위에 망명했을 때에 결혼하였다 한다.

선생은 7세부터 17세까지 향리에서 김창승(金昌昇) 선생 문하에서 한문을 배우고, 뒤에 중국으로 유학하기 위하여 안동현(安東縣)까지 갔다가 목적을 달하지 못하고 고향에 돌아온 후 예수교 감리회(監理會)에 입교하였다.

24세에 미주 개발 회사(美洲開發會社)에서 모집하는 이민(移民)에 들어서 하와이로 건너가서 1년 간 영어 학교에 다니다가 25세에 미주 본토로 건너갔으니, 그 때는 마침 아·일 전쟁(俄日戰爭)이 한창 치열하던 때로 여순(旅順)이 함락된 지 바로 두 달 후였다고 한다.

도산과는 향리에서부터 면식이 있었으나 그리 친숙한 사이는 아니었고 미주 본토로 건너간 뒤에 다시 만나 교의를 두텁게 한 것이다. 즉, 오산은 미주로 건

---

* 前 三和郡 李門洞에 李門의 都時祀가 있었고 龍岡에 時祀가 있었다 한다.

너가서 학비를 저축하기 위하여 8개월 동안 노동에 종사하였다. 노동은 아스파라거스 · 포도 · 홉스(맥주 원료의 풀) 등을 재배하는 농장에서 일을 하여 돈 1백 달러를 벌어 가지고 로스앤젤리스로 내려가서 비로소 도산을 만났는데, 도산의 권고로서 학교 입학을 단념하고 당시의 우리 나라 교포들을 지도하는데 같이 힘쓰게 되었다. 이 때의 사정은 〈해운대 좌담기〉(海雲臺座談記)에 상세히 적혀 있다.

공립협회(共立協會)가 창립됨을 따라 샌프란시스코로 옮기어 《공립신보》(共立新報)를 1년 동안 경영하다가 도산과 전후하여 고국에 돌아오니, 바야흐로 나라의 운명이 위태하던 때(보호조약시기)요, 도산 및 다른 동지들과 함께 신민회(新民會)를 조직하여 항일 운동을 전개하였다. 이 때 고국에 머문 기간은 3달에 불과하였고, 오산의 목적은 미주에 있는 대한인 국민회(國民會)의 특파를 받아 해삼위로 가서 독립 운동을 전개하려는 것이었다. 그 방법으로는 신문을 발행할 것, 학교를 세울 것, 사관학교를 세워 군대를 양성할 것 등이었다. 그러므로 배를 타고 태평양을 건너 본국에는 석 달만 머무르고 곧 목적지인 해삼위로 가서 《해조신문》(海藻新聞) (日刊)을 창간하여 그 편집을 맡아 보았다. 이 신문은 뒤에 《대동공보》(大東共報)라고 이름을 고쳤다.

안중근(安重根) 의사가 이등박문(伊藤博文)을 격살하고 체포되니, 오산은 다시 변호사를 주선하여 안 의사(安義士)의 공판을 후원하기 위하여 북경으로 파견되었다. 당시의 변호사로서는 러시아인이 한 사람 계약되었으나, 영국인 변호사를 한 사람 더 붙이는 것이 좋겠다고 동지들이 의논한 결과 오산을 보내게 된 것이다. 그리하여 착수금 3천 원을 주고 1만 원 사례금 계약으로 영국인 변호사를 계약하고 그 자금을 대기 위해서 본국에 있는 동지들과 연락하는 데 북경이 편리하였던 것이다. 그러나 그 때는 이미 국내에 있는 동지들은 거개가 일본 헌병대에 체포되어서 옥에 들어가 있었기 때문에 본국 연락은 여의치 못하였다고 한다.

합병이 실시되고 국내 동지들이 많이 망명하여 청도(青島)에서 모이기로 약속이 되니, 오산도 청도로 가서 도산을 만나고 다른 동지들도 모이어 유명한 청도 회담이 열린 것은 다른 기록에 소상하다. 청도 회담이 끝난 후에 도산과 함께 배를 타고 해삼위로 가니, 그 때는 벌써 일본 영사관의 압박으로 《대동공보》는 정간을 당하였다. 도산은 유럽을 거쳐 미주로 가고 오산은 시베리아의 치따에 이르러 자리를 잡고 《정교보》(正敎報)라는 신문을 발행하였다. 이 신문은 표면상 종교 신문이나, 그것은 일본 영사관 관헌의 압박을 면하자 하는 것이요 내용은 독립 사상의 고취가 주요한 목적이었다.

얼마 있어 일본이 시베리아에 출병(出兵)하게 되고 일본 헌병의 탄압이 심하게 되어 치따에 머무르지 못하고 해삼위로 돌아오자, 마침 서울 남대문에서 강우규(姜宇奎) 의사가 재등(齋藤) 총독에게 폭탄을 던진 사건이 발생되어 선생은 그 연루자라는 혐의로 일본 관헌에게 체포되어 서울로 호송되었다. 종로 경찰서에 1개월 17일 동안 구금되었다가 무사히 석방되고 국내에 약 8개월 간 체류하다가 다시 몰래 도망하여 해삼위로 갔다.

그 동안에 러시아에서는 공산 혁명(共産革命)이 발생되어서 공산당 계통의 윤해(尹海)·김립(金立) 등이 세력을 잡고, 오산을 민족주의자라 하여 배척하기 시작하였다. 그리하여 아홉 달 동안 해삼위에 체류하다가 이동휘(李東輝)의 권고로 해삼위를 빠져 나와 상해로 왔던 것이다.

상해에서 다시 도산을 만나 임시정부 운동과 흥사단(興士團) 운동에 진력하다가, 일본의 세력이 장강(長江)의 일대에까지 차차 뻗치기 시작되매, 상해를 떠나 남중국(南中國) 방면으로 유랑하였다. 1928년 하문(厦門)이라는 땅에서 예배당에 나가 강연을 하다가 일본 영사관 경찰의 손에 납치되어서 평양으로 호송되어 소위 치안 유지법(治安維持法) 위반죄로 3년 징역을 평양 감옥에서 복역하였다.

출옥한 후에 다시 고국을 몰래 도망하여 대만을 거쳐 상해로 가서 남으로 가려다 복건성(福建省)에서 7년간 칩거(蟄居) 생활을 하였다.

1945년 해방을 맞이하여 중경(重慶)에 있던 대한민국 임시정부의 명령으로 대만에 있는 우리 동포들에게 대한 선무단(宣撫團)의 단장이 되어 대만으로 들어갔다가 1946년에 조국으로 돌아와, 흥사단의 심사부장, 한·중(韓中) 협회 간부, 남산고등학교 교장 등을 역임하였다.

제 7 장

민족 전도 대업(民族前途大業)의 기초

둘째 번 미주 시절 (만33~40세)

국민회 시절 – 도산은 만 40세에 들어설 무렵까지 미국 가주에서 국민회를 조직 · 육성하고 흥사단을 창립 · 발전시키는 사업에 전심하였다. 이 때에 그가 사용한 표어의 하나가 '민족전도대업의 기초'라는 것이니 전도 대업은 독립운동이요, 기초라 함은 표면적으로는 해외교포의 통일적 조직과 경제적 안정으로 장차 기회가 올 때에 독립투쟁을 일으킬 실력을 양성함이요, 정신적으로는 독립적 생활의 기풍과 협동 정신의 훈련이니, 도산은 이를 '자조(自助)와 상조(互助)' 또는 '건전인격(健全人格) · 신성단결(神聖團結)' 등의 표어로써 표시하였다.

그리하여 대한인국민회 중앙총회를 가주에 두고 하와이 · 시베리아 · 만주 등지에 지방총회를 두어 재외동포를 단일 조직으로 통합하기를 시도하니 그 구상이 웅대하였다. 그러나 하와이 지방은 파쟁으로 분열되고, 시베리아는 구주대전(歐洲大戰)의 발생으로 혼란기에 들어가고 만주방면 역시 이주 농민들의 무교육과 빈궁으로 성과를 얻지 못하였다.

대전으로 인하여 미주에 있는 교포는 생활 근거가 확립되고 자치적 능력이 인정되어 국적없는 외국 단체로 미국 정부의 인정을 받아 태극기를 수호할 수 있었다. 대전이 끝나고 국내에서 3 · 1 독립운동이 발발하매 도산은 다시 직접적인 독립운동에 투신하게 되니, 그의 실력 양성 운동이 아직 충분치 못함을 한하였으나, 8년 간의 노력이 있었기 때문에 상해임시정부를 유지하는 데 후원의 힘이 된 것은 사실이었다.

도산이 나성으로 돌아가 맨 먼저 주선한 일은 물을 것도 없이 러시아 서울의 병석에 남기고 온 동지 추정(秋汀, 이갑)의 치료비와 미국으로 건너 올 여비를 장만해 보내는 일이었다. 자기 부인이 삯바느질과 세탁으로 푼푼이 저축한 것을 합쳐서 미화 3백 달러를 보냈고, 이것을 받은 추정은 엉엉 소리를 내어 울었다 하니 그럴 수 있는 일이다.

동지를 사랑하는 도산의 심정과 사랑해야 한다는 그의 민족 운동 철학으로 보아 당연한 일이었지마는, 도산으로서는 추정의 쾌유를 비는 마음이 더욱 간절하고 우정이 더 깊은 유래가 있었다. 《도산 안창호》에서 다시 인용한다면,

…… 추정은 또 이러한 우정을 받기에 합당한 사람이었다. 그가 한성 정치계에서 활동하던 5년간, 그의 재산은 동지의 공유 재산처럼 여겼다. 어떤 친구가 옷이 없다면 옷을 주고, 여비가 없다면 돈을 주었다. 그는 맛있는 음식을 대하면 벗을 생각하고, 불행한 벗이 있는 곳에는 반드시 그의 도움이 먼저 있었다. 그는 도산보다는 연령으로나 사회적 지위로나 선배면서도 언제나 도산을 추존하고 존경하며 자기는 도산보다 늘 한 걸음 뒤에 섰다. 당시 한성 정계의 중심 인물인 실력을 가지면서도 그는 매양 그늘에 돌았다. 그가 별세하였을 때, "아까운 애국자를 잃었다."하는 것은 도산만의 한탄이 아니었다. 그는 군대 해산 직전까지 참령(參領, 지금의 소령 계급)으로 육군 대신 부관이었다.

…… 도산은 이갑과 민족 운동의 이론에 있어서는 반드시 일치하지는 아니하였다. 이갑은 급진론자요, 목적을 위하여서는 수단을 가리지 아니하는 전략적 행위도 따라서는 사양하지 아니하였다. 이갑은 몸이 작으나 그의 몸은 전부 담이며 호쾌한 성격이었다. 그는 민영준(일명 영휘(永徽))에게서 받아 낸 거액의 재물을 애국 운동에 흩어 버리고 말았고, 또 그는 미녀를 끼고 화월에 취하는 풍류도 있었으며, 필요하면, 살육도 또한 수단이라고 했었다. 이런 것은 다 도산과는 맞지 아니하였다. 그러므로 이갑이 청년학우회에 관계하고 싶은 의사를 보일 때에 도산은 "추정은 청년학우 회원은 못 돼." 하고 한 말에 거절하였다. 도산은 청년학우회는 도덕적으로 일점 비난할 수 없는 인격자들이 되게 하고 싶었다. 청년학우회뿐만 아니라, 우리 민족이 도덕으로 세계에 으뜸이요 모본이 되는 국민이 되게 하는 것이 그의 이상이었다. 적더라도 우리 민족이 거짓 없는 국민, 사랑하는 국민, 뭉치는 국민, 부지런한 국민만은 되게 하고 싶었고 또 그리할 수 있다고 믿었다.

도산의 이러한 이상에 대하여 추정은 비록 경의는 표하지마는 '도산다운 고원(高遠)한 이상' 이라고 미소하는 실제 정치가였다. 도산이 그 좋은 두뇌와 수완으로 실제 정치를 하면 얼마나 좋으랴 하고 추정은 도산의 고집을 아까워 하였다.

이 모양으로 도산과 추정은 반드시 성미가 맞는 것은 아니었으나, 저를 잊고 나라에 바치는 점을 서로 알고 서로 사랑하여서 이것이 굳은 우정에 변치 아니할 바탕이 된 것이다(《도산 안창호》 상권 5장에서).

민영준이 평안도 관찰사로 있을 때 이갑 부친의 재산을 빼앗았는데, 이갑이 군인으로 출세한 후 서울에 와서 민영준에게서 재산을 도로 찾았다는 것은 유명한 이야기다(제6장에 있는 추정 약전 참조).

추정은 한성 시대에 도산이 활동하는 경비를 자기 돈으로 대고 또 조달하기도 하였다 하며, 자전거를 타고 새벽이면 친구 집을 찾고 혼인과 장례에 참석하여 교제를 넓혔다 한다. 도산 내각 조직 권유가 있었을 때에 건곤 일척의 모험을 하여야 한다고 주장한 것이 추정이었다. 도산의 신중론으로 거부한 것은 이미 기록하였거니와, 이것이 두 사람의 성격과 생각의 차이를 잘 나타낸다. 이렇게 성격이 틀리면서도 우정에 변함이 없었음은 특히 말해 둘 가치가 있는 사실일 것이다.

도산이 보낸 여비와 주선한 입국 허가로써 추정은 병구를 이끌고 뉴욕 항구까지 도착하였으나, 막상 이민국의 조사를 받으니 중한 병자라고 상륙이 거부되었다. 이민국 관리가 동정하여 손을 내밀며, "나와 악수하자. 악수만 할 수 있으면 상륙을 허가하겠다." 하였으나 추정의 손은 악수할 힘도 없었다. 그리하여 그는 다시 러시아로 돌아갈 수밖에 없었고, 그 후 종래 회복하지 못하고 시베리아에서 객사하였다.

일설에 의하면, 추정이 시베리아로 돌아간 뒤에 도산이 치료비를 보냈다고 되어 있으나, 이는 착오인 것 같다. 추정의 미국 입국 허가는 그를 당시 국민회의 기관 신문《신한민보》주필로 초빙하는 것으로 절차를 취하였던 것이라 한다.

(추정의 딸 정희(正熙)는 후일에 이응준(李應俊)에게 출가하였으니, 곧 해방 후에 육군 중장 · 참모 총장 · 체신부 장관 등을 역임한 사람이다.)

대한인 국민회(大韓人國民會)

도산은 다시 품팔이 노동에 종사하였으나 동지들의 권고로써 동포들의 지도 사업에 나설 수밖에 없게 되고, 그 후 도산과 그 집안 생활비는 노동하는 교포들이 대었는데, 특히 대구 사람 송종익(宋鍾翊)이 10년 이상 뒤를 받들었다.

1912년 11월에 대한인국민회 중앙 총회가 상항(샌프란시스코, San Francisco)에서 설립되고 도산을 총회장으로 선출하였다.

이미 말한 바와 같이, 도산이 본국을 찾기 전인 1905년 4월에 가주에서 공립협회를 조직하여 상항 패시픽 거리에 회관을 설립하고 기관 신문《공립신보》를 발행하였었는데, 나성 · 오클랜드 · 리버사이드 · 네덜랜드 · 보이드 · 락스프링스 등지에 지방회를 두었고, 1908년에 김성무 · 이강을 원동으로 파견하여 시베리아의 수청(水淸)과 치따에 원동 지회를, 해삼위와 만주리(滿洲里)에 만주 지회를 조직하였던 것이다.

1905년에 장경(張慶)이 기치를 따로 세워 김우제 등과 같이 대동교육회(大東教育會)를 만들었고, 1907년 대동보국회(大東輔國會)로 되어《대동공보》를 발행하고 5개소의 지방회가 있었다.

1909년 2월에 공립협회를 위시하여 미국 본토와 하와이에 있던 여러 단체가 통합하여 국민회가 창립되었고, 이듬해(1910) 5월에 대동보국회가 참가하여 그 이름을 대한인국민회라고 고쳤는데, 처음에 국민회 산하에 북미 지방 총회와 하와이 지방 총회를 두었고 그해 4월에는 멕시코 지방회가 설립되어 북미 지방 총회 산하에 들어갔으며, 1911년 10월에는 시베리아 지방 총회가, 11월에 만주리아(만주의 미국식 명칭) 지방 총회가 설립되었으므로 이상 네 곳의 지방 총회 대표자 회의를 상항에 소집하여 중앙 총회를 정식으로 조직하니, 이로써 해외에 있는 교포들이 한 깃발 밑에 총단결하는 체제가 이루어졌다. 도산이 청도 회담에서 주장한 독립운동 방략의 첫걸음을 내 디딘 것이다. 창립 총회에 출석한 대표자 명단은 다음과 같다.

북미 지방 총회: 이대위 · 박용만 · 김홍균, 하와이 지방 총회: 이병구 · 박상하 · 정원명, 시베리아 지방 총회: (통신)김병종 · 유주구 · 홍신언, 만주리아 지방 총회(대리): 안창호 · 강영소 · 홍언*

11월 8일, 상항에서 열린 대표회의 결의문을 보면,

1. 대한인국민회 중앙 총회는 각지의 지방 총회를 관리하며 독립운동에 관한 일체 규모를

* 생각컨대, 시베리아와 만주 대표는 먼 길에 참석하기 곤란하므로 시베리아에서는 통신으로서 전권을 위임한 것이고, 만주리아에서는 미주에 거주하는 안창호 이하 세 사람을 대리로 위임한 것이다.

중앙 총회 지도에 의하여 행사하기로 함.

2. 중앙 총회 헌장을 기초하여 규모 일치를 도모함.
3. 국민회 회표를 만들어 일반 회원에게 분급함.
4. 국민회 회기를 제정하되 각 지방 총회마다 그 모형을 달리하여 각기 지방을 대표하게 함.
5. 중앙 총회에 대한 지방 총회의 의무금은 2백 달러로 정함.

이라 하였고 중앙 총회 결성 선포문에는,

대한인국민회가 중앙 총회를 세우고 해외 한인을 대표하여 일할 계제에 임하였으니, 형질상 대한제국은 이미 망하였으나 정신상 민주주의 국가는 바야흐로 발흥되며 그 희망이 가장 깊은 이 때 일반 동포는 중앙 총회에 대하여 일심이 있기를 믿는 바이다.

1. 대한인국민회 중앙 총회를 해외 한인의 최고 기관으로 인정하고 자치 제도를 취할 것.
2. 각지에 있는 해외 동포는 대한인국민회의 지도를 받을 의무가 있으며, 대한인국민회는 일반 동포에게 의무 이행을 장려할 책임을 가질 것.
3. 금후에는 대한인국민회에 입회금이나 회비가 없을 것이고, 해외 동포는 어느 곳에 있든지, 그 지방 형편에 의하여 지정되는 의무금을 대한인국민회로 보낼 것.

이다.

여기 흥미를 끄는 점은 대한제국은 없어졌으나 정신상 민주주의 국가는 바야흐로 발흥된다 하는 구절이니, 민주 공화국의 사상이 공적으로 표명된 것이 이것이 처음이라 하는 것이다. 항일 투쟁에 있어서 의병 운동이 가졌던 근왕(勤王)의 사상이 청산되고 공화국으로 재생한다는 생각은 기하지 아니하고, 해외 동포의 일치한 견해가 되어 나중에 기미년(1919) 독립 운동에 와서 대한민국을 표방한 기틀이 여기서 태동한 것이다.

다음으로는, 입회금과 회비 제도를 없이하고 의무금 제도를 채택한 것이니 이는 대한인국민회가 명칭은 회로 되었으나 실상은 일종의 정부 성격을 띤다는 구상이요, 의무금은 인두세(人頭稅)로서 세금에 대신되는 것이다. 의무금을 내는 사람은 유권(有權) 회원이요, 아니 내는 사람은 무권(無權) 회원으로 정하여 원칙상으로 해외 동포는 전부 자동적으로 국민회원이 되게 한 것이니, 네 개의 지방 총회 밑에 116처의 지방회를 두어 실질적으로 새로운 공화국을 설립한 것이다.

그들이 이 기회에 어찌하여 망명 정권을 조직하여 외교적으로 일본에 대항하지 아니하였을까. 이에 대하여는 명백한 대답이 없다. 첫째로, 그 당시까지 약소 민족이 망명 정권을 조직하여 침략에 대항하는 전례가 없었기 때문에 그러한 생각을 미처 못 하였던 것인가, 혹은 도산의 생각에 좀더 해외 동포의 정치적 훈련과 조직의 강화 및 경제적 실력의 향상을 기다려서 망명 정권을 조직함이 좋겠다는 판단에서 우선 국민회라는 이름으로 조직에 착수했던 것인가, 또는 그렇지 아니하면 미국을 위시하여 러시아 · 중국 등 우리 교포가 주로 거류하는 나라의 사정들이 각기 달라 망명 정권으로 행세하면 외교적으로 곤란한 문제가 일어나 존속이 어려울 것을 고려함이었는가 그 때의 사정은 지금 와서 밝히 알 수 없다.

북미의 국민 회원 의무금은 1909년 창립시에 3달러, 1912년부터 5달러, 1923년 이래 15달러로 되었는데, 과거 50년간에 세입 세출이 100만 달러를 넘었으며, 북미의 국민회 소유 재산이 7만 달러며, 나성 42번가에 있는 아파트먼트 건물을 3만 달러 주고 사서 그 수입으로 경비의 일부를 보충하고 있었다.

1909년으로부터 1935년까지 북미 국민회 운영에 공헌한 인물은 이대위(지방 총회장, 《신한민보》 주필) · 최진하(회장 · 총무, 신문 주필) · 황사선(부회장) · 백일규(26년 이후 회장) 등이 있었다.

시베리아 지방 총회는 유럽 대전이 일어나 러시아 제국이 총동원령을 발포하고 외국인 단속을 엄히 하게 되므로 1915년 5월에 폐지되었고, 만주리아 지방 총회는 그곳 동포들의 이동이 심하고, 또 중앙과의 연락이 곤란하여 유명무실하게 되므로 1914년 7월에 해체되었다.

그리고 1922년 하와이에서 파벌 싸움이 격렬하게 되어 하와이 지방 총회가 갈라져 나갔으므로 중앙 총회가 해소되었다. 그 후 미국 본토와 멕시코 · 쿠바 등지의 지방회만으로 재편성하여 북미 대한인국민회라고 이름을 고쳤다가 1937년에 대한인국민회라고 하였다. 이것을 간략히 표시 하면 〈표 1〉과 같다.

〈표 1〉

공 립 협 회(가 주) ─┐
한인합성협회(하와이) ─┘── 국 민 회 ──┐
　　　　　　　　　　　　　　　　　├── 대 한 인 국 민 회
대 동 보 국 회(가 주) ──────────┘ (1910)

(1909)
┌ 북미지방총회(×) ┐
│ 하와이지방총회 │ 중앙총회
│ 시베리아지방총회 │ (1912)
└ 만주리아지방총회 ┘

(×) 북미지방총회

┌ 북 미 지 방 회 ┐
│ 멕시코지방회 │── 북미대한인국민회 ── 대한인국민회
└ 쿠 바 지 방 회 ┘ (1922) (1937)

중앙 총회가 존속하는 십년간 초대 중앙 총회장 도산의 뒤를 이어 백일규 · 윤병구 등이 선임되었고, 부회장에는 박용만 · 홍언 등이 재임하였는 바, 1919년 봄에 3 · 1 운동이 일어나, 중국으로 가게 될 때까지 도산은 직접 · 간접으로 중앙 총회와 북미 지방 총회를 지도하였다.

명칭과 조직이 약간 변경되었으나 편의상 이를 국민회 운동이라고 부른다면, 이 운동은 나라를 잃어버린 36년간 일본의 간섭을 거부하고, 하나의 독립 국가처럼 미국 또는 러시아 정부로부터 인정받은 교섭 단체로서 교포들의 권익을 대표하고 보호하였던 것이다.

이미 기록한 바와 같이, 1902년 이후 개발 회사 이민으로 하와이로 건너간 동포가 7천여 명에 달하였는데, 1905년 을사(乙巳) 조약 체결 후에 개발 회사가 혁파되었고, 1904년에 멕시코에서 농장을 경영하는 영국인 마야스가 일본에서 이민을 모집하려다가 실패한 후 한국으로 와서 소위 대륙식산회사를 경영하는 일본인 대정 관인(다이쇼 간이찌)을 내세워 비밀히 이민을 모집하였고,

그 앞잡이는 이준혁이라는 사람이었다. 진남포 · 부산 · 인천 등지에서 선금 150원씩을 주고 모집하니, 물정 모르는 한국인은 하와이 이민과 같은 것으로 생각하고 4개월 동안에 1,033명(남자 802, 여자와 아동 231)이 응모하였고, 이들은 프랑스 공사의 요청으로 한국 정부가 발행한 집조(執照, 여행권)를 가지고 1905년 3월, 인천을 떠나 5월 15일 베라쿠르즈 항에서 상륙하여 24처의 농장에 배치되었다. 대체로 어저귀 농장 일을 하게 되었고 혹간 황무지 개간 또는 시멘트 공장에 배치되었다.

매일 12시간 노동에 장정 35센트, 큰 아이 25센트, 어린 아이 12센트를 받으며 십장들의 채찍을 맞으면서 폭양 밑에서 가시 돋친 어저귀를 따는 노동으로 손과 발이 피투성이가 되고, 토굴집에서 잠을 자며, 출입을 자유로이 못 하는 노예 생활을 하게 되었다.

1905년 11월, 멕시코 메리다 지방에 갔던 인삼 행상 박영순이 공립협회로 보낸 편지의 내용을 추려 보면,

"이민을 모집할 때에 4년간 일하면 평생 살 돈을 벌어 가지고 귀국할 수 있다는 말에 속아서 이 곳에 왔는데, 불같이 뜨거운 가시밭에서 채찍을 맞으면서 일하고 밤에는 토굴에서 죽을 끓여 연명하는데, 공전은 35센트요, 매일 식료비로 25센트를 주고 쌀 2홉, 빵 9조각, 팥 1종지, 파드라(멕시코산 곡식) 1 종지를 바꾼다. 피곤하여 일을 못 나가면 창고에 가두고, 학대에 못 이겨 도망하다가 잡히면 매 맞고 금고된다.

수토 불복이나 뱀에게 물려 병이 나, 오래 누워 있으면 무인 지경에 내다 버린다 하며, 일터에 나올 때에 울리는 채찍 소리는 흡사 소말을 몰아 내는 것 같으며, 통역하는 권병숙이란 자는 주인에게 잘 보이기 위하여 본토인보다 더 몹시 채찍질을 한다."

이 소식이 신문에 게재되어 1906년 1월에 국내 각 단체 연합으로 서울 상동 청년회에서 모여 의논한 결과 박창연을 멕시코로 파견하여 현지 조사를 하였으나, 이 때 이미 한국 정부는 외교권이 없었고 일본 통감부는 무관심하였으므로 아무런 구제책이 없었다.

1909년 4월에 북미의 대한국민회는 황사용 · 방화중을 특파하여 메리다에 국

민회 지방회를 조직하고 구제 사업에 착수하여 가주 방면에서 구제금을 모집하여 보내고, 변호사를 선임하여 공장주와 대항하여 계약 조건을 이행하게 하였다. 황사용은 10개월 동안 이 사업에 헌신하여 그 해에 4개년 노동 계약이 끝나는 모든 동포를 구제하였으므로 그의 명성이 높아지고 국민회 북미 지방 총회장으로 당선되었다.

1911년 1월, 북미 대한인국민회에서 결의하여 멕시코 재류 동포들을 하와이로 보내는 운동을 시작하였는데, 한편으로 미국 정부에 입국 허가를 교섭하고, 한편으로 기금을 북미와 하와이에서 모집하여 1년 후에 벌어서 갚는 계획을 추진하여 성과가 있었으나, 멕시코 동포 중 4명이 밀선으로 가주에 상륙하려다가 미국 이민국에 적발되어 국무성에 이첩된 까닭으로 미국 정부가 멕시코 재류 한인의 하와이 이주를 거절하게 되므로 이 운동은 실패로 돌아갔고, 그 후 일부는 쿠바로 재이민하고 일부는 미국으로 몰래 들어가, 현재(1959년) 멕시코에는 원래 이민 약 100명, 그 자녀들이 약 500명 살고 있다.

쿠바 이민은 1920년에 시작되어 멕시코에 살던 교포 중에서 288명이 제1차로 건너갔고, 1953년 현재 원래 이민이 125명, 제2세 · 3세가 36명이라 한다.

1910년 11월에 최싸라 여사가 처음으로 사진 결혼을 하여 하와이에 사는 이내수에게 시집 오니, 그 뒤를 이어 사진 결혼으로 하와이에 951명, 북미에 115명이 입국하였고, 그 자녀들이 오늘날에는 7천명에 달한다 (이상 《재미 한인 오십년사》 5쪽 이하 참조).

이 7천 명까지 늘어가는 재미 동포가 국민회 산하에 단결되어 자치 생활을 반세기간 계속하였을 뿐 아니라, 기미 독립 운동을 전후하여 항일 투쟁과 외교 선전 등에 재정적 후원자가 되었다. 농장 경영이나 장사에 성공하여 수십만 달러의 재산가가 된 이도 몇 사람 있었으나 대부분은 노동에 종사하면서 푼푼이 모은 돈으로 광복 사업을 위하여 헌금하여 온 것이다. 이들 동포들을 조직하고, 훈련하고, 또 그 권익을 보호하는 사업이 도산의 9년간 사업이 된 것이다.

1913년 6월에 가주의 리버사이드 지방에서 우리 동포 11명이 헤메트 지방에 있는 영국 사람 시몬의 살구 과수원으로 일을 하러 갔다가 그 곳 주민들에게 배척받아 쫓겨 왔다. 당시 가주에서 일본인 배척 운동이 있었는데 한국인을 일본인으로 혼동한 것이다. 그 때 일본 영사가 한국인을 찾아 보고 미국 정부에 교섭하여 배상금을 받아 준다고 하였는데, 한국인들이 이를 거절한 후 국민회 북미 지방 총회에 보고하여 백인 주민들과 직접 교섭하여 사건을 해결한 후, 미국 정부에 정식으로 공문을 발송하였다.

[상항 발 전보]

미국 정부 국무 장관 브라이언 귀하

귀하께 드리는 바는 근일에 한인 11명이 헤메트 지방에 일하러 갔다가 그 곳 주민들에게 축출당하였는데 이 사건을 일본 영사가 간섭하려고 하나, 우리가 일본 관리의 간섭을 원하지 않는 까닭에 본회가 그 지방 주민들과 교섭하여 시비를 타협했습니다.

귀국 법률 밑에 사는 한인들은 대개 한 · 일 합방 전에 한국을 떠난 사람들이고, 한 · 일 합방을 반대하며 해가 하늘에 떠 있는 한 일본 정부의 간섭을 받지 아니할 터이니, 전시나 평시를 막론하고 재미 한인을 일본인과 같이 대우하지 말며, 어느 때든지 한인에게 관한 문제는 한인 사회에 교섭하시기 바라나이다.

1913년 6월 30일
대한인국민회 북미 지방 총회장 리대위

[미국 국무성 발표]

'한인은 일인이 아니라'는 대한인국민회 총회장의 전보를 받았다. 그 전보에 말하기를, 재미 한인은 대개 한 · 일 합방 전에 한국을 떠난 사람들이고, 한 · 일 합방을 인정하지 않으며, 일본 정부와 관계가 없고 일본 관리의 간섭을 받지 않겠다 하였은즉, 이로부터 재미 한인에게 관계되는 일은 공사나 사사를 물론하고 일본 정부나 일본 관리를 통하지 않고 한인 사회와 교섭할 것이다.

1913년 7월 2일
미국 국무 장관 브라이언

이로부터 미국의 관청과 민간은 한국인에게 관한 일은 일본 영사를 통하지 아니하고 대한인국민회를 통해서 교섭하게 되었고, 심지어 여행권 없이 미국에 온 학생들이 국민회의 보증으로 입국 허가를 받게까지 되었다.

1914년 4월에 국민회는 가주 지사로부터 사단법인 인가를 받았었고, 그 영어 명칭인 'Korean National Association'은 그 후 반세기 동안 널리 미국에 알려져 한국인의 대표 기관으로 인정받았으므로, 1920년 대한민국 임시정부 교민단령에 의하여 교민단으로 개편될 때에도 그 명칭만은 대한인국민회로 둘 것을 임시의정원에서 인정하였던 것이다.

도산은 국민회 운용 방침으로 두 가지의 원칙을 세웠으니, 하나는 동포들의 당면한 권익 옹호에 주력함이요, 또 하나는 생활 개선을 지도하는 것이었다. 생활 개선의 목표는 환경의 미화와 신용의 확립이었다. 공립협회 시대에 도산이 강조한 것과 같이, 청결을 위주하여 이웃 서양인보다 더 깨끗하게 할 것을 권장하였고, 예의를 지키고 거짓말을 아니해서 신용을 세우며, 예스 · 노를 분명히 하며, 언약한 것은 이해 득실간을 떠나 지킬 것 등을 역설하였다. "한국인의 상점에서는 안심하고 물건을 살 수 있다.", "한국인 노동자는 믿고 일을 맡길 수 있다.", "한국인의 약속은 믿을 수 있다." 이렇게 신용을 세우면 돈도 벌 수 있는 동시에 민족 전체의 위신을 높이는 것이라고 도산은 말하였다.

신용을 위주로 한 실례로 다음의 일화가 있다. 도산이 중앙 총회장의 직책으로 지방을 순회하는데, 한 번은 기차를 타려고 정거장에 나갔을 제 국민회 간부가 말하기를, 이번 여행에 경비가 모자라 여기 어떤 한국인 목사님이 가진 신분증명서를 빌려 왔으니, 이것을 가지고 목사 행세를 하면 기차삯을 할인할 수 있다고 하여 도산은 한참 생각하더니, "내가 이것을 사용하다가 들키면 나의 신용도 떨어지고 또 그 목사의 신용도 떨어질 것이니, 그럴 수 없는 일이요. 경비가 모자라면 다시 들어가 며칠 있으면서 돈을 조금 더 장만해 가지고 길을 떠나도록 합시다." 하여 되돌아왔다는 것이다.

1946년경 한국에 미국군이 주둔하였을 때, 미군정 고문관으로 있는 모 미국인이 흥사단 월례회에서 강연하면서, "여러분의 앞길이 험난하나 내가 1915년경 미국 가주에서 한국 애국 운동자라는 말을 듣고 안창호 씨를 방문하였을 때, 그에게는 계획이 있고, 자신이 있고, 용기가 있는 것을 보았소. 나라를 잃고 노동하는 소수의 동포들과 같이 일하던 안씨에 비하면 오늘 여러분에게는 천 배의 용기와 광명이 있을 것이라."고 말하였다.

이렇게 하여 국민회의 위신이 미국인에게 인정되고 회원들의 신용이 섬으로써 국민회는 나라 없는 정부처럼 되어 우리 동포들은 일본 신민이 아니라, 한국 국민으로서 대우를 따로 받게 되었다. 한국인간에 여간한 범죄 사고가 있어도 미국 경찰은 이를 국민회에 넘기거나, 국민회의 의견을 들어 처리하게 되고, 여행권이 불비하거나 휴대한 돈이 부족한 유학생들도 국민회가 보증하면 입국할 수가 있었다. 이러한 성과가 오른 것은 도산이 대외 교섭에 능란했던 까닭이라기보다도 우리 동포들이 국민회로 단결하여 신용과 명예를 수립하였기 때문이었다. 이런 현상은 멕시코와 시베리아에서도 마찬가지였다. 멕시코는 도산이 직접 가서 권면과 지도에 힘썼고, 시베리아에는 주로 이강이 국민회 원동지회 일을 맡아 보았다. 처음에 해삼위에 지회를 두었으나 김립·윤해 등이 권업회(勸業會)를 만들어 대립하였으므로 이강은 치따로 지회 본부를 옮기고 각 지방에 지방회를 두며, 《정교보》를 발행하였다. 여기서도 '도산 방식'이 효과를 거두어 러시아 정부는 '한국인'이라는 특수한 여행권을 인정하였고, 동포들은 일본 영사의 관할을 받지 않았다.

국민회는 회원간의 소송을 재판하기도 하였으며, 미국인 고용주와 쟁의가 일어나거나 인종 관계로 모욕당하는 일 같은 것을 맡아서 교섭하고, 항쟁하고, 중재하였다. 우리측의 잘못이 있을 때는 대표하여 사과하고 개선·노력하기도 하였다. 미국에서 일본인 배척 운동이 일어났을 때 한국인은 국민회가 발행한 회원증으로 신변의 안전을 보장받았고 미·일 전쟁 때에는 비상 대책으로 재미한족 연합(在美韓族聯合) 위원회를 구성하여 그 명의로 증명서를 발부하여 적국인 수용소에 들어가지 않게 하였다.

공립협회의 기관지였던 《공립신보》는 국민회에 계승되어 '신한민보'라는 제호로 주간, 혹은 격일간으로 오십 성상 계속 발행되어 오늘에 이르렀으며, 한글 라이노·타이프를 발명하여 사용하고 있다.

국민회 중앙 총회를 궤도에 올린 도산은 그가 계획한 또 하나의 사업, 즉 청년 인재 양성 운동을 일으켜 흥사단을 창립하니, 이것은 본국에서 시작하였던 대성학교, 청년학우회 사업을 계승한 것이요, 그의 필생의 심혈을 기울인 운동이었다.

흥사단(興士團)

도산은 1911년 9월, 미국으로 돌아오면서 곧 하상옥 · 정원도 · 강영소 세 청년을 데리고 '동맹 수련' 운동을 시작하는 동시에 여러 달을 두고 동지 선택에 고심하여 흥사단 창립의 준비를 하였던 것이니, 1913년 5월 13일 상항에서 정식으로 발기회를 가질 때까지 한국 8도의 대표 될 청년을 골라서 창립 위원을 삼았다.

경기도 홍 언(洪 焉) 강원도 염만석(廉萬石)
충청도 조병옥(趙炳玉) 황해도 김항주(金恒作)
경상도 송종익(宋鍾翊) 평안도 강영소(姜永韶)
함경도 김종림(金鍾林) 전라도 정원도(鄭源道)

흥사단이란 이름은 본국에서 유길준이 조직하였던 단체 이름인데, 이 명칭을 습용하겠다는 의사를 해삼위에서 이강과 토론한 사실은 이미 기록한 바 있다.

충청도 대표인 조병옥은 해방 후에 국무위원과 국회 의원을 지냈고, 대통령 후보로 지명되었다가 위장병으로 선거 직전에 급서한 사실은 널리 알려져 있다. 흥사단 창립 당시 그는 20대의 유학생이었는데, 자신의 회고담에 의하면 미국 유학의 길을 떠나 하와이와 미주에서 여러 지도자들을 만나 보고 토론한 중에 도산만이 독립 운동의 구체적 방략을 가진 것을 발견하였기에 흥사단 발기인이 되었다 하였다.

"본단의 목적은 무실 역행으로 생명을 삼는 충의 남녀를 단합하여 정의를 돈수하고, 덕 · 체 · 지 삼육을 동맹 수련하여 건전한 인격을 작성하고 신성한 단결을 조성하여 우리 민족 전도 대업의 기초를 준비함에 있음."이라는 것이 창립 당시의 약법에 표시된 단의 목적 조문으로서 물론 도산 자신이 집필한 것이다.

일견에 평범한 것 같으면서 한 구 한 구가 도산의 생각을 다듬고 쓸어 정확하게 표현한 것이다. '무실 역행'은 청년학우회 때부터 정신 교육의 가장 요긴한 덕목으로 도산이 택한 것이니, 허위에서 진실로, 부허에서 착실로, 공론에서 실행으로 민족성을 개조하는 것이 민족 부흥의 기본 사업이라는 도산의 사상을 요약한 것이다.

'생명으로 삼는다'는 것은 과장된 표현이 아니라, 진실과 실천력이 민족 흥망의 조건이 된다고 그는 확신하였다. '충의'는 일에 대한 성의 · 책임감 · 신의 · 신용을 의미하여 역시 민족의 성쇠와 사업의 성패의 근본이라고 도산은 설명하였다. '남녀'라고 특히 밝힌 것은, 여성의 각성과 훈련이 없이 구국 운동이 완성될 수 없다는 뜻을 표시함이요, '정의 돈수' 역시 단결의 요체인 동시에 민족성 개조의 또 한 가지 중요한 목표라고 인정하였다. 도산은 유정한 사회와 무정한 사회를 항상 말하였고, 유교적 예도가 형식에 떨어져 진정을 몰각함을 비판하였으며, 사랑의 세계, 빙그레 웃는 정지(情地)를 말하였던 것이다. '덕 · 체 · 지 삼육'이라 함은 보통 숙어처럼 되어 있던 '덕 · 지 · 체'를 바꾸어서 체육을 덕육 다음으로 지육보다 앞에 두어 문약과 공상적 학문으로 타락한 민족 기풍을 혁신한다는 생각이었다.

'동맹 수련'의 뜻은, 첫째 기존 전통이 파괴되고 보잘 것 없기 때문에 청년들은 새로운 전통을 제 손으로 세워야 한다는 뜻과, 따라서 단독으로 수련함보다도 동맹적으로 함이 따를 만한 선배 없는 청년들이 새로운 전통을 수립하는 데 성공할 수 있는 길이요, 나아가서는 단결력의 훈련이 되고, 단결된 힘을 발휘하여 전 민족의 수련 운동을 일으킬 수 있다 함이다. 동맹 수련을 설명함에 있어서 도산은 늘 금주 동맹의 예를 들었다.

'건전 인격, 신성 단결'은 구국 운동의 방법론으로서 도산이 항상 주장한 바이다. "나라를 사랑하느냐, 그렇거든 먼저 네가 건전 인격이 되어라." 하는 것은 그가 입버릇처럼 청년들에게 가르친 것이다. '신성 단결'은 그 표현이 지나치다고 말하는 이도 있으나, 여러 가지 단체의 사업이 모략 중상과 파쟁과 허장성세로 실패에 돌아간 쓰라린 경험을 가진 도산으로서는 결코 지나친 표현이 아니었고 질적으로 구태를 벗어 버린 새로운 단결력이 필요함을 통감하는 데서 '신성'한 지경에까지 단결 생활을 끌어올려야 한다고 생각한 것이리라. '민족의 전도 대업'은 물론 독립 운동을 의미하는 것이나, 그렇게 단적으로 나타내지 아니한 까닭은 민족 부흥이 정치적 독립에서 그치지 않고, 그것을 넘어서 더 크고 중대한 것이 있음을 암시하는 것이다. '기초 준비'라 함은 흥사단 운동이 직접 혁명 사업에 나서는 것이 아니라 그 인재를 양성하는 것임을 말한 것이어니와, 도산은 기초의 준비를 혁명 사업 자체보다 더 중요하게 생각하였으니, 기초가 튼튼하면 혁명 사업은 어느 때나 기회 있으면 이룰 수 있는 것이요, 기초가 없으면 일시 성공하더라도 결국 다시 잃게 마련이라고 도산은 청·일 전쟁 후의 대한제국의 운명을 항상 예로 들었다. 다시 말하면, 도산은 민족성의 혁명이 가장 기본적인 혁명임을 주장한 것이다. 이러한 사상이 철학적으로 논란의 대상이 될 수 있겠지마는 도산의 실천 철학에 있어서 그런 생각이 확고한 신념으로 되고 필생의 사업 원리가 되었다는 사실만은 확실하다.

도산이 흥사단을 창립함에 있어서 그의 치밀한 계획성의 전부와 30 반생의 경험에서 얻은 바 모든 것과 견문으로 얻은 모든 지혜를 거기 쏟아 모은 것은 역력하다. '흥사단'이라는 이름에서 사(士)자를 해석할 때에 이는 종래 문약에 빠진 우리 사회가 말하는 썩은 선비를 말함이 아니요. 문사(文士)와 무사(武士)를 합쳐서 일컫는 것이며, 건전한 인격자를 말함이라 하였다. 단원을 가리켜 단우(團友)라 하였고, 입단을 지원하는 사람은 엄격한 문답(問答)을 행하고 입단식을 거행하였으며, 예비 단우로 6개월 이상 의무에 각근한 단우를 다시 문답식과 서약례(誓約禮)를 거쳐 통상 단우의 자격을 주었다. 이러한 절차는 아마도 기독교의 입교 방식을 참고로 한 것일 것이다.

서약례를 행할 때 오른손을 들고 하도록 작정·실시한 것은 서양의 재판정에서 하는 것을 땄을 것이요, 따라서 단우끼리 서로 만날 때나 또는 집회할 때에 개회와 폐회 인사를 거수례(손을 드는 인사)로 하게 하니, 이것은 군대의 경례 방식이나 소년단의 독특한 경례법을 참작한 것이 아닌가 한다.

단우는 8명으로 반을 짜 반장을 두고, 3반으로 1중반, 3중반으로 1대반을 만들게 하니, 군대 조직으로 하여 일 있을 때는 동원할 수 있게 하자는 뜻이다. 지방에는 지방회를 두게 하고 지방회는 매주 금요일마다 정기 집회를 가지도록 하였다(창립한 날이 금요일이었기 때문이다). 1년에 한 번 대회를 갖게 하되 출석 단우의 숙식비는 전 단우가 평균 부담하게 하여 멀리 있는 단우도 참석할 수 있게 하였다.

매 주례회는 일동 기립 거수 인사와 약법 낭독으로 개회하는 의식을 정하였고, 대회는 상견례(相見禮) · 강론회(講論會) · 운동회(運動會) · 희락회(喜樂會) · 상별례(相別禮)의 다섯 가지 회합으로 구분하였으며, 상견례 때에는 먼저 윤회 악수(輪廻握手)의 절차를 가지게 하였다. 단우간에 서로 부를 때는 '군(君)'이라고 경칭을 붙이게 하였는데, 장난 좋아하는 청년이 회석상에서 "안창호 군"하고 부르면 도산은 천연히 "예" 하고 대답하였다 한다.

선비 사(士)자를 날개 벌린 새의 모양으로 도안화하여 단의 표지를 삼았고, 그 새를 기러기라 하여 단의 상징을 삼으니, 기러기는 반드시 떼를 지어 날므로 단결과 정의 돈수의 뜻을 높임이었다.

단기는 황 · 홍 · 백 · 청의 네 가지 색으로 만들었는데, 황은 무실, 홍은 역행, 백은 충의, 청은 용감의 4대 정신을 상징하기로 하였다. 단기의 모양은 아래와 같다.

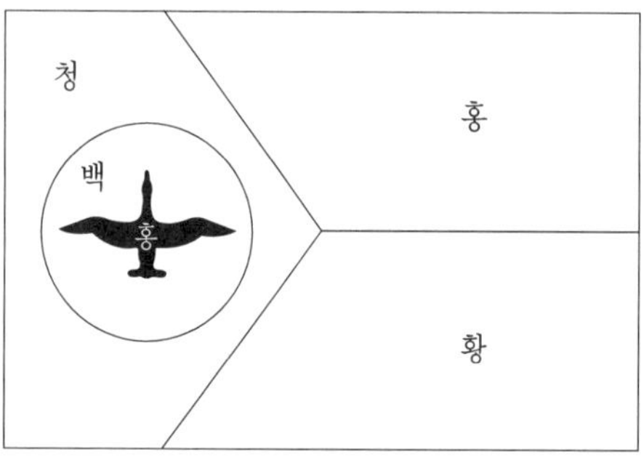

흥사단 단기

도산이 노동의 틈을 타서 색깔 크레용을 가지고 종이에 흥사단 기를 고안하던 초본이 있었는데 6 · 25 사변에 타 버렸다.

황(무실) · 홍(역행)의 두 색으로 띠를 만들어 이를 단대(團帶)라 하여 집회시에는 통상 단우는 긴 띠를 오른편 어깨에 메어 왼편으로 늘어지게 하고, 예비단우는 완장을 왼팔에 끼우도록 하였다. 단대는 입단식이나 서약례를 행할 때에 주례하는 이가 손수 끼워 주면서 "죽는 날까지 이 단대를 벗지 말라."고 다짐하였다.

"우리 무리가 수천 · 수만이 되어 이 띠를 띠고 대회 때는 수백 개의 천막촌을 세워 한 자리에 모일 것이요, 큰 도시에서 행진을 하여 우리의 기세를 보이게 되면 우리의 구국 운동은 크게 발전될 것이라."고 도산은 항상 말하였다.

이러한 특출한 의식과 대회의 구상은 미국인들의 상조 단체인 슈라이너나 엘크 등의 프리 메이슨 운동에서 암시를 받은 것이 분명하다. 도산은 간혹 프리 메이슨의 조직과 사업에 대하여 말하였다.

프리 메이슨(Free Mason) 운동은 지금부터 약 2세기 전인 1717년 영국 서울 런던의 대교당을 짓던 석수장이들이 대축하회를 개최한 때에 시작된 것으로서, 처음에는 석수장이(Mason)들의 형제패 혹은 계로서 발족된 것이다. 그들의 표어는 친선 · 평등 · 광명(Fraternity, Equality, Enlightenment)으로서, 당시의 중세기적 미신과 왕권에 반항하는 새로운 평민 계급의 자유 사상을 대표한 것이요, 석수장의 직업 도구인 콤파스 · 먹통 · 곡척(曲尺) 등 또는 기하학(Geometry)의 첫글자 G자 등을 표상으로 삼았고 자기네의 선지자는 옛날 그리스의 과학자 피타고라스(Pythagoras)라고 칭하였다. 그 운동의 내용은 평민 계급의 상호 부조와 중세기적 질서에 대한 반항 등이었는데 기이한 것은 독일의 프레데릭 대왕이나 미국 독립 운동의 아버지라는 조지 워싱턴 등이 이에 가입하는 반면, 오스트리아 여왕 마리아 테레사나 가톨릭 교회 등은 이에 반대하였다. 엄격한 의미에서의 비밀 결사는 아니어서 그 존재라든지 회원 또는 사업 등은 세상에 널리 알려졌으나, 자기들이 단소(Lodge)에 모여서 행하는 의식은 절대로 외부에 알리지 않는다는 의미에서 일종의 비밀 결사라고 할 수 있다.

단원을 33단계로 나누어 처음 가입하는 자는 1단계에서 시작하여 의식과 고행을 배움으로써 점차 32단계까지 올라가고 33단계는 순전히 명예 단계로 한다. 의식과 고행은 아무런 의미를 가진 것이 아니고, 오직 호기심을 만족시키는 정도의 것이요, 따라서 각 단계의 명칭이나 그 단장의 칭호를 신비적으로 만들었다든가, 제왕 시대의 높은 칭호를 붙이는 것도 하나의 장난거리라고 할 것이다 (보기; 황족 및 특선 대사회, 예루살렘 공후회 · 장미색 십자회 · 성전 기사회 · 황궁 비선 공후회…… 등과 대황위 · 대황위 참사 · 성전 귀족 · 신비 · 존엄 · 대기사…… 등).

메이슨단의 중요한 분파는 '요크단과 스코트 북부, 스코트 남부'의 3파가 있고, 지방마다 대단소(Grand Lodge)가 있어, 각 단소를 연락하나 전국적 또는 전 세계적 중앙 기관은 없다. 사업으로는 양로원 · 고아원 · 병원 등인 바, 1년 동안에 자선 사업에 쓰이는 돈이 1천만 달러 이상에 달한다고 한다.

이 단체를 평하는 사람들은 혹은 '조용하고, 보통이요, 어린애의 마음을 갖고, 깨끗하고, 동정심 있고, 로맨스도 가능한 인물의 집단'이라 하기도 하고, 혹은 한가한 사람의 '한가한 장난', '자유 문명의 상속자', 그리고 히틀러나 스탈린에 의하면 '유대인의 국제적 음모'라고 한다.

단원은 남자에 한하나, 단원의 부인을 위하여 '동방의 별단'이 있고, 소년을 위한 '드몰리단', 소녀들을 위한 '무지개 소녀' 및 '욥의 딸'회가 따로 있다. 미국 대통령 중에 워싱턴, 존슨, 매킨리, T. 루우즈벨트, F.D. 루스벨트, 하딩, 태프트, 트루먼 등이 단원이었다 한다.

'슈라이너'라는 것은 32단계에 속하는 '성전 기사' 부회원을 가리킨다. 미국에 있어서는 장난을 좋아하는 미국인들이 '프리 메이슨'을 모방한 여러 가지 '오더(Order)'를 만들었고, 또 메이슨과 비슷한 '서비스 · 클럽' 운동이 중산계급의 환영을 받아 '로터리' · '라이언스' · '키와니' 수십 종류의 클럽 운동이 퍼져 갔으며, 대학교에는 남학생의 '프러터니티'(Fraternity), 여학생의 '소로러티'(Sorority) 등 클럽 운동이 유행되고 있다.

도산은 이 '프리 메이슨'들이 근 10만 명이나 한 도시에 모여들어 이상한 복장들을 하고 행진하는 것을 구경하고 깊은 인상을 받은 모양으로, 단결에 서투른 한국인에게 단결력을 길러 주는 데는 그러한 방식을 쓰는 것이 좋겠다는 생각을 가지게 된 것 같다.

도산이 흥사단을 조직함에 있어서 이와 같이 면밀한 조직 원칙을 세우고, 세부적인 표장과 의식에까지 마음을 쓴 것은 이 단체가 과거의 모든 단체처럼 유명무실하거나 용두 사미가 되지 않고 그야말로 '신성한 단결'을 이루어 크게 자라서 큰 능력을 발휘하기를 기대한 것이다. 그러므로 단우의 의무 이행을 엄격히 하여 이행 아니할 때는 용서 없이 출단을 하도록 정하고 그대로 실시하였다.

동맹 수련에 있어서는 우선 동맹 독서와 동맹 운동을 과목으로 정하여 하루 책 1쪽 이상, 운동 3분 이상을 하고, 이를 매주에 반장에게 서면으로 보고하는 의무를 정하여 실시하였다. 이는 독서와 운동의 실제적 이익 외에 무슨 일이든지 결심하고 실행하는 습관을 수련하자는 것이었다. 그 밖에 동맹 저금 제도를 두어 경제적 힘을 기르게 하였고, 경위금(慶慰金)을 두어 단우의 경사와 환난 때에 부조금을 보내게 하였다.

엄격한 단우의 선정과 엄격한 입단 문답 · 서약례 · 정의 돈수 등의 실시로써 단결의 힘은 다른 단체에 비하여 강력하게 된 것이 사실이나, 그 반면에 홍사단이 비밀 결사요, 파당적이라는 오해를 사게 되어 도리어 대립을 격화하게 된 면도 있다. 여기서 맑고 흐린 것을 아울러 포섭해야 하는 정치가적 일면과, 맑은 것만을 기르려는 교육가적 일면이 상충되어 도산의 사업이 둘 다 영향을 받게 되는 사실에 대하여는 뒤에 다시 언급하기로 한다.

미주 홍사단이 상항 강영소 집에서 창립되었으나 단소를 나성 벙커 힐로 정하였고, 피규로어 거리로 옮겼다가 1932년 사우스 · 카탈라이나 거리에 땅을 사고 집을 세워 오늘에 이르렀다.

우강(友江) 송종익(宋鍾翊)

홍사단 사업에 도산을 도와서 일한 사람 중 송종익이 가장 힘이 컸다고 할 것이다.

송종익(宋鍾翊): 호는 우강(友江), 1887년 정해(丁亥) 2월 27일 경북 대구에서 출생, 1906년에 유학을 목적으로 도미하여 즉시 공립협회 회원이 되었고, 1908년 3월 장인환(張寅煥) · 전명운(田明雲) 등이 한국 정부 외교 고문인 미국인 스티븐슨을 상항에서 암살한 사건이 일어난 후 재판 비용 조달에 후원회 재무로서 노력하였다.

1913년 홍사단의 발기 위원이 되고, 이어서 단의 재무원과 이사장 등을 역임하였고, 도산이 공적 활동을 하는 동안 그 가족 생계 유지에 조력함이 컸다.

1919년에 국민회 재무로서 독립 운동 자금과 임시정부 경비 조달에 힘썼고,

1941년 하와이 호놀룰루에서 해외 한족 대회를 열고 '재미 한족 연합회'를 조직할 때 미주 대표로 참석하였고, 그 회의 재무의 일을 맡아 조국 해방 운동에 기여하다가 1945년에는 그 회의 대표 중 한 사람으로 본국에 돌아와 조국 재건 사업에 힘썼으며, 1956년 1월 신병으로 별세하여 나성 공동 묘지에 안장되었으며, 그 자손들이 기념 사업으로 우강 장학 기금을 세웠다.

국민회를 확대하여 해외 동포를 하나로 통일 조직하고 홍사단을 세워 장래의 민족 운동 인도자를 양성함으로써 '민족의 전도 대업'의 기초를 준비하는 원대한 계획을 도산이 추진하고 있는 수년 동안 고국에는 흑암과 공포가 전 민족을 덮누르는 시기였다. 한국 병합 이후 일본은 군벌의 거물인 사내정의(데라우찌)를 조선 총독으로 임명하고 헌병 정치를 시작하였다. 육군 2개 사단을 파견하여 의병 운동을 진압하는 일면 민족주의의 뿌리를 뽑기에 착수한 것은 물론이다.

1910년 겨울 안명근(安明根)은 일본 총독 암살을 계획했다는 혐의로 김구·김홍량·최명식 등 30여 명과 함께 검거되었고 1912년 정월부터는 역시 총독 암살 음모라는 죄명을 씌워 신민회 회원과 기독교 간부 및 교육자들 7백여 명을 총검거하니, 윤치호·안태국·이승훈·임치정·유동열·장응진·오희원·이덕환 등 국내에 남았던 신민회 동지가 거의 전부 투옥되어 모진 고문을 받았다. 따라서 도산이 본국에서 쌓아 놓았던 모든 근거, 신민회·대성학교·자기회사·태극서관·청년학우회 등은 괴멸되고 동지들의 희생과 고초는 형용을 초월하는 것이었다.

도산이 해삼위에 있을 때와 시베리아 철도로 유럽을 향하는 기차 안에서 눈물로써 세월을 보냈다는 것은 이상스러운 일이 아닐 것이다.

기차에 동행하는 정영도 청년이 "왜 그렇게 우십니까?"하는 물음에 대하여 도산의 대답은 "나도 몰라. 비감을 억제할 수 없으니 어찌하나." 였다고 한다.

한없이 솟는 더운 눈물을 거두고, 도산은 재출발의 걸음을 내디딘 것이다. 날로 강성하는 일본 제국주의에 대항하여 조국의 부활을 도모하는 엄청난 계획—그것은 신념에서보다도 의무감에서 일으키는 용기였을 것이다. 그 의무감은 "당장에 나서 싸우다 죽자." 하는 겉으로 용감스러우면서 실상은 절망의 부르짖음을 누르고 "조직하자, 훈련하자, 실력을 기르자, 그리하여 이길 자신을 가질 때 나가 싸우자."하는 것이니, 어떤 의미에서 하루아침에 사생을 결하는 것보다 더 어려운 일이다. '우리 세대에 못 되면 아들 대에, 아들 대에 안되면 손자 대에'—이러한 결의 아래서 도산은 마치 못을 말리기 위하여 바가지로 물을 푸듯 일을 시작한 것이다. 본국에서 나오는 그날 그날의 소식을 들을 때, 더욱이 동지들이 옥중에서 견디기 어려운 고초를 받는 것을 생각할 때, 밤중에 홀로 상을 치고 벌떡 일어나기도 하고 이를 갈고 가슴을 뜯는 순간도 있었다. 그러나 도산은 참을 수밖에 없었다. 그는 적진에 돌격하여 옥쇄하는 선봉 대장이 아니었다. 전략을 세우고 작전을 지휘하여 싸움을 이겨야 하는 사령관의 자리에 있었다. 오늘의 일보 후퇴는 장차의 공격의 준비일 뿐, 지금은 분격하거나 상심할 단계가 아니라, 이를 악물고 전선을 수습할 때였다.

미국에 있는 동포들에게 있어서 정치적으로는 비교적 무사한 수 년간이었다.

1907년 8월에 이상설(李相卨) · 이위종(李偉鍾) 두 분이 화란 서울 헤이그(海牙)로부터 미국으로 건너왔다. 그들은 광무황제의 밀령을 받고 이준(李儁)과 함께 헤이그 만국 평화 회의에 보호 조약 반대를 선포하다가 이준은 순국하고 남은 두 사람이 미주로 온 것이다. 미주 공립협회가 윤병구를 파견하여 그들과 함께 영국 서울에 가서 활동한 일이 있고, 1908년 3월에 한국 정부 외교 고문인 미국인 스티븐슨이 상항에 와서 기자 회견담에서 한국 국민이 일본의 보호 정책을 좋아한다고 발표하였으므로 공립협회 주최로 공동 회의를 열고 대표를 그가 유숙하는 호텔로 보내서 취소를 요구하였으나, 듣지 아니하고 도리어 일본을 칭찬하므로 이를 때려서 상하게 하였다. 스티븐슨이 이튿날 3월 23일 상항을 떠나는데 기차 정거장에서 장인환 · 전명운 두 사람에게 저격되어 병원에서 죽었다. 3월 27일부터 장 · 전 두 분의 재판이 가주 법정에서 시작되어 280일을 끌다가 1909년 1월 2일에 2등 살인죄로 25년 금고형을 받았다. 이 때 공립협회와 대동보국회가 연합하여 재판 후원회를 조직하고 경비 조달, 변호사 교섭, 통역 선택 등에 힘썼으며, 하와이 동포들도 후원회를 조직하였다. 그 밖에 멕시코 · 중국 · 일본 각지에서 들어온 돈까지 합쳐서 7,390달러의 후원금이 들어와 경비에 곤란이 없었던 것이다.

합방 조약이 체결되기 한 달 전인 1910년 7월 3일에 대한국민회 북미 지방 총회는 각 지방과 종교·교육·실업 등 각 방면의 대표를 모아 '애국 동맹단'을 조직하고 "재미 한인은 이로부터 일본을 원수로 인정하고 적대 행동을 취하기를 맹약함"으로 시작된 9개조의 항일 투쟁 결의문을 채택 발표하였고, 7월 5일에는 대한인국민회 하와이 지방 총회가 주최하여 각 방면 대표를 소집, 대동 공진단을 조직하고 합방 반대 6개조 결의안을 채택하였고, 7월 6일자로 한국 황제와 일본 천황에게 합방 반대의 전보를 '재미 한인 전체 대표 대한인국민회 하와이 지방 총회, 북미 지방 총회' 명의로 발송하였다.

합방 조약이 발표된 후 9월 1일에 하와이와 북미 두 곳에서 앞서의 방법으로 다시 공동 대회를 열고, 합방을 부인하며 8월 29일을 국치일로 정한다는 등의 7개조 결의문을 통과하고 통신사를 통하여 세계에 선포하였다. 그리고 10월부터는 미주의 클레이먼트, 롬포크, 캔자스 시, 와이오밍, 슈페리어, 멕시코의 메리다 등지에서 병식 훈련을 시작하였고, 하와이에서도 대동 공진단 밑에서 각지에서 병식 교련을 시작하였다. 네브라스카에 유학하던 박용만은 '소년병 학교'를 설립하고 1912년 9월에 13명의 졸업생을 내었다.

일시적 흥분에서 일어난 병식 교련 운동이 오래 지속 못 될 것을 도산은 간파하고 더 근본적으로 해외 동포 조직과 실력 양성의 계획적 사업을 일으킨 것이요, 이것이 1914년 세계 대전 발발 이후 1918년 전쟁이 끝나고 파리 평화 회의가 열릴 때까지 순조로이 계속된 것이다.

전쟁이 터지는 동시에 시베리아와 만주의 국민회 지방 총회가 기능 정지된 것은 부득이한 일이라 하겠으나 오직 한 가지 불행한 일이 생겼으니, 즉 하와이 지방 총회에서 1915년에 분쟁이 일어나 오래 끌다가 마침내 1922년에 완전히 갈라져 나간 일이다. 이 분쟁이 도산의 가슴을 쓰리게 한 것은 물론이어니와, 그 영향은 마침내 오래 두고 미국 재류 동포간에 파쟁으로 전개되어 나중에는 안창호파니 이승만파니 하는 분쟁으로 번져 나가고, 이른바 지방 파벌의 싸움으로 세상에 비평을 받게 되었으니 이는 물론 도산의 본의가 아니었던 것이요, 일반 동포들의 민주적 훈련이 미흡 한데 기인한 불상사라고 할 수밖에 없다. 도산이 파쟁과 지방열을 없이하고, 대동 단결할 것을 줄곧 주장하고 또 이를 실천하기 위하여 양보를 거듭하였던 것이나, 워낙 도산의 두뇌와 조직력이 뛰어났기 때문에 어느 때나 시기를 받게 되었고, 도산을 누르기 위해서 가장 흔히 쓰인 전략은 지방열이라고 모략하는 것이었다.

대구 출신인 우강 송종익은 어느 때 도산을 향하여 "선생은 왜 충청도나 경기도에서 출생하지 못하고 평안도 강서에서 출생하였는가."라고 탄식한 일도 있다.

도산은 국내에서 운동을 전개할 때에 양반 출신인 윤치호를 어른으로 추대하였고, 경기 출신인 전덕기 · 최남선 등에게 실무를 맡겼다. 흥사단을 조직할 때에 8도 대표를 망라하였고 대구 출신 송종익을 재무원으로, 인천 출신 김태진(金台鎭)을 서무원으로 선임하는 등 머리를 썼다. 국민회 사업과 《신한민보》에 공헌이 큰 홍언(洪焉, 호는 동해수부(東海水夫))은 경기 출신이었다.

상해 임시정부 시절에 이승만을 반대하는 사람이 많을 때 도산은 대동 단결을 위하여 이승만을 지지할 것을 극력 주장하였다. 그러나 끝내 지방열이란 낙인으로 도산이 곤란을 받은 것은 도산 개인에게나 민족적으로나 불행한 일이었다.

그 원인은 객관적으로 관찰한다면, 첫째로는 일종의 역사 지리적 산물인 지방적 기질의 차이와 거기 따른 의사 소통의 불완전 및 민주주의적 훈련이나 전통이 없는 전체 국민간 또는 지도자간의 영웅주의 · 섹트주의 및 중상 모략의 발호를 들 수 있으며, 특수하게는 기독교와 그에 수반하는 서양 풍조가 서북 지방에서 먼저 퍼지게 되고, 서울이나 삼남 지방에는 비교적 유교 사상의 뿌리가 깊기 때문에 보수적인 경향이 끈기 있게 지속되어 온 관계로 도산의 자유주의적 사상과 민주적인 독립 사상이 서북에서 발전이 빨랐던 까닭을 들 수 있다. 신민회 · 청년 학우회 · 대성 학교 등의 사업 근거가 주로 한강 이북에 있게 되었다는 것은 역사적으로 당연한 것이었으나 결과적으로 대동 단결에 약간의 지장을 가져오는 불행을 초래한 것이다(이 문제는 제12장에서 좀더 상세히 고찰하고자 한다).

도산이 만일 교육 사업에 전념하고 정치에 관여 아니하였더라면 이 불행한 사태가 없었으리라고 말하는 이도 있으나, 이를 단언하기 어렵고 또 도산의 애국심과 천분으로 보아서 아주 정치에 무간섭하기 어려운 환경이었다고 볼 수 있을 것이다.

국민회 하와이 지방 총회는 북미 지방 총회 조직과 같은 시기, 즉 1909년에 하와이 '한인 협성회'를 계승하여 성립되었고, 1913년에는 기관지인 《한인협성신보》를 《국민보》로 개제하여 발행, 오늘에 이르렀다. 이보다 앞서 1912년에 미주 네브라스카 대학을 졸업한 박용만(朴容萬)을 초청하여 회무와 신문 일을 맡겼으며, 1913년 5월에는 국민회 지방 총회로서 미국 정부로부터 사단법인 인허를 얻고, 한인 간의 자치 능력을 인정받아 국민회 안에 경찰부를 두어 한인간의 사건은 먼저 국민회 경찰부에서 조사, 처리하고 중대한 것만을 미국 법정에 넘기게 되었다 한다. 이리하여 1914년까지에 각 지방 구역마다 국민회 경찰부장을 두어 자치 행정을 하고 국민 회원의 의무금이 연간 1만 달러를 돌파하고 회관 건축 기금이 5,000달러에 달하는 전성 시대를 이루었었다.

1913년에 이승만이 본국으로부터 감리교 대회에 참석하였다가 하와이로 건너왔는데, 그 때로부터 이승만은 박용만을 배제하고 하와이 지방 한인 사회의 주도권을 잡고자 하여 여러 가지 분쟁이 일어났다. 이를 《재미 한인 오십년사》에서 간추려 보면 다음과 같다.

이승만은 국민회의 후원으로 한인 여자 학원과 《태평양》 잡지를 경영하고 있었는데, 국민회는 회관 건설에 치중하고 있을 때이므로 재정 지출에 의견 상치가 있었다. 1915년 1월에 회관 건축 기금을 회계 관계자가 훔쳐 낸 일이 생겨 분규가 일어나매, 이승만은 성명서를 발표하여 다음과 같이 요구하였다.

"…… 국민회가 의무금을 받아서 교육 사업에 쓰지 않고 소모하였으니 금년에는 무슨 재정이나 전부를 교육 사업 책임자* 에게 보내어 교육 사업을 성취할 것…… 금년의 의무금과 모든 공금을 교육 사업에 쓰라고 나에게 보내더라도 국민회의 필요한 경비와 임원들의 월급을 모른다고 하지 아니할 것이며, 이것이 국민회의 기초를 공고하게 하는 것이니 염려할 것 아니라."

이리하여 이승만이 독립협회 사건으로 본국에서 감옥 생활을 하였다는 것과 미국 대학의 철학 박사라 하여 무조건 추종하는 인사와 그렇지 아니한 인사가

* 교육 사업 책임자라 함은 이승만 자신을 가리킴이다.

서로 대립하여 분란이 일어나게 되었으며, 그 해 5월에 국민회 지방 총회 특별 대의회가 열렸으나, 양파의 조정이 이루어지지 못하고 이승만 지지파만으로써 총회장 김종학을 해임하고 임시 총회장 정인수를 선임하여 그로 하여금 김종학을 공금 횡령으로 미국 법정에 고발하였다. 김종학은 3개월 만에 무죄 판결을 받았으나 분격을 이기지 못하여 유서를 써 놓고 권총 자살을 기도하였다. 그 후 이승만은 국민회를 장악하고 재정 보관인이라는 직임을 가지고 모든 공금을 독단 처리하였는데, 국민회 회원이 2,300명에서 740명으로 줄게 되었다.

1918년에 반대로 재무 이승만이 재정을 흠축했다는 문제가 일어나 하와이 국민회 제 10차 대의회가 장부를 조사하다가 폭력배에게 습격되어 대회가 수라장이 되었다. 그 결과 유동면 이하 네 명이 미국 경찰에 체포되고 재판을 받게 되었는데, 증인으로 출두한 이승만은 "그들은 박용만의 패당이며 미국 영토에 한국 국민 군단을 설립하고 위험한 배일 행동으로 일본 군함 '출운' 호가 호놀룰루에 도착하면 파괴하려고 음모하고 있는 무리들이며, 이것이 미국과 일본 사이에 중대 사건을 일으키어 평화를 방해하려는 것"이라고 증언하였다(인용표 안에 있는 구절은 《재미 한인 오십 년사》 151쪽에서 직접 인용).

재판의 결과는 소송 기각으로 되었으나, 이로 인하여 이승만 지지파와 박용만 지지파의 감정은 더욱 대립되어 그 해(1918) 7월에 박용만은 '시국 소감'을 발표하고 따로이 '연합회'를 조직하였다.

1919년 독립 운동 후에 동포들이 의연금을 다달이 모아 내었는데, 국민회 하와이 지방 총회는 돈을 거두어 임시정부로 보내지 않고 미주에 있는 이승만에게 직접 보냈던 것이다.

1922년에 국민회 지방 총회를 해체하고 '하와이 한인 교민단'을 조직하였는데, 이는 임시정부가 발표한 교민 단령에 의한 것이다. 그 규정을 보면, "① 본단은 하와이에 교류하는 교민을 통솔하며 구미 위원부에 예속된 정치 기관으로 함. ② 본단의 단장과 부단장은 구미 위원부 위원장의 인준을 얻어서 행정함." 이라 하였는 바 구미 위원부는 곧 이승만이 주장하는 기관이었다.

1925년에 상해에서 임시 대통령 이승만이 임시 의정원의 탄핵 결의로 파면된 후에 교민단은 임시정부를 반대하게 되었다가 1930년 7월에 동지회와 교민단의 연합 주최로 미주 및 하와이에 있는 교포들의 대표 대회를 호놀룰루에서 열고 대동 단결을 의논하기로 하였는데 대회 결의로 김원용을 선임하여 단체 연락 사무를 맡겼는 바, 이승만과의 의견이 상치되고 《국민보》가 이승만 집필의 김원용 공박문 게재를 거절하게 되자, 교민단과 동지회가 대립되어 5년간 수십 건의 재판 싸움이 있었다. 그 중 중요한 사건은 ① 이명우 목사가 《국민보》를 명예 훼손으로 고소하고 1만 달러의 위자금을 청구한 소송(원고 패소), ② 호놀룰루 한인 기독교회에서 교민단 계통 사람을 배척하려는 평신도 대회가 열렸을 때 폭행과 총질이 일어난 형사 사건, ③ 1931년 부인회 구제회 대표회 석상에서 시비가 일어나 불량한 남자 폭도가 습격하여 부인들을 구타한 형사 사건, ④ 교민단 임원 전체가 재정을 범용하였다고 고발한 사건(원고 패소), ⑤ 1931년 교민단 대의회에서 분쟁이 일어나 참석 거절당한 편에서 폭력으로 회관을 점령하였으므로, 이를 탈환하려는 충돌이 일어난 후 회관이 봉쇄되고 그 소유에 관한 재판이 있어 교민단측이 승소하였다. 이러한 대소 분쟁과 재판으로 인하여 소모된 돈이 '수십만 달러'며 매번 재판의 일방 당사자가 이승만이었다고 《재미 한인 오십 년사》는 기술하고 있다.

1933년에 교민단이 해체되고 하와이 대한인국민회가 부활되었다. 1922년 중앙 총회가 없어진 지 10년 만에 미국 본토와 하와이의 국민회가 다시 연락을 짓게 되었던 것이다(중앙 총회라는 조직은 부활하지 아니하였다. 《재미 한인 오십 년사》 137쪽 이하).

하와이에서 이러한 분쟁이 일어났고 시베리아와 만주의 지방 총회가 기능 정지되어 도산이 처음 계획하던 해외 동포 전체 조직 사업은 뜻대로 되지 아니하였으나, 미국 본토와 멕시코, 쿠바 등지에 있어서의 조직 훈련 사업은 순조롭게 진행되었고, 1914년 유럽 전쟁이 일어난 이후, 경제계의 경기가 활발하게 됨을 따라 우리 동포들의 생계도 점점 향상되었다. 그리하여 1917년 1월에 송종익·임준기 등과 함께 '북미실업주식회사'를 만들어 벼농사를 하게 하였다. 총 자본금 9만 5,000천 달러를 두 번에 나누어 모집하였는데 처음엔 농사에 성공하였으나, 1920년에 폭풍우로 인하여 벼가 쓰러지고 이를 기계로 추수할 수 없게 되어 실패에 돌아간 후 회사도 재기하지 못하게 되었다. 그러나 이러한 실업 운동도 도산의 종합 계획의 일부인 것은 본국에서 세웠던 마산 도자기 회사의 경우와 같았던 것이다.

도산은 흥사단 운동에 있어서, 재류 교포간에서 단우를 고를 뿐 아니라 유학생 중에서 신의 있는 청년들을 입단시키는 데 주력하였다. 당시 일본 정치하에서 미국 유학은 금지되었으나, 일부 학생들이 중국으로 빠져나가 중국 정부의 여행권을 가지고 미국으로 건너갔다. 도산은 이러한 청년 학생을 흥사단에 입단시켜 무실 역행의 정신을 넣어 주는 것이 장래에 한국 민족 전체의 습성을 개조하는 데 큰 힘이 될 것을 생각하고 여기 주력한 것이다. 그 당시에 입단한 20대의 청년들이 일꾼으로 봉공한 이가 허다하니, 예를 들면, 흥사단 발기인의 하나였던 조병옥을 위시하여 백낙준(白樂濬)·최희송(崔熙松)·정일형(鄭一亨)·장리욱(張利郁)·이대위(李大偉)·오정수(吳楨洙)·정인과(鄭仁果)·한승인(韓昇寅)·김려식(金麗植)·김여제(金輿濟)·최윤호(崔允鎬)·송창근(宋昌根)·황희찬(黃熙贊)·신현모(申鉉謨) 등이다.

도산이 가정 생활을 한 것은 그 부인이 서울서 결혼식을 올리고 도산을 따라 미주로 건너간 이래, 공립협회 시대의 5년간과 국민회 시대의 8년 간 뿐이었고, 1919년 도산이 원동으로 단신 떠나 온 이후 다시는 가정을 돌아볼 기회가 없었다. 1925년에 도산이 미주를 잠시 방문한 일이 있었다. 뿐만 아니라 도산이 미주에 있는 동안에도 그는 공공한 일에 분주하여 시간적으로 단란한 가정 생활을 즐길 여유가 없었다 함이 사실일 것이요, 가족의 생활비도 동지들의 후원으로 대었다는 것은 앞서 말한 바 있다.

"내가 지금까지 아내에게 치마 한 벌, 저고리 한 감 사 준 일이 없었고, 필립* 에게도 공책 한 권, 연필 한 자루 못 사 주었다. 그러한 성의가 없었던 것은 아니나 여러 가지 사정으로 그랬는데, 여간 죄송스럽지 않다."

이것은 도산이 잠깐 미주에 돌아갔다가 다시 원동으로 건너올 때(1926) 송별회 석상에서 한 말이다.

"선생은 물건 같은 것으로 가족에게 위로는 못 하였으나 마음으로는 심히 다

---

* '필립'은 도산의 맏아들 이름.

정스러운 분이었다. 겉으로는 범연하셨어도 그럴수록 속으로는 더 한층 가족에 대한 애정이 깊었었다." 라고 장리욱은 말하고 있다(《속편 도산 안창호》 206쪽).

맏아들 필립은 나중에 영화 배우로서 성공한 사람이다. 그가 고등학교에 다니다가 영화 배우가 되겠다고 하니 송종익이 반대하였다 한다. 그러나 도산은 아들을 불러서 "네가 꼭 배우가 되고 싶으냐." 하고 물어, "그렇습니다."고 하니 "좋다. 연극도 예술의 하나이니 소원대로 하되 반드시 가장 훌륭한 배우가 되어야 한다."고 승낙하였다는 것은 안필립의 입으로 필자가 직접 들은 말이다(1962년 7월 안필립이 서울을 방문하였을 때의 일).

제1차 세계 대전이 끝나고 국내에서 3 · 1 독립운동이 터져 나오매, 도산은 다시 미주를 떠나 원동 지방으로 오게 되니, 이 때 그의 나이는 40대의 장년 시기로 들어간다.

'거국가' 에 예언된 바와 같이, 그는 시베리아 · 만주들을 헤매었고 대서양과 태평양을 건넜던 것이다.

도산은 "독립운동이 너무 일찍 일어났다."고 술회한 적이 있다. 그 뜻은 계획하였던 재외 동포의 조직과 실력 양성이 아직 미흡하기 때문에 국내 동포의 희생을 계승하여 해외에서 크게 성공을 거두어 그들의 기대에 보답할 준비가 못 되었다는 것이리라. 그러나 이 때에 있어서 한국 민족된 자로서 팔을 끼고 가만히 있을 수 있겠느냐 함이 태평양을 다시 건너는 그의 비장한 심경이었다.

제 8 장

죽지 않는 뿌리

국내 동지들의 수난

'거국가'를 남겨 놓고 도산이 해외로 망명한 후, 한국을 완전히 삼켜 버린 일본의 첫 사업 중의 하나는 팽창하였던 민족주의 운동을 말살시키는 일이었다. 육군 2개 사단을 주둔시켜 의병을 섬멸하는 한편, 특히 관서 지방은 기독교가 왕성함에 따라 서양 문화와 접촉함이 일러 신민회 운동의 기반이 되었으므로 그 곳의 민족주의 사상과 문화 사업을 뿌리 뽑기 위하여 경무 총감부라는 기관을 두고 청년 지사와 학생들을 대량으로 얽어 잡아 들이기 시작하였다. 그 중에 중요한 사건이 이른바 안악(安岳) 사건(또는 안명근 사건)과 105인 사건이니, 두 사건에 총검거되어 악형을 받은 자가 1,000명에 가깝고, 이로써 도산이 3년간 국내에서 터 닦은 모든 계획이 깡그리 파괴된 것이다. 총검거의 시작이 합병하던 해 1910년 12월이었고, 경찰과 검사국을 거쳐 재판이 끝난 것이 1913년이었던 바, 그 후 겨우 6년 만인 1919년에 3 · 1 독립 운동이 터져 나왔은즉, 비록 사업의 형태는 쓰러졌어도 정신은 살아서 폭발된 것이라, 도산의 심은 씨앗은 죽은 것이 아니었다.

안악 사건이나 105인 사건이 오늘날 널리 알려지지 않았으므로 여기서 약간의 자료를 수습 · 소개하여 민족 정신의 수난과 영광을 후세에 전하고자 한다.

안악 사건(安岳事件)*

신천(信川) 사람 안명근(安明根)은 안중근 의사의 사촌 동생으로 천주교인이었다.

---

* 안악 사건의 진상은 주로 '최명식 약전'(崔明植略傳)—아직 출판되지 아니한 원고—를 자료로 하여 기술한다.

합병 후 서간도로 이사하여 무관 학교를 세울 계획으로 황해도의 부호를 찾아 비밀히 자금을 모집하였는데, 신천 이원식(李元植)에게 6,000원을 얻고 송화(松禾)의 신석효(申錫孝)에게 3,000원을 받았으며, 민(閔) 모에게 1만 원을 청구하여 듣지 아니하므로 소지하였던 단총으로 위협하였다. 민이 이를 재령(載寧) 헌병대에 밀고한 것이 사건의 도화선이 되어, 안은 평양 정거장에서 1910년 12월에 잡혀 서울로 압송되고, 이를 기화로 하여 경무 총감부는 황해도 일대의 지식층과 재산가를 총검거하니, 그 수효가 160여 명에 달하였고, 그 중에는 김홍량(金鴻亮) · 김구(金九) · 최명식(崔明植) · 이승길(李承吉) · 도인권(都寅權) · 김용제(金庸濟) 등이 포함되었다. 이들은 주로 안악의 양산(楊山) 학교를 중심으로 교육 운동에 종사하던 인사들이다.

일찍이 안악에는 기독교 예배당이 설립되었고, 부속 소학교가 있어, 유몽 천자(牖蒙千字)· 삼자경(三字經) 등을 교과서로 근근히 10여 명 학생에게 서양 풍속과 격언 등을 가르쳤다. 을사 보호 조약 반대 대회에 참석하기 위하여 신민회 회원인 김구가 장련(長連)으로부터 상경하던 기회에 안악에 들러 예배당에서 반일(反日) 연설을 한 일이 있다. 이 때 안악에는 김용제 · 최명식 두 청년이 평양에 가서 도산의 쾌재정 연설을 듣고 애국 운동에 뜻을 두고 있던 중, 중화 사람으로 평양 숭실학교 제1회 졸업생인 최광옥(崔光玉)이라는 20여 세의 청년이 일본 유학을 갔다가 병을 얻어 안악 연등사(燃燈寺)에 와서 휴양하는 기회에 서로 만나게 되었다. 김용제의 오촌 조카가 김홍량이요, 그는 일본 유학시에 최광옥과 알게 되었으므로 연등사에 와서 요양하도록 주선한 것이다. 세 사람의 의사가 합치되어 면학회(勉學會)를 조직하기로 하여 동지를 구하고 서울의 자강회(自强會) 규칙과 윤치호 저술인 《의회통용별칙》(議會通用別則) 등을 참고하여 회를 만드니 1906년의 일이요, 회의 목적은 자강회와 같은 민지 계발(民知啓發) · 산업 증진(産業增進) · 교육 장려(教育奬勵)요, 특히 김용제의 제안으로 농 · 공(農工) 장려를 삽입하였다.

회장은 임택권(林澤權)이었고, 회원이 많을 때는 73명에 달하였다.

면학회가 기금을 세워 300원으로 면학 서포(勉學書鋪)를 세우고, 최광옥의 《대한문전》(大韓文典)이 여기서 출판되었다. 다음에는 최광옥의 제의로 사범 강습소를 두기로 하여 김용제 · 최명식 등 유지들이 경영하는 양산 소학교의 하기 방학을 이용하여 개강하였는데 김구가 책임자가 되고 강사 중에는 최광옥 · 최명식 외에 당시 17세의 소년 이보경(李寶鏡), 즉 후일의 문호 춘원 이광수도 있었다(그는 일본 유학중 유학생 야구단이 방학에 본국으로 원정오는데 따라 왔다가 안악서 떨어져서 강사가 된 것이다). 이 하기 사범 강습소는 세 번 개최되었는데, 3회에는 황 · 평 양도에서 교육에 종사하는 인사 700여 명이 수강하였고, 이로 인하여 황해도 안에 신교육 열이 진흥되어 서당이 학교로 변하였고, 재산가들은 학교에 돈을 기부하고 자제를 일본으로 유학시키게 되었다. 또 면학회 주최로 춘계(春季) 연합 운동 대회를 해마다 열었는데, 특색은 운동 구경온 군중을 향하여 계몽 연설을 하는 것이었다. 연사 중에는 최광옥을 위시하여 미국 선교사 군례빈(쿤스), 옥관빈(당시 18세의 소년) 또는 미국서 돌아온 김성무(金成武) 등이 있었다.

김성무는 미국서 도산의 뜻을 받아 만주에 토지를 사서 모범 농촌을 건설할 계획을 가지고 만주로 가는 길에 안악을 들렀다고 전한다. 제2회 하기 강습회 때에 김구의 발기로 강습원 전원이 머리를 깎았다고 전한다.

다시 1909년에는 해서교육총회(海西教育總會)를 조직하여 김구가 교육 총감이 되고, 회장에는 송종호(宋鍾昊) · 노백린(盧伯麟) 등이 재임하였고 김홍량의 삼촌 되는 김용진(金庸震)의 발기로 방직 공장을 세웠다.

일본서 돌아온 김홍량의 발기로 양산 학교를 중학교로 승격하기로 하여, 그 조부 김효영(金孝英)이 3,000원의 기금을 내고 유지들의 찬동으로 약 3만 원을 수집하여 30명의 학생으로 개교하였으나, 안악 사건으로 김홍량 이하가 체포되므로 폐쇄되었던 것이다. 이처럼 안악은 면학회 · 양산 학교 · 면학 서포 등을 중심으로 하여 당시 황해도의 교육과 문화 운동 · 민족 운동의 중심지가 되어 작은 평양의 모습을 보이고 있었으므로, 합병 직후 일본 경찰이 이 곳을 주목한 것은 당연한 일이었다.

1910년에 김홍량은 이태건(李泰建—봉산) · 이승준(李承駿—해주) · 정달하(鄭達河—재령) · 전봉훈(全鳳勳, 혹왈, 재령인, 백천군수, 그의 손자는 전무길) 등과 결의하고 각자의 전 재산을 합동하여 봉산군 누르지(유동(楡洞))에 모범적 중학교를 세우고 그 주위 모범 농촌을 세우기로 하였던 바, 합병으로 인하여 좌절되었고, 최명식을 서간도로 파견하여 농장 경영 가능성을 시찰한 결과 그것이 유리하지 못하다는 결론을 얻고, 안동현에 무역 회사를 설립할 계획을 하여 진행중이다가 안악 사건으로 하여 동지들이 투옥되므로 실현을 못 보았거니와, 최명식의 만주 시찰을 일본 관헌은 안명근의 무관 학교 설립 계획과 결부시켜 사건을 확대 날조하게 된 것이다.

일본 경찰은 안명근을 체포한 후 그와 함께 무관 학교 설립 문제를 의논한 일이 있다는 배경진(裵敬鎭, 25) · 박만준(朴萬俊, 25) · 한순직(韓淳稷) 등을 구금하였고, 다음에는 그가 유숙하였던 집 주인 원행섭(元行燮)과 그 집에 우연히 방문했던 고봉수(高奉守) · 박형병(朴衡秉)을 잡았고, 마지막에는 안명근과 관계 없는 안악 명사들을 모조리 구속하니, 1911년 정월에 김홍량 · 김구가 체포되고, 뒤이어 최명식이 갇혔으며 결국 160여 명이 총검거 되었는데, 안동현 무역 사업에 투자하려던 의주인 김기창(金基昌) · 이윤옥(李允珏) 등이며, 양산학교 교원으로 있던 배천인 김병옥(金秉玉) 등도 포함되었다.

서울 경무 총감부에서 이들은 잔인한 고문을 받았다. '학춤'이라는 고문은 양팔을 등 뒤로 결박하여 매어 달고 기절하도록 때리는 것이다. 그럴 때에 식은땀이 흘러 머리털과 얼굴에 하얗게 서리는 것을 '북성내'라 하였다.*

이러한 고문으로 자백을 강요하여 부호들을 권총으로 협박하였다는 '강도 및 강도 미수죄'와 '내란 미수 · 모살 미수죄' 등으로 안명근 이하 16명을 재판에 회부하였다.

한순직은 통역관이 자백을 하면 곧 석방해 준다는 감언과 음식 등의 특별 대우에 속아 거짓 진술을 하여 검사측의 유일한 증인이 되었고 안명근이 군자금으로 모집한 돈 7,000원을 배경진(裵敬鎭) 집에 맡겨 두었다가 가택 수색 때 천반자 속에서 나온 것이 유일한 증거품이었다. 특히 고문을 많이 당한 이가 김구 · 김홍량 · 김용제 · 최명식 · 도인권이었으며, 양산 학교 교원 한필호(韓弼昊)는 매에 못 이겨 병감에서 사망하였다. 그는 서울 경신 학교 졸업생으로, 피

* 고문 방식에 대한 자세한 것은 다음에 기재하는 선우훈의 105인 사건 진상 기록을 참조.

고들 중 가장 연소하였다.

1911년 8월에 공판이 열렸는 바, 안명근은 "나 이외에 다른 사람은 아무 관계도 없는데 무엇 때문에 유치장을 신축해 가면서 이 많은 사람을 잡았느냐."고 항변하였고, 김구는 "양산 소학교에서 모의했다는 그 날이나 '수박재'에서 우편국을 습격할 계획을 하였다는 그 날이나, 나는 서울에 있었다."고 주장하였다.* 검사 공소장에는 피고들이 재산가들을 죽이고 우편국을 습격할 음모를 했다는 전혀 무근한 공소 사실이 있었던 것이다.

재판은 불과 2회로 끝나고, '강도 및 강도 미수죄'로 다음과 같은 판결이 있었다.

종신 징역: 안명근(安明根)
15년 징역: 김구(金九, 당시 金龜) · 김홍량(金鴻亮) · 한순직(韓淳稷) · 배경진(裵敬鎭) · 이승길(李承吉) · 박만준(朴萬俊, 결석 판결) · 원행섭(元行燮, 결석 판결후 자수)
10년 징역: 도인권(都寅權)
7년 징역: 김용제(金庸濟) · 최명식(崔明植) · 양성진(楊星鎭) · 김익연(金益淵)
5년 징역: 최익형(崔益馨) · 고봉수(高奉守) · 박형병(朴衡秉) · 장륜근(張倫根) · 한정교(韓貞敎)
이상 외에 40여 명이 제주도 · 울릉도 등지로 정배(流刑) 가게 되었다.

"이 사건에 있어서 공판 투쟁이 미약했던 것은 일본인이 허위 조작한 최초의 사건인 탓으로 재판정에서의 반대 투쟁의 효과와 방법을 몰랐던 까닭이요, 또 잔인 무도한 고문으로 인하여 재판도 형식뿐일 것이라고 체념한 관계로 나중 105인 사건처럼 공판 투쟁이 없었고, 그 결과로 일인들이 한국인을 강압함이 용이하다고 생각하게 되었을 것이라."고 최명식은 후일에 술회하고 있다. 김

* 수박재는 김용제의 주택이 있는 곳.

구 · 김홍량 · 최명식 이하 유기 징역받은 이들은 감형과 특사로 1915년에 전후하여 출옥하였으나, 도인권은 감옥 안에서 일 잘한다고 주는 상표 받기를 완강히 거부했기 때문에 10년 역을 채운 뒤에 나왔다.

안악(安岳)에서 민족 운동에 직접 · 간접으로 기둥이 된 김씨 집의 계보는 다음과 같다.

김효영(金孝英)의 아들 4형제

1. 용관(庸寬, 조사)—홍량(鴻亮)
2. 용승(庸升)
3. 용정(庸鼎)
4. 용진(庸震)

김우영(金友英)의 아들 3형제

1. 용제(庸濟)—선량(善亮)
2. 용대(庸大)
3. 용장(庸壯)

장손 홍량과 그 삼촌 용진은 동갑이었으며, 용제 · 홍량 등이 최광옥 · 최명식(崔明植) · 김구(金九) 등과 함께 사범 강습소 · 면학 서포 · 양산 학교 · 해서(海西) 교육총회 등 문화 운동을 전개할 때 용진은 실업에 성공하여 재정적으로 뒷받침하였다.

용장과 선량은 후에 홍사단에 입단하여 간부로 있었다.

최명식은 후일에 최일(崔日)로 행세하였고, 1919년 3 · 1 운동 때에 김용진으로부터 3,000원을 받아 가지고, 김구와 전후하여 중국 상해로 가서 임시정부의 직임을 맡고, 세 번 비밀히 국내에 들어와 황해도 11군 대표와 밀회하여 연통제(聯通制)를 조직하였다.

그 후 만주 길림(吉林)으로 가서 전 가족을 이주시켜 7년간 상업에 종사하던 중 1927년 정월에 거기서 도산과 함께 체포된 일이 있으나 40일 만에 석방되었고, 만주 사변(滿洲事變) 후에 '거주 제한'이란 명목으로 본국으로 이송되어

진남포에서 해운업을 경영하다가 해방 후 공산당을 피하여 남하하였다.

105인 사건(百五人事件)

105인 사건에 관한 기록은 지금에 와서 찾기 어려우나, 다행히 당시 가장 나이 어린 피고로서 재판받은 18세의 소년 선우 훈(鮮于燻)의 수기가 남아 있어 1953년《민족의 수난 105인 사건 진상》이란 책자로 발간된 것이 있는 바, 이 책이 널리 반포되지 못하였으므로 이를 초록하여 여기 소개하고자 한다.

《민족의 수난》(선우훈, 鮮于燻) 발췌

초대 조선 총독 사내정의(寺內正毅) 밑에 명석원이랑(明石元二郞)은 경무 총감이요, 국우상겸(國友尙謙)은 고등 과장이었고, 도변(渡邊)은 통역이었다. 이런 흉한들이 구수 협의를 거듭하여 이 당옥 사건을 만든 것이다.

이 사건에 피검된 인원이 7백여 명에 달하였으나 그 중 123명이 송국(送局)되었다.

일찍 러시아가 폴란드 사람에게 쓰던 모든 악형을 그대로 옮겨다 썼다는 것이요, 그 목적은, ① 안창호를 중심한 비밀 결사 신민회의 뿌리를 뽑고, ② 기독교를 압박하여 그 지도자를 투옥하고, 선교사를 구축하여 조선 통치에 장애물을 없이 하고, ③ 애국 지사와 청년들의 사기를 꺾어 다시 머리를 들지 못하게 하려는 것이었다.

합병한 해, 즉 1910년(명치 43년) 12월에 압록강 철교 준공 축하식이 있어 27일, 사내(寺內)와 요인이 신의주를 향하여 출발하는 날, 또는 28일 준공식을 마치고 경성으로 돌아가는 날을 이용하여 총독, 기타 요인을 암살하려 했다는 허구 옥안을 창조한 것이다.

연여(年餘)를 두고 전 피고를 반생 반사의 혹형을 가하여 만들었던 이 대사건은 재판 당석에서 외국 신문 기자와 1천여 명 방청인 앞에서 허구 날조라는 것이 폭로되어 재판정이 수라장이 되었던 것이다.

나는 당시 감옥에서 나온 후 즉시로 기록하여 감추어 두었고, 남경으로 망명하여 다시 기록하였던 바, 기미 운동 당시 파리 강화 회의에 파견되는 김규식

(金奎植) 박사가 가지고 간 후 회수치 못하였다.

8 · 15 해방 후 소련군에게 반소 운동자로 체포되어 압송중 도피하여 숨어 있으면서 삼복 염천에 피땀을 뿌리며 다시 이 체험한 사실을 기록하였던 것이다.

합병되는 해에 나는 평양 청산 학교(靑山學校)를 졸업하고 대성 학교에 입학하여 도산 선생의 훈육을 친히 받았다.

도산이 그 해 봄에 해외로 망명하니, 나는 그의 사진 한 장을 책상 머리에 놓고 머리를 쉴 때마다 그를 바라보고 추모하였다.

그 해 9월에 다시 학교에 가니, 도산 없는 학교는 빈 집과 같아 있을 마음이 없어 모란봉에 가서 지팡이를 꺾어 들고 5전짜리 농립모를 사서 쓰고 사흘을 걸어 정주(定州)에 있는 집으로 왔다가 부모님의 권고로 당시 미국 선교사가 선천(宣川)에 세운 신성 중학교(信聖中學校)에 입학하여 그 해 추기 운동회에서 일등상을 탔다.

신성 학교에서 1년을 지낸 1911년 9월 3일(음력), 아침 채플 시간을 마치고 교실로 들어갈 때 갑자기 땅땅 치는 별종(別鍾) 소리가 이상히도 차고 쓸쓸하게 들렸다. 대강당으로 회집하니 순사 · 헌병 50~60명이 학교를 에워쌌다. 날카롭고 깔깔하게 생긴 자가 호명 기립을 시키니 선생이 7인이요, 학생이 20명이었다. 남은 선생은 서양인뿐이요, 조선인은 하나도 없었다. 윤교장(조지 샤논 매큔, 윤산온(尹山溫))이 묻는 말에 서장은 다만 총독부의 명령일 뿐이라고 하였다. 선천(宣川)은 공포에 잠겨 어쩔 줄을 몰랐고, 생도의 몸으로 포승을 지고 기차를 타니, 두 아들이 잡혀 가는 모양을 보시고 우시던 어머님 얼굴도 사라졌다(선우훈의 형 선우혁은 신성 학교 교원이었다).

밤 11시쯤 경성역에 닿으니 전등불이 휘황한데, 선교사 원두우, 어비신, 군례빈 등이 우리를 맞이하여 유심히 바라보는 수심 띤 얼굴이 보였다. 경복궁 앞 제2헌병대 유치장에 들어간 지 10일 만에 선천 미동 병원장 미국인 선교사 사락수가 면회 와서 위로하고 성경 한 권씩을 주었다.

각처에서 계속하여 잡혀 오고, 입감 3개월에 아무 취조가 없었으나, 전하는 소식은 놀랄 만하였다. 태극서관 김근형(金根瀅)과 정주 정희순(鄭希淳)은 악형으로 죽었고, 더러는 팔이 떨어지고, 눈이 빠지고, 빈사 상태에서 피를 토하고, 하루 몇 번씩 기절하고, 배를 골리어 미친 사람같이 되었고, 물도 주지 않고, 재우지도 않고, 냉방 · 혹한에 의복을 벗기고 끌고 다니며, 달고, 지지고, 온갖 형구를 다 쓰는 악형이라고 헌병은 전해 주었다. 취조의 골자는 정부를 전복시키려고 사내 총독과 요인을 죽이려고 한 대사건이었고, 또한 사내의 시정의 시작이라 먼저 조선의 애국자 및 기독교에 내리는 철추라고 하며, 벌써 피검자가 700여 명에 달하였다는 보고를 들었다는 것이다.

이 공포의 소식을 전해 주던 날은 내가 19세를 맞이하는 11월 11일 밤이었다. 주모자는 사형과 종신형에 처하고 나머지는 병신을 만들어 살아도 소용없는 사람을 만든다는 것이다. 창구멍으로 달은 얼음 같은 방을 비치고, 바람은 사정 없이 들이치고, 배고프고 목말라 시들은 몸이 앞으로 당할 무서운 짐을 면할 길이 없다.

저 달빛같이 밝은 나는 아무 죄가 없다. 죄는 없어도 혹독한 매를 피할 길 없으니 어찌하면 감당할까. 마루 틈으로 종일같이 악취가 올라오고, 다 떨어진 한 조각 모포로 혹한 · 삭풍을 막자니 손발은 얼음 같고 전신은 녹을 때가 없다.

앞길이 캄캄하고 번민이 앞을 막을 때 사락수가 들여 준 성경을 보고 기도로 마음을 묶었다. 인생의 살고 죽음이 하나님께 있고, 모든 경영이 그의 손에 있는 것을 알았다. 옛날 선지자들의 받은 고초와 나라 위해 신명을 초개시한 열사의 면면을 묵상하고, "네 손이나 발이 너로 범죄케 하거던 찍어 버리라, 네 눈이 너로 범죄케 하거던 빼어 버리라, 공중 나는 새 한 마리도 하나님의 허락 없이는 땅에 떨어지지 않는다. 네 형제로 범죄케 하거던 차라리 목에 맷돌을 달고 빠져 죽으라." 이러한 말들은 무한한 힘과 결심을 준다. 나는 죽기로써 이 사건에 형제를 집어 넣거나 없는 일을 했다고 하지 않을 것을 결심하고 그 뜻을 굳게 하려고 매일 성경을 읽고 간절히 기도하였다.

12월 6일 밤, 꿈을 꾸었다. 선천 북교회(北敎會)에서 흰 옷을 입고 강대 위에 높이 서서 찬송가를 부르니 헌병 하사가 들어와 총감부로 가자는 소리를 듣고 꿈을 깨었다. 같이 있는 다섯 사람에게 꿈을 고하고, 오늘 총감부로 가면 죽는 꿈이니 오늘 아침이 영영 사별(死別)이나, 죽더라도 거짓말을 말고 절대로 다른 사람을 끌어 넣지 말자고 하였다. 꿈에 부른 찬송가는,

만세 반석 열리니 내가 들어갑니다
창에 허리 상하야 물과 피를 흘리니……

라는 것(찬송가 73장)이었다.

눈물 섞어 조반을 먹고 나니, 꿈대로 헌병 하사가 들어와 출발 준비를 명령한다. 광화문 네거리로 나서니 남산 기슭의 검푸른 총감부가 보인다. 일기는 청명하고 고요하다. 수표교를 지나니 어떤 집 마구간에 황소 한 마리가 양지 쪽에서 눈을 감고 삭임질을 하고 있다. 그 소가 한없이 부러웠다.

총감부 2층 집에 다달아 어떤 방으로 들어가니 30여 명이 사무를 보는데, 첫눈에 뜨이는 것이 '평안북도 범죄에 관한 건'이란 서류다. 독사 같은 두 놈이 달려들어 의복을 벗기고 난타하면서, 주소 · 성명을 적는다. 석 달 동안 주인 노릇한 헌병이 되돌아가는 것을 보니 마음이 서글펐다.

총감부 제1헌병대 유치장이란 한 점의 광선도 안 들어오는 캄캄한 방으로 들어서려니 신장 위에 강규찬(姜奎燦) 목사의 떨어진 신발과 길진형(吉鎭亨) 선생의 긴 구두가 놓여 있다.

"신발은 여기 두시고 어디서 맞아 죽었을까. 내 신도 여기 둡니다. 몸은 따로 있을지라도 신발은 같이 놓여 있습니다."

이렇게 속으로 외치면서 문턱에 올라서니, 일본 헌병 셋이 앉고, 조선 간수가 박승을 풀면서, "야 이놈아, 육혈포 몇 개나 가지고 왔니? 이 평안도놈 까타나 간수질도 못 해 먹겠다." 하고 발길로 찬다.

헌병은 발로 목을 비비고 군도로 난타한 후 귀를 잡아끌어 '10호'란 문패 붙은 캄캄한 방으로 나를 밀어 넣었다.

이 때가 오후 1시경이었다.

목이 타올라 물을 달라고 소리를 질렀더니 옆방에서 딱딱 두드리는 소리가 난다. 내 음성을 들은 김순도(金順道)라는 학교 동창이었다.

"여보 훈형, 나는 죽소. 하루 종일 한 모금 물과 한 술 밥 먹이고, 밤 12시까지, 새벽까지 당하는 악형은 형언할 수 없소. 그런 지 10여 일에 견디다 못해 없는 일을 다했다고 했습니다."

전화 소리가 나더니 헌병이 와서 다시 박승을 짓고 가는 곳이 총감부 앞에 높이 있는 붉은 벽돌집, 제1헌병대 3층이었다. 왜놈 네 명이 취조하는데, 방은 높고 일기는 청랑하니 만호 장안이 눈앞에 들어온다.

우도(宇島)라는 수석 심문관이, "네놈은 모범생으로 혈기 있고 힘센 놈으로 안다. 너는 신민회원이요 기독 신자로, 우리를 왜놈 왜놈 하고 우리 말을 듣지 않고, 서양놈의 말이면 사지에라도 잘 가는 놈인 줄도 잘 안다. 3개월간 유치장에서 성경을 보고 서로 맹세하기를 총감부에서 아무런 악형을 해도 죽어도 불복하자는 결심을 했다는 것도 안다. 대일본 천황 폐하를 대신하는 총독을 죽이려 한 자니 개심 안 하면 오늘이라도 총살할 터이다. 너 같은 놈을 두고는 조선 통치를 못 한다. 이제부터 시작하는 형벌은 날이 갈수록 심할 터이요, 개심치 않으면 한 달도, 두 달도 계속할 터이니 네가 견디나 우리가 견디나 시험하자." 하더니, 네 명이 달려들어 주먹과 곤봉으로 온몸을 후려 갈긴다.

두 손가락 사이에 쇠막대기를 끼우고 손끝을 잡아맨 후 문턱 위에 높이 달아 놓고 때때로 줄을 잡아당겼다.

뭇매질 세 시간 만에 풀어 놓고 이런 말을 한다.

"우리 일본 국기는 태양이다. 대일본 제국의 세력은 전 세계를 태양과 같이 덮을 것이다. 일본 세력을 벗어나려고 중국엘 가나 러시아엘 가나 영국 · 미국, 전 세계 어딜 가든지 결단코 벗어나지 못하리라. 신민회는 뿌리를 뽑을 것이요, 선교사는 다 몰아 쫓고, 네놈들은 죽이지도 살리지도 않고, 네 입에서 개심했으니 살려 달라는 말이 나올 때까지 몇 날, 몇 달이라도 형벌은 거의 혹심할 터이니 오늘 밤 깊이 생각해 보라." 하고 입감시켰다.

얼음장 같은 마루에 반듯이 누워 가슴 위에 상한 두 손을 얹었다. 앞서 유치장에 있을 때 부모님이 들여 준 이불만한 솜 두루마기를 덮고 있으니 얼음 곳간 같은 속에서도 온기가 돌아 몸이 녹았다. 눈물이 어느덧 두 뺨을 적신다.

12월 8일, 돌집으로 된 형구실(刑具室)에서 취조를 받았다. 심문관은 넷인데, 우도라는 경시는 조선말 잘하는 40여 세 된 자요, 상내(上內)라는 자는 키가 작고 얄미운 자요, 헌병 한 놈은 뚱뚱하고 모질게 생겼고, 또 한 놈은 키가 크고 수염 많은 심술 사나운 놈인데 이 네 놈이 밤낮 30여 일을 계속했다.

묻는 말을 부인할 적마다 네 놈이 달려들어 때리고 찬다.

두 엄지손가락을 박승으로 결박하고 한편 팔은 앞으로 돌려 어깨 위로 올리고, 한편 팔은 뒷등으로 돌려 두 손이 서로 닿을 만큼 하고 매어다니 몸이 2척 가량 공중에 달린다. 두 놈이 두 자 가량 되는 대막대기 두 개를 마주 잡고 옆구리에서 허리까지 쭉쭉 훑으니 몸이 두 동강이가 되는 듯 하지의 힘이 쑥 빠지고 전신의 기력이 없어진다. 다른 놈이 채찍으로 머리로부터 다리까지 숨쉴 틈 없이 난타하니 땀은 낙수물같이 쏟아지고, 호흡은 하늘에 닿고, 가슴엔 불이 붙고, 코에선 불김이 훅훅 쏟아진다. 금시 목숨이 끊어질 듯 사지가 떨리고, 눈에 안개가 피어 오르고 가슴이 터질 듯하다.

이러기 약 20분에 전신은 동태같이 얼고 감각도 없어졌다. 눈은 곧아지고, 입을 벌리고 혀를 빼선 물고 숨소리가 없어지니, 이 때는 맥박도 끊어져 죽은 것 같이 되는 때라 한다. 가슴 속에서 피어 오르는 생(生)의 기운이 명치 끝에서 계란만하게 뱅뱅 돌다가 점점 졸아들어 동전만큼 되는 때에도 청신경(聽神經)은 아직도 의식이 있었다.

악귀(惡鬼)들은 감각이 남았는가 보기 위하여 화젓가락으로 다리를 지지고 담뱃불로 얼굴을 지져 보고, 벌린 입속에 담배 연기를 뿜어도 본다. 얼굴에 물을 뿌린 후 백지를 한 장 두 장 발라 봉창을 한다. 이렇게 해도 호흡(呼吸)이 통하지 않음을 보고 "아부나이, 아부나이"(위태하다는 일본말) 하면서 줄을 늦추고 채찍질을 두 차례 하고, 가슴을 치고, 머리를 치고, 배를 주무르고, 돌바닥에 메쳐 놓고 귀를 잡아끌고 다니면서 발길로 차고, 머리카락을 끌고 다니면서 돌바닥에 메어 친다. 그리해도 돌과 같이 뭉친 밤알 같은 숨덩이는 풀어지지 않는다.

이윽고 맥박이 살아나니 온몸이 바늘이나 송곳으로 쑤시는 것 같다. 그래도 호흡도 터지지 않으니 코에다 물을 부어 두 주전자가 들어가니 배에서 가슴이 터질 듯하다. 엎어 치고 젖혀 쳐도 호흡이 않더니 부어 넣은 물이 쏟아지는 동시에 호흡이 열리니, 그 동안 30~40분 걸렸을 것이다. 윗옷 한 조각만 입고 하체는 실오리 하나 걸치지 않은 몸이 터지고 상처 입지 않은 곳이 없다. 이를 석탄재 위로 끌고 비비니 얼굴이나 몸뚱이가 사람 같은 꼴이 없다.

"이놈, 죽은 척하고 엄살 말아. 능청스럽게 죽은 척하고……"

하고 곤봉과 쇠뭉치로 두골을 때린다.

이렇게 살려 놓고 한 시간 이상 피차 휴식이 된다. 놈들은 세수하고 둘러앉아 담배 피우고, 차 마시고, 과자 먹고, 나를 향해 비소한다.

우도는 나를 붙들어 앉히고 과자 세 개와 한 잔 물을 들고, "이놈아, 이 과자와 물을 받아 먹고 개심하여 선량한 국민이 되어라." 하고 내어 밀면 다른 놈이, "그 죽일 놈에게 물을 준담!" 하고 도로 들이당겼다.

때는 벌써 해가 지고 밤이 되었다. 본관인 큰 방으로 옮기니 또 처음 보는 형구실이다.

두 팔목을 결박하여 궤짝 같은 형구 밑에 들여 세우니 높이가 넉 자 반쯤 된다. 몸을 꼬부라쳤으니 앉을 수도 없고 설 수도 없는 궤짝 속에 치켜 달고 입에 박승으로 자갈을 물린다. 머리카락도 잡아 매어 치켜 다니 머리를 들 수도 없고 숙일 수도 없다. 발뒤축도 뒷벽에 치겨 다니 꼬부린 몸이 옴짝달싹 할 수 없다. 처음부터 전신이 발발 떨리고, 땀이 쏟아지고, 뼈가 쏘고, 사지가 녹아 재와 같이 된다.

기를 쓰며 몸을 비트니 호흡은 급해지고 가슴이 터질 듯하며 이가 갈린다. 목은 말라 혀가 돌지 않고, 전신의 수분이 빠지니 불덩이 같던 것이 다시 얼기 시작한다. 가슴에 타는 연기도 그치고 호흡이 있는 듯 마는 듯 해진다. 형리들은 전과 같이 담뱃불로 얼굴을 지져 보고, 화저로 다리를 지져 보고, 쇠뭉치와 채찍으로 때려 보다가 반응이 없으니 "아부나이, 아부나이" 하고 결박을 반 만큼 풀고 곤봉이 부러지도록 몰매를 때리면 전신에 혈맥이 다시 통한다. 전신에 피가 흐르고 살이 떨어졌고, 화상으로 성한 곳이 없다. 수십 분을 매질하여도 숨이 통하지 아니하니, 전과 같이 끌고, 차고 비비고, 코로 물을 넣고 뒤채어서 물이 쏟아지니 호흡이 돌아온다.

정신이 들어 사방을 살피니 아침 8시요, 나는 감방에 와 있었다.

사흘째 되는 12월 9일 오후 1시경에 다시 석조실로 불리웠다.

이날도 여전히 아는 것 없노라는 대답에 놈은 하의를 벗기고 얼음 섞인 물 두 통을 머리에서부터 부었다. 그리고 전날과 같이 공중에 매어 달고 댓가지로 옆구리를 훑으니 두 어깨가 머리보다도 높이 솟아올랐고 넓적다리는 채찍 끝에 점점이 떨어졌다. 기절이 되니 다시 전과 같은 방법으로 살려 냈다. 본능적으로 손을 저어 물 달라는 시늉을 하나 물을 주는 놈은 없었다.

저녁 다섯 시에 명태 대가리 우린 국물에 밥을 말아 먹으라고 던지니, 이틀 만이다. 손가락 새는 뼈가 드러났고, 박승으로 졸랐던 두 엄지손가락은 손톱이 빠져 살이 떨어졌고, 박승에 잘킨 손목도 자리 나고 터졌고, 전신은 퉁퉁 부어 올랐다.

개물 같은 국물을 어느덧 마시고 움직일 수 없는 손가락으로 그릇을 움켜 잡고 개와 같이 핥아 먹으니, 이 한 모금 국과 한 입 밥이 생전에 그처럼 맛있는 음식을 먹어 본 일이 없는 것 같았다.

놈들은 나를 일으켜 앉히고 많은 말로 권하고 위로하는 듯하였다.

"내 아들이 셋인데 둘째가 너와 같다. 아들 둔 사람이 어찌 이런 짓을 하겠느냐. 네가 만일 개심한다면 관비생으로 동경에 유학시켜 훌륭한 사람이 된 후에 크게 등용할 터이다……."

내가 주는 물을 받아 먹지 않고, "한시 바삐 죽여라." 하고 발악을 하니, 다시 전날과 같은 궤짝 형벌을 하였다. 제5일, 제6일도 같은 악형이 계속되었다. 제6일, 밤새도록 고문한 끝에 우도는 말하기를, "너는 아직 배가 불러 우리 말을 듣지 않으니 오늘부터 3일간 단식(斷食)이요, 의복도 한 벌밖에 주지 않는다." 하였다. 이 때부터 나는 헌병 등에 업혀 다녔다.

사흘 동안 물 한 모금 구경 못 하고 엷은 겹옷으로 빙판 같은 마루에 쓰러졌다. 창자 속엔 아무것도 없었으나, 마치 지렁이를 그릇에 담은 것처럼, 아무것도 없는 밸도 슬슬 돌고 넘어 목구멍까지 올라와 단물만 솔솔 넘겼다. 눈을 감으면 밥도 먹고, 엿고 먹고, 떡도 먹었으나, 눈만 뜨면 아무것도 보이지 않았다. 밸은 다시 먹장 같이 되고 돌같이 굳어지는 것 같았다.

전신이 터지도록 부어서 귀 한쪽이 큰 신짝처럼 되었는데, 다시 말라빠지고 해골같이 되었다. 3일 만에 헌병에게 업혀 형리에게 나가니, 이날은 음력 섣달 16일 아침, 회색 하늘에서 밤새도록 함박눈이 쏟아져 만호 장안은 은세계다. "백설이 만건곤할제 독야 청청하리라." 하던 남산의 송백은 철갑을 두른 듯 눈 속에 푸른 빛이 보였다.

나는 헌병 등에서 형리 앞에 쓰러졌다. 눈뜰 기력도 없고, 입술은 먹장같이 타고, 얼어 꼬부린 몸이 사시나무같이 떨렸다. 나는 마음으로 안중근 의사를 생각하고 죽기만 기다렸다.

"아무 개심할 것 없다. 죄를 자복할 몸이면 하필 이 때껏 이 모양이 되었겠느냐."는 나의 대답에 다시 매어 달고 때리고, 기절하면 전과 같은 방법으로 소생시켜 난로 곁에 메쳐 놓는다.

우도는 증인과 대질을 시킬 터이니 김현식(金賢軾)이나 강규찬 중에서 누구를 원하느냐 하였다. 나는 한없이 기뻤다. 대질만 하면 당장에 무죄가 판명될 것으로 생각되었다. 그래서 강이나 김이나 아무나 다 좋다고 했다. 우도는, "강규찬은 네가 신임하고 존경하는 선생이니 그 선생이 같이 했다 하면 너는 틀림없다. 그 때도 완강히 거부하면 즉석에서 때려 죽인다."

이렇게 위협을 하고 사지를 결박하여 몰매를 때린 후 꿇어 앉힌다.

조금 있다가 강규찬 선생이 수갑 차고 박승진 몸에 과자 몇 개와 물 한 잔을 들고 몸을 구부리고 부들부들 떨면서 도살장에 들어가는 소처럼 들어섰다. 머리털도 다 뽑히고 수염도 뽑혀, 얼른 알아보기 어려웠다.

둘의 시선은 마주쳤다. 두 손에 움켜쥔 과자와 물은 아마도 선우훈을 개심시키고 먹으란 약조물이었을 것이다.

"여보아 훈이, 그러니 어찌하겠나." 하시는 강선생은 얼굴이 창백했고 정신이 아뜩해서 들었던 과자와 물잔을 떨어뜨려 산산이 깨졌다. 나는 전날 그의 다 떨어진 신발만 보고도 마음이 아팠거든, 이제 이 광경을 당하니 북받쳐 나오는 정열을 참을 수 없었다. 울음 섞인 목소리로, "여보 선생님, 이게 웬일이오? 나는 죽습니다." 하니, 악한들은 벼락같이 달려들어 선생님을 차서 고꾸라뜨리고, 죽은 개처럼 끌고 문밖으로 나갔다. 이 광경이 내 눈속에서 사라질 수 있으랴.

청천 벽력같이 사방에서 두들기는 곤봉은 다 부러지고 쇠뭉치로 치는 매는 뼛속까지 녹였다. 천정에 매어 달고 계속하여 때린 끝에 석탄 실은 상자를 내 발목에 매어 달았다. 이 생사 관문에 직면한 생의 최후 발작은 놀랄 만하였다. 내 발로 걷어찬 석탄 상자는 뒷벽에 맞아 터지니, 방안에는 석탄 먼지가 가득 찼다. 내 발을 잡으려는 상내라는 키 작고 얄미운 놈은 발에 채여 넘어졌다. 그는 다시 내 발을 결박하여 책상 다리에 붙들어 매었다.

다시 회생한때는 아침 7시였다. 헌병 등에 업혀 유치장으로 돌아왔다. 이날 여기 온 지 17일 만에 대변을 보았다. 도토리알 같은 까만 것 두 개가 이 날 10시 반에 경무 총감부 별관에서 난산 끝에 나왔다.

21일째 되는 음력 12월 27일 오후 1시, 다시 형리 앞에 쓰러지니 우도란 자가 과자와 차를 권하면서 한 시간 이상 천언 만어로 권고하더니, 동창생 김현식을 대질시키겠다는 것이었다. 우도가 내어 미는 과자와 차를 나는 거절하였다. 육신은 평안을 구하고 배는 음식을 찾는다. 지금 내 육신은 서푼짜리도 못 된다. 그러나 내 속에 있는 마음은 천하보다 귀한 것이다. 나는 이를 갈고 결심했다. 1백만 명이 달려 붙어도 내 마음은 뺏지 못하리라. 내 수정같이 맑은 마음은 하나님 품에 안겨 있음 같았다. 괴로운 육신 어서 벗고 저 나라로 금시로 가고 싶었다.

나는 마음의 장비를 굳게 하고 죽기를 기다리고 결박지고 형장 밑에 꿇어 앉았다.

동기 동창인 김은 들어섰다. 나는 스테판이 돌에 맞아 죽은 때와 같이 하늘 문이 열림같이 간절한 기도로 이 영혼을 받으소서 하였다.

“여보 훈씨, 나도 처음 1주일 견디어 보았으나, 여기 와서 보니 하나도 모르는 게 없소. 나는 모든 것을 자백하니 마음이 시원해지고 지금은 평안한 몸이 되어 대접도 받으니 곧 개심합시다.” 하는 김의 말에 나는, “이 죽일 놈아, 죽어도 옳게 죽어라. 하나님이 계시다!” 고 발악하였다.

다시 내리치는 매에 두골이 터지고 혼도되었다가 깨어나니 이튿날 아침이었다. 본능적으로 물을 찾으니, 상내란 자와 수염 많은 놈이 달려들어, “이놈, 물 먹어라.”하면서 기름 묻은 걸레를 석탄 재에 굴려 내 입으로 틀어 넣으니, 이가 부러지고 입이 찢어졌다.

“이 원수를 어떻게 갚을까. 내가 만일 살아 나간다면 기회 오는 그 때에 너희들을 지금 내가 당하는 그대로 보복할 터이다.”

송장 같은 몸이 감방으로 되돌아온 것이 음력 선달 그믐이었다. 조선인 이(李) 간수가 일본 헌병의 눈을 피하여 창구멍을 열고, “야, 정주 새서방, 물 먹어라.”

하고 더운 물 한 잔을 주었다.

"야, 아모케 해서라도 죽지 말고 살아가거라. 죽일 놈들 같으니! 생사람을 저렇게 한담! 인명은 재천(在天)이라, 죽지 않는다."

유치된 지 넉 달 만에 처음 듣는 인간미였다.

이 이 간수는 17일날 내가 변소간에서 쓰러졌을 때, "야, 평안도 놈들은 누워서 똥을 누나?" 고 욕하던 사람이다.

이튿날은 정월 초하루, 이 간수는 자기 집에서 가져온 음식 중에서 고기 국물에 밥을 두어 일인 몰래 들여 주었다.

정월 6일 아침에는 선천의 이창석(李昌錫) 장로가 악형에 시달린 나머지 유치장 어귀에 놓인 일본 칼을 들어 자살하려고 자기 목을 찌르다가 붙들려 4일 동안 결박된 채 통로에 두고 굶기는 벌을 섰다. 이씨는 사자 같은 목소리로, "내가 쉰 두 살에 안 모 때문에 죽는구나!" 하고 소리 소리 질렀다. 안 모는 교회 집사(執事)로 고문에 못 이겨 거짓 자백하고 이창석 장로와 대질했던 것이다.

35일째 되는 날, 아마도 음력 정월 13일인 듯하다. 밤 12시경에 나에게 문득 약 먹인다, 약 먹었다는 소리가 꿈결같이 들리더니 냉수 두 통을 머리에서부터 껴얹는다.

"정신 차려라, 차려라." 하면서 옷을 입히고 난로 곁에 메쳐 놓고 이런 말을 했다.

"네 소원대로 오늘 밤에 총살을 할 터이다. 네 부모한테 전보를 쳤더니 지금 밖에서 시체를 가지러 왔으니, 유언이 있으면 말해라."

나는 정신이 들면서 무겁던 몸이 가뿐하여지는 듯, 마음이 경쾌하여졌다. 하늘의 공도는 천추 만대에 변함이 없다. 의인 아벨은 죽지 않고 살았으며, 소돔 · 고모라는 의인 열명이 없어 불에 탔다. 내 뜻을 알아 줄사람은 세상에 없다마는 나는 오직 불의와 싸워 맑은 피를 이 땅에 뿌리고 가겠다. 오 하나님, 마른 풀대와 같은 약한 몸이 지금은 악을 싸워 완전히 이겼나이다. 이 영혼을 받아 주소서ㅡ나는 이렇게 기도하였다.

두 놈이 어깨를 추켜 들고, 우도는 선두에 서고, 헌병은 총을 메고 남산 기슭 눈 속으로 걸어 나갔다. 창공에 반짝이는 크고 작은 별들은 웃는 듯, 반기는 듯

어이 그리 쓸쓸하고 적막한고. 달빛은 어이 그리 희고 북풍은 어이 그리 찬고. 나는 죽어 한 줌 흙 될 것이나 내 뒤에 오고 오는 수없는 조선의 아들들은 이 원한 갚고 그 슬픔 씻고 무궁한 꽃동산을 만들리라.

꼬부라진 노송 밑에 구덩이를 파고, 옆에는 불을 피웠다. 소나무에 몸을 비끄러 매고 수건으로 눈허리를 맨 후 우도는, "최후까지 너를 살려 보려고 30여 일 애를 썼으나 너는 종시 회오하지 않으니 지금 죽어도 원망 말라. 부탁할 말이 있거든 유언해라. 네 부모에게 전해 주마." 한다.

이 때 나는 일호의 번민 · 고통 · 잡념이 없고, 마치 개선 장군이 환영대에 선 것처럼 얼굴에 희색이 차고 마음에 평안과 안정으로 아무 동요가 없었다. 다시 간결한 한 마디로, "주여, 내 영혼을 받으소서." 하고 기도하였다.

"아무 유언도 없고, 다 준비했으니 죽이시오."

모두 물러서는 듯하더니 땅하는 요란한 총소리가 나고, 나는 감각을 잃었다.

물을 껴얹고 난타하는 매 소리에 눈을 떠 보니, 어릿 어릿한 안광에 형리들이 왔다 갔다 함이 비친다. 하나의 연극이었다. 이런 연극으로 자백을 받은 일도 있다 한다. 다시 헌병에게 업혀 유치장으로 왔다.

이튿날 오후 3시경, 다시 불려 나가니 우도가 혼자서 '다다미' 방에 마주앉아서 화로를 끼고 과자와 차를 권하였다.

"이제 고관에게 보낼 터이니 거기 가서 개심하여 선량한 국민이 되어라. 모든 악형은 나라의 명령으로 한 것이니 원망하지 말고 용서하라." 하면서 터진 곳을 만지고 자기 수건으로 제 눈물을 씻었다. 35일간의 악형과 60여 회의 기절을 기억하는 나는 과자와 차를 거절하고 먹지 않았다. 갖은 악형 끝에 성한 자리가 없게 되면 국부를 회초리로 때려서 터지도록 부어 앉지도 서지도 못한 고통이 기억 났다.

이튿날 오후 2시, 헌병 등에 업히어 가니 국우상겸이란 고등 과장이었다. 얼굴이 꺼멓고 눈꼬리가 찢어지고 길쭉한 것이, 일본 명치 천황 비슷이 생긴 자였다. 방은 푸른 탄자를 깔고 화려하였다. 국우가 맞받아 나오면서 발길로 차니, 나를 업었던 헌병까지 쓰러졌다. 한참 난장질을 하더니 문턱에 매어 달고 졸도할 때까지 때렸다.

깨어 난 뒤에 테이블에 마주 앉히니, 나는 앉을 수가 없어 마루에 쓰러졌다. 또 한 차례 쇠몽둥이로 얻어 맞았다. 다시 일으켜 테이블 앞에 앉히니, 이번에는 테이블 위에 엎으러진다. 목침으로 턱을 고이고 눈을 뜨라고 귀와 뺨을 때리고 눈초리를 쇠줄로 때리니, 눈이 터져 피가 나와 더욱 눈을 뜰 수 없다. 턱을 목침으로 고이고 눈은 성냥개비로 받치고 심문을 시작한다.

김현식과의 대질 심문으로 100여 장의 조서를 작성하였다. 내가 부인할 때마다 쇠로 때려 나는 테이블 아래 쓰러지고 김은 과자와 차를 먹였다. 이러기를 2일 동안에 조서는 완성되었다. 나는 끝까지 부인하였다.

도변 통역관이 분이 올라, "네가 아무리 안 했다 해도 증인이면 그뿐이다. 몇 날 있다 재판소로 보낼 터이니 개심 아니한 놈은 곧 교수대에 달아 죽인다." 하고 발길질을 하였다.

그러나 나는 기쁨이 한량 없었다. 구사 일생 36일 만에 몸은 기동할 수 없으나 목숨은 붙어 있다. 김의 증언은 어쨌든 나는 내 본분을 지켰다. 나는 마음이 명랑해지고 상쾌한 기분이 하늘에 닿을 듯하였다. 아프고 목마르고 배고픈 것이 다 스러지는 듯하고, 새로운 혈맥은 금시로 피가 되고 살이 될 것 같고, 몸은 날 듯하였다. 그러나 뼈만 남은 해골 같은 몸은 반듯이 누워 움찍할 수가 없었다.

악형이 끝난 후에도 목마르고 배고프던 사정은 형언할 수 없었다. 아무리 자려고 해도 잘 수가 없어 눈만 감으면 세상에 있는 모든 음식을 먹어 보지 않은 게 없었다. 후일 재판 당시에 123명의 피고가 이구동성으로 만고에 없는 악형임을 통렬히 논란하였고, 인도상으로 보아서 먹을 수 없는 음식에 대하여 총독 정책을 타매하였다. 썩은 쓰레기와 명태 대가리 우린 국물에 한 숟가락도 못 되는 밥을 주는 그것을 먹였으니, 이에 대한 질책은 경무총감 이하 요로 인물이며 외국 기자나 판 · 검사도 부끄러워 땀을 흘렸다. 나는 의복의 솜을 뜯어 먹고 깔고 있는 짚을 소와 같이 뜯어 먹었다. 북문 창의 종이 조각을 다 뜯어 먹고 간수에게 들켜 매를 맞았다. 영양 불량으로 실명되어 석 달 남짓 보지 못하고, 기력이 부족하여 소변을 보려면 오랜 시간이 걸렸다.

2주일이 넘은 후 인력거에 몸을 싣고 검사국에 갔을 때 남들이 밥을 맛나게 먹는 것을 보고 그냥 지낼 수 없어 물으니, 간수 말이 돈이 있으면 사서 먹으라는 것이다. 나는 두루마기를 벗어 주면서 밥 세 그릇만 달라고 애걸하다가 발길에 채인 것도 잊을 수 없다.

검사의 심문을 받고 오동 마차에 실려 종로 구치감으로 갔는데, 벌거벗고 몸을 다니, 전에 119근이던 내가 73근이었다.

구치감 뜰에 콩밥 짓는 냄새를 맡고 나는 밥통을 끌어안고 주저앉았다. 간수가 끌어 내어 철문을 열고 집어 넣으니, 때는 오후 3시 반경이었다. 구치감 속에는 일본 죄수 세 명이 있다가 나를 붙들어 주고 수건으로 머리를 싸 주며 친절히 위로함을 보고 나는 이것이 스파이가 아닌가 하고 입을 봉했다. 이튿날 내감(內監) 16호실로 옮기니, 이태건(李泰建) · 김찬오(金燦五) 두 사람이 구석에 앉았다가 나를 보고 반기며 사식을 나누어 주었다. 이 두 사람도 스파이가 아닌가 하여 나는 아무 말도 아니하였다. 나의 신경은 이렇게 쇠약해졌던 것이다.

356호라는 패를 붙이고 세달 남아 있으니 안광도 회복되고 소변도 순조롭게 되었다. 어떤 날 밤 9시경에 양전백(梁甸伯) 목사가 들어오는데, 교계의 태두로 존숭을 받는 성자다운 그가 수갑 찬 손에 콩밥 한 줴기를 들고 다리를 절며 의복을 거두지 못하고 부들부들 떨면서 미친 사람같이 손바닥의 콩밥만 핥아 잡수신다. 머리털 전부가 뽑혔고 한 오리의 수염도 없다. 내 곁에 앉았으되 절반 죽은 것 같이 문안도 대답도 없었다.*

판결문(判決文)

명치 38년 1월에 성립된 일 · 한 협약 5조약과 동 40년 7월에 성립한 일 · 한 협약 7조약에 불만을 품은 피고 윤치호 · 양기탁 · 안태국 · 유동열 · 임치정 등은 일면 구청국 영토 안에 있는 서간도에 무관 학교를 설립하여 일 · 청 전쟁이

---

* 서울과 황 · 평 각도에서 검거된 인원이 700여 명이요, 그들은 예외 없이 이상과 같은 고문을 받았다. 결국 123명이 3월경에 기소되었으나, 이미 이 사건이 전 세계적으로 문제가 되었으므로, 피고와 신문기사 · 변호사 · 방청인 합하여 근 1천 명을 수용할 특별 법정을 신축하였기 때문에 그 해 6월에 가서야 공판이 열린다.

  공판 진행 상황을 계속 인용하기 전에 왜정이 조작한 사건 내용을 소개하기 위하여 판결문을 먼저 전재하기로 한다.

나 일 · 미 전쟁이 일어날 때에 국권 회복을 위하고 군사 교육을 실시키로 하였고, 평양과 경성에 태극서관을 세우고 빈번히 왕래하며 국사를 의논하고, 비밀 결사인 신민회를 조직하고, 안창호 · 이갑은 미국에 있는 이대위 · 김유순과 노국에 있는 김성무와 서로 기맥을 통하였고, 국내의 윤치호는 회장, 양기탁 · 유동열은 그 부회장이 되고, 회원 약 14만 6,000에 달하였다.

피고 안태국은 평안남도의 총관이 되고, 동 이승훈은 평안북도의 총관이 되어 그 단결을 더욱 공고히 하고 국권 회복의 전제로 일 · 한 협약 체결자 이완용 · 송병준을 암살할 계획을 세웠다.

동 42년 10월 26일에 안중근은 하얼빈에서 이등박문을 살해하고, 동년 12월 22일에 이재명은 이완용을 창상(槍傷)하였다.

그리고 안창호 · 이갑 · 박영일(朴永一) 등은 순차로 동경에 가서 산현(山縣) 공작과 계(桂) 공작 등 요로 대관을 암살하여 민심을 동요케 하고, 동시에 세계의 동정을 얻고자 모든 계획을 다했다. 그러나 동 43년 8월 29일에 구한국(舊韓國)은 일본에 병합되고 말았다.

이에 격분한 피고 등은 신민회의 목적의 하나가 되는 암살을 수행하기로 결하고 합병 조약 체결자인 사내 총독을 죽이기 위하여 경성 서대문 밖에 있는 피고 임치정의 집에 빈번히 모였다.

대륙의 관문이요 동양의 제일 되는 압록강 철교가 완성이 되었으니, 그 개통 축하식은 필연코 있을 것이요, 사내는 올 터이니 그 기회를 엿보아 안중근 · 이재명 같은 용감 · 대담한 자를 각처에서 선발하여 철통 같은 준비를 시켰다.

그 목적 수행의 장소는 개성 이북 경의선 각 정거장으로 하되, 평양은 위치는 좋으나 경위가 엄중하니 연도 각 정거장 중 외국인이 유재한 곳은 동정과 편의를 얻기 쉬우니 평양 · 경성은 물론이어니와 경찰이 불비한 점으로 보아 선천(宣川)으로 결정하고 선교사와 그 사정을 통한 후 그 지도와 보호를 받고, 성공한 후에는 그 사유를 열국에 선전 · 발표할 것을 의뢰하였다.

피고 안태국 · 이승훈 · 옥관빈(玉觀彬)은 평양 태극서관과 대성중학교에 모여 경성 본부의 결정 사항을 연속 보고하고 피고 나일봉(羅一鳳) · 변린서(邊麟瑞) · 김동원 · 이덕환 · 정익로(鄭益魯) · 차리석(車利錫) · 윤원삼(尹愿三) · 안

세환(安世桓) 등은 평양 재류 선교사 마포 등을 방문하고 그 지도와 보호를 의뢰하는 연락을 짓고, 옥관빈은 변설에 능하므로 평안 남북도와 황해도로 다니며 동지 규합에 힘쓰고 각 정거장에 배치한 동지는 각기 단총과 단도를 휴대하고 총독의 승강과 통과할 시일을 기다리고 있었다.

신민회 황해도 총관인 김구는 동일한 계획과 동일한 방침으로 협의 · 진행했다.

경성 본부에 윤치호 · 양기탁 · 임치정은 사내의 서순(西巡) 일자를 각 지방 책임자에게 통고하고, 옥관빈은 그 연락을 지었다.

피고 안태국은 평양에서 동지 20여 명을 인솔하고 정주(定州)로 와서 홍성린 · 이명룡 · 최성주 · 임도명 · 김시조 · 오학주 · 지상주 · 조덕찬 등과 약속하고 이승훈과 같이 납청정(納淸亭)으로 가서 피고 임형렵 · 이용화 · 이태건 · 최제규 · 김선행 · 나승규 · 최성민 · 김찬오 · 이재윤 · 박상훈 · 이지원 · 김봉수 등 동지를 데리고 정주로 들어와 43년 12월 26일 아침 6시 차로 일행 60여 명이 선천으로 들어갔다.

선천에서 동지 선우혁 · 이용혁 · 양준명 · 곽태종 · 홍성익 · 김일준 · 안준 · 강규찬 · 양전백 · 차균설 · 최덕윤 · 장시욱 · 이창석 · 노효욱 · 양준희 · 이정린 · 노정관 · 신효범 · 최용화 · 길진형 등과 황해도에서 김구 · 김홍량 · 편강렬 등이 인솔하고 들어온 20여 명이 신성중학교 제8방에 회합하니 150여 명에 달한다.

이승훈 · 안태국은 동지 격려의 연설을 하고 명 27일은 압록강 철교 개통 축하식이 있으므로 사내와 요인은 틀림없이 신의주(新義州)로 들어간다는 경성 본부 윤치호 · 양기탁의 지시와 명령이 있으니, 이는 13도의 소리다. 그대들은 대담하고 용기 있게 안중근과 이재명을 본받으라는 비장한 연설을 하고 선교사 윤산온(尹山溫)은 다시 격려의 연설을 한 후 귤 상자 속에 두었던 권총 75정을 7호실 천정 속에서 꺼내어 그 중 대담 · 용감한 자에게 각각 분배하였다.

이 분배를 받은 피고 등은 27일 오후 1시, 정거장으로 나가 안태국과 이승훈의 지도 명령에 따라 요소요소에 인원을 배치하고 기차 소리를 기다리고 있었으나, 총독은 하차하지 않고 선천역을 통과하고 말았다. 이에 실패한 피고 등은 다시 8방으로 회집시키고 과자와 차를 권하며, 금번에는 조사 불완전으로 실패에 돌아갔으나 귀로인 명일은 틀림없이 하차할 것이니 이번 기회는 하나님이 우리에게 주는 것이다. 국가를 위하고 자손 만대의 복락을 위하여 우리는 신명을 초개로 여겨야 된다. 망국의 수욕을 벗고 국권을 회복하여 자유와 독립을 얻자면 먼저 매국적을 죽여 버리고 원흉인 사내를 없애야 된다고 이승훈 · 안태국은 다시 연설을 하고, 또다시 윤산온은 옛날 유태의 다윗과 같은 담대와 용감으로 금번 기회를 놓치지 말라는 격려사가 있었다.

28일에 안태국과 이승훈은 총지휘자가 되고 양준명은 선천 인사의 지휘를 담당하고, 학도와 청년의 지휘는 선우혁과 곽태종이 담당하고, 신사복과 학생복으로 변장한 후 단총과 단도는 모두 주의 아래 감추고 정거장 구내로 들어가 환영자 속에 섞였다.

북쪽 끝으로 학생이 줄을 가지런히 하였고, 그 다음으로 신사들이 서고, 안과 이는 선두에서 지휘하게 되었다.

정각이 되어 기차 소리가 나자 총독과 요인이 탄 특별 열차는 선천역에 도착되었다. 틀림없이 사내 총독은 하차하여 먼저 윤산온과 악수례를 하고, 그 다음으로 일본인에게 환영을 받고 선천 대표 양준명 · 김일준과 악수를 하고 피고 등의 면전으로 예를 받으며 총독은 지나갔다.

그러나 경위가 엄중하여 헌병 · 순사 · 군인은 전후에서 경계가 삼엄하였고, 총독의 위엄에 정신이 산란하여 목적을 달성치 못했다.

또다시 실패한 피고 등은 신성학교 8방으로 회합한 후 옥관빈은 민족 사상을 선동하는 연설을 하고, 동석한 윤산온 · 나부열 · 사락수는 조선 사람의 마음이 약한 것을 한탄하는 동시에, 기회는 또 앞으로 올 것이니 낙심치 말고 목적을 달하라는 위로와 격려가 있었다.……*

음력 5월달에 공판이 열리니, 개국 이래 처음 되는 대사건이요, 합병 이후 민족 관념을 분쇄하려는 사내 정책의 제일보였다.

---

* 500여 쪽에 달하는 판결문에는 개성 이북에서 신의주까지 각 정거장에서 일어났다는 상황이 기재되었으나, 정주 사건만 이상과 같이 초록한다.

재판정 안 중앙에는 주모자 7명이 앉고, 100여 피고는 그 전후에 앉고 재판장 뒤에는 경무 총감 이하 대관이 열석하였고, 변호사석에는 일본인 변호사 화정(花井) · 제택(悌澤) · 소천(小川) 이하 20여 인이 열석하고, 중앙에 있는 신문 기자 중에는 서양인도 2~3인 있었다. 50여 명의 경관이 삼엄하게 경비하였다. 피고석은 신민회 중심 인물과 조선 사회의 거두와 기독교의 지도자와 유지 · 청년들로 일당을 채웠고, 방청석에는 친척과 친구 400여 명이 터지도록 들어왔다. 법정 밖에도 생전에 얼굴이라도 한 번 보자고 몰려든 수천 명 친지로써 연일 수라장을 이루었다. 피고 중에는 고문에 못 이겨 없는 권총을 자기 집 후원에 묻었다고 자백하여 현장 조사차 경관이 데리고 가면, 가족들이 보고 그 처참한 모습에 경악 · 실신하였었고, 혹은 생전에 집이라도 한 번 더 보고 싶어 거짓 자백을 한 일도 있었다.

재판장 총원(塚原)은 길쭉한 얼굴에 눈을 번들거리며 몸짓을 하고 방만함이 방약 무인이었다.

제일착으로 피고 윤치호를 심리하니, 조선말로 대답을 못 하게 하고 일본말로 세 시간 이상 진술케 하였다.

"경무 총감부에서 사실 전부를 시인하고는 어찌하여 검사국에 와서는 부인했는가?

"악형을 못 이기어 없는 일을 했다고 했습니다."

"경무 총감부에서 세 번씩이나 사실 전부를 승인하고 검사국에 와서는 여전히 없다고 함은 어떤 연고냐?"

"검사국에 와서 사실을 부인한즉 다시 총감부로 보내므로 또 악형에 못 이겨 했다고 한 것이 3차에 이르렀습니다."

둘째날 양기탁을 심리할 제 재판장이 "이랬나, 저랬나" 묻는 말에 피고도 "이랬다, 저랬다" 하고 대답할 뿐 아니라 측면으로 서서 외면하고 대답함을 보고 총원은 노기 등등하여 고함을 질렀다. 양은 총원을 물끄러미 보더니, "이놈아, 하필 보기 싫은 놈의 상바닥을 보잘 것 무엇이냐. 네가 나를 억지로 잡아다가 2년 징역을 지워서 내가 보는 대로 벌겅 바지를 입지 않았느냐. 그 때도 나는 아무 죄가 없고 지금도 아무죄가 없다. 죄가 있다면 그 때나 지금이나 조선인 된 죄밖에 없다. 내가 죄가 없으니 전 피고도 죄가 없는 줄 알아라. 너희가 죄가 없는 줄 뻔히 알면서 심리는 무슨 심리며 재판은 무슨 재판이냐? 차라리 우리를 모조리 죽여 버려라."이렇게 대성 질호하였다.*

둘째로 심리받은 피고는 김일준(金一俊)이다.

"총감부와 검사국에서 말한 사실 전부가 틀림없습니다."는 그의 대답에 피고들과 방청인은 대경 실색하여 모두 공포와 근심에 잠겼다.

"너는 언제부터 총독과 요인을 죽이려 했나?"

"합방한 그 때부터 죽이려 했습니다."

"그러면 단독으로 하였던가, 동지를 모아서 하였던가?"

"여기 앉은 이들과 같이 동지를 모아서 했습니다."

"어느 때 어느 곳에 모여서 의논한 일이 있는가?"

"선천 석탑동(石塔洞) 양준명 집에서 여기 앉은 동지들과 같이 했습니다."

"권총을 가지고 역까지 나갔다는데, 그 출처 여하?"

"권총은 본인이 분배했는데 43자루요, 장춘(長春) 모 일본인 상점에서 사 가지고 행리 속에 놓고 기차로 안동현 세관의 검사를 교묘히 통과했던 것입니다."

"12월 27, 28일 양일 선천역에 나가 총살하려던 광경을 상세히 말하라."

"40여 명이 각각 권총을 가지고 역 안에 들어가 나는 총독과 악수를 한 즉시 발사하려고 바지 속에 줄을 달아 넣었던 줄을 당기니 끊어져서 당길 수 없이 되므로 황겁중에 두 번 실패를 거듭했습니다."

김일준은 터무니 없는 일을 천연스럽게 미친 사람 같이 장시간 공술하니, 피고와 방청인은 사상이 되고 친지와 가족들은 주먹을 쥐고 이를 갈았다.

안태국의 심리에 들어갔다. 일문 일답을 진행하는 도중 안은 돌연히 심리를 거절하고 돌아서서 들어간다. 재판장이 왜 들어가느냐고 소리를 지르니 안태국은 돌아서서, "어찌하여 피고의 진술에 통역의 가감이 있으냐? 나의 일언 일구

* 양기탁은 《대한매일신문》 주필로서 이 사건보다 앞서 필화 사건으로 구금되어 보안법 위반으로 2년 징역 선고를 받고 복역중이었으므로 공판정에 기결수의 붉은 옷을 입고 출정했던 것이다.

는 전 피고에게 중대한 관계가 있을 뿐 아니라, 나는 변호사도 대지 못한 자로 두목의 하나인즉, 그렇게 불공평한 심리에는 구차히 대답할 필요가 없다." 하고 추상같이 노했다.

총원 재판장은, "그렇게 일본말을 잘 알아들으니 직접 일어를 사용하면 충분하지 않느냐?"

"내가 일인이 아니요 전 피고가 조선 사람인데 일본 말을 어째서 한단 말이냐?" 하고 일축한다.

총원은 낮은 음성으로 은근히 권하기를, 한 마디도 떨어뜨리지 않도록 서기에게 주의시켰으니 계속하라고 했다.

안태국은 다시 통역에게 한 말도 빼지 않도록 다짐받고 계속했다. 서기가 일언 일구를 부르는 대로 기록함을 본 후에 지금은 통역을 하라고 하니, 이렇게 10여 번을 계속하는데 시간이 지연될 뿐 아니라 여간 성가심이 아니었다. 재판장은 그러지 말고 순순히 심리를 받으라 권하매 안태국은, "나는 전 피고를 대신한 몸이니 나의 진술에는 시간을 제한하지 말고 방임하라. 내 일언 일구는 전 피고의 사활 문제로 알라." 하고 김일준의 허위 진술을 속속들이 집어 내어 그 사실 무근함을 통박하고 증거 3건을 제시하였다.

① 김일준의 공술 중에 명치 43년 12월 26일에 내가 평양에서 하룻밤 자고 27일에 정주에서 동지자 60명을 인솔하고 아침 6시 차로 선천으로 들어갔다 했는데, 그 때 나는 서울에 있어 유동열이 서대문 감옥에서 26일 만기 출옥되었으므로 그 날 저녁 명월관 지점에서 양기탁 · 이승훈 등 7명이 위안회를 열고 요리 값으로 27원의 영수증을 받은 일이 있다. 그런 사실이 있는가 없는가 조사할 것.

② 또 이튿날 27일, 이승훈이 평양 마산동 자기 회사로 내려가므로 대동문 안에 사는 윤성운(尹聖運)에게 전보하기를 '남강하거출영태국(南岡下去出迎泰國)' 이란 전보를 광화문 우편국에서 내 손으로 타전한 사실이 있으니, 광화문 우편국과 평양 우편국에서 조사하여 전보문을 가져올 것.

③ 정주에서 27일 아침 6시에 60명이 차를 타고 선천으로 갔다 하니, 과연 그 때 그만한 인원이 기차를 탔는가 철도국 서기를 불러 기차표를 조사할 것.

안태국은 계속 진술하기를,

"경성에 있는 안태국이 평양이나 선천에서 지휘했다는 김일준의 공술은 전부가 허구임에 틀림없다. 나는 이재명이 이완용을 살해하려던 사건에 동범자로 몰려 지금 이 붉은 옷을 입고 여기 섰거니와, 그 때 재판장은 누구며, 지금 재판장은 누구냐? 그 때 너는 나를 경성에 있어서 이재명을 지휘하였고 또 서간도에 무관학교를 세우려고 음모했다고 2년의 판결을 내린 자가 아니냐? 그 해 그 달 그 날에 안태국의 몸은 서울에 있었으니 죄요, 오늘에는 그 해 그 달 그 날에 정주와 선천에 있었으니 죄냐? 안태국의 몸이 한 날 한때에 어찌 두 곳에 있을 수 있으냐.

이 사건이 나 한 사람에게 국한된 사건이라면 구차히 변명도 아니 하련다. 나는 이미 죽기를 각오한 몸으로 살아도 좋고 죽어도 좋다마는, 이번 이 일은 내가 수괴가 되어 100여 명을 지휘했다는 관계상 전 피고를 위하여 흑백을 가리지 않을 수 없다. 김일준의 엉터리 없는 수작은 논할 것도 없고 당국자도 생각해 보라. 여기 앉은 피고 100명이 사내 한 사람을 죽이기 위하여 권총을 가지고 이틀 동안을 요소요소를 지켰을 뿐 아니라 지휘까지 하였다는데 어찌하여 딱총 소리 한 방도 없었느냐. 너희가 아무리 계교를 써서 우리를 죽이려 해도 하나님이 계시다."

다음날 증거물 조사 보고가 있으니,

① 광화문 우편국에서 타전한 전보 원문과 윤성운 집에서 받은 3년 전 전보문이 틀림없음.

② 철도국 서기를 호출하여 장부를 조사하니, 그 날 6시에 선천까지의 기차표가 전부 합하여 5인밖에 없었고, 하루 종일 것을 합해도 11인에 불과하였다.

③ 명월관 지점 서기가 와서 문서를 낭독하니, 26, 27두 날치를 보아도 안태국 명의로 영수된 것이 없었다.

전 피고는 낙심하는데 안태국은 태연히 그럴 리가 만무하니 그 장부책의 연도가 틀린 것이 아니냐 하니, 서기가 다시 상고하니 42년을 43년으로 오독한 것이 판명되어, 43년도에 분명히 안의 명의로 37원 기입된 것이 나왔다. 이렇게 3조목의 증거가 나타나니 금시에 재판장 전체가 수라장이 되어, 방청석에서는 무죄다, 백방이다, 아우성치고 발을 구르고, 울음이 터지고, 피고들은 취한

듯 울고 춤추며, 모두 일어서 아버지 아들을 찾고 악수하니, 헌병과 간수도 억제할 능력이 없었다.

재판장 뒤에 높이 앉았던 명석 경무 총감 · 국우 고등 과장 · 군사령관 · 헌병대장 등은 얼굴이 빨개져서 나가 버리고, 재판장은 턱을 고이고 생각에 잠겼다. 20여 명 변호사들은 구수 회의 끝에 소천(小川)이란 변호사가 대표하여 준렬한 태도로, 이 사건은 검사가 충분한 조사도 없이 사건을 구성했다고 통박하고 재판장 기피 신청(忌避申請)을 제의했다.*

그 해 10월 18일 판결 언도에서 총원 재판장은 철면피하게 "피고 안태국은 이 사건이 발각될 줄 알고 가작으로 전보문을 만들고, 명월관 지점 문부에 나타난 그것도 미리 위작한 것이요, 정주에서 기차를 타고 선천에 갔다는 것은 조사 착오로, 기실은 도보로 간 것이니, 그 증거는 한 건도 채택할 수 없다."는 이유로서 피고 중 105인에게 다음 같이 징역을 언도하였다. 그러므로 이 사건을 통칭 '105인 사건'이라 한다.

징역 10년—

윤치호(尹致昊, 49 개성) 양기탁(梁起鐸, 42 경성) 안태국(安泰國, 32 평양), 이승훈(李昇熏, 49 정주) 임치정(林蚩正, 32 경성) 유동세(柳東說, 34 경성)

징역 7년—

옥관빈(玉觀彬, 22 평양) 장응진(張膺震,32 평양) 차리석(車利錫, 32 평양) 나일봉(羅一鳳, 42 평양) 변린서(邊麟瑞, 28 평양) 양준명(梁濬明, 34 선천) 선우혁(鮮于爀, 29 정주) 김일준(金一俊, 29 선천) 곽태종(郭泰鍾, 29 신천) 최덕윤(崔德潤, 30 신천) 이용화(李溶華, 41 정주) 임경엽(林冏燁, 28 정주) 최성주(崔聖柱, 35 정주) 홍성린(洪性麟, 36 정주) 오희원(吳熙源, 39 철산) 이기당(李基唐, 37 용천) 송자현(宋子賢, 33 용천)

징역 6년—

* 당시의 무단정치 하에서 재판의 독립성은 인정되지 아니하였다. 총독부는 재판소에 압력을 가하였고, 기피 신청이나 일본의 일류 변호사의 변론도 아무 소용이 없고, 덮어놓고 민족주의자를 처벌하여 그 뿌리를 뽑자는 전제에서 무리한 재판이 계속될 수밖에 없었다.

이덕환(李德煥, 36 평양) 이춘섭(李春燮, 34 평양) 이동원(李東元, 29 평양) 김두화(金斗和, 29 평양) 윤성운(尹聖運, 37 평양) 정익노(鄭益魯, 50 평양) 안경록(安慶祿, 30 평양) 신상호(申尙昊, 38 평양) 신효범(申孝範, 33 신천) 장시욱(張時郁, 32 선천) 홍성익(洪成益, 31 선천) 차균설(車均卨, 24 선천) 이용혁(李龍爀, 26 선천) 강규찬(姜奎燦, 39 선천) 양전백(梁甸伯, 43 선천) 이봉조(李鳳朝, 38 선천) 노효욱(魯孝郁, 35 선천) 김창환(金昌煥, 31 선천) 노정관(魯晶瓘, 39 선천) 안준(安濬, 46 선천) 주현칙(朱賢則, 30 선천) 김익겸(金益謙, 25 선천) 이창석(李昌錫, 52 宣川) 이태달(李泰達, 28 정주) 최주익(崔周杙, 20 정주) 김찬오(金燦五, 22 정주) 조덕찬(趙德燦, 41 정주) 이명용(李明龍, 48 정주) 이도명(任道明, 29 정주) 백몽규(白夢奎, 31 정주) 이근택(李根宅, 28 정주) 오학수(吳學洙, 28 정주) 지상주(池尙周, 39 정주) 김시점(金時漸, 31 정주) 정원범(鄭元範, 32 철산) 유학렴(劉學濂, 28 철산) 장관선(張寬善, 45 철산) 김창건(金昌建, 41 의주) 백용석(白用錫, 34 의주)

징역 5년—

오대영(吳大泳, 28 평양) 옥성빈(玉成彬, 28 평양) 김응조(金應祚, 56 평양) 윤원삼(尹愿三, 26 평양) 서기풍(徐基灃, 31 평양) 안세환(安世桓, 35 평양) 정주현(鄭周鉉, 21 평양) 양준희(梁濬熙, 28 선천) 손정도(孫廷都, 25 정주) 정덕연(鄭德燕, 24 철산) 이동화(李東華, 22 정주) 이정순(李正舜, 23 철산) 김현식(金賢軾, 24 철산) 차희선(車熙善, 23 선천) 이우순(李迂渟, 22 정주) 라봉규(羅鳳奎, 28 신천) 백일진(白日鎭, 29 의주) 홍규호(洪奎昊, 25 철산) 차영준(車永俊, 25 자성) 길진형(吉鎭亨, 21 평양) 조영계(趙永濟, 24 평양) 강봉우(姜鳳羽, 23 성홍) 백남준(白南俊, 21 운산) 오택의(吳宅儀, 31 신천) 편강렬(片康烈, 21 연안) 라승규(羅昇奎, 21 정주) 안성제(安聖濟, 24 정주) 김선행(金善行, 23 정주) 김용화(金溶華, 20 정주) 최제규(崔濟奎, 30 정주) 최성민(崔聖民, 48 정주) 이재윤(李載允, 21 정주) 이지원(李枝元, 28 정주) 박상훈(朴尙薰, 29 정주) 박병행(朴秉行, 22 정주) 박찬형(朴贊亨, 48 정주) 이병제(李秉濟, 28 정주) 김봉우(金鳳洙, 34 정주) 김용오(金龍五, 49 정주) 라의섭(羅義涉, 29 정주) 김응봉(金應鳳, 25 정주) 안광호(安光浩, 28 의주)

무죄—

이창식(李昌植, 28 안주) 김용환(金龍煥, 21 의주) 이규엽(李圭葉,19 선천) 이순구(李順九, 19 정주) 김인도(金仁道, 19 철산) 최서찬(崔瑞燦, 21 용천) 김성봉(金成奉, 21 철산) 김태헌(金泰軒, 20 정주) 백몽량(白夢良, 20 정주) 이재희(李在熙, 19 정주) 김용선(金龍善, 20 선천) 김순도(金順道, 20 선주) 이재윤(李在潤, 19 선천) 탁창호(卓昌浩, 25 정주) 이준영(李俊英, 50 정주) 김옥헌(金玉鉉, 22 정주) 선우훈(鮮于燻, 19 정주)

김일준이 어찌하여 엉터리 없는 허위 자백으로 일대 파문을 일으켰는가. 김은 말하기를, 저놈들의 하는 짓이 아무래도 죽이려는 것이 분명하니, 죽는 바에는 차라리 했다고 한 후에 죽는 것이 남자답다는 생각으로 그리한 것이라 하였다.*

미국 선교사 원두우 · 윤산온 · 마포 삼열 등이 협의하고 이 사건의 진상을 세계에 발표하기 위하여 당시 기독교 청년회 총무로 있던 미국인 길례태(吉禮泰)를 중국으로 보내어 영자 신문을 통하여 발표한 결과로 공판 때에는 외국인 기자가 취재하러 왔었고, 또 여러 국제적 종교 단체에서 항의가 제출되었다. 선교사들은 이 사건을 사실 무근으로 기독교 박멸과 선교사 축출을 계책함이라 하였고, 무고한 학생과 선량한 인사에게 극악한 고형을 가하여 조선을 암흑화하였고, 20세기의 종교 핍박이라고 하였다. 길례태는 이 때문에 총독부의 퇴거 명령을 받아 나중에 중국 남경 기독교 청년회 총무로 일하였다. 이 사건에 대한 외국의 반향을 일부 소개하면—

조선에 있는 선교사 대표자들이 사내 총독에게 제출한 각서의 일부

각하는 인민 통치상 평화로운 발달에 심심한 노력을 가진 줄 안다. 그러나 현재 진행하고 있는 사건은 우리가 신용하는 다수의 사람이 체포되었다.…… 기독교가 반란 선동의 소굴이라고 지정된 감을 주는 것은 선교사로서 선교상 다

---

* 이 사건이 왜경의 날조인 것은 안태국의 극적인 증거 제시로서 전 세계 앞에 판명되었거니와, 제2심에 가서 105명 중 99명이 다시 무죄 석방되고, 윤치호 · 양기탁 · 안태국 · 이승훈 · 임치정 · 옥관빈 6인만이 징역 4년형을 받았다는 것은 일본 총독부가 체면상 억지 판결을 내린 것이라고 볼 것이다.

대한 이해 관계가 있다.…… 우리는 교회 역원 및 교사에게 권세에 복종함을 가르치고 교회는 정치 운동에 간여함을 허하지 않았다.…… 우리들이 들은 바에 의하면, 옥에 들어간 사람들이 사실이라고 자백한 것은 고문에 의하여 허위 고백함이요, 사실이 아니라고 한다. 그 중 방면된 자의 몸에는 고문의 흔적이 듣던 바와 같아 공포와 불안을 가지게 하였다.…… 정온(靜穩) · 안고(安固) · 평화(平和)에서 벗어나 지금 조선은 불온 · 불안 · 공포 · 실망 중에 빠졌다. 정부에 대한 신임, 사법의 공정으로 관민의 열복을 바란다. 이번 거조는 각하가 그 진정을 모르고 하급 관리가 그 권위 있는 지위를 이용한 듯하다.…… 극한 고문은 물론 각하의 허가 없이 된 줄 안다.…… 각하는 현 기독교의 실정을 조사하고 피고 각개의 진정한 성질과 또한 심문 집행의 방법에 관한 조사를 분명히 하기 위하여 각하의 주의를 환기한다.

미국 장로교 외국 전도국에서 워싱턴 주차 일본 대사 진전(珍田) 자작에게 보낸 서신

조선에 있는 일본 관헌이 조선 기독교도를 체포하고 이를 학대한 건에 대하여 우리는 신중히 상의를 거듭했다.…… 신학 박사 모페트(馬布三悅) · 매큔(尹山溫) · 위드모어(魏大謨) · 에비슨(魚丕信) · 로버트(羅富悅) 씨 등이 조선 총독에게 전달한 각서로 우리는 더 한층 의구의 염을 더한다.…… 조선인이 비밀 심문으로 혹독한 고문을 받았다는 기별에 대하여 본 전도국은 총독 각하가 그런 야만적 방법을 썼다고는 인정하기 어려우나, 우 기별은 개개 따로따로 허다한 출처로부터 도착하였고, 그 진실한 증언과 유력한 조사는 신인치 않기 어렵다. 그러므로 총독 각하의 부인으로 그것을 부정할 수 없다.……

한국 선교사들이 영국 에딘버러 종교회의 상설 위원회에 제출한 진정서

조선 음모 사건은 조선에 있는 기독교 전도 사업을 파괴하려는 목적인고로 우리는 영국 에딘버러 종교회의 상설 위원회에 진정서를 제출한다.……본 문제는 그 성질상 중대하므로 좌시할 수 없다. 최근에 일어난 사태를 고찰하면 조선 및 일본에 대한 기독교 전도 사업에 지대한 영향을 줄 것이다. …… 선천 장로교 중학교의 교사와 생도 다수 약 40명이 일시에 체포되어 경성에 호송 후 투옥되니, 선천은 전도 지구 중 드물게 보는 성공지로 유명한 곳이요, 선천 대교회의 양 목사와 교회의 직원도 체포되었다.…… 양전백 목사는 조선 목사 중 유명한 목사다. 연속 체포되는 자가 벌써 1,000명에 달했다.…… 저들은 무슨 사건으로 체포당함을 알지 못하고, 변호사와 협의도 못하게 한다. 벌써 500여 명 중 석방된 자 2명이요, 고문으로 죽은 자도 2명이다. ……상세히 들어 안 바에 의하면, 이 음모 사건의 관계자가 외국 주재자를 합하여 15만여 명에 달한다고 한다. 최근 수 일간은 평양에서 가장 유명한 설교자 및 목사들이 속속 체포되는데, 변호사가 경무 총감부의 신문 조서를 일람코자 함에 거절을 당하였다.…… 한영 서원장, 조선 기독 청년회 부회장 윤치호도 체포되었다. 윤치호의 성격이 선량한 것은 조선 기독교가 증명하는 바요, 양 목사와 선천 중학교 교사, 생도가 선량함은 선교사 우리가 확증하는 바다.

《홍콩 데일리 뉴스》 지의 기사

사내 총독을 살해하려 했다는 피고 123명은 살인 죄수로 몰아 해를 격하고 모두 수갑을 채운 중죄수로 재판정에서 총감부와 예심정에서 자백한 사실 전부를 부인하고 악형에 할 수 없이 육체상 · 정신상 견딜 수 없어 자백을 강취한 것이라고 말하였다.…… 이 공판은 기피 신청으로 결국 중지되고 말았다.…… 이 사건을 교사 · 지도했다는 20여 명의 선교사 이름이 공판정에서 자주 나타났다.…… 이것은 조선 기독교 선교 사업을 박멸하려는 계획적 방법에서 나온 것으로 본다.…… 사내 총독에게 보낸 선교사의 각서는 도리어 분노를 격발하였고, 관리배의 감정을 상하였다. 저들은 기독교도를 적대시하고 선교사를 구축코자 간계를 다하고 있다.…… (이상 〈105인 사건 진상〉 초록).

국제적으로 105인 사건이 한국의 기독교 박멸 계획으로 선전되었으나, 일본 경찰의 주요 목적은 물론 민족주의의 말살이었던 것이다. 많은 기독교도(특히 신교의 장로교 및 감리교인)가 잡히게 된 것은 기독교도 속에 민족주의가 깊이 침투되어 있었기 때문이다. 기독교는 교리상 관계로 일본 국기와 천황 사진에 허리 굽혀 절하기를 거부하였다. 일반 교도들은 직접적으로 일본을 반대할 수 없게 되었기 때문에 간접으로 분풀이하기 위하여 종교상의 신조와 아울러 배일 감정의 분출로서 절하기를 거부한 것이 사실이며 이로 인하여 무지한 일본관리들은 기독교 자체를 반국가적 단체라고 인정하는 경향이 있는 것도 사실이다. 후일 3 · 1 만세 운동 때에도 천도교와 함께 그 주도 세력의 한 날개가 된 것이 기독교(신교)였거니와, 그리 된 중요한 이유는 사실은 종교적 관계가 아니요, 기독교도가 서양 문물에 먼저 접할 기회를 가졌기 때문에 민족주의 사상을 먼저 알게 되었던 데 있다.

더구나 공소 사실 중에 서양 선교사 다수가 암살 음모에 직접 가담한 것처럼 만든 것은 일본측의 큰 실책이었다. 그것은 사건 전체가 날조라는 것을 더욱 명백히 증명하는 것이었다.

그것은 여하튼 간에 안악 사건과 105인 사건 등으로 사상적인 민족 운동을 표면상 박멸하는 데 성공한 것은 사실이었다. 모든 민족 운동 단체와 교육 기관 · 문화 기관은 무너지고, 표면적인 반항은 소멸되었다. 한국 민족의 희생은 엄청나고 재기 불능 상태에 들어간 것 같았다. 그러나 이는 물론 제국주의자의 오산이었다. 이 사건 후에 기독교는 더욱 홍왕하였고, 기독교 계통의 사립 학교들은 청년들의 동경의 대상이 되었고, 관 · 공립 학교에 다니는 자는 민족적 반역자인 것처럼 빈축을 받게 되었다. 희생은 컸으나 지하로 들어간 민족주의의 혈맥은 도리어 강렬해졌던 것이다.

제9장

이 기상과 이 맘으로

임시정부 시절 · 1 (만41세)

중국 상해에 대한민국 임시정부가 수립되고 도산이 다시 태평양을 건너 그 내무총장 겸 국무총리 대리로 취임한 것이 만 41세 잡히는 해였다. 처음에는 정부라는 형태보다도 혁명 운동 본부 같은 기구로서 삼두 지도체계(三頭指導體系)를 주장하던 도산은 여론에 못 이겨 취임하는 동시에 곧 연통제(聯通制) · 독립운동 방략(獨立運動方略) 등을 만들어 내었고, 각지에 있는 수령들을 상해로 모셔오는 일에 착수한다. 이것이 1919년 5월부터 8월경까지의 일이다.

1919년(己未) 3월 1일에 국내에서는 독립 만세 운동이 폭발되었다. 이 때 도산의 나이 만 41세요, 대한인국민회 중앙 총회장의 자리에 있었다. 3월 15일 도산은 중앙 총회장의 이름으로 미주 · 하와이 · 멕시코 재류 동포 전체 대표회를 열고 항구적인 독립 운동 방침을 결의하였다.

도산이 정치적 망명객으로서 미국에 다시 건너간 지 어언간 8년, 그 동안 그는 국내에 남기고 온 동지들이 일본 경찰의 손에 박해와 악형을 당하는 것과, 국내에서 기초를 닦았던 신민회 · 대성 학교 이하 모든 기관이 무너지는 것을 풍편에 들으면서 아픈 가슴을 누르고 오직 실력 배양에 심혈을 기울여 왔던 것이다. 첫째 인격 수련, 즉 신용있고 협동할 줄 아는 새 인간을 기르는 것이요, 둘째 경제적 안정과 향상으로써 장래의 독립 운동의 재정적 기반을 닦는 것이요, 셋째 해외 각 지방, 즉 미주 · 시베리아 · 만주 등지에 나가 있는 모든 한인 사회의 조직과 단결력의 양성이었다. 이 세 가지 사업이 어느 정도 발전이 되면 그것을 기초로 하여 독립 운동을 일으킬 것이요, 한번 일으키면 중단됨이 없이 꾸준히 싸워서 최후의 승리의 날까지 계속하자는 것이다.

도산이 가장 염려한 것은 일시적 흥분으로 시작하였다가 용두 사미가 되는 한국인 사회의 통폐를 반복하는 것이니, 그리하여서는 일시적 운동도 실패에 돌아가지마는, 번번이 실력을 소모하여 크게 일어날 힘이 생기지 못하고 국민 서로 사이와 국제 사회에 신용만 떨어뜨릴 염려가 있다는 것이다.

제1차 세계 대전

그러므로 앞서 1917년 4월, 미국이 정식으로 전쟁에 참가하여 카이제르의 패망이 예상되기 시작하매, 그 해 10월에 아일랜드 등 24개국의 주최로 뉴욕에서 세계 소약국 대회가 열렸다. 이는 소약국들이 전쟁 후에 자기들의 지위를 확보하자는 운동이다. 대한인국민회는 하와이의 박용만을 대표로 선정하여 대회에 참석하게 하였다.

1918년 1월에 미국 대통령 윌슨은 세계 평화에 관한 14개조 원칙을 선포하였는데, 제5조에 이른바 '민족 자결 원칙'이 포함되었다.

"각국의 식민지에 관한 요구를 공평하게 조절할 것. 이를 시행함에는 동시에 식민지 인민의 이익도 존중할 것"이라는 이 원칙이 불러낸 흥분은 예상 이상이었다. 윌슨의 본의는 주로 적국측인 독일 · 이탈리아 등의 식민지 처분 문제를 말함에 있은 것이나 '식민지 인민의 이익도 존중할 것'이라는 한 마디로써 연합국측인 영국 · 프랑스 · 러시아 등의 식민지인 중동 지방과 중앙 아시아 · 동남 아시아의 모든 피압박 민족들이 독립을 찾으려고 일어서게 된 것이다.

그 해(1918) 11월 11일, 독일이 항복하고 파리에서 만국 평화 회의가 열리자, 재미 한인들은 12월 1일 전체 대표회를 소집하여 평화 회의에 우리 대표단으로 이승만(李承晩) · 정한경(鄭翰景) · 민찬호(閔燦鎬) 세 사람을 파견할 것을 결의한다. 대표들은 워싱턴에 갔으나 미국 정부의 출국 허가를 얻지 못하니 일본이 전승국의 하나로서 파리 평화 회의의 5대국에 들어 있으므로 미국은 외교 관계를 고려하기 때문이었다.

1919년 2월 5일, 대표단이 대한인국민회 중앙 총회장 안창호에게 보낸 보고문이 다음과 같다.

경계자는 미국 국무성과 이민국이 본 대표단의 파리 여행을 거절하므로 영국 공사까지 교섭하였으나 원조를 얻지 못하였습니다. 그들이 개인적으로는 동정하나, 국제 관계로 인하여 허락할 수 없다고 합니다. 그래서 하기 3항을 제기하오니 그 중의 하나를 지시하시기 바라나이다.

1. 대표단이 캐나다로 가서 그 곳에서 비밀히 파리에 가기를 시험할 것,
2. 파리에 있는 헐버트 박사에게 우리의 문제를 위임하여 제출할 것,
3. 본월 25일에 귀국하는 윌슨 대통령에게 원조를 청하여 볼 것.

이에 대한 중앙 총회장의 회답,

1. 캐나다에 가더라도 그 곳에서 파리에 가는 문제가 역시 곤란할 것인즉 불가하다.
2. 한국 문제는 한국 민족의 일이니 외국 사람에게 위임하는 것이 불가하다.
3. 윌슨 대통령을 면회할 수 있으면 우리의 사정을 말하고 출국 허가 얻는 데 원조를 청하여 보는 것은 좋은 일이다(이상은 《재미 한인 오십년사》 358쪽 이하 참조).

이 때까지도 도산은 신중론을 주장하고 있었다. 제2장에 인용한 〈심문조서〉에 의하면,

"강화 회의가 파리에서 열리게 되자 재미 한인 간에는 이 즈음에 조선 독립을 도모할 것이라 하고 궐기하였으나, 본인의 소견으로는 세계 전쟁은 비록 종국을 고하였다 하더라도 전승국측에서는 조선 독립의 필요를 인식치 아니하며, 또 조선 자체로 보더라도 경제적 현상이나 모든 정세가 아직 독립의 기회가 성숙치 못하였다 생각하므로 '구주 전란 강화 회의와 우리들'이라 제목한 반대 의견을 술한 문서 수백 매를 인쇄하여 재미 한교에게 반포하다.…… (그 내용은) 지금에 재외 동포를 위시하여 일반 한인이 독립을 희망하고 분기함은 착오다. 왜 그러냐. 조선을 공평한 안목으로 보아 오늘 우리의 자력(自力)으로 능히 일본을 배척하고 완전히 독립할 수 있는가. 반드시 타국의 힘, 즉 국제적 원조를 얻지 않으면 독립을 성취할 수 없을 것이다.

남의 힘을 빈다면 어느 나라가 우리에게 원조를 줄까. 제1로 미국을 꼽을 수밖에 없다. 만일 미국이 조선 독립에 손을 대면 어찌 될까. 일본이 반드시 창을 내대어 가로막을 것이다. 그렇게 되면 미국은 대전 직후에 또 일본과 전쟁까지 하여서라도 조선 독립을 원조하지 않을 터이니 자연 조선 문제에는 손을 떼게 될 것이다. 만일 미국이 이에 손을 뗀다면 누가 이에 간섭할 것이냐. 없을 것이

다. 지금에 무계획한 흥분은 한갓 한인 자신의 손실을 초래할 뿐이니 자중하여야 한다."

이에 관하여는 전쟁이 끝난 1918년 11월에 도산이 쓴 글의 일부가 보존되어 있으므로 그것을 인용하는 것이 더 정확할 것이다(전문은 이 책 부록 참조).

"큰 뜻을 품고 밝은 자각을 요구하는 우리 동지 제군들도 응당 때의 감촉을 인하여 많은 감상이 일어날지며 우리의 전도를 위하여 연구가 많을 줄로 아노라.…… 우리는 턱없이 허망한 욕심이나 요행의 희망을 가지고 공상만 하다가 말려는 사람이 아니요, 사실과 이치를 의지하여 적당한 판단을 얻어 가지고 역행(力行)하려 함이라.……" 하고 서론한 후에 도산은 이 시기에 '독립 운동을 일으킬까', '대동 단결을 주선해 볼까'의 두 가지 과제를 제시하고, 둘 다 시기가 아니라고 설파하였다.

"독립을 무슨 방면으로 운동하겠는가 하면 두 가지로 말하리니, 하나는 독립 전쟁을 일으키자, 둘은 윌슨 대통령에게 한국의 독립 승인을 요구하자 함이라. 독립 전쟁 문제로 말하면…… 전쟁이 어떤 것임을 알고, 오늘에 그런 문제를 제출하는 것을 허망한 것으로 역력히 아는 바니 다시 말할 필요가 없겠고…… 윌슨 대통령에게 독립 승인을 요구하여 교섭한다, 장서(長書)한다 함에 대하여는…… 한갓 한인이 일본의 기반을 원치 아니하는 뜻이나 발표하여 이 후일에 다소간 찬조 재료가 될는지 하고 혹 한인의 공통한 기관의 명의로 교섭을 제출할지 모르나 사실로는 무슨 효과가 있으리라 하면 이는 어리석은 희망이라. 자기 일을 자기가 스스로 아니하고 가만히 앉았다가 말 몇 마디나 글 몇 줄로써 독립을 찾겠다는 것이 어느 이치에 허락하리오.…… 나도 생각하기를, 미국과 일본 사이에 한 번 큰 충돌을 면치 못하리라 하노라마는 혹 특별한 사건이 갑자기 생길는지 예측하기 어려우나, 현상을 의지하여 보건대…… 이 평화 끝에 곧 미·일 전쟁이 생기겠다고 예측할 바 아니로다." 하였다(20년 후에 일어날 미·일 전쟁을 예언한 것도 흥미 있거니와 도산은 그 예언한 바 미·일 전쟁을 보지 못하고 3년을 앞두고 세상을 떠난 것이다).

"폐일언하고, 한국이 독립하려면 한국 민족이 정신상 독립과 생활상 독립부터 먼저 되어야 하겠거늘, 오늘날 우리 민족의 정신상과 생활상 두 방면이 다 어떠한 것을 여러분은 밝히 아시는 바라, 독립의 운동을 생각하는 것이 한 요행을 바라는 이의 일이라 하노라. 우리는 이 앞날에 우리를 향하여 오는 독립을 잘 맞기 위하여 우리 민족으로 정신상 독립이 되도록 또는 대동 단결이 이루어지도록 준비에 노력을 더하고 더함이 가하다 하노라." 하였음은 도산다운 이론의 전개라 할 것이다.

'대동 단결' 문제에 대하여는 그 선결 조건으로, ① 다수 동포가 대동 단결할 상식이 있어야 할 것, ② 중추 세력이 있어야 할 것, ③ 중심 인물이 있어야 할 것을 들고, 이 세 가지가 아직은 부족하므로 대동 단결도 시기 상조라고 하였다. 이 당시 이미 하와이를 위시하여 만주와 시베리아 재류 동포간에 파쟁이 심하게 된 만큼 도산이 대동 단결의 시기 상조를 말한 것은 이해할 수 있는 일이어니와, 그 후 상해 임시정부에서, 또는 국민 대표회를 소집하여 대동 단결을 여러 번 도모하다가 실패에 돌아간 것을 본다면 도산의 판단은 유감이나마 정확하였다고 하겠다. 그는 계속하여 쓰기를, "독립 운동과 대동 단결의 주선이 아직은 그 시기가 아니라 하면 이것 외에 이 전쟁 후에 우리의 받음직한 소망이 무엇이며, 할 것이 무엇인가. 우리의 받을 것은 잎과 꽃이 아니요 뿌리며, 난간과 지붕이 아니요 기초로다. 우리의 할 것은 이것을 정성스럽게 받고 이것을 공고케 함이로다." 하여 전쟁의 덕택으로 약 20만 달러의 자본을 뭉치게 할 수 있음을 지적하고, 이를 기본으로 하여, ① 실업 발전의 기초, ② 수학(修學) 발전의 기초, ③ 생활 독립의 기초, ④ 홍사단의 실무 진흥의 기초를 삼을 것이라 하였다.

"이것이 요행이나 쳐다보고 빈 생각이나 빈 말이나 하는 우활한 사람에게는 매우 작은 것이라고 시들하게 볼는지 모르나, 공고한 기초 위에 좋은 건설이 있고, 튼튼한 뿌리 위에 좋은 꽃과 열매가 있음을 아는 우리는 이것이 매우 크고 중한 줄로 알고 기초와 뿌리가 생길 만한 싹도 잘 보이지 아니하므로 한하던 우리는 이것을 받을 수만 있으면 행여나 놓칠까 두려워하여 받는 데 정성을 다하고 보전함에 노력을 다하리로다." 하였으니, 흥분된 민심을 진정시키고 기초 공작에 전념케 하려는 도산의 원대한 이상이 정열적으로 표현되었다 할 것이다.

'수학 발전의 기초'라고 말한 것은 일본의 눈을 피하여 미국으로 건너간 학생들이 학비 관계로 공부를 못 하고 노동에 종사하던 이가 많았는데, 경제적 기초가 생김으로써 일을 그만 두고 학업에 전념할 수 있게 된다는 것을 의미한다.

물론 이 때까지도(1918년 겨울) 도산은 3 · 1 독립 만세 운동이 터져 나올 것을 예상하지 못하였다. 도산뿐 아니라 누구나 그것을 예상하지 못하였으니, 3 · 1 운동의 발발은 실로 우리 민족이 스스로 놀랄 만한 일이었던 것이다.

흥분을 가라앉히고 '기초 준비'를 고창하는 도산은 파리강화회의에 대표단을 보내자는 중론을 누르고 오직 워싱턴으로 가서 서면으로 독립 청원서를 보내도록 지시하였다. 이는 동포들의 재정 부담을 적게 하자는 뜻에서 나왔을 것이다.

그러나 시국은 줄달음 쳐 3 · 1 만세 소리가 세계를 진동시키고, 도산이 주야로 계획하던 '실력 양성' · '기초 준비'의 사업이 절반도 이루어지지 못한 채 그 정력을 정치 운동에 기울이게 된다. 이것이 과연 행이었는지 불행이었는지 판단하기 어려우나, 도산의 시간과 정력이 두 가지로 찢겨 나가게 된 것만은 아까운 일이라고 하겠다. 만세 운동 후 우리 민족 해방까지 다시 25년의 세월이 흘렀다는 것, 그 사이에 해외 동포들의 파쟁이 끊임없었다는 것, 따라서 일본이 물러갈 때에 정권을 우리의 손으로 받아들일 준비 없이 미 · 소 양국의 군대가 주둔하게 되고, 마침내 국토가 양단되었다는 사실들을 상고해 본다면 도산의 생각하는 방식이 근본적으로 정당하였다고 말할 수 있을 것이 아닌가.

3 · 1운동

그것은 여하튼 간에, 3월 10일에야 겨우 알게 된 만세 운동의 소식을 들은 도산은, "오늘은 전체 민족이 일어나서 생명을 바치는 때니 아무것도 주저할 것 없이 대한 민족되는 자 일제히 일어나서 가진 바 생명 · 재산 · 기능, 모든 것을 바치고 용맹하게 나아가기를 맹세하자."고 외칠 수밖에 없었다.

3월 15일에 소집된 미주 · 하와이 · 멕시코 재류 동포 전체 대표회에서 채택된 결의안과 대한인국민회 중앙 총회장 안창호가 서명한 포고문은 다음과 같다.

[결 의 안]

1. 재미 한인 독립 운동 응원의 일체 행사는 전체 대표회 결의에 의하여 이행하며, 그 행정은 대한인국민회 중앙 총회에 일임함.

2. 중앙 총회 사무 부서를 확장하고 상무원을 증가하기로 함.
3. 중앙 총회 예산은 우선 7만 6,000달러를 예산함.
4. 원동과 구미 각지에 운동 경비 조달을 위하여 일반 동포에게 애국 특연금 수봉을 실시함.
5. 서재필을 외교 고문으로 임명하여 필라델피아에 외교 통신부를 설치하고, 경비는 매월 800달러씩 지불함.
6. 원동에 대표를 파송하여 대한민국 임시정부 수립에 봉사하게 하고, 미주와 하와이 각 지방에 특파원들을 파송하여 민중 여론을 수습하며, 의사를 연락하여서 행동 일치를 도모함.
7. 하와이에서 진행할 사무는 대한인국민회 하와이 지방 총회에 위임함.
8. 윤병구를 지방 외교원으로 임명하여 가주에서 미국인 사회에 선전 사무를 담임하게 함.
9. 이승만(李承晩)을 필라델피아에 보내서 서재필을 협조하게 함.
10. 홍언 · 김영운 · 임정우 · 강영각들을 화교(華橋) 위원으로 임명하여 중국인 사회에 선전 사무를 담임케 함.
11. 영문과 한문으로 선전문을 출판하여 분포함.
12. 한국 국기를 만들어서 동포에게 분급함
13. 미주 · 하와이 · 멕시코 재류 동포를 등록하여 인구를 조사함.

[중앙 총회 포고문]

오랫 동안 우리 민족이 마음 아픈 비애에 싸여 있다가 이제 비로소 큰 일을 일으켰으니, 이는 대한 독립 선언(大韓獨立宣言)이다.

이 소식을 받고 기쁨과 슬픔이 아울러 나와 피가 끓으니, 실로 마음을 진정하기 어려우며, 국내의 2,500만 겨레가 함께 일어나는 이 때에 느낌이 간절하여 정신이 막막하니, 이는 성공의 길이 간난함을 염려하는 까닭이다.

우리 민족이 적수 공권이었지마는 끓는 피와 붉은 주먹으로 다만 인도와 정의와 민족 자결이라는 무기를 들고 용맹하게 일어나서 수만 번 싸우고 수만의 주검이 쌓인 지 10일 만에야 그 소리가 우리 귀를 울렸으니, 그동안 잔학 무도한 탄압의 참상이 어떠할까. 양심의 눈을 뜨면 능히 볼 수 있는 것이다.

과거를 회상하라. 우리가 낮이면 노동에 흐르는 땀으로 몸을 적시다가 밤이 되면 전전

불매하던 것이 무슨 근심이었는가. 오직 나라 잃은 민족으로 인권 무시를 당하여 느끼던 설움이었다.

우리의 소망이 조국 광복이요, 부르던 것이 인권 자유가 아니었던가. 그 정신의 결정으로 오늘에 거룩한 3월 1일이 생겼으며, 이것이 우리 민족의 정신 부활이요, 자손 만대의 기초를 세움이다.

우리의 국권이 침탈되던 때에 독립을 잃지 않으려고 얼마나 싸웠으며, 독립을 잃은 후에 독립을 찾으려고 오늘까지 얼마나 싸우고 있는가. 국내에서 생명을 희생한 애국 지사가 수백만에 이르렀고, 국외에서 생명을 희생한 의사들이 우리 기억에 분명하지 않은가. 그러나 이것은 부분적 활동이었다. 이번의 독립 선언은 거국 일치하여 왜적을 대항하는 혈전이므로 앞에서 왜적에게 죽으면 뒤에 섰던 자 계속하여 방방 곡곡에 만세성과 왜적의 총소리가 삼천리 강산을 흔들었다.

우리의 독립 선언이 이만큼 장쾌하다. 그 뒤를 이어서 일할 자가 누구인가. 만일에 국내에서 독립 운동이 왜적의 총칼에 진압되면 어찌할 것인가. 이에 대하여 우리의 각오가 있어야 할 것이다.

우리의 독립 선언은 독립을 하겠다는 의사 발표요, 그 뒤를 받들어서 할 일은 이로부터 독립을 찾을 때까지 허다하게 많다. 그런데 세계 역사로 보아서 한때에 일어난 열정만으로 성공한 일이 별로 없고, 어느 국가나 값 없이 얻은 독립이 없으며, 더욱이 우리의 사정은 반드시 악전 고투하고 무량한 피를 흘려야 성공이 있을 것이다.

독립 선언하기 전에는 우리가 국내 동포의 기밀 공작과 연락이 없었던 까닭에 주저하던 때도 없지 않았으나 오늘은 전체 민족이 일어나서 생명을 바치는 때니 아무것도 주저할 것 없이 대한 민족된 자 일제히 일어나서 가진 바 생명 · 재산 · 기능 모든 것을 바치고 용맹하게 나아가기를 맹세하자.

용감한 자는 큰일에 임하여 대담하고 신중함으로 일을 치르는 것이니, 우리는 허영을 징계하고 진실한 행동으로 독립 운동에 응원을 끝까지 할지며, 죽음으로써 성공하기를 기약하고 우선 하기 3항을 실천하자.

1. 우리는 피흘린 후에 목적이 관철될 것을 각오하고 마음으로 굳세게 맹세할 것이며, 우리의 운동이 단결과 행동 일치를 요구하나니 동포간에 서로 비밀이 없을 것이다.
2. 재미 한인은 처지와 환경의 구애로 이행할 책임이 국한되어 있는데 다행히 미국은 공화국으로 인권과 자유를 가장 힘 있게 창도하고 있는 터이니, 미국의 언론 기관과 종교 기관을 통하여 우리의 억울한 사정을 선전함으로 국제 공론을 일으키는 데 노

력할 것이다.

3. 재미 한인은 다른 곳 동포에 비교하여 경제적 여유가 있는즉, 내외 각지 독립 운동의 경제적 책임을 부담할 것이다

(이상 《재미 한인 오십년사》 363쪽 이하 참조. 3월 13일 중앙 총회 위원회 석상에서 총회장의 자격으로 행한 도산의 연설문이 이 책 부록에 수록되어 있거니와, 그 내용이 이 포고문과 비슷하다).

이리하여 도산은 국민회 북미 지방 총회의 특파원으로 정인과(鄭仁果) · 황진남(黃鎭南)을 수행원으로 데리고 4월 5일 중국 상해를 향해 떠나니, 가주로 다시 간 지 7년 7개월 만이요, 그의 나이 만 41세였다.

《도산 안창호》 한글판 74쪽에는 도산이 3월 1일 전에 국민회 특파로 원동을 향해 떠난 것으로 되어 있고, 배 타고 가는 도중에 국내 독립 선언 보고를 받았다고 되어 있으나 이는 착오다. 3월 13일에 도산은 미주에서 국민회 중앙 총회장의 자격으로 '재산과 생명을 아울러 희생하자'는 연설을 하였고, 4월 5일에 가주에서 배를 타고, 일본을 피하기 위하여 호주 · 홍콩을 거쳐 상해에 도착한 것이 5월 25일이다. 아마도 그가 호주에 들렀을 때 처음 안 소식이란 것은 상해에서 임시정부가 조직되고 자기가 내무총장직에 선임되었다는 것이리라.

내무 총장(內務總長)

도산이 중국 상해에 도착한 것이 5월 25일이요, 그 이튿날인 26일 저녁에는 당시 국제 조계(International Settlement, 통칭 영국 조계)에 있는 북경로(北京路) 중국인 예수교회당을 빌려 상해 재류 교민(僑民) 친목회 주최 환영회 석상에서 일장 연설을 행하여 동포들에게 감명을 주었으니, 이것이 유명한 북경로 예배당 연설이다. 28일에는 청년단 주최 환영회로 모인 친목회 사무실에서 '속이지 말라, 놀지 말라'는 주지의 연설을 하였다.

도산은 상해에 도착한 지 한 달이 넘은 6월 28일에 비로소 임시정부 내무총장으로 취임하였다. 여행의 피로를 회복하기 위하여 적십자 병원에서 휴식하고 있은 관계도 있으나 그보다도 다른 곡절이 있어 취임이 지연되었으니, 가장 중

요한 문제는 각 지방 지도자들의 대동 단결을 이룩하려는 도산의 구상을 어떻게 실현하는가 함이었다.

3·1 운동이 독립 선언이라는 형식으로 일어난 이상 독립 정부를 수립하여야 한다는 것은 누구나 생각할 문제였다. 그리고 그것이 왕조의 부활이 아니요 민주 정체라야 한다는 것, 또는 국내의 지하(地下) 정부가 아니요 해외 망명 정부로 함이 좋겠다는 것도 기하지 아니하고 일치된 생각이었던 것 같다. 그리하여 3월 17일에는 노령 해삼위(블라디보스톡)에 노령·북간도·서간도 대표들이 모여 대한국민의회(大韓國民議會)를 조직하고 21일에 정부 각원 명단을 발표하였고, 4월에는 중국 상해로 모여든 망명 정객들과 청년들이 임시 의정원(臨時議政院)을 조직하고 17일에 정부를 선출하였으며, 23일에는 서울(혹은 인천?)에서 비밀히 13도 대표로서 국민 대표회가 모여 정부 명단을 발표하여, 적어도 임시정부의 명단이 세 갈래로 나누이게 되었다.

아령의 '대한국민의회'에서 발표한 내각 명단

대통령 손병희, 부통령 박영효, 탁지총장 윤현진
군무총장 이동휘, 내무총장 안창호, 산업총장 남형우
참모총장 유동열, 강화대사 김규식

상해의 '임시의정원'이 선출한 임시정부 명단

임시의정원 의장 이동녕, 국무총리 이승만
내무총장 안창호, 외무총장 김규식, 재무총장 최재형
법무총장 유동열, 군무총장 이동휘, 교통총장 문창범

'한성 정부'(국내에서 발표된 명단)

집정관 총재 이승만, 국무총리 이동휘, 내무총장 이동녕
재무총장 이시영, 학무총장 김규식, 교통총장 문창범
참모총장 유동열, 외무총장 박용만, 군무총장 노백린
법무총장 신규식, 노동국 총판 안창호

이렇세 세 갈래의 정부 명단이 발표됨으로써 나중에 분규의 재료가 되었거니와, 이런 정세하에서 도산의 태도는 대략 다음과 같았다. 정부의 형태를 먼저 만들지 말고 우선 각 지방에 흩어져 있는 지도자들을 한자리에 모아 놓고 해외 동포의 대동 단결을 실현하되, 제보로서는 정부보다도 독립당을 결성할 것을 구상하였고, 그것이 불가능하다면 제2안으로는 지도자들이 모여서 세 가지 명단을 통일하는 한 개의 정부 형태로 만든 뒤 정식으로 공포하고 각기 취임하자는 것이었다.

도산이 상해에 도착하기 전에 홍콩에서 수일 묵으면서 상해의 정형을 알아보고자 하였는데, 그 때 벌써 사태가 심상하지 않다는 공기를 알게 되었고, 그냥 내버려 두면 3·1 운동을 계승하여 독립 운동을 추진시켜야 할 해외 활동이 분열과 파쟁으로 시종하게 될 불길한 징조가 보였다. 도산은 옛날 신민회의 동지인 조성환(曺成煥)이 상해에 있음을 알고 곧 홍콩으로 오라고 전보를 쳤는데, 그는 도리어 상해를 떠나 다른 곳으로 가고 그 대신 현순(玄楯) 목사가 왔다. 현순은 3·1 선언 당시에 수뇌부의 지령을 받고 비밀히 상해로 탈출하여 "300만 천도교인과 200만 기독교인과 전국 남녀가 뭉쳐 독립 운동을 일으켰다."는 전보를 각국 통신사와 해외 각지 대한인국민회로 보낸 사람이요, 또 하와이의 이승만과 미주의 안창호에게 상해로 급히 오라는 전보를 쳤던 것이다.

조성환이 도산이 전보를 받고 도리어 딴 곳으로 가는 것을 보고 현순은 그럼 내가 간다고 홍콩으로 왔는데, 그의 정보에 의하면 그 때까지 상해에 와 있던 이동녕·이시영·신규식 등 지도자가 도산이 온다는 소식을 듣고 항주 방면으로 떠나 버렸다는 것이다.

"안창호가 오면 자기 고집대로만 하자고 할 것이요 잘못하면 또 파벌 싸움이나 지방 싸움이니 하는 문제가 날 터이니 우리는 물러간다."는 것이 그들의 이유였다 한다. 이러한 미묘한 현실을 현실로서 받아들일 수밖에 없는 도산의 마음은 울적하였다. 그러나 도산은 이번 원동으로 온 목적이 당장에 독립 전쟁을 일으킨다기보다도 앞으로 오는 기회에 정말 독립 운동을 크게 일으킬 수 있는 실력을 준비하는 데 있었다. 남북 만주와 시베리아에 거주하는 동포들을 조직하고 훈련하고 그 경제 상태를 개선하여 실력을 기를 것이요, 또 해외 각지의 동포를 한 기관으로 단결시키면 다음 오는 '기회'에 독립 항쟁을 효과 있게 할 수 있다는 것이 그의 움직임 없는 신념이었다.

그러므로 그는 5월 26일 북경로 예배당의 첫 연설에서, "무엇보다도 우리는 통일되어야 하겠소. 대한 국민 전체가 단합하여야 하겠소. 세계가 지금은 우리를 주목하여 어디 멕시코보다, 어디 중국보다 나은가 보려 합니다. 그러므로 우리가 무엇을 희생하더라도 여기 이 정부를 영광스런 정부로 만들어야 하겠소. 세상에 조소를 받지 않도록 하여야 하겠습니다. 나는 여러분의 머리가 되려 하지 않습니다. 여러분을 섬기러 왔습니다." 하였고, 6월 4일 둘째번 연설에서도, "우리의 계획이 허다하지마는 우리가 통일을 잃으면 하나도 성취 못 하겠으니 심려(深慮)하여야 하겠소.…… 일본은 봉천 · 안동현 등지에 자기 심부름꾼을 두어 각지의 연락을 끊으며 이간책을 쓰려 하오. 그러므로 우리의 일언일소(一言一笑)가 통일을 방해하면 아무리 자기가 국가를 위한다 하나 이는 스스로 일본의 충신이 되는 것이오."라고 극언하였다.

그리고 6월 25일에는 민단 사무소에서 연설한 가운데, "나는 내무총장으로 있는 것보다 한 평민이 되어 어떤 분이 총장이 되든 그 분을 섬겨서 우리의 통일을 위하여 힘쓰고 싶소. 그러므로 일전에 취임을 하려다가도 주저를 하였소. 다른 것 다 잊어버리고 큰 것만 보고 나아갑시다." 하고 그 심경을 표현하였다.

이러한 분위기 속에서 상해에 있는 청년들을 매일같이 도산을 병원으로 찾아서 내무총장으로 취임할 것을 재촉하였다. 당시 상해에는 상업을 경영하는 사람이 더러 있는 외에, 합병 직후 망명한 지사로서 신규식(申圭植) · 김규식(金奎植) · 신채호(申采浩) · 조용은(趙鏞殷=소앙) · 문일평(文一平) · 홍명희(洪命熹) · 정인보(鄭寅普) 등이 있었고, 단체로는 신규식이 조직한 동지회가 있었다.

그 후 한송계(韓松溪) · 김철(金澈) · 장덕수(張德秀) · 선우혁(鮮于爀) · 이광수(李光洙) 등이 상해로 와서 신한청년당(新韓青年黨)을 조직했다.

남경에 있는 금릉 신학교에 유학 중이던 서병호(徐丙浩) · 신국권(申國權) · 여운형(呂運亨) · 조동호(趙東祜) · 김갑수(金甲洙) · 김현식(金鉉軾) 등도 3 · 1 운동 이후 상해로 모였고, 본국으로부터 다수의 청년들이 망명하여 프랑스 조계 하비로(霞飛路, Avenue Joffre)를 중심으로 독립 운동을 계속 전개하게 되었다.

처음에 독립 운동의 주도권을 가진 것은 신한청년단이었다. 대전이 끝나는 즉시로 회원 김철을 본국으로 파견하여 천도교로부터 3만 원을 받아다가 김규식을 파리로 파견하는 동시에, 여운형을 러시아로, 장덕수 · 선우혁을 국내로 보내었고, 서북간도 · 북경 · 미주 · 하와이 등에도 몰래 글을 보내어 독립 운동을 일으킬 것을 선전하였다. 2월 8일에 일본 동경 유학생의 독립 선언이 있고, 이광수가 그 지령을 받고 상해로 오니 신한청년단은 프랑스 조계에 정식으로 사무소를 내고 연락 · 선전을 시작하였고 3 · 1 운동의 소식의 제일보를 각국 신문과 각지 재류 교포에게 보낸 것이 3월 10일이었다. 그들의 초청에 응하여 본국 또는 일본으로부터 신익희(申翼熙) · 조완구(趙琬九) · 이춘숙(李春塾) · 윤현진(尹顯振) 등이 왔고, 합병 후 망명했던 정객들도 모였다.

당시의 정세로 보아 상해가, 상해 중에서도 정치적 자유가 많은 프랑스 조계가 해외 독립 운동의 중심지가 됨에 가장 적당하였으니, 미주나 하와이는 본국에서 너무 멀고, 시베리아는 러시아 혁명으로 내란 와중에 있었고, 만주에는 이미 일본 세력이 침투하여 있던 까닭이다. 상해의 조계 중 일본 조계와 영국 조계가 합하여 국제 조계가 되었으나, 여기는 일본 영사관 경찰의 세력이 강하였고, 오직 프랑스 조계만이 망명 정치가들이 어느 정도 안심하고 자유로이 활동할 수 있었다. 인도 · 월남의 지사들도 여기를 피난처로 삼았으며, 손일선을 비롯한 중국 혁명당원들도 뜻을 얻지 못하면 프랑스 조계를 찾는 실정이었던 것이다. 신한청년단은 각지 지도자를 한데 모아 놓고 임시의정원과 임시정부 조직의 장소와 시일을 마련한 뒤에는 스스로 해체하고 말았다. 그 사무소의 비품들도 새로 생긴 임시정부에 바쳤던 것이다.

4월 11일에 각도 대표를 모아 임시의정원을 조직하고 임시 헌장 14조를 결의 · 반포하였고, 17일에 앞서 말한 바와 같이 대한민국 임시정부의 창립을 선포하였던 것이다. 그 각원 명부 중에서 실지로 상해에 있는 이는 법무총장 이시영(李始榮) 한 분뿐이었으므로 거두들이 모일 때까지 사무를 집행하기 위하여 차장(次長) 제도를 두니, 내무에 신익희, 외무에 현순, 법무에 남형우(南亨祐), 재무에 윤현진, 군무에 조성환, 교통에 선우혁 등이었다. 그리고 임시의정원 의장에 이동녕, 전원 위원장에 신채호(申采浩), 각도 대표 53명 중에는 경기에 신석우(申錫雨)·오희선(吳義善)·최근우(崔謹愚)·조완구·최창식(崔昌植) 등, 경상에 김두봉·백남규(白南奎)·백남칠(白南七)·김창숙(金昌淑), 충청에 홍진(洪震)·이규갑(李奎甲), 전라에 나용균(羅容均)·김철(金徹), 강원에 송세호(宋世鎬)·김성근(金聲根) 함경에 이춘숙(李春塾)·한위건(韓偉健), 평안에 손정도(孫貞道)·고일청(高一淸)·김병조(金秉祚)·이원익(李元益)·이희경(李喜儆)·이광수·김홍서(金弘敍), 황해에 김보연(金甫淵)·손두환(孫斗煥)·김석황(金錫璜), 미주에 정인과·황진남 등이 포함되었다. 그리고 4월 20일 공포된 정부 위원 명단에는 김구(金九)·장건상(張健相)·한기악(韓基岳)·양준명(梁濬明)·고한(高漢)·윤원삼(尹愿三)·이영찬(李泳贊) 등 이름이 나타나 있다(《한국 독립 운동사》 333쪽 이하).

차장들과 위원들의 독촉에 대하여 도산은 자기가 상해에 온 목적이 직접 독립운동을 한다기보다도 장차 크게 독립 운동할 준비로 온 것임을 말하고, 그 방법으로 남북 만주와 시베리아에 있는 교포들을 조직·훈련하여 미주나 하와이 교포처럼 경제적으로나 정신적으로 향상하고 단결하게 하고자 함이니, 되도록 만주로 들어가 백만 재류 동포를 계몽하고 조직할 것을 주장하였다. 그러나 젊은이들은 국내에서 애국 동포가 피를 흘리고 옥에 갇히면서 싸우는데 어찌 손을 묶고 가만 있을 수 있느냐고 대들었다. 도산도 이 점에는 대답할 말이 없었다. 또 동포에게 실력 양성을 고취하더라도 임시정부의 이름으로 하는 것이 더욱 효력 있지 않는가고 도산을 움직이려 하였다.

도산은 여러 날을 두고 생각한 끝에 계획 순서를 변경하기로 결심하였다. 각지에 있는 영수들을 우선 한자리에 모아 놓는 데 선착수해 보자는 것이다. 피로써 물들인 3·1 운동의 정신적 영향을 이용하면 영수들의 영웅주의와 분파주의가 청산되고 대동 단결(도산이 말한 바 '통일')의 기반이 세워질 수 있으리라는 희망, 특히 옛날 신민회의 동지들이 한자리에 모여 낡은 정을 다시 통하면 신민회의 정신으로써 대독립당을 구성함이 어렵지 않으리라는 생각이었다. 청년들에게 제출한 도산의 취임 조건은, ① 각지에 있는 영수들을 상해로 모으는 일을 적극 추진할 것, ② 그분들이 한자리에 모이면 도산은 내무총장 겸 국무총리 대리라는 자리를 내놓고 다른 분을 최고 지도자로 추대할 것 등이었다 (그 때 국무 총리로 선출된 이승만이 아직 미주에 있었기 때문에 도산더러 그 대리를 겸무하라는 요청이었다).

청년들은 처음에 이를 반대하였다. 그 때까지 여러 번 초청을 하였는데도 상해로 오지 않는 영수들은 성의가 없거나 딴 뜻이 있는 것이니 이 이상 더 시간을 허비할 것 없고, 도산이 총지도자가 되고 각부 차장들이 총장 직무를 대행하여 청년 내각으로 운동을 추진하면 된다는 것이었다. 그러나 도산은 그러한 방침이 가져올 화단을 너무 잘 알고 있었다. 그러므로 청년들을 향하여, 각 지방에 흩어져 있는 영수들을 무시하는 것은 평생을 애국 운동에 바친 선배에게 대한 예의가 아닌 것, 또 그들이 전부 함께 모이지 아니하면 대외적으로 위신이 서지 않는 것, 그리고 잘못하면 각지에 따로따로 정부가 생겨 분열을 일으키고 그리 되면 해외의 독립 운동은 출발에서부터 실패에 돌아갈 것 등을 설명하여 자기의 조건을 승낙하게 하고, 6월 28일 정식으로 취임하게 된 것이다. 그러므로 그는 역시 북경로 예배당에서 열린 취임식 연설에서 다음과 같이 역설하였다.

"한 덩어리가 되는 데 대하여 구체적으로 할 것은 다시 중 · 미 각지로부터서 정식 의정원을 소집하여 거기서 주권자(主權者) 3인을 택하여 그 셋이 일곱 차장을 뽑아 의정원에 통과시키게 하려 합니다."

도산은 미주 국민회에 청하여 2만 5,000달러를 가져다가 프랑스 조계 마랑로 보강리(寶康里)에 집을 세 얻어 임시 정청을 설치하고, 아직 거두들이 모이지 않으므로 국무총리 대리직을 자신이 겸하고, 각부 차장들로 하여금 총장 직무를 대행하게 하고 각부 직원을 임명하여 사무를 규율 있게 집행하게 하였다(그 때에 이채를 띤 것은 김구가 경무국장이었던 것이다).

아침마다 조회를 하여 국기에 경례하고 애국가를 불렀다. 애국가 가사 중에 '임군을 섬기며' 라는 구절을 '충성을 다하여' 라고 도산이 스스로 고친 것은 이 때 일이다.

연통제(聯通制)

도산이 내무총장 겸 국무총리 대리로서 맨 먼저 착수한 행정 업무가 독립 운동 방략 작성과 연통제(聯通制) 수립이다.

연통제는 민국 원년(1919) 7월 10일, 임시정부 국무령 제1호로서 공포·실시되었는데, 국내 각지에 지하 조직으로서 임시정부와 연락하는 기관이었다. 각 도에 독판(督辦)을 두고 그 밑에 내무·재무·교통·경무 등의 사(司)가 있고, 경감(警監)·장서(掌書)·참의(參議)·참사(參事)·기수(技手) 등의 직명이 있으니, 일면으로 지방 행정 기관 같은 조직이었다. 중요한 목적은 물론 선전과 연락이었고, 장래에 다시 민중 운동을 일으킬 준비를 하는 것과 임시정부의 재정을 모집하는 일 등도 그 임무로 하였다. 임시정부의 활동 소식과 국제 정세 등은 연통제에 의하여 비밀리에 전달되는 《독립 신문》을 통하거나 귓속으로 전하는 말로 국내에 전달되었다.

각 군(君)에는 군감(郡監), 면(面)에는 면감을 두었고, 그 밑에 역시 참사·참의·경감·장서 등을 두었다.

기록에 남아 있는 바에 의하면, 연통제는 약 반년 동안에 경상남북와 강원도를 제외한 10도에 조직되었고, 군감까지 임명된 곳은 함경남북·평안남북·황해·경기·충청북도의 7도였다. 압록강 건너에 있는 안동현(安東縣)에는 안동 교통 지부(安東交通支部)가 설치되고, 교통국을 한 군에 하나, 교통소를 한 면에 하나씩 설치하는 계획이 추진되어, 특히 국경 지대인 평북과 함남 일대에 그 조직이 침투되었다.

임시정부는 수시로 특파원을 국내에 보내어 연통제의 수립과 시위운동 지도 등을 하였는데, 특히 불교의 법사인 이종욱(李鍾郁)은 자진하여 여러 차례 국내 각지를 비밀리에 내왕했다.

연통제로 인하여 많은 청년들이 국내에서 일본 경찰에 잡혀 투옥되었는 바, 그 중에도 1919년 9월에 탄로된 함북 회령(會寧) 기관 사건, 1920년 8월의 함흥(咸興) 사건이 중요하다. 원래 연통제는 횡으로 연락을 없게 하고 위에서 아래로 연락하는 것만 서로 알게 하여 화단이 널리 퍼지는 것을 방지한 것이나, 함흥 사건으로 경기·평안 각 지방 조직이 탄로가 되고, 그 관련자 중에는 총독부의 관리를 포함한 학생·전도사 등 지식 계급이 망라되었으므로 일본 경찰을 놀라게 하고 우리 동포들도 감탄하였다.

독립 운동 방략

연통제는 신민회 당시의 지방 비밀 조직의 구상과 비슷한 것으로 도산의 창안이었거니와, 그것은 또 독립 운동 방략의 일부분이었다. 도산은 미주에서 떠날 때에 구상하였던 대독립당 조직안을 수정한 모양이다. 당시 상해와 해외 각처에서 일어나는 정부 조직열을 검토한 결과 부득이 독립당 조직 계획을 중지하고 임시정부를 중앙체로 하여 해외 동포 전체를 조직 · 훈련하기로 바꾼 것이다. 독립 운동 방략 기초에 있어서는 이런 일화가 있다.

아직 각부 총장들이 취임하지 아니하고 도산 혼자서 각부 차장인 청년들을 한 집에 모아 놓고 이른바 '차장 내각'을 운영하게 되었는데, 도산의 첫번 제안이 곧 독립 운동 방략 제정이었으니, 이는 도산의 계획적 성격의 한 실례가 된다.

며칠 후에 모인 차장 내각 회의에서는 신익희 · 윤현진 등 대학 출신들은 각기 열심히 대통령 중심 제도와 내각 책임 제도 등에 관한 정치 기구의 우열을 가지고 토의가 장황하였다. 이에 대하여 도산은, "정부 형태와 같은 문제는 국토 회복이 가까웠을 때에 논해도 무방할 것이요, 우선 우리는 어떻게 하면 3 · 1 운동을 계승하여 국내 · 국외에서 독립 운동을 끊임없이 추진할 수 있느냐 하는 방안부터 세워야 된다." 하였다. 얼마 후에 도산은 자기가 구상한 방략 초안을 내놓았다(아마 이것은 당시 상해에 있던 이광수에게 구술하여 필기시킨 것으로 원고지로 약 120매에 달하였다 한다). 도산은 이것을 자기 안으로 하지 않고 공의에 붙여서 국무원안으로 제출하여 임시의정원의 심의를 거쳐 확정케 한 것이다.

도산의 독립 운동 방략은 그가 스스로 구술(口述)하고 이를 받아서 문서화한 이광수가 기억하는 바에 의하면, ① 임시정부 유지 방법, ② 국내에 향한 운동 방법, ③ 재외 동포에게 대한 운동 방법, ④ 국제 선전 방법, ⑤ 건국 방략의 다섯 항목으로 되어 있었다. 도산은 항상 말하기를,

"3 · 1 독립 운동으로 한국 독립이 성취된다면 몰라도, 불행히 그렇지 못한 경우에는 뒤를 잇는 사람들이 그 운동을 계승하여 나갈 주의 · 강령과 실천 항목을 뒤에 남겨서 독립의 목적을 달하는 날까지 일관한 방침 밑에 전 민족이 일치하여 나가야 한다.…… 과거 10년간의 운동을 보면 각 지방에서 각 사람이 제 마음대로 추진하였으므로 좋은 결과를 거두지 못했을 뿐 아니라, 때로는 상

극 · 상쇄하는 불상사까지 일어난 예가 있으니 앞으로는 그런 일이 없도록 조직적으로 일을 진행하여 민족의 힘을 분열 · 소모하는 일이 없게 하여야 한다.…… 우리 민족의 과거 경험은 준비 없고 계획 없는 운동—즉흥적인 운동이 습성이 되고 결함이었다."

임시정부 유지 방법이란 앞으로 독립 운동이 아무리 장시간 끌더라도 임시정부를 독립 운동의 중심 기관으로 승리하는 날까지 유지해 나간다는 것이다. 그 방법으로는 재외 동포를 통일 · 단결하고 그들의 지지와 재정 부담으로 정부를 받들어 나가는 것이다. 그러므로 북간도 · 서간도 · 시베리아 · 미주 · 하와이의 다섯 구역으로 나누어, 이 지역을 말하자면, 대한민국 임시정부의 영토처럼 생각하고 거기 거주하는 동포들을 조직하여 적은 금액의 세납을 임시정부에 바치게 함으로 정부의 재정 기초를 삼고, 임시정부 산하에 다섯 지역을 통일하도록 한다는 것이다. 이 다섯 지역에는 이미 조직이 있고 그 지도자가 곧 임시정부의 각원이니, 상해에 모인 각원들이 일심 합력하여 분공 합작(分工合作)하면 될 수 있는 일이다.

그 다섯 구역에 각각 수도라고 할 만한 중심 지구를 택하여 민족 정신과 정치 · 외교 · 산업 · 교육 등의 중심을 삼고, 또 다섯 지역을 연합하는 총본부를 중국 어느 적당한 지방에 두어 문화와 경제 · 금융 등의 교류를 하자는 것이다.

독립 운동 방략에 대하여 도산이 가지고 있던 포부의 편모는 그가 상해에서 시험한 여러 차례의 '시정 방침' 연설에서도 볼 수 있다. 1919년 6월, 민단 사무소에서 행한 연설에서 그는 통일 · 외교 · 재정 · 군사의 네 가지 목표를 말하고 있다. 통일이란 것은 해외 각 지역에 산재한 동포들을 한 개의 조직체로 단합시키자는 것이요, 외교는 특히 그 해 10월에 열릴 국제 연맹 총회에 한국 문제를 호소함을 목전의 급무로 하고, 그 방침과 행동을 임시정부의 지도 밑에 공통적으로 할 것을 말하였으며, 재정에 대하여는 부자에게서 큰 돈을 바라지 말고 모든 재외 동포가 자기 능력대로 조금씩, 계속하여 재정 의무를 부담하자는 것이다. 군사 행동에 있어서도 산발적으로 또는 여러 갈래로 따로따로 할 것이 아니라 계통 있게 통일적으로 하기를 주장하였다. 당시에 있어서 각처에서 분산적으로 행하고 있는 외교 활동과 군사 행동을 조직화하고 통일한다는 것이 도산의 계획이요 이상이었던 것이다. 불행히 뒤에 보는 것과 같이 도산의 이상은 실현되지 못하고 도리어 분산과 파쟁은 점점 악화되었으니, 이 병통이 한국 근대 역사상에 있어서 치명적이었다고 보는 것이 이유 없지 않다.

1920년 신년 축하회 연설에서 도산은 군사 · 외교 · 교육 · 사법 · 재정 · 통일의 여섯 가지 사업을 논하고 있다. 군사에 대하여는 통일 · 훈련 · 국민 · 개병(皆兵)을 주장하였으니, "서북 간도의 장사더러 묻노니, 네가 능히 혼자 힘으로 일본을 당하겠느냐. 진실로 네가 일본과 싸우려거든 합하라. 정부의 무력함을 비웃거니와, 합하면 너희 정부는 유력하리라.…… 외국의 힘까지 끌어와야 하겠거늘 하물며 대한인끼리도 합하지 아니하고 무슨 일이 되리오?…… 독립 전쟁이 공상이 아니요, 사실이 되려면 대한 2,000만 동포가 다 군인 되어야 하오.…… 우리는 군사 교련을 받읍시다. 매일 한 시간씩이라도 배웁시다. 다만 30분씩이라도 군사학을 배우면 대한 사람이요, 그렇지 아니하면 대한인이 아니오. 배우려면 배울 수 있소. 여자들도 배워야 하오. 군사 훈련을 아니 받는 자는 국민 개병주의에 반대하는 자요, 국민 개병주의에 반대하는 자는 독립 전쟁에 반대하는 자요, 독립전쟁에 반대하는 자는 독립에 반대하는 자요.……"

이날 연설에 도산이 많은 정력을 기울인 증거는, 그가 여기서 '건강이 못 견디겠다' 하여 일단 연설을 쉬고 하루 건너 월요일 저녁에 계속한 것이다.

도산은 계속하여 '전투적 전쟁'과 '평화적 전쟁'을 말한다. 평화적 전쟁이란 것은 '적의 관리된 자들이 퇴직할 것'과 '적에게 납세를 거절할 것, 일본 국기를 사용 말고 대한 국기를 사용할 것, 일본 문화를 배척할 것, 일본 관리에게 송사나 교섭을 아니할 것'이라 하였으니, 이는 후일에 인도의 간디가 실행한 비폭력 · 비협동 운동의 이론이다.

외교 문제에 있어서 그 당시 도산이 세계 열강 각국의 동향을 어떻게 보았는가 함을 관찰하는 것은 흥미 있다. 그는 세계 대세가 이미 제국주의 외교를 벗어 버리고 '평등 외교'로 바뀌었다고 하였다. 영국은 인도와 호주에 대한 일본의 위협을 감각하여 영 · 일 동맹을 폐기하고 영 · 불 동맹을 체결하였으며, 러시아는 노 · 일 전쟁의 기억과 또 일본의 시베리아 출병으로 공산 러시아도 일본을 불공 대천(不共戴天)의 원수로 여긴다고 하였다.

패전한 독일이 부흥하는 날에 영 · 미와 대항하기 위하여 독일 · 러시아 · 일본 삼국 동맹을 조직하리라는 전망에 대하여는 이를 반대하고 독일 국민은 이미 제국주의를 버렸으며, 설사 경제적으로 부흥하더라도 침략 전쟁을 위하여 유치한 일본을 믿지 않을 것이라 하였다(히틀러의 출현을 예상 못한 것은 안 도산 한 사람뿐이 아닐 것이다). 인도주의가 전쟁의 방편으로 사용됨도 사실이나, 진정한 인도주의를 신봉하는 대중의 힘이 자라나고 있다는 것도 도산은 역설한다. 미국은 인도주의에서만이 아니라, 태평양의 이해 관계로 일본을 가상적(假想敵)으로 하여 대해군과 대육군을 건설중이라고 하였다.

교육 문제에 있어서는 재외 동포에게 대한 교육 사업과 유학생들의 면학을 주제로 삼았고, 사법 문제라는 것은 독립을 방해하는 자에게 대한 처단과 독립 운동에 유공한 사람을 포상하는 방법을 주로 말하였다.

재정 확보에 있어서 그는 국민 개납(國民皆納)이란 말을 쓰고 있다. "독립 운동 기간중에는 남녀를 막론하고 1전, 2전씩이라도 다 내어야 하오. 금액의 다소를 논할 것이 아니외다."

그리고 국민 개업(國民皆業)을 말하였다.

"여러분 다 일하시오. 할 일이 없거든 서북 간도에 가서 농사를 하시오. 독립 운동을 하노라 하면서 노는 자는 독립의 적이오."

1922년 5월의 연설에서는 군사 · 외교 · 재정 · 문화 · 식산 · 통일의 6대 운동을 말하고 있다. 여기서 '통일'이라고 하는 것은 누차 언급한 것같이, 해외 교포와 그 운동의 대동 단결과 조직을 말하는 것이다.

도산은 통일의 완성이 독립 운동을 성공적으로 추진하는 선결 조건임을 확신하고, 말과 행동으로써 이를 주장하고 호소하였다. 임시정부 수립 전에는 미주에 있는 대한인국민회의 방식으로 해외 교포 전체를 조직 · 훈련할 것을 구상하였고, 또 나중에는 대독립당이라는 혁명 단체로써 통일할 것을 시험하였거니와, 임시정부 재직시에는 임시정부를 중심으로 모든 해외 운동을 체계화할 것을 도모한 것이다.

임시 사료 편찬회(臨時史料編纂會)는 기미년(1919) 7월에 이광수 등과 협의하여 임시정부의 한 기관으로 설치하였다. 그 목적은, 첫째 일본의 침략 행동을 분석하여 앞으로의 선전 운동에 재료로 삼기 위한 한 · 일 관계 사료의 수집이요, 둘째로는 3 · 1 운동의 자세한 기록을 모아 선전 자료로 삼는 동시에 많은 희생자들의 공로를 빠짐 없이 기록에 남겨 두자는 것이다. 도산이 총재가 되고, 주임에 이광수, 간사에 김홍서, 위원과 조역에 김병조(金秉祚) 이하 10여 명이 있었으나, 실제 편찬의 일은 주로 백은 박은식(白隱 朴殷植)이 맡아 9월까지에 우선 한 · 일 관계 사료 네 권이 저술되었고, 나중에 나온 백은의 《한국통사》(韓國痛史), 《한국 독립 운동의 혈사》(韓國獨立運動之血史) 등도 이 때의 노력에서 얻은 결과라고 할 것이다.

박은식은 황해도 출신의 한학자로서, 광무년대에 서울 언론계에서 논진을 폈고, 상해로 망명한 이후 줄곧 사생활을 돌아볼 겨를이 없이 사료 편찬에 심혈을 기울였다. 1926년 이후에 그는 임시정부의 국무총리 · 국무령(國務領, 대통령 지위와 같은 것)으로 선임된 일도 있다. 그의 아들 시창(始昌)은 군관학교 출신으로, 해방 후 국군 육군 소장에까지 올라갔다.

박은식의 생활비는 때때로 도산이 부조하였는데, 그가 물질에 너무 등한하고 저술에만 몰두하기 때문에, 한번은 현금을 드리면서 잊지 않도록 하기 위하여 저고리 고름에 꽁꽁 싸서 주었다 한다. 얼마 뒤에 그가 굶는다는 말을 듣고 찾아가서 알아보니, 고름에 싸 둔 돈이 그대로 있는데도 완전히 잊어버리고 있더라는 것이다.

도산의 일기에 이런 구절이 있다.

> (1920년 4월 29일)…… 박은식 군을 심방하니 군이 대동단(大同團)에 기고를 청하는데 어떠한 주의로 지어 보냄이 좋을는지 알지 못하여 전날에 심방하였다가 못 만났노라 하며 가로되, '재산 평등론(財産 平等論)을 주창함이 여하오' 하므로 내가 말하기를 현시에 우리 민족에게 불합당하다 하고 다시 의논하기로 하다.
>
> (동 5월 1일)…… 박은식 군이 내방하여 가로되, 유교에 대동주의를 고취하여 유교의 사상을 변도시키는 것이 어떠하냐 함에 내가 찬성하다.

《독립》(獨立)이라는 주간(週間) 신문은 기미년(1919) 8월 21일에 임시정부 기관지로 창립되었다. 이보다 앞서 3월부터 청년들이 자발적으로 《우리 소식》

이라는 등쇄물을 정기적으로 발간한 것이 상해에서의 신문 보도 활동의 시작이었는데, 도산이 정부에 취임한 즉시로 이를 활판 인쇄로 발간할 것을 발의하여 김석황(金錫璜) 등의 찬조금으로 자금을 세워 한글 인쇄 활자를 만들고, 인쇄는 중국인 인쇄소에 부탁하여 타블로이드판 네 쪽의 신문을 발행하였다. 사장 겸 편집국장에 이광수, 기자에 조동호 · 차리석 · 주요한, 경리에 이영렬 등이었다. 이듬해(1920) 5월에 김승학(金承學) 등의 출자로써 합자 회사가 되었다가 1921년 3월에 일본측의 외교 압력으로 프랑스 조계 당국의 폐쇄 명령이 있었으나, 도산 등의 교섭으로 해금되어 김승학이 사장이 되어 속간하고, 1922년에는 중국문판까지 발행하여 1928년까지 계속하였다.

제 10 장

합하여 그치지 말고 오래 참아 나가자

임시정부 시절 · 2 (만41세)

1919년 가을로 겨울까지 도산의 정력은 두 개의 임시정부를 하나로 만드는 데 허비된다. 상해서 발표한 정부 명단과 한성(漢城)에서 발표되었다는 명단에 차이가 있는데, 아령(俄領)에 있는 정객들이 국민회의(國民議會)라는 것을 조직하고 '한성정부'(漢城政府)를 지지한다고 성명하게 된 것이다. 도산은 그 해결의 방법으로 '상해정부'를 개조하여 '한성'과 일치하게 하고 따라서 자기는 내무총장의 자리에서 노동국총판이라는 것으로 내려앉았다.

그 결과로 아령에서 상해로 온 이동휘(李東輝) 국무총리와 항주(抗州) 방면에서 모셔 온 이동녕(李東寧) 내무총장 · 이시영(李始榮) 재무총장 · 신규식(申奎植) 법무총장 등이 정식으로 취임하였으므로, 도산을 합하여 다섯 국무위원이 상해에 집결하므로 독립 운동 총본부의 면목을 약간 갖추게 된 것이었다.

도산이 임시정부 내무총장 겸 국무총리 서리(署理)로 취임하여 청년 차장(次長)들을 거느리고, 정부 정청(政廳) 설치, 재정 방침과 연통제의 수립, 독립 운동 방략 작성, 사료 편찬회 창설, 《독립》 신문 간행 등의 일을 정비한 것이 6월부터 8월(1919)까지 3개월간의 업적이니, 도산의 조직력과 실천력이 놀랄 만하다.

대동 단결을 위하여

도산은 취임과 동시에 당초의 약속대로 각지에 있는 거두들을 상해로 모셔오는 일에 착수하였다. 정부로서 공문을 띄우는 동시에 사사로운 편지로써 상해로 와주기를 간청하며, 또 사람을 특파하여 모셔 오는 공작을 하였다.

이리하여 도산은 중국 지역에서 활동한 3년간 꾸준하게 해외 운동의 조직화와 대동 단결에 노력하였다. 대동 단결을 '통일'이라는 용어로 표시하였고, 도산이 이를 극력 주장하였기 때문에 '안창호의 통일 독립'이라는 별명까지 생겼던 것이다. 이 운동의 경과를 대체로 세 시기로 나누어 볼 수 있으니,

① 해외 각지에 흩어진 수령급을 한데 모아 독립 운동의 중심체를 만들고자 한 것이 1919~1921년, 만 2개년. 이것은 독립협회와 신민회의 전통을 다시 살려 보려는 계획이라 할 것이다(이 중간에 약 5개월간 미국 의원(議員)의 원동 시찰단 접촉이 있다. 1920년 7~11월).

② 국민 대표회를 소집하여 새로운 핵심 세력을 구성하려고 노력한 시기, 1921년 5월로부터 1923년 5월까지 만 2개년, 이것은 도산의 이상적 민주 방식의 시험 단계라고 볼 수 있다.

③ 상해 중심의 정부 형태를 어느 정도 단념하고 만주 지방의 군사 단체 및 민간 조직을 통합하고, 이상촌을 건설하여 장구한 독립 운동의 근거지를 만들려고 노력한 시기, 즉 1924~1931년 약 8년간이다. 이는 도산이 망명 직후 미주로 건너가 재미 한인 사회를 조직화하고 원동 각 지방에까지 국민회 지방 총회를 두었던 계획을 부활시킨 감이 있으니, 이는 세계 대세와 국내 정세가 일종의 안정 · 정체 시기에 들어감으로 인하여 십년 생취(十年生聚)의 결심을 새롭게 한 것으로, 당연한 귀결이라고 할 것이다. 이 중간에(1925) 잠시 미국 방면을 방문한 일이 있는데, 그것도 원동 근거지를 만들기 위한 동지자와 자금을 동원하기 위함이었다.

이제 이 세 시기를 순서대로 고찰하여 보겠거니와, 제1시기인 수령급 단결 운동을 편의상 다시 두 시기로 나누어 본다면, 1919년 가을부터 1920년 봄까지 약 1년간은 이동휘를 중심으로 아령(俄領) 방면을 포섭하려 한 시기요, 1921년 상반기 약 6개월은 이승만과의 타협을 시도한 시기라 할 것이다.

아령(俄領)이라 함은 시베리아를 가리킨 것이니 당시에 러시아를 아라사(俄羅斯)라고 불렀으므로 아령이라 함은 아라사의 영토라는 뜻이요, 노 · 일(露日) 전쟁을 아 · 일(俄日) 전쟁이라고 불렀던 것이다. 공산 정권의 수령 레닌을 이녕(李寧)이라고 한 것은 중국식 발음에 의한다.

가까운 항주(杭州)에 사람을 보내어 이동녕 · 이시영 · 신규식 세 분을 모셔

오고, 해삼위(海參威, 시베리아의 블라디보스톡)에 현순(玄楯)·김성겸(金聖謙) 두 사람을 특파원으로 파송하여 이동휘를 모셔 오게 하니, 상해 임시정부 각원 중 도산을 아울러 다섯 사람이 모인 것이 7월달의 일이다(1919). 이 때에 이미 '한성정부'와 '상해정부'에 대한 의견 상치가 표면화되어 있었으므로(제9장 참조)도산은 사태 수습을 위하여 '한성정부'로 통일할 것을 결심한 모양이었다. 그 이유로서는 ① '상해정부'에는 대통령 제도가 없고, 이승만을 국무총리로 선임하였는데, 미주에 있는 이씨가 이미 대통령으로 발표하고 있는 것, ② '상해정부'에는 이동휘를 군무총장으로 선임하였고, '한성정부' 명단에는 국무총리로 되어 있으므로 아령 방면을 포섭함에도 '한성정부'로 통일함이 첩경이었다. 그리하여 이승만·이동휘 양 거두를 대통령과 총리로 추대함으로써 미주·하와이·만주·시베리아 등지의 분산된 세력을 하나로 만들 수 있을 것이며, 미주 방면에서 도산을 지지하는 국민회 세력은 자기의 영향으로 합작시킬 수 있기 때문에 별 문제가 없었다.

그러므로 도산이 현·김 양 씨를 해삼위로 보낼 때에 국무회의의 의결을 거쳐 '한성정부'로 통일할 것을 약속하게 되었던 것이다. 그리하여 8월에 도산은 임시의정원에 '임시 헌법 개정안'을 제출하여 9월 초순에 통과되고, 정부 각원을 새로 선거하니, 임시 대통령에 이승만이요, 국무총리 이동휘 이하 각부 총장은 '한성 정부'의 명단대로 되었다. 다시 말하면, '한성정부'의 '집정관 총재'라는 명칭이 '임시 대통령'으로 변경된 이외에는 아무 변동이 없었다. 헌법 개정안이 의정원에서 토의될 때에 '노동국 총판'이라는 직제를 '노동 총장' 또는 '농무(農務) 총장'으로 개칭하자는 의견이 나왔으니 이는 '한성정부' 명단 속에 안창호를 '노동국 총판'이라 하여 총장보다 낮게 보이는 명칭으로 맨 말석에 두었으므로 도산의 체면을 위하여 '총장'으로 승격시키자는 의사였던 것이나, 도산은 그것이 혹시 나중에 '한성정부' 지지파의 시비 거는 조건이 될 것을 염려하여 강경하게 거부하였던 것이다.

8월 28일 임시의정원에서 조완구 의원의 질문에 대답한 도산의 답변 연설에 보면,

본안의 주지는 현재 상해에 있는 정부를 개조하되 한성에서 발표된 각원을 표준으로 하자, 다만 집정관 총재를 대통령으로 개정하자 함이니, 임시 헌법의 개정도 실로 이를 위함이라. 이는 정부가 즐겨서 함이 아니요, 부득이하여 함이니 대개 실제 아닌 일에 시간을 허비함이라.…… 상해의 임시정부와 동시에 한성의 임시정부가 발표되어 이승만 박사는 전자의 국무총리인 동시에 후자의 대통령을 겸하여 세상으로 하여금 우리 민족에게 두 정부가 존재함을 의심하게 한다.…… 혁명 시대를 제하여는 피차의 교통과 의사의 소통이 불편하므로 각기 필요에 의하여 일시에 2, 3의 정부가 출현됨이 또한 면치 못할 사세니, 이는 오직 애국심에서 나옴이요, 결코 사욕이 있음이 아니다. 둘 중에 하나를 취한다면 국토의 수부에서 조직된 정부를 승인함이 또한 의미 있는 일이다. 혹자는 둘을 다 버리고 통일된 새 정부를 조직함을 말하나, 이는 다만 또 하나의 정부를 만들어 세 개의 정부가 존재하는가 의심케 하는 결과를 낳음에 불과할 것이다. 그러므로 집정관 총재를 대통령으로 하는 외에 한성에서 조직된 정부에 일점 일획도 변함이 불가하다.…… 결코 한성 정부를 고집할 이유는 통일하여야 할 것, 통일되었음을 역설하여야 할 것, 그리함에는 현존한 것을 합하고 결코 제3자를 다시 만들지 않음이 필요하다.

9월 3일, 의정원에서—

…… 노동국 총판을 개정하면 결코 나는 이 정부에서 시무할 수 없노라. 이번 개조안에 대하여 대개 내외에 통일의 신용이 있고 또는 내가 이미 이 뜻을 각처에 성명하였은즉, 이에 다시 노동국을 농무부로 개정함은 신용상 내가 승인하지 못할 바라. 신용없는 사람으로 정부에서 시무하기 불능하다. 또 노동국을 개정하면 다른 부를 개정하자는 논자가 나와 또 다시 정부를 뜯어 고친다는 비평이 있으리라. 이 안이 개정되면 나는 도저히 정부에서 시무하기 어려우니 여러분은 깊이 생각하라. 이 안의 통과 여부는 여러분의 자유요, 나의 시무 여부도 또한 나의 자유니, 후일 정부에서 나가게 되어도 나는 여러분께 책임을 지지 못하겠노라.

이처럼 도산은 자기의 자리인 노동국 총판을 농무부 총장으로 고치자는 수정안에 대하여 거의 협박적 언사로 반대하고 있다.

9월 5일, 의정원에서 답변—

나의 말을 불가해라 하여 국자를 부자로, 판자를 장자로 고치는 두어 글자의 관계에 불과하거늘, 어찌 진퇴를 운운하느냐 하나, 여러분에게는 심상히 보이나 나에게는 큰 관계가 있으니…… 정부 개조의 주의는 ① 정부를 개조하여 한성 발표의 정부와 같게 할 것, ② 집정관 총재를 고쳐 대통령으로 할 것이니, 상해정부가 불완전하다 하여 개량·개선함도 아니요, 오직 통일을 절대로 요구하는 사세의 소치라…… 나는 상해에 온 이래로 통일을 위하여 무엇이나 희생할 결심임을 누차 성명하였노라.…… 일찍 3두 정치를 주장함도 통일을 위함이요, 이번의 개조를 주장함도 또한 통일을 위함이라.…… 한성의 정부는 이미 한성 국민대회의 승인한 바요, 또 아령(俄領) 국민의회도 이를 승인하기를 약속하니, 이제 상해의 의정원이 이를 승인하면 다시 딴 말이 없으리라.…… 그러므로 한성의 정부는 일점 일획이라도 개조치 말자 함이라. 오직 대통령 문제에 이르러서는 이미 이 박사를 대통령으로 열국이 널리 앎을 인함이요, 집정관 총재를 대통령으로 고치는 외에 다시 노동국을 고치면 머리와 끝을 다 고치게 됨이니, 이는 극히 불가할지라. 나는 이미 누차 의회에서와 기타 각지 인사에게 나의 주장을 성명한 바니, 나는 결코 주장을 변하는 무신한 사람이 되지 아니하리라.

이리하여 임시의정원은 임시 헌법 개정안을 정부 원안대로 통과시켰다.

9월 6일 의정원에서 임시 대통령을 선거한 후에—

10년 동안 압박 하에 있던 우리 민족이 오늘날 와서 우리 국민을 대표할 대통령을 선거함을 들을 때 뜨겁고 기쁜 마음 이기지 못하겠노라. 더욱 즐거운 것은, 전 국민이 경애하는 이 박사가 대통령으로 선거됨이요, 만장 일치로 추대하게 되었으니 또한 더 기쁘다.

하고 도산의 발성으로 '대통령 만세'를 일동이 고창하였다.

같은 날 도산을 대통령 대리로 선거함에 대하여 사퇴하는 말 *

나는 후보자에서 사퇴함을 선언하였으나 여러분이 나를 선임하였으니 이는 개인의 의사를 무시함이라. 내가 노동국 총판을 고집할 때에 이미 내 의사를 알았으리니 나는 잠시라도 대통령 대리의 명목을 띠고는 몸이 떨려서 시무할 수 없노라. 여러분이 나를 향하여

* 당시 이승만은 미국에 있었으므로 상해에 대통령 대리를 두게 한 것이나 이는 당연히 국무총리인 이동휘가 대리할 것이므로, 도산이 대통령 대리 되면 또 다시 자리 다툼이 있을까 보아 강경하게 사퇴한 것이다.

어떠한 비평을 가하더라도 결코 이 자리에 취임하지 않겠노라.…… 일을 위하는 충성으로 이 자리를 받을 수 없나니, 내 말을 족히 이해할 이는 이해할 것이다.

이렇게 하여 이른바 '상해정부'와 '한성정부'가 실질적으로 하나가 되었으나 명분론을 일삼는 일부에서는 아무리 조직과 인물이 같다 하여도 상해정부의 개조는 한성정부의 승인이 아니라고 버티고 또 이동휘 국무총리는 이승만 대통령의 위임통치 청원 문제를 가지고 독립 정신이 불철저하다 하여 그 밑에 총리가 될 수 없다고 고집하여 다시 달반 동안을 끌다가, 11월 3일에 가서 국무총리 이동휘, 내무총장 이동녕, 재무총장 이시영, 법무총장 신규식의 취임식이 거행되었다.

이 날 도산의 축하 연설은 대략 다음과 같다.

오늘 나의 기쁨은 극도에 달하여 마치 미칠 것 같다. (일찍 정부를 조직할 때) 각지에 흩어져 있는 두령인을 망라하였음은 그들이 모이기를 원하였음으니, 일찍 그 실지가 없다가 오늘에 이 총리 이하 세 총장이 이 곳으로 모여 취임케 되었다. 이후로 우리 민족의 통일이 더욱 공고케 되고 우리의 사업은 더욱 속성하리라. 내가 비재로 여기 와서 고독하게 책임을 전담할 때 스스로 송구함을 금치 못하다가 오늘을 당하니 나 개인의 기쁨도 극하다 하겠다.

당시 국민회 특파원으로 해삼위에 있던 이강(李剛)은 이런 회고담을 전해 준다.

내가 해삼위에 특파로 가 있을 때 현순과 김성겸(金聖謙) 두 사람이 왔는데, 가지고 온 편지를 보니까, 해삼위에 있는 정부 성질을 가진 국민의회를 될 수 있는 대로 취소하고 상해 임시정부로 합류하게 하라, 만일 국민의회가 해소되지 않더라도 이동휘만은 꼭 배를 태워 이리로 보내라는 것이었다. 이 편지를 가지고 온 두 사람은 해삼위 형편을 잘 모르므로 불쑥 나타나서 국민의회 사람들과 그런 이야기를 하면 일은 틀릴 것이 십상 팔구였다. 곧 개자식, 쇠자식 소리가 벌어질 테니, 그렇게 되면 아무 것도 안 된다. 그들이 욕할 때는 그저 가만히 있다가 차근차근 이야기를 해야지 무슨 결과가 나타날 것이라고 일러 주었다.

국민의회 의원 대회가 열리는 날 나도 그 의원의 한 사람으로 두 분과 같이 갔더니, 현순 목사와 이동휘 씨는 전부터 아는 사이라 손목을 잡고 서로 운단 말이오. 그들이 한참 우

> 는 광경을 보고 모두들 감동하였다. 그리고 의사가 진행되었는데, 어떻게 된 것인지 그 날 저녁으로 국민의회가 취소되었다. 조건은 국민의회 의원의 5분지 4가 상해 임시의정원으로 들어오라는 것인데, 이에 대하여 이동휘 씨가 찬성하니까 만장 일치로 국민의회가 취소되었다.
>
> 이렇게 취소가 되었으나 이동휘 씨를 얼른 상해로 보내야 되겠다. 그 분을 그냥 두면 또 여러 사람들 중에 무슨 잡음이 나올는지 몰랐고, 이동휘 씨를 도산 선생의 말과 같이 중앙(상해)에 보내어 일하게 해야 했기 때문이다. 그래서 나는 그 이튿날 새벽에 가서 "자, 일이 이렇게 되었으니 형님은 빨리 가셔야 합니다."고 졸랐다.
>
> "배가 그렇게 갑자기 있나?"
>
> "배는 걱정 말고 어서 떠나실 준비를 하소."
>
> 사흘 뒤에 내가 배표를 사가지고 이동휘 씨를 몰래 데려다 숨기고 나와서 이태리 군함을 타고 벌써 떠났다고 하고 아무도 모르게 상해로 보냈다(《속편 도산 안창호》114 쪽 이하).

"오늘 나의 기쁨은 극도에 달하여 마치 미칠 것 같다"는 도산의 말은(11월 3일 국무총리 및 세 총장 취임식에서)연설투의 과장만이 아니요, 진심의 토로였으리라. 독립 운동 거두들을 한데 뭉쳐 대동 단결할 중심 세력을 이루겠다는 도산의 계획이 그 첫 고비를 넘긴 것이기 때문이다. 그러나 도산의 기쁨은 헛된 기쁨이었고, 임시정부 내부의 분규는 도리어 이 날부터 격화되어 간 것이다. 그 때의 정세를 분석한다면, ① 임시 대통령 이승만에 대한 반대 운동이 짓궂게 계속되는 데다가, ② 국무총리로 취임한 이동휘가 이에 부채질하고, ③ 소위 공채표 발행과 애국금 수납 문제의 오해로써 미주 재류 동포간에 의견 충돌과 임시정부 국무회의 대 구미 위원부간의 분규가 생겨 나며, ④ 아령 방면에서 상해 '임시 의정원'의 해소를 주장하기 시작한 것 등 복잡한 문제가 접출한다.

앞서 이동휘가 상해에 도착하여 정부 각원 취임을 승낙하지 아니하면서, 이승만을 '썩은 대가리'라고 공격하기 시작하였으니 그것은 주로 소위 '위임통치'(mandatory) 청원서에 관한 문제였다.

위임통치라는 것은 파리 강화회의에서 독일 · 이탈리아 등의 구식민지 처분에 관하여 고안한 방식으로서 그 식민지들을 당분간 국제연맹(League of Nations)

의 위임 통치하에 두었다가 장차 독립시킨다는 방식을 말하는 것이다. 그런데 이승만 · 정한경 등이 3 · 1 운동 전에 민족 대표로서 워싱턴에 갔다가 미국 정부의 출국 거부로써 파리로 건너가지 못하고 있을 때 정한경이 자기 졸업한 학교의 정치학 교수에게 한국 독립을 파리 강화회의에 제출할 방안을 문의하였더니, 그 교수의 말이 지금 일본이 연합군의 하나로서 강화회의에 5대국 중의 일원으로 있으니, 독립 청원을 해도 별로 반향이 없을 것이요, 차라리 위임 통치를 제안하면 상정 논의될 가능성이 많으리라고 하였다. 정이 이를 이승만과 협의한 결과, 하여간 파리 강화회의에 한국 문제를 상정시키는 방편이라면 한 번 시험해도 무방하다 하여 정이 그 교수와 협력하여 위임통치 청원서를 작성하고, 이를 윌슨 대통령과 강화회의 각국 대표에게 보냈다는 것이다. 이승만을 반대하는 사람들이 이것을 트집잡아 그를 공격하는 자료를 삼았다. 이러한 여론은 마치 1945년 신탁 통치(trusteeship)를 반대한 민족 감정과 동일한 것이다. 이동휘는 이러한 여론을 포착하여 우리 민족은 위임 통치를 원하지 아니하고 '절대 독립'을 원한다고, 이승만의 머리가 썩었다고 '썩은 대가리'라는 공격을 퍼부었던 것이다. 그리하여 '이동휘의 절대 독립'이라는 별명이 생겼다.

생각컨대, 이동휘의 열렬한 성격과 순수한 애국심이 위임 통치론에 격렬한 반향을 일으킨 것은 이해할 수 있으나, 한편으로 공산주의자들이 이동휘의 그러한 성격을 이용하여 민족 진영의 분열을 조장하였으리라고 추측함도 일리가 있다.

1917년 레닌이 쿠데타를 일으켜 러시아 국회를 해산하고 케렌스키의 자유민주주의 정부를 전복한 후 1919년까지에는 내란을 어느 정도 평정하고 소비에트 정권이 기적적으로 실권을 잡게 되었고, 따라서 세계 각지에서 공산당의 세력이 갑자기 머리를 들게 되었다. 한국에 있어서도 이 정세에 편승하고자 하는 자들이 공산당을 조직하고 3 · 1 운동 이후에 민족 운동의 주도권을 잡으려고 시도하기 시작하였다. 그들은 단순히 민족주의와 개화주의가 유럽의 자본주의를 모방함이라고 규정하고 이를 시대에 뒤떨어진 것으로 배척하며 민족 운동의 주도권을 잡기 위하여 민족주의 진영을 이간하여 파괴하려는 정략을 택한 것이니, 이것이 한국의 초기 공산당의 당략이었던 같다.

이동휘(李東輝)는 함경도 출신으로 구한국 시대에 육군 참령(參領)으로 강화 진위 대장까지 지냈고, 군대 해산 이후 애국 운동에 가담하여 도산과 함께 신민회의 중요 간부로 있었고, 강화(江華)와 개성(開城) 방면에서 교육 운동을 크게 일으켰다. 풍채가 늠름하여 군인다웠고, 솔직 · 대담한 성품과 불 같은 애국심 및 끓는 듯한 열변으로 민중의 신뢰를 받았으며, 관북 출신의 대표적 인물로서 경향간에 명성이 높았었다. 춘원이 쓴 글에 보면, "그는 키가 크고 눈이 세모나고, 검은 수염을 뻗치고, 목소리가 웅장하고, 손이 크고 악수할 때는 남의 손을 으스러지게 힘있게 쥐었다. 얼른 보기에 그는 열정가였다. 추정이 어디까지든지 표표한 선비 같은 데 비겨, 성재는 금시에 칼을 빼어 들고 3군을 호령할 장군이었다.…… 성재의 뚝 부릅뜬 눈에는 금시에 분노의 불길이 일어날 것 같았다." 한다(《이광수 전집》 제 13권 218쪽).

도산은 이동휘를 상해에서 다시 만나 옛날 신민회의 동지로서 변함 없는 신임과 기대를 가졌던 것이나 불행히도 그는 이미 공산주의로 기울어지기 시작하였던 것이다.

백영엽(白永燁)이 전하는 바에 의하면, 자기가 도산과 성재가 같이 있는 자리에 참석했는데, 이동휘 씨가 "백 목사, 내가 앞으로 백 목사한테 서류를 보낼 테니 선전을 좀 해주." 하니 도산이 그것을 막으면서 "아니 여보, 백 군이 교회일을 하는데 그걸 어떻게 선전하란 말이오." 하였다. 그 서류라는 것은 공산주의 선전물이었다. 그러나 이동휘씨는 불고하고 매달 팜플렛을 백 목사에게 보내더라 한다(《속편 도산 안창호》 183쪽).

초창기의 한국 공산당이 두 파로 갈리어 이루크츠크파와 상해파가 있었는데, 이동휘는 상해파의 수령으로 추대되었던 것이다. 1919~1921년간의 이동휘의 태도를 이해함에는 이러한 관계를 머리에 두고 관찰하여야 한다. 이에 관하여는 앞으로의 기록에서 때로 언급될 것이다.

이동휘가 상해에서 자초 지종으로 이승만을 배척할 때에 '절대 독립'이라는 명분을 내세운 것은 이동휘의 성격대로임이 틀림없으나, 공산당이 그것을 이용하여 민족 진영의 분열을 뒤에서 부채질하였다고 봄이 타당할 것이다.

6월 25일(1919) 도산이 상해 교민단 사무소에서 행한 연설에,

…… 이 박사가 '맨더토리'(위임 통치)를 청한 것은 독립 운동이 나기 전에 미주 국민회를 대표하여 워싱턴에 가서 파리로 가려 하다가 전시(戰時) 조례 때문에 여행권을 얻지 못하여 가지 못하고 있다가 어떤 법학자의 의견이 한국 독립으로 논하면 한국 국내에서 아무 거동이 없는 이상에 외지에 있는 몇 분자로서 강화회의에 한국 독립을 청구하더라도 용이히 제출되지 못하리니 완전한 독립 요구의 계제로 우선 위임 통치를 요구함이 유리하다고 권고하므로 그렇게 요구한 것이외다. 그러나 이것은 종시 정식으로 제출되지 못하였습니다. 그러나 3월 1일 독립 선언 이후로는 그는 절대적으로 독립을 위하여 일하나니, 그가 제출한 청원서가 여기 있는데 (신문 기사를 낭독) 절대 독립 소리가 여러 번 있소. 그러나 여기 대하여 말할 것은 이미 어떠한 기회에라도 한 번 맨더토리를 요구한 인물을 국무총리로 선정함은 안 한 것만 못하겠지요마는, 이미 선정한 그이가 국무총리로서 절대 독립을 청원한 이 때 그이를 배척함은 대단히 이롭지 못한 일이외다. 이미 아무런 관계가 있었어도 오늘날 우리가 그 세력을 후원함이 우리에게 큰 이익이외다(박수).

여러분 중에 한 분이나 파리나 워싱턴에 위로하는 편지 한 번 하신 이가 있습니까. 없나 보오. 잘못한 것은 추호만큼이라도 안다 하다가도 잘한 것이 있으면 눈을 감고 맙니다. 우리가 이 버릇을 고쳐야 하겠소. 우리 2,000만을 대표하여 간 이는 다만 김규식씨 한 사람이오. 다른 나라와 같이 여러 백 명씩 간 것이 아니오. 만일 다른 나라 같으면 그의 책상 위에는 위로 전보가 여러 백 장 쌓였을 것이오. 실수한 것은 책망해야 하겠소마는 용맹스럽게 나아가게 하기 위하여 도와 주어야 하겠소.

공교롭게 상해 임시정부의 명단에 이승만을 국무총리로 선임하였는데, 워싱턴에 있는 이승만은 스스로 '프레지던트'(대통령)라고 국제간에 행세하였다는 것이 또 문젯거리가 되었다. 이로 인하여 임시정부와 이승만 간에 전보 왕복이 여러 차례 있었으나 해결되지 못하였고, 이 사건이 이승만 반대의 여론을 더욱 부채질하였다.

왕복된 전보문 중에서 한 가지 실례를 들자면,

1919년 8월 25일 상해발 전보—

워싱턴 한국 구미 위원부 이승만 각하, 처음의 임시정부는 국무총리 제도이고 한성정부는 집정관 총재 제도이며, 어느 정부에나 대통령 직명이 없으므로 각하가 대통령이 아닙니다. 지금은 각하가 집정관 총재 직명을 가지고 정부를 대표하실 것이오. 헌법을 개정하지 않고 대통령 행사를 하시면 헌법 위반이며, 정부를 통일하던 신조를 배반하는 것이니, 대통령 행사를 하지 마시오.

대한민국 임시정부 국무총리 대리 안창호

1919년 8월 26일 워싱턴발 전보—

상해 대한민국 임시정부 안창호 씨, 우리가 정부 승인을 얻으려고 전력하는데 내가 대통령 명의로 각국에 국서를 보냈고 대통령 명의로 한국 사정을 발표한 까닭에 지금 대통령 명칭을 변경하지 못하겠소. 만일 우리끼리 떠들어서 행동 일치하지 못한 소문이 세상에 전파되면 독립 운동에 큰 방해가 있을 것이며, 그 책임이 당신들에게 돌아갈 것이니 떠들지 마시오.

미경 워싱턴 리 승 만

"독립 운동에 큰 방해가 될 것이니…… 떠들지 마시오." 하는 어투는 이승만이 해방 이후 한국에 돌아와서 헌법 제정과 그 개정 등에 독선적인 주장과 방법을 사용하던 것을 연상하게 된다.

이러한 분규로 인하여 역사학자인 단재(丹齋) 신채호(申采浩)는 《신대한》이란 신문을 발행하여 '자칭 대통령'이라고 이승만을 공격하기도 하였고, 도산은 정부 기관지인 《독립》 신문으로 하여금 이승만을 변호하는 논설을 쓰게 하였던 것이다. 미주의 이승만과 상해 국무원간의 분규 중 대통령 칭호 문제는 9월에 임시 헌법 개정안이 통과됨으로써 일단락되었으나, 이른바 구미 위원부 권한 문제와 공채 발행 문제가 또 생겨났다(이하 《재미 한인 오십년사》 376쪽 이하 참조).

기미년(1919) 5월에 이승만이 한성정부 명단 발표의 소식을 듣고 곧 워싱턴에 대통령(집정관 총재) 사무소를 설비하고 8월에 '한국 위원회'를 조직하였다가 9월에 이를 '임시정부 구미(歐美) 위원부'로 고치었다. 그 때의 공포문에 의하면,

"대한민국 집정관 총재 이승만은 총재의 직권으로 구미 위원부를 조직하고 그 직무와 권한을 좌기와 같이 발표하였다.

1. 집정관 총재는 적임자 3인 이상을 자벽하여서 구미 위원부를 조직함.
2. 구미 위원부의 직무는 구미 각지에서 실행할 정부 행정을 대행함.
3. 구미 위원부는 미주에서 출납되는 정부의 재정을 관리함.
4. 구미 위원부는 필요할 때마다 예산안을 정부에 제출하며, 미주에서 정부에 바치는 의연금 · 공채금, 기타의 세납들의 일체 재정을 수합하여 위원부의 명의로 은행에 임치함.
5. 재정 출납의 일체 행사는 반드시 집정관 총재의 승낙을 얻어서 이행함.
6. 구미 위원부 위원장과 위원회 선택은 위원부의 공천을 받아서 집정관 총재가 임명함.
7. 구미 위원부 위원의 임기와 출석은 집정관 총재가 자의 처단함.
8. 집정관 총재는 직권상 책임으로 위원부 사업을 지도함"

이것은 흡사 구미 지방을 따로 떼어서 이승만 전권 하에 둔다는 것인데, 형식적으로는 국무원의 의결이나 임시의정원의 통과가 없이 이러한 제도를 창설할 수 있느냐가 논쟁의 제목이 되고 실질적으로는 구미 위원부는 외교 선전에 국한한 직능을 가질 것이요, 이른바 일반 행정, 즉 애국 자금의 수납이나 교민단의 통제 등은 정부의 내무, 재무 당국에 속하여 직접 관리하여야 한다는 것이다. 특히 재정 출납에 있어서는 쌍방의 이해 관계가 개재하기 때문에 심각한 대립이 아니 생길 수 없었다. 이 문제는 종내 타협이 성립되지 못하고, 1925년 이승만 대통령 탄핵 결의에 이른다.

공채표 발행 문제는 임시정부 조직 직후 이승만이 국무원에 대하여 이를 제안한 것인바, 당시 대통령 칭호 문제로 승인되지 아니하므로, 9월에 이승만은 구미 위원부 조직 발표와 동시에 집정관 총재 이승만과 구미 위원부 위원장 김규식 연서로써 공채표를 발행하기 시작하였고, 상해 임시의정원은 처음에 반대하다가 이승만이 외국인의 동정금을 모집하는 데는 공채표를 팔아야 된다 하므로 이를 승인하였다. 그 규정 내용을 보면 총액수 500만 달러 중에서 제1차로 50만 달러를 발행하고 상환은 미국이 한국 정부를 승인한 후 1년 안에 한국 서울에서 재무총장이 지불하고 이자는 연 6푼이라 하였다. 그러나 구미 위원부는 이를 외국인에게 팔지 않고 한국 교포들에게 의무적으로 인수하게 하는 동시에 종래에 임시정부에 바치던 '애국금'을 폐지한다고 하였으므로 분쟁이 된 것이다. 이것이 애국금 공채표 분쟁으로, 정부 내부에서만 충돌이 생긴 것이 아니라 미주와 하와이에 있는 교포들간에 충돌을 일으키게 하였다. 도산은 이 사태를 수습하기 위하여 누차 국무회의에서 역설하여 이듬해(1920) 2월에 재무총장 이시영 명의로 애국금 제도를 폐지하였던 것이다.

끝으로 임시정부 통일 문제는 '상해정부'를 개조하여 '한성정부'와 일치시킴으로써 일단락이 된 줄 알았으나 다시 문제가 발생하였으니, 하나는 '상해정부'를 개조할 것이 아니라 '한성정부'를 승인하여야 한다는 이른바 '법통론'(法統論)이요, 또 하나는 상해의 '임시 의정원'을 부인하는 이론이었다. 물론 임시 의정원이란 망명 정객들이 지방별로 서로 지명하여 구성된 것이며, 국민 선거에 의하여 된 것은 아니요, 그 때의 형편으로는 그럴 수밖에 없었던 것이다. 반면에 해삼위에서 생긴 '국민의회'는 어느 정도 시베리아와 만주에 거주하는 교포들이 선거한 대표들로 구성된 것이었다. 상해 임시정부 특파원이 해삼위에 가서 '한성정부' 추대의 약속으로 이동휘를 상해로 모시어 올 때에 해삼위의 '국민의회'는 해산 결의를 하였는데, 그들이 나중에 주장하기는, 그 때에 상해 '임시 의정원'도 해체한다는 약속을 하였다는 것이다. 그런데 의정원이 해체를 아니 할뿐 아니라 그 '법통'을 그대로 두어서 임시법개정, 각원 선임 등의 절차를 밟았으니 아무리 실질적으로는 '한성정부'와 같이 되었으나, 형식상으로는 어디까지나 '상해정부'의 연장이므로 이를 부인한다는 것이요, '국민의회'와 '임시 의정원'을 다 취소하고 백지로 돌아가 '한성정부'를 '승인'하는 것만이 대동 단결의 방법이라고 주장을 세우게 되어, 해삼위에서는 해산하였던 '국민의회'를 부활시키게 된다. 심지어는 도산이 아령 동포를 기만하였다고 공격하기 시작하였다.

노동국 총판(勞動局 總辦)

이러한 어수선한 분위기 속에서 이제 도산은 노동국 총판이란 한직으로 물러앉아서 모처럼 꿰어 매 놓은 임시정부를 옹호 · 강화하는데 전력하는 한편, 홍사단 원동 위원부 조직에 착수하였고, 또는 나날이 국내에서 망명하여 나오는 청년들의 지도와 조직 등에 그날 그날을 보내었다. 그가 싫어하는 형식적 사무에서 떠나 실질적인 독립 운동 · 항일 투쟁을 추진하는 일에 전심하는 것이 그의 즐거움이었으므로 외국 인사들과의 접촉도 자주하여 대외 선전 사업에도 힘을 썼다.

자기가 각원 중의 가장 말석으로 내려앉은 까닭으로 임시정부 옹호를 외치고 나서는 것이 더욱 효과적일 것이라고 생각한 도산은 기회있는 때마다 '이승만 · 이동휘 두 분을 절대로 지지하여야 한다'는 주장을 극력 내세웠다. 앞서 인용한 11월 3일 3총장 취임 축하사에서도 그것을 주장하였고 12월 7일 교민단 사무소에서 행한 '방황하지 말자'는 연설에서도,

"이 대통령에게 불평이 있거든 버리라. 가인* 에 대한 불평이 감하리라. 완전한 자유 국민이 된 뒤에 자유로 논평도 하고 탄핵도 하시오.…… 만일 이 총리에게 허물이 있거든 그 허물을 내가 쓰고 가인과 원경** 을 적으로 합시다. 오직 일본만 적하고 상대합시다. 세상이 흔히 상해에 편당이 있네 결렬이 있네, 그러니까 망했네 하오. 설혹 상해 전체가 결렬된다 한들 2000만 인민이 다 결렬될 리야 있겠소? 가령 여운형 사건으로 보더라도 양방의 의견이 다를 뿐이요, 숙시 숙비가 있음이 아니외다. 일해 가는 데 의견의 불합이 있음은 피치 못할 일이어늘 조금이라도 의견이 불합하면 곧 말하되 '저놈들이 또 싸우네' 하며 '독립이 되었다' 하오. 이리하여 말로 글로 있지도 아니한 파당이니 결렬을 있는 듯이 떠들어서 적이 수백만을 들여서라도 하려는 악프로퍼갠더를 하는구료. 개조 승인 문제에 관하여서도 양방에 다소의 의견이 있으므로 고려 · 토의할 필요가 있다 하여 무릇 다섯 번 회의하였을 뿐이어늘 세력 싸움을 하네, 지위 싸움을 하네 하여 인심이 요란하오.…… 우리가 큰 힘을 얻으려면 전 국민의 통일을 규호하여야 하겠소. 무력도 통일하고 금력과 지력도 통일하여야 하겠소.…… 각지 각 단체의 의사를 소통하여 동일한 목적하에 동일한 각오를 가지

---

* 일본 황제를 가리킴.

** 原敬, 당시 일본 총리 대신.

게 함이니, 우리는 과거의 모든 악한 생각을 회개하고 하나가 될 결심을 하여야 되겠소.…… 이미 성립된 정부에 복종하는 것이 으뜸되는 통일책이라 하오. 혹 말하기를 정부가 인민을 통일해야지, 정부가 무능력하니까 통일이 안 된다 하지마는 정부가 능력이 없다는 까닭에 정부에 능력이 없는 것이오. 자기의 모든 힘을 다 정부에다 바치면 정부는 능력 있게 될 것이외다.

합하여 그치지 말고 오래 참아 나가라…… 과거 일은 다 잊어버리시오. 위임통치니 차지니 하던 문제도 다 잊어버립시다. 우리는 과거에 사는 자가 아니라 미래에 살자외다."고 외쳤다.

또 제9장에 일부 인용한 1920년 신년 축하 연설(1일과 3일 두 날에 걸쳐서 행한 대연설)에서 '통일'을 말하는 절목에서도 도산은 이렇게 말한다.

"혹 지방열 때문에 통일이 아니 된다고 합니다.…… 혹 선배 노인들이 지방열을 만들었다 하나 기실은 일부 청년들이 이름을 지은 것이오. 가령 이 총리(이동휘)를 봅시다. 그는 서울 사람을 대할 때는 서울 깍쟁이라고 책하고, 평양 사람을 보고는 평양 상놈이라 하고, 개성 사람을 대해서는 개성 놈의 자식이라 하였소. 이것을 보고, 옳지 그는 지방열이 있는 자라 하오. 그러나 그가 설립한 90여의 학교가 함경도에 있지 아니하고 대부분 개성 강화외다.

또 이 내무총장과 이 재무총장으로 말하더라도, 우선 그의 용모를 보시오. 그네에게 무슨 야심이 있겠나? 그네가 지방열 있는 것을 걱정은 할지언정 자기가 창도할 리야 있겠소?…… 신 총장에게 지방열이 있겠소? 그 어른이 해외 10년에 동포간에 절규한 것이 대동 단결이외다. 그가 주재하던 동제사(同濟社)는 대한의 독립을 광복하려 하는 대한인의 단체지 결코 어느 지방 사람의 단체는 아니었소. 안창호가 서도를 위하여서만 일하였다 하니, 그만 해도 고맙기는 고맙소마는 우리 나라가 얼마나 커서 황해도 · 평안도를 가리겠소? 내가 혹 국가주의를 초월할 세계주의를 품었다 하는 견책을 받을지언정 그런 지방열이 있겠소? 또 가령 내가 지방열이 있다 합시다. 그러나 안창호에게 지방열이 있으면 있었지 모든 노인에게 있는 것은 아니오. 내가 가령 이동녕, 이시영 두 분과 저녁을 같이 먹는 것을 보면 얼굴을 찡그리며 말하기를, 저 놈은 이동휘 씨를 딴다 하고 그와 반대로 내가 만일 이 총리와 밥을 같이 먹으면 내무 · 재무 양 총장을 딴다 하오. (웃는 소리) 세상이 이러하니까 우리는 자연 근신하게 되어 자유로 의견 발표와 교유하기를 꺼리오.…… 어디나 어디를 물론하고 통일이 아니 되는 것은 무슨 까닭이오. 결코 지방열도 아니요, 편당심도 아니요, 오직 그 중에서 일하는 자 몇 사람이 남의 아래 서기를 싫어하는 까닭이오. 그네들도 가서 물어 보면 통일해야 된다고 하고, 통일 못 되는 것은 다 남의 탓인 듯이 말하오, 남의 아래 아니 서랴니까 자기 부하에 일단을 둘 필요가 있소.…… 여러 사람을 모아 놓고……"꼭 통일을 해야 될 터인데 모야가 악하여 일이 안 된다." 하면 통일을 바라는 여러 동포들은 대단히 분개하여 그 사람을 복종하여 모야를 공격하고 배척하오. 이리하여 야심은 성공되고 통일은 파괴되오. (박수) 통일하려면 복종하라. 통일이 최후요, 최대한 요건은 복종이요. 대한 민족은 대한 민족끼리 복종하여라. 대한 민족이 통일된 후에야 자유도 있고 독립도 있다." *

같은 해(1920) 3 · 1절 축사, 3월 20일 국민군 편성 축사, 3월 23일 의정원에서 국민의회 사건 질문 답변에서, 그리고 12월 25일 '전도 방침'에 대한 연설 등에서도 꼭 같은 논조의 통일 호소를 볼 수 있다.

도산 일기

1920년 1월부터 8월까지 그가 친필로 기록한 일기(日記)가 보존되어 있다. 이 일기에서 우리는 당시 도산의 일상 생활의 일부를 알 수 있고, 또 시국의 분규와 이를 수습하기 위한 거의 필사적인 노력의 흔적을 찾을 수 있다. 그는 프랑스 조계의 서강리(瑞康里, 동리 이름)라는데서 중국 셋방을 얻어 거처했고, 건강이 쇠약했기 때문에 수시로 홍십자(紅十字) 병원에 입원했다. 셋방을 얻기 위하여 몸소 집을 보러 다니기도 하였고, 한때 법무부 자리였던 오흥리(吳興里) 집으로 이사한 일이 있으나 전등 장치가 없어 불편하므로 서강리로 되돌아왔다(6월). 얼마 후에는 방문객의 편리를 위하여 임시정부 정청에 가까운 명덕리(明德里)에 사무실을 따로 두고 거기서 손님을 만났다. 유상규(劉相圭) · 김

* 1920년 신년 연설은 도산의 민족운동 방법론을 연구하는 데 가장 중요한 자료다. 그 요지 전체가 이 책 제2부 언론 · 자료편에 수록되어 있으니 참고할 것.

복형 두 청년이 비서로서 그의 모든 심부름을 하였다.

2월 27일 일기에 이런 구절이 있다.

> 유상규 · 김복형 양 군에게 간단한 훈유를 주니, 그 대략은 —내가 상해로 온 처음부터 양 군이 나를 도울새, 어떠한 비밀 어떠한 일을 물론하고 다 같이 아는 바라. 양 군이 나를 도움이 어떠한 희망을 위함이 아니라, 나를 도움이 한국의 국사를 돕자고 노력하는 바이니 감사하노라. 이제 내가 어떤 물질로써 주지 못하나 다만 정신으로써 양 군에게 주노라. 양 군이 이제 새 결심(입단)을 가지고 수양하여 전진할 바, 나와 항상 밀접히 서로 만남으로 혹 나의 부족한 것을 본받을까 염려하노라. 나와 상종이 드문 이는 나로 인하여 수양이 득중(得中)하나, 이와 반대로 밀접히 상종하므로 나의 단처가 없기 어려운즉, 나의 단처에 대하여 극히 수양하는 데 주의하라—하다.*

하루의 일과는 새벽에 일어나 냉수욕을 하고, 홍사단 단소에 가서 동지들과 함께 정좌법(靜坐法)을 하고, 홍십자 병원으로 가서 수치료(水治療)를 받거나 그 병원의 김창세(金昌世) 의사**를 집으로 오게 하여 수치료를 받았다. 수치료는 물리 치료법의 하나로서 안식일교 병원의 특색이었는데, 두꺼운 타월을 끓는 물과 얼음물에 번갈아 담갔다가 전신에 찜질을 하는 것을 말한 모양이다. 도산의 병은 과로로 인한 소화기의 장애와 전신의 피로, 때로는 심한 두통 등이었고, 수치료는 전신의 혈액 순환을 촉진하여 피로를 덜고 심신을 회복시키는 효과가 있다 함이다. 손님이 많거나 일이 바쁜 때는 이 치료를 받지 못하고, 혹은 밤에 병원에 가거나 김 박사를 오라고 하였다. 오전 10시경부터 내객을 면회하거나 동지를 방문하고, 국무원 회의에 참석한다. 점심은 대개 손이나 친구와 더불어 음식점에 가서 식사하면서 간담 또는 용무를 토의하고, 오후에는 공용 · 사용으로 분주하거나, 없는 날은 역시 방문객을 만난다. 저녁에는 국민단 체육회 야학과에 가서 군사 훈련을 받았으니, 이는 국민 개병(國民皆兵)주의를

---

* 여기 입단이란 말은 홍사단에 가입함을 의미함.

** 도산과 동서간으로 미국서 의학을 공부하고, 미국 기독교 안식일회 설립인 홍십자 병원에서 시무하고 있는 이.

실천하기 위해 세운 기관으로서, 도산은 청년들에게 모범을 보이기 위하여 몸소 이에 참가하여 훈련을 받았다.

저녁 식사도 대개 사교 또는 정무 관계로 초대하거나 초대를 받아 음식점으로 가게 되고, 식사 후 강연 또는 흥사단 입단 문답 등이 있고, 정부 내의 동요를 막기 위해서 요인과 만나 어떤 때는 밤 1시까지, 심지어 3시경까지 토론하는 때도 있었다. 1월 17일 일기에 "지금 이후로 오후 9시 반 이후에는 면회를 사절"이라는 구절이 있다.

2월 24일 일기에 "냉수욕과 정좌법을 오늘부터 실행한다."고 적혀 있다. 정좌법이라 함은 눈을 감고 꿇어 앉아서 아랫배에 힘을 주고 심호흡을 하면서 정신 통일을 하는 것이다. 이것은 일본에서 시작된 것인데 도산은 그것을 정신의 수양과 건강에 도움이 되는 것으로 생각하였던 모양이다. 1월 16일, 18일 두 날에 참고 서적 구입 예정 22권이 다음같이 기록되어 있다.

瑞典式療病體操 · 體操半生記 · 體育上之論理及實際 · 普通敎育生理衛生學 · 江間式心身鍛鍊法 · 藤田式心身調和法 · 靜坐三年 · 康德人心能力法 · 國是子靜坐法 · 師範學校新敎科書倫理學 · 新體論理學講義 · 師範學校新敎科書心理學 · 心理學(楊保恒著) · 敎育學講義(葬准喬著) · 國民性之訓鍊 · 人格修養法 · 意志修養法 · 人種改良學 · 歐美憲法眞相 · 萬國比較政府議院之權限 · 政治名詞票 · 德國富强之由來

그리고 1월 28일 기록에 "아침에 일어나 각 신문을 펴 보고《정좌 3년》을 네 쪽 가량을 읽다." 하였고, 그 후 거의 매일《정좌 3년》을 4, 5쪽씩 읽고 있다. 정좌법을 행할 때는 이광수 · 박현환 · 주요한 등이 같이 행하였는데, 도산은 명상하는 상태에 있다가 돌연 몸을 후루루 떨기도 하고, 전신이 방석 위에서 뛰어오르기도 하였다. 무심중에 그렇게 된다고 그는 설명하였다.

치아(齒牙)가 상하여 박세영(朴世榮) 의사에게 치료받는 것도 일과의 하나였다.

불화음(不和音)

쇠약한 신체에 대하여 수치료 · 냉수욕 · 정좌법 · 체조 훈련 그리고 때때로 입원 휴양 혹은 대동여사(大東旅社) 등 여관에서 정양하는 등으로 건강을 유지하면서 거의 날마다 국무원 회의, 의정원 회의, 선전 위원회, 흥사단, 독립 신문사, 애국 부인회, 구제회 등을 역방하고 수많은 방문객을 만나고, 애인리(愛人里) 폭발 사건, 철혈단(鐵血團) 청년 폭행 사건 · 사관학교 학생 반항 사건 등을 처리, 무마하는 등 평안한 날이 없는 가운데서 그의 정력은 이른바 시국 수습에 기울게 된다. 정부 개조와 4총장 취임 후에 대동 단결의 사업은 한걸음의 진전이 없고, 도리어 뒤로 미끄러지기 시작하였고, 흩어지려는 정부 집결력을 유지하고 미봉하는 데 급급한 형편이었다.

1월 14일(1920)부터 시작되는 도산의 일기록에서 우선 정국 문제에 관련된 것으로 '신대한 사건' 이 나타난다.

(17일) 윤현진 군이 내방하여《신대한》신문의 정폐책(停廢策)을 말한다.

(18일) 김구 군이 내방하여《신대한》에 관한 문제로 국민 대회를 엶이 어떠냐 하므로 불가하다 대답하다. 유지한 청년으로 시위적 논책(論責)하겠다는 것을 만류하였노라고 말한다. 씨가 친히 상의적으로 신씨와 그 밖에 유력한 몇 사람을 대하여 충고하여서 각성을 도모하겠노라 함에 동의를 표하다.

(19일) 옥관빈 군이 내방하여《신대한》을 공격하기 위하여 일종의 신문을 인쇄 · 발행하겠다 하므로 불가하다 하다. 김구 군이 내방하여 일찍 경무국장을 사면하고 개인의 신분으로《신대한》주무자에게 충고를 다하겠는데 이 뜻을 내무총장에게 문의한즉《신대한》은 불금이자금(不禁而自禁)으로 폐지될 조짐이 있으니 아직 그대로 방임하라 말하더라 하다. 11시경에 윤현진 군이 내방하여《신대한》철폐안을 국무회의(國務會議)에 제출하려 함에 대하여 불가하다 답하다.

(20일) 손영필(孫永弼) 군이 내방하여……《신대한》의 논조는 우리 사업에 큰 방해가 된다고 말하므로 유유(唯唯) 청취하다.

(25일) 김구 군이…… 민단에서 국민 대회를 열고 경무국장에게 대하여《신대한》금지 못한 과실을 탄핵할 내정(內情)이 있으니 사직서를 미리 제출할 뜻이 있다 하므로 이런 행동은 일종의 연극으로 간주하고 우리의 천직을 끝까지 다함이 필요하니 요동치 말라 하다.

(27일) 8시에 두 종류 신문* 의 논조 불일치로 인하여 개최한 연설회에 가서 간단한 몇

* 두 종류 신문이라 함은《독립》과《신대한》을 가리킴.

마디말로 신문의 일로 이렇게 집회함이 불가하다고 역설하다. 신체의 피곤으로 곧 돌아오다

(28일) 임현(林鉉) 군이 내방하여 상해의 분쟁되는 것을 잘 조화하라 하다. 내가 가로되 《신대한》의 논조를 조심하여 분쟁이 일지 않게 하라 하다.

《신대한》 문제라는 것은 이러하다. 처음 상해에서 임시정부를 조직할 때 역사학자인 단재 신채호(丹齋 申采浩)가 이승만을 최고 지도자로 추대할 것을 반대하였는데, 그 이유는 이승만이 한국의 위임 통치안을 제출하였다는 것이었다. 그가 회의 석상에서 과격하게 반대하므로 청년들이 그를 옆 방에서 못 나오게 하고 정부 조직안을 통과시켰었다. 그 후 정부 개조안이 의정원에 제출될 때에 다시 이승만의 대통령 선언을 반대하다가 뜻대로 되지 아니하매 《신대한》이라는 주간 신문을 발행하여 호마다 이승만을 과격한 언사로 공격하였고, 결국은 이승만을 대통령으로 하는 임시정부까지 부인하는 논조로 나온 것이다. 여기 대하여 상해의 일반 여론이 격분하여 폐간시키자는 논, 성토하자는 논들이 홍분된 어조로 나타난 것이 도산의 일기에 나타났고 도산이 이를 극력 무마한 사실도 볼 수 있다. 《신대한》은 미구에 자진 폐간하였다. 그러나 그러한 논조가 북경이나 해삼위 방면에서 상해 임시정부를 반대하려는 인사들에게 구실을 제공하고 또 상해 사회의 사기에 좋지 않게 영향을 준 것은 부인할 수 없다. 도산은 분규를 확대시킬 것을 염려하여 홍분한 청년들을 무마하기에 노력한 것이 그 일기에 역력히 보인다.

박용만 · 원세훈 등이 북경에서 상해 임시정부를 부인하는 성명을 낸 문제에 관하여서는 1월 25일 기록에 "김립 군이 내방하여 가로되…… 원세훈 · 남공선(南公善) · 홍도(洪濤) 등 모모인이 아령(俄領) 으로 대의사 6인을 오게 하며, 북간도에서 온 대의사에게 동정자 되기를 운동하여 의정회(議政會)가 열리는 동시에 이승만 대통령과 현임 총장을 다 갈고 박용만 · 노백린을 중심으로 하여 새로 정부를 승인식으로 조직하기로 음모가 있다 하다."는 구절이 있는데, 이것은 과장된 정보일는지도 모른다. 그리고 해삼위 방면의 정보로서는 1월 20일 일기에 "김성근(金聲根)이 내방하여 아령 정상을 보고 왈, 하얼빈에 재류하는

유동열은…… 소왕령(蘇王嶺)* · 해삼위 등지에서 국민의회를 부활시키며 임시정부를 공격하기로 운동하다가 매양 동지 인사의 반대로 미수하였다 하며…… 아령 불평 분자에서는 선생에게 대하여 임시정부를 개조하여 아령을 사기하였다 하며……"운운하였다. 이러한 몇 가지 일이 대동 단결 운동에 잡음이 되는 것이 사실이나 그리 중요한 분열이 되지는 않았다. '아령을 사기하였다'는 뜻은 임시정부를 취소하고 한성정부를 승인하기로 언약하고서 상해 정부를 개조하여 한성 정부와 같이 만든 것이 언약과 틀린다는 것이다.

개조 정부의 외무총장 명단에 오른 박용만은 종시 합작하지 아니하고 따로이 기치를 세우려다가 일찍 작고하였다. 원세훈 등의 주장은 뿌리를 남겨서 이듬해(1921) '군사 통일회'라는 형태로 바꾸어서 '국민 대표회'의 소집 주장으로 발전되었으니, 이 사건은 뒤에 말하기로 한다. 다만 《신대한》 사건, 북경 사건, 아령의 공기 등 산발적인 사건들의 누적이 대동 단결 운동에 약간의 장애가 되는 듯한 인상을 주기 때문에 없는 것만 같지 못함은 사실이었다.

그러나 이 때에 가장 중요한 문제는 이동휘 총리의 태도였다. 그가 이지적 성격의 인물이 아니요, 격정적 인물이기 때문에 정무 처리에 조직적이 아닌 것은 양해할 수 있으나, 신지식을 가졌다고 자처하는 차장급 청년들은 이를 못마땅히 여겨 심복하지 않는 태도를 표명하였는 바, 사실은 그러한 마찰이 이동휘의 성격에서 나온 것이라고만 판단할 수 없고, 앞서 말한 바와 같이 이미 공산당에 가입하고 있는 까닭이었을 것이다.

전해(1919, 기미년) 겨울에 여운형이 일본을 방문한 사건이 있었다. 여운형은 기독교 신자로 남경 금릉신학교에 유학하던 중으로, 영어를 알기 때문에 상해 임시정부의 의무차장으로 선임되었으나, 얼마 안 가 이를 사면하였으니, 그 때 이미 그 역시 공산당에 관계하였던 것 같다. 한국 공산당 운동도 처음부터 파벌 싸움이 벌어져 이동휘의 상해파 공산당과, 한명세(韓明世)가 이르쿠츠크에서 조직한 일파와 대립 상태에 있었고, 여운형은 이르쿠츠크파에 관계한 흔적이 있다.

---

* 시베리아의 도시, 니콜라스크의 한문 이름.

여운형이 일본 정부 고관의 초청과 신변 안전 보장을 받고 장덕수(張德秀)·최근우(崔謹愚)·신상완(申尙玩) 3인을 데리고 일본으로 건너간 것이 기미년 12월 15일이었다. 그는 일본 육군 대신 다나카(田中義一) 이하 고관들을 만나고, 또 제국 호텔에서 한국 독립을 주장하는 연설을 하고 돌아왔는데, 나중에 이것이 일본 국회에서 정부 공격의 자료가 되었다.

여운형 도일 문제가 발생하자 상해의 여론은 이것이 일본의 회유 정책에 넘어가는 것이 아닌가 의심하여 반대론이 일어나는 중, 당시 국무총리인 이동휘가 가장 과격하게 공격하였으니, 그는 공개 연설 석상에서 '호박을 쓰고 돼지우리에 들어가는 것'이라고 공박하고 거의 역적시하여 성토하였다. 이를 단순히 이동휘의 과열하는 성격의 소치라는 판단은 피상적일 것이다. 당시 이미 독립 운동자 간에 항일을 위하여 소련과 연계하여야 한다는 계획이 진행중이었고, 이를 계기로 공산당 양파간에 정통 싸움이 벌어져 있었으므로 여운형을 매장하여 버려야 한다는 정략이 잠재했던 것 같다.

소련으로 외교단을 파견하는 문제로써 국무원 안에 틈이 벌어지는 전말을 도산의 일기책에서 살펴본다면,

> (1월 15일) 안정근 군 내방하여 아국(俄國)에 인원 파견할 일을 상의할새 안공근(安恭根) 씨로 협정하였다.
>
> (16일) 9시경에 여운형 군이 내방하여 아국 과격파* 와 연락할 의견을 진술하며 자기가 직접 행사할 뜻이 있다 하고……
>
> (20일) 9시반경에 황진남 군이 내방하여…… 어떠한 한인이 아국 포타프 장군** 에게 대하여 한국 임시정부는 대한 인민의 불신임하는 기관이요, 여운형은 일인의 사냥개요, 이동휘는 무능력·무가치한 인물인즉 임시정부와는 관계 말라 하고, 아령의 국민의회는 국민 다수의 신임하는 기관이요, 또 그 중에 큰 인물이 많다고 하는 말을 포타프 장군이 여운형에게 말하더라 한다.
>
> (21일)…… 1시경에 이 국무총리가 내방하여 아국 레닌 정부에 사람 파견할 일을 속히

* 볼세비키파의 번역.

** 당시 상해에 와 있던 소련 군인.

결정하자 함에 동의를 표하다. 또 아무가 노서아인 포타프 장군에게 가서 안창호는 미주에서 이승만 · 정한경으로 더불어 미국의 보호를 청할새, 그 청구서에 서명하고 나온 부미파(附美派)요, 독립 사상이 없는 자니 서로 일을 관계하지 말라고 하는 말을 포타프가 한형권 군에게 말하였다고 말함에, 나도 이러한 말을 어제 김립 군에게 들었노라 하다.

3시경에 여운형 군이 내방하여 나를 아인에게 중상시키는 말이 이 총리의 말과 동일하고, 또 그 밖에 중국 인사들에게 중상시키는 말이 있다고 전하다.

(22일) 오후 2시 국무회의에 참석하여…… 1, 아국에 외교원 밀송할 사(결정 인원은 여운형 · 안공근)……

(26일) 국무총리 내방하여 가로되, 아국에 파견할 사람으로 선정한 여운형 군을 보내면 아령 한인의 인심을 수습하기 곤란한즉 정지하자 함에 다시 생각하자 하다.

(27일) 여운형 군이 내방하여 가로되 이광수 군과 같이 아국에 감이 좋겠다 하므로 불가라 하고, 또 여 군은 아국행을 정지하고 오스트레일리아행이 어떠한가 물음에 자기는 아행할 뜻이 많음을 말하다.

(28일) 국무총리 내방하여 제2차의 여 군(呂君) 아사(俄史)* 를 정지하자 함에 다시 생각하자 하고

(29일) 이광수 군이 내방하여 가로되, 여운형 군이 자기에게 대하여 아국 정부에 같이 가자 하는 일과, 또 여씨가 아인과 교섭한 시말을 상세히 말하기로 내가 상세히 알지 못하는 것인즉 그대는 절대로 가지 말라 하였노라 하다.

(31일) 이 총리 내방 왈, 아국에 밀파원 한형권을 파송하노라 하고, 여운형은 절대로 파송치 않겠노라 하므로 내가 가로되 국무원에서 기결 사안을 단독히 정지시킴이 불가하니 다시 국무원에 제의함이 가하다 하다.

(2월 18일) 여운형 내방 왈, 선생이 나에게 대하여 불만히 생각한다는 곡해가 일시에 있었다는 것을 와서 고하며, 자기는 생활의 곤란과 사회를 비관하므로 의정원 대의사 이하 각 단체의 직임을 일일이 사면하고 타처로 가서 자유 행동할 뜻을 결정하였으므로 이를 고하노라 함에…… 아령에 파송할 안공근 군이 온 뒤에 군의 아국 파견 문제도 낙착이 될지니 아직 침묵한 몸으로 있기를 바라노라 하다.

이리하여 국무총리 이동휘는 국무회의의 결의를 무시하고 자기 심복인 한형

---

* 러시아로 보내는 일.

권만을 모스크바로 파송하였고, 한형권은 레닌과 회견하여 한국 독립 운동 자금으로 200만 루블을 받기로 약속하고, 전후 100만 루블을 가져다가 40만 루블은 국내에서의 공산당 조직 비용으로 보냈고 20만 루블은 김립이 상해파 공산당 비용에 썼으며, 20만 루블은 나중 국민 대표회 비용에 쓰고 임시정부에는 한 푼도 들여 놓지 않았다는 것이다(《한국 독립 운동사》 367쪽).

이런 분위기 속에서 도산은 꿰어 맨 구슬만이라도 보전하기 위하여 이동휘에게는 이승만을 용납할 것을 권하고, 이승만을 지지하는 이에게는 이동휘를 포섭할 것을 충고하고, 일반 청년들에게는 이승만 · 이동휘를 아울러 추대할 것을 역설하였으나, 그 한 가지도 뜻대로 되지 아니하고 분규는 나날이 심해졌다.

1920년 1월로 3월 중순까지의 임시정부 내부 상태가 대강 이러하다.

1. 재정의 궁핍은 그 원인이, 하나는 미주에 있는 구미 위원부가 공채 발행을 추진하면서 애국금(의무금)을 폐지하였으므로 상해로 오던 돈이 중단된 것이요, 둘째는 본국의 정형이 이미 3 · 1 운동이 지나간 지 1년이 거의 되어 민심이 가라앉고 일본 경찰의 탄압이 강화되어 모금 운동이 부진하게 된 것이다. 부녀들이 반지와 비녀까지 빼어 헌금하던 열성이 점점 가시고, 더군다나 모금원들이 중간에서 횡령하는 사례도 생겨 신용이 떨어지고, 연통제가 경찰에 발각되어 연락이 더디게 되는 등도 원인이 되었다. 재무차장인 윤현진은 재정 때문에 거의 매일같이 도산을 찾았고, 자기가 모험 입국하여 재정을 판비하겠다 함에 이르렀으나 도산은 윤의 신변을 아껴서 이를 말리고, 또 효과의 크기를 고려하여 마침내 도산 자신이 한번 모험 입국하여 국내 사정도 관찰하고 재정을 판비할 결심임을 측근자에게 말하게 되었다. 때마침 도산은 미주에 있는 동지에게 개인적으로 연락하여 북만주 농업 경영 자금으로 1만 달러를 송금하게 하였던바, 이것이 알려져서 그 돈을 임시정부가 잠시 빌어 쓰자는 여론이 일어나게 되었다. 도산은 신의상 이유로 이를 거부하였으나, 정부 재정이 나날이 궁핍하게 되고 여론이 더욱 크게 되므로 애인리(愛人里) 폭탄 폭발 사고로 다리를 자르게 된 프랑스 경찰관에게 임시정부 명의로 위자금을 주지 않을 수 없는 막다른 골목에 이르러 부득이 송종익의 전보 승낙으로 1만 달러를 임시정부에 꾸어 주었다. 그러나 그 돈이 다시 돌아올 길은 없었고, 도산은 항상 동지들에게 미안

하다는 말을 하였다.

2. 국무원 내부의 불화는 그 원인이 국무총리와 비서장 김립의 사무 처리 혼돈에 있다고 하나, 기실 이 두 사람은 비밀히 공산당의 손아귀에서 놀고 있었으므로 매사에 다른 국무위원들과 의견 합치가 아니 된 것이요, 재정 궁핍, 총리와의 의견 대립, 그리고 구미 위원부, 아령 · 북경 및 상해의 '신대한'파 등의 반대와 비방 등으로 국무원의 사기가 저하되어 총장 · 차장의 사표가 연달아 제출되고, 도산은 이를 만류하는 데 시간과 머리를 쓰게 되었다.

3. 도산에 대한 모략 · 중상이 더욱 심하게 된 것은 비록 노동국 총판이라는 한직 · 말직으로 내려앉았으나, 상해의 주인공은 실질적으로 도산이었기 때문이다. 그는 미주에 있는 동지들의 후원으로 생활비가 보장되었고, 또 어려운 망명객들을 조금씩이나마 도와 줄 수도 있었다. 일기록을 보면 거의 매일같이 치료비 · 생활비 · 여비 명목으로 5원, 10원, 30원 등의 지출이 기록되어 있는 것이다. 재무차장 윤현진은 재정 문제에 대하여 재무총장이나 총리를 젖혀 놓고 도산에게 호소하고 있는 것이다. 당시 상해에 수백 명의 망명 청년들이 모여 있었는데, 지리적 관계와 사상적 관계로 황 · 평 양도의 청년이 대다수를 점령하였고, 그들이 과거 신민회 관계도 있어 도산을 숭배하여 따랐으므로 자연히 도산은 지방색을 이용하여 세력을 부식한다는 오해를 받게 되고, 또 도산을 시기하는 정객 중에서는 이를 과장하여 중상 모략하는 전술을 사용하였다. 도산을 따른다는 청년들 중의 과격한 분자가 폭력이나 폭언을 사용하는 일이 자주 있었고 그 책임이 낱낱이 도산에게로 돌아갔다.

도산은 일본 위라는 견지에서 신문 경영이나 외국 인사 접촉, 프랑스 조계 당국 교섭, 국내와의 연락 기관 유지, 군사 행동의 조직화, 청년 의용단 조직, 기타 여러 가지 일을 실행하고 후원하였는데, 그것이 도리어 다른 부서의 권리를 침범한다는 비난을 받게 하였다.

자기는 능력이 부족하여 일을 못 하여도 남이 하면 권리 침해라고 비난하는 것은 우리 사회에서 가끔 보는 일이다.

선전 위원회를 만들고 도산에게 위원장 일을 맡길 때에 강경히 사퇴한 것도 그런 공기를 알기 때문이었다. 그러면 또 무성의하다 하고, 정부를 파괴하려 한다고 공격하는 것이다. 도산은 사퇴하다 못 해 얼마 동안 선전 위원장의 직을 가졌다.

각내 동요(閣內 動搖)

이러한 분위기 속에서 1월에는 내무총장 이동녕의 사표 제출 사건이 생기고, 각부 차장급의 사표도 잇달아 나왔으며, 2월 22일에 재무차장 윤현진(尹顯振)은 내각 개조론을 발설하고 그것이 차장과 비서장 총사직안으로 전개되어 도산은 이를 미봉하기에 많은 시간을 허비하는 것이다.

이상과 같은 상해의 분위기를 짐작하기 위해서 도산의 일기에서 일부를 인용한다.

(1월 14일(1920)) 5시 반에 국무총리의 초대로 영안 공사(永安公司) 만찬회에 참석하니 각 단체, 각 지방 대표와 민간의 연고 유력(年高有力)한 제씨가 회집하여 각각 의견을 진술할새, 나는 동지간의 서로 애호함과 형세를 헤아려 금일의 부족한 형편을 즐기어 붙들고 진행하자 함과 정부에 의견을 많이 제출하여 달라는 뜻을 말하다.

(16일) 윤현진 군 내방하여 큰 일 진행 방침을 난상 토의하고 재정책에 대하여 극히 곤란한 것을 말하여 미주나 호주에 나아가 재정 운동함이 여하할 것과 국내에 모험하고 내왕할 방침을 토의하다가 1시경에 취침하다.

(22일) 윤현진 군이 내방함에 비행기 구입 경비를 속히 판비하라 재촉하고, 또 국무원 내정에 대하여 곤란한 형편을 토의하다. ……

오후 2시, 국무회의에 출석하여 외무차장 장건상 군의 사직서를 의원 면허케 하고 정인과 군으로 신임하다.……

(25일) 윤현진 군, 내방하여 재정책이 말유하니 자기가 직접 본국에 왕환하겠다 하므로 불가라 하고 차라리 내가 직접으로 본국에 왕환하는 것이 낫겠다 말하다.

(26일) 윤현진 군이 내방하여 국무원 내막에 근심되는 일을 상의하고 또 재정 판비할 책을 토의하다.*

(31일) 윤현진 군이 내방에서 시국에 관한 일로 야심토록 담론하다가 4시 반경에 취침

---

* 여기 주목하여 둘 것은, 윤현진은 당시 재무차장인데, 정부 재정 문제에 대하여 재무총장이나 총리에게 말하기보다도 노동국 총판인 도산에게 상의하고 있다는 사실이다.

하였으나 사려 분분한 고로 안면하지 못하다.*

(2월 25일) 윤현진 군 내방함에 내무총장 사직안을 토의하고 또 가로되, 재무총장에 이동휘나 안창호를 추대하고 청년 내각으로 개조함이 필요하다 말하는고로 내가 가로되 지금 회집한 다섯 총장과 장래에 여기 올 몇 분이 중심이 되고 청년 차장들이 단합하여 공사(共事) 진행함이 가장 적당한 일이라 하다.

(9일) 12시에 서강리에 오매 윤현진 군이 내방하여 가로되, 내무총장의 사직함을 만류하라 하므로 이에 이동녕 군을 방문하여 국무회에 출석을 권고하고 동행하여 참석하여……

(11일) 윤현진 군이 내방 왈, 지금 기호(畿湖) 인사들이 선생께서 명예와 세력을 독점하고 《독립》 신문을 사사 기관을 만든다고 대불평이 발생하며, 더욱이 모군은 노골적으로 도산은 지방열로 화한 몸이라고 말하며 경상도 인사도 동일한 불평이 있으니 극히 주의하라고 하므로 내가 답 왈, 나에게는 더 주의할 바가 없노라 하다.

(12일) 2시경에 국무 회의에 출석하여 정무를 협의할새…… 내무차장 이규홍군의 사면서를 봉환하기로 하고…… 내가 선전 위원장 사직을 제출함에 불청하는지라, 이에 다시 사직하기를 선언하다.

(13일) 신익희 군이 내방하여 자기가 법무차장을 사직 청원할 뜻을 말함에 사직치 말라 권고하되 종시 불청하며, 또 국무원 융합치 못한 것을 한하노라고 말하며 선생은 특별히 주의하여 주기를 바란다 하므로 운운……. 이 총리 내방하여 시국에 대하여 우려하는 뜻으로 말하고 나의 선전 위원장을 사직치 말라 간권하므로 나는 이를 사임하는 것이 일에 유조하겠다 하다.

(14일) 윤현진 군이 내방함에 내가 말하되, 선전 기관을 설치하는 것이 급무인 바, 내가 이를 맡아 행하면 자연 각부 행정에 간섭이 되겠고, 이렇게 하면 권리 남용한다는 오해로 내홍이 있을 듯하여 나는 부득이 사면하거니와, 상당한 인재를 택하여 속히 실시케 하자 하다. 2시경에 국무회의에 출석하니…… 내가 선전 위원장의 사면서를 제출하매, 부결되다.

(16일) 윤현진 군 내방 왈, 재무부 일이 극히 궁하므로 위급한 경우에 처하였으니 속히 재정을 다른 곳에서 취대하여 달라 하므로 취대할 만한 곳이 생각나지 아니하나 힘쓰겠소 하다.

(17일) 윤현진 군 내방하여 다시 재정에 관한 일로 토의하다.

---

* 오전 4시 반까지 담론하였다는 것은 사태가 중대하거나 해결 방법이 어려운 지경에 이르렀음을 시사하는 것이다.

(18일) (이춘숙의 학무차장 사임을 만류)

(19일) (김희선에 대하여)……지약 선전 위원장 자리는 그 직무가 각부에 간섭이 많으므로 불가불 사면코자 함이라 하다.

……윤현진 군이 내방하여 시사를 논할새, 국무원 내막이 선히 융합치 못하는 것과 워싱턴 · 북경에 있는 인물이 각자 분도(分道) 진행하는 등에 관한 문제로 3시경에 이르도록 토론하고 안면하지 못하다.

(20일) 김구 군이 내방함에 내가 가로되, 경무국장의 사면을 봉환하거든 유임하라 권함에 군이 가로되, 선생의 명령은 다 좇되 이는 듣지 못하겠노라 하다.

(22일) 2시경에 이 총리 · 이 내무총장 · 이 재무총장 내방하여 시국에 관한 일로 장시간 토론할새, 내무총장은 병가(病暇)로 수유(受由)할 마음이 있노라 하고, 재무총장은 나를 향하여 가로되, 내가 자기에게 대하여 어떠한 오해가 없는가 하므로, 나는 별로 오해하는 바 없고, 현금 사실이 국무원 내막이 여차하고는 도저히 혁명 사업을 수행키 불능하다고 생각하노라 하다. 우리 국무원은 동심 동덕(同心同德)으로 동사 동생(同死同生)할 의지가 확실하여 동경에 있는 적의 내각을 향하여 분투할 것이어늘 우리의 현상은 워싱턴에 있는 인물이 각각 자기에서 북경에 있는 인물이나 상해에 있는 인물이나 서로 항거하려 하고 적에 대함에는 용기가 없는 듯하니 이러고야 어찌 혁명 사업을 수행함을 기하리오. 나의 처지는 워싱턴과 북경과 '신대한' 파 및 내각의 모든 불평이 이 한 사람에게 중심된 것은 사실이라. 이러므로 나는 얼마 동안 침묵하여 세인으로 하여금 탐권한다, 야심이 있다는 등의 오해를 덜게 함이 우리 전도에 유익이 될까 하여 내가 본임인 노동국 총판의 명의로 국무원 된 이외에는 간섭할 뜻이 적을 뿐이로다 하다. 내무 · 재무 양 총장은 가로되, 선생밖에 적임이 없은즉 선전 위원장을 사면치 말고 유임하라고 권하다.

(22일) 윤현진 군 내방하여 임시정부를 개조하자고 제의하다.

(23일) 국무원에 출석함에 교통총장 인선안과 겸섭안이 제출되었다가 실행되지 못하다.

(24일) 정인과 군이 내방 왈, 외론이 미주로부터 선생에게 2500원이 왔으나 이를 내어놓지 아니한다 한즉 하고냐 물음에 내가 대답 왈 내가 군으로 더불어 의논하고 아령에 논농사하기 위하여 송종익 군에게 미화 1만 불을 보내라 하였더니 송 군이 이를 전보환으로 보낸지라 이를 회풍 은행에 맡겨 두고 안공근 군이 상해에 온 뒤에 상의하여 금년으로 농작을 실시케 되면 그 돈을 수용하겠고 불연이면 송환할 터이요, 한 푼이라도 다른 방면에는 수용할 수 없나니 우리는 막약한 동지간에도 재정상 신용을 확수함이 우리의 주의를 실천함인즉 타인의 시시 비비는 불고할 바라 하다.

(26일)……이 총리 내방하여 시국에 대한 불평을 많이 말하고 자기가 책임을 부담하고

이 국면을 한번 번복할 터이니 군은 밖에 나타나지 말고 안으로 동지를 몰래 맺었다가, 우리 양인이 일을 전당(全當)하여 종말까지 진행하자 하는지라. 내가 가로되, 우리 민족의 정도와 현시 군중 심리와, 우리의 실력을 헤아린즉, 이러하고는 곧 실패를 당할 터인즉, 만만 불가하고 선생은 극히 주의하여 현국을 순조로이 지배하여 융화 정책을 강구함이 마땅한지라 선생의 의견대로 행하여 성공할 것 같으면 나도 정면에 서서 행하지 선생에게 책임을 돌리고 후면에 설 바 아니라 하다.

…… 국무 회의에 출석하여…… 법무총장 신규식 군의 사직서를 봉환하고……

(27일) 윤현진 군 내방 왈, 현금 정부에 재정이 심급한 경우에 처하였은즉 미주로부터 온 1만 불 중에서 얼마간 취용하자 하므로, 내가 가로되, 그 돈은 속히 환송할 터요, 취대하여 줄 권리가 없다고 하다.

(29일) 도인권 군이 내방 왈, 자기의 실행코자 하는 주의는 불량 분자를 위력으로 제거하여 선생을 후원코자 하므로 과거에 타인에게 시비를 받은 일이 종종 있었거니와, 이후에도 이 주의대로 진행할 터이오. 우선 이번 의정원 내의 불선한 분자를 제거하겠노라 하는지라. 내가 가로되, 민족의 정도가 고상하고 실력이 충실하더라도 위력으로 압제하는 일을 행하면 사회에 악 공기가 충색하여 난폭한 파괴를 이루나니 현금 우리 민족은 정도가 유치하고 총기관에는 실력이 박약하여 정신으로나 물질상으로나 극히 공허한지라. 차제에 극렬한 행동이 있으면 모든 일이 와해될지니 현금에 주의할 바는 덕의적 행동으로 사회의 활기를 보존하여 먼저 정신상 결합의 힘을 세우고 이로 나아가 물질의 힘을 갖추기를 계도할지니 군은 극히 주의할 바라 하고, 또는 군이 나를 후원한다 하나 군이 이렇게 단독적 행동하는 것이 나중에는 정신상 책임이 나에게 미치므로 나에게 그 장애가 막대한 줄을 군은 모르는가 하다.

(28일)…… 윤현진 군을 심방한즉 군과 김립 군이 같이 미주로 온 것을 급한 수용에 응하자 하므로, 내가 가로되, 정당치 않은 일이므로 절대로 이행 못 하겠노라 하다.

(3월 1일)…… 나창헌(羅昌憲) 군이 내방하여 모든 불통일 및 불평에 관함을 말하다.

…… 2시 반경에 올림픽 희원(戲院, 극장)에 민단 주최로 축하회에 가서…… 내가 수언으로 답사하니…… (中略) 금일 우리의 대통령 이승만 박사와 국무총리 이동휘 선생을 우리의 어깨 위에 떼메고 일본의 가인* 을 앞에 두고 싸움이 우리의 목표가 아닙니까. 위의 두 선생의 동상을 우리의 정신과 손으로 서울 독립문 앞에 세워야 하겠소.…… 이 두 영수를 우리는 받들고 앞을 향하고 전진하기를 우리는 생각할 바이라 하노라.

---

* 嘉仁, 당시 일본 황제의 이름.

(4일) (국무회에서 윤현진의 재무차장 사면서를 봉환)

(8일) (국무회의에서 법무총장 신규식의 사표를 봉환)

제11장

반송원(半淞園)의 봄빛

임시 정부 시절 · 3 (만 42세)

해가 바뀌어 1920년 도산이 자기 지위를 희생하면서 꿰어 매어 놓은 임시정부 중심의 대동 단결은 다시 내분을 일으켜 이것을 수습하여 보려는 노력이 그의 시간과 건강을 소모시키게 된다.

첫째는 아령측에서 '상해정부'를 '개조'한 것은 약속 위반이라고 들고 나와 '상해정부'와 '임시의정원'을 해소하고 '한성정부'를 승인 한다는 형식적 '법통론'(法統論)을 들고 나왔으며, 둘째는 미주의 이승만이 구미위원부를 설치하고 구미방면의 '행정권'과 '재정권' 독립 운영을 주장하게 되어, 한편으로 임시정부의 재정조달의 길이 막히고, 한편으로는 임시의정원과 구미위원부의 대립이 격화된다. 셋째로는 공산당의 비밀 전략이 주효하여 국무총리 이동휘가 이승만 반대를 고집하고, 모스크바 레닌 정부에 보내는 특사인선에 있어서 국무회의의 결의를 묵살하고 심복인 한모(韓某)를 몰래 보내게 되어 국무총리 대 다른 총장 및 차장급들 사이에 틈이 벌어진다. 도산은 독립운동 기간중 대통령과 총리의 두 자리를 절대 변동 말아야 단결을 유지할 수 있다고 강경히 주장하고 각 총장 · 차장들을 만류하나 효과가 없었고, 6월에 이르러 이동휘가 상해를 떠나 버리게 된다.

1920년 3월부터 7월 사이에 상해 임시정부 내의 위기는 절정에 달한 감이 있다. 당시의 상해 정세를 대관하건대, 제9장에 언급한 바 있는 재정의 궁핍은 더욱 심하여 갔고, 따라서 임시정부 직원의 사기는 점차 떨어지게 되었으며, 심지어 주간 신문인 《독립》마저 경영난으로 휴간의 위협을 받는다. 재무차장 윤현진은 자기가 본국 또는 미주로 직접 건너가 재정 운동을 하겠다고 도산과 누차 의논하고 있으며, 도산이 위험을 무릅쓰고 본국에 잠입하겠다고 사사로이 의견을 표시한 것도 일기에 적혀 있다. 국무원 비서장 김립이 자기가 사직하려는 이유가 생활 곤란에 있다고 고백하게끔 되었다(《도산 일기》 1920년 5월 27일).

앞서 말한 바와 같이 아령에 있는 국민의회는 도산이 '상해정부'를 개조하여 '한성정부'와 일치하게 한 것은 일종의 기만 행동이라고 비난하고, 상해의 '임시의정원'을 취소하고 '한성정부'를 승인하여야 한다는 이른바 '승인론'을 제창하기 시작하였고, 북경에 있는 원세훈(元世勳) 등이 이에 호응하여, 상해 정국에 혼란 상태를 가져왔다. 그 때문에 3월에 임시의정원 회의가 소집되어 아령과의 교섭 전말을 규명하게 된다. 23일 도산이 의정원에서 행한 설명 연설이 다음과 같다.

…… 당초에 상해에서 정부를 조직할 때 아령에서는 몰랐다. 그런즉 우리는 임시정부에 복종치 아니하고 국민의회로 나가겠다. 이래서 소위 타협 문제가 일어났다.…… 일시는 정부를 이 곳에 두고 의정원은 아령에 둘까까지 생각하였었다. 이와 같이 여러 가지로 사고하는 끝에 현순 · 김성겸 양 씨를 정부에서 파견하게 된 것이다. 그런데 금일 국민의회가 말하는 정부가 속였다 하는 사실은 한성정부를 승인 또는 봉대하자 하고 기실은 상해정부를 개조하였다 함이라.……그 때에 이 곳서 정부를 다시 조직하려 하는 오직 한 가지 요점은 이승만 박사를 대통령으로 삼자 함에 있었다.…… 각처에서 조직된 정부 중에 혹은 국무총리 혹은 집정관 총재라 하여 일정치 아니하므로 대외 행동에 여러 가지 지장이 있은즉 불가불 그 명의를 확정하여야 할 형세에 박하였고…… 그리하여 정부에서는 약 2주일간 숙의를 더한 결과 마지막 귀착되기를, 국무총리거나 집정관 총재거나 대통령이거나 그 최고 주권 행사를 함에는 동일하다 하여 한성에서 조직된 정부의 집정관 총재라는 것을 대통령으로 고쳐 의정원에 제출하였고, 또 이 한성정부를 옮겨 오므로 중 · 아령(中 · 俄領) 동포들도 그전 불평이 다 없어지리라 하여 일거 양득으로 생각하였었다. 한성정부를 가져올 때에 한 가지 유감으로 여긴 것은 재무총장 최재형 씨가 빠지게 되는 고로 김규식 씨를 대사로 하고 이시영 씨를 학무총장으로 하고, 최재형 씨를 그대로 재무총장으로 하자는 논의도 있었다.*

현 · 김 양 씨를 파송한 것은 바로 이 때라, 그 때까지 이 곳에 체류하던 원세훈 씨를 가보고 이 의견을 말한즉 그의 답변은 최씨 하나 들어오지 아니할지라도 통일에 방해될 것이 없겠다 하였다.

이상의 사실을 볼지라도 그 때의 정신이 개조에 있었던 것이 분명하다. 현 · 김 양 씨를

* 한성정부와 상해정부 명단(228)을 대조할 것.

보낼 적에 한 말은 오직 이 곳서 조직된 정부를 희생하고 한성에서 조직된 정부를 가져다가 다시 만들 터인즉 너희도 없애라 하였고, 승인이라, 개조라 하는 말은 하지도 않았다. 정부에서 이 문제를 가지고 의논할 때 내가 승인이란 말을 한 일이 있다 한즉, 여러 각원의 말은 한성에서 구성된 정부가 있을진대 승인할 수가 있겠지마는 각원 이름을 발표만 하였을 뿐이요, 정부 그것이 구성된 것이 없은즉, 승인하겠다고 이 정부를 없애면 없앨 것뿐이라 해서 개조안으로 제출한 것이다.

그 후 양 씨가 돌아와서 전하는 말에 자기네도 합하여야 될 것을 생각하여 한성정부를 옹호하자 하였던 터이라 하고 쾌락하였다 하므로 우리들은 미칠 듯이 기뻐하였다. 그리하였더니 문 교통총장* 이 와서는 왜 개조를 하였느냐 하고 총장 취임을 아니하겠다 하므로 양 씨를 불러 물어 본즉 승인 · 개조는 생각도 아니하였다 한다. 그 후 이 문제는 해결하기 어려운 큰 문제가 되었다. 양 씨가 말하였다 하는 의정원 해산이라는 것은 정부로는 입 밖에 내지도 못한 것이요, 또 위에 말한 바와 같이 그 때의 정신은 한성정부를 옮기어다가 지어 놓겠다는 것이었고, 승인이나 개조라는 술어는 염두에도 없었다. 이와 같은 통일책을 주어서도 합하지 아니하면 자기는 국민의회에서 탈퇴하겠노라 하고 정부에서도 이 안이 성립되지 아니하면 총사직을 하려 하였다.

사실이 이러한즉, 내가 생각하는 선후책은 오직 하나밖에 없다. 우리를 무시하고 우리를 사기하였다 하니 그 무시하고 사기한 각원을 없애 버리고 당신네의 신임하는 정부를 조직하라 하는 외에 방책이 없다.…… 일전에도 모 외국 신문 기자가 나에게 말하기를, 국토가 없으면서 이같이 갈라지니 너희가 무엇으로 독립을 하겠다 하느냐 하고 "애당초에 독립 전쟁이란 소리는 하지도 마라." 할 때 내 등에 땀이 흘렀노라.

안창호가 죽어서 한국이 통일된다 하면 죽으리라. 이 문제의 원인을 찾으면, 말을 잘못하였거나 마음을 잘못 먹었거나 하여간 책임 있는 나를 처치하는 외에 다른 방책이 없다. 혹 의원 중에 의정원 해산을 단행하면 통일이 될 터인데 왜 못 하느냐 하여 정부의 무능력을 책하지마는 의정원 해산이란 말은 정부 되어서는 입 밖에 내지도 못할 말이라. 선후책은 오직 책임자가 물러가는 외에 없나니, 무능력이니 무성의니 하여 악(惡) 프로퍼갠더를 하지 말기를 바라노라.

3월 16일(1920) 일지에는 안태국 · 김희선과 아령 문제에 관한 일을 의논할

* 한성정부 명단의 교통총장 문창범(文昌範).

제, ① 민사 기관을 확장하여 민심을 수습하되 최재형 등 유력자에게 최고 권력을 줄 것, ② 군사 기관을 시설 · 확장하여 유동열 군으로 최고 권력을 장악하여 군사 인물을 망라할 것, ③ 아국에 상당한 외교원을 파송하여 아국과 관계를 맺을 것 등이라 하였고, 3월 17일에는 안태국과 김구가 상해 의정원을 해산하기로 합의했노라 하므로, 도산은 법률상 · 사실상 불가능한 일이니 생각도 말라 하였다. 18일에 김성겸* 이 아령 왕환 문제에 대하여 상당히 변명하겠노라 하므로 도산은 그 일은 내가 책임지기로 스스로 정하였으니 염려 말라 하였다.

의정원에서 답변한 바와도 같이, 도산은 인책 사임할 의사를 가진 것이 사실인 듯한데, 이것은 물론 책임을 타인에게 돌리지 않으려는 뜻도 있겠거니와, 시국 형편이 정부에 더 머물러 있어서 대동 단결을 이룰 희망이 점점 적어 가기 때문에 정부에서 나와서 통일 기관 조직에 힘써 보겠다는 내심이 있었던 것이 아닌가 한다.

19일(3월)에 윤현진은 아령 문제에 관하여 도산이 책임을 져야 할 뜻을 말하였고, 22일에는 윤의 말로 그 때 당국하였던 사람들이 총사직하자고 제안하고 있다. 이에 대하여 도산은, "경우는 그러하나, 일인즉 중대하므로 참 어려운 문제라."고 대답하였다.

이리하여 도산은 23일 의정원에서 자기가 인책 사직할 것을 토로한 것이다. 25일 일지에는 이유필 군에게 대하여, "아령 문제에 대하여 내가 책임지고 사면함이 어떠하냐 하매 군이 찬의를 표하다."고 적혀 있다. 그리고 같은 날, "윤현진 · 김철 · 이규홍 세 군이 내방함에 나의 사직사를 토의한즉, 이 군이 가로되 지금 선생이 사면하면 정부는 와해 될터인즉 정부의 의사를 옮긴 후에 사직함이 가하다 하고."고 기록되어 있다. 그러나 이 문제는 의정원에서의 질문전으로 일단락이 되고, 인책 문제는 다시 언급이 없었으나, 이로부터 이른바 승인파 · 개조파의 갈등은 더욱 심하게 되었고, 정부 내부의 결속까지도 점점 악화되었다. 국무총리 이동휘는 이승만 밑에 있을 수 없다는 주장을 계속하면서 '절대 독립'을 구호처럼 외쳤다. 아령이나 북경 방면에서 같은 구실로써 이승

---

* 해삼위에 교섭 대표로 갔던 사람.

만을 배척하고 있었다. 이승만 대통령은 상해에 오지 아니하고 워싱턴에 머물면서 국무회의나 임시의정부의 승인 없이 대통령 교령을 반포 · 실시하고 있었으므로 정무(政務)의 체계를 주장하는 소장파들의 불만을 샀다. 차장들은 이 대통령의 월권 행위에도 분개하였지마는 이 총리에게 대해서도 불만을 가지기 시작하였다. 그들의 불만의 이유는 이 총리가 국무회의의 결의를 무시하고 한형권을 비밀히 모스크바로 특파하였다는 것이며, 공산당과 연락하여 단독적인 계획을 한다는 이야기가 비로소 표면화하게 된다.

이런 불평에 대하여 도산은 이 총리가 너무 열렬한 성격과 사무 체계에 등한한 점이 있으나 그의 애국심을 의심할 여지가 없다고 설명하였다. 옛 동지의 정의와 신임을 끝까지 저버리지 아니함은 도산다운 일이나 국제 공산당의 전술 · 전략에 유의하지 못한 것은 그 당시의 커다란 착오라고 아니할 수 없다.

이동녕 · 이시영 등은 대통령과 총리 및 차장들의 세 틈바구니에 끼여 진퇴양난하였고, 이동휘의 비밀을 눈치 채기 시작하면서 그와 같이 일할 수 없음을 결정적으로 표시하고 있다. 대략 이러한 분위기로써 이른바 '국무원의 내막'이란 말이 민간에 퍼져 가게 되었다.

이리하여 3월에는 윤현진의 입으로 내각을 뜯어고쳐 이동휘 대통령, 안창호 국무총리로 하자는 말이 튀어나오고, 4월에는 차장 회의에서 이승만 대통령 불신임을 이유로 총사표 제출이란 것이 결의되었다. 도산은 이 결의안이 국무회의에 상정 안 되게 하기 위하여 젊은 차장들을 일일이 자택 방문까지 하며 동분 서주하였으나, 그 반면에 이 총리는 그것을 적극 찬성하면서 마지막에는 차장들이 마음이 변하더라도 자기만은 절대로 이 대통령 밑에 일하지 않겠노라고 공언하게 된다.* 대통령 불신임안을 무마하기 위한 회담과 회의가 연일 계속되는 동안에 각 총장의 사표와 각 차장의 개인 사임서가 몇 번씩이나 나왔다가 봉환되다가 결국에는 워싱턴 위원부 해체 결의가 나온다. 도산은 그것이 통과되면 독립운동의 중심 단체로 내외가 인정하는 임시정부가 두 개가 될 것으로, 이는 독립운동의 종국이 되는 것이라고 강경히 반대하였고, 차장들의 고집을 꺾기 위하여

---

* 차장들은 내심으로는 이 총리마저 퇴각시키기를 계획하고 있었다.

만일 그 안이 통과되면 자기가 인책 사임한다고 위협 전술로 나갔다.

그러나 워싱턴 위원부의 폐지 결의는 국무회의를 통과하였고, 이 총리가 이를 공포하려는 것을 도산이 극력 만류하면서 재의에 붙일 것을 주장한다. 도산은 최후의 수단으로 총장 · 차장들의 관심을 다른 데로 돌리는 지연 작전을 하기 위하여 정부 업무 진행 방법의 개혁안을 제출한다. 그것은 재정 문제를 가장 큰 이유로 하여 지금까지 있던 정부 각부 사무실을 통합하여 연합 사무 집행제로 고치자는 것이었다. 또는 때마침 미국 상원 의원단이 동양 시찰 여행을 오게 되므로 도산이 스스로 대책 위원장이 되어 차장들에게 잠시 동안 정부 개조 문제를 유안하고 미국 상원 의원에 대한 선전 방침 수립에 노력을 총집중할 것을 요청한다.

워싱턴 위원부 폐지안의 공포가 지연됨에 참을성이 폭발된 이동휘 총리는 6월 23일 돌연히 상해를 떠나 산동성(山東省) 위해위(威海威)로 가 버리는 것이다. 이어서 7월에는 도산이 미국 의원단 접촉을 위하여 상해를 떠나니, 양 거두가 없는 상해 정국은 잠시 소강 상태로 들어간다.

안태국의 별세

이 봄에 도산에게는 개인적으로 큰 타격을 받은 사건이 또 하나 있었으니, 이는 동오(東吾) 안태국(安泰國)의 별세다. 가장 신뢰하던 동지를 잃은 비통도 크려니와, 그를 아령에 특파하여 정부의 분규를 조정하려던 계획이 좌절된 손실이 더욱 컸던 것이다.

안태국이 도산의 초청으로 시베리아로부터 상해에 도착한 것이 2월 13일(1920)이요, 그 이튿날 도산의 거처에 와서 저녁을 같이 하며 10년 만의 구정을 풀었다. 안태국은 도산이 경술년(1910)에 망명의 길을 떠난 후 보안법 위반 사건과 105인 사건으로 5년 감옥 생활을 한 후 만주로 건너가 농사를 지으면서 독립 운동을 계속하고, 또 시베리아 각지를 왕래하였다.

105인 사건 공판 때에 세 가지 반증을 들어 검사측의 증거를 근본적으로 파괴하여 일본 관헌을 당황하게 한 그의 모습은 많은 사람들이 기억하는 바다. 그의 성격은 의지가 굳고 신의가 깊으며 또 비상히 명석한 두뇌와 놀랄 만한 기억력이 있었다. 도산은 신민회 당시에 가장 신임하고 의지하던 동지의 하나인 동오를 시국이 가난하게 된 상해에서 만난 것을 구원병을 만난 듯이 기뻐하였다. 더구나 소위 아령 국민의회 문제로 분규가 증대하는 순간에 아령 사정을 잘 아는 동오가 나타난 것은 하늘의 도움인 것 같았다. 그러나 불행히도 그는 4월 2일(상해 도착 17일 만에) 우연히 병을 얻어 홍십자 병원에 '감기'로 입원하였다가 10일 만인 11일 하오 7시에 작고하였다. 도산이 그를 특히 신임하여 아령 방면으로 보내어 말썽 많은 지방 민심 수습의 일을 진행하려 하다가 출발 직전에 병을 얻어 세상을 떠난 것이다. 도산의 비통이 얼마나 하였는가는 도산 자신의 담화로써 알 수 있다.

> 명예 · 지위 · 권력이 모든 것에 조금도 거리낌 없이 오직 성충을 다하여 20년을 종시 여일하게 위국 분투하시는 안 선생의 성격과 열성은 내 입으로 다 말할 수 없소. 나 보는 한인 중에는 진실로 유일한 애국자요, 선생의 옥중 생활과 적의 악형이 선생의 그 좋던 얼굴과 체격을 손하게 하고 이제 또 돌아가시게까지 한 것이오. 선생은 또 정신상 고통을 많이 받았소. 선생의 동지인 전덕기 목사, 이갑 씨, 선생의 심복인 송종원(宋鍾元) · 김근형(金根瀅) 제 씨의 서거는 선생에게 비상한 정신상 고통을 주었소.*
>
> 선생은 이번 중 · 아령의 대동 단결에 대하여 정부와 의논하려고 오신 것이오. 정부에서 선생에게 정부 안에서 무슨 일을 보아 달라고 청하였으나 선생은 돌아가서 중 · 아령의 통일을 힘쓰겠노라 하고 고사하였소. 그래서 불원간 정부 특파원으로 지정하여 발정하시려던 터에……(도산은 목이 메어 말을 끝맺지 못하였다).

이듬해(1921) 4월 11일 동오 1주년 기념 추도회에서 도산은, "내가 선생을 영결하던 거년 금일에는 아무 말할 용기가 없었으므로 감히 무슨 말을 못 하였더니 1년이 지난 오늘에는 다소의 말할 용기가 있으므로 추도사를 말하나이다." 하고, "누가 나더러 묻기를, 네가 믿는 사람 중에 가장 믿던 이와, 네가 사랑하던 이 중에 가장 사랑하던 이가 누구인가 하면 나는 안태국 선생이라 대답하겠나이다." 하였다.

---

* 동오의 서거가 도산에게 준 정신상 고통을 대신하는 표현이 아닌가.

"인물이 귀한때에 우리는 그를 영결함이 얼마나 불행한가. 작년 이 곳에 와서 병을 얻었을 때에 내가 한 자리에 모시고 구호하노라 하였으나 정성이 부족한 소치로 그를 구원하지 못하고 마침내 나의 손으로 그의 눈을 감기었으니, 그 날에는 천지가 아득하여 아무 용기와 정신이 없었나이다. 나의 나중 할 말은, 남아 있는 우리들은 선생과 같이 변함이 없고 간사함이 없는 애국자의 생활을 끝까지 지어 나가기를 바라나이다." 하고 결론하였던 것이다. 신민회 동지 중 가장 유능하고 믿을 만한 이갑·안태국 등을 잃은 것은 도산 생애 중의 비극이요 손실이었다(추도사 중의 동오의 인격과 사업을 약술한 것은 이 책 하편 〈연설과 담화〉 참조).

3월 24일 일기에 보면 흥사단 단소 회합에서 도산은 담배를 끊을 것을 선언하였고, 27일 토요일에 "단연하기 위하여 하오에 입원하다."라고 적혀 있다. 그는 흥사단 청년들에게 몸소 모범을 보여야 되겠다는 심경으로 단연을 결심한 것이었으나, 4월 11일 안태국이 불시에 작고함을 당하여 비통한 나머지 끊었던 담배를 다시 피우게 되었다.

혁명 간부 조직론

이제 도산의 일기책에 의거하여 1920년 3월 내지 6월의 '국무원 내막'을 상고하고 도산의 태도와 노력을 들여다보기로 한다.

이 일기 중에 도산은 누구를 막론하고 '군'(君)이란 칭호로 부르고 있다.

흥사단 창립 때에, 한국말로 사람을 부를 때에 마땅한 칭호가 없으니 '군'으로 하기를 주창하였는데, 도산은 아마도 그것을 자기 일기책에 실천한 모양이다.

요사이 말로 하면, 아무개 님이라고 부르는 '님'에 해당한다.

(1920년 3월 10일) 윤현진이 내방하여 남형우(南亨祐)를 총장으로서 임하여 외계의 반기를 없이 하자 함.

(12일) 윤현진 군이 내방 왈, 정부의 조직체를 변동하여야 되겠다 하며, 이승만 대통령을 폐지하고 이동휘를 대통령으로 추대하고 선생이 총리가 되어서 제반을 총집하여야만 큰 일을 운전하겠고 불연하면 현 총리가 일을 붙들고는 지나갈 수가 만무하다 하므로 내가

가로되, 대불가라. 이 시기에 사호라도 현상을 변하면 크게 와해가 되겠고, 더욱 내가 국무원의 수석에 앉고는 행사키 어렵다 하고, 가로되, 나의 의사는 군과 정인과 · 김립 등이 결심하고 상당한 청년으로 차장이 되게 하여 차장 제군이 확고한 중견력을 스스로 작하고, 또 총장 몇 사람은 동심 단결하여 국무총리를 잘 붙들고 나아가는 것이 유일한 방침으로 생각하노라 하다.

…… 이규홍 군이 내방 왈, 국무원이 대단히 비관이라. 현상이 여차하고는 일을 할 수 없다 하고, 또 가로되, 대통령하고 노동국 총판의 자격이 동일하다 하고, 인물 집중함에는 박용만을 이 곳에 내도케 함이 가하거늘 정부에서는 이에 용력하지 아니함이 불가라 하며, 정부가 속히 융합하여 내부가 공고하여야 되겠다 하다.

(15일) 윤현진 군이 내방 왈, 국무총리가 너무 혼돈하여서 일을 수습하기가 방연하다 하다.

3월 하순은 임시의정원 개회로, 4월 상순은 안태국 별세와 장례로 정치에 관한 기록 사항이 적고 4월 15일에 이르러 '혁명운동 중견단체' 조직에 관한 의견이 나타난다. 이것은 차장급들의 정국 변동 공작을 무마하기 위하여 다른 실질적인 문제로 주의를 전환시키는 작전인 듯하다. 한편으로 고찰하면, 도산이 처음 상해에 도착하였을 때에, 미주 · 시베리아 · 만주에서 3거두를 추천하여 3인 정치로써 대동 단결할 것을 제창하다가 내무총장으로 취임한 후 '상해정부'를 개조하여 '한성정부'의 명단과 일치하게 함으로써 통일의 실지를 확보하려고 하였는데, 아령에 있는 국민의회가 다시 말썽을 일으켜 '정국'이 분규를 거듭하게 된 오늘에 와서 이 '혁명 운동 중견 단체 구성'이라는 구상으로 통일 달성의 새로운 시험을 하려한 것인 듯도 하다.

4월 15일에 "김구 군이 내방하매 내가 가로되, 아무래도 중견되는 단체를 조직하여야 하겠다 하다."라고 쓰여 있고, 그 후 계속하여 도산은 그 일지 속에서 이 새 구상을 '중간 단체 조직' · '혁명당 최대 중심 기관' · '대동 단결 조직' · '혁명 최대 간부조직' · '혁명당 최고 기관' 등 여러 가지로 표현하고 있다.

4월 21일(수요) '예정 사항'에 "1. 시국이 비상히 험악한 경에 들어가는 고로 수습하기 위하여 각 총장들과 상의하여 내부를 결속하고 대동 단결하기로 착수할 것"이라고 적혀 있다. 이 날부터 시작하여 도산은 매일 이 일에 힘을 기울여, (21일) 오전에 이시영을 개인으로 만나고, 저녁에 이시영 · 이동녕 두 분과 식사하면서 회담하고, 윤현진에게 소장파의 협조를 구하였으며, (23일) 신규식을 청하여 4각원 회담을 하고, 이동휘 국무총리를 방문하여 취지를 설명하고, (24일) 총리 이하 5각원 간담회를 가지고, (25일) 북경에 있는 남형우에게 상해로 올 것을 전보 치고, (27일) 신규식과 개별 회담을 하고 또 틈틈이 이규홍 · 김철 · 신익희 · 조완구 · 이춘숙 · 김병조 · 정인과 · 김희선, 기타 청년들과 만나 이 문제를 토론한다. 21일 3각원 회담 중에 나타난 것을 보면 도산의 시국 수습 방법론은,

1. 각원 5명이 진심으로 합동하여 제1급 중견을 세우고,
2. 청년 차장들을 결합하여 제2급 중견을 세우고,
3. 각계 · 각파의 유력 인사를 단합하여 제3급 중견을 세우고,
4. 1급서 3급까지 다시 합하여 공통한 중견이 되어 가지고 국민 전부를 망라하도록 비상한 노력을 들여 활동한다는 것이니, 이것이 곧 중견 단체 조직이요 또는 혁명당 최대 간부 조직이라는 것이다.*

도산의 시국 수습책인 독립 운동 중견 간부 조직론에 대한 반향은 어떠하였는가. 누구나가 그 정신과 목적에 대하여 표면으로 찬성하였으나 내심으로는 이미 갈라진 지 오래고, 또는 낙망하여 소극적 태도를 가지는 이가 대부분이므로 실제는 점점 더 파국으로 옮겨 가고 있다. 그리하여 6월에 들어가 이동휘가 상해를 떠나고, 차장 회의에서 이승만 배척 결의를 함에 이르러 수습 불능의 단계에 이르는 것이다.

4월과 5월의 일기를 보면, 당시 총리를 위시하여 각부 총장, 각부 차장들이 거개가 낙망과 자포 자기의 심리 상태에 빠진 것이 나타나고, 이를 격려하고 호소하고 만류하는 도산의 모습이 도리어 비극적으로 보인다.

(1920년 4월 21일) 윤현진 군이 내방함에 내가 가로되, 오늘 두 총장을 청하여 현 각원 5인의 특수한 동맹을 정하려고 착수하였노라.

---

* 회담의 내용은 장황하여 인용하기 어렵고, 제2부 언론 · 자료편에 있는 〈도산 일기〉에서 4월 21일 이후의 기록을 참조할 것.

이번에 성심 용력하여 잘 진행되면 다행이요, 그렇지 못하면 나는 국민에게 죄를 고하고 나의 몸을 상당히 처치할 것을 강구할지니, 이 때에 나와 그대가 비상한 성력을 다하여 우리 선배의 결과되는 것과, 그 다음은 청년 차장들의 결속되는 것과, 그 다음은 각계 각파의 유력 인사가 결속되어 전부 망라할 것을 기어이 성공하도록 하자 한즉, 군이 가로되, 이것이 성취될 희망이 없으니 현 내각을 변개하는 외에 타책이 없다고 하며 가로되, 선생이 진정 일을 위하거든 국무총리가 되기로 생각하고 늙은이들의 갈 사람은 가고 차라리 청년 정부를 조직하여 일하다가 죽어도 기쁨으로 작정하라 하고, 불연하면 생도 역시 탈퇴할 터이요, 생뿐 아니라 이규홍 등 유지한 청년들의 의사가 동일하다고 하다.……

(23일 기사 중에 이런 구절이 있다. "윤현진 군이 내방하매 가로되, 시국 수습책을 계속 의논하고 이 일이 이룬 뒤에는 우리가 서간도와 내지까지라도 같이 가서 직접 모험으로 활동하자 하다.)

(29일) 윤현진 군을 청하여 가로되, 금차 대동 단결의 시설 및 유지함에 군이 정면에 나타나 노력하기를 바란다 한즉, 군 왈, 자기는 허하나 많은 사람의 관계로 노가 많고 효는 적겠다 하다.

(5월 1일) 신규식 군을 심방하여 이번 단결에 관하여 그 진행사를 담론할새, 김가진(金嘉鎭) 군이 내방하므로 같이 협의하다. 이동녕 · 이시영 양 군을 방하여 이번 단결에 관하여 그 진행 순서를 상의하다.

(6일) 이 총리 내방하여 미주의 일이 오착되는 것을 탄식하여 말하다. 내가 총리와 더불어 대동여사에 오찬할새…… 총리 왈, 대사가 이루지 못할 것을 말하고 이 박사와 또 기타 총장들과 같이 일할 뜻이 없으니 기회를 보아서 간도로 가겠다 하는 고로, 내가 가로되, 전일에 우리 무리 5인의 언약을 극히 지키자 한즉, 총리 왈, 말하는 바가 다 무용이라 하다.

(10일) 이동녕 군이 내방 왈, 전에 서로 의논한 결속하고 단합하자는 일이 잘 진행이 안 된다 하며 가로되 지금 사람들이 당국자에 대하여 무능력하다고 불신임하는지라 우리가 스스로 생각하여 과연 무능력하니 우리가 퇴거(退去)하는 것이 국가를 위하여 마땅하고 우리 몸도 사랑하는 것이라 말할 때에 신규식 군이 들어오는지라. 신 군도 가로되, 과연 퇴거가 마땅하도다, 우리보다 나은 인물에게 맡기는 것이 큰 일을 위하는 도리라 하다.……

정인과 군이 내방 왈, 총장들의 각오가 상금 원만치 못하여 전도가 험난하다 말하다. 윤현진 군이 내방 왈, 이 총리는 세 총장에 대하여 대불평을 품고 같이 일하기가 어렵고 이승만 밑에는 일할 뜻이 없다 한다고 말하다.

(이 즈음에 정부 안에 또 하나의 문젯거리가 생겼으니 미주에 있는 이승만 대통령이 국무 위원이나 총리와 연락 없이 현순을 워싱턴 외교 위원으로 선정하고 여비 500달러를 보내라고 재무부에 직접 타전해 온 것이다. 재무차장 윤현진과 외무차장 정인과가 이 일을 도산에게 고하여 매사를 총리나 관계 당국에 의논 없이 이렇게 하니 또 불평거리가 생겼다고 걱정하였다.)

> (13일) 윤현진 군이 내방하여 가로되, 몇 개 동지로부터 현 대통령을 넘어뜨리기로 결심하였는데 이것이 미수되면 자퇴하겠노라 하다. 내가 가로되, 지금 이로 큰 효과를 이루기 어렵고 대국이 파괴하여 소멸을 자촉하는 것이니 이러한 논은 입에 내지도 말고 앞서 상약대로 4부의 결속을 견고히 하여 대국을 수습하자 하되, 군이 견집 불청(堅執不聽)하고 돌아가다. 이 총리 내방 왈, 현 통령을 갈아 없이하자 하며 가로되, 불연인즉 자기는 퇴거하겠다 하므로, 내가 가로되, 심히 중대한 문제이니 경홀히 생각할 일이 아니라 하다. 윤현진 군을 방문하여 가로되, 현 통령 폐지는 대국을 그르치게 하는 문제니 이런 일은 입에 내지도 말고 원동에서만 원동의 형편대로 국내의 일본 통치에 항거하는 일을 노력하자 하되, 군 왈, 오늘 저녁 차장 회의가 있을 터인데 절대적으로 단행하겠노라 하다. 내가 가로되, 제군의 의사를 절대로 주장하면 나는 별 도리가 없고 스스로 퇴국할 따름이라 하다.……

5월 14일은 차장 회의가 열리는 날이요, 거기서 대통령 폐지냐 차장급 총사퇴냐 하는 것을 결판 짓는 날이다. 도산은 윤현진을 불러 한 번 더 회유하였으나 듣지 아니하고, 이 총리와 김립을 찾으매, 총리는 차장들이 총사직 아니하더라도 자기는 물러간다고 고집하였고, 다음 이동녕 · 이시영을 만나고 있다. 차장 회의에서는 예정대로 대통령 불신임을 이유로 총사표 제출안을 만장 일치로 통과시켰다.

5월 15일 토요일, 16일 일요일 두 날을 이용하여 도산은 차장들의 결의를 보류시키기 위하여 자기의 진퇴를 걸고 필사의 노력을 한 정경이 눈앞에 보이는 듯하다. 특히 토요일에는 차장과 비서장 연석 회의가 열어진 김철의 거소를 친히 방문하고 눈물 흘리며 호소하고 있다. 그 내용의 요지는,

여러분의 대통령 불신임 이유는, ① 신성한 독립 사업에 불신성한 인물이 첫자리에 있음이 정신상 불가, ② 외교와 미주 사회 행정에 통일을 방해하여 대사

진행에 지장, ③ 상해의 국무원이 결합치 못하니 차라리 뒤집고 새로 조직함이 일 진행에 유익, ④ 1년 이상 정부의 성적이 없고 알력만 일어나니 양심에 불쾌 등인데, 처음 세 가지는 일을 표준함이요, 끝의 한 가지는 감정이라. 나는 이 일을 절대로 반대하나니, 이는 큰일이 하루아침에 소멸될 것을 밝히 봄이라. 첫째는 이승만 대통령은 철학 박사요 윌슨 대통령의 친구라 하여서 국민이 신앙하는데 이를 변동하면 민심이 정부를 떠나 독립 운동이 무너질 것이요, 둘째는 그 동안에도 위원제 · 차장제 · 정부 개조 등으로 시일을 허비하고 일은 못 했는데, 이 문제로 다시 긴 시간을 허송하게 될 것이요, 셋째는 이승만이 결의대로 물러가지 않을 터이니 우리 정부가 둘이 되어 외국의 신용과 동정을 잃어버릴 것이요, 넷째는 국내의 지식 계급도 이 때에 이런 문제를 일으킴은 악의가 아니면 어리석은 일이라 하여 배척할 것이다. 그러므로 제군의 생각은 공상이요, 일만 잘못되면…… 신분까지 그르칠 것이니 어찌 차마 행하리오. 결론적으로 대통령이 여간한 과실이 있더라도 서재필 이하 유력한 인사들과 연락하여 대통령을 보좌하게 하고, 총리와 총장들의 불만족한 점이 있더라도 전날 상의한 바와 같이 서로 결속 진행할 것이요, 오늘 이 자리에 참석한 6인이 스스로 큰일의 주인으로 책임지고 협진하면 못할 것이 없으리라.……

일요일(16일)에는 이 문제로 윤현진과 두 번 만나고 정인과 · 이탁 등과 의논했으며, 다시 차장급인 김희선 · 김립 · 김철 · 정인과 등과 만나 장시간 만류에 노력하고, 월요일(17일) 아침부터 다시 윤현진 · 이규홍 · 김립 · 김철 · 김희선 및 이동휘 총리를 두루 찾아 다니면서 토론하였는데, 대통령 불신임안은 중지하고 워싱턴 위원부 해산 결의를 상정하기로 하였다는 것을 알게 된다. 도산이 이 총리의 말을 인용한 대로 보면, "이번 차장과 비서장의 의사를 동감하니 도산도 찬성하라 하여 가로되, 차장이나 비서장의 의사는 변동되더라도 자기는 단독으로 절대로 행하겠노라.…… 이승만 한 사람을 넘어뜨리는 데 무슨 염려가 있나 하며 견집 불청(堅執不聽)하다."

오후 1시 국무회의에 상정된 안은,

1. 워싱턴 위원부를 해산할 것.
2. 주미(駐美) 외교 위원부를 설치할 것.

3. 주미(駐美) 재정관을 따로이 둘 것.
4. 대통령은 국무원을 경유하지 아니하고 교령을 남발치 못할 것.

등이었다.

이는 이승만 대통령이 마음대로 조직하였던 워싱턴 위원부를 해산하여 그에게서 미주·하와이 교포에게 대한 직접 행정권을 회수하고, 그 대신 주미 외교위원부라는 것을 새로 두어 외교에만 전력하게 하자는 것이요, 재정관을 따로 두어 재정권을 상해에서 직할하고 대통령의 교령은 반드시 국무원을 경유해야 한다는 것이니 그 목표가 이승만 대통령의 권한을 제한하자는 것이다. 이 결의안이 통과·실시되면 이승만과의 정면 충돌을 면치 못할 것은 뻔한 일이며, 불신임안을 중지하였다 하지마는 실질적인 불신임안이라고 할 것이다.

17일, 회의에서는 도산의 강력한 반대로 유안되었다. 회의 후 도산이 이동녕·이시영을 방문하여 선후책을 물으니, 이동녕은 차장들의 주장대로 통과시키고 자기는 사면하겠노라 하였다.

20일, 이동녕·이시영 두 분이 도산을 방문하여 대략 "이 총리가 한형권을 모스크바로 보낼 때에 밀서를 주었는데 그 가운데 상해 임시정부에는 일본과 내통하는 분자가 섞여 있으니 아령에 새 정부를 조직한다고 한 것을 여운형·김갑수에게 들었으니 도저히 이 총리와 같이 일할 수 없다."고 선언한다.

(5월 23일 일요일) …… 심신이 너무 피곤하므로 오전중 손님을 사절하고 침상에 누워 있다.

안공근 군이 내방 왈, 총리가 여러 가지 음모하는 것이 심히 의심스러운지라, 이를 예사로이 방임하고는 큰일을 영진할 수 없은즉 잘 연구하라 하다. 내가 가로되, 음모하더라도 별 큰일은 없을 터인즉 심히 우려할 것은 없다 하다.

이 총리 내방 왈, 이번 차장과 비서장의 제안은 매우 잘하는 것인즉 그 제의안대로 실행하자 하는지라. 내가 가로되, 그러면 대국이 결렬되어 대파란이 생길 때에 나로서는 수습할 자신이 없다 하다.

이동녕·이시영 군이 내방하매 내가 가로되, 명일 예의회(例議會)에 차장과 비서장의 제의안을 여하히 결의할 것인가 한즉 군 등 왈, 자기는 무엇이든지 총리의 의사대로 좇겠고 이 국을 탈퇴하기로 결심하였노라 하며 차장들의 제안은 실행하기로 이미 다 말하였다 하다. 내가 가로되, 만일 이렇게 되면 우리 일은 종국을 고함인즉 좀더 연타하여 봄이 어떠냐 한즉, 답 왈, 연타할래야 자기는 이미 가하다 하였은즉 다시 말할 수 없다 하다.

(5월 24일) …… 김립 군이 내방하매 내가 가로되 이제 차장과 비서장의 제안대로 실행하면 우리 일에 파괴가 곧 이르겠고 또 이를 부결한다면 차장과 비서장이 퇴거하여 대국이 분란할지라. 양단간 어찌하든지 우리의 대사는 종국을 고하겠다 하다. 군이 나더러 예의(例議)(정기 국무회의의 뜻)에 이르기를 권하되 내가 도원(到院, 국무원에 나갈) 할 마음이 없노라 하다.*

…… 윤현진 군이 내방하여 가로되, 정부에서 이번 차장과 비서장의 제안을 가결하여 워싱턴과 상해의 결렬을 다시 짓게 되는 바 나는 다시 어떠하다 말할 수 없으니 일간 상해를 떠나 가겠노라 하다.**

이 날은 윤현진과 밤 새로 3시까지 토론하다가 결론 없이 헤어졌다 하였는데, 도산의 의견은 대략 다음과 같다. …… 미주와 상해간에 다시 결렬이 생길 것이요, 그 결렬이 된 후에는 군 등의 의사가 대통령을 추번(推翻)한다 하나 군 등은 다만 빈 언론과 빈 문자만으로 뒤집을 줄 아나 이승만이는 워싱턴에서 대통령 노릇을 할 터이요, 상해에서는 또 대통령을 뽑을 터인즉, 그 결과가 대통을 가는 것이 아니요, 대통령을 둘로, 정부를 둘로 만드는 것이라. 두 개의 정부가 대치하여 서로 다투면 대외하여서는 우리 민족의 신용을 끊을 것이요, 대내하에서는 인심이 타락되고 각 파의 분립이 생겨 수습할 수도 없고 난국을 이룩하여 자궤할지요, 독립 운동에 출각(出脚)하였다는 인도자는 전부 신용을 잃어 이후에 일을 경영할 수 없이 될 것인즉 이번 정부 개혁한다는 의사를 실행되는 날에는 우리의 일은 종국을 고하겠도다. 또 내가 힘써 고집하고 굳게 싸워 실행이 아니 된다 하면 제군도 또 물러갈지니, 그런즉 다시 더불어 같이 일할 인물도 결핍하거니와, 원동의 형세가 또 어지러워 실마리를 잡을 여지가 없을 터인즉 이 역시 종국을 고하는 것이라. 사세가 요연함이 이러한데 수습치 못하고 결렬하는 일에 책임을 지고 부서(副署)하기를 불원하는 고로 나

* 국무원의 참석을 거부한 이유는 너무 상심한 것 또는 해결의 방침이 없는 것, 그렇지 않으면 시간을 벌기 위한 연기 작전 · 위협 작전 등으로 해석할 수 있으나 가장 중요한 이유는 건강 관계와 감정이 격분 상태에 있었으므로 말에 실수하지 않을까 염려하였음인 듯하다.

** 원문대로 보면 윤현진의 말 같으나 문맥으로 보아 이것은 도산이 상해를 떠나겠노라고 선언한 것이다. 도산의 이러한 선언으로써 워싱턴 위원부 폐지안 발표만은 보류되고 다시 긴급 국무회의가 열리게 되는 것이다.

는 떠나 가기로 하는 것이요…… 나로 말하면 자초로 이 대통령을 옹호하기를 절대로 주창하다가 지금 이 대통령 추번하는 데 참가하여 이 대통령이 갈린 뒤에 계속하여 당국하면 이는 국민을 기만하는 것이요, 신의상 · 절개상 퇴거할 수밖에 다른 길이 없는지라.……

25일 도산은 최후의 노력으로 이 총리를 방문하고 만일에 차장들의 결의안을 강행하는 경우에는 시국 수습자의 신이 없으므로 상해를 떠나겠다고 통고한다(이 때에 총리는 자기도 떠나겠노라고 대답한다).

다시 이동녕 · 이시영 두 분을 방문하고 총리가 문제를 재고하기로 하였으니, 만일 그들이 양보하면 전날 상약한 대로 대동 단결에 주력하자 한즉, 두 사람은 "하여간 물러가기로 굳게 결정하였노라."는 대답이다.

저녁에 이 총리는 도산을 대동여사(大東旅社)로 초대하여 만찬을 하면서 모든 문제를 다시 토의하기로 한다고 전하였고 이튿날(26일) 비공식인 정무 협회(政務協會)를 열고 도산은 '장시간 통론'하면서 "이미 우리가 본래 약속하기는 총장 · 차장이 비상한 맹약으로 결속하여 생사를 같이 하여 대사에 임하면 이어니와, 그렇지 않으면 국민에게 죄를 고하고 물러가자고 총장 · 차장 전수 회합한 석상에서 말한지라 오늘 제군은 그 약속을 무시하고 도리어 그 모순되는 내부의 결렬 문제를 일으키는 때에 나는 전일 공언에 의하여 물러갈 것은 당연한 일이라."고 말한 끝에 "서로 불평한 뜻을 품고 산회"하였다고 일기에 적혀 있다. 이 한 구절이 간단하나 가히 회의의 공기를 짐작할 수 있고 도산의 분격 정도를 엿보기에 족하다. 도산은 국무회의에 출석해 달라는 이 총리의 권면을 즉석에서 거절하였고, 윤현진 · 정인과 두 차장이 사퇴할 것을 선언하였으니 이 날의 협의회가 감정적으로 끝막은 것을 상상할 수 있다.

정무 집행 개선안(政務執行改善案)

그 이튿날(1920년 5월 27일) 도산은 비로소 정무 집행 방식 개선안이란 것을 발설하여, 윤현진 · 이규홍 두 차장을 찾아가서 상세한 설명을 한다. 이는 한편으로 재정난에 빠진 임시정부의 경비를 절약하여 장구한 유지책을 강구함이 근본 목적이었지마는 도산은 또한 막다른 골목에 다다른 감이 있는 국무원 내부의 주의력을 딴 과제로 옮김으로써 극도로 예민화한 감정의 가라앉음을 도모하려는 시간 작전인 듯도 하다.

도산의 새 구상의 대요는 다음과 같다(5월 27일 일기 참조).

(도산) 군 등의 주장하는 의견보다 나에게 시국에 대한 가장 원만한 명안이 있으니…… 이에 동의하고 같이 일하자…… 과거의 소위 정무 집행은 일을 표준하여 시설한 것이 아니요 형식상 국가 제도를 본받아 관제를 두었으며…… 부라 국이라 벌려 놓고 형식만 번거롭게 하였을 뿐으로 인원과 재정을 공연히 낭비하고 실 효과는 없었다…… 앞으로는 관청적 형식을 없이하고 참 혁명당 간부적 정신으로 일을 표준하여 정무를 실시하되, 각부를 폐지하고 차장과 국장으로서 통일한 간부의 사무원이 되고 그 중에 총무 한 사람을 두어 각과의 사무를 총괄할 것이라.…… 총리와 총장은 국무회의만 참석하여 국무에 관한 일만 의정케 할 터이니 국무원이라는 것이 정부안의 의사부(議事部) 성질이 되고 차장 회의는 이사부(理事部)의 성질이 될 것이라. 그리하면 총장들이 세력 다툼하는 말도 없어질 것이요, 청년들이 단합하여 광복 사업을 추진하면, 정부 형식은 현상 유지가 되고 차장 이하가 진정한 혁명 간부가 되어 기력껏 일을 진행할 수가 있은즉, 이로써 총장들에게 말하니 다 만족하여 그렇게 되면 자기네도 탈퇴하지 않겠다 하니, 군은 현상 파괴주의를 버리고 이 안대로 실시해 보자.

(윤의 대답) 내 뜻에 불합하노라. 솔직하게 말하면 선생이 수석에 앉아 통솔하면 성패간 일을 해볼 수 있다는 희망으로 현국을 파괴하려고 착수하였다가 실패되었은즉 나는 탈퇴할 수밖에 없다. 또 선생의 의사대로 일종의 사무소의 정신을 가지고 진행하자 함이 좋기는 하나 총무 될 인물이 없다.

(도산) 나는 그런 인물이 있다.

(윤) 누군가?

(도산) 그대가 그 사람이다.

(윤) 나는 능력 부족이다. 그 자리가 실질적으로 총리의 자리인데 어찌 능히하리오.

(도산) 군이 능히 자격이 부족하다 하면 현재 상해에는 완전한 자격 있는 이가 없으니 우선 책임지고 국내 · 국외에서 가장 적합한 인재를 선임할 수도 있지 않느냐."

(윤) 이미 대통령을 탄핵하기로 하다가 다시 그 대통령 밑에서 일하는 것이 불가하니 사직서를 속히 제출하겠노라.

(도산) 내가 요청하는 바니 가벼이 사표를 내지 말고 다시 생각해보라.

이 날 이 총리는 워싱턴 위원부 폐지 통고 전보를 보류할 것을 말하는 동시에 윤현진 · 김립이 사면할 것을 걱정하였고, 김립은 도산에게 자기가 사면할 뜻을 표시한다.

28일 이 총리는 다시 사석에서 이 대통령을 갈자고 주장하였고, 국무회의 석상에서 많은 불평을 토로하면서 총리 일을 보지 않겠다고 한다. 이규홍은 도산에게 보고하기를, 윤현진이 써 놓은 사임서는 빼앗았다 하고, 그러나 차장들이 정부를 개혁하기로 운동하다가 도리어 실권을 장악하면 세간에 큰 오해가 있겠으므로 도산의 정무 집행혁신안은 진행 불가능이라고 한다. 그리고 29일 이규홍은 도산의 물음에 대하여 차장들의 회의 결과 극단 행동은 아니하기로 하였으니 과히 염려 말라 하고, 자기는 학창으로 돌아가거나 실업을 하겠노라고 소극적 태도를 표명한다. 28 · 29 양일 계속된 국무회의에서 차장들의 개혁안을 재론에 붙였으되 결론을 얻지 못하였다.

30일(1920년 5월) 신규식 사저에서 총리와 각 총장들이 오찬을 하고 장시간 시국 문제를 토의하였는데 이동녕은 대통령과 총리를 둘 다 없이 하자고 제안하고, 도산은 절대적으로 현상 유지를 역설하였다.

5월 31일 국무회의는 두 가지 중요 결정이 있었으니, 하나는 차장들의 제안을 보류하기로 결정하여 일단락을 지었고 또 하나는 미국 의원단 접대 위원장으로 도산을 선임한 것이다.

6월달(1920) 차장들의 총사표가 제출되었다가 철회되는 반면 국무총리 이동휘가 단신 상해를 떠나므로 임시정부의 위기가 일시 휴식된다.

6월 1일 도산은 차장들과 비서장을 만찬에 초대하여 간담회를 열고 정부 혁신안을 단념하고 우선 미국 의원단에 대한 활동 준비에 전력할 것을 제안하니 이것 역시 차장들의 정신력을 다른 데로 전환시키면서 감정이 삭아지기를 기다리자는 작전이리라. 6월 4일과 5일 도산은 의원단 접대 준비 위원장의 자격으로 총장 · 차장들을 소집하였으나 "내도자는 2인뿐이므로 개회치 못하다." 하였으니, 국무원의 분위기가 극히 소극적임을 짐작할 것이다. 도산 일기를 보건대,

> (6월 5일) 윤현진 군이 내방 왈, 자기가 이번에 절대로 사직하겠노라 하며…… 현국을

변동하는 방식은 제1안은 이 대통령을 갈고 이동휘로 대통령, 선생을 총리로 책임 내각을 조직할 것이요, 제2안은 선생으로 대통령, 이동휘로 부통령, 이동녕으로 총리, 이렇게 책임 내각을 조직코자 하노라.……

(6월 7일) 국무회의에 출석하니 이규홍 · 윤현진 · 김철 · 김립 군 등이 대통령 불신임안으로 연맹(聯盟)하여 사직서를 제출한지라 이에 대하여 가부간 토론 못 하고 산회하다.

(6월 8일) 이동녕 · 이시영 군이 내방 왈, 이 국면을 아무리 하여도 헐어야만 될 이유를 말하고 또 나더러 수석에 있어 일을 나가게 하자 하는지라, 내 불가함을 역설하고 가로되, 밖으로는 현상을 유지하고 안으로는 진행을 선히 할지요, 또 나는 절대로 총리의 임을 받지 않겠다하다.

(6월 9일) …… 연맹 사임 제출한 차장 및 비서장을 심방하고 이 거사가 대국의 끝을 고함임을 다시 말하고 이미 제출한 사직서는 각기 작소하라 한즉 모두 응하다.……

(6월 16일) …… 정무 협회* 에 출석하니 워싱턴에서 이 대통령 전보에 하였으되, 러시아 서울에 밀사는 누구를 보냈나 물음과, 구미 외교에 관한 일은 자기를 알지 못하게 하고는 행동하지 말라 하였는지라. 이에 대하여 대통령에게 사실을 고하고 구미 외교에 일치 행동하게 하자 답전하려 하였더니 총리는 대통령과 일체 교섭을 거절하겠다는지라, 내가 가로되, 정체상(政體上)에 이렇게 하면 대불가라 하다.**

(6월 18일) 국무총리가 대통령 불신임하는 것으로 사직서를 각부 총장에게 보낸지라, 이에 각 총장과 회합하여 선후책을 강구하다. 이 총리를 방문하여 사직을 작소하라 권고한즉 강경히 거절하다.…… 저녁 후에 각부 직원을 국무원에 소집시키고 이번 총리 사직안에 대하여 신중한 태도를 취하여 떠들지 말고 여전 집무하라 하다.

(6월 19일) 이시영 군을 방문한즉 나와 맡으라 하는지라, 내가 가로되, 이는 대국을 위함이 아니요, 대국을 망케 하는 것이니 결코 행하지 아니하겠노라 하다.…… 이규홍 군이 내방 왈, 내가 대통령이 되고 이동녕 군이 총리가 되기로 작정하고 대사를 진행하자 하는지라, 내가 가로되, 그러면 패망함이니 생의도 말고 또 이런 말만 유포되어도, 큰 해가 된다 하다.…… 애국 부인회를 방하여 제 여사더러 이 총리께 가서 사표 철회를 권고하라 하다.

(6월 20일) 각 총장을 심방하여 가로되, 이번 총리로 하여금 사직을 철회하도록 우리 무리가 성의를 다할 것이요, 만일에 그 목적을 미달하면 신인물을 청하되…… 이상재 군이

---

* 총장 · 차장 등 연석 회의.

** 이미 언급한 바와 같이, 이런 태도는 이 총리가 일시 감정적으로 가진 것이 아니라 공산당 전술에 의한 것이라고 봄이 타당하다.

적합하겠다고 하다. 군 등이 왈, 만일 이 군이 나오지 않는 경우에는 어찌하겠나. 내가 가로되, 그런즉 차라리 서간도에 있는 이상룡(李相龍) 군이라도 청함이 가하겠다 하다.

김복형 군더러 정부 직원 중 동의인(同意人) 제군과 상의하여 총리에게 사직을 돌리도록 권하게 하도록 하라 하다.

(6월 22일) 김립 군을 방문하여…… 군이 재삼 생각하고 이 국면을 파괴하지 말라 한즉 군 왈, 이번 총리의 일은 총리가 자작 행동함이지 자기와는 상관이 없다 하는지라, 내가 가로되, 나는 이 말을 믿지 않노라 하다.

각 총장을 방문하여 시국의 의사를 두드린즉, 다 이 총리 나가게 하자는 의견을 가졌더라. 내가 가로되, 이 시간에는 누가 가하든 부하든 간에 서로 지지하고 현상을 유지하여야 하겠다 하다.

22일(6월) 밤 11시에 신두식(申斗湜)의 편지를 받으니, 이 총리가 내일 6시에 배를 타고 타처로 간다 하였으므로 도산은 즉시 잠자리에서 일어나 김립을 찾았다. 김립의 말은 총리가 직을 사면하고 가는 것이 아니고 휴양이 목적이요, 없는 동안에는 내무총장(이동녕)에게 사무 대리를 위촉했다 한다. 잠자던 총리도 일어나 나와 같은 뜻으로 말하므로 도산은 선편을 연기하고 직접 국무회의에 나와 민심을 수습하고 떠나라고 요청하였으나 이미 각 총장과 민간 인도자에게 말하였으므로 염려할 필요가 없다고 한다.

도산은 밤중에 이동녕 · 이시영 두 총장을 찾으려 했으나 동리로 들어가는 철문이 굳게 잠겨 목적을 달하지 못하고 6월 23일 새벽 그들과 함께 부두에 전송나가 다시 한 번 연기할 것을 요청하였다. 총리가 듣지 아니하므로 도산은 총리 이름으로 신문에 그 뜻을 광포하여, 사직함이 아니요, 휴양하기 위하여 잠시 산동(山東) 방면에 가니 국민은 의혹 말라고 게재할 것을 권하여 승낙을 맡는다. 그리고 이규홍에게 부탁하여 김립을 잘 권하여 총리의 말이 실언되지 않도록 하라고 한다.

하오에 정무 협의회를 열새, 정원 미만으로 비공식으로 토론하는 자리에서, 김립은 총리의 담화를 신문에 게재하지 말자 하면서 그 이유로 총리는 이승만 박사가 대통령을 내놓기 전에는 절대로 돌아오지 않을 것이라 하였다.

14일에 국무회의를 열고 이동녕에게 사회하라고 하매, 군이 사양하다가 승석하여 이 대통령에게 상해로 올 것을 전보로 요청하기로 한다. 김립이 또 말하기를 총리가 떠나면서 이 대통령 문제를 해결하라고 한 것은 일시 권도로 한 것이요 실상 내용은 총리직을 사임하고 간 것이라 한다. 총장 · 차장들은 그렇다면 총리가 우리들을 속인 것이 아니냐고 분개하는데 도산은 본인의 말을 직접 듣지 아니하고 간접의 의사를 듣고 판단함이 불가하다고 하여 무마한다.

27일 안공근이 사사로이 제공한 정보는 이 총리가 위해위로 가는 것은 북간도에서 여비 오기를 기다려 모스크바로 가서 한국 노동 정부를 조직할 계획임이 총리의 통변생의 말과 러시아 대장 포타프의 말이 일치한다 하였다.

28일 윤현진 군을 찾아 이 정보를 말하고 김립을 잘 회유하여 총리로 하여금 속히 돌아오도록 하라고 부탁한다.

29일 신두식이 정보 제공하기를, 총리가 떠나기 전날 밤, 비밀 결사인 공산당원들의 송별회를 받고 석상에서도 모스크바로 갈 뜻을 말하였으니, 총리는 다시 돌아오지 않을 것이라 한다.

7월 8일 이 총리가 국무회의에 보내는 서신을 김립이 내어 보이는데, 자기는 어떤 일이 있어도 총리로 유임 아니 할 터이니 갈아 달라 하였다.

7월 11일(1920) 도산은 윤현진 · 김립 · 이규홍 세 사람을 초청하여 스스로 정부 직임에서 물러갈 결심을 피력한다. 계속하여 17일, 18일, 21일 등에 측근자와 함께 자기의 거취 문제를 토론하고 있으며, 22일에는 홍사단 단소에서 거취 문제를 말하였다. 24일에 내무 총장 이동녕과 만나 장시간 담론하였는데, 도산은 이동휘를 다시 모셔다가 총리로 앉히고 청년 중견들이 단결하여 일하고 자기는 국외에서 정부를 적극 옹호할 것이요, 만일 이동휘가 돌아올 수 없으면, 이동녕이 총리가 될 것을 권하였고, 이동녕(李東寧)은 도산이 총리 되기를 권고하고 있다.

그가 정부에서 떠나기를 결심하게 한 동기에 대하여는 장을 바꾸어 고찰해 보기로 하겠거니와, 7월 27일에는 미국 의원단과 만나기 위하여 홍콩으로 떠나고, 다시 북경으로 가서 그들과 회견하는 등으로 거취 문제는 즉시 해결을 짓지 못하게 된다.

이 해(1920) 겨울에 이승만을 위시한 거두들이 상해로 모이고, 도산은 한 번 더 대동 단결의 시험을 하다가 실패한 후 정부를 떠난 것이 이듬해(1921) 5월의 일이었다.

반 년 동안에 걸친 정국 분규에 있어서 도산이 재무차장 윤현진과 간담을 토로하여 서로 의논한 사실이 이상 인용한 일기록만 보아도 명백히 알 수 있는 바, 여기서 윤현진과 도산의 교유를 말해 두고자 한다.

우산(右山) 윤현진(尹顯振)

윤현진(尹顯振)은 경상남도 양산(梁山)이 고향이요, 호를 우산(右山)이라고 하였다. 1892년생으로 상해 당시에 만 27세의 청년 지사였다. 16세에 일본에 유학하였다가 귀국하여 안희제(安熙濟) 등과 함께 비밀 결사 대동(大東) 청년당에서 활동하고 소비조합운동, 또는 부산 백산상회(白山商會)를 경영하다가 3·1 운동이 일어나매, 미국 선교사와 연락하여 30만 원을 상해 임시정부에 보냈다.

이강의 말에 의하면, 그가 상해로 망명하여 장경(張慶)과 함께 잡지사를 경영하였는데, 장경은 도산을 항상 좋지 않게 선전하였다 한다. 도산이 상해에 온 뒤에 서로 만나게 되니, 도산은 윤의 밝은 두뇌와 굳은 의지 및 재정상의 경험 등을 보고 신임하게 되고, 윤은 도산의 인격과 계획력에 감동하여 가장 믿을 수 있는 선배로 모시게 되었다 한다. 전하는 말에는 도산이 그를 임시정부 재무차장으로 일하게 하기 위하여 다섯 번 그를 방문하여 장시간 독립 운동 계획을 토론하였다 한다. 도산이 그를 신임하고 가장 가까이 한 것은 물론 그의 재능과 덕성을 높이 평가한 때문이지마는 한편 도산이 항상 지방 파벌을 만든다는 중상을 막기 위하여 경상도 청년인 윤을 동지로서 사귄 것이라고 한다. 앞서 인용한 일기에서 보는 바와 같이 윤은 정부에 어려운 문제가 있을 때마다 도산을 찾아 의논하였고, 또 시국에 관해서 서로 토론할 때는 새벽 1시, 3시까지 자지 않은 일도 여러 차례다.

불행히 1922년 병을 얻어 입원중 도산은 친히 그를 간호하였고, 입원 경비를 전담하였다 한다. 그가 31세에 작고하였을 때 도산의 비통은 극하였고, 외국인 묘지에 장례하는 비용을 도산이 개인으로 전담하였다. 백씨 윤현태(尹顯泰)가 늦게 상해에 도착하였는데 도산은 현태 씨가 가져온 장례금을 굳이 받지 아니하였다.

다사 1년(多事一年)

상해에 도착한 지 만 1년 동안, 정국의 수습이란 문제가 도산의 행동 중에서 가장 두드러진 것으로 나타나거니와, 그 외에도 여러 가지 사건이 연달아 일어나고 있다. 그 일지에 나타난 것만으로도, 비행기 구입 계획은 군사 훈련의 하나로 공군을 양성하자는 목적에서 나온 것인데 미국인과 교섭한즉 국제 관계도 있어 소련서 사는 것이 첩경이라 하여 레닌 정부의 특파로 상해에 와 있던 포타프 대장과 여러 차례 교섭을 한 일이 있다. 또 필리핀에서 비행기를 구할 수 있다 하여 조사시키고, 미국인 노블랜의 아우가 비행사라 하여 알아 보게 한 일도 있다. 비행사 에드먼이란 사람을 채용하기로 결정까지 하였으나 마닐라에서 비행기를 구하기 어렵다 하여 중지하였다.

애국부인회 · 대한적십자사 등의 발기와 육성에 도산은 시간을 쓰고, 후원을 아끼지 않았다. 애국부인회에서 행한 연설(1920년 1월 17일)에서 그는 운동 방침으로 12조목을 제시하고 있으니, ① 국내 · 국외 여성 단체 및 여성 지도자를 연락하여 일치 행동할 것, ② 국내외 동포들에게 통신하여 독립 운동을 선전할 것, ③ 수시로 정부 사업에 복무할 것, ④ 선전대를 조직하여 중국의 교회 · 학교에서 음악 · 강연할 것, ⑤ 여성계에서 생기는 독립 선전 자료를 수집할 것, ⑥ 독립 운동에 공훈 있는 이에게 감사장과 기념품 등을 보낼 것, ⑦ 독립 운동자의 유가족을 위로할 것, ⑧ 독립 일꾼들을 초대하여 다과회 등을 개최할 것, ⑨ 적십자사를 도와 간호학을 배울 것, ⑩ 외국인 중의 독립 찬조자에게 기념품 · 감사문 등을 보낼 것, ⑪ 국민 개납주의(皆納主義)에 의하여 매일 쌀을 절약하여 헌금할 것, ⑫ 각 회원은 매달 실천한 일을 부인회에 보고할 것 등이다(자세한 것은 하편의 일기를 참조). 그 밖에 상해를 찾는 젊은 여성들이 그의 지도를 구하는 이가 많았는데, 도산은 시간 있는 대로 만나서 조언을 하고 있다. 군관학교에 들어간다는 여성을 말리기도 하고, 사회를 비관하는 여자에게 격려하기도 하였다.

흥사단 원동 지부 설립에 관하여는 장을 달리 하여 상세하게 기술하고자 하거니와, 다만 여기서 언급할 것은 처음 1년 동안 그는 흥사단우 모집 운동을 비밀리에 행하였다는 것이다. 그 이유는 대략 두 가지니 하나는 이를 공개하면 당시의 형세에 있어서 너도 나도 가입하겠다 하여, 엄선하면 도리어 반발이 생길 것을 우려함이요, 또 한 가지는 단우 모집을 그의 야심 또는 파당 조성이라고 중상할 것을 염려함인 듯하다.

흥사단의 이념을 전할 모범적 청년을 구할새, 이광수를 설득하는데 성공하여 원동에서 제일호로 입단시키고 있다. 이광수는 앞서 〈무정〉이라는 소설을 국내 신문에 연재하여 문인으로서 이름이 높아진 때였다. 다음에는 황해도 청년 손두환(孫斗煥)을 가장 적임자로 보아, 10여 차례에 걸쳐서 흥사단의 목적을 토론하였는데, 끝에 손은 공산주의에 공명하노라 하여 듣지 아니하였다.

도산이 노동국 총판으로 내려앉은 후에 정부는 그에게 자리를 주려고 여러 번 시험하고 있었는데, 도산은 될 수 있는 대로 감투보다도 일에 치중하기 위하여 이를 사절하고 있었다. 선전부를 새로 설치하고 도산을 그 위원장으로 선임하였는데 그는 사표를 두 번씩이나 내었으나 청허되지 않아 일시 그 직임을 가지고 청년들을 규합하여 국내 · 국외 선전 사업에 노력하였다. 외국 신문 기자와 누차 만났으며, 또 중국의 요인들도 면회하였다. 프랑스 조계 당국과 문제가 발생하였을 때도 그가 교섭의 선두에 나섰다. 미국 상원 의원단과 북경서 회견한 전말은 뒤에 다시 말하고자 한다.

외무총장 박용만이 4월에 상해로 와서 취임 아니할 뜻을 선언하고 간 뒤에 정부는 도산을 외무총장 서리로 선임하였으나 그는 '절대로 취임치 아니하기를 선언' 하였던 것이다(4월 19일 일기).

신민회 회원이었던 옥관빈(玉觀彬)이 재주가 승하는 인물이라, 여러 가지 엉뚱한 계획을 말하여 왔는데, 예하면, 국내에 들어가 부호들을 권총으로 위협하여 자금을 조달하자는 안, 아편을 밀매하여 자금을 만들자는 안, 일본 지폐를 위조하자는 것 등이다. 도산은 이를 굳이 말리고 독립 운동은 정당한 방법으로 수행할 것임을 타이르고 있다. 오직 일본 사회당 명의로 내란 선동문을 인쇄 배부하자는 안에는 찬성의 뜻을 표한다. 국내에 들어가서 공공 건물 파괴 운동을 하자는 안에 대하여는 시기가 아니라고 말리고 있는데 이는 옥이 경솔한 행동으로 실패할까 두려워함인 듯하다.

구제회는 정인과 · 한송계 등으로 하여금 조직하게 하고 주로 미국 선교사와 협력하여 구제 금품을 모집하고 상해 또는 서간도 지방의 구제 사업(救濟事業)에 쓰게 하였다.

군사학교를 세우고 학생을 모집할 때에 부인회를 시켜 남자 청년들에게 권유하게 하는데 청년들이 여성들을 대함이 점잖지 않음으로 여성들이 즐겨하지 아니하므로 도산이 직접 부인회에 나가 회원들을 달래기도 하였다.

국내에 들어가 폭탄을 사용하자는 논이 많이 있어 애인리(愛人里)라는 동리에서 폭탄을 제조하다가 잘못 폭발된 사건이 생겨 세 청년이 프랑스 공부국에 구속된 것을 교섭하여 석방시켰다. 국내 직접 행동에 대하여 도산은 그 시기가 아니라고 만류하였다. 그 이유로서는 그런 사건이 자주 발생하면 일본 관헌의 경계가 강화되어서 연통제의 비밀 공작을 유지하기 어렵고 일본의 압력으로 프랑스 조계에 있는 임시정부도 있게 되지 못할 염려가 있다 함이요, 준비하여 두었다가 장래 정부가 작정하는 시기에 일시에 행사함이 가하다는 것이다. 이런 공작을 위하여 의용단이라는 청년 단체를 조직하여 파괴 작전의 훈련을 하기로 하였다.

1월 26일(1920) 일지에 김병조(金秉祚)가 대한 역사를 저술하는 데 대하여 연호를 건국 기원* 으로 통일하라고 한 구절이 흥미 있다.

2월달(1920) 일기에 심한 두통과 불면증으로 고통받는 기사가 있었으나, 3월에는 도산의 건강이 약간 나아진 것 같아서 그런 기록이 별로 없다.

4월 6일(화요)에는 김철 · 이광수, 기타 청년들과 함께 상해 교외에 있는 용화(龍華)와 제스필드 공원에 야외 산책을 하였고, 20일(화요)에도 하오에 정인과 · 고일청 · 이유필 · 유상규 · 김복형 · 전재순 등 측근자를 데리고 반송원(半淞園)에 봄빛을 찾았다.

이는 도산의 심경이나 건강에 여유가 생겼다기보다도 고통의 심정을 풀어 보기 위한 소창인 듯하다.

---

* 단군기원.

왜 그러냐 하면, 도산이 소위 정국 수습에 초심 노력하는 데 정비례하여 중상과 모략은 더욱 심해 갈 뿐이요, 특히 그에게 평생 두통거리가 된 지방열(地方熱)·야심가(野心家)라는 모함은 그칠 사이 없었고, 더구나 철없는 청년들이 소위 철혈단(鐵血團)이란 이름으로 정부 반대자에게 폭력 행동을 자행함에 이르러, 도산의 부하 또는 도산의 사주를 받은 자들의 행동이라 하여 그의 처신을 더욱 어렵게 만들었다. 그러므로 6월에 이르러 도산은 측근자들에게 자기가 상해 정국에서 물러갈 것을 말하게 되었던 것이다.

북경으로 가서 미국 의원단을 만나는 동안 그는 불쾌한 내부 분규의 공기에서 떠나 민족 운동 본래의 사업의 하나인 선전 외교 활동에 분주함으로써 약간 양심의 위안을 얻었으리라.

제 12 장

봉건 유습과 공산 전술의 협공

7월 11일(1920) 도산이 윤현진 등에게 자기가 정부에서 물러나기를 결심한 이유를 피력한 대목을 그 날 일기에서 초록하건대—

이규홍 · 윤현진 · 김립 군 등을 면회하고 내가 정국에서 벗어날 이유를 말할새, 현재와 장래를 아울러 생각하기를 반복하되 내가 정국을 벗어나는 것이 큰 일에 비익이 많을지라. 그 이유는 현재에 우리는 금전 · 인재 · 병력, 모든 것의 실력이 극히 공허한 중에 인심이나 집중하여 성의적으로 일치 진행해야 되겠거늘 지금에 인심 집중이 망연한지라. 인심 집중이 못 되는 원인을 돌아보건댄, 여러 가지가 있다 하겠지마는 그 중에 큰 관계는 ×××의 문제라.* 현금에 북경의 인사들이 상해 임시정부에 대하여 불평을 품고 합응치 않는 것도 내가 재국(在局)한 까닭이요, 우리의 대원수 되는 대통령과 및 그 밑의 일반이 융합치 못하는 것도 내가 재국한 까닭이요, 아령 · 중령의 다소 불평파가 정부에 불복하는 것도 내가 재국한 까닭이요, 국내 경성 방면에서 상해정부에 대하여 의심을 많이 품음도 또 내가 재국한 까닭이라. 나 한 사람이 재국함이 이같이 인심을 집중치 못함은 나의 죄의 유무를 막론하고 송구함을 마지 아니하고, 내가 물러가는 것이 그 중 적당한 계책인 줄 알고, ……내가 분열 아니 되고 일치 행동하기를 위하여 성심 노력하였으나 이것이 다 무효로 돌아가고 머지않아 각각 이산할 상태에 있는지라. 이산하는 그 때에 누구든지 일부분에서 정부를 부지(扶持)하고 진행할 터인데, 내가 부지하게 되면 조력할 사람은 전무하고 방해할 사람만 있을지니, 정부의 유지가 말유하겠고, 만일 내가 국면 밖에 처하고 타인 누구든지 국면을 맡으면 내가 능히 후원할 자신이 있노라. 그런 고로 내가 재국하면 정부는 유지가 못 되겠고, 내가 국(局) 밖에 있으면 국을 가히 유지하겠다는 관찰에서 이러한 생각이 있음이요, 사소라도 나 개인의 고락을 표준한 것은 아니노라 하매, 군 등이 왈, 선생의 말도 무리한

---

* 이는 자기 이름 안창호 석자를 가리킴인 듯.

> 것은 아니라, 그러나 선생이 국면을 떠나면 그 후 선생에 대한 악평은 멎을 것이 아니라 하는지라. 내가 가로되 이는 나도 또한 자세히 아노라. 그러나 그 오해와 악평은 영향이 나 개인에게 그칠 뿐이라.…… 내가 홀로 재국하여서 금일 이상의 오해와 악평을 받으면 그 영향이 정부에 미치는 고로 큰 일을 잘못 되게 함이라. 고로 국 밖에 있음이 유익하겠다 함이라. 또 내가 퇴국하므로 인심의 현혹과 낙망하는 해도 있을 줄 아노라. 그러나 그 해로움과 전 기관을 없이 하는 해에 비하면 심히 경한지라. ……내가 국에 있고는 아령이나 중령이나 미령이나 통일될 길이 절무할 것이 명약 관화라. 삼대 외령(三大外領)에 소위 수령자라 하는 인물들은 나의 개인을 해롭게 하기 위하여 내가 있는 중앙 최고 기관을 파궤(破潰)코야 말지니, 내가 국에 있음은 국민에게 해를 줌과 같을지라. 내가 국에 관계가 없고 중·아·미 삼대 외령에 자유로이 활동하면 정부 기관을 누가 유지하든지 영구히 보전케 할 희망이 있다.……

이 글에 있어서 도산이 가졌던 생각을 세 갈래로 분석하면, ① 자기 자신이 오해와 악평의 대상이 되어 있다는 사실의 시인, ② 적어도 독립 운동 기간중은 전 민족이 통일 전선으로 뭉쳐야 된다는 이상, ③ 자기는 정부 안에 있기보다도 밖에서 통일을 위해 노력하는 것이 유효할 것이요, 그리하면 대동 단결을 유지케 할 '자신이 있다'는 신념 등이다.

민주적 단결론

독립 운동 기간 중 통일 전선을 유지해야 된다는 것은 도산이 시종일관 주장한 것이다. 7월 11일 일기를 좀더 인용하면,

> …… 우리 전도 방침에 대하여…… 적극으로 말하면, 일본의 통치를 거절하며 전투를 준비하며 열국의 동정을 끄을어 명년이나 내명 년으로 속히 독립을 완성하기로 기하고 나갈 것이요, 소극으로 말하면, 이 정부를 영구히 유지하여 5년이고 6년이고 10년 이상이 되어도 해외의 200여만 인구를 통일하여 독립 완성의 시기까지 교민을 통치하고 독립 운동을 계속 진행할 것이니, 이 같이 소극 방면으로 진행함에는 이 임시정부를 관청 제도로 진행치 말고, 또 입법 기관을 상해에 둘 필요가 없고 1년에 한 번씩 각 구역의 대표자가 직접으로 와서 법률을 제정 증감하며 직원을 개선하는 것이 적당한지라. 증왕에 누차 말함같이 일개 단체의 기관 사무실 체제로 조직하고 미·중·아 각 지에 지방 단체를 설치하고, 그

> 교민에게 세납을 가볍게 정하여 그 수입으로…… 정부를 영원히 유지할 것을 확정하고, 먼저 적극적 행동은 대내 · 대외간에 다른 수단 방법으로 확정하여 활동을 시험할 것이라. 그런즉, 해외 교민을 통일하여 정부를 유지케 하는 것이 소극적 진행이라 말하지마는 우리의 형세로는 가장 중요한 문제라. 이에 부주의하고 현시 상태와 같이 어름어름하고 지내다가는 적극 진행도 실패를 당하고 정부 유지 문제도 말유할 터인데, 해외 교민을 통일하여 정부 유지라는 이 건에 비상히 노력을 다할 필요가 있도다. ……

도산의 대동 단결론은 당시의 해외 독립 운동자 및 교민들의 생태를 현실적으로 파악한 것이 못 되었다. 그들은 협동과 타협 또는 다수결 제도 등의 민주 방식의 훈련이 극히 적었고, 민주주의적 지도자 선택보다도 중세기적인 주종 관계, 파당적 충성 등에서 완전히 헤어나오지 못하고 있었다. 이런 현실 조건하에서 하등의 권력 체계가 없이 애국심에 호소하는 자발적 대동 단결이란 한낱 이상에 지나지 않는 것이었다. 그런 의미에서 그는 이상론자였고, 또 자기가 항상 자리를 사양함으로써, 혹은 각원의 자리를 내놓고 당국자를 지지하도록 국민에게 호소함으로써 단결을 유지하겠다는 그의 방법론도 현실적이기보다도 이상론이요, 정치적이라기보다는 도덕적인 방법론이었다.

물론 그가 현실적인 조직 방법을 가지지 않은 것은 아니었다. 삼두 정치론이든가, 상해정부를 개조한 것, 혁명 운동 중견 간부 조직론, 정부 사무 단일 기관화 방법, 그리고 끝으로, 국민 대표회 소집 같은 것을 주장하고 시험하여 보았지마는, 어느 것이나 성과를 올리지 못한 것은 어딘가 현실과 유리된 판단이 개재했기 때문일 것이다. 그러나 도산이 현실을 초월한 이상주의자요 윤리적이었다 하는 것은 그의 단점이라기보다도 그의 선구자적인 평가를 높이는 것이리라. 현실적인 정치가이기보다도 원칙에 충실하였다는 점에 도산의 위대함이 있을 것이다. 그러므로 《도산 안창호》의 저작자는, "그의 일생은 과연 실패의 일생이었던가. 그는 과연 노고만 하고 공이 없었던가. 그는 우리 민족에게 참된 애국심을 심어 주고 민족의 진로를 밝히 보여 주었다. 그리고 몸으로써 애국자의 생활의 본을 보여 주었다. 그의 생활은 과연 실패의 일생일까.…… 1세기를 두고 보면 알 것이다." 하고 외친 것이다(《도산 안창호》 한글판 127쪽).

도산이 대통령 이승만, 국무총리 이동휘 두 사람을 한데 묶어 대동 단결의 구심점을 만들려고 한 것은 나무에서 고기를 잡으려는 시험이었다고 할 것이다. 이승만은 철저한 현실 정객이었다. 그의 지도 원칙은 '나를 따르라'는 권위주의로 일관하였고, 논쟁이 있을 때는 "일에 방해가 되니 떠들지 마시오."라는 한마디로 딴 의견을 막았으며, 또 분쟁이나 분열이 생겨도 개의하지 아니하였다. 자기 추종자들만 거느리고 외교 활동을 하는 것으로 만족하였다.

이동휘가 이미 공산당의 마수에 걸려 그 노선을 따로 할 수밖에 없었다는 정보를 늦게야 받았고, 받은 뒤에도 용단성 있게 갈라서지 못하였다는 것도 도산의 중대한 오판이라고 할 것이다. 국제 공산당의 철저한 분열 지배 정책을 정확히 판단하기에는 아직 시기가 일렀던 모양이다. 그러나 이러한 두 영웅을 한데 묶어서 독립 운동 기간 중 국민의 상징으로 유지해 나가자는 도산의 이상은 처음부터 깨질 운명에 있었던 것이다.

그가 정부에서 나와서 정부와 그 간부를 후원할 것을 민중에게 호소하며 '자신이 있다'고 스스로 선언한 것은 아마도 자기의 변설과 성심 · 성의의 힘을 믿었던 것 같다. 혹은 그가 연설에 능하였다 하는 사실이 그로 하여금 국민 운동을 자기 임무로 자처하게 했을지도 모른다.

또 도산이 당시의 지도자들의 영웅주의가 단결 파괴의 하나의 원인이 됨을 관찰하고 자기 한 사람이라도 스스로 낮추는 본보기를 보임으로써 그 병통을 고쳐 보기를 염원했을 것 같다. 도산이 그러한 이상주의적 태도와는 달리, 권위주의와 투쟁 방식으로 통일 전선 사업을 추진했었더라면 좀 나은 성과를 거두었을 것이 아닌가 하는 의견도 있을 수 있다. 그러나 과거 반 세기 동안의 이른바 정치 운동의 역사를 냉철하게 관측한다면 그런 가능성은 매우 희박하다고 할 것이 아닌가. 그렇다면 결국 도산은 정치에 손대지 말고 교육자로서 일관하였던 편이 나았으리라는 결론도 있을 수 있다. 이런 여러 가지 평가의 최종적 판결을 내리는 것은 이 책의 목적이 아니다.

악평과 오해

그러면 이제 도산이 스스로 말한 바와 같이 '오해와 악평'을 받았다는 사실과 그 원인에 대하여 상고해 볼 단계에 이르렀다.

'지방열', '야심가'—이런 말은 도산을 오해하거나 악평하는 이들이 항용 사용한 말이다. 이를 분석하기 전에 도산이 일기와 연설 중에서 스스로 말한 사실들을 추려 보기로 한다.

(1월 20일, 김성근의 담화에서)

"…… 아령 불평 분자에서는 선생에게 대하여…… 외교 만능을 주장하며 지방열을 고취한다고 심언하는 자가 있다 하고……"

(2월 12일, 재무차장 윤현진 군의 말)

"…… 지금 기호 인사들이 선생에게 대하여 명예와 세력을 독점하고 독립 신문사를 사사 기관을 만든다고 대불평이 발생하며, 더욱이 모 군은 노골적으로 도산은 지방열로 화한 몸이라고 말하며, 경상도 인사도 동일한 불평이 있으니 극히 주의하라 하므로 내가 가로되 내게는 더 주의할 바가 없노라 하다."

(2월 13일 법무차장 신익희와의 담화 중에서)

(신) "…… 나는 선생을 잘 이해하는 바 우리 선배 중에 성충이 가장 열렬하고 일에 임하여 처사에 용력이 과인(過人)한지라. 무슨 과실을 말할 것이 없고 다만 열렬하고 용기 있음으로 인하여 타인이 권리를 탐한다는 오해를 받게 되고 또 도무지 없다고 할 수 없는지라 하므로,"

(도산)"…… 나는 대통령 대리로 내무총장까지 다 내놓고 노동국 총판의 명의를 가지고 국무원에 출석하여 의사를 진술하며 그 이외에는 나의 능력이 맞는 대로 사역하고 내외에 선전하는 일뿐이니 무엇으로 나를 향하여 권리를 탐한다 하는지 연유를 모르노라."

(신)"…… 선생이 매사를 주선하되, 내무에 관한 일은 내무에, 재무에 관한 일은 재무에, 외무에 관한 일은 외무에 소개할 것이요, 직접 행사하는 일은 피하라."

(도산)"…… 내가 호말이라도 타부의 권리를 탐하여 권리를 직접 한 일이 없고 내무에 관한 일은 내무에, 재무에 관한 일은 재무에 집중키 위하여 내외 인사들에게 각오를 주기로 노력한 것뿐이라 한즉,"

(신)"…… 예로 들건대, 체크 대장 가이다와 각국 영사와 및 신문 기자를 직접 면회하는 등 일이라."

(도산)"…… 국제상 외교에 관한 일이면 내가 직접으로 교섭할 수 없고 또 할 리도 없었거니와, 지약 개인상 교분으로 면회하기를 요구하는데 어찌 거절할 수 있으리오. 이는 내가 요구한 바 아니요, 내가 일찍이 오랫동안 상해에 재류하므로 외인들이 각원 중에 나를 찾게 된 것이다. 그러나 내가 교섭하더라도 대소사를 자단한 바 없고, 총리와 외교 당국자에게 고하여 한 사역자의 태도를 가졌을 뿐이노라."

(2월 17일, 군무차장 김희선이 도산에게 선전 위원장 사면 이유를 물음에 대하여)

"…… 자래로 워싱턴 및 북경 방면에 있는 인물들이 내게 대하여 소위 지방열이니 야심이니 하는 오해로 매사에 장애가 많았고, 현시 상해에 소위 불평 분자도 역시 내게 대하여 이상과 같은 감정이 있는지라. 나는 이를 불구하고 매사를 집행하여 경과하였거니와, 현금에는 국무원 내막에서 나더러 간섭한다 탈권한다 하여 불평이 생기는지라. 나는 이로 인하여 사소라도 반감의 심리로 사직함은 아니요, 내가 전과 같이 진행하면 진행은 되지 못하고 내홍만 일까 두려워하여 얼마 동안 침묵한 태도로 자신의 수양을 힘쓰고자 하노라."

(2월 21일, 총리와 내무·재무총장들이 도산에게 선전 위원장을 사면치 말라고 권고함에 대하여)

"…… 나의 처지는 워싱턴과 북경과 신대한파* 및 내각의 모든 불평이 이 한 사람에게 중심이 된 것은 사실이니, 이러므로 나는 얼마 동안 침묵하여 세인으로 하여금 탈권한다, 야심이 있다는 등의 오해를 제하게 함이 우리 전도에 유익이 될까 하여 내가 본 임무인 노동국 총판의 명의로 국무원 된 이외에는 간섭할 뜻이 적노라.……"

(3월 2일, 내무차장 이규홍과의 담화 중에서)

"…… 이 박사와 나의 사이에 충돌한 일이 없고, 그이가 나에게 대하여 오해를 가질 뿐이라. 나는 정부와 이 박사와의 상지함에 대하여는 호말의 책임을 지지 않을 것이라.……"

(4월 14일, 비서 김복형에게 한 말 중에서)

"…… 나로 외교의 직에 있으라 하나 훼예(毁譽)와 투기가 많은 사회에 응키도 어렵고 불응키도 역시 어렵다.…… 또 모씨가 발기코자 하던 정당의 조직이 나를 기휘하여 중지코자 한다.……"

---

* 《신대한》이란 신문의 논조를 찬성하는 인사들.

(4월 21일, 윤현진이 도산에게 외무총장 서리를 맡으라고 권고함에 대하여)

"…… 구미 외교를 맡은 이승만 · 김규식 제군이 나에게 향하여 좋지 않은 감정을 품은 것은 사실인 바, 이제 내가 외교에 있으면 외교상 이루지 못할지니, 어찌 진행할 수 있으리오.……"

이 4월 21일의 기사는 매우 중요하다. 이 날 도산은 이동녕 · 이시영 두 총장을 오찬회에 청하여 간담을 털어 서로 결속할 것을 호소한다. 그 회화의 내용을 적기하건대,

(도산) "…… 나는 네 분을 만난 후에* 성심 성력으로 대하여 같이 일하려고 생각하고 또 행하였거니와, 나의 관찰로는 동서 내외가 다 내게 대하여서 지방열 주창자이자 야심가이니 하여 일 행하기가 심히 곤란한 중에 당신네 사람부터 내게 향하여 위와 같은 생각을 품은 줄로 아는 고로 동하려고 시험하다가 동치 못하고 노동 총판이라는 허명을 가지고 무의미하게 시간을 보내자고 하니…… 비상한 고통에 있노라."

(이동녕) "…… 나도 바로 말하면 이런 오해가 없지 않았노라."

(이시영) "…… 도산은 자웅심(自雄心)이 있어서 타인이 이렇게 오해하는 바가 있다."

(도산) "…… 두 분이 무엇 때문에 이런 의심을 품었는지 바로 말하면, 나의 좋은 참고가 되겠다."

(이동녕) "…… 내가 경험한 바는 없는즉 말할 조건은 없고, 남의 말을 들은즉 그러한가 생각하게 된지라."

(도산) "…… 소문을 다 믿기는 어려우나 믿을 수 있는 것이 없으면 그렇지 아니할 것이니 소문 중 어떠한 말이 있느냐."

(이동녕) "…… 들은 말이 너무 많아 다 말하기 어렵고, 심지어 도산이 아령에 있을 때서도 청년을 회합하여 가지고 기호사람들을 다 함몰시켜 달라고 기도까지 하였다고 하는 유치한 요언까지 있다. 그러나 이런 것은 믿지 않으나 한 가지 믿을 수 있는 말은 일찍 몇 해 동안 서도에 돌아다니면서 연설하기를 "너희 서도 사람들은 몇 백년간 기호 사람에게 천대를 받은 것을 분히 여기지 아니하느냐. 이 때에 일어나 기호 사람들을 번복하지 못하면 피 없는 동물"이라 하여 지방열을 고취하였다는데, 이는 지방열이 있는 본의는 아니겠고, 일시 청년을 환기케 하는 계책으로 썼는지 모르노라. 그것이 금일에 큰 화근을 작하였

---

* 네 분이라 함은 이동휘 · 신규식을 포함하여 말함인 듯.

도다. 그런 고로 도산은 대한 민족 중 지방열 창조자의 책을 면하기 어렵다."

(이시영) "…… 나도 생각하기를 도산의 수단이 능히 이 일을 행하였으리라고 생각하노라."

(도산) "…… 공중에 연설은 고사하고 단 한두 사람에 향하여서라도 이러한 의사를 발표한 일이 전무하였노라. 나는 할 수 있는 대로 정진(正眞) 방면으로 나가고자 하는 바, 왕왕 수단설이 나에게 미치는 것이 이상한 것이라."

(이동녕) "…… 세인의 생각은 도산의 수단은 보통 수단이 아니요, 비상한 수단을 가져 그 수단에 들어서도 수단인 줄 모른다."

(도산) "…… 세인이 이렇게 생각하면 나의 자체로는 정의를 표방하지만 정의는 모르는 수단인즉, 그 이름을 벗기는 바라기 어려우니 가소라. 이 자리에서 나 한 사람의 신분을 말하는 것은 희사(노는 일) 같으나 현국(現局)에 큰 관계된다. 두 분의 생각하는 바와 같이 지방열이라든지 기타 다른 무슨 생각이 있었다면 그것을 용렬스럽게 엄호하지 아니하고 쾌히 내가 과거 청년 시절에는 그러하였거니와 오늘부터는 그러지 않노라 선언할 바라. 나는 소년 때부터 지방열이라는데는 의사도 없었노라. 그러나 나에게 지방열의 죄를 몰아붙이는 그 이유도 내가 자세히 아나 내가 말치 아니하노라. 우리 민족이 보통 인물은 고사하고 소위 지도자라고 하는 인물들의 두뇌를 관찰하면 입으로는 일본을 배척하고 자국을 독립시키겠다 하지마는, 사실 내용은 현해탄 건너 있는 일본 정계 인물들의 계획과 행사를 살펴 이를 이기려고 작전 계획할 생각은 감히 못 하고 다만 울타리 속에 무력하고 가련한 처지에 있는 자기 식구간에 누가 한걸음이라도 앞서면 경동하여 다투려고 작전 계획하는 것뿐이니 한심하다."

(이동녕) "…… 도산의 생각은 차후에 일을 우리가 어떻게 함이 가하냐."

(도산) "…… 우리의 일은 계속과 지구(오래 지탱하는 것)하는 것이 주요점인데 계속 지구하려 하면 국민의 의사가 일치 집중하여 동일 보조로 버티어야 될 터인데, 이렇게 하려면 인심을 바로 지배하고 인심을 끌어야만 되겠는지라 우리 총리 · 총장 된 국무원 자체가 허약하므로 인심을 지배하고 끌 수가 없어 위력이 날로 떨어지고 인심이 점점 떠나 몇 날 안 되어 자멸의 화를 면하기 어려울까 두려워하노니, 그런즉 오늘의 주요 문제는 우리가 서로 합하고 같이 일하며, 길이 없으면 각각 헤어지고 말 것이고 그렇지 않고 모여 가려고 하거나 진심으로 합동하여 다섯 사람이 제1급 중견을 세우고, 청년차장을 결합하여 제2급 중견을 세우고, 각계 각파의 유력 인사를 단합하여 제3급 중견을 세워서 1급으로 3급까지, 다시 합하여 공통한 중견이 되어 가지고 국민 전부를 망라하도록 비상한 노력을 써서 활동

함이 가한 줄로 아노라.……"

(4월 25일, 신익희 군을 청하여 담화한 중에서)

"우리 기호와 서북 인사 간에 지방열이라는 사상은 뇌해(腦海)에서 인 찍은 것을 타파하여 버리고 오직 민족을 위하여 대국 전체를 함께 부지하고 진행하여야 될 것과 정부의 결속과 최대 간부 조직키로 된 것을 말하니, 동정을 극히 표하고 내게 향하여 어떠한 정도까지든지 신임하겠노라 하다."

(5월 14일, 현순과의 담화에서)

현순은 도산에게 대하여 근본 지방열이나 야심이 있는 사람으로 알지 아니하고 좋은 일꾼으로 알아 왔지마는 그 저간 몇 분 총장이 자기에게 대하여 "몇 번 잘 속았다…… 다시는 속지 말라." 말하고 자기도 근간에는 이러한 마음이 있었노라고 말함에 대하여,

(도산) "…… 그런즉 의심 조건이 무엇이냐."

(현순) "…… 별 조건은 없고, 단, 평안도인은 도와 주는 일이 많고, 기호인은 그리함이 드물고 적은 것이 보이더라."

(도산) "…… 내가 실력이 없으므로 누구든지 도와 준 것이 없으나, 기호인이 내게 도움 받음이 1원이라도 많을 듯하다."

(현순) "…… 지금은 도산이 흥사단을 조직하여 내외 지역 선전하여 장래 대통령 되기를 준비한다고 말하더라."

(도산) "…… 누구든지 독립할 줄 확신하고 대통령을 준비한다면 좋은 일일지라. 나는 지금 진행이 망연하여서 장래 개인 문제는 생각지고 못하노라."

같은 날 도산은 이동녕 · 이시영과 만나 다음 같은 담화를 하고 있다.

(도산) "이번 독립 운동에 이 안창호의 지방열 문제가 한 중심 문제가 되니 스스로 송구함을 금치 못하노라. 지금 기호 인사들이 서도 인사한테 부대끼어 지내기 어려우므로 자위책으로 불가불 한 편당을 만들어야만 되겠다는 그런 논조로 인심을 현혹케 하여 양지 청년으로 반목을 일으키니, 이는 스스로 망함을 취하는 것이 아니냐."

(이동녕) "…… 누가 이같이 말을 퍼뜨리더냐."

(도산) "…… 저명한 인사(人士)의 말하는 바를 수차 얻어 들었노라."

이에 앞서 5월 11일 일지에 보면 윤현진의 말 중에 "기호 인사들의 범사의 행동이 지방적 성질로 나가는 것이 많다……"는 구절이 있은 것이 이 날의 도산의 말과 관련이 있을 듯하다.

지방적 관계가 현실면에서 영향을 주고 있다는 사실은 5월 16일 정인과와의 다음과 같은 담화 중에서 도산 자신도 시인하고 있는 셈이다.

도산은 비서장과 차장들의 사직 문제가 대국을 파괴할 것이라고 말하고 정인과에게 그러한 사직서가 제출되지 않도록 노력하라고 부탁하면서 이렇게 말한다.

> "지금 비서장이 사직하면 총리가 같이 사직할지요, 동시에 함경도와 아령이 분리할지요, 윤현진 · 이규홍이 사직하면 남형우가 역시 사직할지요, 그러면 경상도와 관계가 단절될지요, 이렇게 되면 이동녕 · 이시영 · 신규식 세 총장은 국면의 어려움을 피하여 물러갈지니, 기호 일대가 관계가 단절될지요. 김희선이 사직하고 단독 행동을 취한다 하면 청년은 방황될 터이니, 이로 인하여 일반 국민의 심리는 비관에 빠질 터인즉, 이 일을 어떻게 처함이 옳은가.……"

윤현진이 안동현(安東縣)을 다녀와서 국내 상황을 들은 대로 도산에게 보고하는 가운데 이런 말이 있다.

> "…… 경상도 모씨가 왔기에 내지의 일반 정형을 물은즉…… 내지에 큰 문제는 안창호가 큰 관계 인물이 되었다. 내지 인심은 안××가 없고는 안 되겠다는 말이 대여론이고, 그러나 지방열과 야심으로 인하여 충돌을 일으키는 고로 잘못된다 하니, 이것이 사실(事實)에 확실한 관계냐고 묻더라.……"

이로써 도산에 대한 중상 선전이 국내에까지 퍼뜨려진 것을 알 수 있다. 7월 7일 기사에는 도산이 이시영을 문병하고 대담한 중에 이런 구절이 있다.

> (도산) "……이승만 대통령이 (상해로 온다는 소식이 있으므로) 오면 총리와 대통령이 잘 융합을 도모할밖에 별책이 없다."
>
> (이시영) "…… 김립 군이 어젯밤 찾아와서 여러 가지로 담론하는 가운데 대통령이 온

> 뒤에 총리가 호의로 지낼 것은 다소 자신이 있으나 기호와 서도는 절대 융합할 수 없은즉, 대통령과 안도산 간에는 아주 합할 수 없다고 말하더라."

김립의 이러한 말이 사실이었다고 한다면 이는 전형적인 이간 정책의 편린으로 보아도 무방할 것이다. 당시 공산당의 당면 목표는 이승만을 제거하자는 것이었고, 이동휘는 이미 위해위로 떠난 뒤였다. 그러므로 공산당으로서는 뒤에 남은 도산과 이동녕 · 이시영 사이를 분열시키는 작전을 추진함직한 일인 것이다. 김립은 5일 후인 12일 도산을 찾아서 말하는 가운데 "총리께서 돌아온다 하더라도 이승만 군과 내각에 같이 있지 아니할지오."라고 말하였는데, 16일 정인과가 도산에게 전한 말에 의하면, "김립 군이 진정을 토로하여 말하노라는 말에 이 총리께서 이승만이나 그 밖에 각 총장을 싫어하는 것이 아니요, 기실은 제일 도산을 싫어한다. 또 도산과 합하기만 하면 천하 대사를 불능할 것이 없는 줄로 안다.……" 하였다. 이상 두어 가지 실례로써 이간 정책의 모습을 엿볼 수 있는 것이다.

미주로부터 상해로 건너온 여운홍(呂運弘, 여운형의 동생)이 13일(7월) 도산에게 미주 형편을 전한 말 가운데, "편당열이 심하여 다수의 사람은 선생에게 대하여 불평이 심하니 그 조건은 선생이 상해에 이르러 황제 노릇을 하고 또 장차 지위를 견고케 하려고 이 대통령을 방해한다 하며, 개중에 선생에게 극단의 행동까지 하겠다 하는 사람도 많다.……"고 하였으니, 미주 방면에도 도산에 대한 중상이 성행하고 있는 것을 알 수 있다.

이듬해(1921) 2월 6일 일기에 김규식(金奎植)과 담화한 가운데서 도산은 지방열 문제에 대하여 약간의 분석을 하고 있다.

> (도산) "…… 지방열 운운은 일종의 요설을 조작하여 그럴 뿐이지 서도 청년들에게 지방열을 고취하여 본 때는 없었다.…… 그 다음 내가 본국에서 지낸 경력을 말하면 내가 진행하는 일 중에 신민회에 관하여서는 중앙에 중심 인물이 이동녕 · 전덕기가 되고* 서북과 중남에서 동지를 모집할 때에 서도에는 안태국 · 최광옥이가 중심이 되어 동지를 많이

---

* 두 분 다 기호 인물.

얻었고, 남중의 중심 인물들은 서도보다 동지를 얻은 수가 적었을 뿐이라. 이는 조금도 이상할 것이 없다 하노라. 서도 인민의 성격이 동하기를 좋아하는 듯하여 예수교나 천도교 등을 전국에 선전하되, 유독 서도에 발전이 특히 많으니 신민회 역시 이 경우로 생각하노라. 내가 마음 쓰기를 서도인을 많이 들이고 남도인을 적게 들이겠다 한 것이 아니다. 그러나 세상이 이러한 것으로 오해하는도다.……"

그 해 2월 16일, 도산은 이동녕, 이시영, 신익회 세 사람과의 담화에서 격렬한 언사로써 그들을 비난하고 중상 선전의 책임을 정면으로 그들에게 묻는 장면이 있다.

(도산) "…… (당시 이동휘가 물러갔으므로 도산더러 후임을 맡으라고 권고함에 대하여) 나는 총리에 나갈 만한 자신이 있으면 사양치 아니할지나 자신이 없으므로 할 수 없다."

(세 사람)"…… 자신이 어찌 없느냐. 우리 세 사람이 힘써 도울지니."

(도산) "……내가 내 자격을 믿지 않고 또 군들이 힘써 돕는다는 것을 역시 불신하노라. 내가 상해에 온 지 우금 2년간이라. 처음 상해에 도착시에 나에게 지방열이니 야심가이니 하는 비난이 극도에 달하였도다. 다행히 그 오해를 풀어 인심이 다소 수습되었도다. 그 후 군들이 상해에 온 후로 나의 경우는 해내 · 해외를 물론하고 지방열로 세력을 쟁투한다는 악선전이 보급하여 바깥 인심을 수습할 여지가 없는 이 때라. 이같이 된 것은 다 당신네가 당신네 심복으로 악선전한 것이 사실이라. 군들이 상해에 온 뒤에 성재(이동휘)를 내보내고 내가 총리하여야 된다 함이 우금껏 계속하였도다. 한편으로는 총리되라 하고, 한편으로는 악선전이 여전히 계속되는도다. 그런 고로 지금에도 불신하겠노라. 내가 이렇게 말함은 나 개인을 위하여 감정적으로 성냄이 아니라 이렇게 간난한 경우에 처하여 서로 크게 각오할 필요가 있으므로 말함이라.…… 나더러 총리하라고 권함이 우금 20여 일이라. 그간 기호 청년들이 내도함에 역시 악선전이 계속되고 있으니 지금 누구든지 총리가 되면 바깥 인심을 잘 수습하고야 일할지니, 일편으로 악선전을 하면 시국은 수습 못 되고 일은 망코야 말겠도다.…… 군 등과 내가 크게 각오하여 서로 사랑하고 서로 두호함으로 서로의 의심이 풀리고 서로 믿음이 있도록 용력할 수밖에 없다."

국민 사상 현대화의 이상

도산은 정치가로서 이상주의자요 현대적이었던 것이며, 그의 이상과 현대성이 악착한 현실과 봉건적 환경의 풍랑에 부딪치어 난항을 계속하였다 함이 실제에 가장 가까운 분석이라고 생각된다. 그가 주창하고 몸소 시범하기에 노력한 실천주의(무실 역행주의)와, 자발적 합동론은 민주주의의 기초 조건이며 현대 생활의 요소였다. 봉건 시대의 생활 태도와 사고 방식에 대한 비판이요, 혁신적 주창이었다.

이런 의미에서 도산은 선각자요 선구자이었으며, 당시의 민족주의 사상에 새로운 색채, 즉 민주주의적 협동의 원리를 첨가한 것이다. 그가 이것을 주창한 지 반 세기를 지난 오늘에 있어서도 그 두 가지 요건이 한국 사회 현대화의 과업으로 되어 있는 것을 생각하면 도산의 사상과 행동의 역사상 위치는 자명하다.

도산은 자기 이념을 민족 개조라고 표현하였었고, 그 뒤에 인간 개조라는 용어까지 생겼으나, 그 목적하는 뜻은 마찬가지다. 봉건적인 생활 태도를 현대적인 생활 태도로 혁신하여, 낡은 시대의 껍질을 벗고 시민 사회적인 창의성과 협동 방법을 체득하는 것만이 현대의 국제적 경쟁 사회 속에서 '독립 국민의 자격을 갖추는 것', '민족 전도 대업의 기초를 세우는 것', 즉 민주 국가로서의 발전의 길을 걷는 것이라는 도산의 선견이 현금에 있어서도 완성되어야 할 민족적 과업으로 된 것이다. 이것이 한국 사회뿐 아니라 이른바 후진 국가의 어느 곳에서나 다름없는 철칙이 아닌가. 애국 사상 · 독립 정신 위에다가 이러한 기본적인 방향을 더 가듬한 점에서 도산의 사상적 위치를 평가할 것이다.

이러한 선구적인 사상이 일조 일석에 생활화하기 어려울 것도 사실이요, 또 낡은 세대의 관성적인 환경 속에서 난항을 계속하며, 비난의 대상이 되는 것도 피치 못할 일이었으니, 도산의 일생은 모든 선구자들의 불우한 생애와 다름이 없었으며, 그 진정한 평가는 세월이 감에 따라 점차 빛을 찾게 됨이 당연한 일이다.

도산의 진취적인 사상이 현실에 부대끼게 된 경로를 더 구체적으로 몇 가지 열거해 보기로 하자.

봉건적 낙후성의 현실

1. 사회 구조면에서 볼 때에 지방적 관념이 실지로 존재하였고 지금도 그 잔재가 남아 있어 우리의 사회 생활과 정치 생활에 영향을 주고 있다는 사실이다.

도산에게 지방 관념이 있는 것이 아니라, 주위의 사회에 지방 관념이 봉건적인 형태로서 뿌리 깊게 웅크리고 있던 것이다.

앞서 인용한 5월 16일 일기 중에 도산 자신의 말로서, 누가 사면하면 함경도가 떨어져 나가고, 누가 그만 두면 경상도가 떨어져 나가고, 누가 물러서면 기호 지방이 분리되고…… 운운한 것은 이러한 봉건 잔재의 현존 사실을 단적으로 표현한 것이 아닌가. 이러한 잔재가 일소되려면 지방적 관념이 아주 없어지거나 그 경쟁이 건설적 경쟁으로 변화하여서, 페어 플레이의 원칙 밑에서 승패가 선의적으로 납득되는 관습이 성립되어야 할 것이다.

당시의 지도자들은 그러한 민주적 아량이 부족하였을 뿐 아니라, 도리어 그들의 소영웅주의는 그런 낡은 습성을 이용하여 자기의 세력 확대를 도모하기에 바빴고, 일반 국민이나 특히 혈기 있는 청년층도 낡은 관념에서 벗어나지 못하고 지방적 그룹으로 모이기를 일삼아 부지중에 낡은 지도자들의 이용을 당하게 되었고, 또 도산에게 있어서는 자기가 원치 않는 오해와 중상의 원인이 되었다.

2월 27일 일기에 도인권(都寅權)이 도산에게 대하여, "자기는…… 불량 분자를 위력으로 제거하여 선생을 후원하고자 하므로 과거에 다른 사람에게 시비를 받은 일이 종종 있었거니와, 이후에도 이 주의대로 진행할 터이요. 우선 이번 의정원 안에 불선한 분자를 제거하겠노라." 하였을 때, 도산의 대답 중에,

"…… 군은 나를 후원한다 하나, 군이 이렇게 단독적 행동하는 것이 나중에는 정신상 책임이 나에게 미치므로 나에게 그 장애가 막대한 줄을 군은 모르는가." 한 것은 저간의 소식을 말하는 한 개의 실례다.

또 하나의 실례로서는, 6월달에 일어난 소위 정환범(鄭桓範) 사건을 들 수 있다. 정은 충청도 청년으로 이 때에 도산을 비난하는 글을 써서 발표하였고, 이에 분격한 청년들이 그에게 폭행을 하였는데, 폭행자는 주로 서도 출신이었다. 경무국에서는 폭행자를 체포 감금하였는데, 갇힌 자들의 친구들이 작당하여 경무국을 습격하여 폭행하고, 내무차장 이규홍 이하 직원들을 구타한 사건이다. 이에 대하여 정부는 사관학교 생도를 동원하여 폭행자를 체포 · 엄벌할 방침을 세웠다. 일이 그렇게 진행되면 상해 천지는 청년들이 서로 무력으로 대항하는 수라장이 될 것이 명백하므로 도산은 군무차장에게 말하여 사관학교 생도 동원을

중지시키고, 도리어 체포된 청년들을 효유 석방하는 조치를 취하게 한다. 그리고 폭행으로 부상당한 청년을 도산의 비용으로 입원 치료케 한다. 이러한 미봉적인 조치는 동포 청년들 사이의 피흘리는 난투극을 미연에 방지하자는 의도에서 나온 것은 사실이겠으나, 폭행을 자행한 관계자가 대부분 서도 청년이었다는 데서 도산의 체면은 여지없이 손상되었고, 특히 기호 청년들의 분격은 더욱 심하게 되었다.

한편 폭행 청년들은 '철혈단'이라는 이름으로 정부를 공격하고, 암살한다는 위협적인 등쇄물을 뿌리었고 또 정부 직원의 퇴근 시간에 산발적으로 거리에서 구타하는 등의 난행이 더욱 심하게 된다. 도산을 지지한다는 청년들의 이러한 철없는 행동의 책임이 도산에게 돌아오지 않을 수 없었다. "도산이 부하를 명령하여서 남중인(南中人)을 박멸하려 하였다는 시비가 있다."고 이시영이 말한 것이라든지 (6월 12일 일기 참조), 정환범이 도산에게 대하여 "자기는 호말이라도 과실한 것이 없고, 정부에 잘못하였다고 칭원하며, 이번 자기 동지들을 포박 · 구타한 일은 다 선생의 사주한 일로 아노라."고 대든 것(6월 24일 일기 참조) 등은 이 사건으로 인하여 도산의 위신이 얼마나 손상되었는지 짐작하게 한다. 도산을 따른다는 사람들의 감정적 언행과 지방적 언행으로 인하여 도산이 오해받고, 중상 선전의 재료를 준 실례는 이 밖에도 많다. 신민회 시대에 최석하가 도산에게 서북 중심으로 정당을 조직하여 시기가 오면 기호를 누르자고 제안하다가 꾸지람당한 일이라든지, 도산이 국무원을 사면하려 할 때에 "우리 평안도 사람은 죽도록 일만 하고 권세는 없다."고 도산에게 불평을 말한 모씨 등의 예도 이에 속한다(3월 23일 일기 참조).

이러한 청년들의 언동은, 자기들이 인식하고 아니하고 간에 봉건적 사고 방식의 잔재가 아닐 수 없고, 도산의 대동 단결론이라든가 '지방열은 있을 수 없다'는 열변의 참 뜻을 바로 이해하지 못한 것이었으니, 피리를 불되 춤추지 않는다는 비애를 도산에게 주었을 것이다. 따라서 타도 사람의 눈으로 보면 도산의 성의 있는 주장도 하나의 권도로밖에 보이지 않고, 겉 다르고 속 다른 비상한 수단으로 인정될 뿐이었다.

이러한 봉건적 사고 방식은 물론 서도 사람에게 국한된 것이 아니요, 어느 지방 인사에게나 다 있었다. 사실은 도산과 대립하려는 지도자들은 거개가 그러한 낡은 습성을 이용하여 '저들이 뭉치니 우리도 뭉치자'는 선전으로 자기 지위를 굳게 하려고 노력한 흔적이 많다. 윤현진이 도산에 대하여 '기호인들이 지방적으로 행동한다'고 호소한 것을 보든지(5월 11일 일기), 1921년 2월 16일 일기에 나타난 대로, 이동녕 · 이시영 · 신익희 등 이른바 기호파 영수에 대하여 노골적으로 반박한 구절은 도산이 서북 인사들의 낡은 습성 때문에 곤란을 받은 만큼 타도 인사들의 그런 습성으로 인하여 장해받았음을 말하는 것이다. 그러나 도산이 서북 청년들을 향하여 권도로라도 "남쪽 사람들이 지방적으로 뭉치니 우리 서북도 대항하여 뭉쳐야 한다."는 말을 한 적이 있다는 증거는 없다.

2. 지방적인 기질의 차이, 전통 · 습관 · 예법의 차이 등이 지역적 분파 작용을 조성하는 원인의 하나가 되었다. 땅이 좁고 인구도 그리 많지 않은 한국 민족이 어떠한 지리적, 역사적 이유로 그리 되었는지는 여기서 논급하지 아니하거니와, 하여간 거의 각 도별로 기질과 인심, 전통과 풍습의 차이가 비교적 심한 것이 사실이다. 언어가 하나요, 풍속과 문화가 같은 단일 문화 민족 국가임이 한국의 특색이라 하겠으나, 같은 언어면서도 사투리의 구별이 심하고 또 다양인 것을 부인할 수 없고, 그 기질과 사교 방법 등이 서북쪽과 동쪽은 비교적 솔직 돌진적이라 하면, 중부와 남쪽은 신중하고 기교인 것이 특색이라고 볼 것이다. 전부터 전해 오는 팔도 기질의 차이라는 것이 어느 정도 개연성이 있고, 또 오늘날까지 크게 융합되지 못한 것도 사실이다. 이런 것이 원인이 되어, 한편에서는 상대편의 사교적 언사와 신중성을 교활하고 표리 상반하다고 오해하고, 반면에 저편의 솔직과 성급함을 만용적이요 비문화적이라고 싫어하게 되었다.

지방 색채의 다양성이 관용과 상호 이해의 전제 밑에 발전되면 문화의 다채성을 증진하는 장점도 있으나 그것이 봉쇄적이요, 배타적으로 되는 때에 분파 작용을 격화하는 폐단을 가져오는 것이다. 도산이 김규식에게 말한 중에서도 인민의 성격이 동하기를 좋아하는 듯하여 신민회가 서도에 발전이 특히 많았다고 설파한 것은(1921년 2월 6일 일기) 그런 일면을 시인한 것이라 하겠다.

특히 서북 지방은 유교의 전통이 중남부에 비교하여 뿌리 깊지 못한 까닭으로 일종의 정신적 진공 상태를 이루어 왔으므로 천주교 · 예수교 · 천도교 등 새로운 교리가 서북에서 급속히 발전되었다는 사실, 따라서 서양 문화 전반에 걸쳐 받아들이는 속도가 서북이 빨랐다는 사실 등은 도산의 민주주의적 사상이 서북 인사들에게 더 쉽게 퍼질 수 있었다는 설명이 됨직도 한 것이요, 단순히 도산이나 이동휘가 서북 출신이라는 것만으로 설명함은 피상적일 것이다.

도산의 망명 전 활동 무대가 서울 다음에는 고향인 평양이었다는 것은 틀림없으나, 그것이 배타적인 지방열에 근거한 것이 아니었고, 성과를 기대할 수 있는 활동 구역이 거기였기 때문일 것이다. 이동휘의 그 당시 교육 사업 무대는 도산이 지적한 바와 같이 함경도가 아니요, 개성과 강화였던 것이다. 물론, 서북 인사들이 다년간 정치적으로 불우하였기 때문에 동향에서 지도적 인물이 나서 서울에서 명성을 올리었다는 것을 자랑삼고, 무조건 그들을 따르게 된 경향도 있을 것이다. 그것이 때로는 봉쇄적이요 배타적으로 흐르게 되었다는 것은 이미 언급한 바와 같거니와, 이는 스승의 본의를 거슬러 스승을 해롭게 하는 결과를 가져왔다.

이런 폐단을 완전히 막지 못한 것은 민중의 정치적 훈련과 조직이 불완전한 현실하에서 도산의 변설이나 능력으로서도 미치지 못한 것이니, 이 또한 그의 고통의 하나였을 것이다.

한걸음 나아가서, 학문적 전통과 귀족 사회의 가문 등을 자부하는 남쪽 인사들이 서북 사람에게 대하여 일종의 우월감을 가졌던 것도 마찰의 원인 중 하나가 되었다고 볼 수 있다. 단적인 실례는, 이른바 한성 정부 각원 명단 속에 도산에게 총장보다 한 층계 낮은 노동국 총판이란 직함을 붙여 준 것이었다. 또 도산이 과거에 급제한 일도 없고, 미국서 정규 대학을 나왔거나 학위를 받은 사실도 없으므로, 학자적 전통 속에 자라난 청년들이 도산의 계획성과 실천력에 감탄을 할 망정 그를 스승으로 섬길 마음은 생길 수 없었다는 것을 이해할 수 있다. 이런 이유로써 도산의 추종자가 주로 서북 인사였던 것이다. 윤현진 청년이 도산에게 심복한 것이나, 송종익(대구 출신)이 흥사단과 국민회를 키워 왔다는 것은 소수의 예외에 속한다. 상해 시대에 도산이 그 머리와 변설에 있어서 다른 지도자들보다 출중하고 미주 국민회를 근거로 하였기 때문에 비교적 재정적 여유가 있다는 사실 등은 도리어 각 내에서나 일반 사회에서 시기의 대상이 되었다는 것도 비극의 하나였다.

도산은 체면을 존중하기보다는 일에 충실하였고, 격식을 찾기보다는 실제적 효과를 본위로 돌진하였다. 이러한 성격과 활동력을 가리켜 야심가라 한 것은 단순히 파벌적인 모략만이 아니요, 일종 인간적인 반향이었을지도 모른다.

도산이 남긴 글 중에 '합동과 분리'라는 대목을 보면, 이 문제에 대한 그의 고민을 또한 엿볼 수 있다. 도산은 당파 싸움, 지방 싸움의 와중에서 힘으로써 이를 교정하려고 하지 않고 설득과 스스로 낮추고 양보하는 표본으로 이를 극복하려고 노력하였다. 그러나 이 문제는 짧은 시간의 정신적 계몽만으로 해결될 것이 아니요, 경제 생활의 근대화라는 혁명적 벽화가 필요하였던 것이리라. 도산은 그 쓰라린 경험에서 흥사단을 조직할 때에 '신성 단결'이란 글자를 사용하였고, 흥사단만은 내부 다툼이 없는 단체를 만들기 위하여 밀접적인 조직 방법을 택했었다. 그럼으로 하여 흥사단 자체의 단결력은 공고했고 오래 지속되었으나, 그 반면 이를 질시하는 사람들이 도산을 모략하는 재료도 되었으니 득실이 상반하였다고 할 것인가.

3. 봉건 시대적인 낙후성(落後性)은 지방열이라는 형태뿐 아니라, 그 밖의 일반적인 사고 방식에 있어서도 그리고 다음 세대를 대표하는 청년층에도 잔재가 청산되지 못하였다. 그 대표적인 예로서, 임시정부 차장급을 들 수 있다. 차장급은 대개가 30세 내외의 청년으로서, 대학 교육을 마친 사람들이었는데 비서장 김립과 학무 이춘숙은 함경도 출신, 내무 이규홍과 재무 윤현진은 경상도 출신, 법무 신익희는 경기도, 교통 김철은 전라도, 외무 정인과, 군무 김희선은 평안도 출신으로 각 지역별로 거의 망라된 셈이었다. 그들이 새로운 지식의 대표자로 자처하고, 40대 이상의 지도 인사들을 이미 구시대의 인물로 상대한 것은 청년의 혈기라고 이해할 수 있는 것이나, 그들 자신이 구시대의 유물인 형식주의에 사로잡힌 것을 자각하고 이를 타파할 용의가 없었다. 독립 운동 방략을 제정함에 있어서 대통령 제도와 국무총리 제도를 논의한 것은 정치학의 이론을 자랑한 것이려니와, 독립 운동 시기에 있어서 실질적 행동 강령과는 멀리 떠난 이론에 불과하였다. 이승만 대통령과 이동휘 총리를 배척한 원인이 주로 사무 체계의 혼동이란 것이었으니, 물론 그것이 일리가 없는 것은 아니나, 말하자면

관료적인 사고 방식이라 아니할 수 없다. 도산이 혁명 간부 조직론을 말하고, 정무 집행 간소화를 주장할 때에 귀를 기울이지 아니하고, 내각 조직의 변경 또는 각원 자리의 변동 등을 급선무라고 하여 연일 그 문제로 시간을 허비하고 있는 것은 대체로 관료적이요 형식주의적인 사고 방식이라 할 것이다. 강력한 혁명 핵심 세력을 구성하고, 사무적인 체제를 간소화하여 총력을 실제적 혁명 사업에 집중하는 데 흥미가 없고, 임시정부의 체제를 갖추고 권리와 직무의 계통을 세우는 데 치중한 것은 당시의 실제적 요청에 부합하지 않을 뿐더러, 새로 일어나는 공산당의 조직 방법과 전술 · 전략을 대항할 태세가 못 되었다. 이런 의미에서 그들은 역시 구시대의 유습의 계승자였다. 도산이 생각하는 실질적이요 민주적인 투사라고 볼 수는 없었다.

그 중에서 윤현진은 주도력을 가진 인물이었고 도산과의 관계도 간담을 서로 비치는 사이였다. 그가 이승만 · 이동휘를 젖혀 놓고 도산을 총리로 하여 국민을 끌어 가기로 획책한 것은 사사로운 정리가 아니라, 자기의 냉정한 판단으로 결심한 것이리라. 다른 차장급도 김립과 신익희를 예외로 하고 다윤의 판단에 찬동하였던 것 같다. 이 사건에 있어서 두 가지의 중요한 분석이 필요하니, 첫째는 그들이 대국적 판단을 그릇하였다는 것이다. 도산을 총리로 추대한다는 것은 그의 능력과 생각을 주로 고려할 때에는 필연적인 결론이라고 보았을지 모르나, 당시의 정세로 보아서 그런 변동은 정국을 더욱 어지럽게 할 뿐이요, 독립 운동의 체계가 와해될 것이라는 도산의 판단은 정당하였다. 또 도산의 말과 같이 누가 대통령이 되고 총리가 되는 것이 근본 문제가 아니요, 지도자들이 진심으로 융합하는 것과 실질적 항일 공작을 추진하는 것이 기본적 과업이었던 것인데, 형식론에 사로잡힌 그들이 이것을 진정으로 터득할 수 없었던 것이다.

둘째로는, 미묘한 정국에서 역시 은연중 지방 색채가 작용하고 있었다는 점이다. 비서장 김립이 총리의 심복으로 시종 여일한 것은 당연한 일이어니와, 같은 지방 출신이기 때문에 심복이 되었다고 봄이 일면의 진리가 있을 것이요, 신익희가 이동녕 · 이시영과 행동을 같이한 것도 지방적 관계라고 볼 수 있고, 정인과 · 김희선이 도산의 의견에 추종함도 같다. 이규홍 · 김철 등이 도산을 지지함은 당시 경상도나 전라도 출신으로 이른바 거물급 인사가 상해에 없었던 관계라고 할 것이다. 이러한 관측은 너무 지나친 것이라고 반박받을지 모르나, 가장 선의적으로 해석한다 하더라도, 어딘가 지방 색채라는 것이 다소간의 작용을 하고 있었다는 인상을 씻을 수 없을 것 같다. 그렇다면 당시의 중견층 인물들(30세 내외의 청년) 사이에 있어서도 지방적 섹트주의가 완전 청산되지 못하였던 것을 증명하는 것이며, 통틀어서 '1' 이나 '3' 에 말한 낙후성의 비판을 새로운 지도층도 면치 못한다고 볼 것이다.

4. 도산을 괴롭힌 것은, 역시 정치적 낙후성의 하나라고 볼 수 있는 무분별하고 무절제한 투쟁 수법이라는 것이었다. 지방열이 생기고 인물을 중심으로 한 붕당적인 파벌이 생기는 것도 일에 치명적인 방해가 되었는데, 그 위에다가 파쟁하는 수법에 있어서는 수단 방법을 가리지 않는다는 마키아벨리식이라기보다 더욱 미개한 단순한 폭력과 자제력을 전혀 무시한 모략 전술이 횡행한 것이다. '철혈단' 사건은 폭력주의의 한 실례요, '도산은 상해에서 황제 노릇한다' 는 유언은 모략 전술의 일례라고 하겠다.

도산이 상해에 있을 때 방문객이 너무 많고 대개는 그 용무가 기밀에 속한 것이 많으므로, 부득이 손님 기다리는 방을 따로 두고 한 사람씩 딴 방에 인도하여 단 둘이 담화하게 한 일이 있다. 지금 생각하면 당연한 사무적 처리라고 하겠지마는 그 때에 일부 인사들은 도산이 거만하다, 허세를 부린다, 관료식이다, 사람을 깔본다 등의 비난을 하기도 하였다. 아마도 '황제 노릇' 을 한다는 요언의 근거는 이런 일에 있었을 것이다. 여러 손님과 한 방에서 허물 없이 담소하다가 손님이 물러갈 때에 문간에서 귀에 대고 요담하는 것이 평민적이요 겸손한 태도라고 보았던 것이리라.

물론 도산에게 대하여서 뿐 아니라 모든 지도자에게 대해서 입에 담지 못할 욕설을 인쇄 · 등쇄하여 돌리는 분위기였으며, 그렇게 공공연히 퍼뜨리는 문자에서나 혹은 사랑 공론과 귀엣말로 퍼뜨리는 모략 선전술에서 조그만 일을 침소 봉대하고 비틀어서 이간 중상의 재료로 이용함은 물론 전혀 없는 사실을 위조하여 유포시키는 것을 주저하지 아니하고, 또 듣는 사람들도 험담이 추악할수록 더욱 듣기와 전하기를 좋아하는 습성은 인종의 정치적 · 사회적 후진성이라고 볼 것이다. 이런 악습을 '민족성' 이라고 규정하고 그 개조를 부르짖는 것이 유행처럼 되었거니와, 하여간 가정과 사회 생활을 통하여 전해 내려오는 습성의 하나임은 틀림없으리라. "청년들아, 일어나서 500년 원수를 갚자."는 연설을 도산이 했다는 등의 요언은 허위 선전술의 실례라고 할 것이다. 개인 사생활에 대한 추문, 금전 관계의 유언 등을 선전에 이용하고 조작하는 일이 드물지 아니하였다. 도산의 생활이 근엄하였기 때문에 그에게는 비교적 이런 종류의 모략은 없었으나, 북경 방면에서 뿌린 등쇄물의 하나는 도산을 불학 무식하고 결혼 사진의 중매쟁이라고 비방한 실례도 있다.

공정한 경쟁, 이념으로 모인 단체 생활, 소수 의견의 경청, 다수결에 대한 복종, 지도자의 선출 권리와 지도자에게 대한 복종 의무의 구별 등 민주주의의 초보 원칙을 이해할 수 있는 사회는 아직 먼 장래의 일이었다. 40년 후인 오늘에도 우리 국민은 이 문제를 완전 극복하지 못하고 있다. 도산이 연설의 필요성을 설명하고, 개인 의사의 자유를 말하고, 사업을 위한 단결, 지도자에 대한 경의와 복종, 관용의 정신 등을 외치며, 독립할 때까지는 동포끼리는 싸우지 말자 하여 무저항주의를 주장한 것들은 도산을 독립 운동자인 동시에 민주주의자요, 인도주의자임을 말하는 것이다. 불행히 도산의 이러한 원칙을 제대로 이해하고 또 실천할 국민의 성숙성은 결핍하였다.

5. 국민의 성숙이 부족한 까닭으로 영웅주의(英雄主義)의 발호가 가능하였고 그것이 민주적 단결을 방해한 대표적 일례는 이승만(李承晩) 문제라고 할 것이다.

이승만은 독립협회 사건으로 감옥 생활을 하고, 옥중에서 《독립 정신》이란 저술을 하고, 미국 대학에서 철학 박사의 학위를 얻었다는 것과, 또 당시의 미국 대통령 윌슨이 옛날 프린스턴 대학의 교수였다는 사실, 그리고 자신이 서울 태생이라는 여러 가지의 조건으로써 객관적으로 민족 운동 지도자들 중 가장 유리한 조건을 가지고 있었다. 그의 성품이 원래 독선적이었는지, 또는 이상과 같은 객관적 우위성을 자각함으로써 영웅적인 방향으로 의식적으로 나갔는지 모르나, 하와이로 이주한 후부터 '나를 따르라'는 권위주의로써 박용만의 세력을 눌렀고, 3·1 운동이 일어난 후 계속하여 자기 중심주의를 철저히 확대하여 나갔다. 이미 기록한 바와 같이, 집정관 총재라는 직함을 대통령으로 고쳐 행세하고 국무원의 결의 없이 구미 위원부 제도를 공포하여 구미에 있는 동포의 관할권을 떼어 내어 자기 수중에 두어 특히 재정 수입의 근원을 장악하였고, 애국 공채 발행을 선포한 후 국민회 의무금 수집을 금지하여 실질적으로 재정권을 자기 손에 모으는 등의 현실 정치가적인 신랄한 수완을 발휘하였다. 이런 문제들로 하여 상해의 국무원과 분규가 일어났을 때에 이를 수습하기 위하여 양보하기보다도 결렬의 위험을 무릅쓰고 자기 주장을 고수하였다. 그것은 국무원이 대국의 파탄을 염려하여 결렬을 감행하지 못하리라는 약점이 있을 것을 이용하여 자기 주장을 관철한 것이다. 이런 의미에서 그는 철저한 수단가요 현실주의자였다. 만일에 파국이 된다 하더라도 그는 대통령 직함을 내어 놓지 않을 배짱이었을 것이다. 아령이나 만주 · 상해 등지에서 대동 단결 운동을 일으킨다 하여도 그것이 성공 못 할 것을 그는 간파하였을 것이요, 그러한 일은 시간의 낭비로 보아 거의 안중에 두지 않았을 것이다.

도산은 아마도 이승만의 영웅 전술을 알면서도 걸려들었을 것이다. 이승만의 하와이 시대의 행적을 아는 도산은 내심으로 장래 일을 걱정하였을 것이다. 이미 임시정부의 최고 책임자로 발표가 되었고, 또 국내 동포들이 이승만을 숭배하고 있는 만큼 그를 중심으로 하여 대동 단결을 형성할 것을 추진하였고, 파탄이 생겨나 국내 · 국외에 임시정부가 둘로 갈렸다는 추태를 보이지 않기 위하여 최대의 노력을 하였다. 이러한 도산의 이상은 이론적으로 정당한 것이었고 민주주의적인 방법론이었으니, 즉 3 · 1 운동의 뒤를 이어 임시정부라는 중심 기관이 생긴 이상 이를 중심으로 하여 독립 운동자가 소절을 희생하고 일치 단결하여 나가는 것이 민족적인 정치 훈련이 될 뿐 아니라, 민족적 위신을 내외에 과시하여 독립 운동의 실질적 성과에 큰 영향을 주는 것이기도 하였다. 그러나 모든 객관적 조건은 그 이상이 실현될 수 없는 단계에 있었고 더구나 도산이 이상하는 민주 방식에 의한 단결은 오래 지속될 수 없는 것이 슬픈 현실이었다. 도산이 이러한 현실적 판단을 못 하였을까, 또는 실패할 것을 알면서도 실패하는 날까지 노력하는 것이 자기의 임무라고 생각하였던 것인가. 도산이 만일 이승만처럼 현실주의에 입각하여 '나를 따를 자는 따르라' 하는 태도로 자기 기치를 세우고 나갔더라면 국면은 어찌 되었을 것인가.

그러나 이상주의자인 도산으로서는 독립 운동 전선의 분열이나 분규를 수습하는 데 노력할지언정, 자기가 따로이 기치를 내세울 성격의 소유자가 아니었다. 그의 필사의 노력에도 불구하고 1921년 봄, 3 · 1 운동 만 2년에 와서 파탄은 일어났다. 임시의정원은 이승만 탄핵안을 통과시켰고, 도산의 성의와 수완으로서도 이를 막을 수 없었고, 그는 정부에서 물러났다.

1923년에는 국민대표회를 소집하여 다시 한 번 대동 단결의 진영 정리를 시험하였으나, 이번에는 공산당의 음모로써 깨어졌다. 도산의 이상주의는 험악한 현실의 바위에 부딪쳐 부서지는 비극으로 끝막음한 것이다. 오직 그의 실천론 · 협동론은 현대 민주주의 정신의 기본 형태요, 그것을 목표해야 할 것을 민족 앞에 외쳤다는 점에서 그의 사상은 지금에도 살아 있고, 높이 평가되어야 하고 연구의 가치를 지니고 있다.

6. 낡은 세대의 유습을 뒷문의 호랑이라 하면 공산당의 대두(擡頭)는 앞문의 이리로서, 도산의 이상주의를 암초에 걸리게 하였다.

공산 전술의 대두

이동휘가 상해로 와서 처음에 이승만 밑에 있을 수 없다고 국무총리 취임을 거부하였고, 그 이유로서 이승만이 과거에 위임 통치론을 글로 쓴 일이 있으므로 독립 정신이 박약하다는 것이었다. 구실은 여하간에 이동휘의 작전은 이승만을 제거하자는 것이었으니, 그가 여론에 못 이기어 총리로 취임한 뒤에 비서장 김립을 시켜 차장들과 협의하여 이승만 배척 운동을 전개한 것으로 보아 짐작된다. 이것은 분명 공산당의 전략에 의한 것이라고 볼 것이다. 1917년, 레닌이 러시아의 정권을 장악한 후, 국제 공산당이 세계 전략의 하나로 아세아 지역에서는 제국주의 반대 운동에 공산당이 침투하여 표면상 민족주의자와 공동 전선을 취하다가 식민지 혁명이 성취된 후에 공산당이 주도권을 장악하여야 한다는 전략을 세웠다. 그러나 당시 한국의 공산주의자들은 성급하게 처음부터 임시정부의 주도권을 자기 수중에 넣고자 하여 솔직한 이동휘를 이용하여, 각개 격파 전술의 하나로서 이승만 배제 운동을 전개한 것이 아닌가 한다. 이에 대하여 도산은 완강한 반대 공작으로 나왔는 바, 도산이 그 당시 국제 공산주의의 기본 전략을 충분히 검토했다는 증거는 없다. 그는 오직 운동 기간 중 민족 총단결을 유지해야 한다는 자기 신념에 의하여 이승만 배제 운동을 극력 반대한 것이었다.

그러나 민족주의 진영 속에 있는 파벌주의자들은 알건 모르건 간에 이승만 배척 운동에 가담하였고, 이 점에서 공산당과 공동 전선을 이루었고, 마침내 임시정부를 분열시킴에 이르렀으니, 파벌의 해독이 컸다고 하겠다. 그러므로 도산은 한국의 지도자들이 동경에 있는 일본 정치가와 싸울 생각은 아니하고 자기의 지도자를 거꾸러뜨릴 생각만 한다고 한탄하였다(4월 21일 일기 참조).

도산을 위시한 민족주의 지도자들이 당시에 레닌 정부와 밀약을 맺어 항일 운동 자금을 후원받고자 하는 생각을 가졌던 것은 사실이다. 도산은 그 시국 연설 중에서 "현금 러시아의 가장 큰 원수는 일본일 것이니, 우리는 러시아를 우리 편에 넣을 수 있소."라고 하였고(1920년 1월 3일), 국무원에서 정식으로 소련에 밀사를 보낼 것을 결의하였다. 그러나 7월(1921)에 이동휘가 모스크바로 간다는 소식을 듣고 김립에게 세 가지 이유로써 반대 의사를 표명하고 있다(7월 12일 일기).

> 1. 대한민국 국무총리이던 이동휘가 모스크바로 가서 레닌 정부와 잘 악수한다 할지라도 러시아 과격파의 일부분의 동정은 얻거니와, 이로 인하여 세계 열국의 동정은 전부 잃을 터이니 우리 국가의 큰 해요,
> 2. 총리가 이면에 있고 전면으로 인원을 파송 · 교섭하면 세계에 직접 관계도 적고 러시아에 대해서도 효과가 있으려니와 직접 총리가 정면에 나타난즉 러시아인의 심리도 알지 못하고 또 일에 대한 계획도 부족하여 러시아인의 존숭을 얻기 어려워 일과 개인 양 방에 큰 해요,
> 3. 이동휘가 정부에서 탈퇴하여서 모스크바로 갔다 하면 국민의 정신이 분산하여 통일 집중에 큰 장애를 줄 것이라.

그러나 6월 29일 일기에는 "신두식 군이 찾아와 말하되, 이 총리 출발 전야에* 총리의 비밀 결사로 조직된 과격파 당원들이 전별회를 개최하였는데, 그

* 6월 23일 위해위로 떠나감을 말함.

석상에서도 모스크바로 향할 뜻을 표시하였다. 운운" 하였다.*

도산이 이러한 정보를 듣고서도 믿지 아니하였는지, 혹은 알고서도 모른 척하고, 옛날 신민회 동지요, 과격하나 성실한 성격의 소유자인 이동휘를 애국심으로 호소하여 돌이키게 할 것을 기대하였는지 알 수 없으나, 끝까지 이동휘를 믿는 동지로 대한 것은 사실이다. 하여튼 도산의 시종 일관한 통일론은 성급한 이동휘로 하여금 먼저 이탈하게 만들었거니와 도산은 자기의 일관한 주장인 대통령 · 국무총리 절대 불변 방안이 깨짐으로 인하여 정치인으로서의 책임상 자기도 물러나지 않을 수 없었으니 객관적으로는 이미 예상되었던 행로겠지마는 도산의 주관적 견지에서 볼 때에는 비극적인 일이 아닐 수 없다.

민주주의적 방식으로 민족 운동의 대동 단결을 도모하려는 도산의 이상은 봉건 유산과 공산주의의 협격(挾擊)으로 결국 목적을 달성치 못하였다.

그러나 그가 제창한 민주적 단결론은 우리 민족이 어느 때에 가서라도 배워 익히지 않으면 안 될 철칙이요, 이 등불을 켜 들었다는 것이 도산이 남긴 유업 중 가장 큰 것의 하나이다.

---

* 과격파라는 말은 공산당 다수파—볼셰비키—의 번역으로서 뒤에 소련 공산당으로 개칭된 레닌당을 말함이다. 이때에 상해에서 조직된 조선 공산당을 이른바 상해파라고 한다.

제 13 장

계획 있는 정의파(正義派)

임시 정부 시절 · 4 (만 41~42세)

1920년 하반기를 도산은 북경에서 지난다. 그 주요 목적은 미국 국회의원 동양 시찰단과 만나기 위함이었다. 그들에게 일본의 야망을 지적하고, 그냥 두면 중국이 장차 일본 손에 들어가게 될 것을 경고하였다.

실리 없는 주도권 쟁탈로 어지러워진 상해 '정국'(政局)을 떠나서 일시나마 민족 운동의 장래에 수를 두는 실질적 활동의 기회를 가진 도산에게는 그것이 건강상으로나 정신상으로나 위안이 되었을 것이다.

어수선한 '정국'을 뒤에 두고, 미국 상원 의원 시찰단을 만나러 도산이 상해를 잠시 떠난 것이 7월 27일(1920)이다.

이 여행은 도산에게 한때 정신적 휴식을 주는 기회가 되었다. 내부의 분규를 수습하고 흩어지는 정국을 미봉하려는 보람 없는 수고를 잊어버리고, 한국 독립에 대한 미국 국회의원의 이해를 증진시킨다는 대외적인 일에 몰두한다는 것이 어떤 의미에서 정신적 부담을 덜하게 하였기 때문이다.

1920년의 상해 생활을 돌아보면 위에 길게 서술한 바 국무원 내부의 분규 이외에도 도산의 머리를 썩히는 일이 한두 가지가 아니었던 것이다.

1월달에는 안동현(安東縣)에 두었던 임시 안동 교통국이 일본 경찰의 습격을 받아 국장 홍성익(洪成益)은 병중에 체포되어 신의주 감옥에서 고문을 받아 순국하였고 서기 직원들도 전부 체포되었다.

도산은 동지들로 더불어 안동 교통국 재건에 대하여 수차 논의하였으나 재정난과 인물난으로 여의하지 못하였다.

3월 11일에는 원동 지방에서 처음 홍사단 지방 단우회가 개최되었다. 홍사단 원동 지부 설립에 관한 것은 다른 장에서 자세히 기록하였거니와, 도산은 국무원의 일이 어지러운 가운데서도, 새벽에 흥사단소에서 정좌를 하는 일을 거르지 아니하였고, 저녁에는 거의 매일같이 신입 단우의 문답식을 자기가 실시하였다. 어떤 날은 "두통이 심하여 문답을 중지하고 다음날 하기로 하다."라는 기사도 그의 일기에 가끔 나타난다. 흥사단의 동지를 규합하는 일이 그에게는 희망과 즐거움이었을 것이다. 한 사람의 동지를 얻기 위하여 입단 문답에 하루, 이틀 내지 사흘 밤을 허비하여도, 도산은 괴로워하지 아니하였다.

4월에는 이탁(李鐸)의 아우 이석(李錫)이라는 청년이 프랑스 공부국에 체포되어 일본 영사관으로 인도되었으므로, 이를 구출하기 위하여 이탁 · 옥성빈(玉成彬) 등과 의논하고, 혹은 통역관을 매수하는 계획도 시험하고, 탈옥도 실험하였으나 실패하였다.

육군 사관학교 학생들이 교원 배척 운동을 일으키고 그 교원이 학생들에게 퇴학을 명하여 분규가 일어나므로 도산은 이를 무마, 조정하였다.

애인리(愛仁里)에 있는 김성근(金聲根) 집에서 청년들이 비밀히 폭탄을 제조하다가 잘못 폭발되어 프랑스 조계 경찰 국장이 다리에 부상을 입는 사고가 발생하였다.

체포된 청년들은 도산의 주선으로 일본 영사관에 넘어가지 아니하였으나, 프랑스 경관은 마침내 병원에서 다리를 자르게 되고, 임시정부는 그 위로금으로 6,000달러를 내어 주었으니, 그것이 도산에게 와 있던 미주 동포들의 농장 구매 자금을 유용한 것이었다.

5월 초순 일기를 보면 치아 수술을 받고, 발이 뜨거운 물에 데어 치료를 받았다.

천도교인 신숙(申肅) · 최동오(崔東旿) 두 사람이 도산을 찾아 자금 조달 문제를 의논하였는데, 재무차장 윤현진과 의논하게 하였더니, 50만 원 회사를 설립하고 천도교가 투자하는 형식을 취하고, 뒤에 그 자금을 독립 운동에 쓰자는 안이 작성되었다. 이는 일본 경찰의 눈을 속이자는 것이라. 도산은 그것이 결국 사기적 행위가 될 염려가 있으니 독립 운동 자금을 속임 수단처럼 조달함은 불가하다 하여 이를 거부하였다.

김 모라는 이가 손 모씨와 사감이 있는지라, 본국 교회에서 임시정부로 보내는 1,000원의 돈을 손이 북경에서 인편에 받아서 자기가 소모하였다는 말을 퍼뜨리었다. 두 사람은 다 도산이 신임하는 친구라, 도산은 김을 불러 책망하고, 손의 누명을 벗기기 위하여 여러 사람과 접촉하고, 불러서 이야기하고, 해명시키는 등 상당한 시간을 허비하고 있다.

미국서 함께 상해로 나온 정인과 · 황진남 두 청년이 1년 이내로 한 번 미국으로 돌아가지 아니하면 여행권이 무효가 되어 다시 입국하기 어렵다 하여 속히 돌아갈 허락을 요구하고 또 여비를 청하였다. 도산은 여러 차례에 걸쳐 그들이 보채는 것을 만류하여야 하였다.

이 달 제2차 안동현 사건이 일어나니, 일본 경찰이 안동 교통국을 습격하여 직원 한 사람은 총상을 당하고, 안병찬 이하 5인이 체포되었다. 이로써 압록강을 건너는 연락이 일시 중단하게 되었다. 체포된 사람들을 구출하기 위하여 도산은 관계자들과 협의하였다.

6월에는 프랑스 조계 당국이《독립》신문의 발행을 금지하므로 그 선후책을 강구하다.

7월 14일 일지에 "광복군영을 안동에 설치함에 대하여 정부의 실권을 내가 안동으로 옮겨 간다 하여 당국한 모모 제군에게 큰 오해를 내가 받다."고 적혀 있다. 3월에 이탁이 서간도에서 군사 운동을 할 것을 계획하고 이를 민간 운동으로 할 것이 아니고 정부 기관으로 하고자 하여 이동휘에게 의논하니, 이동휘는 다른 사람에게 알리지 말고 자기와 단 둘이서 비밀히 하자고 하였다. 이탁이 다시 도산에게 이동휘의 의사를 전하고 상론한즉, 도산은 정부 기관으로 함에는 총리가 혼자만 알 것이 아니라 군무부에 예속시켜 정식으로 정부 기관으로 함이 가하다 하였다. 거의 같은 때에 김석황이 의용단을 조직하겠다 하므로 도산은 이탁과 합하여 할 것을 권하였다. 이리하여 두 개의 계획을 합하여 광복군이라 하고 본부를 안동현에 두기로 군무부가 규례를 만들었던 것이다. 이 소문이 퍼지게 되니 모략을 퍼뜨리는 사람들이 도산은 안동에 군사 기관을 두고, 자기 세력하에 임시정부의 실권을 안동으로 옮기련다고 선전하기 시작하였다. 안동은 신의주 대안이므로 광복군을 모집한다면 주로 평안도 청년들이 응모할 것이므로, 도산이 그것을 근거로 하여 무력으로 임시정부의 실권을 장악한다는 그럴듯한 선전이었다. 한때 이동휘는 도산에게 단둘이서 손잡고 광복군을 세우고 정부의 세력을 독점하자고 말한 일도 있다. "나와 도산이 손을 잡으면 천하에 못 할 일이 없다."는 말도 이에 관련된 것이다. 도산은 자초지종 광복단을 정부의 산하 기관으로 두어 대통령 · 총리 · 군무부의 순서로 계통 있는 군단을 만들 것을 주장하였다. 이런 일마저 중상 선전의 재료가 된 것은 도산의 마음을 괴롭게 한 것이다.

5월 10일에 도산은 김희선 · 이탁 두 사람에게 자기가 생각하는 항일 운동 방침을 말한 바 있다. 그 내용은,

① 일본의 통치를 거절하는 행동으로 관공리의 퇴직, 납세 거절, 소송 거절 등을 전국적으로 실행케 하는 것.

② 작탄과 그 사용자를 준비하였다가, 일본의 탄압이 극도로 달하였을 적에 이를 사용하여 대폭동을 일으킬 것.

③ 임시적으로는 단총으로 각요해처의 밀정들을 토벌하여 광복 운동자의 통행을 편하게 할 것.

④ 선전 공작을 철저히 하여 통치 거절 운동을 일으킬 것.

⑤ 비행기로 선전문을 뿌릴 것.

⑥ 험한 산림 속에 작탄 제조소를 둘 것.

⑦ 작탄 사용자를 군인 정신으로 양성할 것 등을 포함하고 있다(5월 10일 일지 참조).

6월 25일, 도산은 김승만 · 이탁 양인을 초대하여 오찬을 하면서 안동에 대한 정부 방침을 설명하였는데, 그 중에서 그는 독립단과 청년단 연합회가 합동하여 군무부 직접 예하에 광복군영을 조직하고, 독립단에서 통치하던 구역을 내무부 직속으로 하고, 직접으로 금전 수집하던 것을 안동 독판부 재무사에서 수집할 것 등을 지시하였다(6월 25일 일기).

미국 의원단(議員團)

기미년 독립 운동 발발 이후 미국의 여론은 상당한 반향을 보였다.

이것이 미국 국회에 반영된 상황을 보면,

① 기미년(1919) 7월에 미국 기독교 연합회의 결의로 제출된 한국 사정 보고

서는 상원 의원 매코막의 제의로 제60회 상원 회의록(7월 17일자)에 수록되었고,

② 이듬해(1920) 3월에는 상원 의원 노리스, 쉴스 두 사람의 공동 제의로 "일본은 한국의 독립을, 영국은 애란의 독립을 승인케 하며, 한국과 애란을 국제연맹의 회원이 되게 하기를 상원은 희망한다."는 결의안이 상정되었으니 앞서 스펜서, 노리스 등 공화당(야당) 의원이 강화 조약 비준안의 부대 결의로 한국 독립 문제를 제의한 일이 있는 바, 이번 결의는 여당인 민주당 의원의 손으로 제출된 것이었다.

③ 4월 16일에는 상원 의원 토머스가 강화 조약 비준안에 "일본으로 하여금 한국 독립을 승인케 하고 한국을 국제연맹에 가입케 한다."는 수정안이 정식으로 제안되었으나 54 대 22로 부결되었다.

이러한 경위가 있는지라, 하기 휴가를 이용하여 상하 양원 의원 9명과 동반한 가족 등 일행 38명이 동양 시찰 여행에 오른 것은 해마다 있는 행사의 하나이지마는 독립 운동자간에 주목을 이끌었고, 이를 기회로써 비공식 외교 활동과 선전을 행하기로 한 것이다.

임시정부는 미국 의원단 접촉에 관한 준비 위원회를 조직하고 도산을 위원장으로 선임하였다. 6월 18일(1920) 위원회에서 결정된 방침 대강은,

① 애국 부인회 명의로 태극기와 서신을 보낼 것.
② 국내에서 시위 운동 겸 환영 행사를 할 것.
③ 상해 거류민단이 환영회를 할 것.
④ 필리핀에 정부 요원을 보내어 선전할 것.
⑤ 미국에 있는 우리 동포 중에서 수행원으로 동반하게 할 것 등이다.

도산은 이 방침에 의하여 우선 태극기를 제조시켰는데, 친히 제조업자를 일일이 시찰하고 만드는 동안에도 여러 차례 검사하여 정밀히 제작할 것을 감독한 것이 그의 일기에 나타나 있다. 한편 선전 문서는 정인과 · 이광수 · 주요한 · 황진남 등에게 기초 · 번역시키고, 미리 한국 사정과 독립 운동의 경위, 일본의 악정 등을 인쇄하여 원동 각지에 있는 미국 외교 기관(대사관 · 영사관) 등에 배부하였다.

필리핀에서 미국 의원들을 만나 선전 공작할 특파원으로는 도산 자신이 선임되었다. 7월 26일 일기에 보면, 여비로 한송계(韓松溪)에게 대양 1,000원을 꾸었고, 상해에서 의원을 영접하는 사무는 여운형 · 여운홍 · 이희경 등에게 위임하고, 본국에 보내어 의원단 한국 통과시에 제출할 서류 등은 장덕로(張德櫓)에게 맡겨 비밀히 들여보내게 한다.

27일 태고 양행 기선 수양(綏陽)호에 편승하고 황진남과 함께 필리핀을 향할 새, 31일, 먼저 홍콩에 상륙하여 미국 영사관에 알아보니 의원단은 8월 4일에 도착할 예정이나 상륙 후에는 관광 시간으로 짜여 있어 면회할 시간이 없으니 배에 올라감이 좋다고 하였다. 이튿날(8월 1일) 광동으로 건너가 미국 영사를 찾으니, 마침 일요일이라 그 사저에서 만나 환담하였다. 버르할츠라는 이 영사는 기미 독립 운동 당시 한국 주재 총영사로 있던 사람이므로 독립 운동에 동정을 표하고 한시간 반 동안 담화하였다(그의 담화 내용은 8월 1일자 《도산 일기》 참조).

홍콩으로 돌아와 들으니 의원단은 태풍으로 인하여 필리핀과 홍콩을 들르지 않고 상해로 직행하였다 하므로 길을 돌려 9일에 다시 상해로 돌아와 북경에서 의원단을 만나기로 각원들의 양해를 얻고, 황진남 · 백영엽 두 사람을 대동하고 11일 기차편으로 떠난다.

12일 남경에 도착, 전 북경 주재 미국 대사 렌치를 만나 미국 의원단이 한국에서 2, 3일 체재하리라는 말을 듣고, 임시정부에 '의원단이 본국서 3일간 체재, 시위 운동 불가불'이라고 전보 치다.

13일 천진(天津)으로 향할 새, 기차 중에서 장지강(張之江) 장군을 만나니, 이는 풍옥상(馮玉祥)의 부하라. 도중 그의 보호를 받고 천진에 도착 후 아스터 하우스 여관에 묵으면서 남개(南開) 대학 총장 장백령(張伯苓)을 회견하고 항일 운동에 대한 한 · 중 공동 전선 문제와 중국에 있는 한국 학생 교육 문제를 토의하였다.

장백령과의 담화에는 다음 같은 문답이 있었다고 백영엽은 추억한다.

(도산) "나는 오늘 중국에서 중국 민족의 가장 큰일을 하는 두 분의 선생을 존경합니다.

한 분은 남통주(南通州)의 장건(張謇) 선생이요, 한 분은 선생입니다. 한 분은 실업으로써 중국을 살리려 하고 한 분은 교육으로 중국을 부흥시키려고 하십니다(장백령은 교육 총장의 자리를 받지 아니하고 대학을 세웠고, 장건 역시 장관 벼슬을 사절하고 남통주에서 모범 농장과 방직 공장을 경영하는 사람이었다).

(장) "先生是 有計劃的人 正派的人."(선생은 계획이 있는 분이요, 정당한 파에 속하는 사람이라.)

장백령 박사는 그 후 조선 사람을 대하면 그대의 나라에 안 모라는 좋은 지도자가 있으니 부럽다고 도산의 인격과 식견을 찬양하였다 한다.

14일 북경에 도착, 육국반점(六國飯店)에 투숙하니, 그 날 오후에 미국 의원단이 북경에 도착하였다.

15일 《차이나 프레스》(大陸報) 기자 페퍼(Nathaniel Peffer)를 만나, 본국에서 《동아일보》 기자 장덕준(張德俊)이 북경에 와 있는 것을 알다.

16일 여운형 · 장덕준 · 황진남 등을 대동하고 포터(S.G. Porter) 상원 의원을 방문하여 한국의 실정, 독립의 결의 및 미국 국민에게 대한 감사 등을 말하였고, 포터는 사사 의견이라고 전제하면서 독립 운동에 찬의를 표하고, 귀국하면 오늘의 담화 내용을 미국 국회에 제출하겠다 하여 임시정부의 헌법과 일본의 불법 행위를 서면으로 보내 달라 하므로, 황진남을 시켜 자료를 수집 · 번역하여 즉시 그에게 보냈다.

17일에는 단장인 스몰(J.H. Small)을 만나고, 18일에는 하원 의원 베어(W.S. Vare)와 디어(L. C. Dyer)를, 19일에는 하원 의원 캠벨(G.E. Cambell)과 하디(Rupus Hardy)를, 20일에는 상원 의원 해리스(W.S. Harris), 하원 의원 오스본(H.Z Osborn, 캘리포니아 출신), 굿셀(L.B. Goodsell), 허스만(H.S. Hersman), 모리스(G.M. Morris)등을 역방하였다.

담화의 요지는 6월 하순의 도산 일기를 참조할 것이나, 대표적인 것을 여기 소개한다.

(도산)(포터 의원과의 담화에서) "귀국이 일찍이 한국을 동정하여 도덕과 문화의 도와

줌이 다대하였고, 또 이번 독립 운동에도 극진히 도와 주어 지금까지 힘씀을 알고 감사하는 동시에, 금번에 귀단 일행이 원동에 와서 실지로 동양의 관계와 일본의 행위와 한인의 정상을 목도하고 우리를 도와 줄 것을 더욱 기뻐하노라." (여기서 도산은 우리 민족의 독립 자격과 실정을 말할 새, 포터가 교육의 장애와 생활의 곤란과 동양척식회사의 내용을 자세히 물으므로 도산은 이를 구체적으로 대답하고)

(도산) "우리 독립 운동을 러시아인과 더불어 항일하고자 하는바, 혹 세계가 우리를 의심할까 하노라. 또 중국으로 더불어 대대적으로 일본을 항거할까 하노라."

(포터) "나의 이번 길이 공식이 아니라 사행인 고로 나의 대답하는 바가 공식이 아니요 사답이노라. 나는 한국 일에 극히 찬조할지요, 나 한 사람뿐이 아니라 미국인들이 이 정형을 자세히 알면 역시 극히 동정을 표하리라. 오늘 담화한 것을 귀국하여 국회에 제출하겠다."

(시찰 단장 스몰과의 담화에서 도산은 포터에게 말한 바를 되풀이하고, 계속하여)

(도산) "우리는 자치나 위임 통치를 원하지 않고 오직 독립을 요구하노라. 우리 한인이 근본 독립할 뜻이 있어 항상 기회를 엿보던 즈음에 이번 구미 대전 때에 윌슨 대통령의 민족 자결과 민주주의 제창을 만나 이 때가 우리의 독립할 때라 하여 빈 손으로 분기하여 다수한 생명을 희생하며, 지금까지 미국은 거짓이 아니요, 참 정의와 인도를 위하는 줄 알고 우리에게 최후까지 동정하리라."

(스몰) "나는 한국의 사정을 극히 동정하고 또 확실히 일본인의 간계를 아노라. 우리들이 한인 구제책을 연구중이며, 이번 동양에 온 단원의 공통 의사가 한인에게 동정하노라. 그러나 당신네의 앞으로 건널 길은 어렵고 또 어려우니 최후까지 참고 지내라. 귀국하여 이 사정을 우리 나라 및 그 밖에 힘써 선전하겠노라. 일행이 하와이 · 필리핀 · 상해 · 북경 등지에서 귀국 사람을 반가이 면회하였으나 우리가 한국 경내에 한번 들어가면 일본 정부의 손님이 되는 고로 지금같이 귀국 인사를 면회키 어려울지니 이러한때에 우리의 마음이 오늘보다 변하였다고 생각지 말기를 간망하노라."

《속편 도산 안창호》 171쪽 이하에 이런 담화 내용이 있다.

(도산) "진포선(남경서 천진까지 오는 기차 선로) 기차 연선에 그 무수한 빈민들이 신음하는 토굴들을 보셨겠지요. 그 먹지도 못하고 헐벗은 거지떼를 보고 어떤 감상이 났습니까?

(미국 의원) "대단히 비참하여 동정하였습니다."

(도산) "그러면 당신네 사절단은 그 거지떼들이 왜 그렇게 비참한 생활을 하게 되었는

지 이유를 아십니까? 생각해 보셨습니까?"

(의원) "물론 중국의 정치가 좋지 못한 탓이라고 생각합니다."

(도산) "그러면 그 좋지 못한 정치의 이유가 어디 있는지 아십니까?"

(의원) "글쎄요. 그것이 어디 있습니까?"

(도산) "정치가 좋지 못한 이유는 다른 것이 아닙니다. 중국에는 각종 군벌이 있어서 자기들의 세력 다툼 하고 있습니다. 그런데 그 군벌들을 더욱 이간시켜서 중국의 통일적인 발전을 못 하도록 이 편을 도와서 저 편을 치게 하고 저 편을 도와서 이 편을 치게 해서 중국의 내란을 조장하는 자가 있기 때문입니다."

(의원) "그게 누굽니까?"

(도산) "그것이 바로 일본입니다."

(그렇게 도산이 말하니까 그 사절단 사람이 주먹을 불끈 쥐면서 일어서서)

(의원) "그런 자와는 우리가 싸워야 되겠습니다."

도산의 담화법을 짐작할 수 있으므로 소개하여 둔다. 이에 관하여《도산 안창호》에는 다음과 같이 적혀 있다.

(도산) "혁명 후의 중국 정부와 지사들은 좋은 정치를 하려고 애를 쓰나 밖에서 그것을 방해하는 자가 있소. 중국이 힘 있는 나라가 되기를 원치 아니하는 나라가 있기 때문이요.…… 아직 독립 국가인 중국도 이러하거든, 아주 제 정치력을 잃어버린 우리 한국이야 어떠하겠소?"

(의원) "(탁자를 치며) 알았소. 알았소. 아세아를 구할 길이 무엇인지 알았소, 고맙소."

하고 도산과 악수하였다.

이 밖에 담화 내용은 도산의 일기 중 8월 하순 것을 참조할 것인 바, 그 중 캠벨 의원의 말 중에 "길게 논할 필요가 없고 (미국이) 속히 일본을 향하여 흔단을 일으켜 전쟁을 개시할 밖에 방책이 없다."고 한 것이 주목된다.

이 중간에 북경 대학 총장 채원배(蔡元培)를 찾아보았는데, 채 총장은 사회주의를 퍼뜨리자고 말하더라는 것이다.

미국 국회 의원단이 한국으로 들어간 뒤에 여러 곳 정거장에서 시위와 만세가 있었고, 서울에서는 기독교 청년회관에서 환영회를 열기로 하였는데, 일본 경찰이 신변을 보장할 수 없다고 통고하였으므로 정식으로 참석 못 하고 해리스 의원이 단신으로 와서 일장 인사 연설을 하였다.

이에 회장 이상재(李商在)는 "우리가 미국을 친애함은 미국의 부강을 인함이 아니요, 오직 하나님의 뜻을 받아 정의와 인도를 제창함을 위함이라." 하여 갈채를 받았다. 일경이 알고 회장에 달려와서 해리스를 '호위'하여 돌아가게 하는데, 800명 회중을 못 나가게 하므로 해리스가 저 사람들이 아니 나가면 나도 못 가겠다고 고집하여 전원이 무사히 해산하였다.

도산의 일기는 8월로 중단되었으므로 그 후 일을 알 수 없고, 이듬해(1921) 봄에는 다시 상해에 돌아와 있었다.

북경을 떠나기 전에 도산은 협화(協和)의원에 재직하는 한국 청년 이용설(李容卨)을 만나 여러 날 토론한 결과, 그를 흥사단에 입단시킨다. 그 때 일을 이용설은 다음과 같이 기억하고 있다.

> 나는 학생으로서 3 · 1 운동에 참가한 혐의로 국내에 있을 수 없어 밀선을 타고 안동현으로 해서 북경을 갔다. 해외로 나와 본즉 우리 독립 운동이 미약하였으며 조직적이 아니었고, 더구나 북경에는 한국 사람이 많았으나 청년들을 바로 지도할 단체도 없고 개인도 없었다. 나는 싸울 길을 찾지 못하고 방황하던 중 어떤 이의 권유로 더 공부하는 것이 애국하는 일이라고 하여 협화대학 부속병원 당직 의사로 채용되었다. 이런 찰나에 도산 선생이 오셨다는 소문을 듣고 간접으로 면회를 청하여 놓고 과연 백면 서생을 만나 주실까 궁금하였다. 뜻밖에 아무 때도 좋으니 오라는 회보를 받고 가 뵈니 선생은 자식같이 온정으로 대하여 주셨다.
>
> 나는 독립 운동의 방략에 대하여 물었다. 북경에 있던 지도자급 인물에게서 아무런 계획과 방안을 들을 수 없었던 실정이라 도산에게서까지 그럴듯한 책략이 발견되지 않는다면 독립 운동은 방법 없는 무모한 운동이니 그만 두는 것이 결론이라 하여 이것을 물은 것이다. 선생의 장시간 설명을 듣고 나는 새로운 희망이 생겨, 나도 선생의 운동에 참가하기를 청하였다. 선생은 기꺼이 승낙하시고 그 후 약 1주일동안 저녁마다 흥사단 운동에 대한 설명을 들었다.
>
> 나는 선생을 따라 상해로 가고 싶은 마음이 간절하였으나 이미 과학을 전공할 기회를 가졌으니 그것을 이용하여 최고 학술을 배우도록 힘쓰는 것을 애국 심정으로 하라고 훈계하였다(《속편 도산 안창호》 219쪽 이하 참조).

도산이 북경을 떠나기 전에 이용설에게 유격 전술에 관한 것을 말하였다. 그 내용은, 정식 전쟁보다도 비밀 파괴단을 조직하여 유격전을 하되 만주, 기타 지방에서 폭탄 제조법 · 사용법, 변장 · 피신하는 법을 가르치고, 2, 3인씩 국내에 들어가 일본 관공서를 파괴함으로써,

① 일인의 행정을 교란하고,

② 동포들에게 신념과 협조심을 갖게 하고,

③ 세계에 선전하자는 것이다.

그리고 세계 대전쟁이 다시 한 번 나는 때에 일본에 선전 포고함으로 독립의 기회를 얻을 수 있다 하였다.

"허둥지둥하던 청년의 심정에 한 줄기 밝은 빛을 주었다. 참 훌륭하신 지도자이시다. 스스로 감탄하기를 마지 않았으며, 기쁨을 금할 길이 없었다."고 이용설은 술회하고 있다.

정부 각원 사임(政府閣員辭任)

1921년(민국 3년) 2월 3일, 다시 계속된 도산 일기에 보면, "눈이 오고 극히 춥다. 아침에 일어나 일과대로 냉수욕과 정좌를 행하고 명덕리 사무실로 오다."이렇게 적혀 있다.

이보다 앞서 12월 8일(1920)에 임시 대통령 이승만이 하와이로부터 상해에 도착하였다. 이것이 어지러운 정국을 수습하는 기회이기 때문에 그 전후하여 도산은 북경을 뒤에 두고 상해로 돌아왔던 것이며, 이 때에 월여를 두고 임시정부를 수습하기 위한 대책을 세우고자 이승만을 중심으로 하여 국무원 회의 또는 정부 요인 연석 회의가 열렸으나 한 가지 문제도 합의에 도달함이 없었고, 1월 26일(1921)에 이르러 회의가 막다른 골목에 부딪쳐, 이동휘 · 김규식 · 노백린과 도산 등이 연대하여 사표를 제출하게 되었고, 사표를 낸 이동휘는 광동으로 떠나 버리매 후임 총리 문제가 표면화한다. 일부에서는 도산에게 총리가 되라고 권하였으나 도산은 굳이 이를 거절하였으니, 그 까닭 중에는 대통령이 내심으로 이동녕을 밀고 있음이 하나였다.

노백린 · 김규식 등이 대통령에게 사임할 것을 권고하게 되고 이승만은 회의

석상에서 사퇴할 것을 성명하였으나, 이튿날 이를 번복하여 정부 내부는 더욱 어지러워졌으며, 4월 초순에 이르러 임시의정원에는 이른바 임시 대통령 탄핵안이 제출된다. 도산은 모든 책임을 자기가 질 것을 조건으로 하여 의정원을 무마하여 탄핵안을 철회케 하고, 자기 대신에 손정도를 국무위원으로 추천하였다. 노백린 · 김규식에게도 유임할 것을 간곡히 권하였으나, 김규식은 종시 불응하고 국무총리 이동휘도 위해위에서 오고, 군무총장 노백린과 경상도 출신의 거물 정객 남형우도 왔다.

이리하여 대통령은 신규식 · 이동녕 · 이시영 · 노백린 · 손정도 다섯 사람을 국무위원으로, 이동녕을 총리 서리로 임명한 후, 남경으로 가서 얼마 있다가 하와이로 떠나 버렸다. 정부에서 나온 도산은 김규식, 기타 다른 정객들과 함께 국민 대표회 소집을 발기하게 되니, 이것이 5월 12일(1921)이었고, 이승만이 하와이에 도착한 것이 5월 20일이었다. 약 반 년 동안의 도산의 행동과 생각을 그의 일기와 연설집에서 추려 보면 다음과 같다.

12월 8일(1920)에 상해에서 임시 대통령 환영회가 성대히 개최되고, 거기서 이승만은 연설을 행하였는데, 주로 위임 통치안을 청원한 경로에 대한 변명에 그치고 앞으로의 수습책을 제의함이 없었다 한다.

12월 25일, 거류 민단 주최 시국 강연회에서 도산은 우리는 가인이나 재등* 의 명을 복종하는 것보다 이승만이나 이동휘의 명령을 열복하지 않으면 안 되겠소. 가인이나 재등은 아무리 곱고 처사를 잘하여도 우리의 적이니 반항하여야 가하고, 이승만이나 이동휘는 아무리 밉고 처사를 잘못하되 우리 수령이니 복종하여야 가하외다. 나의 이 말은 수령의 노예가 되라 함이 아니요, 나도 또한 각원 중의 하나니 나를 복종하여 달라 함이 아니요, 나는 제군과 같이 평민이 되어서 이 주의를 절규하고 싶소."라고 말하였다.

이 때까지 도산은 종래에 주장하던 바, 독립 운동 기간 중 정부 지도자의 변동을 말고, 이승만 · 이동휘를 추대하여 단결을 유지하자는 것을 관철하려고 노력함이 명백하다. 그러나 이 연설의 배경을 추측하면, 객관적 정세가 이미 도산

---

* 가인은 嘉仁, 즉 당시 일본 천황이요, 재등은 齋藤, 즉 당시 조선 총독.

의 희망을 무너뜨릴 형편에 직면하고 있음을 암시하는 것이며 또는 도산이 최종적으로 한 번 더 추진하여 안 되면 물러갈 것을 이미 결심한 것 같다.

1월 1일(1921) 신년 축하회 석상에서 도산은, "나의 사랑하는 태극기 아래서 대통령과 의정원 의장 이하 의원 제씨와 국무총리 이하 정부 직원 제씨로 더불어 신년을 맞음은 심히 기쁩니다."고 연설하고 기념 사진을 찍었으니, 이승만 · 이동휘 · 이동녕 · 이시영 · 안창호, 기타 거두들이 한 필름에 들어간 이 사진은 독립 운동 역사상 처음 되는 것이나 불행히 그것은 또한 마지막이었던 것이다.

이 즈음의 도산의 정부 수습책은 그 구성을 건드리지 말고 현상 유지하는 반면에 기구와 사무를 정비 축소하여 적은 경비로써 항구적으로 유지하며, 따라서 자리 다툼으로 부절히 일어나는 분규를 막아 버리자는 것이니, 극히 실제적인 착안이었다. 이에 대하여 다른 요인들의 생각은, 혹은 구성원을 바꾸어 본다든지, 대통령이니 국무원이니 하는 명칭과 기구를 변동한다는 것이니, 형식적인 사고 방식이어서 도산의 생각과는 딴판이었다. 더구나 이동휘가 사표를 던지고 떠난 뒤인지라, 누가 후임 총리가 되어야 하는가 하는 문제로써 시간을 허비하였으니 도산에게는 한 개의 헛된 이론으로밖에 보이지 않았을 것이다.

이 때에 도산이 구상한 '정부 유지책'과 '사업 진행책'의 요지는 다음과 같다.

① 정부 본기관을 축소하여 한 개의 소규모의 연합 사무소를 두고 각부 차장을 참사원으로 하고 그 중 한 사람을 사무장으로 하여 국무회의의 명을 받들어 사무를 집행케 한다. 정부 부속 기관 중 지탱하기 어려운 것은 폐지하고, 워싱턴과 파리의 선전부를 축소하고, 그 후 금전이 다소 수합되면 개척 사업 같은 것을 시작하여 자급 자족하면서 10년, 20년이라도 정부를 유지한다.

② 사업 진행책은 적극 추진을 원칙으로 하여 해외 동포의 민적을 정리하여 납세와 병역의 의무를 지게 하고, 조직과 단결을 강화한다.

③ 지원병 제도를 두어 둔전(屯田) 제도 같은 것을 실시하면서 군사 훈련을 하였다가, 장차 시기가 올 때에 독립군으로서 참가한다.

④ 러시아 · 중국 · 한국 3국간에 비밀 동맹을 체결하고, 일본 안에 공산주의

와 민주주의를 선전하여 내란을 조성하고, 미국과 일본 간의 혼란을 일으켜 전쟁을 촉진시킨다.

⑤ 그 중 당면한 일은 러시아에 밀사를 보내어 레닌 정부와 연락하고, 아령에 있는 한인 공산당과 타협함으로 북경 · 상해 등지에서 정부를 파괴하려는 일부의 책동을 봉쇄할 것과 독립 운동에 참가하였던 다수 청년을 지원병으로 수용 · 훈련함으로써 청년측의 불평 행동을 제거한다.

이에 대하여 김규식은 대통령을 집정관 총재로 하고, 총리는 없이하고, 총장은 부장으로, 그 이하는 전부 부원으로 하자 하였고, 신규식도 대통령 이하 직명을 전부 변경하자는 안을 국무회의에 제안하고 있다.

국무총리 후임 문제에 있어서는 2월 3일 일지에, "(국무원 예회를 열고)……총리 인선 문제로 장시간 토의할 새 나더러 총리 권고설이 많다가 내가 견집 불응하므로 미결 보류하다." 하였고, 그 날 밤 국무원 비서장 오영선(吳永善)이 도산에게 총리 취임을 권고하고, 도산은 자기가 총리가 되면 정국에 큰 불이익을 줄지니 도저히 할 수 없다 하였다. 4일에는 신익희가 내방하여 권고하였고, 5일에는 윤현진이 찾아와 "대통령은 공석에서는 선생더러 총리를 권하고 나를 대하여는 누가 총리 되는 것이 좋으냐 하기로 선생이 가장 적합하다 한즉 불가라 하고 이동녕이 적합하다 하는지라, 그네들이 성심으로 선생을 권고하여도 들을는지 하는 이 때에 내용으로는 배척하면서 거짓으로 권고하니 국이 이렇고야 어찌 일이 되리오." 하였다.

6일, 김규식에 대하여 도산은,

"정식 총리를 내기 어려우면 임시 대리로 총리를 인선하면 그만이지 정임 총리 선출 부선출이 일에 조금도 관계없다." 하였다. 10일, 도산이 대통령을 방문한즉 도산에게 총리 취임을 권고하므로 도산이 정국에 이로움이 없겠으므로 할 수 없다 하였다. 15일에 김구가 와서 도산더러 속히 총리로 취임하라 하매, 도산은 자기가 총리로 나가면 안 될 이유를 상술한즉 김구가 "그러하겠다." 하였다.

2월 17일 이동녕 · 이시영 · 신익희 세 사람에게 대하여 도산이 총리 취임을 못 할 이유를 상세히 설명한 일기의 기록은 이미 제11장에서 인용하였거니와, 요컨대 정부 요인들이 서로 중상 모략을 일삼는 까닭으로, 그것이 고쳐지기 전에는 누가 총리가 되든지 일할 수 없다는 주지였다. 이러하여 총리 후임은 결국 결정이 못 되고, 나중에 이동녕을 서리로 임명하게 된다.

끝으로 한 가지 문제는 대통령 사임에 관한 것이다. 2월 27일 일기에 보면, 일의 발단은 노백린에게 있었던 것이다.

> 노군이 가로되, 이 대통령 성토문을 반포하겠다 하므로, 지금 성토를 하노라고 떠들면 밖으로 안으로 좋지 못한 광경이 있겠는 고로 대통령을 방문하여 전자에 위임 통치 문제로 외면하여 성토한다 떠든즉 그냥 대통령 위에 앉았다가는 불호한 광경을 당하여 축출하여 정국이 와해하고 아령과는 영원히 결렬을 지을지니 당신이 자발적으로 사직서를 제출하고 다시 이동휘와 제휴하여 독립 운동을 계속 진행케 하자 한즉, 대통령의 말이, 자기도 그렇게 생각하겠노라 약속이 있었는데, 이 날 국무회의에서 사직을 선언하였고 그 다음 국무회의에는 출석치 아니한 고로 사직을 계속하는 줄로 알고, 김규식과 같이 이 대통령을 심방하여 대통령이 나아가는 방식과 또 나아가 후에 서로 일할 방식을 물은즉, 대통령 말이, 내가 만일 사직하게 되면, 내가 무슨 일을 하리오, 내가 나가면 소수의 사람의 의견으로 나갈 바 아니요, 국민 대회나 국무원이나 의정원에서 탄핵을 하면 그 후에야 나가겠다 하는지라. 그런 고로 노백린이 말하되, 대통령의 뜻이 밤 사이에 변하였도다, 그런즉 나는 그대와 같이 일할 수 없으니 나의 단독 행동으로 행동하겠다 하였노라 하더라(2월 27일 도산 일기).

이보다 앞서 23일 국무원 회의에서 이승만은 돌연히 사직할 뜻을 표시하였으니, 노백린이 말하는 것이 이 날 일이었을 것이다.

노백린이 계속하여 말하기를, 대통령이 자의로 사퇴하면 그와 이동휘 · 서재필 세 분을 임시정부 고문으로 하여 일하도록 한다 함에 대하여 도산은 자기도 동시에 사퇴하여 고문의 하나가 되겠노라 하였고, 이튿날 이탁에게 대하여 이승만이 말을 들으면 자기까지 퇴임하여 '2년간의 숙제를 해결하고 아령과 타협한 후 군사와 외교 행동을 적극 진행' 할 뜻을 말하고 있다.

2월 28일, 임시의정원이 제8회 회의로 개원식을 하고, 3월 1일에는 오전의 의정원에서 행한 축하식, 오후에는 올림픽 회원(극장)에서 개최된 일반 경축식에 참여하는 기사로 도산의 일기는 끝막았다.

임시의정원은 3월 한 달 동안 이 대통령에 관한 문제로 격론을 계속하다가 4월 초순에는 앞서 말한 바와 같이 대통령 탄핵안까지 튀어나왔으나, 도산의 극력 주선으로 이를 무마하고 내각을 개조하는 동시에, 도산은 정부 자리에서 물러나니, 1919년 5월 취임으로부터 만 2년이었다.

이 무렵에 도산은 비로소 대독립당 조직의 구상을 가지게 된다. 앞서 2월 9일에 이탁에게 대하여, "내가 상해에 처음 왔을때 그대들이 신민회를 부흥시켜 정치적 단결할 것을 누누이 말할 때, 나는 대동 일치하는 데 방해가 되겠다고 거절하여 왔는데, 오늘에 와서 본즉 그것이 또 유감이라. 이 같이 아무 기초가 없고서는 일을 부지할 도리가 아주 없도다. 지금이라도 극소수의 정치적 결사를 성립하여 간난 상구함이 어떨까 하는 생각뿐이요, 결정은 없으니 군이 이에 대하여 생각하여 보라." 하였고, 이탁은, "지금 이런 것을 두지 아니하면 불평 분자가 날로 증가하여 장래는 더욱 곤란 중에 이를까 염려한다." 고 찬성하였다.

도산은 또, "내가 결정적이 아니라 한 것은 이 역시 진행이 잘 될는지 의문이라."고 하였으니, 도산의 의기가 2년간의 시달림으로 저상된 기색이 보인다. 2월 28일에는 이탁 · 윤현진 · 이유필 · 김구 등에게, "우리의 토대가 아무것도 없이 이와 같이 동요하니 정치적 단결을 발기하면 좋을 듯하도다. 그 단결의 주의는 국민 개납(세납을 바침) · 개병 · 개업(모두 직업을 가짐) 세 가지 일을 실시하게 함이라. 그러나 이 역시 잘 진행될는지 내 마음에 신념이 잘 되지 아니하노라."고 말한다. 과연 이 구상이 공산당과 대립하는 민족주의 정당의 조직을 말함인지는 명확하지 아니하나, 객관적으로 공산당의 정책이 임시정부 국면을 파괴한 중대한 원인의 하나임을 본다면 도산의 계획은 시기에 적합한 것이었다고 할 것이다. 그러나 그가 정신상 피로로써 자신력을 가지고 이를 적극 추진하지 못하고, 아직도 애국적 양심에 호소하는 것을 유일한 규범으로 생각하여 국민대표회 소집 운동으로 돌진하게 되고, 결국 그 회의가 공산당의 음모로써 실패에 돌아감을 막지 못한 것은 도산 생애에서 가장 비극적인 사실이었다. 도산의 민주주의적 애국 사상은 안으로 봉건적인 분파주의와, 밖으로 공산당의 파괴 정책의 양면 공격을 받아 햇빛을 못 본 것이다.

제 14 장

서로 사랑하는 민족

흥사단의 원동(遠東) 진출 (만 42~43세)

홍사단 운동은 도산의 필생 사업이었다. 나라를 잃어버리기 직전, 그가 국내에서 신민회 운동을 할 때에 청년학우회를 창립하였고, 다시 미주로 건너가서는 홍사단을 세웠으니 그 취지와 목적이 한결로 다음 세대의 지도자 양성이었다. 기미년에 상해로 건너올 때 그의 사명은 독립 운동의 계속 진행이었으나, 그의 진정한 소원과 희망은 다음 세대에 있었다. 그러므로 상해에 도착한 날로부터 홍사단 원동 위원부 설치에 착수한 것은 당연한 일이었다.

미주서 동행한 정인과는 홍사단 동지의 한 사람이고, 따로이 박선(朴宣, 본래 이름 朴宣濟, 목사)을 사무 책임자로 미주에서 불러오고 김항주(金恒作, 지을 작(作) 자를 '주'라 발음한다)를 조직 책임자로 나오게 하였다. 김항주는 황해도 출신으로 성격이 근엄하고 견실하여 홍사단 정신의 표본과 같은 사람이었다.

공공 조계 모이명로(Moulmein Road)에 셋집을 얻어 아담스러운 단소를 만들고 문답식과 매주 예회와 대회 등을 모이게 하였다. 중국식 주택으로 지은 그 집은 뜰은 별로 크지 않은 이른바 농장 주택이었으나, 이층 집으로 방이 대소 합하여 일곱 개, 좁은 대로 응접실 · 사무실 · 집회실 · 오락실 및 사무원 거처실 등을 둘 수가 있었다. 매일 새벽 정좌회를 한 것이 아래층 가운데 방인 사무실 겸 응접실이었고, 오락실에는 장기판을 비치하고 도산도 가끔 장기를 두었다. 장기는 도산에게 하나밖에 없는 오락 경기였다.

흥사단 원동 위원부

상해에 모인 청년 중에서 도산이 가장 먼저 착안한 사람이 춘원 이광수였고 그를 원동에서 처음의 단우로 친히 문답하고 입단시키고 서약례를 집행하였다.

1920년 도산 일기에서 홍사단 관계 기사를 초록하면 다음과 같다.

1월 15일, 박선과 함께 홍사단 약법 인쇄를 결정하다. 이화숙(李華淑) 여사에게 홍사단 주의 방침을 말하다.

1월 17일, 홍사단 사무실 수리 여하를 두루 살피다.

1월 18일, 이광수를 문병하고 방이 추우므로 대동여사(호텔)로 옮기게 하고 정애경(鄭愛卿)·김연실(金蓮實) 여사 등에게 여자 수양에 관한 것을 말하다.

1월 19일, 21일, 22일 이광수를 대동여사에 문병하고 유숙 비용을 청산하다.

1월 22일, 김홍서(金弘叙)에게 홍사단 약법 인쇄 교정을 부탁하다.

1월 23일, 홍사단소에서 단우들에게 선전대에 입대할 것을 권하고, 주요한에게 약법 인쇄 교정을 부탁하다.

(23일은 금요일이니, 홍사단 창립하던 날이 금요일이었으므로 매주 금요일 저녁에 단우회로 모이기로 하였던 것이다.)

1월 26일, 손정도·정애경·김연실 등과 함께 홍사단소를 심방하고 화분 네 개를 예송하다.

1월 27일, 《독립》 신문사에 가니 주요한이 병으로 누웠으므로 5원을 보내다.

1월 29일, 손정도에게 속히 홍사단에 입단할 것을 권하다. 손두환(孫斗煥)에게 수양 동맹에 관한 일을 상의하다.

(손두환은 황해도 청년으로 도산이 착목하여 단우를 만들려 하였으나, 그는 공산주의로 기울어져 뜻대로 되지 아니하였다.)

같은 날 저녁 늦게 이광수의 입단 문답식을 행하였는데 '극히 만족한 문답이 되다' 하고 도산은 기록하고 있다.

1월 30일, 31일 연속 손두환에게 홍사단 주의를 설명하다.

2월 3일, 오덕연(吳德衍)에게 입단을 권고함에 승락하다.

2월 4일, 안국형(安國衡) 입단 문답.

2월 5일, 오남희(吳南喜)·오덕연에게 홍사단 주의를 설명.

2월 6일, 오덕연 입단 문답.

2월 9일, 유일(劉日) 입단 문답. 김하원(金河源)에게 홍사단 취지 설명.

2월 10일, 김하원 · 안정근에게 홍사단 설명, 김여제(金輿濟) 입단 문답.

2월 11일, 정애경 · 오남희 · 김연실에게 입단을 권고하면서, "세 여사는 여자 단우로 초창하는 몸이니 마음에 깊이 준비하여 여자계에 큰 모범이 되게 하라." 하였다.

밤에 박현환(朴賢煥) 입단 문답.

2월 12일, 이석(李錫)에게 홍사단 취지 설명. 밤에 주요한 · 김홍서 입단 문답.

2월 14일, 유일 · 주요한 · 박현환 · 김홍서 · 김여제 입단식 거행.

2월 15일, 고진호(高辰昊)에게 홍사단 설명.

2월 16일, 최승봉(崔承鳳)에게 홍사단 취지 설명. 손두환이 공산주의에 찬동함을 선언. 오후에 이광수와 더불어 홍사단원 모집에 관하여 토의. 밤에 이규서(李奎瑞) 입단 문답.

2월 18일, 김공즙(金公緝)에게 홍사단주의 설명.

2월 19일, 김연실을 병원에 입원케 하고, 정애경에게 입단 준비를 토의. 유상규(劉相奎) 입단 문답은 도산의 피로로 연기.

2월 20일, 김건형(金建亨) · 정상빈(鄭尙彬) · 이석 등에게 홍사단 설명.

2월 22일, 최승봉의 입단 준비. 유상규 입단 문답.

2월 23일, 박지붕(朴址朋)에게 홍사단 설명.

2월 24일, 최승봉 · 임득산(林得山) · 유병렬(柳炳烈)과 홍사단주의를 토론. 밤에 정상빈 입단 문답.

이 당시로 말하면, 이미 임시정부 안에 분규가 시작되어 각부 차장들이 정부를 개조하자는 운동을 일으켜 무마하기에 도산은 겨를이 없고, 또 건강 상태도 좋지 못하였음에도 개의치 않고 홍사단우 모집에 모든 여가를 집약 사용하고 있으며, 원래의 조직 방법에 따라 한 사람 한 사람 개인 접촉으로 장시간 예비 토론하고, 문답식을 행하는 등 노력과 시간을 기울인 모습을 역력하게 볼 수 있다.

2월 24일에 박선 · 정인과 · 김병연(金秉堧) 등 미주에서 건너온 통상 단우들과 협의하여 홍사단 본부에 건의안을 제출하였으니, 입단금을 원동에서는 국내 통화로 10원(미주에서는 미국 돈 10달러)으로 하고, 동맹 저축부 지부를 상해에 둘 것, 원동에서 수입하는 경하금·위로금을 원동에서 따로이 경리할 것, 박선 군을 상해의 임시 반장(班長)으로 선임할 것 등이다. 이는 원동 위원부 설치의 첫 단계라고 할 것이다.

2월 25일, 이석과 입단에 관한 문제 토의. 김용정(金用楨)에게 입단 권고. 윤림(尹林)에게 수양에 관한 권고. 이광수 소개로 유병기(柳炳基)에게 입단 권유. 정상빈 입단 문답 완료. 김복형 입단 문답 미완.

2월 26일, 김공즙·김복형 입단 문답을 김항주에게 위임.

2월 27일, 정애경·김연실·오남희 세 여사에게 대하여 입단 문답을 속히 행할 것을 권고하면서, "그대들이 이 일을 행하는 것은 그대들의 일평생에 큰 관계를 짓는 것이요, 대한 여자계에 대하여 무거운 책임을 가지는 것이니, 깊이 생각하여 먼저 뜻을 확정할 것이요, 무엇이든지 이에 대하여 구애되는 이유가 있거든 나에게 조용히 와서 고하라."한다.

이석이 입단 결심을 말하다.

김형균(金亨均)이 입단에 관하여 토의하다. 김성기(金聖基) 여사에게 홍사단 취지를 설명. 임득산과 홍사단에 관하여 토론.

2월 28일, 한응화(韓應華)에게 취지 설명. 최승봉·이석·김건형 등과 입단에 관한 토론.

이 날 김항주가 일본으로 건너갈 뜻을 말하고, 도산은 그가 상해에서 정부일 볼 것을 권유한다. 그러나 3월 말에 도산은 김을 일본으로 보내어, 일본에 있는 한국 유학생간에서 홍사단우를 모집하게 하였던 것이다. 그 때 입단한 사람 중에 김도연(金度演)·김준연(金俊淵)·유억겸(兪億兼)·백관수(白寬洙) 등이 있어 장래 본국에서 홍사단 운동을 일으킬 씨를 뿌린 것이나, 그들이 귀국한 후 홍사단 운동에 적극 참가하지 아니하였으므로 수확이 없었다.

3월 3일, 백영엽 입단 문답.

3월 4일, 백영엽·손정도·유영(柳榮) 입단 문답.

3월 5일, (금요일) 전기 세 사람 입단식. 계속하여 지방 단우회로 모이어 이광수의 강연.

3월 6일, 김철(金澈)에게 홍사단 취지 설명(김철은 전라도 출신. 입단하기에 이르지 못하였다.). 밤에 김용정 입단 문답.

3월 8일, 김용정 · 김창세(金昌世) 입단 문답.

3월 9일, 전재순(田在淳) 입단 문답.

3월 10일, 전재순 · 이석 입단 문답.

3월 11일, 김구 · 최일(崔日)에게 입단 권유. 김용정 · 김창세 · 전재순 · 이석 입단식.

이 날 일기에 두 가지 중요한 기사가 있다. 하나는 '동방에서 처음으로 개최되는 지방 단우회'가 모였음이요(이광수의 '홍사단'이란 제목의 강연이 있음), 하나는 김성기(金成基) 여사에게 대하여 도산이 묻기를, "같이 유숙하는 이매리 부인이 홍사단을 알던가?" 함에 대하여 대답하기를,

"이 부인이 (홍사단이) 미국에 있는 것으로 알고 상해에 있을 듯한 의문은 가졌으나 정확히 어느 곳에 회집하는지는 모르더라 하였다."

홍사단이 비밀 단체는 아니었으나 도산은 상해에서 처음 얼마 동안 그 활동을 널리 공개하지 아니하였다. 그 이유는 만일 이를 공개하면 세력을 따르는 사람들이 너도 나도 입단을 원하게 될 것이 분명하고, 그리 되면 도산의 기본 방침, 즉 성실하고 믿음성 있는 청년을 골라서 입단시킨다는 원칙이 문란할 염려가 있고, 또는 입단을 못 하는 사람들이 반동적으로 불평을 가질 수 있어 갈등이 생길까 우려함이다. 도산은 뒤에, 정치에 관여하는 어떤 유력한 정객이 홍사단우 되기를 자원할 때에 그대는 홍사단우 될 자격이 없다고 부드럽게 거절한 일이 있다. 그러나 이렇게 단우를 정선하는 방침과 널리 공개 활동 아니하는 원칙은 세인으로 하여금 홍사단은 비밀 단체라고 오해 · 곡해하게 하였고, 따라서 이를 질시하고, 혹은 도산을 두려워하고, 또 반대하는 기운을 조성한 것도 사실이니, 이해 득실을 쉬이 판단하지 못할 것이다.

3월 13일, 정애경 입단 문답.

3월 15일, 김연실 입단 문답.

3월 16일, 김연실 · 오남희 입단 문답.

3월 17일, 오남희 입단 문답.

3월 18일, 세 여사의 입단식 거행.

3월 20일, 강영한(姜永漢)에게 수양에 관한 권면.

3월 31일, 지방 단우회에서 강연, '거짓말 말자, 꾸미지 말자'를 주지.

4월 7일, 박석홍(朴錫洪)에게 입단 권고.

4월 8일, 안정근 입단 문답.

4월 이후 정부 내의 분규가 폭발점에 이르러, 도산은 그 일에 분망하여 홍사단우 모집 운동이 정돈 상태에 들어간 감이 있다. 4월 26일에 이광수의 통상 단우 문답, 27일에 서약례를 거행하니 원동에 있어서 처음 서약을 행한 단우가 이광수였다. 5월 3일 · 5일에 박현환 · 주요한의 통상 단우 문답, 6일 서약례가 있었다. 5월중에는 임득산 · 오익은(吳翊殷) · 차균상(車均祥) · 이경하(李敬夏) 형제 · 선우훈(鮮于燻) · 정제형(鄭濟亨) 등을 입단시키고, 김여제 · 김공즙의 통상 단우 서약이 있고, 이광수를 임시 반장으로 임명하였다. 6월 3일, 제3회 지방 단우회가 열렸다.

이 해(1920), 9월달에 상해 지방 단우회는 미주 나성에 있는 본부에 청원하여 '홍사단 원동 임시 위원부'를 설치하니, 첫번 위원은 안창호 · 이광수 · 손정도 · 차리석 · 주요한 · 이규서 등이었다.

도산이 홍사단을 통해서 이루고자 한 목적이 무엇이었던가, 홍사단 운동에 나타난 그의 사상적 기초가 무엇인가, 또는 홍사단의 조직 방법이 어떠한가 등을 알기 위한 가장 빠른 길은 입단 문답을 들어보는 것이다. 그러므로 여기《도산 안창호》의 저작자가 기록한 문답의 내용을, 장황하지마는 그 전문을 인용하고자 한다. 이것은 그 저술자가 주로 자기 자신의 입단 문답을 기초로 하여 적은 것이므로 내용이 정확하다고 볼 수 있다. 물론, 실제 문답은 기록된 것보다도 더 자세하고 시간 걸리는 것이었고, 이 기록도 요지를 따서 간명화한 데 지나지 아니하므로, 도산의 감화력이나 성격을 충분히 나타낸다고 할 수 없으나, 그의 생각의 테두리를 알기에는 족하다고 할 것이다(이하《도산 안창호》한글판 174쪽 하에서 초록함).

입단 문답(入團問答)

1920년 가을 어느날 밤, 상해 모이명로의 단소에 수십 명이 모씨의 입단 문답을 보기 위하여 모였다…… 문답 위원은 도산 자신이었다. 아세아에서는 처음으로 하는 홍사단 입단인 만큼 홍사단 역사에는 중요한 시기일 뿐더러 이 날 문답을 받는 지원자는 상해에서도 중요한 인물 중의 한 사람이어서 매우 홍미가 깊었다.

문답 위원과 문답받는 자가 조그마한 테이블을 사이에 두고 마주 앉았다. 위원은 단의 지시에 의하여 어깨에 누른 빛과 붉은 빛 두 쪽을 합하여서 된 단대(團帶)를 메었다. 누른 빛은 무실(務實)이니 참됨을, 붉은 빛은 역행(力行)이니 힘을 상징하는 색으로서, 충의(忠義)의 흰빛과 용감(勇敢)의 푸른 빛과 아울러서 네 빛깔이었다. 가르면 4색이요, 더욱 중요한 것을 들면 황 · 홍 2색이었다. 무실과 역행—참과 힘이다.

위원은 입을 열었다.

"이제 우리는 우리 나라를 구하기 위하여 나라를 구할 이론과 방법을 토론하게 되었으니, 묻는 자나 대답하는 자나 다 털끝만한 거짓도 없는 참으로 하여야 할 것이요, 이제 우리는 저마다 가진 신앙을 따라서 기도하시오."

이것은 종파(宗派)를 초월한 단결임을 보임이요, 동시에 양심에도 없는 거짓 예(禮)를 행하기를 꺼림이었다. 예수교인이면 주기도문, 불교인이면 심경(心經)을, 무엇이나 제 믿음에 따라서 제가 참된 심경으로 묻고 대답할 힘을 달라고 빌 것이었다.

기도가 끝나매 위원인 도산은 문답을 시작하였다.

문 "○군, 그대는 홍사단에 입단하기를 원하시오?"

답 "예, 나는 홍사단에 입단하기를 원합니다."

문 "왜?"

답 "우리의 독립을 회복하고 민족 영원의 창성을 얻으려면 홍사단 주의로 갈 수밖에 없다고 믿습니다."

문 "왜?"

답 "우리는 힘이 없어서 나라가 망하였으니 나라를 홍하게 하려면 힘을 길러야 하겠습니다."

문 "힘이란 무엇인데?"

답 "한 사람 한 사람의 건전한 인격과 그 건전한 인격들로 된 신성(神聖)한 단결입니다."

문 "나라의 힘이라면 부력(富力)과 병력(兵力)일 텐데 어찌하여 그대는 부력과 병력은 말하지 아니하고 건전한 인격과 신성한 단결을 힘이라고 하시오?"

답 "건전한 인격과 신성한 단결이 없이는 부력도 병력도 생길 수가 없습니다."

문 "왜? 농업과 상공업이 발달하면, 부력은 저절로 있을 것이요, 대포와 군함만 있으면 병력은 저절로 있을 것이 아니오?"

답 "국민이 건전한 인격과 신성한 단결이 없고는 농업이나 상업이나 공업도 발전할 수 없고, 또 대포와 군함이 있어도 그것을 쓸 사람이 없을 것입니다."

문 "국민이 농업 · 상업 · 공업의 지식과 기술을 잘 배우고, 또 대포와 군함을 쓰는 재주를 잘 배우면 그것이 힘이 되지 아니하겠소?"

답 "그렇습니다."

문 "그러면 지식과 기술만 배우면 그만이지 인격이니 단결이니 하는 것은 무슨 소용이오?"

답 "인격이 건전치 못한 사람의 지식과 기술은 나라의 이익을 위하여서 쓰여지지 아니하고 도리어 나라에 해롭게 쓰여지는 일이 많습니다."

문 "그런 실례가 있소?"

답 "오적 칠적(五賊七賊)은 다 무식한 자가 아니라 유식하고 유능한 자였습니다."

문 "그러면 지식과 기능과 인격과는 어떠한 관계가 있다고 생각하시오?"

답 "지식과 기능은 인격의 3요소 중의 하나입니다."

문 "인격의 3요소는 무엇 무엇입니까?"

답 "덕(德)과 체(體)와 지(智)입니다."

문 "덕이란 무엇이오?"

답 "도덕(道德)입니다."

문 "도덕이란 무엇이오?"

답 "도(道)란 사람이 마땅히 좇아 갈 길이요, 덕(德)이란 그 길을 걸어 감으로, 즉 실천함으로 생기는 정의(情意)의 경향 · 궤도, 다시 말하면 옳은 길을 즐겨하는 버릇과 힘인 것입니다."

문 "그러면 그 덕의 중심이 되는 것, 근본이 되고 기초가 되는 것이 무엇이라고 ○군은 믿으시오?"

답 "참이라고 나는 믿습니다."

문 "참이란 무엇이오?"

답 "거짓이 없다는 것입니다."

문 "거짓이란 무엇이오?"

답 "거짓말과 속이는 행실입니다."

문 "거짓이 어찌해서 옳지 못한 것이오?"

답 "도(道)에 어그러지므로."

문 "거짓이 어찌해서 도에 어그러지오?"

답 "거짓이 도에 어그러지는 줄은 누구나 제 양심에 비추어 보면 알 것입니다."

문 "그렇소. 누구나 제 양심에 물어 보면 거짓이 옳지 않을 줄을 알지요. 그렇지마는 거짓이 있어서 안 될 이유는 무엇인가요?"

답 "거짓말을 하거나 남을 속이면 남이 나를 믿어 주지 않지요."

문 "남이 ○군을 안 믿어 주면 어찌해서 안 되나요?"

답 "남이 나를 안 믿으면 아무 것도 할 수 없습니다. 신용이 없이 무엇을 하겠습니까?"

문 "신용이 없고는 할 수 없는 일을 어디 꼽아 보시오."

답 "첫째로 장사도 안 됩니다."

문 "신용 없는 사람은 장사가 안 되나요?"

답 "신용 없는 장수에게 누가 자본을 대고 물건을 주겠습니까? 또 신용 없는 사람의 가게에 누가 물건을 사러 갑니까."

문 "그러면 신용은 상업에 필요하구료?"

답 "절대로 필요합니다. 신용은 상업의 생명이라 하겠지요."

문 "공업은 어떠할까요? 신용 없이 공업은 될까요?"

답 "상업과 마찬가지로 생각합니다. 신용없는 공장의 제품은 상품 가치가 없을 것입니다."

문 "공장이 있자면 무엇이 요건이 되겠나요?"

답 "첫째는 공장 주인, 즉 경영자가 거짓 없는 인격자라야 하겠습니다."

문 "그 다음에는?"

답 "기술자가 참된 사람이라야 합니다."

문 "공장 주인과 기술자만 참된 사람이면 그 공장은 신용 있는 공장이 되겠습니까?"

답 "그렇습니다."

문 "직공은 거짓되어도 상관 없을까요?"

답 "직공이 속이면 안 되지요."

문 "그러면 경영자와 기술자와 직공이 다 참되어야 그 공장이 신용 있는 공장이 되겠소 그려?"

답 "그렇습니다. 그 중에 하나만 거짓 되어도 그 공장의 제품은 믿을 수가 없습니다."

문 "○군은 어느 나라 제품을 안심하고 사시오?"

답 "독일 것, 미국 것."

문 "우리 나라 제품은 신용 못 하시오?"

답 (쓴웃음을 지으며) "신용 못 합니다."

문 "어떤 나라의 상공업이 신용을 못 받고서 그 나라가 부(富)할 수 있겠나요?"

답 "상공업에 신용 없이는 그 나라가 부할 수 없습니다."

문 "우리 나라에도 상공업이 필요하다고 생각하시오?"

답 "상공업의 발전 없이는 우리 나라가 부할 수 없습니다."

문 "상공업 능력이 없이 우리 나라가 독립 국가가 될 수 있을까요?"

답 "평생 외국 사람의 시장(市場)밖에 안 되겠습니다."

문 "그러면 우리 나라에 상공업을 발전시키는 길은 무엇이오?"

답 (웃으며) "무실(務實) 운동이요, 2000만 민족이 참된 사람들이 되는 일입니다."

문 "우리 나라는 농업국이지요?"

답 "그렇습니다."

문 "농업이야 '무실'을 안 하기로 안 되겠소? 농민은 거짓이 있어도 상관이 없겠지요."

답 "농민은 천지 자연(天地自然)을 상대로 하니, 천지 자연이야 거짓이 있으며 사람의 거짓에 속긴들 하겠습니까? 거름 아닌 것을 거름이라 하고 주어도 곡식이 속지를 않습니다."

문 "옳은 말씀이오. 그뿐 아니라 장차 우리는 농업도 세계 시장을 상대로 하여야 하겠고, 세계 시장에서 한국 사람이 만든 것이라면 곡식이나 과실이나 축산이나 채소나 계란이나 의심 없이, 에누리 없이 안심하고 기쁘게 사 주도록 되어야 우리 농촌이 '부'할 것입니다. 마치 영국 사람이 정말(丁抹) 것을 안심하고 환영하는 모양으로 우리 농산품이 환영을 받게 되어야 비로소 우리는 부한 나라가 될 것입니다."

답 "동감이오."

문 "그런데 우리 민족은 안으로는 서로 믿고 밖으로는 남의 믿음을 받고 있다고 생각하시오, 그렇지 못하다고 생각하시오?"

답 "안으로 서로도 못 믿고 밖으로 남의 믿음도 못 받고 있습니다."

문 "무엇을 믿고 그렇게 단정하십니까?"

답 "사실이 그런 걸요."

문 "사실이라니? 무슨 사실을 보고 우리 민족은 안으로 서로 믿지도 못하고 밖으로 남의 믿음도 못 받는다고 생각하시오?"

답 (말이 막힌다. 주위에서 방청하는 사람들도 눈이 둥그레진다.)

문 "이것이라고 얼른 내어 놓을 사실의 증거도 없이 어떻게 우리 민족이 안으로 서로도 못 믿고 밖으로 남의 믿음도 못 받는 민족—다시 말하면 거짓된 민족이라고 단언하십니까?"

(하고 위원은 10분간 휴게를 선언한다.)

이것은 휴게하는 동안에 문답을 받는 이나 방청하는 이나 다 잘 생각하여 볼 기회를 주자는 것이었다. 문답은 다시 시작하였다.

문 "우리 민족이 거짓이 많아 서로도 못 믿고 남의 믿음도 못 받는다는 사실을 생각해 보셨나요?"

답 "단결 안 되는 것이 그 한 실례인가 합니다."

문 "어찌해서?"

답 "민중이 지도자를 안 믿고 지도자끼리 서로 안 믿고 민중끼리 서로 안 믿고 단결이 될 리가 없다고 생각합니다."

문 "우리 나라가 망하기 전에 백성이 정부를 믿었소?"

답 "안 믿었습니다."

문 "왜 안 믿었을까요?"

답 "대신이나 수령 방백(守令方伯)이나 다 제 욕심만 채우고 나라와 백성을 생각하지 아니하였으므로."

문 "그것이야 이기심(利己心)이지 왜 거짓이오?"

답 "나라 일을 합네 하면서 제 일을 하니 거짓입니다."

문 "그렇게 정부 관리들이 다 거짓을 하였고, 그러기 때문에 백성이 믿지 아니하였다는 것은 무엇으로 압니까?"

답 "만일 관리들이 거짓이 없었고 백성들이 나라를 믿었다면 나라가 망할 리가 없을 것입니다."

문 "나라가 망한 것은 다 거짓 때문이라고 생각하시오?"

답 "이전에는 그렇게 생각하지 아니하였는데 이 '문답' 중에 그렇게 생각하게 되었습니다."

문 "참이 큰 덕이요 거짓이 큰 악이겠지마는, 그 때문에 국가의 흥망까지야 달리겠소?"

답 "《중용》(中庸)에 성자(聖者)는 천지도야(天地道也)요 성지자(誠之者)는 인지도야(人之道也)라 하였고, 또 불성(不誠)이면 무물(無物)이라 하였으니, 성(誠)이란 참이요, 천지가 참으로 유지되어 가니 한번 참이 깨어지면 천지는 즉시 부서지리라고 생각해요. 모든 별들이 제 궤도를 갑네 하고 딴 길을 가고, 시서(時序)가 어그러져 봄이 되는 척하고 겨울이 된다고 하면 천지는 파괴가 되고 혼란이 되리라고 생각합니다. 나라도 그와 같아서 모든 벼슬아치와 모든 백성이 다 참을 지키는 동안 결코 망하지 아니할 것이요, 그와 반대로 그 중에 어느 하나가 참을 버리고 거짓의 길로 가면 벌써 그 나라는 어지러워진다고 생각합니다."

문 "옳소, 옳소! 그러면 우리 나라를 참 나라로 만드는 길은 무엇이오?"

답 "거짓을 버리는 것입니다."

문 "거짓을 버린다면 실제로는 어떻게 한단 말입니까?"

답 "거짓말을 뚝 끊고 모든 거짓된 것을 일체 버리는 것입니다."

문 "누가?"

답 "우리 민족이다."

문 "우리 민족이 2천만이나 넘는데 어떻게 그들이 거짓을 버릴 수가 있소? 또 누가 그들더러 거짓을 버리라고 명령은 하며, 그 명령을 듣기는 누가 듣겠소?"

답 "어려운 일이지요. 그러나 해야지요."

문 "어떻게? 무슨 방법으로? 누가?"

답 (오랜 시간 말이 막힌다.)

문 (말 없이 쳐다보고 있다.)

답 "인제 깨달았소."

문 "말씀하시오."

답 "내가 해야겠소. 내가 거짓을 버리고 참된 사람이 되어야겠소!"

문 "○군이?"

답 "예."

문 "○군이 혼자서 오늘부터 거짓을 버리고 참 사람이 된단 말씀이오?"

답 "예, 그밖에 길이 없다고 생각합니다."

문 "그것은 확실합니까? 조금도 의심이 없습니까?"

답 "나 하나가 거짓을 버리고 참 사람이 되기도 극히 어려운 일이지마는, 그래도 내 말을 가장 잘 들을 사람은 나밖에 없다고 생각합니다."

문 "응, 그러면 ○군은 이제부터 거짓을 버리고—모든 거짓을 버리고 참으로 오직 참으로 나갈 것을 결심하시오?"

답 "예, 결심합니다."

문 "얼마 동안이나 힘을 쓰면 ○군이 완전한 참 사람이 되어 티끌만한 거짓도 없어지리라고 생각하시오?"

답 "완전히 거짓이 없고 참되게 되면 그것은 성인의 자리니 평생을 힘써도 어렵겠으나 불가능은 아니라고 믿습니다."

문 "○군은 우리 민족 2000만이 모두 성인의 자리에 이르기를 바라나요?"

답 "그렇습니다."

문 "그러나 그것은 백년 하청(百年河淸)을 기다리는 것이 아니겠소?"

답 "최후 · 최고의 목표가 성인의 자리지, 거기에 이르는 도중에는 여러 단계가 있을 것이요마는 목표에 가까워 가면 갈수록 우리 민족의 힘은 커질 것입니다."

문 "그러면 우리가 완전한 자주 독립 국가를 지니고 남만 못하지 아니하게 살아가려면 최소 얼마만한 단계까지 우리가 참되게 되어야 하겠소? 너무 고원(高遠)한 이상은 일반 백성에게는 망양(望洋)의 느낌을 줍니다."

답 "쉽게 말하면 영국 사람만큼 참되게 되면 영국만큼 우리 나라를 만들 수 있다고 봅니다."

문 "꼭 그렇게 믿으시오?"

답 "그렇게 믿어집니다."

문 "의심 없소?"

답 "추호도 의심 없습니다. 그러나 이것은 이 자리에서 깨달아진 생각입니다."

문 "이상에 한 ○군의 말씀 다 나와 동감이오. 나는 ○군과 나와 또 우리 흥사단우와 이 문제에 대하여 생각이 같은 것을 대단히 기뻐하는 바이나, 그러나 이 모양으로 한 사람 한 사람 저를 고쳐 가며 몇 천 년 후에 우리 민족이 거짓이 없고, 참만인 민족이 되겠소? 일은 급한데, 독립은 어서 바삐 해야겠는데, ○군, 이렇게 한 사람 한 사람 고쳐 가는 방법보다 더 빠른 묘한 방법은 없겠소? 얼른, 직딱직딱 우리 나라가 독립도 되고 부강도 될 방법은 없겠소? 만일 그런 묘한 방법이 있다고 하면 흥사단과 같이 완만(緩漫)한 방법을 취할 필요가 없을 것이오. ○군은 흥사단 약법을 다 읽어 보셨나요?"

답 "예."

문 "다 외우셨소?"

답 "예."

문 "조목마다 다 깊이 생각해 보셨소?"

답 "예, 깊이 생각해 보느라고 하였으나, 오늘 문답을 받아 보고야 비로소 흥사단의 뜻이 얼마나 깊은지 알아지는 것 같습니다. 사실 이처럼 깊은 줄은 몰랐습니다. 나는 약법을 외우기까지 하였으니 흥사단을 잘 안다고 믿고 있었는데 오늘 문답을 하여 보니 내가 흥사단을 안 것을 피상(皮相)뿐이었다 하는 것을 깨닫게 되었습니다."

문 "예를 들면 어떤 것이오?"

답 "나라가 망한 근본 원인이 거짓에 있다는 것 같은 것."

문 "또?"

답 "나라가 망한 책임자도 나요, 나라를 일으키는 책임자도 나라는 것 같은 것."

문 "그렇게 생각하시오?"

답 "그렇게 생각하게 되었습니다."

문 " 어찌하여서 나라가 망한 책임자가 ○군이오? ○군은 이완용(李完用)도 아니요, 이용구(李容九)도 아니거든."

답 "이완용 · 이용구로 하여금 그러한 일을 하게 한 것이 나입니다."

문 "어찌하여서?"

답 "그들로 하여금 나라를 팔게 한 것이 우리 국민이니, 나를 뺀 국민이 어디 있겠습니까? 그런데 나는 일본을 원망하고, 이완용을 원망하고, 우리 국민의 무기력함을 원망하고, 심지어 우리 조상을 원망하였으나 일찍 한 번도 나 자신을 원망한 일은 없었습니다. 마치 모든 망국(亡國)의 죄는 다 남에게 있고 나 하나만이 무죄한 피해자인 것처럼 생각하고 있으니 이것이 책임 전가가 아니고 무엇이겠습니까? 이것이 어리석은 일이 아니고 무엇입니까?"

문 "책임 전가, 책임 전가 좋은 말씀이오. 그런데 ○군이 나라를 일으키는 책임자라는 것은?"

답 "내가 참 사람이 되고, 내가 애국자가 되고, 내가 평생에 광복을 위하여 일하는 자가 되면 반드시 광복은 오리라고 믿습니다. 이것은 이 자리에서 생긴 생각이지마는 이 자리에서 깨달아진 것이지, 이 자리에서 얼핏 난 생각은 아닙니다. 진리이니까, 진리를 보았으니까요."

문 "우리 나라의 주인이 누구요?"

답 (잠깐 주저하다가) "대한민국 임시정부."

문 "대한민국 임시정부의 주인은 누구요?"

답 "대통령 이승만(李承晩)."

문 "대통령 이승만의 주인은 누구요?"

답 "대한 국민 우리 2000만 민족."

문 "대한 국민 우리 2000만 민족은 누구요?"

답 "우리들 모두."

문 "우리들 모두란 누구요? 대한 국민아 나서라, 하고 하나님께서 부르신다면 예, 하고 나설 자가 누구요?"

답 (말이 막혔다.)

문 "나는 나 안창호라고 대답합니다."

답 (놀라서 도산을 바라본다. 그제야 깨달은 듯이) "네, 나 ○○○요."

문 "그렇소. 우리 대한 사람은 남자나 여자나 저마다 다 대한 국민이요. 저마다 다 대한의 주인이요, 대한민국 임시정부의 주인이요. 대통령은 우리가 뽑아서 우리의 대표로, 우리의 지도자로 내세웠소. 우리는 그에게 이러한 법률에 의하여 이러한 일을 하여 달라고 부탁하였고, 그는 그리하마고 서약하였소. 그 '우리'라는 것은 곧 나요. 우리라는 말이 심히 좋은 말이어니와, 이 말을 책임 전가나 책임 회피에 이용하는 것은 비겁한 일이오. 책임에 대하여서는 내 것이라 하고 영광에 대하여서는 우리 것이라 하는 것이 도덕에 맞는 언행(言行)이오. 그러면 ○군, 대통령이 내게 복종할 것이요, 내가 대통령에게 복종할 것이요? 대통령이 높소, 내가 높소?"

답 "대통령은 우리의 법과 우리의 여론에 복종하고, 나는 대통령의 명령과 지도에 복종합니다. '우리'일 적에는 우리는 대통령보다 높고 '나'일 적에는 나는 대통령보다 낮다고 생각합니다. 우리 대통령으로는 우리가 감시하고 내 대통령으로는 내가 경애(敬愛)합니다."

문 "○군이 홍사단에 입단하기를 원하시니, 홍사단의 주인은 누구요?"

답 "나요."

문 "홍사단이 잘 되지 않을 때에 그 책임자가 누구요?"

답 "나요."

문 "분명히 그렇소?"

답 "분명히 그렇다고 생각합니다. 내가 나 할 일, 내가 할 수 있는 모든 일을 다하고도 홍사단이 잘 안 된다면 몰라도."

문 "그 때에는 다른 사람의 잘못이라고 책임을 돌리겠소?"

답 "제 힘을 다 쓴 이상에야 어찌해요?"

문 "○군이 있는 힘을 다 하여도 홍사단이 망할 수 있겠소?"

답 "나 혼자 어찌해요? 다른 단우들이 다 떨어져 나간다면 할 수 없다고 생각합니다."

문 "그렇다면 홍망의 주인이 다른 단우들이지, ○군 자신은 아니란 말이로구료?"

답 (대단히 거북한 모양으로) "그러면 어찌하면 좋겠습니까?"

문 "○군이 분명히 홍사단의 주인일 것 같으면 할 도리가 있지 아니하겠소?"

답 (그제야) "예, 내가 있는 동안 홍사단은 없어지지 아니할 것이오."

문 "어떻게?"

답 "나 혼자 홍사단을 맡아 가겠습니다."

문 "혼자서 무슨 단체요?"

답 "가는 동지는 보내고 새 동지를 맞아 들이지요."

문 "새 동지를 못 얻으면?"

답 "못 얻을 리가 없다고 생각합니다."

문 "어찌해서?"

답 "홍사단의 주의가 진리니까. 또 내가 표본이 되니까. 또 우리 나라, 우리 민족이 멸망할 수 없으니까."

문 "진리면 반드시 따를 자가 있을까?"

답 "진리를 찾는 자는 언제나 반드시 있다고 믿습니다. 구불도자, 궁겁부진(求佛道者, 窮劫不盡)이라고 하였소."

문 "동감이오. 진리는 반드시 따르는 자가 있고 정의(正義)는 반드시 이루는 날이 있다고 나는 믿소."

답 "나도 그것을 믿습니다."

문 "우리 나라의 독립과 우리 민족의 번영도 ○군과 나와 하려고만 하면 반드시 이루어질 날이 있다고 나는 믿는데, ○군은 어떻게 생각하시오?"

답 "나도 믿습니다."

문 "너도 믿고 나도 믿자. 너도 일하고 나도 일하자. 너도 주인이 되고 나도 주인이 되자. 공(功)은 '우리'에게로 돌리고 책임은 '내'게로 돌리자. 이 길밖에는 우리 나라, 우리 민족을 구원한 길이 없다고 믿어서 우리가 홍사단으로 모였는데, ○군은 어떻게 생각하시오?"

답 "나도 그러한 사람 하나가 되려고 결심합니다."

문 "수양의 목표를 어디다 두시오?"

답 "터럭끝만한 거짓도 없는 인격자가 되는 데 목표를 둡니다."

문 "터럭끝만한 거짓도 없는 지경에 도달한다면 성인(聖人)이 아니겠소?"

답 "성인 지경까지를 목표로 삼고 나가겠습니다."

문 "만일 ○군 자신이나 또는 동지 중에 거짓을 다 떼어 버리지 못한때에 어찌하겠소?"

답 "떼려 떼려 하는 노력만 계속하면 동지로 보겠습니다."

문 “거짓 없는 참 인격이 되면 우리 수양은 끝난 것일까요? 거짓 없는 것 이외에 또 힘쓸 것이 있다고 보시오?”

답 “무실(務實)이 중심이어니와, 역행(力行) · 충의(忠義) · 용감(勇敢)의 정신도 수양하여야 비로소 완전한 인격이 되겠습니다.”

문 “역행이란 무슨 뜻이오?”

답 “행함을 힘쓴단 뜻입니다.”

문 “행은 왜 힘써야 합니까?”

답 “아무리 옳은 것을 알더라도 행함이 없으면 아니 아는 것과 다름이 없습니다.”

문 “우리 민족은 역행하는 민족이오?”

답 “역행이 부족하다고 봅니다.”

문 “무엇을 보고 우리 민족이 역행이 부족하다고 생각하시오?”

답 “역행이 있었으면 무엇이나 이뤄진 것이 있었을 터인데 아무 남은 것이 없으니 역행이 부족하였다고 생각합니다.”

문 “우리 민족이 충군(忠君) · 애국(愛國)의 이치를 알았던가요?”

답 “알았습니다.”

문 “우리 민족이 충군 · 애국을 하였던가요?”

답 “충군 · 애국을 알기는 저마다 알았어도 그것을 행한 사람은 극소수라고 생각합니다.”

문 “역행의 반대가 무엇인가요?”

답 “공상(空想) · 공론(空論)이오.”

문 “우리 민족이 공상과 공론을 많이 하였나요?”

답 “이조의 모든 ‘당쟁’은 공론에서 온 것이라고 생각합니다.”

문 “○군, 그대는 역행가(力行家)요, 공론가요?”

답 “나도 역행보다 공론이 많았습니다.”

문 “예를 들면?”

답 “몸이 약하니 체육을 힘써야 되겠다 하면서도 실행을 못 하고, 내 몸과 거처를 정결하게 정돈하여야 되겠다고 하면서도 그것을 못 하였습니다.”

문 “이로부터는 어찌할 생각이오?”

답 “이로부터 한 가지 한 가지 옳다고 생각하는 것은 실행을 하려고 합니다.”

문 “옳은 줄 알면서 실행 못 한 것이 없게 되자면 ○군은 몇 해나 수양을 해야 된다고 생각하시오?”

답 “이미 이뤄진 악습을 떼어 버리고 새로운 좋은 습관, 즉 덕을 쌓는 것은 평생의 사업이라고 생각합니다.”

문 “평생에 수양만 하고 일은 언제 하려고 하시오?”

답 “수양한다는 마음을 잃지 아니하면 일상 생활의 모든 행실이 모두 다 수양이오. 수양은 따로 하고 수양이 끝난 뒤에 나라 일을 한다고는 생각지 아니합니다.”

문 “수양만은 나라 일이 못 될까?”

답 “저 혼자 수양만 한다는 것이야 저 개인의 일이지 무슨 나라 일이 되겠습니까?”

문 “우리 민족 중에 잘 수양한 건전한 인격 하나가 있는 것과 없는 것과 우리 민족의 힘에 얼마나 상관이 될까?”

답 “우리 민족 중에 참으로 건전한 인격이 하나만 있어도 그만큼 우리 민족의 힘이 늘었다고 생각합니다.”

문 “어떤 모양으로?”

답 “첫째 건전한 인격을 가진 사람은 제 맡은 직분을 잘하겠으니 그만큼 힘이요, 둘째로 그러한 건전한 인격자는 여러 사람의 숭배를 받아서 큰 지도자가 되겠으니 민족의 힘이 늘었고, 셋째는 한 건전한 인격이 본이 되어 여러 사람이 그 감화로 본을 받겠으니 민족의 힘이라고 생각합니다.”

문 “지금 예수교인이 얼마나 되나요?”

답 “전 세계를 다 치면 각 교파를 다 합해서 수억(數億)이 된다고 합니다.”

문 “이 수억은 최초에 몇 사람에서 시작되었소?”

답 “예수 한 분에서 시작되었습니다.”

문 “우리 민족은 몇 명이나 됩니까?”

답 "대개 2000만이라 합니다."

문 "2000만 우리 민족을 모두 '무실 · 역행'하는 민족으로 변화할 수 있겠소?"

답 "있다고 믿습니다."

문 "어떠한 방법으로?"

답 "내가 한 건전한 인격자가 됨으로."

문 "확실히 그렇다고 믿으시오?"

답 "조금도 의심 없습니다. 꼭 되리라고 믿고 안 될 일은 없다고 믿습니다."

문 "그렇지마는 ○군이 중간에 마음이 변하여 버리면 어떻게 되나요? 그리 되면 건전 인격의 본이 끊어지고 말지 않소?"

답 "나는 중간에 변하리라고는 생각하지 않습니다."

문 "○군은 변하지 않더라도 일이 ○군이 세상을 떠난다면 그 때에는 건전 인격의 본이 없어지고 그 운동이 끊어지지 아니하겠소? 그런 일이 없게 하려면 어떻게 하여야 좋겠소?"

답 "내가 죽으면 다른 동지가 있지요."

문 "그 동지도 죽으면?"

답 "또 다른 동지가 있겠지요."

문 "확실히 동지가 끊어지지 않게 하는 확실한 방법이 필요하지 않을까요?"

답 "확실히 동지가 끊어지지 아니할 확실한 방법이 필요합니다."

문 "왜 그것이 필요할까요?"

답 "홍사단의 이 사상과 방법이 아니고는 우리 민족이 재생 · 부흥할 길이 없으니까."

문 "그러면 홍사단의 사상과 실천 방법이 결코 끊어지지 아니하도록 그것을 영구화(永久化)하는 방법이 무엇이겠소?"

답 "책으로 써 놓는 것일까요?"

문 "그렇소. 책으로 써 놓는 것이 한 방법이오. 모든 책은 인류의 모든 선인들의 좋은 생각을 우리에게 전하는 보물이오. 홍사단의 생각도 책으로 전하여야 하지요. 그러나 그 밖에 다른 방법은 없을까요?"

답 “출판하는 이외에 강연 · 담화 등이 있겠지요.”

문 “그것도 다 어떤 생각을 전하는 방법이요. 그 밖에 또 무엇일까요?”

답 “신문 · 잡지…….”

문 “그 신문 · 잡지 · 연극 · 영화도 다 그 방법이겠지요. 그 밖에는 없을까요, 어떤 사상을 널리 펴고 또 영구하게 하는 방법이?”

답 “몸소 실행으로, 생활로 하는 선전이 가장 유력할 것 같습니다.”

문 “옳소. 백 번 이야기하는 것보다 한 번 보는 것이 더 유효하겠습니다. ‘무실 · 역행’ 하는 사람이 ‘무실 · 역행’ 을 말하는 백 사람보다 더 감화력이 있습니다. 그러나 그 밖에는 다른 방법이 없겠습니까?”

답 “동지가 한데 뭉쳐 단결하는 것일까요?”

문 “단결이 왜 좋을까요?”

답 “자연인(自然人)은 수명이 짧아도 단결의 수명은 기니까.”

문 “◯군은 우리 나라에 수명 긴 단결을 보신 일이 있나요?”

답 “생각이 나지 않습니다.”

문 “3년 가는 동사(同事) 없다는 것이 우리 나라 속담이오. 우리 나라에서는 아직 3년 이상을 계속한 단결이 없습니다. 그러니 그런 단결을 어떻게 믿겠소?”

답 “그러니까 홍사단에서는 ‘신성 단결’ 이라고 하였나요?”

문 “그렇소. 우리는 변치 않고 깨어지지 않는 단결이란 뜻으로 ‘신성 단결’ 이라고 이름을 지었소. 단결이 변치 않고 깨어지지 아니하려면 무슨 조건이 있어야 한다고 생각하시오?”

답 “첫째로 단결의 본 취지가 의(義)나 이(理)에 맞아야 한다고 생각해요.”

문 “우리 홍사단은 이(利)를 목적으로 하는 단결이요, 의(義)를 목적으로 하는 단결이요?”

답 “홍사단은 ‘의’ 를 목적으로 하는 단결이라고 생각합니다.”

문 “의란 무엇이오?”

답 “옳은 일이란 뜻이오.”

문 “옳은 일이란 무엇이오?”

답 "양심에 어그러지지 않는 일이란 뜻입니다."

문 "양심에 어그러지지 않는 일이란 어떤 일이오?"

답 "선(善) · 정의(正義)란 뜻이오."

문 "선 · 정의란 무슨 뜻이오?"

답 "저 한 몸의 욕심대로 하지 아니하고 남을 위하여서 하는 것을 '선'이요 '정의'라고 합니다."

문 "왜 저를 위하는 것은 옳지 아니하고 남을 위하는 것이 옳은가요?"

답 (말이 막힌다.)

문 "대관절 ○군이 가장 일생의 소원으로 삼는 것이 무엇이오?"

답 "우리 민족의 부흥입니다."

문 "왜 우리 민족의 부흥으로 소원을 삼으시오? 개인의 성공과 행복도 있겠고 또 세계 인류 전체를 위해서 일하는 것도 있겠는데 ○군은 왜 하필 편협하게 한국 민족의 부흥만을 원하시오?"

답 "왜 하필 내가 한국 민족만을 사랑하는지 생각해 본 일이 없습니다. 그저 내가 내 몸을 사랑하는 모양으로 본능적으로 한국 민족을 사랑합니다."

문 "○군은 어느 나라 사람이오?"

답 "대한 나라 사람이오."

문 "대한은 벌써 망하고 없지 않소?"

답 "그래도 나는 대한 나라 사람이오."

문 "세계에서 가장 영광스러운 나라가 어느 나라요?"

답 "영국 · 미국, 이러한 나라입니다."

문 "○군은 왜 영국 사람이 안 되시오?"

답 "그것은 될 수 없습니다. 그야말로 운명입니다."

문 "○군은 지금 영국 사람이나 미국 사람이 될 수 있다면 대한 사람을 탈퇴하여서라도 되기를 원하시나요?"

답 "될 수도 없거니와 그것을 원하지도 아니합니다."

문 "왜?"

답 "나는 대한 사람이니까. 내 조상들이 대한 나라에 살았고, 대한 사람으로 죽어서 대한 나라 흙에 묻혔으니까요. 내가 대한의 비와 이슬을 받아서 나고 자라고, 대한에 친척과 친우가 있고, 대한 말을 하고 대한 글을 쓰고—나는 대한 사람이니까요."

문 "우리 민족이 다 천하거든 ○군 혼자서 귀(貴)할 수 있겠소?"

답 "없습니다."

문 "○군을 사랑하여서 ○군의 말을 듣고 ○군의 도움을 바라는 이가 누구요?"

답 "한국 민족입니다."

문 "그러면 ○군의 평생 소원, 평생 사업이 무엇이오?"

답 "우리 민족이 잘살게 되도록 힘쓰는 일이오."

문 "○군이 의인(義人)이라면 어떠한 일을 하는 사람이 되어야 하겠소?"

답 "우리 민족이 잘살게 되도록 하는 일에 평생을 바치면 나는 '의인'이 될 것입니다."

문 "○군이 의인이 아니라는 말을 어떠한 경우에 듣겠소?"

답 "내가 민족이 잘살게 할 일을 헐거나 또는 민족이 잘살게 되는 데 아무 상관 없는 일로 일생을 보낸다면 나는 의인이 아니라고 할 것입니다."

문 "그러면 다시 묻겠소. 홍사단은 '의'를 목적으로 하는 단결이라 하니, '의'란 무엇인가요?"

답 "인제야 분명하여졌습니다. '의'란 민족을 위하는 일입니다."

문 "불의(不義)란 무엇이오?"

답 "불의란 민족을 해치는 일, 또는 민족을 위하여 아니하는 일입니다."

문 "의와 불의를 그렇게만 생각하면 천박하지 아니해요? 선악이니 정사(正邪)니 의니 불의니 하면 좀더 높고 먼 철학적 의의가 있지 아니 하겠소?"

답 "나는 아까까지는 그렇게 생각하였는데 지금 깨닫고 보니 우리 민족을 위하는 것은 '선'이요, '정'(正)이요, '의'요, 그와 반대로 우리 민족을 해하거나 또는 우리 민족을 위하지 아니하는 일은 '악'이요 '사'(邪)요, '불의'라고 생각합니다."

문 "조금도 의심 없이 분명히 그렇게 믿으시오?"

답 "추호의 의심도 없이 확실히 그렇다고 믿습니다."

문 "그러면 다른 민족이나 세계 인류는 무시하는 것이 안 되겠소? 제 민족만 사랑하고 제 민족만 위한다는 것이 너무 민족 이기주의에서 침략주의가 되지 않겠소?"

답 "나는 그렇게 생각하지 아니합니다. 나 한 몸이 건전 인격이 되는 것이 곧 우리 민족 전체의 힘이 되고 복이 되는 것 같이, 우리 민족의 나라를 선(善)의 나라, 정의의 나라로 완성하는 것이 곧 세계 인류의 복이라고 생각해요. 어떤 민족이 그 물욕(物慾)과 권력욕(權力慾)을 내버려 둘 때에만 침략주의(侵略主義)가 되는 것이지, 이 사사 욕심이 없으면 그 나라가 부강하게 되면 될수록 인류의 복이 되지 결코 화가 되지 아니한다고 믿어요. 우리는 우리 민족의 나라를 이러한 나라를 만들어야 한다고 생각합니다."

문 "동감이오. 그렇지마는 우리와 같이 이렇게 독립도 없고 부력도 없고, 또 아까 우리가 토론하여서 서로 공명(共鳴)한 바와 같이 거짓이 많고, 실행이 적고, 또 단결력도 없고 한 약소 민족이 그러한 훌륭한 나라를 건설할 수가 있을까요? 그것 또한 공상 · 공론이 아닐까요? 우리마저 공상 · 공론을 하는 무리가 아닐까요?"

답 "우리 민족은 현상으로 보면 과연 극약(極弱) · 극빈(極貧) · 극천(極賤) 그리고 아마 극우(極愚)한 민족일 것이오. 그러나 우리 중에 홍사단 사상이 발생하고 또 실행되기 시작하였으니 반드시 우리 목적— 즉 우리 민족을 세계에 가장 '무실 · 역행 · 충의 · 용감'하고 가장 '덕'과 '지'와 '체'가 우수하고 가장 부(富)와 문화가 뛰어난 민족을 만드는 일이 반드시 실현되리라고 믿습니다."

문 "누가 그 일을 하겠소?"

답 "홍사단이."

문 "홍사단은 누가?"

답 "내가, 그리고 우리 동지가."

문 "○군이 홍사단의 중심 인물이 되겠소? 그런 자신이 있겠소?"

답 “내가 홍사단의 중심 인물이 되고 안 되는 것은 나의 인격 여하와 동지들의 내게 대한 신임 여하에 달렸지마는 나 혼자만 남는 한이 있다 하더라도 홍사단은 지켜갈 것이니 내가 홍사단의 주인인 것은 변할 리가 없습니다.”

문 (만족한 듯이 고개를 끄덕끄덕한다.) “왜, ○군 혼자서 우리 나라를 부흥시키지 아니하고 홍사단에 들어와서 하려고 하시오? 남이 만들어 놓은 단에 ○군만한 명사(名士)가 이 모양으로 입단 문답을 하고 들어온다는 것이 체면상 수치가 아니오?”

답 “부끄러운 말씀이지마는 미상불 그런 생각도 있었소.”

문 “그런데 왜 입단을 하려고 하시오.”

답 “이 일은 혼자는 못 할 일이요, 여럿이 뭉쳐서야 할 일이므로.”

문 “혼자서는 안 될까요?”

답 “안 됩니다.”

문 “○군이 평생을 몸으로 모범이 되어서 힘쓰면 그만이지 단결은 하여서 무엇합니까?”

답 “아까 말씀대로 개인의 생명은 한이 있으므로.”

문 “단결을 이뤄서 하면 무슨 이익이 있을까요?”

답 “첫째로 수명이 무한히 길 수 있고.”

문 “또 무슨 이익이 있을까?”

답 “여럿이 한 목적으로 일을 하니까 큰 힘을 낼 수가 있습니다.”

문 “큰 힘? 큰 힘은 무엇에 쓰자는 것이오?”

답 “작은 일이면 작은 힘으로 되지마는 큰 일은 큰 힘으로만 되니까요.”

문 “꼭 그런가요? 꼭 그렇다고 믿으시오?”

답 “꼭 그렇다고 믿습니다.”

문 “기회만 잘 만나고 계략(計略)과 수단만 좋으면 적은 힘으로 큰 일을 할 수 있을 것이 아니오?

답 “기회나 수단이 적은 힘을 크게 하는 힘이 있지마는 원체 작은 힘으로는 아무리 기회나 계략이나 수단이 좋더라도 어떤 한도 이상의 힘을 증가할 수는 없습니다."
문 "사람의 힘을 크게 하는 방법은?"
답 "지식과 기계를 쓰면 큰 힘을 낼 수가 있습니다."
문 "또 무슨 방법이 있소?"
답 "여러 사람의 힘을 모으는 것이오."
문 "여러 사람의 힘을 모으는 방법은 무엇이오?"
답 "단결이오."
문 "세상에는 어떠한 단결이 있소?"
답 "종교 단체도 있고, 정치 단체도 있고, 문화 단체도 있고, 또 혁명 단체도 있고."
문 "또 무슨 단체가 있나요?"
답 "큰 자본의 힘을 내이기 위하여서는 각종 회사도 있고."
문 "또 무슨 단체가 있소?"
답 "군대도 한 단체요, 국가도 한 단체겠지요."
문 "기독교회라는 단체가 없이 기독교가 1700여 년이나 내려오고, 또 이만큼 많은 신자를 가지고 이만큼 큰 사업을 할 수가 있었을까요?"
답 "없었겠습니다."
문 "중국 인구가 4억이 되는데 지금은 비록 쇠(衰)하였지마는 그래도 세계에서 문화 높고 유력한 민족이오. 그런데 국가의 조직 없이 이 민족이 이만한 문화를 가지고 4000년간 이만큼 계속하고 번창할 수 있었을까요?"
답 "국가라는 조직이 없었다면 문화도 생기지 못하였으려니와 생존도 유지하지 못하였으리라고 생각합니다."
문 "우리 민족은 국가 없이 문화와 생명을 보존할 수 있다고 생각하시오?"
답 "국가 없이는 민족도 멸망한다고 생각합니다. 지구상에 국가 없이 창성하는 민족은 하나도 없습니다."
문 "그런데 우리는 나라가 없구료?"
답 "망국민이 된 지 어언간 10년이나 되었소."
문 "언제나 우리에게 다시 나라가 있으리라고 생각하시오?"

답 "우리에게 독립 국민이 될 실력이 생긴 때에야 우리에게 독립한 국가가 있으리라고 생각합니다."

문 "그러면 이번 독립 운동은 허사(虛事)란 말이오?"

답 "허사는 아니지요. 동포가 흘린 한 방울 피도 헛되이 되는 일은 없다고 믿습니다."

문 "그러면 이번 독립 운동의 소득은 무엇이라고 보시나요?"

답 "첫째로 민족 의식(民族意識)을 각성시켰고, 둘째로 독립의 의사(意思)를 내외에 표명하였고, 셋째로 실력이 없이는 아무리 좋은 기회가 있더라도 쓸데없다는 것을 깨달았습니다."

문 "그러니 우리 민족에게 독립의 실력이 언제나 생기나요?"

답 "백년, 천년이 걸리더라도 독립 실력이 생기는 날이 독립이 완성되는 날이라고 생각할 수밖에 없습니다."

문 "그 날이 너무 오래다면 동포들이 낙심하지 않겠소?"

답 "확실한 희망과 확실한 방법만 믿으면 낙심이 안 되리라고 생각합니다. 더욱이 조금씩 우리의 힘이 늘어가는 것이 눈에 보이면 동포의 희망이 더욱 커지리라고 믿습니다."

문 "우리에게 완전한 독립의 영광의 날이 저절로 올 수 있으리라고 생각하시오?"

답 "저절로는 올 수 없지요. 우리가 그 날이 오게 하도록 힘을 써야만 올 것입니다."

문 "어떻게 힘을 쓰는 것이 우리에게 독립의 영광의 날이 오게 하는 길이 되겠소?"

답 "흥사단을 힘 있게 하는 일이오."

문 "그까짓 흥사단, 한 개 적은 단체에 국가 흥망의 운명이 달릴 수가 있겠소. 게다가 흥사단은 정치 단체도 아니요, 독립 운동하는 혁명 단체도 아니고, 아직 1백 명 내외의 단우를 가진 수양 단체에 불과하거든, 이 흥사단이 그처럼 우리 민족의 운명을 좌우할 수가 있겠소?"

답 "글쎄요. 그렇게도 생각이 됩니다마는 그래도 그 길밖에는 다른 길이 없는 것 같아요. 역시 한 사람씩 완전한 국민이 되도록 수양하면서 그 사람들이 굳게 단결하여서 전 국민을 다 건전한 국민이 되도록 힘쓰는 길밖에는 없을 것 같습니다."

문 "동감이오. 우리들도 그렇게 믿고 이 홍사단을 조직하였소. 지금 그대가 단결이란 말씀을 하였으니 단결이라는 것이 그렇게 필요하겠소?"

답 "필요합니다."

문 "얼마나?"

답 "절대로 필요합니다."

문 "왜 그다지 절대로 필요한가요?"

답 "큰 일은 큰 힘으로야만 할 수 있고, 큰 힘은 큰 단결에서만 생기므로."

문 "우리 홍사단이라는 단결이 할 일은 무엇인가요?"

답 "우리 민족 전도 대업(前途大業)의 기초를 준비함이라고 약법에 쓰여 있지요."

문 "전도 대업이란 무엇인가요?"

답 "힘 있고 영광 있는 독립 국가를 완성하는 일이오."

문 "기초란 무엇인가요?"

답 "기초란 터와 주추란 말입니다."

문 "터와 주추가 무엇에 필요한가요?"

답 "집을 짓는 데 필요하지요."

문 "기초 없이는 집을 못 짓나요?"

답 "기초 없는 집이 어디 있겠습니까?"

문 "나라의 기초는 무엇인가요?"

답 "국토와 국민이오."

문 "우리 나라에는 국토와 국민이 있소, 없소?"

답 "국토는 다른 나라의 영토가 되고 국민은 다른 나라의 노예가 되었습니다."

문 "무슨 이유로 우리 국토와 우리 국민이 제 나라를 잃고 남의 노예가 되었소?"

답 “나라를 지킬 육해군의 병력이 없어서 그렇게 되었습니다.”
문 “왜 병력이 없었나요?”
답 “경제력이 없는 까닭이오.”
문 “왜 경제력이 없었소?”
답 “산업이 발달되지 못하여서.”
문 “왜 산업이 발달되지 못하였소?”
답 “자연 과학(自然科學)이 발달되지 못하여서.”
문 “자연 과학은 왜 발달하지 못하였소?”
답 “교육이 없어서.”
문 “왜 교육이 없었소?”
답 “국가에서 교육 시설을 아니하고 교육 장려를 안하여서.”
문 “왜 교육을 안 힘썼소?”
답 “정치가 나빠서.”
문 “정치가 왜 나빴소?”
답 “정치가들이 나빠서.”
문 “정치가가 나쁘다는 것은 어떤 것을 이름이오?”
답 “정치가가 나라 일을 생각하지 아니하고 사리 사욕을 앞세우므로.”
문 “정치가가 왜 나라 일을 생각하지 아니하고 사리 사욕을 앞세웠소?”
답 “당파 싸움을 하느라고.”
문 “당파 싸움은 왜 하였소?”
답 “제가 정권을 잡으려고.”
문 “정권은 무엇하러 잡으려고 욕심을 내오? 나라를 위하여서, 저를 위하여서?”
답 “나라 일을 위하여서 하는 당파 싸움이면 나라가 망할 수 없겠지마는 저와 제 당파만을 위하는 것이기 때문에 나라가 망해요. 정권을 탐내는 목적이 적의 당파를 섬멸하고 국가를 자파의 낭중물(囊中物)을 만들려고 하는 데 있었으므로 나라가 망하였습니다.”
문 “우리 나라에 그런 싸움이 있었던가요?”

답 "있었지요. 이조 500년 역사가 당파 싸움의 역사이니까요."

문 "어디 그 대강을 말해 보시오?"

답 "이조 초기에는 불교에 대한 유교의 파쟁이니, 이것은 세종(世宗) · 세조(世祖) 때에 치열하다가 중종(中宗) · 명종(明宗) 때에 이르러 유교의 독천(獨擅)으로 끝을 막고, 이 파쟁으로 약해진 국력이 임진왜란과 병자호란을 이끌어 넣는 바 되었고, 중종 때부터 이른바 사화(士禍)란 것으로 발단한, 같은 유교도(儒教徒)끼리 동서(東西) · 노소(老少) · 남북(南北)의 추한 투쟁은 이조 500년을 끝막아 버리고 말았습니다. 그들은 오직 당쟁에만 눈이 뻘개서 교육도, 산업도, 치산 · 치수(治山治水)도, 군비도 다 돌아보지 아니하고 오직 적을 죽이고 저를 보존하기에 눈이 뻘갰을 뿐이지요."

문 "이조 말에는 당쟁이 없었던가요?"

답 "있었지요. 갑신(甲申)에는 김옥균(金玉均) 등의 독립당과, 민(閔) 일파의 사대당(事大黨)이 싸웠고, 또 일 · 청 전쟁(日淸戰爭) 당시에는 친일파와 친청파, 일 · 로 전쟁(日露戰爭) 당시에는 친일파와 친로파가 있었습니다."

문 "망국이 된 뒤에는 당쟁이 없었나요?"

답 "불행하게도 있었다고 봅니다."

문 "어떤 당쟁이 있었소?"

답 "같은 애국자 중에도 기호파(畿湖派)니, 서북파(西北派)니, 교남파(嶠南派)니 하는 알력이 있고, 또 개인 영수(個人領袖)를 중심으로 수야파(誰也派) · 모야파(某也派) 하는 불화가 있는 것같이 생각됩니다."

문 "○군 어떻게 생각하시오? 당파라는 것이 하나도 없기를 바라시오?"

답 "당파가 하나도 없고 군민 전체가 한 당이 되는 것이 이상이겠지만 주의(主義)와 정견(政見)을 달리하는 당파일진댄 있어도 좋을 뿐더러, 또 그러한 당파면 있는 것이 서로 자극하여 이익도 되리라고 생각합니다."

문 "그러면 ○군은 어떠한 당파를 배격하시오?"

답 "주의를 중심으로 하지 아니하고 이해(利害)를 중심으로 한 당파는 소인

(小人)의 당파요. 혹은 지방 감정 혹은 계급 감정을 이용하여서 민중의 열등 감정(劣等感情)인 편벽(偏僻)과 증오(憎惡)와 질투(嫉妬)의 감정을 일으켜 내어서 제 이해와 합하지 아니하는 딴 사람, 딴 당을 중상 모해하는 그러한 당파는 다 악당(惡黨)이요, 또 비록 주의를 중심으로 한 당파라 하더라도 그 실현 방법이 목적을 위하여서는 수단을 아니 가린다 하는 것 같은 것도 옳지 아니한 당파라고 생각합니다."

문 "그렇게 폐해(弊害) 많은 당파일진댄 차라리 없는 것이 좋지 않겠소? 아무 당에도 아니 들면 그 싸움에 섞이지 아니할 것 아니오? ○군은 그런데 왜 홍사단이라는 당에 가입하려 하시오?

답 "아무 당에 아니 들면 내 신세는 편하지요. 그러나 그것은 독선기신(獨善其身)이 아니오?"

문 "독선기신은 옳지 아니한가요?"

답 "저마다 독선기신을 하려 들면 광복 사업은 못 합니다."

문 "왜?"

답 "광복 사업은 대사업이요, 대사업을 하는 데는 큰 힘이 필요하고, 큰 힘을 내는 길은 많은 동지를 모아서 큰 단결을 짓는 것이 필요하기 때문에 옳은 주의로 옳은 동지를 많이 모아서 속히 큰 단결을 만드는 것이 광복의 대업을 하는 유일한 길이라고 믿습니다."

문 "옳은 주의의 큰 단결이 없으면 어떠한 결과가 생길까요?"

답 "옳지 아니한 주의의 천하가 되리라고 생각합니다."

문 "옳은 주의의 단결이 있었다면 우리 나라가 망하지 아니할 수 있었겠소?"

답 "그렇습니다."

문 "홍사단은 정치 단체가 아니요, 한 개 수양 단체인데, 한 개 수양 단체 따위가 아무리 크기로 어떻게 광복 사업을 성취하고 또 옳은 정치를 할 수가 있겠소?"

답 "수양한 건전한 인격자가 많이 생기면 그들이 정치가도 되고, 교육가도 되고, 실업가도 되어서 건전한 국가를 이룰 수 있다고 믿습니다. 건전한 국민이 많은 나라에서는 부정한 개인이나 당파가 쓰일 일이 없을 것이니, 국민을 건전히 하는 것이 국가를 건전케 하는 기초라고 믿습니다."

문 "그러하더라도 홍사단을 수양 겸 정치 단체로 하는 것이 좋지 아니할까요. 수양이란 청소년이나 할 것이지 점잖은 신사 숙녀가 수양 단체에 가입한다는 것이 체면상 어떠할까요?"

답 "수양이 다 끝난 사람이란 있을 수 없습니다. 평생 수양하더라도 오히려 충분치 못하다고 생각합니다. 만일 나는 점잖은 사람이니 수양 단체에 가입하는 것이 체면상 좋지 못하다고 생각하는 이가 있다고 하면 그는 증상만(增上慢)* 이요, 그야말로 크게 수양할 필요가 있다고 생각합니다."

문 "○군이 홍사단에 들어오는 것은 ○군 일 개인만의 수양을 위해서요, 또는 ○군도 수양하고 남도 수양하게 하겠다는 뜻이오?"

답 "내가 수양 단체인 홍사단에 들려고 하는 것은 첫째로 내가 수양하고, 둘째로 남도 수양케 하려는 뜻입니다."

문 "○군이 홍사단에 들어오는 것이 어찌하여서 남도 수양케 하는 일이 되나요?"

답 "내가 홍사단우가 되어 홍사단 표를 붙이고 다님으로 나를 아는 사람도 홍사단에 들어올 마음이 생기게 됩니다."

문 "그것 뿐일까요?"

답 "내가 세상에 좋은 사람이 됨으로 홍사단의 이름이 빛나서 많은 사람을 홍사단으로 끌어들일 수 있으니까."

문 "그것 뿐일까요?"

답 "내가 입단함으로 홍사단이 그만큼 커지고 힘 있게 되므로."

문 "그것 뿐일까요?"

답 "홍사단에서 하는 여러 가지 사업을 하여서 널리 동포에게 수양의 길을 주므로."

---

* 증상만이라 함은 불교에서 쓰는 문자로서 교만하다는 뜻이다. 아직도 증상연(增上緣)을 얻지 못한 사람이 이미 얻은 것으로 생각하고 고만(高慢)한 것. 증상연은 더 높이 올라갈 수 있는 원인이란 뜻.

문 “○군이 입단을 아니하면 홍사단이 유지가 못 되고 8대 사업(八大事業)이 실현되지 못하겠소?”

답 “그야 나 하나 없더라도 홍사단은 유지되고 8대 사업이 실현되겠지요.”

문 “그럴까요?”

답 “네.”

문 “○군 하나 물러나더라도 우리 나라가 광복이 되겠소?”

답 “예, 나 하나가 무엇이길래.”

문 “2000만 동포가 저마다 그렇게 생각하면 나라가 어찌 되겠소?”

답 (쓴웃음을 짓는다.)

문 “그것이 가장 중요한 점이라고 나는 생각하는데, ○군 생각은 어떻소?”

답 “나는 겸손한 뜻으로 그렇게 말을 하였습니다.”

문 “어찌하여서 그것이 겸손이 되오? 무거운 짐을 끄는데 내야 안 끌기로 어떠랴 하고 뒤에 물러서는 것이 겸손이겠소? 회피이겠소?”

답 “회피입니다.”

문 “남더러만 무거운 짐을 끌라 하고 가만히 있는 것이 죄겠소, 죄가 아니겠소?”

답 “죄입니다.”

문 “저는 힘이 없노라 하여서 함께 달려들어 무거운 짐을 끌지 아니하고 도리어 끄는 다른 사람을 잘 끄네 못 끄네 하고 시비하면 어떻겠소?”

답 “그것은 더 고약합니다.”

문 “나라 일도 마찬가지 아니요?”

답 “그렇게 말씀을 듣고 보니 그렇습니다.”

문 “지금 우리 나라에서 나라일을 하고 있는 사람이 많소, 아니하고 남의 시비만 하는 사람이 많소?”

답 “저는 아무것도 아니하면서 하는 사람의 시비를 하는 사람이 많은 것 같습니다.”

문 “그러기로 당국 아니한 사람이야 나라일을 하고 싶은들 어떻게 하겠소? 부재 기위(不在其位)하여 부모 기정(不謀其政)이라 하였으니 제 책임도 아닌 일에 저마다 나서서 참견을 하면 일이 될까요?"

답 "그래도 안 되지요."

문 "그러면 어찌하란 말이오? 가만히 있지도 말래, 참견도 말래, 그러면 어찌하면 좋소?"

답 "남이 하는 일에는 참견을 말고 제가 할 일만 하면 되지요."

문 "제가 할 일이라면 무엇이겠소? 무엇이 우리 백성으로 나라를 위하여서 제가 할 일이겠소?"

답 "첫째로는 제 직업에 전력을 다하는 것이겠지요?"

문 "제 직업에 전력을 다하는 것이 나라일이 되겠소?"

답 "2000만이 저마다 제 직업에 전력을 다하기만 하면 우리 나라는 부강하여지리라고 생각합니다."

문 "농사나 장사나 공장(工匠) 같은 일이라도 제 직업만 잘하면 나라가 부강할까요?"

답 "그렇다고 생각합니다."

문 "그렇다면 애국 운동이니 독립 운동이니 정치니 다 필요가 없지 아니합니까? 저마다 제 직업만 다하면 나라가 잘된다면야."

답 "국민 각 개인이 다 제 직업을 잘할 만한 개인이 되게 하고 그 개인들이 안심하고 저마다 제 직업을 잘하도록 하는 것이—그렇게 지도하고 그렇게 제도를 만들어 놓는 것이 애국 운동이요, 정치 운동이라고 생각합니다. 그것이 정치의 목적이요 국가의 목적이라고 생각합니다."

문 "그러면 ○군은 흥사단이 모든 운동의 중심이요 기초라고 생각하시오?"

답 "그렇게 생각합니다. 흥사단 운동이 없이는 다른 모든 운동이 다 되지 아니하리라고 생각합니다. 그러므로 흥사단 운동에 성공하는 것이 곧 광복이요, 독립 완성이요, 민족 영원의 복락의 근원이라고 믿습니다."

문 "흥사단 운동이 그처럼 중요할까요?"

답 "그렇게 믿습니다."

문 "영국이나 미국은 흥사단 없이도 나라가 잘되어 가는데 왜 우리 나라에만 흥사단 운동이 필요할까요?"

답 “우리 민족이 영국이나 미국 민족보다도 거짓과 공론이 많고 단체 생활의 훈련이 부족하므로 영국이나 미국 사람이 안 하는 한 과정을 더 공부할 필요가 있는 것입니다. 기초 공부가 없이 아무리 영국 · 미국을 따르려 하여도 안 되리라고 생각합니다.”

문 “영국 · 미국 사람과 우리와는 무엇이 다른가요? 피부와 머리털과 모양 말고 도덕적으로 그들이 우리보다 나은 것이 무엇이라고 생각하시오?

답 “나는 영국과 미국에 가본 일도 없고 영 · 미인과 많이 교제해 본 일도 없어서 자신 있는 말을 할 자격이 없습니다.”

문 “그렇더라도 혹은 역사나 문학을 통하여 혹은 신문을 통하여 상식적으로 영 · 미인의 장점 · 단점에 대하여서 생각해 보신 일이 있을 것이니, 그것을 말씀해 보시오. 현재 세계에서 영 · 미인이 가장 우월한 지위를 차지하고 있으니 그것이 우연한 일일 리가 없습니다. 반드시 우월한 지위를 차지할 우월한 국민성과 우월한 수양과 노력이 있기 때문이라고 생각합니다. 왜 그러냐 하면 세상 만사, 우주의 모든 현상은 다 정확한 인과 관계(因果關係)의 지배를 받는 것이므로, 영 · 미인이 탁월한 지위를 가진 것이나 우리 민족이 빈천한 처지에 있는 것이나 다 인과 관계지 결코 우연이 아니라고 생각합니다. 그러므로 우리가 잘사는 남과 못사는 우리를 비교하면 우리의 진로가 분명해지리라고 생각합니다. ○군은 어떻게 생각하시오?”

답 “나도 그렇다고 생각합니다. 모든 것이 다 인과요, 우연이 아니라는 말씀을 더욱 진리라고 생각합니다.”

문 “우리 동포들이 ‘인과’를 믿나요?”

답 “자연계의 인과는 안 믿는 사람이 없으면서도 사람일의 ‘인과’는 잘 믿지 않는 것 같습니다.”

문 “무엇을 보고 그렇게 말하시오.”

답 “가령, 벼를 심으면 벼를 거두고, 또 거름을 준 벼는 안 준 벼보다 많이 나고, 김을 세 번을 맨 논은 두 번을 맨 데보다 소출이 많다는 것은 누구나 알면서도, 남은 잘 사는데 저는 못 사는 것 같은 것은 그러한 원인에서 오는 필연적인 결과라고 생각하지 아니하고 운수니 요행이니 하여, 남이 잘된 것은 요행, 제가 못 된 것은 운이 좋지 못한 것이라고 생각하니, 이것이 '인과'를 무시하는 생각입니다."

문 "나도 동감이오. 인과를 안 믿는 사람의 특색이 무엇인가요?"

답 "인과를 안 믿는 사람의 특색은 첫째로 제가 당하는 일의 책임이 제게 있다고 아니하고 혹은 하늘에 혹은 세상에 원망을 돌리는 것이오.

문 "인과를 믿는 사람의 특색은 어떠한가?"

답 "제가 받는 것은 다 제가 지은 일의 필연적인 대가요 갚음이라고 알기 때문에 제게 불행이 있을 때 마음과 제 행실을 반성하고 검토하여서 지금 받는 불행의 원인이 어디 있는가를 알아내어서 그것을 고치거나 제거하기를 힘쓰는 것입니다.

문 "인과를 믿으면 숙명론자(宿命論者)가 되지 않겠소? 모든 것이 다 팔자요 운명이라 하여서 그만 단념하고 낙심해 버리지 않을까요? 만일 전 국민이 다 그런 생각을 가진다면 큰일인데."

답 "인과를 믿는 사람은 현재에 받는 불행에 대하여서는 제 책임으로 알기 때문에 불원천불우인(不怨天不尤人)하고 단념하지마는 장래에 대하여서는 자신 있는 희망을 가지기 때문에 결코 낙심하는 일이 없습니다. 왜 그러냐 하면, 장래를 만드는 것이 내가 하는 일이니까, 내가 지금부터 짓는 원인이 장래의 결과를 결정할 것이니까. 인과를 안 믿는 사람이 도리어 자포 자기하고 하늘과 사람을 원망하여서 바란다면 요행만을 바라니 자신도 희망도 없다고 생각합니다."

문 "홍사단은 인과를 믿는다고 보시오? 안 믿는다고 보시오?"

답 "홍사단은 인과의 원리 위에 섰다고 봅니다."

문 "어찌해서?"

답 "우리가 4대 정신(四大精神)으로 3대 수양(三大修養)을 하여서 저마다 건전한 인격을 이루고, 또 일심 화합하여서 신성한 단결을 이루면 필연적으로 민족 전도의 대업이 실현될 것을 믿으므로."

문 "우리 민족의 전도에 대하여서는 불안이나 의심이 없소?"

답 "없습니다. 우리가, 내가 하기만 하면 우리 민족은 반드시 잘 살게 되지, 잘 살게 되지 못할 수는 없다고 생각해요. 천지간에 인과의 이론이 있는 동안 우리의 희망과 신념은 변동할 리도, 실패할 리도 없다고 믿습니다."

문 "꼭 그렇게 믿으시오"

답 "조금도 의심이 없습니다."

문 "인제 아까 문제에 돌아갑시다. 영 · 미인과 우리의 차이가 무엇이라고 생각하시오?"

답 "인제 대답할 수 있습니다. 영 · 미인은 인과를 믿는데 우리는 그것을 안 믿고, 영 · 미인은 저 스스로가 제 생활과 제 나라의 주인이요, 따라서 책임자로 자처하는데 우리는 제 생활의 행(幸) · 불행도, 국가의 흥망도 저는 말고 다른 누가 주인이요 책임자인 것같이 생각하고 있습니다. 이것이 근본적 차인 것 같습니다."

문 "옳소. 꼭 그대로요. 민주주의란 것은 백성 저마다가 그 나라의 주인이란 말이오. 가령 어떤 집이 하나 있고 그 집에 주인도 있고 나그네나 고용인이 있다고 하면 그들에게 무슨 차이가 있을까요?"

답 "주인은 그 집이 제 집이므로 그것을 사랑하고 아끼고, 언제나 그것을 생각하고, 그것을 잘되게 하기 위하여 힘쓸 것이요, 나그네나 고용인은 제 집이 아니기 때문에 제가 편안할 것만 생각하지 그 집 생각은 안할 것입니다.

문 "우리 2000만 민족에는 우리 나라의 주인으로 자처하는 이가 많은가요, 나그네나 고용인으로 자처하는 이가 많은가요?"

답 "제 집을 아끼고 사랑하듯이 제 나라를 아끼고 사랑하고, 제 집이 잘되기 위하여 힘드는 줄 모르고 일하듯이 제 나라를 위하여서 정성과 힘을 다하는 사람이 주인이라면 우리 민족 중에는 주인이 극히 적다고 생각합니다."

문 "이완용은 삼천리 강토를 제 집으로 생각하고 이천만 민족과 그 천만대 후손을 제 식구로 생각하였을까요? 이완용은 제가 한국의 주인이라고 생각하였을까요?"

답 "제가 주인이라고 생각하였던들 이완용은 결코 합병 조약에 도장을 찍지 않았을 것입니다. 만일 일본 사람이 이완용의 집과 논밭과 자녀를 일본 사람에게 바치는 도장을 찍으라 하였다면 아마 그는 죽어도 안 찍었을 것입니다. 그는 아마 그의 황제의 나라, 또 2000만 민족의 나라를 팔아서 제 집 하나만을 잘 살 수 있으리라고 착각하였기 때문에 합병 조약에 도장을 찍었다고 생각합니다. 마치 고용인이 주인집 재산을 팔아서 제 재산을 만드는 심리와 같은 심리라고 생각합니다."

문 "우리 나라에는 나라를 팔아먹을 사람이 이완용 하나 뿐일까요?"

답 "나라를 제 것으로 알고, 제가 나라의 주인으로 알지 아니하는 사람은 누구나 이완용 모양으로 나라를 팔아먹을 수 있다고 생각합니다."

문 "이완용이 한번 나라를 팔아먹은 뒤에는 다시 나라를 파는 사람이 없나요, 아직도 있나요?"

답 "작은 규모로 나라를 팔아먹는 일은 날마다 수없이 있다고 생각합니다."

문 "예를 들면 어떤 일이오?"

답 "상해 거리에서 중국 사람 인력거꾼에게 차값을 적게 주어 우리 나라 사람을 원망케 하는 것도 매국적(賣國的)이라고 생각합니다. 그는 우리 민족 전체를 미워할 것입니다."

문 "홍사단 운동이 필요하다는데 대하여서는 우리들의 의견이 일치되었소. 이 운동은 언제까지나 계속할 필요가 있다고 생각하시오?"

답 "광복대업(光復大業)이 이루어지기까지."

문 "독립이 된 뒤에는 홍사단의 필요가 없을까요?"

답 "독립이 된 뒤에는 민족의 정도를 더욱더욱 높여서 언제나 국가의 영광을 유지하여 가기 위하여서는 이러한 운동이 영구히 필요하다고 생각합니다."

문 "홍사단은 정권을 잡기를 목적으로 삼는다고 생각하시오?"

답 "홍사단은 정권과는 상관이 없다고 생각합니다. 언제까지나 수양 단체로 있어야 된다고 생각합니다."

문 "홍사단이 정권을 잡으면 더욱 홍사단주의를 행하기가 편하고 유력하지 아니할까요?"

답 "홍사단주의로 수양한 사람들이 정권을 잡는 것은 좋으나 홍사단 자체가 정권을 잡으면 홍사단에 대하여 적(敵)이 생기리라고 생각합니다."

문 "홍사단이 힘이 커지면 모든 적을 다 눌러 버리면 좋지 않을까요?"

답 "그렇게 되면 홍사단은 정쟁(政爭)하는 단체가 되어서 수양 단체의 본색을 잃어버릴 것입니다."

문 "홍사단이 수양 단체의 본색을 잃어버리면 어찌해서 안 될까요?"

답 "국민을 수양하는 것이 국민의 생명이요, 정치보다 수양이 근본이 됩니다."

문 "옳은 말씀입니다. 정치에는 소장(消長)이 있지마는 수양에는 소장이 있어서는 안 됩니다. 그러므로 홍사단은 영원히 수양 단체로 갈 것이라고 우리는 믿는데, ○군의 의견은 어떠시오?"

답 "나도 동감입니다."

문 "홍사단의 사업은 무엇이오?"

답 "홍사단 자체를 영원히 유지하는 것이 최대의 사업이오. 그러고는 약법에 있는대로 강습소 · 강연회 · 서적 출판부 · 도서 종람소 · 간이 박물원 · 체육장 · 구락부 · 학교 등입니다."

문 "이러한 사업은 왜 필요할까요?"

답 "전 민족에게 덕 · 체 · 지, 삼육(德 · 體 · 智, 三育)을 수양할 기회를 주기 위하여서 필요합니다."

문 "이런 사업은 몇 군데나 시설하였으면 좋겠소?"

답 "도서 출판 같은 것은 중앙에 한 곳이면 그만이겠지마는 기타의 것은 많아야겠습니다."

문 "많으면 얼마나 많아야 하겠소?"

답 "많을수록 좋지요."

문 "한 골에 하나씩이면 좋겠소?"

답 (놀란다.)

문 "한 면에 하나씩 강습소 · 강연회장 · 도서 종람소 · 간이 박물원 · 체육장 · 구락부 · 학교가 있으면 충분할까요?"

답 (더욱 놀라면서) "나는 그렇게 많게는 생각하지 못하였습니다."

문 "한 동리에 하나씩 이러한 시설이 있어야 하지 않겠소? 그래야 우리 동포 전부가 남자나 여자나 다 문명한 백성이 되지 않겠소?"

답 "그렇겠습니다. 그렇지마는 그것은 하도 엄청나서."

문 "동리마다 이러한 시설이 없이 우리 민족이 세계에 일등 가는 문명 민족이 될 수 있을까요?"

답 "말씀을 듣고 보니 그만한 시설은 동리마다 있고서야 최고 문화를 가진 민족이 되겠습니다.

그러나 나는 약법을 읽을 때에 이 8대 사업이란 것이 그처럼 중요하고 대규모인 것을 몰랐었습니다."

문 "우리 나라에 동리가 몇이나 될까요?"

답 "219군, 약 2천 500면, 매 면마다 10개 부락으로 쳐서 2만 5,000부락, 그 밖에 수백의 도시가 있습니다."

문 (고개를 끄덕끄덕한다.)

답 (혼잣말 모양으로) "회관(會館)이 2만 5,000, 도서관이 2만 5,000, 박물관 · 체육장이 2만 5,000……"

문 "이런 사업을 하자면 사람이 얼마나 들까요?"

답 "여러 만 명 들겠습니다."

문 "돈은 얼마나 들겠소?"

답 "여러 억만 원 들겠습니다."

문 "흥사단이 할 사업도 적지 아니합니다."

답 "한량이 없이 큽니다."

문 "○군은 이런 사업을 다하기로 결심하시오?"

답 "결심합니다."

문 "○군은 이 사업을 위하여 무엇을 바치겠소?"

답 "전 생명(全生命)과 전 재산(全財産)을 다 바치겠습니다."

이것으로 흥사단 문답의 목적과 사업에 관한 문답이 끝난 것이다. 그 뒤에는 조직 · 의무 · 재정 등에 관한 문답이 있다…….

도산이 흥사단 입단 문답을 할 때에는 흥사단의 약법의 구절과 정신을 가지고 하는 것은 한 모양이지마는 문답하는 말의 자료는 받는 사람에 따라서 천태만상(千態萬象)이라고 할 만하다. 받는 이의 개성 · 경력 · 호상(好尙)을 기초로 하여서 하기 때문에 10여 인의 문답을 매일 듣더라도 모두 새 말이다. 그것은 한 예술이었다.

도산은 비록 17,8세의 소년과 문답을 하는 경우에는 자기가 높은 자리에 있는 빛을 보이지 아니하였다. 남자나 여자나 어른이나 아이나 다 평등의 지위에서 물었고, 평등의 지위에서 대답하는 말을 존중하였다. 그는 평시에도 남의 말을 꺾거나 누르는 일이 없었다. 비록 그것은 척 보기에 어리석은 말이라도 그 말을 하는 사람의 심경을 존중하였다. 그러나 그 어리석음을 그냥 가지고 돌아가게는 아니하였다. 가르친다 하는 의식이 없이 그 어리석음을 스스로 깨닫도록 유도하였다.

그것은 도산으로서는 매양 힘드는 일이었으나 그에게 부끄러움과 괴로움을 주지 아니하고서 그로 하여금 그의 잘못을 스스로 깨닫게 하려고 애쓰는 것이었다. 여기 도산의 사람에게 대한 끝없는 애정이 있었다.

도산은 또 '정의 돈수' 에 대하여 다음과 같이 문답한다.

문 "정의 돈수란 무슨 뜻이오?"

답 "서로 사랑한다는 뜻이오."

문 "돈수란 무슨 뜻이오?"

답 "두텁게 닦는단 뜻이오."

문 "두텁게 닦는단 무슨 뜻이오?"

답 "서로 사랑하는 정신을 더욱 기른다는 뜻일까요?"

문 "그렇소. 우리 흥사단의 해석으로서는 정의 돈수란 사랑하기 공부란 뜻이오. 사랑하기를 공부함으로 우리의 사랑이 더욱 도타워질 수가 있을까요?"

답 "사랑하기를 날마다 힘을 쓰면 그것이 습관이 되리라고 생각합니다. 습(習)이 성(性)이 되면 그것이 덕(德)인가 합니다."

문 "우리 민족은 서로 사랑함이 두터운가요?"

답 "우리 민족은 서로 사랑함이 부족하다고 생각합니다."

문 "무엇을 보고 그렇게 생각하시오? 무슨 증거로 우리 민족은 사랑이 박약하다고 말씀하시오?"

답 "갑자기 증거를 들라시면 어렵습니다마는 우리 민족은 서로의 사랑이 박약하다고 생각합니다."

문 "사랑의 반대가 무엇이오?"

답 "미움이오."

문 "그러면 우리 민족은 서로 미워하는 편이 많은가요?"

답 "그런 것 같습니다."

문 "한 가족이 서로 미워하면 어떨까요?"

답 "퍽 불행합니다."

문 "일은 될까요, 서로 미워하면서?"

답 "아무 일도 안 될 것입니다."

문 "한 가족이 서로 사랑하면 어떨까요?"

답 "퍽 행복할 것입니다."

문 "서로 사랑하는 것 이외에 가정을 행복되게 하는 다른 힘이 무엇일까요?"

답 "재산 · 건강 · 자녀 · 명예 · 사업 성취."

문 "재산 · 건강 그런 것이 다 있고도 사랑이 없으면 어떻게 하겠소?"

답 "다른 것이 다 있더라도 사랑이 없으면 불행한 가정이 될 것입니다."

문 "○군은 사랑하는 공부를 하여 보신 일이 있나요?"

답 "사랑은 저절로 솟아나는 것이라고 생각하였어요. 그렇기 때문에 사랑하기를 공부한 일은 없습니다."

문 "샘이 저절로 솟는데 우물을 왜 파나요"

답 "더 많이 솟으라고요. 더 많이 고이라고요."

문 "아니 솟던 샘도 파면 솟는 일이 있지 아니한가요?"

답 "아니 솟던 샘도 파면 솟는 일이 많습니다. 조금 파면 아니 솟던 것이 깊이 파면 솟는 일도 있습니다."

문 "그것이 '사랑' 공부요."

답 "인제 알았습니다. 사랑을 공부함으로 사랑하는 마음을 기를 수가 있겠습니다."

문 "사랑 공부는 어떻게 하면 좋겠소? 어떻게 하는 것이 사랑 공부가 되겠소?"

답 "예수께서 내 이웃을 사랑하고 네 원수를 위하여서 기도하라 하셨으니, 누구나 다 사랑하기를 힘쓰는 것이 사랑 공부인것 같습니다."

문 "천하 사람을 다 사랑한단 말이오?"

답 "그렇습니다."

문 "○군 한 몸이 이 자리에 있으면서 어떻게 먼 곳에 있어서 보이지 않고 만져지지도 않는 사람을 다 사랑할 수가 있겠소?"

답 "그럼 내 민족부터 사랑하란 말씀입니까?"

문 "내 민족 2000만을 사랑하는 법은 무엇이오?"

답 "예, 깨달았습니다. 내가 접하는 사람을 사랑한다 하는 뜻이오."

문 "그러면 너무나 편협(偏狹)하지 않겠소?"

답 "결국 내 손이 닿는 사람, 내 목소리가 들리는 사람밖에는 사랑할 수가 없겠습니다. 날마다 나를 찾아오는 사람, 내가 찾아가는 사람, 나와 만나게 된 사람을 다 사랑하는 것이 이웃을 사랑하는 것이요, 민족을 사랑하는 것이요, 또 전 인류를 다 사랑하는 일이 되겠습니다."

문 "그 밖에는 길이 없겠소?"

답 "그 밖에는 길이 없겠습니다. 그 밖에 사랑하는 것이 있다고 하면 그것은 공상과 공론이겠습니다."

문 "옳은 말씀이오. 사랑하는 것이 결국 내가 접하게 된 사람을 사랑하는 것이오. 그런데 만일 날마다 제가 접하는 사람은 미워하면서 사람을 사랑하노라면 어떨까요?"

답 "그것은 우스운 거짓말이 됩니다."

문 "○군은 그렇게 우스운 거짓말을 하는 사람을 보신 일이 있나요?"

답 "많이 보았습니다."

문 "그이들이 어디 있나요?"

답 "여기도 하나 있습니다."(하고 ◯군은 손을 제 가슴에 대인다.)

문 "왜, ◯군은 옆에 있는 사람을 사랑하지 못하고 미워하였나요?"

답 "제 비위에 안 맞으니까 미웠던게지요."

문 "◯군은 옆의 사람들의 비위에 맞았던가요?"

답 "안 맞았길래 나도 그들에게 미움을 받았겠지요."

문 "그러면 서로 비위에 안 맞는 것을 어떻게 서로 사랑할 수가 있을까요?"

답 "내 편에서 저편의 비위를 맞추면 될까요?"

문 "내 옳음을 버리고 이웃의 옳지 못함에 맞추면 의(義)에 어그러지지 아니한가요?"

답 "서로서로 이웃의 독자(獨自)의 견해를 존경하여서 제 척도(尺度)로 남을 재지 아니하면 될 것 같습니다. 그러면 미워할 이유는 없을 것 같습니다."

문 "그렇소. 서로 남의 자유를 존중하면 싸움이 대부분은 없어질 것이요, 내게 한 옳음이 있으면 남에게도 한 옳음이 있는 것을 인정하여서 남의 의견이 나와 틀린다 하여 그를 미워하는 편협한 일을 아니하면 세상에는 화평이 있을 것이오. 그런데 우리 나라에서는 예로부터 나와 다른 의견을 용납하는 아량이 없고 오직 저만 옳다 하므로 그 혹독한 당쟁이 생긴 것이오. 나도 잘못할 수 있는 동시에 남도 옳을 수 있는 것이거든, 내 뜻과 같지 아니하다 하여서 이를 사문난적(斯文亂賊)이라 하여 멸족(滅族)까지 하고야마는 것이 소위 사화(士禍)요 당쟁이었으니, 이 악습이 지금까지도 흐르고 있소. 그러므로 우리는 서로서로 사상이 자유, 언론의 자유를 인정하고 존중하면서 비록 의견은 서로 다르더라도 우정과 존경에는 변함이 없음이 문명국인의 본색일 것이오. 이리하여서 우리 나라에서 천만 가지 사상과 의견이 대립하더라도 우정과 민족적 애정만은 하나일 수가 있으니, 그리하면 사상의 대립은 서로 연마 · 발달하는 자극이 될 수 있고 서로서로의 존경과 애정은 민족 통일의 묶는 실이 되어서 안으로 아무러한 의견의 대립이 있더라도 외모(外侮)나 전 민족의 운명이 달린 일에 대하여서는 혼연(渾然)히 하나가 되어서 감연(敢然)히 막

> 아낼 수가 있을 것이오. 제 의견의 주장도 민족을 위함이거든 민족을 깨뜨려서까지 제 의견을 살릴 사람이 어디 있겠소? 그런데 사실은 그만 저라는 것에 눈이 어두워 민족이 아니 보이는 일도 있는 모양이니 가히 한탄할 일이오. 그러므로 우리는 '정의 돈수' 공부를 하자는 것인데, ○군 동감이시오?"

답 "동감입니다."

정의 돈수에 대한 도산의 해석은 결코 이것뿐만 아니다. 단결의 생명은 주의(主義)의 일치만에 있는 것이 아니라 '정의', 즉 사랑에 있다고 도산은 말한다. 단결의 각자가 단(團)을 사랑하고, 단우를 사랑하고, 단의 지도자를 사랑하고, 단의 집과 기구를 사랑하기를 제 것같이 함으로만 단결이 비로소 최대의 힘을 내고 영원한 생명을 누리는 것인데 우리에게는 이 사랑이 부족하다고 한탄하고, 그러므로 이 사랑을 공부하여야 한다고 도산은 기회 있는 대로 말하였다.

도산에 있어서는 나라를 사랑하는 것도, 세계를 사랑하는 것도 마찬가지 이론이었다. 애국자는 그 나라의 국토를 제 집과 같이 아끼고 사랑하고, 그 국토에 있는 초목과 금수(禽獸)를 제 집 가축과 같이 사랑할 것이다. 하물며 동포와 지도자랴. 하물며 역사와 문화랴. 삼천리 강산이 내 정든 강산, 사랑하는 국토일진댄 그 모양이 눈에 보일 때에 반가운 눈물이 아니 흐르지 못할 것이요, 흰옷 입은 동포의 모양이 눈에 뜨일 때에, 그의 말소리가 귀에 들릴 때에 껴안고 싶은 감격이 아니 일어날 수 없는 것이다. 거기 추호라도 미운 감정이 일어날 나위가 없고 시들한 생각인들 날 여지가 없을 것이다. 2000만 민족이 다 국토와 동포에게 대하여서 빈말로만이 아니요, 진정으로 이렇게 느끼게 된다면 국가의 독립과 민족의 창성은 벌써 된 것이었다.

민족의 각자에게 이러한 사랑이 있는 이상 모든 사상과 의견의 대립은 영양(營養)이 될지언정 병근(病根)은 되지 아니할 것이다.

"너도 사랑을 공부하고 나도 사랑을 공부하자. 남자도, 여자도, 우리 2000만이 다 서로 사랑하기를 공부하자. 그래서 2000만 한민족은 서로 사랑하는 민족이 되자."

도산은 시(詩)를 읊듯이 노래의 후렴을 부르듯이 감격에 넘치는 표정과 어조로 이렇게 부르짖었다.……

이듬해(1921) 2월에 도산과 흥사단 관계로 보아 중대한 사건이 발생한다. 2월 18일 일지에, "이광수 · 허영숙 군을 방문하다. 두 사람이 같이 본국으로 갈 뜻을 말하는지라. 내가 가로되, 이제 압록강을 건너는 것은 적에게 항복서를 바침이니 절대 불가요, 군 등 양인 전정에 큰 화를 짓는 것이라. 속단적으로 행치 말고 냉정한 태도로 양심의 지배를 받아 행하라 하다." 라고 쓰여 있다. 이 때에 춘원의 아내 허영숙이 본국으로부터 상해로 춘원을 찾아와 본국으로 들어갈 것을 권고한 것이다. 춘원은 도산의 만류를 듣고 본국에 들어가지 않기로 결심하고, 허영숙 혼자 귀국하였으나, 미구에 춘원은 단신으로 상해를 떠나 압록강을 건너니, 상해의 비난 여론이 비등하고 도산은 공개 석상에서 춘원을 성토하는 연설을 하였다.

춘원은 신의주에서 경찰에 체포되어 서울로 호송되었다가 기소되지 않고 석방되어 허영숙과 같이 있게 되니, 국내에서도 그를 비난하는 소리가 높았다. 그 뒤에 춘원은 《개벽》 잡지에 '〈민족 개조론〉' 이란 논문을 발표하였으니, 도산의 흥사단 운동 이념을 조술(祖述)한 것이다. 이 논문 때문에 춘원과 《개벽》 잡지사가 청년들의 습격을 받게 되나, 하여간에 흥사단의 주의와 이념이 체계를 갖춘 논문의 형태로 발표된 것은 이것이 처음이었다. 춘원 귀국은 본인을 위하여 비극이었고 도산에게 개인적 타격을 주었으나, 춘원의 붓으로 도산의 사상의 일부가 세상에 소개되었다는 것은 큰 소득이라고 아니할 수 없고, 이어서 춘원의 발기로 수양 동맹회가 서울에서 창립되니, 흥사단 운동이 국내에서 싹트게 된 것이다.

뿐만 아니라, 춘원은 그 후 《동아일보》 지상에 여러 편의 연재 소설을 발표하였는데, 민족주의 사상과 계몽사상 · 농촌 개발 등을 주제로 한 것이 대부분이었으니 도산의 영향이었다고 볼 수 있다. 그러면 도산이 상해에서 춘원을 발견하고 그를 동지로 삼는 데 성공하였다는 사실은 소득이 크다고 하겠다.

제 15 장

힘을 기르소서

국민대표회 시절(만 44~46세)

민국(民國) 3년, 즉 1921년 상반기는 도산이 임시정부의 내부 수습을 위하여 최종의 노력을 시험한 시기다. 이승만 대통령과 김규식 학무총장이 미주로부터 상해로 건너오고, 이동휘 국무총리도 재회하였으므로 도산은 종래의 주장대로 양 이 합작을 추진하였으나 종시 성과를 얻지 못하고 이동휘가 먼저 이탈하게 되었다. 도산은 정치적 책임을 이유로 하여 국무위원을 사임하니 이 해 5월의 일이다. 물러나온 도산은 국민대표회 소집을 주창하였으니, 곧 미(美) · 포(布) · 아(俄) · 만(滿) 각지에서 적법적으로 선출한 대표를 모아 임시정부를 개조함으로써 대동단결을 다시 도모하자는 주지였다. 2년 이상의 노력으로 1923년 1월에 국민대표회가 상해에서 개막하고 도산은 부의장에 피임하였다. 그러나 주로 공산당의 전략에 의하여 재래의 정부를 취소하고 신정부를 선출하자는 '창조파'와 대립하게 되어 국민대표회도 실패로 끝난다. 이 때의 도산의 나이는 이미 만 46세로 50대에 가까웠던 것이다.

임시정부 각원을 사임한 도산은 즉시 미주로 돌아가 그 곳에서나마 흐트러진 민심을 수습하고, 앞으로의 민족 운동의 나갈 길을 새로 구상 · 실천할 필요를 느꼈다.

미주 동포들의 정형에 대하여는 그 해(1921) 2월 7일에 쓴 송종익(宋鍾翊)의 편지에서 엿볼 수 있다. 이 때 송종익은 흥사단 이사부장으로 나성 본부에 있었다.

上書하려는지 以이올씨다. 目下 處理가 擾汨하야 遷延이 올씨다. 宅渾節과 金醫士의 渾節이 均安하오며 合居하니 꽤 벅적합니다. 現勢로는 分居보담 合居가 便利하겠기로 그리 되었습니다.

당시 홍사단 단소가 나성(로스앤젤리스) 북피규로아가 106번지(106 N. Figueroa Street)에 있었는데 그 집에 단 사무소가 있고, 도산의 가족과, 도산의 동서 되는 김창세(金昌世) 의사의 가족이 방을 세내어 있어서 매우 복잡한 것을 말함이요, 경비를 절약하기 위하여 복잡한 대로 한 집에 있을 수밖에 없다는 것이다. 그 해 홍사단 예산서에 보면 단소에서 들어오는 수입이 1년간에 780달러로서 그 내용은 북미 실업회사와, 도산 가족, 김창세 가족으로부터 각각 180씩 합계 540달러, 그리고 그 밖에 개인 유숙비 수입이 240달러로 되어 있다. 도산 가족의 방세가 한 달에 15달러였던 것이다. 그 복잡한 정도를 추측할 수 있다.

편지는 계속하여—

金兌鎭君은 今月 18日에 歸鄉이오며 崔在德君은 布哇 閔牧師의 邀請을 받아 와이루아 農庄傳道使로 今月 24, 25日間 出發합니다. 張利郁君이 金君 代任으로 一個年間 視務하기로 하고 와서 있습니다. 理財任員이 缺闕인데 羅城은 可堪者가 있지 아니하니 加堪이 있을 時까지 金醫士나 吳翊殷兩君으로 贊務케 할까 합니다. 團本部에 主人資格을 가지고 不遙不動하며 工夫나 黃金에도 生念치 아니하는 有德한 人物 한 분이 있어야 되겠습니다. 車利錫君이 可堪되면 모시어 오기로 車貞錫君과 面議하기도 하였습니다. 車利錫君이 오실 手續이 可能하면 旅費는 貞錫君이 내기로 생각합니다.

김태진은 창단 당시부터 서무원으로 일 보던 사람인데 귀국하기로 되어 다시 유학생으로 가 있던 장리욱이 1년 동안 의무적으로 서무 일을 보게 된 것이다. 인재의 부족으로 이같이 학생 중에서 1년씩 학업을 쉬고 단무를 보게 하였다. 재무원의 적임자가 없어 일시 김창세, 오익은(둘 다 역시 학업을 닦고 있을 때)을 임시로 재무 일을 돕게 하자는 것이요, 당시 상해에 있던 차리석을 단의 상무원으로 데려갈 계획을 말하고 있으나 이것은 실현되지 못하였던 일이다.

遠慮가 없고 時潮를 잘 받는 大韓青年이라 去 兩年間 過分한 行動을 取한 團友들이 不少하였으나 自然 實際가 導師가 되어 昨年 秋節부터 覺悟가 다시 變하여 去 七回大會에 誤解 · 疑惑이 다 較正되었습니다. 今年부터 學業에 勉勵할 團友가 漸漸 생기나이다.

1919년 독립 운동이 일어난 때에 청년 단우 중에는 즉시 나가서 일본과 싸우자 하고 단의 기금을 전부 독립 운동에 사용하자는 급진론을 주장하는 사람이 많았고, 도산이나 송종익 등은 단의 사업이 항구적인 고로 기초를 동요시키지 말 것을 주장하여 약간의 분규가 있다가, 2년 후인 이 때에 와서 공기가 진정되고 학업으로 되돌아가게 되는 상황을 말함이다.

豫定도 하고 計劃도 한 諸條件이 우리 同志의 農事失敗를 따라 延期될까 可惧이올씨다. 다뉴바 葡萄農事. 結局은 利 본 數보다 害 본 數가 많고, 우리 同志로는 利害가 相半될 듯하오며, 稻農은 거의 赤失이라 하겠습니다. 萬金以上을 가지고 하던 이 중에 失敗가 繼續으로 難이오며, 今年繼續을 希望하는 者는 金鍾林農作, 우리 林 · 申 · 禹 3君 互務하는 處뿐이올씨다. 朴承順君 亦 繼續을 更圖하나 아직 難望이올씨다. 秋收 始作初에 降雨가 間日하여 至今껏 一週 連晴한 日氣가 없습니다. 加州 全稻農에 刈數가 半 될 듯하며 打租는 大農者라야 千 或 數千 包式하고 아직 日氣更晴을 기다리게 되었습니다. 林 · 申 · 禹 3君은 周旋 잘하므로 雨前 3萬 3千包를 收藏인데 時勢가 更高하면 此로서 繼續을 爲本함이올시다. 今番 敗가 8年前 스탁톤 甘子農事와 같으나, 資本循環이 其時보다는 낫고 經驗도 쌓은 바이며 心靈이 墜落치 아니하니 回復이 速할 것은 可期이오나 辛酸한 苦生들은 아직 더하게 되었습니다. 今年을 잘 堪忍하여 가며 善處하여야 所失을 更得할 줄들 생각합니다.

1920년 가을의 벼농사 실패는 가주에 있는 한인들에게 큰 타격을 주었다. 송종익은 "신산한 고생들은 아직 더하더라도, 심령이 타락되지 아니하니 회복이 속할 것"이라고 낙관하는 말을 하였으나, 결국 도산 등이 1910년에 발기하였던 북미 실업회사도 이번 벼농사의 실패를 계기로 재기불능이 된다. 그러므로 예정도 하고 계획도 하였던 사업 계획이 연기될까 보다는 송종익의 염려가 사실화된다. 이상촌 계획, 흥사단 발전 계획을 추진하려는 도산에게, 이러한 동지들의 농사 실패는 큰 타격이 아니 될 수 없었다.

私私會計는 下石上擡하여 가며 信을 지켜 가는데 西伯里 農資所條를 聘資하고 우리 農庄서 北社 現金 借來條中 7千元을 그대로 두고 秋收하면 補充하려 하였더니 不如意하므로 公衆의 事 信用所係이기로 正月初에 農資金 速返還을 電告함이올씨다. 來 3月望前으로 돌아와야 되겠습니다. 私事에는 困難을 受할지라도 公事에 僅愼하여 信用을 깊이 主意할 此際가 되었습니다.

도산이 원동에 이상촌 겸 농장 사업을 경영하기 위하여 미주 동지들로부터 위탁받았던 1만 달러의 돈을 1920년에 상해 애인리 폭탄 사건으로 프랑스 조계 경찰국장이 부상하여 다리를 자르게 되므로 그 위자금을 지출하기 위하여 임시정부에 빌려 준 사실은 앞서 말한 바 있거니와 그 당시 도산이 그 자금은 사사 돈이기 때문에 빌려 줄 수 없다고 하여 상해 사회의 비난을 받고 종내에는 부득이 이를 꾸어 주었던 것인데, 예기했던 대로 임시정부로서는 갚을 길이 없게 되어 도산의 책임으로 돌아가게 된 것이었다. 송종익의 독촉 전보는 이 관계인데, 결국 도산으로서도 어찌할 길이 없어, 일생에 한 번 큰 실신을 하게 되었고, 그 후에 송종익이 개인적으로 이것을 변상하게 된다. 이 사건이 가주 재류 동포들의 낙망의 원인이 된 것은 물론이다.

美僑의 程度로 遠慮를 論할 수는 없으나 目下의 諸事가 姑息에 莫過하며 分黨圭唱者의 夭言批評이 頗有하니 今日 形便으로는 無主掌이라 하여도 過言이 아니겠습니다. 國民會가 5, 6年 積成한 信用, 權威가 없어지므로 國民維持가 將次는 困難할 것 같습니다. 獨立宣言이 우리 民族의 自決主義를 表示함은 되었으나 外地 · 內地의 準備는 큰 打擊을 受하였으니 從此로 準備에 더 努力하고 遠成을 圖하여야 될 줄로 믿습니다. 貧한 것이 恨 되나 더 큰 恨은 人物이 없는 것이올씨다. 今日 東西에 大韓 사람은 常識조차 足치 못하니 憫畓한 事이올씨다. 萬勢를 보아도 團主義를 깊이 널리 固守하여 熱進하여야 될 것을 더욱 覺悟합니다. 上海에 團友가 多數히 생김이 遇然한 好機가 아니며 從此로 團主義가 普傳될 줄로 믿고 기뻐합니다.

도산이 미주를 떠난 후 교포들을 지도할 출중한 인물이 없고, 또 앞서 언급한 바와 같이 이른바 애국금과 공채금 문제로 구미 위원부와 임시정부 사이에 마찰이 한 차례 있었고 이로 인하여 미주 교포들간에 분열과 모략 · 중상이 심하게 된 것을 알 수 있다. 이럴 때에 송종익은 흥사단의 주의로써 다시 큰 일에 대한 준비를 도모할 것을 말하고 있다.

獨立運動은 繼續이 어느 分量에 處하는지 未知이오나 美墨布收金이 政府援助될 것 같지 아니하니 內地金力을 依賴하고 積極의 行動을 取할 바인데 空虛한 吾族의 前途가 至遠한 것 같습니다. 大兄의 進退가 大難題인 줄 小弟도 想到합니다. 吾輩는 可爲 3人으로 可爲의 事를 營作하는 것이 餘裕를 更計함이 아니오리까. 團主義 發展을 急先으로 劃策하시어 今日 美洲同志의 힘이 이러할지라도 可能껏 協力할 바이니 內地로 有力實業家들을 連絡하여 理想村·教育機關을 營爲할 수 없습니까. 雜誌 對한 事는 別모하거니와 今年 秋期 즈음은 出世하도록 하였으면 在美同志의 慰勞뿐 遠東宣傳이며 贊助 얻는 데 神效가 없으오리까. 洪焉君은 上海로 가기를 願하니 秋前 가게 하는 것이 可하오리까. 姜永韶 亦 事務掌理에 必要하면 가기를 願합니다. 右 兩君의 動作如何를 明敎하소서.

이상촌과 교육 기관 설치 계획이 벌써부터 토의된 것이 분명하며, 임시정부 후원이나 새 사업 발족의 자금이 미주 동포의 단독 힘으로 어려움에 대하여 국내의 재산가와 연락할 것을 제의하고 있다. 잡지의 발행도 계획하고 있어 동해수부(東海水夫) 홍언을 잡지 편집 책임자로 파송할 뜻을 말하고 있다. 기관 잡지 발행에 대하여는 같은 날짜(2월 7일)로 따로이 발신한 송종익의 편지에 보면 농사 실패로 어려운 중에서도 홍사단 제7회 대회(1920년 겨울)에서 3년간 분납 조건으로 4,000여 달러의 기부금이 있었다. 그리고 단 간부 회의에서 '금년 안으로 잡지를 간행할 것'이라고 결의하고, 그 총기금을 1만 달러로 하되, 만일 기부금이 모자라면 단의 준비 적립금 중에서 5,000 달러 이내에서 선대하기로 하였다. 그리하여 송종익은 "잡지를 연내(1921)로 발행하기로 하되, 첫해 예산 5,290원(중국돈 大洋元)은 준비 적립금에서 지출, 제 2년도는 판매 수입과 기부금 제 1년도 납입 1,300백여 달러로, 제 3년도는 판매 수입과 기부금 제 2년도 납입으로 보충할 수 있다."고 하였다. 이 해 4월에 이광수가 본국으로 돌아가 버렸기 때문에 도산은 상해에서 잡지 발행할 것을 단념한 듯하고, 1925년에 잡지 기금으로 2,500달러가 서울로 송금되어 26년 5월《동광》(東光)이 서울서 발간된다. 홍언과 강영소의 중국 파견은 실현되지 못하였다.

數日前 議事部長에게 提出한 今年度 豫算書를 草모하오니 下覽하소서. 上海 團形更은 難測인 고로 豫算 加入치 못하였습니다. 此處에서 加入할 것 있으면 敎示하시옵소서. 渡美

> 青年들을 法國으로 經由引導가 失敗일 모양이올씨다. 昨 12月內 20餘名 發行이 거의 다 巴里서 彷徨하게 되었고 渡美無期일 듯하니 慨歎이올씨다. 從此로는 太平洋 길을 要得치 못하면 巴里經由는 停止하는 것이 可할까 합니다.
>
> 2月 7日 小弟 宋鍾翊 白

이 해 홍사단 본부 예산이 5,340달러였는데 수입은 집세로 780달러, 단우의 특별 기부금이 1,923달러요 나머지의 대부분은 단우의 회비(예연금) 등으로 되어있다. 지출 중 큰 금액은 단소 유지비 1,014달러, 서무 봉급 1,080달러, 대회 비용 570달러 등이었다.

이상과 같은 정세 하에서 하루라도 속히 미주로 건너가 흩어진 민심을 수습하고 이상촌 건설, 잡지 간행, 교육 기관 설치 등 사업의 자금 수집, 동지자 규합을 할 필요를 느꼈음은 당연하다.

1921년 6월 20일자로 상해 주재 미국 영사로부터 도산에게 보낸 편지를 보면 "미국 입국 사증 신청에 관하여 의논할 일이 있으니 영사관으로 와 달라" 하였다. 10월 25일자로 상항에서 이대위 이름으로 도산에 대한 입국 보증의 공정 증서가 발행되었고, 10월 31일자로 송종익의 이름으로 재정 보증의 공정 증서가 작성되어 있다. 도산의 미국 재입국을 위한 절차가 이렇게 진행된 것이 분명하나, 11월 26일과 12월 5일자로 입국 사증이 거부되었다는 통지가 이대위와 송종익에게 전달되고 있으니 이 신청은 실패에 돌아갔던 것이다.

동지들에게 주는 글

송종익의 편지보다 5개월 후인 7월 7일자(1921)로 도산은 '동지 제위에게'라는 장문의 편지를 미주로 보냈고, 거기에 홍사단 사업에 대한 신념과 기대를 재확인하고 있다.

"단우 안창호는 미주 · 멕시코 · 하와이에 재류하는 홍사단우 여러분 동지에게 이 글을 올리옵니다. 나의 깊이 믿고 사랑하는 동지 제군이여, 제군을 작별한 지 어언간 3년의 시간이 되었습니다."—이렇게 허두한 이 편지에서 도산은 말한다(서한 전문은 이 책의 제II부 '서한'에 기재함).

> 이제 내가 오래간만에 여러분을 향하여 붓을 들매 쓰고 싶은 말도 많고 또 써야 될 말도 많으나 내가 이에 간절히 부탁하는 바는 이것이외다. 여러분은 '힘을 기르소서, 힘을 기르소서.' 이 말씀이외다. …… 독립이란 본뜻이 내가 내 힘을 믿고, 내가 내 힘을 의지하여 삶을 이름이요, 이 반대로 남의 힘만 믿고, 남의 힘을 의지하여 사는 것을 노예라 하나니, 만일 우리가 이름으로는 독립 운동한다 하고 사실로는 다른 나라들의 관계만 쳐다보고 기다린다 하면 이는 독립 운동 정신에 크게 모순이 되지 아니합니까.…… 내가 일찍 여러 번 말하기를 참배나무에는 참배가 열리고 돌배나무에는 돌배가 열린다는 것처럼 독립할 자격이 있는 민족에게는 독립국의 열매가 있고, 노예될 만한 자격이 있는 민족에게는 망국의 열매가 있다고 하였습니다. 독립할만한 자격이라는 것은 곧 독립할 만한 힘이 있음을 이름이외다.…… 우리는 우리 무리의 금전의 힘, 지식의 힘, 도덕의 힘, 단결의 힘, 또는 인도자라 하는 이들의 자격, 일반 사회의 중류 이상으로 자처하는 이들의 인격의 힘이 어떻게 말할 수 없다는 것을, 다 밝히 깨달아 아는 우리가 아닙니까. 혹은 이번에 이것은 밝히 보고 상심하고 비관을 품는 자도 있으나, 그러나 우리는 결코 상심하거나 비관할 것이 아니라, 오직 우리의 근본 깨달은 것을 더 깨닫게 하며, 우리의 근본 결심한 것을 더 굳게 결심할 것 뿐이외다.
>
> …… 힘을 준비함에는 별한 새 주의와 새 방법을 연구할 것이 없습니다. 다못, 우리의 근본 정한 주의와 방침을 관철할 것 뿐이외다. 개인 개인의 힘이 있기 위하여 건전한 인격을 작성하며, 각 개인이 고립하지 아니하고 집합하여 큰 힘을 발휘하기 위하여 신성한 단결을 조성하자고 하옵세다. 각 개인의 건전한 인격을 이루기 위하여 4대정신과 3대육(大育)을 수련하자고 하옵세다. 속이거나 거짓말하지 아니하고 진실하여 신용의 자본을 동맹 저축하옵세다. 한 가지 이상의 학술이나 기예를 학수하여 전문 직업을 감당할 만한 지식의 자본을 동맹 저축하옵세다. 각기 수입에서 10분지 2 이상을 저금하여 적어도 1,000원 이상의 금전의 자본을 동맹 저축하옵세다. 이 주의와 이 방침이 곧 우리의 힘을 예비하는 정경이요, 순서입니다.

이같은 흥사단의 기본 강령을 재확인하고 나서 구체적으로는 "우리의 급선무는 중견의 힘을 짓기 위하여 더욱이 앞으로 원동에 우리의 주의를 발전하여 동지자를 모집하며, 교육과 실업을 장려하여 앞날의 이 큰일을 감당할 만한 확고한 토대를 세움에 있습니다. 우리는 일찍 우리가 세워 놓은 원동 발전책이 착착 실현되기 위하여 더욱 시간과 정력을 다할 것이외다. 또한 이리하려면 우리는 우선 미주에 있는 홍사단 본부의 힘을, 기초를 더욱 공고케 하지 아니하면 안될 것이외다."하였고, 말을 이어서 도산 자신의 결심을 다음과 같이 표시하였다.

> 이 때가 어름어름할 때가 아니외다. 독심을 품고, 기어이 우리 불쌍한 대한 사람을 건지기 위하여 비상한 노력을 다할 때외다. 나는 이제부터 전날보다 더욱 의지의 힘을 강고하게 하여 세상이야 비웃든지 칭찬하든지, 돕든지 해하든지, 고와하든지 미워하든지, 믿든지 의심하든지 다 불고하고 우리 민족을 건지는 데 합당한 길이라고 깨달으면 그것을 붙들고 끝까지 나아가려 합니다. 옳은 것으로 깨달은 것은 이롭거나 해롭거나 성하거나 패하거나 그냥 꾸준히 붙들고 나아가는 것이 나의 천직이요 본무인 줄을 깨닫습니다.

단우는 단을 위해 희생하고, 단은 국가 민족을 위해 희생하자는 주지를 천명하여 가로되, "배우는 것도 홍사단을 위하여, 돈을 버는 것도 홍사단을 위하여 하옵세다. 이 때는 특별히 희생적 정신을 요구하는 때외다. 이리하여 우리의 홍사단은 홍사단을 본위로 하지 말고, 우리의 국가와 민족을 본위로 하옵세다.…… 동지를 모집하여 단원의 수효를 증가케 하는 것도 국가와 민족을 위하여, 홍사단의 경제력을 충실케 함도 국가와 민족을 위하여, 홍사단의 사업을 발전하는 것도 국가와 민족을 위하여, 홍사단의 세력의 확대함을 요구함도 국가와 민족을 위하여, 즉 홍사단은 무엇을 하든지 온전히 국가와 민족을 중심으로 하여 희생적 인물이 집합한 단결로서, 국가와 민족을 향하여 희생하옵세다." 하였다.

국가와 민족을 위하여 희생한다는 주장이 훗날(1927)에 대공주의(大公主義)라는 주창으로 발전된다.

미국 입국 사증을 얻지 못하게 된 이유는 도산이 상해 임시정부 각원으로 있음이 널리 알려졌으므로 미국 정부로서는 외교 관계를 고려하여 이를 거부한 것이다. 그러므로 도산은 일시 도미할 것을 단념하지 않을 수 없었고, 상해에 머물러 있으면서 그의 최후의 정력을 기울여 해외 동포의 통일 전선 구성 운동을 시험하게 된다. 1921, 1922, 1923년 3년에 걸친 그의 노력이 실패에 돌아간 후 24년 겨울에 다시 활동하여 중국 시민증으로 미국 입국 허가를 얻게 된 것이다.

사임 연설(辭任演說)

1921년 5월 12일, 19일 양일에 걸쳐 도산은 시국 연설을 행하고, 비로소 국민대표 회의 소집의 필요성을 강조한다.

12일 연설에서 도산은 자기가 정부에서 나온 이유를 다음과 같이 말하였다(이 책 제2부 〈연설과 담화〉 참조).

> ……내가 본시 정부에 있은 것이 누구를 고와서 있은 것이 아니요, 지금에 나온 것도 누가 미워서 나온 것이 아니오. 그런즉 나의 들고 나옴이 조금도 감정상 문제가 아니외다. 또는 만일 내가 정부에 있을 때에 욕과 괴로움이 있다 하면 내가 밖으로 나온 후에도 욕과 괴로움은 의연히 남아 있을 줄로 생각합니다. 그런즉 나의 나온 것은 욕이나 괴로움을 피하려고 나온 것이 아닙니다. 그런데 왜 나왔는가. 나의 나온 뜻은 오늘에는 내가 노동총판으로 일하는 것보다 평민으로서 일하는 것이 독립 운동에 좀더 유익이 될까 함이외다. …… 나는 들고 나며 가고 있는 것을 오직 우리 독립 운동에 유익이 되고 아니됨을 표준할 것 뿐인 때문이오. …… 나는 독립 운동 이후에 정부 안에 모여진 소위 두령이란 인물들이 독립을 완성하는 날까지 한 사람도 변동하지 말고 끝까지 같이 나아가야 된다고 절규하였고…… 이것을 위하여 노력하여 온 사람 중의 하나임을 자처합니다. 그러나 오늘은 나의 성의와 능력이 부족함인지 시세와 경우의 관계인지 하여간 나의 노력하던 그 희망은 이미 실패를 고성하였습니다. 일이 이같이 될 때에…… 이 때는 부득이 정부 안에 있는 것보다 밖에 나와 평민의 신분으로 무엇을 해야 되겠다 하고 이같이 나왔습니다. 오늘부터는 여러분과 같이 한 백성으로서 일하기를 시작하였으니 나의 하는 일이 옳거든 여러분은 많이 원조하여 주시기를 바랍니다. ……

도산은 말을 이어서 '연설의 필요'와 '연설이 생긴 시대'를 말하였으니 연설은 전제주의 하에서는 없고 공화 정치 시대에 필요하다 하고 "나의 오늘 연설함도 나의 의사를 일반에게 제공하여 국민 다수가 취하고 취하지 아니함으로 전도 문제를 해결코자 함"이라 하였다. 자기 정책의 실패에 책임지고 물러난다는 것, 또는 자기 의사를 국민에게 제공하여 국민의 취사에 맡긴다는 것은 도산의 일관한 민주주의의 원칙을 말하는 것이며, 이를 솔선 실천하여 모범이 되겠다는 것이 그의 몸가짐이다.

다음 정부 내의 동요로 인하여 낙심하는 사람을 위하여 격려의 말로 ① 우리 민족은 근본적 자격이 독립할 민족이요, ② 세계의 시운이 우리 요구를 맞추어 주므로 독립은 반드시 성공된다. 그런데 독립에 대하여 의심하고 주저함은 우리 자체의 경우와 처지에 맞는 계획을 세우고 노력하지 않고 턱없이 요행과 우연을 바라기 때문이다. 우리의 인도자나 인도를 받는 자나 다 같이 부족하다고 가정하고, 그렇게 부족한 경우를 밝혀 보고, 오늘 부족한 것을 내일은 족하게 하여 독립 완성까지 나아갈 것이라고 말하였다.

독립 운동 진행 방침에 대하여 도산은 그 연설에서 과거의 독립 운동은 국민 전체가 한 마음으로 독립을 원하고 이를 위해 싸울 용기가 있다는 것을 세계 만방에 보인 것이라고 하고(물론 이것은 3 · 1 운동을 가리킴이다), 앞으로의 갈 길을 군사 · 외교 · 재정 · 문화 · 식산 · 통일의 6조목으로 들어서 설명하고 있다. 군사 · 외교 등의 구체적 방안을 말하고 나서 그는 "이상에 말한 바 군사 운동, 외교 운동이니 하며 기타 모든 운동의 성패가 통일 운동의 성패에 달렸소. 내가 통일을 한다고 많이 부르짖는 고로 '안창호의 통일 독립'이라는 별명까지 있지마는 독립을 완성하려 하면 우리 민족적 통일력이 아니고는 될 수가 없으니 독립을 기망하는 우리는 통일의 완성을 위하여 노력 아니할 수가 없습니다." 하여 국민대표회 소집을 주장하는 복선을 긋는 것이다.

통일의 방법으로서 도산은 ① 중앙 기관에 총집중하는 것, ② 공론을 세우고 거기 복종하는 것, 두 가지 원칙을 말한다.

당시 상해에는 임시정부를 부인하고 새로이 정부를 조직해야 한다는 등쇄물과 언동이 돌기 시작하였었다.

이승만이 상해에 왔다가 이룬 일 없이 미주로 돌아간데 대하여 낙망한 청년들이 그런 주장에 기울어지기 시작하기도 하고, 민족 운동의 주도권을 빼앗으려는 공산당은 이러한 경향을 교묘하게 포착하여 새 정부 창조론을 퍼뜨리니, 이 때부터 이른바 '창조파'라는 이름이 나돌게 된 것이다.

이에 대하여 대부분의 민족주의자들은 국민대표회를 소집하고 거기서 상해 임시정부를 개조하여 미주나, 만주나, 시베리아의 교포들이 같이 지지할 수 있는 정부를 만들기를 주장하였으니 이것이 이른바 '개조파' 여론이다. 개조 · 창조 두 갈래의 싸움이 점차 노골화해 가는 이 순간에 도산은 자기의 주장이 개조론임을 명확히 선언한다.

> 지금 어떠한 이들은 대한 임시정부와 의정원을 부인하노라고 발표까지 하였으니 그 용기가 과하고 대한 사람으로서 차마 못할 일을 하였다고 합니다. 우리 임시정부와 의정원이 설립된 지가 3년의 시간을 지냈었고 안으로 말하여 압록강·두만강부터 저 부산항·제주도까지 가면서 한국 사람더러 묻기를 '너의 정부와 의정원이 있느냐' 하면 '예, 우리 정부와 의정원이 상해에 있습니다.' 하고 대답합니다. 또는 중령이나 아령이나 미령을 물론하고 해외에 있는 일만 교포들이다 '우리 정부와 의정원이 상해에 있다.' 고 합니다. 그런즉 현존한 우리의 의정원과 정부를 해내 해외의 전체 국민이 인정하는 것은 사실입니다. 또는 열국으로 말하여도 법국·미국·영국·아라사나 중국이나 기타 어느 나라를 물론하고 아직 우리의 정부와 의정원을 정식으로 승인은 하지 아니하였으나 현존한 우리의 의정원과 임시정부의 존재를 인정합니다.
>
> 우리가 이러한 경우를 얻지 못하였다 하면 몇 천만의 금전과 다수의 생명을 희생하여서라도 이런 경우를 지으려고 하겠거늘 이미 3년이 가고 대내 대외 간에 인정되는 의정원과 정부를 부인한다 함은 너무도 실수한 일이라고 합니다.…… 그런즉 이미 성립된 우리 의정원과 정부는 더욱 충실하게 하고 더욱 견고하게 하여 민족적 통일 기관이 되게 할 것이요, 만일 전부 국민의 힘을 중앙으로 집중하는 일을 실행치 않고 각각 제가 영웅이라고 분파적 행동을 취하면 백년을 가도 통일을 이룰 수가 없을지라…….

도산은 자기가 이미 정부에서 나와 평민의 자격이 되었으므로 마음 놓고 이러한 정부 지지론을 전개할 수 있었던 것이나, 반대하는 측에서는 도산이 일시 사면하였다가 적당한 기회에 국무총리로 다시 들어가 '영구히' 총리 노릇을 할 야심이라고 모략 선전하였다.

임시정부 지지론을 명백히 한 뒤에 그는 말을 이어 '공론을 세우고 그 공론에 복종하자'는 것을 통일의 방침으로 주장한다. 그는 미국의 정당 정치를 예로 인용하여 국민의 공론에 의하여 선거에 패배한 자가 승리한 자에게 복종하는 것을 말하고, 미국 신문 기자가 자기와 회담하는 가운데서 "우리는 싸움을 하되 공론에 복종할 줄을 알므로 싸움에 좋은 결과를 얻고 너희는 싸움은 시작한 뒤에 지는 편이 없는 것을 보니 공론에 복종할 줄 모르는 싸움이라."고 비평받은 것을 예증한다.

> 이곳에서 의정원과 정부를 세울 때에 일을 원만히 하지 못한 것도 사실입니다.…… 우리가 현존한 정부와 의정원은 절대로 인정하지마는 과거에 불충분하게 일한 것은 자인할 수밖에 없습니다. 그 때에는 초창 시대라 어떠한 경우에 시기의 절박으로 그렇게 된 것이라고 용서는 하겠거니와 그 불충분한 것을 그대로 고집하고 더 충분케 하기를 꾀하지 아니함은 불가하외다……

이러한 논법으로 도산은 국민대표회 소집의 필요를 역설하면서 "각 방면이 다 모여들어 한번 크게 싸워 큰 해결을 지어 평화하고 크게 통일하여 가지고 군사 운동이나 외교 운동이나 모든 운동을 일치한 보조로 진행하기를 바랍니다." 고 결론한다(이 연설의 전문을 읽어 보기를 바란다. 이 책 제II부에 있는 〈연설과 담화〉 1921. 5. 12 참조).

민주 원칙

이 연설에서 가장 주목할 것은 의견 발표의 자유, 다수결에 복종 등 민주주의의 초보 원칙을 평이한 예를 들어 설명하고 있다는 점이다. 도산이 철저한 민주주의자요, 해외 독립 운동을 추진함에 있어서나 교포들의 단결을 육성함에 있어서 민주적 방식을 추구하였다는 사실은 역사적인 가치가 있는 일이다. 그는 독립 운동자인 동시에 민주주의자였고, 애국 사상과 민주 사상을 결합시킨 점에서 그의 특출한 역사적 위치를 가지는 것이다.

"당초에 연설로써 공화를 촉진하였고, 공화의 정치를 행함에 연설에 의지하여 되었나니 결코 연설은 한때의 연극이나 노름처럼 볼 물건이 아닙니다."라든지, "우리가 설혹 몇 백만의 군사와 몇 억만 원의 자본을 가지고 세력이 굉장하여 반대자를 능히 잡아다가 베이고 쏠 수가 있다 하더라도 자기 민족을 위력으로 누르지 아니하고 덕으로써 융화케 하여 귀순하기를 도모하겠거늘……운운" 한 것은 그가 독재나 권위주의에 의한 정치가가 아님을 증명하는 것이다. 당시의 지도자나 청년 중에서 이처럼 철저히 민주주의를 신봉한 사람도 없었고 더구나 실천면에서 이러한 신념을 구체화하려고 노력한 사람은 없었다. 대개는 방편 · 모략 · 완력 등에 의하여 자기 의사를 관철하려 하였던 것이다. 도산의 올바른 평가는 여기서 출발해야 한다.

5월 19일(1921) 그는 계속 연설에서 국민대표회의 필요를 역설하였고 이에 관하여 《독립》 신문은, "안창호 선생은 만장의 박수 중에 등단하여 전날의 연설을 계속하여 국민대표회의 진행상에 관한 모든 난관의 점을 들어 일일이 논파하여 일반의 뇌 속에 머밋머밋하던 의심 구름을 한번 쓸어 치우고 광명이 눈앞에 열리게 되다." 고 보도하고 있다(《독립》 신문 1921. 5. 21. 이 연설의 요지는 이 책 제II부 〈연설과 담화〉 1921. 1. 19에 있다).

이 연설에 있어서도 도산은 "우리 일의 잘되고 못 되는 것을 대통령이나 각원에게만 책임을 지우고 자기는 아무 책임이 없는 줄로 생각하니 이는 자기의 의무나 천직을 모르는 사람이요, 자기의 권리를 포기하는 사람이라." 하고, 또 "본래 공화국이란 것은 국민의 여론을 의거하여 행사하는 것이다. 그런데 국민의 여론을 세우려면 김가 이가가 각각 자기의 주장을 끝까지 주장하고 이단 저단이 각각 자기의 의사만을 끝까지 고집하면 될 수가 없다." 혹은 "우리가 원만하게 모이려면 전국 13도의 남녀가 모조리 투표하여 대표를 뽑아 보내어 모이게 할 것이로되 이것은 현금에는 사실상 불가능한 것이요, 그 버금에는 해외에 교민이 거류하는 지방에서 남녀가 다 투표하여 대표자를 뽑아 보내어 모이게 함이 합당하겠으나 일찍 각 지방의 평균한 조직이 없으니 실행하기가 곤란하겠고 또 그 버금에는 각지의 각단 대표자가 모이는 것이 가능한 일"이라 한 것을 볼 때에 도산은 철저하게 의회 정치를 신봉하였다고 볼 수 있다.

5월 29일(1921) 상해에서 국민대표회 발기회가 조직되니 발기인 25인 중에는 정부에서 후퇴한 안창호 · 김규식 · 남형우 · 윤현진 · 이규홍 · 김철 · 나용균 등 이름이 있고, 도산의 친근자로 이탁 · 김병조 · 송병조 · 도인권 · 양헌 · 한진교 등이 있으며, 천도교 계통의 최동오 · 신숙 그리고 여운형 · 원세훈, 서병호 등 정객들도 참가하였다.

1922년 신년사에서 도산은 다음과 같이 쓰고 있으니 그 당시 도산의 구국 방침의 요약이라고 볼 수 있다.

> 우리 국민의 나이 높아 감이어, 따라 지각이 높아 가도다.
> 적(敵)을 적할 마음이 점점 강함이어, 동족을 적하는 사혐이 점점 스러지도다.
> 나누이면 패하고 모이면 성공함을 깨달음이어, 중앙 정부 기치하에 모여 들리로다.
> 새로 나아갈 방향이 점점 정하여짐이어, 질서 있는 운동의 길에 점점 들어가도다.
> 허화를 버리고 근본을 존중함이어, 자체의 토대가 공고하여지리로다.
> 실력의 가치를 점점 깨달음이어, 각각 그 직업에 충성하리로다.
> 국민의 의무심이 점점 높아감이어, 납세와 징병의 일이 점점 실현되리로다.
> 크게 모여 크게 의논함이어, 큰 방침이 세워지리로다.
> 큰 방침이 세워짐이어, 큰 힘이 중앙에 집중하리로다.
> 큰 힘이 중앙에 집중함이어, 큰 진행의 원동력이 뻗치리로다.
> 아아, 일반은 이를 점점 각오함이어, 기대하던 국민대표회가 쉬이 실현되리로다.

크게 모인다는 것은 물론 국민대표회를 말함이니, 21년 5월에 발기된 그 운동이 7개월 여의 세월을 허비하면서 이 신년사(1922)가 나올 때까지도 아직 '기대'하는 정도에 그치고 있음은, 당시 상해의 정세가 국민대표회 찬성 · 반대 양파로 갈려 극도로 날카로워졌고, 그 여파가 미주 · 만주 · 시베리아 각 지방에 퍼져 곳곳마다 찬 · 반 양론으로 시비가 벌어진 까닭이다. 더구나 북경에 모인 정객들이 따로이 국민대표회 발기회를 만들어 같은 취지의 발기회가 둘로 갈리게 되어 이것을 우선 합동시키는 일이 난관이 된 것이다.

22년 봄에 한국의 공산당원들은 모스크바로 불려갔다. 거기서 국제 공산당은 한국 공산주의자들의 분파주의를 비판하고 무조건 합동할 것과, 국민대표회에 참가하여 민족 운동 진영에 침투할 것을 지령한 것이다. 이 회의가 끝날 때까지 국민대표회 운동은 답보할 수밖에 없었으니, 당시의 정세로서는 일본과 싸우기 위하여 공산당과 공동 전선을 이루어야 한다는 것이 상해의 분위기였던 것이다. 공산당과의 합작 문제는 역사적으로 비판할 때에 민족해방운동 사상 가장 비극적인 과오라고 할 수 있으나, 지금부터 40년 전인 그 때는 공산당의 전술 · 전략에 대한 연구나 인식이 전혀 없다시피 불철저하였던 것이다. 1923년 1월에 중국 국민당 총리 손문이 소련 대표 요페와 공동 선언을 발표하여 이른바 연아 용공(聯俄容共)정책을 채택하고, 공산당원이 국민당에 가입하여 이중 당적을 가지는 것을 용허할 정도였던 것이다.

1927년 장개석이 북벌군을 일으킬 때에 소련의 후원과 중국 공산당의 협력을 받았으며, 양자강까지 올라오자, 장개석은 공산당 숙청을 단행하였으나 모택동 일파가 강서(江西)에 집결하였다가, 나중에 산서(山西)로 옮겨 세력을 길렀으며, 중 · 일 전쟁이 일어난 후 장개석은 다시 국 · 공 공동 전선으로 일본과 전쟁하였다. 일본이 패한 후 장개석은 다시 한번 공산당을 숙청하려 하였으나, 미국의 정책이 합작을 추진하므로, 먼저번처럼 성공하지 못하고 마침내는 모택동군에게 쫓기어 중국 본토를 상실하는 비극을 맛본 것이었다. 1940년대의 미국 정치가들도(예하면 프랭클린, 루즈벨트 대통령) 공산 전술을 바로 이해하지 못하고 테헤란 · 얄타 등지에서 스탈린에게 속아 넘어갔던 것이다.

모스크바 회담에서 한국 공산주의자들이 국민대표회 참가 태도를 결정하므로 그 운동은 진행 속도가 빨라졌다. 이 때를 전후하여 이동휘의 심복인 한형권이 소련으로부터 공산 운동 자금으로 상당히 큰 금액을 얻어왔으므로 그 일부가 국민대표회 소집과 운영금으로 쓰이게 되어 더욱 활발히 움직일 수 있은 것 같다.

앞서 1920년 봄에 임시정부 국무회의에서 소련 정부에 밀사를 보내어 대일투쟁에 공동 작전할 것을 제의하기로 하여 안공근 · 여운형 등을 인선하였었는데, 당시 국무총리인 이동휘는 자의로 그 두 사람을 보내지 않고 자기 심복인 한형권을 보낸 일이 있다. 그 전후에 이동휘는 이미 상해에서 공산당을 조직하였으니, 이른바 상해파 공산당이다. 이에 대항하여 시베리아의 이르쿠츠크에서 조직된 또 하나의 공산당이 있었으니 한명세(韓明世), 여운형, 안병찬 등이 여기 속하였었다.

한형권이 레닌으로부터 200만 루블의 약속을 받고, 제 1차로 60만 루우블을 받아 가지고 와서 40만 루블은 공개하고, 20만 루블은 김립이 상해파 공산당(일명 고려 공산당) 조직비로 사용하였다.*

---

* 일설에는 김립이 그 돈으로 사사 용도에 허비하여 사치한 생활을 하므로 분격한 청년들이 그를 노상에서 쏘아 암살하였다 한다.

한형권은 다시 40만 루블을 더 얻어 가지고 나왔는데, 전후 100만 루블 중에서 일부가 한국으로 들어와 장덕수 · 최팔용 등에게 독립 운동 자금으로 전달되었다. 그 용도에 관하여 분쟁이 있어 폭력 사태까지 일어났던 것이다.

한이 나중 받은 돈 중에서 약 20만 루블이 국민대표회 비용으로 쓰였다는 설이 있다. 또는 한형권이 그 일부를 도산에게 정치 자금으로 제공하려 하였으나, 도산은 그것이 당연히 임시정부에 들어갈 것이라 하여 받기를 거절하였다는 설도 있다.

창조파(創造派)

그 해 5월(1922)에 원세훈, 박은식 등 13명의 연서로써 국민대표회 소집서가 각지에 발송되고, 대표 선출 구역, 대표인수 등을 규정하여 대표 파견을 요청하였다. 이에 대하여 상해의 여론은 극도로 홍분되었고, 특히 임시의정원 의원과, 국민대표회 준비위원 사이의 의견 충돌이 심하므로 도산은 동지들과 협의하여 7월에 시국책진회(時局策進會)를 조직하여 무마에 노력하였으니, 발기인 중에는 정부에 관계하고 있는 이동녕 · 이시영 · 노백린 · 김구 등이 참가하였다.

국민대표회는 9월에 개최될 예정이었으나 대표들의 미착으로 여러 번 연기되다가, 12월 20일에 예비 회의를 열었고, 1923년 1월 3일 상해 프랑스 조계 예배당을 빌어 정식으로 개회하니, 각지에서 참가한 대표 수가 61단체에 113명이었다. 단체 중에 공산당 및 적색(赤色) 노동 조합이란 이름이 있음은 주목할 만하다. 회의 규칙과 대표 자격 심사 등 절차를 거쳐 대표 선서식을 거행한 것이 2월 21일이었으니, 개회 초부터 각파의 내심과 전술이 착잡하였음을 짐작할 수 있다. 의장에는 서간도의 서로 군정서(西路軍政署) 대표 김동삼(金東三), 부의장에는 미주의 대한인 국민회 대표 안창호(도산)였다. 자유시 사건*, 호림과 밀산 사건, 통의부 사건, 원동 외교 실패 사건, 위임 통치 사건, 김립과 한형권

* 자유시 사건 이하 몇 가지 문제는, 해외 동포간의 파벌 관계로 동족 상잔한 사건 등인데, 이런 문제가 제기된 것은 공산주의자와 민족주의자가 상대편에게 책임을 지움으로써 국민대표회에서 주도권을 빼앗으려는 전주곡이었다.

의 자금 유용 사건 등 과거의 일을 가리기에 두 달 나머지의 시간을 낭비하게 되었으나, 회의의 근본적 난관은 공산당 일파가 은연중에 주도권을 잡으려는 책동에 있었음은 물론이요, 도산의 이론과 성의 있는 호소, 또는 웅변도 기성 정책을 강행하려는 그들의 귀에 들어갈 이치가 없었다. 이에 반하여 민족주의자들에게는 주도적인 단체도 없었고, 합일된 의견도 없으니 공산분자들의 분열, 이간 정책에 휘둘리게 되었다. 정부 문제에 대하여 대체로 세 가지 의견이 대립되었으니, ① 과거의 임시정부와 의정원을 혁파하고 새로이 조직하자는 것은 공산당측의 주장으로서 이루쿠츠크 공산당 계통이 선봉이었고, 김규식 · 조동호 등이 이에 가담하였다. ② 임시정부를 현상대로 유지하자는 것은 주로 정부측의 주장으로 김구 · 이시영 · 손정도 등이 제창하고 미주의 이승만 지지자들이 호응하였다. ③ 정부를 개조하자는 주장은 도산을 위시하여 김동삼 · 홍진 등이 선창하고 고려 공산당측이 찬동하였다. 이른바 개조와 창조의 문제가 정면 충돌을 하고 15일간 격론 끝에 개조파는 공산당의 전술을 비로소 간파하고 40여 인이 회의에서 탈퇴하게 된다.

남은 대표들은 윤해(尹海)를 의장으로 신숙(申肅)을 부의장으로 선임하여 회의를 계속하고, 6월에 들어가 국호를 조선 공화국으로 정하고, 30명의 국민위원회를 선출하며, 국민위원 중에서 각원을 임명하니 내무에 신숙, 외무에 김규식, 군무에 이청천(李靑天), 재무에 윤덕보(尹德甫), 경제에 김응섭(金應燮) 등이었다. 이에 이르러 대한민국 임시정부측에서는 포고 제3호와 내무부령 제1호를 발하여 국민대표회의 해산을 명령하였다. 이리하여 도산의 국민대표회 운동은 완전 실패에 돌아갔다. 실패의 중요한 원인은 공산당의 성격을 경험해 보지 못한 까닭으로 그들과 타협 또는 합작이 가능하리라는 전제하에서 이 운동을 시작하였던 것이니, 국민대표회는 뱃속에서부터 사산될 운명에 있었던 것이다.

2월 7일 도산이 발표한 '국민 대표 제군에게'라는 담화문을 보면, 그는 순수한 애국심과 일에 대한 성의, 의견 발표의 자유와 다수결에 복종이란 민주주의 원칙을 누누이 설명하면서 대표회의 성공을 위하여 호소하고 있다.

"2,000만 민족이 자유를 얻고 못 얻음도 제군의 손에 있고, 반만년 역사를 가진 조국이 독립되고 못 됨도 제군의 손에 있고, 다시 말하면 우리 국가와 전 민족이 죽고 사는 것이 제군의 손에 달렸습니다. …… 우리 민족이 목마르게 바라는 바는 통일이요 또 통일입니다. 그 통일의 방법을 과거에는 무엇이라 하였으며 미래에는 무엇이라 할는지 모르거니와 현시 우리 전 민족이 통일되고 못 됨이 이 국민대표회의 자체의 원만과 불원만에 있습니다. 다시 말하면 통일의 유일한 방법은 이번의 국민대표회의 자체의 원만이라 합니다. ……" 하면서 도산은 ① 과거의 감정과 의심을 잊어버릴 것, ② 각 대표가 어느 지방이나 단체의 대표로 자처하지 말고 2,000만의 대표로 자각할 것, ③ 회의석상의 주장은 순결 · 공평 · 정직하게 할 것, ④ 평시의 친소를 교계하지 말고 흉금을 털어 놓을 것, ⑤ 공결에 복종할 것 등을 들었다(이 책 하편 〈연설과 담화〉 참조).

도산은 자기의 성심과 열변이 공산당 프락치들의 냉혹한 고막에는 공념불이 된다는 사실을 몰랐던가. 행여나 그 얼음의 절벽을 녹이고 뚫을 것을 바랐던가. 오산(誤算)이었든지 오판(誤判)이었든지 간에 결과적으로 도산의 부르짖음은 빈 들에서 외치는 소리에 지나지 아니하였다. 그러나 그 소리는 오늘에 있어서도 널리는 근대 국가 건설의 요결이요, 좁게는 의회 정치 · 민주 방식의 대 원칙으로 변함없는 길잡이로 남아 있는 것이다. 이는 곧 선구자의 비극이요, 또 위대함이 아닐는가.

창조파 국민위원들은 그 해(1923) 9월에 시베리아로 자리를 옮겨 소련의 승인을 얻으려 하였으나 그것은 그들의 착각이었다. 당시 소련 또는 국제 공산당의 동양 정책은 민족주의 진영에 침투하여 합작을 가장하면서 주도권 탈취의 기회를 노리라 하는 것이므로 따로이 정부를 조직하여 온 창조파를 상대하지 아니하고 도리어 신랄하게 비판함으로써 그들은 소기의 목적을 달하지 못하고 대부분이 이듬해(1924) 3월까지에 상해로 돌아왔다.

새 구상

연령으로 보아서 중년기에 들어선 도산에게 국민대표회의 실패는 커다란 심리적 타격이었을지 모른다. 임시정부 각원으로 또는 각외에서 만 4년 동안 정력을 기울인 '통일 운동이 거의 완전히 허사로 돌아갔고, 국내 · 국외의 정세도 침체 상태로 들어간다. 세계 경제는 1차 전쟁 후의 혼란을 거쳐서 안정기로 들어서고 나아가서는 회복 · 발전의 단계에 있었으나, 민족 운동자의 견지에서는 그것이 일종의 반동기요, 정체 상태였던 것이다.

국제적으로는 소련의 레닌 정부가 내란을 진압하고, 신경제 정책을 실시하여 공산 정권의 명맥이 확립된 감이 있고, 서유럽 방면의 공산 혁명은 불발탄으로 그치고, 그 구역의 경제 재건이 정치적 안정성을 가져왔다. 워싱턴 회의의 결과로 영 · 일 동맹이 폐기되고 미 · 영 · 불 연합 전선이 형성되어, 군축 회의에서 일본 해군을 제한하여 태평양의 물결을 일시 잠잠케 하는 대가로 소련의 남하를 막는 방파제로서 일본의 만주 경략을 묵인하는 정세로 변하니, 한국 독립의 희망은 현실적으로 멀어져 가는 감이 없지 아니하였다. 민족 운동자들은 미국과 일본의 충돌이 숙명적인 것을 절반 희망적으로 예언하기도 하였으나 그 실현에는 20년의 세월이 흘렀고, 도산을 위시한 여러 지도자들은 한국 독립을 공약하는 카이로 선언을 듣지도 못하고 별세하였던 것이다.

국내 정세는 3 · 1 운동의 흥분이 시간의 경과와 일본의 탄압으로 점차 가라앉고, 이른바 일본 총독의 문화 정책하에서 민간 신문과 잡지들이 발간되며, 세계적인 경기 회복에 편승하여 상공업이 진흥됨에 따라 민족적 울분이 교육 · 문화 · 실업 방면으로 완화되는 길이 열리매, 상해의 임시정부는 먼 세계의 신화처럼 느껴지고, 이따금 발생되는 테러리즘의 행동이 세상을 놀라게 할 정도였다. 압록강 · 두만강 국경선의 게릴라 항쟁이 일본 경찰을 머리 아프게 하였으나, 1925년 삼시(三矢) 협정으로 일본군이 국경을 넘어 간도 지구에서 독립군 토벌을 할 수 있게 되었으므로 우리측의 군사 행동이 부득이 깊은 산골로 후퇴하지 않을 수 없었다.

이러한 정세는 상해의 우리 사회에도 영향을 끼쳐, 청년들은 학업을 찾아 중국 각지의 학교나 미국 · 도이치 · 프랑스 등지로 유학의 길을 떠나고 장년급은 직업을 찾아 상해의 전차 회사에 입사하기도 하고, 장사의 길을 떠나기도 하였다.

뿐만 아니라, 정치면에서는 특히 소련 공산 정권의 안정으로 인하여 공산주의의 세력이 동양에도 뻗치게 되어 일본과 중국의 좌익 운동이 점차 치열하고, 한국의 민족 전선에 있어서도 국내 · 국외가 우익의 충돌로써 혼란을 일으키기 시작한다.

20대에 불타는 희망을 안고 미국 유학의 길을 떠나던 도산, 30대에 나라를 잃고 망명의 길에 오르면서 시베리아와 북만주에서 분한 눈물을 여러 번 뿌리던 도산, 그리고 40으로 접어들면서 독립 운동의 선두에 나서 대동 단결을 위해 편한 날 없이 노심하던 도산이 40대를 절반 보낸 오늘에 있어서 독립 전선의 분열과 그 일시적인 침체 상태를 맞이하여 감회가 어떠하였을 것인가. 그러나 도산은 이미 눈물로써 울분을 씻을 나이는 아니었다. 그는 울지 아니하고 다음의 계획을 구상한다.

① 흥사단의 사업을 확대할 것

② 이상촌 건설을 실현할 것

③ 대 독립당을 조직할 것

④ 그리고 이런 사업들을 추진하는 준비로 미주의 동지들을 방문할 것.

1923, 24 양 년간의 도산의 행동으로 보아 이상과 같은 것이 그의 신 구상이었다고 생각된다.

제 16 장

당신은 주인입니까

이상촌(理想村) 추진 시절 · 1 (만 47세)

국민대표회 운동에 실패한 도산은 다시 15년 전의 청도 회의의 계획으로 돌아가 원동 어떤 지점에 장래 할 독립 운동 근거지를 설치하여 권토 중래(捲土重來)할 준비에 착수하였으니, 이것을 도산은 이상촌 설립이라는 이름으로 표현하였다. 1924년경의 국제 정세는 대전후의 경제 파탄이 다시 안정기로 들어가고, 영일동맹 대신에 미(美) · 영(英) · 불(佛) 3개국 연합 전선으로 일본을 견제하려고 하는 반면, 일본은 발악적으로 대륙 경영에 맹진하기 시작하였고, 따라서 한족 독립 운동의 기세는 침정기에 들어갔던 것이다. 이 때를 당하여 재차 10년 생취의 원대한 계획에 착수하려는 도산의 견인성은 비장한 모습이라 할 수 있다.

이 계획을 실현하고자 국내에서 동지를 구하려고 이광수를 북경으로 몰래 불러 연락을 취하였거니와, 그 때의 부산물로 〈동포에게 드리는 글〉(갑자논설)이라는 도산 일대에 자신이 구술한 유일의 문장이 후세에 남게 되었다. 25년에는 같은 계획 추진을 위해 북미를 다녀왔고, 한편 공산당의 세력이 확대됨에 대항하기 위하여 대독립당 또는 유일독립당 조직의 구상도 동시에 하게 되었다. 이 무렵 도산은 이미 50대의 문턱을 넘게 된다.

"일찍 우리가 세워 놓은 원동 발전책이 실현되기 위하여 더욱 시간과 정력을 다할 것이외다." 함은 1921년 7월 도산 편지에 있는 말이다. 그 말대로 1923년까지에는 홍사단의 씨가 국내로 들어와 뿌려지기 시작하였다. 앞서 1920년에 김항주를 일본으로 보내서 유학생 중에서 단우로 포섭한 일은 기술한 바 있다. 21년 봄에 춘원 이광수가 본국으로 돌아옴으로 인하여 도산은 그를 성토하였고, 춘원도 비난의 대상이 되었다. 그 후 춘원은 〈민족 개조론〉을 《개벽》 잡지에 발표하여 홍사단의 이념을 공개하였고, 그 때문에 일부 청년들에게 폭행을 당할 뻔한 사실도 이미 언급한 바 있다.

1922년 2월 12일에 서울 야주개(당시 서대문정 1정목 9번지. 후에 신문로 1가) 춘원 자택에서 수양동맹회(修養同盟會)가 발기되었다. 목적과 조직 방법을 흥사단과 같이 하면서 회명을 달리한 것은 해외에서 태극기를 받드는 흥사단의 지부를 해내 일본 통치하에서는 둘 수 없기 때문이었다.

흥사단의 약법에 있는 목적 조항에, "본단의 목적은 무실 · 역행으로 생명을 삼는 충의 남녀를 단합하여 정의를 돈수하며 덕 · 체 · 지 3육을 동맹 수련하여 건전한 인격을 지으며 신성한 단체를 이루어 우리 민족 전도 대업의 기초를 준비함에 있음"으로 되어 있는 것을 수양동맹회에서는, "본단의 목적은 무실 · 역행으로 생명을 삼는 신의 있는 남녀를 단합하여 정의를 돈수하며 덕 · 체 · 지 3육을 동맹 수련하여 건전한 인격을 지으며 공고한 단체를 이루어 우리 민족 신문화 건설의 기초를 준비함에 있음"이라 했다.

약간 문자를 변경하였으니, 그 이유는 순전히 일본 관헌의 간섭을 피하기 위함이다.

이 목적 조문은 해방 후에 다시 개정되어 '우리 민족 전도 번영의 기초를 수립함에 있음'으로 되어 오늘에 이르렀다. '전도 대업'이란 용어가 독립 운동을 의미하는 것으로 해석되어 왔는 고로, 단의 사명을 널리 규정하는 의미에서 '전도 번영'이라고 고친 것이다.

수양동맹회의 발기인은 해외의 흥사단우로서 귀국한 사람 중에서 김항주 · 김태진(金兌鎭) · 박현환 · 곽용주(郭龍周) · 이항진(李恒鎭) 등이요, 국내에서 새로이 동지가 된 이는 김윤경(金允經) · 김기전(金起田) · 원달호(元達鎬) · 강창기(姜昌基) · 홍사용(洪思容) 등이다.

1923년 1월 16일 평양에서 대성학교 졸업생과 신민회 회원들 가운데서 유지들이 모여 동우(同友)구락부를 조직하니 발기자는 김동원(金東元) · 김성업(金性業) · 김병연(金炳淵) · 조명식(趙明埴) 등이었다. 이 단체 역시 목적 · 이념이 흥사단과 동일한 것이었다.

1924년 봄에 도산은 춘원에게 연락하여 북경으로 오게 하고 여러 날 같이 유하면서 국내에서 흥사단 운동을 추진하는 방안을 지시하였다. 춘원이 이듬해에

쓴 공개 서한 '도산 안창호 선생에게'라는 글(《개벽》1925년 8월호)에 의하면,

> 선생님께서는 지금 48세, 작년 북경서 뵈올 때에 수척하신 양을 뵙고는 퍽 가슴이 아팠습니다. 그러나 하늘이 조선에게서 선생 한 분까지야 빼앗아 가랴, 적더라도 금후 20년 동안만 건재하여 우리를 지도하게 해주소서 하고 빌었습니다. 나는 이 기도가 반드시 응할 것을 믿습니다. (도산은 그 후 12년을 더 살았다.)
>
> …… 동우구락부에 대하여서도 그러합니다. 좀더 제게 사랑과 정성이 있었다면 반드시 여러분을 움직여 벌써 합할 수가 있었을 것을 생각하면 오직 부끄러울 뿐입니다.

도산이 춘원에게 지시한 바에 의하여 수양동맹회와 동우구락부는 1925년 10월 10일과 11일 이틀에 걸쳐 평양에서 합동 교섭을 행하고, 26년 1월 8일, 합동 의사부가 모여 회명을 수양동우회(修養同友會)라 하였다(1929년 11월에 다시 동우회로 개칭함).

동포에게 보내는 글

1924년의 북경 회담의 소득으로 두 갈래의 국내 운동이 합동하였다는 것도 중요한 일이나 더욱 큰 의미를 가진 것은 도산의 사상을 정확하게 전할 수 있는 〈동포에게 고하는 글〉이 쓰여진 것이다. 이것은 도산이 구술하고 춘원이 필기한 원고로서 춘원이 가지고 본국으로 돌아와 《동아일보》에 연재하다가 일본 당국의 금지로 완결되지 못했으나, 그 후 1926년에 《동광》(東光) 잡지가 발간되면서 다시 게재되었다. 유감인 것은 그 원고가 지금 없고 지상에 공개된 부분은 일본 관헌의 검열로 인하여 중간에 삭제된 부분이 허다한 것이다. 검열의 상처를 입은 대로 이 글은 '도산 유훈(島山遺訓)'이라는 제목으로 《홍사단 운동》 및 《속편 도산 안창호》 등 서책 속에 전재되었다. 그 대지를 요약하면 다음과 같거니와, 그 글의 진정한 가치와 맛을 알고자 하는 독자는 하편에 있는 전문을 직접 읽어 보는 외에 딴 도리가 없을 것이다.

《동아일보》에 게재된 도산의 글은 1925년 1월 23, 24, 25일에 3회까지 나고, 26일 제4회 분이 삭제, 판매 금지되면서, 동시에 게재 금지가 되었다. 3회에 걸쳐 실린 것은 주로 서론적이었는데 그 중에서 도산은 '말할 수 있는 범위 안에

서'라고 썼으니 이는 물론 일본 관헌의 검열에 통과될 범위라는 뜻이다.

본론으로 들어가서 도산은 아홉 가지의 항목으로 나누어 자기의 심정을 토론하였다.

1. **국민의 책임심**—"묻노니, 여러분이여. 오늘 대한의 주인 되는 이가 몇 분이나 되십니까"로 시작한 첫째 대목에서는 국민의 책임심을 강조하였다. 주인된 책임심을 가진 국민에게는 낙관도, 비관도 없고, 민족의 현상이 측은하다, 밉다 하는 것도 없고 오직 국가를 유지하고 발전할 계획을 세우고 노력할 뿐이라 하였다. 국민 전체가 스스로 주인된 자격을 찾는 일부터 하여야 되겠다고 말하였다.

2. **협동 생활의 원칙**—우리 사회는 역사적 · 습관적으로 협동 생활을 할 줄 모른다. 민주 사회를 건설하려면 협동의 원칙과 방법을 알고 실행하여야 할 것이니, 첫째로 협동은 감정으로 할 것이 아니요, 사업으로 하여야 할 것이며, 다음으로는 각자가 민주적 사업의 목표와 그 실현 방침에 대한 주견이 서야 할 것이며, 그 주견이 공개되고 비판되어 여론이 성립되어야 한다. 이 여론은 독재적인 강요에서가 아니라 민주적인 도태 작용으로 성립될 것이며, 따라서 자기 의견을 존중하는 동시에 남의 의견도 존중하여야 한다. 끝으로 협동 생활을 방해하는 큰 원인은 국민 서로 사이에 믿음이 없음이요, 믿음이 없는 연고는 참을 버리고 거짓과 속임이 많기 때문이다. "대한의 정치가로 자처하는 여러분이여, 이런 말을 하면 종교적 설교 같다고 냉소하지 마시고 만일 대한민국을 건질 뜻이…… 진실로 있다고 하면 네 가죽 속과 내 가죽 속에 있는 거짓을 버리고 참으로 채우자고 거듭 맹세하자."

3. **지도자의 선택**—협동 생활에는 반드시 지도자가 필요하다. 아무런 정도의 사회라도 거기 적당한 지도자가 있다. 다른 협동체의 지도자와 비교할 것이 아니라, 자기 협동체 안에서 조금 앞선 사람을 지도자로 뽑고 추대하고, 복종해야 한다. 역사상에 이순신이나 최근세에는 유길준 같은 이가 지도자이나 우리 사회는 그를 박해하였다. 현재에도 우리 사회에는 존경이란 것이 없어지고 모욕과 무시가 번성한다. 무조건으로 허영만 표준하여 지도자라고 인정하지 말고 그의 주의 · 본령 · 능력을 조사한 후 지도자로 인정하고, 떠도는 유언 비어에 따르지

말고 실지 행적과 행위를 밝게 살필 것이다. 지도자로 인정한 뒤에는 한때 실수가 있더라도 교정하기에 노력하고 가볍게 배척 말 것이다. 지도자 선택에는 친소와 파당 관념을 떠나서 전 사회의 이해를 표준하여 공평 · 정직하게 할 것이다.

4. **착실주의**(着實主義)—어떤 외국인이 "대한 사람이 부허 그것을 떠나서 착실한 데로 들어가야 되겠다." 하였다. 부허는 요행을 바라는 마음이요, 착실은 과학적 인과율(因果律)에 근거하여 노력함이다. 오늘날 우리 사회의 위협 · 강탈 · 사기 · 협잡 · 골육 상쟁 등이 부허로 인함이요, 호상 · 신뢰가 없어지고, 협동의 길이 막힌 것도 부허가 그 원인이다. 민족 전도의 신성한 사업의 성공을 허위에 기초하지 말고 진정에 기초 두자. 허위는 구름이요, 진정은 반석이다.

이상 네 가지를 도산 자신의 말로 다음과 같이 요약하였다.

> 내가 중언 · 부언하는 본 뜻은 우리가 민족 사회의 현재와 장래에 대한 책임을 지고 각각 주인된 자의 자격으로 우리가 정한 옳은 목적을 향하여 나아가다가 어떠한 곤란과 장애와 유혹이 있더라도 비관 낙망으로 나아가는 걸음을 멈추거나 또는 다른 무엇에 뜻을 옮기지 말고 철저한 정신으로 목적을 성공할 때까지 군세게 나아가자 함이요, 나아가되 동족간에 상호 부조하는 애호의 정신으로써 공통한 조건하에 각파가 조화하고 상당한 인도자를 세우고 서로 믿음으로 협동하여 함께 나아가자 함이요, 공통한 조건을 세우고 나아가되, 부허한 것으로 근거하지 말고 착실한 것으로 근거하여 나아가자 함이오니 여러분은 나의 원하는 본뜻에 유의하여 주소서……. 우리 사회는 심상하다고 할 만한 이상 몇 가지에 대한 큰 각성이 생긴 후에야 내게서든지 뉘게서든지 이 이상의 큰 말이 나오고 큰 사실이 실현되리라고 생각하옵니다.

'심상하다고 할 만한' 몇 가지라고 도산이 스스로 규정하는 이런 이념이 극히 상식적인 현대 사회 생활의 원칙임을 말함이요, 이 초보적인 원칙론 즉, 주인론 · 협동론 · 지도자론 · 착실론 등은 도산이 민족주의자인 동시에 근대 민주주의 신봉자요, 주창자라 하는 것을 명백히 나타낸 것이다.

5. **실천론**—큰 목적이 눈앞에 실현되지 못한다고 낙심하지 말고 오늘 할 일은 오늘에 하자. 동지를 구하는 일, 자기 자신을 개조하고 자기 가정을 고치는 일, 허위를 버리는 일—이런 것은 오늘에 할 수 있는 일이다.

6. **개업론**(皆業論)—개인이나 단체나 그 생명과 사업과는 떠나지 못할 연결 관계가 있으며, 사업을 유의식적으로 경영하는 것이 문명인의 특색이다. 사업은 공적 사업과 사적 사업이 있고, 그것 사이에 밀접한 관계가 있어 이것이 잘되어야 저것도 잘된다. 그러므로 국민은 누구든지 의식적으로 놀고 먹지 않는 각오를 가져야 한다.

7. **학생의 갈 길**—학생은 준비하는 시기에 있으니, 구도덕이 깨지고 지도받을 만한 선배도 없으니 학생들이 명확한 자각을 가지고 나아가야 한다. 첫째, 민족에 대한 헌신적 정신과 희생적 정신을 기를 것, 둘째, 동족을 긍휼히 여기는 정신을 기를 것, 셋째, 서로 협동하는 정신을 배양할 것 등은 정신 방면의 준비요, 한 가지 이상의 전문 지식이나 전문 기술을 배울 것은 실질 방면의 준비다. 인도자가 없는 이 때에 학생들이 스스로 뭉치어, 그 뭉침이 인도자가 되어 자치적으로 훈련하고, 그 뭉침들이 한데 모여 더 큰 지도력을 발휘하여야 한다.

8. **청년의 용기**—청년의 큰 원수는 방황과 주저다. 방황과 주저 끝에는 고통과 낙망이 온다. 낙망은 청년의 죽음이요, 청년이 죽으면 민족이 죽는다. 배울 때 배우고, 벌이할 때에 벌이하다가 그보다 더 긴급한 일이 있을 때에 나서는 것이다. 오늘 우리 사회는 비관과 낙망의 재료가 많으니, 이것을 이겨나가는 데는 특별히 인내력이 필요하다. 옳다고 판단하는 일을 끝까지 잡고 나가야 된다.

어떤 신이 무심중에 와서 묻기를 너는 무엇을 하느냐 할 때에 나는 이것을 하노라고 서슴지 않고 대답할 수 있게 하라.

9. **정의 돈수**(情誼敦修)—사회에 정의(情誼)가 있으면 흥미가 생기고 흥미가 있으면 활동과 용기가 있다. 세계 중에서 가장 무정한 사회는 대한의 사회다. 부모 자식간, 부부간, 시부모와 며느리간, 형제간, 관민간, 남녀 교제에나, 집회 석상이나, 교회에나—어떤 곳을 보아도 화기가 없고 쓸쓸한 것 뿐이다. 정의를 기르기 위하여는 ① 남의 일에 간섭 말 것, ② 성격이 다른 것을 양해할 것, ③ 자유를 침범 말 것, ④ 물질적으로 남을 의뢰 말 것, ⑤ 정의를 혼동하지 말 것, ⑥ 신의를 지킬 것 등을 실행해야 한다. 정의로 근본하면 만사가 일고 정의가 없으면 아무 일도 아니 된다. 우리는 화기 있는 사회를 건설하자.

마지막 다섯 가지 조항은 국민과 청년을 격려하는 말이어니와, 40년이 지난 오늘의 한국에 있어서도 도산의 가르침은 그대로 진리라고 할 것이다.

홍사단 사업을 국내에서 추진하기 위한 근거를 도산은 수양동맹회와 동우구락부의 합동으로써 확립시켰다. 1921년에 춘원이 상해를 떠나 본국으로 돌아온 것은 이해 득실 상반한 사건이었거니와, 춘원의 붓으로 쓰여진 《민족 개조론》의 발표와 춘원을 중심으로 한 수양 단체의 조직과 합동 등은 홍사단 사업의 일보 전진이라고 볼 수 있어 성과가 손실보다 크다고 볼 수도 있다.

발족된 국내 사업을 지원하기 위하여는 미주에 있는 본부로부터 재정적 지원이 필요할 것이요, 특히 잡지 발행의 필요와 그를 위한 재정 후원이 당면한 문제로 되었다. 그 뿐 아니라, 도산은 수년간 생각하여 오던 이상촌(理想村) 계획을 실현할 시기가 된 것으로 인정하였다. 그러기 위하여는 후보될 땅을 선정할 일도 있거니와, 우선 참가할 지원자를 구할 필요가 있었다.

이상 몇 가지 계획, 특히 재정 문제를 해결하기 위하여는 도산 자신이 미주로 건너가서 동지들과 면담할 필요를 느꼈다. 1921년에 도미하려다가 미국 정부의 입국 허가 거부로써 뜻을 달하지 못하였으나, 이번에는 안창호(晏彰昊)라는 이름으로 중국의 시민증을 주선하고, 연하여 중국 정부의 여행권과 미국 영사관의 사증을 받기에 성공하였다. 그것이 이번 북경 방문의 사무적 목적이었던 것이다.

안창호(晏彰昊)라는 이름은 한국말로 발음하면 '안창호' 이지마는 중국 발음으로는 '엔, 창, 하오' 였다.

이름을 아주 변작하고 싶지는 않으나 여행 도중 일본 관헌의 주목을 피하는 방법으로 한문 글자를 어렵게 가장한 것이 하나의 방편이었으리라.

도산이 북경서 춘원과 만난 사실은, 또 한 번 도산에게 대한 중상 선전의 대상이 되었다. 앞서 1월 2일(1924)부터 5일까지 5회에 걸친 장문 사설 〈민족적 경륜〉이 《동아일보》에 게재된 일이 있고 그 집필자는 춘원이었다. 그 사설 속에서 정치적 결사(結社), 산업적 결사, 교육적 결사 등을 논한 바 있는데, 정치적 결사를 말함에 있어서,

> …… 그러면, 왜 지금에 조선 민족에게는 정치적 생활이 없나. 그 대답은 가장 단순하

> 다. 일본이 한국을 병합한 이래로 조선인에게는 모든 정치적 활동을 금지한 것이 제1원인이요, 병합 이래로 조선인은 일본의 통치권을 승인하는 조건 밑에서 하는 모든 정치적 활동, 즉 참정권 · 자치권의 운동 같은 것은 물론이요, 일본 정부를 대수(對手)로 하는 독립운동조차도 원치 아니하는 강렬한 절개 의식(節介意識)이 있었던 것이 제2 원인이다. 이 두 가지 원인으로 지금까지에 하여 온 정치적 운동은 전혀 일본을 적국시하는 운동뿐이었다. 그러므로 이런 종류의 정치적 운동은 해외에서나 할 일이요, 만일 국내에서 한다면 비밀 결사적일 수밖에 없었다. 그러나 우리는 무슨 방법으로나 조선 내에서 전 민족적인 정치 운동을 하도록 신생면을 타개할 필요가 있다. 우리는 조선 내에서 허하는 범위 내에서 일대 정치적 결사를 조직하여야 한다는 것이 우리의 주장이다. 그러면 그 이유는 어디 있는가. 우리는 두 가지를 들려고 한다. ① 우리 당면의 민족적 권리와 이익을 옹호하기 위하여, ② 조선인을 정치적으로 훈련하고 단결하여 민족의 정치적 중심 세력을 작하여서 장래 구원한 정치 운동의 기초를 이루기 위하여.
>
> 그러면 그 정치적 결사의 최고 또는 최후의 목적이 무엇인가. 다만 이렇게 대답할 수도 있다—그 정치적 결사가 생장하기를 기다려 그 결사 자신으로 하여금 모든 문제를 스스로 결정케 할 것이라고.
>
> 우리는 정치적 결사에 대하여 더 자세한 설명을 하기를 원치 아니한다. 그것은 이러한 결사를 몸소 경륜하는 실제 정치가의 두뇌와 수완에 일임할 수밖에 없으려니와, 민족적 백년 대계의 제1조로 정치적 대 결사를 조직하여야 한다는 것을 다시 역설하고 아울러 그것이 속히 실현되기를 축하하려 한다.

고 하였다. 이 논설의 주지와 표현 방식은 불행히도 오해를 받을 수 있는 점이 있었다. 필자의 진의는 현실 투쟁의 표면 목표로 하는 정치 결사를 조직하고 최종적으로는 독립 운동으로 전개할 것이라는 데 있음이 속에 포함되고 있음이 전후 문맥으로 짐작할 수 있으나, 문면상으로 보아서 그것이 참정권 운동 또는 자치 운동 단체를 의미한다고 일부러 곡해할 가능성도 있는 글이었다.

이리하여 이것이 춘원 귀국 후의 둘째 번의 필화 사건으로 발전된다(첫번 것은 〈민족 개조론〉). 이 때문에 춘원은 일시 《동아일보》에서 사퇴할 수밖에 없었고, 신문사는 1월 29일자로 '정치적 결사와 운동에 대하여'라는 제목으로 해명 사설을 싣게 된다.

이 때를 전후하여 민족 진영의 거두라고 볼 수 있는 최린(崔麟) · 조만식(曺

晩植)·송진우(宋鎭禹)·김성수(金性洙)·이승훈(李昇薰)·김동원(金東元)·안재홍(安在鴻) 등이 서울에서 회합하여 시국 문제를 토론하였으나 하등 구체적 결론을 얻지 못하고 헤어진 일이 있었다. 당시 한국 내에서 세력을 부식하려는 공산당 계열에서는 두 가지 사건을 연결시켜서 민족 진영에 결정적인 타격을 주기 위한 가장 좋은 재료로 이용하여 득의의 유언비어 전술을 사용하였다. 그리하여 4월 하순에 열린 노농 총동맹(勞農總同盟) 임시 대회에서 《동아일보》 배척 결의안을 상정시키게 된다. 이에 대한 해명 기사가 4월 23일자 《동아일보》에 게재되었는데, 그 일부를 인용하면,

> 평소에 친분 있던 몇몇 동지들이 각기 사정으로 사방에 나뉘어 일석에 간친할 기회도 없었을 뿐 아니라, 당면의 형세는 실로 중대하여 조선 사람의 살 길이 위급하므로 충심으로 우려하던 나머지에 한번 모여서 의견이나 교환하여 볼까 하는 생각으로 이승훈·최린·조만식·김동원·안재홍·송진우·김성수 외 몇 사람이 망년회를 겸하여 간담이나 하여 보자는 생각으로 하루 저녁 경성의 명월관에 회동하여 무한 서로 걱정하다가, 별로 의견도 얻지 못하고 그 중에 모였던 몇 사람에게 부탁하여 추후 다시 연구하여 무슨 좋은 의견이 있으면 다시 협의를 하여 보자는 말에 그치고 그 날은 그대로 산회한 후, 그 자리에서 부탁받은 몇 사람이 두 차례 회합하여 의견을 교환하였으나 역시 별로 좋은 방책이 없으므로 이야기는 그대로 그쳐 버리고 말았으므로, 본래 무슨 단체를 만들자고 결정한 것도 아니요, 따라서 무슨 수의 방침을 세운 것도 아니요, 단순한 몇 개인의 사석 회합으로 일시 충정을 교환한데 지나지 못함인 고로 본보의 사설과 아무 연락이 없었을 것은 물론이요, 세상에 전하는 허다한 풍설은 허황한 것에 지나지 못하며, 따라서 사실이 이에 그쳤으므로, 식도원에 모여서 총독부 당국자의 양해를 구하였다는 등은 전연히 허설일 뿐 아니라, 더욱이 기괴한 것은 소위 연정회(硏政會)라는 명칭은 회합하였던 석상에서 본래 무슨 단체를 만든다는 결정도 없었으므로 문제도 된 것이 아니요, 세상에 풍설이 전하는 동안에 어떤 중상자의 입으로부터 지어나온 것이며, 그 외에 재외 동포의 위문과 상황 조사를 겸하여 단순히 재외 동포 위문회의 사무를 가지고 이러한 회합도 있기 두 달 전에 남북 만주에 왕복한 설태희(薛泰熙) 씨에 대하여 독립당의 의사를 돌릴 사명이 있었느니, 명월관 사건의 문제가 전혀 끊어져 버린지 3달이나 지나서 순전한 개인의 일로 북경에 왕복한 이광수 씨에게 대하여 안창호 씨와 연락을 취하려는 계획이 있었느니, 이와 같이 맹랑한 일을 가지고 소위 사설 문제와 연결하여 무슨 조직적으로 계획이나 진행하는 것처럼 전하는 자

가 있음은 실로 기괴한 일이라……

이러한 해명이 있었지마는 공산측의 모략 공세는 민족주의 진영의 분열을 목표로 맹렬하게 되어 5월에 《동아일보》의 송진우 사장 이하 중역진이 총사직하고 이승훈이 사장으로 취임하였으며 10월에 김성수가 사장이 된다.

이 사건은 공산당의 분열 · 정복 정책의 전형적 실례로서, 민족 진영 내부의 좌우파 싸움, 또는 지방 싸움들을 교묘히 이용하여 그 세력을 삭감하려는 것이다. 나중에 신간회(新幹會) 조직에 있어서나, 훨씬 뒤 해방 후의 공산당 전술이 다 판에 박힌 것이요, 그로써 이른바 민족주의 좌파는 결국 공산당의 허수아비로 전락한 것이다.

한국에서 뿐 아니라, 중국에서나 동남 아세아 각국, 심지어 중부 유럽 각 지역에서 같은 전술이 성공을 거두었으며, 현재에도 아프리카 · 남아메리카 각 지역에서 진행되고 있다.

북경(北京)

1924년 봄, 도산이 북경서 지나던 광경을 춘원이 《도산 안창호》 전기에 기록하고 있다.

도산은 영환공우(瀛寰公寓)라는 하숙집에 한 달에 2원 50전짜리 방을 얻어 거처하였다(1920년 9월~12월). 그 때에 북경으로 찾아온 이광수를 대동하고 친구 집을 방문하기도 하고 명승을 탐방하기도 하였다. 또 많은 내객을 접견하였다.

"도산은 누가 찾아오거나 만나 보고, 만나면 온화하고 공손하게 또 친절하게 접대하였다. 찾아온 사람이 무슨 문제로 가르침을 청하기 전에는 도산은 결코 훈계하거나 충고하는 말을 하지 아니하였다. 또 아무리 어리석은 말이라도 끝까지 다 들었고 남이 말하는 중동을 끊는 일이 없었다. 도산은 모든 사람의 개성을 존중하였다. 누구나의 처지에 대하여 동정하였다. 결코 누구에게 핀잔을 주는 일이 없었다. 비록 어린 사람이라도 하고자 하는 말을 다할 기회를 주었다. 남이 하는 말에 대하여서 그는 경청하는 태도를 취하였다. 그러다가 남이

하는 말을 다 들은 뒤에 도산 자신의 의견을 말하였다. 그 때는 성의를 다하여 진실한 의견을 말하였고, 조금도 저편의 뜻을 받아들여 비위를 맞추는 일은 없었다. 안 될 일은 안 된다고 하고 아니 믿는 말은 아니 믿노라고 바로 말하였다. '글쎄' 같은 어름어름하는 태도를 나타내는 말을 도산은 쓰는 일이 없었다. 그의 말은 언제나 분명하게 긍정이나 부정이었다. '그렇소'거나 '아니오'였다. '글쎄'는 없었다. 도산을 찾아왔던 사람은 반드시 무엇을 얻어 가지고 갔다. 충고도 훈계도 없었건만 회화 중에 언제인 줄 모르게 듣는 자에게 무슨 소득을 주어서 한 번 도산을 만나고 나면 뒤에 잊지 아니하는 무엇이 남았다. 그것은 그의 모든 말이 정확한 지식과 움직이지 않는 신념과 또 한 마디 한 마디가 애국 · 애인의 진정에서 나오는 까닭이었다."고 이광수는 목격자로서 증언하는 것이다.

이 즈음에 도산을 숭배하는 모씨가 거액의 금전을 구하여 주마고 한 일이 있다. 그는 수완이 있어 큰 돈을 구할 능력도 있었지마는 도산은 그가 협잡꾼인 줄을 아는 까닭에 이를 거절하였다. "나라 일은 신성한 일이오. 신성한 일을 신성치 못한 재물이나 수단으로 하는 것이 옳지 아니하오." 하는 것이 그의 민주주의적 방법론이었다. "민족 운동을 하는 자가 도덕적으로 시비를 들어서는 아니된다. 동포가 백만의 대금을 의심 없이 맡길 만하고, 과년의 처녀를 안심하고 의탁시킬 인물이래야 비로소 동포의 신임을 받고 또 모범이 되는 것이다. 새로운 나라를 건설할 때에 털끝만큼이라도 부정하거나 불순한 동기나 수단이나 재물이 섞여서는 아니된다."는 것이 도산의 신념이었다(봉건적인 정치가의 평가나 정치 수단론과 대조된다).

도산과 춘원이 서산(西山) 구경을 갔다. 인력거를 타고 서직문(西直門)을 나서 만수산(萬壽山)으로 가는 길에, 가로상에서 도산을 힐끗 보고 피하는 사람들이 있었다. 도산은 일일이 그들을 향하여 손을 들어 인사의 뜻을 표하였다. 저편에서야 알은 척하든 말든. 도산은 나중에 일일이 그들의 이름을 말하면서 "만리 타향에서 고국 동포를 만나면 서로 피하는 것이 우리 동포라."고 길게 탄식하였다. 그들은 대개 한두 번 도산에게 신세를 진 사람들이나 지금은 반대파로 자처하기 때문에 피하는 것이었다.

도산은 만수산은 보지 않고, 와불사(臥佛寺)의 백송(白松)과 천지(泉地) 및 대리석 와불(누운 부처)을 보고, 옥천산(玉泉山)도 그냥 지나서 석양에 이탁을 찾았다. 그는 신민회 때부터의 동지요, 나중 만주에서 독립 운동에 일생을 마쳤다.*

서산 밑 작은 주막거리에 더 작을 수 없는 중국 가옥에 이탁은 중국복을 입고 있었다. 그 부인과 딸도 중국인으로 차리고 있었다. 지사의 빈궁한 망명 생활이었다. 이탁은 도산과 모씨를 맞아들여서 호국수와 배갈(소주)로 점심을 차렸다.

그는 키가 크고 뚱뚱하고 눈이 가늘고 얼굴이 검고 말이 적고 외양이 심히 온후하였다. 그러나 도산의 평에 의하면, 그는 한 몸이 도시 의(義)요 담(膽)이었다. 그는 동지를 지극히 경애하고 무슨 일에나 저를 내세우는 일이 없었다. 그가 유자(儒者)의 가정에서 생장한 것은 그의 독실하고 예절답고 근엄한 태도로 알 수 있었다. 도산은 매양 돌아간 동오 안태국과 아울러 동우(東愚) 이탁을 찬양하였다. 장차 홍사단의 감독으로 청년수양의 전형이 될 인물이라고까지 격찬하였다. 그러나 불행히 그는 만주에서 병사하였다. 동우의 부보를 들은 도산은 동오 적과 같이 애통하였다. "왜 이렇게 좋은 동지들이 가 버리나" 하고 도산은 탄식하였다.**(《도산 안창호》 한글판 99쪽).

중국 지사 웅희령(熊希齡)의 향산(香山) 모범 농촌을 보고 싶었으나 날이 저물어 뜻을 이루지 못하고 해전(海甸)에서 죽림(竹林) 김승만(金承萬)을 보고 돌아왔다.

이 기회에 이탁의 약력을 소개하여 둔다.

동우(東愚) 이탁(李鐸)

이탁(李鐸)의 본명은 제용(濟鏞)이요 호는 동우(東愚)라.

1889년 3월 18일 평안남도 성천군 영천면 노동리(成川郡 靈泉面 蘆洞里)에서 이용규(李龍奎)의 장남으로 출생하다. 부친은 성천군과 개천(价川)·강동

---

* 이탁의 일은 도산 일기 책에 자주 나오거니와, 이 때는 북경에 와서 살고 있었다.

** 이탁이 만주에서 병사했다 함은 착오요, 사실은 1930년 5월 17일 상해에서 작고하였다.

(江東) 3개 군에 걸쳐 광대한 토지를 소유한 부농이었다. 5세부터 한학을 배우고 1902년(14세)에 구한국 궁내부(宮內部) 주사(主事)를 지냈고 1907년(19세)에 향리인 성천, 개천군 유지들과 협력하여 10여 처의 소학교를 설립하다.

1908년(20세)에 평양 대성 학교 속성 사범과(速成師範科)에서 도산 선생의 훈도를 받고 신민회 회원이 되고 재학중에 신민회 사명을 띠고 남북 만주를 답사하다.

1910년(22세) 합방 직후 만주로 망명하여 유하현 삼원포(柳河縣 三源浦)에서 군인 양성 기관 신흥(新興) 강습소 설립에 관여하고 1911년(23세) 귀국하여 가산을 정리하던 중 체포령이 내려 아우 이석(李錫, 본명 준용(濬鏞))과 함께 재차 망명, 유하현에서 개간 사업을 하고 서간도 일대의 한인 교포 자치 기관인 공리회(共理會) · 부민단(扶民團)들을 조직하였고 1913년(25세) 가족 전부를 만주로 이주시키고, 유하현 일신(日新) 학교 교장 일을 보다.

1914년(26세) 신흥 무관(新興武官) 학교 경영에 참획하다가 통화현(通化縣) 북쪽 무인 지대로 입산하고, 1917년(29세)에 이갑(李甲)을 위문차 시베리아를 왕복하다.

1918년(30세) 세계 대전 종료 후 독립 운동을 전개하려고 두 차례 국내에 잠입하였다가, 봉천(奉天)에서 동지들과 회합하여 3 · 1 운동의 준비를 하다.

1919년(31세) 광동(廣東) 군관학교를 졸업한 아우 이석(李錫)과 전후하여 국내에 잠입, 결사대를 조직하여 독립 선언서의 지방 배부, 3월 1일 파고다 공원에서 군중 선동, 고종 황제 반우식 도중 망우리 고개에서 역적 암살 계획(미수), 독립문 태극기에 색칠, 서울 시내에 벽보 첨부, 독립 군자금 모집 등 지하 운동을 하다가 동지들이 체포된 후 영남으로 피신하였다가 만주로 탈출.

1920년(32세) 만주에서 한족회(韓族會) 간부, 대한민국 임시정부 만주 특파원, 서로 군정서(西路軍政署) 간부, 광복단(光復團) 단장, 대한 청년단 연합회 교육 부장 등을 역임하고, 그 해 5월에 상해로 가서 도산과 재상봉한 후, 임시정부의 산하 단체로서 광복군영(光復軍營)을 만주에 설치하고 참모장이 되고 사령장(司令長) 대리를 겸하여 일본인의 주재소 · 면사무소 · 영림서 등을 습격하여 무장 항일 운동을 전개하고 동시에 임시정부의 동삼성 외교 위원부(東三

省 外交委員部) 위원장이 되다.

그 해 8월 미국 국회의원 동양 사찰단이 한국을 방문함에 대하여 도산의 지시로써 국내에서 대대적으로 시위 행동을 일으킬 것을 계획 실천한 바, 서울에 잠입하여 폭탄을 던지려던 김영철(金榮哲)은 미연에 체포되었는데 경성 지방법원에서 판결 언도에 이탁 궐석 판결 12년 징역, 오동진 궐석 판결 10년 징역이었다.

평양 부대 장덕진(張德震) 등은 평안남도 도청 등에 폭탄을 던지는 데 성공, 이 사건으로 안경신(安敬信) 여사가 일심에서 사형, 이심에서 십년 징역을 언도받다.

신의주 · 선천 부대 중 학생 박치의(朴治毅)는 사형 집행되었다.

1921년(33세) 상해에서 국민 대표회 준비 위원회 의장, 중한 호조사(中韓互助社) 이사, 태평양 회의 외교 후원회 서무 간사로 활동하고, 22년 국민대표회 평남 대표로 참석하다.

1923년(35세) 북경으로 이주하고 도산과 함께 북중국 일대에 이상촌 건설 후보지를 시찰하다.

1927년(39세) 도산과 같이 길림(吉林)에 이르러 만주의 여러 군사 행동 단체 통합 운동과 대독립당 건설 계획을 현지의 군사 지도자들과 합석하여 토의 중, 일본 경찰과 중국 경찰의 합동 수색으로 도산 이하 200여 명이 검거된 길림 사건이 발생하니, 공교로이 사건 발생 직전에 북경행 기차를 탄 이탁은 북경에서 외교 교섭과 여론 환기로 길림에 갇힌 동지를 석방시키는데 성공하다.

정의부(正義府) · 참의부(參儀府) · 신민부(新民府) 3개 군사 단체의 통일에 노력하고, 농민 호조사(農民互助社)를 발기하다.

2월 길림성과 봉천성에서 한일 학교 폐쇄령과 한인 퇴거령을 발하였을 때 중국 당국자와 장기간 교섭하여 이를 철회시키다.

1929년(41세) 상해로 이거하여 중국 군관 학교에 한국 학생을 입학시키는데 노력하고, 4월에는 도산의 지령으로 평양 · 선천 등지에 잠입하여 자금 조달운동을 하다.

1930년(42세) 상해 하비로(霞飛路) 고려 물산 공사에서 5월 17일 심장 마비로 서거하니, 임시정부와 교민단 합동하여 사회장으로 모시고 외국인 공동 묘지에 안장되다.

그의 자(字)는 패연(沛然), 혁명 운동의 필요로서 동우(東雨)·춘우(春雨)·덕(德) 등의 별명을 사용하였다.

도산이 그를 평하여 '일신이 도시 의(義), 담(膽)이라' 하였고, 상해에서 도산과 함께 중국 신문 기자를 회견할 때, 기자 중에서 〈今日席上, 又見孫文, 又見黃興〉이라 하였으니, 그 뜻은 오늘 이 자리에 도산을 보니, 중국 혁명가 손문을 다시 보는 듯하고, 동우를 보니 손문 휘하의 무장 황홍을 다시 보는 듯하다 함이라.

남경(南京)

북경에서 남방으로 돌아온 도산은 남경(南京)에 머물러, 12월에 미국으로 떠날 때까지 머물렀고, 동시에 동명학원(東明學院)을 설치하였다. 상해의 정국이 국민대표회 결렬 이후 극도의 침체 상태에 들어가고 경제적 곤란도 점점 심하여져, 일부 인사들은 생활 방도를 찾아 남경으로 옮겼고 청년들은 미국으로 유학할 길을 찾게 되었다. 그들은 대개가 중국에 입적하는 절차를 밟고, 중국 정부의 여행권을 얻어 도미할 길을 찾았다. 이런 학생들에게 특히 어학에 대한 준비를 시키기 위한 것이 동명학원의 목적으로서, 1924년 봄학기부터 남경 한서문(漢西門) 안 쌍석고(雙石鼓)에 중국 집을 세내어 세웠다. 학생 수효는 수십 명 정도에 불과하였으나, 대개 홍사단 단우가 많았으므로 이 해의 홍사단 원동대회가 남경에서 열려 성황을 이루었다.

이 해(1924) 10월 30일(음력 10월 3일) 건국 기원절에 도산은 남경서 열린 축하식에 참례하여 축하사를 하였으며, 11월에는 남경 재류 동포들이 그를 위하여 도미 환송회를 열었다. 도산은 그 석상에서 ① 지방과, 주의와, 종교를 물론하고 동지를 규합할 것, ② 이 사업을 국내와 국외에서 할 것, ③ 특히 해외에서 할 일은 경제의 기반과 교육의 기관을 만들어야 할 것을 주장하였고, 동명학원을 육성 유지할 것을 부탁하고 있다(이 책 제II부 제5장, 〈연설과 담화〉 참조).

이른바, 최영숙(崔英淑) 여사 사건이 있은 것이 이 즈음에 남경서 있은 것이다. 선우훈(鮮于燻)이 지은 《민족의 수난》이란 책에 기록된 대로 옮기면, 최영숙이란 여학생이 도산의 침실로 밤중에 들어갔다는 것이요, 도산은 관대한 태도로, 청춘의 정열을 조국을 위해 바치도록 타일러 내보내었고, 그 처녀의 전도를 위하여 사실을 비밀에 붙여 버렸다는 것이다. 그 후, 최영숙이 도산에게 보내려고 쓴 편지가 탄로되어 물의가 일어났고, 이를 오해한 박관해(朴觀海)라는 강직한 청년이 도산을 힐란한다. 도산은 부득이 선우훈 등을 증인으로 하여 박의 오해를 풀게 하는 동시에 최영숙에 대해서 폭행을 하려는 것을 말린다. 도산은 최영숙의 과오를 용서할 뿐 아니라 그의 장래를 그르치지 않기 위해 심려하였으니, 도산의 인간성과 인도주의(휴머니즘)를 엿볼 수 있는 일화라고 할 것이다.*

도산이 1919년 미주에서 떠나 원동으로 온 이후 별세할 때까지 20년간 독신 생활로 있었고, 또 많은 여성들이 그를 선생님으로 따랐으나, 정치적 모략이 격심한 중에도, 여자 문제로서의 비난을 받은 일이 없으니 그의 근엄한 인격을 알 수 있다.

최희송(崔熙松)이 쓴 글을 보면 "선생이 30세 내외 때 대성학교 창설 당시 평양 기생들이 여러 가지 방법으로 선생을 꾀는데 경쟁하였다고 한다. 그러나 선생이 그 시험에 빠졌다는 소문이 없었으며, 금전에 있어서는 더욱 분명하였다고 한다. 그리고 불우한 가정 생활에서도 '이혼 못 할 아내를 분칠해 놓고 귀애한' 어른이시다."하였다(《새벽》 1954년 9월호).

이복현(李福賢)이 전하는 일화에는 도산이 미국서 나와서 얼마 안 될 때(1907년경?) 서울에서 유명하던 기생 물림으로 돈도 많이 가진 여자가 편지로서 도산을 저녁 대접에 초청하였으나 도산은 답장도 쓰지 아니하였다. 추정 이갑과 김필순 박사가 한 번 가주라고 권하여 세번째 편지를 받고 가서 만반 진수의 저녁 대접을 받고 이야기하다가 밤이 늦으매, 주무시고 가라 하였다. "당신의 호의는 고맙지마는 나의 동정을 세상이 주목하고 내 마음에 생각한 것이 있

* 최영숙은 후에 스웨덴으로 유학하였고, 귀국하는 길에 인도 청년을 만나 인도에서 결혼하였는 바 본국에 돌아온 지 얼마 못 되어 병으로 별세하였다.

으니, 호의를 받을 수 없소. 그런 사정을 양해해 주시오." 하고 자리를 피하였다고 전한다(《속편 도산 안창호》 177쪽).

춘원은 이렇게 말하고 있다. "도산의 평생에 심중 이성에 대한 열정이 일어난 일이 있는지 없는지 알 수 없으나, 그것이 행위로 나타난 일은 없다.…… 그는 이런 말을 하였다. '아름다운 이성을 보는 것은 기쁜 일이다. 만일 그 얼굴이 보고 싶거든 정면으로 당당하게 바라보라. 곁눈으로 엿보지 말아라. 그리고 보고 싶다는 생각을 마음에 담아 두지 말아라' 도산은 이 원칙대로 실행한 모양이었다. 도산의 명철한 양심은 마음의 밀실에서라도 아내 아닌 이성을 범할 수 없었던 것이다. 그러므로 여성들은 안심하고 그에게 친근하였고 평생을 두고 사모하였던 것이다."(《도산 안창호》 한글판 264쪽).

도산이 만년에 평양 대보산 송태산장에 우거할 때 평양 기생 선우 모라는 여자가 돈을 가져다 드렸다 한다. 그 때 도산은 "그대 성의는 고마우나 이렇게 큰 돈을 내가 받을 수 없다." 하고 그 중에서 성의만은 받겠다고 10원인가만을 받고 남은 것은 돌려보냈다는 일화도 있다(《속편 도산 안창호》 178쪽).

송종익의 말에 의하면, "도산 내외는 결코 금슬이 좋은 사이는 아니었다. 도산 부인은 도산이 가사를 돌보지 아니하는 것을 원망하였다. 세상이 보기에는 도산은 높은 지도자였으나 부인이 보기에는 결코 좋은 남편은 아니었다. 마지막 미국에 체재하는 동안 도산은 그 부인을 위하기에 많이 애를 썼다. 부인의 옷도 사 주고 또 동부인하여서 다니기도 하였다." (《도산 안창호》 107쪽).

마지막 미국에 체재하는 동안이란 것은 1925년의 일이다. 장리욱(張利郁)이 전하는 바에 의하면(《속편 도산 안창호》 205쪽), 도산이 미주로 갔다가 다시 상해로 떠날 때에(1926년 봄) 동지 70명이 로스앤젤리스 YMCA에 모여 송별회를 열었는데 도산의 답사 중에 "내가 지금까지 아내에게 치마 한 채, 저고리 한 감 사 준 일이 없었고, 필립(맏아들, 당시 소학생)에게도 공책 한 권, 연필 한 자루 못 사주었다. 그러한 성의가 없었던 것은 아니나 여러 가지 사정으로 그랬는데 여간 죄스럽지 않다."는 구절이 있다.

도산 부인이 《동아일보》 기자에게 말한 그의 가정 생활의 일부가 다음 같다(《동아일보》 1963년 3월 21일자 기사 중).

도산 선생은 낯선 미주에 사랑하는 아내와 아들을 남겨 놓고 떠나는 것이 측은하여 돌아올 날짜를 굳게 약속했었다.* 허나 고국을 방문했을 때 너무도 할 일이 많은 도산 선생이었다. 바로 한일합병 전인지라, 민족을 속히 깨우쳐야 하겠다고 생각했으며, 교육사업에 전력을 다했다. 평양에 대성학교를 세우고 젊은이를 가르쳤다. 평양에서 그치지 않고 전국 방방곡곡을 다니면서 배워야 할 것을 강조했다.

이렇게 일하다 보니, 도산 선생은 아내와 약속했던 날이 까마득하게 지나가고 있음을 알았다.

안여사의 절망은 너무도 컸다. 철없는 애기 뺨에 자기 얼굴을 비비며 안타까운 몸부림을 눈물로 달래 보려고 했다. 허나 아무리 참으려 해도 참을 길 없는 그리움과 노여움이 한데 얽히어 어쩔 바를 모르게 했다. 안여사는 마침내 처음으로 길고 감정적인 편지를 썼다. 며칠 후에 회답이 왔다.

그것은 물론 안여사가 쓴 것보다 두 배가 긴 편지였다. 겨레를 위하여 이 같이 일하고 있는데 돌아갈 형편이 못 된다는 사연이었다. 그리고 결론은 그러니 어쩌자는 것이냐? 하고 도리어 안여사에게 반문해 오는 데는 어안이 벙벙할 따름이었다. 안여사는 다시는 그렇게 짜증을 내어서는 안 되겠다고 스스로 뉘우쳤다. 그 후 두사람은 열심히 편지 왕래를 계속했다.

안여사는 지금도 그 당시의 편지를 귀중히 간직하고 있다. 편지 속에서 도산 선생의 체취를 느끼며 그의 생활철학을 발견하고 동조하기에 조력해 갔다.**

1912년에 둘째 아들을 낳았다. 필선 안이다. 현재 비행기 회사의 고급 기술자로 로스앤젤리스에서 일하고 있는데 아버지를 제일 많이 닮은 아들이기도 하다. 성격이나 외모 등이…….

1911년에서 1918년까지 도산 선생은 미주에서 일했다. 단 1년도 계속해서 가정에 머물러 있을 수가 없었던 도산 선생이었지만 꾸준히 안여사에게 편지를 보내 왔다. 1915년에 셋째이자 첫 딸인 수산 안을 낳았다. 지금은 미해군장교와 결혼하여 미국에서 가정을 꾸미고 있다.

2년 후에는 다시 둘째 딸 수라 안을 낳았다. 현재 미국인 소설가와 결혼하여 행복한 가

---

* 첫번 미주생활 5년 만에 한국이 일본의 보호국으로 됨을 보고 구국운동을 일으키고자 아내와 맏아들 필립을 미주에 남겨두고 급히 귀국하였던 때의 이야기이다.

** 이하는 1910년 일한 합방을 앞두고 도산이 망명하여 두번째 미주로 갔을 때의 일이다.

정을 지키고 있다. 도산 선생은 수라 안을 특히 귀여워했다.

도산 선생의 한평생을 통해서 애기 옷을 사온 일이 단 한 번이 있으니, 그것은 수라 안이 세 살 때 아래 위가 달린 예쁜 애기 옷을 사들고 와서 입혀 놓고 너무 좋아하던 일이다. 안여사도 그 옷만은 아직도 기념으로 편지와 같이 귀중히 보관하고 있다.*

도산 자신도 언제 한 번 평화로운 마음으로 가족을 위해서 봉사할 수 없는 자신의 처지를 매우 안타깝게 생각했다.

이것을 누구보다도 잘 알고 있는 안여사는 열심히 위로의 편지를 써 보냈다. 1925년에 상해에서 도산 선생이 돌아왔을 때 다섯째인 필영 안을 임신했다. 도산 선생은 막둥이의 얼굴도 보지 못한 채 다시 고국을 찾았다가 1931년 일경에 잡히어 대전 형무소에 갇히게 되었다.

1938년 3월 10일 61세를 일기로 서울대학병원에서 조용히 세상을 떠났다.

그가 가신지 25년간—안여사가 아직도 도산 선생의 죽음을 실감나게 느끼지 못한 것은 생존시에 그가 너무도 생생하게 남겨 준 많은 교훈들이 조금도 자기를 당황하게 하거나 초조하게 하지 않게 하고 있기 때문이라고 한다.

안여사는 로스앤젤리스에서 지금도 한국 부인으로 구성된 애국부인회의 일을 보고 있다. 61년간 고국을 떠나 있었지만 한시도 고국을 잊어 본 일은 없었다고 힘있게 말한다.

다시 미주(美洲)로

1924년 12월 16일 미주에 도착한 도산은 1926년 2월 다시 상해로 나올 때까지 약 13개월간 미주 각지를 순행하면서 동포들을 방문하고 흐트러진 국민회와 흥사단의 조직을 수습하였으며, 멀리 필라델피아에 있는 서재필(徐載弼) 박사를 찾아 간담상조(肝膽相照)하였다. 앞서 말한 바와 같이 가족과의 정을 푼 것도 이 때요, 또 마지막이었다.

서재필은 도산 별세 후(1938) 추도사에서 다음 같이 썼다.

선생은 고상한 도의적 인간이었고 그 단체 사업에 큰 재능을 가진 인물이었다. 사상에 있어서나, 그 생활의 실제 행동면에 있어서는 조금도 관대하지 않았다. 선생은 친구들에게 항상 신의를 지켰다. 그러나 선생이 굳게 지키는 원칙을 위배하는 사람에게는 조금도 용서

---

* 1919년 도산은 다시 가정을 떠나 중국 상해로 가 대한민국 임시정부 일을 맡게 된다. 그 후 1925년에 약 1년간 다시 미주를 다녀온 것이 가족들과는 영 이별이 되었다.

> 하지 않았다. 그 원칙에 있어서는 비타협의 태도를 취하였으나, 교분에는 늘 친절을 보유하였다. 이것이 선생을 무서워하고, 방해하고, 협박한 이유의 하나이다……. 선생 친우들의 그에게 대한 가장 강한 기억은 역경에서 발휘되는 용감한 태도일 것이다. 그는 자신이 어디서 났든지 어떤 단체에 속하였든지를 막론하고 '개인은 전체를 위하여 존재하고, 전체는 개인을 위하여 존재한다'는 모토하에서 그가 조직한 단체를 확대하는 데 도움이 되도록 정력을 다하였다.

도산이 미주에 도착한 환영회 석상에서 연설한 가운데 '따스한 공기'라는 것을 역설하였다. 그가 없는 동안에 목자 잃은 양떼처럼 흐트러진 민심을 수습하는 데 따스한 공기를 불어일으킬 것이 필요함을 느낀 것이리라. 도산의 인품에서 평소에 화평한 기운, 따스한 기운이 펴져 나온 것은 누구나 기억하고 있다. 춘원이 전하는 바에 의하면, 중국의 관상가가 도산의 사진을 보고서 "그의 눈자욱에 자비상(慈悲相)이 있으니, 살생을 기탄없이 행하여야 하는 혁명가나 정치가가 될 수 없다."고 하였다 한다. "그는 일면 철석과 같은 의지의 사람이면서 부드러운 인정의 사람이었다. 그가 분노하는 얼굴을 본 사람이 없다고 하거니와, 이것은 그가 희로 애락에 움직이지 아니하는 수양의 결과인 것은 말할 것도 없지마는 또 사람을 미워할 수 없는 그의 천성도 원인이 되었다'고 춘원은 평한다(《도산 안창호》 한글판 234쪽).

'훈훈한 마음, 빙그레 웃는 낯', 이것이 도산이 그리는 새 민족의 모습이었다. 백년이 되거나 천년이 되거나 이 모습을 완성하자는 것이 도산의 민족 운동의 이상이었다는 것이 춘원의《도산 안창호》의 마감 구절이다. 훈훈한 마음은 곧 따스한 공기일 것이다.

"사회에 정의(情誼)가 있으면 화기가 있고, 화기가 있으면 흥미가 생기고 활동과 용기가 있소. 유정(有情)한 사회는 태양과 우로를 받는 것 같고 화원에 있는 것 같소. 거기는 고통이 없을 뿐더러 만사가 진흥하오.…… 이에 반하여 무정한 사회는 크고 무한한 가시밭과 같아서 사방에 괴로움뿐이니, 사람은 사회를 미워하게 되오. 음랭한 바람과 같아서 공포와 우수만 있고 흥미가 없으며 그 결과는 수축될 것이요……" 이것은 '정의돈수'라 제목한 도산 연설의 한 구절이다(연설 전체 요지는 제II부 〈연설과 담화〉에).

도산이 간혹 교회에서 설교할 때는 '사랑'을 제목으로 하였다. 그 중 한번 설교 대사가 역시 이 책 제II부 〈연설과 담화〉에 수록되어 있다. 흥사단의 목적의 한 구절인 '정의를 돈수하고'라는 것을 도산은 단순히 단체의 통례적인 목적으로 규정하지 아니하고, 민족 정신을 개조하기 위한 중요한 덕목으로 주장하였다(이 책 제 I 부 제13장의 '흥사단 문답' 참조).

춘원이 도산에게 보낸 공개 서한(1925)의 1절에 다음 같은 대목이 있다.

"우리 민족에게는 사랑이 부족하오. 부자간의 사랑, 부부간의 사랑, 동지간의 사랑, 자기가 보는 일에 대한 사랑, 자기가 속한 단체에 대한 사랑, 모르는 사람에게 대한 사랑—우리 민족에게는 사랑이 부족하오. 사랑이 부족한지라, 증오가 있고 시기가 있고 쟁투가 있소. 우리가 단결 못 되는 원인의 하나도 여기 있소." 이것은 선생께서 새로운 동지들에게 늘 하시던 말씀입니다.

"그러니까 우리는 사랑하기를 공부합시다. 무실(務實)하기 공부, 역행(力行)하기 공부를 하는 양으로 사랑하기 공부를 합시다." 이렇게 수없이 말씀하였습니다. '사랑하기 공부!' 아마 이것은 선생께서 처음 내신 문자라고 생각합니다.

"조선 사람끼리 서로 사랑하자. 허물일랑 서로 용서하고 잘되는 것은 서로 칭찬하자. 불쌍한 조선 사람끼리는 결코 서로 다투지 말자. 그리하되 동지간에는 더욱 그리하자."

나는 일찍 선생께서 성내시는 양을 못 보았습니다. 우시는 것은 보았으나 노여워하시는 것은 선생을 모신 지 만 2개년에 한 번도 못 보았습니다. 제가 선생을 모시고 상해에서 어떤 여관에 방을 잡으러 갔다가 보이의 불공한 것을 보고 성을 내었습니다. 그 때에 선생은 화평한 웃음으로 "성내지 마시오." 하신 것을 기억합니다. 저는 그 때에 선생의 화평한 웃음 속에는 저를 위하여 저의 나쁜 성질을 위하여 슬퍼하는 빛이 있음을 보았습니다(《개벽》 1925년 8월호).

또 다음 같은 대목도 있다.

이번 조 박사 편에 선생께서는 유억겸(兪億兼) 군과 저의 관계를 근심하시고 절더러 어디까지든지 유군의 오해를 풀도록 힘쓰라 하셨습니다. 그처럼 선생은 유군과 저를 사랑하십니다. 그러나 저는 그처럼 유군을 사랑하지 못하였습니다. 유군께서 인사를 아니하시니 나도 아니한다. 유군께서 나를 만나시기를 원치 아니하시니 나는 유군을 만나기를 원치 아

> 니한다. 이 모양으로 왔었습니다.…… "유군을 찾아가 보시오." "유군이 저를 안 만난다시는 걸요." "그래도 찾아가 보시구료. 몇 번이든지, 유군이 웃고 춘원의 손을 맞아 잡을 때까지 찾아가 보시구료. 사랑과 인정에 반드시 유군의 맘을 움직이리다." 이렇게 가르쳐 주셨습니다. 그러나 저는 그 후 1년이 넘도록 선생께서 가르치신 대로 하지를 못하였습니다. 여러 가지 핑계도 있지마는 결국은 제가 동지에 대한 사랑이 부족한 것입니다. 그러니 이제부터는 해보려 합니다. 선생 같으시면 반드시 그대로 하셨을 것을 믿습니다.*

이런 기사들은 도산의 인간성과 사상을 이해하는데 도움이 된다. 국민 생활의 현대화, 민주화에 있어서 사회 생활의 훈련이 중요한 요건이라 본다면 따스한 공기, 훈훈한 마음, 유정한 사회, 사랑 공부 등은 활발한 협동 생활을 가능하게 하고, 민주주의적 의사 발표의 자유와, 공적 논쟁과 사적 친분을 혼동하지 않는 인간 관계 등을 보장한다는 의미에서 또한 민주 사회의 중요한 전제 조건이라고 볼 수 있을 것이다.

미주 재류 동포의 실리를 수습하고, 이상촌 계획의 동지를 얻고, 그를 위한 약간의 자금, 동명학원과 국내에서 발행코자 하는 잡지 (나중에 《동광》으로 출간됨) 등의 자금을 주선한 도산은 1926년 5월에 다시 상해로 돌아온다. 이상촌이 계획대로 서면 아마도 도산은 가족을 그리로 데려올 계획이었으리라. 그러나 그 실현을 보지 못하고, 가족과 영 이별이 될 줄 뜻하였으리오.

도산이 잠시 상해를 떠난 동안에 임시정부의 정국은 거의 파산 상태에 이르렀다. 1925년 3월에는 임시의정원에서 임시 대통령 이승만 탄핵 면직안이 통과되고, 박은식(朴殷植)을 임시 대통령으로 선출하였고 내무총장 이유필(李裕弼) 이하 새로운 각원 조직이 있었는데, 재래의 총장급으로는 오직 노백린이 교통총장으로 있을 뿐 그밖에는 차장급 인물이 총장으로 앉게 된다. 그 해 7월에 임

---

* 유억겸은 당시 연희전문학교 교수로 있었는데, 일본 유학 때에 김항주가 홍사단 동지로 포섭했던 사람이다. 유가 본국으로 돌아온 뒤에 춘원을 외면하게 된 것은, 춘원이 첫 번 아내를 이혼하고 허영숙과 결혼했다는 것을 못마땅하게 여긴 까닭이라 한다. 도산은 서울 양반 출신인 유를 수양동맹회 운동의 지도 인물로 포섭할 것을 희망하였다. 유는 유길준(兪吉濬)의 아들이었다. 그러므로 춘원으로 하여금 그와 화해하기를 권한 것이다. 그러나 결국은 도산의 희망대로 되지 못하고 유는 끝내 수양동우회 운동에 참여하지 아니하였다.

시 헌법을 수정하여 대통령 명칭을 폐지하고 국무령(國務領) 제도를 두게 하였는데, 이상룡(李相龍)을 국무령으로 선거하였으나 칭병하고 취임하지 아니하여 이유필이 국무령을 대리하고 있었다.

8월 24일자로 도산이 미주에 있는 한승곤(韓承坤)·장리욱 두 사람(홍사단 간부)에게 보낸 편지에 이런 구절이 있다.

> 아우는 상해에 5월 17일경에 도착하여 당시 상해 형편을 보온즉, 그 간 서로 공격하는 속사물(등쇄판 인쇄물)은 분분히 날았고, 권투·봉투(棒鬪)에 총질까지 수차 발생되어 인심은 악화가 심하였고 사회는 분열에 극히 혼란하여졌으니 옛날에 보던 상해와는 딴판이 되었습데다. 동시에 임시정부는 명의의 존속도 어려운 문제가 되었는데 의정원에서는 최후 방침으로 아우를 국무령으로 선거하였더이다. 아우는 이미 정한 주지대로 국무령의 일을 사절하였고, 정국이 그와 같이 된 것을 차마 도외시할 수 없으므로 각방으로 접합하여 상해 일부라도 공동 협의로 내각을 새로 조성하여 정부를 존속케 하려고 어디든지 통신 한 장을 못하고 수 개월간 이에만 전문 노력하였으나 이동녕씨 파가 끝까지 불응하고 기타 인사들은 어지러운 국면을 기피하므로 여의치 못하였고 매우 곤란에 처하였다가 홍진(洪震)씨를 국무령으로 선거하여 몇몇 사람을 모아 겨우 내각을 조직하였으니, 정부 명의는 존속케 되었습니다. 이것이 불원만하나마 현시 처지로서는 도리어 다행하겠습니다.*

임시정부의 일뿐 아니라, 홍사단 원동 위원부의 일이나 동명학원의 일 등도 도산 없는 동안에 흔들림이 많았다. 물질력과 정신력이 아울러 부족한 사회에서 사업 지탱의 원동력을 주로 도산 개인의 열성과 지도력에 의지하지 않을 수 없는 것은 불행한 현실이었던 것이다.

홍사단 원동 위원부는 이 때에 사실상으로 남경에 있는 셈이었다. 위원 중에서 손정도는 길림으로, 이규서는 본국으로 옮겨갔고 오직 남경에 있는 차리석이 위원장 대리로서 명맥을 유지하고, 그의 거처가 곧 임시 위원부의 소재처럼 되고 있었는데, 도산의 편지에 나타난 대로 보면, "남경에는 그 간 차리석 선생

---

* 1925년 12월에 홍진이 사면하고 김구(金九)가 국무령으로 선임되었고, 1944년에 이르러 다시 임시 헌법 개정이 있어 국무령 제도가 없어지고 국무 위원회 주석 제도가 생겨 주석에 김구, 부주석에 김규식이 되었던 것이다.

이 단무를 위하여 계속 노력하였으나, 성격상 인화력이 결핍하고 따라서 다시 초마장에 다닌 결과와 선우혁(鮮于爀)군의 자수적(自守的) 태도뿐으로 인하여 단의 발전은 별로 없었다."는 것이다. 도산은 본부에 대하여 새로 위원을 임명할 것을 건의하면서, 그 후보자로 송병조(宋秉祚) 이하 5명을 추천하고, 그것이 되면 위원부를 다시 상해로 귀환시켜 상해 지방단과 연합하여 유지케 할 것을 말하였다.

'초마장에 다닌다'는 것은 중국 오락인 마작을 한다는 것인데, 당시 재류 동포 중에는 마작 유희에 탐닉하는 사람도 있었고, 생활비 조달을 그것으로 하는 사람도 있었다. 도산은 이를 못마땅히 여겨 항상 경계하였으며, 한 번은 거기 미쳐 다니는 모씨를 불러, 세숫대야에 물을 떠놓고 손을 씻게 한 후 "이제 깨끗이 된 손을 다시 더럽히지 말라."고 훈계한 일화도 있다.

동명학원은 국내에 흉년이 들었기 때문에 중국 유학생(미국으로 가기 위하여 중국으로 나오는 학생)의 수효가 줄어들어 학원 학생이 20명 이내로 줄어들었으며, 경상비의 부족으로 재류 동포들이 주머니를 털어 유지하는 형편으로, 교사를 건축하려고 단본부에서 보낸 기금이 경비로 유용되고 사 두었던 목재가 썩게 되었다. 그러나 도산은 학급 수를 줄여서라도 이를 계속하도록 지시하였으니, 그 이유는 선우훈 · 정인과 등이 국내에서 동명학원을 위해 기부금을 모집중에 있으니 그 결과를 볼 것과 지금 동명학원을 중지하면 다른 경영 사업에 영향을 끼칠 염려가 있음과, 앞으로 이상촌 계획이 성취될 때에 거기 교육 기관으로 옮기는 형식을 취하자는 것이었다(1926. 8. 24 편지 참조).

《동광》(東光) 잡지는 그 해(1926) 5월에 이미 서울에서 창간되고 있다. 도산의 편지에 보면, 잡지 발간은 국내에서 상당한 기금이 수집된 후에 단본부의 출자를 아울러 가지고 시작할 계획이었으나, 이미 창간된 이상에는 이를 적극 후원하고, 본국에 있는 수양동맹회와 미주의 흥사단 본부가 공동으로 이를 유지 · 발전케 하기로 지시하였다. 구체적으로는 미주에서 잡지를 위해 수집한 금전을 즉시 전부 본국에 보낼 것, 참조 서적잡지를 구입하여 《동광》(東光) 편집부로 보내되 자연 과학에 더 치중할 것, 흥사단과 수양동맹회에서 각각 위원을 선임하여 잡지 경영 책임을 공동으로 맡게 할 것 등을 지시하고 있다.

상해와 남경의 사업을 어느 정도 정리한 도산은 새로운 사업 경영, 즉 대독립당의 조직과, 이상촌 건설 후보지 물색의 두 가지 일을 겸하여 만주 지방을 여행하기로 결심하고 8월 25일 우선 북경을 향하여 출발한다. 이 때 도산의 나이가 만 48세였다.

제17장

인간으로서 높은 존재

이상촌 추진 시절 · 2 (만 48~53세)

미주를 다녀온 도산은 1927년에 이상촌 후보지 선정과 남북만주 군사운동을 통일하여 대독립당을 구성하려는 목적으로 길림 방면까지 갔다가, 일경의 장난으로 중국 경찰에게 체포되었으나, 여론의 봉기로 무사히 벗어났고, 그 후 북경, 남경, 상해 등지를 왕래하면서 예정 계획의 실현에 노력하였다. 그러나 일본의 세력은 이미 북중국 일대에까지 뻗기 시작하였고, 상해 사업을 일으켜 상해에도 일본 육군대가 주둔하게 되었으므로 원동 어떤 지점에 독립 운동 중심지를 재건하려는 안은 사실상 실천 불능하게 되었다. 그러던 중 윤봉길 의사의 홍구 공원(虹口公園) 폭탄 사건이 돌발되매, 도산은 불행히 프랑스 조계 경찰에 연행되었다가 일본 영사관에 이관되어 1932년 여름에 피수(被囚)의 몸으로 서울에 호송되어 오니 그 때 나이 만 54세였다.

1926년(병인) 가을 도산이 북중국과 만주 여행을 떠난 목적 중 대독립당 조직에 관하여서는 그의 8월 24일 편지를 계속 인용하고자 한다.

"일찍 아우가 미주에 있을 때에 누누이 말씀 드렸거니와 우리가 혁명 시대에 처하여 혁명 운동을 불가불 하여야 되겠고 혁명 운동을 하려면 수양 기관 이외에 특별한 혁명 기관이 있어야 되겠습니다. 그러므로 우리는 장차 전 민족으로 더불어 통일적 운동을 진행할 대독립당을 건설하자는 것이 우리의 목표이온데 이것을 달하려 하여도 먼저 기초적 결합체가 있어야 할 것이라. 그러므로 우선 국내나 원동이나 미주를 물론하고 우리와 의지를 소통하기에 가능한 사람은 있는 대로 다 모아서 한 대동 간결을 이루고 그 단체의 주동으로 일보를 더 나아가 통일적 대독립당을 건설하여야 하겠습니다. 아우가 이번 만주 여행에도 이것을 위함이오니 이것이 원동에서 실현될 때에는 미주에서도 다수의 당원을 모집하여야 하겠습니다."(이 책 제II부 '서한' 참조).

여기서 도산의 독립 운동 주도 단체 조직론의 경과를 다시 한번 요약하여 보면 1912년 두번째 미주로 건너가 국민회의 조직을 정비하여, 미주 지방총회, 하와이 지방총회, 원동 지방총회(시베리아 지방총회, 만주리아 지방총회)를 연합하여 국민회 중앙총회를 만든 것이 그 첫 시험이었다. 이로써 해외에 있는 동포들의 조직을 하나의 단체로 규합하고자 한 것이었다. 불행히 시베리아 지방총회는 세계 대전 발발과 러시아 혁명 운동으로 인하여 1915년에 폐지되었고, 만주 지방총회는 일본의 만주 경영이 점차 강화되고 또 그 지방 동포들이 영세한 소작농이어서 경제력이 부족하여 1914년에 해체되었다. 하와이 지방총회는 그 지방에서 박용만, 이승만 양씨의 분쟁이 일어나 분열되었으므로 전체 해외 동포 단일조직 운동은 실패하였다.

3·1 운동 직후 도산이 상해에 도착하여 처음 주창한 것이 해외 운동의 대동단결을 도모하기 위하여 3두 정치*를 제창하였으나 당시 상해 청년들의 주장으로서 임시정부를 중심으로 대동 단결함이 가하다 하여 각원으로 취임하였던 것이다. 그 후 아령 국민의회와의 타협이 성공하지 못하였고, 이어서 임시 대통령 이승만과 국무총리 이동휘 사이가 융합하지 못할 뿐 아니라, 이승만이 자의로 구미 위원부를 조직하여 미주와 하와이의 교민 관할권과 재정권을 장악하려 하기 때문에 분규가 일어나 1921년 봄에 도산은 임시정부를 떠나게 되었다. 이동휘의 행동이 그 뒤에 공산당의 책략이 숨어 있었음에도 분열의 원인이 되었던 것이다.

국민 대표회를 소집하여 대동 단결을 이루어 보려고 1921년부터 23년까지 노력하였으나 역시 공산당의 주도권 쟁탈 전술로 인하여 실패에 돌아간 뒤에 비로소 도산은 대독립당 결성을 구상하였다. 이것이 공산당에 대항하기 위한 민족주의·민주주의 정당으로 구상된 것인가에 대하여는 명확한 재료가 없으나, 객관적 정세로 보아서 도산이 구상한 대독립당은 민족주의 진영의 대동 단결을 목표로 한 것이요, 공산당이 이에 참가할 가능성은 없었다고 보겠다.

---

* 미주·하와이·원동에서 각각 한 사람씩의 영도자를 선출하여 연합체를 이루자는 안

국제 공산당 운동을 지배하고 있던 레닌은 아시아 지역에서 먼저 민족 해방 운동에 공산당이 협력하다가 적당한 시기에 주도권을 탈취하라는 강령을 추진하고 있은 것이 사실이요, 그 결과로 중국에 있어서는 공산당원이 중국 국민당에 당원으로 가입하여 이중 당적을 가질 것을 승인한 일까지 있지마는 도산의 구상으로서는 그러한 정도까지 이른바 친소 · 용공(親蘇 · 容共) 정책을 생각한 흔적은 없다. 일본과 싸우기 위하여 외교적으로 레닌 정부와 악수하고, 그 군사적 후원을 빌자는 것은 도산이 임시정부 재직시나 그 후에도 독립 운동 방략 중의 하나로 주장한 것이 사실이나, 그러나 불행일지 다행일지, 그것은 초창기의 조선 공산당 측의 파벌 싸움과 조급한 주도권 쟁탈 정책으로 인하여 구체화하지 못하였던 것이다. 혹은 도산 생각에 공산주의자라고 할지라도 먼저 한국 민족의 일원이라는 인간적 양심이 있으리라고 선의적으로 해석했을지도 모르며, 공산주의는 독립을 전취한 뒤에 주로 경제 조직을 어떻게 결정할까 하는 단계에 가서 갈려지는 것이라고 단순히 판단했을지도 모른다. 당시 해외에 있는 지도자들이 사상적으로 약간씩 좌경한 것도 사실이요, 도산도 어떤 때에 "사회주의도 한국 민족을 잘 살리기 위하여 주장하는 것이니 연구하여 좋은 점이 있으면 채택할 것이라."는 뜻을 말한 적이 있다.

도산이나 다른 지도자들이 당시에 이해한 것은 어느 편이냐 하면 유토피아적인 사회주의였다. 착취와 압제가 없고 모든 사람이 다 평균하게 살 수 있는 사회를 만든다는 정도의 초보적인 사회주의론에 불과한 것이었다. 전투적인 공산당, 소위 무산 계급 독재를 가장하는 당의 독재, 정치국의 독재, 개인 독재의 권력구조, 또는 목적을 위하여는 수단을 가리지 않고, 이간 중상으로 정적을 각개 격파한다는 철저한 음모주의 등등, 실천적 공산주의의 정체라든가 이른바 과학적 사회주의 이론 등을 올바로 파악하기에는 역사적으로 시기 상조였던 것이다.

공산주의자의 하나인 김원봉(金元鳳)이 북경에 있는 것을 일본 영사관측이 알게 되어 신변이 위험할 때에 탈출할 여비가 없어 상해에 있는 당원에게 대양 100원을 급히 변통하여 줄 것을 기별하였다. 그들은 여러 날 돈을 구하려다가 이루지 못하고 마지막으로 도산에게 의논하니, 그날 밤으로 50원과, 이튿날 아침에 50원을 손수 가지고 와서 전하더라는 이야기가 있다. 그들이 도산의 인간성에 감복하여, 도산 별세시에 무창(武昌)에서 성대한 추도식을 하였다고 전한다.

이 일화에 있어서 도산의 행동은 하등 정치적 의미가 없고 순전히 인간적 동정에서 나온 것이라고 해석함이 타당할 것이다.

도산의 대독립당 구상은 순전한 민족주의, 민주주의 운동으로서, 필연적으로 공산당과 대립될 운명에 있었다고 볼 수밖에 없다.

앞서 1920년에 임시정부 내의 분규를 해결하는 방법으로 혁명 간부 조직론을 제창하였고, 21년 2월에는 이탁에게 한 말 중에 "내가 상해에 처음 왔을때 군 등이 신민회를 부흥시켜 정치적 단결을 누누히 말할 때에 나는 대동 일치하는 데 방해가 되겠다고 거절하여 왔는데, 금일에 와서 본즉 그것이 또 유감이라 이같이 아무 기본 토대가 없고서는 일을 부지하여 갈 도리가 전무하도다. 지금이라도 극소수의 정치적 결사를 성립하여 간난 상구함이 어떨까 하는 생각뿐이요, 결정은 없으니 군이 이에 대하여 생각하여 보라."(도산 일기 1921년 2월 9일) 한 것이 대독립당 구성론의 실마리라고 볼 수 있다.

그 후 도산은 국민대표회를 민주주의 방식에 의한 대동 단결의 방략으로 추진하려 하였다. 그것은 대표회 환영 연설, 기타 도산의 주장, 즉 대표는 한 지방의 대표가 아니요, 전체 국민의 대표라는 것 등으로 보아 분명하다. 대표회가 결렬되고 미주로 다시 건너갈 때에 비로소 구체적으로 대독립당 결성의 계획을 세운 것이요, 앞서 인용한 편지(1926년 8월 24일)에 "일찍 아우가 미주에 있을 때에 누누이 말씀드렸거니와" 한 것은 1925년 미주 여행시에 동지들에게 그 계획을 반복 설명한 사실을 증명한다. 1924년에 북경서 쓴 〈동포에게 드리는 글〉 속에 대독립당 구성을 암시하는 대목이 보이지 아니하나, 이는 일본 관헌의 검열에서 삭제된 부분에 있거나, 그렇지 아니하면 검열을 예상하고 언급하지 아니했을 것으로 짐작된다.

홍사단은 조직 방법이 밀집적으로 되어 있어 그 단결력이 강하였으나, 도산은 이것을 정치 단체로 이용할 생각은 처음부터 없었고, 이 때에 와서도 없었다. "혁명 운동을 하려면 수양 기관 이외에 특별한 혁명 기관이 있어야 되겠습니다."라 한 그의 편지의 구절은 이것을 의미하고, 수양 기관이란 곧 홍사단 또는 수양동맹회를 말한 것이다. 홍사단은 1907년대에 도산이 국내에서 조직한 청년학우회의 후신이요, 지금 도산이 조직하고자 하는 것은 신민회의 후신이라고 말할 수 있다. 대독립당 조직 방법을 2단계로 나누어 먼저 동지자를 구하여 핵심 조직을 만들고 다음에 그것을 중심으로 하여 '통일적 대독립당'을 만들자는 것이다. 이 단계적 조직론은 1920년 독립 운동 중견 세력 구성론에서 1급 간부, 2급 간부, 3급 간부로 나눈 것과 비등하다.

이번 계획의 또 하나의 특색은 '국내'에서도 동지를 구하여야 한다는 것이다. '우선 국내나 원동이나 미주를 물론하고 우리와 의사를 소통하기에 가능한 사람'을 모은다고 그는 편지에 쓰고 있다. 국내에 참가할 수 있는 동지는 두 종류가 있으니, 하나는 해외로 탈출하여 장차 세울 이상촌에 가담할 사람이요, 또 하나는 국내에 있으면서 비밀 당원이 될 사람들이다.

도산이 만주 시찰을 떠나기 직전에(1926년 7월) 국내에 연락하여 주요한을 상해로 불러내었다. 그 용무는 5월에 창간한 《동광》 잡지의 경영 계획을 토론하는 것, 장차 세울 이상촌에 대하여 본국에서 투자할 사람과 이에 가입하여 살 사람을 구하는 것, 그리고 대독립당의 당원을 물색하자는 것 세 가지였다. 주는 상해에서 도산을 만나 남경·진강(鎭江) 부근을 실제 답사하였다. 진강 부근에 있는 하촉(下蜀)이라는 곳을 이상촌 건설 후보지의 하나로 생각하고 주와 같이 가보았다. 그곳은 멀리 양자강이 내다보이는 나지막한 야산으로서 계곡에는 논을 푼 곳도 있었다. 부근에 독일 선교사들의 부락이 있어 우물을 파서 저수탑을 높이 세우고, 자가용 발전기를 두어 수도와 전기 시설을 갖춘 부락이었다. 도산은 그것을 한 개의 모범으로 예를 들면서 이상촌 계획을 설명하고, 국내에서 지원할 사람이 있으면 그리 나와서 생활 근거를 잡도록 권유하라고 하였다. 그리고 미구에 만주 방면을 시찰하고 거기 더 좋은 곳이 있으면 이상촌을 그리 가져갈 의사라는 것도 말하였다. 대독립당 건설에 대하여는 국내 지도자와 국외 지도자가 합작하여 항구적인 항일 운동을 전개하되, 국내에서는 실업과 교육·언론 등의 표현 운동을 동시에 전개하고, 국외에서는 군사와 외교를 병행할 것을 말하였다.

주는 귀국하여서 여러 사람에게 도산의 의사를 전달하였는데 그 중에 김성수에게도 교섭한 일이 있다. 그 때 김성수의 대답은 자기가 경성방직·중앙학원 · 동아일보 등을 경영하여 표현 운동을 힘자라는 대로 추진중에 있는데 만일 대독립당의 비밀 당원이 되었다가 탄로되면 모든 표현 운동까지 일인의 탄압으로 괴멸될 염려가 있으니, 당원이 될 수는 없다고 오직 정신적으로 묵계하여 진행하자고 하였다. 당시 김성수는 동아일보 사장의 지위에 있었다. 김은 후일 도산이 대전 감옥에서 복역하고 나온 뒤에 생활비와 병원비 그리고 나중 장례비 등을 담당한 사람의 하나였다.

길림(吉林)

도산은 1926년 겨울에 유기석(柳基石)을 데리고 북경을 떠나 길림으로 들어갔다. 유기석은 간도 출신의 청년으로 중국말을 잘하였고 흥사단 단우였으며 당시 산서성(山西省), 염석산(閻錫山) 군대에서 일을 보고 있었다(《한국독립운동사》에 이기석(李基錫)이라고 한 것은 유기석의 와전이다). 길림성 대동문(大東門) 밖에 있는 대동공사(大同公司) 최명식(崔明植. 당시 최일(崔日)이라고 행세했음) 댁에 유하면서 이상촌의 후보지를 탐색하기 위하여 동경성(東京城)과 경박호(鏡泊湖) 부근을 왕복하였다(일설에는 이탁 집에 유숙하였다는 말도 있으나 최씨 댁이 정확한 것 같다).

도산이 만주에 온 것을 기회로 하여 만주의 군사 단체인 참의부(參議府) · 정의부(正義府) · 북만주의 신민부(新民府) 등을 통합하여 통일된 기관을 만들기 위한 회합이 길림서 열리게 되어 도산은 그 회의에 참석하여 의견을 진술할 기회가 있었으며, 이탁 집에 그 간부 등을 초청하여 만주 운동의 기본 강령을 토의하기도 하였다. 참석자 중에 김동삼(金東三) · 이탁(李鐸) · 이탁(李沰) · 현정경(玄正卿) · 현익철(玄益哲) · 오동진(吳東振) · 김좌진(金佐鎭) · 이웅(李雄-李俊植) · 김유성(金有聲, 一名 柄珣) · 김이대(金履大) · 손정도(孫貞道) · 김지간(金志侃) 등이 있었다.

① 전 만주의 단체들을 조사하여 통합할 것.

② 통합 단체로서 각지 동포의 계몽 사업을 일으킬 것.

③ 각지에 산재한 독립군을 조사할 것.

④ 이런 사업 경영에 필요한 기금 운동을 일으킬 것.

⑤ 소학교 아동들의 교육 방침을 통일할 것.

⑥ 사관 학교를 설립하여 무관을 양성할 것.

⑦ 일인의 세력이 덜 미치는 안전 지대를 택하여 통합 기관의 본거지를 둘 것. 이것은 이상촌 계획과 관련되는 것이다.

⑧ 통합 후에는 아령 · 만주 · 중국 각지 · 상해 · 본국 · 미주 등지와 긴밀한 연락을 취하여 이 사업에 협조가 되게 할 것(이 조목은 대독립당 건설과 관련된 것이다).

이러한 토의 끝에는 중국 음식점 송강 제일루(松江第一樓)에서 만찬회를 가진 일도 있었다.

해가 바뀌어 1927년 2월 14일 앞서 말한 대동공사 창고를 빌어 도산의 강연회가 개최되었다.

이 강연회는 일설에 나석주 의사 추도식을 기회로 한 것이란 말도 있다. 날짜는 음력으로 1월 13일이 정확하다고 박일병이 기억하고 있는데, 그 이유로는 최명식의 생일이 음력 1월 15일인데 도산 등이 중국 관헌에게 구금된 날 최명식 씨 생일 잔치를 위해 준비하던 음식을 유치장으로 들여보낸 기억이 확실하다는 것이다. 그리고 《동아일보》 1927년 2월 23일자 기사에 의하여 양력으로 2월 14일로 되어 있는데 그 날이 바로 음력으로 1월 13일에 해당된다.

400내지 500명의 청중이 모여서 박일병의 사회로 강연이 진행되고 도산은 독립 운동의 방략으로 분산적인 일시 행동을 피하고 통일적인 장기 투쟁(長期鬪爭)론을 전개하였다. 약 30여 분 말을 하다가 도산은 몸이 피곤하여 말하기 힘들다고 하면서도 이마의 땀을 씻으면서 더 계속하는 도중, 돌연 수백 명 중국 경관이 무장을 갖추고 강연회장을 포위하였다. 그 중 약 20명은 회장에 돌입하여 연대에 뛰어올라 도산을 포박하려 하였다. 당시 여자 독립군으로 이름 있는 유장청(柳長青) 여사가 가로막고 "묶지 못한다."고 호령하였으므로, 경관은 포승을 감추고 도산을 동행하였다. 좌석에는 무기를 가진 독립군인들이 많이 있었으므로 저항하려는 사람도 있었으나 도산은 "사태를 분명히 알기 전에 경거망동을 하여서는 안 된다."고 만류하여 무기를 버리고 곱게 잡혀갈 것을 명하였다.

중국 경찰은 강연회에 참석한 인사를 전부 연행할 뿐 아니라, 동시에 길림 시내에 있는 한국인 집을 샅샅이 뒤지어 17세 이상의 남자는 거의 전부 구속하였다. 이 때 도산은 경찰에 가서 '晏彰昊'라는 이름을 대었다 한다. 유치장이 좁아서 복도와 사무실 등에 수용하니 초만원을 이루었고, 연사인 도산과 주최자 김일병, 장소의 주인 최명식(최일)은 한 방에 따로 유치하였다.

첫 날은 중국 경찰이 단독으로 심문하였으나 3일 후에 두번째 심문에는 조선 총독부 경시(警視)인 김덕기(金德基)와 기타 총독부 관리 4~5명이 연석하여 공동 심문을 받았다. 그 결과로 도산을 위시한 42명만 계속 유치되고 나머지는 전부 석방되었다.* 42명 중에는 도산 외에 오동진 · 현익철 · 김이대 · 김동삼 · 고활신(高活信) · 유장청 · 유기석 · 박일병 · 최명식 등이 포함되었다. 이것이 유명한 길림 사건이다.

앞서 1925년 6월에 봉천에서 장작림(張作霖) 정부와 조선 총독부 사이에 삼시(三矢) 협약이 조인되어 만주에 있는 공산당 소탕을 위하여 만주 치안 당국과 일본 관헌이 공동 작전을 하기로 합의가 되었었으므로 일본측은 길림 회의를 공산당의 회합이라고 모함하여 동삼성 헌병 사령관 양우정(楊宇霆)에게 일망 타진할 것을 요구한 것이었다. 조선 총독부의 경무과장(國友)과, 평안북도 경찰 부장(富永) 등이 현지에 달려와서 구금된 4명의 한국인을 일본 관헌에게 넘겨 줄 것을 길림에 있는 일본 영사를 통하여 교섭하였다.

길림 경찰청장은 상부의 명령 없이 일본 관헌에게 넘겨 줄 수 없다 하였고, 길림성 교섭 서장(交涉署長)은 자기 상대가 일본 영사이므로 조선 총독부 관리에게 인도할 수 없다고 거절하였다. 총독부 관리들은 부득이 봉천(奉天) 총영사 천월(川越)에게 부탁하였으나 그는 "길림은 내 담당 구역인데 미리 연락도 없이 이런 일을 저질렀으니 나는 모른다."고 거절하였다 한다. 그리하여 국우(國友) 등은 북경으로 가서 일본 공사 방택(芳澤)을 통하여 당시 대원수인 장작림에게 42명 한국인의 인도를 교섭하였으나 장작림은 지방 관청에서 처리할 일이라고 회피하였다.

---

* 박일병은 22명이 유치되었다고 기억하나 전술한 《동아일보》 기사는 42명으로 되어 있다.

이러는 동안에 상해로 급전이 발송되고, 임시정부 명의로 북경과 길림 독군서에 항의와 석방 요구가 있고, 유기석 관계로 산서 독군 염석산으로부터 길림 독군 장작상(張作相)에게 유기석 석방 요구를 하였다. 한편 이 사건이 신문에 보도되어 중국의 정계 · 사회 단체 · 학생들이 외국 혁명 운동자를 감금하고 인도한다는 것은 국가적 수치라 하여 항의하는 전보가 북경 대원수부와 길림 독군서에 답지하게 되었으므로 장작상은 대원수 장작림의 내락을 얻어 20여 일 만에 42명을 전부 석방하였다. 이 사건에 특히 효력 있는 주선을 한 사람은 길림 교섭서에 직원으로 있던 한국인 오인화(吳仁華 - 본명 윤형식: 尹亭植)였고, 석방될 때에 보증 선 사람은 교포 최만영(崔萬榮) · 김일병(金一秉) · 김기풍(金基豊) 등이었다. 1개월 뒤에 다시 감금하라는 지시가 북경서 왔으나 오인화의 연락으로 이미 전부 도피하였으므로 전기 세 보증인이 구금되어 약 9개월이나 옥중 생활을 하였다(이 대목은 《한국독립운동사》 273쪽 이하 기록과 《동아일보》 기사 및 김일병의 회고담을 종합한 것).

길림 사건 발생 후 이화익, 김천우 등 6명은 북경에서 사건 전말서를 작성하여 당시 중국 국민정부 외교부장인 고유균에게 제출하고 그를 면회하였는데, 그는 중국 국가 체면을 보아서도 일본인의 모략을 묵인할 수 없으니 안심하라고 대답하였다. 그러나 당시 국민 정부의 세력은 만주에까지 미치지 못하고, 동삼성의 실권은 장작림의 손에 있었다(이화익: 李化翼 진술).

오인화는 당시 길림 경찰청 통역관과 고등 심판소 · 검찰청 등의 번역관으로 재직하였는데, 그 때 새로 조직된 농민 호조사 재무 담당 직원으로 있던 전영일은 오와 상약하기를 "이번 일이 잘못 되면 지도자와 선배들이 일망 타진되어 재기 불능이 될 것이니 우리 양인이 각기 부책하여 정력을 다하자." 하고 오는 김에게 유치장에 무상 출입할 수 있는 판자(패스)를 얻어 주었으므로, 전은 무시로 다니면서 내외 연락과 식사, 의복 등 차입에 노력하였고, 동시에 시내 동포들을 동원하여 시위대를 편성하고 각 관서와 시가에 유행하며 "한국 애국자와 중국 입적자(中國入籍者)를 일본에 넘겨 주지 말라."고 연일 호소하고 또 전은 중국 정부 요인, 각성 군력가들에게 진정하며 민간 유지들의 여론을 환기하여 사건 해결에 힘썼다(전영일(全永一)의 회고).

《동아일보》는 이 때 김우평을 길림으로 특파하여 사건을 상세히 보도하였는데 그 기사는 1927년 2월 23일자에 게재되어 있다.

《朝鮮民族運動年鑑》(在上海日本總領事館 發行)에 의하면 "本月(3月) 22日附 勞兵會로 보낸 安昌浩의 書翰이 如左이다. (전략) 今般 吉林에서 40餘名 兄弟가 意外의 變을 만나 敵의 손에 逮捕되었으나, 21일간의 拘留로서 釋放된 것은 多幸이요 諸兄의 運動해 주신 德澤입니다. (중략) 國內外에 革命意識을 가진 一般同胞와 連絡하여 强하고 有力한 革命結社를 結成하여 우리 運動을 實質的으로 組織的으로 進展케 하기를 바랍니다. 이 땅에 在留하는 同志들과 前途의 方針을 討議하고 遂行할 일을 決定한 後, 貴地로 돌아갈 豫定입니다. (하략) 4260年 弟 安昌浩 拜上"

동서(同書) 4월 1일 기사에 다음 같은 기록이 있다.

"上海, 韓國勞兵會 第五回定期總會開會. (五) 吉林에서 檢擧된 同志의 釋放要求를 在上海 各團體와 聯合하여 北京政府와 吉林當局에 請願한 結果 全部 放免되다."

한국 노병회(韓國勞兵會)

여기 나오는 한국노병회는 앞서 국민대표회가 실패한 후 1922년 1월에 상해에서 김구·이유필·조상섭·손정도·여운형·나창헌·윤기섭·김인전·최준·양기탁 등의 발기로 조직된 것인데 그 목적은 군인 양성·전비 조성 등이었다. 일설에는 도산이 발기인의 하나라고 되어 있다. 그러나 그의 전체 구상의 일부를 실천에 옮긴 것은 사실이나 직접 참가한 일은 없는 것 같다. 길림 사건 때에 노병회는 이유필을 북경으로 특파하여 북경 당국과 교섭하게 하였다 하며, 상해에서도 중국 신문들과 단체와 접촉하여 여론 환기에 노력하였으므로 도산이 편지로써 사의를 표한 것이다.

농민 호조사(農民互助社)

농민 호조사는 도산이 길림에 도착하여 재류 동포들과 협의하여 조직한 것으로서 협동 조합적인 색채를 띤 것이다. 준비 위원으로는 이탁(李沰)· 최일(崔日(明植)) · 곽문(郭文) · 김이대(金履大) · 윤인보(尹仁甫) · 지석보(智錫甫) · 전영일(全永一) · 이동우(李東雨)(鐸) · 손정도(孫貞道) · 표학화(表鶴華) 등의 이름이 있으며 발기인 중에는 안창호(晏彰昊)(安昌浩) · 김동삼(金東三) · 오동진(吳東振) · 현정경(玄正卿) · 김일병(金一秉) · 김기두(金基斗) · 김진호(金鎭浩) · 김원식(金元植) · 김호(金虎) · 김정제(金定濟) · 김유성(金有成) · 곽종선(郭鍾毓) · 곽우명(郭宇明) · 노영무(盧永武) · 이욱(李旭) · 이유필(李裕弼) · 배형식(裵亨湜) · 박기백(朴起白) · 성태영(成泰永) · 안규원(安奎源) · 윤도숙(尹道淑) · 윤원규(尹元奎) · 오상헌(吳尙憲) · 오송파(吳松坡) · 옥이성(玉以成) · 최석순(崔錫淳) · 최만영(崔萬榮) 등이 들어 있다. 통신처를 최일의 대동공사로 정하였고, 그 약법의 대략이 다음 같다(前揭《조선민족운동연감》에서).

1. 본사 사원은 상조협동하여 산업 · 교육 · 풍교(風敎) · 보위(保衛)를 합작한다.

2. 본사 사원은 상호간 신용과 박애를 존중하고 근면하고 청결(淸潔) · 정의(精義)에 노력한다.

3. 입회금 2원(금표본위), 연금 1원.

4. 토지를 매수하여 신농촌을 건설하기 위하여 금 150원이상을 출자, 상당한 토지를 매수하여 출자액에 응하여 분배한다.

5. 150원 이상 출자 불능한 사원은 토지매수 저축금으로 5년간 매년 30원씩 출자한다. 저축금을 합하여 토지매수 가능할 때는 우선 토지를 매수하고 후에 입금되는 대로 계속 매수하여 결국 각사원 출자액에 따라 분배한다.

6. 토지매수를 위하여 39원 이상 저축하기 불가능한 사원은 본사가 상당한 지대에 토지를 조차할 것을 주선한 후 거기 소요된 금액을 계산하여 각각 분담출자케 한다.

7. 현금으로 토지를 매입하여 집단농촌으로 사원이 농작하는 외에 잔여토지를 사원에게 대여하고, 이를 매각할 때는 30원씩 저축금을 선납한 사원에게 선취권을 준다.

8. 금 150원을 현금으로 출자하는 사원은 금년 연말내 납입하되 계약금으로 금 30원을 전납한다.

9. 30원 이상씩 저금하여 출자할 사원은 연말이내에 계약금 6원을 전납한다.
10. 본사 찬성원은 5원 이상을 납입하고 연금은 수의(隧意)로 한다.
11. 통상사원 50명 이상에 달할 때에는 창립총회를 연다.
12. 본사의 규정과 사업방침은 창립총회에서 확정한다.

이상촌 후보지

길림 사건(1927) 뒤에 도산은 땅이 풀리기를 기다려 계속하여 이상촌 후보지를 두루 찾아보고 상해로 돌아갔다. 앞서 1924년에 북경을 찾았을 때에 그는 천진(天津) 남개대학(南開大學) 총장 장백령(張伯齡) 박사를 두번째 방문한 일이 있고, 당시 그 대학에 유학중이던 박일병(朴一秉)을 대동하고 산해관(山海關)·금주(錦洲)·호로도(葫蘆島) 등지를 답사하였고, 1926년에는 양자강 연안의 진강(鎭江)·남경(南京) 부근을 친히 보았으니, 이것이 다 이상촌 건설의 후보지를 물색한 것이었다.

이상촌 계획은 모범 부락이라고도 했고 독립 운동 근거지란 말로 표현되기도 했으며, 도산은 거생지(居生地)란 말도 썼다. 그 구상의 요령은《도산 안창호》하권 제5장 '이상촌 계획'에 비교적 상세히 기록되어 있거니와 이를 요약하면 다음 같다.

이상촌 건립의 목적은,

1. 해외 독립 운동의 근거지를 삼을 것.

2. 해외에서 성공하여 귀국을 원하되 일본 통치하에 들기를 원치 않는 이들의 집단 생활지로 할 것.

3. 말보다도 실지적 모범을 보여야 한다는 도산의 평소 교육 철학에 의거하여 농촌 생활 내지 농촌 도시 생활의 표본을 만들 것.

4. 해외 동포로 하여금 모국의 문화를 보존하게 할 것 등이다.

산과 강이 있고 땅이 비옥한 지점에 200호 정도의 집단 부락을 설치하되 도로망과 하수도·상수도 등을 현대적으로 시설하고 가옥도 한국 건축의 특징을 살리면서 현대식 생활을 할 수 있게 또는 균일하지 않고 다양성 있게 세운다.

공동 시설로는 공회당·여관·학교·운동장·우편국·협동 조합 등을 두고 공회당 안에는 오락실 · 담화실 · 도서실 · 부락 사무소를 두어 모든 시설이 협동 생활 훈련의 기관이 되도록 한다.

운동장에는 아동 유희장을 부설할 것이고, 설비로는 신식 체조 경기 시설도 두려니와 태껸 · 태극권(太極拳) · 태극검(太極劍) · 그네 · 널뛰기 등 전통적 체육 연마장을 둔다.

보통 교육 기관 이외에 직업인으로서의 훈련을 철저히 하기 위하여 농업 · 양잠 · 임업 · 원예 · 목축 등의 각과를 두고, 공업 방면으로는 건축 · 토목 · 요업(窯業) · 식료품 가공 · 농구 제조 · 목공 · 철공 · 농촌 상업 등을 포함시킨다. 교육 방법은 실습에 치중하여 농사로는 논과 밭 · 채소원 · 과수원 · 뽕밭 · 조림(造林) 등을 실습하고, 토목은 도로 · 치산(治山) · 치수(治水) · 배수(排水) · 관개(灌漑) 등을 직접 경영하며, 공업 부문도 같이 한다.

장래에는 이런 모범 부락과 직업 학교를 각도에 두어 전국 한 면에 한 사람씩 선발하여 이런 교육을 받고 돌아가 농촌 진흥 운동을 하게 한다.

도산 편지에 보면, "동삼성은 한인 접족할 수 없는 것처럼 신문상에 많이 기재되었으나 실상 내용은 곳곳마다 그런 것은 아닙니다. 일찍 크게 타격받은 김병조 목사가 전도하는 구역, 홍경현 등지에서 교회 · 학교를 금지하며 농작권을 금지하므로 한때 인심이 크게 소요되었으나 그것이 중국 관청에서 직접한 것이 아니요, 중간 협잡배의 소위가 발각되어 지금은 그 지방이 무사 안온합니다." 하였으나, 이미 만주가 한국 독립 운동의 근거지로 위험하다는 것은 앞서 말한 길림 사건이 증명하는 것이며, 도산이 다녀온 지 4년 후인 1931년 9월에는 만주 사변이 발발하여 일본군이 봉천을 점령하였고, 32년에 일본의 괴뢰인 만주국 독립, 상해에서 중 · 일 양군의 충돌 사건이 발생되는 등, 일본의 대륙 침략은 급속도로 진행되었다.

특히 만주의 형세를 보면 1927년 가을에 일본 경찰에 의하여 군민의회(軍民議會) 간부 김동삼 · 김승학 · 박창식 등이 체포되고, 28년에는 김좌진(金佐鎭) · 정신(鄭信) · 김동진(金東鎭) 등 군사 지도자가 암살되었다. 이러한 정세하에서 만주에 이상촌을 설치할 계획은 그만두지 않을 수 없었고, 도산은 부득이 우선 남경에 동명학원 기지를 매수하는 동시에, 양자강 유역에 이상촌 후보지를 택하기로 하였다. 그러나 1932년 윤봉길 사건이 생겨 도산이 일본 영사관 경찰에 잡히게 됨으로써 모든 일이 일시 중단되었다.

남경의 토지는 1937년 중 · 일 전쟁이 일어나 상해 · 남경이 일본 세력 밑에 들어간 후에 일시 일본에게 몰수되었다가, 제2차 대전에 일본이 패망하고 중국 국민 정부가 남경으로 환도한 후 교섭하여 다시 찾기로 하였던 것이나, 중국 본토가 다시 공산당 세력하에 들어감으로 인하여 찾을 길이 없게 되었다.

그러면 대독립당 조직의 계획은 어떻게 진전되었는가. 도산이 독립당 건설을 여러 사람에게 선전하자, 여기 저기서 재빨리 독립당 발기자가 생겨났다. 이 문제에 있어서도 먼저 간판을 걸어야겠다는 영웅주의가 작용하였고, 그로 인하여 도산이 생각한 통일된 대독립당의 건설은 수포로 돌아가고, 조그만 혁명 정당이 사방에 난립하는 상태로 들어간 것이다.

1927년 가을에 길림에서 다시 모은 3부(통의부(統義府) · 참의부(參議府) · 신민부(新民府)) 대표회에서는 통일된 군민의회(軍民議會)를 표면적 자치단체로 구성하고, 핵심 기관을 '한국 독립당'이라고 하였다. 29년 9월에는 길림성 우마항(牛馬巷)에서 '또 하나의 정당이 조직되어 그 이름을 '조선 혁명당'이라 하였다. 한편 상해에서는 27년 11월에 한국 유일 독립당 촉성회의 각 지방 대표회가 열려 정통을 주장하였으나 분열을 막지 못하였고, 이듬해 3월에 '한국 독립당'이 상해에 간판을 걸었다. 같은 해 5월에 만주의 3부 대표 회의가 다시 신안둔(新安屯)에서 열려 유일 독립당 조직을 논하였으나 합의되지 못하였고 29년에는 남경에 또 하나의 정당으로 '한국 독립당'이 출생하였다. 이리하여 만주와 중국 지방에서 민족 진영에만 한국 독립당 · 조선 혁명당 · 한국 혁명당 등 여러 정당이 각자 깃발을 세우게 되었다. 1934년에 남경에서 '신한 독립당'이 탄생하였고 35년 남경 회의에서 5개 단체가 발전적 해소하여 '민족 독립당'이 되었다가 미구에 김원봉 일파의 적화로써 분규가 재연되어 다시 한국 독립당 · 조선 혁명당 · 한국 민족 혁명당 · 조선 민족 혁명당(공산당) · 한국 국민당 등이 분립된다(이러한 이산 분합의 경과는 《한국독립운동사》 365쪽 이하에 자세함).

이러한 정세하에서 도산은 자기가 계획한 통일적인 대독립당의 건설을 포기하지 않을 수 없었던 모양이다. 이리하여 1928년으로부터 1932년 6월, 그가 체포될 때까지 약 5년간 그의 공적 생활의 기록은 별로 참고할 재료가 없다. 이 사이에 그는 필리핀을 방문한 일이 있으니, 그것은 필리핀 독립 운동의 실태를 조사하기 위함이었다.*

홍재형(洪在衡)의 추억담에 의하면 도산은 필리핀을 보고 돌아와서 그 곳 관리가 미국 총독 이외에는 거의 전부가 필리핀이었던 것과, 백인 총독이 거리에 나오면 필리핀 어린이들이 그와 손을 잡고 노는 것을 보았고, 총독은 그 어린이들에게 "너희들은 공부를 열심히 하여 장차 독립 국가의 정치를 맡아야 한다."고 격려하는 것이 인상적이었다고 술회하였다 한다.

이 즈음 국내 · 국외에서는 공산당 운동이 점차 치열하였고, 1926년 6 · 10 만세 사건 후 27년 서울에서는 민족 · 공산 양 진영 공동 전선인 신간회(新幹會)가 조직되었다. 이런 정세에 영향을 받은 홍사단과 수양동우회 동지들 간에는 그 조직을 변하여 정치 단체로 발전시키자는 운동이 일어났고, 수양 단체는 그대로 두고 따로이 정치 단체를 조직하자는 논과 대립하여 일시 동요가 심하게 되었으므로 도산은 27년에 둘째 번 '동지에게 고하는 편지'를 공표하였다.

이 편지에서 도산은 홍사단의 수양 운동이 곧 혁명을 위한 수양임을 고조하고 '밥을 먹어도, 잠을 자도' 오직 혁명을 위함이라고 하였으며, 정치 운동은 단 밖에 있는 인사들과 합하여 따로이 조직함이 가하다고 하였던 것이다. 홍사단은 직접적인 정치 운동에 참가 아니 한다는 원칙을 재차 확인한 것이다.**

대공주의(大公主義)라는 말을 도산이 처음 사용한 것도 이즈음의 일이다. 연희전문학교 축구단이 상해로 원정 갔을 때에 그 학생들에게 훈화하는 중에서 도산은 대공주의를 말하였다. 이 때 도산의 나이 만 50에 달하였고, 50 평생에 생각하여 온 인생관과 정치 철학을 정리 · 종합한 것을 대공주의라는 이름으로 표현한 것이다. 그 때의 도산 담론을 상세하게 전한 이가 없고 기록한 것도 없으므로 오늘에 대공주의를 체계 있게 상고하기 어려움은 유감이다.

"개인은 민족에 봉사함으로써 자신에 대한 의무와 인류에 대한 의무를 완수한다."고 도산은 항상 말하였거니와 대공주의는 이 인생관을 윤리면과 정치면

---

* 《도산 안창호》 전기에는 1924년 미국 가는 길에 필리핀을 들른 것으로 되었으나 그것은 저자의 착각인 듯하다.

** 이 편지의 등본을 지금 구하지 못한 것은 유감이다.

에서 연역한 것으로 추측된다. 그 당시는 '주의'의 유행 시대였다. 민족주의·사회주의·공산주의·무정부주의 등의 용어가 일상 회화에 주제가 되는 때였고, 중국의 손문(孫文)은 '3민주의'를 주창하였다. 도산은 한국 민족 운동의 공통적 표어를 마련할 목적으로 대공주의라는 용어를 창작하였을 것이요, 그에게 시간이 허락되었더라면 이를 하나의 인생관·세계관의 체계로 완성하였을 것이다.

전체를 위하여 개체를 희생한다는 정치론은 그 후 이른바 전체주의 이론으로서 독재자들이 국민에게 강요한 바 있거니와, 도산의 대공주의는 얼핏 그와 비슷하면서도 근본적으로 대립되는 것이니, 전체주의는 전체를 주장으로 하여 개체의 희생을 강요하는 것임에 반하여 도산은 개체를 중심으로 하여 자발적으로 전체를 위해 봉사하는 것을 주장한 것이다. 도산은 권위주의자가 아니었고, 어디까지나 인간 본위론자였다. 민주주의적 단결·협동·봉사의 정신을 그는 항상 주장하였다. '단원은 단을 위하여 일하고, 단은 민족을 위하여 일하자'고 흥사단 동지들에게 권면한 것이라든지, 대동 단결을 위한 여러 차례의 시험에서, 번번이 각 지방 대표들의 협의적 단결, 또는 각개 지도자들의 정신적 결합을 주창한 것은 그가 철저한 민족주의자임을 증명한다.

그것이 시류에 합하지 아니하였고, 이른바 '민족의 정도'에 맞지 아니하였으므로 실패에 돌아갔다고 말할 것이나, 그의 실패는 그의 이상의 승리라고 할 것이다. 일반적으로 도산의 사상이 윤리적 각도로서 소개되었고 '민족 개조론'·'진실의 정신'·'중상 모략과 교사 반복의 습관 개선'·'분열 행동과 영웅주의의 청산' 등 이른바 '도의면'의 설교자로서 이해되고, 널리 알려졌으나, 이는 도산의 참 면목을 충분히 파악하지 못한 것이다. 도산은 정치가가 아니고 교육가 또는 정신적 지도자라고 말하는 이가 있지마는, 그는 진정한 의미에서 민주주의적인 정치가였다 함이 더 적절한 것이다. 근대 민주주의를 실현하기 위하여는 생활을 근대화하여야 하며, 생활의 근대화에는 근대적 생활 태도와 규범을 가져야 한다. 그 태도와 규범이 곧 도산의 실천주의·진실주의에 뿌리 박은 사회적 신용의 수립과 주견의 확립, 다른 의견의 조정, 다수결 복종 등에 의한 협동 기술, 평화스러운 분위기의 조성을 기초로 하는 공동 사회의 질서 등이라고 할 것이다. 이런 각도에서 볼 때에 대공주의는 곧 현대 민주 사회의 도덕적 · 정치적 · 경제적 규범을 말하는 것이라고 함이 가장 타당하다.

도산의 근엄한 성격, 깨끗한 사생활 등도 현대적 민주 정치가가 가져야 할 자격을 시범한 것이다. 영웅 호색이니 정치가는 권모 술수에 능해야 하느니 하는 것은 분명히 봉건 시대의 관념이요, 근대 민주 정치에 있어서는 지도자가 사생활에 있어서 큰 흠이 없어야 함이 상식이다.

인간성

여기서 도산의 인간을 엿볼 수 있는 일화 등을 소개할 단계에 이르렀다. 단순히 상해 시대의 도산이라 하면 1919년 봄으로부터 1932년 봄까지 약 13년간을 포함하는 것이니, 그 중 1925년 미국 방문까지의 6년을 전기라고 보고 26년 이후의 6년을 후기라고 할 것이나, 그의 일상 생활의 단편들이 전후 어느 시기에 속하는지 구별하기 어렵기 때문에 그냥 상해 시대의 생활 기록으로서 몰아 기록하는 수밖에 없다.

도산이 한동안 새벽마다 정좌법(靜坐法)을 행한 것은 그의 일지에도 기록되었거니와 아마도 이것은 추정(秋汀) 이갑(李甲)의 권면을 따른 것 같다. 추정이 망명 직후 러시아에 들어갔다가 전신 불수의 병을 얻은 후, 1917년 시베리아에서 별세할 때까지 6년간, 매일 일과가 아침 6시에 일어나 정좌법과 냉수욕, 기도, 성경 낭독하는 것이었고, 친구들에게 말로 또는 편지할 때에 건강법으로 정좌를 권하였다는 것이 그 유족의 말이다. 이 정좌법은 일본 사람 오카다(岡田)라는 사람이 시작한 것이니, 도산이 추정의 편지에서 그런 것을 알고 상해에 온 뒤에 위장이 좋지 못한 것을 치료하기 위하여 오카다 정좌법에 관한 책자를 구독했고 그 후 수년간 정좌법과 냉수욕을 일과로 하였던 것이다.

도산이 별세할 때의 병명을 백기호(白基昊) 박사는 '간경화증 겸 만성기관지염 및 위하수증'이라고 진단하고 있다. 간경화증이 치명적 병환이었을 것이고 마른 기침과 트림이 상해 시대부터 있는 것은 만성 기관지염과 위하수증의 증상이었을 것이다. 당시 도산은 피로할 때에 상해 적십자 병원에 입원하여 수치료(水治療)를 받았고 수치료라는 것은 얼음물과 뜨거운 물을 담요에 적셔 번갈아 찜질하는 것인데, 그 적십자 병원이 안식일 교회의 경영이었고 안식일 교회 병원은 물리적 치료를 많이 사용하는 곳이어서 수치료도 물리 치료의 한 종류였던 것이다.* 수치료는 피로 회복뿐 아니라 기관지염이나 위하수증의 치료를 겸한 것인 듯하다. 냉수욕과 정좌법은 도산이 스스로 생각한 스파르타식 치료라고 볼 것이나 생각컨대 그것이 도리어 두 가지 병에 역효과를 내었을지도 모른다. 그밖에 도산은 치아가 부실하여 상해 시대에 자주 치과 신세를 진 것이 그의 일지에 나타나고, 나중에는 틀니를 사용하게 되었으니, 위장의 고장과 밀접한 관련이 있었을 것이다.

담배는 많이 피우는 편이었고, 단연을 결심 실행한 일도 있으나 결국 다시 피우게 되어 별세시까지 계속하였고, 젊었을 때는 장죽을 피웠다 하나, 상해 시대에는 궐련을 피웠고, 시가나 파이프를 피운 일은 별로 없다.

술은 극히 소량으로 취하였으나 애주하였다고 할 것이다. 필자가 1926년 도산과 함께 남경 여행을 하였을 때 조반을 어떤 중국 음식점에서 같이 하는데 도산은 배갈(중국 소주) 반반 근(1/4근)을 청구하여 마시는 것을 보았다.

혼인, 장례, 병환 등의 경하 · 위로에 대하여 주밀하고 성의를 다하는 것은 도산의 생활 태도의 특색이라고 할 것이다. 미주에서 노동으로 저축한 돈을 몽땅 시베리아에 병들어 누운 이갑에게 보냈다는 것은 이미 기록되었거니와 상해 시대에 도산이 문병하고 치료비의 일부 또는 전부를 담당한 사람이 널리 알려진 것만으로도 박은식, 안태국, 이시영, 이광수, 윤현진, 나용균, 여운형을 들 수 있다.

필자가 독립 신문 기자로 있을 때, 감기로 누웠는데 도산이 와서 보고 약값 5원을 두고 간 일이 기억된다.

김병로(金炳魯)의 말에 의하면,

> 내가 상해에 갔을 때 거기에 이동녕 선생과 이시영 선생이 계셨지요. 모두 서울 분이었

---

* 안식일교 병원에 입원한 동기는 그와 동서간 되는 김창세 의사가 그 병원에 근무하고 있었기 때문이다.

지요. 도산 선생보다는 어른들이었고요. 도산 선생은 매일 아침 일찍 일어나 두 분이 계시는 곳을 찾아갔지요. 문안 드리러 간 것이 아니고 바로 주방에 가서 그 어른들께 드릴 반찬을 알아보는 것이었지요. 그 때 무슨 돈이나 있겠습니까. 전부 객지에서 고생을 할 땐데……. 그러나 도산 선생은 다만 몇 푼이라도 있으면 털어놓고 반찬을 사다 대접하라고 하셨지요. 돈의 다과나 그 행동 자체보다도 그 지성과 친절, 애족 정신이 비할 데 없는 것이었습니다(《새벽》 1960년 11월호).

피천득(皮千得)은 이렇게 회상하고 있다.

제가 유학(상해) 중에 병들어 누웠을 때 도산 선생님이 직접 찾아오셔서 입원까지 시켜 주셨습니다. 때때로 아침 일찍이 병원에 찾아와 주셨습니다. 그 때 그 병원에 한인 간호원이 있었는데 퍽 잘해 주었어요. 지금 생각하니 나도 그를 사모하고 있었던 모양인데, 선생님이 어떻게 그런 걸 다 아시고 너무 큰 기대를 갖지 말라고 넌지시 말씀해 주셨습니다. 그 분을 대할 땐 친할아버지나 보호자를 대하는 것 같은 느낌이었죠(《새벽》 1960년 11월호).

윤현진 씨가 병으로 누워 있을 때 도산 선생은 특별히 간호하셨고, 죽어서 장례 지내는 것도 1500원인가를 도산 선생 사재로 지냈습니다.…… 내가 남경 있다가 상해로 갔더니 도산 선생이 지금 윤현진 씨가 위독해서 가시는 길이라 하시기에 같이 갔지요. 거의 임종할 때였습니다. 그 때까지 선생은 매일 병원에 다니면서 간호하셨습니다.

이것은 이강과 백영엽의 기억이다(《속편 도산 안창호》 164쪽).

그가 친우와 동지의 불행을 볼 때에는 매양 자기를 잊어버렸다. 동오 안태국이 병사할 때에 관한 도산의 헌신적 간병과 후한 장례와 간절한 비통과 같은 예가 많이 있었다.…… 여운형이 러시아에 여행중 그 처자의 생도(生途)가 곤란하다는 말을 듣고 어떤 이를 통해서 여러 달 동안 그 생활비를 보내었다. 그 때에는 여운형과도 그 가족과도 아무 면식이 없을 적이었다(《도산 안창호》 한글판 234쪽).

선생은 또한 다정한 인간이었다. 옛적 서울 여관들에는 빈대 벼룩이 많았는데 여관에 유숙한다는 시골 동지를 만나면 여관에 물 것이나 많지 않더냐고 물으셨다. 그래서 문자 그대로 우인지우(憂人之憂)하며, 낙인지락(樂人之樂)을 하시는데 퍽 자연스럽게 하셨고 또 억강부약(抑强扶弱)하는 의기 남아였었다. 선생은 우인의 가정 방문을 게을리 아니하시었고 동지들과 친절히 담론하시기를 좋아하셨다. 때로는 장기 바둑에도 취미를 붙이었다. 누구나 선생을 만나면 참다운 인간미가 용솟음을 느낄 수 있었다(《새벽》 1954년 9월호, 최희송).

"도산은 바둑 두는 일은 보지 못하였으나 장기는 즐겨 두는 것이었다. 두실 적에는 전심 전력을 다하여 두시었다."(《속편 도산 안창호》 214쪽)고 전하는 것이 사실일 듯하다. 당시 모이명로 홍사단 단소 오락실에 장기판이 있었고 도산과 장기 상대는 정인과가 많이 하였다.

"오락에도 성의가 있어야 한다."

이렇게 그는 주장하였고 특히 가정 파티에서나 단체 연회 등에서나 여흥에도 성의를 다해 회중을 즐겁게 하는 것이 각자의 의무라고 말하고, 친목회에 나갈 때는 반드시 각자 여흥을 준비해 가지고 갈 것, 차례가 되면 서슴지 않고 나서서 자리를 유쾌하게 하는 것이 옳다고 하였다. 하루는 도산이 단소 2층에서 단가를 연습하는 것을 단우가 보고 웃으니, 도산은 같이 웃으면서, "내가 노래를 부를 줄 몰라 좌석에 가서 늘 곤란하므로 이것을 연습하는데 도무지 잘되지 않는다." 하였다. 어떤 날, 서양 사람을 만나게 되었는데 도산은 아침 식사부터 면보를 먹고, 김치를 입에 대지 않았다.

"한국 사람 입에서 김치 냄새가 나는 것이 무엇이 잘못입니까" 하고 물으니,

"서양 사람에게서 노린내가 나는 것을 우리가 싫어하지 않소? 그러니까 저들이 김치 냄새를 싫어하는 줄 알면서 일부러 먹을 필요는 없을 것이오." 하였다.

어떤 청년이 토스트를 먹으면서 껍데기 쪽은 뜯어 버리는 것을 보고, "빵을 먹는 법을 잘 모르시는군. 이 껍데기 쪽이 더 고소하고 맛이 있는 것이오." 하였다.

상해 당시의 시대 사조 — 사회주의 · 공산주의 · 무정부주의 · 삼민주의 등에 대하여 청년들과 토론한 끝에 도산은, "우리 민족은 우선 자주 독립을 찾는 것이 급선무요, 지금은 모든 사조를 잘 연구하여 장차 우리 민족에 맞도록 가장

좋은 부분들을 골라서 채용해야 할 것이라."고 하였다(필자의 기억).

도산은 영국 조계 모이명로에 집 한채를 세를 내어서 흥사단 원동 위원부의 단소를 삼았다. 도산은 이 집을 깨끗이 꾸미기에 많이 힘을 썼다.…… 사무실 · 식당 · 담화실 · 집회실 · 오락실 · 침실, 이 모양으로 극히 정결하고 정돈하게 차려 놓았다. 이 정결과 정돈이 민족 개조의 중요 과목이요, 제1과목이었다. 당시 상해에 우거하는 우리 동포의 주택이나 셋방이나 정결과 정돈과는 아주 거리가 멀었다. 방도 아무렇게나 차려 놓고 소제도 정돈도 아니하는 이가 많았다. 우리는 이런 것을 불구소절(不拘小節)이라는 허울 좋은 덕목으로 스스로 변호한다. 그러나 아무리 변호하더라도 이것은 국민성의 타락이 아니고 무엇이랴. 도산은 우선 몸가짐과 거처부터 개조 일신하지 아니하고는 문명한 독립 국민이 되지 못한다고 굳게 생각하였다. 그래서 우선 회관에서부터 흥사단식 정결, 정돈의 생활을 하여야 한다 하여서 모이명로 단소를 꾸민 것이다. 그는 문짝 한 끝, 화분 하나도 몸소 여러 상점을 돌아서 골라잡았고 그것을 걸 곳에 걸고 놓을 곳에 놓는 것도 다 깊이 생각하여서 그 중 좋은 길을 취하였다. '아무렇게나', '되는 대로', '어물쩍 어물쩍' 하는 것을 도산은 '거짓'과 아울러 조국을 망하게 한 원수라고 보았다(《도산 안창호》 한글판 174쪽).

저는 그 분은 무슨 정치인이라기보다 다만 인간으로서 높은 존재라고 생각합니다.…… 지도자들이 가지기 쉬운 어떤 이상한 태도가 전혀 없는 순수한 인간이었습니다. 일생을 통하여 거짓말이나 권모 술수가 전혀 없던 분입니다. 그런 것들이 정치에 꼭 필요하다면 그 분은 전혀 정치를 할 자격이 없는 분입니다.…… 가난한 살림살이였지만 청초한 생활이었지요. 칼라가 더러워진 건 본 일 없고, 물론 호화로운 옷도 입어 본 적 없지요.…… 앉거나 서거나 언제나 규범적이고 규율적이었습니다. 소파가 있다고 쭉 늘이고 앉으신 것을 못 보았습니다. 참 단정한 분이었습니다. 간소한 방에는 화병이 있고 늘 꽃이 꽂혀 있었습니다.…… 꽃을 사실 때도 여러 색깔로 일일이 검토하셨습니다. 큰 일 하는 분들은 작은 일에 주의하지 않는다는 설도 있는데 도산 선생님은 그렇지 않습니다.…… 퍽 어린애를 사랑하셨지요. 우아한 분이었습니다. 일경에 체포당할 때도 어떤 어린아이에게(이유필 씨의 아들) 선물을 사준다는 약속을 지키러 나가셨다가 잡혔지요.…… 그렇게 어린아이와의 약속도 어긴 일이 없었습니다. 그래서 제가 한번은 ……'사람이 살아가는데 거짓말을 안 할 수 있습니까. 해야 할 때가 있지 않습니까.' 이렇게 물었습니다. 그 때 선생님은 거짓말이 허락되는 경우가 하나 있다면 사실을 말하는 것이 자기 동지를 해치는 일이 될 때 허락될지 모르겠으나 그런 경우에는 말을 하지 않으면 안 되느냐고 말씀하셨습니다. 그 분은 인간이 가질 수 있는 최고의 것을 가지고 있었다고 생각합니다(피천득 회고담, 《새벽》 1960년 11월호).

윤현진 씨가 병 치료하고 있을 때, 미국 가려는 학생의 여비를 임시로 꾸어 썼는데, 본국서 치료비가 미처 오지 않고 학생의 출발 시일은 닥쳐왔다. 윤의 친구인 나용균(羅容均)은 윤에게 돈 변통을 부탁받고 여러 군데 알아보았으나 여의치 못하여 도산을 방문하였다. 그 당시 도산도 곤란한 생활을 하고 있음이 역력히 보이므로 차마 말을 꺼내지 못하고 나오려는데 도산이, "나군이 이렇게 밤 늦게 나를 찾았으니 반드시 무슨 할 말이 있을 것이니 어려워 말고 하시오." 하므로 나씨는, "별일 없습니다. 오래 못 뵈었기에 왔던 것입니다" 하였으나 재삼 물으므로 윤씨의 사정을 말하였다 한다. 도산은 이튿날 아침에 그 돈의 일부를 마련하여 인력거를 타고 와서 전하였고, 나머지는 그날 밤까지에 주선해 주었다 한다(나용균(羅容均) 회고담).

황일청(黃一淸—안중근 의사의 사위)이 병중에서 약값이 없어 고생함을 보고, 나우(羅愚)가 도산에게 가서 전하니, 도산은 마침 청년들과 장기를 두다가, "가진 돈이 없는데……" 하고 걱정하다가, 회중 시계를 떼어 주면서 전당 잡혀 오라하였다(나우(羅愚) 회고담).

내가 상해에 있을 때에 젊은 사람들 중에 공산주의에 기울어진 자들이 도산을 민족주의자요, 사상이 낡았다고 악평하다가도 하숙비가 떨어지든지 급한 비용이 필요하면 도산을 찾아갔고 도산은 아무 말없이 도와 주었다(최혁주 목사 회고담).

나는 상해에서 청년 X씨와 같이 있었는데, 그가 서양으로 가서 수년간 학업을 닦고 다시 상해로 온 뒤에 말이, "전에는 도산 선생을 숭배하고 그의 교훈을 달게 받았으나 지금 생각하니 아무것도 아니다. 그래서 이번에 다시 상해에 왔지마는 방문할 생각도 없노라." 하였다. 한번은 뜻밖에 도산이 우리 숙소로 X씨를 찾아와서 당황하는 그를 보고, "그대가 돌아왔다는 소식을 듣고 보러 왔노라. 시간 있으면 내게 와서 한번 반가이 이야기나 하자."하였다. X씨는 할 수 없이 도산에게 가서 두어 시간이나 담화하고 왔는데, "역시 선생님으로 모시어야 되겠다."고 하였다 (김영로 목사 – 청주 – 회고담).

상해 시대에 나는 나우(羅愚) 씨와 같이 살았는데 도산 선생이 우리집에 오시면 방과 마당에 불결한 것, 정돈 안 된 것을 직접 정돈하고 청소하시므로, 몇 번 그런 일이 있은 후에는 도산이 대문 밖에 오셔서 지팡이로 두드리시는 소리가 나면 나우 씨 부인이 질겁하여 선생님 잠깐 기다리시라 하고 분주히 방을 치우고 정돈하는 것을 보고 내가 늘 웃었다(문일민(文一民) 회고담).

도산이 돈에 대하여서 고결하였다는 일화도 여러 가지 있다. 레닌 정부에서 받아온 돈의 일부를 도산에게 가져왔을 때 그것은 임시 정부로 보냄이 합당하다고 거절하였다는 것은 이미 언급하였거니와, 송태산장에 유할 때에 선우(鮮于) 모라는 기생이 생활비에 쓰시라고 돈을 보냈을 때 성의만을 받는다 하여 10원만 남기고 나머지는 돌려 보냈다는 이야기도 있다.

상해 시절에 도산이 곤궁한 처지에 있음을 아는 백영엽(白永燁)이 마침 볼일이 있어 안동현까지 갔던 길에 비밀리 신의주로 건너가서 김기홍(金起鴻)에게 그 말을 하였더니 그 때 돈 2000원을 주었다. 백이 상해로 돌아가 그 돈을 도산에게 전하니 도산은, "이 돈은 그한테서 직접 받았는가. 임시정부로 보내는 것이 아닌가. 분명코 나 개인으로 쓰라든가. 개인으로 쓰되 무슨 공동 사업에 쓰라는 것이 아닌가. 전혀 사사로운 일에 쓰라고 하든가." 꼬치꼬치 캐어 묻고 확인을 한 뒤에야 그 돈에 손을 대더라고 한다(《속편 도산 안창호》 199쪽).

한승인(韓昇寅)이 전하는 바에 의하면 서울 중앙 호텔에 도산이 유숙하고 있을 때 전남 광주 발신으로 된 무명씨의 편지를 내보이시는데, 거기는 우편환 몇 십 원이 들어 있고 선생을 사모하여 드린다는 사연이었다. 도산은 이 돈을 어떻게 하면 본인을 찾아 돌릴 수 있느냐 하면서, 그 이유로는 첫째 자신이 국가 · 사회에 이바지한 일이 없는데 친구의 돈을 까닭 없이 받을 수 없는 것이요, 둘째 그런 돈을 받아 쓰기 시작하면 버릇이 되어 한 번 두 번이 열 번이 되고, 한 사람 두 사람이 열사람에게 받게 되어 생활 수단을 남에게 의뢰하는 습관이 되겠다는 까닭이라 하였다 한다(홍사단 《공함》 1959. 2. 25).

상해 시대에 중국 혁명가 진기미(陳其美)를 만난 일이 있다. 진기미는 국민당의 선배로서 뒤에 원세개(袁世凱)에게 암살당한 사람이다. 진이 도산을 보고 여관 생활을 그만두고 자기 집에 와서 묵으라고 권하였으나 도산은 거절하였다. 진은 당시 중국 혁명 사업을 촉진하기 위하여 한국과 중국이 합작할 것을 주장하였다. 이에 대하여 도산은 "합작하는 것이 찬성이요. 그러나 먼저 당신들 혁명 당원들이 통합하는 것이 선결 문제요. 지방마다, 성(省)마다 다르고 계통이 없으니 통일적인 조직으로 강화하시오."하였다.

도산이 혁명 운동의 역량을 집중 통일하여야 한다는 자기 생각을 중국혁명운동에도 적용할 수 있은 것이다. 진은 "넓은 지역에 풍속도 다르니 전국적 통일은 지금 형세로는 도저히 어렵지요."하고 변명하면서 절강성(浙江省)에서 민군을 훈련시키고자 하니 한국 군인 중에서 교관을 보내 달라고 하였다. 그러나 이 계획은 적당한 후보자가 나서지 아니하여 실현되지 못하였다.

한 번은 상해에 있는 중국 신문인들을 초청하였다. 우리 정부측으로는 임시정부 각료와 차장급이 출석하고, 중국측으로는 엽초창(葉楚傖), 소력자(邵力子) 등 국민당 간부급도 참석하였다. 이동휘 총리가 먼저 말하고, 도산은 마지막에 말하였다. 엽초창이 "한국은 우리 중국을 거울삼으시오." 하였는데, 도산은 이에 관련시키면서 "일본이 동양에서 무력을 믿는 까닭은 중국이나 한국이 무력을 가장 두려워하기 때문이니, 우리가 용기를 내어 일본의 무력을 무서워 말고 나가면 일본이 믿는 무력의 힘이 효과 없고 우리가 최후 승리할 것이라."고 하였다.

한때 미국 국무성에 도산을 공산당이라고 중상한 일이 있었다. 미국측에서 도산에게 이것을 알리고, "당신네 동포 중에 당신을 원수시하는 사람이 있느냐."고 물었다. 도산은 "천만에 그럴 리가 없다. 내 동포는 모두 내 친구요 형제인데 원수가 있을 수 없다."고 대답하였고, 미국 관리는 탄복하였다.

"당신을 공산당이라고 모함한 사람의 이름을 알고 싶으냐." 함에 대하여 도산은 알고 싶지 않다고 거절하였다.

백영엽이 북경에 있을 때 도산을 만나러 중국 복색을 하고 방문하였는데, 가 보니까 나무 판장 침대에 요만 깔고 지내는 것을 알았다. 그 때가 9월경으로 날씨도 추워가는 때이므로 민망히 생각했는데, 도산은 그 눈치를 알고 "백군, 그런 걱정 마시오. 시베리아 · 만주 벌판에 운동 다니는 청년들은 한데서 잠을 자면서 갖은 고생을 하는데 우리는 이만하면 좋지 않소." 하였다 한다(이상 《속편 도산 안창호》 154 및 186쪽 이하).

"요새 소위 '20대 대 40대'의 논쟁이란 것을 읽으면서 도산 선생의 말씀이 생각난다. "나는 60이 되면 물러앉고 청년들에게 일을 맡길라오." 이렇게 선생은 40대 시절에 자술(自述)하였다. "우리 젊은이들이 무슨 일을 좀 하려 하면 노인네들이 어떻게 고집을 피우는지 참으로 난처하외다. 나도 60이 되면 나도 모르게 저렇게 고집할 것이니 지금부터 단단히 결심하고 60만 되거들랑 청년들에게 만사를 떠맡길라오."

선생은 옥중에서 얻은 병으로 만 60이 되던 해에 별세하였으니, 과연 그가 살아 계셨더라면 '노인(老人)의 고집'을 안 부렸을 것인지 실증(實證)할 도리는 없다.……(《한국 일보》 1957년 6월 9일, 주요한〈청년의 시대〉).

적(敵)의 수중(手中)에

1931년(辛未) 9월 18일 만주에 있는 일본군이 돌연 행동을 개시하여 봉천(奉天)을 점령하니, 이른바 만주 사변이었다. 이 때 도산의 나이 만 53세이다.

일본군은 계속하여 전 만주를 점령하였고, 이듬해 3월에는 괴뢰 정부인 만주국을 수립하고 폐위되었던 청국 황제 부의(溥儀)를 허수아비 집정으로 세웠다. 중국의 장개석 정부는 이 사건을 국제 연맹에 제출하였으나 국제 연맹은 일본을 실력으로 제재할 능력이 없었고, 미국과 영국도 일본과 개전할 준비가 없을 뿐더러, 소련 세력의 남하를 막기 위하여는 일본이 만주를 먹는 데만 만족하고 중국 본토를 건드리지 아니한다면 이를 묵인할 정세에 있었다.

만주 사변으로 인하여 한국 독립의 기세가 더욱 꺾이게 된 것은 물론 이어니와 도산이 경영하던 이상촌 계획, 만주에 독립운동 근거지를 닦으려는 계획은 일시 포기하지 않을 수 없었다.

그뿐 아니라 북중국 방면이나 남경 부근에 이상촌 지대를 바꾼다는 것도 단행하기 어려운 상태에 이르렀으니 이는 일본 군벌의 야심이 일거에 중국 본토까지 침범하려는 기색이 농후하였기 때문이다. 1932년 정월에는 일본이 상해에서 혼란을 일으켜 육전대를 상륙시켜 중국군과 추돌이 일어났으니, 소위 상해 사건이라는 것이다.

이 때를 당하여 도산은 중대한 결심을 하지 않을 수 없는 분기점에 섰다. 원동 지방에서의 모든 운동과 계획을 일시 중지하고 다시 미국으로 건너갈 것인

가. 그렇지 아니하면 우선 필리핀 방면으로 독립 운동의 근거지를 옮기면서 정세를 관망할 것인가. 미주로 후퇴한다는 것은 과거 10여 년간의 경영을 전부 포기하고 다시 기미년 이전의 상태로 백지 환원하는 것이다. 그러나 미주 동포의 형편도 1919년 이전보다 도리어 불리한 상태에 있었다. 경제적 타격도 있었고, 또 정신적으로 독립 운동에 대한 환멸과 공산당의 교란 정책으로 사기가 떨어져 있었다.

당시의 미주 정형은 1929년 8월 6일자 곽림대(흥사단 서무원)의 비관적 편지에서 그 일부를 짐작할 수 있다.

> …… 본단의 정신이 아직까지 확립지 못하고 단우 각 개인의 사상이 타락되는 이 때에 하등 좋은 방침을 가져 새로운 길을 지도하려는지요.…… 일시적 연설을 가져 흥분제로 사용함이 불가하고 우리의 일로써 제휴치 않을 수 없습니다. 자래로 본단에서 단우들의 금전만 강취하고 하등의 흥미와 이익을 베풀지 못한 고로 정신과 사상이 해이한 오늘에도 고식지계를 취함이 불가하며…… 비록 부족하더라도 사업상 책임심이나 저한테 제의하여 주소서. 힘만을 공급하라 하면 누가 즐겨하겠습니까……. 만일 토지 매수를 수년 내로 실행치 못할 경우이면 지출한 금액의 전부를 다시 환송함이 좋을 듯하외다……. 유감은 본단에 중견이 서지 못함과 선생 이외에 인도자의 자격을 가진 자 없음이외다.…… 미주 사회 금후 10년 일이 한심하외다. 학생들은 내왕하나 이기심밖에 없고, 노동자들은 점점 그 형적을 감추게 되며, 후생들은 가정 교육이나 사회 교육이 없이 자라날 때에는 이것은 비동 비서(非東非西)의 춘물이 됩니다. 미국에 와서 하등 생활하는 환경에서 생육되어 그것만 본받을 뿐이외다 …… 국민회는 쇠미할 것이요, 동포간의 흔극은 꿰어 맬 길이 없으며 비록 선생이 오신대도 이 곳서는 할 것이 없는 줄 아옵니다.……

일본의 군벌이 정권을 잡고 대륙 침략을 결행하고자 하는 형세가 일본의 패망을 촉진하는 것이라는 장기적 전망은 누구나 보는 바이나, 당면한 사업 경영과 독립 운동의 전술은 크게 전환하지 않으면 안 될 것도 사실이었다. 도산은 과연 어떠한 대비책을 생각하고 있었을 것인가. 불행히 이에 대한 재료가 없다. 아마도 도산의 머리에 결정적인 대책이 마련되기 전에 그는 일본 제국주의자의 손에 구금되는 몸이 되었던 것이리라.

1932년 당시 상해 임시 정부는 김구가 국무령으로 있었으나, 재정 곤란으로 청사도 유지할 수 없는 형편이었다. 이 때에 김구는 조직적인 항일 운동이 불가능하므로 테러리스트 정책을 쓰기로 방침을 바꾸어 정월에는 이봉창(李奉昌)을 일본으로 밀파하여 일본 황성 앞에서 수류탄을 던졌고, 4월에는 윤봉길(尹奉吉)로 하여금 상해 홍구 공원에서 거행된 일본 황제 생신 축하식(天長節)에 폭탄을 던져 일본의 백천(白川) 대장이 사망하고 10여 명의 부상자를 내게 하였다.

이 사건이 4월 29일에 일어났고, 김구 이하 몇몇 요인들은 미리 알았으므로 사건 발생과 동시에 즉시 피신하였으나, 도산에게는 연락이 없었으므로, 그 날 오후 2시 이유필의 아들에게 약속한 소년단 기부금 2원을 마련하여 하비로(霞飛路) 보강리(寶康里) 20호에 있는 이유필의 우거를 방문하였다가 때마침 일본 영사관 경찰과 합세하여 수색하러 나온 프랑스 조계 경찰에 체포되었다. 폭탄 사건이 일어나 일본 요인들이 사상하고 그 거사자가 한국인이란 것이 증명되었기 때문에 프랑스 당국도 강경한 일본측의 요구를 거부할 구실이 없다하여, 도산을 일본 영사관 경찰에 인도하여 버렸다.

프랑스 조계 당국의 처사에 대하여 약간의 비난이 여론상에 나타났으나 미처 손 쓸 사이가 없었다. 한국 교포들은 맹렬한 일본 경찰의 수색을 피하여 몸을 숨기게 되었고, 중국 및 국제적 여론은 도산이 폭탄 사건 관련자라는 일본측 주장을 부인할 재료가 없기 때문에 그리 적극적이 못 되었다.

심문 결과 도산이 폭탄 사건에 직접 관련이 없음이 판명되었으나, 그렇다고 그를 방면할 일본 관헌은 아니었다. 도산은 6월달에 선편으로 압송되어 6월 7일(1932) 인천항에 도착하였다. "간다 나는 간다 너를 두고 나는 간다"는 거국가를 남기고 망명의 길을 떠난지 23년 만에 도산은 묶이는 몸이 되어 다시 조국의 땅을 밟게 된 것이니, 이 때 도산의 나이 만 53년 8개월이었다.

도산이 상해에서 체포되던 때의 일을 당시 중국측 제19로군의 군기처장(軍器處長) 겸 정보국장(情報局長)으로 있던 김홍일 장군(한국 출신)과 재상해(在上海) 한국인 소년 동맹 위원장으로 있던 이만영 군(그 때 16세 소년)의 추억담을 종합하면 대략 다음과 같다.

김홍일은 중국군의 요직에 있으면서 김구와 연락하여 윤봉길 사건을 획책하였었다. 윤봉길은 지령에 의하여 폭탄 두개를 지니고 갔었고, 둘째 번 폭탄으로 자폭하여 버림으로써 한국인임을 탄로시키지 않고 중국인의 거사로 만들 계획이었으나, 둘째 번 폭탄이 불발이 되고 윤 의사가 체포되었으므로 한국인임이 탄로되었다. 그것은 한편으로 좋은 영향도 있었다. 이른바 만주의 만보산 사건(萬寶山事件)으로 한국 국내에서 중국인을 다수 살해하는 참사가 생겨났었으므로 중국 민족이 한인들을 미워하는 풍조가 있었던 때요, 또 일본이 상해를 공격할 때에 한국에 주둔하던 일본군이 이에 참가하였었는데 중국 신문에 '조선군' 이라고 보도되었으므로 중국 민중의 일부는 그것을 오해하여 한인 전체에 대하여 악감을 가졌었다. 윤봉길 의사가 한국인이란 것이 신문에 보도되자, 금시에 모든 한국인은 중국인의 눈에 항일 영웅이 되어 지금까지의 오해와 감정이 빙해(氷解)된 것이다.

한편 윤의사가 한인임이 판명되자, 재상해 일본 영사는 프랑스 조계 당국에 강경히 교섭하여 조계 내에 사는 한인 거처를 모조리 수색하는 구실을 주게 되었고 그 서슬에 도산이 희생된 것이다.

윤 의사 거사 전에 김홍일 등은 만일에 대비하여 한국측 요인들을 공공조계(公共租界)에 있는 미국인 피치(Fitch) 박사 집으로 피신시키기로 하고 안공근(安恭根)을 연락 책임자로 하였는데 불행히 도산에게 연락이 늦었기 때문에 미처 피신하지 못하였다 한다. 김구 등은 예정대로 피치 박사집 2층에 숨었다가 며칠 후에 상해를 탈출하였다.

홍구 공원의 폭탄 사건은 그 날(4월 29일) 오전 11시경에 일어났고, 도산도 신문 호외로써 그 소식을 알았으나 종내에 프랑스 조계 당국이 한국인 집을 수색하는 때는 미리 사람을 보내어 예통(豫通)하여 주었기 때문에 피해가 없었으므로 이 날도 안심하고 있는 듯하다. 그래서 그 날 오후 4시경에 보강리에 있는 이유필(이만영의 부) 집을 찾아갔던 모양이요, 그 용무는 이만영 소년에게 약속한 금 2원을 친히 주고자 함이었다. 5월 첫째 주일이 어린이날이요, 상해에 있는 소년 동맹 주최로 축하 행사가 해마다 있었다. 행사 비용은 어른들이 10전, 20전 기부하는 것으로 충당하였고 도산은 앞서 자기를 찾아온 소년 동맹 간부에게 2원을 약속하고 마침 현금이 없으므로 29일에 이만영에게 가져다 주기로 정하였던 것이다. 이만영의 부친 이유필은 한국노병회(韓國勞兵會) 회장이요, 거류민단 단장이었다. 윤봉길이 일령(日領)에게 구금된 후 심문에서 자공하기를 민단장의 집에서 거사를 준비하였노라 하였었다. 이는 김홍일이나 김구를 걸어 넣지 않기 위함이요, 또 민단장은 미리 연락하여 피신하였을 것을 알기 때문이었다.

일본측은 군사령관과 고관들이 다수 살상되는 대변사를 구실로 프랑스 조계 당국에 한인 숙소 일제 수색을 강경하게 요구하였고, 프랑스측도 사태가 외교적으로도 중대함을 알고 관례대로 미리 통보를 하지 아니하고 수색을 개시하였고, 일본 형사들은 중국 복색으로 변장하고 같이 따라 나섰으며, 제일착으로 달려든 것이 민단장 숙소였던 것이다.

도산이 이유필 댁에 도착한 것은 오후 4시경, 벌써 프랑스 경찰이 그 집 수색을 시작한때였다. 주인 춘산 이유필이 부재이므로 경찰은 집 속에 숨어서 주인 돌아오기를 기다리고 있었다. 도산이 들어옴을 보고 당신이 주인이 아닌가 하고 문답을 시작하였는데 도산과 가인들이 아니라고 하나 경관은 의심하고, 그러면 진짜 주인이 나타날 때까지 기다려라 하였다.

이 때 이만영 소년이 하학하고 돌아왔는데, 프랑스 중학에 다녔으므로 프랑스 말로 직접 대화할 수 있었다. 그는 가족들이 함께 찍은 사진을 증거로 제시하여 도산이 자기 부친이 아님을 설명하였다.

도산은 수색 나온 경찰이 프랑스인과 중국인임을 짐작하고 자기는 미국 여권을 가진 사람이라고 하였으니 이는 임기 응변으로 벗어나갈 방도를 생각한 것이리라. 그 여권이 어디 있느냐 하여 도산 숙소까지 동행하였는데, 중국복 입은 형사 중에는 일본인이 섞여 있었다 한다. 그들이 여권을 보고 안창호임을 알자 "이 사람도 사건에 관련됨이 확실하니 연행 조사하여야 한다."고 강경히 주장하여 마침내 프랑스 경찰서까지 가게 되었다는 것이다.

한인측에서는 남양대학(南洋大學) 출신으로 모교에서 교편을 잡고 있던 신국권(申國權) 등을 시켜 프랑스 당국과 교섭을 하였으나, 워낙 일본측의 외교공세가 강경했던 만큼 조계 당국은 이에 대항하지 못하고 도산을 일본 영사관에 인도하고 말았다.

저녁에 집을 찾아오던 이유필은 중국복을 입고 동리 어귀에서 놀던 작은 아들의 귀띔으로 피신하였고, 민단 사무소에는 최경섭(崔敬燮) 등 소년이 역시 거지로 가장하고 지켜 있다가 이씨에게 경고하였으므로 무사하였다 한다.

이만영의 기억에 의하여 또 하나 도산의 인격을 볼 수 있는 일이 있다. 그것은 도산이 재상해 소년들의 단결과 훈련에 힘썼다는 사실이다. 당시 프랑스 조계의 중심에 가까운 하비로 보강리와 주변에는 주로 서북 인사들이 살았고, 서쪽 교외에 가까운 애인리(愛人里) 중심으로는 기호 인사들이 많이 살아, 역시 일종의 지방 색채가 나타나고 있었다. 따라서 소년 단체도 동쪽의 소년척후대(少年斥候隊)와 서쪽의 화랑사(花郞社)로 분립되었던 것이다. 도산이 두 단체를 합하여 소년 동맹을 조직하게 하고 그들의 융합으로 어른들의 융합을 꾀하고 장래 국민간에 지방 색채를 해소시키는 데 착안하였던 것이다. 수시로 토론회와 운동 경기 등을 행하고 도산은 이를 후원 지도하였다. 3월 1일 전야에는 창가대를 조직하여 양쪽 부락을 역방하여 노래를 부르고 표어를 대문에 붙이게 하였으며, 적어도 소년들끼리는 지방 관념 없이 서로 교유하고 친목하게 하였다 한다.

5월 첫 공일의 '어린이 생일 잔치'라든가 《새싹》 잡지 등이 소년 운동을 통한 지방 색채 타파의 실천이었다.

경찰관들이 이만영 소년에게 "이 사람은 무엇하러 네 집에 왔느냐."고 물었을 때, "내 생일 선물을 가지고 왔다"고 대답한 것은 무심중 꾸며 댄 말이나, 아마도 '어린이 생일 잔치'에서 연상된 것이었으리라.

제18장

대한 강산은 조각마다 금(金)

국내 시절 (만 54~59세)

일본 관청에게 4년 징역 언도를 받고 대전 감옥에서 복역하고 출옥한 후 도산은 향리와 팔도 강산을 순례하였다. 가는 곳마다 경찰의 간섭이 있어 동포들이 시달리는 것을 보고 고리(故里)에 가까운 대보산(大寶山) 송태(松苔)에 산장을 짓고 일시 은거하였다. 1937년 중일 전쟁 개시 1개월 전에 일본이 민족주의자 총검거를 할 때에 동우회(흥사단의 국내 조직) 사건으로 재차 수감되었는 바, 위병이 악화되고 간장(肝臟)을 범(犯)하게 되어 보석 출감, 대학 병원에서 경관의 감시하에 치료받던 중 1938년 3월 10일 운명하니 향년이 59년 4개월이었다. 임종에 일본이 대륙 침략전을 벌인 까닭으로 필시 패망할 것을 예언하였는 바, 그 후 7년 만에 일본이 패전하고 한국의 해방이 실현되었다.

도산이 호송되어 인천 항구에 입항하는 날(1932. 6. 7)에 소문을 들은 친지들과 옛 동지들이 인천 부두에 영접하였다. 당시 《동아일보》 기자로 있었던 주요한은 사진반을 대동하고 조그마한 기동선을 세내어 본선에 접근하여 회견할 기회를 노렸으나, 도산을 인수하기 위하여 서울서 출장 간 경기도 경찰부 특별 고등과장 삼륜(三輪-일본 발음 '미와') 경부는 신문 기자의 접근을 금지하였다. 그러나 부두에 상륙할 때는 마중 나온 친지들을 정렬시키고 도산과 목례로 인사하는 것을 허가하였다. 도산은 거무스레한 스프링을 입고 자갈색 중절모를 쓰고 포승만은 없이 경관에게 옹위된 채 친지들과 말은 주고받지는 못하였으나 일일이 목례하고 경찰차에 올라 즉시 서울로 올라와 경기도 경찰부 유치장에 수감되었다. 그 때 찍은 신문 사진반의 원판은 전부 경찰에 압수되었다.*

---

* 현재의 세종로 정부 종합청사 건너편에 있던 경기도청(지금은 철거되고 없음)에 유치장이 부속되어 있었는데 그 후 화재로 소실되었다.

경기도 경찰부에서 삼륜의 손으로 40여 일 심문을 받고 치안 유지법 위반이란 죄목으로 서울 지방 법원 검사국에 송치되어 다시 심문받은 후 기소되어 예심에 회부되었다. 예심에서 공판으로 회부된 것이 그 해 12월, 그리고 서울 지방 법원에서 징역 4년의 실형을 언도받은 것이 12월 19일이었다. 예심과 공판 중 서대문 형무소에 수감되어 있었고, 1심에서 공소권을 포기하고 복역하게 되니 대전 형무소로 이감되어 거기서 종이를 꼬아 그릇을 엮어 옻칠하는 일을 하였다. 1935년 2월 10일에 형기 22개월을 남기고 가출옥될 때까지 약 30개월 징역 생활을 한 폭이다.

도산이 상해에서 체포되기 전에 틀니를 할 작정으로 앞니 여섯 개만 두고 나머지를 전부 빼었었는데, 미처 이를 하기 전에 체포되었으므로, 상해 일본 영사관에 구류되는 동안에 이무상(李武相) 치과의가 유치장에 출장하여 틀니를 하였다 한다. 그것이 경기도 경찰부 유치장에 있을 때에 부러져서, 치과의 함석태(咸錫泰)가 출장하여 치료하였고, 7월 초순에 송국하려던 예정이 당시 검사국에 소위 일본 토목업자들의 담합 사건이라는 큰 사건이 걸려 있어 약 1주일간 도산의 송국이 연기되었으므로 그 동안에 입치를 하게 되었다 한다.

경기도 경찰부 유치장에는 10여 개의 감방이 있는데, 도산이 구금된 동안 다른 유치인은 전부 딴 경찰서로 옮기고 도산 혼자 유치되어 있었고, 낮에는 복도에 나와 의자에 걸터앉아 담배 피우는 것을 허락하였다. 검사국으로 보내기 전날 밤, 삼륜 경부는 도산과 함께 자동차를 타고 남산 위로 드라이브하였다. 도산은 23년 만에 다시 보는 서울의 밤 경치를 한참 동안 바라볼 수가 있었다. 바로 서쪽 산 아래는 그가 소년 시대와 신민회 시대에 우거하던 세브란스 병원(전날의 제중원)과 정동 예수교 학교 근방 · 상동 예배당 · 신문관 등이 어둠 속에 잠들고 있었을 것이며, 북쪽 멀리는 원동(苑洞)의 이갑이 살던 동리며 도산과 동지들이 수감되었던 용산 헌병대, 경무 총감부 유치장 자리도 있었을 것이나, 이미 그 자리는 변모하였고, 새로 생겨난 한강 철교 · 서울역 · 조선 총독부 청사 · 조선 은행 · 식산 은행 · 동양 척식 회사 등 일본 통치 기관의 건물들이 있었고, 한편 《동아일보》 · 《조선일보》 · 중앙학교 등 민간 기관의 건물들이 눈에 띄었을 것이다. 변하지 아니한 것은 남대문과 북촌의 낮은 집들이며 '쉬지 않고 흐르는' 한강물이었다. 남산 위에 송백만은 철갑을 두른 듯 20여년 세월에 바람 이슬에도 변하지 않은 것을 도산은 보았을 것이다. 삼륜은 다시 차를 몰아 견지동(堅志洞)에 있는 윤치호(尹致昊)댁을 들렀다. 마침 집에 있던 윤과 만나 구회를 풀고 차를 마신 후 유치장으로 돌아갔다.

경찰 심문이 끝난 뒤에는 친지들이 유치장으로 면회하는 것을 허락하여 이강 등이 자주 면회하였고, 서대문 형무소로 넘어간 뒤에 이강은 아내와 딸을 데리고 형무소 부근에 방을 얻어 살림하면서 도산의 차입 등을 돌보았다.

옥중(獄中)·옥외(獄外)

권영준(權寧埈)은 도산의 옥중 생활에 대하여 다음과 같이 말한다.

…… 나는 당시 서대문 감옥 간수로 미결수의 접견(즉, 외부인과의 면회)을 담당하고 있었는데, 일본 직원들은 정치범에 대하여는 파렴치범 이상으로 가혹하게 하였으므로 뜻 있는 한국인 직원들은 일인 직원의 이목을 피하여 가면서 음으로 옥중 고초를 위로하고, 사회의 소식과 일본의 정책을 알려주며, 서신과 접견을 통하여 내외 연락의 편의를 도와 주었다. 선생에게 면회자가 있을 때는 교묘한 방법으로 일본인 입회 부장을 다른 곳으로 따돌리고 그 틈을 타서 선생을 면회실로 모시고 가면 선생은 언제나 면회실에 들어가실 때마다 나의 손을 힘 있게 잡으시며, "우리 악수나 합시다. 나는 1주일에 한 번씩이나마 우리 동포의 따뜻한 손을 잡는 것을 무한히 기쁘게 생각합니다." 하고 목메인 말씀을 하셨으며, 이광수 씨가 1주일에 한 번씩 내방하여 의복도 차입하고 면회도 하였다. 선생은 면회 때에 이광수 씨를 향하여, "춘원, 내가 해외에서 생각할 때에 국내 동포들은 민족 정신이 여지없이 말살되었으리라고 추측하였더니, 이번 고국에 잡혀와 보니 포악한 일인 치하에 있는 이 감옥 안에도 이 분과 같이(한국인 간수를 가리킴) 민족 정기를 발휘하고 있는 것을 볼 때에 지옥에서 부처를 만난 것 같이 기쁜 마음을 금할 수 없소이다. 우리 민족은 멸망하지 않는다는 것을 새삼스러이 느끼게 되었소. 춘원은 이 분과 아무쪼록 자별하게 지내 주기를 바라오." 하고 인자스럽게 말씀하실 때에 나는 가슴이 뭉클하고 눈시울이 뜨거웠다.

사건을 담당하였던 오정(五井)이라는 예심 판사는 선생을 '조선의 위인'이라고 하였다 하며, 삼륜 경부도 선생의 인격에 감복하여 가능한 한도 안에서 죄가 가볍도록 조서를 만들었다 한다. 삼륜은 선생이 대전 감옥으로 간 뒤에도 한 달에 한 번씩 면회하였기 때문에 대전 형무소장 궁기(宮崎)는 삼륜의 사상이 의심된다고 하였다.*

대전 형무소 복역시에는 한국인 직원으로 김현태(金顯泰) 간수장이 음으로 선생의 신변을 돌보았고, 선생의 질녀인 안맥결(安麥結)이 면회 다녔다. 선생은 처음에 독방에서 종이 노끈을 꼬아 수공품 만드는 일을 하셨는데, 장구한 독방 생활에 몸이 쇠약하고 위장병이 더하였다.

선생은, "나의 고향은 옻칠의 생산지인만큼 나를 칠 공장에 출역(出役)시켜 주면 칠 가공 기술을 배우겠노라 하여 칠 공장으로 나가 일하게 되고, 모범 죄수로 인정되어 가출옥하게 된 것이다.……" (홍사단 《공함》 23호, 1951년 4월 1일자, 2쪽).

도산의 심문 기록으로는 경찰 조서 · 검사 조서 · 예심 조서 · 공판 기록 등이 있을 것이다. 그 당시에 일본 총독부는 도산 사건에 대한 신문 보도를 일체 게재 금지하였기 때문에 신문 기사에 나타난 참고 자료는 없다. 해방 이후 검찰총장으로 있던 이인(李仁)의 주선으로 서울 지방 법원 창고에서 그 예심 조서를 발견하여 이를 등사하였던 바, 6 · 25 사변 때에 공산당 내무서라는 데서 압수해 가고 말았다.

그 중 일부분 국문으로 번역하여 홍사단 단보에 게재된 것이 출생으로부터 3 · 1 운동까지의 경력이다. 환도 후에 다시 법원 창고를 조사하였으나 그 기록을 찾을 수 없었다.

검사가 "앞으로 독립 운동을 할 작정이냐."고 물음에 "나는 밥을 먹어도, 잠을 자도 민족을 위해 먹고 잤으니 앞으로도 민족을 위해 일하고자 함은 변함 없노라."고 대답한 것이 그 때의 일이다.

도산이 대전 형무소에서 가출옥하는 날(2월 10일) 김동원 · 여운형 · 주요한 및 그 조카딸 등이 대전까지 영접하였다. 대전의 모 신문사 사장 방씨도 형무소까지 같이 갔다. 가지고 간 양복으로 갈아입고 정거장으로 나오는 길에 도산은 안경방에 들러서, 쇠테 안경을 셀룰로이드 테로 갈아 끼웠다. 머리는 감옥에서 박박 깎은 대로였다. 서울역에 도착한 것은 밤이었는데 많은 친지들이 소문을 알고 마중 나왔다. 그 길로 가회동(嘉會洞)에 있는 박홍식(朴興植) 집에 가서

---

* 사실인즉 삼륜은 충청남도 경찰부장으로 영전되어 대전에 와 있었으니, 이는 아마도 도산의 주변을 특별히 감시 · 경계하기 위함이었을 것이다.

저녁을 나누었다. 석상에는 김병로 · 김성수 · 송진우 · 기타 민족 진영의 요인들이 있었다.*

저녁 후에 응접실에서 담화가 교환되었는데, 도산은 무슨 말에 충격을 받았는지 "우리 민족은 이렇게 불쌍한 지경에 있는데 지도자라는 사람들이 서로 당파 싸움만 하고 있으니……" 하면서 말을 맺지 못하고 흐느껴 울었다.

아마도 그 때 그의 생각은 멀리 양자강과 만주 들로 달렸을지도 모른다.

상해 시대에 개인 비서로 있던 유상규(劉相奎)가 경성 의학 전문학교를 졸업하고 부속 병원 의사로 재직중이어서 도산이 입원하도록 준비하였고 또 박홍식 집에도 침실을 마련하고 유숙하시라 하였으나, 도산은 둘 다 사절하고 삼각정(三角町)에 있는 김병찬(金炳贊) 경영 중앙호텔이란 여관으로 옮겨 거기 오래 유숙하였다. 지방 여행에 갔다오면 반드시 그 여관에 묵었다. 도산은 뵈러 올 손님이 많을 것을 예상하고 비교적 자유롭게 행동할 수 있는 여관을 택한 것일 것이다.

과연 많은 손님이 찾아왔다. 어떤 날은 하루에 200명에 가까운 방문객을 만나야 하였는데 도산은 일일이 정중하게 맞아서 담소하였다. 대성학교 시절의 제자인 모군이 왔을 때에 도산은 정색하면서 "아무리 가난하여 검소한 차림을 하더라도 두루마기 동정만은 매일 빨아서 희게 하여 입을 것이라."고 훈유한 일도 있었다.

도산이 매일 수십 명의 내객을 맞는 것을 가출옥 죄수로서 불근신하다고 일본 경찰은 힐난하였고, 먼저 경무국장을 만나고, 정무총감과 총독까지 만나라고 경찰측은 권고하였으나, "나는 일이 없는 몸이니 당국자와 면회할 필요가 없지 않느냐." 하고 거절하므로 일본 당국자의 감정을 상하였다.

서울 있을 때 조선어학회 총회에 빈객으로 출석하였다가 간단한 축사를 하였는데, 임석하였던 경관에게 중간에서 중지 명령을 받아 말을 마치지 못하였다.

---

* 박홍식은 가출옥에 대한 보증인이 되었고, 그 후 오랫동안 도산의 여관비와 여행 비용을 부담하였다.

고토 순례(故土巡禮)

얼마 후 도산은 고향을 찾아 성묘하기로 하였다. 고향 방문의 소문을 들은 동포들은 기차로 중화(中和)·사리원(沙里院) 등지까지 마중 온 이도 있었고, 지나가는 정거장마다 도산의 얼굴이라도 보고자 하여 경관의 제지를 뚫고 나왔다. 도산은 기차가 멎을 때마다 차에서 내려서 인사하였다. 평양 정거장에는 시민들로 인해를 이루도록 혼잡하여 경찰을 당황하게 하였으나 그들이 무사주의로서, 끝에는 이를 멀리 둘러싸고 방임하였기 때문에 도산은 친지가 가지고 나온 자동차에 올라선 채로 시가 행진을 하여 오윤선(吳胤善) 댁에 들었다. 말 없는 도산, 말 없는 민중이었지마는 무언의 시위 운동이 되었던 것이다. 도산을 방문한 사람에게 대하여 경찰은 일일이 신분을 조사하고 온 목적이 무엇이냐고 힐난하기를 서울서도 하고 평양서도 하였고, 그것은 후일에 소위 요시찰인(要視察人)으로 경찰의 주목 대상이 되는 것이었지마는, 많은 사람이 그것을 개의하지 아니하고 도산을 찾았다. 그 까닭으로 경찰은 도산이 여러 사람 앞에서 연설하는 것을 금지하였고, 끝에는 식사 때에도 20명 이상 한자리에서 모여 먹지 못하도록 단속하였다. 그러므로 도산을 대접할 때는 20명 이내씩 여러 차례에 걸쳐서 모이게 되었다.

백씨 안치호(安致浩)가 사는 집에 들러 안씨 대대로 살아온 동촌을 찾아 성묘를 지내는 장면은 《도산 안창호》 하권 제 2장 〈송태 산장〉 허두에 춘원의 유려한 필치로 적혀 있다. 그 중에서 한 구절만 인용하고 나머지는 그 책에 밀어두기로 한다.

> 도산이 풍경을 사랑하는 것은 기벽(奇癖)이라 할 만하였다. 그는 경치 좋은 곳에 이르면 "참으로 대한 강산은 조각마다 금이다." 하고 탄상하였다. 그의 풍경에 대한 사랑은 곧 국토에 대한 사랑이었다.……

고향을 다녀온 도산은 잠시 용강(龍岡) 온천에서 휴양하였다. 용강까지 가는 길에 진남포(鎭南浦)에서 옛날 동지 김지간(金志侃)의 과원에서 하루 저녁을 자고 이튿날 용강으로 가는데, 진남포 청년들이 모터 사이클로 앞서고, 도산 일행은 세 대의 자동차로 따르니 한 개의 행렬이 되었다. 사복 경관들의 경계는 삼엄하였으나, 도중 각 부락에서는 수백 명씩 큰 길에 나와 서서 일행을 환영하였는데, 그 때마다 도산은 차에서 내려 수십 년만에 귀국한 인사를 하고 모든 국민이 인간으로서 더 좋은 생활을 하자고 평범하고도 부드러운 말로 격려하였다. 이러기를 10여 차례 하였는데 여러 사람 보는 장면에서는 아무런 간섭 아니하는 체하고 내버려 두었다. 그러나 온천에 도달하였을 때에는 환영하러 온 많은 동민을 미리 순사를 풀어서 해산시켰다. 아마도 그 사이에 상부에서 지시가 있은 모양이었다. 동민들은 집으로 쫓겨들어가 담 너머로 내다보는 까만 머리들이 조롱조롱 달린 것을 순사들이 질책하며 다녔다.

온천 여관은 전에 일본 총독부의 도지사를 지낸 박모라는 이가 깨끗한 것을 취하여 일본인 경영하는 것을 미리 잡아 놓았고, 청년들은 한국인 여관을 정하였는데, 도산은 한국인 여관을 택하였다.

서울로 올라온 도산은 호남 · 영남 지방을 시찰하고자 광주 · 순천을 거쳐 부산으로 가서 대구를 둘러 왔다. 각 지방 인사들과 인사를 교환할 수는 있었으나, 경찰의 경계가 심하여 민중과 접촉할 기회는 없었고, 도산을 찾은 사람들은 경찰에 호출되어 시달림을 받지 않을 수 없었다. 그러므로 도산은 최후로 평안북도를 다녀온 후로는 민간인들에게 괴로움 주는 것을 피하여 송태 산장으로 들어가고 만 것이다.

인격 혁명(人格革命)

평북 여행 직전 서울에 들른 도산은 세브란스 병원 사무실에서 국내 동지들과 회합을 가졌다. 도산이 먼저 발언하여 자아 혁신(自我革新)을 강조하고, 그것만이 한국 민족 재생의 유일한 길임을 일깨웠다. 회우 중의 한 사람이 "정신 부흥은 물론 근본 문제지마는 대중을 위하여서나 단우들의 사기 진작을 위해서는 사업 계획이 충실해야만 되겠다."고 근심스런 말을 하였다. 도산은 약간 나무라는 어조로 "우리가 정신을 고무하는 시간에는 서로 고취하는 말을 주고받을 것이요, 사업(事業)에 관한 토론(討論)은 따로 가져야 한다."고 말하였다.

그 해(1935) 섣달에 서울 성북동(城北洞)에 있는 봉산 이종린(鳳山 李鍾麟)

집에서 봉산과 대화한 중에서도 도산은 인격 혁명(人格革命)을 주장하였다(《사해 공론》 1936년 3월호).

봉산은 천도교의 중진이었고, 정확한 회합 날짜는 양력으로 1936년 1월 12일이다. 저녁 식사 전에는 해외 정세에 대한 토론이 있었고, 식사 후에 이런 대화가 있었다.

"도산 선생, 지금까지 해외의 정세에 대하여 좋은 말씀을 들었습니다. 그런데 선생은 앞으로 어떻게 하시겠습니까? 이 땅에서 언제까지든지 우리들과 같이 웃고 같이 울고 같이 고생하시겠는지, 다시 해외로 나가시겠는지?"

"거기 대하여 아직 정하지 못했습니다. 한국 사람이 내가 있기를 원하고, 내가 있어서 조금이라도 한국 사람에게 이익이 된다면 있으려니와, 그렇지 못한다면 있을 필요가 없겠지요. 일전에 어떤 여인 4, 5인이 나보고 산간에 들어가 감자나 캐다가 죽으라고 합니다. 나의 앞길에 대하여 먼저 이 땅의 정세가 이러저러하니 너는 이렇게 하면 좋겠다고 해주셨으면 어떻습니까. 나는 여러분의 의견을 들어서 먼저 현실을 알고 난 뒤에 태도를 정하려고 합니다. 어떤 사람은 학교 교장이 되라 하고, 어떤 이는 신문사 사장이 되라 하고, 또 어떤 이는 아까 말한 여인들 같이 산에 가서 감자나 캐먹다 죽으라고 합니다."

"그건 다 제각기 이익을 생각하고 하는 말이겠지요. 내가 알고자 하는 것은 한국 사회의 소위 지도자층에 있는 사람이 취해야 할 방침이 무엇인가 하는 것입니다."

도산은 머리를 떨어뜨리고 한참 생각하다가,"우리가 할 일이 많은 줄 압니다. 물산 장려도 해야 되고, 문학 운동도 해야 하고, 발명도 힘써야 하고, 할 일이 많지요. 그러나 우리가 무엇을 하든지 근간되는 바는 인격 혁명(人格革命)이라고 생각합니다. 민족 변화란 말씀이오. 이거 또 춘원식의 민족 개조론이구나 하고 비웃을지 모릅니다만 하여튼 지금 제일 필요한 것은 인격 혁명인 줄 압니다. 우리는 지금 무슨 일을 하려 할 때에 서로 믿고 일하는 게 아니라, 시기와 질투와 당파 가림을 먼저 하게 됩니다. 과거에 우리가 망하게 될 때의 심리를, 인격을 여전히 가지고 있단 말씀이오. 이런 인격을 가진 인간들이 무엇을 해요. 인격을 배양하는 일에 나쁜 제도를 타파하여야지 지금쯤 케케묵은 인격 수양이란 무슨 수작이냐 할 것입니다. 과연 나쁜 제도를 타파하지 않으면 훌륭한 인격을 내기 불가능할 줄 압니다. 그러나 나쁜 제도를 타파하는 것은 누가 하는 것입니까. 인격이 하는 것이 아니고 무엇입니까. 망국의 인격으로 무슨 사회 혁명입니까. 근간은 인격 혁명에 돌아가고 맙니다. 어느 하세월에 인격 혁명을 해가지고 사회 혁명을 하느냐고 또 반격할는지 모릅니다마는, 우리 사회에 인격 혁명한 이가 한 해에 열, 스물 늘어갈수록 우리 사회는 좋아져 갈 것이 분명합니다. 가시나무엔 가시가 열리고 포도나무엔 포도가 열리는 것입니다. 인격 혁명을 못한 이는 제아무리 나쁜 사회 제도를 타파한다 해도 다시 나쁜 제도밖에 나오지 않습니다. 보시오, 같은 데모크라시가 멕시코에 떨어진 것과 아메리카에 떨어진 것과 다르지 않습니까. 본바탕이 그르면 아무리 좋은 씨라도 글렀단 말씀이오."

이 때에 밖에서 차가 왔다 하므로 도산은 일어나 작별하였다.

"좋은 말씀 많이 들었습니다. 결국 선생이 감자 캐다 죽지 않겠다는 것만은 잘 알았습니다."

이것이 봉산의 작별 인사였다.

도산이 출옥한 후에 다시 해외로 나가는 것이 좋다는 의견과 국내에 머물러 일함이 좋다는 두 가지로 갈렸었다. 도산은 좀더 국내 사정을 알아보고 결정하려고 하였던 것 같다. 한 번은 국내에서 직업 학교와 모범 농촌을 세워 볼까 하는 의견을 말한 적도 있었다. 그 때에 필자는 반대하였다. 국내에서 학교를 경영하려면 일본 국기에 절하고 일본 천황의 교육칙어를 봉독해야만 될 것이니 도산으로서 어찌 그것을 행할 수 있느냐 함이다.

후에 도산이 송태 산장에 잠시 숨어 있을 때에, 평안남도 지사인 일본인(상내(上內)라는 이름)이 경부를 보내어 도산이 송태를 떠나기를 권하고 될 수 있으면 국내에 있지 말고 미국으로 가라고 하였다. 그 이유는, 도산이 아무 말도 아니하고 산 속에 가만히 있어도 민심이 '악화'된다는 것이다. 미국으로 간다면 여행권까지 주선해 주겠다 하였다. 도산의 대답은 이러하였다.

"만일 안창호의 존재가 민심을 악화한다면 평남에 있거나 미국에 갔거나 마찬가지지요. 아마 감옥에 잡아넣거나 죽이더라도 마찬가지지요. 2,000만 한국인이다 안창호 같은 사람인데 일개 안창호를 송태에서 내어 쫓는 것이 불명예나 될 뿐이지 무슨 효과가 있겠는가. 미국 가는 여행권까지 주선한다는 뜻은 고마우나 아직 송태를 떠날 생각은 없다고 지사에게 전하시오."

도산은 자기가 아무 말 없이 산장에 숨어 있어도 일본 정치에는 방해가 된다는 것을 알았고, 그러기 때문에 좀더 눌러 있기로 결심했을지도 모른다. 그러나 일본 통치자들은 견디다 못해 도산을 다시 잡아 가두었고, 옥환으로 죽게 만들었던 것이다. "감옥에 잡아넣거나 죽이더라도 마찬가지지요."라고 한 도산의 말을 알아들을 아량을 일본 관리들은 가지지 못했던 모양이다.

서울서의 도산의 동정에 대하여 김병로는 이렇게 회상한다.

> 참 그 분은 다정다감하시고 세심한 분이셨습니다. 감옥에서 나오신 후 자주 화계사나 미륵동 같은 데에 교회 관계분이나 조만식 · 백관수(白寬洙) · 인촌(김성수) 같은 분과 함께 가셨습니다. 이야기하시기를 좋아하셨지만, 자기가 잘했다든지 어떤 일을 과장한다든지 또는 남을 비난하시는 일 같은 것은 전혀 없었습니다. 다만 국내외의 동포들의 형편을 염려하시며 통합해야 한다는 말씀이 주였지요.…… 도산 선생이 수양동우회 사건으로 재수감되기 전 아마 2, 3개월 전 내가 사는 양주땅 노해면(蘆海面)에 나왔어요. 고하 송진우(古下 宋鎭禹)와 자리를 같이 했지요. 점심을 같이 나눈 후 우이동(牛耳洞) 쪽으로 산책을 하였는데, 중간쯤 올라가서 도산 선생이 이런 이야기를 하셨지요. 별수 없으니 이제는 묻혀서 농사나 짓겠다고 그 쪽에 집이나 하나 사달라고. 처음에는 지나가는 말로 들었으나 서울서 만나니 또 신신 부탁 아니예요? 그 때 고하가 나와 있고 정인보(鄭寅普)씨가 나와 있었지. 또 홍명희 씨도 나와 있었으니 도산 선생까지 계시면 이런 좋을 데가 어디 있어요. 그래 얼마 후에 산 밑에 한 열 댓간 되는 초가집이 나서 좋아라고 계약을 치렀지요. 그랬더니 그만 선생께서 재수감되셔서……(《새벽》 1960년 11월호).

도산의 마지막 국내 순행은 평안북도 방면이었다. 서울을 떠나 개성(開城)을 들러 만월대(滿月臺)의 고적을 보고 지방 유지들과 만났는데, 한번에 4, 5명씩 회식할 수밖에 없어 하루 세 끼마다 여러 가정으로 돌려 가기를 1주일이나 하였다.

정주(定州)에서는 50여 명 친지들의 만찬회가 경찰의 탄압으로 두 곳으로 나누어서 저녁을 먹는 희극도 벌어졌으며, 선천(宣川)에서는 경관까지 같이 앉아서 식사를 하였다. 신의주(新義州)에서는 일본인 도지사의 특별 양해로 100여 인이 같이 회식하고 일장의 연설도 하였는데, 물론 정치 문제를 말할 수는 없었고, 인격 혁명에 관한 간곡한 호소가 있었다.

당시 정주 오산(五山)학교 교장으로 있던 주기용(朱基瑢)은 다음과 같이 술회한다(《새벽》 1954년 9월호).

> …… 평양에서 조시형(趙始衡) 장로와 함께 선생을 뵈옵게 되었습니다.…… 어느 구석진 빵집으로 인도하여 점심을 같이 하시면서 말씀 들을 기회를 얻게 되었습니다.…… 왜정의 탄압 하에서도 낙심치 말고 굳은 결의와 신념으로 끝내 참아 가면서 청년을 올바르게 지도하여 달라는 격려의 말씀은…… 언언 구구(言言句句) 지성(至誠)의 표현이요…… 열화(烈火)를 토하는 듯 온 주위를 휩쓸었습니다. 공리 · 공론(空理 · 空論)과 사색 당파(四色黨派)의 민족적 악경향을 선탈하고 무실 · 역행 · 충의 · 용감의 정신을 특히 강조하시면서, 남강(南岡)이 창설한 오산학교에서 민족 해방의 역군이 많이 배출되도록 눈물 섞인 어조로 나의 전 신경을 사로잡고야 말았습니다.
>
> …… 일본의 군국주의는 미구에 망할 것을 정의 · 인도의 무시와 객관적 세계 정세로써 결론하시면서, 광복의 호기는 목전에 내도할 터인데 민족 자체의 받아들일 태세가 전연 되어 있지 못한 것을 탄식하시면서 소리와 눈물이 같이 흐르는 극적 장면을 이루었습니다.
>
> …… 무릇 5~6시간을 허비하여, 점심 시간을 이용하신다는 것이 해가 질 무렵이 되고…… 소화 불량이 과하신 듯 종종 말씀 도중에도 트림을 하시므로…… 옥체 보중하시기를 누차 드리고 자리를 물러났습니다.
>
> (도산의 윗병은 이 때부터 점점 중하게 되었던 것이다)
>
> …… 그 뒤에 도산 선생이 평북을 순방하시게 되어 남강 묘소를 참배하시기 위하여 오산을 오셨는데, 나는 그 때…… 병석에서 일어나지 못했던 때이어서 매우 황송하게 생각하였습니다. 선생은 동지 5인과 함께 고읍(古邑)역에 하차하셨으나 마중 나간 인사보다 형사 수가 더욱 많았고, 직원과 학생은 선생의 얼굴이라도 뵈옵고 싶었으나 단상에 선생을 뫼실 수 없어서(경찰 탄압 때문에) 곁에 선생이 계신 것을 바라보기만 하였을 뿐입니다.
>
> …… 평양서 가져오신 상록 기념 식수를 묘전 서편 쪽에 하시고 지하의 동지를 눈물로써 참배하시고 일동 기념 촬영을 하시었다 합니다(오산학교 교주 남강 이승훈은 신민회 당시의 회원이요, 평북 책임자였다. 이 책 제4장 참조).

백영엽의 추억담에 의하면(《속편 도산 안창호》 174쪽 이하).

선천 오실 때는…… 오산에 들러서 남강 선생 묘소 참배를 하시고 정주에 내리셨는데, 아주 열렬한 환영회가 열렸습니다. 그러나 일본 경찰의 방해로 공식으로 대중이 모여서 할 수 없어서 연회 참가의 명목으로…… 모였습니다.

그 때 내가 환영 대표로 정주까지 마중 갔습니다. 가 보니까 물론 일본 형사가 따라다니지 않아요? 정주에서 하루 저녁 말씀하시고 이튿날 아침에 모시고 선천으로 왔습니다. 선천에서는 내 집에 유숙하셨는데, 많은 사람들이 번갈아 찾아왔습니다. 그런데 형사가 늘 따라다니니까 특별한 말씀은 조심해서 하시지 않고 그저 우리 민족의 교육 문제 · 경제 문제 · 신의 문제 · 홍사단 문제, 그런 것을 늘 말씀하셨는데, 다른 근본 문제는 말씀 안해도 이심 전심으로 모두 느꼈으며, 그것을 위한 구체적 실제 문제가 앞에 든 여러 가지 문제인 것도 다들 알았습니다.

내 집에 모시기는 하였으나…… 길낙영(吉樂永) 씨 집에 가서 새 며느리가 해온 좋은 비단 이불을 빌려다가 깔아드렸지요. 좋은 병풍도 쳐드리고요. 그랬더니 도산 선생이 “내가 와서 이런 폐를 끼쳐서 되겠나. 이런 대접을 받을 자격이 있나. 내가 동포를 위하여 무슨 일을 했다고 동포들한테 이런 존경을 받는가.” 하시면서 의복을 단정히 입으시고 꿇어앉으셨습니다.

“백 목사, 나와 같이 기도하십시다.” 하고 기도하시다가 우시면서 눈물 섞인 목소리로, “저는 우리 민족의 죄인이로소이다. 이 민족이 저를 이렇게 위해 주는데 저는 민족을 위해 아무 것도 한 일이 없습니다. 저는 죄인이올시다.”

그냥 우시면서 기도를 올리지 않으셔요?……

…… 양전백(梁甸伯) 목사 묘소를 가 보시고 각 학교를 모두 방문하시고 오순애(吳順愛) 씨 댁에서 만찬회를 했습니다. 그 때 홍사단 동지들이 비밀로 모였는데 형사는 몰라서 못 왔지요. 그 자리에서 선생님은 우선 출판 사업을 하자는 것을 강조하셨지요.…… 그 뒤에 신의주로 올라가셨는데…… 안동에 건너가서 거기 있는 동지들과 만나신 이야기는 뒤에 들었습니다.*

평북 여행을 마지막으로, 도산은 자기 때문에 동포들이 경찰의 시달림 받음

* 양전백 목사는 독립선언서에 서명한 33인 중의 1인.

을 피하기 위하여 평양 서쪽에 있는 대보산(大寶山) 송태 산장에 잠시 숨어 있기로 하였다.

대보산(大寶山)

송태 산장(松苔山莊)은 평남 대동군(大同郡) 대보면(大寶面) 대보산 속에 도산이 손수 감독하여 지은 조그마한 집이다(강서군(江西郡)이라고 전하는 이도 있지마는 대보산은 행정 구역상으로는 대동군 대보면과 고평면(古平面) 경계를 짓는 산이요, 평양 서쪽 대평(大平)역에서 가장 가깝다).

산장 건축에 관한 것은 춘원의《도산 안창호》전기 하권 제2장 〈송태 산장〉의 후반을 읽는 것이 자세하고도 흥미 있다.

송태는 고구려 시대 송태 선인의 고지였다 하고, 도산은 그 한구석에 7, 8간 되는 소옥을 지었고, 중앙에는 장차 동지들의 수양처로 본 건축을 할 계획이었다 하며, 산장의 설계는 모범 농촌주택의 한 모형으로서, 한국 가옥의 특징을 살리면서 부엌 · 뒷간 · 거실 · 지하실 · 통풍 · 채광 · 마당 · 후원 등까지 세밀한 계획으로 이루어지고, 건축비는 재래식보다 비싸지 않게 된 것이라 한다.

송태의 기지는 어떤 동지가 사서 드린 것이나, 도산의 소유권으로 되지는 아니했다. 도산은 친구의 도움으로 사는 것은 합당치 않다 하여 사슴 기르는 것으로 자기 살림벌이를 하겠다는 생각으로 함경북도 주을(朱乙)에 있는 백계 러시아인의 양록장을 시찰한 일도 있고, 또 양어를 하려고 어떤 무인도를 고르기도 하였다 한다. 이것은 다 각 사람이 자작 · 자활해야 한다는 그의 생각을 실천하고자 한 것이다. 오자일(吳子一)의 말에 의하면, 대동강과 보통강(普通江)이 합류하는 남쪽 추자도(湫子島)를 이상촌 후보지로 선정하고 원예(園藝) 학교를 세울 계획을 세웠으나 이루지 못하고 대동강 상류 화도리(華島里)라는 곳에 오씨 소유의 70정보를 집단 수양소로 제공하였으나 경치가 마음에 들지 않아 그만두고 대동강을 배 타고 내려오면서 동지들과 애국가를 부르던 기억이 있다 하였다.*

---

* 당시 애국가는 남이 듣는 데서 부르지 못할 때다.

그 후 평양 있을 때 오씨가 매일같이 도산을 찾아보았는데, 하루는 "아무래도 해외로 가야겠다."는 말을 하였다 한다(《새벽》 1954년 9월호－오자일). 아마도 이것은 1937년 봄경의 일로서, 일본의 한국 동화 정책이 급속도로 강화되기 시작한 무렵일 것으로, 도산은 국내에 더 머물 수가 없을 것을 직감하였을 것이다. 도산이 재차 해외 망명을 미처 실현하기 전에 일본은 중국 침략 전쟁을 개시하였고, 도산과 그의 동지들 약 150명이 검거되었던 것이다.

> 도산이 송태에 거처하는 동안 많은 친지와 동지가 찾아온 것은 물론이거니와, 도산을 직접 알지 못하는 남녀들도 혹은 단독으로 혹은 떼를 지어 송태를 찾았다. 촌 부인네들도 송태 안 모를 구경하러 오고 혹은 그 집과 마당을 구경하러 왔다. 평양서는 학생들이 일요일이나 휴일의 대보산 하이킹을 빙자하고 송태를 찾았다. 도산은 그러한 경우에도 마당의 돌을 고르거나, 화초를 옮겨 심거나, 경내의 청소를 하거나 하여 묵묵히 여전히 할 일을 하고 있었다. 오는 청년을 붙들고 특별히 훈계를 한다든지 담화를 하는 일은 없었다. 무엇을 묻는 청년이 있으면 평범한 태도로 대답하여 주었다. 어떤 청년은 말 없이 도산이 하고 있는 일을 몇 시간 같이 하다가 인사를 하고 돌아갔다.

이것은 춘원의 글에서 인용한 것이다. 도산이 침묵으로 동포를 대한 것은 물론 경찰 감시 하에서 동포에게 박해를 덜 받게 하기 위함이었다. 경찰은 송태로 오가는 사람을 붙들고 '안창호를 찾는 것이 무슨 죄나 되는 것같이' 위협하였던 것이다. 이런 분위기 속에서 도산의 마당 정리하는 일을 묵묵히 같이 하고 돌아서는 청소년의 자태는 인상 깊은 광경이 아닌가.

산장 마당에는 조그만 못이 있었는데, 도산이 이를 한국 반도형으로 수축하였고, 한가운데는 바위가 물 위에 솟아 있었다 한다. 물 속에는 금붕어를 길렀고, 못가에는 무궁화를 심었다. 도산이 별세한 후에 금붕어와 무궁화가 다 죽었다가, 한국이 해방된 이듬해 봄에 금붕어가 어디선가 다시 생겨나고 무궁화꽃이 새로 피었다는 것은 도산의 질녀 안성결(安聖潔)의 주장이다. 그는 거기서 도산을 모시고 지냈고, 별세한 후에 산장을 지키고 있었던 것이다.

여기서 도산 관계 일화 몇 가지를 더 소개해 둔다.

도산이 아직 대전 감옥에 있을 때, 하루는 윤치호로부터 필자에게 속히 와 달라는 전화가 있어 가 보니, 30 가량 되어 보이는 시골 여자가 있는데, 등에 업은 아기가 도산의 아들이라 하면서 대전 감옥으로 면회를 간다는 것이다. 윤치호는 혹시나 상해 시대에 도산이 독신 생활하는 관계로 이런 여자를 가까이 하지 않았는가 추측하는 모양이었다. 여자의 정체를 알기 위하여 이리저리 물어 보니 도산이 제게 준 사진이 증거품이라고 옷자락 속에서 내어보이는데, 그것이 《삼천리》라는 잡지에 게재된 인쇄물이었다. 윤씨와 나는 웃음을 참지 못하고 서로 바라보다가, 윤씨가 약간의 용돈을 주어서 내보냈다. 정신 이상이 생긴 여자였던 것이다.

도산이 출옥 후 옛날 친구들을 찾는 중에 청년학우회의 간부로 있다가 일찍 별세한 최광옥(崔光玉)의 딸, 이권(以權)의 집을 방문하였다. 이권의 남편인 연희 전문학교 교수 백낙준(白樂濬)은 그 때 외국 여행중으로 집에 없었다. 저녁 대접 후에 이권은 도산을 2층에서 하룻밤 머물도록 하였는데, 당시 경찰서원이 집을 지키고 있는 것을 알기 때문에 자기는 무서워서 2층으로 올라가 도산과 담화할 용기가 없었다. 이윽고 도산이 2층에서 창문을 열고 어두운 뜰을 향하여 "거기 누가 있소? 추운데 거기 있지 말고 이리 들어와 나와 같이 이야기라도 합시다." 하고 거듭 청하는 목소리가 들렸다. 아무 반응이 없는 것을 보고 도산은 아래층을 향하여 이권에게 "자, 아무도 파수 보는 사람이 없는 모양이니 염려 말고 올라와 이야기하자." 하여, 그제야 용기를 내어 올라갔다는 것이다.

경기도 경찰부에서 검사국으로 넘어가던 날 면회하러 간 어떤 동지에게(춘원 이광수?) 도산은 금으로 뚜껑한 회중 시계를 끌러 주면서, "이것은 추정(秋汀 李甲)이 애용하던 시계인데 뉴욕서 그와 작별할 때 내게 준 것이오.…… 그대가 맡아 두었다가 내가 만일 다시 살아 나오거든 내게 도로 주고, 그렇지 아니하거든 추정과 나의 기념으로 그대가 가지시오." 하고 슬픈 기색을 띠었다 한다.

동우회 사건(同友會事件)

1937년(정축) 6월 28일, 도산은 송태 산장에서 일본 경찰에 다시 검거되어 서울로 압송되었다. 북경의 노구교(蘆溝橋)에서 중·일 양군 충돌 사건이 일어남을 계기로 중·일 전쟁이 개시된 7월 7일보다 아흐레 전이요, 도산이 대전 감옥에서 가출옥된 지 28개월 만이다.

앞서 일본은 침략을 강행할 복안을 세우고 먼저 만주국이란 것을 세웠고, 한국 민족의 말살 정책을 기도하여 육군 대장 남차랑(南次郎—일본 발음 '미나미')을 총독으로 임명하여 소위 국체명징(國體明徵)이란 구호 밑에서 신사 참배를 강요하고, 한국말의 사용을 금지하며, 민간 신문 등을 폐간시켜 버렸다. 좌익 세력을 총검거하여 투옥한 그들은 최종으로 남아있는 민족주의 진영을 탄압할 계획을 세운 것이다.

그 해 4월 어느 날, 서울 종로 경찰서 고등계 형사 한국인 한사람이 당시 동우회 이사장으로 있는 주요한을 찾아 "동우회는 해산해 버리는 것이 어떠냐." 고 넌지시 귀띔하였다.* 주는 당시 총독부의 탄압 정책이 어느 정도까지 갔는지 정확한 판단이 없었으므로 그 말을 농담 비슷이 들었을 뿐이었다. 동우회는 비밀 단체도 아니요, 그 목적을 인격 수양에 둔 표현 단체로서 구성 분자가 민족주의자들이요, 도산의 지도하에 있다는 것도 물론 일본 당국자가 알면서 묵인해 온 것이다. 이 때는 이미 그들의 최고 당국에서 동우회를 박멸하기로 결정지은 뒤였고, 그 형사는 내용을 알고 화를 덜기 위해 미리 귀띔해 준 것이나, 주는 그것을 즉시 판단하지 못했던 것이다.

해산할 이유도 없거니와, 그것은 이사회를 열어야 될 것이 아니냐고 대답하였더니, 다시 고등계로부터 이사회를 열 터이면 회의 진행을 일본말로 해야 된다고 하였다. 주는 비로소 사태가 긴박한 것을 알고 이광수에게 이 사실을 보고하였고, 이광수는 도산과 의논하기 위하여 송태로 내려갔다. 일본말을 사용하면서라도 동우회를 유지해 갈 것이냐, 이 기회에 옥쇄하고 말 것이냐 하는 것이 문제였다. 이광수가 돌아오기를 기다리는 동안 주는 아무런 행동도 취하지 아니하였고, 일인들은 그것이 일본말 사용이란 조건에 반항하는 태도로 해석하여 총검거 준비에 착수하였다. 나중에 알고 보니, 물산 장려회 같은 기관에서는 경찰의 경고를 듣고 즉시 정식회의 없이 회장 이름으로 해산 선언을 발표하였더라고 한다.

---

* 동우회는 수양동우회의 이름을 고친 것이었다.

이광수가 송태에서 도산을 만나고, 또 평양 방면의 동지들과 회담한 광경은 《도산 안창호》에 극적으로 기술되어 있다 (《도산 안창호》 한글판 119쪽 이하).

도산은 단안을 내리지 않고 5월 20일경에 자기가 상경할 것이니 그 때 동우회 이사회를 소집하라고 지시하였다. 도산은 아직 정세를 신중히 검토할 여지가 있다고 보았던 모양이다. 그러나 도산은 위장병이 심하여 병석에 눕게 되어 예정한 기일에 상경하지 못하고, 서울의 동지들은 그의 상경만 기다리면서 6월을 맞이하였다.

6월 6일(1937) 새벽에 서울 종로 경찰서 고등계는 총출동하여 주요한 이하 동우회 간부들의 가택을 수색하고, 이광수 · 김윤경(金允經) · 박현환(朴賢煥) · 신윤국(申允局) 등 10여 명을 검거하였고, 압수된 회원 명부에 의하여 전국적으로 약 150명을 체포하였다.

서울에서 먼저 검거하고 지방 검거를 차례로 하였기 때문에 평양에 있던 회원들은 도산과 함께 6월 28일에 체포되어, 도산은 즉시 서울로 압송되어 경기도 경찰부에 유치되고, 다른 이들은 평양 경찰서에 두었다가 1개월 후에 서울로 압송하였다. 세칭 동우회 사건(또는 흥사단 사건)의 경과는 《흥사단 운동》 104쪽 이하에 기록되어 있다.

경찰은 피의자들을 물 고문과 학춤 고문(두 팔을 뒤로 묶어 들보에 전신을 매어 달고 매질하는 것)으로 동우회가 독립 운동 단체라는 자백서에 강제로 도장 찍게 하고, 또 미국 여행자에게서 압수한 흥사단 약법을 증거물로 하여 동우회는 흥사단과 이신 동체(異身同體)라는 자백을 강요하였다. 흥사단 약법 목적 조문 중에 '우리 민족 전도 대업의 기초를 준비함'이라 함은 독립 운동 준비라고 자백하게 하고(그것은 사실이었다) 또 입단가 중에 '조상 나라 빛내려고'라든지 '부모 국아 걱정 말아' 등이 한국 독립을 말한 것이라 하여 치안 유지법 위반으로 입건 · 기소하였다. 고문을 가장 혹독하게 받은 이 중에서 최윤호(崔允鎬) · 이기윤(李基潤)은 발병하여 사망하였고, 김성업(金性業)은 불구가 되었다.

종로 경찰서 유치장* 에 삼복 더위를 나게 된 구금자들은 7월 7일 이후 밤을

---

* 지금은 화신 연쇄가가 된 자리. 구한국 시대의 평리원.

새워 일본 군인들의 소집 영장이 발부되는 소리를 엿들고 중 · 일 전쟁이 시작된 것을 알았으며, 동우회 총검거가 그 예비 행동임을 짐작하였다. 유치장 간수 중에 채영식(蔡榮植)이라는 한국인 순사가 있어, 유치인들의 편의를 보아 주었다. 유치장 옆방에는 다른 죄수는 없고 동우회 사건 관계자로 만원이었고, 두 평 되는 방에 6~10명까지 수용하여 잘 때에 제대로 누울 수도 없었다. 채는 조병옥(趙炳玉)이 가족과 연락하는 편의를 보아 주었는데, 훗날 세월이 바뀌어 조가 미국 군정 경무부장으로 취임한 후, 채영식 순사를 찾아 교통 순경으로 있는 것을 발견하고 그를 특히 발탁하여 경찰 간부로 삼은 일화가 남았다.

전국에서 검거된 150명 중에서 42명을 3차례에 걸쳐 검사국에 송치한 것이 이듬해 1월이었고, 예심이 끝난 것은 1년 3개월 후인 1938년 8월 15일이요, 도산은 이미 별세하였으므로 41명이 공판에 회부되었다. 1939년 12월 8일에 서울 지방 법원 판사 부옥(釜屋 '가마야')은 피고 전원에게 무죄를 선고하였고, 검사의 공소로 경성 복심 법원은 1940년 8월 21일에 체형 언도를 하니,

징역 5년 이광수
징역 4년 김종덕 · 박현환 · 김윤경 · 주요한
징역 3년 김동원 · 김성업 · 김병연 · 조명식
징역 2년반 조병옥
징역 2년 오봉빈 · 송창근 · 최능진 · 백영엽 · 조종완 · 김찬종 · 김봉성
징역 2년, 3년간 집행 유예
정인과 · 장리욱 · 이용설 · 유기준 · 이영학 · 김선량 · 신현모(신윤국) · 이원규 · 김하현 · 이윤재 · 김용장 · 한승인 · 허용성 · 김항복 · 오정은 · 오익은 · 주현측 · 오정수 · 백응현 · 석봉런 · 오경숙 · 한승곤 · 김배혁 · 문명훤

등이었다. 1941년 11월 17일, 경성 고등 법원 상고심에서 전원 무죄 판결로 끝나니, 전후 4년 5개월이 걸렸다.

이 사건이 검사국 손에 넘어간 후에 서대문 경찰서에서는 청구(靑丘) 구락부 회원을 총검거하니, 관련자는 윤치호 · 신흥우(申興雨) · 유억겸 · 장덕수 · 구자옥(具滋玉) 등 주로 기독교 청년회를 중심으로 하는 민족주의자들이었다. 이

때는 이미 중 · 일 전쟁 개시와 동우회 사건으로 일본 당국의 탄압 정책이 판명되었고, 따라서 일반 국민 여론이 전향(轉向)을 가장하여 민족 생명을 보전함이 방편적 대책이라 하여 화를 피할 것을 꾀하게 되었으므로, 정치적 교섭에 의하여 단체 해산서를 쓰고 석방되었다.

동우회는 1937년(총검거된 그 해) 8월 6일 종로 경찰서 취조실 안에서 강제로 해산 결의에 도장을 찍게 하였고, 1938년 상해 함락 후 흥사단 원동위원부가 강제 해산되고 남경의 토지는 일본에게 몰수당하였다.

1942년(미 · 일 전쟁이 터진 이듬해) 9월에는 조선어학회 사건으로 홍원(洪原) 경찰서가 최현배(崔鉉培) 이하 30여 인을 검거하여 악형을 가하였으니, 이것이 민족 진영 탄압의 마지막 발악이었다. 김윤경(金允經) · 이윤재(李允宰) 등은 동우회 사건으로 1년 반의 옥고를 치르고 난 몸으로 다시 어학회 사건에 연좌되어 홍원 경찰서 유치장에 갇히고, 이윤재는 마침내 거기서 병사하였다. 이 사건은 일본이 패망하는 때까지(1945년 8월) 완결을 짓지 않아서 피고인들은 해방 직후 옥문을 열고 나오게 되었던 것이다.

앞서 1930년경에 이윤재가 상해에 가서 도산을 만나서 《조선어 사전》 편찬 비용에 관하여 의논한 사실이 드러나, 조선어학회 사건을 치안 유지법으로 기소하는 증거의 하나가 되었다.

동우회는 이 사건 후에 사실상 기능이 정지되어 해방된 이듬해(1946) 1월 2일, 흥사단 국내 위원부로 부활될 때까지 10년간 암흑 상태로 들어갔다.

동우회 사건 때에 도산은 8월달에 종로 경찰서 유치장 제1방으로 이감되어 왔고, 때때로 일본 관리들이 유치장 시찰을 하면서 무슨 큰 고기나 기르는 듯이 저 방에 안창호가 있다고 수근거렸다 한다.

경찰 조사 때에 송태 산장을 짓는 비용을 후원한 사람의 이름을 대라고 고등계 주임이 요구한데 대하여 도산은 "그들이 내게 호의로 돈을 주었는데 이름을 경찰에 알리면 그들이 괴로움을 당하게 될 것이니 말할 수 없다."고 거부하였다.

"우리는 그들을 괴롭게 하려는 것이 아니요 참고로 알아둘 뿐이라."

"그대는 그럴는지 모르나 그대의 후임자나 다른 경관이 어떻게 할는지 보증하겠는가. 그러므로 이것은 절대로 밝힐 수 없노라." 후에 형사를 유치장으로 보내어 말하기를 "아무래도 사실을 말하여야지 그렇지 않으면 병약하신 몸에 고문을 당할 염려가 있다."고 협박시켰다.

도산은, "우리 젊은 동지들에게 그대들이 많은 고문을 하는 것을 보고 나는 심히 분개한다. 그러나 내게는 고문을 하지 아니하므로 내가 대답할 수 있는 말은 대답하였거니와, 만일 조금이라도 내게 고문하는 때는 일언반구(一言半句)도 응답하지 않을 터이니 그리 알라."고 대답하였다.

또 한번은 사람을 보내어 전향할 의사가 있는가 물었다. 도산은, "전향을 하고 아니하는 것은 어디까지나 자유 의사다. 내가 이번 일을 법대로 다 해결지은 후에 자유로운 몸이 되어서 자유로운 생각으로 처리할 일이라. 유치장에 갇혀 있는 몸으로 전향을 한다면 그것이 무슨 전향이 되겠느냐." 하고 대답하더라는 것은 같이 갇혔던 이들이 전하는 말이다.

도산이 경기도 경찰부에 갇혀 있고, 다른 동지들은 종로서 유치장에 있을 무렵, 하루는 도산과 몇몇 동우회 간부를 종로서 뒷방에 모이게 하고 형사들은 자리를 피하였다. 무슨 말이 나오는가 옆방에서 엿듣는 것도 같았고, 혹은 수많은 동지들과 가족의 곤경을 구하기 위하여 어떤 타협안이 나오기를 기대하였는지도 모른다. 도산은, "많은 동지들과 가족들이 뜻밖에 고생을 하니 참으로 민망하다."는 말 한마디만 하고 다시 입을 열지 아니하였다. 다른 사람들도 할 말이 없었다. 차라리 감옥에서 죽는 한이 있어도 도산의 절개를 틈가게 할 수는 없었다. 도산의 건강 상태로 보아, 자칫하면 옥사할 가능성도 생각되었다. 그러나 누구나 그런 말을 입밖에 내지 못하였다.

도산은 기침과 트림으로 고생하고 있었다. 특히 트림은 거의 4~5분 만에 한 번씩 괴로운 동작과 함께 하였고, 그 때문에 종로서로 옮겨온 후 동지들은 곧 도산이 왔다는 것을 알 수 있었다. 별세할 때의 병명 중의 하나인 위하수증(胃弱)이 극도로 악화되었던 것이다.

검사국에서 춘원 이하를 심문할 때는 검사가 종로 경찰서에 출장하여 고등계 형사 주임 입회하에 행하였다. 이것은 확실히 위법이요, 경찰에서 강요한 자백을 번복하지 못하게 하는 위협 전술이었다. 그들의 핑계는 춘원이 병환으로 기동하기 어렵기 때문이란 것이다. 춘원은 긴 걸상에 누워서 검사 심문을 받았다.

도산이 감옥으로 넘어가는 11월 1일은 날씨가 추웠다. 100여 명 친지들이 경찰부 앞과 검사국 부근에 도산의 얼굴이라도 보려고 모였었다. 감옥에서 입감 절차를 밟는 광경을 그 때 같이 수용된 장리욱이 말한다.

> 우리 동지 일동을 형무소 조실(調室)에서 발가벗긴 다음 마루 장판에 꿇어앉히고 소위 소독 행사를 집행하였다. 그 추운 날 해질 무렵의 귀신만 사는 듯한 형무소 광경은 암울하고 처참하기 짝이 없었다. 간수들은 거물급을 대량으로 꿇어 앉히고 지배하는 바람에 의기가 양양하였다. 그 차디찬 소독물을 펌프로 막 뿜어 대는 통에 유치장에서 파리할 대로 파리한 피골 상접한 동지들의 나체에는 소름이 끼쳐서 덜덜 떨고 있었다. 그러나 도산 선생은 그야말로 털끝 하나 까딱하지 않고 단정한 태도로 그 차디찬 소독물 대포 시련을 받았는데, 도리어 시원한 기분을 느끼시는 듯이 태연 자약하였다. 도산 선생도 역시 다른 동지와 같이 쇠약한 몸에 그것이 견딜 수 없이 춥고 쓰라렸겠으나 민족적인 체면과 지도자의 위신을 위하여 열화 같고 또 강철 같은 의지력이 그 시련을 단연(端然)한 태도로 극복하였던 것이다. 그 때의 선생의 인상이 너무도 엄숙하고 비장해서 나의 뇌리에서 사라지지 않는다(《속편 도산 안창호》 204쪽).

도산의 검사 기록에 이런 문답이 있다.

"조선의 독립이 가능하다고 생각하는가?"

"대한의 독립은 반드시 된다고 믿는다."

"무엇으로 그것을 믿는가?"

"대한민족 전체가 대한의 독립을 믿으니 대한이 독립될 것이요, 세계의 공의가 대한 독립을 원하니 대한의 독립이 될 것이요, 하늘이 대한의 독립을 명하니 대한은 반드시 독립할 것이다."

"일본의 실력을 모르는가?"

"나는 일본의 실력을 잘 안다. 지금 아시아에서 가장 강한 무력을 가진 나라다. 나는 일본이 무력만한 도덕력을 겸하여 가지기를 동양인의 명예를 위하여서 원한다. 나는 진정으로 일본이 망하기를 원치 않고 좋은 나라가 되기를 원한다. 이웃인 대한을 유린하는 것은 결코 일본의 이익이 아니 될 것이다. 원한 품은 2,000만을 억지로 국민 중에 포함하는 것보다 우정 있는 2,000만을 이웃 국민으로 두는 것이 일본의 득일 것이다. 대한의 독립을 주장하는 것은 동양의 평화와 일본의 복리까지도 위하는 것이다."

제19장

낙-심-마-오

임종 전후 (만 60세)

도산은 6월 그믐께(1937) 검거되어 그해 11월에 검사국에 송치되었고, 12월 24일에 병 보석으로 나와 재판소가 지정한 경성 제국대학 병원(현재 서울대학교 의과대학 부속병원)에 입원하였다가 이듬해(1938) 3월 10일 자정(11일 0시)에 운명하였다.

춘원의 저술에 의하면 "도산은 대전 감옥 이래의 숙환인 소화 불량으로 몸이 쇠약한데다가 폐환(肺患)이 급성으로 진행된 것이었다."고 하였으나(《도산 안창호》 한글판 12쪽) 의학 박사 백기호(白基昊)는 다른 의견을 발표하고 있다. 도산을 보석하기 위하여 '폐결핵 겸 결핵성 참출성(慘出性) 복막염'이라는 병명이 붙었으나, 임종시의 병명은 '간경화증 겸 만성 기관지염 및 위하수증'이라 함이 정당하다는 것이다. 도산은 1937년 12월 24일에 서대문 형무소에서 보석되어 경성 제국대학 의학부 제1내과에 입원하였는데, 당시 백기호는 제3내과에 근무중이므로 직접 담당 치료는 못하였으나, 주치의의 허가를 얻어 매일 혹은 격일 병상을 방문하여 검사하였다. 그의 수기에 의하면,

결핵성 복막염이라 한 것은 조수의 검사 결과 판정의 과오와 또 보석 당시 간단한 외부적 내과 진찰의 결과로 그런 병명이었다는 선입감에서 나온 경솔과 오진이 틀림없다. 그 증거로서 전체 경과 중 거의 신열이 없는 상태였으며, 또 임종 전 일량일간 선생이 무의식 상태에 빠졌다는 점과(간경화증시, 말기 증상으로 일종의 담독증이 일어난 상태), 본인이 직접 검사한 바에 의하면 복부가 대단히 팽창(복막염시에도 그렇지마는 간경화증, 기타 병에도 복수로 인하여 복부 팽만이 많다)하여 있으며, 복수가 다량이었으나 이것을 뽑아내어 검사해 본 결과 리발타 반응(복수의 유무를 판정하는 데 많이 쓰이는 방법)이 음성이며(즉, 리발타 반응이 나타나지 아니함. 단, 복막염시에는 강한 양성이 보통임) 복수의 비

중은 1014였다—이 비중은 보통 1015 이상은 염증이요 그 이하는 비염증, 즉 간경화증성으로 안다. 그리고 복수로서 행한 고전(高田)씨 반응도 간경화증시에 많이 나타나는 양성이었다. 또 오줌 중 우로비리노겐 반응이 간장 기능 장애를 가리키는 양성이었다. 그러나 일방 입원 당시 리발타 반응은 약양성(弱陽性)이고 복수의 비중은 1015 이하였다는 담당 의사의 조수의 말을 생각하여 보면 그는 새 졸업생인 고로 간의 병인 때와 같은 염증이 아닌 복수라도 복막에 오랫동안 체류하여 있을 때에는(선생은 옥중에서 장구히 복수를 빼지 못하였다) 간간 리발타 반응이 약한 양성을 정하나 비중은 역시 1015 이하 된 것을 확실히 모르고 출옥 당시 병명의 선입감과 그 밖에 더 상세한 검사를 끝내기 전에 병명을 무성의하게 경솔히 붙인 것이 오진의 결과로 믿는 바다.

이상의 근거와 평소 선생의 신체 상태를 비추어 보아 본래 만성 기관지염과 위하수증이 있었던 것을 겸하여 보면 선생의 병명은 '간경화증 겸 만성 기관지염 및 위하수증'으로 확신되므로 주치의에게 누차 병명 정정할 것을 권고하였으나 당시 일본인 교수 등 기타 복잡한 관계로 그리하였는지 주치의도 잘못된 판단을 고집할 생각으로 그리하였는지 끝끝내 정정치 아니한 채 작고하시게 되어 세상에도 오진된 그대로 알려져 있는 듯하다.

병 경과 말기경에 제하여 다시금 진단 정정을 권할 때에 주치의의 말이 경과를 봄에 지금 설사가 심한데 이것은 장결핵으로 생각한다. 이런 점으로 보아도 폐결핵도 있다고 보겠다고 하였으나 그것은 간경화병이 있을 때에 위장 울혈이 말기 증상으로 오므로 설사가 심하여지는 예가 많다는 것을 고찰하지 못한 데서 나오는 말이라고 단정할 수밖에 없다. 자세한 검사 관찰함이 없이 무성의 경솔하게 진단하여 끝끝내 그것을 고집함은 대단히 유감이며 더구나 후손에게까지 다대한 영향을 주는 결핵 운운함은 고 도산 선생에게 무엇이라고 죄송한 말씀을 드릴는지 모르는 바이다. ……

일본인 주치의가 병명의 정정을 거부한 것은 무성의나 고집이 아니요, 도리어 보석 당시의 병명을 변경하면 당국의 힐난이 있을까 두려워하였던 것인지도 모른다.

도산 입원 중 시중 든 사람은 그 생질 김순원(金順元)과 청년 박정호(朴定鎬) 두 사람이었고 이갑의 딸 정희(正熙)도 드나들었다. 《동아일보》 기자 오 모는 기자를 핑계로 매일 출입하여 외계와 연락하였다. 오는 동우회 사건에 기소 유예로 석방된 사람이므로 도산 병실에 드나든다 하여 경찰에서는 다시 잡아넣는다고 위협하였다. 박정호는 춘원에게 다니던 문학 청년이었고, 김순원은 보성

전문학교 학생으로 사상 사건에 관련되어 검거된 후 옥사하였다.

입원 비용은 미국 동지들이 송금하여 왔고, 혹은 경찰 눈을 속이면서 병실을 위문하고 금품을 두고 가는 이도 있었다. 그러나 끝에 가서는 매월 110원의 입원비를 내지 못하게 되어 도산은 이정희에게 실업가 몇 사람의 이름을 부르면서 찾아보라고 하였다. 이정희가 말하는 그들의 반응이 흥미 있다. 김성수(金性洙)는 첫 말에 대답하고 이튿날 돈을 보내 왔다. 박흥식(朴興植)은 자기가 도산 가출옥 이후로 줄곧 비용을 많이 쓴 것을 설명하고 수일 후 치료비를 전해 왔고, 모씨는 흥사단 단우들이 돌보지 않는다고 하도 욕을 하기 때문에 그 사람들이 다 잡혀 갇혀 있다고 정희는 변명하지 않을 수 없었다. 그러나 그이도 얼마간 보태 왔다. 최 모라는 부호는 자기 경제가 곤란하고, 뜻이 있어도 당국의 감시가 심하여 어렵다고 사정사정하면서 종시 응하지 아니하였다.

임종을 앞두기 한 달 전쯤부터 병적으로 신경질이 되어, 시중 드는 김순원이 비명을 올렸다. 그 전에는 그리도 온화하고 관후하시던 성격이, 사사에 짜증을 내어 견딜 수 없다는 것이다.

"아마도 돌아가실 것 같아요. 성품이 갑자기 변하시는 것을 보니까…" 그는 이렇게 한탄하였다.

선우훈(鮮于燻)이 전하는 도산의 최후의 말은 다음 같다. 선우훈은 송진우에게 경찰 몰래 면회할 방법을 물어 가지고 어느 날 오후 3시에 병실에 들어갔다. 도산은 인기척을 듣고 눈을 들어 선우의 손을 잡고 무슨 말을 하려 하였으나 구설이 조갈하고 혀가 잘 돌지 않아 말을 못하였다. 몸이 극도로 수척하여 얼굴을 알아보지 못할 정도며, 수염은 희고, 머리털은 절반 누르고 절반 희어 황백색이었다.

실내에는 화초분이 꽃피어 테이블 위에 있었고 미국의 아드님으로부터 온 "하우 헬스 유" 병환이 어떠냐 하는 전보가 놓여 있었다. 물을 숟가락에 떠서 입술을 축여 드리니 비로소 말을 하였다.

> "너무 슬퍼하지 마오.…… 언제 왔소?…… 부인과 아이들 평안하오?…… 장인 이명룡(李明龍)씨와 조형균(趙衡均) 장로 평안하오? 이렇게 어려운 곳을 오니 참 반갑소.…… 내

홑이불을 들고 내 다리와 몸을 보오. 이렇게 되곤 사는 법이 없소. 나는 본래 심장병이 있는 중 대전 감옥에서 위까지 상한 몸으로 이번 다시 종로서 유치장 속에서 삼복 염천 좁은 방에 10여 인이 가득 누웠으니 내 몸은 견딜 수가 없었소. 의사의 말이, 나는 지금 일곱 가지 병이 생겼다 하오. 지금 위가 상하고 치아가 빠졌고 폐간이 상하고 복막염 · 피부병 모두 성한 곳이 없소. 그 종로서가 나를 이렇게 만들었소. 나는 지금 아무것도 먹지 못하니 전신에 뼈만 남고 피가 말랐소. 나를 일으켜 안아 주시오."

"나는 죽음의 공포가 없다…"

"나는 죽으려니와 내 사랑하는 동포들이 그렇게 많은 괴로움을 당하니 미안하고 마음이 아프다—"

"우리 동지들이 지금 정치적으로 아무것도 할 수 없으나 누구누구를 중심해서 경제적 합작으로 실력 준비를 바라오—"

"일본은 자기 힘에 지나치는 큰 전쟁을 시작하였으니 필경 이 전쟁으로 인하여 패망하오. 아무런 곤란이 있더라도 인내하시오—"

"대보산에 내가 있던 산장은 그리 좋지 못하나 주위에 심은 나무들이 매우 귀한 것이 많은데 어떤 나무는 한 그루에 300원까지 주고 사다가 내 동지들이 나를 기념키 위하여 심은 것이니 잘 보호하기를 바라오—"

"산장 앞에 만든 운동장은 과히 적지 않고 돌을 내 손으로 옮겨 가며 만든 것이니 앞으로 나무만 자라면 여름 한때 수양하는 처소가 될 것이오—"

"내가 죽은 후에 내 몸은 내가 평소에 아들같이 여기던 유상규 군 곁에 묻어 주오—"

이상이 지금 알려진 바로 오직 하나의 유언이라고 할 것이다. 운명하는 날은 무의식 상태에 빠져, "목인아, 목인아, 네가 큰 죄를 지었구나!" 하고 여러 번 크게 외치고 아무 유언 없이 운명하였다 함이다(목인(睦仁)은 일본의 명치제(明治帝)의 이름).

선우훈과의 대담 기록은 약간 더 있다.

"장성심이 선생님 병을 잘 아니 그를 청하여 간병케 하시면 좋을 줄 압니다."

"성심도 체포령이 나서 어디로 숨었다지요?"

"비용이 많을 터인데 어떻게 하시는지요?"

"매일 80원씩이라는데 10일에 한 번씩 계산이라니 그것이 염려요. 나와 가까운 사람은 다 갇혔고 중앙호텔 김병찬 장로가 내 뒤를 보나 그 돈이 어디서 늘 나겠소?"

"병원에서 치료함보다 사삿집으로 나가심이 좋을 듯합니다."

"면회도 일체 불허하는데 사가로 나가는 것은 문제도 못 되오."

"아드님한테서 저런 전보가 왔구먼요."

"그렇게 나온다기로 네가 부산에 착륙하는 즉시로 체포될 터이니 그 대신 돈을 보내라고 했소. 일전 종로서에서 조만식 선생을 불러다가 안창호의 비용 대지 말라고 엄명하여 조 선생 대답은 '내가 먹고 살면서 그 선생을 돌아보지 않을 수 없소. 내가 만일 굶는다면 그 선생이 나를 먹여 살린다.' 고 했다오."

"저기 놓인 화분과 음식은 매우 비싸 보입니다."

"삼륜이란 경시 부부가 어제 가져온 것인데 5년 전 나를 취조한 자로 지금은 함흥에 있다는데 내 병이 침중하다는 소식을 듣고 위해 왔노라 하오. 아무리 원수라도 그 부인은 내 모양을 보고 눈물을 흘리며 혈형(血型)이 같다고 수혈한다고 의사까지 데리고 왔으나 가까스로 만류시켰소."

선우가 다시 올 때에 무엇을 사가지고 오겠다 함에 대하여, "나는 아무것도 먹을 수 없소. 그렇게 원한다니 순안(順安) 안식교의 제품인 포도즙은 진정품인데 안국동 남계양행에서 파니 용기까지 가져오면 한 번 시험하겠소."

선우는 그 길로 포도즙을 사서 이튿날 9시에 여관에서 떠나다가 체포되어 동우회 사건으로 추가 기소되었다.

3월 10일(1938) 오후 7시경, 이정희는 김순원의 전화로 도산이 위독하니 곧 오라는 통지를 받았다. 수송동(壽松洞) 집을 나서 택시를 잡아 타고 대학 병원으로 가는데 전쟁 때라 등화 관제가 실시되고 경관들이 길목마다 지켜 서서 자동차를 정지시키므로 사정사정하면서 약 1킬로 남짓한 길을 40분이나 걸려 병원에 도착하였다. 이 때 도산은 이미 눈은 감았고 귀로 듣기는 하는 모양이었다.

"정희 왔습니다." 하니 대답 없이 도산의 두 눈에서 눈물이 쭈르르 흘렀다. 당직 의사가 오고 김순원 · 박정호 등과 같이 둘러섰는데 시계가 12시를 땡땡 치는 것과 동시에 도산의 맥박과 호흡이 끊어졌다.

독립 정신의 화신, 민주주의의 선구자, 지성스러운 청년 지도자, 위대한 개혁자, 위대한 정치가 도산 안창호는 피고인의 신분으로 위문객도 마음대로 드나

들지 못하는 병실에서 그가 사랑하던 한반도를 영원히 작별하였다. 그의 나이 만 59년 4개월, 한국 풍속으로 환갑을 맞이하기 8개월 전이었다.

조각가 이국전(李國銓)이 데드마스크를 떴으나 경찰에 압수되고, 그와 그 선생 김복진(金復鎭)이 경찰에 연행되어 곤욕을 당하였다.

옥중의 동지들은 이틀 후에 서대문 형무소 간수가 몰래 전하는 소식으로써 도산의 별세를 알았다.

나정(蘿井)의 전하는 바에 의하면, S씨가 도산이 돌아가시기 3, 4일 전에 그가 먹기를 원하는 호배추 김치와 배를 가지고 병실을 찾은 일이 있다. 그 때 도산이 입에 떠넣은 김치 국물을 삼키지 못하고 애쓰다가 얼마 후에 겨우 삼키고 두번째 떠드리는 것은 고개를 흔들어 거절하였다. 그리고 S의 손을 한동안 잡고 있다가 겨우 한마디 말을 부탁하였다.

"낙…… 심…… 마…… 오."

도산의 몸은 극도로 수척하였으나 아직 눈을 뜰 때에는 광채가 있었다고 한다. 그러나 피곤함인지 곧 눈을 감았다. 그 입에서 붉은 물(피?)이 흘러 나왔고, 간호부가 솜으로 닦아 내었다.

"낙…… 심…… 마…… 오." 한마디를 겨우 하고는 후유하고 긴 한숨을 쉬었다. 한참 동안 손을 그대로 잡고 있다가 놓았다. S는 간호원의 독촉으로 방을 나오면서 눈물이 뺨을 적시었다고 한다.

모처럼 정성으로 가져온 김치를 못 먹는다고 낙심마오…… 도산이 일찍 죽어 떠난다고 낙심마오…… 일본의 압제가 욱심하여 가고 독립 성취가 언제될지 모른다고 낙심마오…… 그 한마디 속에는 이 모든 뜻이 포함되었을 것이다.

친족 중에서 실형 치호, 누이 신호(信浩), 조카딸 맥결 등이 회장하고, 친지 중에, 흥사단 동지들은 형무소에 있어 못 오고, 다른 이들은 경찰의 제지로 못 오고, 20명 이내로 회장자를 제한했기 때문에 오윤선 · 조만식 · 김지간 등이 참석하였을 뿐이다. 수의는 감을 박홍식이 보내고, 당주동에 있는 동우회 간부의 집에서 지으려 하였으나 경찰의 간섭과 협박으로 유영준(劉英俊) 여사가 자진하여 자기 집으로 가져다가 몇몇 부인들이 모여서 지었다. 묘지는 의논이 많은 끝에, 조카 사위 되는 김봉성(金鳳性)이 자기 부친을 위하여 망우리(忘憂里)

에 장만하였던 자리에 모시기로 하였다. 바로 유상규의 무덤 위쪽에 있었다. 그 후 김봉성은 무연탄 가스 중독으로 어린 아들과 함께 변사하여 도산 무덤 동편쪽 구석에 묻혔다.

도산 별세의 소식이 퍼지니 해외에서는 성대한 추도식이 있었으나 국내에서는 쓸쓸한 장례 외에 아무런 행사도 할 수 없었다. 묘소를 찾는 사람도 경찰이 힐난하고 조사하여 접근하지 못하게 하였다. 미국에 있는 유족에게는 전보로 부고를 보내면서 아무도 오지 말라 하였다.

도산기념사업회(島山記念事業會)

> 약관으로 민족 해방 운동에 참가한 이래 선생의 환경은 날로 불리하였다. 그 기간은 일본 제국주의의 번무기에 해당하였다. 일본은 조선에서 청의 세력을 구축하여 이를 독립케 하고 다음에 보호국을 만들고 마침내는 합병을 하였다. 조선을 기지로 하여 만주를 산하에 두고 중국 본토를 진공하였다. 도산은 일본의 양자강 진격을 들으면서 운명하였다. 그의 일생의 사업과 서원이 가장 암담하게 보이는 순간이었다.* 그러나 그는 원대한 정치적 투안(透眼)으로 일본 제국주의의 파탄이 반드시 올 것을 예관하고 그 날을 위하여 민족의 혁명 역량을 축적할 것을 가르쳤다. 돌아가신 지 10년이 다 못 차서 조선 해방의 날은 왔다. 이 날을 같이 즐기지 못함은 원통한 일이었다. 그의 동지와 제자들은 망우리 공동 묘지에 엎드려 통곡하였다.

이것은《도산 안창호》초판 서문의 1절이다.

해방 후 '도산 안창호 선생 기념사업회'가 생기고, 거기서 전기《도산 안창호》(1947)와,《속편 도산 안창호》(1954)가 발간되었다.

1955년 10월 15일 기념사업회 손으로 망우리 묘지에 새 비석이 세워졌다. 비문은 6·25동란 이전에 이광수가 지었는데, 글씨를 손재형(孫在馨)에게 받기로 맡겼던 동안에 사변이 돌발하여 손은 원고를 함석통에 넣어 뜰에 묻고 피난갔다. 서울 수복 후 작자 춘원은 공산당에게 납치되어 생사 불명이 되었으나,

---

* 그 해 6월에 중국 국민 정부가 중경(重慶)으로 이전함.

땅에 묻었던 원고는 남았다. 손재향이 전면의 전자를 쓰고 김기승(金基昇)이 후면의 사적을 써서 오석에 새겼다. 비문에 가로되,

> 學不厭格物致知欲復祖國
> 誨不倦樹德立言爲事斯民
> 直無僞接人以愛春風和氣
> 公無私作事以誠秋霜嚴威

라 하였으니 그 대략의 뜻은,

> 배우기를 싫어하지 않아
> 물리를 캐고 지혜를 기름은
> 조국을 회복하기 위함이요,
> 가르침에 게을리 아니하여
> 덕을 세우고 말을 세움은
> 이 백성을 섬기기 위함이라.
> 곧아서 거짓이 없고
> 사람을 접함에 사랑으로 하니
> 봄바람의 화기가 돌며
> 공번되고 사사로움이 없어
> 일을 지음에 정성으로 하니
> 가을 서릿발의 위엄이라.

도산의 제자들이 불의를 배척하고 바른 정신을 주장하매 자연히 당시 집권자들의 헌법 유린을 반대하게 되었고, 따라서 권력 가진 자는 홍사단을 눈에 가시로 알아 싫어하였다. 그러므로 비석 제막식에 참가한 수효가 300명을 넘지 못하였다.

도산기념사업회는 도산 기념관 건설 계획을 세웠으나 재정이 여의치 못하여

아직 실현하지 못하였고, 홍사단과 협력하여 우선 서울 을지로 1가 3층 건물을 사서 근거만을 세웠으니, 그것이 대성(大成) 빌딩이다.

도산의 무덤을 옮기고 크게 수장하자는 의논도 있어 흑석동(黑石洞)에 기지를 구입하였으나, 이장은 남북 통일 이후에 함이 좋다는 중론이 있어 보류중이다.

1946년 1월에 홍사단 국내 위원회가 성립되었고 그 해 9월 28일 제 1차 국내 대회가 중앙 기독교 청년회 강당에서 열렸다. 1950년에 홍사단 본부를 서울로 가져오고, 미주에는 미주 위원부를 두게 되었다. 불행히 그 해 여름 공산당의 침략으로 단의 사무소가 소실되어, 몇 가지 문헌이 없어졌는데 그 중에는 도산이 처음 유학차로 미국 갈 때에 친필로 적은 일기도 있었다.

뿐만 아니라 3개월간 공산당이 서울을 점령하고 있는 동안에 그들의 박해로 중대한 인적 손실을 입었다. 이광수를 비롯하여 의학 박사 백린제(白麟濟), 국회 부의장 김동원, 교육가 김려식(金麗植), 신학교 교장 송창근(宋昌根) 이하 간부 및 유력 단우 최소 25명이 납치되어 갔고, 춘천 고등학교장 채호병 이하 최소 4명의 단우가 살해되었다(분명히 나타나지 아니한 인적 피해 수효는 더 많다).

수복 이후 단세를 정리하여《새벽》잡지를 간행하고, 강연회와 강좌 등을 주최하였다(홍사단의 수난에 대한 기록은《홍사단 운동》을 참조할 것).

1953년 3월에 도산의 장남 필립(必立)이 귀국하여 부친 묘소에 참배하였다.

1962년에 정부로부터 도산에게 건국 훈장이 수여되었다.

도산의 추도회와 추도 강연회가 해방 후 여러 차례 열렸다. 1953년 3월 10일 거행된 16주기 추도식에서 처음 불린 '추도의 노래'를 여기 적는다.

추도의 노래

1. 동해물이 푸르른 채
   어이 두고 가셨나요
   백두산은 솟았는데
   어이 아니 계신가요
   가을하늘 공활한데

임의 생각 간절하고
일편단심 나라사랑
귀에 쟁쟁 하옵니다
남산우에 저 송백도
임을 그려 눈물지리
밝고 맑은 저 달빛도
임무덤에 비춰오리
2. 간다 간다 나는 간다
너를 두고 나는 간다
그 노래를 부를 제는
오실 날을 바랐더니
오랑캐는 왕성하고
나라일은 험난한데
꼭 계셔야 하실 임이
어이가고 없나이까
시베리아 만주뜰과
태평양의 거센 물결
헤매시던 임의 모습
눈에 암암 하옵니다
3. 임이 손소 가꾸던 꽃
다시 피다 하옵거늘
이 강산과 이 민족을
어이 두고 가셨나요
무실역행 깃발 밑에
늠름하게 모여들라
가르치신 임의 말씀
뼈에 사겨 지키리다
맘을 매고 힘을 모아

죽더라도 변치 말라
남기신 뜻 받들기로
다시 맹세 하옵니다

생애와 사업

도산의 일생을 연대적으로 총관하기 위해서는 편의상, 다음의 8시기로 나눌 수 있을 것이다.

1. **소년 시대**: 만 18세까지. 고향에서 한문을 수학하다가 청 · 일 전쟁 후 서울에 올라가 예수교 학교에서 신학문을 배우는 기간.

2. **독립 협회 시대**: 만 19~24세의 5년간. 독립협회에 가입하여 경향 각지를 유세하고 청년 웅변가로, 애국 운동자로 명성이 처음 퍼지던 시기. 점진학교 경영과 강서의 황무지 개간 사업.

3. **미주 유학 시대**: 만 25~28세, 약 4년간. 한인친목회 · 공립협회 · 《공립신보》 등.

4. **신민회 시대**: 만 29~32세, 약 3년간. 보호조약 하의 조국으로 돌아와, 나라의 무너짐을 척수로 막아 보려던 때. 신민회 · 청년 학우회 · 대성학교 · 태극서관 · 마산동 자기회사 등.

5. **국민회 시대**: 만 33~41세, 약 9년간. 합병 직전 망명하여 만주에서 독립운동을 일으키려다가 불여의하여 다시 미국 가주로 들어가 국민회 · 《신한민보》 · 홍사단 등을 조직 · 지도하던 시기.

6. **상해 시대 전반기(前半期)**: 만 42~45세, 약 3년간. 기미 독립 운동 후 상해 임시정부 각원으로 있다가, 거기서 나와 해외 독립 운동의 대동단결을 위하여 국민대표회를 추진한 시기. 연통제 · 《독립신문》 · 홍사단 원동 위원부 등.

7. **상해 시대 후반기(後半期)**: 만 46~54세, 약 8년간. 세계 정세의 후퇴로 다시 실력 배양을 결의하고 독립 운동 근거지인 이상촌 건설을 계획하던 때 잠시 미주를 여행하였고, 만주 시찰도 하였다. 동명학원 · 홍사단 국내 운동인 동우회 원조.

8. **감옥 생활과 순국(殉國)**: 만 55~59, 약 5년간. 일본 관헌에게 체포되어

3년간 옥중 생활 후, 고국 각지를 순회 시찰하고 송태 산장에 숨어 다음 계획을 구상하다가 다시 투옥되어 신병으로 보석중 별세할 때까지.

표면에 드러난 사업 및 사업 계획을 중심으로 하여 도산의 일생을 더듬어 본다면—

1. **정치 활동**: 약관에 독립협회에 가입하여 애국 정신을 그의 능숙한 변설로써 국민간에 고취하였고, 구한국 말기에 신민회라는 비밀 결사를 조직하여 최후의 구국 운동을 시도하였으며, 해외에 나간 후 국민회를 조직·육성하여 해외 동포의 자치적 권익 옹호에 노력하였으며, 국민회는 3·1 운동 때에 이승만을 워싱턴에, 도산을 상해에 보내어 독립 운동을 추진하였고, 상해와 중경의 임시정부를 재정적으로 뒷받침하는 데도 국민회의 힘이 가장 컸었다. 상해의 임시정부가 조직된 후 도산은 우연히 가장 먼저 도착하였으므로 내무총장 겸 국무총리 대리로 정부의 실무를 거의 독력으로 자리잡았고, 얼마 후에 시베리아 방면과 타협하기 위하여 스스로 자리를 사양하고 노동국총판이란 한직에 내려앉아, 독립 운동 거두들을 대동 단결시키기 위하여 노력하였고 나중에는 국민 대표회를 소집하여 해외운동의 통일 단결에 힘썼다. 공산당이 성하게 될 때에 도산은 대독립당을 건설하여 민족 진영의 총단합과 강력한 투쟁을 기도하였으나, 일경에게 체포됨으로 뜻을 이루지 못하였다.

2. **언론 활동**: 웅변가로서 이름난 그는 소년 시대로부터 만년까지 무수한 기회에 연설로써 국민 계몽과 정신 고취에 힘썼으며, 출판물 활동으로는 독립협회 때의 《독립신문》과 구한국 말년의 《대한매일신문》·《황성신문》·《제국신문》 등 민족주의 신문을 직접·간접으로 후원하고 동지들을 들여보내어 협조하였고, 3·1운동 이후 국내의 민간 신문인 《동아일보》·《조선일보》 등에도 동지들로 하여금 활동하게 하였다. 한말의 언론투사였던 양기탁·유근·박은식·장지연·신채호 등이 다 선생의 동지였다. 미주에서는 《공립신보》·《신한민보》를 창간하였는데 《신한민보》는 순 한글 신문으로 자동 식자기를 사용하여 제작하였으니, 지금까지 계속되고 있다. 상해에서 《독립》 신문을 창간하였고, 혁명 사료 편찬회를 임시정부에 두어, 그 결과로 박은식의 《한국통사》(韓國

痛史) 등이 출판되었다. 국내에서는《동광》잡지를 발행시켜 한국 문화 보존 투쟁에 공헌시켰다.

3. **교육 문화 사업**: 소년 시대에 점진학교를 설립하였고, 신민회 시대에는 저 유명한 대성학교를 설립 · 경영하였다. 동시에 청소년 운동 단체로 청년 학우회, 문화 사업으로 태극서관 등을 경영케 하며, 미주로 망명 후 청년 학우회의 후신인 흥사단을 수립하여 유학생들을 지도하였다. 흥사단은 그의 필생의 사업으로 민족 부흥의 원동력을 여기서 기르기를 꾀한 것이며, 항구적인 사업으로 기초를 튼튼하게 하였으므로, 정치적 환경의 기복이 심한 가운데 파란을 겪으면서 50년의 역사를 가진 유일한 단체로서 존속되어 왔다. 남경에 세웠던 동명학원은 시국의 변천으로 중단되었다.

4. **실업 운동**: 독립 운동의 근거지 계획으로 농토 개발 내지 이상촌을 구상한 것도 산업 운동의 하나요, 근대식인 자본 축적을 목표로 동지간에 '동맹 저축'을 장려하여 모갯돈이 되면 사업을 일으키자고 하였다. 평양의 마산동 자기회사, 미주의 북미 실업 주식회사, 상해의 대생(大生) 철공장, 공평 합작사(公平合作社 — 소비 조합 운동) 등은 도산이 동지들을 시켜 일으켰던 산업 기관이다.

도산의 능간이나 수완이라고 하는 점에서 평가한다면 다음의 몇 가지를 들 수 있다.

1. **웅변가**: 그는 현대 한국이 낳은 최고의 웅변가요 아마도 유일의 웅변가라고 할 수 있다. 20세기 상반기에 우리 나라에 쾌변가도 있었고, 열변가도, 유머리스트도 있었으나 청중의 주의를 3시간, 4시간 계속해서 이끌 수 있는 웅변은 도산밖에 없었다 해도 과언이 아니다. 그는 제스처를 많이 사용하지 아니하였고, 미언 · 여구를 섞지 아니하였으나 내용과 문장의 구성에 있어서, 또는 표현의 억양에 있어서, 침착하면서도 독창적이었다. 그는 보통 의미에 있어서 선동 연설가 · 선전 연설가는 아니었으나, 청중의 감정에 호소할 줄 알았으며, 그 화법을 애국 열정의 감격으로 전환하는 수법을 잘 알고 있었다.

"선생의 음성은 그리 높지도 않고 그리 얕지도 않은 중음계(中音階)로 깊이가 있고 부드럽고도 약간 비장조(悲壯調)를 띤 것이며, 그 변사는 미문 · 여구를 택하지 아니하고 솔직 · 평명 · 간결하면서도 독창적인 표현과 구성으로 되었다. 그러므로 듣는 자가 몇 시간이라도 지루함이 없고 고성 질호하거나 탁을 치고 팔을 뽐냄이 없이 침착 · 순탄하면서도 마치 큰 바다의 속물결처럼 부지 불각중에 고조에 달하여 청중으로 하여금 손을 쥐고 호흡이 가쁘며 '만세'를 저절로 고창하게 하는 것이었다." (《도산 안창호》 초판 서문).

"선생은 또한 좌담에 능하여 옛날 그리스 철인의 문답과 같은 방법으로 상대를 설복함에 능하였다. 논적(論敵)의 이론에는 만강의 경의로 경청한 후 서서히 묻고 대답하는 가운데 논자로 하여금 부지중 자기 이론의 모순을 깨닫게 하였으며 또 배움을 청하는 이에게도 결론을 주입하는 방법을 취하지 아니하고 묻고 대답하여 자기의 대답으로 스스로 확연히 깨닫게 하였으니 선생은 천생의 교사라 할 것이다." (《도산 안창호》 초판 서문 중에서).

도산은 또 노래를 지어 청년들로 하여금 부르게 하였거니와, 그 가사들은 현란하거나 재치 있는 것보다도, 내용과 표현이 폐부를 찌르는 것이 많았다.

외국인과 대할 때나 취조하는 관헌에게 대하여서나 상대방과의 문답에서 뜻밖의 대답으로 깊은 인상을 주었다.

2. **조직력과 계획성**: 그의 조직력은 독립협회 · 국민회 · 신민회 · 흥사단 · 임시정부 등에서 발견할 수 있으며, 계획성은 대표적으로 '독립운동 방략'이라든가 '이상촌 구상 등에서 알 수 있다. 조직력이 강하기 때문에 '야심가 오해도 받았고, 계획 없는 돌진을 항상 경계하였기 때문에, 완진주의(緩進主義)요 우원(迂遠)하다는 평을 받았다. 그가 계획을 세움에 있어서는 면밀 주도하였고 현실에 기초하였으므로, 누구나 이론적으로 반박하지 못하고 오직 '고집이 세다'는 것으로 불평할 뿐이었다.

3. **세심성(細心性)**: 대인(對人) 관계에 있어서나 대물(對物) 관계에 있어서 극히 세심하여 봉건 시대의 통념인 불구 소절(不拘小節)과는 대차적이었다. 친구들에게 대한 경하 · 위로 · 구원 등에 있어서 정성을 다한 일화는 허다하다. 이것이 도산의 천성이었는지, 혹은 지어서 하는 것인지 알 수 없으나, 신민회 시대의 동지인 이갑이 친지의 관혼 상제와 생신 등을 부지런히 돌보았다는 것이 정치적 수단의 하나로 된 것이라고 전하는데, 도산이 그런 것을 본받았을지도 모른다.

창문의 커튼 하나, 장식하는 꽃 하나에까지 그 색깔과 가격에까지 주의를 하였다는 일화도 많다. 그는 재래식 의미에서 풍류객이라 할 수는 없으나 자연과 풍경을 좋아했고, 미에 대한 애착과 감상력이 예민하였다. 정결과 정돈을 사랑한 것은 천성이기도 하나 외국에 나가서 민족의 긍지를 유지하여야 하는 애국심의 발로이기도 하였다.

여기서 춘원의 붓으로 기록된 도산의 일화를 두어 개 소개한다.

북경에 있는 중앙호텔에서 도산 선생과 8일간이나 밖에 나가지도 않고 이야기만 하던 기억입니다. 그 때 이야기가 어찌나 재미있던지…… 필기까지 하였지요. 이야기의 중심은 도산 선생의 이상과 포부로서 조선 사람에게 보내는 말이었습니다.* 그리고 또 한 가지는 도산 선생과 북경서 서로 작별할 때 선생이 자기 모자를 내게 바꾸어 씌워주고 선생은 내 헌 모자를 쓰시던 기억입니다. 그 때 도산 선생은 없는 주머니를 털어 자기는 천진행 3등표를 사고 나에게는 1등 차표를 사주더군요.** ……북경 역장에게 특별히 교섭하여 없는 자리를 내어가며 나에게 1등석을 주게 하셨는데, 차가 떠나자 역장이 우리 일행을 전송하니까 차장은 우리를 중국 교통부 고관으로 알았던지 연해 머리를 숙이며 과자 등을 가져오고 특대하던 광경입니다. 처음 한 번 호사를 해보았지요.……(《이광수 전집》 제14권 362쪽).

○○○은 거처하는 곳에다 그것이 여관이든지 셋방이든지 꽃을 심고 정결히 하고 그림과 휘장으로 장식을 한다. 그는 감옥에 있을 때에도 걸레 잘 치고 방 깨끗이 거두기로 소문이 났다. 그가 어느 황폐한 산장을 빌어 정양할 때에 그는 2주일간에 그 산장 구내에 풀을 베고 나무를 다스리고 돌을 골라 놓고 길을 내고 돌창을 파고 우물을 만들고 산림 속에 산보하는 도로를 만들고 시내에 목욕터와 빨래터를 만들고 닭과 오리를 놓고 꽃을 심고 하여 그 산장 주인이 와 보고 제 산장인 줄을 몰라보았다고 한다(《이광수 전집》 제14권 380쪽. 여기 ○○○라고 한 것은 안창호의 이름을 숨긴 것으로 추측된다).

화분을 사려고 나는 도산과 함께 어느 청인 화초상을 찾아 갔다. 그 때 도산은 월계화를 심은 백사기 화분 한 개를 가장 마음에 드는 듯이 치켜들고 꽃과 잎사귀에 벌레 먹은 데 없나 하고 치밀하게 검사하고 난 뒤에 값을 물었다. 청인은 70전을 내라고 하였다. 도산은 50

* 1924년의 일. 이 책 제II부 참조.
** 3등 표가 다 팔리고 1등이 한 좌석밖에 남지 않았기 때문에.

전을 받으라고 하였다. 청인은 65전으로 깎았다. 그래도 도산은 머리를 흔들었다. 60전으로 내렸다. 그래도 역시 머리를 흔들었다. 나중에 55전으로 낮추었을 때에도 도산은 역시 머리를 흔들다가 50전이라고 부르니까 그제야 비로소 돈을 꺼내 샀다. 나는 곁에 섰다가,

"그건 왜 그리 깎으시지요? 웬만하면 사시지요."

그 때 도산은, "우리 쓰는 돈이 어떤 돈이길래 그러오."

한 마디를 할 뿐이었다. 그 뒤에 알고 보니 도산은 이 화분 한 개를 사려고 상해의 보강리와 남경로의 여러 화초상을 돌아다니면서 값을 물어 두었다(《이광수 전집》 제17권 391쪽).

나는 상해에서 1년 나마 도산과 한방에서 기거를 같이하고 있는 동안 한 번은 둘이 숯불을 피우고 방 안에서 국수를 끓여 먹기로 하였다. 그래서 내가 냄비를 씻고 고춧가루 · 후춧가루 · 간장 등속을 양념으로 만들고 있을 때에 도산은 내가 국수를 끓일 줄 모른다고 손수 마른 국수단을 들고 냄비 물이 골고루 흰 거품이 되어 쌩-쌩-끓어 오를 때에 넣는다. 과연 도산이 끓인 그 날 국수는 더욱 맛났다. 국수뿐 아니라 그는 빵도 잘 구웠다. 항상 우리들 5~6인이 가운데 화롯불을 놓고 토스트를 굴 때면 우리들이 구운 빵은 대개 한 쪽이 타고 또 구운 뒤의 빵 빛깔이 꺼멓다. 그렇지만 도산이 구은 것은 모두 골고루 노랬었다. 그래서 노랗고 잘 구워진 빵 조각은 도산이 구운 것인 줄 알고 그를 가려 먹기에 우리들은 식사 때마다 시비하다시피하였다(《이광수 전집》 제17권 392쪽).

도산이 한국 사회에 역사적인 영향을 끼친 업적 중에서 그가 계몽 시대의 두 문필가 육당 최남선(六堂 崔南善)과 춘원 이광수(春園 李光洙)에게 깊은 영향을 끼쳤다는 사실을 간과할 수 없다.

이미 언급한 대로 육당은 일본 동경 유학 시대에 도산을 처음 만나고(도산이 1907년 미주에서 돌아오다가 일본에 들렀을 때) 그의 연설을 듣고 또 병 간호를 받은 후 그를 선생으로 모셨다. 한국에 돌아와(신민회 시대에) 육당은 신문관(新文館)과 《소년》(少年) 잡지를 경영하였는데 《소년》 잡지는 도산이 조직한 '청년학우회'의 기관지 비슷한 것이었다. 육당은 청년 학우회 중앙 총무로서 그 회의 지방 조직을 위하여 각지에 자주 순행하였으며, 도산이 청년학우회 취지서를 육당더러 만들라 하였으나 육당이 사양하고 신채호가 지었고, 그 회의 회가는 육당이 지은 것이다. 《소년》에는 청년학우회 규칙과 그 활동 상황이 실려 있다. 도산이 서울 있는 3년간 거의 일과처럼 신문관에 들렀었다. 그 때로부

터 30년 후, 도산이 대전 감옥에서 출옥한 후 서울 중앙호텔(여관)에 유숙할 때 육당이 찾아와 뵙고 한국식 큰 절을 하였으니 스승에게 대한 예의다. 다시 근 10년을 지난 1945년 봄, 일본의 패전이 가까울 무렵, 서울 종로 6가에 있는 육당 거처에 김선량(金善亮)이 방문하였을 때 그는 "도산 선생의 묘소를 자유로이 참배할 수 있는 날이 멀지 않았다."고 말하였다. 1954년에 육당이 병중에서 구술(口述)한 글 가운데서 도산의 진실 정신(眞實精神)을 말하였다. 육당(六堂)으로 하여금 민족 계몽 운동(啓蒙運動)에 그 글재주를 전부 쏟아 놓게 한 것이 도산의 영향이라고 보아도 무방한 것이다.

춘원과 도산과의 관계는 길게 말할 필요가 없다. 1939년 춘원이 만 50에 지은 《육장기》라는 단편 소설에 "나는 민족주의 운동이라는 것이 어떻게 피상적인 것도 알았고 수 십년 계속하여 왔다는 도덕적 인격 개조 운동이란 것이 어떻게 무력한 것임을 깨달았소. 조선 사람을 살릴 길이 정치 운동에 있지 아니하고 도덕적 인격 개조 운동에 있다고 인식하게 된 것이 일단의 진보가 아닐 수는 없지마는 나 스스로의 경험에 비추어서 신앙을 떠난 도덕적 수양이란 것이 헛것임을 깨달은 것이오."라 하여 종교에 기울어지는 것을 고백하였거니와, 그 때까지의 춘원의 평생의 작품 생활이 민족주의 · 계몽주의 그리고 이른바 도덕적 인격 개조주의 · 봉사 생활주의 등으로 일관된 것은 사실이요, 그것이 도산의 영향에서 온 것임도 틀림없다. 춘원도 상해 시대에 도산에게 병구완을 받은 일이 있다.

생각컨대 도산은 이 두 사람의 재주 뛰어난 청년을 만나 그들에게 철저한 민족주의 사상을 집어넣고, 또 민족을 위해 봉사하리라는 결심을 뿌리깊게 심어 놓은 것이며, 그러기 위하여는 이론뿐이 아니라 따뜻한 인정미로써 감화시킨 것이다.

이 두 문사의 글이 계몽기의 한국 문화와 한국 사회의 발전 방향에 커다란 영향을 준 것이 틀림없다 하면, 이는 곧 도산의 정신이 그들을 통하여 한국 민족에게 영향을 준 것이라고 인정할 수 있을 것이다. 그 밖에 도산을 사숙한 사람들 중에서 해방 후의 정치적 발전에 관련된 사실들을 아직은 평가를 내리기에 그 시기가 이르다고 할 것이다.

도산이 다음 세대에 남겨 준 것은 물론 그의 인격과 사상이다. 일으켰던 사업은 정치 환경의 불리로 실패에 돌아가거나 중단되거나 하였고, 포부와 계획도 같은 이유로써 햇빛을 보지 못하였다. 그러나 그의 인격과 사상은 현대 국가로 재생하려는 한국에 있어서 가장 뚜렷하고, 또는 오직 하나의 도표로서 광채를 발하고 있다. 그가 말한 '민족 전도 대업'은 단순한 독립 국가라는 형태만을 말함이 아니요, 한국 민족과 한국 사회를 현대화함을 가리킨 것이다. 여러 민족운동 선구자 중에서 도산이 독특한 지위를 점령하는 까닭, 따라서 오늘날에 있어서도 그의 생애와 생각을 거듭 연구해야 할 까닭이 여기 있다. 이에 대하여 다음의 장에서 결론적으로 약간 언급하고자 한다.

제 20 장

민주적 지도자의 전형(典型)

— 독립 국민의 자격

— 건전 인격 · 신성 단결

— 신용의 자본

— 동맹 수련(同盟修練)

— 민족 전도 대업의 기초

— 무실 역행(務實力行)

— 자조(自助)와 호조(互助)

— 민족 개조(民族改造)

— 자아 혁신(自我革新)

— 인격 혁명(人格革命)

이런 표어들은 도산이 창작하였거나, 혹은 자주 사용한 것들이다. 이를 받아들인 후생들은 그것을 주로 도덕적, 도의적 교훈으로 해석하는 경향이 있다. 도산의 고결한 인격과 아울러 볼 때에 그런 인상을 주는 것도 사실이겠고, 도산 자신도 이를 인생 철학의 면에서 주장한 면도 없지 않을 것이다. 더구나 이를 조술한 춘원 이광수의 생각 방법이 그런 편으로 기울어진 감이 있다. 이것은 춘원의 인격과 생각을 통한 도산관이다.

그러나 도산의 전체 생애와 그 언행을 종합 관찰한 결과는, 그러한 주장들이 극히 구체적이요 현실적인 의미를, 또는 정치적인 요소를 포함하고 있음을 발견한다. 한마디로 하여 도산은 한국 민족과 한국 사회의 현대화를 촉구한 것이다. 봉건적인 사회 생활과 습성을 탈피하여 현대적인 시민 사회의 생활 태도와 생각을 가져야 한다는 것이며, 그렇게 되어야만 민족의 독립, 즉 현대에 있어서 국제 사회의 일원이 되고 경쟁해서 설 수 있는 국가를 만들수 있다는 것이다.

철학적인 인생관에 있어서 도산이 '사랑의 세계', '인간성의 존중', '협동 사회의 건설' 등을 신봉하였고, 그것을 언행간에 나타낸 것이 사실이다. 그것만으로써도 도산은 단순히 독립 운동의 투사, 좁은 의미로서의 민족주의 고취자의 위치에서 한걸음 더 앞서고 있음이 분명하다. 그러나 도산은 그런 의미에서의 사상적 선구자 또는 독창자로 평가할 수는 없다. 인도주의, 민주주의는 도산의 독창이 아니다. 오직 그러한 새로운 가치가 민족의 독립과 밀접한 관계가 있음을 발견하고 외친 것이 도산의 사상적 · 정치적 선견을 증명하는 것이다. 이것은 한국만의 문제가 아니요, 아시아의 모든 역사적 문화 민족의 공통 과제다. 그들은 천년의 깊은 잠을 깨어, 서방측의 공세와 마주섰다. 아시아적 제도와 생각 방법을 그대로 유지하면서 기술 문명을 자랑하는 서방 세계와 병립할 수 있는가. 혹은 전통적인 생활 체계를 내어 던지고, 이른바 현대적인 생활 양식, 생각 체계를 채택하여야만 생존을 유지할 수 있는가. 이것은 역사 비평가의 가장 큰 쟁론거리의 하나가 될 것이다. 도산은 현대화가 민족 생존의 길이라는 전제하에서 사상의 혁명을 주장한다. 그를 철학자나 사상가로 보기 전에 현실적 정치가라고 보아야 한다는 점은 여기 있다. 그의 교훈을 윤리적으로만 해석하려든가, 그 방면으로 치중하여 조술하는 이들의 결함이 여기 있다.

진실 정신

도산이 주장한 현대 생활적인 개인 행동 규범 및 사회 생활 규범은 무엇인가.

1. 진실의 정신: 무실(務實), 참되어라, 거짓말 말아라. '거짓은 나의 불공 대천지 원수다, 다시는 거짓말을 아니 하리라' —이것은 얼른 보면 순전히 도덕적인 것, 보편적인 것, 모든 역사를 통한 항구적 진리를 모색하는 것으로 생각된다. 그러나 중세기적 규범, 아시아적인 방편주의에 대한 비판으로 해석될 수 없을 것인가. 서방 문명이 유대와 기독교, 또는 히브리와 헬라 정신을 토대로 하여 발전된 것이라 하면 그 기본 규범의 하나는 확실히 진실의 정신이요, 진실의 탐구가 과학 문명을 낳은 것이 아닐까. 지배자의 도덕과 피지배자의 도덕을 구별하지 않고 발가벗은 인간으로서 보편적인 규범을 찾을 때에 진실의 정신은

그 기본의 하나가 될것이다. 경화된 유교 도덕이 허례의 껍데기만 남은 것을 도산은 통렬하게 지적하고 개인의 행동과 사람 대 사람의 관계의 규범을 진실·성심·성의에서 찾는 것은 당연한 논리일 것이다. 그는 예절의 형식주의를 배척하고 성심에서 우러나는 예의를 주장한 것이다. 그것이 한국 민족으로 하여금 현대인으로 탈피하는 가장 근본적인 태도라고 생각한 것이며, 이는 정당한 비판이었다고 본다.

청년학우회 간부로 있었던 최남선(崔南善)은 후일에 진실의 정신에 대하여 이렇게 말하고 있다.

(도산 선생이) 한번은 청년 운동에 대한 슬로건—즉, 청년학우회의 취지서를 꾸며 보라는 분부였다. 그 내용의 말씀은, "우리 국가와 민족이 이렇게 쇠망한 근본적 이유가 진실한 국민적 자각, 민족적 자각, 역사적 자각, 사회적 자각을 못 가진 데 있다. 배일 운동이 있기는 하지만 그 중에는 그냥 비분 강개에 그치는 수가 많고 믿을 만한 책임심이 결여되어 있다. 그러므로 우리가 하는 청년운동(국민 운동)은 어디까지나 '진실'을 숭상하여야 한다. 언론보다도 실행을, 형용보다도 내용을 존중해야 한다. 그것이 '무실·역행'이다. 이상과 목적을 책임 있게 실행할 능력도 기르고 정신도 기르자." 그러한 내용으로 청년학우회의 취지서를 초안하라는 명령을 하셨다……'무실·역행'은 눈이나 귀를 즐겁게 하는 말은 다 피하고 일을 실제로 하자는 것인데 이것은 도산 선생의 머리 속에서 창작한 정신이며 표어였다. 선생은 그것을 '거짓말 말자'는 것이라고 단순하고 명쾌하게 말씀하셨다. '거짓말 안 하는 인간', '거짓말 안 하는 민족'이 되어야 한다는 것이다.…… 동양 문화와 서양 문화를 비교해 보면 현대의 동양은 서양보다 아주 쇠퇴하여 있다. 그 생활은 암담하고 그 문화는 정체되어서 우매와 빈곤에 빠져 있다. 동양에 있어서도 우리 한국이 가장 심하다. 그것은 무슨 까닭이냐. 손쉽게 말하면 진실한 인생관이 확립되지 못한 것이다. 서양 근대 문화의 특징은 멀리는 문예 부흥기 이후로 베이컨, 데카르트, 칸트 등의 철학 사상을 중심으로 인간과 역사의 경험을 실제로 활용한 진취적인 투쟁 정신에 있었다고 안할 수 없다.……

이론상에서 하는 법칙이나 분석이나 종합보다도 생생하게 손으로 직접 만질 수 있는 현실과 격투하자는 실천 철학까지 나오게 되었다. 이러한 철학이나 생활 양식은 모든 것의 진실을 존중하는 태도라 볼 수 있다. 그러나 근세에 와서부터의 동양—중국의 명나라·청나라에는 생활 양식이나 생활 태도에 진실성이 없었다. 우리 한국에서도 임진왜란 이후는 진실성이 더욱 없었는데 이것은 동양에서도 가장 심한 역사를 남기고 있는 것이다. 2000년 내지 2500년 전 시대에 세계적 성인은 모두 동양에서 나왔으며, 근대 서양문화의 원동력이 된 인쇄기 · 나침반의 발명도 동양에서 되었던 것이다. 그러한 위대한 창조력을 가졌던 동양이 근대에 와서는 왜 침체 · 몰락되었을까. 그의 근본은 진실성이 결여된 까닭이라고 단언할 수 있다. 이 진실성은 생활 태도와 생활 양식을 합리적으로 경험을 살리는 타당성, 새로운 진리를 탐구하는 적극성이라고 보겠다. 그러한 진실성의 대소와 심천의 차이가 현대 문화의 선진성과 후진성을 척도하게 되는 것이다.

더 길게 인용함을 피하거니와, 최남선의 이 글은 비교적 정확하게 도산의 생각을 추상적 평가에서 역사적이요, 현실적인 운동으로 분석한 것이다.

과학하는 정신, 실증 철학의 인생관, 그리고 민주 사회의 협동과 단결의 기초가 되는 공동 신용의 확립, 이른바 '신용의 자본' 축적 등도 이러한 진실의 정신, '거짓말 말자'는 규범에서 연역된다.

실천주의

2. 실천주의: 무실의 반대는 허위요, 역행(力行)의 반대는 공리 · 공론이라고 도산은 설명하였다. 공리 · 공론은 중세기 이래의 동양 학문, 특히 이조 시대의 한국 학문의 특징이요 파탄이었다. 그것은 서방 세계에 있어서도 거의 마찬가지였다. 공리 · 공론에서 실증 철학과 공리(功利)주의 철학으로 전환함으로써 근대 문명은 발전된 것이다. 춘원의 말을 좇으면,

> 도산은 극언하였다. 이조 500년의 역사는 공론의 역사였다고. 그리하기 때문에 이조 500년에 경제적으로나 문화적으로나 위대한 유산이 적고, 오직 갑론 을박과 그로 하여서 온 참무(讒誣) · 탄핵(彈劾) · 비방(誹謗) · 살륙(殺戮)의 빈축 산비할 기록이 있을 뿐이라고. 심지어 이렇다 할 건축물 하나, 토목 공사 하나, 크게 자랑할 것이 없지 아니하냐고. 공담 · 공론에서 나올 필연한 산물이 쟁론과 모해밖에 없을 것이 아니냐고. 공론가의 또 한 특징이 있으니, 그것은 남에게 책임을 미는 것이다. 제 잘못은 가리고 남에게는 잘하라고 요구하는 것이다. 저는 아무 것도 한 것이 없으니까 책임이 없다……. 남은 애써 했더라도 왜 더 잘 못하였느냐고, 그렇게 해서 쓰겠느냐고 책망한다(《도산 안창호》 한글판 140쪽).

도산의 실천론은 개인적 생활 규범으로서의 '부지런'을 말하는 것이 아니다. 그러므로 역행(力行)의 설명에 있어서 그것은 '힘써 행하라'는 말이 아니라, '행하기를 힘쓴다'는 말이라고 하였다. 양반 사상의 타파, 직업의 귀천 구별의 철폐, 일인 일기(一人一技)주의, 자립 정신의 배양, 의뢰심의 배격 등이 그 중에 포함된다. 그는 홍사단의 훈련 조목 중에 "한 가지 이상의 전문 지식, 또는 전문 기술을 습득할 것"을 단우의 의무로 규정하였으니, 직업인으로서 자격을 구비해야 한다는 것이다. '자조와 호조'라는 표어에서 '자조'라 함은 경제적 독립의 의미요, 이는 씨족 제도하에서 해독이 컸던 의뢰심, 친족 출세주의를 타파하는 것을 의미하며, 좋은 의미에서의 개인주의(Individualism)의 발달을 촉구하는 것이니, 좋건 나쁘건 간에 역시 아시아적 생활 방식에서 근대적 또는 서방적 생활 방식으로 전환함을 뜻하는 것이다.

도산의 실천주의는 그의 교육 방법에서 나타나고 있다. 그는 가장 실효 있는 교육 방법은 모범을 보이는 것이라 하여 이상촌 · 모범 부락 계획을 세웠고, 또 자기가 주장하는 것을 몸소 실시하여 후생에게 보여야겠다는 까닭으로 몸가짐에 조심하고, 생활의 주변과 양식의 정리, 개선에 세심한 주의를 하였다. 깨끗한 것을 가르치기 위해서는 몸소 비를 들고 소제하였다. 행하는 것이 배우는 것이라 하는, 그의 방법론은 현대 교육론과 일치하는 것으로, 도산이 이를 이론 체계화 하지는 안 하였으나, 아마도 세계에서 최초의 실천자의 하나였을 것이다.

실천주의는 또 문약(文弱)을 비판하고 강장한 기풍을 숭상하는 데까지 연장된다. 도산이 항상 덕 · 체 · 지 3육이라 하여 체육을 지육보다 먼저 말한 것이라든지, 홍사단의 '사'라는 것은 문사(文士)와 무사(武士)의 두 가지를 말한다고 한 것 등은 이러한 생각의 표현이다. 그가 내세운 네 가지 덕목(4대 정신)에는 용감이란 것이 들어 있다.

민주 협동

3. 민주적인 협동 생활: 근대 민주주의는 권리의 사상, 자유의 원칙에서 발족된 것이 사실이나, 한편 협동 생활의 발전이 근대 국가의 기간이 됨도 사실이다. 도산은 한국 민족 국가의 생존과 발전이 이 문제의 해결에 있음을 철저히

인식하였다. '신성 단결'이란 표어로써 단체 생활을 강조한 것은 사회 생활의 훈련 방식으로서 구상된 것이며, 국민회의 조직 방법이 철저한 민주 방식에 의한 것이라든지, 임시정부 시대 또는 국민대표회 시대에 민주적인 대동 단결을 기도한 것은 그가 진정한 민주주의자임을 말한다. 그는 마키아벨리적인 권모·술수를 배척하였고, 독립 운동에 있어서도 수단 방법을 가리지 않은 암살·파괴, 또는 사기적 방략(지폐 위조, 마약 판매 등)을 반대하였다. 모략 중상과 교사·반복을 경계하며, 의견의 교환에 의한 공론(公論)의 성립과 자발적인 협동에 의한 대동단결을 거듭 시험한 것 등은 이를 증명한다. 이러한 원칙은 그가 상해 시대에 남긴 연설 요지 중에나 〈동포에게 드리는 글〉 중에 합동과 분리를 논하는 대목에서 명확히 볼 수 있다. 그가 천성으로 변설에 능하였기 때문에 여론 정치를 고창하였을지도 모르지마는(〈연설의 필요〉라는 그의 연설 요지 참조), 당시 거의 모든 지도자가 '나를 따르라'는 영웅주의자가 아니면, 뒷구석에서 모략을 일삼는 봉건적 인물들인 가운데서 오직 하나 두드러진 민주 방식 신봉자였던 것이다. 그것이 도리어 그의 실패의 원인이 되었다고 할 수도 있으나, 그는 전투에 졌지마는 전쟁에 이긴 것이다. "도산의 수완은 비상한 수완이므로 수완에 드는 줄 모르고 수완에 든다."고 비평한 사람의 고백은 도산의 승리를 말하는 것이다.

"서로 남의 자유를 존중하면 싸움의 대부분은 없어질 것이요, 내게 한 옳음이 있으면 남에게도 한 옳음이 있는 것을 인정하여서 남의 의견이 나와 틀린다 하여 그를 미워하는 편협한 일을 아니하면 세상에는 화평이 있을 것이요. 그런데 우리 나라에서는 예로부터 나와 다른 의견을 용납하는 아량이 없고 오직 저만 옳다 하므로 그 혹독한 당쟁이 생긴 것이요. 나도 잘못할 수 있는 동시에, 남도 옳을 수 있는 것이거든 내 뜻과 같지 아니하다 하여서 이를 사문 난적(斯文亂賊)이라 하여 멸족까지 하고야 마는 것이 소위 사화(士禍)요 당쟁이었으니, 이 악습이 지금까지도 흐르고 있소. 그러므로 우리는 서로 사상의 자유, 언론의 자유를 인정하고 존중하면서 비록 의견은 서로 다르더라도 우정과 존경에는 변함이 없음이 문명국인의 본색일 것이요……. 그리하면 사상의 대립은 서로 연마, 발달하는 자극이 될 수 있고…… 안으로는 아무러한 의견의 대립이 있더라도 외모(外侮)나 전 민족의 운명이 달린 일에 대하여는 혼연히 하나가 되어서 감연히 막아 낼 수 있을 것이요. 제 의견의 주장도 민족을 위함이거든 민족을 깨뜨려서까지 제 의견을 살릴 사람이 어디 있겠소?…….” 이것은 ‘정의 돈수’를 설명하는 문답록에 있는 것으로 전해지는 말이나(《도산 안창호》 한글판 240쪽) 실상 · 간단 · 명쾌한 민주주의 원칙의 표현이 아닌가.

진실 정신, 실천주의, 민주적 협동 능력—이 세 가지가 도산이 생각한 우리 민족 부흥의 길, 현대 국가로서의 생존 · 발전의 길의 대원칙이었다. 거기까지 가는 과정은 ‘민족의 완성’이라 해도 좋고, ‘민족 개조’, ‘인격 혁명’, ‘자아 혁신’, ‘인간 개조’—무엇이라고 불러도 좋다. 이것은 한국의 문제뿐 아니라, 현대 사회에서 생존 · 발전하려는 모든 고대문명 민족의 과제인 것이다. 그리고 아직도 해결 도중에 있는 과업인 것이다. 해결될 수 있을지 없을지 미지수에 있는 과업이라고 해도 과언이 아닐 것이다. 이런 과업을 추진하는데 있어서 선각자의 책임을 말하였고, 선각자의 양성 · 훈련 방법으로 흥사단을 세웠다. 그러나 유의할 것은 도산의 ‘엘리트’론은 결코 철인적인 것이 아니었다는 사실이다. 도산이 생각한 민족적 엘리트는 봉사하는 사람들, 모범을 보이는 무리를 말한 것이지 결코 권력에 의지하고 강제로 민족을 끌어 보자는 권위주의적인 엘리트를 의미하는 것이 아니다. 그것은 그의 교육 철학과 상치되는 때문이다. 대공주의(大公主義)라 함은, 전체주의적인 민족지상론이 아니요, 주권자인 시민이 자발적으로 협동하고 봉사하는 생활 태도를 말함이다.

그가 ‘기초 준비’라는 말을 사용한 것은, 시간적으로 준비 단계와 실현 단계를 말한 것은 아니다. 차라리 그 진정한 의미는 기본이 무엇인가를 표현한 것이라 하겠다. 독립국가로서의 생명이 민족 생활의 혁명, 즉 현대화에 있다고 하는 인과 관계를 명백히 한 것이다. 우리의 생활과 제도와 머리를 현대화하여야만 민족국가로서 생존 번영이 가능하다는 것을 그는 확신하였고, 또 그것이 진리일 것이다. 민족 사회의 현대화는 산업의 현대화와 정비례한다고 말한다. 그러나, 산업을 현대화하는 것은 기계만의 힘으로 되는 것이 아니요, 주로 사람의 힘으로 되는 것이 아닌가. 닭이 먼저냐 달걀이 먼저냐 하는 이론은 도산이 비판한 공리 · 공론에 속할지도 모른다. 그러므로 도산이 별세한 지 반 반 세기가 지난 오늘에 있어서도 우리는 도산의 비판을 받아들이고, 그가 주장한 원칙을 연구하고, 그 세목적 방법론까지도 검토하여 오늘의 현실에 적용하여야 한다. 그러할 때에 비로소 도산의 위대함을 재인식하게 된다.

이 사람을 보라

도산의 인간성을 논하자면 거의 성자(聖者)다운 점이 있다. 그는 담배를 피우고, 술도 약간 마셨다. 그런 점으로 보아서 종교적인 의미에서 성자라고 부르지는 못할 것 같다. 그러나 그의 간절하고 변함 없는 애국 정신, 근엄하고 관후한 몸가짐과 마음가짐은 성자와 같은 풍모라고 아니 할 수 없다.

1. 지성(至誠): 도산의 일생의 좌우명은 성심 · 성의의 한 마디로 요약된다. 사람에게 대하여 지극한 성의로 대할 뿐 아니라, 물건에 대하여서도 그리하였다. 교양이 있는 사람에게나 없는 사람에게나, 나이 많은 이에게나 어린 소년에게나 한결같이 그들의 의견을 경청하고, 성의를 다하여 자기 소견을 말하고, 권면하고, 격려하고 위로하였다. 돌 한 개, 꽃 한 포기, 휘장 한 폭을 선택하고 배치함에도 그 아름다움을 살리기 위하여 시간과 노력을 허비하였다. 그의 네 가지 큰 덕목 가운데 충의(忠義)라는 말이 있으니, 그것이 봉건적 냄새가 난다고 누가 말하면, 이는 충성과 신의를 합친 것이요, 맡은 책임에 충성하고 사람에게 신의를 확수하는 뜻이라고 설명하였다. 애국가 끝절에 '임군을 섬기며'라는 구절을 고칠 적에 '충성을 다하여'라고 대치한 것은 도산이었다. 표리 부동을 배척하고 모략 중상을 경계하였다. 허례와 가식, 허장 성세를 미워하여 애도나 경하는 성심으로 하고, 모든 예법은 마음 속에서 우러나는 존경의 뜻을 나타냄이 근본이라 하였다. 유교식의 관혼 상제 의식을 비판한 이유는 그것이 형식화하였기 때문이다. 영전에서 곡하는 것을 폐하자고 한 것도 성의가 아니고 허식이 많다는 점에서다. 경야하면서 도박을 하는 것 등을 애도의 성의를 해한다고 하여 반대하였다. 이 모든 것이 생활 태도 혁신의 첫째 요건, 즉 '진실의 정신'에서 출발하는 것임은 물론이다.

2. 근엄(謹嚴): 그는 평생에 사람을 대할 때에 자세를 어지러이 한 일이 없고, 혼자 있을 때도 몸가짐을 조심하였다. 담화할 때에 탈선함이 없고, 언사에 거친

음성이나 용어를 사용함이 없었다. 술을 마시되 취기를 나타냄이 없고, 농담에도 지나침이 없었다. 청년과 희락함을 즐겼으나 어지러움에 이르지 아니하였고, 오락 좌석에서도 질서와 예도를 지키는 것이 기쁨을 증진한다고 말하였다. 그러나 엄한 것이 지나침이 없고 화기 있는 조심을 기준한 것이었다. 구시대의 요인 중에는 술을 말로 마시고, 열을 올릴 때는 행동과 언사가 도를 넘치는 것을 도리어 호걸풍이라고 하기도 하였으나, 도산은 그런 의미에서 호걸은 아니었다. 그의 감화력은 상대의 심정을 깊이 이해하는 데 근원하였고, 남과 다른 호언 장담으로 누르려 함이 아니었다. 그가 가정을 오래 떠나 있었으되 중상 모략이 심한 상해 사회에서도 여자 관계로 입술에 오른 일은 전혀 없다.

3. 궁행(躬行): 도산의 교육 방법이 행하므로 배우는 것, 또 모범을 전시해야 된다는 것임은 이미 말한 바와 같다. 그러므로 그는 자기가 남에게 권하고 가르치는 것을 먼저 스스로 실천하기에 노력하였다. 그의 성심 성의와 근엄한 행동은 천성인 동시에 또 실천 궁행에 의한 교육 방법이기도 하였으리라. 걸레를 들고 방을 닦으며, 화초와 휘장으로 방을 장식하며, 산장을 설계하고 마당을 고르며 못을 파고 고기를 기른 것들도 대중에게 표본을 주어 따르게 하자는 것이다. 이상촌 · 모범 농촌 · 직업 학교 등의 구상도 그 모형이 전국에 퍼지게 할 목적이었던 것이다.

4. 인자(仁慈): 인자하고 자비스럽다는 용어는 종교적인 색채가 있을지 모르거니와, 도산의 관후함은 그런 경지에 이르렀다 하여도 과언이 아니다.

"그 분의 정성과 사랑이라는 것은 기독교의 예수나 그럴 수 있으리라고 믿습니다" 한 어떤 후생의 말이 과하다고 할지 모르나, 적어도 말한 그 사람에게 있어서는 실감에서 나온 것이리라. 무수한 동지와 후배들이 그의 충심에서 우러나는 도움과 구호를 받았으니, 널리 알려진 사실로 이 책에 언급된 이름만으로도 이갑 · 박은식 · 이시영 · 윤현진 · 이광수 · 안태국 · 필대은 · 여운형 등이 있다. 도산이 첫번 미국을 갔다가 돌아오는 길에 일본 동경에 들러 유학생회에서 연설할 때 이야기다.

"그 때 최남선도 도산의 뒤를 이어 연설하다가 가끔 발작하는 학질 때문에 그만 단상에 거꾸러졌다. 그러자 도산은 육당(최남선)을 자기 가슴에 안고 그 길로 여관에 와서 극진히 간호하여 주었다. 도산과 육당이 안 때는 이 때가 처음이다. 육당은 이 일에 크게 감동받아 '자기는 지금까지 평생에 선생이라고 부르는 이가 없으나, 오직 도산 한 분만은 선생으로 안다'고 금일에 이르기까지 고백하는 것을 들었다."고 춘원은 말한다(《삼천리》 1930년 10월호). 허물을 책하되 남 모르게 하고 뉘우치는 사람은 관대히 용서하며, 장점이 있으면 그것을 살리기에 힘썼다. 상해 시대에 걸핏하면 수상스러운 청년을 일본의 앞잡이라고 제재를 가하는 일이 있었으나, 도산은 정확한 증거가 없는 한 그들을 구출하고 보호하기에 노력하였다. 자기를 배척하고 중상하던 사람, 자기를 거리에서 보면 외면하는 사람도 흔연히 대하고, 일부러 찾아가서 손을 잡는 것이었다.

"적어도 우리 민족간에는 무저항주의를 쓰자."고 말하였고, 이를 실천한 사람이다. "그 분을 대할 땐 친할아버지나 보호자를 대하는 것 같은 느낌이었지요."라는 청년의 소감은 도산의 인간성을 단적으로 표현함이라고 하겠다.

역사적인 인물을 연구할 때는 그 인간성에서 단점을 찾는 것이 흥미 있는 일인데 도산에게 있어서 인간적인 면을 두루 찾는다면 담배를 많이 피웠다는 것, 오랫동안 가정을 돌보지 못했다는 것, 너무도 사람을 믿으려 했다는 것, 자기 계획과 주장에 대하여 고집이 강했다는 것 등을 들 수 있다. 그를 굴 속에 사는 성자라고 부를 수는 없으나, 현실 정치에 부딪치고 동지를 시켜 실업 기관을 만들게 하고, 스스로 농촌 경영 계획까지 한 점에서 속세에 묻힌 사람이요, 그러한 일생을 통하여 발산된 근엄·실천·지성·인자의 모습은 거룩하다는 말로 표현하여 과함이 아닐 것이다.

어떤 이는 도산의 생애에서 교훈을 받을 것이니, 곧 일본 제국주의가 나날이 강성해 가는 50년 동안에 이에 대항하여 끝까지 싸우다가 순국한 애국 정신, 민족 정신을 숭앙하고 본받을 것이다.

또 어떤 이는 그의 인격에서 배움이 있을 것이다. 숭고한 인격에 도달하는 목표로서 도산의 경지를 따르려고 할 것이다.

또 어떤 이는 그의 사상을 실현하려고 노력할 것이다. 도산이 주장한 민족적 생활 양식과 사고 방법의 현대화·민주화가 국가 생존과 발흥의 기초임을 깨닫고, 도산이 이를 실현하기 위하여 구상한 방법과 원칙을 연구하고 현실에 적용하기로 도모할 것이다.

도산의 진정한 평가는 이 세 가지, 그의 생애와 인격과 사상을 합하여서 정해질 것이다. 어떤 이의 생각처럼 이순신과 안창호를 나란히 생각한다는 것은 시기 상조일지도 모른다. 그러나 20세기 전반기에 이 땅에 나타난 여러 지도자 중에서 가장 특색 있고, 폭이 넓고, 또 그 생각함이 후대에까지 민족 발전의 지표가 될 인물은 도산밖에 없다고 해도 무방할 것이다. 해가 가면 갈수록 도산의 빛은 더 뚜렷이 나타날 것이 아닌가 한다.

이순신을 민족의 태양이라고 부른 분이 있다. 일본 수군을 물리쳐 국난을 구원한 공적도 크려니와, 그가 백의 종군(白衣從軍)을 마다 아니 하고 오직 국가 안전에 몸을 바친 것, 무장(武將)으로서 민심을 수람하고 민생을 안정시킨 수완과 성력, 명나라 장수를 위압한 인격의 위대성 등을 아울러서 실로 어두운 이조 시대에 태양이었다고 볼 것이요, 후세에 대하여 사표가 된다고 하는 것이다.

도산의 공적은 한국 사회의 내재적인 혁명, 인간 혁명, 즉 국민 생활과 마음가짐의 현대화가 실현될 때에 비로소 나타날 것이다. 그리고 진정한 민주주의적인 지도자의 모습은 도산과 같은 모습이어야 하는 시대에 도달할 때에 비로소 그의 인격이 올바로 인식될 것이다. 그 때가 오면 한국 민족은 도산 안창호를 민족의 재산이요, 자랑으로 알게 될 것이다.

제 Ⅱ 부

언론 · 자료 편

協同

四二六七年四月 日

安昌浩

1

동포에게 고하는 글

도산이 직접 붓을 들어 글 쓴 것은 그의 일기와 몇 장의 편지밖에 남아 있지 아니하다. '동포에게 고하는 글'이란 제목하의 글은 1924년(만 46세), 중국 북경에서 춘원 이광수에게 구술한 것으로서, 비록 손수 붓을 잡지 않은 것이라 하더라도 도산이 남겨 놓은 유일한 문장이요, 그 문체도 도산 자신의 것임이 틀림없다. 글의 내용에 있어서도 도산의 사상을 집약한 것이라고 볼 것이니, 당시 국내에서 발간되는 동아일보사에 관계하고 있는 춘원을 통하여 도산 자기의 필생의 생각을 국내 동포에게 전하기 위하여 성력(誠力)을 기울여 구술한 것이라 하겠다. 춘원이 이를 받아 기록하는 데 8일 간을 밖에 나가지 않고 계속하였다 하니 도산이 심혈을 다하여 이 글을 지었다고 볼 수 있다. 물론 그 당시 도산은 고국에 돌아갈 날이 있을 것을 기대하지 못하였으므로, 그 때의 기회를 이용하여《동아일보》지면을 통하여 '말할 수 있는 범위 안에서'라도 자기의 신념을 동포에게 전하려는 욕념(慾念)에서 이루어진 글임이 틀림없다. 내용을 검토하면 '기정(旣定)한 목적' (즉 독립 운동을 암시함)을 성공에까지 가져가려면 국민 각자가 주인된 책임심을 갖고 낙망하지 말고 매진할 것, 각파가 조화하여 인도자를 세우고 상호 신뢰로 협동할 것, 그리고 부허(浮虛)에서 떠나 착실한 것을 근거할 것을 말한 것으로서, 독립 운동 추진 방략을 정신면에서 호소한 것으로 볼 것이다. 일보 나아가서는 주권 재민의 원칙, 민주주의적인 협동 생활 및 지도자 원리, 그리고 전대적(前代的)인 공리 공론에서 현대적인 사실주의로 비약하여야 한다는 것을 주장하여 민족 생활과 사고의 현대화를 창도한 것이니 도산의 본령인 애국 사상과 민주화 운동의 정췌(精萃)를 모은 것으로서, 그의 사상의 대표적인 표현이라 할 수 있다.

이 글은 국내에서 발표될 수 있는 제한을 염두에 두면서 구술한 것이지마는《동아일보》지상에 3회까지 게재되다가, 그 일부가 일본 관헌에게 삭제 처분을 당하는 동시에 연재 금지를 당하였고(1925년 1월 23, 24, 25일

자) 그 후 《동광》 잡지에 나머지 원고가 연재되었으나 중간 중간에 많은 부분이 일헌의 검열로써 삭제되었다. 《동광》은 이른바 '출판법'에 의한 월간 잡지로서 미리 일본 총독부 경무국 도서과의 원고 검열을 받아야 하였고, 그 때에 삭제당한 것은 인쇄하지 못하였다. 그 원고는 인쇄 납본 때에 관헌에게 동시 제출하여야 하는 것인데, 원고 본문을 따로이 베끼어 두지 못하였고, 납본된 원고는 도서과 창고에 보관되었을 것이나 해방 후 이를 찾아낼 수가 없었다. (《동광》, 1926년 5, 6, 8, 9, 11월 및 1927년 2월)

국내에서 지상에 발표될 때에 '조선'이란 용어로 되어 있으나 도산이 항상 '대한'이란 말을 사용하였으므로 '조선'이라 한 것은 전부 '대한'으로 고쳤음을 부기한다.

동포에게 고하는 글

갑자논설(甲子論說)

고국에 계신 부모와 형제 자매들이여, 나는 자모를 떠난 어린아이가 그 자모를 그리워하는 것처럼 고국을 그리워합니다. 얼마 전에 고국으로부터 온 어떤 자매의 편지를 읽다가 "선생님 왜 더디 돌아옵니까. 고국의 산천 초목까지도 당신이 빨리 돌아옴을 기다립니다" 하는 한 구절을 읽을 때에도 비상한 느낌이 격발되었습니다. 더욱이 이 때는 여러분 부모와 형제자매들이 비애와 고통을 받는 때이라, 고국을 향하여 일어나는 생각을 스스로 억제하기 어렵습니다. 여러분이 하시는 일을 직접으로 보고 여러분이 하시는 말씀을 직접으로 듣고자 하오며 또 나의 품은 뜻을 여러분께 직접으로 고할 것도 많습니다. 그러나 아직은 돌아갈 수가 없습니다. 내가 일찍 눈물로써 고국을 하직하고 떠나 왔거니와, 다시 웃음 속에서 고국 강산을 대할 기회가 오기 전에는 결코 돌아가기를 원하지 않습니다.

그런데 나는 여러분께 대하여 간접으로라도 고통 중에서 슬퍼하시는 것을 위로하는 말씀과 그와 같은 간난(艱難) 중에서도 '선한 일'을 지어 가심에 대하여 치사하는 말씀도 드리고자 하며, 또는 우리의 장래를 위하여 묻기도 하고 고하기도 하고 싶으나 기회가 없었고, 마침 우리의 공공적 기관인 〈동아일보〉가

출현된 뒤에 글월로써 여러분께 말씀을 전할 뜻이 많았으나 내 마음에 있는 뜻을 써 보내더라도 여러분께 전달되지 못할 염려가 있으므로 아직껏 아무 말씀도 못하였습니다. 그러나 지금에는 하고 싶은 뜻을 참지 못하여 전달될 만한 한도 안에 말씀으로 몇 가지를 들어 묻고 고합니다.

비관적(非觀的)인가 낙관적(樂觀的)인가

묻노니 여러분은 우리 전도 희망(前途希望)에 대하여 비관을 품으셨습니까, 낙관을 품으셨습니까. 여러분이 만일 비관을 품으셨으면 무엇 때문이며 또한 낙관을 품었으면 무엇 때문입니까. 시세(時勢)와 경우를 표준함입니까. 나는 생각하기를 성공과 실패가 먼저 목적 여하에 있다고 합니다.

우리가 세운 목적이 그른 것이면 언제든지 실패할 것이요, 우리가 세운 목적이 옳은 것이면 언제든지 성공할 것입니다. 그런즉 우리가 세운 목적이 옳은 줄로 확실히 믿으면 조금도 비관은 없을 것이요 낙관할 것입니다. 이 세상의 역사를 의지하여 살피면 그른 목적을 세운 자가 일시일시 잠시적 성공은 있으나 결국은 실패하고야 말고, 이와 반대로 옳은 목적을 세운 자가 일시일시로 잠시적 실패는 있으나 결국은 성공하고야 맙니다.

그러나 옳은 목적을 세운 사람이 실패하였다면 그 실패한 큰 원인은 자기가 세운 목적을 향하고 나가다가 어떠한 장애와 곤란이 생길 때에 그 목적에 대한 낙관이 없고 비관을 가진 것에 있는 것이외다. 목적에 대한 비관이라 함은 곧 그 세운 목적이 무너졌다 함이외다. 자기가 세운 옳은 목적에 대하여 일시일시로 어떠한 실패와 장해가 오더라도 조금도 그 목적의 성공을 의심치 않고 낙관적으로 끝까지 붙들고 나아가는 자는 확실히 성공합니다. 이것은 인류의 역사를 바로 보는 자는 누구든지 다 알 만한 것이외다. 그런데 이에 대하여 여러분께 고할 말씀은 옳은 일을 성공하려면 간단 없는 옳은 일을 하여야 되고 옳은 일을 하려면 옳은 사람이 되어야 할 것을 깊이 생각하자 함이외다. 돌아보건대 우리가 왜 이 지경에 처하였는가. 우리가 마땅히 행할 옳은 일을 행치 아니한 결과로 원치 않는 이 지경에 처하였습니다.

지금이라도 우리가 우리는 옳은 목적을 세웠거니 하고 그 목적을 이룸에 합당한 옳은 일을 지성으로 지어 나가지 않으면 그 목적을 세웠다 하는 것이 실지가 아니요 허위로 세운 것이기 때문에 실패할 것입니다.

옳은 일을 지성으로 지어 나가는 사람은 곧 옳은 사람이어야 합니다. 그러므로 내가 나를 스스로 경계하고 여러분 형제 자매에게 간절히 원하는 바는 옛날과 같이 옳은 일을 짓지 못할 만한 옳지 못한 사람의 지위에서 떠나서 옳은 일을 지을 만한 옳은 사람의 자격을 가지기에 먼저 노력할 것입니다. 지금 우리가 우리의 희망점을 향하고 나아가도 당시의 시세와 경우가 매우 곤란하다고 할 만합니다마는 밝히 살펴보면 우리 앞에 있는 시세와 경우는 그리 곤란한 것도 아니외다. 그러나 나는 이 시세와 경우를 큰 문제로 삼지 않고 다만 우리 무리가 일제 분발하여 의로운 자의 자격으로 의로운 목적을 굳게 세우고 의로운 일을 꾸준히 지어 나가면 성공이 있을 줄 확실히 믿기 때문에, 비관은 없고 낙관뿐입니다.

우리 동포 중에 열 사람 스무 사람이라도 진정한 의로운 자의 정신으로 목적을 향하고 나아가면 장래 천 사람 만 사람이 같은 정신으로 같이 나아가질 것을 믿습니다.

우리 민족 사회에 대하여 불평시(不平視)하는가 측은시(惻隱視)하는가

묻노니 여러분은 우리 사회 현상에 대하여 불평시합니까 측은시합니까. 이것이 한번 물어 볼 만하고 생각할 만한 문제입니다.

내가 살피기까지는 우리 사람들은 각각 우리 사회에 대하여 불평시하는 태도가 날로 높아 갑니다. 이것이 우리의 큰 위험이라고 생각합니다. 지금 조선 사회 현상은 불평해 볼 만한 것이 많은 것이 사실입니다. 우리 사람 중에 중학 이상 정도 되는 급에 있는 이들은 불평시하는 말이 더욱 많습니다. 지식 정도가 높아가므로 관찰력이 밝아져서 오늘 우리 사회의 더러운 것과 악한 것과 부족한 것의 여러 가지를 전보다 더 밝히 보므로 불평시하는 마음이 많기 쉽습니다. 그런데 이것은 매우 위험합니다. 불평시하는 그 결과가 자기 민중을 무시하고 배척하게 됩니다. 그 민중이 각각 그 민중을 배척하면 멸족(滅族)의 화를 벗을 수 없습니다. 그러므로 매우 위험하다고 함이외다.

그런즉 우리는 사회에 대하여 불평시하는 생각이 동하는 순간에 측은시하는 방향으로 돌려야 되겠습니다. 어떻게 못나고 어떻게 악하고 어떻게 실패한 자를 보더라도 그것을 측은시하게 되면 건질 마음이 생기고 도와 줄 마음이 생기어 민중을 위하여 희생적으로 노력할 열정이 더욱 생깁니다. 어느 민족이든지 그 민중이 각각 그 민중을 붙들어 주고 도와 주고 건져 줄 생각이 진정으로 발하면 그 민중은 건져지고야 맙니다.

여러분이시여! 우리가 우리 민족은 불평시할 만한 민족인데 우리가 억지로 측은시하고 함인가, 아닙니다.

자기의 민족이 아무리 못나고 약하고 불미하게 보이더라도 사람의 천연한 정으로 측은시하여질 것은 물론이어니와, 그 밖에 우리는 우리 민족의 경우를 위하여 또한 측은시할 만 하외다. 지금의 우리 민족이 도덕적으로 지식으로 여러 가지 처사하는 것이 부족하다 하여 무시하는 이가 있으나 우리의 민족은 근본적으로 무시할 민족이 아닙니다.

우리 민족으로 말하면 아름다운 기질로 아름다운 산천에 생장하여 아름다운 역사의 교화로 살아 온 민족이므로 근본이 우수한 민족입니다. 그런데 오늘 이와 같이 일시 불행한 경우에 처하여진 것은 다만 구미의 문화를 남보다 늦게 수입한 까닭입니다. 일본으로 말하면 구미와 교통하는 '아시아' 첫 어귀에 처하였으므로 구미와 먼저 교통이 되어 우리보다 신문화를 일찍 받게 되었고, 중국으로 말하면 '아시아' 가운데 큰 폭원(幅圓)을 점령하였으므로 구미 각국이 중국과 교통하기를 먼저 주력한 까닭에 또한 신문화를 먼저 받게 되었으나, 오직 우리는 그러한 경우에 처하지 아니하였고 동아의 신문화가 처음으로 오는 당시의 정권을 잡았던 자들이 몽매중에 있었으므로 신문화가 들어옴이 늦어졌습니다. 만일 우리 민족이 일본이나 중국의 구미 문화가 들어올 그 때에 같이 그 신문화를 받았더라면 우리 민족이 일본 민족이나 중국 민족보다 훨씬 나았을 것입니다. 일본 민족은 해도적(海島的) 성질이 있고 중국 민족은 대륙적 성질이 있는데 우리 민족은 가장 발전하기에 합당한 반도적 성질을 가진 민족입니다.

근본 우수한 지위에 처한 우리 민족으로서 이와 같이 불행한 경우에 처하여 남들이 열등의 민족으로 오해함을 당함에 대하여 스스로 분하고 서로 측은히 여길 수밖에 없습니다. 그런즉 우리의 천연의 정을(중간 미상) 마음과 또는 우리의 경우를 생각하고 불평시하는 마음을 측은시하는 방향으로 돌이켜 상호 부조의 정신이 진발(進發)하면 우리 민족의 건져짐이 이에서 시작된다고 합니다.

그러므로 더욱이 우리 청년 남녀에게 대하여 우리 민중을 향하여 노한 눈을 뜨고 저주하는 혀를 놀리지 않고 5년 전에 흐르던 뜨거운 눈물이 계속하여 흐르게 하기를 바랍니다.

당신은 주인입니까.*

묻노니 여러분이시여, 오늘 대한 사회에 주인되는 이가 얼마나 됩니까. 대한 사람은 물론 다 대한 사회의 주인인데 주인이 얼마나 되는가 하고 묻는 것이 한 이상스러운 말씀과 같습니다. 그러나 대한인이 된 자는 누구든지 명의상 주인은 다 될 것이되 실상 주인다운 주인은 얼마나 되는지 알 수 없습니다. 어느 집이든지 주인이 없으면 그 집이 무너지거나 그렇지 않으면 다른 사람이 그 집을 점령하고, 어느 민족 사회든지 그 사회에 주인이 없으면 그 사회는 망하고 그 민족이 누릴 권리를 딴 사람이 취하게 됩니다. 그러므로 우리는 우리 민족의 장래를 위하여 생각할 때에 먼저 우리 민족 사회에 주인이 있는가 없는가, 있다 하면 얼마나 되는가 하는 것을 생각지 아니할 수 없고 살피지 않을 수 없습니다. 나로부터 여러분은 각각 우리의 목적이 이 민족 사회에 참주인인가 아닌가를 물어 볼 필요가 있습니다.

주인이 아니면 여객(旅客)인데 주인과 여객을 무엇으로 구별할까. 그 민족 사회에 대하여 스스로 책임심이 있는 자는 주인이요 책임심이 없는 자는 여객입니다. 우리가 한때에 우리 민족 사회를 위하여 뜨거운 눈물을 뿌리는 때도 있고 분한 말을 토하는 때도 있고 슬픈 눈물과 분한 말뿐 아니라 우리 민족을 위하여 몸을 위태한 곳에 던진 때도 있다 할지라도 이렇다고 주인인 줄로 자처하면 오해입니다. 지나가는 여객도 남의 집에 참변이 있는 것을 볼 때에 눈물을 흘리거나 분언을 토하거나 그 집의 위급한 것을 구제하기 위하여 투신하는 수

---

* 《東光》 1926. 6.

도 있습니다. 그러나 그는 주인이 아니요 객인 때문에 한때 그리고 말뿐 그 집에 대한 영원한 책임심은 없습니다. 내가 알고자 하고 또 요구하는 주인은 우리 민족 사회에 대하여 영원한 책임심을 진정으로 가진 주인입니다.

이상 비관인가 낙관인가, 질시하는가 측은시하는가 하는 2언은 우리 현상에 의하여 한번 할 만하다 하여서 말하였거니와, 이 역시 객관적인 여객에게나 대하여서 할 말이지 진정한 주인에게는 못 할 말인 줄 압니다.

그 집안 일이 잘 되어 나가거나 못 되어 나가거나 그 집의 일을 버리지 못하고 그 집 식구가 못났거나 잘났거나 그 식구를 버리지 못하고 자기 자신의 지식과 자본의 능력이 짧거나 길거나 자기의 있는 능력대로 그 집의 형편을 의지하여 그 집이 유지하고 발전할 말한 계획과 방침을 세우고 자기 몸이 죽는 시각까지 그 집을 맡아 가지고 노력하는 자가 참주인입니다. 주인된 자는 자기 집안일이 어려운 경우에 빠질수록 그 집에 대한 염려가 더욱 깊어져서 그 어려운 경우에서 건져 낼 방침을 세우고야 맙니다. 이와 같이 자기 민족 사회가 어떠한 위난과 비운에 처하였든지 자기의 동족이 어떻게 못나고 잘못하든지 자기 민족을 위하여 하던 일이 몇 번 실패하든지, 그 민족 사회의 일을 분초간에라도 버리지 아니하고, 또는 자기 자신의 능력이 족하든지 부족하든지 다만 자기의 지성으로 자기 민족 사회의 처지와 경우를 의지하여 그 민족을 건지어 낼 구체적 방법과 계획을 세우고 그 방침과 계획대로 자기의 몸이 죽는 데까지 노력하는 자가 그 민족 사회의 책임을 중히 알고 일하는 주인이외다. (이하 삭제, 연재 금지. 《동광》지에 속재(續載) 일부 중복되었으므로 생략함)

내가 옛날 고국에 있을 때에 한때 비분 강개한 마음으로 사회를 위하여 일한다는 자선 사업적 일꾼은 많이 보았으나, 영원한 책임을 지고 주인 노릇하는 일꾼은 드물게 보았으며, 또 일종의 처세술로 체면을 차리는 행세거리 일꾼은 있었으나 자기의 민족 사회의 일이 자기의 일인 줄 알고 실지로 일하는 일꾼은 귀하였습니다. 내가 생각하기는 지금 와서는 그 때보다 주인 노릇하는 일꾼이 생긴 줄 압니다. 그러나 아직도 그 수효가 많지 못한 듯합니다. 한 집일이나 한 사회일의 성쇠 홍망이 좋은 방침과 계획을 세우고 못 세우는 데 있고 실제 사업을 잘 진행하고 못 하는 데 있습니다.

그러나 이것도 주인이 있은 뒤에야 문제지 만일 한 집이나 한 사회에 책임을 가진 주인이 없다고 하면 방침이나 사업이나 아무것도 없을 것입니다. 그런즉 어떤 민족 사회의 근본 문제가 주인이 있고 없는 데 있습니다. 여러분은 스스로 살피어 내가 과연 주인이요 나 밖에도 다른 주인이 또한 많다고 하면 다행이거니와 만일에 주인이 없거나 있더라도 수효가 적은 줄로 보시면 다른 일을 하기 전에 내가 스스로 주인의 자격을 찾고 또한 많은 사람으로 하여금 주인의 자격을 갖게 하는 그 일부터 하여야 되겠습니다.

우리가 과거에는 어찌하였든지 이 시간 이 경우에 임하여서는 주인 노릇할 정도 일어날 만하고 자각도 생길 만하다고 믿습니다.

합동(合同)과 분리(分離)*

오늘 우리 대한을 보면 합해야 되겠다 하면서 어찌하여 합하지 아니하고 편당을 짓는가, 왜 싸움만 하는가 하고 서로 원망하고 서로 꾸짖는 소리가 대한 천지에 가득 찼으니, 이것만 보더라도 우리 대한 사람은 합동적이 아니요 분리적인 것을 알 것이요, 또 오늘날 대한 사람은 합동하기를 간절히 기다리는 듯합니다. 합동하면 흥하고 분리하면 망하며 합동하면 살고 분리하면 죽는다, 이 모양으로 합동이 필요하다는 이론도 사석이나 공석이나 신문이나 잡지에 많이 보입니다. 그러므로 대한 사람은 합동해야 된다는 이론은 더 말할 필요가 없다고 생각합니다.

그러면 우리 대한 민족의 개개인은 과연 합동의 필요를 절실하게 깨달았는가—이것이 의문입니다. 남더러 합하지 않는다, 편당만 짓고 싸움만 한다고 원망하고 꾸짖는 그 사람들만 다 모이어서 합동하더라도 적어도 몇 백만 명은 되리라 믿습니다. 그러하거늘 아직도 그러한 단체가 실현된 것이 없는 것은 이상한 일입니다. 아마 아직도 합동을 원하기는 하지마는 합동하고 못 하는 책임을 남에게만 미루고 각각 자신이 합동의 길을 위하여 노력하는 정도까지에는 이르지 못한 듯합니다.

---

* 《東光》 1926. 5. (창간호)

사지(四肢)와 백체(百體)로 이루어진 우리 몸으로서 그 사지와 백체와 분리하면 그 몸이 활동을 못 하기는 고사하고 근본되는 생명까지 끊어집니다. 이와 같이 각개 분자인 인민으로 구성된 민족 사회도 그 각개 분자가 합동하지 못하고 분리하면 바로 그 순간에 그 민족 사회는 근본적으로 사망될 것입니다. 그러므로 각개 분자의 합동력이 없다고 하면 다른 것은 더 말할 여지가 없습니다.

옛날 아메리카 13방 인민들이 자기네의 자유와 독립을 위하여 일하려고 할 때에 양식과 무기와 군대와 여러 가지 준비할 것이 많았습니다. 그러나 먼저 준비해야 할 것은 각 개인의 머리 가운데 합동의 정신을 가짐이었습니다. 그네들은 그것을 먼저 준비해야 될 필요를 깊이 깨달았기 때문에 "합동하면 서고 분리하면 넘어진다"(United we stand, divided we fall)라는 표어를 각 개인이 불렀습니다. 그런즉 우리 무리는 이 합동에 대하여서 주인된 자의 자격으로 책임을 지고 합동의 방법을 연구하며 합동하는 행위를 실천하도록 노력하여야 하겠습니다.

내가 이제 합동에 대하여 말하자면 우리 사회가 과거에 거의 역사적으로 습관적으로 합동이 못 되고 온 원인과 또 현시에 합동이 되지 못하는 모양이며 합동을 하려면 취하여야 할 방법을 들어서 말할 것이 많습니다. 그러나 그것은 너무 길어질 근심이 있으므로 현시 상태에 가장 필요하다고 믿는 몇 가지만 말하려 합니다.

첫째는 전 민족이 공통적으로 같이 희망하고 이행할 만한 조건을 세우는 것입니다. 오늘날 우리가 요구하는 합동은 민족적 감정으로 하는 합동이 아니요 민족적 사업에 대한 합동이외다. 민족적 감정으로 하는 합동은 인류 사회에 폐단을 주는 것이라 하여 깨뜨리어 없이 하려고 하는 이조차 있습니다.

나는 내가 민족적 감정으로 된 합동을 요구하지 아니하고 민족적 사업을 중심으로 하는 합동을 요구한다 함은 민족적 감정을 기초로 이루어진 민족주의가 옳다 옳지 않다 하는 것을 근거로 하는 말이 아니외다. 어느 민족이든지 '우리 민족', '우리 민족' 하고 부를 때에 벌써 민족적 감정을 기초로 한 합동은 천연적 습관적으로 있는 것이니 합동하자, 말자 하고 더 말할 필요가 없고 우리가 요구하고 힘쓸 것은 민족의 공통한 생활과 사업을 위하여 하는 합동이외다.

그런데 '일을 위한 합동'은 그 일이 무슨 일이며 그 일을 할 방법이 무엇인가를 분명히 한 후에 생길 것이니, 덮어 놓고 무조건으로 '합동하자', '합동하자' 하는 것은 아무리 떠들고 부르짖어도 합동의 효과는 얻을 수도 믿을 수도 없을 뿐더러 일에 대한 조건이 없이는 합동을 요구할 이유도 발생하지 않겠습니다. 어떤 민족이 합동함에는 그 민족이 공통적으로 이해하는 조건이 선 후에야 된다 함은 세계 각국의 역사와 현재의 실례를 들어서 말할 것이 많습니다마는 우리 민족이 최근에 지낸 경험을 가지고라도 좋은 실례를 삼을 수가 있습니다.

그러면 우리 사람이 합동할 조건이 무엇인가. 그것은 첫째는 목적이요, 둘째는 그 목적을 달하기 위한 방침과 계획이외다. 그런데 우리 민족의 공통한 큰 목적은 이미 세워진 것이니까 이에 대해서는 다시 세우자 말자 할 필요도 없고 오직 남은 것은 그 방침과 계획뿐이니, 이것이야말로 우리의 합동의 공통적 조건이 되고 목표가 되는 것입니다.

그런즉 이 공통적 조건의 방침과 목표를 세우는 근본 방법은 무엇인가. 그것은 우리 대한 사람 각 개인이 머리 속에 방침과 계획을 세움에 있습니다. 이 말은 얼른 생각하면 모순되는 듯합니다. 사람마다 각각 제 방침과 계획을 세워 가지고 각각 제 의견만 주장한다 하면 합동이 되기커녕 더욱 분리가 될 염려가 있지 아니할까 하고 의심하기 쉽지마는 그것은 그렇지 아니합니다. 위에도 말한 바와 같이 민족 사회는 각개 분자인 인민으로 구성된 것이므로 그 인민 각개의 방침과 계획이 모이고 하나가 되어서 비로소 공통적인 방침과 계획, 즉 합동의 목표가 생기는 것은 민족 사회에서는 피치 못할 원칙입니다.

그러므로 각 개인은 이 원칙에 의지하여 자기네 민족과 사회의 현재와 장래를 위하여 참으로 정성껏 연구하여 그 결과를 가장 정직하게 가장 힘 있게 발표할 것입니다. 이 모양으로 각각 의견을 발표하노라면 그것들이 자연 도태와 적자 생존의 원리에 의지하여 마침내 가장 완전한, 가장 여러 사람의 찬성을 받는 '여론'을 이룰 것이니 이 여론이야말로 한 민족의 뜻이요, 소리요, 또 명령이외다.

우리는 자유의 인민이니 결코 노예적이어서는 아니 됩니다. 우리를 명령할 수 있는 것은 오직 각자의 양심과 이성뿐이라야 할 것이니, 결코 어떤 개인이나 어떤 단체에 맹종하여서는 아니 됩니다. 우리는 각각 대한의 주인이기 때문에 내 대한을 어찌할까 하는 문제에 대하여 마치 상받고 일하는 고용꾼 모양으로 자기의 공로를 내세울 필요가 없고 다만 우리의 일인 대한의 일만 잘 되면 그만일 것입니다. 그러므로 각 개인은 각각 자기의 의견을 존중하는 동시에 남의 의견을 존중하여 비록 어떤 의견이 사사로운 감정으로는 자기와 좋지 못한 개인에게서 나온 것이라 하더라도 그 의견이 자기의 민족 사회에 이롭다고만 생각하면 자기가 일찍 생각하였던 의견을 버리고 그 의견을 취하여 자기의 의견을 만들기를 즐겁게 할 것입니다. 다시 말하면 자기가 진정한 주인인 책임심을 가지고 실지로 방침과 계획을 세워 보았던 사람이기 때문에 제 의견 남의 의견을 가릴 것이 없이 제 일에 좋은 의견이면 취하는 것입니다.

그런즉 우리가 만일 합동을 요구하거든 합동을 이룰 만한 조건을 세우기에 먼저 힘을 쓰고 합동을 이룰 만한 조건을 세우려거든 나와 여러분은 서늘한 머리를 가지고 깊은 방이나 산이나 들이나 어디서든지 각각 지성을 다하여 방침과 계획을 세우기를 연구하기를 시작합시다 — 내가 대한의 주인이라는 맘으로.

나는 (이 말이 어폐가 있을지 모르거니와) 더욱이 우리 사회 각 계급에 처한 여러분께 대하여 진정한 민족적 방침을 세우는 데 너무 무심하지 말고 추상적 관찰과 추상적 비판을 일삼지 말고 이 앞날의 문제에 대하여 각각 깊이 연구하여 구체적 방침을 세워 가지고 한때에 발표하여 서로 비교한 후에 가장 다수 되는 가장 원만한 계획 아래에 일체 복응하여 우리 민중이 한 깃발 밑에 같이 나아가는 것이 하루바삐 실현되기를 간절히 바랍니다.

둘째는 공통적 신용을 세울 것입니다. 이 위에 말하기를 민족적 합동은 공통한 조건을 세움으로 이루어진다고 하였거니와, 그보다 먼저 될 문제는 사회의 각 분자 되는 개인들의 신용입니다.

서로 신용이 없으면 방침이 서로 같더라도 합동될 수가 없고 서로 신용이 없으면 공통한 목적과 방법을 세우기부터 불가능할 것입니다. 그러므로 공통한 방침을 세워 가지고 공통한 진행을 하려면, 즉 합동의 사실을 이루려면 먼저 사회의 신용을 세워야 하겠고 사회의 신용을 세우려면 먼저 각 개인의 신용을 세워야 하겠습니다.

한때 잠시의 여행을 하는 데도 의심스러운 사람과는 동행하기를 원치 아니합니다. 하물며 한 민족의 위대한 사업을 지어 나가려 할 때에 자기 마음에 의심하는 사람으로 더불어 같이 할 뜻이 없을 것은 면하지 못할 사실입니다. 오늘 우리 민족 사회에 이처럼 합동이 되지 못하고 분리한 상태에 있는 것은 공통한 방침을 세우지 못함과 그 밖에 다른 이유도 많지마는 그 중의 가장 큰 이유는 대한인이 대한인을 서로 믿을 수 없는 것이요, 서로 믿을 수 없이 된 것은 서로 속이기 때문입니다.

지금 우리 사회 중에 누가 무슨 말을 하든지 누가 무슨 글을 쓰든지 그 말과 그 글을 정면으로 듣거나 보지 않고 그 뒤에 무슨 딴 흑막이 있는가 하고 찾으려 합니다. 동지라 친구라 하고 무엇을 같이하기를 간청하더라도 그 간청을 받는 사람은 이것이 또 무슨 협잡이나 아닌가 하고 참마음으로 응하지 아니합니다.

슬프다! 우리 민족의 역사를 돌아보면 우리 민족의 생활이 소위 하급이라고 일컫는 평민들은 실지로 노동 역작하여 살아 왔거니와, 소위 중류 이상 상류 인사라는 이들은 그 생활한 것이 농사나 장사나 자신의 역작을 의뢰하지 아니하였고 그 생활의 유일한 일은 협잡이었습니다. 그러므로 그네들은 거짓말하는 것이 자기의 생명을 유지하는 유일한 방법이었습니다. 그러므로 거짓말하고 속이는 것이 가죽과 뼈에 젖어서 양심에 아무 거리낌없이 사람을 대하고 일에 임함에 속일 궁리부터 먼저 하게 되었습니다. 이것이 후진인 청년에게까지 전염이 되어 대한 사회가 거짓말 사회가 되고 말았습니다.

아아 슬프고 아프다! 우리 민족이 이 때문에 합동을 이루지 못하였고 서로 합동을 이루지 못하였기 때문에 사망에 임하였습니다. 사망에 임한 것을 알고 스스로 건지기를 꾀하나 아직도 서로 믿을 수 없기 때문에 민족적 합동 운동이 실현되지 못합니다. 대한 민족을 참으로 건질 뜻이 있으면 그 건지는 법을 멀리 구하지 말고 먼저 우리의 가장 큰 원수가 되는 속임을 버리고 각 개인의 가슴 가운데 진실과 정직을 모시어야 하겠습니다.

대한 사람은 대한 사람의 말을 믿고 대한 사람은 대한 사람의 글을 믿는 날에야 대한 사람은 대한 사람의 얼굴을 반가워하고 대한 사람은 대한 사람으로 더불어 합동하기를 즐거워할 것입니다.

대한의 정치가로 자처하는 여러분이시여, 이런 말을 하면 종교적 설교 같다고 냉소하시지 마시고 만일 대한 민족을 건질 뜻이 없으면 모르거니와 진실로 있다고 하면 네 가죽 속과 내 가죽 속에 있는 거짓을 버리고 참으로 채우자고 거듭거듭 맹세합시다.

합동의 요건-지도자*

우리가 상당한 공통적 방침 하에 서로 믿고 모이어 합동적으로 나아가려 하면 없지 못할 필요한 물건이 지도자외다. 세상 무슨 일이든지 단독적 행동에는 자기의 이익을 위하여 좋은 지도자의 지도를 요구하되 그다지 절실한 필요가 없다 하려니와, 합동적 생활에 있어서는 작은 협동이나 큰 협동이나 그 협동한 전체를 지도하는 지도자가 있고야 협동의 사실을 이루고 협동의 효과를 거둡니다. 이와 반대로 지도자가 없다고 하면 협동은 한다고 하더라도 그 사실을 이루지 못하고 따라서 그 효과를 거두지 못합니다. 적은 음악하는 일을 한 가지 두고 생각합시다. 나팔이나 피아노나 일종의 악기를 가지고 독주를 하면 모르거니와, 북과 나팔이나 퉁소나 거문고들의 여러 가지를 합하여 협동적으로 음악을 병주할 때에는 악대 전체를 지도하는 이가 있습니다. 이것은 어떤 사람에게 지도자라는 존호를 주기 위하여 됨이 아니요 협동적 음악을 이룸에 없지 못할 필요가 된 고로 지도자를 두게 된 것이외다. 이것뿐인가, 한때 어느 지방에 구경을 가되 단독적이 아니요 협동적 관광단일 것 같으면 반드시 그 여행단을 인도하는 명칭은 무엇이든지 지도자가 있고야 그 협동적 여행을 이루게 됩니다. 이것뿐일까, 군대 · 경찰 · 실업단 · 교육단 · 정당 · 연구회 등 이루 말할 수 없는 천 종 만 종의 인류의 협동적 행동에는 정해 놓고 지도자가 있습니다. 소협동에는 소협동의 지도자가 있고 대협동에는 대협동의 지도자가 있고야 맙니다. 여러분이시여! 보시지 않습니까, 어떠한 분자로 어떠한 주의로 조직된 민족이든지 그 민족에는 그 민족의 지도자가 있지 않습니까.

소위 민족주의를 타파하고 세계주의를 표방한다는 그 민족에도 그 주의를 가지고 일하는 그 민족의 대표가 있습니다. 여러분이시여, 우리는 그와 같이 지도

---

* 《東光》 1926. 8.

자를 세웠었습니까 아니 세웠었습니까. 이 글을 보는 형제나 자매 중에 혹 말하기를 이것은 누가 모를까, 쓸데없는 유치설이라 할는지 모르겠습니다마는 대한사회의 현상을 보면 이것을 진정으로 아는 사람이 많은지 적은지 크게 의문됩니다. 근대의 청년들은 평등 동등성을 주장하면서 평생에 자기에게는 지도자를 두는 것을 모순된다고 생각하는 듯합니다. 나는 아직까지도 우리 사람들이 합하자, 합하자 말은 하지마는 합동의 사실을 이루는 지도자를 세우는 것을 큰일로 알고 그것을 위하여 생각하고 힘을 쓰는 사람을 만나 보기 어렵습니다.

그런데 지도자를 세워야 할 것은 물론 필요하지마는 내세울 지도자가 있는가 없는가 하는 것이 문제입니다. 내 귀에 많이 들리는 말은 대한 사회에는 아직도 지도자 자격이 없으니까 지도자를 아무리 세우려 하더라도 사실 불가능이므로 이 앞에 지도자의 자격이 생기는 때에는 세우려니와, 당분간은 할 수가 없다고 말을 합니다. 과연 그럴까. 아닙니다. 오늘에 만일 지도자의 자격이 없다고 말을 합니다. 과연 그럴까, 아닙니다. 오늘에 만일 지도자의 자격이 없다고 하면 이 앞에 백 년 천 년 후에라도 지도자의 자격이 없을 것이요, 이 앞에 지도자의 자격이 있으리라고 하면 오늘에도 그 지도자의 자격이 있습니다. 오늘에 지도자의 자격이 없다고 말하는 사람은 아직도 그 지도자가 무엇인지를 모르는 때문인가 합니다. 지도자의 자격을 무엇으로 판정하는고? 어떠한 협동이든지 그 협동 중에 앞선 사람은 곧 지도자의 자격을 가진 자외다. 바꾸어 말하면 지도자의 자격은 비교 문제로 생기는데 그 비교는 다른 협동적 인물과 비교하는 것이 아니요 어떤 협동에든지 그 협동 자체의 인물 중에 비교로 그 중 앞선 사람을 지도자의 자격으로 인정하게 됩니다.

아까 음악대를 말하였지만 사명은 다르되 우등 음악대와 열등 음악대의 여러 층의 구별이 있습니다. 그런데 우등 음악대에는 우등 음악 지도자가 있고 열등 음악대에는 열등 음악 지도자가 있어서 열등 음악 지도자를 우등 음악 지도자에 비하면 지도자의 자격이 못 된다 하려니와, 열등 자체의 악공에 비하여 앞선 때문에 그 음악대에는 완전한 지도자의 자격이라고 칭할 수 있나니, 음악대뿐일까, 고상한 학자가 모인 협동에도 여러 학자에 비하여 앞선 자가 그 자체의 지도자가 되고 무식한 노동자 모임에는 그 노동자 중에 앞선 사람이 그 노동자

협동 자체의 지도자가 됩니다. 그 협동 자체가 없으면 모르거니와, 협동 자체가 있는 시일에는 반드시 지도자가 있고 지도자를 택함에는 딴 협동체의 인물과 비하지 아니하고 그 협동체 인물과 비하여 택할 것이 인류 사회의 협동적 생활의 정착이 아닙니까. 그런즉 오늘 우리 민족 사회의 정도가 낮다 하면 낮더라도 오늘 형편에 의지하여 앞선 지도자의 자격이 있겠고 앞날에 우리 정도가 높다고 하면 그 날 높은 정도에 의지하여 앞선 지도자가 있겠습니다. 그런 고로 지도자의 자격이 없는 시간은 절대로 없습니다. 지도자의 자격이 없다고 하는 것은 그 협동의 진리를 깨닫지 못하고 스스로 지도자를 세우지 않는 것뿐입니다.

여러분 생각하여 보시오. 우리 대한 사람은 성의나 능력이나 수평선처럼 다 같고, 앞서고 뒷선 사람이 없다고 봅니까. 그럴 리는 만무하지요. 내 눈으로 고국을 들여다볼 때에는 고국 안에 우리 지도자 될 만한 자격을 갖춘 위인들이 있습니다. 나는 그네들을 보고 사랑하고 공경하고 내 맘으로 그 이들을 우리의 지도자로 세웠습니다. 여러분도 다 보시겠지요. 위인이란 별 물건이 아니요 위인의 맘으로 위인의 일을 하는 자가 위인입니다. 남이야 알거나 모르거나 욕을 받고 압박을 받아 가면서 자기의 금전 · 지식 · 시간, 자기의 정열을 다 내어 놓고 우리 민족을 위하여 일하는 그네들은 곧 위인의 맘으로 위인의 일을 하는 우리의 지도자가 될 만하기에 넉넉합니다. 이런 사람이 있는가 없는가, 분명히 있습니다. 내 눈에 보일 때에는 여러분의 눈에도 응당 보이겠지요. 이와 같이 성의와 재능으로 앞선 사람들이 있는데 어찌하여 지도자의 자격이 없다고 합니까.

내가 바로 살피었는지 모르거니와, 오늘 우리 사회를 대표한 지도자가 세워지지 아니한 것은 지도자가 없었다는 것이 이유가 되지 못함은 물론이거니와, 이 밖에 다른 이유가 많다고 할지는 모르거니와 가장 큰 이유는 우리 민족의 큰 원수라고 인정할 만한 시기 하나 때문입니다. 우리 사람은 지도자를 세우고 후원하기에 힘쓰는 것은 고사하고 지도자가 세워질까봐 두려워하여 지도자 될 만한 사람은 거꾸러뜨려 지도자 못 되기에 노력하는 듯합니다. 우리 역사에 이순신(李舜臣)은 가장 비참하고 적당한 실례입니다. 그를 꼭 지도자로 삼고 후원하여야만 할 처지였거늘 선민들은 시기하고 모함하여 거꾸러뜨리고야 말았고, 근대에도 유길준(兪吉濬) 같은 어른은 우리의 지도자 되기에 합당하였건만 우리의 선인들은 그를 지도자로 삼지 아니하고 압박과 무시를 더하다가 마침내 그의 불우의 일생이 끝날 때에 가서 성대한 화장을 한 것을 보고 나는 슬퍼하였습니다. 언제든지 이 현상이 변한 후에라야 대한 민족이 운동을 하는 길에 들어서겠습니다. 여러분이시여! 우리 사회 중에, 같은 자본력을 가진 사람 중에 그 금전을 대한 사회를 위하여 한 푼도 쓰지 아니하거나 도리어 그 금전을 우리 민족에게 해로울 만한 데 쓰는 사람에 대하여서는 아무런 별말이 없고, 우리 민족을 위하여 자기의 금전을 쓰는 사람들에게 대하여서는 비난과 핍박이 있습니다. 적게 쓰는 사람에게는 적은 핍박이 있고 크게 쓰는 사람에게는 큰 핍박이 있는 것이 보입니다.

같은 신지식을 가진 사람 중에 그 지식을 민족을 위하여 쓰지 아니하거나 쓴다면 해롭게 쓰는 사람에게는 아무런 말이 없고 그 지식을 우리 민족을 위하여 공헌하는 사람에게는 비난과 핍박이 있습니다. 이도 적게 쓰는 사람에게는 적은 핍박이 있고, 많이 쓰는 사람에게는 많은 핍박이 있습니다. 다시 말하면 인격도 없고 성의도 없는 사람에게는 아무 문제가 없고 상당한 사람, 성의 있는 사람에게 향하여는 살을 던지고 칼을 던지는 것이 현상의 사실인가 합니다. 누구든지 일부 지방 군중의 신임을 거두면 각 지방에서 그 지방파의 괴수라 하고 공격 비평을 더합니다. 누구든지 일 단체, 일 기관의 신임을 거두게 되면 각 방면이 일어나서 파당의 괴수라 칭하고 공격을 시험합니다. 누구든지 두뇌에 가진 지식이 다수 청년의 흠앙을 받을 만하면 어떤 수단으로든지 허물을 찾아서 그 사람의 신용을 거꾸러치고야 맙니다. 여보시요, 민중을 위하여 돈을 쓰는 사람은 안 쓰는 사람에게 비하여 앞선 사람이요, 자기의 지식, 자기의 시간, 자기의 정력을 쓰는 사람은 안 쓰는 사람에게 비하여 앞선 사람이요, 한 지방이나 한 단체라도 신임을 거두는 사람은 거두지 못하는 자에 비하여 앞선 사람인 것은 사실입니다. 그러나 이 위에 말한 바와 같이 앞선 사람은 기어이 거꾸러치고야 말려고 하여 오늘 우리 사회에 가장 시간을 많이 허비하고 골몰하게 다니는 일은 지도자 될 만한 사람을 지도자 못 되게 하는 일인가 합니다.

오늘 우리 사람들의 풍기를 보면 누구를 숭배한다, 누구 부하가 된다 하면 수치 가운데 가장 큰 수치로, 욕 가운데 가장 큰 욕으로 압니다. 그러므로 어떤 사람을 자기 양심상으로 숭배하고 지도자로 만드는 이가 있지마는 옛날 베드로가 자기의 스승 예수를 모른다 한 것처럼 사회 사람에 대하여서는 숭배 아니하는 듯한 형식을 꾸미고 자기가 옳다고 인정하는 사람에게 대하여 누가 어떤 비난을 하든지 한 마디 변명을 못 합니다. 그러므로 오늘 우리 사회에는 사람에게 대한 존경어가 없어지고 그 대신 모욕어와 무시어가 많이 번성하는 것 같습니다. 현시에 우리 사람들이 지도자라면 말부터 하기 싫고 듣기도 싫어하는 것 같습니다. 그러므로 지도자를 세워야 되겠다는 의견을 가진 사람이라도 문제를 가지고 공중을 향하여 발론하기를 주저합니다. 그 이유는 그 말을 하여야 효과를 거두지 못하고 자기를 지도자라고 섬기어 달라는 뜻이라는 혐의나 받고 군중에게 배척을 받을까 두려워하는 때문입니다. 아아 슬프다, 내 말이 너무한지 모르거니와 오늘 우리 사회 현상은 과연 지도자를 원하지 않는 것이 극도에 달하였습니다. 혹은 말하기를 지도자들이 바로만 하면 지도자를 세우지 않을 이유가 있으랴, 지도자 놈들이 협잡이나 싸움만 하기 때문에 우리가 지도자로 세우지 않는다고 말합니다마는 이것은 말이 되지 못하는 말입니다. 지도자란 것은 앞선 사람이라 하는데 협잡만 하고 싸움만 하는 사람은 벌써 뒤떨어진 사람이거늘 지도자란 말부터 당치 아니한 말입니다. 그러면 협잡 아니하고 싸우지 아니하는 놈이 어디 있는가 하고 말합니다. 있습니다. 많다고 할는지는 모르나 자기 금전, 자기 지식, 자기 능력을 가지고 정직하게 민중을 위하며 일하고 협잡을 도무지 아니하는 사람이 과연 있습니다. 또는 외형을 보면 남한테 욕도 받고 공격도 받고 모함도 받기 때문에 같은 싸움꾼인 듯하나 그 욕과 그 핍박, 그 모함을 받으면서도 한 번도 저항의 행동을 취하지 않고 공평하고 원만한 맘으로 군중을 향하는 사람도 있습니다.

나는 이렇게 살피지마는 나의 살피는 것과 달라 다 협잡하고 다 싸움만 한다고 판정하더라도 그 중에 협잡과 싸움을 적게 하는 사람이 지도자의 자격입니다. 왜? 자체 인물에 비교하여 앞선 때문입니다. 남을 시기하는 태도를 없이하고 우리의 민족을 위하여 지도자를 찾아 세울 성의로 냉정한 머리를 가지고 살피면 과연 앞선 사람들이 보입니다. 앞선 사람을 찾기 위하여 서늘한 머리로 사회를 살피는 정도에 이르는 것은 값 없는 허영에서 떠나 자기 민족 사회의 사업을 실제로 표준하는 주인 되는 책임심이 있은 후에야 됩니다.

어느 집이든지 그 집에 주인 된 자기 식구 중에 좋은 인물이 생기는 것이 영광스럽고 기쁘게 생각할 뿐이요 시기심이 조금도 없습니다. 형이나 아우는 고사하고 똑똑한 하인만 들어오더라도 즐거워합니다. 이것은 자기 집에 이로울 것만 생각하는 주인 된 때문입니다. 자기 집안 식구 중에 좋은 사람이 생기는 것은 기뻐하고 사랑하고 보호합니다. 이와 같이 자기 민족 사회의 사업이 다른 민족 사회보다 더 낫기를 요구하는 때문에 자기 민족 중 좋은 사람이 생기기를 간절히 기대하고, 생기는 시간에는 기뻐하고 즐거워하여 숭배하고 후원하기를 마지않습니다.

말이 너무 길어지므로 이것을 참고로 하려니와 이 밖에 더 나은 방법으로라도 지도자를 세움에 주력하심을 바라옵니다.

무조건하고 허영만 표준하여 지도자라고 인정하지 말고 먼저 그 사람의 주의와 본령과 방침과 능력을 조사한 후에 그 주의와 본령이 내 개성에 적합하고 그 주의에 대한 방법과 능력이 나와 다른 사람보다 앞선 것을 본 후에 지도자로 인정할 것이요, 그것을 살피는 방법은 사회에 떠돌아다니는 요언 비어(妖言誹語)에 의하지 말고 그 사람의 실지적 역사와 행위를 밝게 살필 것입니다.

대주의 대본령이 맞고 큰 성의가 있는 줄로 인정한 후에는 그 사람이 한때 한때 말이나 일에 실수함이 있더라도 그것을 교정하여 주기를 노력할지언정 가볍게 배척하지 아니할 것입니다. 한때 허물로 사람의 평생을 버리고 한 가지 두 가지 허물로 그 사람의 전체를 버리는 것은 불가합니다. 과거 시대에는 일불살육통(一不殺六通) 하였거니와 현실에는 육통 생일불(六通生一不)합니다. 지도자를 택할 때에 친소 원근과 차당 피당의 관념을 떠나서 전 군중의 이해를 표준하고 공평 정직한 맘으로 할 것입니다.

부허에서 떠나 착실로 가자 *

부허(浮虛)는 패망의 근본이요, 착실은 성공의 기초외다. 그런데 우리 대한

---

* 《東光》 1926. 9.

의 사회 상태가 부허적인가 착실적인가. 다시 말하면 패망적인가 성공적인가. 이것을 크게 묻고 크게 말하고자 합니다.

얼마 전에 〈○○일보〉를 읽다가 어떤 외국의 유명한 선비가 대한을 시찰하고 갈 때에 우리의 어떤 신문 기자가 그이를 대하여 "대한의 장래가 어떠하여야 되리까?" 하고 물은즉, 그는 여러 다른 말은 하지 않고 오직 "대한 사람이 부허 그것을 떠나서 착실한 데로 들어가야 되겠다"는 간단한 말로 대답한 것이 기재된 것을 보았습니다. 생소한 외국 손님이 우리 사회의 문 안에 처음 들어설 때에 그 눈에 얼른 뜨이어 보일 만큼 부허하여졌으니 우리의 부허가 얼마나 심하여졌습니까. 연래로 고국에서 오는 소식을 듣건대 지금 대한 사회에 가장 크게 성행되는 것이 미두 취인이라 합니다. 누구나 이것이 정당하고 착실한 업이 아니요 한 허황한 것으로 인정하고 또 이것을 함으로 결국은 실패하는 줄 다 압니다. 그러나 이것을 즐기어 하여 열심으로 들어 덤비니 이것만 보더라도 우리 사회의 부허한 것이 가려지지 못할 사실인 듯합니다. 어찌 미두 취인뿐일까요. 이밖에 일의 목적은 얼마나 선하고 성질은 얼마나 좋다 하더라도 일에 대한 수단은 거진 미두 취인적 정신을 취하는 듯합니다. 아아 슬프다, 부허 중에 장사를 받은 우리 민족이 아직도 그 부허의 그물을 벗지 못하였고 그냥 그물을 벗을 생각도 아니하는 듯합니다.

대저 착실이란 것은 무슨 일이든지 실질적 인과율(因果律)에 근거하여 명확한 타산하에 정당한 계획과 조직으로써 무엇을 어떠한 결과를 지어 내겠다 하고 그 목적을 달하기까지 뜻을 옮기지 않고 그 순서에 의지하여 각근한 노력을 다함을 이름이외다. 부허는 이와 반대로 인과의 원칙을 무시하고 정당한 계산과 노력을 하지 아니하고 천에 한 번만에 한 번 뜨이는 요행수만 표준하고 예외적 행동으로 여기 덥쩍 저기 덥쩍 마구 덤비는 것이요, 또한 당초에 일의 성 불성 여하는 문제도 삼지 아니하고 다만 한때의 빈 명성이나 날리기 위하여 허위적 행사를 취하여 마구 들뜨는 것이외다. 이상에 말한 착실과 부허의 뜻만 밝게 이해하면 긴 이론이 없더라도 어느 것이 성공적이요 어느 것이 패망적임을 쉽게 판단하겠습니다. 혹은 말하기를 정치가의 사업은 오물꼬물하게 조직이니 타산이니 하는 학자적 사업이 아니요 엉큼하고 허황한 듯한 수단을 취한다 하며,

그 시대 일은 그 시대 군중의 심리를 이용한다 하여 일을 부허한 심리에 맞도록 꾸미고 허장을 일삼으며 부허한 것을 장려하는 패도 있습니다마는 이 때가 수호지(水滸誌)적 시대가 아니고 과연 학자의 시대입니다. 그러므로 정치나 무엇이든지 일을 위하는 학자적 지식은 없더라도 학자적 관념은 있어야 합니다. 이러므로 복술 선생을 모시어다 놓고 미두점을 칠 때가 아니요 학자적 지식이 있는 이를 모시어다가 지도자로 세우고 그 지도를 밟아 일할 때입니다. 가다가 한 때 부득이한 경우로 인하여 군중의 그릇된 심리를 이용하고 허황한 수단을 잠시 취한다 하여도 불가하거든 하물며 부허한 것으로 기초와 본령을 삼아서야 되겠습니까. 우리 사회의 해내 해외를 물론하고 과거의 부허한 원인으로 실패한 경험의 실증을 낱낱이 들어 밝혀 말하고자 하나 그것은 참고 그만두거니와, 대개 오늘 우리 사회의 위협 강탈과 사기 협잡과 골육 상전하는 모든 악현상이 거의 다 이 부허로 기인하였고, 대한 사람이 대한 사람으로 더불어 서로 믿고 의탁하여 협동할 길이 막힌 것과 대한 사람이 대한 사람으로 더불어 질서를 차리어 이를 지어 나아갈 길이 막힌 것과 외인 한테까지 신용을 거두지 못하게 된 모든 원인이 또한 이 부허 때문입니다. 다시 말하면 우리는 부허로 인하여 무엇이든지 실제로 성공하기는 고사하고 패망하게 되었습니다. 이러므로 외국 사람이 우리에게 충고를 줄 때에도 먼저 착실을 말하였습니다.

그런데 우리의 처지와 경우가 절박한 이 때에 착실이라 부허라 가릴 여지가 없다고 생각하기 쉽습니다마는 나는 과연 우리의 경우와 처지가 너무도 절박한 때문에 어서 급히 착실한 방향으로 노력하여 절박한 것을 실제로 벗자 함이외다. 착실한 방향으로 절실히 노력하면 성공이 있을 줄을 확실히 믿습니다. 이 믿음에 대한 실제 사실을 밝게 말씀 못 하는 것이 유감이외다. 그러나 여러분들이 과연 착실한 관념을 품고 앞을 내어다보면 내 말이 없더라도 여러분의 눈앞에 성공의 길이 환하게 보일 줄을 믿습니다.

더욱이 우리가 하려고 하는 위대하고 신성한 사업의 성공을 허(虛)와 위(僞)로 기초하지 말고 진(眞)과 정(正)으로 기초합시다. 다시 말씀하옵나니 우리의 하려고 하는 위대하고 신성한 사업의 성공을 허와 위의 기초 위에 세우려고 하지 말고 진과 정의 기초 위에 세우려고 합시다. 허와 위는 구름이요, 진과 정은 반석이외다.

그런데 지금 우리 사회가 이같이 부허하더라도 다 부허한 것은 아니요 그 중에도 착실을 추종하는 이가 있습니다.

이 착실한 관념을 가진 이는 현시 우리 사회의 반동의 자극으로 이 착실한 맘이 더욱 강할 줄 압니다. 착실한 관념을 가진 여러분께 특별히 고하옵나니 독선적으로 혼자 그 맘을 가지고 고립한 땅에 서서 사회의 부허한 것을 원망하고 한탄만 하지 말고 착실한 관념을 가진 사람을 서로서로 찾아서 착실하게 뭉치어 착실한 일을 참작하여 착실의 효과를 이론으로만 표시하지 말고 사실로 표현되도록 노력하소서. 이렇게 한다고 부허한 이들이 쉽게 따라오지 않을 터이요, 따라오지 않을 뿐더러 그네들의 부허한 심리에 맞지 않는 때문에 훼방과 공격과 방해까지 더하는 일도 없지 아니할 듯합니다. 그렇더라도 이것저것을 꺼리지 말고 한참 착실하게 나아가면 공격하고 반대하던 그네들도 그 부허한 것을 버리고 성공의 길로 같이 들어설 줄로 믿습니다.

나는 본시 문자에 생소하여 문자로서는 내 의사를 의사대로 표시하기가 곤란합니다. 게다가 경우로 인하여 맘에 있는 뜻을 맘 놓고 쓰지 못하고 스스로 제한을 지어 가면서 쓰려니까 더욱 곤란하였습니다. 이러므로 여러분이 어떻게 살피어 보실지는 모르거니와, 나의 중언 부언하는 본뜻은 우리가 우리 민족 사회의 현재와 장래에 대한 책임을 지고 각각 주인된 자의 자격으로 우리 일정한 옳은 목적을 향하여 나아가다가 어떠한 곤란과 장애와 유혹이 있더라도 비관낙망으로 나아가는 걸음을 멈추거나 또는 다른 무엇에 뜻을 옮기지 말고 철저한 정신으로 목적을 성공할 때까지 굳세게 나아가자 함이요, 나아가되 동족간에 상부 호조하는 애호의 정신으로써 공통한 조건하에 각파가 조화하고 상당한 인도자를 세우고 서로 믿음으로 협동하여 함께 나아가자 함이요, 공통한 조건을 세우고 나아가되 부허한 것으로 근거하지 말고 착실한 것으로 근거하여 나아가자 함이오니 여러분은 나의 원하는 본뜻에 유의하여 주소서. 혹 이것은 작은 문제요 심상한 말로 생각할는지 모르거니와, 나는 이 몇 가지가 큰 일을 하여 가려는 우리 사회에 큰 걱정거리요 큰 말로 여기는 까닭에 말씀함이외다. 우리 사회는 심상하다고 할 만한 이상 몇 가지에 대한 큰 각성이 생긴 후에야 내게서든지 뒤게서든지 이 이상의 큰 말이 나오고 큰 사실이 실현되리라고 생각하옵니다.

2

동지들께 주는 글

도산이 북경에서 구술한 글 중에서 오늘까지 남아 있는 것을 되도록 전부 수집하여 이하 "동지들께 주는 글"과 "청년에게 부치는 글"의 두 항목으로 갈라 수록한다. 이 역시 제한된 환경(일제하에서 발표할 수 있는 범위)에서 씌어진 것이라는 점과, 그나마 요긴한 대목마다 검열관의 삭제 처분을 당하였다는 것을 염두에 두고 읽어야 할 것이다.

오늘 할 일은 오늘에*

(※ 첫머리 75행 검열로 삭제)

그런데 간절히 묻노니, 우리 동지들은 과연 오늘에 할 일을 정말 하는지요. 이 일을 다하자면 조금도 홍분이 수축하고 맥이 풀릴 일이 없을 줄 압니다. 또한 경제 운동에 관한 일에 대하여도 마찬가지로 오늘에 하여야 될 일이 퍽 많습니다. 그 역 조직의 방법, 기초적 인물의 조사와 연락, 운동비의 판비, 그 외에 무엇 무엇 여러 종류가 있겠습니다.

그 밖에 금일에 하여야 될 일이요, 금일에 할 수 있는 일은 우리의 동지를 징구(徵求)하는 일이외다. 다시 말하거니와, 금일의 일 중에 이것이 큰일이외다. 발전 발전하는 것이 다른 데 있지 않고 진정한 동지를 늘리어 나아감에 있습니다. 그런데 이런 것을 금일에 큰일로 알고 기회 있는 대로 힘써 나가면 일감이 없다고 맥이 풀릴 이유가 도무지 없습니다. 또는 오늘에 할 일 중에 가장 우리가 할 큰일은 우리의 몸을 고치고 우리의 가정을 고치는 것입니다. 우리의 경영하는 모든 일이 이 두 가지 기초 위에서 되겠습니다. 이것은 오늘에 불가불 할 일이요, 늘 할 일이외다. 여러분 이런 일을 다하여 놓고 일할 감이 없다고 합니

---

* 《東光》 1926. 11.

까. 의심컨대, 그런 일은 일로 여기지 않고 다른 무엇만 생각하지 않는가 슬퍼합니다.

만일 우리가 우리 몸부터, 우리 집부터 고치는 것을 큰일로 보지 않는다고 하면 우리는 세상을 속이는 사람이요, 우리가 스스로 속는 사람이외다. 내가 이런 주의를 주장한 사람 중의 한 사람이요 여러 동지의 특수한 사랑을 받는 사람 중의 하나인 줄 압니다. 그런데 나는 오늘에 할 일을 늘 못하는 것이 큰 한탄이외다. 시간이 부족한 관계로 못 하는 한도 있고, 능력이 부족한 관계로, 물질의 부족으로 한함도 있으되, 그 중에 가장 크게 한탄할 그 관계는 나의 허위의 죄악 때문입니다. 오늘에 우리의 일이 우리의 생각대로 되지 못함을 한하다가는 나의 죄를 스스로 책하는 그것을 막을 수 없습니다. 그러나 나는 나의 생명을 다하여 나의 오늘에 할 일을 그 오늘마다에 다하여 보려고 힘씁니다.

사업에 대한 책임심 *

이 세상에는 여러 가지 사업이 있습니다. 정치 사업도 있고 종교 사업도 있고, 실업들 무슨 무슨 사업이 많이 있지 않습니까. 이 여러 가지 사업의 목적은 결국 우리 사회의 삶(生)을 위함이외다. 정치 사업은 생활의 위안을 위함이요, 실업 사업은 생활의 안락을 위함이요, 그 밖에 무슨 무슨 사업이 다 사람의 생활을 표준한 것이외다. 그러므로 개인이나 단체로나 무슨 하는 사업이 있고서야 참 삶이 있고, 또 사람이 산 후에야 사업이 있는 법이 아닙니까. 그래서 생명과 사업과는 서로 떠나지 못할 연결적이요, 순환적 관계를 지어 가지고 있습니다. 이것은 옛적이나 지금이나 이후에 도무지 변하지 못할 원칙이기 때문에 어느 때 어디를 물론하고 사업 문제가 우리 인생으로 더불어 깊은 관계를 맺어 가지고 있습니다. 사업을 하기 위함이므로 이 사업의 방법과 기능을 얻기 위하여 많은 세월을 허비하고 많이 고심하고 있지 않습니까.

모든 일이 다 유의식적이 있고 무의식적이 있습니다. 일에 대한 이해와 관계를 알아서 의미 있게 하는 것은 유의식적이요, 일에 대하여 아무 요령이 없이

---

* 《東光》 1927. 2.

되는 대로 의미가 없이 하는 것은 무의식적이외다. 사업에 대하여서도 의식적으로 하는 이도 있고 무의식적으로 하는 이도 있는데, 문명한 나라 사람의 하는 사업은 유의식적으로 하는 것이요, 미개한 나라 사람이 하는 사업은 무의식적으로 하는 것이외다. 문명한 나라 사람은 사업에 대한 방법을 연구하고 통계적 관념 아래에서 하기 때문에 그들의 사업은 홍왕(興旺)하고, 미개한 나라 사람은 이것이 없기 때문에 그 사업이 쇠퇴하여지는 법이외다. 그날 그날을 살아가기 위하여 하는 고식적 사업이라든지, 형세에 몰리고 자연에 흘러서 구차하게 하는 사업은 이것이 다 미개한 나라 사람의 무의식으로 되는 일이외다. 그러니 그 결국이 어떠하겠습니까. 전자와 후자의 결과가 판이한 것은 당연한 일이외다.

사업의 실질을 말하고 사업의 방침을 토론하기 전에 먼저 "이것을 의논할 만한 정도가 되었나? 이것을 경영할 만한 가치가 있나"를 판정할 필요가 있습니다. 그러면 정도가 되고 안 될 것과, 가치가 있고 없는 것을 무엇으로써 측정하겠습니까. 곧 자기의 몸과 집에 대한 책임이 있고 자기의 국가와 민족에 대한 주인 된 관념이 있은 후에야 정도가 되고 가치가 있다고 말하겠습니다. 다시 말하면, 자기의 몸과 자기의 집을 자기가 건지지 않으면 건져 줄 이가 없는 것과 자기의 국가와 자기의 민족을 자기가 구하지 않으면 구하여 줄 이가 없을 줄 아는 것이 곧 책임심이요 주인 관념이외다. 이 책임적 관념이 없고 보면 사업에 대한 문제부터가 발생하지 않겠습니까. 가령 어떤 학교를 하나 두고 말합시다. 이 학교로 더불어 아무 관계가 없는 지나가던 사람은 그 학교가 잘 되고 못 됨에 대하여 아무 관심하는 바가 없을 것이나, 그 학교의 당국자 된 이는 그 학교에 대한 책임심이 있기 때문에 아주 책임적으로 고심하고 노력하여 그 학교가 기어이 잘 되게 만들 것이 아닙니까. 그러면 여러분은 과연 내 몸과 집과 내 국가와 민족에 대한 책임심이 있습니까. 주인 된 관념을 가집니까 안 가집니까. 스스로 물어 보고 대답하시오. 이 책임심이 있는 자라야 참 애국자외다.

(이 사이 글 50줄 검열에 삭제당하였다.)

사업에는 공적 사업과 사적 사업이 있습니다. 자기의 몸이나 집을 위하여 하는 사업은 이것이 사적 사업이요, 국가나 민족이나 인류를 위하여 하는 사업은 이것이 공적 사업이외다. 어떤 이는 공적 사업은 어떤 특수한 사람의 전유적(專有的) 사업으로 여기고 사적 사업에만 힘쓰기 때문에 국가와 사회가 쇠퇴하여지고, 또 어떤 이는 사적 사업은 비애국자의 하는 것이라 하여 공적 사업만 힘쓰고 사적 사업은 불고하기 때문에 자기의 몸과 처자가 기한(飢寒)에 빠지게 됩니다.

그러나 사적 사업과 공적 사업은 서로 밀접한 관계가 있기 때문에 사적 사업이 잘 되어야 공적 사업도 잘 되고, 공적 사업이 잘 되어야 사적 사업도 잘 되는 법이 아닙니까. 다시 말하면, 자기의 한 몸과 집을 능히 건질 힘이 없는 자로서 어찌 나라를 바로잡는다 하며, 나라가 바로 되지 못하고서 어찌 한 몸과 집인들 안보될 수 있겠습니까. 또 어떤 이는 공적으로 갔다가—사적으로 왔다가—하면서 방향을 잡지 못합니다. 그러다가 타락되어 이것도 다 아니하는 이가 적지 않습니다. 그러나 그러한 것이 아니라 농부는 농업, 상인은 상업, 학생은 학업으로써 각각 자기 그 때의 책임적 직무를 삼아 이것에 충성을 다하다가 다른 때 다른 경우를 당하면 또 그것에 충성을 다하여 각각 자기 맡은 바 일에 좋은 결과가 있게 할 따름이외다. 다시 말하면, 공적과 사적이 다 필요하고 서로 떠나지 못할 관계가 있는 것이므로 누구든지 놀고 입고 놀고 먹지 말고 오직 공과 사의 두 가지가 다 서게 하라 함이외다.

무정(無情)한 사회와 유정(有情)한 사회 *

정의(情誼)는 친애와 동정의 결합이외다. 친애라 함은 어머니가 아들을 보고 귀여워서 정으로써 사랑함이요, 동정이라 함은 어머니가 아들이 당하는 고(苦)와 낙(樂)을 자기가 당하는 것같이 여김이외다. 그리고 돈수(敦修)라 함은 있는 정의(情誼)를 더 커지게, 더 많아지게, 더 두터워지게 한다 함이외다. 그러면 다시 말하면, 친애하고 동정하는 것을 공부하고 연습하여 이것이 잘 되도록 노력하자 함이외다.

---

* 《東光》(1926. 6.)에 실렸으며, 《홍사단보》 1946년 7월호에 재수록됨.

인류 중 불행하고 불쌍한 자 중에 가장 불행하고 불쌍한 자는 무정한 사회에 사는 사람이요, 복 있는 자 중에 가장 다행하고 복 있는 자는 유정(有情)한 사회에 사는 사람이외다. 사회에 정의가 있으면 화기(和氣)가 있고, 화기가 있으면 흥미가 있고, 흥미가 있으면 활동과 용기가 있습니다.

유정한 사회는 태양과 우로(雨露)를 받는 것 같고 화원에 있는 것 같아서 거기는 고통이 없을 뿐더러, 만사가 진흥(振興)합니다. 흥미가 있으므로 용기가 나고 발전이 있으며 안락의 자료가 일어납니다.

이에 반하여 무정한 사회는 가시밭과 같아서 사방에 괴로움뿐이므로 사람은 사회를 미워하게 됩니다. 또 비유하면 음랭한 바람과 같아서 공포와 우수만 있고 흥미가 없음에 그 결과는 수축될 뿐이요, 염세(厭世)와 유약과 불활발(不活發)이 있을 따름이며, 사회는 사람의 원수가 되니 이는 사람에게 직접 고통을 줄 뿐 아니라 따라서 모든 일이 안 됩니다.

우리 대한 사회는 무정한 사회외다. 다른 나라에도 무정한 사회가 많겠지마는, 우리 대한 사회는 가장 불쌍한 사회외다. 그 사회의 무정이 나라를 망케 하였습니다. 여러 백 년 동안을 대한 사회에 사는 사람은 죽지 못하여 살아 왔습니다. 우리는 유정한 사회의 맛을 모르고 살아 왔으므로 사회의 무정함을 견디는 힘이 있거니와, 다른 유정한 사회에 살던 사람이 일조에 우리 사회 같은 무정한 사회에 들어오면 그는 죽고 말리라고 생각합니다. 민족의 사활 문제를 앞에 두고도 냉정한 우리 민족이외다. 우리가 하는 운동에도 동지간에 정의가 있었던들 효력이 더욱 많았겠습니다. 정의가 있어야 단결도 되고 민족도 흥하는 법이외다.

정의는 본래 천부한 것이언마는 공교(孔教)를 숭상하는 데서 우리 민족이 남을 공경할 줄은 알았으나, 남을 사랑하는 것은 잊어버렸습니다. 또 혼상 제사(婚喪祭祀)에도 허례에 기울어지고 진정으로 하는 일이 별로 없습니다.

여러분이 유년 시대의 일을 회고하여 보시오. 사람과 사람 사이에 서로 사랑하는 정이 생김은 당연하거늘 우리 사회에서는 부모와 자녀, 형과 제의 사이에 아무 정의가 없습니다.

어른들이 어린아이를 대할 때에 일개의 완희물(玩戲物)로 여깁니다. 그리하여 그 울고 웃는 꼴을 보기 위하여 울려도 보고 웃겨도 봅니다. 또 호랑이가 온다, 귀신이 온다 하여 아이들을 놀라게 합니다. 또 집안에 계신 조부모나 부모는 호령과 매 때리기로만 일을 삼으므로 아이들은 조부나 부친 앞에 있어서는 매 맞을 생각에 떨고 있습니다. 나는 어렸을 때에 산에 가서 놀기를 제일 좋아하였는데 종일 놀다가도 돌아올 때에는 매 맞을 생각에 떨면서 돌아왔습니다. 그러다가 걸핏하면 잘못하였다고 내어쫓습니다.

제 아비의 집에서 쫓겨나서 울면서 빙빙 돌아다니는 꼴은 참으로 기가 막혀 볼 수 없습니다.

이같이 하여 강보에서부터 공포심만 가득한 생활을 하던 아이가 가정의 옥을 벗어나서 학교에 가면 학교 훈장이란 이가 또한 호랑이 노릇을 합니다. 아이가 학교에 가고 싶어서 가는 것이 아니라, 부모가 가라니까 마지못해서 가는 것이외다.

또 시부모와 며느리, 형과 아우, 모든 식구가 다 서로 원수외다. 관민간에도 그러합니다. 리에, 면에, 군에, 도에 가 보시오. 어디서든지 찬바람이 아니 부는 데가 없습니다. 그보다 더 기막힌 것은 남녀간의 무정함이외다. 우리네의 가정에서 부부가 만일 서로 보고 웃었다가는 큰 결단이 납니다. 남녀 사이에는 정의가 전혀 끊어져 서로 볼 수도 없었습니다. 따라서 남녀가 만일 사귀는 날이면 필경 범죄 사실이 생깁니다. 이것은 남녀간 정당한 교제의 길을 막는 까닭이외다.

이제 한번 눈을 돌려 다정한 남의 사회를 봅시다. 그들의 가정에서는 부모가 결코 노하지 않습니다. 장난감으로 차라리 인형을 주어 사랑케 하고 잘 때에는 안고 키스하고 재웁니다. 식탁에서도 아이를 특별히 대우합니다. 우리 가정에서처럼 역정 내서 먹으라고 호령하지 않습니다. 이리하여 어렸을 적부터 공포심이 조금도 없이 화기 중에서 자랍니다. 서양 아이들은 실로 꽃보다도 귀합니다. 정이 가득한 가정에서 자라난 까닭이요. 소학교에 가면 교사는 다 여자외다. 이것은 남자보다 여자에게 정이 더 많음이요. 선생이 학생을 친절히 대접하므로 학생들은 선생을 몹시 따르고 학교에 가고 싶어합니다. 그러므로 서양 소학생들은 결코 우리 나라 아이처럼 학교에 가기 싫다고 억지 쓰는 것을 보지 못하였습니다.

학교뿐 아니라, 선차(船車)에서도 집회석에서도 화기가 있습니다. 근심이 있는 이는 결코 남의 앞에 나서지 않습니다. 예배당에서는 음악대가 있고, 또 교우들이 때때로 모여 웃고 먹고 하면서 정의를 돈목(敦睦)히 합니다. 우리 나라 예배당에는 공포가 가득하외다. 우리 나라 교인들의 사랑은 진정으로 나오는 정이 아니고 그렇지 않으면 죄 된다는 공포 관념에서 나오는 사랑이외다.

그네들은 정의를 밥과 옷 이상으로 여깁니다. 상인이나 학생이나 심지어 신문 파는 아이들까지라도 구락부 안 가진 자가 없습니다. 그들은 정의 없이는 살 수 없다는 주지에서 이렇게 합니다. 미국 같은 나라에 가서 제일 부러운 것은 업(業)의 상하를 물론하고 다 즐거워함이외다.

서양 사회에서는 손님이 오면 딸이나 누이로 하여금 웃고 접대케 합니다. 부부 될 남녀는 약혼 시대부터 서로 열정적인 사랑이 지극하여 서로 껴안고 좋아합니다. 다른 이가 이를 흉하지 않으므로 그들에게는 아무 공포가 없고 다만 두터운 정뿐이외다.

남녀의 화합은 이것이 사회의 정(情)의 기초이건마는 우리 사회에서는 남녀를 꼭 갈라 놓으므로 차디찬 세상을 이루고 맙니다. 서양 사람은 정의에서 자라고 정의에서 살다가 정의에서 죽습니다. 그들에게는 정의가 많으므로 화기가 있고 따라서 홍미가 있어서 무슨 일이 다 잘됩니다.

우리는 이 정의 돈수 문제를 결코 심상히 볼 것이 아니외다. 우리가 우리 사회를 개조하자면, 먼저 다정한 사회를 만들어야 하겠습니다. 우리는 조선(祖先)적부터 무정한 피를 받았기 때문인지 아무래도 더운 정이 없습니다. 그러므로 정의를 기르는 공부를 하여야 되겠습니다. 그러한 뒤에야 참 삶의 맛을 알겠습니다. 일언 일동에 우리 사이의 정의를 손상하는 자는 우리의 원수외다. 과거나 현재의 우리 동포는 어디 모인다 하면 으레 싸우는 것으로 압니다. 남의 결점을 지적하더라도 결코 듣기 싫은 말로 하지 말고 사랑으로써 할 것이외다. 이제 정의 기르는 데 주의할 몇 가지를 말하겠습니다.

1. 남의 일에 개의치 말라. 우리가 걸핏하면 주제넘게 됩니다. 남의 허물이 있으면 이것을 적발하기를 좋아합니다. 우리는 각각 자기 일만 살피고 자기의 허물만 스스로 고칠 뿐이요, 결코 남의 일이나 허물에 개의치 말 것이외다.

2. 개성을 존중하라. 모진 돌이나 둥근 돌이나 다 쓰이는 장처(長處)가 있는 법이니, 다른 사람의 성격이 나의 성격과 같지 않다 하여 나무랄 것이 아니외다. 각각 남의 개성을 존중하여 자기의 성격대로 가지는 것을 시인할 것이외다.

3. 자유를 침범치 말라. 아무리 같은 동지라 하더라도 각 개인의 자유가 있는 것인데 이제 남을 내 마음대로 이용하려다가 듣지 않는다고 동지가 아니라 함은 심히 어리석은 일이외다. 서양 사람은 비록 자기 자녀에 대하여서도 무엇을 시킬 때에 하겠느냐(Will you?)고 물어보는 의미로 말하여 그의 자유를 존중합니다.

4. 물질적 의뢰를 말라. 우리네의 친구들 중에 돈 같은 것을 달라는데 주지 아니하면 그만 틀립니다. 그러므로 우리는 친구에게 물질적 의뢰를 하지 아니함이 가하고 설혹 의뢰하였더라도 자기의 요구대로 되지 않는다고 정의를 상할 것은 아니외다.

5. 정의를 혼동치 말라. 부자 · 부부 · 친구 · 동지의 정의가 다 각각 다른 것이외다. 부자간의 정의와 친구간의 정의가 같겠습니까. 또 같은 동지끼리라도 더 친한 사분(私分)이 있을 것이외다. 그러니 누구는 더 사랑한다고 나무라지 말 것이외다.

6. 신의를 확수하여라. 서로 약속한 것을 꼭꼭 지켜야 정의가 무너지지 않습니다. 만일 한다고 한 것을 그대로 안 하면 서운한 마음이 생깁니다. 그러므로 신의를 확수하는 것이 정의를 기르는 데 한 가지 조건이 됩니다.

7. 예절을 존중히 하라. 우리 나라 사람들은 좀 친하여지면 예절이 문란하여집니다. 그래서 구친(舊親)간의 무례히 가는 것이 서로 친애하는 표가 되는 줄 압니다. 그러나 무례한 것으로는 친구에게 호감을 못 주고 도리어 염증이 생기게 합니다.

그 나라의 애국자를 대우하는 것도 무정한 사회와 유정한 사회가 다릅니다. 우리 무정한 사회에서는 애국자의 결점만 집어내다가 위난에 빠질 때에는 구원치 않습니다. 그러나 유정한 사회에서는 그렇게 아니합니다. 또 어떤 이가 공익사업에 돈을 내다가도 다시 더 안 내면 그 전에 낸 것을 고맙게 생각지 않고 도리어 욕을 합니다. 이런 무정한 사회가 어디 있겠습니까.

유정한 국민은 아무리 점잖은 신사나 부인이라도 노상에서 환난을 만난 사람을 보면 그 체면과 수고를 돌아보지 않고 기어이 구원하여 줍니다. 여기는 귀천의 별(別)도 없습니다. 자기의 좋은 옷을 찢어서라도 상한 사람의 상처를 싸매주고 간호하여 줍니다.

정의 없는 대한 민족의 고통은 실로 지옥 이상이외다. 대한인의 사회는 가시밭이외다. 아무 낙이 없습니다.

단우들이여, 우리는 단우다운 정의를 지켜 화기 가운데 삽시다. 화기 중에 일에 흥미가 나고 흥미 있는 일이라야 성공합니다. 모든 사업, 모든 의무를 다하고 싶어서 하게 됩니다.

흥사단우의 가는 곳마다 정의를 펼칩시다. 대한민국의 사활 문제가 정의 돈수에 있습니다. 또 말하거니와, 정의를 근본하면 만사는 일고 정의가 없으면 아무 일도 아니되오.

정의를 힘쓰되 도를 지킬 것이오. 우리 사회에는 공의(公議)와 정의가 없어지고 문란함과 무례한 것이 친애의 표가 되었소. 어린아이가 어머니를 사랑하는 사랑, 어머니가 울면 울고, 어머니가 웃으면 웃는 어린아이, 이것이 참 사랑의 표이오. 서양인은 길에서 환난당한 사람을 만나면 기어이 살려 주려고 귀천을 분별 않고 애쓰고 간호합니다. 남의 환난을 볼 때에 참으로 동정하는 이가 우리 단우이오. 우리는 어디를 가든지 오직 정의 돈수 네 글자에 의지하여 삽시다.

3

청년에게 부치는 글

청년에게 호소함*
—인격 완성 · 단결 훈련에 대하여

대한 청년 제군에게 대하여 하고 싶은 말도 많고 또 하여야만 될 말이 많으나 경우로 인하여 그것을 다 말하지 못하는 것이 유감이다. 다만 그 중의 몇 가지만을 말하려 한다. 지금 우리는 참담 비통한 고해(苦海)에서 헤매며 암흑한 운무 중에 방황 주저하고 있다. 이 비상한 경우에 처한 대한 청년 제군이 이 고해를 탈리(脫離)하고 운무를 개제하고 나아갈 길을 어떻게 정하였는가.

오늘 일반 민중에게 큰 기대를 많이 가진 제군, 또 스스로 큰 짐을 지고 있는 제군의 하여야 될 일이 많지만 그 중에서 가장 먼저 하고 가장 힘쓸 것은 인격 훈련과 단결 훈련, 이 두 가지라는 것을 말한다. 이 두 가지가 현하 우리 생활에 직접 관계가 없는 듯이 생각하여 냉대시하는 이도 있고, 또는 이 때가 어느 때라고 인격 훈련이나 단결 훈련 같은 것을 하고 앉아 있겠느냐고 이것을 배격하는 이도 없지 않다. 그러나 나는 이 때이기 때문에 인격을 훈련하고 단결을 훈련할 것이라고 생각한다. 오늘 우리 대한 청년이 인격 훈련과 단결 훈련을 하고 아니하는 데 우리의 사활 문제가 달렸다고 나는 생각한다. 세상의 모든 일은 힘의 산물이다. 힘이 작으면 일을 작게 이루고, 힘이 크면 크게 이루며, 만일 힘이 도무지 없으면 일은 하나도 이룰 수 없다. 그러므로 누구든지 자기의 목적을 달하려는 자는 먼저 그 힘을 찾을 것이다. 만일에 힘을 떠나서 목적을 달하겠다는 것은 너무도 공상이다. 제군이여, 일은 힘의 산물이라는 것을 확실히 믿는가.

---

* 《東光》 1931. 2.

만일 이것을 믿고 힘을 찾는다 하면 그 힘이 어디서 오겠는가. 힘은 건전한 인격과 공고한 단결에서 난다는 것을 나는 확실히 믿는다. 그러므로 인격 훈련, 단결 훈련 이 두 가지를 청년 제군에게 간절히 요구하는 바이다.

지금의 우리는 우리의 사활 문제를 해결하기 위하여 무엇을 하다가 실패하면 그 원인을 여러 가지로 찾아보고 여러 가지로 변명하여 본다. 그러나 우리 모든 일의 실패하는 근본 원인은 우리의 민족적 결합력이 박약한 것이다. 우리가 일찍 패망한 것이 이 원인이었다. 우리는 요지부동하고 사귀일철(死歸一轍)할 굳센 민족적 결합력이 있은 후에라야 성공을 기대할 것이다. 민족적 결합력이 선결 문제요, 이론과 방침 계획은 둘째 문제다. 만일 결합력이 공고만 하고 보면, 그 결합체가 때를 따라 방침과 계획은 고치어 가면서 능히 목적을 도달하는 데까지 나아갈 것이다. 결합된 힘이 없고서는 아무리 좋은 방침이 있더라도 이를 실행할 수 없지 아니한가.

우리가 일찍 단체 생활의 훈련이 부족한 민족인 것을 자인치 아니할 수 없다. 그러므로 우리로서는 다른 나라 사람보다 특별히 단결을 훈련하여 공고한 대결합력에 이르도록 힘써야 할 것이다.

단결 훈련 문제보다도 인격 훈련에 있어서는 더욱 냉담시하는 이가 많은 줄 안다. 이것은 큰 착오의 생각이다. 현시 세계 각 방면의 각종 운동이 있는 중에 그 운동이 힘 있게 진행되고 성공되는 것은 그 운동 중에 건전한 인격을 가진 분자가 많은 때문이다. 어떤 운동에서든지 운동이 퇴축하며 실패하는 것은 다른 원인도 있지마는 건전한 인격을 가지지 못한 것이 큰 원인 중의 하나이다.

우리가 무슨 목적을 표방하고 단체를 조직하였으나, 실제에 있어서는 힘 있는 운동이 되지 못하고 간판만 남는 것이 한탄이다. 그 원인이 어디 있는가를 깊이 깨달아야 할 것이다. 조직에 합당한 지식, 조직에 합당한 신의 — 이것을 갖춘 그 인격 없는 것이 한 큰 원인이다. 단결의 신의를 굳게 지키며, 조직적 지식을 가진 사람이 없고서는 간판 운동이 아닌 실제적 힘 있는 운동을 할 만한 결합을 이루기 절대 불가능할 것이다.

그런즉, 우리가 고해를 벗어나고 활로로 나아가기 위하여 할 일이 여러 가지이지마는 제군이 인격 훈련과 단결 훈련이 큰 관계 있는 것을 깊이 깨닫고 나는 오늘부터 인격 훈련과 단결 훈련을 진심으로 노력하겠다는 결심을 가지기를 바란다.

기본적인 인격은 어떠한 것이며, 훈련의 구체 방법이 무엇인 것과 단결 훈련의 실제가 무엇인 것은 앞날 연구에 미루고, 여기서는 다만 제군이 인격 훈련과 단결 훈련이 필요한 것만을 분명히 깨닫기를 바라며 오직 인격을 훈련하되 단독적으로 하지 말고 이것부터 협동적으로 하여 전 대한 산과 들을 물론하고 인격 훈련을 목표로 한 운동이 편만하기를 바란다.

대한 청년의 용단력(勇斷力)과 인내력(忍耐力)*

오늘 대한의 청년들 앞에도 큰 원수가 있습니다. 이것이 무엇인 줄 압니까. 또 이것을 알면 이것을 쳐 이기려 합니까. 오늘 대한 청년들 앞에 공(公)으로나 사(私)로 막히어 있는 큰 원수는 곧 방황과 주저이외다. 할까 말까 하여 '말까'에 머물러 있는 것이 방황이요 주저외다. 여기는 공적(公敵)도 있고 사적(私敵)도 있습니다. 우리는 지금 전 민족적으로 파멸의 지경에 처하여 있습니다. 우리가 만일 급히 덤비지 않으면 아주 영멸하는 지경에 들어가겠습니다. 그러니 여기 대하여 앞을 헤치고 나아가지 않고 방황하고 주저하고 있는 것은 이것이 공적(公敵)이외다. 또 사람마다 자기 살아 나갈 일을 자기가 하여야 합니다. 그러나 자기 개인이 살아 나갈 일을 자기가 하지 않으면 자기 개인의 생존까지도 잘못 되는 경우에 빠집니다. 그러니 여기 대하여 알아차리어서 나아가지 않고 방황하고 주저하여 있는 것이 사적(私敵)이외다.

흔히는 저 하는 일이 옳은지 그른지 자세히 몰라서 방황하고 주저합니다. 예로 말하면 공부하는 것, 농사하는 것, 장사하는 것 — 이러한 것들이 우리가 지금 다시 살아날 운동하는 데 맞는가 안 맞는가 하여 방황하고 주저합니다. 심지어 어떤 이는 이러한 것들을 하고 있는 이는 운동을 하지 않는 이라 하여 비난하고 공격합니다. 그러하나 비기어 말하면, 그물질하는 사람만을 어업자라 하고, 고기 잡기 위하여 그물을 만들며 양식을 나르는 사람은 어업자가 아니라고

* 《東光》 1927. 1.

하겠습니까. 또 총 메고 전장에 나선 사람만을 전쟁 하는 사람이라 하고, 뒤에 있어서 군기(軍器)를 만들고 군량을 장만하는 사람은 전쟁 하는 사람이 아니라 하겠습니까. 앞에서 직접 행동을 하는 이나 뒤에서 간접 행동을 하는 이나 다 같은 그 일의 운동자이외다. 그러니 지금 배울 기회 있을 때에 배우고 벌이할 기회 있을 때에 벌이하다가 그보다 더 긴급한 일이 있을 때에는 다 나서는 것이 옳습니다. 그러하므로 이 일이 그 운동에 관계가 없는가 하여 방황하고 주저하지 말 것이외다.

이 일이 옳은가 그른가, 이 일을 할까 말까 방황하고 주저하면 거기에는 고통이 생깁니다. 또 결국은 낙망합니다. 낙망은 청년의 죽음이요, 청년이 죽으면 민족이 죽습니다. 나아가면 될 일이라도 안 나아가서 안 됩니다. 또 낙망한 끝에는 남을 원망하게 되고 심하면 남을 죽이게까지 됩니다. 이 얼마나 위험한 일입니까. 그래서 방황과 주저는 우리의 큰 원수라고 합니다. 또는 이 몸을 대한에 바치어서 일할까, 자기를 위하여 일할까 호도 몽롱한 가운데 있는 이가 많습니다. 이 점에 대하여서도 어느 것이 옳은지 분명히 판단할 필요가 있습니다. 한 가지 분명히 알 것은 공부도 농사도 장사도 아무것도 아니하고 놀고 먹고 떠돌아 다니면서 방황하는 것은 아무 이익이 없고 다만 큰 해독만 끼치는 것이외다. 또 언제든지 다 배워 가지고 다 벌어 가지고 나아가서 일한다고 하면 크게 잘못이외다. 배우는 자나 벌이하는 자나 다 대한을 위하여 기회 올 때까지 한다고 결심하고 나아가면 그만이외다.

남이야 알건 모르건 오늘 대한의 청년 된 이는 대한 민족을 위하여 무엇을 어떻게 할꼬를 스스로 연구하고 참고하여 옳다 하는 바에 뜻을 세우고 그 세운 바를 다른 사람에게 선포하여 함께 나아갈 것이외다. 이것이 오늘 대한 민족의 다시 살아날 길이외다. "무엇이 옳다고 생각나거든 그것을 곧 붙잡아라. 그렇지 않으면 큰 기회를 놓치나니라." 이 말은 우리가 늘 가져 둘 말이외다. 일에 대하여 도덕적과 이해적으로 헤아리어 선하고 이하면 하되 공공연한 이가 되거든 그렇게 하기를 용감히 결단할 것이외다. 이 용단력이 없으면, 대개는 방황 주저하게 됩니다. 또 목하에 안 될 것만 보지 말고 장래에 될 것을 헤아리어 순서를 밟아 나아갈 것이외다. 한번 놓친 기회는 대개는 다시 얻지 못하게 되는 법이외다. 오늘 대한의 환경은 사회 도덕 방면으로든지 경제 방면으로든지 모두 심히 어렵습니다. 이러한 어려운 환경에서 이것을 헤치고 나아가려면 참아 견디는 힘이 있어야 하겠습니다. 그러하므로 이러한 비관과 낙망할 만한 처지에 있는 오늘 대한의 청년은 특별히 인내력을 길러야 되겠습니다. 그래서 첫째 옳다 하는 일에 밝은 판단을 내리고, 둘째 판단한 일은 끝까지 잡고 나아가야 되겠습니다. 그러면 성공이 있습니다. 대한 청년의 방황과 주저하는 것이 아주 소멸되고 무엇이나 한 가지를 잡고 나아가는 날에야 대한 사람의 다시 살아나는 일이 시작되겠습니다. 무엇이든지 그 때의 경우와 생각에 옳아 보이는 것을 잡고 나아가면 끝에 가서는 그보다 더 좋은 것이 나옵니다. 그러나 지금 당한 경우와 기회를 심상히 여기고 붙잡지 않으면 그의 신세는 방황에 영장하고 말 것입니다.

끝으로 한 마디 말씀을 여러분에게 선사합니다. "어떤 신(神)이 무심중에 와서 홀출 네게 묻기를 너는 무엇을 하느냐 할 때에 나는 아무것을 하노라고 서슴지 않고 대답할 수 있게 하라."

오늘의 대한 학생*

오늘이라 함은 과거나 미래를 말함이 아니요, 현시에 된 경우를 말함이며, 대한 학생이라 함은 대한 사람으로 태어난 그이를 가리킴이외다.

무릇 학생은 누구든지 할 것 없이 다 사회에 나아가 활동할 준비를 하는 자외다. 생존과 번영은 사람의 활동에 따라 되는 것이므로 활동 그것이 있으면 살고 없으면 죽는 것이며, 많으면 크게 번영하고 적으면 적게 번영할 것입니다. 그런즉 인류 사회의 생존은 사람의 활동에 있고 사람이 활동할 무기를 잘 준비함에 있고, 이 무기를 예비하는 자는 곧 학생이외다.

그러므로 대한의 학생 된 이는 먼저 대한 사회로부터 세계 어느 사회든지 나아가 활동할 자임을 잊지 말아야겠습니다.

활동에는 허명적(虛名的) 활동과 실제적 활동이 있습니다. 무슨 취지서나 발기문이나 신문 지상에서나 어디나 버젓하게 성명이나 쓰는 것은 활동이라 할

* 《東光》 1926. 12.

수 없고 다만 실제상 자기가 마땅히 할 직분을 이행하는…(원본 수자 탈락)… 경우에 의지하여, 또 미국이나 중국의 학생은 미국이나 중국의 경우에 의지하여 준비하여 가지고 활동하는 것이외다. 대한의 학생은 대한의 오늘날 경우에 의지하여 준비하여 가지고 대한 사회에, 또 세계 사회에 나아가 활동하여야 되겠습니다.

직분을 이행한다 함은 자기의 의무를 이행한다 함인데, 의무로 말하면 자신의 친족에 동족에 국가에 세계에 대한 의무가 있습니다. 또 각각 그 의무를 잘 이행하려면 먼저 자기의 가족은, 동포는, 사회는, 국가는, 아울러 자신이 어떠한 경우에 있는지를 잘 알아야 하겠습니다.

현하 우리는 민족적으로 남과 다른 경우에 있습니다. 우리의 옛날 문화는 극도로 쇠퇴하고 신문화는 지금 움 돋는 시기에 있습니다. 또 구도덕은 깨지고 신도덕은 없어서 혼란 상태에 있습니다. 또 영 · 미국의 학생들은 그의 부모나 인리(隣里)나 연장자 되는 이가 선진자 계급에 있으므로 그들의 지도를 받을 수 있지마는 오늘 대한의 청년은 선도자를 못 가지었습니다. 그래서 이 지도하는 이 없는 가련한 이들이 제 맘대로 국내 국외에 뛰놀아 무엇을 배우려 합니다. 또 다른 나라 학생들은 학자가 넉넉하여 배우고 싶은 것을 다 배우지마는, 우리 대한 학생은 그렇지 못하외다. 비교적 학비가 덜 드는 문학이나 신학 같은 것은 배워도 공학 같은 기술적 학문은 좀체로 배우게 되지 못합니다. 또 우리는 유혹에 물들기 쉬운 험악한 환경을 가지었습니다. 오늘날 이와 같은 가긍한 경우에 처한 대한 학생으로서 그 직분은 매우 크외다. 이 학생 된 이의 손으로 우리의 집이나 사회를 바로잡을 수가 있고 그렇지 못하면 우리는 영멸하겠습니다. 그러니 오늘의 대한 학생들은 무의식적으로 남의 흉내나 내지 말고 명확한 판단을 가지고 나아가야 학생들에게도 다행이 되고 온 민족에게도 다행이 되겠습니다.

첫째 남은 알든지 모르든지 대한 민족에 대한 헌신적 정신과 희생적 정신을 길러야 하겠습니다. 대한 민족을 다시 살릴 직분을 가진 자로서 이 정신이 없으면 안 되겠습니다. 자주라 독립이라 평등이라 하는 것은 다 자기를 본위로 하는 이기적이외다. 어떤 때의 일시적 자극으로 떠들다가도 그 맘이 가라앉으면 다시 이기심이 납니다. 자기의 생명을 본위로 함은 이것이 진리요 자연이외다. 그런데 이제 자기의 몸과 목숨을 내놓고 부모나 형제나 동포나 국가를 건진다 함은 모순이 아니겠습니까. 아니외다. 이 헌신적과 희생적으로 하여야 부모와 형제가 안보되고 민족과 사회가 유지되는 동시에 자기 몸도 있고 생명도 있으려니와, 만일 이 정신으로 하지 아니하면 내 몸과 아울러 사회가 다 보전되지 못하는 법이외다. 가령 상업이나 공업을 하는 것도 자기의 생명을 위하여 하는 것이지마는, 여기도 헌신적과 희생적인 정신으로 하지 않으면 안 됩니다.

이 위에 말한 바 이기적으로뿐 아니라, 정의적(情意的)으로도 민족에 대한 정을 억제하지 못하여 헌신적 희생적 활동을 아니할 수 없습니다. 오늘 대한 학생 된 이는 옛날에 자기의 명리(名利)를 위하여 과거 하려는 듯이 하지 말고 불쌍한 내 민족에 대한 직분을 다하기 위하여 하여야겠습니다.

둘째 긍휼히 여기는 정신을 길러야 하겠습니다. 학생에게 있어서 이 정신이 더욱 필요하외다. 학생이 되어서 무엇을 좀 안 후에는 교만한 마음이 생기어서 자기만큼 모르는 자기의 부형이나 인리나 존장에게 대하여 멸시하는 맘이 생기고 따라서 제 민족을 무시하게 됩니다. 그 결과로 동족을 저주하고 질시하고 상관하지 않으려 합니다. 나만 못한 사람을 무시할 것이 아니라 긍휼히 여기어야 옳고, 남의 잘못하는 것을 볼 때에 저주할 것이 아니라 포용심을 가져야 하겠습니다. 긍휼히 여기는 맘이 없으면 내 동족을 위하여 헌신적과 희생적으로 힘쓸 맘이 나지 않겠습니다.

소학생이나 대학생 시대보다 중학생 시대에 남을 업수이 여기는 교만한 맘이 가장 많은 법이외다. 이것은 무엇을 좀 알기 시작할 때에 저마다 잘 아는 듯 싶어서 그렇게 됩니다.

또 어떤 이는 걸핏하면 제 동족의 결점만을 들어 가지고 나무랍니다. 그러나 우리 대한 사람도 다 잘 배울 기회를 가졌거나 좋은 때를 만났더라면 누구보다 조금도 못할 인종이 아니외다. 그러므로 제 동족에 대한 불평을 가질 것이 아니라, 일체로 서로 긍휼히 여기는 맘을 가져야 옳겠습니다. 제 동족에 대한 긍휼심이 적으면 외적에게 대한 적개심이 빈약한 법이외다.

셋째, 서로 협동하는 공동적 정신을 배양하여야 겠습니다. 대한의 일은 대한 사람 된 내가 할 것인 줄 아는 동시에 대한 사람 된 이는 누구나 다 분담하여 가지고 공동적으로 하자 함이외다. 어떤 이는 무슨 일을 저 혼자 하겠다는 생각을 가집니다. 그런 이에게 소위 야심이라는 것이 생깁니다. 그 결과에 하려는 일은 되지 않고 도리어 분쟁이 생깁니다. 제가 무엇을 다한다고 하다가는 낙심하기 쉽습니다. 혼자 하는 일은 잘 이루어지지 아니하는 고로 과거의 성공이 없음과 장래가 아득한 것을 보고는 곧 비관하여 낙망합니다. 나와 다른 이가 다 함께 할 것으로 아는 이는 자기는 비록 성공을 못 하더라도 다른 이가 성공할 줄을 믿고 또 각기 당대에 못 이루고 죽더라도 자기 후손이 이어서 할 것으로 여기면 낙망이 생기지 않고 오직 자기의 할 직분을 다할 뿐이외다. 그 민족 전체에 관계되는 사업은 어느 한두 사람의 손으로 되지 않고 전 민족의 힘으로야 됩니다. 그러므로 내가 깨달은 바에 대하여 나의 직분을 다하여 노력하고 아울러 온 민족이 협동하여야 할 정신을 길러야 되겠습니다. 너와 내가 다 함께 한다는 관념이 절실하여지는 날에야 성공이…(원본 수자 탈락)…있어야 겠습니다. 협동적 관념이 있어지면 공통적 주장과 계획이 세워지겠습니다. 이 협동적 정신 아래서 공통적으로 하는 것을 미리 연습하여 두어야 공통적 큰 사업에 나아가서도 협동적 실행이 있어지겠습니다.

이 위에 말한 것은 정신 방면을 말한 것이외다. 이제는 실질 방면에 들어가서 누구나 한 가지 이상의 전문 지식을 가져야 된다 함이외다. 전문 지식을 못 가지겠거든 한 가지 이상의 전문적 기술이라도 가져야 하겠습니다. 오늘은 빈 말로 살아가는 세상이 아니요, 그 살아 갈 만한 일을 참으로 지어야 사는 세상이외다. 실제에 나아가 그 일을 지으려면 이것을 감당할 만한 한 가지 이상의 전문적 학식이나 기예가 없어서는 안 됩니다. 이것이 있고야 자기와 가족과 사회를 건집니다. 오늘에 있어서는 옛날 진사 대과를 위하여 과거 보러 다니던 관념으로 허영을 위하여 공부하는 이가 많습니다. 실사회에 나아가 직업을 감당하기 위하여 실지의 학문을 배우려는 이는 적고 아무 대학을 마치었다는 이름이나 얻기 위하여 법과 같은 데로 들어가서 사각 모자 쓴 사진이나 박아서 보내는 것으로 성공을 삼습니다. 그러므로 한번 졸업한 후에는 다시 더 학리를 연구하지 않습니다. 우리 학생들은 직업을 표준하지 않고 허영적 영웅을 표준하는 이가 많은 듯하외이다. 만일 실지 학문을 배워서 정당한 사업에 나아가지 않고 흰

수작과 난봉이나 부리면 그는 차라리 학교에 아니 다니고 집에 있어서 부모를 위하여 소 먹이고 꼴 베는 것만 못하겠습니다.

오늘의 대한 학생은 인도자가 없는 것을 이미 말하였습니다. 이제 여기서는 그 구제 방법을 말하려 합니다. 곧 오늘의 대한 학생은 제가끔 산산이 헤어지어 있지 말고 다 함께 뭉치어 그 뭉친 덩어리로 한낱 선도자를 삼아서 여기 속한 이들이 자치적 훈육을 받으라 함이외다. 그리하면 힘이 적지 않습니다. 좋은 훈육을 줄 만한 선도자와 완전한 훈육의 기관을 가진 다른 선진국의 학생들도 오히려 자치적 훈육의 지도를 취하거든 하물며 아무것도 못 가진 오늘의 대한 학생으로서 어찌 이것이 필요하지 않겠습니까. 오늘날 국내 국외에서 이러한 목적을 가지고 수양의 단체가 많이 일어나는 것은 매우 좋은 경향이외다. 이렇게 일어난 단체들이 또 각각 따로 서 있지 말고 다 한데로 모여 하나가 되면 그 힘이 더욱 크리라고 생각합니다. 외로운 촛불은…(원본 수자 탈락)…끄기도 어렵습니다. 그래서 이 빛이 널리 불쌍한 동족에게 비치어 그 빛으로 말미암아 건짐을 받을 이가 많을 줄 믿습니다.

4

가사(歌詞)

도산은 여러 가지 노래를 지어 청년들로 하여금 부르게 하였다. 그 중에서 "동해물과 백두산이"로 시작되는 현행 '애국가'가 도산의 작(作)이라고 전하나 여기는 이설(異說)이 있다. 1954년에 문교부에서 애국가 작사자에 관한 조사 심의를 행한 일이 있으나 정확한 물증을 얻지 못하여 '작자 미상'으로 결론 지은 일이 있다. 그 때 이에 관하여 주요한이 기술하였던 것(《경향신문》 1955년 4월 19일)을 참고로 여기 인용한다.

또한 주요한이 도산의 '거국가'와 '청년학우회가'에 대해 기술한 것(《새벽》 1955년 11월 송년호)과 '애국가사집' 초에 관한 것(《새벽》 1956년 9월호)을 함께 수록한다.

그리고 이만근(李萬根)이 엮은 《도산여록》(島山餘錄, 1986년)에 수록한 가사도 인용한다.

애국가 작사자는 누구*

'애국가'를 누가 지었는가 하는 문제는 실질적으로 그리 중대한 것이 아닐 것이나 '아카데믹'한 의미에서는 흥미를 끄는 일일 것이다. 물론 필자로서 그 작자가 누군지 알지 못한다. 안도산이 지었다고 하는 것은 세간에 널리 유포되고 있는 설이지마는 솔직히 말하자면 그것은 일종 신화적인 설이다. 도산 선생이 청년 훈육 내지 민족 정신 배양 방법의 하나로 '노래'의 효용을 중시한 것도 사실이요, 따라서 자신이 여러 가지 노래를 짓기도 하였고 또 다른 이를 시켜서 노래를 짓게 한 일도 많은 것이 사실이다.

---

* 주요한, 《경향신문》 1955년 4월 19일자

그리고 그 당시의 곡조로서는 창작보다도 우선은 영미 등의 민요곡 또는 찬송가의 곡조 등을 많이 연용(延用)하였다. 이러한 관계로 "애란" 민요곡 "올랭사인"에 붙여서 지은 '애국가'가 도산의 작사라는 것이 후세에 퍼진 것 같다.

그러나 도산이 작사자라고 하는 직접적인 증명을 가진 사람을 필자는 아직 만나지 못하였다. 또 도산 자신의 입으로 그러한 말을 하는 것도 들어본 적이 없다. 춘원의 《도산 전기》(도산 안창호 기념사업회 간행)에 의하면, 도산에게 "애국가는 선생이 지으셨지요"하고 물으면 도산은 소이부답(笑而不答)하였다는 의미의 말이 있다. 이것이 도산의 겸허한 성격을 표시하는 것이라 해석되고, 따라서 반증적으로 만일 도산 자신이 지은 것이 아니라면 누가 지었다고 분명히 말하였을 것인데, 그렇지 않은 것을 자신이 지은 증명이라고 해석하는 이도 있다. 그러나 이 논리는 박약한 것이 사실이다.

그런데 최근에 나타난 김인식씨 최병헌씨 작사설 등은 필자로서 왈가왈부할 수 없는 것이지마는 윤치호씨 작사설 등은 어느 정도 근거가 있는 것이 아닌가 생각한다. 일설에는 당초에 "성자 신손(聖子神孫) 오백년은 우리 황실이요, 산고수려 동반도(山高水麗東半島)는 우리 본국일세"라는 가사가 윤씨의 원작인데 나중에 도산이 "동해물과 백두산이"라고 고쳤다고 한다. 이것은 대성 학교 교원으로 있던 김동원씨의 설이다.

도산이 경술 직전에 평양에 대성 학교를 설립하고 특히 민족주의적인 교육을 실시할 때에 윤치호씨를 교장으로 모시었던 것이다. 그러므로 혹은 그 시절의 안 · 윤 양씨의 합의로써 새로운 가사를 만들었을는지도 모르는 것이다.

다만 최근 발표된 윤치호씨 서명이 씌어 있는 '사본'에 대해서는 약간 의아되는 점이 있다. 첫째로 철자법에 의문이 생긴다. 1907년은 합병 전 3년이요, 필자의 연령으로는 소학 1년 때다. 그 당시에는 우리 글의 철자법은 '신 · 구약 성경' 식으로 통일되어 있을 때요, 1학년부터 '아래아자', 즉 모음의 구별 또는 '사샤 · 자쟈' 등의 구별 때문에 무한히 애를 태우던 기억이 있다. ' · ' 모음이 철폐되고 '사샤' 등의 구별을 없이하게 된 것은 기미 이후에야 보급된 사실이다. 그렇다면 1907년에 기사(記寫)한 사본이라 하면 대체로 '하ᄂᆞ님' 또는 '보우ᄒᆞ샤', '보전ᄒᆞ셰' 등으로 씌웠어야 할 것이다. 그런데 전기 사본은 '하나님', '하사', '하세' 등으로 되었으니 이상스럽다. 다만 윤치호씨가 원래 실용철학 신봉자요 따라서 문자 간소화론자였던만큼 '·' 모음이라던가 '샤', '셔' 등을 폐기하는 것을 그 당시부터 실천했을 수도 있다.

다음에 의문나는 점은 제4절의 '충성을 다하야'라는 구절이다. 원래는 이것을 '님군을 셤기며'로 되어 있던 것인데 필자가 알기까지는 기미년 이후에야 상해에서 '충성을 다하여'라고 고쳐 불려진 것이다.

임시 정부 수립후 필자가 도산을 상해서 처음 뵈었는데 어떤 날 도산이 필자를 보고 제4절의 '님군을 셤기며'를 어떻게 고치는 것이 좋은가 물은 일이 있다. 그 때까지 해외에서 '애국가'를 부르기는 하되 대개는 1절과 후렴만 부르던 것이요, 2, 3, 4절을 별로 부르지 아니하였다 한다. 그러나 임시 정부가 수립된 이상 정식으로 4절까지 완전히 부를 필요가 가끔 있으니 4절의 '님군을 셤기며'를 공식으로 수정하여 대한민국에 맞도록 하자는 것이다.

필자는 유치한 솜씨로 '겨레를 위하여' 또는 '나라 사랑하며'의 두 가지 안을 제의하였으나 도산은 '충성을 다하야'가 좋다고 말하였다. 필자는 충성이란 문자가 역시 임군에게 충성한다는 뜻이 되기 쉬우니 차라리 '정성을 다하야'라고 함이 어떠냐고 하였다. 이에 대하여 도산은 '충성'이란 말은 결코 군주에게 대한 '충성'만을 말하는 것이 아니요, '국가', '민족', '직업', '붕우, '부부' 등에 대하여 쓰일 수 있는 말이요, 따라서 '정성', '지성' 같은 말보다도 더 지극한 뜻이 있으니 더 좋은 말이라고 고집하였다. 그리하여 '충성을 다하여'라고 고치기로 하여 공식으로 당시의 국무회의에 부의(附議)하여 결정지었던 것이다.

이런 사실에 비추어 볼 때에 1907년 즉 기미 운동을 앞서기 12년 전에 윤치호씨가 기사하였다는데 '충성을 다하야'라는 구절이 씌어 있다는 것은 신빙하기 어려운 것이다. 물론, 윤씨 자신이 군주 제도보다도 민주 제도를 내심 신봉하였었기 때문에 합방 이전에 벌써 '님군을 셤기며'를 불만히 여기고 '충성을 다하야'라고 개작한 것이라고 생각할 수도 있다.

세째로는 '보호'라는 문자에 의심이 생긴다. 원래 이것은 '보우(保佑)'라 하는 것이 정확한 것인데 '보우'라는 말은 비교적 서툴고 항상 씌우는 말에 '보호'(保護)라는 말이 있기 때문에 흔히 '보호'라고 불렀던 것이다. 그런데 전기한 윤씨 서명이 든 가사에 '보호'라고 씌어 있으니 윤씨로서 그런한 착오를 했을 리 없을 듯하다.

이상 세 가지 점에서 필자는 문제의 윤치호씨 서명이 있는 사본만을 가지고 윤씨 작사의 확증으로 보기 어렵다고 생각하는 것이다.

이상 고증하는 이들의 참고가 될까 하여 적어 두는 바다.

거국가(去國歌)와 청년학우회가(青年學友會歌)*

문교부에서 애국가 작사자 조사 위원회를 위촉하여 그 사무를 추진할 때에 필자도 위원의 한 사람으로 참여했었다. (중략) 참고 자료로서 제출될 여러 가지 문헌 중에 1930년대에 등사로 되었으리라고 추측되는 그 때의 창가집이 있었다. 이것은 그 때 개성에 있는 한영서원에서 찍어 내서 몰래 사용한 것이라고 전해진다. 거기는 약 200여 편의 창가가 수집되어 있는데, 추산 연대로 보아서 물론 비밀 출판이다.

이 창가집 속에 제1장은 애국가 '동해물과 백두산이'로 되어 있고, 제2장 역시 애국가 '성자 신손 오백 년은'으로 되어 있다. 곡조는 두 가지가 같다고 하였고, 곡보를 보면 스코틀랜드 민요 '올랭 사인'의 그것이었다.

그 밖에 한말에 유행되던 여러 가지 노래가 수집되어 있는 데 그 중에서 필자는 '청년학우회가'라는 것을 발견했다.

'청년학우회'는 도산 선생이 한말에 귀국 활동하실 때 조직했던 단체인 것은 누구나 다 안다. 정치적 비밀 결사로 '신민회'가 있었고, 그 산하단체로 표면단체인 것이 '청년 학우회'였던 것이다. 나중에 도산이 해외로 망명해서 미주 나성에서 '홍사단'을 조직했는데 청년학우회는 홍사단의 전신이라고 볼 수 있다.

우선, 그 창가집에 있는 대로 가사를 적어 놓고 설명하기로 한다.

---

* 주요한, 《새벽》 1955년 11월 송년호

청년학우회가(青年學友會歌) [최남선 작사(崔南善 作詞)]

무실 역행 등불 밝고 깃발 날리는 곳에
우리들의 나갈 길이 숫돌 같도다
영화로운 우리 역사 복스러운 국토를
빛이 나게 하량으로 힘을 합쳤네
용장하던 조상의 피 우리 속에 흐르니
아무러 일이라도 겁이 없도다.
지성으로 이루랴고 노력하는 정신은
자강 충실 근면 정제 용감이로세

〈곡보① 참조〉

곡보 1

이 노래를 최남선 선생이 지었다는 것은 이미 들어 온 일이다. 도산 선생이 청년학우회를 만들 때에 최남선 선생이 비서격으로 있었고, 학우회의 주동 인물로 있었다. 그러므로 이 노래도 최 선생의 붓으로 지어진 것이다.

앞서 말한 창가 본문에는 최남선 작이란 표시가 없다. 그러나 목차가 붙어 있는데 거기에 괄호하고 '최남선'이라는 석자가 있기 때문에 그의 작이란 것이 표시된 것이다.

내용에 있어서 볼 때 '무실 역행'이 첫 귀절에 있는 것은 후일 홍사단의 4대

정신 '무실 · 역행 · 충의 · 용감'의 그것과 동일하다. 끝 줄에 있는 '자강 · 충실 · 근면 · 정제 · 용감'의 다섯 가지 덕목 중에서 '충실 · 용감'이 홍사단의 '충의 · 용감'과 조응된다 할 것이다.

그런데 전기(前記)한 한영서원 창가집 외에 또 하나의 문헌이 있는데 이것은 수첩에다가 필사로 당시에 널리 부르던 노래를 베낀 것이다.

이 수기책에는 곡보는 없다. 이 수첩에도 애국가(동해물과 백두산이)가 있고 그 밖에 야구가 · 점진 학교가 · 표모가 · 병식 체조가와 낯익은 노래들이 많이 있다.

이 수첩에도 청년학우가가 있는데 전기한 가사와 같다. 틀리는 점이 다만 두 곳이 있다. 즉, '힘을 합쳤네'가 '힘을 합했네'로 되어 있고 '아무러한 일이라도'가 '아모러한 일이라도'라고 되어 있는 것이다.

다음에 유명한 '거국가'도 이 두 책에 게재되어 있다. 이 가사는 춘원 선생이 저술한 《도산 안창호》(傳記)에 수록되었으나, 그 가사의 행수가 절을 따라 맞지 않는 점이 있어 일부 누락된 것으로 추측되었는데 서상(叙上)의 양 창가집에 수록된 것으로 완전한 가사가 발견되었다고 생각한다. 이것은 4절로 되었는데, 그 중에서 제2절만은 후인(後人)의 삽입이 아닌가 의심한다. 그것은 가사의 내용을 보면 짐작할 수 있다.

한반도 작별가(去國行)

1. 간다간다 나는간다 너를두고 나는간다
   잠시뜻을 얻었노라 거풀대는(갑풀대는) 이시운이
   나의등을 내밀어서 너를떠나 가게하니
   일로부터 여러해를 너를보지 못할지나
   그동안에 나는오직 너를위해 일할지니
   나간다고 서러마라 나의 사랑 한반도야

2. 간다간다 나는간다 너를두고 나는간다

저시운을 대적타가 열혈들을 뿌리고서
네품속에 누어자는 내형제를 다깨와서
한번가서 해봤으면 속이시원 하겠다만
장래일을 생각하야 분을참고 떠나가니
내가가면 영갈소냐 나의사랑 한반도야

3. 간다간다 나는간다 너를두고 나는간다
내가너를 작별한후 태평양과 대서양을
건널때도 있을지며 시베리아 넓은들에(만주들에)
다닐때도 있을지나 나의몸은 부평같이
어느곳에 가있던지 너를생각 할터이니
너도나를 생각하라 나의사랑 한반도야

4. 간다간다 나는간다 너를두고 나는간다
지금이별 할때에는 빈주먹을 들고가나
이후상봉 할때에는 기를들고 올터이니
눈물흘린 이이별이 기쁜(환영)일이 되리로다
악풍폭우 심한이때 부대부대 잘있거라
훗날다시 만나보자 나의사랑 한반도야

〈곡보② 참조〉

거국가는 안도산 선생이 한일 합방 직전 해외로 망명하실 때에 지어서 부르신 것이라고 한다. 앞서 말한 바와 같이 제 2절만은 후인의 첨가인 것같고 제 1, 제 3, 제 4 절은 도산 선생의 원작이라고 보아 무방할 줄 안다.

춘원이 도산전에 기술한 것은 아마도 어떤 분의 기억에서 부르는 것을 (해방이후에) 기록한 것으로 생각된다. 전기 양개 창가집에 기술된 것은 당시에 불리우던 것을 수록한 것으로 생각되어 비교적 정확하다고 보는 바이며, 또 춘원의 기록이 행수가 부족되는 점으로 보아서 창가집에서 나온 것을 원문에 가까운

곡보 2

것으로 인정해서 좋을 줄 안다.

끝으로 곡보에 있어서는 혹 와전된 점도 있을 듯하다. 이 점은 음악가 제씨의 시정에 의하여 완성될 수 있기를 바란다.

애국가집(愛國歌集) 초(抄)*

이하는 최희송(崔熙松)의 친지로서 미국 로스앤젤레스에 거유하는 모씨가 30년간 애장하여 온 《애국가집》에서 추린 것이라 하는데, 과연 그 전부를 도산의 작이라고 볼 수는 없다. 거국가는 앞의 것과 약간 가사가 다른 점이 있으므로 중복되는 대로 그냥 전재한다.

'모란봉가'는 미국의 흑인 민요 '딕시' 곡조로 부른 것인데 여기 기재된 가사는 그 곡조와 잘 맞지 않는다. 다른 책에 인용된 '모란봉가'의 가사가 각기 다르거니와, 이는 더욱 고증하여야 할 것이다.

끝에 있는 '홍사단 입단가'는 분명히 도산의 작이요, 가사도 정확하다.

---

* 《새벽》 1956년 5월, 7월, 9월호에 연재.

가치높고 귀중한 말

1. 가치높고 귀중한말 애국하라 한말일세
   땀흘리고 피흘리어 내나라를 보전하세
2. 성품좋고 기질좋은 단군자손 좋다한다
   총명하고 준수하니 문명국민 이아닌가

3. 산고수려 우리강토 모든물산 풍족하고
   반도강산 좋은위치 수륙통상 편리하다

4. 신성하다 우리민족 애국심을 분발하여
   청구강산 우리나라 부강하기 어렵잖다

간다간다 나는간다

1. 간다간다 나는간다 너를두고 나는간다
   잠시뜻을 얻었노라 까불대는 이시운이
   나의등을 내밀어서 너를떠나 가게하니
   일로부터 여러해를 너를보지 못할지나
   그동안에 나는오직 너를위해 일하리니
   나간다고 슬퍼마라 나의사랑 한반도야

2. 간다간다 나는간다 너를두고 나는간다
   저시운을 대적타가 열혈루를 뿌리고서
   네품속에 누어자는 내형제를 다깨워서
   한번기껏 해봐으면 속이시원 하겠다만
   나중일을 생각하여 분을참고 떠나간다
   내가가면 영갈소냐 나의사랑 한반도야

3. 간다간다 나는간다 너를두고 나는간다
   내가너를 작별한후 태평양과 대서양을
   건늘때도 있을지며 시베리야 만주광야
   다닐때도 있을지나 나의몸은 부평같이
   어느곳에 가있든지 너를생각 할터이니
   너도나를 잊지마라 나의사랑 한반도야

4. 간다간다 나는간다 너를두고 나는간다
   지금이별 할때에는 빈주먹을 들고가나
   이후상봉 할때에는 기를들고 올터이니
   눈물흘린 이이별이 기쁜환영 되리로다
   악풍폭우 심한이때 부디부디 잘있거라
   훗날다시 만나보자 나의사랑 한반도야

쾌하다 장검을 비껴들었네

1. 쾌하다 장검을 비껴들었네
   오늘날 우리손에 잡은 칼은
   요동만주의 크게 활동하던
   동명왕의 칼이 방불하고나
   (후렴) 번쩍번쩍 번개같이 번쩍
   번쩍번쩍 번개같이 번쩍
   날낸칼이 우리손에 빛나여
   독립의 위권을 떨치는고나

2. 한반도의 용감한 쾌남아를
   어느 누구가 대적할소냐
   청천강의 수병을 격파하던

을지공의 칼이 오늘날 다시

3. 우리의 칼이 한번 빛나는 곳에
악마의 여러머리 추풍낙엽
한산도의 왜적을 격파하던
충무공의 칼이 오늘날 다시

높은 덕을 사모하여

1. 즐겁도다 오늘날에 귀한 친구 만났어라
길고오랜 장마날에 청천백일 빛이난듯
(후렴) 모씨를 모씨를 오늘날에 만났어라
높은 덕을 사모하여 한곡조 노래 부르세

2. 사랑홉다 모대인의 충의혈성 간절하사
모든곤난 모든풍파 날로기리 받았고나

3. 흠도없고 티도없는 뚜렷하게 밝은마음
가을하늘 반공중에 높이빛난 명월인듯

대왕조의 높은 덕

1. 우리황조 단군께서 태백산에 강림하사
나라집을 건설하여 자손우리에게 전하셨네
거룩하다 외외탕탕 대황조의 성덕거룩하다

2. 모든곤난 무릅쓰고 황무지를 개척하사
의식거처 편케하여 자손우리들을 기르셨네

영원무궁 잊지마세 대황조의 높은덕 잊지마세

3. 모든위험 무릅쓰고 악한짐승 몰아내사
자손우리들을 보호했네 공덕무량 기념하세
대황조의 큰공덕 기념하세

4. 착한도를 세우시고 어진정사 베풀으사
윤리도덕 가르쳐서 자손우리들을 화하셨네
전지무궁 빛내보세 대황조의 높은 교화 빛내보세

5. 형제들아 자매들아 대황조의 자손된자
우리형제 자매들아 천번죽고 만번죽어도
변치마세 변치마세 대황조께 향한충성 변치마세

대한 청년 학도들아

1. 대한 청년 학도들아 동포형제 사랑하고
우리들의 일편단심 독립하기 맹약하세
화려하다 금수강산 사랑홉다 우리동포
자나깨나 잊지말고 기리보전 합시다
(후렴) 학도야학도야 우리주의는
도덕을 배우고 학문넓혀서
삼천리강산 이좋은 강토를
우리학생들이 보전합시다

2. 우리들은 땀을흘려 문명부강 하게하고
우리들은 피를흘려 자유독립 하여보세
두려움을 당할때에 어려움을 만날때에

우리들의 용감한마음 일호라도 변치말고

3. 모든곤난 무릅쓰고 쉬임없이 나아가면
못할일이 무엇인가 일심으로 나아가세
우리강산 우리동포 영원보전 할양이면
우리들의 중한책임 잠시인들 잊을손가

4. 잊지마세 잊지마세 상하귀천 물론하고
애국정신 잊지마세 편한때와 즐거운때
애국정신 잊지마세 우리들의 중한책임
잠시인들 잊을손가

5. 잊지마세 잊지마세 애국정신 잊지마세
상하귀천 물론하고 애국정신 잊지마세
편한때와 즐거운때 애국정신 잊기쉽다
우리들의 애국성은 죽더라도 잊을소냐

모란봉아 모란봉아

1. 금수강산 뭉킨연기 반공중에 우뚝솟아
모란봉이 되었고나 활발한 기상을 떨치는듯
(후렴) 모란봉아 모란봉아 반공중에 우뚝솟아
독립한 내모란봉아 네가 내사랑이라

2. 모란봉아 평양성은 제일강산 명승지라
일등낙원 이아닌가 쾌활한 홍치가 생기는듯

3. 모란봉아 언덕밑에 흘러가는 대동강물

거울같이 맑았어라 더러운 맘이 씻기는듯

4. 모란봉아 좌우편에 보통벌과 대동뜰에
광활하게 터졌고나 모색한 흉금이 열리는듯

5. 모란봉아 보통강수 대동강과 합류하여
황해수로 흘러간다 무궁한 희망이 생기는듯

6. 화려하다 금수강산 황금인듯 백옥인듯
내죽으면 바로죽지 그대를 놓고 난 못살리라

산아 산아 높은 산아

1. 산아산아 높은산아 네아무리 높다한들
우리부모 날기르신 높은은덕 미칠소냐
높고높은 부모은덕 어이하면 보답하랴

2. 바다바다 깊은바다 네 아무리 깊다한들
우리부모 날기르신 깊은은덕 미칠소냐
깊고깊은 부모은덕 어이하면 보답하랴

3. 이지구의 전체면적 네아무리 넓다한들
우리부모 날기르신 넓은은덕 미칠소냐
넓고넓은 부모은덕 어이하면 보답하랴

4. 우리부모 날기를제 고생인들 어떠하며
뼈가녹듯 수고하사 우리들을 길렀으니
잊지마세 명심불망 부모은덕 잊지마세

언제나 언제나

1. 사랑하는 우리 청년들 오늘날 서로 만나보니
   반가운 뜻이 많은 중에 나라생각 더욱 많고나
   언제나 언제나 독립연에 다시 만날가

2. 청년들아 참분하고나 저원수가 참분하고나
   저원수를 몰아내고서 태평천하 소원이로세
   언제나 언제나 개선가를 급히 부를가

3. 청년들아 참괴롭고나 남의 속박을 벗어버리고
   국광선양 소원이로세 언제나 언제나
   자유종을 크게 울릴가
4. 청년들아 참슬프고나 실국참상 참슬프고나
   우리국권 회복하고서 국위진동 소원이로세
   언제나 언제나 독립기를 높이 날릴가

조국의 영광

1. 청천의백일 밝음과 같이 조국의 영광을 빛내어라
   조국의 영광이 빛나게 됨은 청년의 고명함이 빛남이라
   (후렴) 조국의 영광이 들어남은 우리의 참으로 소원이라
   청년들아 조국의 영광을 태양의 빛같이 빛내어라

2. 송백의 푸른빛은 창창하고 소년의 기상은 늠늠도하다
   우리의 기상이 송죽같으면 조국의 독립기초 튼튼하리

3. 태산을 빼는 힘이 있을지라도 청년의 굳은 뜻은 못꿀리네

우리 세운 뜻이 참견고하면 조국의 국권이 태산같으리

한반도야

1. 동해에 돌출한 나의 한반도야
너는 나의 조상나라이니
나의 사랑함이 오직 너뿐일세
한반도야

2. 산천이 수려한 나의 한반도야
내선조와 모든 민족들이
너를 의탁하여 생장하였고나
한반도야

3. 역사가 오래된 나의 한반도야
선조들의 유적을 볼때에
너를 생각함이 더욱 깊어진다
한반도야

4. 절은 뒤에(?) 아름답고 귀한
나의 한반도야 너는 나의
사랑하는 배니 나의 피를 뿌려
너를 빛내고저 한반도야

혈성대

1. 신대한의 애국청년 끓는피가 뜨거워
일심으로 분발하여 혈성대를 조직코

조상나라 붙들기로 굳게 맹약하였네

2. 두려마라 부모국아 원수력 강하되
   담력있고 용맹있는 혈성대의 청년들
   부모국을 지키려고 굳게 파수섰고나

3. 혈성대의 조국정신 노수속에 박혔다
   산은 능히 뽑더라도 우리정신 못뽑아
   장할세라 굳세고나 우리청년 혈성대

4. 대포소리 부딛치며 칼이 앞을 막으되
   모험하는 혈성대는 승승장구 돌격해
   용쾌하다 만전불패 혈성대의 맹진력

홍사단 입단가

1. 조상나라 빛내려고 충의남녀 일어나서
   무실역행 깃발 밑에 늠늠하게 모여드네
   맘을매고 힘을모아 죽더라도 변치않고
   한목적을 달하자고 손을들어 맹약하네

2. 우리인격 건전하고 우리단체 신성하여
   큰능력을 발하려고 동맹수련 함이로세
   부모국아 걱정마라 무실역행 정신으로
   굳게뭉친 홍사단이 네영광을 빛내리라

기타

(이상 외에 분명히 도산의 작으로 추정되는 '한양가'와 '항해가'가 있다)

한양가

1. 한강 물은 쉬지 않고 흐른다 한양아
   남산 우에 송백들은 사시(四時)로 푸르다
   청청한 산림새로 들리는 바람소리
   너부르는 열성이다 한양아

2. 고별된지 수년일다, 한양아
   고초 한소 당한 옛성 한양아
   너를 생각할 때에 양춘 가절 돌아와
   쌓인 빙계(氷溪) 녹아지듯 한양아
   언제 다시 만나보랴 한양아

3. 전일 너와 같이 놀때 한양아
   수모 한소 당하여도 한양아
   피와 땀을 흘리며 너 위하여 부른다
   네가 나의 사랑이다 한양아
   나의 수심 없어진다 한양아
   (「한소」-뜻 寒素?)

항해가

1. 건전인격 재료로서 신성단결 배를 모아
   독립자유 차게싣고 항해원정 떠났고나

   어야디아 어서가세 파도가 흉흉타만
   우리어이 겁낼소냐 앞만보고 어서가세

2. 충의용감 돛을달고 덕체지로 치를삼아
   시기비평 쌓인바다 모험전진 나아가세

3. 무실역행 운전기에 전속력을 다하여서
   낙심회보 험한물결 기운차게 건너가세

4. 금수강산 삼천리에 국부민강 닻을 줄떠
   삼천만의 한목소리 우리역사 빛내리라

새로 발굴한 가사*

단심가(丹心歌)**

어야 지야 어서 가자 모든 風波 무릅 쓰고
文明界와 獨立界로 어서 빨리 나아가자
멸망波에 든자들아 길이 멀다 恨歎 말고
希望旗를 굳이 꽂고 實行 돛을 높이 달아
부는 바람 자기 전에 어야 지야 어서 가자

---

* 이만근(李萬根)편, 《도산여록》(島山餘錄), 홍사단출판부, 1986.(이하 각주는 이만근이 붙인 것임)

** 이 가사는 미국에서 발행된 《공립신보》(共立新報) 1908년 3월 11일자(제73호)에 게재된 것이다. 같은 해 3월 7일(토) 도산이 대한 협회(공립 협회?) 총회에서 '우리 한국의 앞길'에 대한 문제로 약 3시간 50분 동안 연설을 한 후 이 노래로 끝맺음 하여 1,000여 명의 참석자들로부터 우뢰와 같은 박수를 받았다고 기록하고 있다.

또한 이 가사는 오경숙(子一)의 증언(《새벽》 1954년 9월호 및 주요한의 《안도산전서》(1963, 1971)에 의하면 도산 선생이 그의 연설에서 자주 인용하였다고 한다. 그러나 구전된 내용(오경숙의 증언)과는 앞절과 끝절의 후렴만 같고 내용과 길이가 다르고, 또한 김효동이 1908년 간행된 〈서북〉(西北; 서북학회 회지) 제15호에서 인용하여 쓴 글 (《기러기》 1982년 12월호)과는 표기 및 맞춤법이 약간 다르다.

격감가 *

1. 쾌하는 장검을 빗겨들었네
   오늘날 우리 손에 잡은 칼은
   요동 만주에 크게 활동하던
   동명왕의 칼이 방불하고나
   (후렴) 번쩍 번쩍 번개 같이 번쩍
   번쩍 번쩍 번개 같이 번쩍
   쾌할 칼이 우리 손에 빛나며
   독립의 위권을 떨치는고나

2. 한반도의 용감한 쾌남아를
   어느 누가 능히 대적할소냐
   청천강에 수병을 격파하던
   을지공의 칼이 오늘날 다시

3. 우리의 칼이 한번 빛나는 곳에
   악마의 머리 추풍 낙엽일세
   한산도에 왜적을 격파하던
   충무공의 칼이 오늘날 다시

4. 오늘날 우리 손에 잡은 칼은
   누구를 위하여 연습함인가
   바다를 갈으고 산을 베인 후

---

* 이 가사는 《신한민보》(新韓民報) 1915년 6월 17일자(제371호) 2면에 실려 있는 것이다. 전기 주요한의 《안도산 전서》 '쾌하다 장검을 비껴 들었네'와는 제목과 가사 중 몇 자가 틀리고 한 절(4절)이 더 많다.

승전고 울리며 독립 만세

去國行(去國歌)*

1. 간다간다 나는간다 너를두고 나는간다
잠시뜻을 얻었노라 까불대는 이시운이
나의등을 내밀어서 너를떠나 가게하니
이제부터 여러해를 너를보지 못할지나
그동안에 나는오직 너를위해 일하리니
나간다고 서러마라 나의사랑 한반도야

2. 간다간다 나는간다 너를두고 나는간다
저시운을 대적타가 열혈루 뿌리고서
네품속에 누어자는 내형제를 다깨워서
한번기껏 해보았으면 속이시원 하겠다만
나중일을 생각하여 분을참고 떠나가나
내가가면 영갈소냐 나의사랑 한반도야

3. 간다간다 나는간다 너를두고 나는간다

---

* 이 가사는 《신한민보》 1915년 11월 11일자(제382호)에 실려 있는 것인데 제목과 가사 내용이 자료에 따라 조금씩 다르다. 제목은 '거국가', '한반도 작별가', '간다 간다 나는 간다'로 전해지고 가사가 이광수의 《도산 안창호》(대성 문화사, 1948), 주요한의 《안도산 전서》(삼중당 1963)와 차이가 있다.

춘원의 《도산 안창호》(전기)의 것은 해방 이후 누군가의 기억에서 부르는 것을 기록한 것으로 추측되는 데 행수가 절을 따라 맞지 않고 절도 부족하다.

주요한은 《안도산 전서》에서 "1930년대 개성에 있던 한영서원에서 찍어 낸 창가집과 미국 로스앤젤레스에 거주하던 최희송의 친지가 30년간 애장한 애국가집에서 전재한다"고 밝히며 가사의 제2절은 후인의 삽입이 아닌가 하고 있다. 《대한매일신보》 1910년 5월 12일자(제1384호)에도 이와 거의 같은 가사가 게재되어 있다.

내가너를 작별한후 태평양과 대서양을
건널때도 있을지며 시베리아 만주들에
다닐때도 있을지니 나의몸을 부평같이
어느곳에 가있던지 너를생각 할터이니
너도나를 생각하라 나의사랑 한반도야

4. 간다간다 나는간다 너를두고 나는간다
지금이별 할때에는 빈주먹을 들고가나
후일상봉 할때에는 旗를들고 올터이니
눈물흘린 이이별이 기쁜환영 되리로다
악폭풍우 심한이때 부대부대 잘있거라
훗날다시 만나보자 나의사랑 한반도야

모란봉*

1. 금수산에 뭉킨 정기 반공중에 우뚝 솟아
모란봉이 되었구나 활발한 기상이 솟았는듯
(후렴) 모란봉아 모란봉아 반공중에 우뚝 솟아
독립한 내 모란봉아 네가 내 사랑이라

2. 모란봉하 평양성은 제일 강산 명승지라
일곳 낙원이 아닌가 쾌활한 홍치가 생기는듯

3. 모란봉하 좌우편에 보통벌과 대동들이
광활하게 터졌고나 모색한 흉금이 열리는듯

---

* 이 가사는 《신한민보》 1915년 11월 25일자(제383호)에 수록되어 있는 것이다. 전기(前記) 주요한의 《안도산 전서》에 수록된 것과는 가사의 일부가 틀리고 절수도 6절인 데 비해 이것은 10절까지 되어 있고 절도 앞뒤가 바뀌어 있는 곳도 있다.

4. 모란봉하 언덕 밑에 흘러가는 대동강물
거울같이 맑았세라 더러운 마음이 씻기는듯

5. 모란봉하 먼들 밖에 크고 작은 뫼봉들이
웅장하게 둘렀고나 광대한 경륜이 생기는듯

6. 모란봉하 보통강수 대동강과 합류하여
황해수로 들어간다 무궁한 희망이 생기는듯

7. 모란봉하 순한 맥에 을밀 만수 둥근대가
진주같이 놓였고나 유쾌한 애정이 생기는듯

8. 모란봉하 강가운데 능라 반월 고은 섬은
비단 자리 피여논듯 애만한 정회가 깊어진다.

9. 모란봉하 강물가에 층암 절벽 길게 뻗혀
청루벽이 되였고나 장엄한 기개를 떨치는듯

10. 화려하다 금수강산 황금인듯 백옷인듯
내 죽으면 바로 죽지 그대로 놓고는 못살너라

혈성대*

1. 장하도다 애국 청년 일체 분발 피 끓어

---

* 이 가사는 《신한민보》 1916년 5월 11일자(제393호)에서 옮긴 것인데 지은이가 밝혀져 있지 않지만 도산이 지은 것이 확실하다.
전기 주요한의 《안도산 전서》에 있는 가사와는 다른 점이 많다. 절의 길이도 길고, 절수도 2절이 더 많다. 그 주제와 흐름은 거의 같지만 투쟁적 자세는 더 심화되고 있다.

물결같이 일어나니 혈성대가 되였고나
걱정마라 부모국아 피가 끓는 혈성대가
조상나라 붙들기로 맹약하고 나섰고나

2. 혈성대의 조국 정신 □에까지 잠겼도다
산은 능히 뽑더라도 그 정신은 못 빼아
걱정마라 부모국아 천만번 죽더라도
변치 않을 혈성대가 일심으로 일어섰네

3. 혈성대의 충의 절개 굳세고나 굳세고나
쇠는 능히 굽히어도 그 절개는 못 굽히네
걱정마라 부모국아 충의 있는 혈성대가
나라 집을 지키려고 여기 파수 굳게 섰네

4. 벽력같이 맹렬하고 번개같이 활동하는
혈성대의 장한 기개 누가 능히 당할소냐
두려마라 부모국아 용맹있는 혈성대가
나라집을 도우려고 맹렬하게 활동하네

5. 대포소리 부딛치고 칼이 앞을 막더라도
유진 무퇴 혈성대는 겁이 없이 나아가네
두려마라 부모국아 담력있는 혈성대가
모험 돌격하는 때에 저 원수를 항복 받네

6. 혈성대의 흐른 피가 하수같이 크게 흘러
나라 힘을 떨쳐내고 나라 영광 빛내 보세
걱정 마라 부모국아 혈성대가 예 있구나
장할세라 혈성대를 항상 불러 노래하리

학도가 *

1. 대한청년 학생들아 동포형제 사랑하고
우리들의 일편단심 독립하기 맹약하세
화려하다 금수강산 사랑흡다 우리동포
자나깨나 잊지말고 기리보전 하옵세다
(후렴) 학도야 학도야 우리 주의는
도덕을 배우고 학문 넓혀서
삼천리 강산에 좋은 강토를
우리 학생들이 보전 합세다

2. 우리들은 땀을흘려 문명부강 하게하고
우리들은 피를흘려 자유독립 하여보세
두려움을 당할때와 어려움을 만날때에
우리들의 용감한마음 일호라도 변치말세

3. 모든곤란 무릅쓰고 쉬임없이 나아가면
못할일이 무엇인가 일심으로 나아가세
이강산에 우리동포 영원보전 할양이면
우리들의 중한책임 잠시인들 잊을손가

4. 잊지마세 잊지마세 애국정신 잊지마세
상하귀천 무론하고 애국정신 잊지마세
편한때와 즐거운때 애국정신 잊지마세

---

* 이 가사는 《신한민보》 1915년 9월 16일자 (제378호) 2면에 실려 있는 것인데 전기 주요한의 《안도산 전서》 '대한 청년 학도들아' 와는 제목이 다르고 가사 중에도 몇 자가 틀릴 뿐만 아니라 한 절이 많다. (4절이 더 있음)

우리들의 애국성은 죽더라도 잊을손가

우리나라*

1. 긴 날이 맛도록 생각하고
깊은 밤 들도록 생각함은
우리나라로다 우리나라로다
길이 생각하네 길이 생각
2. 내 먹고 마시고 의탁하여
모든 족속들과 생장한 곳
우리나라로다 일생 사랑해
길이 사랑하네 길이 사랑

3. 나의 부모 형제 같이 살고
선조들의 해골 묻힌 데는
우리나라로다 항상 잊지 못하네
잊지 못하네 잊지 못해

4. 태산이 변하여 바다되고
바다가 변하여 들이 된들
나라 사랑하는 내 맘 변할손가
길이 불변하네 길이 불변

---

* 이 가사는 도산이 별세한 후, 《신한민보》 1943년 11월 5일자 (제1861호)에 실린 '애국 지사의 노래'라는 글에서 가사만 인용한 것이다.

이 글의 필자 해옹(필명으로 추정)은 같은 해 11월 17일 로스앤젤리스(나성)에 있는 재미한족 연합 위원회에서 개최한 순국 선열 기념일 기념식에서 이성식의 독창으로 노래한 안창호 선생의 노래라고 분명히 밝히고 있는 점을 보면 도산의 작사가 확실하다.

5. 내 나라를 내가 사랑하지
뉘가 내 나라를 사랑할고
내 몸이 죽어도 내나 보존해
길이 보존하세 길이 보존

홍사단 단기가*

황금같이 순결하고
열혈같이 붉었도다

청천같이 푸르렀고
백일같이 뚜렷하다

두 날개를 널리 피어
향상하고 전진하네

광명하다 이 깃발이
홍사단의 대표일세

기러기야 내 단기야
너는 나의 사랑이요

너는 나의 인도로다
영원토록 같이 하세

---

* 이 노래는 도산 선생의 장녀 안수산이 구술해 준 것이다. 그는 제목은 알 수 없다고 했는데 이만근이 《도산여록》에서 임의로 '홍사단 단기가'로 붙였다. 아직 국내에는 알려져 있지 않은 것이지만 도산 선생이 직접 지은 노래로서 아침 저녁으로 옷깃을 여미며 홍사단 단기를 바라보고 불렀다고 안수산은 전한다.(《기러기》 1975년 6월호)

5

연설과 담화

도산의 수많은 연설과 담화 중에서 그 요지만이라도 기록된 것은 극히 적다. 이것을 연차순으로 수록한다.

[1906년]

공립협회 1주년 기념 연설

총회장 안창호 씨가 연설하니 그 대개는 다음과 같음.

오늘 이같이 화초와 채색으로 집을 화려하게 단장하고 노래를 화창하여 즐기는 것은 즐거워할 만한 까닭이 있건마는 만일 외국 사람들이 구경을 할 것 같으면 우리의 속은 모르고 응당 우리를 비웃고 뇌근이 썩어진 인물이라 비방할 터이니 슬프다! 그 사람들이 비웃고 비방하더라도 대답할 말이 없도다. 우리의 나라가 경복(傾覆)하고 우리의 동포가 수화(水火)에 빠져서 자유를 잃고 의식도 넉넉지 못하며 받는 것은 천대와 욕이요, 우리의 부모 동생은 다 원수의 손 아래서 통곡하는데 우리가 이같이 노는 것을 어찌 비웃지 아니하리오. 그러나 우리가 오늘에 즐기는 연고는 이 날이 우리 협회가 창립된 날이라 함이라. 어찌하여 우리가 협회 창립된 날을 당하여 즐겁다 하느뇨.

대저 우리가 고국을 이별하고 수만 리 대양을 건너 원방(遠方)에 온 것은 여러 가지 뜻이 있으나 그 중에 제일 크게 같이 품은 뜻이 있으니 그 뜻은 우리 나라가 미개하고 민멸(泯滅)하는 것을 분히 여겨 미국의 문명하고 부강한 것을 배우고 본받아 가지고 우리 나라도 미국과 같이 문명 부강하게 하자 함이라.

---

* 1906년 4월 5일 공립협회 창립 1주년을 맞이하여 기념식을 거행한 자리에서 도산은 총회장으로서 연설을 하였다. 《공립신보》, 제10호, 1906. 4. 14(2).

그러므로 우리 나라 동포들 중에 혹은 말하기를, 우리가 문명한 미국과 같이 병선과 대포를 만들자 하며, 혹은 문명한 미국과 같이 집을 잘 짓고 길을 잘 닦자고 하나, 나는 이 모든 것을 다 좋아하고 심지어 화초 동산 하나라도 문명한 미국과 같이 만들고 싶고 무엇이든지 우리 나라에 없는 좋은 것은 다 배우며 본받고 싶은지라. 우리 무리가 불가불 힘써 공부하여 배울 것이라.

그러나 본받고 배우는 데 먼저 하고 후에 할 차서(次序)와 경(輕)하고 중(重)한 분간이 있으니, 우리가 미국의 문명 부강을 배우려면 무엇을 먼저 할 것이며 무엇을 더 중히 여길 것이뇨. 우리가 만일 무슨 좋은 화초를 구하자면, 아름다운 잎과 향기로운 꽃나무에서 다만 꽃이나 잎사귀만 취하면 잠시는 좋으나 얼마 못 되어 마르고 다시 번성치 못할지라. 먼저 그 나무의 뿌리와 씨를 취하여 심으면 꽃과 열매가 그로 말미암아 나고 또한 번성할 터이니 불가불 먼저 뿌리와 씨를 취하여 심을 것이라. 이와 같이 우리가 미국의 문명과 부강을 구하자 하면, 또한 문명과 부강의 뿌리와 씨를 구할 것인즉, 문명과 부강의 씨는 무엇이뇨.

우리 협회의 목적이니, 같은 나라 인종이 서로 보호하자는 뜻으로 단합함이라. 작년 이 날에 그 좋은 씨를 우리 동포가 스스로 구하여 심었는데 이제 그 날을 다시 만나니 남은 웃고 비방하더라도 우리는 기뻐하노라. 천만 가지 좋은 문명과 부강이 이로조차(이로부터—편집자) 생길 터이니 크게 믿고, 바람을 얻은 우리가 어찌 기쁘지 아니하리오.

모든 나라 문명과 부강이 다 이로조차 생기었고, 미국으로 말하더라도 자유와 독립을 위하여 영국과 싸운 것이 당초에 미국에 있는 인민이 서로 보호하자는 뜻을 가졌음이라. 워싱턴이 혼자 일한 것이 아니라 강한 자나 약한 자나 유식한 자나 무식한 자나 잘난 놈과 못난 놈을 물론하고 일체로 공합하여 힘쓴 고로 영국을 물리치고 독립이 되어 부강을 일으키고, 또한 오늘까지 그 문명과 부강을 부지하고 진보하는 것도 또한 서로 보호하자는 뜻으로 합심 합력함이라. 우리가 가령 한 가지를 가지고 생각하더라도, 이 나라 학업이 날로 왕성한 것을 우리가 넉넉히 보는 바에, 처처에 허다한 소학·중학·대학교를 갖춰 설립하였으니, 이같이 많은 학교를 세운 것이 어느 한 대통령이나 한 부자가 세웠느냐,

아니다, 다 합력하여 되었고 이 밖에 적고 큰 모든 일이 여러 사람의 힘을 합함으로 되었으니, 그같이 합하는 뜻은 서로 보존하자는 까닭이 아니냐.

우리 나라에서 여러 해 전부터 문명과 부강을 말하고 좋아하고 배우고자 하였으되, 그 가지와 잎은 탐하나 그 뿌리를 구하여 심지 아니하므로 문명과 부강을 일으키지 못하고 도리어 부패하였으되, 지금 미국에 온 형제들이 다행히 생각이 바로 나서 문명 부강에 씨가 되고 뿌리되는 우리 협회가 조직된 지 일 년 동안에 많은 효험을 보았으니, 이로 인하여 문명과 부강의 가지와 잎이 번성하며 과실이 있을 줄을 확실히 믿는 바라. 오늘부터 적극 맹세하고 모든 사의(思疑)와 핑계를 버리고 다만 우리의 심은 씨가 잘 자라고 속히 잘 자라도록 힘쓰자 하니 모든 회원이 일시에 호응하더라.

[1907년]

三仙坪演說 초록*

〈5월12일 서북학생친목회 운동장 연설〉

漢北學生 金聖烈 述

是日也에 適值 千晴日暖하야 三仙坪에서 西北學生이 各種運動을 次第 擧行하고, 及其 演說之場에 女子敎育會長 金雲谷이 學生의 成業을 勸勉하야 女子社會를 幇助 發達케 함을 勸告하고, 其次에 安昌鎬氏의 激論이 如左하니,

氏는 平安道 江西郡人으로 年今 二十九라. 幾年 前에 留學 美國하야 抱負가 宏大하며 容貌가 端雅하며 眼彩가 射人하고 言辭가 活潑하야 格論에 痛快와 氣宇의 雄烈과 志略의 遠觀은 果是 當世 人傑이오, 靑年 前導라.

---

* 한말 당시 서울에 있는 평안도 및 황해도 출신 인사들의 모임인 西友學會의 기관지로 발간되던 월간《西友》第七號(1907년 6월 1일자 발행)에는 金聖烈이라는 함경도 출신의 한 학생에 의해 소개말과 함께 도산의 삼선평 연설이 초록되어 실려 있다. 비록 문어체로 크게 변형되어 있고 많이 축약된 것으로 보이지만 독립전쟁 준비와 민주공화국 건설을 피력하는 중요한 내용들을 담고 있다. 본문을 그대로 살리되 이해의 편의를 위해 본문에 없는 문단구분과 띄어쓰기를 행하였다.

余亦 當日 傍聽에 不勝刺激하야 略敍 顚末에 雖 不盡其萬一하나 一言半句라도 實有益於 同胞之警醒 故로 玆庸 略述하노니 凡 我 大韓의 血性 同胞는 毋徒曰 言則是也라 하고 互相 激發하며 互相 奮進하야 一步 二步에 千辛萬苦를 堪過하야 死而後已로 爲期하면 一條 生路를 可得할지니 銘心刻骨할 지어다. 倘其絶望病을 抱有하야 但云 莫可奈何라 할진대 青山松陰에 群鹿爲友를 早圖하고 生物界에 毒蟲이 되지 勿할지어다.

{演 說}

今日 此 三仙坪에셔 西北學生더리 懇親的 主旨로 若是 團會하야 活潑한 氣概와 愉快한 技能으로 各種 運動을 互相 競爭하야 優者 勝하고 劣者 負로 盡日 行樂하니 可謂 芳春時節에 時興을 快暢하얏스나, 但 個個 胸中에 不平 所懷가 不能無者는 何也오? 則 今日 時局의 慘憺과 事機의 危迫한 所以라. 他人의 奴隷가 되야 乃至 家國이 敗亡하고 種族이 殄滅하난 境遇에 臨迫하얏스니, 凡 有血性者야 孰 不羞愧而痛寃哉아!

然則 諸君 業成之日에 其 心地를 將하야 仕宦界에 逐逐하야 一等亡國賊의 大監이나 二等亡國賊의 令監이나 三等亡國賊의 날이(나으리—편집자)가 되고져 하는가. 是 可忍爲乎아? 吾 西北三道, 白頭山과 九月山에 毓靈 所産한 種族으로 엇지 此等 科臼中에 墮落하리오.

오작 胸襟腦髓를 痛滌하야 卽自 今日로 我國을 侵害하는 强國과 傳檄 開戰하야 國權을 回復할지니, 諸君은 我의 開戰之說을 聞하고 現時에 兵力이 甚弱하고 軍艦과 大砲 等物이 率皆闕如하니 何로써 開戰할까 하여 必皆驚訝할 터이나 試觀日俄戰爭하라.

其 宣戰布告는 雖在二三年 前이나 其開仗準備는 卽在三十八年 前이라, 何謂其然也오? 三十八年 前에는 日本도 野蠻未開之國이라, 幸於其時에 二三學生이 遊學美國하야 學業이 稍成하고 智識이 漸達하야 遠觀 東洋之形勢하니, 萬若 俄國을 擊退치 못하면 自國의 支保가 難할지라. 所以로 開戰을 準備한지 三十八年을 經過하야 畢竟에 如彼한 好結果를 得하얏스니, 諸君은 此事를 前鑑하야 誓自今日로 開戰事를 準備할지어다.

目今 我韓 人士가 言必稱 欲做何事에 無穴可通이라 하니, 此是 絶望病이 結於 腦中하야 然함이니, 豈不愛哉아! 凡 天下事가 有 非常之原因 然後에 有 非常之結果하나니 歷觀 古今하라. 人生 事業이 不勞而得者가 無하거니와 盡力爲之하야 不成者도 亦未有之니, 엇지할슈 없다는 一語로 滅亡을 坐待하리오.

且 我韓 社會 程度가 譬之하건대 母鷄가 雛를 率하고 籬邊에 遊함과 如한지라. 及其 母鷄가 飛越其籬하면 群集가 喔喔籬邊에 莫知所向하나니, 此는 能力이 發育지 못하고 智慮가 周變을 不知함이라. 若其 能力과 智慮가 完全하엿스면 飛越 其籬라도 未爲不可오. 且 其籬傍에 一穴이 有하니 此를 穿過하면 母鷄의 所在處를 可爲尋得할 터이나 此에 穿過할 줄을 不知하야 終是 彷徨 於籬邊하니, 豈不憫哉아!

且凡 人之 至誠所到에는 無事不濟라. 余가 在鄕時에 隣有 一老寡하니 常患脚病하야 其近에 川上橋梁을 恒常 戰慄하야 不敢 渡越하더니, 一日은 其子가 川에 溺함을 聞하고 平日 戰慄 不敢渡하던 橋梁을 不知不覺에 勇往直渡하야 拯出其子하얏스니, 此는 愛子之情이 切至하야 自身의 危殆를 不顧한 所致라. 然則 我韓 人民이 愛國을 如愛其子하면 엇지 趑趄退縮하야 不敢 着手할 思想이 萌生하리오.

嗚呼라, 吾邦은 幾千年來로 國與民間에 互相 隔膜하야 民之視國은 他一 個人의 所有로 認하야, 前朝時代에는 曰 王氏의 國이라 하며, 本朝에 入하야는 曰 李氏의 國이라 하야, 其興 其亡이 於己 無關이라 하며, 國之待民은 看作魚肉하야 大魚는 中魚 食하고, 中魚는 小魚 食으로 剝割 侵奪로 爲一能事하야, 비록 天地가 飜覆하는 變機가 迫頭하야도 頓不顧念이라가, 畢竟은 奴隷文券을 繕給하는데 至하얏스되, 猶是 舊日 狀態로 尸位素餐에 一事를 不做하고, 但히 他人의 眉睫을 仰視하야 自己의 休戚을 삼으니, 天理人情에 寧容若是리오.

然則 國家는 一人의 所有가 아니오 吾人 肩上에 大韓 二字를 各其 擔着하야스니, 願컨대 前日 思量을 仍存치 勿하라.

噫라! 覆巢之下에 原無 完卵이요 一指之傷에 全體가 皆痛이라, 國家는 卽是 一身이니 一身上 臟腑와 肢體 間에 受病處가 有하야 生脈이 頓絶하면 全體가 從而斃焉하나니, 一國之中에 生脈 頓絶處가 有하면 國民된 者의 自身 生命을

엇지 獨全할 道理가 有하리요. 然則 愛國을 當如 愛身할 것이 아닌가.

近日 我韓 社會上에 一種 言論이 有하되, 吾人이 天을 信하면 天必助之라 하니, 嗚呼라 上天이 我國을 眷佑하신지 四千餘年에 我가 保有를 不能하야 滅亡을 自取하고 更何天助를 可望하리요. 猶太人은 天을 信하다가 亡하고 印度人은 佛을 信하다가 亡한지라. 今我韓人은 何者를 信하난고?

多數한 下等人은 云하되 鷄龍山에 眞人이 出하면 外國人이 自當退去라 하며, 稍勝於此者는 曰 日本과 善爲附合하면 我國이 幸福을 享有하리라 하며, 或은 英國이나 美國이 我韓을 援助할까 希望하니, 此皆 萬不可信者를 信함이라, 鷄龍山에 眞人도 決無한 것이요, 日本人은 自國事業을 爲할 뿐이니 어찌 他國人을 慈悲할 想覺이 有하리오, 至於 英美하야는 尤是 絶遠한 邦國이라, 我韓獨立이 彼에게 利益이 有할 터이면 或 援助를 行하려니와 萬若 利益될 事가 無하면 不惟不助라, 反히 壓倒하난 暴力을 加할지니 非有不可信이라, 實爲可懼者로다.

此等 妄誕腐敗之說은 一切 痛斷하고, 惟是 吾人 當做的 事業에 勇往猛進하야 其目的을 到達할지어다.

支那 古代에 力拔山氣蓋世하던 楚霸王도 絶望病으로 以하야 自刎於 烏江하얏스니, 此는 自亡이니, 豈 可曰 天實亡之리요? 我國에도 向日 新條約 後에 節義之士가 憤痛 自斃者가 有하니, 此亦 絶望病으로 由한 것이라. 以若 判死之心으로 盡力於事爲上이면 天下何事를 不能做去리요.

惟願 諸君은 此等 事를 念頭에 勿置하고 吾人 事業上에 目的을 得達하기로 勇往直前할지어다.

許多 方法이 自有其說이나 日暮時盡에 不能 張皇하고 所言이 止此하니 我心更鬱이라. 但 自今日로 共誓決約하고 將來 他國과 開戰할 事를 準備하야, 何年何日에던지 一次 宣戰書를 布告하야 太極國旗를 世界에 顯揚하여 봅시다.

[1907년]

去日曜日西北學生親睦會 安昌浩氏 演說*

譯述 金河琰

余가 西北學生에 對하야 凡三次 來參하엿소. 惟我西北三道에 聰俊青年이 遠離家鄕하고

旅遊京師난 所志維何오? 盖其學生의 名稱을 擔負한 者난 爲人之方을 學得코자 함이 아닌가.

夫人也者는 爲地球上物類之最靈者 故로 一切 動植之物이 皆爲人類之所需用하야 雖熊虎之剛猛者라도 被人捕獲하야 其肉을 食하고 其皮를 衣하니 此는 人族이 優勝하고 獸種이 劣敗한 것이라. 現世界 人族의 情形을 觀하건데 人與人 間에 優勝劣敗하고 弱肉强食이 便成公例하야 如英國之倂印度와 法國之呑安南과 俄國之滅波蘭이 是也니, 然則 今之時代는 人族이 互相呑滅之秋니 豈不大駭警可哉아!

今에 試觀我大韓國同胞 而言之 曰汝非人也라 하면 必皆勃然危怒할지나 若責其爲人之職分하면 不能答辯者 多矣니 寧不寒心哉아.

惟我學生諸君이여! 眞實心地와 刻苦工夫로 切切希望이 非爲人之方乎아, 其要領을 摘言하면 一曰 道德이요 二曰 智識이라. 然而 曰德育 曰智育之論이 載在簡編者 不一而足하고, 曰明德 曰博識이 亦是 茶盤說話니, 昌浩之言을 不須更聞이어니와 抑有不然者하니 試하야 金과 水를 持하고 論其貴賤하면 人皆貴金而賤水는 何也오? 以金爲稀少之物이오 水爲衆多之物 故也라. 然이나 余則曰 水貴而金賤이라 하노니 何哉오? 金之爲用은 不過是實物上媒介粧璨品이오 水는 吾人 生活上 滋養物이니 故로 曰 水貴而金賤이라 하노라.

夫道德과 智識이 固吾人之茶盤說話인 故로 認以尋常物事者 亦普通之情이나 然而吾人이 言辭行動之間에 若須臾離此 則不可得 而爲人矣니 願諸君은 暫聽哉어다.

夫道德者는 受上天之賦予하야 存諸心身하고 行之事物하야 體天同仁하고 愛人如己하야 人類社會에 相生相養之要素라. 人若絶海孤島에 獨自生活이면 雖乏道德이라도 猶可生存이어니와 普通世界에 與且複雜社會로 共同生活코져 하면 豈可一日而離此乎哉아! 若個人이 不務道德之善良하고 徒事物慾之貪淫이면

---

* 1907년 12월 8일 도산이 서북학생친목회에 참석해, 도덕과 지식의 겸수를 강조하고 통일단합을 강조하는 연설을 하였다. 당일 연설을 들었던 김하염(金河琰)에 의해 《대한매일신보》(大韓每日新報)에 연재되었던 것을 전재하였다. 《大韓每日新報》, 1907년 12월 13, 14, 18일자.

喪身禍家를 立而可見이요, 若邦國이 不修道德之根氣하고 專事侵伐之政略하야 使貴重之人命으로 橫罹殺戮之慘禍하면 不特畔逆天道라 亡國滅種이 亦不旋踵矣니 豈不可懼哉아!

智識者는 以吾固有之知覺으로 推諸事物之理하야 研究而極其通透하고 裁成而盡其作用者 是也라. 相彼禽鳥컨데 具有其兩翼이라야 乃能奮飛오 若缺其一이면 飛也不得할지라. 吾人之有是道德과 有是智識이 如鳥之有兩翼也니 豈可闕一乎哉아! 噫라 至仁至尊하신 上天이 降此烝民하시니 孰不有道德이며 孰不有智識이리오만은 各個人類가 其勤而修之者는 享受其安康福祉하고 怠而棄之者는 甘蹈其覆亡之禍轍하니 巧諸歷史에 昭然加證이라.

我國은 自箕聖東渡하사 八條施敎 以來로 人民이 始知有道德政教矣오, 伊後孔孟之教가 漸次興行하야 風淳俗美의 效果를 致하얏스나, 然而 其斃也 - 專혀 道德만 崇尙하고 智識을 賤示하야 吾人種族 中에 口稱 孔孟하고 座談性命者는 上等人이라 稱하고 農業이나 商業이나 工業이나 從事하는 者는 下等地位에 墮落하야 不齒人類한지라, 由是로 一切人生의 利用厚生하난 智識은 全然不講한지라. 以此規模로 地廣人稀한 原始的 時代에는 猶能苟苟生活이어니와 人種이 漸殖하고 需用이 漸繁한 今日에 至하야는 決不可以舊日所産之數濟其生命일새 於是乎 飢寒이 到骨에 不顧廉恥하야 金之所會를 李之奪之라. 互相欺騙하며 互相侵漁하야 大魚 中魚食하고 中魚 小魚食으로 爲其生計하더니 其究也 - 盜賊이 遍滿八域하야 哀我同胞가 不能一日安寢하니 然則 落此固有之道德이 흘今亦亡矣라.

夫鳥가 缺其一翼이라도 猶不能飛온 況去其兩翼이면 其不免死乎아. 以我韓現狀으로 觀之하면 道德과 智識이 一無存焉則 是는 鳥之去其兩翼也니 豈不痛哉아.

雖然이나 道德을 專尙하고 智識을 賤視한 弊害가 固有如是者어니와 若今日學界諸君이 矯枉過直으로 道德을 汎視하고 智識만 偏重하면 又甚可懼로다. 何哉오?

大抵 人類가 若無眞實之道德하고 但有才能技藝면 適足爲助惡之利用이라. 試觀하라. 古今歷史에 奸雄亂賊이 曷嘗見無其才者이며 所謂販賣君國하며 殘

虐同族之類가 亦非智識超等者乎아. 嗚呼 諸君은 深感於此하야 道德과 智識의 二者를 具有竝行하야 如鳥之如兩翼焉이 其可乎인져.

吾於向日 開學式에도 竊爲諸君하야 有所抑勉하되 爲學之道는 必先致力於近者小者하야 不容疏忽이고 循序漸進하야 以其遂遠者大者가 可也라 하였거니와 更願諸君은 以心問心曰 我果能修爲人之職分乎아 하야 一切 微行細節이라도 其舊를 務去하고 其新을 是圖하야 惟其新思想과 新智識을 灌諸腦髓하야 新鮮完全한 棟梁之材가 되야 新世界에 新文化를 發達하기로 勉力할지어다.

嗚呼諸君이여, 更有一言하니 今日 吾人이 欲做公同之事業인대 必資公同之心力이거늘 我韓 社會는 不然하야 今日設會於南隣하면 明日興團於北里하고 張三이 創一業하면 李四가 創一業하야 以若勉力으로 互相岐異에 一無所就하고 爾黨我便에 猜疑間隔하야 蚌鷸相持에 徒資漁人功하고 桑龜不愼에 慘被擇肉之擧하니 是可忍乎아.

惟願諸君은 凡於事業에 勿以卑獨擅便으로 爲計하고 惟 統一團合으로 做去할지어다. 瞻彼農夫도 比隣耕우에 通力合作하야 春耕秋穫에 一致成功이어니와 若一人一家가 獨自耕作하며 獨自收穫이면 決無取禾之望할지니, 嗚呼諸君이여! 鑑旣往之敗轍하야 切勿以立角爲事하고 勿以獨單爲能하야 對人事業하야 勿存猜忌하고 必思共濟하야 以通同團合的主義로 期圖事功하야 共守無窮之公利를 千萬勉勵.

譯者曰 安君之當日演說 果我學生界頂門一針 但恨時迫掛鍾不能盡記其眞相也 此等言論實非奇言異聞 而滔滔一瀉音調激昂 令人感動果屬不淺 豈可與舌下土 同日而語哉 惟我同志聿其銘佩興起以無負其血心勸勉焉.

[1913년]

재미 한인회 실제 책임 *

여러분은 생각하시오. 가령 집이 불붙을 때에 혼자는 능히 그 불을 끌 수 없는 고로 밖에 나가서 사람들을 불러 불을 끄고자 할 때에 곁에 있는 사람이 말하기를 "저 사람이 벌써 불을 끄고자 하는 지가 오랬는데 아직도 불을 끄지 못

* 1913년 5월 12일(흥사단 창단 하루 전날) 샌프란시스코 한인 예배당에서 연설한 것을 필기하여《신한민보》1913년 6월 23일자(제277호)에 게재한 것이다.

하였으니 언제 그 불을 끌 수 있나"고 할 것이나, 만일 한 사람의 힘으로 그 불을 끌 수 있으면 다른 사람을 기다리지 않고 하였을 것이지마는 혼자는 능히 할 수 없는 고로 사람을 많이 청하거늘 만일 사람들이 말하기를 남을 청하지 말고 너 혼자 하라 하면 이는 잘못 생각하는 것이다.

내가 지금 말하고자 하는 바 책임이라는 것은 무엇인가. 책임은 우리의 마땅히 행할 바이니 아들이 있는 자는 그 아들을 기르는 것이 책임이오. 부모가 있는 자는 그 부모를 공양하는 것이 책임이오, 그 나라 사람이 그 나라를 자유하게 하는 것이 책임이다. 지나 일은 지나 사람에게 있고 일본 일은 일본 사람에게 있으며 한국 일은 한국 사람에게 있으니 각각 그 나라에 당한 책임을 행하여야 할 것이다. 그런즉 우리 미주에 있는 사람은 무슨 책임이 위에 있는가, 아마 여러분은 다 책임을 당하였을 듯하외다. 그러나 우리가 한 번 더 생각해야 할 일은 사람이 마땅히 그 책임을 지키는 것으로서 최귀한 사람이 될 것이니 만일 그의 책임을 당하지 못하면 비록 사람의 말을 하고 사람의 동작을 할지라도 금수에서 다름이 없을 것이다. 지금 일인들은 가주에서 토지 매매 금지하는 사건으로 인하여 전국이 요동하여 전쟁을 하려고 교섭을 하려 하는데 우리는 토지 매매 금지보다 억만 배가 더 큰 전국을 잃었으니 어찌 앉아서 평안히 있는 것이 합당하다 하리오.

사세가 이러한즉, 우리 미주에 있는 한인의 책임은 무엇인가. 우리 미주에 있는 한인의 책임은 대단결이라 하노라. 혹자는 말하기를, 우리가 비록 대단결을 이룰지라도 국가를 회복할 수 없다고 할 터이나, 이는 아무 일도 알지 못하고 일을 하지 않고자 하는 자니 말할 것 없거니와 우리가 대단결을 이루면 장래의 희망이 없지 아니할 것은 일본이 불구에 3대 강국과 전쟁을 피치 못할 것은 자연한 형세니 이 3대 강국은 미국, 중국, 아라사국이라. 이와 같이 일본이 만일 그 나라들과 전쟁을 시작하면 이는 우리의 큰 기회이니 그 때를 당하여 우리가 만일 아름다운 단결이 있으면 매사를 이루려니와, 그렇지 못하면 기회도 쓸데없을지라. 그런즉 대단결을 만드는 책임은 뉘게 있는가, 혹은 말하기를 각 사람에게 있다 할 것이나 나는 생각하기를 세상에 원동력과 피동력이 있으니 이 원동력을 발할 자도 우리 미주에 있는 한인이오, 원동력을 발할 만한 곳도 미주라 하노라.

여러분은 생각하기를 본국과 원동에 더 많이 있는데 특별히 소수 한인이 있는 미주로 원동력을 발할 곳이라 하는 일은 무슨 뜻인가 할 것이나 나는 생각하기를 원동력을 발할 땅은 오늘 이 곳이요, 원동력을 발할 사람은 오늘 이 방 안에 있는 여러분이라 하노라.

본국에 있는 사람들로 말하면 피동은 될지언정 원동은 못할 것이 전 국내에 순검과 정탐꾼과 탐보원이 사면에 거미줄 벌리듯하여 한인은 능히 일동 일정을 임의로 못하게 되었으니 어느 틈에 원동력을 발하리오. 그런 고로 저희들은 다만 미주에 있는 한인을 쳐다보며 원동력 발하기를 기다리는 중이오. 원동에 있는 동포들도 그에서 다름이 없되 우리 미주에 있는 한인들은 자유로 행동할 수 있고, 자유로 말할 수 있으니 원동력을 발하고자 하면 못할 까닭이 없을지라. 그런 고로 나는 말하기를 우리 미주 사람이 원동력을 발하지 않으면 이는 아니 하는 것이요, 못 하는 것은 아니라. 만일 우리가 스스로 버리고 돕지 아니하면 어느 누가 우리를 도와 주리오. 가령 만경 창파 중에 배를 타고 물에 빠져 깜빡깜빡하는 아이를 보면 구하지 않을 사람이 없거늘 우리가 어찌 우리 동족이 죽을 때에 빠진 것을 보고 구하지 아니하리오. 만일 그를 구하고자 하면 영원히 파하지 못할 대단결이 있어야 할지어다. 그런즉 대단결은 어찌하면 이루겠소. 대단결을 이룰 때는 우리가 10년을 양성하여 모든 국민회를 보존하여 영원히 흔들리지 않고 견고히 시작하는 데 있다. 오늘날 국민회의 쇠잔은 일본 군함이나 일본 대포로 된 것이 아니요, 우리가 세웠다가 우리가 스스로 쇠잔케 만든 것이라. 그런즉 국민회를 흥왕케 하려면 어찌 하여야 하겠소. 우리가 마땅히 신용을 일으켜야 할 것이다.

우리가 미주 한인의 과거 역사를 보면 회관을 세우고 신문을 간행하며 애국지사 장전량 씨가 생기며 그에게 열심 있는 일이 많이 있더니 금일에는 다 낙심하여 국민회를 타인의 회 보듯 하여 외처에 있는 사람들까지 낙심하게 하니 이는 우리가 타인으로 하여금 천층 지하에 빠지게 하는 것이라.

내가 지금 미주 한인의 실제 책임을 맡을 때에 외촌에 있는 동포들은 그 전 임원들이 실수함이 있는 고로 동력하지 아니한다 할 터이나 그는 그렇지 않은 것이라. 가령 미국 대통령과 국무경이 무슨 실수한 것이 있으면 백성들은 다 낙심하고 말겠소? 아니다. 잘못한 놈은 죄를 주든지 내어 쫓든지 하고 좋은 사람을 택하여 가지고 그 전 잘못한 일까지 아름답게 할지라.

우리 국민회가 적은 회가 아니오. 우리 국가에 대하여 큰 책임이 있으니 우리가 마땅히 전사를 물론하고 태두의 일을 잘하여 우리 몸을 버려 국민회를 중흥케 하고 국민회를 이용하여 국가를 중흥케 하여야 할지니 여러분은 국민회를 적게 보지 말 것이오 필경 크게 활동할 날이 있으리다. 갓깐 병아리가 알을 낳지 못한다고 밟아 죽이면 되지 못할 것이 그 병아리가 당일은 알을 낳지 못하나 후일 알을 낳을 날이 있으리다.

그런즉 국가를 중흥시킬 계책은 국민회를 중흥시키는 데 있었고 국민회를 중흥시킬 방책은 여러분이 금일 그 전보다 힘을 더 많이 쓰는 데 있으니 여러분은 깊이 생각하여 보시오. 10년을 힘들이던 것을 소홀히 하는 것이 합당한가.

우리 집에 실패를 당하였다고 돌아보지 아니하는 것이 가하는가, 국민회는 우리 무리가 세운 바이니 국민회가 재앙을 당할 때에 수수 방관하는 것이 합당한가. 아니다. 우리가 결단코 국민회를 중흥시켜야 할 것이다. 국민회를 중흥시키려 하면 기관보가 없어서는 아니 될 터이니 우리가 마땅히 〈신한민보〉를 계간시켜야 될 것이오. 〈신한민보〉를 계간하려면 금전이 있어야 될 터이니 이 금전은 먼저 우리 북미 지방 총회 관할에 있는 미주와 멕시코 동포 2천 명이 전력하면 그 후에 하와이, 원동 동포들도 우리가 이같이 애쓰는 것을 보고 그저 있지 아니할 터이니 그러면 우리 국민회가 중흥하는 것이 아닌가. 우리 국민회가 이번에 곤란을 면하면 장래는 일이 순순할 줄로 아오니 여러분은 이 일에 대하여 절대적 힘을 쓰기를 바라오며 이것이 미주 한인의 실제 책임이라 하노라.

[1915년]

대한인국민회 중앙 총회장 취임 연설 *

이 세상 인류가 서로 단결하면 생존을 얻고, 서로 나누이면 쇠폐를 면치 못한다. 남과 같이 살기를 요구하면 반드시 단결함을 자기의 생명과 같이 인정하거늘, 우리 민족은 이것을 일찍 깨닫지 못하여 단결함이 박약하므로 민족의 가장 큰 단체 되는 국가를 잃었고, 그나마 민간의 각종 사회단체가 많이 있으나 혹은 남의 핍박에 없어지고, 혹은 스스로 헐어 없어지고 오직 우리 민족의 단결이라고 남아 있는 것은 다만 이 대한인 국민회 하나뿐이다. 이러므로 우리의 국가가 없어지고 사회상 각 단체가 없어진 것을 애통히 아는 동시에, 이 남아 있는 국민회에 대하여 사랑하는 정과 귀중히 여기는 성심이 발하고 또한 이 단체의 생명을 보존하며 더욱 건장케 하여 일이 발한 국가를 광복하기로 기약하는 바이오.

이 단체가 10여 년간 생명을 계속하여 이만큼이라도 장성한 것이 우리 민족의 불행 중 다행이나 그러나 과거 10년간에 우리의 희망과 같이 사업 발전이 크지 못한 것은 심히 유감되는 바이다. 혹은 어떤 동포는 전도에 대하여 낙망까지 하는 지경에 이른 고로 뜻 있는 자는 과거의 사업이 크게 확장되지 못한 원인을 차차 개량하며 전진하고 연구하는 때이다. 그런데 본회의 발전되지 못한 원인이 여러 가지가 있다고 하겠지마는 그 중에 두 가지 큰 원인이 있으니, 첫째는 국민회의 주인 된 회원의 개인상 실력이 발전되지 못함이오, 둘째는 본회의 단결이 동일의 행세를 이루지 못함이다. 오늘날 우리 회원의 현상(실력)을 살펴보건대 그 개인의 학력이 10년 전보다 특별히 증진한 자 몇 사람이 되지 못하고 생활력도 또한 10년 전보다 증진한 자 몇 사람이 되지 못한지라. 전체 회원의 지식력이 부족하거늘 국민회는 어디로 좇아 지식력이 발달할 수 있으며, 전체 회원의 생활력은 여전히 빈한한데 국민회는 어디에서 말미암아 황금력을 발할 수 있으리오. 지식력과 황금력이 아울러 없고서는 사업이 발전되지 못함은 면할 수 없는 사실이라 합니다.

본회의 단결체를 돌아보건대 명의로는 일부 지방 회원이 합하여 지방회를 이루었고, 각 지방회가 지방 총회를 이루었고, 다시 각 지방 총회를 합하여 중앙 총회를 이루었으니, 이와 같은 본의를 연하고 구하면 한 지방의 적은 수효 사람

---

* 1915년 6월 23일 대한인 국민회 중앙 총회장 취임식전에서 행한 연설의 요지이다. 《신한민보》 1915년 7월 8일자(제373호) 1면 논설에 게재되어 있는데, 기자가 지면의 제한으로 그 대지(大旨)만 기록한다고 밝히고 있다.

의 단결력으로는 국가의 막대한 사업을 성취할 수 없다 하여 회의 전부의 힘을 중앙으로 크게 모아 큰 능력을 떨치려 함이었건마는 오늘까지 실행하여 온 바를 바로 말하면 지방 자치라 하는 헛일함에 취하여 각 지방 총회만 힘 있는 기관이 되어 마치 봉건 제도같이 각각 사업을 벌이고 일분의 힘을 중앙으로 모음이 없는지라. 그런즉 일만 회원의 개인상 실력이 넉넉하더라도 한 지방 총회의 사력으로는 만족한 사업을 성취할 수 없거늘 하물며 우리 회원은 근본 박약한 실력으로써 각 지방에다 힘을 나누었으니 그러하고야 이 국민회가 사업의 발전을 어찌 얻으리오. 그런즉 우리들은 과거 10년에 지나간 자체를 한탄만 하지 말고 오늘부터는 의사를 같이하고 힘을 어울러 일반 동포의 보통 상식을 계도하며 학력을 증진케 하며 실력을 고취하여서 전부 회원의 지식을 합하여 국민회의 큰 지식을 삼으며, 전부 회원의 저력을 충실케 하여 국민회의 큰 힘을 삼아 대사업을 성취하는 데 지극한 정성을 다할 뿐이오. 그 다음은 각 지방에서 진행하여 오던 바 일을 줄이면서라도 중앙으로 공동한 힘을 모아 국민회의 세력을 확장하여 사업을 진동케 함이 오늘의 급무라 할 것이오.

그런데 이러한 주지로 일을 실시하는 마당에는 공연히 과도한 욕망으로 갑자기 크게 벌이려 하면 또한 헛말만 되고 말지라. 해외에 나와 있는 전부 한인의 있는 바 힘을 다 거두어 가지고라도 우리의 하고자 하는 일을 만족히 할 수는 없는즉 모이는 힘의 형세를 의지하여 적은 데로부터 큰 데까지 차서(次序)를 밟아 나감이 마땅하니, 우선 한 가지 증거를 들어 말하건대 현금 하와이와 미주에 두 종류 신문을 두어서 재정을 갑절 허비케 하며, 다른 주의와 다른 정신을 고취하여 통일의 형세를 박약케 하는 것보다 중앙에 한 가지 기관보를 두어 동일한 주의와 정신을 고취하여 통일력을 이루게 하며, 교육과 실업을 장려 실시케 하고 그 남는 힘이 생기는 대로 다른 사업을 착수하기 바라는 바이오.

대개 우리가 오늘 어디로 지나다가 민족의 쇠멸을 자취하지 말고 진실로 남과 같이 생존하기를 요구하여, 자유와 독립을 참으로 원하여 일을 위하거든 한 몸과 한 지방의 작은 관념을 타파하고, 전부의 큰 활동을 위하여 무릇 우리 국민회 깃발 밑에 섰는 자는 모름지기 일치로 행동하여 나의 말한 바를 헛된 곳으로 돌려보내지 않게 하여 주기 바라나이다. 운운.

[1916년]

우리 국민의 진화의 순서 *

(생략) 우리 민족의 역사상 다른 종족과 교섭한 전후를 궁구(窮究)하여 보건대 유린을 당한 날보다 승리를 얻은 때가 많으니 대 황조의 성덕은 두만강 이쪽 저쪽을 어루만져 다스리고 동명왕의 영웅은 중원을 흔들어 위엄이 천하에 진동하시고, 대무신왕은 4린을 정복하여 동국 무사의 활발한 용기를 유전하신 이후 수제 양광을 살수에서 대파하고 당 태종 이세민은 안시성에서 피를 흘렸으며 이충무의 구신이 한산, 명량에서 왜구를 진멸하여 우리 민족의 분투의 능력이 고금에 성함을 일컫더니 전체자가 정사를 잡아 무기를 말살하고 문치를 숭상하다가 드디어 국민을 문약에 병들어 오늘날 이같은 화를 빚어 내었도다.

그런즉 우리 민족은 조상의 혁혁한 명예와 위대한 공업(功業)을 추상하여 자존 자중하는 기습을 수양함이 가하다 하오.

근대 사정을 설명할진대 과거 수십 년 이전에는 우리가 잠든 사자로 자처하여 정신과 사상이 장야 건곤에 있었으니 이를 우리 민족의 혼돈 시대라 할지오.

10년 이후에는 우리가 고치(苦恥)하는 시대에 있은지라 이만한 처사국 민족으로 구미 풍우의 반동을 입어 나라가 무엇인지, 민족이 무엇인지 관찰상 대개를 얻은 이상에는 조수같이 밀어 나오는 새 사상에 도저히 수수방관하고 있을 수 없는지라. 그런 고로 혹은 신문지에 붓을 놀리며, 혹은 연단에 혀를 흔들고, 혹은 폭발탄, 혹은 칼, 혹은 총 하면서 상하 인민이 고취로만 일을 삼았으니 이는 시세에 어기지 못할 순서다. 이 때를 당하여는 자동과 피동을 물론하고 고상한 지식과 전문의 학력이 미비하였은즉 사업 착수에 이르러는 어찌 할 방향을 모를지라.

오늘 와서는 우리가 사업에 손을 붙이는 시기라. 그러나 지력과 금력이 아직까지 유치하여 마치 수랭이가 겁풀 속에서 변화를 준비하는 것과 같으니 나래

---

* 대한인 국민회 창립 기념일 나성(로스앤젤리스) 지방회 대 축하식장에서 연설한 것을 필명 '미산 소년'이 필기하여 《신한민보》 1916년 2월 22일자(제387호) 1면 '언단'란에 게재한 것이다.

가 생겨 세상에 나오기까지는 원기를 기르기로 힘쓸 것뿐이다. 웅비 활약하는 구미 사람에 취한 이들은 응당 냉소할지나 이는 자국 역사상 참고와 자국 민족의 실력에 대한 내황을 전혀 꿈 밖에 버려 두는 까닭이라 하오.

우리가 세계 대세를 관찰할진대 백색 민족이 저같이 강성하고 남만 원수가 이같이 압박하는 가운데에서 장래에 우리 실력은 발전할 여지가 없다고 쓸데없는 근심을 품는 이도 있을 터이나, 우리는 다만 정의 인도만 표준하고 한 층 두 층 올라갈진대 비록 1만 마귀가 앞에서 저해한들 어찌 우리의 한 걸음을 방해하리오. 그러한대 저 세상 형세를 몰라서 모든 일을 냉담한 눈으로 보며 비관에 빠지면 이를 어찌 가치 있는 국민이라 하겠소.

이제 우리 국민회의 주의를 설명하노니, 본회의 주의는 해외에 흩어져 있는 한인이 대동 단결을 만들자 함이니 그 증거는 해삼위에 총대(總代)를 파송하던 일을 보더라도 우리 재미 한인만 단결하여 가지고는 대 목적을 도달하기 불능한즉, 원동 한인까지 단합한 후에 얻으리라 함이라. 그런즉 우리는 비록 각각 그 소소한 단체에 있더라도 지어 대동 단결된 국민회에 대하여는 만구 일성으로 동력하여 나아가기를 천만 바라나이다.

해외 한인의 주의(主義) *

—불건전한 공동주의, 불건전한 개인주의, 어떤 주의를 가질까—

우리 한인은 자래로 공동 생활을 중히 보던 민족이라 해외에 나와서도 또한 이를 중히 보았더라. 향자 국란이 절박할 때를 당하여 땀 흘렸는 바 전부를 공익에 바쳐 국민회 큰 단체를 세워 놓았으니 당일 우리의 열성을 돌아보건대, 과연 공동 사업을 위하여 능히 그 몸을 잊는다 칭찬할 만한 일이라. 그러나 이는 일시 풍조로 외계 자극을 받음이오, 결단코 독립 지동의 자각이 아니니 좀 섭섭히 도울 터이나 실로 상식이 부족하여서 그렇다 하노라. 우리의 현금(現今) 사정은 공동주의를 절대적으로 요구하는 시대니 일반 유심인의 땀 흘려 분주하며

---

* 이 글은 도산이 미주로부터 하와이를 순행하고 돌아와 느낀 소감을 말한 것으로 강영대의 필기로 《신한민보》 1916년 6월 22일자(제398호) 1면에 게재된 것이다.

큰소리로 창조하는 것이 이 공동주의라. 현금 정도에서 벗어날 수 없는 우리 이렇게라도 유지하는 것만 다행인 우리는 어떠한 공동주의든지 주린 자의 음식같이 반겨 받을지라.

그러나 소위 공동주의란 것은 건전한 인생관으로부터 길러 나온 것이 아니면 돌 위에 뿌린 씨와 같아서 겨우 엄이 돋아 나오다가 떡잎을 펴 보지도 못하고 곧 말라 죽나니 이러한 공동주의는 그 원질이 박약하여 사업상의 양호한 결과를 얻을 수 없다 하노라.

대체 불건전한 공동주의는 불건전한 개인주의를 길러 주는 기실이라 할지니, 여기서 생기는 개인주의는 필경 세상을 마르게 하며, 인류를 자진케 하여 돌이면 돌이 부스러지고, 쇠면 쇠가 녹아 없어지게 하나니라. 이 말을 얼른 못 알아듣는다 하면 나는 해석하여 말할지니, 이른바 공동주의가 불건전하면 굳게 잡을 능력이 없어 종당 변하는 날이 있으며 변하는 때에는 무엇으로 변하느냐 하면 불건전한 개인주의로 변하느니, 바꾸어 말하면 내가 아무리 힘을 쓰고 애를 써도 한 가지도 되는 일이 없으니 내가 이리 하다가는 내 몸까지 없어질 터이라 이제는 내가 살아야 하겠다 함이라. 이러한 개인주의는 나올 때에 잡은 것이 아니라 돌아갈 때에 생긴 것이며 건장할 때에 잡은 것이 아니라 피곤할 때에 생겨서 마치 갑옷 벗고 도망하는 군사가 창을 베고 누운 것도 같고, 발톱이 물러진 범이 산을 의지하여 앉은 것도 같아서 이후 사업은 내 몸을 사는 것밖에 없는 줄로 믿나니라. 그런 고로 그 깨달음이 몹시 약아서 “이 세상은 대체 이러한지라 뜻을 펴기가 어찌 쉬우며 가령 편다 하면 장차 무엇을 하리오” 하여 기회가 오면 기회를 버리고 사업이 있으면 사업을 파괴하나니 이는 인류 사회에 해성이오 뒤진 이니라.

저가 먼저 자기가 있는 줄 알아서 자기부터 튼튼히 서 있을 곳을 정하여 놓았으면 어찌 중도에 담기가 서늘할 이치가 있으리오. 내가 일찍이 보니 향산 구월로 사냥 들어간 자가 먼저 초막을 매지 아니하고 풍초 교목을 의지하여 며칠 밤 이슬을 맞고 자다 보더니 패연히 돌아가기를 생각하더라. ‘자아’를 모르는 자의 중도는 매양 이와 같더라. 저가 먼저 내가 있는 줄 알고 나 밖에 남이 있는 줄 알은 후 나라를 편안히 하며 천하를 다스림으로 그 몸을 세울진대 그 몸은 과연 박람회의 주보탑같이 될지니 이는 인류 사회의 계통적 3대주의라 하노라. 철학으로 발달한 이 세상은 이를 조리 있게 정하여 제1은 개인주의, 제2는 소수인의 특종주의, 제3은 공동주의라 하나니, 개인주의는 일개인 내가 나의 생활과 및 수양을 위하여 농사나 장사나 학업이나에 그 힘을 완전히 부움을 이름이요, 소수인의 특종주의는 영업 수양 간에 단독으로는 창설 또는 유지할 수 없는 경우에 소수 타인의 동력을 결합한 자를 이름이오. 공동주의는 그 목적한 사업이 소수인의 힘으로는 도저히 그 효과를 얻지 못할 경우에 대하여 전부가 일체 동력하는 자를 이름이라.

주의는 욕망의 실상이니 욕망은 한쪽으로 기울어지기 쉬운 것이라. 그러나 발달하는 나라의 사람은 결단코 그렇지 아니하니, 이에 실증을 들어 말하면 우리가 현재에 목격하는 저 미국 사람을 봄이 가하니라. 저들은 실로 개인주의가 풍부한 사람이니라. 저들이 개인 생활상에 힘쓰는 것과 기타의 단독 행동을 볼진대 특종 공동에는 다시 뜻이 없는 것 같은데 실상은 그렇지 아니하여 상업, 농업, 공업 등 기업상 단체에 힘을 아울러 쓰는 동시에 공동 생활을 보존하는 공심의 력(힘)이 넉넉하여 학교 건축과 병원 설립과 도로, 공원의 수축과 박물원, 도서 종람소 등의 박애관을 구비하고 무거운 담보로 해륙군을 확장하여 전체 행복을 도모함에 게을리 하지 않나니 이것이 미국 사람의 미국 사람 된 원인이라 하노라.

예전 우리 나라 사람이 행한 일을 보건대 미국인의 현행 제도와 방불한 점이 많으니, 야농의 통공 역사와 촌민의 계 등 약간의 적은 단체가 있었지만 정치상, 교육상 일반 공동 생활에 이르러는 당초에 몽상도 없었으니 일(하나)은 전체 정치가 인민의 가치 생활을 방해한 까닭이오, 일(하나)은 상식이 부족한 까닭에 개인 생활이 소수와 및 공동 사업에 관계되는 것을 알지 못하였으며, 소수와 및 공동 사업이 또한 개인 생활에 관계되는 것을 알지 못하였다 하노라.

이상 두 가지 병근(病根)을 인연하여 님의 나라를 잃어버렸으며 이 나라를 회복하자는 목적으로부터 설립한 단체를 유지하기에 매우 힘이 드는도다. 우리 태평양 연안에 있는 형제가 이 나라에 와서 상류 교제와 직접 교육을 받지 못하였거니와 10년 성상이 되도록 문명 공기를 흡수하여 눈에 보이는 것과 귀에 들리는 것으로 짐작하더라도 미인의 생활상 규모를 가히 알지어늘 지금까지 오히려 전연 모르는 것은 무슨 까닭이뇨. 이는 기왕 습관을 씻어 버리기 어려움이오, 겸하여 일신 관계를 연구치 못한 까닭에 다른 사람의 완전한 표본이 우리의 연구 재료가 되지 못함이라.

그러나 현금(現今) 재외 한인의 심리를 돌아보건대 개인주의로 흘러 들어가는 경향이 많으니 이는 불건전한 공동주의에서 물러나온 결과다. 이러한 개인주의는 우리 의복이 아니니 맹렬히 깨달아 건전한 개인주의를 잡아라. 사람이라는 가치를 존중하여 개인주의를 잡아라. 이것이 진실로 건전한 개인주의니라. 이러한 개인주의를 잡거든 각기 농사에 힘쓰며, 장사에 힘쓰며, 학문을 힘쓰라. 이것만 하고 그치면 나의 일신의 멸망을 면치 못하나니 지식, 금전으로 단결하여 특종 조직에 힘쓰라. 이것만 하고 그치면 또 멸망을 면치 못하나니 재외 한인의 일동 단결을 도모하여 공동 생활에 힘쓰라. 그 다음에는 해외 한인 전부와 내지(內地) 한인 전부까지 이루어 나갈지라. 어시호(於是乎) 개인주의가 성공될지니 이렇게 건전한 개인주의는 인류 행복의 기초라 하나니라.

[1917년]

내 힘과 우리의 힘*

—우리에 없는 것을 있게 하려면, 우리의 적은 것을 크게 하려면 오직 내 힘과 우리의 힘으로야—

나는 이와 같은 모임에 대하여 기쁨과 슬픔이 아울러 발하오. 왜 그러냐 하면 기쁨으로는 문학사, 법학사, 신학사가 적으나마 우리 중에 생김이오, 슬픔으로는 다른 나라 사람은 매 학기에 박사, 학사가 다수히 나오되 우리 미주 유학계는 10여 년 이래에 23인의 철학사, 문학사와 23인의 법학사, 신학사뿐이라.

시대의 오늘을 가진 다른 나라 사람들은 참전이니, 중립이니, 밀약이니, 협상이니 하되, 우리는 거기에 대하여 아무 관감(觀感)이 없게 되었도다. 어찌 관감

---

* 1917년 6월 22일 대한인 국민회 나성 지방회의 졸업생 축하회의 참석하여 행한 연설을 나성 지방회의 서기가 필하여 《신한민보》 1917년 7월 12일자(제443호) 1면에 게재한 것이다.

이야 없으리오마는 힘이 미치지 못하므로 관감이 없게 되었도다.

그러나 우리가 지금 특별히 생각할 것이 있으니 곧 '없는 것을 있게 하고 적은 것을 크게 함'이라. 예수 말씀에 "개자 씨는 백종 중에 지극히 적으나 한번 심어 자라면 수목을 이루어 나는 새가 깃들인다" 함과 같이 오늘 우리의 경우를 슬퍼하지 말고 소수의 문학, 법학, 신학을 더 많게 하고자 있게 하시오.

오늘 저녁에 우리가 이와 같이 모인 것은 참 어려운 일이외다. 한 시간이나 두 시간의 기회를 만드는 우리는 어려움이 아니오. 5, 6년, 10여 년 직접, 간접으로 참담 난고(難苦)를 겪어 오신 세 분 졸업생의 어려움이외다. 이렇게 어려움을 참아 자기의 정한 주지대로 나아감은 학업을 성취코자 함이라. 사람이 고생스러운 공부를 왜 하느냐 하면 오직 도덕, 지식, 체력을 발육코자 함이라. 이를 발육함에는 양종(良種)의 힘을 요구하나니 곧 내 힘이란 것과 우리의 힘이란 것이라. 내 힘은 각 개인의 자력을 이름이오 우리의 힘은 민족 전체의 힘을 이름이다.

오늘 우리 대한 사람이 각기의 힘을 발육하였는가? 민족 전체 역(力)을 발육하였는가? 또는 거기에 대하여 관념이 있는가 없는가? 물으면 나는 대답하기를 관념이 있다 하오. 우리가 남의 나라 사람의 졸업 축하식에는 별 감동이 없으되 오늘 저녁에 여기 모인 사람은 매우 기뻐하니 이것으로 증거할 일이라 하오. 현금 세계 각국은 민족 전체의 학력을 발육키 위하여 거대한 재정으로 학교도 세우며 학술, 기예, 발명자를 장려하나니, 여기에 대하여 덕국(독일)의 비스마르크와 중국의 이홍장이 다 같이 정치가라 하되 차등이 있는 것이라.

그 민족 중에 과학이 발달된 자는 전쟁을 하여도 힘이 있고 또 승리를 얻나니 여러분이 듣고 보는 바 덕인(독일인)이 대전란 개시 이래로 연합군에게 패를 당치 않음은 임의 민족적 전체 지력을 양성함이라. 덕국뿐이 아니라 세계 각국이 민족 전체의 지력을 필요히 보아 힘써 기르므로 박사학사가 많은데 오직 우리 대한 민족은 그렇지 못하였고 소위 교육에 힘을 썼다 함은 몇 해 전에 도회나 촌리에서 불규칙한 학교를 세우고 양 나팔로 잠시 떠들 뿐이라. 이리하여 우리 민족은 극히 흑암하고 빈한한 가운데 있었도다. 이제 세 학생의 졸업한 것을 말하면 하나는 자력이오 하나는 외인의 도움이라 우리는 자기 민족 학력 양성에 도웁지 아니하되 외인이 도움을 볼 때에 우리는 응당 생각할 바가 있으리로다. 만일 과거에 이와 같은 관념이 있었으면 오늘날에는 큰 공효를 보았겠도다.

과거 미주 사회의 재정 수입한 것을 보면 하나는 월 연금이오, 하나는 구제금이오, 하나는 교육금이라. 당시에 그 교육금을 가지고 실로 민족적 학력을 발달시켰다면 과연 큰 공효가 있었을 것이 늘 그 수입이 오직 명의뿐이오. 실제가 없으므로 이렇게 하겠다는 것이 몇 사람의 공상에 왕래할 뿐이었도다.

다시 말하나니 우리 대한 사람으로 공동한 행복을 얻으려면 오직 '내 힘과 우리의 힘'이라. 내가 국민회 중앙 총회장의 직무를 받아 가지고 오늘까지 이 직무를 띠고 있는 것은 허명이나마 없어질까 두려워함이니 여러분은 '우리의 힘'을 발육하려거든 중앙 총회를 오랫동안 허위에 두지 말고 실제에 두시오. 멕시코, 미주, 하와이에 재류한 동포를 5, 6천 명으로 가정하여 각히 1원씩만 교육금으로 내면 학생 양성에 터가 잡히리니, 이로 보더라도 우리 힘이란 것이 그와 같이 광대한 것이오. 그러므로 나는 이제부터 다수 동지자와 더불어 전체 민족적 발육을 꾀하노니 여러분은 각각 사업에 진력하시고 우리 한인의 공익에도 진력하시오.

[1918년]

불쌍한 우리 한인은 희락이 없소*

나는 여러분과 더불어 이 애통한 날을 해마다 지켜 왔소. 내가 작년에 따뉴바에서 이 날을 지키고 멕시코로 건너가서 각처 동포를 심방하고 돌아오는 날에 공교히 이 날을 맞아서 또 여러분과 더불어 슬픔을 같이하게 되었으니 무한 감개한 가운데 이것이 가히 기뻐할 일이오.

1년 동안 서로 보지 못하다가 반가히 만나는 오늘에 나는 실로 할 말이 많소마는 다 접어 놓고 오직 오늘 국치 기념의 감동을 말하여 보오.

---

* 1918년 8월 29일 대한인 국민회 나성 지방회 국치 8년 기념회식 석상에서 행한 연설을 나성 지방회의 서기(박영로)가 필기하여 《신한민보》 1918. 9. 12. (1) (제503호) 1918. 9. 19. (2) (제504호) 1918. 9. 26. (2) (제505호) 1면에 게재한 것이다.

여보 여러분! 우리 서로 봅시다. 미국에 있는 우리 동포는 불쌍한 사람이올시다. 이 세상 불쌍한 사람은 그 경우에 의지하여 여러 가지 종류가 있거니와 불쌍한 사람 중에 더욱 불쌍한 자는 희락이 없는 사람이올시다. 어찌하여 우리 재미 한인이 없느냐 하면 이 세상 사람이 누리는 희락은 한 가지도 없구려!

정원의 희락이 없소

바다의 고기가 마름(해초)을 물고 희롱하고, 날짐승이 수풀을 의지하여 깃들이는 것은 미물일망정 저 있는 곳을 기뻐함이오. 더욱 사람은 의식의 다음에 주택의 맛이란 맛을 알아서 산을 의지하든지 물을 의지하든지 제각기 저 있는 곳을 사랑하여 황토로 담을 쌓고 대[竹] 엮어 문을 하면 수려청한을 기뻐하며 대리석으로 주추를 박고 상자목으로 난간을 두르면 부귀 상련을 자랑하여 거기서 자라서 거기서 늙도록 깊은 정을 붙이는 것이 인륜의 일종 희락이거늘, 보시오, 우리 재미 한인은 이러한 희락이 없소! 10년을 단봇짐을 지고 동서로 표령(飄零)하는 때에 오늘은 이 농장, 내일은 저 농장에 모기장 한 아래 모든 살림 배치하고 시내에 들어오면 남의 집 뜰 아랫방에 겨우 등을 대이고 절반 죽는 잠을 잘 따름이니 북미 대륙이 넓다고 하지마는 우리는 임의로 발길을 내어 디딜 곳이 없소! 이것이 오직 우리만 당하는 불쌍한 형편이오.

사업의 희락이 없소

사업의 희락이란 무엇이오? 나는 재미 한인의 긴급한 문제에 표준하여 오직 영리적 한 방면을 들어 말하오. 살려고 이 세상에 온 우리가 공업을 일찍이 배우지 못한 것이니 말할 것이 없거니와 그 밖에 농사를 하든지 자본을 던져 이익을 남기는 것은 오직 생활 유지에 요긴할 뿐만 아니라 차차 늘어 가는 재미로서 한 몸의 수고를 잊기도 하는 것이오. 몇 천만 원의 대 자본을 이용하는 자는 말고 단 몇 십 원의 소자본을 가지고 푼돈 장사를 하는 자도 또한 영리 취미를 붙이는 것이오. 내가 보니 우리 한인은 그렇지 못하오. 근년 이래 북가주 한인 농업의 발전을 다행이라고 하지마는 그 밖에 대부분은 거의 다 사업의 희락이 없으니 점점 늙어 가는 우리의 전도는 참으로 위태하오. 그리하여 따라서 재산의 낙도 없소.

학문의 희락이 없소

여보시오! 불쌍한 우리 동포들이여. 당신네들이 학문의 낙을 맛보았소? 대개 사람이 무엇을 배우든지 청년 시대에 힘들여 배우는 것은 자라서 쓰자는 것이라고 하지마는 그뿐이 아니올시다. 배워서 나중에 쓰든지 못 쓰든지 그것은 차지하고 사람은 사람의 학문을 가지는 것이 당연한 고로 장차 죽을 자가 "아침에 도리를 들으면 저녁에 죽어도 가하다"고 담대히 말한 자도 있소! 그럴까 의심 마오! 진개 그러하오! 저가 무슨 칭찬을 받으려고 이런 말을 하는 것이 아니오. 보시오, 고금 학자를 보시오! 저들이 담배를 줄이고 군축을 받으면서 로즙을 쥐어 짤 때에 그 괴로움이란 집어던지고 물러나려는 마음도 있으련마는, 참고 견디면서 나중의 성공을 얻은 것은 물론 용맹이 있다고 하지마는 오직 혈기의 용맹을 가지고는 도저히 그렇게 할 수 없는 것이오. 하나를 궁구하면 둘을 깨달아 점점 그 이치를 풀어 내는 때에 심기가 유쾌하고 정신이 발원하여 아무런 곤란이라도 디디고 넘어서다가 그 혈기가 부족한 경우에 생명이라도 희생하고 뉘우침이 없나니 대개 배우는 자의 학문의 낙이란 것은 이 세상에 무엇으로도 바꾸지 못하는 것이오. 여보시오, 우리가 이러한 희락이 있소? 내가 없다고 판단을 부리기 어렵지마는 10년 노동에 학문의 희락이 없는 것은 사실이라고 하오.

도덕의 희락이 없소

도덕의 낙이라고 하면 이 세상 법도 밖에 있는 자는 한 기치안은 속박으로 아리다마는 만일 그와 같이 생각하면 이는 오해라도 적지 않은 오해라고 하오. 내가 무슨 종파로 받들어 주장하든지 도리를 깨달아 덕을 닦는 때에 말 조심, 걸음 조심, 몸 조심으로부터 그 지조와 행실을 조촐히 하여 가히 한 사회의 표준이 될 만하면 안으로 자괴하는 일이 없고, 밖으로 남의 공경을 받을 터이오. 사람이 이렇게 되면 말 한 마디를 하여도 동포 사회에 유익을 끼칠 것이오. 글 한 자를 써도 인류 사회에 행복을 끼칠 것이며 곧 자기가 스스로 생각하여도 정신상 공부가 점점 고상하여 〈묵시록〉을 펼치면 예루살렘의 황금길 진주문이 눈앞에 열릴 것이오. 〈금강경〉을 헤치면 대천 세계에 연화가 우거지고 색의 구름이 영롱할 터이니 그 즐거움이란 제왕으로 바꾸지 않을 터이올시다. 사람이 다 그와 같기가 어렵다 하면 그도 또한 괴이치 않은 말이로되 대개 도덕은 인류의 평안한 방석이니, 만일 학문의 도덕이 없으면 공공의 도덕이라도 있어야 하오. 그리하여야 이 세상에 있을 동안에 마음도 평안하고 몸도 평안하오리다.

이 밖에 인생의 생활의 첫 조건 되는 가정의 희락도 없고, 사교의 희락도 없소, 일언이 폐지하고 이 세상 인류의 우리는 희락은 한 가지도 없으니 우리는 자연 비관에 빠질 것이올시다. 그러면 이상 여러 가지 희락이 있으면 마음이 기쁘겠소? 아니오, 아니오! 가령 이상 여러 가지의 희락이 있을지라도 이하의 세 가지 희락이 없으면 언제든지 우리는 기쁨이 없을 것이올시다. 만일 그렇지 않으면 그 사람은 인체 조직 중에 무엇이 잘못된 사람이라고 하겠소.

나라 없는 설움 어떠하시오

나는 여러분에게 간단히 묻습니다. 나라 없는 설움이 어떠하옵더니까? 여러분이 겪어 보셨지요. 오늘 우리의 설움이 무엇 무엇 해야 나라 없는 데서 더 아픈 일이 없다 하오. 무엇이 그리 아프냐 하면 전신이 다 아픈 우리는 앓는 소리로 8년을 지나왔으니, 이것은 접어 놓고 오늘은 비례를 뒤집어 나라 있는 사람을 봅시다.

먼저 전란중에 참여한 영 · 미 · 법(프랑스) · 덕(독일)인을 보시오. 저들은 선전을 하여도 '우리 나라' 하고 강화(講和)를 하여도 '우리 나라' 하오. '우리 나라' 하면 어쨌든지 기뻐서 대포소리가 천지를 진동하고 칼날이 맞부딪쳐 살점이 떨어지고 피 흘려 산하를 물들이는 가운데 앞선 사람이 퍽퍽 꺼꾸러져도 어깨춤을 추며 발걸음을 맞추어 나아가나니, 이것이 오늘 전쟁의 전후 무후한 활동이오. 또 강화로 말하면, 각기 자기 나라의 이익을 위하여 한 가지 조건도 사양치 아니하오. 이편에서 옛 영토의 회복을 주장하면, 저편에서는 배상을 주장하여 무엇에든지 '우리 나라' 를 먼저 하오. 그런 고로 미국인에게는 '아메리칸 제일주의' 의 표준이 있고 덕국인에게는 '프러시언 제일주의' 의 표준이 있소.

아, 저들이 어찌하여 저희 나라라 하면 이와 같이 기뻐하오? 4년 전쟁에 덕국은 통상길이 막혀 식료 공황이 야단이오. 법국은 영토 절반이 대포탄 자리에 잿밭이 되었고 벨지움 써비사는 터문이도 없어졌소마는 내 나라라고 기뻐하는 것은 나라가 없으면 죽을 것을 나라가 있어 살아가므로 죽기를 싫어하고 살기를 좋아하는 인정이 자기의 생명을 위하여 나라 있는 것을 기뻐하오.

이 사람들이 살아가는 재미가 어떠하오. 제 강산에 나서 제 강산으로 돌아가는 일평생에, 어렸을 때에는 부모의 사랑을 받고 자라서 정이란 궁기 뚫리면 연애를 이으며 이로부터 가정의 기초를 잡고, 세상을 응수하게 되면 학문이 고상한 자는 몸을 청운에 두어 일국의 정사를 잡으며, 그렇지 못하여 농상업을 경영할지라도 광막한 토지에 봄에는 심고 가을에는 거두어 내하 외양(內河外洋)에 풍부한 물산을 운수 무역하여 세계 경제를 말기도 하고 펴기도 하며, 바다에서 고기를 잡고 산에서는 금은동철을 캐어 내어 먹고 싶은 것, 입고 싶은 것을 마음대로 하고, 자녀를 노리개로 단장하며, 늙어서 근골(筋骨)을 쉬일 때에는 뒷동산 해당화 밑에 손자를 안고 재롱을 보며, 강호에 낚시질과 수풀에 몰이사냥으로 온갖 재미를 다 얻으니 저들의 양심이 저절로 감동되어 저의 나라를 사랑하는 것이올시다.

그런 고로 고등 지식이 있는 자라도 제 나라이면 기뻐하고, 아무것도 모르는 자도 제 나라이면 기뻐하며 불량한 무리라도 또한 제 나라이면 기뻐하여, 눈에서 비지가 흐르는 주정뱅이도 제 나라이면 엉덩 춤을 추고, 꽁무니에 단총을 찌르고 손에 투전장을 쥐고 있는 노름꾼도 제 나라이면 그저 기뻐 좋아하오. 여보시오, 우리는 8년 동안 이상의 모든 희락을 모르고 지냈으니 그 설움이 어떠하시오.?

자유 없는 설움 어떠하시오.

대개 나라가 없는 자는 따라서 자유가 없소. 자유가 없으면 그 사람은 죽은 사람과 같소. 그런 고로 워싱턴이 “자유를 못하겠거든 차라리 죽음을 주시오”라고 기도하였으니 자유가 얼마나 귀중한 것을 알 것이올시다. 무릇 자유가 없는 자는 죽음과 같은 실상을 들어 말하오리다. 이 세상에 옥에 갇힌 자들이 일신의 자유가 없는 자들이올시다. 저들은 철창 냉옥에 갇혀 있어 발을 가지고 임의로 걷지 못하고, 입을 가지고 임의로 말하지 못하니 그 불쌍한 정형을 바른대로 말하자면 죽은 사람과 같은 것이 아니라 죽은 사람만 같지 못하다고 하오. 사람이 아주 죽으면 아무것도 모를 터인네 살아가지고 죽은 사람 노릇을 하려니, 그 괴로움이 죽은 사람보다 더할 것이올시다. 대개 이런 사람은 죄가 있어 벌을 받거니와 우리는 무슨 까닭으로 죽은 체하며 남들이 죽은 사람으로 보게 되었소.

여보, 자유 없는 우리 동포들이여! 일신의 자유 없는 설움이 어떠하오? 내가 일찍이 통 속에 갇힌 새를 보니 그 둥지는 채색 단청에 금은 장식을 하였으니 진흙을 쥐어 붙인 보금자리보다 나았고, 그 양식은 순전히 쌀알을 때 없이 뿌려줌이 궂은 비, 찬 바람에 버러지를 쪼아 먹는 것보다 나았소, 그렇지만 사람의 손에 길들이지 않고 아무쪼록 빠져 나가려 하는 것이 무슨 까닭이오? 하늘이 주신 두 날개를 죽치고 좁은 속에 갇혀 있기가 싫어서 끝없이 슬퍼하는 것이올시다. 미물도 이러하거든 하물며 사람으로 어찌 자유 없이 살아가겠소.

그러니까 나라가 없어지면 그 나라에 딸린 그 사람은 나라가 없어지는 그 때는 깡그리 따라 죽는 것이오. 그 후에 사는 것은 제가 살고 싶어 사는 것이 아니라 육체를 주체 못하여 그 몸이 썩을 때를 기다리고 있는 것이올시다. 이에 한 비유가 있으니 좀 들어보시려오. 십 리 장정에 죽은 나무가 꽃도 피지 못하고, 열매도 맺지 못하거늘 무엇을 위하여 처량 적막한 가운데 지엽을 다 꺾어 날리고 등걸만 우뚝 서 있습니까? 방춘가절(方春佳節) 24번 풍에 할 일이 없으니까 동설 추상(冬雪秋霜)에 뿌리가 뽑히기를 기다릴 뿐이올시다. 나는 이번 멕시코를 다녀오는 길에 자유가 없는 것을 슬퍼하였소. 로갈네츠는 미 · 멕시코 양국의 국경이올시다. 이민국 관리가 묻기를 "네가 중국 사람이냐" 아니오, "그러면 일본인이냐" 아니오, 나는 대한인이라고 하니 그 때에는 내가 심히 듣기 원치 않는 말을 하오. 그리하여 나는 미국에 들어올 길이 망연하여 여러 날 묵으며 애를 쓰다가 나의 신분과 이력의 증거를 들어 보이니 충후한 이 사람이 장애 없이 입국을 허락하였소. 당시 나는 지경(地境)을 넘어 들어오며 묵묵히 생각하니 뼈아픈 일이올시다.

시대는 요란하고 행동의 자유가 없으니 내 몸은 장차 어느 곳에 붙이며 나의 사랑하는 가족은 장차 어느 곳에 두어야 근심이 없을 터인고. 나는 내 몸 내 가족으로부터 여러분을 생각하였소. 여러분도 나와 같이 자유가 없는 자로 부모도 있고 처자도 있으니 부모를 어느 곳에 모시며 처자를 어느 곳에 살릴 터이오? 대개 자유가 없는 설움이 이와 같으니 여러분은 응당 이 설움의 아픈 것을 깨달으시리다.

오늘날 우리 한인은 개인으로 보아도 희락이 없고 공체로 보아도 희락이 없소. 그래서 집에 들어도 희락이 없고 밖에 나와도 희락이 없소. 만일 여러분 가운데 한 사람이라도 기쁨이 있을 것이면 그 기쁨을 빌어 서로 맘을 위로할 수 있을 것이거늘 우리는 김서방을 보아도 그러하고, 이서방을 보아도 그러하며 어디를 가든지 다 그리하여 희락을 얻을 구석이 없으니 대개 없는 화는 한때의 전염병보다 더 고르게 퍼지는 것이오. 더 혹독한 것이올시다. 기쁨이 없으면 그 사람은 슬픈 사람이올시다. 대개 사람이 슬프면 생각이 좁아지고 감정이 편벽되며 기운이 오므라들어서 생리에도 해로운 것이니 이런 이치는 학리로 연구할 것이 아니오 각각 거울을 보고 찾을 것이올시다.

보시오, 오늘 우리 한인은 늙은이도 허리가 꾸부러지고, 젊은이도 허리가 꾸부러졌소. 얼굴은 병들어도 누렇고 성하여서도 누렇소. 첫째 면목이 어엿하지 못하여 남의 앞에 내뛸 힘이 없고 신기가 국축(局縮)하여 작고 뒤로 물러가기만 하오. 이리하다가는 그 몸까지 건지기 어려울 터이니 나라는 누가 회복하여 주겠소. 생각할수록 모골이 송연한 일이니, 우리는 먼저 천하에 흉독하고 두려운 슬픔을 끊어 버립시다. 우리 민족 가운데 슬퍼하는 사람보다 기뻐하는 사람이 많으면 그 때에는 우리 나라를 회복할 기회가 절로 열릴 것이올시다.

기쁨의 방법은 희망이 하나

아무것도 없는 우리가 무엇을 가지고 기뻐하겠느냐고 물을 터인 고로 나는 오늘 우리 민족의 기뻐할 방법을 말하오. 우리는 희망이 아니면 다시 기쁨의 방법이 없다 하오. 대개 희망은 장차 얻을 것을 믿고 보지 못하는 가운데 사실을 만들어 기다리는 것이올시다. 이를 터이면 세 끼를 굶은 자가 내일 풍족히 먹을 것을 생각하며 삼동에 벗은 자가 내일 떳떳이 입기를 생각하면 우선 마음이 위로됨으로써 차마 생명을 끊지 못하는 것과 같이 오늘 일인에게 학살을 당하지만 내일 우리가 일인을 학살할 줄로 믿고 기다리는 것이 곧 우리가 마땅히 가질 희망이나, 대개 이런 희망은 절대한 용맹과 절대한 이상이 아니면 도저히 가질 수 없는 것이올시다.

오늘 우리는 이상을 발하고 용맹을 발합시다. 이에 한 증거를 들어 말하리라. 연전 교회 핍박에 1백 20인을 잡기 전에 소위 총독부 학무국 관리가 각 학교를 순행하는 길에 선천 신성 학교에 들어와서 생도들이 모두 기운이 펄펄하고 면목이 깨끗하여 반점 국축(局縮)하는 빛이 없음을 보고 놀라 이상히 여기어 말하기를 "이 사람들이 무슨 믿는 구석이 있기에 저같이 활발한 것이라" 하고 의심하기를 시작하다가 소위 음모 사건이라는 사실 없는 일을 얽어 잡은 일도 있습니다. 저들이 "믿는 구석이 있다" 함은 저희들도 번연히 아는 바에 사실로 믿는다는 것이 아니오 희망으로 만난다 함이니 대개 희망은 우선 그 생리상에 유익함이 이와 같소.

우리도 오늘부터 희망을 가지고 내일의 거울을 보아 봅시다. 우선 얼굴이 좋아질 것이오, 허리도 차차 펴질 것이올시다. 그리한즉 우리 가슴 속에 쌓여 있던 슬픔이 풀려 나가고 기쁨이 들어와서 그 자리를 채워 가지고 이 세상 분투하는 마당에 내어 세울 것이니 오늘 우리 사람의 놋 속에 가장 먼저 잡아 넣을 것이 '희망'이라 하오.

나약한 의심을 깨뜨리시오.

여러분 생각하시오! 이렇게 하면 우리가 능히 독립을 하겠소? 이것은 우리 민족의 품질로써 단정할 것이올시다. 오늘 우리 사람을 가지고 영 · 미 · 법 · 덕인에게 비하면 하나도 같은 것이 없소. 첫째 학문이 그와 같이 고상치 못하고, 기재가 그와 같이 강장하지 못하고 돈도 없고 세력도 없소. 무엇으로든지 저들을 따를 수 없는 고로 멀리 내다보지 못하는 사람들은 그만 낙심하여 "우리 나라 사람이 독립한다는 것은 다 헛말이다"라고 하는 이가 점점 많은 수효로 증가하니 이는 오해라도 적지 않은 오해라 하오.

오늘 배우지 못한 우리 사람을 가지고 발달한 저 사람에게 비교하며 같지 못한 것을 낙심하는 것은 마치 30여 세의 장년이 할 일을 7, 8세의 유년에게 맡기고 그와 같지 못하는 것을 꾸짖는 것 같으니, 이는 자기 민족을 보는 눈이 심히 공평치 못한 것이올시다. 그러하니 저들이 요사이 얻은 것을 감하고 우리와 평균수를 잡아 다시 비교하여 봅시다. 이같이 비교하는 마당에는 국민회 총회장과 미국의 윌슨 대통령이라든지, 〈신한민보〉의 기자와 〈런던 타임스〉 기자는 말할 것이 없고, 오직 무식한 사람과 무식한 사람을 비교하면 백인의 무식한 사람은 우리의 무식함보다 더 무식합니다. 내가 유럽으로부터 미국에 와서 또 미국으로부터 멕시코까지 다니며 보니 우리 나라 사람은 아무리 노동을 할 망정 40, 50원(달러)짜리 양복에 자두지족(自頭至足)을 지르르 흐르게 채렸죠. 이것이야 분수 밖에 일이지마는 어찌했든지 같은 노동자로 서양인의 호보와 같이하고 다니기 싫어하는 것은 그 기벽(氣癖)이 저들보다 나은 것이니 독립의 원수되는 민족의 품질로 보면 우리 나라 사람은 무궁한 낙관을 가질 수 있습니다. 지금에 갖지 못한 것을 가지고 낙심치 마시오.

내 비유로 말하오리다. 여기 복사(복숭아)씨 둘이 있는데 하나는 10년 전에 심어 열매를 맺고, 또 다른 하나는 1년 전에 심어 이제 겨우 뿌리를 박으므로 아직 꽃이 피지 못할 지경이면 열매를 맺지 못하는 나무라고 베어 버릴 자가 있겠습니까? 이와 같이 우리도 상당한 시기를 기다리면 본래 좋은 품질을 가지고 오히려 저들보다 앞설 수 있는 것이니 나의 경애하는 동포들이여, 자존 자중하시고 일시 세리로 생기는 나약한 의심을 깨뜨려 버리오.

그러면 협력을 하여 봅시다.

무궁한 희망을 품은 우리는 고상한 품격을 가졌으니 이로부터 진취할 길로 나아갑시다. 대개 우리 한인의 진취할 길에는 3종의 사람을 요구하나니 하나는 유식한 사람이오. 또 하나는 넉넉한 사람이오, 또 다른 하나는 협력하는 사람이올시다. 일언이 폐지하고 동심 협력합시다. 무엇을 동심 협력이라 하오. 한 가지 일에 마음도 같이하고 힘도 같이하는 것이올시다.

[1918년]

전쟁 종결과 우리의 할 일 *

이즈음에는 천지를 진동하고 원극(怨劇) 참극이 극도에 달하였던 구주 대전쟁이 멎었다. 강화담판이 열린다 하는 소문이 전파되매, 연합국측의 사람들은 기뻐 뛰노는도다. 이러한 동시에 벌써부터 전쟁 후에 우리에게 무슨 영향이 미칠꼬, 우리는 어찌할꼬 하는 생각을 많이 하던 세계 각 사람의 뇌는 더욱 분주하여 전쟁 후에 우리 나라의 정치는, 교육은, 실업은, 군사는, 외교는 어찌할꼬, 우리 단체의 사업은 어찌할꼬, 우리 집과 내 몸의 일은 어찌할꼬 하는 문제를 걸고 각각 자기의 처지와 경우를 의지하여 좋은 판정을 얻으려고 연구에 노력을 다하는도다. 큰 뜻을 품고 밝은 자각을 요구하는 우리 동지 제군들도 응당 때의 감촉을 인하여 많은 감상이 일어날지며, 우리의 전도를 위하여 연구가 많을 줄로 아노라. 박애의 정으론 많은 목숨의 참살이 그치고, 많은 몸의 곤란이 쉬이고 많은 재산의 소비가 덜림에 대하여 기쁜 감상이 있을지며, 스스로 보는 마음으론 남들은 이기었다, 졌다, 얻었다, 잃었다 하는데 우리는 이것도 저것도 아무것도 없으니 분하고 슬픈 감상이 아울러 발할지며, 반성하는 생각으론 남들의 어떠한 덕의와 기운과 재능으로 큰 일을 어찌어찌 쳐 가는 것을 보는 동시에 내가 얼마나 부족하고 못난 것을 일층 더 깨달아 부끄럽고 자책하는 감상이 일어날지며, 이 밖에도 여러 방향의 감상이 없지 못하리라 하노라.

그러나 감상은 일시적이라 말할 것 없거니와, 이 처지에 앉은 우리가 우리의 전도를 위하여 연구함은 중대한 관계라. 정력을 다하여 주의를 더하지 않을 수 없도다. 우리는 턱없이 허망한 욕심이나 요행의 희망을 가지고 공상하다가 말려는 사람이 아니요, 사실과 이치를 의지하여 적당한 판정을 얻어 가지고 역행하려 함이라. 제군의 연구하는 결과가 어느 방면에 이르는지 나는 사실과 이치를 표준하여 많이 생각하여도 전쟁 후에 우리는 준비 주의를 그냥 계속하여야 되겠고, 우리가 하고자 하여 노력을 더하기만 하면 준비의 효력이 더 있을지니,

---

* 1918년 10월 제1차 세계대전의 휴전이 성립되었을 때 북미 가주에서 홍사단우들에게 발표한 담화문.

이러한 시기를 헤아려 준비의 방침을 바로하여 일치 행동하기를 결단하고 나아가면 전쟁 후에 우리는 앞에 다시 오는 시기에 적응할 만한 준비의 기초가 세워지겠다 하나이다. 이제 몇 가지 문제를 들어 여러분의 참고를 삼고자 하나니,

1. 우리 나라의 독립을 운동하여 볼까

혹은 말하기를, 윌슨 대통령이 선전 포고서에 어찌어찌 하였고 평화 조건 제출에 어찌어찌 하였으며, 또는 아무 소약국은 독립의 승인을 얻는다니, 우리도 이 시기에 독립 운동하자 할지라.

독립을 무슨 방면으로 운동하겠는가 하면, 두 가지로 말하리니, 하나는 독립 전쟁을 일으키자, 둘은 윌슨 대통령에게 한국의 독립 승인을 요구하자 함이라. 독립 전쟁 문제로 말하면 연래로 저어 원동에서는 모씨 모씨 등이 해마다 두만강을 건너간다 하여 왔고, 하와이서도 모씨 등이 달마다 태평양을 건너간다 하여 무식한 동포들은 전쟁이 어떤 물건인지도 모르고 그런 말에 돈도 바치고 시간도 허비하여 속는 이가 많던 중에 이런 시기에 또한 그러한 문제를 제출할는지 모르나 우리 동지 중에서는 아무리 무식하여 판단력이 부족한 줄로 자처하는 이라도 전쟁은 어떤 것임을 알고 오늘에 그런 문제를 제출하는 것은 허망한 것으로 역력히 아는 바니 다시 말할 필요가 없겠고, 지약(至若) 윌슨 대통령에게 독립 승인을 요구하여 교섭한다 장서(長書)한다 함에 대하여는 어떠할까 하고 생각이 혹 주저하는 이가 있을는지 모르겠으나 이런 일을 함으로 한갓 한인이 일본의 기반(羈絆)을 원치 아니하는 뜻이나 발표하여 이 후일에 다소간 찬조 자료가 될는지 하고 혹 한인의 공통한 기관의 명의로 교섭을 제출할지 모르나, 사실로는 오늘에 무슨 효과가 있으리라 하면 이는 어리석은 희망이라. 자기의 일을 자기가 스스로 아니하고 가만히 앉았다가 말 몇 마디나 글 몇 줄로써 독립을 찾겠다는 것이 어느 이치에 허락하리오.

먼저 생각할 것은 일본이 어느 나라가 권고한다고 예하고 한국을 쉽게 내어놓겠는가 하면 응당 그렇지 아니할 터이라고 대답할지라. 저 일본이 조선이란 영토를 보전할 주의가 옛날 우리 사람들이 조상 나라 대한을 보전하겠다던 뜻보다 여러 10배가 더 굳지 아니한가. 조선을 내어 놓지 아니함으로 자기 일본

나라의 운명이 끊어질 지경에 이르면 모르거니와 그렇기 전에는 내어 놓지 아니하려 할지라. 그러면 우리가 윌슨 대통령에게 교섭함으로 미국이 박애의 덕으로 아무 다른 이유가 없이 오직 대한의 독립을 위하여 미일 전쟁을 일으키겠는가. 자기의 나라 일을 자기가 스스로 돌아보지 않고 각각 자기의 똥집만 위하겠다는 대한 사람을 귀엽고 가엾이 보아서 전국의 재정을 기울이고 수백만의 목숨을 희생하여 싸워 줄 이치가 있을 듯하지 않도다. 혹은 생각하기를 미국이 우리만 위함이 아니고 동양의 이권상 관계로 불가불 싸움이 되리라 할지라. 나도 생각하기를 미국과 일본 사이에 한번 큰 충돌을 면치 못하리라 하노라마는 혹 특별한 사건이 갑자기 생길는지 예측하기 어려우나 현상을 의지하여 보건대 미국이 여간 불만족한 관계가 있더라도 구주에 보내었던 대군을 곧 돌리어 제3국과 싸울 뜻이 없을 터이요 또한 일본은 미국으로 하여금 충돌되는 데까지 이를 만한 불만족한 일은 피하기로 꾀할지니 이 평화 끝에 곧 미일 전쟁이 생기겠다고 예측할 바 아니로다. 폐일언하고 한국이 독립하려면 한국 민족이 정신상 독립과 생활상 독립부터 먼저 되어야 하겠거늘 오늘 우리 민족의 정신상과 생활상 두 방면이 다 어떠한 것을 여러분은 밝히 아시는 바라 독립의 운동을 생각하는 것이 요행을 바라는 이의 일이라 하노라. 우리는 이 앞날에 우리를 향하여 오는 독립을 잘 맞기 위하여 우리 민족으로 정신상 독립이 되도록 생활상 독립이 되도록 또는 대동 단결이 이루어지도록 준비에 노력을 더하고 더함이 가하다 하노라.

2. 해외 한인(海外韓人)의 대동 단결을 주선(周旋)하여 볼까

혹은 우리 한인들이 비상한 감촉이 있는 이 때를 타서 해외 한인의 대동단결을 조직하여 볼까 할지라. 해외에 거류하는 우리 한인 전수(全數)가 대동 단결만 하고 보면 우리 민족의 세력이 크게 떨치어 우리의 품은 뜻을 가히 펼 수가 있을지라. 이러므로 우리는 이것을 간절히 원하고 이것 노력하는 가운데 있도다. 그러나 오늘에 당장 구체적으로 해외 한인의 대동단결을 이루겠느냐 하면 아직은 몽상뿐이요 실로는 못 될 일이로다. 대동 단결을 이루려면 몇 가지 먼저 요구하는 것이 있나니,

첫째, 다수 동포가 대동 집합할 만한 상식이 있어야 할 것이오.

둘째, 큰 단체를 옹호할 만한 중추력이 있어야 할 것이오.

셋째, 중추의 중심으로 단체 전부를 통어할 만한 인물이 있어야 하겠거늘 지금에 요구하는 이 셋이 다 있는가, 더러 있는가. 나는 살피건대 장차는 있겠지마는 오늘에는 이 셋 중에 하나도 없다 하노라.

첫째, 다수 동포의 단결적 상식으로 말하면, 극히 흑암(黑暗)하여 단결의 필요를 자각함이 너무도 없고 또는 고유한 단결의 관습까지 없으므로 단체가 무슨 명의인지 모르는 이가 많을 뿐더러 단체가 무엇인지 아노라 하고 단결의 필요를 입으로 말하는 이 중에 실상으로 깨달은 사람은 몇이 못 되는도다.

둘째, 중추력으로 말하면, 다수 동포 이상의 지식과 덕의(德義)를 가진 고등한 인물들이 단체 중부에 처하여 힘과 뜻을 같이하여 단체의 유지와 발전을 특별히 책임함으로 중추력이 이루어지거늘 우리 민족 중에 좀 낫다는 이들이 장차 더 자라면 되겠지마는 아직은 중추력을 이룰 만한 상식이 부족한 가운데 동사자(同事者)에게 등(等)한 의리와 일을 위하는 정성까지 부족하도다.

셋째, 중심적 위대 인물로 말하면, 불편불의하여 둥그럽고 안과 밖이 일치하여 순정(純正)하며 굳게 지키고 힘써 나아가는 충성의 덕이 있고 세계적 큰 지식이 있어 능히 일만 사람을 통솔하고 일만 일을 총괄할 만한 자격을 갖추어야 하겠거늘 장차는 많은 수양가 중에서 생겨나겠지마는 아직은 발현되지 아니하였도다. 도틀어(도파니) 말하면 다수는 모르고 소수는 일을 시작도 하기 전에 일을 하려는 생각은 뒤에 두고 후에 뉘게 영예와 권리가 있어질 것부텀 계산하여 보고 자기에게 영예와 권리가 좀 적게만 올 듯하면 그만 두려고 하며 심하면 무너지기까지 하여 구름 속에 영리를 가지고 싸우다가 헤어지는 시대로다.

그러한즉 대동 단결을 오늘에 이루지 못함은 형세상 사실이라 하노라. 우리는 참으로 원하는 대동 단결을 이루고자 하면 형세 밖의 일을 몽상만 하다가 몽상대로 아니 된다고 낙심하지 말고 다수 동포가 상식이 자라지도록 중추력이 생겨지도록 위대한 인물이 발현되도록 노력에 노력을 더함이 가하다 하노라.

3. 우리의 소망과 할 것은 무엇인가

독립의 운동과 대동 단결의 주선이 다 아직은 그 시기가 아니라 하면 이것 외에 이 전쟁 후에 우리의 받음직한 소망이 무엇이며 할 것이 무엇인가. 우리의 받을 것은 잎과 꽃이 아니요 뿌리며, 난간과 지붕이 아니고 기초로다. 우리의 할 것은 이것을 정성스럽게 받고 이것을 견고케 함이로다. 이 전쟁 후에 우리 가운데 몇 만 원 자본이 뭉칠 터이니 이는 실업 발전의 기초요, 많은 수학자(修學者)가 일어날 터이니 이는 수학 발전의 기초요, 많은 영업자가 생길 터이니 이는 생활 독립의 기초요, 우리 기관 안에 적립이 증가할 터이니 이는 우리 단의 실무가 점차 진흥할 기초로다. 이것이 요행이나 쳐다보고 빈 생각과 빈 말이나 하는 우활(迂闊)한 사람에게는 매우 적은 것이라고 시들하게 볼는지 모르나 견고한 기초 위에 좋은 건설이 있고 튼튼한 뿌리 위에 좋은 꽃과 열매가 있음을 아는 우리는 매우 크고 중한 줄로 알고 기초와 뿌리가 생길 만한 싹도 잘 보이지 아니하므로 한하던 우리는 이것을 받을 수만 있으면 행여나 놓칠까 두려워하여 받는 데 정성을 다하고 보전함에 노력을 다하리로다. 다시 물을 것은 어찌하여 이 시기에 이 몇 가지 기초를 받음직하며 무엇을 함으로 이것을 잘 받겠는가.

ㄱ. **실업 발전의 기초.** 우리는 벌써부터 금전력이 없으므로 무엇이든지 못함을 한하고 금전력이 있어지려면 실업을 발전하여야 되겠다 하여 실업을 발전할 기관 북미 실업 회사를 오랫동안 붙들어 온 바, 지금에 와서 자본이 7만 원 이상에 달하였는지라 현금 노동과 농업 형편이 좋으며 많은 동포는 우리의 일이 참이요 실지임을 깨닫고 응합하는 이 시기를 타서 우리가 힘을 좀더 쓰면 수년 안으로 10만 원 이상의 자본이 세워질 것이요, 또는 얼마 후에는 곤란이겠지마는 현금에는 노동만 하여도 일 년간에 천 원 이상을 저축하는 이가 적지 아니한때라. 우리 백여 동지 가운데, 혹은 전날에 내려오는 채무가 있으므로, 혹 가권(家眷)이 많으므로, 혹은 몸이 공무에 매이므로 남같이 천 원 이상을 저축하기가 불능한 이도 없지 아니하나 이런 처지에 있는 이가 많지 아니하여 불과 열에 하나쯤 되나니 열에 아홉은 다 일 년에 천 원 이상 만들지 못한다 하더라도 일 년 반이면 넉넉히 만들겠고, 혹은 농업으로 여러 천 원을 만들 수도 있으니 우리 백여 동지가 이 때는 자본 저축의 특별한 시기임을 알아서 모든 일을 잠시

정지하고 각각 천 원 이상을 만들어 우리 저금 기관에 집합하면 동맹 저금부 안에 또한 10만 원 이상의 자본이 쌓일 터이니 실업 회사와 동맹 저금부에 모이는 총계가 20만 원 이상에 달할지니 1,200원의 금전도 완전히 모임이 없던 우리에게 20만 원 자본이 서는 것을 어찌 크지 않다 하리오. 실업 회사의 자본은 물론 실업 발전상으로 활용이 될 것이요, 저금부에 모인 돈이 합동체로 되든지 각각 나뉘어 쓰여지든지 이것도 각 개인의 학비 기금이 아니면 실업 기금이 될 터이니, 이같이 되고 보면 실업 발전은 기초가 견고하여 멕시코 · 하와이 · 원동까지 우리의 실업이 점차 진취하지 않겠는가. 아니 하려면 이(已)려니와 하려고만 하면 못 될 리가 없도다. 1년간이나 혹 2년간에 20만 원의 대자본을 모아 실업 발전의 기초를 든든히 세움으로 우리의 공통한 실력과 우리 각 개인의 실력까지 아울러 증진케 할 것을 받으려는가 사양하려는가. 제군들은 깊이 연구하여 택하소서. 이것을 받는 시간도 과히 오래지 않고 받는 일도 과히 못 견딜 것이 아니다. 노동과 농업 형편이 갑자기 떨어지면 모르거니와, 그렇지 아니하면 다만 우리가 하여 놓자고 결심하고 1년 혹 1년 반 동안에 부지런히 일하고 용도를 특별히 존절히 하면 되겠도다.

ㄴ. **수학(修學) 발전과 생활독립의 기초.** 우리는 일을 참으로 하여 보자고 하므로 품격이 부족하고 지식이 없고는 아니 될 것을 더욱 밝히 알았다. 이러므로 우리부터 한 가지 이상을 배우면서 전국 청년이 다 같이 배우게 하려고 수학 동맹을 목적으로 정하였는지라. 그러나 저간에 혹은 노동으로 시간을 소비하고 혹은 몇 달은 공부하고 몇 달은 일하여 이럭저럭 수학주의를 완전히 지키지 못하였다마는 지금으로부터 1년 혹은 1년 반 후에는 각각 그 정도와 처지를 따라 혹은 대학으로 혹은 중학으로 혹은 소학으로 혹은 단기 학교로 혹은 전습소(傳習所)로, 그렇지 아니하면 말 기르고 양 치는 마당으로, 삼림과 과목을 재배하는 동산으로, 생선 잡는 바다로, 쌀 찧고 밀가루와 죽가루 만드는 용정간(舂精間)으로, 장막 짓는 데로, 양철통 만드는 데로, 철공창으로, 비누와 양촉 만드는 데로, 캔디와 쿠키 만드는 데로, 어디든지 배울 구멍을 뚫고 들어가 배워야 하겠고, 이것을 하려고 하면 할 수 있도다. 증왕(曾往)에 못한 것을 어찌하여 이 전쟁 후에 일치하게 되겠는가, 증왕에는 우리 동지 중에 본국으로서 신도(新

到)한 이로 가정의 관계 혹 채무상 관계로 자연 시일을 천취하였거니와, 지금은 거의 그것을 다 지내었고 오래 전에 건너온 이 중에도 생활상 관계로 뜻을 이루지 못하였거니와, 지금은 전에 비하여 생활이 피는 이의 수가 많으니 능히 입학할 수가 있고, 또는 이번 남들의 일하는 것을 보고 수학의 뜻이 더욱이 간절한 때라. 지금은 입학할 뜻도 뜨겁고 입학할 형편도 되는 이가 많으니 많은 수학가가 일어나겠다 하노라. 우리 백여 명 동지 중에 혹은 영업에 헌신하고 속히 몸을 빼기 어려운 이와 혹은 남의 채무에 걸린 이와 혹은 공무에 매인 이들 몇몇은 이를 실행키 어려우나 많은 수는 족히 할 수 있나니, 우리의 많은 동지가 각각 수학하여 가지고 저금부에 자금 모으듯이 기능을 집합체로 활용하고 보면 우리의 사업은 물론 크게 떨칠 것이요, 많은 청년을 수학 동맹(修學同盟)에 끌어들일 수 있으리니, 이것이 큰가 작은가 각각 생각하소서.

이것을 시작하여 끝까지 이룰 수 있는 한 가지 다른 이유는 이 위에 동맹 저금 문제에 말하였거니와, 여지껏 공부하지 않다가 상당한 학자금을 저축하기 좋은 기회에 공부하노라 하다가 또 중도에 폐하지 말고, 한번 힘써 일하여 1000원 혹 이상을 저금부에 세워 놓고 우리 동지 중 영업자들에게 영업하는 데 고본(股本)으로 던지어 배당하는 이식으로 학자의 부족을 깁다가 대학에 들어가 시간을 많이 요구할 때에는 그 본전까지 가져다가 공부를 성공할 때까지 계속케 할지라. 그런즉 노동과 농업의 모든 형편이 좋은 이 시기에는 잠시 모든 것을 다 정지하고 노동에 모험하며 용도를 존절함이 크게 필요하다 하노라.

생활 독립으로 말하면 이것을 우리가 원한 지 오래였지마는 이루지……(이하 미상)

[1919년]

3 · 1운동을 계승*

오늘 우리는 기쁨과 슬픔이 아울러 발하여 뜨거운 피가 조수 이상에 끓어 오르니 마음을 진정하기 어렵소이다. 우리는 오랫동안 마음이 아프고 얼굴이 뜨

---

* 1919년 3월 13일 북미 상항 대한인 국민회 중앙 총회 위원회 석상에서 행한 연설 요지.

뜻한 비애와 치욕을 받아 오다가 오늘에야 비로소 역사상에 큰일을 일으켜 놓았으니 기뻐서 일어나는 동시에 느낌이 간절하여 도리어 슬퍼하며 또 이 앞에 성공이 간단한 것을 두려워합니다. 우리가 독립 선언의 대사건이 발생하기 전에는 내지 동포의 내정을 몰라 앞뒤를 돌아보며 주저하였지마는 오늘 전국 민족이 나라를 위하여 생명을 바치는 때에는 대한 민족의 일분자 된 우리는 재주와 힘을 다하여 생명을 희생하여 죽기까지 용감하게 나아갑시다. 죽기를 맹세하고 나아가면 우리는 서로 의리의 감동함이 있을 것이외다. 믿건대, 마음을 넓게 가지고 강하게 쓰며 정을 뜨겁게 붓고 깊이 맺어 시기와 미움이 없을 것이요, 무서움과 두려움도 없을지니 기왕으로부터 이승만 · 안창호가 어떠하다, 이대위 · 박용만이 어떠하다는 요언이 스스로 소멸되겠고, 따라서 지방에 있는 동포들도 서로 느끼며 사랑하여 정성을 기울이겠고, 그 밖에 놀음하는 동포는 투전을 그치고 술 마시던 동포는 술잔을 던지고 일제히 일어나서 하나님의 지휘 명령 아래서 죽음이 아니면 독립, 두 가지로써 뒤를 이어 나아갈 것이올시다. 세계 역사에 증거하여 보건대, 국가의 독립이 한 번 싸움으로 성공하는 일이 드물고, 또 목하에 우리가 스스로 돌아보더라도 형편된 것이 무수한 피를 흘려서 일본의 섬을 바다 속에 잡아 넣어야 우리 한국의 독립이 완전히 성공될지니 우리는 죽고 또 죽음으로써 독립에 회복하기로, 사람이면 모두 내어 쓰는 대로 쓰고 주먹으로 쓰다가 나중에는 생명을 바칩시다. 무릇 용감한 자는 큰일에 임하여 대담하고 심중하므로 앞에 쓴 책임을 이루어 가나니, 용감한 우리는 허열을 경계하고 모든 일을 진중히 하여 우리 독립국을 끝까지 응원합시다. 이제는 나의 주의를 말하리다.

1. 우리는 피를 흘린 후에 비로소 목적을 관철할지니, 이로써 준비하여 마땅히 지킬 비밀 외에는 비밀을 지키지 않을 것이요,

2. 북미 · 하와이 · 멕시코에 재류하는 한인은 특별히 담부한 책임을 깨달을 것이오. 특별 책임이 무엇이냐 하면, 미국에 있음으로써 담부한 책임이올시다. 미국은 지금 세계상에 가장 신성한 공화국으로 자유와 정의를 힘써 창도하나니, 장래 미국이 활동하면 우리에게 큰 관계가 있을 것이올시다.

우리는 지금으로부터 준비하여 널리 유세하며 각 신문 · 잡지를 이용하여 여

론을 불러일으키고 종교계에는 지금 한국 교도의 악형받는 참상을 널리 고하여 우리를 위하여 기도하여 주기를 청구합시다. 이렇게 하여 미국 전국 상하로 하여금 사람마다 한국의 사정을 알아서 많은 동정을 기울이게 되면 장래 우리 활동에 힘 있는 도움을 얻을 것이올시다. 이것이 곧 외교의 활동이니 우리 미국에 있는 동포들의 특별히 당부할 책임이오.

3. 재정 공급이 또한 북미 · 하와이 · 멕시코 재류 동포의 가장 큰 책임이올시다. 이천만 민족이 다 일어나는 이 때에 우리는 대양을 격하여 내왕을 임의로 하지 못함으로 말미암아 몸을 바치는 대신에 재정 공급의 중임을 담부하였으니, 우리는 금전으로써 싸우는 군인으로 생각합시다. 지금 맨주먹으로 일어난 우리 독립군들은 먹을 것도 없고 입을 것도 없어서 바다 밖에 있는 동포들이 도와 주기를 바라고 기다리는 터이니 우리가 금전으로 싸우는 것이 생명으로 싸우는 이만큼 요긴합니다. 그래서 재정 공급이 가장 큰 책임이라 하는 것이올시다.

재정 모집에 이르러서는 일찍이 정비례의 지출의 의견도 있었고, 또 현금 민심을 보건대, 사람마다 더운 피가 끓어서 있는 것을 다 바치기로 생각하고 만일 바치지 않으면 강제로 걷어 오기로 생각하거니와, 이렇게 하여서는 큰일을 해 나갈 수가 없소이다. 독립군의 버려진 형편을 보건대 1년도 가하고 2년도 가하여 한량없는 재정을 요구하는 터이니, 얼른 단 한 번에 그 생활 기초를 흔들어 놓으면 다시 뒤를 이을 여지가 없을 것이니, 우리는 마땅히 이 때에 경제 정책을 취하여 동포의 영업을 이왕보다 더 힘 있게 장려하고 이익에서 힘에 맞도록 의연을 거두는 데 무슨 벌이를 하든지 매 삭, 혹 매 주간 수입에서 20분의 1을 거두어 들이게 합시다.

이를 실시하려면 부득이 4월부터 시작하게 되리니, 이 달에는 미주 · 하와이 · 멕시코 재료 동포 전체가 한 사람 평균 10원 이상의 특별 의연금을 내게 합시다. 총히 말하면, 우리는 국가에 일이 있는 이 때에 있어 생명과 재산이 내 것이 아니요 나라의 것이라, 어느 때에 바치든지 다 나라에 바치기로 생각합시다. 나는 미주 · 하와이 · 멕시코 전부 동포를 대표하여 갈충보국(竭忠報國)을 결심하였음을 공번되히 말씀합니다.

제1차 북경로 예배당(北京路禮拜堂) 연설 *

금일은 우리가 일할 때외다. 너도 하고 나도 해서 대한 사람은 남녀 노소 하나 남김없이 함께 일합시다. 오늘날은 일만 위해서 일할 때올시다. 나의 명예를 위하여, 나의 몸을 위하여 하지 말고 다만 나라를 위하여 일하고, 독일은 독일을 위하여 일하나니, 대한인도 응당 대한을 위하여 일할 것이외다. 영국인은 영국을 위하여 일하므로 제 받을 바를 받고, 미국인은 미국을 위하여 일하므로 제 것을 얻었으니, 대한 사람은 오직 대한을 위하여 일하지 않으므로 오히려 있던 것을 잃어버렸소. 아무 철도 모르는 계집 아이들이 포학한 왜놈의 손에 죽을 때에 무어라고 죽었습니까. 나는 이렇게 죽으면 저 해외에 있는 동포들이 나를 위하여 내 자유를 찾아 주리라고 부르짖고 죽었습니다.

우리의 오늘날 약함은 다만 우리에게 교화가 늦게 시작됨에 있고 우리 민족이 열등한 데 있지 않습니다. 대한 민족은 남에게 져서 살려고 아니하는 민족이외다.

그러므로 대한 민족은 독립하고야 말 민족이외다. 또 일본이 타민족을 통치할 자격이 없음은 사실이외다. 어떤 이는 대한이 강력한 일본에게 합병을 당한 것을 한탄하나 나는 오히려 이것을 다행으로 압니다.

3월 이후로 우리는 갱생하였습니다. 우리는 갈 곳으로 갈 수밖에 없습니다. 어제까지 정탐을 하던 놈도 오늘은 나라를 위하여 몸을 바친다 하면 우리가 기쁘게 맞을 것이올시다. 어떤 사람은 상해 가운데 대한 사람으로 왜놈의 돈을 먹고 자객 노릇을 하는 자가 있다고 하나, 나는 거짓말로 압니다. 대한 민족 되고 이 안창호를 죽일 놈은 하나도 없다고 확신합니다.

우리는 이제부터 외교를 잘해야겠습니다. 우리의 뜨거운 피를 흘려야겠습니다. 옥에 갇힌 이의 유족도 건져야겠습니다. 재정 문제도 급합니다. 여러 가지 급한 것 많지만 무엇보다도 우리는 통일되어야 하겠소. 대한민국 전체가 단합하여야 하겠소. 세계가 지금은 우리를 주목하여 노서아보다, 중국보다 나은가

---

* 중국 상해 북경로 예배당에서 도산의 내호(來滬) 환영회가 교민 친목회 주최로 열렸는데, 그 석상에서 행한 연설 요지(1919년 5월 26일). 《신한민보》 1919. 7. 17 (1) (제579호) 게재.

보려 합니다. 그러므로 우리가 무엇을 희생하더라도 여기 이 정부를 영광스런 정부로 만들어야 하겠소. 세상에 조소를 받지 않도록 하여야 하겠습니다. 나는 여러분의 머리가 되려 하지 않습니다. 여러분을 섬기러 왔습니다. 마지막에 말씀할 것은, 우리가 항상 하나님 앞에 은밀히 안 된 것을 고쳐야 되겠습니다.

망국민 자격에서 벗어나 독립 국민 자격이 되어야 하겠습니다. 오늘날에 이르러 우리 동포가 이만큼 피를 흘린 뒤에 저주하고 머뭇거림은 죄악이외다. 다만 너도 일하고 나도 일하여 대한 사람은 하나도 남김없이 모두 같이 일할 뿐이올시다. 온 대한 사람이 다 거꾸러지더라도 나는 홀로 서서 나아가겠다고 맹세하시오. 만세. 만세.

청년단(靑年團)의 사명 *

나는 오늘 저녁에 내가 생각한 말을 다 아니하려 합니다. 우리 민족에게 대하여 내가 할 말이 다소간 효험이 있을 줄 아는 고로 하루라도 바삐 내 소견을 발표코자 하오. 그러나 나는 소수의 여러분에게 말하고자 아니합니다. 내일이라도 상해에 있는 대한 사람이 하나 남지 않고 죄다 온다 하면 내가 내 속에 있는 말을 다 내놓겠소.

우리 청년이 작정할 것 두 가지가 있소. 하나는 '속이지 말자', 둘째는 '놀지 말자', 나는 이것을 특별히 해석하지 않소. 대한 청년은 스스로 생각할 때에 깨달을 수 있습니다. 이 말은 매일 주야로 생각하오.

우리의 일은 이것이 처음이요, 아직도 앞길이 멉니다. 우리는 좀더 활발히 싸워야겠소. 일본이 다행히 회개하여 우리 앞에 무릎을 꿇고 사과하면 모르거니와, 불연(不然)하면 장래 저 만주와 한반도에 각색 인종의 피가 강같이 흐를 것을 내 눈으로 보고 현해탄 푸른 물이 핏빛이 될 것이오. 이것을 일본 사람도 지혜 있는 자는 알고 있소.

우리 일은 시작이오. 우리의 앞은 더 중대하오. 우리 청년은 태산 같은 큰일

---

* 재 상해 청년단 주최 환영회 석상에서 행한 연설 요지(교민 친목회 사무실에서 1919년 5월 28일).

을 준비합시다. 낙심 말고, 겁내지 말고, 쉬지 말고, 용감하고 담대하게 나갑시다. 총독청 · 사령부라도 당돌히 출입하는 청년이 되시오. 뉘말을 들은즉 상해에서는 조심한다고 일 못 한다니, 조심한다고 일 못 하면 언제 하오? 죽을 작정하고 담대하게 일합시다. 우리 마음에는 원수 갚을 마음뿐이오.

상해에 있는 이는 겁 없이 일합시다. 오늘 봉천을 가게 되면 오늘 가고, 내일 경성을 가게 되면 갑시다. 상해에 있는 청년은 전 한 청년의 표범(標範)이 되오. 세상에서 우리 정부를 신임치 않는 이가 있더라도 우리 상해 있는 이는 우리 정부를 봉사합시다. 우리 정부는 왜놈의 정부만 못하오. 그러나 우리는 섬길 필요가 있습니다. 정부에서 하는 일이 불만족하더라도 우리는 섬깁시다. 이것은 여기 있는 청년이 전국의 모범이 되어야겠소. 그러므로 나는 청년단이 있음을 실로 만족히 압니다. 참 다행이오. 이것이 중심이 되어 여러 단체가 생기기를 바라오. 정부에서 시키지 않더라도 각 단체에서 자진하여 일할 것이 많습니다. 여러분이 이와 같이 스스로 단합하여 도와 줌은 참 감사합니다. 이 청년단이 더욱 확장하여 전국에 보급되기를 바랍니다.

제2차 북경로 예배당(北京路禮拜堂) 연설 *

여러분이 나의 시정 방침을 듣기를 원한다 하나, 금일 우리 방침은 다른 것 없이 다만 독립 운동에 대한 방침이외다. 결코 우리가 독립을 다 한 후 경성에 들어가서 할 시정 방침을 찾지 마시오.

세 가지 요구, 오늘날 한국과 일본의 문제가 생겨 한국은 일본에서 벗어나 신공화국을 건설하려 하오. 일본은 이것을 압박하여 요구하는 것 세 가지가 있소.

우리가 이것을 잘 알아 우리의 요구에 합하는 일을 하여야 하겠소. 먼저 한국에서 요구하는 것은, ① 한국민이 모두 통일하여 승인 전에 스스로 국가를 건설코자 하는 요구, ② 정의와 인도가 각국에 이해되어 우리 사정을 공평하게 판단하게 하는 요구, ③ 일본이 종내 회개치 않는 날은 무력으로 우리의 문제를 해

---

* 두번째 상해 북경로 예배당에서 독립 운동 진행 방침에 대하여 행한 연설 요지(1919년 6월 4일).

결하는 것.

일본의 요구는 이와 반대로, ① 한국민이 통일치 못하여 자멸케 하도록 하는 요구, ② 공평한 판단이 나서지 못하게 방해하는 요구, ③ 한국에 강한 무력을 갖지 못하게 하는 요구요.

첫째 요구, 일본은 봉천 안동현 등지에 자기 심부름꾼을 따르게 하여 각지에 연락을 끊으며 이간책을 쓰려 하오. 그러므로 우리의 일언 일소가 우리의 통일을 방해하면 아무리 자기가 국가를 위한다 하나, 이는 즉 스스로 일본에 충신이 되는 것이오. 우리의 계획이 허다하다마는 우리가 통일을 못 이루면 하나도 성취하지 못하겠으니 심려하여야겠소.

둘째 요구, 우리가 공평한 판단을 세계에 받기 위하여 워싱턴과 파리에 사람을 보낸즉, 우리는 안으로 의사가 합하여 따로따로 분산하지 말고 외교원들에게 실력으로 원조하여야 하겠소. 혹은 "지금 외교가 필요없다. 우리 힘으로 하자" 합니다마는, 좋은 말이오마는, 우리가 외교를 전혀 무시할 수 없는 것은 사실이오. 우리가 각기 돈을 가지고 내놓지 않으면 저 외교원들의 여비도 변출치 못하겠소. 고로 이것도 일인의 일을 조력하여 주는 것이 됩니다.

셋째 요구, 무력적 해결에 대하여는 다만 우리가 공상으로만 할 것이 아니오, 구체적으로 질서 있게 계획하여 나아가야 하겠소. 그러면 여러분 한국의 일을 하노라고 일인의 요구를 성취케 맙시다. 임시 정부를 욕하는 것이 통일에 적합하다 하면 매일이라도 욕하시오. 만일 불연하면 길이 생각하여 보시오.

놀지 말고 일하자, 내가 이 말을 세번째 합니다. 우리 일은 매우 큰 것이므로 노력이 필요합니다. 우리 이천만이 다 같이 일하여야 될 것이오. 가만히 앉아서 독립이 될 줄 압니까. 가만히 앉아서 흘리는 피는 가치가 적소.

여러분 각자 무슨 일이든지 하나씩 붙잡으시오. 일이 있거든 다른 일이 생기기까지 그 일을 놓치지 마시오. 아직 일이 없으시면 금주라도 일을 구하여 놀지 마시오. 우리가 다 하나씩 붙잡으면 모든 시기 편당이 없어지리라. 할 일이 없습니까. 일하기 좋은 일만 찾지 말고 아무 일이든지 남이 알거나 모르거나 있는 대로 하시오. 그러면 일이 없을 수 없소. 일은 하고 싶으나 나는 자격이 부족하다 합니까. 시체가 아닌 이상에는 자격이 있소. 소 못 잡는 칼은 닭이라도 잡을 수 있소. 세인이 나를 바로 써 주지 않는다 합니까. 만일 성심으로 일할 것 같으면 마침내는 그 자격이 나타날 것이오. (이하 약)

한국 여자의 장래 *

내가 다른 때보다 더욱 오늘은 한국 부인을 존경하고 사랑하는 마음이 많습니다. 한국 여자는 본래 그 절조가 세계 중 가장 높고 굳어 가장 존경을 받을 만하였소. 그러나 다만 한 가지 흠은 그들이 스스로 생각하여 사나이의 부속물로 여기고 여자도 떳떳한 사람의 권리를 가진 것을 깨닫지 못하였고, 사나이도 또한 여자를 한 부속물로 생각하였습니다. 그러므로 과거의 여자의 큰 잘못은 스스로 몸을 낮추어 그 권리를 버리고 사나이에게 붙은 물건으로 여긴 것이올시다. 오늘날 여러분을 더 존경하고 사랑한다 함은 그런 여자 가운데서 새로운 정신이 일어나 이번 독립 운동에 사나이보다도 먼저 부인들이 시작하고 피를 흘리는 가운데서 끝끝내 유지하여 온 까닭이외다. 내지나 해외에 있는 부인들이 자각하여 그들의 사람 된 책임을 다하게 된 것을 더욱 존경합니다. 또 사랑하는 것이외다.

지금 여러분의 일이 시작이므로 모든 것이 서투르다고 스스로 업신여기지 말고, 또 업수이 알지 맙시다. 쉬지 말고 나아가면 큰일을 이룰 수 있소. 구미 각국에서 교육계에 실업계에 저술계에 정치계에까지 남자뿐만 아니라, 여자도 많으오. 여러 부인들이 참정권을 위하여 오랫동안 싸우고 지금도 싸우고 있습니다. 나는 우리 나라가 여자의 힘으로 독립하는 날이 될 것을 기뻐하는 것보다 더 여자의 자격을 기뻐합니다.

내가 미주에서 돈을 모집할 때 나는 여자의 자각을 위하여 여자는 여자끼리 모여서 돈을 모집하기 바랐소. 그 때 남자들은 자기 수입 중에서 20분의 1을 바치기로 할 때에 여자는 그의 생활비에서 하루 음식을 줄여서라도 그 돈을 모아서 바치겠다 하였습니다. 여자는 일정한 직업도 없다고 또 집안 살림에 매였다고 부모 슬하에 있다고 돈을 거둘 수 없다 마시오. 제 힘 닿는 데까지 할 것뿐이오.

---

* 대한애국 부인회(大韓愛國婦人會)에서 행한 연설 요지(1919년 6월 6일).

여러분 지금 생각하는 세 가지 일 다 좋습니다. 그에서 더한 방침이 없겠습니다. 여러분 그것을 계속하여 진행하시오. 전 대한 여자가 한덩어리가 되어 가기 위하여 연락하기를 시작하였으니, 그것을 그대로 진행하시오. 그동안 한국 여자가 받은 욕을 온 세상에서 광포(廣布)하라 하는 것. 그대로 할 것이오. 돈 모아 바치는 것 그대로 하시오. 별다른 일할 것 아니라, 이 세 가지가 가장 좋은 방침이외다. 상해에 있는 부인들이 서로 멀리 있어서라도 나라 일을 도울 수 있습니다. 늙은이 젊은이가 다 애국 부인회 회원이 되어 전국이 함께 합동하면, 이 부인들이 세계에 주는 감동이 남자보다 더하겠소. 미국이 참전한 후로 부인의 활동이 비상하였소. 부인들은 각기 돈을 내고 또 거리에 나서서 남자도 돈을 내라고 하였소. 이 까닭에 많은 돈을 모집하였습니다.

나라 일은 정부나 청년이나 유지자가 한다고 생각지 마시오. 여자도 큰 직업을 가진 줄로 알고 다 합심하여 함께 나아갑시다.

독립 운동 방침*

나는 이 자리에서 여러분의 의견을 많이 듣고 싶소. 나라 일은 사사로운 일이 아니오. 공번된 일이니까 여러분의 여론을 들어서 행하여야 하겠소. 지금 13도와 각처 여론이 일치하지 못하면 그 영향이 온 전국에 미칠 줄로 압니다. 혼자 생각하실 때 품은 생각 · 연구 · 불평 · 토론할 것, 다 이 공번된 자리에서 진정된 자리에서 진정으로 토론하여 주시오.

만일 이 자리에서 말 아니하고 집에 돌아가서만 시비를 하면 이는 정당치 못한 일이외다. 마음에 생각 숨기지 말고, 헐기 위하여 말고, 찢기 위하여 말고, 논하기 위하여 말고, 모으기 위하여 진정의 사상과 마음을 발표하여 주시기를 바랍니다…….

말씀하시는 이가 아니 계시니 미주 소식을 말하겠습니다. 이박사가 맨더토리(委任統治)를 청한 것은 우리 독립 운동 나기 전에 미주 국민회를 대표하여 가지고 화부(華府)에 가서 파리로 가려다가 전시 조례 때문에 여행권을 얻지 못하

---

* 교민 친목회 사무소에서 운동 방침에 관하여 행한 연설 요지(1919년 6월 25일).

여 가지 못하고 있다가, 어떤 법학자의 의견이 한국 독립으로 논하면 한국 내지에서 아무 거동이 없는 이상에는 외지에 있는 몇 사람으로 화회(和會)에 한국 독립을 청구하더라도 용이하게 제출되지 못하리라, 완전한 독립 요구의 계제로 우선 위임 통치를 요구함이 유리하다고 권고하므로 그렇게 요구한 것이외다.

그러나 이것은 종시 정식으로 제출되지 못하였습니다. 그러나 3월 1일 독립 선언 이후로는 그는 절대적으로 독립을 위하여 일하나니, 그가 제출한 청원서가 여기 있는데(신문낭독) 절대 독립 소리가 여러 번 있소. 그러나 여기 대하여 말할 것은 이미 어떠한 기회에라도 한번 맨더토리를 요구한 인물을 국무 총리로 선정함은 안한 것보다 못하겠지오마는, 이미 선정한 그가 국무 총리로 절대 독립을 청원한 이 때에 그이를 배척함은 대단히 이롭지 못한 일이외다. 이미 아무런 관계가 있었어도 오늘날 우리가 그 세력을 후원함이 우리에게 큰 이익이외다.(박수)

여러분 중에 한 분이라도 파리와 워싱턴에 위로하는 편지 한 번 하신 이가 있습니까. 없나 보오. 잘못한 것은 추호만큼이라도 안다 하다가도 잘한 것이 있으면 눈을 감고 맙니다. 우리가 이 버릇을 고쳐야 하겠소. 우리 이천만을 대표하여 간 이는 다만 김규식 씨 일인이오. 다른 나라와 같이 여러 백 명씩 간 것이 아니오.

만일 다른 나라 같으면 그의 책상 위에는 위로 전보가 여러 백 장 쌓였을 것이오. 실수한 것은 책망하여야 하겠소마는 용감스럽게 나아가게 하기 위하여 도와 주어야 하겠소.

(말을 잠깐 그치고 미주서 온 소식을 말하는 중 미국 각 계급에서 우리를 원조하는 상황 및 서재필 박사 부부의 활동이 비상하더라.)

순전한 애국심. 내가 방침을 말하기 전에 말할 것은 우리가 3월 1일에 독립 만세 부르던 그 순전한 애국심을 잊지 맙시다. 이 순전한 애국심만 있으면 다투나 싸우나 근심이 없소.

상해에 지방열이 있다고 근심하는 이 많으나 내 눈으로 보아서는 오히려 지방열이 없어서 걱정이오. 이것이 무슨 말인가. 미국이 참전하고 돈 거둘 때에 지방이 제각기 많이 내라고 경쟁하는 것 보았소. 우리도 각 지방이 서로 피를 많이 흘리리라고, 돈을 많이 내라고 경쟁합시다. 한 지방 사람이 한 방 얻어 가지고 있다고 저것이 지방열이라고 하오. 너무 유치한 관찰이오. 만일 내 처가 있다고 저것이 지방열이라고 하오. 너무 유치한 관찰이오. 만일 내 처가 있으면 편당 가르지 않으려고 다른 아내와 같이 있을 터이오? 어서 색안경을 다 벗읍시다. 진정한 애국심만 가지고 '나'란 것을 다 잊어버리고 나라만 위해 일합시다. 늙은이 젊은이, 유식한 이 무식한 이, 미주놈 상해놈 할 것 없이 다 같이 일합시다. 이 생각이 있어야 실로 방침도 쓸데가 있지, 만일 이 생각이 없으면 천만 가지 방침이 다 쓸데없이 되는 것이오.

금후의 방침. 방침이라, 계획이라 하나 안창호에서도 별다른 방침이 없고 다만 독립뿐이오. 단결하자, 외교하자, 군사 행동하자, 이것이 3월 1일에 반포한 우리 방침이오.

1. **통일방침.** 우리의 목적의 하나가 일전에도 말한 바와 같이 우리 대한 사람은 스스로 한 뭉텅이가 되어 다른 사람이 독립을 승인하여 주기 전에 나라를 이룹시다. 우리가 원수 손 아래서 물질로는 나라를 이루지 못하나 정신상으로 나라를 이루기 위하여 임시 정부를 세웠으니, 인제는 불가불 일치하여야 하겠소. 독립 운동이 일어나 우리 나라 최고 기관을 세우려 할 때 서로 교통이 불편하므로 동서에서 기관이 일어났으니, 오늘날은 이를 다 통일하여야겠소.

아령 국민회가 있소. 이로 인하여 각처에서 의혹이 많으오. 그런즉 우리가 다시 정식 대의사를 소집하되 이미 있는 대의사와, 아령 · 중령 · 미주 · 각지에서 정식으로 투표한 의정원을 다시 모아 거기서 지금 있는 7총장 위에 우리 집권 셋을 택하여 이 세 사람으로 파리와 워싱턴의 외교도 감독시키고 군사상 행동도 통일적으로 지휘함이 어떻소.(만장 갈채) 그러면 이 계획은 길어도 2개월이면 성공하겠소. 그러니까 그동안은 현재 급한 일은 그대로 처리해 갈 것이오.

우리 통일과 지식 계급. 지식 계급 여러분이 반성하여야 할 일이 있소. 여러분이 나라를 위하여 따로따로 여러 가지로 일하는 정성은 대단히 감사하나 오늘날은 따로따로 일함보다 합하여 일하는 것이 좋겠소. 북간도에서도 따로 하고 서간도에서도 따로 하고 어디 어디서 따로만 일하면 이는 우리가 스스로 멸망을 취함이외다.

나는 내무 총장으로 있는 것보다 한 평민이 되어 어떤 분이 총장이 되든지 그 분을 섬겨서 우리 통일을 위하여 힘쓰고 싶소.

그러므로 일전에 취임식을 하려다가도 주저를 하였소. 다른 것 다 잊어버리고 큰 것만 보고 나아갑시다. 내 부모라도 우리 일에 충성되지 못하면 원수요, 내 원수라도 우리 일에 있어서는 내 친구가 될 수 있소. 우리가 돈에 대하여서도 많은 돈, 적은 돈 할 것 없이 인제는 동서 분산되지 말고 다만 한 곳으로 도웁시다. 재정과 의사가 서로 통일되어 일합시다.

내가 잘못하는 것 있으면 책망하십시오마는 언제든지 나하고 나누지 맙시다. (박수) 장난이라도 우리 사이에 혁명이 생긴다는 등 소리를 하지 맙시다.

2. 외교 방침. 우리가 오늘날 정책이나 수단으로 하는 외교가 아니오, 다만 정의와 인도로 하는 외교외다. 우리가 10월에 연맹회가 열리기 전에 외교 많이 해 두어야 하겠소. 한일 관계를 조사하는 것도 그 전에 해야겠소. 중국하고도 과거부터 미래까지 관계가 그치지 않겠소마는 외교를 따로따로 하지 맙시다. 따로따로 외교하면 오히려 신용을 잃은 것이외다. 만일 외교 하시려거든 정부 허락을 맡아 가지고 하시오.

3. 군사 행동 방침. 우리는 군사 행동의 수양이나 무비(武備)나 다 일본보다 못하나 우리는 그것 생각할 것이 아니외다. 다만 일인이 피로 우리 나라를 빼앗았으니 우리도 피로 회복할 것만 생각합시다. 우리가 다 합해도 부족한데 따로따로 나면 어찌합니까. 피를 흘리되 통일적으로 싸워야 이익이 있겠소.

4. 재정 방침. 금전을 모아야겠소. 큰 부자에게 가서 가져올 것도 아니요, 빈부를 물론하고 다 제 힘껏 내어야 하겠소. 상해에 있는 동포들은 한 달에 얼마씩 작정하고 꼭꼭 냅시다. 부자한테만 바라면 돈이 아니 되오. 힘 자라는 대로 내겠다는 이는 거수하시오. (만장 거수) 그러면 재정 방침 다 되었소.

결론, 임시 정부가 한 일이 무엇이오? 원동에 있는 이가 한 일이 무엇이오? 재정 모집과 시위 운동 계속이외다. 이것으로 외교와 전쟁과 모든 것이 될 것이오. 내가 며칠 후에는 피 흘리는 이에게 절하겠소마는 오늘은 돈 바치는 이에게

절하겠소. 돈 한 푼 갖다 주지 않고 일만 하라 하니 답답합니다.

내가 취임할 때 또다시 무슨 말할지 모르나 오늘 밤만은 "원망도 말고 시기도 말고 딴 집 세우지 말고 무슨 일을 당하든지 지금은 다만 한 곳으로 모여 돈을 모으고 통일 · 외교 · 전쟁 세 가지를 잘해 나가자" 하는 말뿐이오.

내무 총장(內務總長)에 취임하면서 *

이같이 중대한 직분을 받는 오늘 나의 감상은 다만 감축하다고 하는 말뿐이올시다. 다만 일백 번 죽음의 어려움이라도 피하지 않고 일반 국민과 국가를 위하여 충성을 다하겠다 할 뿐이올시다.(박수)

이 앞에 일할 때 큰일에나 작은 일에나 속이지 않기를 결심하오. 나라 일은 한 사람이 하는 것이 아니요, 전 국민이 함께 하여 성공할 줄 알고 결심합시다.

감상은 더 말할 것 없고 여러분께 말씀하려는 것은 이 네 가지외다.

1. 우리의 기능
2. 우리 일의 과거와 현재
3. 우리 일의 미래
4. 일하는 데 주의할 것

첫째, 우리의 권능에 대하여는 위로는 하늘, 아래로는 사람을 향하여 아무 부끄러운 것 없는 권능을 가진 우리요.

우리 일은 아무 야심 없고 다만 인도와 정의에 입각한 것이오. 우리의 권능은 세 가지 있소.

1. 내 물건을 내가 스스로 찾고 내 주권을 내가 찾자는 것, 우리가 우리 주권을 잃고 사는 것은 죽은 것만 못함이오. 그러므로 우리는 최후의 핏방울까지 흘려 이것을 찾아야겠소.

2. 우리가 우리 주권만 찾는 것이 아니라, 한반도 위에 모범적 공화국을 세워 이천만으로 하여금 천연의 복락을 누리려 함이오. 그러므로 우리는 생명을 희

---

* 상해 임시 정부 내무 총장으로 취임하면서 행한 연설 개요(북경로 예배당에서 1919년 6월 28일).

생하여 이 목적을 달성하여야 하겠소.

3. 그뿐만 아니라 더욱 세계의 항구적 평화를 돕고자 함이오. 우리가 신공화국을 건설하는 날이 동양 평화가 견고하여지는 날이오. 동양 평화가 있어야 세계 평화가 있겠소.

이러한 권능이 우리에게 있는 고로 하늘이 우리를 도우며, 동서의 인민이 우리를 동정하니 우리는 반드시 성공할 것이외다.

둘째, 우리 일의 과거와 현재. 우리가 모든 교통 기관과 재정 기관도 다 원수의 손에 두고서, 많은 사람을 원수의 손에 넣고서 지금껏 한 일을 보면 잘했다 할 수 있소.

1. 우리가 세 가지 권능을 전 민족이 피를 흘림으로 세계에 광표(廣表)하였소.

2. 의정원과 임시 정부를 조직하여 민족을 대표하는 기관을 세웠소.

3. 이승만 박사는 이왕부터 외교를 시작하였었으나 독립 선언과 임시 정부가 나타난 후로 외교가 더 크게 열려 여론을 숭상하는 미국에서는 일반 인민의 큰 동정을 받았고, 외무 총장은 평화회에서 정식 대표로서 발언권을 얻었음은 성공이라 할 수 있소.

4. 일본의 손 아래서 살지 않으려는 정신이 우리 민족성에 전보다 더 크게 떨치게 되었소. 이 결과는 결코 작은 것이 아니고 매우 큰 것이외다.

셋째, 우리의 장래. 내가 지난 저녁에도 말하였거니와 다시 깊이 말하려 합니다.

1. 특별한 일할 것이 아니요, 다만 우리 독립을 위하여 이미 세운 일을 더 굳게 합리적으로 하고 단결하여 세상이 감히 우리를 무시치 못하게 하여야 하겠소.

2. 이미 시작한 외교를 계속하되 외교는 광명 정대한 외교요, 결코 일본인이 사용하는 것과 같은 권모 술수로 하는 외교가 아니오.

3. 군사상 준비를 하여야 합니다. 우리 일이 평화적으로 안 되면 반드시 군사적으로 하여야 하겠소. 혹은 우리를 웃을는지도 모르나, 인도와 정의의 피가 능히 일본의 강한 무력을 이길 수 있소. 우리가 상해 법조계 안에서 독립 승인 받을 염치도 없고, 적어도 내 강토 안에서 독립 승인을 받아야 하겠소. 이 세 가지 말은 간단하나 그 조건은 심히 복잡하고 많습니다.

첫째로 할 우리의 단합에 대하여 더 말합니다. 우리 목적은 세상이 독립을 주든지 안 주든지 우리는 스스로 독립하는 것이외다. 이를 위하여서는 한덩어리가 되어야 하겠소. 여기 대하여 구체적으로 할 것은 즉 다시 아 · 중 · 미 각지로부터 정식 의정원을 소집하여 거기서 주권자 삼인을 택하여 그 셋이 일곱 차관을 뽑아 의정원에 통과시키려 합니다. 이것은 두 달이나 석 달 동안에 되겠소. 지금 상해에 정부가 있으나 정부의 주권자도 다 상해에 있는 것도 아니오. 하므로 인심이 이리로 모이지 못했으니, 이 주권자 세 분은 꼭 상해에서 일 볼 사람을 택하여야 하오. 이렇게 각각 자기가 선출한 대의사가 뽑은 주권자에게는 다 복종할 터이오. 또 각지에 연락 기관을 혈맥이 서로 통하도록 할 것이오. 임시정부는 명의(名義)와 정신적 정부요, 장차 경성에 세울 정부의 그림자외다. 우리 정부는 혁명당의 본부요 삼천만은 모두 당원으로 볼 것이외다. 각기 제 기능 있는 대로 분업하여 독립을 위하여 일할 것뿐이오.

넷째, 일하는 데 주의할 것.

1. 합하면 살고 나누이면 죽는다.

2. 한번 결심한 것은 언제든지 변치 말고 세계에서 우리를 배척하더라도, 군사상 행위에 실패하더라도, 또다시 일어나 우리 기능을 찾기를 결심할 것이오.

우리의 앞길이 지난(至難)이오. 요행을 구치 말고 어떠한 곤란이라도 견디고 나아가기를 작정합시다.

임시 의정원(臨時議政院) 회의록 초(抄) *

(7월 8일)

의정원을 소집한 이유, 10월 제네바에서 열리는 국제 연맹에 제출할 안건을

---

* 1919년 7월부터 9월까지 소집된 임시 의정원에서 국무 총리 대리의 자격으로 설명 또는 답변한 것 중 요지 초록.

임시 정부 시행 방침은 一은 인구 조사요, 二는 재정에 대하여는 내외국 공채를 발행할 예정이요, 三은 세금이니, 국민의 인두세법을 공포할 예정이요, 四는 가급적 군사상에 노력할 것이요, 五는 구국재정단이 조직된 것이요, 六은 외교에 관한 것이다.

토의하기 위함인데 정부에서 성안이 없음은 시간이 급박한 것을 인함이오. 이는 정부의 의사뿐만 아니라, 전 국민의 대표적 의견으로 제출함이 가할 듯하므로 의정원을 소집함, 그런 고로 성안을 이룬 후에 소집치 않고 미리 이렇게 소집한 후에 문제에 대한 의견을 정하여 위원을 택하는 방식으로 금후의 수개월간 연구를 가하려 함.

금후의 방침

재정 방침. 애국 공채 발행. 근래 재정 운동자가 많으므로 인민이 의혹이 없지 않고 또 협잡하는 이가 없지 않으므로 이를 피하려 함. 장구한 시간을 요구할지라도 1000만 원 가량은 수입되리라 함. 경비는 만여 원인데 이로 인하여 아직 실시되지 못함. 인구세, 내지에까지 징수하기는 불능하고 외지의 인구도 조사가 미완이나 20원 징수될 예산.

구국 재정. 반관 반민으로 유지 한 분이 모여 발기하여 단원을 모집하되 50원 이상 내는 이를 단원으로 삼음. 단원 2만 명만 쳐도 100만 원은 모집될 듯. 이는 현재 급한 상태를 완화하기 위함.

외채. 원하지 않으나 우리 형편에 구하지 않을 수 없다. 가능 여부는 확언하지 못하나 우리 정부의 기초가 확정하면 될 희망이 있음.

외교. 기왕 파리 · 워싱턴 외교는 성적이 양호함. 연맹회와 우리 금후 외교.

1. 한일 관계의 조사 편찬을 국무원에서 하는 중(파리와 워싱턴에서 외교 진행한 것).

2. 김규식 외교 총장을 국제연맹회로 보낼 것.

3. 서재필 박사를 공식 대표로 위임할 것.

4. 외교원을 증가할 것.

5. 외국인을 사용할 것.

군사. 그동안 군사 설비를 못함은 재정 문제요. 실력이 생기는 대로 각지 의용대를 후원할 것. 군사 대회를 어떤 지방에서 열어 계획을 정할 것. (이상)

(오의선 의원 질문) 각지에 산재한 각 총장에게 공식통신이 유(有)한가. 중앙

으로 소집하지 않는가? 외교 문제 중에 우리와 가장 밀접한 관계가 있는 중국에 대하여 외교가 여하(如何)한가?

비공식적으로 편지하였노라. 공식으로는 비서장의 신병으로 아직 못하였노라.

중국 외교는 어느 외교보다도 중하게 여기므로 근일에는 정부 내에 외교 후원회를 두되, 중국 외교에 적당한 인물을 회원 내에 두고자 함.

또한 재정이 부족하여 완전히 진행 못 된 사실이 많음.

오스트레일리아 외교도 또한 중대함은 사정은 다르더라도 같이 배일적 정세가 있습니다. 그러므로 재정이 원만히 되면 ○기도 사람을 보내겠소.

(이규갑 의원) 일전에 모 석상에서 설명한 삼두 정치를 설명하라.

이는 행정 직책이 아니오. 직접으로는 의정원에서 할 것이므로 이상에 말을 아니하였으나 의견은 그 때와 같음.

(임봉래 의원) 노령 문제에 대하여 정부 제출안의 설명과 전 회의 후 진행이 여하한가?

대표 파송은 아직 되지 않았고 금후에는 다시 법리적 의회를 소집하여 삼집권자를 택하여 통일을 기하려 함.

(7월 9일)

(오의선 의원 질문) 대국을 수습하여 내부를 통일하지 않고는 대외 행동을 취하지 못할지라. 이에 대한 방책이 있는가? 1. 우리 소식을 내지에 전하는 방책이 있는가? 교통 기관의 불비(不備)는 여하? 2. 재정 계획은 여러 가지로 계획은 들었지마는 정부에서 실행하는 데 성의가 있는 것 같지 않다. 정부에서 의정원에 재정 출입의 상세를 보고하기를 바란다. 3. 내정에 대하여 외지에 교거(僑

居)하는 아족의 조사는 내정에 속하였다. 의혹을 풀기 위하여 각 지방의 사정을 해방시켜 발표하기를 바란다. 4. 의정원에 대한 정부의 성의가 없다. 정부에서 의원의 자격 심사를 충분히 하지 않았다. 5. 군사 행동에 대하여, 재정이 부족하다 함은 사실이나 우리는 상상적 계획이라도 해야 되겠다. 정부에서 이를 연구하는가?

정부에 대한 충고는 달게 받음. 내막을 다 공개하라는 데 대하여는 우리가 그렇지 못할 경우도 없지 않다.

일에 대하여 정성과 민활이 없다 함은 후에 더욱 힘쓰겠다 할 뿐이오. 현재 우리 정부는 아직 조직중에 있다. 내부의 조직부터 완전히 정돈한 후에야 일을 완전히 하겠다. 그 계획은 지금 생각중이다. 재정에 대하여는 인재가 부족되고 재정 결핍도 현금에는 심하며 단결력도 결핍하다. 지방 연락은 지금 진행중이다. 지방단체와는 지금 비공식으로 교섭중이다.

(오의선 의원) 다시 외교. 파리에 제출한 본문, 파리 대표와 왕래한 전보, 미주와 관계되는 서류를 발표하며 재정도 상세히 완전히 발표하라.

(강태동 의원) 역사적 재료의 편찬 방법 여하.

이는 중요한 일이니 질문함이 가하겠다. 발표하지 않는다는 것은 아니다. (오씨 추궁함에 전언의 본지를 설명하고 정부의 조직의 미비를 다시 설명하다.)

강태동 씨에게는 후일 답변하겠노라.

(오익표 씨가 재정에 대하여 질문함에 재무 의원이 재무에 관한 보고를 함.)

의혹점이 많으면 조사 위원을 선정하면 좋겠다.

(손두환 의원) 국제 연맹회에 제출할 조건의 내용을 설명하라.

전일에 다 말하였노라. 연맹회에 제출할 조건의 주체는 의정원에서 함이 전 국민의 의사를 표시한다는 점을 보아 적당하다 하노라.

(신익희 의원) 의정원의 권한은 당국자가 알 터이니, 국제 연맹회의 제출안에 대하여 불완전하더라도 안건을 제출하라.

(오의선 의원) 위원회에 맡김이 어떤가?

조건을 어디서 해야 된다는 법률은 없다. 정부에서도 조건을 제출하리니 의정원뿐만 아니라, 각처의 의견을 종합하기를 바라는 것이다. 정부에서 책임을 피하는 것이 아니요, 정부의 내용이 불비함을 생각하고 형식만 찾지 말자. 일이 시급하므로 정부가 준비하는 동안에라도 의정원에서 의론하기를 바라는 것이다. 누누이 변명하였다.

(국제 연맹회 제출안에 대하여 의원간의 의견이 각출하였다가 결국은 정부의 성안을 기다리기로 결정되었다.)

(이유필 씨의 신성불신성 문제로 양방의 태도가 퍽 험한지라, 이 문제가 신차장 조직 이후로 일어나 요원이 점점 많고 양방의 견해가 묘망(渺茫)한지라. (〈우리의 소식〉 기자가 안 국무 총리 대리를 방문하여 근일 일부인 중에 전 조선 총독부의 관리되었던 자의 선거 피선거 및 공직 서용(敍用)에 대하여 시비의 논이 있으니 이에 대한 의견을 구하노라.)

이는 아무 근거도 없는 의논이라. 평등과 참정권은 임시 약법에 맹세한 자인즉, 진실로 대한 민국의 국민 된 자에게 하등 차별이 있을 리가 없다. 비록 일찍 일본의 관리가 되었더라도, 일단 민국의 국민 됨을 성언(聲言)하면, 그는 대한 동포라. 일본의 관리 되었던 자 반드시 조국을 배반하였음이 아니니, 독립의 기치 아래 모이는 동포에게 대하여 시비의 논을 지음은 결코 정당한 일이 아니라.

(8월 8일)

감정을 떠나 친애적으로 사업에 분주하자. 일을 위하여 싸울지언정 사람을 위하여 싸우지 말자.

(8월 28일)

임시 정부 개조안(臨時政府改造案) 설명 *

본안의 주지는 현재 상해에 있는 정부를 개조하되, 한성에서 발표된 각원을 표준으로 하자. 다만 집정관 총재를 대통령으로 개정하자 함이니 임시 헌법의 개정도 실로 이를 위함이라.

이는 정부가 좋아서 함이 아니요, 부득이 하여야 함이니 대개 실제 아닌 일에 시간을 허비함이라. 최초 현재의 임시 정부를 조직할 시에도 장구간 시일을 소비하였고 조직 후에도 각 총장의 대부분은 출석하지 아니하여 응급책으로 위원제를 취하였다가 이 역시 예기의 성적을 얻지 못하고 곤란한 중에 있었다가 월전 차장제가 실시됨에 그 성적은 매우 양호하다. 지성과 노력의 일치를 요구하는 이 때를 당하여 현재 각원 일동은 신(信)과 애(愛)로 단결하여 전도의 희망이 많음을 명언하노라. 이에 형식의 개정 같은 것을 피하고 실행만 전력을 집주할 것이거늘, 지금에 여차한 개조를 감행하려 함은 실로 우리에 절대로 필요한 전 민족의 정치적 통일의 실을 내외에 보이고자 함이라. 그러므로 이는 양자의 우열 또는 법, 불법으로 말미암은 것이 아니요, 오직 피하지 못할 사실 문제라. 상해의 임시 정부와 동시에 한성의 임시 정부가 발표되어 이승만 박사는 전자의 국무 총리인 동시에 후자의 대통령을 겸하여 세상으로 하여금 아민족에게 두 개 정부의 존재를 의심하게 한다. 동시에 우리 정부의 유일무이함을 내외에 표시함은 긴요한 일이니, 이렇게 하려면 상해 정부를 회생하고 한성의 정부를 승인함이 온당할지라. 혁명 시대를 제하여는 피차의 교통과 의사의 유통이 불편하므로 각기 필요에 의하여 일시에 2, 3의 정부가 출현됨이 또한 불가피한 사세니, 이는 오직 애국심에서 나옴이요, 결코 하등의 사욕이 있음이 아니라. 이자(二者) 중에 일(一)을 취한다 하면 국토의 수부에서 조직된 정부를 승인함이 또한 의미 있는 일이라.

혹은 양자를 다 버리고 통일의 신정부를 조직함을 말하나, 이는 다만 또 하나의 정부를 만들어 3개의 정부의 존재를 의심하게 하는 결과를 생함에 불과하리

* 조완구 의원이 본안의 설명을 청구하므로 안 국무 총리 대리가 등장.

니. 그러므로 집정관 총재를 대통령으로 하는 외에 한성에서 조직된 정부에 일점 일획도 변함이 불가하다 하노라. 다시 말하거니와, 이렇게 하는 중심 이유는 오등의 전도에 가장 절대로 필요한 통일을 얻으려 함이려니와, 또한 두 가지 기쁜 것이 있으니 즉, 모국의 수부에서 조직된 정부를 승인함이 기 일(一)이요, 한성의 정부 각원에는 상해 정부 각원 중에서 재무 총장 최재형 씨 일인이 없음은 유감이나, 그 대신에 박용만 · 신규식 · 노백린 · 이동녕 · 이시영 등 오씨(五氏)를 가하게 됨이 기쁜 것의 이(二)라. 현금 전 국민의 애국심과 통일의 요구는 날로 증가하여 각처의 개인 급 단체로서 상해 정부를 향하여 충성을 다한다는 서신이 일지(日至)하나니 실로 대통일의 호기라. 현명하신 제위는 통일을 위하여 진력하시기를 희망하노라.

결코 한성 정부를 고집할 이유는 통일하여야 할 것. 통일되었음을 역설하여야 할 것. 그리함에는 현존한 것을 합하고 결코 제3자를 만들지 말 것이 필요하다. 무근한 이유를 설하여, 무근한 의혹을 기할 필요가 없다. 상해의 정부가 현순의 전보를 통하여 세계에 발표됨과 같이 한성의 정부도 연합통신원을 통하여 발표되었나니 금(今)에 요구하는 바는 명실(名實)이 상부하는 완전한 통일이요, 기타에 하등 은위(隱諱)하는 이유가 무하다.

400차라도 오직 이 대답이 유할 뿐이다. [미절(未節)은 김홍서 의원 질문에 대한 답변]

(9월 3일)

임시 헌법 개정안(臨時憲法改訂案) 재독회(再讀會)에서 *

2일 동안이나 깊이 생각할수록 노동 총판을 개정하면 결코 나는 이 정부에서 시무할 수 없노라.

금번 개조안에 대하여 경성서 발표한 정부의 조직을 그대로 인용하면 대내 · 대외에 통일의 신용이 있고 또는 자기가 이미 이 뜻을 각처에 성명하였은즉, 이제 다시 노동국을 농무부로 개정함은 신용상 나의 승인치 못할 바라. 신용 없는

* 조완구 의원 질문에 대한 답변.

사람으로 정부에서 시무하기 불능하다. 또 이 노동국을 개정하면, 다른 부를 또 개정하자는 논자가 나와 다시 정부를 개조한다는 비평이 있으리라.

이 안에 개정되면 나는 도저히 정부에서 시무키 어려우니 제공은 깊이 생각하라. 이 안의 통과 여부는 제위의 자유요, 나의 시무 여부도 또한 나의 자유나 후일 정부를 떠남에도 나는 제위에 대하여 책임을 지지 아니하리라.

(9월 4일)

국제 연맹(國際聯盟) 및 공창안(公娼案)에 대하여 *

제7조 국제 연맹에 가입한다는 것은 어찌 생각하면 아유하는 뜻이 있고, 또는 구속이 되어 이하면 가입하고 해로우면 탈퇴하는 자유가 없을 것이오. 공창제에 대하여는 헌법에 이를 명서하면 도리어 자래로 우리 나라의 공창이 대치하였다고 표시하는 듯하오. 일인은 의복에 예가 없는 고로 전차에 탈의자 불가인(脫衣者不可人)이라 썼고, 또 중인(中人)은 토타(吐唾)하는 고로 전차에 침뱉지 말라 썼으니, 공창제를 폐지하라 씀은 즉 이와 동일한 의미가 아니뇨.

(9월 4일)

황실 우대안(皇室優待案) 삭제 동의(削除動議)에 대하여

나도 찬성이라. 우대의 필요가 없다 하나니, 황실도 자급자족함이 가할지니라. 앞으로 필요하면 달리 대책을 강(講)할 수도 있나니라.

(9월 5일)

관리 의원(官吏議員) 자격 상실안(資格喪失案)**

입법·행정, 각부는 사실상 현재에는 직권을 남용할 우려가 없으니 절연히 구획함보다도 맥락이 상통함이 필요할지라. 만사를 의정원에 의하여 행한다 함도 사세에 불합하거늘 의정원에서 일체 관리를 제외한다 하면 인재의 결핍에 내하(奈何)?

---

* 《독립신문》 1919. 9. 6 (2) 제6호

** 《독립신문》 1919. 9. 9 (2) 제7호

노동국(勞動國) 문제에 대하여

나는 원안대로 가결되기를 청하노라. 내가 이렇게 해야 할 이유와 나의 의사를 누누이 설명하였거늘 제위의 양해를 얻지 못하였음을 유감으로 생각한다.

흔히 나의 말을 불가해라 하여 국자를 부자로 판자를 장자로 정하는 수자(數字)의 관계에 불과하거늘, 어찌 진퇴를 운운하느뇨 하나, 제위에게는 심상히 보이더라도 나에게는 큰 관계가 있으니, 심상히 생각하는 제위가 대단히 생각하는 나에게 양보하기를 바라노라. 내가 이 문제를 고집하는 이유를 말하노라. 나의 정부 개조의 주의는,

1. 정부를 개조하여 한성 발표의 정부와 동일히 할 것.
2. 집정관 총재를 바꾸어 대통령으로 할 것.

이니 상해 정부가 불완전하다 하여 개량 개선함도 아니요, 오직 통일을 절대로 요구하는 사세(事勢)의 소치라. 이에 나의 철저한 주장이 있음이요, 결코 구차히 문자를 쟁함이 아니니 나는 무식한지라, 문자 이론보다도 사실을 중히 여기노라.

하고(何故)로 한성 정부를 취하며 하고로 대통령으로 개하느뇨. 다만 국민 전체의 통일을 위함이라. 혹은 내가 총장이라는 이름을 버리고 총판이라는 이름을 취하려 함은 금차의 정부 개조에 대한 책임을 가벼이 하기 위함이라 하나, 나는 끝까지 단독으로 이 책임을 지리라. 혹은 내가 점점 책임을 가볍게 하다가 묘신(描身)하려 함이라 하나, 이는 오해요, 또 도덕상으로 내 정신을 공격하는 자도 있으나, 이에 대하여는 차라리 말치 아니하니라. 나는 내호 이래(來　以來)로 통일을 위하여는 무엇이나 희생할 결심임을 누차 설명하였노니, 나의 환영의 석상에서 이미 역설한 바 아니뇨? 내가 일찍 삼두 정치를 주장함도 통일을 위함이요, 이번에 개조를 주장함도 또한 통일을 위함이라. 아무 타의가 없노라. 일찍 아령의 국민 의회와 한성의 정부와 상해를 합하여 삼두로써 통일한 방책을 세웠으나, 때가 이미 늦어 지금은 한성의 정부를 개조하고 이승만 박사를 대통령으로 선거하는 외에 통일의 길이 없는지라.

왜냐하면 한성의 정부는 이미 한성 국민 대회의 승인한 바이오. 또 아령 국민 의회도 이를 승인하기를 약속하니, 이제 상해의 의정원이 이를 승인하면 다시

이론이 없으리라. 이리하여 우리는 전국이 승인하는 통일 정부를 얻으리니, 이렇게 한 후에도 다시 이론을 주장하는 자가 있다면 이는 국가의 적이다. 그러므로 한성의 정부는 가급적 일점 일획이라도 개조하지 말자 함이라. 오직 대통령 문제에 이르러서는 이미 이박사를 대통령으로 열국이 주지함으로 인함이요, 집정관 총재를 대통령으로 고치는 외에 다시 노동국을 고치면 수미를 다 고치게 됨이니, 이는 극히 불가할지라.

나는 누차 의회에서와 기타 각지 인사에게 나의 주장을 성명한 바니, 나는 결코 나의 주장을 변하는 무신한(無信漢)을 짓지 아니하리라.

(9월 6일)

임시 대통령 선거후에

10년 동안 압박 밑에 있던 우리 민족이 오늘에 와서 우리 민족을 대표할 대통령을 선거함을 들을 때, 뜨겁고 기쁜 마음을 이기지 못하겠노라. 더욱 즐거운 것은 전 국민이 경애하는 이박사가 대통령으로 선거됨이요, 만장 일치로 추대하게 되었으니 또한 더 기쁘도다.

(이어 발성하여 대통령 만세를 일동이 고창하다.)

대통령 대리 선정에 대하여

(도산을 대통령 대리 선거의 후보자로 추천할 때에 그 사퇴를 선언하였으나 의제가 되지 않고 선정함에 대하여)

나는 후보자에서 사퇴함을 선언한 바 제군이 나를 선정하였으니, 이는 개인의 의사를 무시함이라. 내가 노동국 총판에 고집할 때에 이미 나의 의사를 알았으리니 나는 잠시라도 대통령 대리의 명목을 띠고는 몸이 떨려서 시무(時務)할 수 없노라. 제군이 나를 향하여 어떠한 비평을 하더라도 나는 결코 이 임무에 취임하지 않겠노라…….

실로 나에게 이러한 책임을 지게 함은 황감이라. 나는 이전부터 오래 두고 숙사(熟思) 또 숙사하였으나 자격의 불충분은 물론이요, 일을 위하는 충성으로 이 임무를 받을 수 없나니, 나의 말을 족히 양해할 이는 양해하리로다.

(9월 10일) *

(장붕 의원이 질문) 파리 평화 회의에 파견한 김규식 박사의 경과 사항, 여하(如何)? 각처 통일 방침은 여하, 군사 진행은 여하, 서명회는 여하, 일본의 선전에 대한 대책은 여하, 내지 흉작에 대한 구제책은 여하?

(이에 대한 답변)

평화 회의에 대한 경과 사실은 이미 이전 〈우리의 소식〉에도 발표되고 각 개인의 서신으로 모두 아는 바이오. 다시 말하자면 첫째로 평화 회의에 우리 독립 승인 청원을 제출하였고, 둘째로 다수한 사회 유력한 정치가의 동정을 구하다. 결과는 우리 일이 평화 회의에 제출할 안건이 아니라 하여 국제 연맹으로 넘어가고, 통일책으로 말하면, 지금껏 정부의 제일 방책이 통신과 사람을 각처로 보내어 성심으로 통일을 도모하는 중이오. 군사에 관하여는 우리가 처음부터 중히 여기는 바이나 사실상 속히 여의치 못하고 통일이 되어야만 군사도 장차 우리의 주장대로 되겠다.

장붕 씨가 안총장의 말을 중단하여 지금 각원도 다 생명을 불고하는 군인적 결심이 있는가 없는가 함에 완이(莞爾)히 답하기를

그것은 보아서 짐작하실 바이지 나의 대답은 정부에 대한 방침뿐이오. 거기 관하여는 부지로다. 서명회에 관하여서는 금전과 시간 문제로 인하여 불능할 뿐더러, 이는 정부의 일이 아니라, 선전의 대책은 전부터 진행하여 가는 바요, 내지 구제책은 아직 교통 불편으로 인하여 별 방책이 없고 또 이 정부는 독립 운동에 용력할 뿐이요, 구제나 교육 등 책(策)에 관하여는 아직 미칠 힘이 없노라.

(9월 13일) **

(여운형 의원의 문(問)한 평정원(評定院)의 필요는 하인가의 답)

---

* 《독립신문》 1919. 9. 16 (2) 제9호

** 《독립신문》 1919. 9. 18 (2) 제10호

의정원은 순전한 입법 기관이며 평정원은 대통령의 자순 기관(諮詢機關)이요, 그 필요는 제일 유식 인물이 집중하여 국정에 참여하기 위함이니, 유교나 불교나 천도교나 민간에나 유력한 인물이 이 정부에 집합하면 국민의 사상은 자연 통일되어 광복 사업에 일치한 행동을 작(作)할지라, 제위는 심사하기를 망(望)하노라.

(9월 17일)

폐원식 축사(閉院式祝辭) *

나는 우리 의정원이 타국 의회에 비하여 수중의 특장이 유함을 인정하노라. 제1로 의장(議場)이 정돈함이요, 제2로 정당의 분쟁이 무하고 상애(相愛)의 정이 유함이요, 제3으로 정부와 의원이 명의만 분리되고 내각은 상호 상합함이라. 제위에게 특히 바라는 바는 타국 의원보다 국가 창조하는 중임을 부(負)하신 제위는 종말까지 국사를 위하여 동고 동락함이라.

내 · 외신 기자회견담 **

전 국민의 견고하고 조직적인 통일은 국가의 현재 급 장래에 대하여 가장 중요한 일이라 나는 통일의 제일 요도를 국민의 선도라 할 만한 인사의 취합 협력에 구하오니, 독립 운동 개시 이래로 이미 6개월에 해외에 있는 지도자가 한 곳에 회집하여 협력치 못한 것을 유감으로 여기며 특히 각 총장의 직을 띤 요인이 아직 취합치 못한 것을 한하노라. 속히 누차 각지에 산재한 주요 인사에게 이 뜻을 말하고 조속히 한 곳에 모이기를 간청하였노니 제위도 역시 나와 동감일지라, 불원에 우리들의 모든 선배와 동지가 일당에 취합하여 건국의 대사업에 관하여 동시 협력할 날이 올 줄 확신하노라. (하고 다시 말을 이어) 다행히 정부 개조안이 의정원을 통과하면 국무원 중에 5인의 유력한 동지를 가하게 됨이니 이만 다행함이 없다.

---

* 《독립신문》 1919. 9. 20 (2) 제11호

** 1919년 9월 18일, 재호(在滬)한국 기자와의 회견에서.

동 9월 18일 상해 벌링턴 호텔에서 외국 기자 및 종교가들과 회견한 자리에서 *

한국은 사천년의 고국(古國)이라. 불행히 서양 문명에 촉함이 만(晩)하였으나 한국의 문명은 기독교와 민주주의를 기초로 한 문명이라. 30년래(來) 한국에게 신문명을 준 자는 미국인이라. 귀국민은 종교로 교육으로 아국민에게 지도의 은(恩)을 가하였고 독립 운동 이래 공정한 언론으로 아국민의 친우가 됨을 감사하노라. 한일 양쪽의 조화치 못할 최대 이유는 한족의 일본족에게 대한 불신임에 있다.

4각원(四閣員) 취임을 경하함 **

금일 나의 희열은 그 극에 달하여 미칠 듯싶도다. 아민족이 독립 자유를 세계를 선포한 이래로 오족(吾族)의 목적을 완성키 위하여 입법 · 행정 양 기관을 조직코 이를 충하되 각지 산재의 두령을 망라함은 그네의 취함을 원함이었으나, 일찍 그것이 무하다가 금일에 이총리 이하 삼총장이 이 곳에 내합하여 취임케 되었도다. 이후의 오족의 통일이 더욱 공고케 되고 아등(我等)의 사업은 더욱 숙성하라. 나의 비재로서 이에 내하여 고독하게 책임을 전담할 때의 스스로 송구함을 금치 못하다가 금일을 당하니 나 일인의 희열도 극하다 하리로다.

개조 ***

여러분! 우리 사람이 일생에 힘써 할 일이 무엇일까요. 나는 우리 사람의 일생에 힘써 할 일은 개조하는 일이라 하오. 이렇게 말하니까 혹은 오늘 내가 '개조'라는 문제를 가지고 말하기 위하여 이에 대한 여러분의 주의를 깊게 하려는 것 같소마는 나는 결코 그런 수단으로 하는 말은 아니오. 내 평생에 깊이 생각하여 깨달은 바 참 마음으로 하는 참된 말씀이오.

---

* 《독립신문》 1919. 9. 20 (2) 제11호

** 국무 총리 이동휘, 내무 총장 이동녕, 법무 신규식, 재무 이시영, 4각원 취임식(1919. 11. 3)에서 행한 연설개요.

*** 1919년(월일 미상) 상해에서 행한 연설 개요.

우리 전 인류가 다 같이 절망(絶望)하고 또 최종의 목적으로 하는 바가 무엇이오? 나는 이것을 '전 인류의 완전한 행복'이라 하오. 이것은 고금동서 남여노소를 물론하고 다 동일한 대답이 될 것이오.

그러면 이 '완전한 행복'은 어디서 얻을 것이오? 나는 이 행복의 어머니를 '문명'이라 하오. 그 문명은 어디서 얻을 것이오? 문명의 어머니는 '노력'이오. 무슨 일에나 노력함으로써 문명을 얻을 수 있소. 곧 개조하는 일에 노력함으로써 문명을 얻을 수 있소. 그러므로 내가 말하기를 "우리 사람이 일생에 힘써 할 일은 개조하는 일이라" 하였소.

여러분! 공자가 무엇을 가르쳤소? 석가가 무엇을 가르쳤소? 소크라테스나 톨스토이가 무엇을 말씀했습니까? 그들이 일생에 많은 글을 썼고 많은 말을 하였소마는, 그것을 한마디로 말하면 다만 '개조' 두 글자뿐이오. 예수보다 좀 먼저 온 요한이 맨 처음으로 백성에게 부르짖은 말씀이 무엇이오? "회개하라" 하였소. 나는 이 '회개'라는 것이 곧 개조라 하오.

그러므로 오늘은 이 온 세계가 다 개조를 절규합니다. 동양이나 서양이나, 약한 나라나 강한 나라나, 문명한 민족이나 미개한 민족이나, 다 개조를 부르짖습니다. 정치도 개조해야 되겠다, 모두가 개조해야 되겠다 하오, 신문이나 잡지나 공담이나 사담이나 많은 말이 개조의 말이오. 이것이 어찌 근거가 없는 일이며 이유가 없는 일이겠소? 당연의 일이니 누가 막으려 해도 막을 수 없는 일이오.

우리 한국 민족도 지금 개조! 개조! 하고 부릅니다. 그러나 나는 우리 삼천만 형제가 이 '개조'에 대하여 얼마나 깊이 깨달았는지 얼마나 귀중히 생각하는지 의심스러운 일이오. 더구나 문단에서 개조를 쓰고 강단에서 개조를 말하는 그들 자신이 얼마나 깊이 깨달았는지 알 수 없소. 만일 이것을 시대의 한 유행어로 알고 남이 말하니 나도 말하고 남들이 떠드니 우리도 떠드는 것이면 대단히 불행한 일이오. 아무 유익이나 효과를 얻을 수 없소. 그런 고로 우리 이천만 형제가 다 같이 이 개조를 절실히 깨달을 필요가 있소.

여러분! 우리 한국은 개조하여야 하겠소. 이 행복이 없는 한국! 이 문명되지 못한 한국! 반드시 개조하여야 하겠소. 옛날 우리 선조들은 개조의 사업을 잘하셨소. 그런 고로 그 때에는 문명이 있었고 행복이 있었소마는 근대의 우리 조상들과 현대의 우리들은 개조 사업을 아니하였소. 지난 일은 지난 일이거니와 이제부터 우리는 이 대한을 개조하기를 시작하여야 하겠소. 1년이나 2년 후에 차차로 시작할 일이 못 되고 이제부터 곧 시작하여야 할 것이오. 만일 이 시기를 잃어버리면 천만 년의 유한이 될 것이오. 여러분이 참으로 나라를 사랑하십니까? 만일 너도 한국을 사랑하고 나도 한국을 사랑할 것 같으면 너와 나와 우리가 다 합하여 한국을 개조합시다. 즉 이 한국을 개조하여 문명한 한국을 만듭시다.

문명이란 무엇이오? 문이란 것은 아름다운 것이오, 명이란 것은 밝은 것이니 즉 화려하고 광명한 것입니다. 분명한 것은 다 밝고 아름답되 문명치 못한 것은 다 어둡고 더럽습니다. 행복이란 것이 본래부터 귀하고 좋은 물건이기 때문에 밝고 아름다운 곳에는 있으되, 어둡고 더러운 곳에는 있지 않습니다. 그런 고로 문명한 나라에는 행복이 있으되 문명치 못한 나라에는 행복이 없습니다. 보시오, 저 문명한 나라 백성들은 그 행복을 보존하여 증진시키기 위하여 그 문명을 보존하고 증진시킵니다. 문명하지 못한 나라에는 행복이 있지도 않거니와, 만일 조금이라도 남아 있다면 그 상존한 문명이 파멸함을 좇아서 그 남은 행복이 차차로 없어질 것입니다. 이것은 우리가 다 익히 아는 사실이 아니오? 그런 고로 "행복의 어머니는 문명이다" 하였소.

우리 한국을 문명한 한국으로 만들기 위하여 개조의 사업에 노력하여야 하겠소. 무엇을 개조하잡니까? 우리 한국의 모든 것을 다 개조하여야 하겠소. 우리의 교육과 종교도 개조하여야 하겠소. 우리의 농업도 상업도 토목도 개조하여야 하겠소. 우리의 풍속과 습관도 개조하여야 하겠소. 우리의 음식, 의복, 거처도 개조하여야 하겠소. 우리 도시와 농촌도 개조하여야 하겠소. 심지어 우리 강과 산까지도 개조하여야 하겠소.

여러분 가운데 혹 이상스럽게 생각하시리다. "강과 산은 개조하여 무엇하나"? 하시리다마는 그렇지 않소. 이 강과 산을 개조하고 아니하는 데 얼마나 큰 관계가 있는지 아시오? 매우 중대한 관계가 있소.

이제 우리 나라에 저 문명스럽지 못한 강과 산을 개조하여 산에는 나무가 가득히 서 있고 강에는 물이 풍만하게 흘러간다면 그것이 우리 민족에게 얼마나 큰 행복이 되겠소. 그 목재로 집을 지으며 온갖 기구를 만들고 그 물을 이용하여 온갖 수리에 관한 일을 하므로 이를 좇아서 농업, 공업, 상업 등 모든 사업이 크게 발달됩니다.

이 물자 방면뿐 아니라 다시 과학 방면과 정신 방면에도 큰 관계가 있소. 저 산과 물이 개조되면 자연히 금수, 곤충, 어오(魚鰲)가 번식됩니다.

또 저 울창한 숲속과 잔잔한 물가에는 철인 도사와 시인 화객이 자연히 생깁니다. 그래서 그 민족은 자연을 즐거워하며 만물을 사랑하는 마음이 점점 높아집니다. 이와 같이 미묘한 강산에서 예술이 발달되는 것은 사실이 증명하오.

만일 산과 물을 개조하지 아니하고 그대로 자연에 맡겨 두면 산에는 나무가 없어지고 강에는 물이 마릅니다. 그러다가 하루아침에 큰비가 오면 산에는 사태가 나고 강에는 홍수가 넘쳐서 그 강산을 헐고 묻습니다. 그 강산이 황폐함을 따라서 그 민족도 약하여집니다.

그런즉 이 산과 강을 개조하고 아니함에 얼마나 큰 관계가 있습니까? 여러분이 다른 문명한 나라의 강산을 구경하면 우리 강산을 개조하실 마음이 불 일 듯하시리라. 비단 이 강과 산뿐 아니라 무엇이든지 개조하고 아니하는 데 다 이런 큰 관계가 있는 것이오. 그런 고로 모든 것을 다 개조하자 하였소.

나는 흔히 우리 동포들이 원망하고 한탄하는 소리를 듣소. "우리 신문이나 잡지야 무슨 볼 것이 있어야지!" "우리 나라에야 학교라고 변변한 것이 있어야지!" "우리 나라 종교는 다 부패해서!" 이 같은 말을 많이 듣소. 과연 우리 나라는 남의 나라만 못하오. 실업이나 교육이나 종교나 무엇이든지 남의 사회만 못한 것은 사실이오마는 나는 여러분께 한 마디 물어 볼 말이 있소. 우리 이천만 대한 민족 중의 하나인 여러분 각각 자신이 무슨 기능이 있나요? 전문 지식이 있소? 이제라도 실사회에 나가서 무슨 일 한 가지를 넉넉히 맡아 할 수 있소? 각각 생각해 보시오.

만일 여러분이 그렇지 못하다 하면, 여러분의 주위를 둘러보시오. 여러분 동족인 한국 사람 가운데 상당한 기능이나 전문 지식을 가진 사람이 몇 있소? 오늘이라도 곧 실사회에 나아가 종교계나 교육계나 실업계나 어느 방면에서든지 원만히 활동할 만한 사람이 몇이나 되오? 여러분이나 나나 우리가 다 입이 있을지라도 이 묻는 말에 대하여는 오직 잠잠하고 있을 뿐이오.

그런즉 오늘 우리 한국 민족의 현상이 이만하고 어떻게 우리의 하는 사업이 남의 것과 같을 수 있소. 그것은 한 어리석은 사람의 일이 될 뿐이오.

세상에 어리석은 사람들은 흔히 이러하오. 가령 어느 단체의 사업이 잘못되면, 문득 그 단체의 수령을 욕하고 원망하오. 또 어느 나라의 일이 잘못되면 그 중에서 벼슬하던 몇 사람을 역적이니 매국적이니 하며 욕하고 원망하오. 물론 그 몇 사람이 그 일의 책임을 피할 수는 없소. 그러나 그 정부 책임이 다 그 벼슬하던 사람이나 수령 몇 사람에게만 있고 그 일반 단원이나 국민에게는 책임이 없느냐 하면 결코 그렇지 않소. 그 수령이나 인도자가 아무리 영웅이요 호걸이라 하더라도 그 일반 추종자의 정도나 성심이 부족하면 아무 일도 할 수 없소.

또 설사 그 수령이나 인도자가 악한 사람이 되어서 그 단체나 나라를 망하게 하였다 할지라도 그 악한 일을 다 하도록 살피지 못하고 그대로 내버려 둔 일은 일반 그 추종자들이 한 일이오. 그런 고로 그 일반 단원이나 국민도 책임을 면할 수 없소. 그런즉 우리는 이제부터 쓸데없이 어떤 개인을 원망하거나 시비하는 일은 그만 둡시다.

이와 같은 일은 새 시대의 한국 사람으로는 할 일이 아니오. 나는 저 스마일스의 "국민 이상의 정부도 없고 국민 이하의 정부도 없다" 한 말이 참된 말이라 하오.

그런즉, 이 우리 민족을 개조하여야 하겠소. 이 능력 없는 우리 민족을 개조하여 능력 있는 민족을 만들어야 하겠소. 어떻게 하여야 우리 민족을 개조할 수 있소?

한국 민족이 개조되었다 하는 말은, 즉 다시 말하면 한국 민족의 모든 분자 각 개인이 개조되었다 하는 말이오. 그런 고로 한국 민족이라는 한 전체를 개조하려면 먼저 그 부분인 각 개인을 개조하여야 하겠소. 이 각 개인을 누가 개조할까요? 누구 다른 사람이 개조하여 줄 것이 아니라 각각 자기가 자기를 개조하여야 하겠소. 왜 그럴까? 그것은 자기를 개조하는 권리가 오직 자기에게만 있는 까닭이오. 아무리 좋은 말로 그 귀에 들려 주고 아무리 귀한 글이 그 눈앞에 벌려 있을지라도 자기가 듣지 않고 보지 않으면 할 수 없는 일이오.

그런 고로 우리는 각각 자기 자신을 개조합시다. 너는 너를 개조하고 나는 나를 개조합시다. 곁에 있는 김군이나 이군이 개조 아니한다고 한탄하지 말고, 내가 나를 개조 못 하는 것을 아프게 생각하고 부끄럽게 압시다. 내가 나를 개조하는 것이 즉 우리 민족을 개조하는 첫걸음이 아니오? 이에서 비로소 우리 전체를 개조할 희망이 생길 것이오.

그러면, 나 자신에서는 무엇을 개조할까. 나는 대답하기를 "습관을 개조하라" 하오. 문명한 사람이라는 것은 그 사람의 습관이 문명스럽기 때문이오. 야만이라 하는 것은 그 사람의 습관이 야만스럽기 때문이외다.

그러므로 여러분의 모든 악한 습관을 각각 개조하여 선한 습관을 만듭시다. 거짓말을 잘 하는 습관을 가진 그 입을 개조하여 참된 말만 하도록 합시다. 글 보기 싫어하는 그 눈을 개조하여 책 보기를 즐겨하도록 합시다. 게으른 습관을 가진 그 사지를 개조하여 활발하고 부지런한 사지를 만듭시다.

이 밖에 모든 문명스럽지 못한 습관을 개조하여 문명스러운 습관을 가집시다. 한 번 눈을 뜨고 한 번 귀를 기울이며 한 번 입을 열고 한 번 몸을 움직이는 지극히 작은 일까지 이렇게 하여야 하오.

어떤 사람들이 말하기를 "그까짓 습관 같은 것이야……" 하고 아주 쉽게 압니다마는 그렇지 않소. 저 천병과 만마는 쳐 이기기는 오히려 쉬우나 이 일에 일생을 노력하여야 하오.

여러분이 혹 우습게 생각하시리다. 문제는 매우 큰 것으로 시작하여 마지막에 이같이 작은 것으로 결말을 지으니까. 그러나 그렇지 않소. 이 세상에 모든 큰 일은 가장 작은 것으로부터 시작하였고, 크게 어려운 일은 가장 쉬운 것에서부터 풀어야 하오. 우리는 이것을 밝히 깨달아야 하겠소. 이 말을 만일 한 보통의 말이라 하여 우습게 생각하면 크게 실패하오.

"그것은 한 공상이요 공론이지 어떻게 그렇게 할 수가 있나?" 이렇게 생각하실 이도 계시리다. 그러나 우리는 그렇게만 생각지 말고 힘써 해 봅시다. 오늘도 하고 내일도 하고 이번에 실패하면 다음 번에 또 하고…… 이같이 나아갑시다.

여러분 우리 사람이 처음에 굴 속에서 살다가 오늘 이 화려한 집 가운데서 살기까지, 처음에 풀 잎새로 몸을 가리다가 오늘 비단 의복을 입기까지 얼마나 개조의 사업을 계속하여 왔습니까?

그러므로 나는 사람을 가리켜서 개조하는 동물이라 하오. 이에서 우리가 금수와 다른 점이 있소. 만일 누구든지 개조의 사업을 할 수 없다면 그는 사람이 아니거나 사람이라도 죽은 사람일 것이오.

여러분, 우리는 작지 불이(作之不已), 내성 군자(乃成君子)라는 말을 깊이 생각합시다. 오늘 우리 나라의 일부 예수교인 가운데는 혹 이러한 사람이 있소.

"사람의 힘으로야 무슨 일을 할 수 있나, 하느님의 능력으로 도와 주셔야지!" 하고 그저 빈말로 크게 기도를 올리고 있습니다. 그러나 그들은 큰 오해요. 그들은 예수가 "구하는 자라야 얻으리라, 문을 두드리는 자에게 열어 주시리라" 한 말씀을 깨닫지 못한 것이오. 나는 그들에게 "먼저 힘써 하고 그 후에 도와 주시기를 기도하라"고 말하소 싶소. 자조자(自助者)를 천조자(天助者)라는 귀한 말을 그들이 깨달아야 하겠소.

여러분! 나는 이제 말을 마치려 하오. 여러분! 여러분이 과연 한국을 사랑하십니까! 과연 우리 민족을 구원하고자 하십니까? 그렇거든 우리는 공연히 방황, 주저하지 말고 곧 이 길로 나갑시다. 오직 우리의 갈 길은 다만 이 길뿐이오. 나는 간절한 마음으로 이같이 크게 소리쳐 묻습니다.

"한국 민족아! 너희가 개조할 자신이 있느냐?"

우리가 자신이 있다 하면 어서 속히 네 힘과 내 힘을 모아서 앞에 열린 길로 빨리 달려 나갑시다.

사랑 *

(〈요한복음〉 1장 3절 이하를 낭독)

내가 이 자리에 나와 강도(講道)코자 함에 미안한 뜻이 많습니다. 강도라 하는 것은 하나님의 참뜻을 말함이라 내가 일찍이 도덕이나 철학의 경험이 없고 또 교인다운 생활의 경력이 없습니다. 내가 지금 말할 것은, "우리는 사랑합시다"이오. 이 말은 성경 여러 절에 있습니다. 여러분이 이 문제를 들을 때에 그 감정이 어떠하십니까. 교인이 된 이는 사랑을 구하고 힘쓰고자 말합니다. 그러

---

* 1919년(날짜 미상) 재 상해 한국인 교회에서 설교한 요지.

나 비유하여 말하건대 몽고 사막 가운데서 물 하는 말을 들을 때에 대단히 기쁩니다. 그러나 양자강 위에서 물 하는 말을 들으면 그렇지 않습니다. 고로 알거나 모르거나 사랑을 구하는 정은 일반입니다.

우리 민족의 사랑을 위하여 마음이 발한때가 사막 위에서 물이라 하는 말을 들음과 같습니다. 사랑을 부름이 심한 고로 점점 정성이 없고 의식이 없어져 마치 양자강 위에서 물 하는 소리와 같이 되었습니다. 고로 우리가 사랑의 어떠한 것을 묻습니다. 사랑이라는 것을 보는 이가 없습니다. 이와 같이한즉, 박애로 종지를 삼은 예수교에 역적이 되는 이기주의에 타락한 이외다.

그러면 내 말이 처음 회개하는 이가 애정이 특별히 있다 함은 아니라, 교인된 이가 속에 이기주의 있는 것을 각성하기를 바라오. 다음 말할 것은 '하나님께서 사랑을 전파' 함이오. 우리가 어찌하여 이것을 중히 여기오? 혹은 군국주의 · 사회주의 그 아래 정치 · 상업, 그 아래 공부, 무엇무엇 하는 것을 너 무엇을 위하여 그러느냐 한즉, 행복을 위함이라 답하리다. 사랑이라는 것은 인류 행복의 최고 원소라, 행복은 생존과 안락이라, 생존과 안락이 인류의 행복이 되나니 사람이 생존함에 무엇으로 하나요? 의 · 식 · 주라, 이에 가장 필요한 것이 금력이라. 우리의 만반 경영에 금력이 필요하니 금력은 천연 금력이나 인조 금력이라. 하국이든지 삼림 · 광산 · 지력을 잘 이용하여야 금력이 많소. 금력을 잘 만드는 것은 지력이 많아야만 잘하오.

그런즉, 지력이 더 필요합니다. 그런 고로 세상에서 소학교 · 대학교, 공부하는 것이 다 지력을 위하여 하오. 지력이 사랑에서 나오나이다. 또 큰 정치가는 정치에 큰 재주가 있소. 이를 생각한즉, 사랑을 가진 사람이오. 혹 사랑이 없이 지력이 있는 자가 있다 하여도 이는 세상을 이롭게 하지 못하고 세상을 해롭게 하오. 안락은 무엇을 말하느냐, 누구든지 사랑이 있어야 안락이 있소. 내가 지금 누구에게든지 사랑을 주고받을 곳이 없으면 안락이 없소.

내가 내지에 있을 때에 한 젊은 여자가 우물에 빠져 죽는 것을 보았소. 이 여자는 재물과 전토도 많지마는 남편의 사랑이 없고 또 시동생이나 부모의 사랑이 없어 항상 눈물을 흘리다가 빠져 죽었소.

사랑을 남에게 베푸는 이가 행복이요. 이제 우리가 산을 사랑하고 물을 사랑하고 달을 사랑하지마는, 그 물건이야 무슨 영향이 있소? 예수의 제자가 사랑으로 참혹한 일을 당하였소. 그러나 부랑한 사람의 사랑은 이와 같음이 없소. 고로 진정한 안락의 본은 사랑이요. 그런 고로 하나님이 사랑을 권하였소. 독생자 예수를 내려 보내어 사랑으로써 피를 흘렸소이다.

내가 사랑이란 말은 정지하고, 다른 말을 잠깐 하겠소. 신령한 교인, 신령한 장노, 신령한 목사 하지마는 신령은 눈으로 보지 못하고 귀로 듣지 못하고 손으로 만지지도 못하오. 모 목사의 신령, 모 장로의 신령이란 말이 예수교에 있소. 예수교에도 특히 한국 교인이 그러하오. 비유하건대 여러 자루를 들고 무엇이냐 물은즉, 그 물질로써 대답하오. 베면 베자루, 무명이면 무명 자루, 비단이면 비단 자루라 하고 물건을 담아 물은즉, 콩자루, 쌀자루, 겨자루라 하오. 한 자루로되 쌀도 담고 겨도 담소.

그러므로 오늘 신령치 못한 교인이 내일 신령하여지고 오늘 신령한 교인이 내일 신령치 못하여지오.

그러면 신령이 어떤 것을 이름이오? 하나님이 내 속에 있음을 이름이오. 이것이 내가 이 방 속에 있는 것과 같지 않소. 하나님이 몇 분이냐 하면 하나라 하오. 하나님이 한국 한 사람의 속에 있다 하면, 저 미국이나 유럽 사람 속에는 없다는 말씀이오? 이 자리의 한 사람에게 있으면 다른 이에게는 없다는 말씀이오? 마치 태양의 빛이 각 집에 비추는 것과 같소. 그 아무에게 불타가 속에 들어 앉았다 하면 불타가 태(胎)와 같이 있다는 것과 같지 않소. 그 이상과 성품이 같다는 말이오. 또 석가여래가 재생하였다 하면 죽었던 석가가 다시 났다는 말이 아니외다. 그러면 성신이 내게 있다는 것도 또한 같습니다.

내가 내지에 있을 때에 전도사가 어떤 사람에게 말하기를 저 굴통 속에 하나님이 들어가지 아니할지라, 당신이 담배를 즐긴즉 신성한 하나님이 어찌 담뱃대 속에 있으리오 한즉, 그 사람 말이 내가 음식을 먹고 물을 마시는 고로 내 속이 더욱 부정하다 하오. 이렇게 말할 바는 아니오. 하나님이 내 속에 있다는 것은 나의 신과 하나님의 신이 서로 영통하여지는 것이외다.

〈고린도전서〉에 하였으되 창기에 가까이하면 창기와 한몸이 되고 하나님에 가까이하면 하나님이 된다 하였소. 또 〈요한 복음〉 예수 말씀에 나는 네 안에 있고 너는 내 안에 있다 함은 서로 들어왔다 나갔다 함을 이름이 아니외다.

어떻게 하여야 나의 신이 하나님의 속에 있고 하나님의 신이 내 속에 있게 하겠소. 마치 태양빛이 구멍이 있어야 들어오오. 예로부터 하나님을 본 이가 없지만 우리가 서로 사랑한즉 하나님이 우리의 속에 들어오오. 고로 신성한 사랑이 있는 사람이 신령한 사람이오. 예수께서 30년 만에 사랑을 가르쳤소. 또 세상에 계실 때에 주림과 추움과 잘 자리 없는 것 등 모든 괴로움을 당하시다가 십자가에 못을 박히사 당신의 진정한 사랑을 피로써 시험하였소이다.

이 성서가 창세기로부터 묵시까지 이름이 혹 겸손이니 선함이니 하여 좀 다르다 하나 한낱 사랑이외다. 그러면 예수교의 종지는 사랑이니 이를 행함을 절실히 하여야 하겠소.

이제 한 빈곤한 사람이 앓는데 문병하러 가서 신령한 기도 말로써 병 낫기를 빌고 제 주머니의 돈은 한 푼도 안 내어 약이나 미음으로 구원치 아니하는 것이 과연 신령하오니까. 아무것도 아니하고 제 주머니의 돈을 내어 구원케 하는 것이 신령한 것이외다.

고로 사회 개량하는 것이 그 공이 어떠하오? 한 사람의 몸을 위하여 돈 1원을 주는 것은 신령이다 하고 전 민족을 위하여 구원하는 것은 신령이라 아니하오. 지금 어떤 이가 독립 운동의 일로 나의 신령이 덜어진다 하며 벌벌 떨으오. 지금 독립 운동을 위하여 힘을 많이 쓰는 이는 참 진정한 신령이오. 이제 죽고 살랴 아슬아슬한 이 때 금전과 생명 희생하는 자라야 오직 신령한 교인이외다.

여러분을 보이기 위하여 오늘 정부에서 들어온 것이 있소. 이 금반지[패물 등을 윤시(輪示)하면서] 끼던 여자들이 진정한 신령한 사람이외다. 이것을 보낼 때에 자기의 이름도 말하지 않았소. 이 여자들은 아무 희망도 없고 아무 요구도 없소. 지금 이 여자들이 깊은 방 속에서 진정한 마음으로 기도하오.

오늘 하나님 앞에 사랑함은 아무 희망과 요구가 없는 사랑이오. 이전 대신에게 사랑하던 것은 관찰이나 군수를 위함이오. 창기는 누구를 사랑하오. 자기의 이해를 위하여 하는 사랑은 영업이요, 사랑이 아니오. 영업이라도 협잡이외다.

이번에 큰일을 누가 하리오? 우리 교인이 할 일이오. 이천만을 건지는 일을 신령이라 아니하면 이는 허위요. 그러면 이번 운동을 어떻게 하여야 하오. 우리가 마땅히 돈을 턱턱 가져오고 생명을 턱턱 죽일 뿐인데, 우리 교인은 제 집에 재물을 많이 쌓아 두고 내가 산 후에야 독립이 필요하다 하오.

내 생각에 이 정부 안에서 1주일 안에 돈 10만 원 이상이 있어야만 유익한 일이 많겠소이다. 상해에 온 젊은 교인들은 자기의 몸을 본위 삼아 일하지 말고 대한의 국가를 본위 삼고 일하시오.

내가 간절히 비는 바는 이 때에 뜨거운 피를 뿌리면서 통일하기 위하여 활동합시다. 기도(내가 오늘 한 말이 참으로 하나님의 뜻과 같으면 이 말씀을 들은 여러 사람이 이 일을 위하여 큰 힘을 많이 내어 실행하실 이 많을 줄 믿나이다.)

물방황(勿彷徨) *

만일 가능할진대 나는 이 말을 천애지단(天涯地端)의 한족에게까지 전하려 하오.

같은 대한의 남자와 여자여, 이 때는 방황할 때가 아니요, 전진할 때라고.

우리 대업의 성불성은 전혀 우리 민족의 방황 여부에 달렸소. 그러므로 우리가 각각 먼저 판단할 것은 "나도 방황하는 자가 아닌가" 함이외다. 우리가 방황하면 우리의 독립에 대하여 세계도 방황하고 일본도 방황하고 따라서 우리의 자유와 독립도 방황할 것이외다.

3월 1일 이래로 우리는 방황하지 아니하고 전진하였소. 만일 지금 와서 방황하면, 우리에게 올 것은 죽음뿐이외다. 우리는 배수의 진을 친 자니 성공이 근(近)하여도 진(進)하여야 하고 원(遠)하여도 진(進)하여야 하며 생(生)하여도 진(進)하려니와 사(死)하여도 진(進)하여야 하오. 독립이 완성하는 날까지. 그렇지 아니하면 우리가 다 죽는 날까지 전진하여야 하오.

우리 중에 혹 비관하는 자가 있는 듯하나 그것은 잘못이니 대한 민족은 낙관할 것이외다. 혹 우리의 실력이 남만 못한 것을 의심하여 비관을 낳는 지식인이 있소. 그는 말하되 우리에게는 병기도 무장도 숙련한 군사도 없으니 무엇으로 전쟁을 하며, 외교의 양재가 없으니 무엇으로 외교를 하랴 하여 혹은 퇴하려는

---

* 1919년 12월 7일 민단 주최 강연회에서. 《독립신문》 1919. 12. 27 (1) 제33호.

자도 있거니와 이는 잘못이니 동포는 낙관하라.

미국이 독립을 운동할 때에 미국의 지도자는 런던의 외교가만 못하였을지요. 미국의 인민도 수로나 질로나 부로나 영 본국 인민만 못하였을 것이오. 학자도 그러하고 군비도 그러할 것이외다.

만일 당시 미국 인민이 영국의 실력을 교계(較計)하고 방황하였던들, 미국은 독립하지 못하였을 것이외다. 그러나 미국 인민은 자유가 아니면 죽음이라는 결심으로 혈전 8년에 마침내 독립을 얻었소.

그러므로 우리도 방황하면 독립을 얻지 못하고 전진하면 독립을 자연 얻을 것이외다.

과거의 지사들은 10년간 수 천인이라도 일시에 일어나기를 시도하였으나 얻지 못하였는데, 3월 1일에는 전 국민이 일어나지 아니하였습니까. 이는 실로 반만년 역사 중에 극히 영광스러운 일이외다. 과거에는 우리가 세계에 대하여 우리를 존경하기를 청하여도 얻지를 못하였거늘, 지금은 세계가 우리를 존경하지 아니합니까. 처음 임시 정부를 설립할 때는 각지의 두령이 취회(聚會)하기를 바랐거늘 지금은 완취(完聚)하여 그 열성과 화합하는 상태는 실로 흔열을 불감하게 되었으며, 과거에는 내지 동포의 사상과 행동이 통일되기를 바랐거늘, 지금은 통일되었소. 그리고 본즉 대한 민족이 금일의 행동을 당하여 필요한 것은 오직 인사뿐이외다.

각인이 결심하고 전진하면, 우리 일은 성공할 것이요, 각인이 할까 말까 하고 방황하여 실제나 무엇이나 하는 일이 없으면 우리 일은 갈 것이외다. "하겠다" 하시오. '할 것'이 무엇이냐, 물론 결국은 피를 흘리는 것이지요. 생명을 희생하는 것이지요. 그렇지마는 금일에 우선할 것은 돈을 만들거나 몸으로 사역을 하거나 무엇이든지 하는 것이 있어야 할 것이오. "너는 무엇을 하느냐" 하고 물을 때에 대답 못 하는 자는 큰 죄인이라 하오.

작은 손으로 눈을 가리면 태산과 대양을 보지 못함과 같이 심두(心頭)의 작은 감정은 대분(大分)을 잊게 하는 것이오. 개인간의 소감정을 일절 애제(艾除)하시오. 사투(私鬪)에 겁하고 공전(公戰)에는 용하시오. 이대통령에 불평이 있거든 버리라. 가인(嘉人)에게 대한 불평이 감하리라. 완전한 자유 국민이 된 뒤에 자유로 논평도 하고 탄핵하시오. 미국서도 전전과 전후에는 윌슨을 자유로 공격하였으나 전쟁하는 동안에는 그를 공격한 자가 없을 뿐더러, 가가(家家)에 그의 사진을 걸고 혹은 아버지라 하며, 혹은 형이라 불러 그를 존경하였소. 만일 이총리에게 허물이 있거든 그 허물을 내가 쓰고 가인(嘉人)과 원경(原敬)을 적(敵)합시다. 오직 일본만 적하고 상쟁함이 없읍시다. 허물 없는 사람이 없으니 모든 것을 다 용서하시오.

세상이 흔히 상해에는 편당이 있네, 결렬이 있네, 그러니까 망했네 하오. 설사 상해 전체가 다 결렬된다 한들 이 천만 인민이 다 결렬될 리야 있겠소? 가령 여운형 사건으로 보더라도 양방이 의견이 상이함뿐이요, 숙시숙비(熟始熟非)가 있음이 아니외다. 일 해 나가는 데 의견의 불합이 있음은 피치 못할 일이거늘 조금이라도 의견이 불합하면 "저놈들도 또 싸우네" 하며 "독립 다 되었다" 하오. 이리하여 말로 글로 있지도 아니한 파당이나 결렬을 있는 듯이 떠들어서 적이 수백만을 들여서라도 하려는 악 프로파간다를 하는구료.

개조 · 승인문제에 관하여서도 양방에 다소의 의견이 있으므로 고려 · 토의할 필요가 있다 하여 범 5차 회의였을 뿐이거늘 세력 싸움을 하네, 지위 싸움을 하네 하여 인심을 소란케 하오.

전진하려면 힘이 있어야 하오. 만사는 힘에서 나오는 것이오. 우리에게는 힘이 있소. 다만 실현이 아니 되었을 뿐이오. 그런데 어찌하면 실현될까. 여러 가지 조건이 있지마는 통일이 으뜸이오. 즉 우리가 큰 힘을 얻으려면 전 국민의 통일을 부르짖어야 하겠소. 무력도 통일하고 금력과 지력도 통일하여야 하겠소. 그러면 통일의 방법은 무엇이오?

첫째는 각지 각 단체의 의사를 소통하여 동일한 목적하에 동일한 각오를 가지게 함이니, 우리는 과거의 모든 악한 생각을 회개하고 하나가 될 것을 결심하여야 되겠소. 내 의견으로 보건대, 이미 성립된 정부에 복종하는 것이 으뜸 되는 통일책이라 하오. 혹 말하기를 정부가 인민을 통일해야지 정부가 무능력하니까 하지마는, 정부가 능력이 없다는 까닭에 정부에 능력이 없는 것이오. 자기의 모든 힘을 다 정부에 바치면 정부는 능력이 있게 될 것이외다.

합하여, 그치지 말고 오래 참아 나아가라. 저마다 나아가면 욕이 아니 생기리

라. 과거 일은 다 잊어버리시오. 위임 통치니 자치니 하던 문제도 다 잊어버립시다. 우리는 과거에 사는 자가 아니라 미래에 살 자외다.

[1920년]

신년사

과거에 우리 내외 동포가 충성으로써 협력하여 지금토록 견인한 것을 치하하고 신년에 더욱 광복 사업을 위하여 면려하기를 희망하오.

우리가 오래 기다리던 독립 전쟁의 시기는 금년인가 하오. 나는 독립전쟁의 해가 이르는 것을 기뻐하오. 우리 국민은 일치하여 전쟁의 준비에 전력하기를 바라오. 외국의 동정을 요할지언정 외국에 의뢰하지는 마시오.

우리 국민은 대대적으로 일어나 독립 전쟁다운 전쟁은 할지언정, 신성한 우리 국민에게 비도(匪徒)나 폭도라는 악명을 씌우지 마시오. 대규모로 준비 있게 통일 있게 일어나면 독립 전쟁이지마는 대부분 소부분 통일 없이 일어나면 비도라 하오. 독립 전쟁을 토의하고 전 세계에 선전하기를 무도(務圖)하는 우리 국민은 이것을 공상에 두지 아니하고 기어이 실천하기를 결심한 줄 믿고 바라오. 그러나 이것이 공상이 아니 되려면 무엇보다도 더 힘쓸 문제는 금전이라 하오. 앞날에는 전사의 공헌이 다(多)하려니와, 목하 국가에 가장 공헌이 다할 자는 금전에 노력하는 자이외다.

6대 사업(시국대강연) *

병이 있어 말하기가 어렵소.

금일 우리 국민이 단연코 실행할 6대사가 있소. 그것은 1. 군사, 2. 외교, 3. 교육, 4. 사법, 5. 재정, 6. 통일이오. 본 제에 들어가기 전 딴 말 몇 마디 할 필요

---

* 1920년 1월 3일, 재 상해 교포들의 신년 축하회가 열렸는데, 그 석상에서 도산은 독립 운동 방략에 대한 일대 연설을 행하였다. 그는 몸이 불편한 것도 가리지 않고 전심력을 이 연설에 기울였으며, 그 날 하루에 끝내지 못하고 5일(월요일) 밤에 계속하여 이를 연연(連演), 전후 5시간에 걸쳐 열변을 토하였다. 이하는 그 대지를 《독립 신문》 기자가 초록한 것.
《독립신문》 1920. 1. 8 (1) ~ (2) 제135호

가 있소.

정부와 인민의 관계

오늘날 우리 나라에는 황제가 없나요? 있소. 대한 나라에는 과거에는 황제가 일인밖에 없었지마는 금일에는 이천만 국민이 다 이 황제요. 제군의 앉은 자리는 다 옥좌며 머리에 쓴 것은 다 면류관이외다. 황제란 무엇이요? 주권자를 이름이니 과거의 주권자는 유일이었으나 지금은 제군이 다 주권자외다.

과거에 주권자가 일인이었을 때는 국가의 흥망은 일인에 있었지마는 지금은 인민 전체에 재(在)하오. 정부 직원은 노복이니 이는 정말 노복이오. 대통령이나 국무 총리나 다 제군의 노복이외다.

그러므로 군주인 인민은 그 노복을 선히 인도하는 방법을 연구하여야 하고 노복인 정부 직원은 군주인 인민을 선히 섬기는 방법을 연구하여야 하오.

정부 직원은 인민의 노복이지마는, 결코 인민 각개의 노복이 아니요. 인민 전체의 공복이오. 그러므로 정부 직원은 인민 전체의 명령을 복종하려니와 개인의 명령을 따라 마당을 쓰는 노복은 아닐 것이오.

그러니까 정부의 직원으로써 사우나 사복을 삼으려 하지 마시오. 그러지 말고 공복을 삼으시오. 나는 여러 사람이 국무원을 방문하고 사정을 논하며 사사를 탁(托)하는 것을 보았소. 이는 크게 불가한 일이니, 공사를 맡은 자와는 결코 한담을 마시오. 이것이 심상한 일인 듯하지마는 기실 큰 일이오. 금일은 정부 직원은 아들이라도 아들로 알지 말고 사우라도 사우로 알지 마시오. 사우를 위하여 공사를 해함은 큰 죄요.

황제인 제군은 신복인 직원을 부리는 법을 알아야 하오. 노복은 명령과 견책으로만 부리지 못하나니 얼러추어 주어야 하오. 동양 사람만 많이 부려 본 어떤 미국 부인의 말에, 일인은 매사에 일일이 간섭을 하여야 하고, 중국인은 간섭하면 골을 내며 무엇을 맡기고는 뒤로만 슬슬 보살펴야 하고, 한인은 다만 칭찬만 하여 주면 죽을지 살지 모르고 일을 한다 하오. 칭찬만 받고 좋아하는 것은 못난 이의 일이지마는, 잘난 이도 칭찬하면 좋아하는 법이오. 그러니까 여러분도 당국자를 공격만 말고 칭찬도 하여 주시오.

또 하나 황제 되는 여러분이 주의할 것은 여러분이 나누면 개인이 되어 주권을 상실하고 합하면 국민이 되어 주권을 향유하는 것이외다. 그러므로 여러분은 합하면 명령을 발하는 자가 되고 나누이면 명령에 복종하는 자가 되는 것이오.

또 하나 여러분 중에 각 총장들이 총장인 체함을 시비하는 이도 있거니와, 총장이 총장인 체하는 것이 어찌하여 그르오? 국민이 위탁한 영직을 영광으로 알고 자존 자중함은 당연한 일이오. 만일 총장 기타 정부 직원이나 독립 운동의 여러 부문에서 일하는 이들이 자기의 직임을 경시하고 자존 자중함이 없다 하면 이는 국가를 무시하는 교만한 사람이오.

또 하나 국무원의 내막을 말하리라. 옛 것만도 안 되고 새로운 것만도 안 될 때에 구도 있고 신도 있소. 또 반신반구도 있어 조화하오. 노도 소도 있는데 또한 중노도 있어 이를 조화하오. 적재로 말하면 문도 있고 무도 있소.

각지에 있던 인재가 모이기 때문에 각지의 사정을 다 잘 아오.

성격으로 논하건대, 첫째 여우를 앞에 놓고 그것을 먹으려고 눈을 부릅뜬 범 같은 이도 있소. 언젠가 여러분이 탄핵 비슷한 일을 할 때에 그는 "너희들 암만 그래도 나는 왜놈을 다 죽이고야 나가겠다" 하였소.

또 예수의 사도같이 온후한 이도 있소. 평생에 소리가 없는 듯하나 속으로 꾹꾹 일하는 이, 또 도서관 같은 이, 또 천치같이 울면서도 심부름하고 일해 가는 이도 있소. 만일 이 종들이 불만하여서 다른 종이 필요하거든 다 내쫓고 새 종을 갈아 대시오마는, 만일 쓸 만하거든 부족하나마 얼러주어 가면서 부리시오.

나는 단언하오. 장래에는 모르지마는 현재에 이 이상의 내각은 얻기 어렵소. 이혼 못 할 아내거든 분이라도 발라 놓고 기뻐하시오.

군사(軍事)

이제부터 본론에 들어가려 하오.

이 6대사는 가장 중요한 것이오. 이것을 단행하려 하면 지성스러운 연구가 있어야 하나니, 그런 후에야 명확한 판단이 생기오. 우리의 사업은 강폭한 일본을 파괴하고 잃었던 국가를 회복하려 함이니, 이러한 대사업에 어찌 심각한 연구가 필요하지 아니하겠소? 묻노니 제군은 매일 몇 번씩이나 국가를 위하여 생각하나요? 우리는 날마다 시간마다 생각하고 연구하야 할 것이외다. 혹 말하기를 저마다 생각하면 기견(奇見)이 백출하리라 하나 지성으로 연구한 경험이 있는 자는 결코 기견을 세우지 아니하오. 모르는 자가 흔히 생각 없이 남이 무슨 말을 하면 "아니오, 아니오" 하오.

우리의 당면의 대문제는 우리 독립 운동을 평화적으로 계속하랴 방침을 고쳐 전쟁하랴 함이오. 평화 수단을 주장하는 이나 전쟁을 주장하는 이나 그 성충은 하나요.

평화론자는 왈, 우리 무리들은 의사를 발표할 뿐이니 피아의 형세를 비교하건대 전쟁은 이란 격석(以卵擊石)이라, 차라리 전혀 세계의 여론에 소(訴)함만 같지 못하다 하오.

주전파는 왈, 한인이 전쟁을 선(宣)한다고 결코 과격파의 혐의를 수(受)함이 무(無)하리라. 남은 남의 독립을 위하여서도 싸우거든 제가 제 나라 우론이니, 독립을 위하여 싸움은 당연한 일이 아니뇨. 또 피아의 세력을 비교함은 우리는 승리와 실패를 고려할 바가 아니라, 내 동포를 죽이고 태우고 욕함을 보고 사(死)를 결(決)함은 당연한 일이니, 우리는 의리로나 인정으로나 아니 싸우지는 못하리라. 또 일본의 현상은 일본 유사 이래로 가장 허약한 지위에 처하였나니 외원내홍의 격렬함이 금일에 극하였다. 그러므로 우리는 싸우면 승리하리라, 이렇게 말하오.

진실로 우리는 시기로 보든지, 의리로 보든지 아니 싸우지 못할 때라고 단정하시오.

그러나 함부로 나갈까, 준비를 완성한 후에 나갈까. 혹 말하기를 혁명사업은 타산적으로 할 수 없나니, 준비를 기다릴 수 없다 하오. 그러나 준비는 필요하오.

물론 나의 준비라 함은 결코 적의 역량에 비할 만한 준비를 칭함이 아니나, 그래도 절대로 준비는 필요하오. 편싸움에도 노랑이 빨강이 모여서 작전 계획에 부심하나니 무준비하게 나아가려 함은 독립 전쟁을 너무 경시함이라 하오. 군사 매 명에 1일 20전이라 하여도 만 명을 먹이려면 1개월에 6만원이나 되오. 준비 없이 개전하면 적에게 죽기 전에 기아에 죽을 것이오.

그러므로 만일 전쟁을 찬성하거든 절대로 준비가 필요한 줄을 깨달으시오.

혹 말하기를 준비 준비하지 말라, 과거 1년간을 준비하노라고 아무것도 하지 못하지 아니하였느냐 하지마는, 과거 10년간에 못 나간 것은 준비한다 하여 못 나간 것이 아니요, 나간다 나간다 하면서 준비 아니하기 때문에 못 나간 것이오. 나간다 나간다 하는 대신에 준비한다 준비한다 하였던들 벌써 나가게 되었을 줄 믿소. (박수)

대포 · 소총 · 비행기 여러 가지로 준비할 것 많거니와 먼저 준비할 것은 제국시대의 군인이나 의병이나 기타 군사의 지식 경험이 있는 자를 조사 통일하여야 할 것이오. (박수) 없던 군대를 신조하여 싸우려 하니 군사에 관계 있는 자들이 다 모여서 작전을 계획할 필요가 있소. 나는 서북간도의 장사더러 문하노니, 네가 능히 독력으로 일본을 당하겠느냐, 진실로 네가 일본과 싸우려거든 합하여 하라. 혹 정부의 무력함을 비웃거니와 합하면 너의 정부는 유력하리라. 우리 민족 전체가 합하고 나도 오히려 외국의 힘까지 끌어와야 하겠거든 하물며 대한인끼리도 합하지 아니하고 무슨 일이 되리오? 만일 그대가 진실로 독립 전쟁을 주장할진대 반드시 일제히 이동휘의 명령을 복종하여야 하오. (갈채 박수)

다음에는 훈련이오. 용기 있는 이들은 되는 대로 들고 나간다 하오. 정말 그런 생각이 있거든 배우시오. 훈련은 절대로 필요하오. 전술을 배우시오. 그러나 정신적 훈련이 더욱 필요하오. 아무리 좋은 무기를 가졌다 할지라도 정신상 단결이 필요하거든 하물며 우리리오?

이 정신을 실시하려거든 국민 개병주의라야 하오. 독립 전쟁이 공상이 아니요, 사실이 되려면 대한 이천만 남녀가 다 군인이 되어야 하오. (갈채 박수) 그 방법이 여하한가요? 선전을 잘함이오. 각지에 다니면서 입으로 붓으로 국민 개병주의를 선전하고 실시하여야 하오. 그러나 글보다도 입보다도 가장 유력한 것은 몸으로 하는 선전이오. 그러면 우리는 다 군사 교육을 받읍시다. 매일 한 시간씩이라도 배웁시다. (박수) 나도 결심하오. 다만 30분씩이라도 군사학을 배우면 대한인이요, 불연하면 대한인이 아니오. (갈채) 배우려면 배울 수 있다. (갈채) 여자들도 배워야 하오. (갈채) 군사적 훈련을 아니 받는 자는 국민 개병주의에 반대하는 자요, 국민 개병주의에 반대하는 자는 독립 전쟁을 반대하는 자요. 독립 전쟁에 반대하는 자는, 독립에 반대하는 자요. (갈채박수) 명일부터 각각 등록하게 하시오.

금일 내 건강이 못 견디게 되었으니 죄송하나 오는 월요 오후 7시에 다시 모여 주시겠소? (일동 거수로 승락, 이상은 3일 저녁, 이하는 5일 저녁)

일작(一作) 밤에는 매우 분하였소. 말하다가 기운이 진하여 중단하기는 이것이 처음이오.

남의 나라는 남의 나라를 위하여 싸우거든 우리는 우리 자신을 위하여 싸우는 것이 마땅하지 아니하오? 우리는 의리로든지 인정으로든지 싸워야 하오. 나는 전일에 이러한 말을 들었소.

우리가 흔히 어서 독립을 완성하고 한성에 들어가 보기를 말하오. 이것이 대단히 기쁜 일이지마는, 대한의 독립을 아니 보리라는 결심이 있어야 독립을 볼 수 있을 것이오. 저마다 "죽겠다" 하지마는 정말 죽을 때에는 생명이 아까울는지 모르겠소.

그러나 만일 노예의 수치를 절실히 깨달을진대 죽음을 무서워하지 아니할 것이오. (박수) 살아서 독립의 영광을 보려 하지 말고 죽어서 독립의 거름이 되자 입으로 독립군이 되지 말고 몸으로 독립군이 되어라. 그리하여 아무리 하여서라도 독립 전쟁을 기성(期成)하기를 결심하여야 하오.

전쟁적 전쟁을 오게 하기 위하여는 평화적 전쟁을 계속하여야 하오. 평화적 전쟁이란 무엇이오? 만세 운동도 그것이오.

물론 만세로만 독립될 것이 아니지마는 그 만세의 힘은 심히 위대하여서 내로는 전 국민을 동하였고, 외로는 전 세계를 동하였소. 과거에는 미국 인민이 우리를 위하여 정부를 책려하더니, 지금은 도리어 의원과 정부가 인민을 격려하오. 나는 상의원에서 우리를 위하여 소책자를 돌리는 것도 보았소. 이 역시 평화적 전쟁의 효과가 아닙니까. 대한 동포로서 적의 관리된 자를 퇴직할 것도 다 평화적 전쟁이오. 일반 국민으로 하여금 적에게 납세를 거절하고, 대한 민국 정부에 납세케 할 것, 일본의 기장을 사용치 않고 대한 민국의 기장을 사용할 것, 가급적 일화를 배척할 것, 일본 관청에 송사 기타의 교섭을 단절할 것—이런 것도 다 평화적 전쟁이오. 이것도 힘 있는 전쟁이 아닙니까.

국민 전부는 말고 일부만 이렇게 한다 하더라도 효력이 어떠하겠소? 혹 이것으로만 아니 된다 하나 대전이 개하기까지는 그것을 계속하여야 하오. 이러한 평화적 전쟁에도 수십만의 생명을 희생하여야 하오. 이것도 독립 전쟁이외다. (박수)

외교(外交)*

첫째 금일에 외교를 논함이 가하냐 부하냐가 문제요. 혹은 세계의 동정이 필요하니 외교가 필요하다 하고, 또 혹은 아국은 외교로 망하였다 하여 외교를 부인하오. 외교를 부인하는 이의 심사는 외교를 외교로 알지 아니하고 외국에 의뢰함으로 아는 것이오. 제국 시대의 우리 외교는 과연 그러하였소. 그러나 그도 영이나 미의 원조를 싫어함은 아니오. 외교론자는 이에 대하여 우리 외교는 결코 제국 시대의 외교가 아니요, 독립 정신을 가지고 열국의 동정을 내게 끌려 함이라 하오.

내가 외교를 중시하는 이유를 독립 전쟁의 준비를 위함이오. 평시에도 그러하지마는 전시에는 비록 일국이라도 내 편에 더 넣으려 하오. 이번 대전에 영·불 양국이 미국의 각계에 향하여 거의 애걸 복걸로 외교하던 양을 보시오. 덕국이 토이기(土耳其-터키) 같은 나라라도 애써 끌어 넣은 것을 보시오.

그러므로 진정한 독립 전쟁의 의사가 있거든 외교를 중시하여야 할지니, 군사에 대하여 지성을 다함과 같이 외교에 대하여서도 지성을 다하여야 하오.

혹 일·영·미·법·이 제국은 일본이나 다름없이 남의 땅을 빼앗고 인민을 노예하는 도적놈들이니 그네와 외교를 한다면, 아무 효과가 없으리라 하나, 나는 확답하오. 우리는 제국 시대의 외교를 탈하여 평등의 외교를 하는 것이오. 이것으로 우리는 열국의 동정을 끌 수 있다 하오.

영일 동맹은 아국(俄國)의 침략을 두려워서 함이오. 그러나 지금은 아국은 침략 정책을 버리기도 하였고 행하지 못하게도 되었으니, 지금 영국이 꺼리는 것은 오직 일본뿐이오. 만주와 인도는 일본의 위협하에 재하오.

또 이번 대전에 영·법 양국은 병력상·경제상 대타격을 받았지마는 일본은

---

* 《독립신문》 1920. 1. 10 (1)

그동안에 참전하였다 칭하고 썩은 총을 아국에 팔고 신기한 무기를 더 제조하여서 졸부졸강이 되었소.

그러므로 영국의 주의는 일본의 강(强)을 좌(挫)하려 함이겠고, 법국은 그 중에도 더욱 피폐하여서 영국과 친선 관계를 유지하고 동일한 보조를 취할 필요가 있소. 지금 사실상 영법 동맹이 성립된 것이 이 때문이오.

그러면 혹은 영 · 미 · 법 · 이는 화협하리라, 그러나 덕국이 무섭다. 아마 복수적으로 덕 · 아 · 일 동맹을 작하리라 하나, 이는 대세를 모르는 자의 말이오. 덕국 국민의 다수는 이미 제국주의를 포기하고 침략주의의 사상은 거의 일소하였으니, 그는 혹 경제적으로 부활한다 하더라도 군국주의로 부활하여 유치한 일본을 신뢰하지 아니하리라. 또 금후의 세계의 대세는 사회주의적으로 경향할지요, 결코 군국주의적으로 역진하지 아니하리라.

또 아국으로 논하면 일본은 그에게 불공대천지수(不共戴天之讎)일 것이오. 일아 전쟁의 원한은 고사하고 그네가 많은 피로써 신국가를 건설하려 할 때에 제일로 방해한 자가 일본이 아닌가요? 과격파라는 이름을 누가 지었으며 연합군을 누가 끌어들였으며 학살을 누가 행하였나요? 현금 아국의 최대한 구적은 일본일 것이니, 우리는 아국을 우리 편에 넣을 수 있소. 미국에 대하여는 더 말할 것이 없소. 그의 상하 양원, 그의 각 계급의 인민이 이미 우리 편 됨을 증명하지 아니하였나요? 아시아 문제, 태평양 문제는 미국 금후의 정치와 경제와, 따라서 군사의 중심 문제가 될 것이오. 그가 대육군, 대해군을 건설하는 가상적이 누군지를 생각하면 알 것이오.

또 아직 세계에는 인도주의는 없다 하지마는 이는 곡설이오. 거짓 인도주의를 쓰는 자도 있지마는 참으로 인도주의를 주창하고 실행하는 자가 있는 것도 사실이오. 미국의 참전에 비록 여러 가지 동기가 있다 하더라도 인도주의가 그 주요한 동기 중에 하나인 것도 사실이오.

어느 점으로 보든지 열국의 동정은 일본에게로 가지 아니하고 우리에게로 올 것이 명확하니 다만 우리가 힘쓰고 애쓰기에 달렸소.

그 밖에 제일 중요한 것은 대화(對華), 대아(對俄) 및 대몽고 외교요. 중국이나 몽고도 일본에 적대할 것은 현재의 사실이 증명하오. 이에 우리는 이번 독립 전쟁에 선봉이 되어 인국(隣國)을 끌어야 할 것이오.

대화 외교는 매우 곤란하오. 현금 북경 정부는 반드시 중국을 대표하는 중앙정부가 아니며 또 일인의 정부인지 중국인의 정부인지도 분명치 아니하오. 또 각 성의 성장(省長)이나 독군(督軍)도 그 성에는 왕이나 서로 일치하지는 아니하오. 그러나 소위 21조 요구로 전 중화 4억만인이 일제히 배일의 격렬한 감정을 가지게 됨은 천이 우리를 행케 한 것이오. 그러므로 우리는 각 성 기타 각 부분을 떼어서 외교함으로써 전부는 몰라도 수성(數省)을 얻을 수는 있소.

대아 외교는 극히 용이하오. 기밀이라 다 말할 수 없거니와 힘만 쓰면 될 것이오. 그리하면 가인(嘉仁)이 적차백마로 내항하고야 말 것이오. (갈채 박수)

만일 우리가 세계의 동정을 전실한다 하더라도 우리 이천만 남녀는 다나가 죽어야 하오. 그만큼 세계에다 최후의 일인 최후의 일각이라고까지 성명해 놓고 노예로 더 살아감은 더 심한 수치요. (박수 갈채)

각각 적재를 택하여 각국에 선전하여야 하오. 대한 민족의 독립을 요구하는 의사와 독립 국민이 될 만한 자격과 대한의 독립이 열국의 이익 급세계의 평화에 유조할 것을 선전하여야 하오. 지금 각국은 여론 정치니까 민중의 여론만 얻으면 그 정부를 동할 수 있소. 각국에 상당한 대표자를 보내어 국제 연맹에 대다수의 내 편을 얻어야 하오. 나를 외교 만능주의자라 함은 무근지설이오. (중략) 일본도 사면 초가임을 보고 여선생(呂先生)을 청하여다가 빌어 본 것이오.(박수)

일반 국민이 주의할 것은 외교는 정부만 하는 것이 아니요, 국민 전체가 다해야 할 일이오. 각각 자기를 만나는 외국인으로 하여금 대한인을 사랑할 사람이라 하게 하시오. 비록 인력거 끄는 고력(苦力)에게까지라도.

교육(敎育)

독립 운동 기간에 우리는 교육을 힘씀이 마땅할까요? 나는 단언하오. 독립 운동 기간일수록 더 교육에 힘써야 한다고. 죽고 살고 노예 되고 독립됨이 판정되는 것은 지력과 금력이오. 우리는 아무리 하여도 이 약속을 벗어나지 못하오. 우리 청년이 하룻동안 학업을 폐하면 그만큼 국가에 해가 되는 것이오. 본국에는 아직 우리의 힘으로 교육을 실시하지 못하지마는, 기회 있는 대로 공부를 해야 되고 시켜야 되오. 독립을 위하여 공부를 게을리 아니하는 이야말로 독립의 정신을 잃지 아니하오. 국가를 위하여 독립을 위하여 시간 있는 대로 힘써 공부하시오.

또 국민에게 좋은 지식과 사상을 주고 애국의 정신을 격발하기 위하여 좋은 서적을 많이 간행하여 이 시기에 적합한 특수한 교육도 하여야 하고 학교도 세우고 교과서도 편찬하여 해외에 있는 아동에게 가급적 교육을 실시하여야 하오.

사법(司法)

독립 운동 기간에 법을 지킴이 마땅하냐 아니하냐. 나는 아직 법을 복잡하게 함은 반대하오마는, 이 때일수록 더욱 우리의 법을 복종하여야 하오. 비록 간단하지마는 우리의 법은 절대로 복종하여야 하오. 내가 반대하는 것은 오직 현금에 앉아서 법의 이론을 위사(爲事)함이외다.

우리가 국가를 신건할 때에, 대한의 법률을 신성하게 최고하게 알아 전 국민이 이에 복종하여야 하오.

임시 헌법이 의정원에서 토의될 때에 여운형 기타 제씨는 훈장 기타의 영전에 반대하여 마침내 삭제되고 말았거니와, 독립 운동에 특수한 공로가 있는 개인에게는 국가가 사의를 표할 의무가 있소. 비록 국가를 위하는 것이 국민의 의무라 하더라도 의무를 다하지 못하는 여러 동포 중에서 특히 의무를 다한 자에게 상장이 있는 것은 당연한 일이오. 독립 운동 기간에는 특히 의로운 남녀가 많이 기하여야 하겠으니 장려가 됨은 인정이며 또 상할 때 상함은 국가의 의무요. 이렇게 상이 필요한 동시에 또 벌이 필요하니 이에 사법 문제가 기하는 것이오.

민원식 같은 자와 적의 응견(鷹犬)이 된 자를 그냥 두랴? 독립 운동에 참가하기를 싫어하여 가구를 끌고 적국으로 떠나가는 자를 그냥 두랴? 자치나 참정권을 운동하는 자도 역적이니 다 죽여야 하오. 우리 국민 헌법이 없지마는 무슨 법을 임시로 정하여라도 죽일 자는 죽여야 하오. 이러하여 신성한 기강을 세워야 하오.

그러나 법은 악인에게만 적용할 것이 아니니, 정부의 직원이나 인민이나 무릇 대한 민국의 국민 된 자는 대한 민국의 법에 복종하여야 하오. 이러므로 사법제도의 확립이 필요한 것이오.

재정(財政)

아마 재정에 관한 말이 여러분의 흥미를 끌지 못하리다. 우리 국민은 경제 관념이 극히 박약하오. 오랫동안 쇄국주의의 정치하에 있어서 경제적 경쟁의 생활을 못 한 것과 유교의 영향으로 재(財)를 천하게 여기던 것이 우리 국민에게서 경제적 관념을 일소하였소. 근년에 와서 다소간 경제를 중시하게 되었지마는, 아직도 모든 생활과 사업에 경제가 어떻게 중한 것인 줄을 깊이 각오치 못하였소. 그러므로 독립 운동 개시 이래로 죽자 죽자 하기만 하고 자금에 대하여서는 별로 고려하지 아니하는 듯하오. 3월 1일에 자금의 준비를 경시하였고 상해에서 임시 정부가 발표될 때에도 이 문제를 거의 도외시하였소. 또 제군도 금력 변비에 관하여서는 지성할 고려가 없소.

우리 국민은 돈을 위해서 힘쓰는 자를 낮추오. 이번 세계 대전에 수공(首功)이 된 자는 돈을 많이 내었거나 내게 한 자인 줄을 우리 국민은 모르는 것 같소.

여러분, 독립 전쟁을 하자 하자 하지만 말고 독립 전쟁에 필요한 금전을 준비하시오. 정부가 발행하는 공채 · 인구세 · 소득세, 동포들의 애국 열성으로 내는 원납금 혹은 외국에 대한 차관 등이 우리의 재원이 될 것이오.

과거의 재정 상태를 나는 말하지 아니하려 하오. 장래의 재정 방침에 대하여서는 비밀이기 때문에 다 말하지 못하거니와, 그 중 하나는 국민 개병주의와 같이 국민 개납주의요, 어느 부자를 끌어오자 하지 말고 독립 운동 기간에는 남녀를 물론하고 일 전 이 전씩이라도 다 내어야 할 것이오. 금액의 다소를 논할 것이 아니외다. (갈채) 누구나 먹고 살기는 할지니 밥 반 그릇을 덜어서라도 각각 내는 동시에는 수백만 원의 거액을 낼 재산가도 있을 것이오. 재산가를 위협하는 육혈포는 결코 돈을 나오게 하는 육혈포가 아니요, 못 나오게 하는 육혈포외다.

그러므로 근본적 재정 방침은 오직 국민 개납주의라 하오. (박수 갈채) 일찍 구국 월연금의 발기가 있어 혹은 10원 혹은 5원씩 적었으나 이내 소식이 없음은 웬말이요? 돈 없는 것보다도 그 정성으로 독립할 자격이 없을까 두려워하오.

내가 말하는 중에 제일 요지는 국민 개병주의와 국민 개납주의요. 원에 구하지 말고 우선 상해에 발붙인 이는 적으면 적을지언정 매삭 돈 내는 데 빠지지 말도록 하시오. 그러하여 중 · 아령 동포와 본국 동포에까지 미치게 하시오. (박수)

어떤 사람은 말하기를 일만 하면 돈이 있다 하며 또 말하기를 일만 잘하면 나도 돈을 주겠다고 하오. 이는 마치 시장한 사람더러 네가 배만 부르면 밥을 주겠다 함과 다름없소. 돈이 있어야 일을 하지 아니하오?

혹은 부자들이 맘이 좋지 못하여 돈이 아니 온다 하지마는, 실상 돈이 안 나오는 이유는 우리 국민은 돈이 없어도 일이 되는 줄 아는 까닭이라 하오. (박수) 그래서 독립도 글자나 말만으로 되는 줄 아오.

대한의 독립군은 먼저 돈을 많이 모으는 사업에 힘을 써야 하오. 첫째 제것을 다 내어 놓으시오.

나는 또 국민 개업주의를 주창하오. 대한의 남녀는 자기의 직업에 힘을 쓰시오. 노는 것이 독립 운동이 아니오. 정부나 신문이나 기타 각 단체에서 일을 하거나 그렇지 않거든 무슨 업을 하여 각인이 매일 4, 5전씩이라도, 2, 3전씩이라도 국가를 위하여 내게 하시오. (박수) 대전중에 부강한 미 · 덕 · 영 제국도 부인까지 일하였소. 놀고 돌아다니면 아무 일도 아니오.

평시에 30원씩 썼거든 가족끼리 의논하여 5, 6원씩이라도 검약하여 바치게 하시오. 나도 주막이라도 하나 경영하여 내 생활비를 얻어 쓰려 하였소.

여러분은 다 일하시오. 여기서 할 일이 없거든 서북 간도에 가서 농업을 하시오. 독립 운동하노라 하면서 노는 자는 독립의 적이오. 특히 상해에 있는 이는 개병 · 개납 · 개업의 모범이 되어야 하오. (박수)

우리 사업은 거의 다 사람 사람이 다 배우고 일해야만 오래 계속하게 될 것이오. 내가 상해에 온 후로 4차의 연설(환영회, 청년단, 민단) 및 금차 이것이 다 같은 주지외다. 다시 말하노니 경제에 힘쓰시오.

통일(統一)

내 입으로 통일이란 말을 많이 하였소. 이제는 심상한 말이 되어 버렸소. 군사나 외교나 무엇 무엇 모든 것을 다한다 하더라도 재전과 통일이 없이는 아니 되오. 인구와 금력과 지력이 아무리 많더라도 통일이 부족하면 망하는 것은 다 알지요? 우리의 지력이나 금력이 얼마나 있소? 그런데도 10년간 남의 노예로 있던 자가 아직도 완전히 통일이 못 되었다 하면 어찌된 일이오? 무엇보다도 먼저 대한 민족은 통일되어야 할 것이외다. (박수)

만일 통일이 못 되면 어찌될 것이오? (유정근 씨에게 기립하기를 청하고) 이제 유정근 씨의 사지가 떨어지면 힘이 있으랴? 제가 잘났다 제가 옳다 하고 다 달아난다 하면 그놈들은 어디 가서 살겠나요? 대한이 망한다 하면, 그놈들은 혼자 살겠나요? (박수) 우리는 실지로 통일하도록 결심이 있고 실행이 있어야 하오.

혹 통일은 좋지만 우리 민족은 통일하지 못할 민족이라 하는 자가 있나니, 이러한 자야말로 통일을 방해하는 자외다. 우리 국민은 본래 통일된 민족이오. 인종상 · 혈통상으로 보아 우리는 잡종이 아니요, 순수한 통일민족이오. 혹 이민족의 혈이 섞인 일이 있다 하더라도 이는 모두 다 단족화하였소. 또 언어도 하나요, 문자도 습관도 하나요, 예의도 그러하고 정치적으로도 중앙 집권이 있고 결코 중국 모양으로 주권이 여러 지방 혹은 부분에 분(分)한 일이 없었소. 그러면 우리 국민은 통일한 국민이오. 그런데 왜 통일을 말하나요?

혹은 지방열 때문에 통일이 아니 된다 하오. 그러나 나는 말을 꾸미는 것이 아니요, 사실상 우리 나라에는 지방열이 없다고 단언하오. 내 말하리다.

다른 나라에는 지방열이 있소. 가령 미국으로 보면 일 지방에 이되는 것이 다른 지방에 해되는 수가 있나니, 미국이 아직 전국이 단행하기 전에 어떤 일 주가 금주를 단행하려 한다면 양조업이 많은 다른 주는 이에 반대하여 피차에 싸울 것이니 이것이 지방열이오. 그러나 우리 나라에 과거나 현재에 정치적으로나 경제적으로나 지방과 지방이 경쟁한 일이 없었소. 현재 우리 독립 운동에는 물론이지만 미래에도 없으리라 하오. 원래 지방열이란 지방이 광대한 나라에 있을 것이요, 우리 나라 같은 지방이 적은 나라에는 있을 수 없는 것이외다.

혹 선배 노인들이 지방열을 만들었다 하나 기실은 일부 청년들이 이름을 지은 것이오. 가령 이총리로 봅시다. 그는 서울 사람을 대할 때는 서울 깍쟁이라고 책하고 평양 사람을 보면 평양 상놈이라고 하고 개성 사람을 대해서는 개성

놈의 자식이라 하였소이다. 이것을 보고 옳지 그는 지방열이 있는 자라 하오. 그러나 그의 설립한 90여의 학교가 함경도에 있지 아니하고 대부분이 개성·강화외다. 개성·강화는 기호가 아닙니까.

또 이내무 총장과 이재무 총장으로 말하더라도 우선 그의 실모를 보시오. 그네에게 무슨 야심이 있겠나? 그네가 지방열 있는 것을 걱정할지언정 자기가 창도할 리야 있겠소? 자기네가 누구를 배척하니 받은 이는 홀로 된 것이오. 그리해 놓고 말하기를 누구는 지방열이 있다 하오.

그러면 신총장에게 지방열이 있겠소? 그 어른이 해외 10년에 동포간에 절규한 것이 대동단결이외다. 그가 주저하던 동제사는 대한의 독립을 광복하려는 대한인의 단체지 결코 어느 지방 사람의 단체는 아니었소.

또 안창호가 서도를 위하여서만 일하였다 하니 그만 해도 고맙기는 고맙소마는 우리 나라가 얼마나 커서 황해도 평안도를 가리겠소. 내가 혹 국가주의를 초월한 세계주의를 포회하였다 하는 초책(誚責)은 받을지언정 그런 지방열이야 있겠소? 또 가사(假使) 내가 지방열이 있다 합시다. 그러나 안창호에게 지방열이 있으면 있었지 모든 노인에게 있는 것은 아니오. 그러면 내가 지금 말하는 통일은 무엇을 가리키는 것이냐, 결코 지방의 통일을 의미함이 아니요 오직 전 국민을 조직적으로 통일한다는 말이오.

비록 유정근 씨의 사지가 떨어지지 아니하고 붙어 있더라도 내부의 신경과 혈택이 관통치 아니하면 아니 될지니, 내가 말하는 통일은 이 신경과 혈맥의 장애를 제거한다는 뜻이오.

조금 무엇을 안다는 사람 중에 두 가지 병이 있으니, 일은 국가를 위하여 단결을 하기보다 사정적·의형제적 통일을 이루려 하오. 그래서 매양 조그마한 일에도 저 사람이 나를 믿나 잘 대접하나 하고 주의하여 살피오. 그러다가 걸핏하면 싸움이 났네, 결렬이 되었네 하오. 국민이 다 통일된다고 남의 아내를 제 아내와 같이 사랑할 수는 없는 것이니 만일 그리한다 하면 그는 괴한 놈일 것이오.

사정의 친고는 주의보다도 정성으로 되는 것이니 모가 모와 친하다고 그것을 편당이다 할 수 없는 것이오. 다만 주의만 같으면 동지가 아닙니까. (박수) 내가 가령 이동녕·이시영 두 분과 저녁을 같이 먹는 것을 보면 얼굴을 찡그리며 말하기를 저놈들이 이동휘 씨를 딴다 하고, 그와 반대로 내가 만일 이총리와 같이 먹으면 내무, 재무 양 총장을 딴다 하오. (웃음) 세상이 이러하니까 우리는 자연 근신하게 되어 자유로 의사 발표나 교류하기를 꺼리게 되오.

여러분 공과 사를 가르시오. 삼천만이 모두 동지로 통일하더라도 모두 사우나 의형제는 못 될 것이니 사우를 편당이라 하면 영원히 편당이 없어질 날이 없을 것이외다. (박수)

통일에 공적 통일과 사적 통일을 명확히 하면 곧 통일이 되리라.

어디나 어디를 물론하고 통일이 아니 되는 것은 무슨 일인고? 결코 지방열도 아니요 편당심도 아니요, 오직 그 중에서 일하는 자 몇 사람이 남의 하풍(下風)에 서기를 싫어하는 까닭이오. 그네들도 가서 물어 보면 통해야 된다고 하오. 그리고 통일 못 되는 것은 남의 탓인듯 말하오. 남의 하풍에 아니 서려니까 자기 부하에 일단을 둘 필요가 있소. 그 일단을 만드는 방법은 이러하오.

여러 사람을 모아 놓고 "이런 걱정이 있나" 하고 강개하게 말하오. "왜요" 하고 물으면 "꼭 통일을 해야 될 터인데 모야가 악하여 통일이 안 된다 하오" 그러면 통일을 바라는 여러 동포들은 대단히 분개하여 그 사람을 복종하여 그 모야를 공격하고 배척하오. 이리하여 그의 야심은 성공되고 통일은 파괴되오. (박수)

통일의 최후요 또 최대한 요건은 복종이오. 대한 민족이 통일한 후에야 자유도 있고 독립도 있다. 정부 직원이 인민의 명령을 복종치 아니하면 역적이 되거니와, 국민 각 개인이 정부의 명령을 복종치 아니함도 적(賊)이오. (박수)

국민의 명령이란 결코 민단이나 청년단이나 기타 어느 일개 단체의 명령이 아니오. 국민이 정부를 명령하는 기관은 오직 의정원이 있을 뿐이오. 정부가 의정원을 통한 국민의 명령을 받아 일단 인민에게 발표한 이상 인민은 절대로 이에 복종할 것이오.

정부는 개인인 인민의 집합의 중심이오. 또 주권자인 국민의 주권 행사의 기관이외다. 당초에 정부를 설립하는 본의가 절대로 이에 복종할 것을 예상함이니 혁명의 본의도 또한 정부를 절대로 복종하는 주지에서 나온 것이오. 불량한 자연인을 집어내고, 선량한 자연인을 대입함이 혁명이오. 그러므로 자연인인 정부 직원이 국민의 명령을 불복함도 역적이지만 정부라는 기관의 명령을 불복하는 인민도 역적이오.

직원이니 인민이니 하는 말을 사용해 왔소마는 독립 운동을 하는 점으로 보면 우리의 독립을 위하여 나선 자는 다 동지가 아니냐. 같이 죽을 자가 아니냐. 정부는 어떤 의미로 보면 독립 운동의 본부니 우리 모든 동지가 그 아래로 모이면 통일이 될 것이오.

나는 진정으로 말하거니와 이대통령과 이국무 총리를 충성으로 복종하오. 나는 두 어른의 결점을 가장 잘 아오. 아마 나만큼 잘 아는 자가 없으리다. 그러나 나는 충성으로 그네를 복종하오. 누구를 갖다 놓든지 우리 주권자에게 복종하여야 하오. 우리끼리 복종하지 아니하면 가인의 복종에서 떠날 날이 없으리다. (박수) 복종 아니하려는 자는 대개 자기가 두령이 되려는 생각이 있소. 그러나 우리 중에는 결코 독력으로 독립할 자는 하나도 없소. 통일하면 독립하고 아니하면 못 하오. 우리는 모든 일 중에 급하고 급한 것이 통일이요, 구할 것이 통일이외다. 우리 민족 중 구태여 인격과 역량이 위대한 자를 찾지 마시오. 그런 인물을 찾는 자는 혹 동경 있는 적진 중으로 가기 쉬우리다. 가인(嘉仁)이나 원경(原敬)은 비록 인격이 천층 만층이라 하더라도 눌러야 한다. 우리 동포끼리는 고개를 숙이고 복종하여야 한다. 독립은 독립이지만 내가 네 밑으로 가랴 하는 생각은 버리시오.

이동휘가 왜와 통하는 일이 있거든 나와 함께 그를 죽이자. 그러나 오늘날은 나와 함께 그의 명령에 복종하자. 국가에는 복종하되 자연인에게 복종하랴 하지마는 국가는 정부를 통하여 자연인을 통하여 비로소 명령을 발하는 것이니 주권을 위탁한 자연인을 복종함이 국가를 복종함이니라. 저마다 자유 자유 하면 망하나니라. 지금은 무슨 명이나 복종하여라. 무슨 명령이나 "예" 하여라.

대전중 미국서 식량 총감이 사탕과 맥분 절용의 명령을 발하였을 때에 미국인은 두말 없이 복종하였다. 개업한 의사에게 정부가 종군하기를 명할 때에 그네는 두말 없이 문을 잠가 놓고 나서 법국 전선으로 갔다. 만일 그렇지 아니하였던들 미국은 망하였을 것이다. (박수)

대한민국 2년 신원(新元)의 나의 기원 *

통일의 완성

대한 국민은 속임과 의혹과 투기를 버리고 서로 사랑하고 복종하여 정신으로 단결하며 또한 부분적 단독적 행위를 버리고 조직적으로 중앙 기관에 연락하여 이천만 몸이 한몸이 되어 동일한 보조로 광복 사업을 이룸즉 한 완전한 통일을 이루게 하여지이다.

대한의 남자야 여자야, 우리는 적국을 파괴하고 조국을 중건하는 대업을 담책하였나니 응당 큰 힘을 만들기 위하여 무엇보다 통일 단결을 먼저 힘쓰리라.

혈전(血戰)의 결심

대한 국민은 나라를 광복하는 대업의 성취가 오직 의로운 피를 뿌림에 있음을 절실하게 각오하고 독립 전쟁을 단행하기로 결심하여지이다.

장사(壯士)의 모임

각처에 산재한 대한 군인은 대한 민국의 원수의 앞에 모여들어 원수를 보좌하여 작전 사업을 준비하며 제반 직무를 분담하여 성충으로 노력을 다하여 큰 일을 돕게 하여지이다.

대한의 장사야, 대한의 장사야, 너희가 대한 장사의 혼이 있나니 응당 먼저 대한의 장사로 더불어 뭉치리라.

국민은 다 군사(軍士)

대한의 청년과 장사는 하나도 빠짐없이 독립군 명부에 등록하고 산이나 들이나 저자나 어디 있든지 각각 그 처지대로 가능한 방편을 만들어 군사의 훈련을 간단없이 받게 하여지이다.

---

* 앞 연설에 계속하여 낭독한 원고. 《독립신문》 1920. 1. 13 (1) 제37호

대대적(大大的)으로 싸움

의를 위하여 죽기로 결심한 용기 있는 대한 남자는 적으로 더불어 싸우되 무통일 · 무조직 · 무의식적의 임시적 행동을 취하지 말고 규율 있게 질서 있게 대대적으로 일어나 최후의 승리를 얻기까지 분투하여지이다.

대한의 남자야 여자야, 우리는 자유를 위하여 정의를 위하여 죽는 것이 노예로서 사는 것보다 오히려 쾌함을 각오하였나니 응당 죽음에 나아가기를 서슴지 아니하리라.

국민마다 돈을 다 바침

대한 국민 된 자는 부하거나 빈하거나 일치하게 독립 공채권을 살지며 인두세를 바칠지며 각각 소득에서 먼저 몇 분의 얼마를 덜어 바칠지며, 애국의연을 바칠 힘이 적으면 1전이라도 한 사람도 빠짐 없이 정부에 금전을 공헌케 하여지이다.

생명을 희생하기로 결심한 대한 남녀야, 우리는 만사에 금력이 없으면 공상뿐임을 알지 않느냐. 우리의 독립이 공상이 되지 않게 하려는 대한 국민은 응당 생명을 바치기 전에 먼저 금전을 아끼지 아니하리라.

국민은 다 직업(職業)

대한 국민은 독립 운동하는 기간에 평시보다 더욱 더욱 직업에 집착하여 배울 자는 배움에, 벌이할 자는 벌이에 성충과 노력을 다하여, 광복 사업의 원력이 더욱 충실하게 하여지이다.

외국에 친선(親善)

대한 국민은 어떠한 외국 사람에게든지 신으로 대하여 애로 접하며 우리 민족의 독립 정신과 문명한 품격을 실현하며 우리의 주의를 선전하여 우리 각 개인의 행동으로 말미암아 세계 만방의 친선과 동정이 있게 하여지이다.

적인(敵人)을 거절(拒絶)

대한 국민은 갇힘을 당하거나 죽음을 당하거나 어떠한 경우를 당하든지 일치하게 결심하고 적인의 관리가 되지 말며 적인에게 세금을 주지 말지며 소송과 교섭을 끊을지며 적인의 기장을 달지 말고 연호를 쓰지 말지며 적인의 물건을 사지 말아서 우리 민족의 근본적 주의 정신을 원만히 실현케 하여지이다.

대한의 형제야 자매야, 적인의 옥에 앞서 갇힌 형제 자매만 홀로 있게 하지 말고 너도 나도 다 같이 나아가 그 옥이 얼마나 넓은가 시험하여 보리로다.

청년의 활동

대한 국민 중에 특별히 담력이 있고 용기가 있는 충의 남녀는 국민의 의사를 일치하게 하기 위하여, 우리의 만반 경영을 실시하기 위하여, 각방의 위험을 뚫고 들어가 일반 국민에게 금일에 각오할 바를 선전하기 위하여 활동케 하여지이다.

오늘의 대한 남녀는 국가가 우리에게 무엇을 요구하든지, "아니오" 하지 않고 "네, 하겠습니다" 하리라.

6대 사업에 관하여 나의 연설은 독립 운동 진행 방침의 정신과 대의를 말하였음에 불과하오. 구체 계획은 비밀을 요하니까 현금의 처지로는 도저히 발표키 불능하오. 이는 유감이지마는 무가내하(無可奈何)요. 그러나 불원(不遠)에 하나씩 하나씩 실현되는 것을 보아 알 것이오. 나는 일반 동포가 이 정신을 체(體)하여 일치 협력하기를 간청하오.

3 · 1절을 당하여 *

이 날 우리 흉중에는 비희(悲喜)를 분간치 못할 일종 비상한 감상이 있었소. 이 비상한 날에 비상한 감상이 있는 동시에 비상한 결심이 있어야 하오. 과거 10년 동안 대한 민족은 이 날 하루를 얻기 위하여 비상히 분투하였고 일본은 우리로 이 날 하루를 못 얻게 하기 위하여 분투하였소. 그러나 일본의 분투는 실

---

* 제1회 3 · 1절에 도산이 발표한 담화.

패되고 우리의 분투는 성공되어 천만 대에 기억할 이 날은 우리가 알게 되고 세계가 알게 되겠다.

이 날은 가장 신성한 날이오. 자유와 평등과 정의의 생일이니 진실로 상제가 허하신 날이오. 이 날은 일이 개인이 작정한 것이 아니요, 이천만이 하였고, 다만 소리로만 한 것이 아니요, 순결한 남녀의 혈로 작정한 신성한 날이오. 우리는 10년을 싸워 이 날을 얻었지마는 이 날 있은 후 1년 동안에 무엇을 하였습니까. 과거 1년간 일인은 이 날을 무효에 귀하려 하여, 우리는 이 날을 유효케 하려 하여 싸웠소. 그리하고 세계는 이 싸움에 주목하고 있소. 일인의 최대 문제는 이 날을 무효에 귀케 함이오. 우리의 최대 의무는 이 날을 영원히 유효케 함이외다. 이날－우리나 일본이나 세계가 다 큰 문제를 삼는 이 비상한 날에 우리는 비상한 결심을 지을 필요가 있소.

기필코 이 날은 유효케 하자. 그러하기 위하여 우리는 작년 3월 1일에 가졌던 정신을 변치 말고 잊지 말자 함이오. 그 날에 우리는 명예나 생명이나 재산을 다 불고하고 죽자 하였소. 그 날에 우리 민족은 우리 대로 33인의 인격이나 실력도 불계하고 오직 부모와 같이 여겼소. 그 날에 우리에게는 의심도 시기도 없고 오직 서로 사랑하여 한덩어리가 되었소. 그 날에 일인의 강폭도 불구하고 최후의 일인까지 최후의 일각까지 나아가자고 하였소.

동포여, 이 날을 유효케 하려거든 그 날을 기억하시오. 이 정신을 통이언지(統而言之)하면 여러분은 우리 대통령 이승만과 국무 총리 이동휘하에 통일되어 가인을 목표로 싸우자 함이오.

우리가 전쟁을 하네, 외교를 하네 하지만 우리의 지체가 상쟁하고야 무엇이 되겠소?

금일에 우리의 작정할 것은 이미 우리 민족의 작정한 이 영수를 떠받들고 나아감이오.

(3월 20일)

국민군 편성(國民軍編成) 및 개학식에서 *

10년 동안을 고대하던 국민군의 편성을 오늘 당하니 기쁨을 금할 수 없소. 오인은 이 자리에서 상기하는 바는 같은 목적으로 이미 군인 양성에 노력한 중·아 양령(中俄兩領) 및 내지 동포들이다.

우리는 대한의 혁명군이니, 우리 혁명의 목표는 정부도 아니요, 황실도 아니요, 사회도 아니요, 오직 가인(嘉仁)과 그 무리니라. 우리는 동족을 목표하고 싸우는 것이 아니라 우리의 싸울 자는 오직 일본이니, 대한인은 이 국민군의 산하(傘下)에 한데 뭉칠지어다.

국권이 있고 병력이 충분하더라도 국민이 분열하면 패하거늘, 하물며 국권도 없고 병력도 없는 우리랴. 대한인아, 단결하라. 통일하라.

우리의 싸울 무기는 오직 정신이니, 이는 이충무와 을지공의 혈관으로 흐르던 그 정신이라. 우리는 10년, 10년이라도 견인할 유지적 정신이 있어야 하리니 우리가 일패에 복기치 못하면 우리 민족은 영원히 망하느니라. 패함을 두려워하지 마라. 넘어지거든 다시 일어나라.

국민 의회 사건(國民議會事件) 해명**

아령 국민 의회가 어찌해서 불평을 품게 되었느냐. 이를 일언으로 단하면 하고로 우리를 무시하였느냐 함에 있다. 그 무시한 사실로는 당초에 상해에서 정부를 조직할 때에 아령서는 몰랐다. 그런즉 우리는 임시 정부에 복종치 아니하고 국민 의회로 나가겠다. 이래서 소위 타협 문제가 일어났다. 여는 이 사건을 위하여 국민 회의에서 파송하여 온 사람에게 말하기를 어느 때 어느 나라든지 혁명시에 처해서 법리상 완전 무결한 정부를 조직치 못할 것은 사실인즉 우리의 대사를 위하여 이런 문제를 일으키지 아니하기를 바란다 하였다. 그도 대답하되 자기 역시 동감이로다. 그러나 이는 나 일개인의 일이 아니요, 아령 민심이 이러한즉 통일을 위하여 이러하는 것이라 하였다. 그리하여 일시는 정부는

---

* 《공함》 No. 21 (1960. 9. 10)

** 3월 23일, 임시 의정원 본회의에서 도산은 아령 국민 의회 사건에 관한 해명 연설을 하였다. 당시 도산은 노동국 총판이라는 한직에 있었으나 전년 아령 국민 의회와 교섭하여 정부를 개조할 때에 내무 총장 겸 국무 총리 대리를 재임하여 그 타협을 추진하였던 것이다.

이 곳에 두고 의정원은 아령에 둘까까지 생각하였다. 이와 같이 여러 가지로 사고하는 끝에 현순 · 김성겸 양씨를 정부에서 파견하게 된 것이다. 그런데 금일 국민 의회가 말하는 정부가 속이었다 하는 사실은 한성 정부를 승인 또는 봉대(奉戴)하자 하고 그 실은 개조를 하였다 함이라. 이에 대하여 나는 당시 진상을 제군에게 말하려 한다.

그 때 이곳에서 정부를 다시 조직하려 하는 오직 한 가지 요점은 이승만 박사를 대통령으로 삼자 함에 있었다. 이것은 무슨 까닭이 있는고 하면 각처에서 조직된 정부 중에 혹은 국무 총리라, 혹은 집정관 총재라 하여 일정치 아니하므로 대외 행정에 여러 가지 지장이 있은즉 불가불 그 명의를 확정하여야 할 형세에 임하였었고 공채 발행에 대하여 대통령의 명의로 하는 것이 좋겠다는 이유도 있었고, 또 김규식 씨에게서도 이박사를 대통령으로 선거하는 것이 대외 행동에 유리하겠다는 서신이 있었다. 그리하여 정부에서는 약 2주일간을 열의에 숙의를 가한 결과 마지막 귀착되기를 국무 총리거나 집정관 총재거나 대통령이거나 그 최고 주권 행사를 함에는 동일하다 하여 한성에서 조직된 정부의 집정관 총재라는 것을 대통령으로 고치어 의정원에 제출하였고, 또 이 한성 정부를 옮겨 오므로 중 · 아령의 동포들도 그 전 불평이 다 없어지리라 하여 일거 양득으로 생각하였다. 한성 정부를 가져올 때에 한 가지 유감으로 여긴 것은 재무 총장 최재형 씨가 빠지게 되는 고로 김규식 씨를 대사로 하고 이시영 씨를 학무 총장으로 하고 최재형 씨를 그대로 재무 총장으로 하자는 의론도 있었다. 현 · 김 양씨를 파송한 것은 바로 그 때다. 그 때까지 이 곳에서 체류하던 원세훈씨를 가 보고 이 의견을 말한즉 그의 대답은 최씨 하나 들어오지 아니할지라도 통일에 방해될 것이 없겠다 하였다.

이상의 사실을 볼지라도 그 때의 정신이 개조에 있던 것이 확실하다. 현 · 김 양씨를 보낼 적에 한 말은 오직 이 곳서 조직된 정부를 희생하고 한성에서 조직된 정부를 가져다가 다시 만들 터인즉 너희도 없애라 하였고, 승인이라 개조라 하는 말은 하지도 않았다. 정부에서 이 문제를 가지고 의론할 때 내가 승인이란 말을 한 일이 있다 한즉 여러 각원의 말은 한성에 구성된 정부가 있을진대 승인할 수가 있겠지마는 각원의 이름을 발표만 하였을 뿐이오. 정부 그것이 구성된 것이 없은즉 승인하겠다고 이 정부를 없애면 없앨 것뿐이라 해서 개조안대로 제출한 것이다.

그 후 양씨가 돌아와서 전하는 말에 자기네도 합하여야 될 것을 생각하여 한성 정부를 옹호하자 하려 하였던 터이라 하고 쾌락하였다 하므로 우리들이 미칠 듯이 기뻐하였다.

그리하였더니 문교통 총장이 와서는 왜 개조를 하였느냐 하고 취임을 아니하겠다 하므로 양씨를 불러 물어 본즉 승인 개조는 생각도 아니하였다 한다. 그 후 이 문제는 해결하기 어려운 큰 문제가 되었다. 양씨가 말하였다 하는 의정원 해산이라는 것은 정부로는 입 밖에 내지도 못한 것이요, 또 위에 말한 바와 같이 그 때의 정신은 한성 정부를 옮기어다가 지어 놓겠다는 것이었고 승인이라 개조라 하는 술어는 염두에도 없었다. 당시 이 일을 상의하던 원세훈 씨도 말하기를 이와 같은 통일책을 주었어도 합하지 아니하면 자기는 국민 회의에서 탈퇴하겠노라 하고 정부에서도 이 안이 성립되지 아니하면 총사직을 하려 하였다.

사실이 이러한즉 내가 생각하는 선후책은 오직 하나밖에 없다. 우리를 무시하고 우리를 사기하였다 하니 그 무시하고 사기하던 각원을 없애 버리고 당신네의 신임하는 정부를 조직하라 하는 외에 방책이 없다. 현금 세계는 한국 문제를 극히 주목하는 중이요, 각국 통신원들은 어떤 작은 일이든지 빼지 않고 자국에 보도한다. 일전에도 모 외국 신문 기자가 나에게 말하기를 국토가 있어도 이와 같이 불통일하면 안 될 터인데 하물며 일촌의 국토가 없으면서 이같이 갈라지니 너희가 무엇으로 독립을 하겠다 하느냐 하고 "애당초에 독립 전쟁이란 소리는 하지도 마라" 할 때에 나의 등에 땀이 흘렀노라.

안창호가 죽어서 한국이 통일된다면 죽으리라. 이 문제의 원인을 색하면 말을 잘못하였거나 마음을 잘못 먹었거나 하여간 책임이 있는 나를 처벌하는 외에 다른 방책이 없다. 혹 의원 중에 의정원 해산을 단행하면 통일이 될 터인데 왜 못하느냐 하여 정부의 무능력을 책하지마는 의정원 해산이란 말은 정부 되어서는 입 밖에 내지도 못할 말이다. 선후책은 오직 책임자가 물러가는 외에 없나니 무능력이니 무성의니 하여 악 프로파간다를 하지 말하기를 희망하노라.

동오 선생(東五先生) 서거에 대하여 *

명예 · 지휘 · 권력 이 모든 것에 조금도 거리낌 없이 오직 성충(誠衷)을 다하여 20년을 시종 여일하게 위국 분투하시는 안선생의 성격과 열성은 내 입으로 다 말할 수 없소. 나 보는 한인 중에는 진실로 유일한 애국자요. 선생의 다년 옥중 생활과 적의 악형이 선생의 그 좋던 얼굴과 체격을 상하게 하고 금에 또 돌아가시게까지 한 것이오.

선생은 또 정신상 고통을 많이 받았소. 선생의 동지인 전덕기 목사 · 이갑 씨, 선생의 심복인 송종원 · 김근영 씨의 서거는 선생에게 비상한 정신상 고통을 주었소.

선생은 이번 중 · 아령의 대동 단결에 대하여 정부와 의논하려고 오신 것이오. 정부에서는 선생에게 정부 내에서 무슨 일을 보아 달라고 청하였으나 선생은 돌아가서 중 · 아령의 통일을 위하여 힘쓰겠노라 하고 고사하였소. 그래서 불원간 정부 특파원으로 지정되어 발정하시려던 터에……(하략)

임시 정부 유지와 옹호 **

금일 나의 연설은 정부 직원의 자격으로 공표함이 아니요, 개인의 사견을 발표함이니 그 책임을 자기가 자부하오. 목하 내지나 서북간도에서 온갖 고초를 당하는 동포에게 충심의 동정을 표하는 동시에 당지에 재류하는 동포에게도 무한한 동정을 표합니다. 혹은 당지 재류 동포를 평하여 사치와 안일에 흐른다 하나 제군도 일찍 독립 운동에 면력하다가 당지에 온 후로 경제상 곤란도 있을 뿐 아니라, 광복 사업의 지연함으로 인하여 정신상 고통도 많이 당하는 줄 아오. 제군이 이미 애국의 적성(赤誠)으로 독립 운동에 몸을 허한 이상에는 비록 여하한 곤란이 있더라도 낙심치 말은 결심으로써 전진할지며 전진하는 데는 반드

---

* 4월 2일 동오 안태국이 불의의 병으로 급서하였다. 이에 대하여 도산이 신문 기자에 말한 것. 《독립신문》 1920. 4. 13 (2) 제64호

** 1920년 (12월 25일 기독성탄절)에 도산은 민단주최 강연회 석상에서 '개인의 사견'라고 전제한 후 임시 정부 옹호 유지를 국민에게 호소하였다. 이하 그 대요
《공함》 No. 21 (1960. 9. 10)

시 진정하고 명확한 방침을 정할 필요가 있습니다.

언필칭 아 임시 정부가 과거 1년간 무슨 특수한 정책이 없다 하여 그 무능력함을 비난하니 1년을 경험한 후에 그 무능력함은 용혹 무괴(容惑無怪)려니와, 정부가 설립되기 전부터 미리 장래를 위하여 비난함은 앙하 심의(仰何心意)뇨. 혹 정부 설립된 이후로 말하더라도 민간으로부터 상당한 의사와 권력을 정부에 제공하여 정부가 짐짓 이를 실행치 않으면 그 때에 당하여 책함도 가하고 평함도 가하오. 비컨대 마와 차를 여(與)치 않고 그것을 잘 제어치 못함을 책함은 우함에 심한 자요. 나도 각원 중 일인으로서 그 직책을 다하지 못함에 대하여 실로 황공하여 땀이 등에 출함을 불각하나 또한 제군과 여히 일 평민의 자격으로서 민간의 불선한 책을 동부하기를 주저치 않소.

연즉 의사를 제공하라 함은 하를 운함이오. 이는 개인 개인이 각원을 방(訪)하여 각개의 의견을 술함이 아니요, 민간에서 공통적 원만한 의사를 정한 후 이를 정부에 제출하여 채용케 하고 계속하여 힘으로써 조하면 정부는 자연 유력하여질 것이니 정부가 무력함은 국민이 무력한 증거요. 미국의 대통령이 아무리 위인이라 하되 일반 국민이 그 의사와 힘으로써 원조치 않으면 아무 능이 없소. 이러한 원조는 하지 않고 공연히 비평만 함은 유해언정 무익이오. 우리는 잃었던 국토와 자유를 회복하려는 처지에 입하여 의사가 없으면 어찌 행함이 있으리오. 일개의 소매상을 경영하되 상당한 의사가 없으면 출점키 불능하오. 그런즉 지자는 지껏, 우자는 우하나마 가능한 데까지 획책하여 일천만인 뇌중에 그 공통적 계책이 유한 후에야 가히 대사를 성하리라 하오.

나는 지금 소견과 의사로써 은휘치 않고 공중에게 고하려 하오. 우리가 일찍 정부의 내정을 공중에게 밝히 표시하지 아니함은 우리 정부 내정의 허약을 외인과 적으로 하여금 알게 하지 않으려 함이니, 외인과 적이 이를 알면 우리에게 불리할까 함이니, 전기 의회시(前期議會時)에도 정부의 예산과 결산안을 제공치 못함은 실로 이 까닭이었소. 그러나 고식적으로 은휘하여 가다가는 종당 사실로 현로(現露)될 줄 아는 고로 차라리 미리 공표하여 국민으로 하여금 각오케 하여 선후의 책을 강케 함이 가한 줄 아오. 정부의 유지비는 실로 성안이 없소이다. 정부 유지의 책임은 우리 국민 전반에게 유하니 자기가 먼저 그 의무를 다하고 타인을 권하여 같이 건져 주는 것이 득책이요, 사상이 유치한 자는 매사 속성을 기뻐하고 원성을 싫어하나니 우리의 정도는 근이(近易)하지 않고 실로 험난하고 장원하외다. 이러한 험하고 먼 길을 진행하는 자의 요할 바는 오직 인내와 힘이오. 또 우리 전도는 절로 성취될 바 아니요, 오직 스스로 행하여야만 될지니 적으로 더불어 전쟁하는 것과 외교를 의론하는 자도 있으나 요행을 바라는 외교로써 나의 피와 땀으로 싸울 전쟁과 동론(同論)함은 도저히 불가한 일이오. 또한 전쟁이라 함은 공론이나 공담으로 하는 것이 아니요, 전쟁을 가능하게 하여야 될지니, 작년부터 전쟁을 주창하나 금일까지 예정의 전쟁을 개시치 못함은 이 무슨 연고뇨. 이것이 곧 구설로만 전쟁을 주창하고 준비를 못한 연고요.

그러면 이 전쟁을 가능케 할 것은 무엇이오. 곧 무기와 전술이오. 또한 무기와 전술보다도 일층 필요한 것은 무기를 사용할 군자금이외다. 군비가 있고 군인이 있은 후에야 비로소 작전 계획이 있나니 군인 없는 무기를 누가 사용하며 군자 없는 전술을 무엇으로 활용하리오. 이제 이러한 이유를 누가 모르리오 반문할지나 알기만 하고 연구와 준비가 없으면 이는 모르는 것과 일반이오. 혹자는 말하되 노령·중령에 있는 기백만 명이 무비(無非) 우리의 군인이요, 노국·미국에 있는 금전이 무비 우리의 군자라 하니 이는 공론에 불과하오. 어느 어느 사람이 군인이라는 지명이 없이 통틀어 군인이라 하는 말과 나의 자립의 정신이 없이 타국의 힘을 의뢰하는 것이 너무나 허망하외다.

국제 연맹이나 미국만 의지하는 것은 스스로 독립할 자격이 없음을 자백함이니 자력을 믿고 먼저 자립적과 조직적 국가를 성립한 후에야 조력이 있고 외원이 있는 법이오. 나는 차관이나 청병이 절대로 불가하다 함이 아니오. 내가 먼저 자립한 후에야 차관도 가하고 청병도 가하다 함이오. 작년 3월 이래로 정부에 대하여 성충과 의무를 다한 이가 모두 몇이나 되오. 성충과 의무를 다한 자이면 모두 군적에 등록하고 정부에 납세하였을 터인데 나는 등록과 납세의 성적이 양호하다는 말을 듣지 못하였소. 정부는 민력에 의하여 가히 입하는 데 국민이 국민 된 직무를 다하지 않으면 정부가 어찌 자립하겠소.

혹시 말하되 현금의 정부는 완전한 정부가 아니요, 일개 혁명 간부에 불과하니 타일 독립이 완성된 후에 정부에 대한 의무를 다하겠다 하니 이는 모르는 말이오. 설혹 혁명당 간부라도 당무를 다하는 당원이 없으면 당이 되지 못하오. 우리 독립의 자격은 조직적 자립체의 존재에 있고 조직체의 자립은 정령 순종에 있나니 우리 정부 자체의 유지가 국민 일반적 의무에 의하지 않고 부분적 헌성에 의하였음을 유감으로 사합니다. 내지 동포는 적의 속박하에 있으므로 의무를 다하기 불능하나 외지에 있는 자야 어찌 의무를 다하지 못하리오?

우리는 가인(嘉仁)이나 재등(齋藤)의 명을 복종하는 것보다 이승만이나 이동휘의 명을 열복치 않으면 안 되겠소. 가인이나 재등은 아무리 곱고 처사를 잘하나 우리의 적이니 반항하여야 가하고 이승만이나 이동휘는 아무리 밉고 처사를 잘못하되 우리 수령이니 복종하여야 가하외다. 나의 이 말은 수령의 노예가 되라 함이 아니오. 나도 제군과 같이 평민이 되어 이 주의를 절규하고 싶소. 정부의 징병령과 납세령을 잘 순종하여 개병·개납주의를 실시하되 오히려 부족함이 있을 때에는 비로소 외국의 원조를 청하는 것이 당연하외다.

어느 외국인이 나에게 묻기를 그대네 정부에 금전이 있느뇨, 왈 없노라. 이천만이 각각 1원씩 내어도 2000만 원이 있을 터인데 어찌 없다 하느뇨, 왈 적의 속박하에 있으므로 임의로 출전키 불능한데 어찌 임시 정부를 위하여 돈을 낼 수 있겠는가, 그러나 외지에 있는 한인만 하여도 수백만이니 수백만 원의 돈이야 모을 수가 있지 않은가. 나는 이에 대하여 대답할 말이 없었오. 대저 인간이 의식적 활동이 없으면 사체(死體)와 마찬가지니 우리 국민이 자립적, 조직적 활동이 없으면 독립할 자격이 없오. 혹 말하되, 미일 혹 아일 전쟁이 되는 날이면 무기도 있고 금전도 있다 하니 무기를 주면 누가 사용하겠소? 우리가 먼저 무기 사용할 사람을 준비한 후에 그를 요구할 수도 있고 자가 공급도 할 것이오, 사용할 자도 있으리라 하오.

준비하는 책임은 정부에만 있지 아니하고 민간에 더욱 있나니, 개병주의와 개납주의를 실현함도 민간에서 먼저 이 주의를 널리 선전하여 일반 국민이 찬동할 각오가 생기지 않으면 정부의 힘으로만은 도저히 불가능하오. 이 주의에 적응하는 국민이 100만 명이 못 되면 십만 명, 만 명, 단 천 명이라도 먼저 조직적 동작을 취한 후에 다시 진하되, 1년에 못 되면 5년에 못 되면 내지(乃至) 10

년, 20년이라도 결과가 있기까지 하여야 되겠소. 본국이나 미주를 바라보고 금전이 올까 하고 고대하는 것은 불가하외다. 고로 누구든지 방황 · 주저하지 말고 학(學)할 자는 학하고 업(業)할 자는 업하되 배움이나 업함이 독립 운동의 정지가 아니라 이것이 독립 운동을 충실히 하는 방침이 되는 줄 알기를 바라오.

[1920년]

흥사단 제7회 원동대회에서 대회장 연설*

상견례에서 행한 도산의 연설

회장(안창호)이 대회 취지를 설명하니,

"오늘은 우리가 기대하던 흥사단의 대회가 원동에서 처음으로 열리는 날이라 본단 역사에 크게 기억할 날이오, 이 날 이 자리에서 대회를 열매, 많은 감상이 있소. 이제 특별히 여러분에게 말하려 하는 것은 이것이오. 우리가 왜 다소의 금전과 귀한 시간을 허비하며 이와 같이 모이느냐? 그 이유는 우리가 크게 모여 크게 사랑하여 큰 사랑의 힘을 기르자 함이요, 크게 모여 연구하여 큰 이상의 힘을 기르자 함이오, 크게 모여 크게 운동하여 큰 용장(勇壯)의 힘을 기르자 함이오, 크게 모여 크게 힘을 다하여 큰 사업을 진흥케 하자 함이요, 크게 모여 크게 기뻐하여 큰 쾌락의 힘을 기르자 함이오, 그 까닭은 짧은 시간에 다 말하지 못하나 우리에게는 큰 사랑과 큰 이상과 큰 용장과 큰 사업의 진흥과 큰 쾌락의 힘이 필요할지라. 이러한 뜻을 가지고 대회를 지내면 유익할 것이오."

본단 역사

흥사단이 조직되기는 4246년(1913년—편집자)에 미주 샌프란시스코 페이리스트에서 되었소. 그러나 원근본을 들어 말하면 14년 전(1907년: 신민회 창립을 뜻함—편집자)에 되었다 함이 마땅하오. 14년 전에 되었던 것이 7년 전에 다

* 이 자료는 1920년 12월 29일과 30일 양일에 거쳐 원동에서의 첫 대회인 '흥사단 제7회 대회 원동대회' 경과 보고 문서 중에서 발췌한 것으로, 29일 대회 당일 대회장에서 행한 도산 선생의 대회 취지 연설과 원동 대회 제1회 강론회에서 연설한 '본단 역사', 30일 제3회 강론회에서 연설한 '본단의 장래'에 대한 주제 강연 내용이다.

시 되었다 함이 가하오. 지금으로부터 19년 전(14년 전의 오식으로 판단됨—편집자)에 국내에서 이승훈, 안태국, 양기탁, 이갑 제씨가 일본에 대항하려면 첫째 인재, 둘째 금전, 셋째 단결력, 이 세 가지를 길러야 하겠다는 의견으로 신민회(비밀결사)를 발기하였소. 진정한 애국자이면 동에 있거나 서에 있거나 모두 신민회에 들게 하자. 그리고 각 처에 서포(書鋪)와 약국과 학교를 설비하자. 실업자와 연락하여 금전을 모으자. 중학교를 세우되 군대 훈련을 하여 평시에는 각각 직업을 가졌다가도 일시에 군인이 되도록 하자. 이리하여 금전과 인재가 이만하면 되겠다 하는 때에 이르면 동(動)하자. 이것이 신민회의 내용이었소.

그러나 이 모든 사업을 하려면 공개를 요하는 점이 많고, 또 멀리 인재를 기르기 위하여 청년학우회가 발기되었소. 대성학교에서 중학생이 시작되었소. 최남선에게 청년학우의 말을 한즉 씨는 말하기를, "나에게 여러 군데서 입회하기를 청하는 회가 많았으나 도무지 응낙하지 아니하였다. 그러나 내 이 청년학우회에는 희생적으로 일하겠노라" 하고 자기가 하던 소년 잡지를 바치었소. 윤치호 씨에게 말함에 씨는 울면서 "몸을 바치겠노라" 하고 학생 하나를 평양에서 파견하여 청년학우회의 해가는 일을 견습케 하였소. 그리하여 윤씨는 발기 위원장이 되고 남방으로 최남선, 북방으로 최광옥 제씨를 경(經)하여 300 이상의 청년이 들어왔소. 청년학우회 회원은 결단코 돈 내는 데 기약 어기지 아니하고 모이는 데 시간 어기지 아니하였소.

그 후 나는 학우회가 있을 적에 본단을 떠났고, 나 떠난 후 얼마 아니하여 합방이 되고 학우회도 없어졌소. 내가 만주와 시베리아를 지날 때에는 아무도 청년학우회원을 찾지 못하고 미주로 갔소. 미주에 있는 우리 한인은 거의 다 노동자라 수양을 힘쓰는 이가 없었소. 내가 강영소 외에 몇몇 분에게 말을 많이 하였소. 그 중 마음을 동한 이가 송종익 군이오, 회를 조직하려면 회의 목적을 잘 깨닫게 하여야 하겠다 하여 책을 하나 만들자 하였소. 그러나 미주 안에는 책을 저술할 적재(適材)가 없으므로 본국에 있는 장도빈 군을 청하려 하였으나 사고로 되지 못하였소.

나는 점점 동지와 약속한 것을 내가 지키느냐 하는 양심의 책망이 더해져서 마침내 청년학우회를 시작하였소. 그러나 이름을 홍사단이라 하게 된 것은 첫째 청년학우회라 하면 본국에 있는 전 학우들이 더 곤란을 받지 아니할까 하는 염려가 있고, 둘째 전 청년학우회원 중에 이미 그 정신을 잃을 자가 있는데 그 처분을 어찌할까 하는 이유로 이름은 다르게 하였으나 정신은 더욱 간절하였소.

내가 시베리아를 지날 적에 내 마음이 이상히 비참하여져서 많은 눈물을 흘렸소. 박영효 · 김옥균으로부터 지금까지 우리 나라에 한데 뭉친 단결이라고는 20명이 없었다. 이러고야 망하지 않을 수가 있느냐. 우리 민족은 너무도 단결상 신의가 박약한 민족이라. 내가 죽는 날까지 다만 한두 사람과 일을 하더라도 낫겠다는 주의대로 철저히 나갈 뿐이라. 네가 내게 복종하고 내가 네게 복종하여 한 주의에 모이는 단체를 만들어야 하겠다. 죽는 날까지 다만 한두 사람을 만나고 말지라도. 이러한 간절한 마음으로 홍사단을 발기하였소. 지방적이라는 말을 내지 못하게 하기 위하여 각도에서 한 사람씩 위원을 뽑았소.

홍사단이 시작된 후 7년에, 아직껏 정식으로 된 것이 없소. 가(假) 이사부, 가 검사부이오, 이사부도 약법에는 6인 이상이라 하였으나 3인으로 내려왔고, 검사원은 1인이고, 감독은 없이 왔소. 우리 가운데 아직 지 · 덕 · 체 삼육의 건전한, 우리의 감독으로 우러를 사람이 없으니 이 사람이 나기까지 기다리자 함이오.

지나간 7년간은 홍사단의 발기 시대요, 장래의 정식을 이루기 위하여 단우 모집에 힘쓴 동안이오, 내 짐작에 지금까지 단우 수효가 160, 170명에 달할 것 같소. 홍사단의 지금 가진 세력만 해도 미주에 있는 사람은 놀라오. 아직까지 그만한 단체도 못 보아 온 고로. 여지껏 하여 온 것이 홍사단의 기초이외다. 나는 이를 기초로 하여 앞에 큰 일을 이룰 줄 믿소.

본단의 장래

대회 때에 항상 유감되는 바는 이것이오. 내가 대회 준비에 간섭함으로 인하여 충분히 우리 이상을 발표하도록 예비할 기회를 얻지 못함이오. 이는 우리 대회 준비를 바로 하고자 한즉, 내가 간섭 아니할 수 없소. 우리 단우 중에는 아직 식장 설비 같은 것이라도 정밀하게 할 전문의 기술을 가진 이 없은즉, 누구에게 전담하여 맡기기 어렵소. 그러므로 이것저것 다 간섭하고 본즉, 몸이 곤하고 마음이 분주하여 자연 강론 준비에 전력할 여력이 없었지요. 이번 강론회는 대단히 만족하다고 생각하오. 이광수 군의 강론(29일 오후에 개최된 제2회 강론회에서 '개인의 사회화, 직업화'라는 주제로 강론함—편집자)은 극히 고상한 언론이었으며, 김여제 군(강연 주제, '출판사업에 대하여'—편집자)과 주요한 군(강연주제, '실업진흥과 홍사단'—편집자)이 평소에 염려하던 바 부화에 흐르지 아니하고 실제로 들어가므로 더욱 축하하오. 이제부터 본 문제를 말하겠소.

제군은 책임감이 있는가.

개인의 노예가 되지 말아라.

우리가 문답할 때에 책임감이 어떠한 것인가를 묻소. 우리 가운데는 이미 된 단우, 이제 될 단우, 두 가지가 있으나 그러며는 하나이오. 우리 단이 잘되고 못됨이 다 우리 책임이니 홍사단은 내 것이오. 홍사단이 잘되고 못됨이 확실히 내게 책임이 있는가 없는가 생각하여 보시오. 먼저 이것을 여러분에게 묻고자 하는 바이오. 왜 이것을 묻느냐? 우리 민족에게는 부족한 점이 많지마는 그 중에 특별히 결핍한 것은 책임심이오. 자래(自來)로 나는 그런 것을 많이 보았소. 본국에 있을 때에 어떠한 이에게 내가 일을 부탁하면 죽을지 살지를 모르고 시행하여 주오. 그는 다소의 명망 있다는 내가 그 일을 맡긴 까닭이오. 그러나 단체의 결의로 일을 맡기면 신실치 못함이 여간이 아니오. 개인의 부탁이 중하냐? 단체의 부탁이 중하냐? 그이도 개인의 부탁보다 단체의 부탁이 더 중한 줄을 모르지는 아니하나 개인의 노예가 되므로 개인의 부탁을 더 존중히 여기오. 우리부터 개인의 노예가 되지 말고 제가 자립하여 책임적으로 일을 하여야 될 것이오.

우리가 단체의 맡긴 바를 잘하느냐? 아니오. 왜? 책임감이 부족한 까닭이오. 노예적 성질이 많고 자립적 책임심이 부족한 까닭이오. 이에 모인 우리 단우—이미 된 단우, 이제 될 단우—는 누구를 믿지 말고 자립하여 책임심을 가져야 되겠소.

우리 민족에게 또한 못된 버릇이 있으니, 제가 처음으로 하는 일은 열심히 하되 남의 하는 일을 따라 같이 하기는 대단히 싫어하오. 이는 사람을 따라감이 아니라 일을 따라 함이니, 그는 일과 사람을 구별치 못함이오. 내가 이것을 먼저 말함은 이에 모인 우리 동지가 다 의무심과 책임심이 있어야 우리 단의 장래에 큰 소망이 있는 까닭이오.

확실한 신념이 있느냐?

계통적 사상을 가지고 계통적으로 실천하라.

우리의 장래를 지금 처음 말함이 아니오. 사사로이 담화할 때에나 공식으로 문답할 때에 이미 많이 말하였소. 무엇이라고 말하였소? 좋게라고 말하였소. 어찌하여? 소망이 있으므로, 신념이 있으므로, 그 단우이므로. 그러나 정밀하게 다시 조사하여 봅시다. 그 신념이 과연 바른 신념인가, 그른 신념인가. 우리 민족 단체에서 가지는 신념 중에 아무 가치 없는 신념이 많이 있소. 그는 정확한 관찰과 연구를 허비하여 확실한 판단을 지음이 없이 빈 욕망으로 신념을 삼는 까닭이오. 관찰과 연구와 판단도 사람에 따라 다르나니 우리가 가지는 신념이 과연 확실한가 아니한가 조사하여 봅시다.

우리 국민을 돌아보면 군사를 주장하는 자, 외교를 주장하는 자, 다 확실한 신념이 있어 주장하느냐? 없소. 오직 추상적 희망에 지나지 못하오. 광산업자를 보시오. 신문업자를 보시오. 은행업자를 보시오. 다 확실한 신념이 있느냐? 없소. 그러므로 어제 이것을 하다가 오늘은 저것을 하오. 따라서 아무것도 한 것 없소. 왜? 계통적 사상과 계통적 실천이 없는 까닭이오. 왜 그것이 없느냐? 명확한 신념이 없으므로. 우리도 공중누각에 신념을 붙이지 말고 확실한 관찰과 연구를 허비하여 명확한 판단을 얻은 후에 그것으로 우리 신념을 지읍시다. 관찰과 연구에도 실 · 부실이 있은즉, 각각 다 관찰하여 보고 연구하여 보아 같은 판단으로 신념을 지음이 필요하오. 이상에 말한 것이 본 강연의 중요한 점이오.

우리는 늘 우리의 장래에 대하여 이와 같이 말하여 왔소. 우리 홍사단은 우리 민족의 사활문제라. 이것이 있으면 살고, 없으면 죽는다고. 우리가 항상 부르는 입단가에 무엇이라 하였소. "부모국아 걱정 마라 무실 역행 정신으로 굳게 뭉친 홍사단이 네 영광을 빛내리라." 우리 홍사단이 과연 우리 민족의 살 길이라 하면 그 말이 얼마나 놀랍고 크오. 확실한 신념을 품고 말하였으면 참말이오, 없이 하였으면 거짓이오. 지금 내가 말할 때에 조금이라도 공중누각에 부친 것이 있으면, 누구든지 곧 말하여 주시오. 우리는 조금도 거짓 없이 나갑시다. 할려면 진정으로 하고 싫거든 아주 맙시다. 일의 성패를 돌아보지 말고 나가자 함은 무슨 말이오? 확실한 신념을 가졌으면 설혹 실패가 있더라도 나가자 함이지,

당초에 신념 없이라도 하자 함은 아니오. 우리 단우들, 이 홍사단을 해 갈 때에 이것이 과연 우리 민족을 건지는 데 유일한 길이면 해 가고, 그렇지 않으면 마시오. 공연히 시간과 노력을 허비할 필요가 없소.

어떻게 우리 민족을 구원할까.

남은 이렇게 하여 살더라.

"부모국아 걱정 마라 무실 역행 정신으로 굳게 뭉친 홍사단이 네 영광을 빛내리라" 이것은 내가 짓고 내가 부르는 노래이오. 이것을 지을 때에 나는 확실한 신념을 가지고 지었고, 이것을 부를 때에 나는 확실한 신념이 있어 부르오. 이에 죽어 가는 사람이 있다 합시다. 그 사람을 어떻게 구원하겠소? 별거 없소. 그 사람이 얼어서 죽어 가는 자이면 덥혀 주어야 살겠고, 굶어 죽어 가는 자이면 먹여 주어야 살 것이오. 우리 민족을 어떻게 구원하겠느냐. 그 망한 연고를 찾아보아서 그것을 고치면 그만이오.

세계 어디를 가보든지 남들은 다 제 윤선이 있어 대양을 횡행하고 도회처에는 높은 굴뚝 쌓은 집이 있어 물품을 제조하며 소학교, 중학교, 대학교를 세우고 국민을 교육하더라. 즉 산업과 교육 등을 힘씀으로 살아가더라. 우리도 그것들을 하자는 말이오. 우리 가운데 누가 윤선을 부릴 자이며, 누가 기차와 기선 같은 것을 제조하겠소. 이러한 일들을 할 사람이 없으므로 못살으오. 홍사단이 있음으로 우리 민족이 왜 살겠느냐? 우리 홍사단은 이러한 인물을 기르자는 것이오.

우리가 우리 민족을 살리는 데 무엇부터 먼저 할까? 교육을 먼저 할까? 옳은 말이오. 실업을 먼저 할까? 또한 옳은 말이오. 교육 없이 돈 벌 수 없고, 돈 없이 교육할 수 없소. 그러고 본즉, 실업이나 교육을 병진하여야 될 것이오.

홍사단이 있음으로 태평양, 대서양에 한인의 윤선도 떠다닐 것이오, 홍사단이 있음으로 세계 신문기자 대회에 한인의 신문기자도 참여할 것이오, 홍사단이 있음으로 세계 은행업자 대회에 한인의 은행가도 참석할 것이오, 홍사단이 있음으로 세계 학술연구회에 한인의 회원도 있어질 것이오. 우리 홍사단이 어떻게 "네 영광을 빛내리라" 하였소? 큰 능력을 발하려고 동맹 수련한다 하였소. 우리에게 인물만 있고 본즉, 우리 홍사단이 직접 실업을 아니하더라도 실업의 중견은 우리 단우가 될 것이오. 이것은 이미 사실로 나타났으니, 북미실업주식

회사가 그것이오. 우리가 왜 죽겠느냐? 일하지 못하므로. 왜 못 하느냐? 일할 사람이 없으므로. 그러므로 우리는 건전한 인격을 기르고 신성한 단체를 짓기로 노력하오.

이에 이심은 이것이오. 많은 사람이 우리 흥사단에 들어올까. 과연 무실 역행할 수 있을까. 죽더라도 변치 않고 나갈까. 입단가에 기록한 대로 되었으면 좋지마는 과연 그와 같이 될까? 이제 생각하여 봅시다.(시간이 되어 중지)

[1921년]

신년사 *

거(去)년까지 허위와 나타의 옛 습성이 있었으나, 신년부터는 성실과 역작(力作)의 새 정신을 가지라.

이것이 곧 해가 새로워짐을 따라 새 복지로 나아가 새 생활을 짓는 유일의 길이니라.

신년 축하 연설 **

나의 사랑하는 태극기 아래서 대통령과 의정원 의장 이하 의원 제씨와 국무총리 이하 정부 직원 제씨로 더불어 신년을 영함은 심히 기쁩니다. 과거 2년간 무수한 역경에 처하여 금일에 지하였소. 금년에는 순경일까 역경일까 하면 그냥 역경이외다. 그러나 역경에서 잘 걸어 나가면 불원에 반드시 순경이 있으리외다.

금일에 우리들이 능히 역경을 파하고 순경으로 나가겠다는 결심을 가지며 세인은 오인을 가치 있게 보든지 없이 보든지 우리는 큰 가치의 인물로 자처하여 금일의 정신을 발휘합시다.

첫째는 과거 2년보다 더욱 결합력을 더하고 신앙을 두텁게 하여 원근이 다 신앙케 하며, 둘째 역경에는 인내력이 제일 필요하니, 고난을 참으며 설상을 내

---

* 《독립 신문》 1921. 1. 1 (4)

** 1月 1日, 이 날 미주에서 건너 온 이승만 임시 대통령이 참석하고 있음.

하여 한 가지로 순경으로 들어 갑시다.

손병희(孫秉熙) 수신(壽辰) 축사

3인이 동행에 개위 오사(皆爲吾師)라 한 고인의 말에 의하여, 금일 그이를 다만 그러한 의미의 스승으로 알지 말고 그가 일교나 일가 · 일신을 위하지 않고 통일적의 국사를 위하여 모든 것을 희생하고 각파로 더불어 대동 일치하여 독립을 선언한 그 정신을 배우고 본받는 것이 금일 그이를 위하여 축하하는 본의일지니라.

대업의 난국을 당한 금일 그의 정신과 그 의사를 효방하여 각각 사단 취장하고 이미 있는 최고 기관을 중심으로 하여 통일적 행동을 취하여 우리의 사업이 진취되면 이것은 오직 그가 기뻐하리라.

혈전*

최후의 승리는 혈전에 있나니 혈전을 하려면 그 성의와 그 용기가 있어야 되리로다.

진정한 성의와 용기가 있는 자는 입으로 혈전하지 않고 그 혈전이 실현되도록 몸으로 노력하리라.

혈전을 실현케 함에는 무장도 군수도 여러 가지가 있어야 함은 물론이나 가장 없지 못할 근본 문제는 지식과 양식이니라.

그러므로 혈전을 기대하는 용감한 우리 대한의 남아는 방황하지 말고 배움에 와 벌이함에 지성을 다할지어다.

동오(東吾) 안태국(安泰國)을 추도함**

내가 선생을 영결하던 거년 금일에는 말할 용기가 없었으므로 감히 무슨 말

---

* 《독립신문》 4월 2일 신문에 발표된 단문(短文).

** 1921년 4월 1일 안태국 선생 1주기에서 대략 다음 같은 추도사를 말하였다. 《공함》 NO. 21 (1960. 9. 10).

을 못하였더니 1년이 지난 금일에는 다소의 말할 용기가 있으므로 추도사를 술하나이다.

누가 나더러 묻기를 네가 믿는 사람 중에 가장 믿던 이와 네가 사랑하던 이 중에 가장 사랑하던 이가 누구인가 하면 나는 안태국 선생이라 대답하겠나이다. 선생을 믿고 사랑하던 자가 나 하나뿐 아니라, 대한의 애국 남자와 여자로서 선생을 아는 사람은 다 나와 같이 사랑하여 선생을 사랑하는 자가 국중에 많았나이다.

다수의 동포와 내가, 왜 이처럼 선생을 크게 믿고 사랑하였는가. 선생은 명예나, 지위나, 세력을 일만 분도 요구치 않고 순전히 국사만 위하는 진정한 애국자인 때문이요, 또는 그의 성격이 탁월하여 모든 열복하게 되었으니, 선생이 국사에 노력하기를 시작한 날부터 세상을 마치는 날까지 변함없이 여전히 진충하였나이다.

선생이 노력하는 국사 중에 특히 담책한 일은 신민회 사업이었소. 일본이 한국에 대하여 6조의 늑약(勒約)을 체결한 후에 당시의 수치를 아파하며 미래의 음악(陰惡)을 예측하고 장차 일인을 구축하고 국권을 회복할 만한 실력을 준비하기로 결심하고 신민회를 발기하고 그 종지는 일은 단결력이요, 이는 인재력이요, 삼은 금전력이요 하셨더이다.

단결력은 어떻게 준비하려던 것인가. 당시 애국자가 없지는 아니하나 각각 사방에 환산하여 고립한 형태로서 개개로는 그 힘을 발휘할 수 없었으니, 이러므로 동서 남북에 산재한 애국자를 정신적으로 규합하여 이천만 민족의 중심되는 공고한 단결을 지어서 장래 거사하는 때에는 그 중심의 동력으로 전 민족이 일치 행동케 하려 함이었소. 국내 각구에 기관을 설치하고 경성으로 중앙을 삼아 다대수의 애국자가 응결되어 은연중에 그 세력이 팽창하였소. 이동녕 선생이 그 때 중앙 총관의 임무를 맡아 하셨나이다.

인재는 어떻게 양성하려 하였는고. 곧 단결한 동지가 국내 각 구역을 분담하여 일반 국민에게 교육의 정신을 고취하여 학교의 설립을 장려케 하며, 특별히 각 요지에 중학교를 설립하고 보통의 학과를 교수하는 이외에 군인의 정신으로 훈련하여, 유사지시(有事之時)에는 곧 전선에 나아가 민군을 지휘할 만한 자격자를 양성하려 하였으니, 곧 중학교로써 정신상 군영을 지으려고 하였소.

그 외에는 뜻 있는 청년을 망라하여 무실 역행의 정신으로 수양을 동맹하여 건전한 인격을 작성케 하려고 국내의 유지한 인사들과 합동하여 기관을 설립하고 나아 왔었소. (즉 청년 학우회)

금전은 어떻게 준비하려던 것인가. 재산가들을 협박이나 유인의 수단으로 재정을 모집하려 하지 아니하고 기관 내의 동지들이 먼저 직접으로 실업에 노력한 후 국내의 다수 실업가와 연락하여 재원의 토대로 공고케 하여 대사를 성취할 만한 자본력을 준비하려 하였소.

이상의 모든 일은 한 이상과 이론에 붙이지 않고 실지로 착수하여 성적이 양호하여 아민족 전도에 큰 희망이 있었습니다. (자기회사 등)

우리의 적인 일본은 한국을 병탄하려 할 새 장래 가장 위험한 것으로 발견한 것이 곧 이 신민회인데 이러므로 신민회원들을 암살당으로 구날(構捏)하여 종종의 당옥(黨獄)(105인 사건 등)을 이룰 새 그 중에 안태국 · 이승훈을 가장 위험한 인물로 인식하여 비할 데 없는 혹독한 악형을 가하므로 선생이 수십 회 기절함에 이르되, 종시 그 뜻을 굴함이 없었소. 그의 성격은 의지가 강고하여 한 번 뜻을 정하고 시작한 일은 중도에 개변함이 없이 끝까지 나아가는 것이 그의 특징이었고 또한 인애와 포용의 덕양이 과인하여 타인으로 하여금 자기에게 복종케 할 술법을 쓰거나 또는 그러한 의사를 품지도 아니하되, 선생을 아는 사람은 무비 충심으로 열복하였소.

선생은 평생에 모든 일을 불평적으로 행함이 없고 화기로써 해결하여 선생이 있어 처사하는 곳에는 무비춘풍 화기 중에서 일이 원만히 되었소.

선생은 극히 총명하여 감각력과 판단력과 기억력이 비상하였으니, 선생이 적의 법정에서 재판을 당할 때에 적은 선생이 이천에 가서 총독을 암살하려 하였다 하는 그 날에 선생은 경성 모 요리점에서 연회할 때 무슨 무슨 음식을 얼마나 치른 것과, 또 아무 때에 아무 서관에서 무슨 책 얼마를 구입한 것과, 아무 상점에서 무슨 물건 얼마를 매도한 것을 일일이 입증하여 장부를 조사하면 모두 여합부절이었나이다.

또 선생은 성실 근면하여 직업에 노력하였으니 그가 국사에 분주 노력하기는 남의 10배 이상을 하되, 항상 자기 영업에 근면하여 자가의 자력으로써 자가를 생활케 하였는데 이는 현대 우리 애국자들의 한 모범할 일이라 합니다.

선생이 일찍 국사에 노력함도 다대하였거니와, 아직 더 생존하였더라면 그의 진로가 크게 열려 우리 민족의 전도를 위하여 그의 본능을 발휘할 것이 의심 없나이다. 인물이 귀한 이 때에 우리는 그를 영결함이 얼마나 불행한가요. 그가 작년 이 곳에 와서 병들었을 때에 내가 구호하노라 하였으나, 정성이 부족한 소치로 그를 구원치 못하고 마침내 나의 이 손으로 그의 눈을 감기었으니, 그 날에는 천지가 아득하여 아무 용기와 정신이 없었나이다.

나의 나중 할 말은 남아 있는 우리들은 선생과 같이 변함이 없고 간사함이 없는 애국자의 생활을 끝까지 지어 나가기를 바라나이다.

정부에서 사퇴하면서 (시국 대연설) *

(5월 12일 제1회 연설)

정부에서 나온 이유

여러분! 오늘 이 저녁 처음 나를 대할 때에 먼저 이러한 감상이 있을 줄 압니다. "네가 어찌하여 정부에서 나왔는가? 네가 2년 동안이나 붙들어 오던 정부를 왜 오늘에는 떠나서 밖으로 나왔는가? 그 안에서 누구와 충돌이 생겨 감정으로 나왔는가? 혹은 그 안에서 욕과 괴로움을 많이 당하므로 그것을 피하려고 나왔는가?"

내가 정부를 설립한 처음부터 오늘까지 2년 동안이나 이것을 붙들고 나오다가 오늘 와서 이와 같이 나오게 된 이유를 자세히 설명하자면, 그 말이 장황하여 시간이 허락치 않소. 그러나 간단히 말하면 이렇소.

내가 본시 정부에 있던 것이 누구가 고와서 있던 것이 아니요, 지금 나온 것

---

* 1921년 5월 12일 도산이 임시 정부 각원을 사임한 직후, 5월 12일 재류 동포들에게 일대 시국강연을 하여 대동 단결을 호소하였다. 이 연설은 5월 17일에 다시 계속되었으니, 1920년 신년 대강연과 필적하는 사자후라 할 만하다.

《독립신문》 1921. 5. 21 (1) ~ (4) 제107호.

도 누가 미워서 나온 것이 아니오. 그런즉 나의 들고 남이 조금도 감정상 문제가 아니외다. 또는 만일 내가 정부에 있을 때에 욕과 괴로움이 있다 하면, 내가 밖으로 나온 후에도 그 욕과 괴로움은 의연히 남아 있을 줄로 생각합니다. 그런즉 나온 것은 욕이나 괴로움을 피하려고 나온 것도 아니외다. 그런즉 왜 나왔는고? 내가 나온 오늘에는 내가 노동 총판으로서 일하는 것보다 평민으로서 일하는 것이 독립 운동에 좀더 유익함이 될까 함이외다.

혹은 내가 이번 국무원을 시작한 것은 한때 편의를 위하여 가연적 태도를 가지고 다소 민심을 수급한 후에 다시 들어가 이승만 대통령 밑에 영구히 총리가 되기로 약속하고 위선 자기의 심복인 손정도 등 모모씨를 들여보내었다 합니다. 나는 실로 이러한 약속이나 의사가 없었습니다마는 내일이라도 내가 다시 노동 총판으로 정부에 들어갈 필요한 경우가 있으면 마땅히 다시 들어갈 것입니다. 왜? 나는 들고 나며 가고 있는 것을 오직 우리 독립 운동에 유익되고 안 됨을 표준할 것뿐인 때문에.

그런데 여러분은 이러한 섭섭한 생각이 있으리다. "우리가 독립 운동을 시작한 후에 선택하여 정부 안에 모은 모모 제씨는 끝까지 변동함이 없이 둥그렇게 앉아서 일하기를 희망하였는데, 오늘에 왜 이같이 더러는 나가며 더러는 있게 되었는가" 하리다.

어찌하여 이같이 된 원인과 누구의 길고 짧은 관계를 말하자면 긴 시간을 요구하겠는 고로 그 내막을 여러분께 자세히 알리지 못함이 유감입니다. 다른 날에 이 내막을 말할 이가 있을는지도 모르고, 나라도 기회가 있으면 말하고자 합니다.

그 내막은 어떤 것은 별문제이고 하여간 처음 모인 이가 같이 앉지 못하게 된 것은 사실이요, 이것을 섭섭하게 생각함에는 나도 또한 동감자입니다. "그러면 너는 끝까지 그 안에 있을 것이지 왜 너까지 나왔는가?" 나는 독립 운동 이후에 정부 안에 모인 소위 두령이란 인물들이 독립을 완성하는 날까지 한 사람도 변동하지 말고 끝까지 같이 나아가야 된다고 절규하였고, 절규할 뿐 아니라, 이것을 위하여 노력하여 온 사람 중에 하나임을 자처합니다.

그러나 오늘은 나의 성의와 능력의 부족인지 시세와 경우의 관계인지, 하여

간 나의 노력하던 그 희망은 이미 실패를 고하였습니다. 일이 이같이 될 때에 나는 정부 안에 앉아서 "내가 금후로는 어떻게 행동함이 마땅할꼬" 하여 생각을 많이 한 결과로 "이 때는 부득이 정부 안에 있음보다 밖에 나와 평민의 신분으로 무엇을 하여야 되겠다" 하고 이같이 나왔습니다. 오늘부터는 여러분과 같이 한 백성으로서 일하기를 시작하였으나, 나의 하는 일이 옳거든 여러분은 많이 원조하여 주시기를 바랍니다.

연설의 필요

이제 본론에 들어 가기 전에, 지금도 연설을 하거니와, "연설이 무슨 필요로 생겨난 것인가 또 어느 시대에 산출한 것인가"를 잠깐 말하겠습니다.

연설이 신권 시대나 군권 시대에 산출하였는가? 아니오. 곧 군권 시대 말 민권 시대 초에 시작하여 민권 시대에 성행하여 왔습니다.

이로 보아도, 이른바 공화 정치 · 민주 정치의 필요로 산출된 것임을 알겠습니다.

신권 시대나 군권 시대에 있어서는 신의 의사, 군의 의사나 소수인의 의사를 다수 인민이 복종할 것뿐이요, 민의 의사는 소용이 없으니 연설이 있을 필요가 없겠고, 공화 시대에 임하여는 국가의 사업을 그 국민 전체 의사에 의하여 행하는바, 국민 각각 자기의 의사를 표시하여 어느 의사가 국민 다수 곧 전체의 의사임을 알려 하니, 부득불 연설이 산출되었소.

당초에 연설로써 공화를 촉진하였고 공화의 정치를 행함에 연설을 하여 성하였나니, 결코 연설은 한때 연극이나 노름처럼 볼 물건이 아닙니다.

오늘 나라도 대한 국가의 일을 내 단독으로 행할 권세와 능력을 가졌다 하면, 여러분 앞에 나와서 연설할 필요가 없을 것입니다. 나의 오늘 연설함도 나의 의사를 일반에게 제공하여 국민 다수가 취하고 취치 아니함으로 전도 문제를 해결코자 함이니, 여러분은 나의 연설을 하는 것부터 주의하시기를 바랍니다.

우리의 독립 운동은 계속할까 정지할까

이제 먼저 물어 볼 말은 "금번에 시작한 우리의 독립 운동은 계속하려는가 정지하려는가" 함이외다. 누구나 말하기를 "물론 계속할 것이지 정지한다 만다고 의논할 여지가 있을까" 하겠소마는, 그 입으로는 이와 같이 말하되, 그 중심의 진정을 보면 의심이 가득하여 "계속할까 — 정지할까" 하는 주저가 없지 않소.

먼저 독립 운동을 계속하고 아니함에 확단이 없으면 독립 운동의 진행책을 말할 필요가 없습니다. 여러분! 먼저 이에 대하여 명확한 단정을 지으시오. 만일 누가 나더러 묻기를 "너는 어떻게 정하였느냐" 하면, 나의 명확한 대답은 "독립 운동은 절대로 계속할 것"이라 하겠소.

오늘의 대한 사람은 사하나 생하나 성하나 패하나 독립 운동을 끝까지 계속하기로 결심할 것이요, 이것이 대한 사람 된 자의 천직이요, 의무외다. 누구든지 독립 운동을 계속할까 말까 주저하는 이도 독립이 싫거나 자유가 싫어서 그것을 받을까 말까 주저함은 아닙니다. 다만 독립 운동이 성공이 될는지 말는지 하는 의심과 상심으로 그리 되는 줄 아오.

아닌 것이 아니라, 얼른 보면 우리에게는 인재도 결핍하고 재력도 결핍하고 기타 무엇도 부족하고 무엇도 없으므로 독립을 성공할까 못 할까 하는 의심이 생길 듯도 합니다마는, 여러분은 조금도 의심하거나 상심하지 마시오. 우리는 독립할 가능성이 확실히 있습니다. 왜? 우리 대한 사람은 무엇으로 보든지 근본적 자격이 확실히 있습니다. 왜? 우리 대한 사람은 무엇으로 보든지 근본적 자격이 독립할 민족이요, 결코 이민족의 노예의 생활을 오래 할 민족이 아닙니다.

이러한 우리의 민족으로서 독립을 요구하는 이 날에 세계의 시운은 우리의 요구를 응합니다. 보시오, 아라사와 미국이 장차 일본을 치려 — 영국과 불란서도 일본을 해하려 — 오스트레일리아와 캐나다도 또한 일본을 배척하려는 것이 다 사실입니다. 그런즉 오늘 세계의 현상이 모두 다 일본을 둘러치는 때니 이것이 전에 없던 우리의 큰 기회가 아닙니까.

그런즉 우리 민족 근본적 자체로 보든지 외국의 형세로 보든지 우리의 독립을 완성할 가능성이 있거늘 어찌하여 의심하고 주저하는가.

우리 중에서 독립 운동 계속에 대하여 의심하고 주저한다 하면, 그 가장 큰 원인은 이것입니다. 실질적으로 독립 운동을 진행하기 위하여 우리 자체의 경우와 처지를 살펴 그 경우와 처지에 합당한 방침과 계획을 세우고, 그것을 밟아 나아가기로 노력하지는 아니하고 공연히 턱없는 요행과 우연을 표준하고 과도한 욕망을 품고 기다리다가, 그 턱없는 욕망대로 되지 않는다고 의심이니 상심이니 비관이니 하는 것이 생깁니다.

지금에 흔히 들리는 말이 피인도자는 인도자에게 대하여 부족한 것을 한하고, 인도자는 피인도자에 대하여 부족한 것을 한하여 "이런 인도자를 가지고 무엇을 할꼬, 이런 동포를 가지고 무엇을 할꼬" 하는 소리가 많습니다. 그 밖에도 "무엇이 부족하니, 무엇이 부족하니" 하는 소리가 따라서 많습니다.

여러분 생각하여 봅시다. 우리의 인도자나 피인도자가 부족하다고 가정하고 부족한 인도자를 자꾸 욕한다고 그 인도자가 일조에 변하여 족하여질까? 피인도자를 못났다고 나무란다고 일석에 변하여 잘난 백성들이 될까? 또는 무엇 무엇이 부족하다고 팔짱 찌르고 돌아서서 원성과 한탄을 지른다고 그 부족한 것들이 다 변하여 족하여질까. 그럴 리가 만무합니다.

그런즉 오늘날 우리가 크게 각오할 바는 우리는 이러한 인도자 · 피인도자를 가졌고 이러한 부족한 경우에 처함을 밝히 보고 이 경우와 이 처지에서 우리는 어떻게 어떻게 진행하여야 오늘에 부족한 것을 내일은 족하게 하여 기어이 독립을 완성하기로 나아갈 것이 아닙니까.

이러한데 소위 낙심한다 상심한다 하는 그대들은 아무 요량도 없고 자기의 노력할 의무도 다하지 아니하고 "이승만이 독립을 실어다 줄까, 이동휘가 독립을 찾아다 줄까, 또 기타 모모가 가져다 줄까" 하다가, 그것이 뵈지 않는다고, 또는 "미일 전쟁이나 갑자기 생겨서 가만히 앉았다가 독립을 얻을까" 하다가 그도 속히 되지 않는다고 소위 낙심이라 원망이라 하는 것이 생깁니다.

여보시오, 여러분! 우리 국민이 이러하고서 무엇을 희망하겠소. 오늘에 크게 각오하여 시간의 원근을 꺼리지 말고 우리는 우리 처지에서 우리 생활 방침을 세워 가지고 용왕 직진(勇往直進)합시다.

과거의 독립운동은 어떠한 독립운동

그런데 금후의 독립 운동은 어떻게 진행할까 함을 대강 생각합시다. 이것을 말하기 전에, "우리 과거의 독립 운동을 어떻게 하였는가"를 말하리다.

과거의 운동은 독립을 선언하고 만세를 부름이었소. 옥에 갇히고 총검에 찔리고 생명을 희생하며 한 모든 것이 만세 운동을 행함이었소.

그 후에는 압록강 연안으로 시작하여 작탄단총의 시위 운동이 있었고, 두만강 연안에서 시작하여 다소의 전투적 운동이 있었고, 구주와 미주에 선전 운동이 있었소. 이 과거 운동의 그 결과가 무엇인가 하면, 그 만세 소리로 적이 쫓겨가기를 바람도 아니요, 다소의 작탄과 국부적 전투로 적을 능히 구축하리라 함도 아니요, 그 결과가 우리 국민의 독립의 지원과 자유의 정신을 밖에 발표하여, 첫째는 우리 국민이 서로 "우리 국민 전체가 동일하게 독립할 의지가 있다" 함이 알려지고, 또한 "크게 독립 운동할 약속을 이루게 된 것"이요, 둘째는 세계 열방으로 하여금 "우리 민족의 의사와 용기의 어떠함"을 알게 함이요.

과거의 독립 운동이 과연 크다고 할 만하외다. 그러나 미래 독립 운동에다 비하여는 그리 크다고 할 수 없습니다. 우리 민족이 일찍 국가적 큰 운동을 지내봄이 별로 없었으므로, 과거의 운동을 시작한 것뿐이요, 독립 운동할 의사를 대내대외에 선전한 것뿐입니다. 그렇다고 과거 운동을 무가치하고 적은 일이라고 말함은 아닙니다. 과거에 그와 같이 시작하여 이 앞에 진행할 독립 운동이 장원하고 광대한 것을 절실히 생각하기 위하여 말함이외다.

금후의 독립운동은 어떠한 독립운동

그러면 장래의 독립 운동은 무엇인고. 우리가 독립 운동, 독립 운동하고 모호한 가운데서 지내서는 안 되겠고 먼저 무엇이 독립 운동인지를 알아야 하겠소.

독립 운동은 독립을 이루기 위하여 동작하는 모든 일을 가리킴이라 하겠소마는, "모든 동작 중에 그 요령이 무엇인고"란 이것이 여러분의 의사와 내 의사가 서로 부합하는지 알고자 합니다. 우리 독립 운동의 요령을 말하면, 아래의 여섯 가지 큰 것입니다.

1. 군사 운동, 2. 외교 운동, 3. 재정 운동, 4. 문화 운동, 5. 식산 운동, 6. 통일 운동.

독립 운동이란 것은 이 여섯 가지 운동을 종합한 명사입니다. 그런 고로 이 여섯 가지의 운동을 바로 진행하면 독립을 성공하게 되겠고, 이 여섯 가지 중에 하나라도 궐하면 다른 다섯 가지가 다 진행되지 못하여 독립을 성공하기 불능하겠습니다. 그러므로 누구든지 이 중에 무엇 한 가지만 혹 두 가지만 하여야 된다 하는 이는 나는 믿을 수 없소. 이 여섯 가지 중에 어느 것이 경하고 중한 것이 없이 다 똑같이 힘써야만 될 것입니다.

그런즉 우리는 공연히 세력이니 권리니 야심이니 하고 허공 중에서 그림자를 가지고 빈 싸움을 짓지 말고, 각각 나의 자격과 경우를 따라서 군사 운동이나 외교 운동이나 기타 어느 운동이나 이 여섯 가지 가운데 무엇이든지 하나씩 자기에게 적당한 것을 분담하고, 그 일이 이루어지도록 최후까지 꾸준히 나아가기를 결심합시다.

6대 운동의 필요와 그의 경중 동일시

첫째, 군사 운동이 어찌하여 필요한고 함에 대하여는 물론 아무도 의심할 이가 없을 줄 아오. 왜? 독립을 성공하려니까 독립 전쟁을 하여야 되겠고 독립 전쟁을 하려니까 군사 운동을 불가불 하여야 되겠다고 누구든지 얼른 대답할 줄 압니다.

둘째, 외교, 운동에 대하여도 이론이 없고, 우리가 강한 일본으로 더불어 싸워 이기려면 열국의 동정을 얻어야 되겠고 열국의 동정을 얻으려니 불가불 외교 운동을 하여야 되겠다고 논의가 일치할 것이오.

셋째, 재정 운동으로 말하면, 이상의 말한 군사 운동이나 외교 운동과 기타 모든 운동을 하려면 다 금전이 있어야 될 터이니, 재정 운동은 아니할 수 없는 것이라고 다 말할 줄 압니다. 그러나,

넷째, 문화 운동은 무슨 필요가 있는가, 오늘날 이 때 어느 여가에 문화 운동과 같은 것을 하고 천연(遷延) 세월하겠는가, 어서 하루바삐 나가 싸워 죽어야지 하고 교육을 받는 자나 교육을 베푸는 자에게 비난하는 일도 없지 않습니다. 하물며,

다섯째, 식산 운동에 이르러서는 왜 독립 운동을 아니하고 이따위 일을 행하느냐 하여 이 식산 운동이 독립 운동의 부분 되는 가치까지도 부인하는 이가 있을 줄 압니다마는, 내 이제 그렇지 않은 이유를 간단히 말하리라.

이 세상 모든 일에 성하고 패하는 것이 그 지식이 길고 짧음에 있음을 깊이 깨달아야 하오. 우리 나라가 왜 외적에게 망하였느냐 하면 다른 연고가 아니라, 우리의 지식이 저들보다 짧은 까닭이오. 그러므로 오늘 우리 대한의 사람들은 지식의 일촌 일척을 늘이는 것이 곧 우리의 독립을 일촌 일척을 더 가깝게 함인 줄을 깊이 깨달을 것이오.

이 문화 운동이야말로 근본적 문제입니다. 지금 우리의 걱정하는 바 통일이 잘못된다, 분규가 생긴다 하는 이것도 또한 우리의 지식 정도가 유치함에 원인한 것이오. 진정한 독립에 뜻이 있는 우리 민족의 지식을 높이기 위하여 진정한 노력이 있을 것입니다.

식산 운동으로 말하면 여러분 과거 구주 전쟁 때에 이 식산 운동을 각국이 평시보다 어떻게 힘썼는지를 아시겠지요? 내가 미주에서 직접 목도하였거니와, 이 때 미국 사람들은 어떤 계급을 막론하고 이 운동에 전력을 다합데다.

여자는 섬섬한 옥수에 호미를 들고, 부호는 그 화려한 공원을 채전을 만듭니다. 기타 저들은 온갖 방법, 온갖 수단을 다하여 식산을 경영하는 것을 내 눈으로 보았소. 식산 운동이 잘되어야 따라서 재정 운동이 잘될 것은 췌론(贅論)할 필요가 없을 것이오.

나는 우리 독립 운동자 중에 소비자뿐이고 생산자가 1인도 없음을 볼 때에 나의 가슴이 답답하외다. 서북간도를 보라. 아령을 보라. 북경을 보라. 이 상해를 보라. 소위 독립 운동을 한다는 사람치고 생산하는 자가 그 누구인가? 오직 소비자뿐입니다. 이것이 우리 독립 운동 장래에 큰 험악한 문제라고 합니다. 만일 저들이 다 각각 생산자가 되어 저들의 현금의 소비하는 그 금전의 전부가 임시 정부의 금고로 들어오게 되면, 우리의 독립 사업이 얼마나 잘 진흥될는지 모르겠습니다. 그러므로 다수는 이것을 심상시하지마는 기실은 식산 운동이 우리 독립 운동에 큰 관계가 있습니다. 물론 나의 말하는 본지가 다른 운동은 다 경하고 이 문화 운동과 식산 운동이 가장 중하다는 것이 아니라, 이것 역시 여섯 가지 필요한 중에도 필요한 것임을 말함이외다.

6대 운동의 구체적 진행방침과 실행

이상에 말한 여섯 가지 운동에 각각 그 진행의 방식을 말하자면, 첫째 군사 운동에 대하여 어떠한 방침을 취할꼬? 과거에는 다만 몇십 몇백이라도 나가서 싸워야 된다 말하고 말할 뿐만 아니라, 그러한 사실도 있었소마는, 금후의 군사 운동은 그와 같이 하여서는 안 되겠소.

기왕에 몇 명씩 소수로 나가서 싸우자는 이에게 그 무슨 의사인가 물으면 혹은 이렇게 함으로 세계에 선전 자료를 만든다 하며, 혹은 이같이 함으로 적을 패케 하겠다 함이 아니요, 다만 붉은 피를 흘려 우리 민족에게 독립 정신을 끼쳐 주자 함이로다 합니다.

내가 그 열렬한 뜻에 대하여는 탄복하거니와, 그네의 의사를 보면 하나는 외계의 구조를 의뢰할 뿐이요, 둘째는 독립을 성공할 신념이 없는 데서 나왔다 하겠습니다. 금후의 우리는 군사 운동을 하되, 그러한 의미로 할 것이 아니요, 적을 구축하여 항복받기를 표준하고 운동할 것입니다. 일찍 우리의 흘린 피만 하여도 선전 자료나 후손에게 끼쳐 줄 독립 정신을 완성하기 위하여 흘릴 것입니다.

그러면 첫째 군사를 모집할 것이니, 먼저 지원병 3만 명 이상 5만 명 이하만 모집하여 잘 단결하더라도 이것을 기본하여 기십 기백만의 독립군을 모집할 수 있을 것입니다. 이와 같이 지원병을 모집함도 일조 일석에 물 먹듯 쉽게 되는 것이 아니고, 다대한 노력을 허비하여 이 달에 몇 백 명 내달에 몇 천 명씩 모집하여 나아가면 그 예정수에 달할 것입니다.

또는 우리 군사 운동에는 사관 양성에 힘쓰되 다른 나라에 비하여 일층 더 전력할 필요가 있습니다. 다른 나라 군사로 말하면, 다 훈련을 충분히 받은 군사이므로 사관이 적어도 가하거니와, 우리 군사는 훈련을 받지 못한 군사이므로 훈련 없는 군사에게는 지도 통솔할 사관이 더 많아야 되겠습니다.

내가 오늘 저녁 이 여섯 가지 운동에 대하여 그 진행책의 대강이라도 말하려 하였더니, 나의 말할 기력도 부족하거니와 이 장소에서 열 시 안으로 떠나야 되겠는 고로 그것을 다 말하지 못하고 약할 수밖에 없으니 매우 유감됩니다.

다만, 내가 여러분에게 바라는 바는 군사가 안 된다, 외교가 안 된다, 재정이 안 된다, 기타 문화와 식산과 통일이 안 된다 하여 독립 운동에 낙망하지 마시오.

군사나 외교나 재정이나 문화나 식산이나 통일이 다 원만히 되었다 하면, 독립 운동을 한다고 할 필요가 없지 않습니까. 없는 군사를 있게 하도록, 없는 재정을 있게 하도록, 기타 모든 없는 것을 있게 하고 부족한 것을 족하게 하는 것이 독립 운동이 아닙니까. 그런즉 우리는 6대 운동을 목표로 삼고 진행할 방침을 연구하여 상당한 계획을 세우고 나아가고 나아갈 뿐입니다.

제반 운동의 성패는 통일의 성부(成否)에 유재(維在)

이제 다른 것은 다 약하겠거니와, 통일 운동에 대하여 말하겠소. 이상에 말한 바 군사 운동이니, 외교 운동이니 하며 기타 모든 운동에 성하고 패함이 통일 운동의 성하고 패함에 달렸소. 내가 통일을 한다고 많이 부르짖은 고로 '안창호의 통일 독립'이란 별명까지 있지마는, 독립을 완성하려면 우리 민족적 통일력이 아니고는 될 수가 없으니, 독립을 기망(期望)하는 우리는 통일의 완성을 위하여 노력 아니할 수 없습니다.

내가 이제 그 이유를 말하면, 오늘날 우리의 군사 운동도 외교 운동도 왜 잘 아니 되는가 하면 군사 운동을 하되 불통일적 군사 운동이 되고 외교 운동을 하되 불통일적 외교 운동인 때문이외다. 기타 모든 운동의 성취가 못 됨이 다 그 까닭입니다. 북경에서도 군사 운동, 서간도에서도 군사 운동, 북간도에서도 군사 운동, 아령에서도 군사 운동, 또 어디서도 군사 운동을 하여 그네들이 그 군사 운동에 다대한 시간과 노력을 희생하였으되 각기 국부적 분열한 소수의 군사 운동이므로 그 성적이 저같이 영성하여 오늘까지 대한 민족적 군사 운동이 실현되지 못한 것이오.

외교 운동도 재정 운동도 역시 그러합니다. 외교로 말하여도 북경에서 따로, 아령에서 따로, 미주에서도 따로, 또 어디서도 따로, 갑과 을이 각각 내가 대한 민족 대표라 하고 외국인을 교섭하니, 누가 그 진정한 대한 민족의 대표자라고 인정하리오? 이러므로 오늘까지 대한 민족적 외교 운동이 실현되지 못하여 외교할 만한 날에 외교의 성효를 거두지 못합니다.

재정으로 말하여도 내가 일찍 국민 개납주의를 철저히 실행하자 말하였거니와, 이가나 김가가 각각 분열적으로 재정을 운동치 말고 전 국민이 모두 통일적으로 대한 임시 정부의 국고를 향하여 재정을 바쳐 왔다면 우리의 독립 사업이 얼마나 발전되었을지는 모르겠소. 그런데 이것도 또한 통일의 궤도를 잃음으로 재정 운동의 실현이 오늘까지 못 되었습니다.

이것뿐일까. 아까도 말하였거니와, 모든 운동의 실현 못 됨이 다 이 통일의 궤도를 잃은 때문이외다.

통일의 제1방법은 중앙기관에 총집중

그런즉 통일은 불가불 하여야만 되겠다는데 그 통일은 어떠한 방법으로 할까? 통일하는 방법 중에 가장 큰 것이 두 가지니, 그 하나는 전 민족적 통일 기관을 설치한 중앙 최고 기관에 전 국민의 정신과 마음과 힘을 집중하여 중앙의 세력을 확대케 할 것이요, 이는 사회의 공론을 세우고 큰 사람이나 작은 사람이나 물론 어떠한 사람이든지 다 그 공론에 복종케 할 것이오. 지금 어떠한 이들은 대한 임시 정부와 의정원을 부인하노라는 발표까지 하였으니 그 용기가 과하고 대한 사람으로서 못 할 일을 하였다고 합니다.

우리 임시 정부와 의정원이 이미 성립된 지가 2년의 시간을 지냈고, 대내로 말하더라도 압록강 · 두만강으로부터 저 부산까지 제주도까지 가면서 한국 사람 보고 묻기를 너의 정부와 의정원이 있느냐 하면, 예, 우리 정부와 의정원이 상해에 있습니다라고 대답합니다. 또는 중령(中領)이나 아령(俄領)이나 미령(美領)을 막론하고 해외에 있는 일반 교민이 다 우리의 의정원과 정부는 상해에 있다고 합니다.

그런즉 현존한 우리의 의정원과 정부를 전체 국민이 인정하는 것은 사실입니다. 또는 열국으로 말하여도 법국이나 영국, 미국이나 아국, 중국이나 기타 어느 나라를 막론하고 아직 우리의 정부와 의정원을 정식으로 승인을 하지 아니하였으나 현존한 우리의 의정원이나 임시 정부의 존재를 인정합니다. 우리가 이러한 경우를 얻지 못하였다면 몇 천만 원의 금전과 다수의 생명을 희생하여서라도 이러한 경우를 지으려 하겠거늘, 이미 3년이 지나고 대외 · 대내간에 다 인정되는 우리의 의정원과 정부를 부인한다 함은 너무도 실수한 일이라고 합니다.

바로 불충실한 것을 충실하도록, 불원만한 것을 원만하도록 개선한다 함은 마땅하거니와, 어찌 부인한다고 하리오? 그런즉 기위 성립된 우리의 의정원과 정부는 더욱 충실하게 하고 더욱 공고케 하여 민족적 통일 기관이 되게 할 것이요, 만일 전 국민의 힘을 중앙으로 집중하는 도(道)도 실행치 않고 각각 제가 영웅이라고 분파적 행동을 취하면 100년을 가더라도 통일을 이룰 수 없을지라. 그러므로 통일 운동의 첫 방침이 중앙 집중이라 합니다.

통일의 제2방법은 공론의 성립과 복종

통일하는 방침의 둘째 되는 공론을 세우고 그 공론에 복종케 하자 함이 또 중요한 문제입니다. 우리 나라 사람들이 이 까닭에 통일이 못 된다, 저 까닭에 통일이 못 된다 하지만 그 실상은 공론에 복종할 줄을 모를 뿐 아니라, 공론을 세워 보지도 못하고 갑은 갑론을, 을은 을론을, 각각 자기의 논을 주장하여 싸우기만 하는 까닭입니다.

흔히 들리는 말이 "소위 우리의 수령이라, 인도자라 하는 자들이 서로 싸움들만 하는 때문에 통일도 안 되고 일도 안 된다"고 욕합니다마는 그런 것이 아니오. 여러분은 깊이 깨달으시오. 만일 진정한 인도자면 진정한 싸움을 하는 자입니다. 누구든지 소위 인도자가 되고서 국가에 대한 자기의 주의와 확신이 있으면 성충을 다하여 싸움을 아니할 수 없습니다. 만일 싸우지 않으면 성충 있는 인도자라고 할 수 없소. 김가나 이가나 각각 자기의 주장을 세워 싸울 때에 인민 된 자는 냉정한 눈으로 그 싸움을 잘 살펴보아 김가가 옳으면 김가의, 이가가 옳으면 이가의, 그 어느 편이든지 옳은 편으로 따라서 그 옳은 편에 다수의 의사가 집중하여 그 옳은 편 사람으로 복종케 할 것이니, 이것이 이른바 공론을 세움이외다.

공론이란 것은 그 국민 다수의 공번된 의사를 가리킴이외다. 그러므로 인도자가 싸우므로 통일이 못 됨이 아니라, 그 백성이 공론을 세우고 못 세움에 있다 합니다.

미국의 예를 들어 말하면 루스벨트, 윌슨이나 브라이언이나 하이딩이나 그네들이 다 미국의 큰 인도자요, 세계적 위인이라 합니다. 그러나 이들은 항상 싸웁니다. 그이들을 인도자라, 위인이라 하는 것은 싸움을 성충으로 한 때문입니다. 루스벨트와 윌슨 사이에는 50년 동안이나 간단없이 싸워 왔소. 몇 해 전에 루스벨트는 육해군을 확장하자고 주장하고, 윌슨은 그것을 반대하여 양방이 크게 싸울 때에 미국 백성들은 그 싸우는 내용을 살펴 시비를 판단하여 가지고 다수가 윌슨 편에 서므로 루스벨트는 그에게 복종하였소. 그 후에 브라이언과 윌슨 사이에는 사분이나 공분으로 매우 가까운 친구요, 브라이언의 운동으로 윌슨이 대통령이 되었고 윌슨이 대통령이 된 후에 브라이언은 이를 반대하여 그 총리의 직까지 사면하고 크게 싸우다가 미국의 다수 국민이 윌슨 편에 서므로 브라이언이 할 수 없이 그에게 복종하여 통일적으로 미국 전쟁을 행하였소.

또 근간에 윌슨은 국제 연맹회를 주장하고, 하이딩은 이것을 반대하여 크게 싸울 때에 윌슨 편에 섰던 다수 국민이 하이딩 편에 옮겨 서므로 윌슨은 그에게 복종할 수밖에 없이 되었소. 저 미국 백성들은 자기의 인도자들이 싸울 때에 덮어놓고 "저놈들은 싸움만 한다"고 인도자 전부를 배척치 않고 그 싸움의 이해와 곡직을 살펴 이(利)하고 직(直)한 것을 주장한 인도자를 후원하여 다 그이를 복종케 함으로 통일을 이루게 함이라.

우리의 인도자도 싸운다고 하여 그 시비와 흑백을 묻지 않고 그놈들은 다 때려 치울 놈이라 하면 어찌 공론이 설 수가 있겠소? 우리 사람들의 입으로 흔히 대한의 인도자, 애국자는 다 죽일 놈이라 하니, 설마 한들 다 죽일 놈이야 되겠소? 또 누구든지 일생에 죽일 놈의 일만 하기야 하겠소?

내가 연전에 서양 신문 기자를 대할 때에 그이들은 우리의 독립 운동을 비관으로 말하는데, 그 내용은 서로 싸운다 함이었소. 내가 반박하기를, "그대네 나라 사람들은 싸움을 더 많이 한다" 한즉 그이들의 말이, "우리들의 싸움과 너희들의 싸움은 크게 다르다. 우리는 싸우되 공론에 복종할 줄을 알므로 좋은 결과를 얻고, 너희들의 싸움은 시작한 뒤에 지는 편이 없는 것을 보니 공론에 복종할 줄을 모르는 싸움이라. 그러한 싸움으로는 통일을 이루지 못하고 분열이 되므로 망할 수밖에 없다"는 박절한 말을 합데다. 여러분! 이 신문 기자가 바로 보지 못했다고 할까요?

우리도 남과 같이 통일을 요하거든 한 의형제적 수단으로 사교를 짓거나 교제적 수단으로 접대의 잘하고 못 함과 통정을 한다 안한다 하는 그 따위 수단으로 통일을 취하려면 100년을 가더라도 얻을 수가 없으리다.

우리 사회의 현상을 보면 하급은 말할 것 없거니와, 소위 중류 이상 고등 인물까지도 국가 사업의 통일을 한 교제적 수단으로 이루기를 꾀하니 유치(幼稚)한 것이 어찌 한심치 않으리오? 이제부터 크게 각오하여 공론을 세우고 공론에 복종하는 것으로 통일의 도를 이루어야 하겠습니다.

현하 문제 해결책은 국민 대표회(國民代表會)의 소집

이제 통일을 이루기 위하여 중앙에 집력함과 공론을 세우는 두 가지 방법을 실행키 위하여 행할 한 가지 일은 '국민 대표자회'라 칭하든지 혹은 다른 명사를 취하든지, 여하간 각 지방 · 각 단체의 대표자들이 한 번 크게 모임이 필요한 일로 생각합니다. 왜?

첫째, 각 방면의 의사가 한 곳으로 집중한 후에야 각 방면의 정신과 마음과 힘이 한 곳으로 집중될 것이요, 각 방면의 의사를 집중하려니까 불가불 국민 대표가 있어야 되겠다 합니다.

둘째에, 공론을 세우려 하면 한 지방이나 몇 개 단체의 의논으로는 공론이라고 인정할 수 없고, 즉 국민 다수 의사를 공론이라 하겠는데, 국민 다수 의사를 발전케 하려니까 불가불 각 방면의 대표가 모여야 되겠소. 공론을 세워야만 된다 하고 공론을 세울 실제가 없으면 소용이 없습니다. 그러므로 각 방면 대표가 모이는 것으로써 공론을 세우는 실제라 합니다. 혹은 말하기를 국민을 대표한 의사 기관의 의정원이 있는데 다시 국민 대표회를 모은다 함은 의정원을 부인하는 것이라 무시하는 것이라 하나 그렇지 않습니다. 본시 공화 정치로 말을 하면 중앙 기관은 국민의 여론에 복종하고 국민 각 개인은 그 중앙 기관을 복종하는 것이오.

이제 중앙 기관으로서 국민의 여론을 복종하려면 여론이 있은 후에야 될 것인데 각 방면의 대표가 모여 다수의 의사를 표시하기 전에는 여론이 성립될 수 없소. 국민의 여론을 성립하기 위하여 한때 각 방면 대표가 모이는 것이 어찌 의정원을 부인한다, 또는 비법 행위라고 말하리오? 이것은 형식상 이론이거니와, 우리의 실질상 이면을 들어서 말하면 이 곳에 의정원과 임시 정부가 성립된 이후로 여러 가지 분규와 복잡한 문제가 있어 오다가 오늘에 그 위기의 도수가 점점 높아지는 것이 사실입니다.

이 분규 되는 복잡한 문제를 그냥 방임하여 두면 독립 운동 진행에 장애가 다대하겠고, 이것들을 해결하여 시국을 정돈하려면 각 방면 대표들이 모여 크게 공론을 세워야 될 줄로 생각합니다. 이 곳에서 의정원과 정부를 세울 때에 일을 원만히 하지 못한 것도 사실입니다. 서간도나 북간도나 아령이나 미령의 의사를 묻지 않았을 뿐 아니라, 한번 물어 보지도 않았고, 하물며 각원으로 피선되는 모모 제씨에게까지도 조직 여부를 알게 하지도 않았습니다.

타협의 필요

우리가 현존한 정부와 의정원을 절대로 인정하지만 과거의 불충분하게 일한 것은 자인할 수밖에 없습니다. 그 때에는 초창 시대라 어떠한 경우에 시기의 절박으로 그렇게 된 것이라고 용서는 하겠거니와, 그 불충분한 것을 그대로 고집하고 더 충분케 하기를 꾀하지 아니함은 불가합니다.

일찍 일을 시작할 때에 충분히 못한 결과로 아령과 북간도 방면에서 우리 중앙 기관의 존재는 인정하더라도 이 중앙 기관에 귀순하여 협동치 못한 것은 사실입니다. 아령 사람들이 선하여 그렇든지 악하여 그렇든지 우하여 그렇든지, 지하여 그렇든지, 그것은 별문제고, 그같이 분열되어 있는 것은 방임할 수 없지 않습니까. 내가 일찍 국무 총리 대리로 있을 때에 아령과 타협을 짓기 위하여 현순 · 김성겸 등을 보내어 타협을 진행타가 그 역시 실패를 당하였소.

그러나 나는 조금도 낙심하지 않고 타협하여 합동되기를 계속하여 노력하려 합니다. 우리가 아령 · 중령의 국민의 대다수를 제하여 놓고 누구로 더불어 무엇을 지으려고 합니까. 혹자 생각하기를 "우리의 독립 운동은 우리 민족의 힘으로 성공키 불능하고 미국이 도와 주고 안 도와 주는 데 달렸다"고 하여 미국만 쳐다보고 있을는지 모르거니와, 이것은 독립 정신에 위배일 뿐더러 설혹 미국의 도움을 받기를 바란다 하더라도 적신(赤身)으로 외롭게 서서 손을 벌리면 미국이 그같이 어리석어서 몇 개인만 보고 원조를 하여 주겠는가? 남의 도움을 받기를 원하더라도 먼저는 자체가 통일하여 민족적 운동임을 실현시켜야 될 줄을 깨달읍시다. 혹은 말하되, "이것저것 다 쓸데없다. 돌아오거나 말거나 몇 사람이라도 막 밀고 나가면 된다" 하니, 왜 이같이 어리석은 용기가 과도합니까.

우리가 혹 몇 백만의 군사와 몇 억 원의 자본을 가지고 세력이 굉장하여 반대자를 능히 잡아다가 참지 포지(斬之砲之)할 수 있다 하더라도 자민족을 위력으로 누르지 아니하고 덕의로써 화충(和沖)하여 귀순하기를 도모하겠거늘, 한 분의 실력이 없어 가지고 덮어 놓고 "적법이건 비적법이건 너희 아령놈들은 와서 복종만 하라" 하면 어찌 될 수가 있으리오? 이러므로 한번 크게 모여서 서로의 양해를 요구하며 공론을 세워 일치 협동할 도를 시험하자 함이외다.

이 국민 대표회 촉진에 대하여 반대하는 이들의 의사를 보건대, 일방에서는 "이 국민 대표회는 수모(誰某)를 옹호하기 위하여 한 수단으로 하려는 것이니 반대하자" 하고, 또 일방에서는 "수모(誰某)를 내어 쫓기 위하여 행하는 수단인즉 반대하자" 하니, 각각 자기의 뜻을 이루지 못하게 될까 하여 국민 대표회를 접허하는 줄 압니다.

나의 주장하는 바는 옹호주의자나 반대주의자나, 가령 안창호를 역적이라고 논하는 자나 충신이라고 논하는 자나, 어떠한 주장, 어떤 논을 가진 자를 물론하고 각방이 다 모여들어 한번 크게 싸워 큰 해결을 지어 크게 평화하고 크게 통일하여 가지고 군사 운동이나 외교 운동이나 모든 운동을 일치한 보조로 통일 진행하기를 바랍니다. 여보시오, 여러분! 우리 국민의 정도가 국민 대표회 한번 할 만한 자신도 없다 하면 독립 운동은 어찌하려 합니까. 너무 주저하지 말고 되도록 일치하는 노력합시다.

(5월 19일, 제2회 연설) *

대한의 일은 누가 할까

오늘 내가 이 연설회를 주최한 이로부터 "이 연설회 끝에 처리할 사건이 있으니 말을 길게 하지 말아 달라"고 하는 부탁을 받았으므로 오늘은 할 수 있는 대로 간단히 말하겠습니다. 대한의 일은 누가 할꼬? 내가 이왕에 이러한 말을

---

* 《독립신문》 1921. 5. 31일자 (3) ~ (4) 제109호.

하였소.

"영국의 일은 영국의 사람이 하고, 미국의 일은 미국의 사람이 하고, 중국의 일은 중국의 사람이 하고, 아라사의 일은 아라사의 사람이 하더라, 그러면 대한의 일은 어느 사람이 할꼬" 하였습니다.

다시 묻습니다, 여러분!

대한의 일을 뉘에게 맡기려 합니까. 영국 사람에게 맡길까? 중국 사람에게 맡길까? 미국이나 아라사나 어느 다른 나라 사람에게 맡길 것인가? 아니오. 영국의 일은 영국 사람이 하는 것처럼, 대한의 일은 대한의 사람이 할 것입니다.

그런즉 대한 사람인 우리는 대한의 일에 성충을 다함이 피치 못할 의무와 천직이 아니옵니까. 어떤 이는 우리 일의 잘되고 못 되는 것을 대통령이나 각원에게만 책임을 지우고 자기는 아무 책임이 없는 줄로 생각하니, 이는 자기의 의무와 책임과 천직을 모르는 사람이요, 자기의 권리를 포기하는 사람이외다. 어떠한 직책, 어떠한 지위를 물론하고 대한 사람인 이상에는 동일한 책임이 있소, 그런즉 우리는 결단코 대한의 일에 대하여 무의식한 태도로 방관할 수가 없고, 모두 다 들어붙어 각각 자기의 능력을 다하여 오늘 · 내일 · 모레, 날마다 간단없이 꾸준한 노력을 하는 자가 대한인의 책임을 다하는 자라고 하겠소.

그러면 오늘 저녁 이 자리에 많이 모인 우리들이 무슨 구경을 하려거나 놀러 모인 것이 아니라, 다만 우리의 책임을 다하기 위하여 일하려고 왔습니다.

그러면 일은 무슨 일인가? 곧 독립 운동을 하는 일이오. 내가 일전에 말한 바 "독립 운동은 군사 · 외교 · 재정 · 문화 · 식산 · 통일, 이 여섯 가지 운동을 이름이라" 하였소. 오늘 저녁에는 특별히 독립 운동의 하나인 통일 운동을 말하려 함이외다. 왜? 독립 운동을 하려면 통일 운동은 아니할 수 없는 까닭이요, 독립 운동에 관한 무슨 일을 지으려 하든지 통일 한 가지가 없으면 다른 것은 할 수가 없지 않습니까?

그러므로 통일 운동이 곧 독립 운동이라 하였소. 우리가 이같이 중대한 문제, 곧 전 민족의 통일을 위하여 모였은즉 이 저녁에 잠깐 지내는 시간이 심상한 시간이 아니요, 우리의 긴중한 시간이라 합니다. 내가 일찍 말하기를 "독립 운동은 절대로 계속해야 되겠다. 죽으나 사나 괴로우나 즐거우나, 어떠한 경우를 당하든지 끌고 나아가야만 되겠다" 하였소. 그러면 끌고 나아가면서 분투 노력하자는 것이 무엇인고? 이는 곧 전일에도 말하고 이 저녁에도 말한 여섯 가지 운동이외다.

우리 대한 사람이 모두 일어나 만세를 불러 보아 만일 독립이 안 된다고 그냥 주저앉고 말면 이것은 독립할 자격이 없음을 스스로 증명함이외다. 우리가 당초에 독립 운동을 시작할 때에 앞에 무수한 위험과 곤란이 있을 것을 미리 알고 시작하지 않았는가요? 우리 독립 선언서에 "최후의 일인까지, 최후 일각까지"라 함은 "마지막 사람이 마지막 핏방울을 흘리기까지"라 함이오. 이 말은 하나도 살아 있지 말고 다 죽자고 함인 줄로 생각하는 이가 있소마는, 어떻게 죽자는 말이오? 약을 먹고? 목을 메어? 칼로 찔러 자살하여 죽자 함인가? 아니오. 독립을 위하여 일하다가 하나가 죽어도 그냥 하고 둘이 죽어도 그냥 하여 나중 핏방울을 흘리기까지 일하자 함이오.

오늘에 일하여 이루지 못하면 명일에, 금년에 일하여 이루지 못하면 명년에 그냥 하여 1년 · 2년, 10년 · 20년 언제까지든지 독립을 완성하는 날까지 쉬지 말고 일하자 함이외다. 그런즉 우리는 우리의 천직을 다하여 끝까지 쉬지 않을 사람인 줄을 각각 알아야 될 것이오.

통일 방법은 하나뿐인가

오늘 저녁에도 통일의 방침을 강구 · 실시하기 위하여 모였거니와, 나의 주장하는 바 통일의 방침은 국민 대표회라 칭하든지 혹은 다른 명사로 칭하든지 그 명칭의 여하는 불구하고 원근 각지에 있는 우리 인민의 대표자들이 한번 일처에 모여 서로 의사를 양해하며 감정을 융화하고 전술의 대방침을 세우며 국민의 큰 공론을 세워 가지고 큰 사람이나 작은 사람이나 남자나 여자나 김가나 이가나 대한의 사람은 다 그 공론에 복종케 함이 가장 필요하다 함이오. 마는, "통일의 방법이 이것 하나뿐이니 이것만 하고 말자"는 것이 아니외다. 다른 여러 가지 통일의 방법도 실시하고 그 방법 중의 하나인 국민 대표회도 행하자 함이오. 또는 "한번 국민 대표회를 하면 다시는 분규가 없고 영구한 통일이 되리라" 함도 아니오. 이번에 국민 대표회를 성립하여 통일의 길을 취하고 또한 다른 날 다른 경우에는 또 다른 방식으로 통일을 운동하여 이 간절한 통일 운동이란 독립운동도 끝까지 계속하고 계속하여 장원한 계속을 하여야 될 것이오. 한번 운동을 하여 보고 아니 된다고 낙심하여 중단할 것은 아닙니다.

그런즉 통일하는 방침의 하나 되는 국민 대표회 기성에 대한 문제를 좀더 절실하게 생각합시다. 우리가 3년 동안이나 독립 운동을 하였으나 무슨 특별한 성공이 없는 것은 통일이 못 된 까닭이라 합니다. 통일이 못 되었다 함은 곧 전부 국민의 힘이 집중되지 못하였다 함이요, 전부의 힘이 집중되지 못한 까닭은 전부의 정신과 의사가 집중되지 못함이외다. 이제 전부의 힘이 집중되기 위하여 그 정신과 의사를 집중하려면 한번 크게 모집하여 크게 의론을 행치 않고 동에서 서에서 남에서 북에서 서로 격막하여 의심하고 비난만 하며 김가는 김가의 자설만 주장하고 이가는 이가의 자의만 고집하고 있으면 통일을 얻어 볼 날이 없겠소이다. 그러므로 각 방면의 사람이 한번 크게 모임이 우리의 요구하는 통일의 실제라 합니다. 또한 이것이 우리 독립 운동의 정당한 행위라 합니다.

마는, 이에 대해서 여러 가지 의심들이 있습니다. 첫째는 "국민 대표회를 모으는 것이 가하냐 부하냐" 하여 혹은 가라 혹은 불가라 하는데, 불가라는 이의 말은 이것이 법리상에 불합하니 불가하다 하오. 왜? 의정원이 있는데 또다시 무슨 국민 대표회가 있을까. 이것이 곧 의정원을 부인하는 성질을 포함하였다 하오.

나는 일찍 이에 대하여 대답하기를, "본래 공화국이란 것은 국민의 여론에 의거하여 행사하는 것이라. 그런데 국민의 여론을 세우려면 김가 · 이가가 각각 자기의 주장만을 끝까지 주장하고 차단 · 피단이 각각 자기의 의사만을 끝까지 고집하면 될 수가 없다" 하였소. 그런즉 각 방면의 다수의 사람이 집합하여 의논한 후에야 진정한 여론이 성립되겠소. 그러니까 불가불 국민 대표회를 회집하여야 되겠다 함이외다.

우리의 진행할 궤도와 진행의 순서를 생각하여 봅시다. 어떠한 나라에서든지 혁명 사업을 행하되 그 시작할 때에 다수 국민이 거의 빠지지 않고 합동하여 되기가 어렵고 처음에 다소의 뜻 있는 사람들이 의논하여 시작한 뒤에 다시 그보다 크게 합동하고 또다시 크게 합동하여 마침내 전 민족의 대동 일치한 운동을 일으키게 됩니다.

우리도 역시 이 모양으로 더 크게 모여 그 마음과 정신이 더 크게 모임으로 큰 힘의 뭉침이 더욱 커지겠습니다. 우리가 원만하게 모이려면 전국 13도의 남녀가 모조리 투표하여 대표자를 뽑아 내어 모이게 할 것이로되 이것은 현금에는 사실상 불가능한 것이요, 그 버금에는 교민이 거처한 지방에서 남녀가 다 투표하여 대표자를 뽑아 보내어 모이게 함이 합당하겠으나 일찍 각 지방의 평균한 조직체가 없으니 실행하기가 곤란하겠고, 또 그 버금에는 각지의 각단 대표자가 모이는 것이 가능한 일이외다.

아령으로 말하면 국민 의회에서 대표를 보내는 동시에 그 국민 의회에 동정을 하는 단체거나 반대를 하는 단체거나 다 같이 보낼 것이오. 그런즉 우리의 과거와 미래를 생각하면 처음에 상해에 얼마간 모여 일을 시작하였고 이제 각단 대표자가 모여 일을 더 크게 하고 이후에 해외 교민 전체의 대표가 한번 더 크게 모일 것이오. 이리하여 일을 바로 진행하면 장차는 전국의 대표자가 원만히 모이게 될 날이 있을 것이외다. 그런즉 각 방면 대표가 한번 크게 모여 하자는 것이 우리 일을 진행함의 궤도요, 순서요, 전 민족적 운동으로 나아가는 정로(正路)이외다.

이 궤도와 순서를 버리고 어떠한 방법으로 통일을 구하려고 이것을 반대하는지 참 알 수 없는 일이외다. 내 생각에는 이론보다도 감정의 힘이 더 큰데, 현시 우리 사람에게 있어서는 흔히 이론은 아무 효력이 없고 전부 감정적 지배가 많습니다. 그런 고로 우리 사람들은 국민 대표회 문제뿐 아니라, 무슨 일에든지 찬성하고 반대할 때에 정면에 나서서 이론을 주장하지 않고 어두운 방 속에서 쑤군쑤군 하여 서로 꼬이고 이간하고 중상하는 휼책을 사용하며 요언 부설을 암전(暗傳)하기를 크게 힘씁니다.

예로 말하면 "이것이 표면에는 옳은 듯하나 그 내용은 무엇이 어떻다 – 무엇이 어떻다" 하여 사람의 의혹을 일으키고 감정을 일으키므로 우리의 사회가 흑암한 동공에 침침하게 됩니다. 내 바라는 바는 방 속에서 쑤군거리는 비열한 행동을 그만 두고 국민 앞에 나와서 다 내어 놓고 정론하기를 시험합시다.

딴 내용이 있다는 의혹설

근간에 국민 대표회 촉진에 대하여 반대하는 방면에서 의혹과 감정을 일으키는 종류를 몇 가지 들어 말하겠습니다. 첫째는 안창호의 말대로 그렇게 되었으면 좋겠으나 그렇지 못할 것이 그 가운데 딴 내용이 있다. 그 내용인즉 이승만을 쫓아내려는 이동휘나 상해 정부를 깨치려는 원세훈이 안창호를 이용하여 자기네의 목적을 달하려고 하는 것이니 속지 말라, 음모자들의 획책이다 하여 의혹을 일으킵니다.

여보, 여러분! 그 의혹을 일으키는 사람의 말과 같이 이동휘나 원세훈이 무슨 딴 목적을 가지고 국민 대표회를 촉진한다고 가정합시다. 그렇다고 이후 국민 대표회에 모이는 사람이 다 이동휘의 자녀나 제질(弟姪)만 오게 될까요? 결단코 그렇지 못할 것이오. 이동휘 · 원세훈 씨 등은 어떠한 마음을 가졌든지 국민 대표회는 각 방면으로 각종의 의사를 가진 사람이 모여 의론하여 다수의 공결을 취할 터인데 무엇을 의심할까요? 어느 개인의 무슨 내막이 있다고 국민 대표회 촉진에 대하여 의심하는 것은 참 어리석고 못난 일이외다.

나의 주장하는 국민 대표회는 이동휘의 대표회나 원세훈의 대표회나 기타 어느 개인의 대표회가 아니요, 명사와 같이 곧 국민의 대표회를 말함이외다.

그 다음에 의혹하는 말은 그 말이 과연 옳다, 각 지방 대표자들이 모이면 원씨나 이씨를 찬성하는 자도 있을 것이요, 반대하는 자도 있을 터이니 원씨나 이씨가 조금도 문제가 되지 않는다. 그러나 다 원만히 모여 다 원만하게 해결하였으면 좀 좋으리오마는 우리 인민 정도에 소위 대표자란 것들이 모여야 싸움만 하고 말 터이지 무슨 좋은 결과가 있을까. 우리 3년 동안이나 지내본 바 이승만이니 이동휘니 안창호니 이동녕이니 모야 모야가 다 국민 대표자의 자격들이지마는 서로 싸움들만 하지 않던가 하여 국민 대표회가 모여서라도 호과(好果)는 없는 악과(惡果)가 있으리라고 의혹하는 말을 방출하오. 그 사람의 말대로 이동휘나 안창호나 모야 모야는 싸움만 하는 사람이라고 가정하고 이 사람들이 모여 싸웠으니 이후에 오는 다른 대표자들도 싸움만 하고 말 것이라고 속단하지 마시오. 왜? 이완용이가 매국적인 고로 이재명도 매국적이 되었소? 송병준이가 매국적인 고로 안중근도 매국적이 되었소? 이완용 · 송병준이가 있는 동시에 안중근 · 이재명도 있었소. 그러면 어찌 모야 모야가 싸움하였다고 다른 대한 사람도 싸움만 하고 말리라는 것이 어찌 정론이라 하겠소?

우리 사람들 중에 어느 두 사람이나 세 사람이 잘못하면 그 밖에 모든 다른 사람이 다 잘못하겠다 하여 두 사람만 싸워도 우리 나라 놈은 싸움만 하니 모두 때려 죽일 놈이라 하니, 왜 두 사람이 싸우는데 대한 사람은 다 때려 죽일 놈이라는 것이 너무 과도한 말이 아니오? 또는 국민 대표회가 좋기는 좋지만 대한 사람의 정도가 낮은 때문에 모이면 싸움만 하겠다 의심하여 그만 두자 하면 독립 운동은 어찌할까요? 싸움을 무서워 모이지 못하면 의정원도 정부도 천도교도 예수교도 청년당도 모든 것이 다 못 모일 것이 아닙니까.

우리 인민의 정도가 싸움이나 하고 대표회를 할 수 없다 하는 그 말이 독립 운동을 할 수 없다는 말과 동일한 말로 봅니다.

나 역시 국민 대표회의 집합이나 집합한 뒤에 의논이 모두 순서로 탄평(坦平)하게 진행하게 되리라고 확신하기 어렵소. 여러 가지 곤란이 많을 줄 압니다마는 먼저도 말하였거니와, "대한의 일은 대한의 사람이 한다. 못났어도 대한 사람, 잘났어도 대한 사람, 정도가 낮아도 대한 사람, 정도가 높아도 대한 사람"이오. 어떠한 자격을 가졌든지 대한의 일은 대한의 사람이 할 수밖에 없지 않습니까.

대한 사람의 정도가 낮아서 대한의 일을 대한 사람이 못 한다 하면 정도가 높은 미국 사람이나 영국 사람에게 위임하자는 말인가? 그렇지 아니하면 그 중에 잘난 몇 사람이 전제를 하자는 말인가? 싸우거나 아니 싸우거나 잘되거나 안 되거나 대한의 일은 대한의 사람이 저희의 자유로 의논하여 일하는 것이 원리와 원칙입니다.

그런즉 싸움만 하여 안 될까 하여 대한 사람의 대표자가 대한의 일에 모이지 않게 하려고 꾀하지 말고, 잘 모이고 모인 후에 싸움 없이 일이 잘 진행되도록 다 합력합시다. 혹은 말하기를 지금 국민 대표회를 촉진하겠다고 하는 사람들은 정부에서 나온 총차장과 기타 정부를 반대하는 사람들뿐이라고 하나 내가 실지로 보는 바에 의하면 정부에서 나온 총차장이 있는 동시에 다른 사람들도 있고 증전에 정부를 반대하던 사람들이 있는 동시에 찬성하는 사람도 있습니다. 미상불 증왕(曾往)에는 서로 격막과 오해가 없지 아니하였으나 국민 대표회를 촉진하자는 주지로 모이기 시작한 후로는 옛날의 격막과 오해가 풀리고 그 모임의 공기가 원화한 것을 볼 때에 나는 기뻐하였습니다.

이와 같이 옛날에 어떠한 감정 어떠한 의사를 가졌던 사람이든지 각각 새 정신을 가지고 다 원만히 모여들어 국민 대표회를 성립시키면 장래 싸움도 없으리라고 생각합니다.

또는 근간에 소위 국민 대표회 찬성측과 불찬성측 양방의 인사들이 각각 내게 와서 말하기를, "당신 조심하시오, 양방이 다 의심합니다" 하며 혹은 가만히 있으라고 합니다. 그 의심하는 조건이 무엇인가 하면 하나는 "안창호가 국민 대표회를 주장하는 본의가 본시 대통령 될 야심이 있는 고로 이승만을 몰아내고 자기가 대통령 되려는 계획이다"하는 일방의 의심이 있고, 또는 "안창호가 이승만 위임 통치의 연루자인 고로 자기의 죄과를 엄호키 위하여 국민 대표회를 열어 가지고 이승만 대통령을 절대 옹호하려고 한다"고 말합니다. 마는 국민 대표회를 촉진하는 것이 가하다고 말하는 안창호의 마음이 어떠한 것을 의심하거나 겁내지 말고 다만 국민 대표회란 그 물건이 가한가? 부한가? 이할까? 해할까만, 생각하시오. 왜? 아까 국민 대표회는 이동휘의 아들이나 딸만 모이지 않을 터이란 말과 같이 안창호의 뜻을 이루어 줄 사람만 모일 이치가 없지 않습니까. 안창호는 아무리 어리석더라도 각 방면의 대표는 안창호에게 통령이나 총리나 시킬 사람만 오리라고 믿지 않으므로 딴 희망을 둘 수 없습니다.

나는 금후에 어떻게 할까

이것이 오늘 말하는 문제와 별로 관련 없는 말이나 개인에 관한 의사를 잠깐 말하겠소. 세상은 나에게 대하여 여러 방면으로 의심과 주목이 있지마는 나의 스스로 생각하는 금후의 행동은 이러합니다.

나는 독립 운동에 대하여 내 힘껏 노력하되 내가 직접 군사 운동을 행할 자격자가 못 되므로 직접 군사 운동의 책임자는 되지 못하나, 누가 군사 운동의 책임자가 되든지 나는 그를 후원하여 군사 운동을 조(助)하고, 또한 기타의 외교나 재정 운동과 모든 운동에 대하여도 나의 가능한 한도 안에서 원조할 터이오.

내가 직접으로 담책하여 하고자 하는 것은, 첫째 현하의 분규한 것이 융화되고 통일되기 위하여 이 국민 대표회 촉진에 대하여 무슨 명의상 직위는 띠지 아니하고 나의 책임을 다하여 성립되도록 힘쓸 터이며, 이것이 성공되거나 실패되거나 금후로는 아래의 둘 중의 하나를 취하려 합니다.

① 우리 사회 각 인물의 선하고 악한 것과 이롭고 해로운 모든 내막을 국민에게 공개하여 국민으로 하여금 명확한 판단을 짓는 데 참고코자 함이오. 왜? 현시 우리 국민 중에 누가 선한지 악한지 그 실지는 모르고 요언 사설에 취하여 암흑리에서 신음하고 광명한 길이 열리지 아니하므로 우리 민족의 모든 일이 정체되는 것이 너무도 통석하므로 이것을 책임할 뜻이 있다 합니다. 만일 이것이 아직 할 시기가 아니라 하여 그만 두게 되면, ② 독립 운동의 하나인 문화 운동을 직접 책임하여 노력하려고 합니다.

다시 본 문제에 들어가서 말하면 국민 대표회 촉진에 대하여 비난하는 말과 의혹이 그 밖에도 여러 종류가 더 있으나 이것을 일일이 대답하자면, 하 말스럽지 않은 것도 많아서 그만 두거니와, 여러분은 이 위에 대답한 것을 가지고 미루어 생각하면 그 다른 것들도 잘 양해가 될 줄로 믿습니다.

이제 여러분이 한 가지 깊이 생각할 것은 이 국민 대표회가 생겨나게 된 것은 형세에 면할 수 없이 되었소. 국민 대표회가 각방의 원만한 찬성으로 성립이 되면 그 결과가 따라서 원만할 것이요, 불행하면 장래에 대결렬이 있을는지 모르겠소. 왜? 국민 대표회의 찬성측과 반대측의 양파가 생기게 되면 대결렬할 수밖에 없습니다. 이 말을 들을 때에 "그러면 국민 대표회를 그만 두었으면 그런 염려가 없지 않을까" 하겠지만 지금 된 국세를 보면 여기 여러분이나 내가 몇 사람이 국민 대표회를 그만 두게 하려 하여도 그만 두게 할 수가 없고 국민 대표회가 생길 것은 피치 못할 사실이외다.

여러분! 이후에 결렬이 되면 그 선하고 악한 것은 누구에게 있든지 별문제이고 하여간 우리의 대사는 그릇되지 않겠습니까. 참으로 국가와 민족을 사랑하시는 여러분은 이 국민 대표회의 문제를 질시하거나 냉정시하여 방관하지 마시오. 이번에 일이 잘되고 못 되는 데 우리의 운명에 영향이 적지 않습니다. 그러면 먼저 국민 대표회의 촉진을 찬성하는 여러분은 아직 양해를 얻지 못하여 반대하는

측에 있는 이들에게 감정적 · 저항적 태도로 대하지 말고 호감적으로 양해 얻기를 꾀하여 북경 사람들과 연락을 요구하는 동시에 또 다른 곳 사람과 우리 임시 정부나 의정원측에 있는 이들까지 다 악수하여 일치 협진하기를 힘씁시다.

또 국민 대표회의 촉진을 반대하시는 여러분! 이 국민 대표회를 일 방면 사람에게 맡겨 두고 방관하시거나 감정론을 하며 원근에 의혹을 일으키는 선전을 하지 말고 다 같이 들어와서 이미 되는 일을 원만히 되게 하여 전 국민의 정신과 힘이 한번 크게 집중하여 통일의 도를 이루어 독립 운동의 비운이 변하여 행운이 되도록 합시다.

대표회라는 대조건 하에

여러분! 금일에 있는 각방의 절규를 무조건으로 없애려면 실로 불가능한 일이외다.

가령 중왕에 아령 인도자 중에서 아령 교민에게 대하여 우리 임시 정부와 의정원에 대한 악선전을 한 것은 사실이외다. 그이들은 무슨 까닭에 그리하였든지 그것은 딴 문제이고 그이들이 지금 와서는 "우리가 이같이 분열하고는 서로 망하고 말리라" 하여 다 합동할 뜻이 생겨 아령에 있는 교민을 끌어서 상해와 북경으로 협동케 하려 하되 저토록 악선전하던 사람이 갑자기 무조건으로 다 합동하자 한다고 아령 동포가 그 말을 들을 수 있겠소?

그런즉 무슨 조건이든지 가히 합동될 만한 조건을 세워 가지고 합동을 요구하는 것이 지혜롭지 않을까요? 그러므로 국민 대표회라는 한 큰 조건을 가지고 비단 아령뿐만이 아니라, 각 방면 사람이 한번 다 크게 모여들자 함이니 이에 대하여 무엇을 의심할까요? 우리의 앞길이 장원하니 여러 가지 운동을 각각 담책하고 용진하는 날에, 이 통일 운동에 대하여는 더욱이 동일한 노력을 다합시다.

흥사단의 발전책*

본단 설립이 우금 칠년이오. 그 간에 본단이 잘 발전되었느냐, 못 되었느냐?

---

* 상해 홍사단 단소에서(1921년 7월 1일).

단우는 백여에 불과하고 단의 재산은 7000여 원이며 단에서 하는 일이라고는 단보 발행이오. 그러나 나는 잘 발전되었다 하오.

본단 소재지인 미주에 있는 한인들은 어떠한 사람들이냐. 그 대다수는 무식 하류 계급의 사람으로 전이 무상(轉移無常)한 사람들이오. 그 수도 600, 700에 불과하오. 그런데 그 가운데서 백여의 동지를 얻게 됨은 실로 경하할 일이라 하오.

일을 하는 데는 먼저 주의를 정함이 필요하나니 오인(吾人)은 무실 역행의 정신으로 발전을 계획하되 적은 데서부터 큰 데 이름이 가하니 머리만 크고 꼬리가 짧아짐은 오인의 불취할 바이오. 실력을 암축(暗蓄)한 후 확장함은 가하되 실력도 없이 허장 성세함은 불가하오.

발전이란 무엇을 의미함이냐. 단우를 증가시킴에 불과하오. 우리 단의 발전은 즉 우리 민족의 발전이오. 어떻게 발전하겠느냐? 단보 같은 것이라도 먼저는 등사로 하다가 힘이 미치면 활자로 하고, 처음에는 단우에게만 배부하나 이후에는 국내 국외를 물론하고 광포하여 주의를 널리 선전하기에 노력할 것이오.

그 다음에는 원동상적한 곳에 본단의 근거지를 정할지니 그것은 내정 외세의 안정을 보아 할 것이오. 그 근거지는 어떻게 세우겠느냐? 본단의 재정이 2만에 달할 것은 불원에 있소. 그 때에는 만 원으로 토지를 사고 또 만 원은 건축 · 개척 사업비에 쓸 것이오. 후에는 1000원 이상 저금한 단우만 이 곳에 모을 것이오. 자력으로 자활하는 자 50호에만 이르면 그 근거는 족히 견고하여 일을 경영 실시하기에 어렵지 않을 것이오. 이런 촌락의 경영 제도는 물론 이상적이어야 할 것이오. 여사히 이상촌을 이룩한 후에는 먼저 사범 강습소를 세워 사범을 기르되 일학 교사(日學敎師) 될 이와 야학 교사 될 이와 윤회 강사 될 이를 기를지니 이리하여 이것으로 개조의 초보를 실천할 것이오.

그 다음에는 활판소를 설치하여 저술과 번역과 신문과 잡지를 많이 발행하여 우리 민족에게 우리 단의 주의와 사교적 풍조를 넓히어 줄 것이오.

이 촌에 있는 상점은 공동 경영으로 하여 이가 밖으로 유출치 못하게 하여야 할 것이오. 공원 · 학교 · 장의소 · 병원 등 종류도 구비하게 할 것이오. 이에는 각기 적재인 인물을 요하나니 여기에 종사할 인물은 다 단우이어야 할 것이오.

이를 처음에는 평척할 자 많을 것이나 불원에 찬동하게 되어 취모(取模)할 자도 있을 것이오. 본주(本住)를 원하는 자도 있을 것이오.

본 단우들의 동맹 저금부는 후에 반드시 크게 발전하여 그로 인하여 은행 경영도 어렵지 않게 될 것이오. 이후에는 대도회마다 홍사단의 대건축이 생길지니 그 안에는 여관 · 구락부 · 수양 기관 등이 구비하게 될 것이오. 그리하여 9대 사업은 처처에 진행될 것이오. 나의 내두 여하(來頭如何)를 예측키 어려우나 비록 내가 죽을지라도 이 주의와 계책을 제군은 실시하기를 바라오.

어떠한 방법으로 동지를 모집할꼬. 우리가 홍사단을 발전하자 함은 홍사단 그것을 위하여 발전하자 함이 아니요, 우리 민족을 위하여 이 홍사단을 발전하자 함이오.

우리 홍사단을 발전시키는 방법은 단우를 많이 모집함에 있소. 우리의 단우의 장래 발전을 위하면 그 때를 보아 그 때에 적당한 일을 위하여 할지니 지금은 우리 동지 모집에 호시기라 생각하오. 우리 단에서 아직껏 아무 사업도 실시하지 못하였나니, 그는 우리의 힘이 아직 미치지 못한 까닭이오. 그러므로 지금 우리 단우 모집에 비상한 노력을 할 때요.

우리 동포들은 작년부터 맘이 떠서 방황하는 중이오. 그 결과는 타락하거나 그렇지 아니하면 각각 제 집을 지어 들게 될 것이오. 그것을 그대로 둠으로 다수 청년이 타락하게 되면 그에서 더 큰 해가 없을 것이오.

그렇지 아니하고 각각 제 집을 짓는 데 바로 지으면 가하거니와, 잘못 지으면 그것 역시 큰일이오. 어떤 때인들 단우를 모집하지 않으리오만, 특히 민국 3년 금년은 우리가 크게 활동하여 단우 모집에 큰 노력을 가할 때라 하오. 우리는 상당한 금력과 시간을 허비하여서라도 대모집을 실행할 때이오.

단우를 모집하는 데는 ① 단으로서, ② 단우 각자가 하여야 할 것이오. 단으로 취할 방법은 각지 형편을 고려하여 활동을 하는 동시에 기관 잡지를 발행하여 가합한 자를 버리지 않아야 할 것이오. 단우 각자가 취할 방법은 단우 자신 각개가 여하한 곳에를 가든지 각인을 정밀히 관찰하되 그 사람이 지금 방황중에 있는가 않은가, 그리고 왜 방황하는가를 보아 타락하였다 버리지 말고, 집을 지었다고 또한 버리지 말 것이오.

사람을 대하여 토론할 때에 ① 동일 관찰을 가지게 함이 가하고, ② 동일 관찰을 가지게 되면 동일 각오가 나게 함이 가하오. 그리하여 그렇게 되면, ③ 우리 단의 주의를 소개하고, ④ 그 주의에 동의하면 단의 간부 인물을 소개할 것이오. 관찰과 각오와 주의가 비록 동일할지라도 그 간부에 있는 인물을 의심하게 되면 동지 되기는 불능할 것이오. 고로 우리는 사람을 대하되 무의식하게 하지를 말고 유의식하게 하기를 주의할 것이오.

우리 홍사단은 수양 기관이다, 훈련 기관이다, 나도 하고 남도 하게 하자 함이오. 어떠한 성질로 할까? 우리 홍사단에서는 소극적으로 하지 말고 적극적으로 하자. 소극적 수양을 취하지 말고 방담적(放膽的) 수양을 취하자. 동양의 수양 방법이 어떠하오? "전전 긍긍 연여 임심연 여리박빙(戰戰兢兢然如臨深淵如履薄氷)", 동양에서는 수천 년간 이와 같은 수양을 취하여 왔소. "위방불입 난방불거(危方不入亂邦不居)", 이것이 다 소극적 주의요, 기독교도 동양에 들어온 뒤에는 또한 소극적으로 흐르게 되었소. 우리 홍사단우는 그런 수양을 하지 말고 나는 능히 무실할 수 있는 장부요, 역행할 수 있는 장부라 생각할 것이오. 소극적 수양을 취하는 자는 한번 실수에 빠지면 전율하여 다시 일어나는 힘이 없어 점점 연약하여 가되, 적극적 수양을 취하는 자는 설혹 한둘의 실수가 있더라도 재접 재려(再接再勵)하여 진진 불기(進進不已)하오. 공자는 사십이 불혹(四十而不惑)이라 하였나니 인수무과(人誰無過)이겠소? 무죄한 자는 일인도 없다고 바울이 말하였소. 이상 한 말이 심상한 말이 아니오. 이후 우리 단우의 동작은 천연하고 평범하게 함이 가하오. 고의로 국궁연(鞠躬然)하게 지어서 말 것이오.

일언을 끝에 붙이노니 그렇다고 너무 실없이 함이 방담이 아니오. 그는 아프리카인에 가까운 행동일 뿐이오. 그들이 농담을 제일 즐기오. 겉으로 보면 평범하자, 그러나 속으로 의리를 지키며 하는 일에 충성을 다함이 가하오.

(9월 3일)

태평양 회의(太平洋會議) 외교 후원(外交後援)에 대하여

태평양 회의에 대한 외교 후원을 토론할 필요가 무엇인가. 다름 아니라, 우리가 이번 외교에 승리하면 우리에게 이익이 있겠고 실패하면 해가 있겠는 고로,

그러면 태평양 회의란 무엇인가. 외교의 후원이란 어떻게 할까.

세상 사람은 무엇이라 하든지 나는 국민을 속이는 언론을 하고자 아니합니다. 독립 운동의 사생과 흥망이 이 회의에 달렸느니, 또는 우리가 이번에 하기만 하면 독립이 꼭 될 터이니 외교를 후원하여야 되겠다는 등의 말을 하면, 이는 국민을 속이는 말이오. 왜? 독립 운동의 흥하고 망하는 것이나, 임시 정부의 살고 죽는 것은 모두 우리 자신이 잘하고 못 함에 있지, 태평양 회의에 달릴 리가 없음이외다.

다만 우리는 이 기회를 잘 이용하면 이익을 얻겠고 잘못하면 해를 입을 터이니, 이 기회에 힘을 아니 쓸 수 없습니다.

태평양 회의란 무엇인가. 태평양 회의는 일종의 의문이오. 이는 차차 설명하려니와 우리의 외교 후원은 어떻게 할까.

나는 세 가지가 있다 하오. 첫째는 대표 되는 인물을 과거에는 친하였거나 원수였거나 대표로 나선 이상에는 거국 일치로 응원하여야 하겠습니다. 대개 태평양 회의의 외교 후원은 대표 한 개인의 문제가 아니요 전 민족의 이해를 위함인 까닭입니다. 외교 후원의 둘째는 의사와 금전을 제공함이외다. 외교 후원의 셋째는 재료를 공급함이외다.

돈을 어떻게 낼까. 내 힘껏 많으나 적으나 낼 것이오. 의사는 어떻게 바칠까. 내 정성껏 생각할 것이오. 재료 공급은 어떻게 할까. 우리에게 자치할 능력과 독립할 자격이 있는 증거를 보일 것이오. 만일 우리가 자치할 능력과 독립할 자격이 없다는 재료를 세계에 공급한 뒤에는 아무런 금력과 아무런 선전이 다 무슨 쓸 데가 있겠습니까?

먼저 태평양 회의는 의문이라 하였습니다. 그 성질에 대하여 세 가지 해석이 있습니다.

어떤 이는 이번에 세계 열강이 전쟁의 참화에서 깨어서 진정한 세계 평화를 도모하려고, 따라서 동양 평화를 유지하려고 모이는 것인즉, 진정한 동양 평화를 짓기 위하여 한국의 독립을 승인하리라 합니다. 또 둘째 사람은 이번 일은 다만 미 · 영 양국이 일본 사람의 세력을 축소시키기 위하여 독립을 승인하리라 합니다.

그러나 맨 나중 사람은 무어라 하는고 하니, 평화의 소리는 가면에 불과하다 합니다. 먼저 헤이그의 평화 회의가 있었고, 또 '파리'의 평화 회의라, 국제 연맹이라 하여 미 · 영 · 불 · 이 · 일 제국이 늘 부르는 소리가 세계의 평화요, 일본은 더욱이 날마다 동양 평화를 부르지마는 왜 한 번도 성공을 못 하느냐. 다만 그 열강들이 입으로는 평화를 부르나 이는 가면에 지나지 못하고 진정한 평화의 필요를 각오함이 없고 평화를 구할 방법을 바로 찾지 못한 까닭이다. 일본이 동양 평화의 책임이 자기에게 있노라고 날마다 한인에게, 중국인에게 말한다. 한국과 중국을 병탄하면서도 그냥 평화를 하자 한다. 독립과 자유의 정신이 없는 민족이 세상에 없거늘, 금일의 소위 강국 된 자는 약국을 무시하고 이를 약탈하면서 평화를 부르짖으니 먹는 자는 좋거니와 먹히는 자는 불행하지 않겠느냐, 강자의 가면적 평화로는 세계의 평화가 되지 않는다 합니다.

이상 세 가지 해석 중에 어느 것을 택하더라도 우리가 독립을 하려면 자치할 능력과 독립할 자격을 세상에 보이어야 하겠습니다.

만일 세계가 일본의 세력을 축소시키기 위하여 한국을 분리시키려 할지라도 우리가 그 자격 없음을 세계에 알리면 세계가 우리를 믿지 못하매 독립을 승인하기 어려울 것입니다.

또 세계 강국이 진정한 평화를 원한다 하더라도 독립의 자격이 없는 민족을 독립시켜 놓으면, 그 민족이 스스로 도탄에 들어갈 것이니 차라리 어떤 나라에게 통치케 함이 진정한 평화를 위하여 이롭다고 할 것입니다.

만일 그 마지막 태도를 취한다 하면, 우리가 자치할 능력과 독립할 자격을 보이더라도 무슨 소용이냐 합니다. 소위 5대 강국이란 자들이 약국을 무시하고 동등 대우도 하지 않는데 우리가 자격을 보이더라도 소용이 없다 합니다. 그러면 먼저 그들이 왜 세계를 무시하고 침략을 일삼느냐, 이는 머리에 깊이 박힌 사상의 힘입니다. 그들이 평화를 부르짖는 것도 실은 전혀 거짓이 아니외다. 전쟁의 참화를 목도할 때에는 세계가 진정 평화를 자연히 부르짖게 됩니다. 다만 전쟁이 다 지나가고 참상이 보이지 않게 되면, 또 이전에 머리에 젖었던 약육강식의 사상이 나오는 것이외다. 일본을 볼지라도 만일 저희들이 실로 세계의 대세를 본다 하면, 어서 한국과 중국을 친구 삼아 아세아의 형세를 든든하게 하면, 미국의 발 아래서 부들부들 떨 필요가 없을 것입니다. 그러나 그들이 소위 자유주의자라는 자까지도, 국내에서는 자유를 주장하다가도 국외 일에는 침략을 찬성하는 것은 그 침략적 사상이 깊이 박힌 까닭입니다.

그러면 이상 세 가지 태도 중에서 어느 방향으로 보든지 우리의 선결 문제는 우리 자신이 자치할 능력과 독립할 자격이 있다는 재료를 제공하여야지 그것 아니고는 다른 아무것이 헛것이겠습니다. 무엇이 자치할 능력과 독립할 자격이 있는 표준이 되겠습니까. 자기 일은 자기의 돈과 자기의 지식으로 하는 사람, 자기를 자기의 법으로 다스리는 그 사람입니다.

그러면 말하기를 우리에게 무슨 돈과 무슨 지식이 있어 그런 힘을 보일까. 돈 많은 사람은 많으니만치 살고 가난한 사람은 가난한 사람만큼 살 것입니다. 남의 돈 빌려 쓰지 않고 제가 제 세납 바쳐서 쓰면 가난하더라도 독립입니다. 지식이 많거나 적거나 우리 지식이 다 한 깃발 아래 들어와 통일적으로 일하면, 제가 세운 법률로 스스로 다스려 나갈 각오만 있으면, 이는 자치의 능력이 있는 증거입니다. 우리가 아직 강토를 회복치 못하였으니 해외에 있는 200만이라도 제가 스스로 대의사를 뽑아 그 입법에 복종합시다. 정부를 세우고 이에 복종함도 개인의 사유(私有)를 복종함이 아니요, 국민의 입법을 위한 최고 기관을 복종함입니다.

이것이 실로 우리의 사활 문제가 아닙니까. 민족의 본체가 이런 후에야 독립을 감히 말할 것이 아닙니까. 오늘날 우리가 실력 없다고 낙심치 말고 마음에 맹세하여 오늘부터 기초를 닦아 나아갑시다. 우리에게 자치할 능력과 독립할 자격이 있으면, 태평양 회의가 없더라도 독립이 될 터이요, 아무런 침략자라도 반성 아니치 못할 것입니다. 나는 내 눈으로 멀리 바라보건대, 장차 대한 청년의 손에 아지 못할 무엇이 생겨서 일본을 크게 징계할 날이 있습니다. 아직은 그 시기가 아니다.

그러면 언제? 우리가 제 돈 제 지식을 내고 제 법으로 저를 다스리는 그 날입니다. 앞에 이러한 희망과 계획이 없이 다만 태평양 회의니, 폭탄이니 하더라도 이는 다 입에 발린 거짓뿐입니다.

여러분, 그러면 우리가 태평양 회의에 임하여 각오할 것이 무엇입니까. 태평양 회의를 잘 이용하면, 우리에게 이익이 있고 못 하면 해가 있겠다. 우리가 태평양 회의에 외교를 잘하자면, 이전에 있는 모든 분쟁은 딴 문제로 버리고 단독 행동을 취하지 말고, 전 국민이 일치로 후원하는 데 있을 뿐이외다. 전 국민이 일치하여 자치할 능력과 독립할 자격을 보이는 데 있을 뿐입니다.

어떻게 하면 전 국민이 다 합할까. 타인의 뺨을 때린 뒤에 사죄도 아니하고 외교를 위하여 합하자 함은 모순입니다. 서로 해하려는 것을 그치지 않고 합하자고 하여도 아무 쓸데없습니다. 또 국민은 어떤 이들이 서로 싸움한다고 둘 다 역적이라고 욕함도 싸움을 그치는 것이 못 됩니다. 먼저는 서로 양보함을 취하고 그래도 안 될 때에는 공리로써 선 · 불선의 판단을 내려야 싸움을 결말할 수 있을 것입니다.

나는 이 기회에 다시 역설하거니와, 우리 국민이 통일하자면 국민 대표회가 완전히 성립되어야 한다 합니다. 각종의 주장이 상대할 때에는 각지의 대표가 직접 모여 앉아 그 시비를 결단함밖에 도리가 없습니다. 나의 주장하는 대표회는 아무 선입 조건 없이 다만 다수 국민의 의사로써 과거의 분규를 획정하고 장래의 방침을 세우기 위하여 국민의 대표를 소집하자 함입니다. 우리가 이를 하고 못 하는 것도 우리에게 자치할 능력과 독립할 자격이 있고 없음을 나타낸다 합니다.

전에 〈대륙보(大陸報)〉 기자 패퍼가 나더러 말하기를, “내가 한국에 들어가서 여자들이 독립 운동을 위하여 그 노리개 반지를 빼서 주는 것을 볼 때에 참으로 한국일을 위하여 힘쓸 마음이 있더라. 그러나 그 후에 한인들 가운데 서로 분쟁하는 것이 자꾸 내 눈에 보일 때에 한인은 아직 독립할 자격이 없다 하였노라” 합니다. 내가 왜 이런 말을 합니까. 우리의 내용의 허약한 것은 일본이나 세계가 다 압니다. 불쌍한 조선 사람만 모르지.

여러분 최후에 부탁합니다. 우리가 외교를 후원하려거든 근본적으로 통일부터 합시다. 통일을 하려거든 국민 대표회의 완성을 힘씁시다. 왜 대표회를 아니 보고 개인의 색채만 보고 꺼립니까. 개인을 보지 말고 대표회의 정신을 보시오. 대표 회의 정신은 지금 서로 세우고 있는 여러 기를 다 내리고 그 가운데 국민 다수의 공론을 따라 한 기만 세우자 함이외다.

이 석상에 모인 우리부터 먼저 반성하여 전날의 불평을 다 잊어버리고 진정한 통일의 운동을 위하여 노력합시다. 이것이 후원의 근본 문제요, 독립 운동의 사활 문제입니다.

[1922년]

신년의 경진(更進) *

아국민의 나이 높아 감이여. 따라서 지각이 높아 가도다.

적을 적할 마음이 점점 강함이여. 동족을 적하는 사혐(私嫌)이 점점 스러지도다.

나누이면 패하고 모이면 공성할 줄을 깨달음이여. 중앙 정부 기치하에 모여들리로다.

새로 나아갈 방향이 점점 정하여짐이여. 질서 있는 운동의 길에 점점 들어가도다.

허영을 버리고 근본을 존중히 함이여. 자체의 토대가 공고하여지리로다.

실력의 가치를 점점 깨달음이여. 각각 그 직업에 충성하리로다.

국민의 의무심이 점점 높아 감이여. 납세와 징병의 일이 점점 실현되리로다.

크게 모여 크게 의논함이여. 큰 방침이 세워지리로다.

큰 방침이 세워짐이여. 큰 힘이 중앙에 집중하리로다.

큰 힘이 중앙에 집중함이여. 큰 진행의 원동력이 비치리로다.

아, 일반은 이것을 점점 각오함이여. 기대하던 국민 대표회가 쉬 실현되리로다.

국민대표회(國民代表會)를 지지하자 **

여러분, 지금 나는 매우 어려운 자리에 나섰음을 깨닫습니다. 왜? 이 때의 우리 경우는 가장 절박하고 우리의 일반의 심리는 가장 긴장한 때문입니다.

오늘 내가 말함에 대하여 여러분이 다른 때보다 비상한 주목이 있을 줄 압니

---

* 《독립 신문》 1922. 1. 1(2) 제119호에 발표된 도산의 신년사.

다. 그런데 내가 어려운 자리에 섰다 함은 비상한 주목을 관계함이 아니요, 나의 말 한 마디를 바로 하고 그릇 하는 것이 전체에 큰 영향을 줄까 하여 말하기가 매우 조심스럽습니다.

여러분, 지금 경우가 과연 절박하여, 일반의 심리는 과연 긴장합니까? 다시 말하면 우리의 독립 운동을 끊어 장사하게 되었습니까, 아니 되었습니까? 아무 근거 없이 빈말로 호담스럽게 우리의 독립 운동이 어찌 끊어질 리가 있으리오 함은 소용이 없는 말이외다. 왜? 옛날에 사천 년을 지켜 내려오던 국가의 생명을 끊은 것을 돌아보아 생각하시오. 잘하면 국가의 생명을 잇고 못하면 국가의 생명을 끊는 것같이, 잘하면 독립 운동의 생명을 잇고 못하면 독립 운동의 생명을 끊을 것을 깊이 생각합시다.

그런데 어찌하여야 독립 운동의 생명을 끊어 장사하지 아니하고 그 생명을 이어 적극적으로 진행하겠습니까. 먼저 판단할 것은 여기 있습니다. 우리 한국 민족의 생명이 끊어지면 따라서 우리 독립 운동의 생명도 끊어질 것이요, 우리나라 민족의 생명이 살아 있으면 우리 독립 운동의 생명도 살아 있을 것이외다. 오늘 이 자리에 앉으신 남녀 동포는 살았는가, 죽었는가. 스스로 물어 보시오. 여러분이 독립 운동의 생명을 살리어 계속하려거든 여러분이 먼저 스스로 살아야 할 것이외다.

어떠한 사람이 독립 운동을 살릴 만한 사람이며 어떤 사람이 독립 운동을 그칠 만한 죽은 사람일까요? 우리 독립 운동에 대하여 희생적 정신으로 자기의 책임을 다하여 지성으로 독립 운동에 관한 방침을 지성으로 연구하고 지성으로 토론하고 지성으로 실행하는 자는 독립 운동을 살리는 산 대한 사람이라 할 것이요, 이와 반대로 독립 운동에 대하여 아무 생각과 실행이 없이 방관하고 앉았는 사람은 독립 운동을 죽이는 죽은 대한 사람이라 하겠습니다. 그런즉 우리 독

** 1922년 4월 6일 봄에 상해에서 정식으로 국민 대표회 준비회가 발기된 후 도산은 '개인의 자격'이란 전제하에 국민 대표회 소집에 대한 해명 연설을 하였다. 그 요지를 차리석(車利錫)이 필기한 바 있는데, 불행히 하반부가 누락되었으나, 그 전반이 보존되었으므로 여기 수록한다.

《독립신문》 1922. 4. 15 (2) 제123호.

립 운동이 죽기를 원치 아니하고 살리어 활동하기를 원하는 여러분은 이 시간부터 진정한 성의와 청정한 두뇌로 깊이 연구하고 실행을 꾀합시다.

그런데 우리 독립 운동의 문제로 지금 크게 현안 된 것은 국민 대표회 문제외다. 이 문제에 대하여 1년이 넘도록 왈가 왈부라 하여 우리 국민의 큰 토론 재료가 되었습니다. 이렇게 되는 것도 우리의 정도가 전보다 좀 진보된 듯합니다.

내가 지금 국민 대표회 소집된 본의를 말하겠소. 이것은 내 개인의 의사일 뿐만 아니라, 국민 대표회 주비처 전체의 의사를 대표한 것이라고 하겠습니다. 만일 그러나 당신들의 생각에 내 개인의 말이지 어찌 주비처의 의사를 대표하였단 말인가 의심이 나거든 내가 이같이 공개하고 말한 후에 내일이라도 주비처에서 부인한다는 표시가 없거든 이것을 곧 주비처의 의사라고 인증하여 주시오.

국민 대표회(國民代表會)의 본의(本意)

그러면 국민 대표회의 본의가 무엇인가. 국민 대표회를 소집하는 본의는 어느 개인이나 어느 기관을 공격하거나 반대하기 위하여 함도 아니요, 또는 어느 개인이나 기관을 찬성하기 위하여 함도 아니외다. 국민 대표회를 발기한 이후로 우금 1년이나 남아 국민 대표회를 소집하는 이유를 연설로 혹 논문으로 여러 번 공개 표시하였으되 여론이나 문자로서 어느 개인이나 기관을 대하여 공격하거나 악선전을 한 일이 한 번도 없었습니다.

그러면 국민 대표회를 소집하는 본의가 무엇인고. 곧 각 방면에 헤어져 있는 대한 민족 전부의 성력과 물질을 중앙의 일방으로 집중하여 오늘에 가진 힘보다 좀더 큰 힘을 이루어 가지고 우리의 독립 운동을 적극적으로 진행하기 위하여 모임이외다. 국민 대표회를 모이는 본의는 어느 개인이나 기관을 공격하거나 반대하기 위하여 함이 아니요, 각 지방에 헤어져 있는 대한 민족의 성력과 물력을 중앙 일방으로 집중하여 큰 힘을 이루어 가지고 크게 진행키 위함이외다. 우리가 큰 힘으로 독립 운동을 적극적으로 진행하려면 성력과 물력을 집중할 필요가 있을까, 없을까. 성력과 물력을 집중하려면 국민 대표회를 소집하여야 할까, 아니하여야 될까. 이것이 우리가 한번 생각하여 볼 것이외다. 이것은 과거와 현재를 살펴보면 밝은 판단이 있을 줄 압니다. 과거에 원수의 속박 아래서 신음하다가 가슴에 사무친 아픈 것이 폭발되어 만세 소리로 독립 운동을 세계가 놀랄 만하게 시작하였습니다. 그 후에는 2년이 원년보다, 3년이 2년보다, 4년이 3년보다, 점점 떨어져 와 오늘에 와서는 운명 문제를 말하게 되었습니다. 이것은 사실이라, 숨기려고 하여도 숨길 수가 없고 감추려고 하여도 감출 수가 없이 되었습니다. 여러분, 여기 대하여 아픈 마음이 어떠합니까.

이같이 된 원인이 어디 있을까. 이것은 우리의 힘이 부족한 때문이니 곧 성력과 물력이 아울러 소진한 때문이외다. 이 성력과 물력이 소진한 원인은 무엇인고? 우리 민족은 다 근본적으로 독립 운동에 대하여 성의가 없는 사람인가. 또는 토굴을 파고 사는 인디언과 같이 일분의 생산력이 없는 사람인가. 아니오, 우리 민족의 성의는 결코 남보다 떨어지지 않고 물력도 남에게 비하여는 다소 빈궁하나 독립 운동을 계속하지 못하게 물력이 없다고는 못 하겠습니다. 이것은 사실이 증명하는 것이외다.

성력으로 말하면 독립 만세를 부른 후로 지금까지 독립 운동을 위하여 귀한 시간과 귀한 재산을 소비하며, 귀한 생명을 희생한 자가 여러 만 명에 이르지 아니하였습니까. 또한 물력으로 말하더라도 저간 아령 · 중령 · 국내 · 미령 등지에서 동한 재산이 거액이 아닙니까.

그러면 이와 같이 성력도 있고 물력도 있는데 왜 없다고 하는가. 이것은 있기는 있어도 그 있는 것이 각각 헤어져 있고 한 곳에 집중되지 못한 때문에 있고도 없는 것같이 되어 오늘 이와 같은 절박한 경우를 당하였습니다.

조직적 통일

그런데 이 성력과 물력이 집중되지 못하는 원인이 무엇인고. 혹은 말하기를 대한 사람은 어리석고 악한 때문에 그 힘을 집중할 수 없다고 합니다. 우리가 미상불 어리석은 것을 자탄할 적도 있고, 불선한 것을 자책할 점도 없지 아니하나 그러나 이와 같이 집중이 되지 못함은 어리석고 악한 것만이 원인이라고 할 수 없고, 과거의 형세가 그럴 수밖에 없었습니다. 과거의 운동이 통일적인가 아닌가. 과거의 운동이 통일적이외다. 한때에 일어나 만세를 부른 것을 보든지, 지금의 대한 남녀의 각 개인의 심리를 들여다 보면 목적이 다 독립 운동이요,

동에서나 서에서나 다 독립 운동을 한다고 합니다.

그런즉 이것이 다 통일적이오. 그러나 통일적은 통일적이나 다만 정신상 통일뿐이요, 실무상 조직적 통일은 못 되었습니다. 이 조직적 통일을 이루지 못한 것이 악의로나 고의로나 된 것이 아니라 형세가 그같이 되었다 합니다.

내지에서 독립 운동을 시작하여 다수의 의남 충녀가 결박을 당하며 옥에 갇히며 피를 흘릴 때에, 전 민족이 다 같이 일어나 독립 운동을 시작할 새, 내지뿐만이 아니라, 아령 · 중령 · 미령 어디를 물론하고 해내 · 해외에 일체로 동하였습니다마는 실무상 조직적 통일을 이루지 못한 것은, 내지로 말하면 원수의 엄계와 압박 밑에서 실제상 조직 일을 실행키 불능하였고, 바다 밖으로 말하면 각 방면에서 각각 일어나 뭉친 후에 조직적 지식도 부족하려니와, 더욱이 교통이 불편하여 서로 회합하며 소통하기 불능하여 실제상 조직을 실행하기 어려웠습니다.

이러므로 실제상 조직적 통일을 이루지 못하고 자연 정신은 같지마는 각 방면이 각각 깃발을 각각 세우고 분립한 가운데 서로 격막이 되고, 또는 각 방면이 각각 착오와 과실도 있겠고, 각 방면이 격막하고 착오가 있은 동시에 음언과 부어는 한없이 성행하여 오해와 감정이 높아지며, 오해와 감정이 높음을 따라 서로 원수같이 보게 되므로, 참 원수인 원수에게 대하여서는 대적할 마음이 부지중 박약하고 동족간에 대적하게 되었습니다. 또 다른 점으로 북적거리고, 그러한 중에 열렬한 청년 독립군들은 믿을 곳도 없고 희망할 데도 없으므로 자연 방황중에 기지가 타락되고 상심 낙망하여 한을 부르짖게 되었습니다. 이러하므로 일방에 집중력은 고사하고 각방 · 각자의 힘이 소진하는 지경에 이르게 되었습니다. 다시 말하면 이것이 근본 고의와 악의로 된 것이 아니고 형세가 이렇게 만들었습니다.

이것은 과거와 현재의 현상이거니와, 오늘에 깊이 생각할 바는 그 막힌 담과 착오된 것과 오해와 감정과 분규를 그대로 방임하여 두고는 성력과 물력이 집중하여도 우리의 독립 운동이 살아 계속될까 아니 될까 우리가 크게 판단할 것이외다. 또는 이상과 같이 격막된 가운데 각방의 의사가 집중되지 못하여 의사가 분열되므로 따라서 집중이 되지 못하는 것이 사실이외다. 각방의 의사가 그

같이 분기된 것을 그대로 방임하여 두고도 독립 운동이 살아 계속될까, 아니 될까, 한번 크게 생각할 것이외다. 그런즉 과거에 각각 분립되어 격막하였고 의사가 집중되지 못하므로 성력과 물력이 집중되지 못하였고 그것이 집중되지 못하였으므로 오늘 이와 같은 곤란을 당합니다.

그런즉 우리 독립 운동이 이같이 절박한 경우를 짓게 된 것은 성력과 물력이 집중되지 못함이요, 성력과 물력이 집중되지 못함은 각방이 분립하여 격막과 오해와 분규가 있고 따라 의사가 집중되지 못한 때문임을 밝히 알겠습니다.

그런즉 오늘에 우리가 할 일이 무엇이오? 곧 우리의 성력으로서 이 격막을 깨치고 그 오해와 과실을 씻어 버리고 그 오해와 감정을 장사하고 다시 새 정신과 새 기운으로 큰 계획을 세워 가지고 독립 운동을 적극적으로 진행할 수밖에 없습니다. 이 밖에 다른 큰 방법이 있다 하면 곧 이 자리에 나와서 말씀하시오. 이상에 말한 바와 같이 격막과 오착과 오해를 다 제하고 다시 공통적 의사로 대계획을 세워서 성력과 물력을 집중하게 하려면 한번 각 방면을 크게 모아 크게 의사를 소통할 것이 면치 못할 일인 줄을 압니다.

대표회가 할 일

그런즉 이와 같이 크게 모이는 것은 필요하나 어찌하여 국민 대표회로 모이자 하는고? 그 이유는 지금 아령에 있는 단체가 각방을 부르면 다 올까. 중령에 어떤 단체가 각방을 부르면 다 올까. 이것은 도저히 아니 될 것이외다. 그러면 현 임시 정부에서 부르면 다 올까. 그것도 아니 되겠습니다. 왜? 아니 되는 이유는 어디 있든지 현상의 사실을 보면 그러하외다. 이것은 일찍 격막한 가운데 이러한 현상을 지은 것이외다.

그러므로 여기도 저기도 치우침 없는 국민 대표회 명의로 각방을 소집하는 것이 현재에 아니할 수 없는 경우로 생각합니다. 나의 바라는 바는 어떠한 명의로든지 어서 속히 모여 이 성력과 물력이 집중되기를 원하는 바외다.

그런데 국민 대표회에서 진행할 강령은 우리가 모이므로 과거의 격막과 착오와 오해와 감정을 다 끊어 버리고 새로 독립 운동의 대계획을 세우기 위함이라 한바, 큰 계획을 세우는 강령의 내용이 무엇일꼬. 그 대체는 이러하겠습니다.

1. 중앙 기관을 어떻게 공고케 할까.
2. 중앙 기관과 각 지방 사이에 어떠한 방법으로 연락을 취할까.
3. 기관 유지와 사업 진행책을 어떻게 할까.
4. 일반 인민에게 금전상 담부를 어떻게 할까.
5. 중앙 정무를 어떠한 사람에게 위탁할까.

그리고 독립 운동 기간에 서로 엄히 지킬 맹약을 세울 것이오. 예로 말하면,

1. 군사는 중앙의 명령 외에 자유 행동을 취하지 못할 것.
2. 인민에게 재정을 늑정(勒定)하지 못하게 할 일.
3. 공금을 횡령하지 못할 일.

등이오. 이것은 나의 결정적 말이 아니오. 다만 이런 종류의 필요한 규약을 세우게 되리라 함이외다……(미완)

[1923년]

국민대표회(國民代表會)를 맞으면서 *

묻노니 동포여! 동포는 어떠한 심리로써 이번 모이는 국민 대표회를 맞는가? 반가운 마음으로 맞는가－싫은 마음으로 맞는가－미워하는 마음으로 맞는가－공경하는 마음으로 맞는가－무시하는 마음으로 맞는가? 다시 말하면 이 국민 대표회를 축복하는가－저주하는가? 이제 이것을 일반 동포에게 한번 물어 알고자 하노라. 왜? 국민 대표회의 잘되고 못 됨이 물론 그 국민 대표회의 자체에 있거니와, 그 국민 대표회의 주위에 있는 일반 동포의 심리 여하와 태도 여하가 막대한 영향을 주는 때문이다.

내가 우리 한인 사회에 대하여 자못 섭섭히 여기는 점이 많은 중에 한 가지 크게 섭섭하게 여기는 바는 곧 우리 동포 중에서 누가 무엇을 시작하든지 일반 사회는 먼저 믿음보다 의심이 있고 사랑보다 미움이 있고 공경보다 무시가 있어 축복하는 자는 없고 저주하기를 좋아함이로다. 우리 속언에 "입도둑에 망한다"는 말이 있나니 과연 우리 한인 중에 될 만한 일도 저주 때문에 망한 것이

---

* 1923년 1월에 상해에서 정식으로 국민 대표회가 개최됨에 있어서 도산은 대표들을 맞이하는 일반 국민의 각오를 촉구하는 담화를 발표하였다(1월 24일자).

많도다.

예로 말하면, 누가 한 학교를 설립하여도 "그 놈의 학교가 잘될까, 몇 날이나 갈까", 누가 한 단체를 발기하여도 "그 놈의 단체가 잘될까, 몇 날이나 갈까", 누가 한 영업을 시작하여도 "그 놈의 영업이 잘될까, 몇날이나 갈까" 통틀어 말하면 대한 사람으로서 대한 사람의 일에 대하여 찬성이나 축복을 하기커녕 비방이나 저주를 하는 것이 우리 대한 사람의 한 큰 습관을 이루었다 하여도 과언이 아닐지라.

제군은 깊이 생각할지어다. 인류 사회의 만반사위가 다 피차에 상조하는 데서 되는 법이요 또 인류의 상조는 먼저 자기 민족끼리로부터 시작하는 것이 이 과거나 현재의 사실이 아닌가?

이치와 사실은 이러하거늘 우리 대한 사람은 자기 동족 중에서 여하한 좋은 일이 생기더라도 한 마디 말일망정 도우려고는 하지 않고 오히려 비방하고 저주하니 무슨 일이 되어 볼 수 있겠는가.

과거와 현재에 우리 민족의 실패한 원인이 많겠지마는 그 중에 가장 큰 원인은 우리 민족간에 서로 돕지는 않고 서로 저주한 것일지라.

한번 독립을 선언하고 다수 동포가 피를 뿌린 나머지에 독립을 표방하고 일어난 단체도 많고 일어난 군대도 많으며 국치 이후 10년 만에 실현된 임시 의정원과 임시 정부도 있었지마는 그 모든 것이 오늘 와서는 다 쇠퇴한 경우에 이르렀도다. 이렇게 된 것이 각각 그 자체의 불선한 이유도 있을 것이거니와, 필자는 말하되 그 자체의 불선만으로 그렇게 된 것이 아니요, 뭇사람의 저주로 말미암아 그와 같이 되었다고 하노라. 동포 제군은 이 점에 대하여 크게 각성하기를 비노라.

그런즉 이제 유사 이래에 가장 크게 모이는 이 국민 대표회, 독립 운동 이후에 가장 원만히 모이는 이 국민 대표회, 전 민족의 통일을 표방하고 모이는 이 국민 대표회, 독립 운동의 대방침을 세우기 위하여 모이는 이 국민 대표회에 대하여 먼저 의심으로, 미움으로, 저주로 맞지 말고, 믿음으로, 사랑으로, 축복으로 맞을지어다. 그리고 이렇게 하는 것이 이 대표회에 모이는 대표 그 개인을 위함이 아니요, 전 민족을 위함임을 각오할지어다.

그같이 믿음과 사랑과 축복하는 성의로써 맞고 후원하다가 혹 국민 대표회의 의사가 그릇되는 때에라도 감정적으로 비방하며 책망하기를 일삼지 말고 성의로써 그 그릇된 길을 교정키 위하여 각각 자가(自家)의 의사를 동 대표회에 줄 것이며, 또는 일이 그릇되기 전에 각각 자가의 지력을 다하고 성력을 다하여 좋은 방침을 제공할지라. 이와 같이 하면 그 대표 된 사람들도 성의가 더 발하고 힘과 기운이 더 생하여 기쁨과 공정한 마음으로써 국민 대표회의 결과가 원만하게 되어 모든 사업이 그 공을 주하면 이는 국민 대표회에 참석하였던 대표 그 개인의 복리가 아니요, 우리 대한 전 민족, 즉 동포 일반의 복리일지라.

그런데 더욱이 이 때는 전술한 바와 같이 이래 4년간 우리의 독립 운동은 연년이 퇴보하여 독립 운동이 거의 중단되는 지경에 이르렀고 또한 각방의 분규 착잡은 여지없는 경우에 처하여 적을 적할 마음은 점점 쇠진하여 가고 경내의 동족간에 자상 잔멸할 경우에 일하지 아니하였는가.

이러한 경우에 처한 우리로서 한번 독립 운동을 만회하여 원만한 통일을 이루고 장래의 대방침을 세워 대사업을 진전케 하려는 이 국민 대표회를 어찌 성의로써, 사랑으로써 맞지 않으리오?

이에 임하여 한 번 더 간절히 바라는 바는, 즉 대한의 피를 가진 대한 남녀는 이 국민 대표회에 대하여 무책임한 이방인과 같이 방관 · 냉소의 태도로써 저주의 말을 배앝지 말고 있는 성의를 다하여 축복하라 함이로다.

국민대표원(國民代表員) 제군이여 *

국민 대표 회의에 대표 되신 제군! 제군은 다 한 지방이나 한 단체의 대표자이외다.

제군은 이번 이 회의에 오기 전에 일찍 각 방면에서 우리의 독립을 위하여 많이 노력하고 또한 중대한 책임을 가졌을 줄 압니다.

그러나 제군이 일찍 얼마나한 노력을 하였든지 또는 어떠한 책임을 가졌든지, 이번 회의 대표의 책임과 같은 중대한 책임은 없었을 줄 압니다.

---

* 국민 대표회 정식 개회식에서 행한 도산의 환영사가 대략 다음과 같다(10월 7일).

또 제군이 이번 이 대표 회의를 마치고 돌아간 뒤에도 또한 각각 중대한 책임을 질 줄 압니다. 그러나 장래에 어떠한 책임을 맡든지 이번 회의에 대표 된 책임보다 더 중대한 책임은 없을 줄 압니다. 다시 말하면 제군이 금일에 전무후무한 중차대한 책임을 가졌다 함이외다.

이천만 민족이 자유를 얻고 못 얻음도 제군의 손에 있고, 반만년 역사를 가진 조국이 독립되고 못 됨도 제군의 손에 있고 다시 말하면, 우리 국가와 전 민족이 죽고 사는 것이 제군의 손에 달렸습니다.

제군은 응당 각각 그 책임의 중대함을 생각하고 전전 긍긍하여 잠을 평안히 이루지 못하며 뇌를 잠시 쉬지 못하고 타인은 상상치도 못하기까지 노심 초사할 줄 압니다.

그런데 제군은 이 중대한 책임을 어떻게 이행하기로 생각을 정하였습니까? 우리의 전 민족이 통일적으로 독립 운동의 대방침을 세워 가지고 국권 광복의 대사업을 완성하자 함이 물론 이번 모인 국민 대표회의의 유일한 정신이요 목적일 것이외다. 이를 이루기 위하여 전심과 전력을 다할 최요한 점이 무엇일까요? 군사 · 재정 · 외교, 기타 실업 · 교육 등에 대한 적당한 방침을 세우기와 제도와 기관을 이상적으로 개선하기와, 중추의 인물을 지혜롭게 선용하기에 전심과 전력을 다할 것인 줄 압니다. 제군이 이미 이를 깨닫고 또한 성의로써 이에 대하여 노력하는 줄 압니다.

그러나 제군은 이보다 더 중요한 것이 있는 줄 밝히 아는가, 모르는가? 나는 알건대 무엇보다도 가장 먼저 중요시할 것이 이번 모인 국민 대표 회의의 자체를 원만히 하는 것이라 합니다. 우리 민족이 목마르게 바라는 바는 통일이요, 또 통일입니다. 그런데 그 통일의 방법을 과거에는 무엇이라 하였으며 미래에는 무엇이라 할는지 모르거니와, 현시 우리 전 민족이 통일되고 못 됨이 이 국민 대표 회의 자체의 원만과 불원만에 있습니다. 다시 말하면 통일의 유일한 방법은 이번의 국민 대표 회의 자체의 원만이라 합니다. 따라서 독립 운동의 대방침도 여러 가지로 말할지나 독립을 완성하고 못 함이 또한 이 국민 대표 회의 자체의 원만과 불원만에 달렸다고 생각합니다.

아, 대표원 제군이여! 제군은 이천만 민족을 참으로 사랑하고 또한 제군의 몸을 자중하여 이 '국민 대표 회의 자체의 원만'이란 문제에 대하여 재삼 깊이 생각하기를 바랍니다. 이번 모인 대표원 100명만이 잘 합하면 이천만이 통일되고 따라 독립을 완성할 기초가 확실히 세워질 것이외다.

제군이 만일 진심으로 합하지 아니하면 통일의 방법과 및 이상을 아무리 말할지라도 통일이란 그것이 실현될 수 없고 따라 군사니 무엇이니 하고 독립 운동의 방침과 이상을 아무리 말하더라도 일종 공상으로 돌아가고 말 것이외다.

그러므로 국민 대표 회의 자체의 원만과 불원만을 무엇보다도 선결한 문제라 합니다.

종래의 우리 민족의 불통일을 위하여 걱정하는 이가 많지마는 그 걱정거리가 누구입니까. 우리 독립 운동을 위하여 들에서 김 매어서 돈 벌어 바치는 농부도 아니요, 앞으로 나아가 죽자면 죽는 군인도 아니요, 시정에서 머리 숙이고 돈 벌어 바치는 상민도 아니요, 광산과 철로에서 땀을 흘리고 돈 벌어 바치는 노동자도 아니요, 오직 불통일의 걱정거리는 어느 지방이나 단체의 대표 될 만한 이들의 문제외다. 또한 독립 운동에 대하여 장해를 준다 안 준다 하는 문제도 각 방면의 인도자급에 있는 사람들이외다.

제군이여! 제군은 우리 이천만이 이번 모임에 대하여 얼마나 주목하고 또한 의구하는 마음이 있는 줄 압니까, 모릅니까? 독립 선언 후 4년간에 독립 운동을 위하여 또는 각 방면의 통일을 위하여 독립 운동자의 모임이 한두 번이 아니지마는 한 번도 인민의 희망은 이루어지지 못하고 오히려 불호한 영향을 주었을 뿐이외다. 북간도에 모였던 결과, 흑하에 모였던 결과, 북경에 모였던 결과, 서간도에 모였던 결과, 또 어디어디에서 모였던 결과, 손으로 그 얼마를 꼽든지 꼽는 대로 그 모임에서 좋은 일이 생기지 않는 것은 고사하고 도리어 모인 그 자체부터 실패를 고하였으므로 어디서 독립 운동자가 모인다 하면 흔히 믿는 마음보다 의심하는 마음이 많고 반가운 마음보다 두려운 마음이 많았음이 사실이외다.

그런데 이번 이 모임은 그 모이는 명의는 가장 아름답고, 그 모이는 형세는 가장 거대하고, 그 모이는 시기는 가장 적당하고, 그 모이는 목적은 가장 원대하외다. 이러한 위대한 모임이 있게 됨이 우리 대한 민족의 한 큰 기회요 운수가 아닙니까. 제군이여, 제군은 이 기회와 이 운수를 어떻게 응용하려 합니까?

지중지대한 책임을 지고 가장 어려운 경우에 처한 대표원 제군은 국민 대표회의 자체의 원만을 기도할 것이 가장 중요한 문제임을 과연 깊이 각성하나이까? 만일 그렇게 생각한다 하면 그를 원만케 할 그 도가 무엇이겠습니까. 이는 대표 회의의 규모나 형식 문제가 아니요, 오직 대표원 제씨 각 개인 심리상 여하에 있다 합니다. 대표 된 각 개인이 여하한 심리를 가져야 이 국민 대표 회의 자체를 원만히 할까 함이 깊이 연구할 만한 조건이외다.

나는 이에 대하여 몇 가지로써 고하고자 합니다. 즉 첫째는 과거의 감정을 망각할 것, 둘째 피아를 일시 동인(一視同仁)할 것, 셋째는 일만 표준하여 공평·정직할 것, 넷째는 흉금을 피력할 것, 다섯째는 공결에 열복할 것 등이외다.

첫째로 이번 모인 대표 제군이 평시에 서로 의심하던 것을 그냥 의심하고, 미워하던 것을 그냥 미워하고, 배척하던 것을 그냥 배척하고, 싸우던 것을 그냥 싸운다면 아무리 원만을 구하고자 하나 얻지 못할지니, 그러므로 먼저 과거에는 어떠한 관계가 있었든지 그 쌓였던 모든 감정을 다 잊어버리고 오직 서로 믿고 사랑하여야 회의의 자체는 원만하여지고 대표자 된 자의 책임을 다하는 것이 될 것이외다.

둘째로 제군은 한 단체나 지방에서 선출한 대표자나, 한 번 이 회의에 출석하는 순간부터는 어느 한 단체나 지방의 대표가 아니요, 전 민족의 대표자니 전 민족을 대표한 자의 도량으로는 이천만 민족 중 어떠한 개인이나 단체나 지방을 구별하여 편파하지 않고 일시 동인하는 굳은 덕량이 있어야 회의의 자체는 원만하여지고 대표 된 자의 책임을 다하는 것이 될 것이외다.

셋째로 제군이 어떠한 이론을 진술하고 어떠한 안을 제출하든지 각각 그 자신이나 친구나 당파의 이해를 표준하여 외공내사(外公內私)하면 구하는 원만은 이를 얻지 못할 뿐 아니라, 도리어 패망에 이를지니, 그러므로 각각 자기의 이해는 절대 희생하고 오직 일만 하는 순결한 마음으로 회의 석상에서 공평과 정직을 주장하면 설혹 이세(理勢)로써 싸움의 치열함이 어떠한 정도까지 도달할지라도 아무 위해가 없고 도리어 회의 자체는 원만하여지고 대표 된 자의 책임을 다하는 것이 될 것이외다.

넷째로 제군이 다 한민족을 대표하여 같은 혁명 사업을 하기 위하여 모인 자리에서 국제간의 외교자들과 같이 서로 마음을 가리고 진정을 토치 아니하면, 아무리 원만을 취하고자 하나 어디로부터 이것이 생기겠소?

그러므로 친소도 교계치 말고 설혹 초면의 사이라도 우리는 다 같은 대한 혁명당의 대표라는 견지에서 각각 흉금을 열고 서로 진정을 피력하면 이로부터 회의 자체는 원만하여지고 대표 된 자의 책임을 다하는 것이 되겠습니다.

다섯째로 어떠한 모임에서든지 만일 공결에 복종하지 않으면 일치와 원만을 내리지 못할 것은 더 논할 여지가 없거니와, 우리간에 과거의 모인 경험을 살피건대, 모여 일을 의논하다가 결정되는 일이 자기 의사에 조금만 불합하면 곧 탈퇴하고 혹은 형식으로 탈퇴는 아니하더라도 이면으로는 열복치 아니하여 매양 일치 원만을 결함이 사실인 바, 현시 우리 민족의 불통일된 원인 중 가장 큰 것은 즉 회합의 원칙인 공결 복종을 이행치 아니함이니, 그러므로 이번 이 모임에서는 한 큰 모범적으로 하여 공결된 바에 열복하면 자연 회의의 자체는 원만하여지고 대표 된 책임은 다하는 것이 될 것이외다.

제군이 만일 이번 모이는 국민 대표 회의의 원만과 불원만이 우리 한국 민족의 사활 문제요, 또 대표원 각 개인의 한 큰 심판길인 줄을 깊이 양해하실진대, 제군은 이 국민 대표 회의 자체의 원만을 위하여 아무런 것이라도 아끼지 말고 다 희생하소서. 또한 아무리 원하지 않는 고통이라도 잘 참고 받으소서.

[1924년]

부미 환송 석상(赴美歡送席上)에서의 답변 *

1. 경제의 곤란. 아국의 기천만 석 부자라도 타국에 비하면 빈자.

2. 지식 결핍. 신문화를 늦게 받기 때문.

3. 결단력 박약. 자농이식(自農而食) 고로 무경제 전쟁, 민본 정치가 아닌 고로 정치 단결이 못 되고, 국제적 경쟁이 못 되니 국제 경쟁이 없었음.

---

* 1924년 2월(일자 미상), 남경에서 도산의 미주 지방간 발정을 앞두고 동지들의 환송회가 있었는데 그 석상에서 도산이 답변한 요지.

그러니 누구든지 활동 못 한다. 그런 고로 일 잘 안 될 때에 개인이나 부분을 원망치 말라. 괴롭고 어려운 것을 잘 견디는 사람을 요구할지라.

할 일은,

1. 동지를 규합할지니 노소 남녀가 지방과 주의와 종교를 물론하고 민족 해방하자는 자이면 된다.

2. 불건전한 사람을 건전한 인격자로 작성. 정부 · 의원 · 군사 · 외교에 다 인격자가 있음.

3. 신성한 단결을 조성할지니 믿는 일과 믿는 동지를 못 가졌다.

이상의 일은 국내와 국외에서 할 것. 해외에서 할 일은 경제의 기반과 교육의 기관을 만들어야 되겠다.

부탁건.

모범적 사회를 온애로써 만들 것과 인도자를 후원할 것. 학원을 잘하여 나갈 것.

따스한 공기 *

참 세월이 빠릅니다. 내가 이 곳을 떠날 때에 베이비들이 오늘 저녁에 나 위하여 환영가를 하여 주는 것을 들을 때에 세월이 빠른 것을 깨달았습니다.

나는 나의 제2고향인 미주에 다시 와서 여러분을 대할 때에 그 기쁜 것은 다만 형식이 아니요, 진정한 기쁨이 있습니다. 미주에 있는 남녀 동포들이 공익을 위하여 금력과 심력을 합하여 썼습니다. 그러다가 3 · 1운동 이후에 마음과 힘을 다하여 국가 사업에 진충 갈력하였습니다. 나는 여러분과 아메리카에서 고락을 같이하다가 3 · 1운동시에 주신 사명을 만분지 일이라도 이루지 못하고 이제 여러분을 대할 때에 마음이 두렵습니다. 겸하여 돈을 주시고 성력을 다하여 독립 운동의 사명을 나에게 맡긴 것을 생각하면, 과연 두렵고 황송합니다.

만일 내가 우리 독립 운동의 책임자이었노라고 말하면, 이는 우리 전체 동포를 무시함이외다. 그러나 나는 책임자 중에 일 분자는 확실히 되었습니다. 그래

---

* 1924년 겨울 미주로 건너간 도산이 동포들의 환영회 석상에서 행한 연설의 요지.

서 나는 어떻게 하면 나의 맡은 책임을 다할까 하는 생각으로 마음에 고통도 많았습니다. 혹시 극단으로 생각하여 봤습니다.

나 할 수 있는 데까지는 하여 보았습니다. 이제는 나 개인에게 대한 말을 그만 두고 여러분의 듣고자 하는 것을 드리고자 합니다.

우리가 3 · 1운동 이후에 여러 가지 실지적 시험을 하여 보았습니다. 파리 강화 회의에 대표도 보내어 보았고, 상해 법조계 의정원과 국무원도 조직하여 보았고, 워싱턴에 구미 위원부도 두어 보았고, 모스크바에 대표도 보내어 보았고, 런던에 선전부도 두어 보았고, 모스크바에 대표도 보내어 보았고, 런던에 선전부도 두어 보았고, 아령에 국민 회의도 있었고, 북경에 군사 통일 회의도 하여 보았고, 서북간도에 간민회도 하여 보았고, 만주에 군정처도 있었고, 통의부도 있었고, 대한 독립군 총사령부도 있었고, 국민 대회도 하여 보았고, 작탄도 던져 보았고, 무엇 무엇 다 실지적 시험을 하여 보았습니다.

그러나 만세 일성은 우리 전 민족적 행동이었지마는 이상 무엇하는 활동은 다 국부적 활동이라고 할 수 있습니다. 누구나 다 말하기를 자기네 하는 활동이 전 민족을 대표하여 하노라고 하였지마는 사실상 국부적 행동에 지나지 못하였습니다. 그러면 이 국부적 행동에 우리가 얻은 것은 무엇인가? 우리 대한 민족이 대경험을 얻었다고 합니다. 우리 민족의 실지적 대실험을 하여 보았습니다. 이 경험 때문에 우리는 많은 교훈을 받았습니다. 우리가 3 · 1운동 이전에는 이러한 실험을 하여 본 적이 없었으나 만세성 이후에 이와 같이 고귀한 실지 실험을 하여 보았습니다. 우리 가운데 혹 어떤 이는 생각하기를 우리 독립 운동에 허다한 금전과 허다한 정신력과 그보다 더 귀한 수만의 피를 희생하여서도 아무 결과가 없다고 실심 낙망하는 이도 있습니다.

그러나 우리의 경험으로 인하여 장래 방침에 유익될 것이 많습니다. 그런 고로 내가 오늘날 미주에 회환한 것은 무슨 성공이 있다고 하는 것이 아니며 또한 실패하였다고도 아니합니다. 우리의 경험을 성의로 연구하고자 합니다. 만일 이 경험을 성의로 연구하려 장래에 잘하여 나아갈 것을 생각지 아니하면, 우리의 금전력과 정신력과 생명을 희생하여서 얻은 이 실험이 소용없이 되겠습니다. 우리가 성의로 연구하지 아니하면, 내가 무슨 좋은 방침을 생각하여 내기커녕 남이 장래 좋은 방침을 연구하여 준다고 하여도 그것을 양해할 수 없습니다. 아무 연구가 없는 뇌에서 나올 것이 없습니다. 우리는 성의로 우리의 과거 경험을 연구하여 보아야 되겠습니다.

과거의 경험을 의지하여 몇 가지 요령을 들어 말하려 합니다. 우리의 병통은 먼저 아무 계획을 정하지 않고 되는 대로 덤비어 봅니다. 계획은 정하지 않고 행여나 될까 하고 마구 하여 봅니다. 우리가 다리밋방을 하려 하여도 그 계획을 먼저 하여 가지고 이것은 이렇게 하여 되겠고, 저것은 저렇게 해야 되겠다 하는데, 우리 국가 사업에는 계획을 먼저 정하지 않고는 될 수 없습니다. 혹 어떤 이는 말하기를 혁명 사업을 언제 계획을 정하여 가지고 하나 합니다. 어찌하여 적은 장사에는 철저한 계획을 실지적으로 정한 후에 하는데 혁명 사업에는 철저한 계획이 없이 되겠습니까.

국가 사업을 빈말로만 하지 말고 실력을 무시하지 말고 공상적으로 하지 말고, 실제적으로 합시다. 우리 가운데서 준비 독립 운동자를 무시하는 자도 없지 않으나 우리는 실제적 준비를 하여 장래에는 유계획 · 유조직한 독립을 하여야만 되겠습니다. 앞으로는 실력 준비하는 사람이 많아야 하겠고, 또한 과거보다 실력 준비자가 늘어 가야 하겠소. 원년도에 우리 독립 운동자들이 만일 전부 직업 있는 자가 되었더면 독립 운동에 방해가 많았습니다. 독립 운동자 중에 다 직업이 있었다면 정부에 재정 수입도 많았겠고 따라서 독립 운동을 계속적으로 하였겠습니다. 직업이 없기 때문에 당장 밥먹을 것이 없는데 어떻게 운동을 계속할 수 있으며 또한 정부의 재정 수입도 엉성할 수밖에 없습니다.

이제 나는 보편적 실력과 특수적 실력을 말하려 합니다. 그러면 보편적 실력이란 무엇인가. 보편적 실력이란 전체 민족의 실력을 준비하자 함을 가리켜 말함이외다. 그러나 이 보편적 실력 준비는 참말 어렵습니다.

(보편적 실력 준비의 어려운 이유로, 내지에 있는 동포들은 그 정치 기관 · 경제 기타 · 교통 기관 · 교육 기관, 기타 모든 기관이 일인의 손에 있는 것과, 3 · 1운동 이후에 된 일을 상세히 말하다.)

그러나 이 보편적 준비도 아주 할 수 없다는 것은 아니외다. 우리 경제 발전은 그만 둘까, 우리의 교육 발전은 그만 둘까 함은 아니외다. 가급적으로 준비할 수도 있으며 하여야만 되겠다 합니다.

특수적 실력 준비는 그 무엇인고, 우리가 무엇 무엇을 만들어야 하겠다 함을 이름이외다. 이 앞에 할 일은 공상으로 하지 않고 실제로 하자 함입니다. 우리는 일·이개 영웅이나 일·이개 단체가 운동을 하지 말고 전 민족이 계획이 있어서 그 일에 다 각기 상당한 자격이 있는 자, 즉 그 일에 특수한 자격이 있는 자가 그 일을 맡아 하자 함이외다. 가령 작탄을 던지자 하면 작탄 제조에 전문적 특수의 준비가 있는 자라야 되겠고, 외교에도 어느 나라 국어나 좀 안다고 내세우지 말고 외교에 전문적 특수한 준비가 있는 자에게 맡기자 함이외다.

내가 원동에 있을 때에 내가 미국에서 왔다고 미국 공사나 영사를 교섭할 일이 있으면 나더러 가라고 하는 이도 있었습니다. 그러나 영어도 잘 통하지 못하며 또는 영어를 잘하는 통역도 없기 때문에 나는 사양하고 가지 않은 때가 많았습니다. 그러면 우리 독립 운동에는 무엇 무엇 할 것 없이 그 일에 그 사람을 얻어 써야 하겠고 또한 특수한 전문 학식가가 많아야 되겠습니다.

나 이제 우스운 이야기를 한마디 하려 합니다. 우리 가운데서 흔히 말하기를 불란서 사전에 무불능이라는 말이 있다고 하며 세상에 아무 일이든지 다할 수 있다고 합니다. 그러나 법국 사람들의 해석과 우리의 해석이 다릅니다. 가령 법인(法人) 보고 누가 묻기를 이 사기를 어떻게 만드는가 하면 그 법인은 대답하기를 내가 사기를 만드는 학교에 가서 그 방식을 철저히 배운 후에 자본을 모아 공장을 설립하고 저 물잔이나 기타를 만들겠다 합니다. 그러면 우리의 해석은 무엇인가? 우리의 해석은 이렇습니다. 누가 묻기를 저 잔을 만들 수 있습니까? 예 만들지요. 어느 학교에서 그 만드는 법을 배우셨습니까. 그까짓 것을 누가 배워서 아나요. 만들면 만들지요. 또 묻기를 자본이 있습니까. 그까짓 것 만드는 데 자본은 해서 무엇 하나요, 하면 하지요 합니다. 이것이 불란서 사람의 무불능이란 해석과 우리의 무불능이란 해석입니다. 우리는 공상으로만 무엇을 덮어놓고 다 한다고 하지 말고 무엇을 하든지 특수한 준비를 가지고 실질적으로 해야만 되겠습니다.

그러면 이 앞으론 무계획한, 무준비한 일을 하려 들지 말고 특수한 준비를 철저히 하여 가지고 하자, 공상적으로 하지 말고 실지적으로 하자 합니다. 우리의 요구하는 사건은 보편적 실력 준비를 가급적으로 해야 되겠고 특수적 실력 준비를 철저하게 하자 함입니다.

여러분? 내가 말하고자 하는 사건이 많습니다. 그러나 오늘 저녁에는 시간이 없으므로 이 다음 기회를 기다릴 수밖에 없습니다.

그러나 내가 최종으로 여러분께 드리려 하는 것은 이것입니다. 우리 한인 사회의 좋은 공기는 따스한 공기라는 것입니다. 내가 원동에서 떠날 때에 추운 공기가 가득하므로 초목이 다 말랐더니 따스한 공기가 가득한 하와이에 와서 본즉 풀이 푸르고 산이 푸르러서 정말 별유 천지와 같습니다.

그러면 따스한 공기란 무엇인가? 이는 사랑의 공기입니다. 우리 사회는 이것이 박약합니다. 내가 원동에 있을 때에 무슨 일을 하여 보려고 산과 들을 홀로 다닐 적에 마음이 처참한 때가 많았습니다. 왜 그렇습니까. 우리 한인계에는 따뜻한 사랑이 부족함이외다.

우리가 미국 사람이나 영국 사람이나 어느 나라 사람을 대할 때엔 무슨 공포심이 없으며 내지 일인을 대할 때에도 공포심이 없지만 우리 한인을 대할 때에는 공포심도 있고 질투심도 있음은 그 무슨 까닭입니까. 우리 가운데 따뜻한 사랑의 공기가 없음이외다. 어디를 가든지 우리 한인에게는 추운 공기가 보입니다.

내지에서는 해외에 있는 동포가 싸움을 한다 하지마는 실상 내지에도 그러한 공기가 있습니다. 이것이 과연 우리의 큰 결점입니다. 우리 앞에 공통한 것은 우리의 원수 일인이며 그 반면에는 피가 같고 뼈가 같은 우리 전체 민족이 서로서로 사랑하며 서로서로 용서하고 따뜻한 공기를 빚어 내야만 우리의 일이 성취될 수 있습니다.

여기 앉으신 여러분은 이 예배당에 주일마다 모여서 따뜻한 공기를 빚어 내는 줄 압니다. 샌프란시스코에 계신 동포의 유일의 책임은 모여 서로서로 사랑하여 샌프란시스코 한인의 공기를 따뜻하게 하며, 새크라멘토에 계신 동포나 스락톤에 계신 동포나 어디에 계신 동포나 다 막론하고 서로서로 사랑하여 우리 전 민족의 공기가 따뜻하게 되면, 이것이 우리 장래 성공에 무엇보다도 절대 필요한 것입니다.

만일 피가 같고 뼈가 같은 우리 동포간에 서로서로의 사랑이 부족하면 우리는 무엇을 준비하든지 또 무슨 활동을 하든지 다 헛것이 되고 말 것입니다. 그러면 오늘 우리가 깊이 깊이 생각할 점은 누구나 서늘한 공기를 만드는 자 되지 않기로 성력을 다할 것이며 누구나 추운 공기를 빚어 내는 자 되지 않기로 결심하고 이것이 우리 운동의 앞에 오는 성공에 절대 요구하는 바이며 사람 사람이 준비해야만 될 것이라 합니다.

[1926년]

낙관과 비관 *

우리 홍사단은 국가와 민족을 위하여 성립된 단체라 동지 여러분은 민족에 대한 책임심이 있는 동시에 홍사단에 대한 책임심이 있어야 하겠습니다.

책임심이 있는 자는 일이 잘될 때에 마음놓고 게을리하지 않고 일이 잘못될 때에 그 잘못된 것을 바로잡을지언정 낙심하여 떠나지 아니합니다. 지나간 일의 잘된 것이나 못 된 것이나 다 지나간 것입니다. 그러나 지나간 것을 참고로 하여 앞의 일에 대하여는 잘해 가기를 책임적으로 노력합시다.

여러분 생각에 어떻게 추측하십니까. 자기가 여러 해 동안 노력하여 이루었던 북미 실업 회사는 실패하는 지경에 돌아가고 홍사단도 전에 비하여 퇴보된 형세에 이른 것을 보는 안창호의 마음이 어떠할까? 비관일까? 낙관일까? 버릴 마음이 있는가? 붙들고 나갈 마음이 있는가?

나는 우리의 하던 사업이 아주 비경에 빠졌다 하더라도 결단코 주의와 정신이 옳은 줄로 깨닫는 동시에는 한때 실패를 위하여 버릴 바가 아니오, 나의 목숨을 다하여 끝까지 붙들어 가겠거니와 나는 우리 사업에 대하여 비관을 가지지 않고 낙관을 가졌습니다.

대개 낙관과 비관이 어디서 나는가? 만족과 불만족심에서 생기는 것입니다.

---

* 《기러기》(홍사단 기관지) 1970년 5월호(통권 제70호)에 실려 있는 것인데, 도산이 1926년 상해에서 미국으로 건너가 홍사단 단우회의 석상에서 행한 연설이다.
당시 홍사단 단우 신두식의 필기로 보존되어 있던 것을 미주에서 오랫동안 홍사단 활동을 한 곽림대(태종)가 홍사단 본부에 보낸 〈안도산〉이란 긴 원고 중 '도산의 연설과 언론'의 일부이다.

그러면 우리의 일을 만족하게 보는가? 예, 나는 과연 만족하게 봅니다. 만족과 불만족은 비교의 문제입니다. 이 세상에는 절대로 만족이 없습니다. 현금 우리의 청년 남녀들은 불만족심이 많습니다. 이는 무릇 절대적 만족을 요구하고 상대적 만족을 요구치 않는 때문입니다.

내가 남경에 있을 때에 어느 여학생은 자기의 자격이 부족하므로 구미의 여자들과 같이 활동하지 못한다 하여 불만족심으로 번민하는 것을 보고 이 말을 하였습니다.

"너의 어머니와 할머니는 이러한 불만족한 마음도 없었다. 오늘 너는 네 경우를 위하여 불만족심을 가지게 된 것이 큰 진보다. 이것이 또한 만족한 일이 아닐까"라고 하였습니다.

대개 세상의 진보는 시간에 시간을 지나면 순서에 순서를 지나 점점 나가는 것이지 갑자기 되는 수가 없습니다. 또는 우리가 정의 돈수하던 것이 부분적 흠손이 된 듯하나 우리의 주의를 실현시킴에 고장되는 일이 있다 하여 불만족심을 가지는 이가 있습니다.

그러나 나는 국가 단체나 사설 단체가 아무 병이 없이 자라 온 단체가 절대로 없다고 생각합니다. 나의 한 몸을 두고 말하더라도 어렸을 때부터 오늘까지 40년 자라 오는 동안에 병난 때가 한두 번이 아니었습니다. 한때 한때의 병을 위하여 비관을 품지 아니하였고, 병이 있을 때에는 상당한 치료를 다하여 건강을 회복하기에 노력하였습니다.

그런즉 우리 국가와 우리 민족을 위하여 단체나 개인으로나 옳은 목적을 세우고 사업을 하다가 한때 한때의 흠결된 일이나 실패가 있더라도 의례히 있을 것으로 알면 비관할 바가 아니오, 다시 나갈 것을 위하여 낙관할 것입니다.

내가 보건대 우리가 경영하던 경제 운동이 실패하므로 거액의 금전을 손실하여 다소의 낙심이 된 이도 있을 줄 압니다. 그러나 다수의 동포들은 그 실패로 말미암아 낙심하지 아니하고 더욱 용기를 분발하여 도시에 들어가서 식물점과 과채점과 그 밖에 다른 종류의 사업으로 분투하니 장래 희망을 위하여 만족히 여기려니와 현시(現時) 상태도 이것을 진보로 보는 때문에 만족하게 여깁니다. 또는 우리 홍사단에 그동안 다소의 시끄러운 문제가 생길 때에 그만 둔다고 낙심하고 말았을는지 모르겠으나 그렇지 않고 앞으로 더욱 군세게 나가는 형세를 볼 때에 또한 만족하게 여깁니다.

이상에 말한 바와 같이 과도한 희망을 가지면 언제든지 불만족을 면할 수 없고, 불만족심이 극도에 달하면 비관과 낙망을 면하기 어렵습니다.

세상 사람들이 사람에게 대하여 서로 보통으로 희망했더라면 그 사람에게 낙망하여 배척할 마음이 생기지 않을 터이요, 일에 대하여서도 보통 원칙으로 희망하였으면 크게 낙심하지 아니할 터이어늘 그렇지 아니하고 너무 특별하게 완전한 것을 기대하다가 일에 대한 낙심과 사람에 대한 배척이 생깁니다.

가령 비유하면 길에 가다가 길 옆에 한 이상한 돌을 보고 기석(보배 돌)으로 알고 집어댔으면 탁자 위에 놓아 두고 귀엽게 볼 수 있으나 만일 그 돌에 대하여 과도한 희망으로 금덩이나 금강석이 있는 줄로 아는 때에는 아마 성이 나서 집어 던지게 될 것입니다.

사람에게 대하여도 이러합니다. 우리 사람들은 흔히 사람을 기대할 때에 성현을 표준하고 기대합니다. 여보시오, 성현이란 것은 몇 백 년, 몇 천 년에 한 번씩 나는 것인데 웬걸 그리 흔하고 쉽겠다고, 좀 어떻다는 사람을 바랄 때에 곧 성현으로서 바란다고 합니까?

그런데 우리는 성현을 글로만 보았고 실물을 보지 못하였습니다. 성현의 역사들은 흔히 그 사람을 사랑하는 제자들이 기록한 것이라 아마도 다소의 과장한 것이 있었지, 성현 그 사람들이 그 글과 똑같이 하였을는지 의문이올시다. 그런데 우리 사람들은 우리 사람에게 대하여 공자나 소크라테스나 링컨 같은 이의 전기책을 보고서 비교하여 틀리면 낙망하고 불만족심이 생기며 배척하는 지경에 이르니 이것이 이치 없는 과도한 희망을 품었던 결과가 아닐까요?

나는 우리 홍사단 동지들은 성현으로 기대하지 않고 따라서 우리 홍사단을 성현단으로서 기대하지 않으려 합니다. 이러므로 우리 동지 중에 가다가 한때에 착오가 있거나, 가령 우리 단에 불미한 일이 생기더라도 이것을 위하여 낙심이나 비관을 가지지 않습니다.

우리 사람들은 흔히 우리 민족을 원망하고 사회를 무시하여 낙심 지경에 이릅니다. 가령 이를 터이면 미국에 오는 사람들은 미국의 한인 사회에 대하여 낙심하고, 동경에 있는 사람이 상해 한인 사회를 보고 비관하며 해내에 있는 사람이 해외 한인 사회를 보고 비관하며 해외에 있는 사람이 해내 한인 사회를 보고 비관합니다. 어느 사회를 가서 보든지 서로 싸움만 하고 아무 사업이 진행되지 아니한다고 그 사회를 불만족하게 볼 뿐더러, 우리 민족은 아무것도 경영할 수 없는 민족으로 비관하며 우리 민족을 위하여 일할 용기가 없어지는 이가 많습니다.

이것은 과도한 기대심으로 영국 사회나 미국 사회에 비교하여 뒤떨어진 것을 불만족하게 여김이외다. 나는 우리 한인 사회가 어디든지 부패하고 무능하고 뒤숭숭하여 무슨 사업이든지 진행함에 극히 곤란한 형편을 잘 압니다. 그러나 우리의 근본 경우와 처지를 헤아려 이 시간에는 마땅히 이러하리라 하는 생각으로 이상의 기대심을 가지지 않는 때문에 우리 민족 장래에 대해 비관을 두지 아니합니다.

우리 민족은 원래 영특한 민족이었습니다. 현금 남에게 뒤떨어져 이러한 현상을 이룬 것은 경우에 의하여 특수한 원인이 있습니다. 만일 우리 민족이 중국이나 일본과 같이 구미의 문화를 일찍이 받았더라면 우리가 동양에 우등 민족이 되었을 것이외다. 그런데 같은 동양 사람으로 어찌하여 일본이나 중국은 신문화를 일찍 수입하고 우리는 늦게 수입하게 되었는가?

이것은 한 경우에 의하여 된 것입니다. 일본은 지리상으로 위치가 동양문 어귀에 있는 까닭에 구미가 동양에 통상할 때에 일본을 먼저 경유하게 되었고, 중국은 대륙으로서 인구가 번다하고 물산이 풍부하여 동양의 주인 형세를 가진 고로 구미와 동아와 통상할 때에 중국을 중심으로 삼게 되었습니다. 이로 인하여 일본과 중국에는 구미의 신문화가 먼저 들어가게 되었고 우리 나라는 이상의 중국과 일본과 같은 경우를 가진 것이 없으므로 구미와의 통상이 늦어져서 문화의 수입이 또한 늦었습니다.

늦게 수입한 문화도 미국 선교사로 말미암아 왔습니다. 그런데 한국에 들어온 미국 선교사들은 미국 사람들 중에 문화 운동에 상당한 활동을 할 만한 수양을 넉넉히 가진 이가 적었고 또는 그들의 정책이 단순한 종교만 전파하고 문화 운동에는 매우 등한히 여겼습니다.

다시 말하면 우민 정책을 썼다 하여도 과언이 아닙니다. 그들이 얼마 전까지라도 영어 배우는 것을 금지하는 것만 보아도 알 것이외다. 그러므로 늦게 들어온 문화이나마 속히 발전되지 못하고 매우 더디게 되었습니다. 내가 이렇게 말하는 것은 미국 선교사들을 원망하려 함이 아니외다. 그들이 우리 나라에 가서 우리 민족을 도와 준 것이 많습니다. 그런데 우리의 경우가 문화를 늦게 수입하게 되었고, 늦게 수입된 문화가 더디어진 사실을 말하려 함이외다.

만일 우리 나라가 신문화를 일찍이 수입하였더라면 우리가 동양에서 가장 우수한 경우를 점령하였을 것을 다시 말합니다. 결단코 우리 민족은 근본적 품격이 부족하다고 무시할 민족이 아니요, 영원한 비관을 가질 민족도 아닙니다. 여러분은 우리 민족이 고구려 시대와 발해 시대에 동아에서 얼마나 우수한 경우에 처하였던 것을 생각하면 우리 민족이 얼마나 영특한 것을 알 것이외다.

여러분이 아시는 바 현대 이 세상에 모든 사업이 과학에 근거하여 발전되는데, 우리 민족은 문화를 늦게 받게 되므로 과학의 발전은 고사하고 과학이 없었다 하여도 과언이 아닙니다. 우리의 인도자라 하는 이들을 잘한다 못 한다 하지마는 아직은 철학이나 과학을 근거로 하여 인도하는 인도자가 없습니다. 철학이나 과학을 근거로 하여 저술한 책자도 우리 군중에게 보여 준 일이 없습니다. 이러한 경우에 처하여 무엇을 하겠다고 모이면 억측과 공론으로 서로 싸움만 하고 일에 취지를 찾지 못하게 되는 것을 면치 못함이 사실입니다.

그런데 오늘부터는 우리 민족이 구미의 신문화를 수입할 정도가 나날이 높아갑니다. 오늘에 당하는 불만족이라 하는 것은 당연한 과도 순서로 보는 때문에 어떠한 좋지 못한 현상을 보더라도 나는 크게 놀라거나 상심하지 아니하고, 현재에 진보하여 나가는 상태와 앞날에 크게 발전될 것을 아울러 보고 낙관합니다.

우리 홍사단을 말하더라도 우리의 이상대로 만족하게 되지 못하나, 이것이 또한 경우에 의하여 과도 순서의 당연한 사실로 보는 때문에 비관할 정도까지 불만족하게 여기지 않습니다. 10년 전에 홍사단이 아메리카에서 시작되었는데, 그 때에 아메리카 한인의 대다수는 노동층에 있는 무식한 동포였고, 신문화 수련을 받은 학생은 소수였습니다.

우리 사람들이 비록 문명한 미국에 왔지마는 정치 문제나 남녀 문제 등에 깊이 연구할 정도가 못 되었고, 문명한 사회를 보았다 하여도 껍데기뿐이고 그 속살을 살필 능력이 없었고, 그 사상은 여러 해 전에 한국에서 가지고 온 옛 사상을 그대로 가지고 있습니다. 다시 말하면 나와 남을 말할 것 없이 한 무식한 하급의 사람이었습니다. 그런데 다만 국가 민족을 위하겠다는 양심의 발로로 무엇이든지 우리 나라에 유익한 것이면 힘쓰려고 하는 것이 한 귀한 것이었습니다.

그런즉 이러한 정도에 처한 소수 동포 가운데서 일어난 흥사단이 이만큼 되어 온 것을 만족하게 볼 수 있습니다. 우리 흥사단의 주의와 이상은 과연 시대 요구에 의하여 생겼습니다. 그러나 오늘에 그러한 상태로 완전히 실현되지 못함은 실제상 경우에 피치 못할 것입니다.

첫째로 본단을 유지하고 본단의 주의를 발전하기에 적당한 중견 분자가 일부에 집중하여 본단의 중심 형세를 이룬 후에야 우리의 이상을 실현케 하겠거늘, 아직은 그 중견력을 이루지 못하였습니다. 이것은 시간과 경우가 아직 허락되지 않는 때문입니다.

둘째는 가난한 소수 사람이 결합된 단체가 경제력이 결핍하여 이상을 실현키 불가능합니다.

이 두 가지보다 더 큰 중요한 문제는 흥사단 이상을 실현시키기에 적합한 인도자입니다.

이상에 말한 바와 같이 현대 우리 사회는 완전한 철학이나 과학의 두뇌로써 인도자 노릇할 그 사람이 없는 때입니다. 그런즉 우리 흥사단이 설립된 시기와 지방으로 보든지, 설립한 후에 경제의 관계, 중견의 관계로 보든지 오늘 이 현상이 이상에 원만히 없을 것은 피치 못할 경우와 사정입니다. 그러므로 본단의 과거와 현재를 위하여는 조금도 불만족이 없고 과도에 당면한 순서라 하여 낙관을 가지노라 합니다.

책임적 애국자 *

대한 민족이 오늘 이 지경에서 벗어나려면, 첫째로 실행이 있어야 하겠습니

---

* 이 글은 〈기러기〉 1970년 5월호(통권 제70호)에 실려 있는 것인데 출처는 앞의 글과 같다.

다. 그러나 그 계획을 하고 그 실행을 할 그 주인이 누구일까? 일은 사람에서 나오는 것이니 일하는 사람이 곧 주인이외다. 이 주인은 중국 사람일까 영국 사람일까 혹은 미국 사람일까? 아니오! 대한의 주인은 오직 대한 사람일 것이외다.

그러면 대한 사람은 다 주인일까? 그도 아닙니다. 송병준, 이완용, 민원식도 대한의 피를 가졌으니 대한 사람이라고 하겠으나 대한의 주인이 될 대한 사람은 아닙니다. 그런즉 대한의 주인은 대한 애국자입니다. 그런데 우리 가운데 애국자가 얼마나 되는가? 과연 일을 이룰 만한 애국자 수효가 있는가? 해내 해외에 무수한 애국자가 있지마는 참말 진정한 애국자는 적습니다.

애국자는 대개 두 종류가 있으니 하나는 감정적 애국자요, 또 하나는 책임적 애국자외다. 감정적 애국자라 함은 다만 정으로써 나라를 애모하며 따라서 나라의 자유와 독립을 원하는 자요, 책임적 애국자라 함은 그 나라를 사모하는 마음이 물론 감정적 애국자와 같습니다. 그러나 그 애국심이 감정적에 그치지 않고 그 국가의 사업을 자기의 일로 담책하고 주인의 직분을 다하는 자입니다. 어린아이가 그 어머니를 사랑함이 극진합니다마는 정으로 사랑하는 것뿐이요, 그 어머님의 안위에 대하여서는 아무 책임이 없습니다.

감정적 애국자는 이러합니다. 우리 민족 가운데 나라를 위하여 때때로 눈물을 흘리며 느끼며 가슴을 두드려 분격한 마음으로 우리 민족의 자유와 독립을 원하는 뜻이 간절한 사람이 많지마는 참말 그 일을 꼭 이루기로 결심하고 자나 깨나, 괴로우나 즐거우나, 성공하거나 실패하거나 그 책임심을 변하지 않고 진심으로 연구하며 계획을 세우며 그 계획을 간단없이 밟아 행하는 책임적 애국자는 과연 적습니다.

오늘 미국이나 영국이나 심지어 우리의 원수 일본까지라도 나라 노릇하는 나라의 애국자는 몇 개 영웅에 그치지 않고 보통 국민이 거개 다 그 나라의 일을 자기의 일로 인정하고 감정심과 책임심을 아울러 그 나라 일에 노력합니다. 대개 계획도 책임심을 가진 주인이 할 것이요 실행도 책임심을 가진 주인이 할 것이나 무책임자는 그 계획과 실행에 아무 상관이 없습니다.

나는 우리 민족의 장래를 위하여 요구하는 조건이 많지마는, 첫째 요구하는 조건은 책임적 애국자가 많아지기를 바랍니다. 내가 우리 나라를 위하여 때때로 슬픈 생각을 가지는 것은 한때 한때 감정의 자극으로 떠들고 뛰노는 애국자가 많지마는 꾸준하게 나라 일을 맡아 가지고 실지로 일하는 책임적 애국자가 너무도 적음을 봄이외다.

내가 오늘 여러 가지로 하고 싶은 말이 많은 가운데 벽두에 책임적 애국자라는 문제로 먼저 말하게 됨은 여러분이 먼저 이에 대한 깊은 각성이 있기를 바람이외다. 만일 내가 여러분이 국가에 대한 책임심이 없으면 소위 나라 일을 말한다는 것이 다 거짓이요 헛것이올시다.

여러분은 각각 스스로 책임적 애국자인가 아닌가 살펴보시오. 내나 여러분이 다 대한 사람인데 만일 대한 일에 대한 책임심이 없다면 다른 대한 사람은 어찌 책임심이 있기를 바라리오. 우리가 오늘날 이러한 참혹 지경에서 벗어나려면 벗어나게 할 만한 일이 있어야 하겠고, 그 일이 있으려면 그 일을 행할 책임적 애국자가 많아야 하겠고, 책임적 애국자가 많기를 원하면 멀리 구하지 말고 나와 여러분 자신이 각각 먼저 책임적 애국자가 되어 가지고 다른 동포에게 이 정신을 전염시킵시다.

건전한 인격자와 신성한 단결 *

이제 앞으로 우리가 어떻게 해야 할 것인가? 우리 홍사단 사업을 낙심하지 말고 책임적으로 계속하여 노력할까? 하여 오던 사업을 버리고 그만 둘까? 홍사단 사업이 우리 민족에게 얼마나 필요한가? 깊이 생각하면 우리가 계속하여 노력하고 아니할 판단을 가질 것입니다.

대개 일과 힘은 수평선과 같이 평균한 것입니다. 일의 분량은 힘의 분량과 같다 하겠습니다. 힘이 없으면 일이 없고, 힘이 적으면 일이 적고, 힘이 크면 일이 큽니다. 그러므로 일을 요구하는 분량만큼 힘의 분량을 요구합니다. 오늘 우리의 일이 잘된다, 아니 된다 하고 걱정하지마는 먼저 걱정할 조건은 힘이 있고 없는 것입니다.

그런데 우리에게 어찌 힘이 없는가? 힘을 낼 만한 그 사람과 힘을 낼 만한 단

* 이 글은 〈기러기〉 1970년 6월호(통권 제71호)에 실려 있는 것인데 출처는 앞의 글과 같다.

결이 없는 까닭입니다. 다시 말하면 도덕의 힘과 지식의 힘을 말할 만한 건전한 인격자가 없고 위대한 사업을 진행할 만한 신성한 단체가 없는 때문입니다.

그런즉 우리 민족을 타민족 압박하에서 해방하고, 쇠퇴한 가운데서 번영케 하는 대사업을 이루려면 그 사업을 이룰 만한 그 힘이 있어야 하겠고 그 힘이 있으려면 그 힘을 낼 만한 건전한 인격자와 신성한 단결이 있어야 하겠습니다. 이것을 깨달은 우리 무리는 우리가 깨달은 대로 순서를 찾아 나가기 위하여 건전한 인격을 작성하며 신성한 단체를 조직하기로 목적을 세우고 흥사단을 조직하였습니다.

흥사단의 사업은 특별하고 기이한 것이 아니요, 가장 평범한 것인데 평범하다고 등한히 볼 수는 없는 것입니다. 우리의 사업을 진행하는 가운데 가장 중요한 것은 다수의 건전한 인격자들을 작성하는 방법인 '동맹 수련' 입니다.

이제 동맹 수련이 어떻게 필요한가를 말하오리다. 첫째 '동맹 수련' 이라 함은 단독적 수련을 피하여 합동적 수련을 꾀하여 합동적 수련으로 나감이외다. 단독적 수련으로 독신 기신하여 일개인의 건전한 인격자는 되려니와 다수의 건전한 인격자를 이룰 수는 없습니다. 오늘 우리 민족이 타민족에게 뒤떨어졌고 원수에게 압박을 받고 앉아서 소수의 건전한 인격자로는 큰 사업이 진행될 수 없습니다. 그러므로 다수의 건전한 인격자를 아니 요구하여서도 안 될 형편입니다. 그러므로 단독적 수련을 피하고 협동적 수련으로 다수의 인격자를 이루기 위하여 동맹 수련이 필요합니다.

둘째로 우리 대한 청년은 구미의 청년과 경우가 다릅니다. 구미의 청년은 그들의 선진이 있어서 그들을 잘 인도하여 줍니다마는 지금 대한 청년에게는 인도하여 줄 선진이 없습니다. 우리들의 아버지나 어머니나 이웃의 존장들이 그들의 인도자가 되지 못합니다. 우리가 흔히 우리의 청년들을 꾸짖지마는 실상은 우리 청년의 경우가 매우 애석합니다.

그런즉 인도자가 없는 우리의 청년들은 수양의 뜻이 있는 자들이 협동하여 자치적 훈육-수양의 뜻이 있는 자들이 협동하여 자치적 훈육을 행케할 것입니다. 인도자가 없고 청년들이 서로 연합하여 자치하는 기관도 없으면 그 청년들의 장래가 어찌 될는지 매우 위험합니다. 그러므로 자치적 훈육을 이루기 위하여 동맹 수련이 필요합니다.

셋째로 우리 청년들의 환경은 매우 험악합니다. 우리 사회 주위에 보이고 들리는 것은 더럽고 악한 여러 가지 부패한 것이 많습니다. 이러한 환경에 처한 청년이 개인 단독의 힘으로는 그 환경을 정복하기 어려울 뿐 아니라 그 환경에게 정복되기 쉽습니다. 그런즉 나갈 뜻이 있는 청년들은 서로 협동하여 분투하면 그 목적을 달할 것입니다. 그러므로 험악한 환경을 정복하기 위하여 동맹 수련이 필요하다 합니다.

넷째는 어느 민족이든지 모두 그 민족의 중견이 있습니다. 한 민족 가운데 사람마다 지식이나 도덕이나 경제력이나 기타 모든 힘이 꼭 같지 못합니다. 그리하여 유식 계급과 무식 계급, 유산 계급과 무산 계급 등 분간이 있게 됩니다. 지식이나 도덕이나 기타의 힘을 많이 가진 무리가 그 사회의 중견이 되는 것은 면치 못할 형세입니다.

이 중견 분자가 선량하면 그 전 민족이 행복을 누리게 되고, 이 중견 분자가 선량치 못하면 그 민족이 패망을 받게 됩니다. 그러므로 그 민족 사회의 중견은 그 민족 사회의 혼과 같습니다. 그런데 우리 나라의 중견은 누구였는가?

과거와 근대에는 양반이었습니다. 그리하여 그 양반들이 선량하면 국민이 복을 받고, 그 양반들이 불선량하면 국민이 화를 받았습니다. 그러다가 갑오 이후로는 양반들이 점점 중견 세력을 잃었고, 그 다음에 소위 유식 선진배라 하는 이동휘, 이승만, 이승훈, 양기택, 이갑, 안창호 등이 중견이라고 할 듯하게 되었습니다.

그러나 지금에 와서는 우리 나라 청년들이 썩은 대감이라, 떨어진 자라 하여 배척하므로 그들도 중견의 세력을 잃었습니다. 이 때는 옛 중견은 지나갔고 새 중견은 아직 오지 않았으므로 혼이 없는 사람과 같이 중견이 없는 민족이라 민족적 운동을 실행할 수가 없는 시간입니다.

그러면 장래의 중견은 누가 될까? 지금 대학교에서 사각 모자를 쓰고 나오는 그대들이 중견이 될 것이외다. 이것은 우리 민족의 순서로 당연히 될 형세입니다. 그러나 오늘 이 현상대로 교육받은 청년들이 장래에 중견이 될 자면 크게 위험하지 않을까 고려할 바입니다. 대학교에서 일종의 학술을 배워 가지고 나왔다 하더라도 도덕을 무시하여 인격 수양을 전심치 아니하면, 불량하고 사기하는 그 습관이 더할 터이요, 만일 다수의 불선량한 분자가 학술의 힘을 의지한 사회의 해독은 말할 수 없을 것입니다. 타민족 압박하에서 구원하기는 쉬우나 자체의 악 중견의 해독을 받는 것은 구원하기 어려울 것입니다.

그러므로 우리 민족의 장래를 위하여 선량한 중견을 예비하는 것이 가장 중요한 문제입니다. 그런즉 선량한 주의로써 수련하는 청년들이 단독적으로 가지 말고 뜻 같은 자들을 연결하여 협동적으로 나가면 자신의 선량을 실천하기 용이하고 따라서 다수의 선량한 유익 분자가 있어지므로 자연 선량한 분자가 중견의 세력을 점령하게 될 것이외다. 이러므로 장래 우리 사회에 선량한 중견을 내세우기 위하여 동맹 수련이 필요하다 합니다.

우리 혁명 운동과 임시 정부 문제에 대하여(상해 삼일당 연설)*

(1회분)

오늘 내가 여러분 앞에 말하려하는 것은 특별히 지금 곤란중에 있는 임시 정부 유지책에 대하여 말하려 하는 것입니다. 그러나 나는 예정한 대로 더 오랜 시간을 여러분과 같이하지 못하고 떠나게 되는 고로 떠나기 전에 단순히 임시 정부 유지책에 대한 것뿐만 아니라 통지서에 쓰인 대로 '우리 혁명 운동과 임시 정부 유지책에 대하여' 이 두 가지를 가지고 말하게 되었습니다. 그러므로 먼저 우리 혁명 운동에 대하여 말하고 그 다음에 우리 임시 정부 유지책에 대하여 말씀하려 합니다.

---

* 이 자료는 1926년 7월 8일 상해 삼일당에서 '우리 혁명 운동과 임시 정부 문제에 대하여'라는 제목으로 행한 안창호의 연설문으로, 《신한민보》에 4회에 걸쳐 (1회: 1926.10.14일자(995호), 2회: 10. 21일자(996호), 3회:10. 28일자(997호), 4회:11. 4일자(998호) 게재된 내용의 전문이다.

그 간 연구자들은 〈일본외무성육해군성(日本外務省陸海軍省)〉 문서에 지극히 소략한 형태로 전해져 온 자료(국회도서관 편, 《한국민족운동사료》(韓國民族運動史料 中國篇), 1976, pp. 599~600)를 주로 인용해 왔다.

우리 혁명 운동에 대하여

나는 혁명에 대하여 말하려 하되 어젯날 혁명이나 내일의 혁명이 아니고 오늘의 혁명을 말하려 합니다. 그러면 오늘의 혁명이 무엇이오 하겠지요. 이에 대하여 먼저 말을 정하여야 하겠습니다. 그런데 먼저 혁명이 무엇인가를 생각하면 많은 이론이 있겠지만은 나는 간단히 말하려 합니다. 혁명은 곧 재래의 옛 현상을 새 현상으로 바꾸어 놓는다 함이외다. 다시 말하면 옛 현상을 파괴하고 새 현상을 건설하자! 재래 현상을 버리고 새 현상이 있게 하자! 이것이 곧 옛날 현상을 새 현상으로 바꾸어 놓는다는 뜻이외다. 혁명이 곧 이것입니다. 그런데 옛 것을 없이하고 새 것을 있게 하는 데는 두 가지 방도가 있습니다. 일(一)은 교화의 정책으로 점진적 개조를 하는 것이요, 이(二)는 무단의 정책으로 급진적 개조를 하는 것이외다. 교화의 정책은 정신상 개조에 필요하고 무단의 정책은 조직체를 파괴하여 새 조직체를 건설함에 유일한 것이외다. 정치의 현상을 파괴하고 새 정치를 실현하는 것, 즉 군주정치를 민주정치로 만들자는 것과 같은 것은 정치적 혁명이라 하고 종교의 나쁜 정신을 깨뜨리고 좋은 새 정신을 가지자 하는 것은 종교적 혁명이라 하겠습니다. 옛날 저먼(독일—편집자) 루터 같은 사람이 곧 종교의 혁명을 한 사람이외다. 그 외에도 사유 재산 제도를 파괴하고 공유 제도로 만들자하는 것을 곧 경제혁명이라 하겠습니다. 이뿐 아니라 과학 혁명, 도덕의 혁명, 무엇무엇 할 것 없이 모두 나타난 현상을 혁신하자는 것이 무수하게 있습니다.

그러면 우리가 원하는 혁명은 무엇인가? 오늘 우리의 혁명은 정치적 혁명이 아닙니다. 왜 아닌가 하면 가령 우리가 어떠한 정치가 있다 하면 정치의 혁명을 요구하려니와 우리는 군주 정치도 없고 민주 정치도 없는 고로 정치적 혁명을 일으킬 필요가 없습니다. 그러면 우리의 혁명은 경제의 혁명인가. 나는 그도 아니라 합니다. 경제 그것도 우리가 가진 판도 안에서 그 제도가 악한 즉 그것을 파괴하고 새 제도를 건설하자 말할 것인데 우리는 그만한 경제적 시설을 가지지 못하였습니다.

혹은 이에 대하여 반대하기를 오늘날 경제 혁명이 세계 보편적으로 일어나는 그 대세를 따라야 할 우리 혁명이 어찌 경제의 혁명이 아니라 할 수 있으랴. 또는 우리는 일본의 정치를 파괴하고 새로운 정치를 건설하려 함인즉 어찌 정치 혁명이 아니라 하겠습니다마는 나는 그렇지 않다 하나이다. 이 정치 혁명으로 말하면 합병 전에 우리에게 있었습니다. 혹시는 장래 독립한 후에도 있을 것입니다. 그러나 오늘 현상으로는 이 혁명이 우리에게 적당치 않습니다. 우리가 우리의 사회의 일부분을 표준하여 말한다 하면 혹시 우리의 혁명이 경제적 혁명이라고도 할 수 있겠지마는 그 한 부분을 들어서 이것이 우리의 혁명이라 하면 이것은 너무 범위가 좁습니다. 다시 말하면 경제 혁명이 우리 운동의 일부분적 운동은 될 수 있을지언정 그것으로 우리의 전 운동이라고는 못 할 것입니다. 내가 말하는 이 혁명은 넓은 범위로 말하는 것입니다. 경제 혁명은 경제 한 부분뿐이요 종교 혁명은 종교 한 부분뿐입니다. 우리 나라 안에 불교에 신파나 구파가 있고 예수교에 신파나 구파가 있고 천도교에 신파나 구파가 있으나 그것이 우리 혁명을 대표하지 못합니다. 그러므로 이 여러 부분적 혁명은 우리의 혁명 속에 포함해야 할 것이외다.

그러면 오늘날 우리의 혁명이란 무엇인가? 우리의 혁명은 민족 혁명이외다. 민족적 혁명은 무엇인가. 비민족주의자를 깨뜨려 민족주의자가 되도록 하자는 것이 아닙니다. 이상에 말한 대로 재래의 현상을 새 현상으로 바꾸어 놓자는 것이외다. 그러면 오늘 우리 민족은 어떤 현상을 가졌는가? 우리는 일본에게 압박받는 현상을 가지고 있습니다. 이 현상을 변하여 자유스러운 생활을 할 수 있는 현상을 짓도록 일본의 압박적 현상을 파괴하고 새 현상을 건설하자는 것이외다. 이는 곧 민족적 감정과 이해 타산과 사활 문제를 원인으로 하여 일으키게 된 민족적 혁명이외다. 왜 내가 이것을 말하는고 하면 우리의 과거 혁명이 잘되지 못하였으므로 오늘은 어떠한 혁명을 하여야 이민족을 파괴하고 우리 민족을 자유롭게 할까 함에는 먼저 우리의 오늘 혁명이 무엇인 것을 알고 가야 할 것인 연고이외다.

이제 말한 대로 재래의 현상을 파괴하고 새 현상을 건설하자. 그것이 우리의 혁명이외다.

그러면 우리는 일본의 압박적 현상 즉 불의한 제도를 파괴한 후에는 어떠한 제도를 건설하여야 할까 하는 문제가 생깁니다. 이에 대하여는 어떠한 방식이 있어야 할 것입니다. 이것이 없으면 그 혁명은 무의미하고 무가치한 것이 되겠습니다. 지나간 혁명에는 이것이 없었으므로 힘이 맹렬하지 못하였습니다. 이에 대하여 문제가 많습니다.

혹은 이천만 민중이 공동 생활 제도를 세워 놓은 후에 혁명을 해야겠다는 이도 있습니다. 그러나 이것은 될 수 없습니다. 왜 그런고 하면 첫째는 너무 긴 시간을 요구하는 까닭에 될 수 없습니다. 또는 지금 혁명의 주장점은 공산주의로 하자! 민주제로 하자! 무정부주의로 하자! 복벽운동을 하자! 하야 각각 자기의 의사를 주장합니다. 지금 어느 때라고 복벽을 말하겠습니까마는 경상도 방면으로는 복벽을 주장하는 이가 많습니다. 이것이 우리의 실제인즉 그 주장점이 다르다고 서로 다투지 말고 단순히 우리는 민족 혁명을 하여야겠다는 각오를 가지고 대혁명적 조직을 성립한 후에 일치적 행동을 취하여야 할 것입니다. 그래서 성공한 후에는 어떠한 주장이 실현되든지 각각 철저히 연구한 대로 많은 수효를 가진 그가 세력을 가지게 될 것인즉 장래에 어떻게 되는 것은 각각 연구하는 점에 맡기고 어떠한 주장점을 가진 혁명가든지 현상에 당해 있는 우리 민족을 건지기 위하여 개인의 사리를 붙이지 말고 큰 혁명당을 조직하도록 힘써야 할 것입니다. 그러므로 나는 어제 혁명을 말함도 아니요, 내일 혁명을 말함도 아니요, 오늘 혁명을 말하는 것입니다.

혹은 나에게 묻기를 네가 갖는 주의는 무엇이냐 하겠지마는 나의 가진 주의가 무엇인지 나도 무엇이라고 이름지을 수 없습니다. 민족주의도 아니요, 공산주의도 아닙니다. 그러나 나는 사유 재산을 공유하자는 데 많이 동감합니다. 왜 그런고 하면 우리 민족은 전부 빈민의 현상을 가지고 있는 까닭에 부자와 자본가의 권리를 깨치지 않고는 빈민의 현상을 바꾸어 놓을 수 없는 연고이외다. 그러나 오늘날 우리의 경제 곤란이 심하다고 단순한 경제 혁명으로만 할 수는 이미 말한 대로 될 수 없으되 우리 민족을 압박하는 일본을 대항하며 나가자는 민족적 현상을 절규함에는 자기의 주의가 무엇이든지 같은 소리로 나갈 수 있습니다. 대한 사람이면 어떤 주의 주장을 물론하고 이 민족 혁명에 같이 나갈 수 있습니다.

우리 독립 운동에 대하여 이러한 것을 주장하는 이가 있습니다. 이것이 늘 문제되는 고로 말하고 가려 합니다. 우리의 독립은 순서를 밟아야 한다고 참정이나 자치를 주장하는 자가 있습니다. 이러한 자들은 자기의 사욕을 채우기 위하여 일본놈에게 아첨을 하며 떨어지는 밥풀로 배를 채우려 합니다. 그래서 지금 우리 현상은 일본의 현상을 당할 수 없고 우리의 힘을 다 합한다 하더라도 일본의 일부분을 당할 수 없는 것인즉 순서적으로 먼저 자치를 얻고 후에 독립을 하자 합니다. 이러한 비류한 인물이 있는 것은 유감 천만이외다. 나는 이에 대하여 말하려 합니다. 우리의 독립 운동자 가운데도 이런 말 하는 이가 없지 않습니다. 드러내놓고 체면상 관계로 말을 못 하나 그러나 친한 친구에 대하여는 이런 말을 한 이가 있습니다. 그러나 그는 일본놈에게 아첨을 하는 뜻으로 그런 것은 아닙니다. 나는 얼마 전에 상당한 인격자인 친구를 방문할 때에 이런 말을 들었습니다. "우리 운동은 먼저 자치를 하여야 한다"고 합디다. 이렇게 말하는 것을 보면 사람마다 각각 주견이 다른 고로 자치를 먼저 얻어야 독립을 할 수 있다고 생각하는 이들이 있는 줄 알겠습니다. 우리 민족은 혁명적 가능성이 없으니 자치나 참정 운동을 하여야 한다는 것은 그의 식견이 어리석은 까닭이외다. 나는 자치나 참정이 악하다는 것이 아니라 그 생각이 어리석음을 말함이외다.

만일 우리가 장래에 독립할 수 있을 정도가 될 만한 자치를 얻을 수 있다 하면 그는 곧 자치보다 독립을 얻기에 더 용이할 것이외다. 보시오. 지금 일인은 우리에게 자치를 주려 합니다. 왜 자치를 주려 하는고? 그는 우리의 민족을 영멸시키자는 계획이외다. 보시오 경제의 압박이 얼마나 심한가? 상업이나 공업이 우리의 수중에 있는가. 우리는 다만 토지를 근본 삼아 농사를 주업으로 하여 오는 민족인데 경상남북도 · 전라남북도 어디 어디 할 것 없이 육야 천리가 모두 일본놈의 수중에 들어가고 말았습니다. 그뿐 아니라 서북이나 경기도에도 다 그러합니다. 서울도 큼직 큼직한 가옥은 모두 일본놈의 것입니다. 서울뿐 아니라 원산이나 부산이나 다른 각 항구에도 큰 집을 가지고 있는 자들은 전부 일본놈이외다. 나는 일전에 정주 사람를 만나 그 곳 현상을 물은 즉 이렇게 말합디다. 초가는 없고 와가만 있으니 개량은 썩 잘되었지요. 그러나 우리 사람은 있을 곳이 없어서 걱정이라고 합니다. 이처럼 전국에 있는 부동산이 일본놈의 소유가 되어 있는 까닭에 일인은 아무쪼록 속히 자치를 세우려 합니다. 자치가 되는 때는 경제의 주인 되는 일인이 주장하게 될 것은 정한 이치외다. 그러므로 오늘날 일인의 주장은 한인에게 자치를 주어 가면적으로 한인에게 만족을 주고 내면으로는 자기네의 착취 세력을 영원히 보전하자는 것입니다. 행정관으로 그들이 누구를 임명할 줄 압니까. 일본놈이 아니면 아주 일본화한 조선놈이겠습니다. 그런 고로 이러한 위험성이 있는 자치를 하기 위하여 운동하는 것은 어리석은 일이라고 합니다.

(2회분)

그 다음 문제는 무엇인가. 이것도 말하고 가려 합니다. 지금 우리가 공연히 떠들기만 하면 될 수 없다. 첫째 실력을 준비하는 식산 운동을 하자. 그래서 문화와 식산이 진흥되면 독립은 자연 되겠다고 합니다. 여러분 이것이 합리합니까? 그렇지 않습니다. 그도 어리석은 일이외다. 정치와 경제 압박하에 있는 우리가 문화와 식산을 진흥되도록 하기에 능치 못합니다. 겸하여 우리는 많은 재산을 가진 자 없고, 있다 할지라도 정치의 후원을 가진 일인이 우리와 경쟁을 함에는 우리는 자연 멸망되고 말 것입니다. 그런즉 먼저 민족적 혁명을 한 후가 아니면 문화도 식산도 할 수 없습니다. "내가 듣기에는 안창호가 흥사단 뒤에 있어서 문화 운동을 한다는데 지금은 이렇게 말하니 그게 무슨 소리이냐"고 할 듯 하외다. 그러나 나의 이상은 자치 운동을 하자는 문화 운동에 있지 않습니다. 내가 말하는 교육이나 식산 운동은 독립 운동의 일부분 보조되는 것이외다. 다시 말하면 운동을 길게 하여 감에는 교육이 있어 지식을 돕고 식산이 있서 경제를 도와야 할 것입니다.

그러면 우리가 앞으로 어떻게 할까? 나는 이에 대하여 할 말이 많으나 다 약하고 하나만 말하려 합니다.

이는 재래의 운동 현상을 파괴하고 새 현상으로 운동하자! 옛 현상의 운동은 무엇이었는가? 옛날 현상은 비조직적 혁명이었다. 이후로는 조직적으로 하자! 어찌하여 옛날 현상은 비조직적이였던고? 우리의 과거 운동은 어떠하였는가 생각합시다. 해내 해외에서 손실된 재산과 회생된 생명이 얼마나 많았는가. 그렇지마는 오늘날 현상은 끝이 점점 빨라가니 이것이 무슨 까닭인고 하면 이제 말한 대로 비조직적이었던 까닭이외다. 그러므로 앞으로는 조직적으로 하여야 할 것이외다. 그렇지 않으면 혁명 운동의 효과를 얻을 수 없습니다. 그러면 조직을 이루는 것이 무엇에 있으며 그 조직을 실현시키는 것이 어디 있는가. 먼저 대혁명당이 조직되는 데 있습니다. 그렇지 않으면 될 수 없는 것이 무엇인고. 김가는 김가, 이가는 이가 각각 제 주견대로 나아가는 까닭에 될 수 없습니다. 그런즉 이것을 다 총괄하여 김가든지 이가든지 일제히 대혁명당의 자격을 가지고 활동하는 것이 조직적 혁명체가 되는 것이외다.

5조약(을사조약—필자) 전에도 일본에 대하여 불평이 있었고 조약 후로 지금까지 많은 감정이 쌓이어 오는 바이지만은 그동안 혁명이 성공되지 못한 것은 무슨 까닭인가? 그 원인이 셋이 있나니 일(一)은 대표적 인물이 없다. 이 말을 듣고 여러분 놀라리라. 혁명당을 조직하는 데는 반드시 대표적 인물이 있고야 됩니다. 러시아에 레닌이 있고 미국에 워싱턴이 있고 중국에 손문이 있습니다. 이와 같이 우리도 큰 혁명을 조직하려 함에는 그만한 인물이 없고서는 대중을 인도하여 갈 수가 없는 것이며 계획을 실행할 수 없는 것입니다. 내가 말하는 이 대표적 인물은 벼슬시키자는 큰 인물이 아니외다. 대체적 원리가 대표가 없고는 그 혁명이 성공될 수 없는 것입니다. 이(二)는 중견 분자가 있어야겠다. 즉 대표적 인물을 보조하며 대중을 인도하여 사업이 성공하도록 할 중견인물이외다. 내가 보기에는 다수한 군중이 있으나 그 중에 중견 될 만한 분자가 없습니다. 삼(三)은 다대수의 군중이 비록 훌륭한 지식은 없다 할지라도 보통적 상식은 있어야 하겠습니다. 과거에는 이것도 없었습니다.

그러면 첫째 어떤 종류의 대표적 인물이 있어야 할까? 신망이 있고 혁명의 본의대로 몸을 바친 사람이라야 할 것입니다. 과거에도 이런 이가 있었는데 숨어 있는지는 모르나 나는 보지 못하였습니다. 둘째 어떠한 중견 인물이 있어야 할까? 대표적 인물을 넉넉히 도와줄 수 있고 동지에 대하여 사랑하며 의리와 신조를 지키고 비밀이라면 자기의 어머니와 아내에게도 말하지 않아야 하겠고 또 무슨 일이나 맡아 할 만한 한 가지 기능이 있어야 할 것입니다. 만일 이것이 없으면 중견 될 수 없습니다. 과거에는 시기하고 질투하여 어떤 잘못한 것이 있으면 그 허물을 모두 윗사람에게 미루고 자기는 책임을 면하려는 교사한 수단을 써서 이랬다, 저랬다 하는 고로 중견 분자가 제 자리를 지키지 못하였습니다. 셋째 군중은 어떠하여야 할까? 과거에는 보통 식견도 없었습니다. 그러므로 그들은 혁명이 무엇인지 그 본의를 아는 사람이 적었습니다. 그들에게 위대한 창조력이 있기를 기대는 못할지언정 명석한 판단은 있어야 할 것입니다.

그러면 내 말이 조직을 하여야 하겠다고 하니 지금은 어떻게 하겠는가 하고 물으리라. 지금도 역시 이 세 가지의 어려움이 없지 않습니다. 그러나 우리는 그 간 많은 훈련을 받았는 고로 앞으로는 새 조직을 건설하기에 쉬운 형편이 당하여 온다고 합니다. 전번에도 말하였거니와 나 같은 위인이 인도자의 자리에 그대로 있으면 우리의 혁명은 어렵다고 합니다. 내 생각에는 지금 큰 인도자가 올듯 올듯합니다. 동경이나 미국이나 내지나 어디서 생길는지 모르나 반드시 과학적 두뇌를 가진 인물이 나와야 우리의 사업을 진행할 수 있다고 합니다. 중견 분자로 말하여도 과거보다 많은 훈련을 받은 중에 있으니까 앞으로는 조직적 사업에 나가기 용이로워합니다. 군중의 편으로도 역시 많은 훈련을 가지고 있습니다. 전에는 어떤 등사판 글만 보아도 그것이 누구를 잘못한다는 것이면 그만 성이 나서 그놈을 때려라 죽여라 하였지만은 지금은 하도 속아 온 까닭에 그럴 지라도 에그 또 거짓부리 하누나 합니다. 그러므로 우리는 조직적으로 나가기에 전보다 나은 형편에 있다고 합니다.

(3회분)

오늘날 우리가 대혁명당을 조직함에는 준비할 것이 많습니다. 인물 그것뿐 요구하는 것이 아니라 경제 준비 등 즉 돈도 요구합니다. 그러나 나는 당연한 몇 가지 준비에 대하여 말하려 합니다.

첫째는 모이는 범위를 넓혀 하자는 생각으로 힘써야 할 것이외다. 우리 중에 합하기 어려운 조건이 무엇인가. 누구나 자기가 한 가지 조건을 가진 것이 있으면 다른 이의 가진 조건을 무엇이든지 반대합니다. 예를 들어 말하면 파괴의 성질이 있는자가 파괴해야 할 조건을 각오하였다 하면 외교하는 자를 반대하여 말하기를 외교가 무엇이냐, 이 때가 어느 때라고! 우리는 다 폭탄을 들고 나가야 한다고 떠들고, 또 외교하는 사람은 말하기를 공연히 젊은 놈들이 작탄개나 가지고 그리하면 우리 독립이 되나 하고 있습니다. 이는 각각 그 심리가 단순한 까닭이외다. 그런 고로 심리상 이러한 것은 변치 않으면 안 되겠습니다. 혁명 사업은 심히 복잡하여서 일, 이인으로 감당할 수 없는 것이외다. 전에도 말하였거니와 분업적으로 하여야 하겠습니다. 나는 여러 가지 일을 다 해 나갈 수 없는 고로 한 가지만 해 나가는데, 누가 다른 것을 해 나가는 것을 보면 나는 기뻐하여야 할 것이외다. 그렇지마는 우리가 서로 자기의 하는 것만 옳은 줄 알고 그것만 하여야 한다고 하는 것은 우리의 뇌가 너무 단순한 까닭이외다. 다시 말하면 한 가지만 알고 두 가지를 모르는 까닭이외다. 이는 우리의 혁명에 대한 두뇌가 어린아이 같은 까닭이외다. 가령 어린아이가 여기 있는데 안경을 보고 달라고 합니다. 어른은 비록 꾸짖고 나무랄지라도 듣지 않고 자꾸 보이는 그 안경만 달라고 합니다. 그럴 때에 어른이 특별한 수단으로 저기 기러기가 날아가는 것 보라고 하면 어린아이도 기러기 보기에 잠칙하여서 안경 생각을 잊어버립니다. 어른은 안경이든 기러기든 책상도 의자도 모두 생각하지마는 어린아이는 생각이 단순하여서 안경이면 안경만, 기러기면 기러기만 보는 생각입니다. 그러므로 과거에 우리들이 서로 많이 싸워 온 것은 너무 생각이 단순하였던 까닭이외다. 실례를 들어 말하면 과거에 동경 지진이 있을 때에 나는 북경에 있었는데 상해에서는 적이 힘이 약할 때에 우리는 무력을 가지고 하여야 한다고 떠들며 지금이 어느 때라고 교육이니 상업이니 할 시대이냐. 적이 지금 저렇게 되었으니 우리는 무력을 가지고 나가야 한다고 떠드는 동시에 한편으로서는 준비 독립 운동자는 다 때려 죽여야 한다고 야단하였습니다. 그런데 이런 일도 있었습니다. 교과서 쓰던 사람이 (누구라고는 말하지 않습니다.) 교육이 소용없다고 연설하였습니다. 그러나 돌아가서는 다시 교과서를 썼습니다. 이것은 정신이 너무 단순하여서 연설할 때에는 아까 교과서 쓰던 생각을 잊었고 다시 교과서 쓸 때에는 아까 연설한 것을 잊어버린 까닭이외다. 총을 가지고 나가 죽는 것이 옳다고 하는 사람은 문학자가 쓸데없다고 합니다. 혁명에는 총과 칼이지 문학자가 무슨 일을 하겠는가고 합니다. 그렇지마는 혁명에는 가장 모범이 되는 러시아 혁명의 공산주의 선전을 보아도 문학자들이 있어서 프로파간다(선전서)를 만들어 사방으로 돌리매 그 주의가 오늘날 세계에 퍼지는 것을 봅니다. 이만하여도 문학의 위대한 힘이 얼마나 혁명을 돕는지 알 수 있습니다. 나의 이 말은 문학만이 주장한다는 것이 아니라 무력가의 관찰로 혁명 사업에 도무지 소용없다는 문학이지마는 그 돕는 힘이 그만치 크다는 것이외다. 또 조화책을 연구하는 사람이 있다 하면 그도 혁명 운동에 소용이 있다고 합니다. 혁명 운동이란 그저 들고 나와서 부수는 것이지 조화는 해서 무엇을 하겠느냐. 하지마는 조화하는 자가 없으면 일을 합하여 진행할 수가 없습니다. 그렇다고 조화만 모두 주장하자는 것이 아닙니다. 소용 없는 것 같지마는 역시 소용이 있다는 것이외다.

또는 우리 사람은 혁명당을 조직하는 데 성현당을 조직하려 합니다. 누가 조금만 잘되는 것을 보면 목을 베일 놈이라고 합니다. 결백한 자가 아니고는 참가할 수 없으면 그는 성현당일 것이외다. 혹시 독립 운동자라는 누가 좀 한가히 있기만 하여도 저놈 그렇게 열렬한 운동자라 하며 이 때까지 죽지 않고 있으니 때려 죽여야 한다고 떠듭니다. 전에 나는 이러한 것을 보았습니다. 국민 대회 때 사람이 많이 모였던 때올시다. 어느 회석에서 어떤 청년이 일어나 말하기를, 당신네가 소위 인도자들이라 하며 왜 이 때까지 죽지 않고 있느냐고 질문을 하였습니다. 그 때에 김동삼 씨가 이렇게 대답하였습니다. 너는 왜 죽지 않았느냐. 만일 죽은 열사의 혼이 와서 우리를 책망한다면 달게 받으려니와 너 같은 청년이 책망하는 것은 불가하다고 하였습니다. 그 때 그 청년은 아무 말 없었습니다. 김동삼 씨의 이 대답은 매우 잘한 대답이었습니다.

또는 가령 무슨 일을 위하여 연조를 하는데 100원을 낼 만한 사람이 10원을 내면 벌써 욕합니다. 그놈 도무지 사람 아니다. 두드려 주자고 합니다. 나는 이번에 미주에 가서 누구에게 임시 정부를 위하여 기부를 청하였습니다. 그는 나에게 100원을 내겠다고 허락하였습니다. 그 다음에 누가 묻기를 그 사람이 얼마나 내기로 하였는가? 100원 내겠다고 하였다는 대답을 하였습니다. 그는 성이 나서 말하기를 선생님 그것 받지 마시오. 100원이라니 그게 무엇입니까? 그는 양옥에 피아노 놓고 있지요. 요리간이 둘이나 있습니다. 100원이라니요. 1000원도 적습니다. 나는 대답하기를 1원도 고맙다고 하겠습니다. 이와 같이 군중의 정도는 하나 같지 않습니다. 한 길 되는 이도 있고 한 자 되는 이도 있고 최저로 한 치되는 이도 있습니다. 그뿐 아니라 각 사람은 각각 가진 이만큼 정도가 다릅니다. 그런데 그 중에 특수한 사람은 안중근 같은 이가 있습니다. 이런 특수한 인물에 대하여는 특수한 대우를 하여야 할 것은 사람마다 안중근 같기를 바랄 수 없는 것입니다. 그런데도 불구하고 사람마다 다 특수하지 못하다고 사람마다 다 성현이 아니라고 나무랄 수 없는 것이외다. 만일 누가 고물전에 가서 명주 두루마기를 사서 입었으면 아! 저놈 보게. 독립 운동자라는 놈이 명주 두루마기를 입고 그 돈이 어디서 났을까. 벌써 욕하고 의심합니다. 이런 고물이나 사 입는 것이 흠은 아니지마는 사람이 성인이 아닌 이상에야 어찌 흠이 없겠습니까. 혁명당을 모으는데 성현을 모으려 하며 인도의 간디를 보려 하니 사람이 어찌 다 간디 같을 수 있습니까. 국민 대회 때에는 상해에서 침상에서 잠자는 놈은 모두 때려 죽여야 한다고 야단이 났었습니다. 침상에서 잠자는 것이 무엇이 독립 운동에 죄 된다고 그리 합니까. 상해에서는 보통 생활 제도가 그러한 것을 간도에 있다 온 사람이 보면 호강한다 합니다. 이러한 것은 모두 시기하는 데서 나는 것인데 사람마다 자기의 친구가 아니면 비록 특수한 사업을 하는 이라도 특수한 대우를 할 줄 모르는 까닭이외다. 아까도 말하였거니와 우리는 특별한 일하는 사람을 특별히 대우할 줄 알아야 하겠습니다. 사람마다 자기에게 가깝지 않다고 시기하고 질투하면 언제든지 우리 일해 나가는 데는 큰 장애가 될 것이외다.

그런데 지금 내가 말한 대로 민족 혁명, 이것은 곧 이민족의 압박적 현상을 파괴하고 본 민족의 자유적 현상을 건설하자는 철저한 각오하에서 일어난 것이므로 정치적 혁명이나 경제 혁명이나 종교 혁명과 같은 부분적 성질에 있지 않고 우리 민족으로는 누구나 다 같이 어떤 혁명 분자나 다 같이 힘 쓸 결심을 하여야 할 것이외다. 오늘날 이 민족적 혁명은 막을래야 막을 수 없는 민족적 감정이 깊어 있는 원인으로 된 것입니다. 이는 과거와 현재에 있는 사실이 그렇지 아니할 수 없는 까닭이외다. 그런 고로 일본 놈의 통치하에서는 하루에 세 번을 먹고 편히 산다 할지라도 그것은 원치 않고 독립한 후에는 하루 한 번을 먹는다 할지라도 그것은 좋아합니다. 이는 잘살자는 경제 문제보다도 민족적 감정이 깊은 까닭이외다. 보시오. 피를 흘리고 나가 죽는 청년들이 자기네 잘살기를 바라고 그리하는 것 아닙니까. 살래야 살 수 없으니까 이래 죽으나 저래 죽으나 죽기는 일반이라는 민족적 감정에서 난 것입니다. 그래서 우리가 이민족의 압박을 벗으면 살고 그렇지 않으면 멸망하고 말겠다는 이해 타산과 사활 문제로 이 혁명이 일어난 것입니다. 그래서 나가 죽는 그들이 자기의 행복스러운 생활을 목적함이 아니요, 기왕 죽게 된 이상에는 동족의 행복이나 위하여야겠다는 것입니다. 본국의 현상을 보시오. 일인에게 토지를 팔면 안 되겠다는 것을 말하는 바이지마는 경제와 정치의 세력으로 덮어 누르는 아래에서 견딜 수 없으니 자연 팔지 아니할 수 없게 되는 것입니다. 그래서 토지와 가옥을 잃은 사람들이 날로 대판과 고베와 요코하마로 건너가게 됩니다. 그뿐 아니라 만추리아(만주—편집자)로 들어가는 사람은 얼마입니까. 이처럼 누르는 이민족의 압박은 본 민족의 사활문제인 까닭에 불가불 민족 혁명을 아니할 수 없게 된 것입니다.

그러므로 우리는 각각 그 정신과 주의와 장단은 불계하고 대혁명당을 조직하도록 합하여야 하겠습니다. 각각 협외한 주의와 생각은 버리고 전 민중을 끌어 동일한 방향으로 나가야 할 것입니다. 이렇게 하려 함에는 아까 말한 대로 대표적 인물이 있어야 하겠습니다. 나는 진정으로 이것을 붙들고 나갈 만한 인도자를 목마른 것처럼 기대합니다. 지금 나는 생각에 내일 올 듯 모래 올 듯합니다. 혹은 말하기를 인도자 되는 이가 제 자격이 있으면 되는 것이지 어떻게 만들겠느냐 합니다. 과연 그렇습니다. 제가 자격이 있으면 되는 것입니다. 그러나 같은 자격이 있을지라도 군중이 인증치 않으면 될 수 없습니다. 소크라테스 같은 이는 많은 군중이 따라었지마는 마지막 죽을 때에는 한 제자가 없이 죽었습니다. 그가 상당한 자격이 없는 것이 아니지마는 군중이 배척하는 데는 할 수 없는 것입니다. 우리 나라에도 이순신 같은 이로 말하면 상당한 인도자의 자격이 있는 이지마는 시기하여서 아무것도 할 수 없는 땅에 두었다가 필경 급하게 되니까 죽을 땅으로 내몰은 것이외다. 그러므로 그는 승전하고 돌아오면 어떠한 시기가 있을지 몰라서 차라리 죽는 것이 낫다고 부러 적의 살에 맞아 죽었습니다.

오늘 이 자리에 모인 여러분. 우리는 이제부터 누구의 장단과 대소를 말하지 말고 단결하여 나갑시다. 전 민족적 운동을 할 배포를 가집시다. 하루바삐 민족적 일대 혁명을 기성하기 위하여 노력합시다. 우리 운동이 과거의 많은 경험을 가졌는 고로 큰 조직을 이룰 만한 큰 인물이 나오게 되었습니다. 그러므로 내일

올 듯 모래 올 듯하며 갈수록 나올 날이 가까이 온다고 생각합니다. 이 다음에는 인도자 될 만한 인물이 나오면 여간한 흠점이 있더라도 이것을 말하지 말고 더 크게 넓은 것을 바라보고 나갑시다. 중견 분자 될 만한 여러분은 앞으로 대혁명당을 조직할 만한 준비를 할 날이 오늘이외다. 그런즉 나와 및 여러분은 대혁명당이 실현되도록 각각 사견을 버려 공리를 도모키 위하여 민족적 혁명 정신으로 힘써 나갑시다. 그래서 우리의 대혁명적 기치하에 대중이 단합되도록 하여야 하겠습니다.

내가 오늘 말한 대략한 취지는 오늘 우리의 혁명이 무엇인고 하면 즉 민족 운동임을 말하였고, 그 다음에 과거의 이 운동이 어떠한 결함이 있는 것을 들어 고치어야 할 것을 말하였고, 마지막으로 우리의 힘을 더욱 모으기 위하여 우리의 목적을 달하기 위하여 제일 필요한 대혁명당을 실현시키기에 노력하여야 할 것을 말하였습니다.

잠간 쉬었다가 임시 정부 문제에 대한 말씀을 하겠습니다. (쉴 동안에 애국가를 부르다. 때는 9시 50분이더라.)

(4회분)

임시 정부 문제에 대하여

지금은 임시 정부 문제에 대하여 간단히 말하겠습니다. 나는 오늘 낮에 어떠한 감촉을 받은 일이 있어 매우 처참하였습니다. 나는 임시 정부에 대하여 죄악이 많다고 합니다. 어찌 죄가 있은 줄 아느냐 하면 우리의 시작하였던 것은 이것 저것 없이 다 없어지고 따라서 사람까지 없습니다. 전에 우리가 세운 임시 정부 얼마나 쇠악한가? 우리의 쇠잔한 이것은 남에게 책임이 있지 않고 우리 잘못에 있습니다. 그러므로 우리는 새 각성을 가지고 죄를 회개하고 나가야 하겠습니다. 임시 정부 문제에 대하여 오늘날 그대로 보존하여야 할까? 걷어치우고 말까? 하는 문제가 있습니다. 다시 말하면 누구는 없애 버리자, 있으면 그것 때문에 싸움만 한다고 합니다. 우리의 싸움하는 것이 임시 정부 문제가 아닙니다. 임시정부 때문에 싸우는 그네는 정부가 없더라도 싸울 것입니다. 그 싸우는 것은 정부 까닭이 아니요, 각각 자기에게 깨끗치 못한 심의가 있는 까닭이외다.

아이가 관격되는 것은 밥의 죄가 아니요, 밥을 잘못 먹은 죄입니다. 그와 같이 우리의 싸우는 것이 죄요 임시 정부의 죄가 아닙니다. 이런 것을 불구하고 임시 정부 까닭이라 하면 우리의 죄는 한층 더합니다. 그뿐 아니라 임시 정부 까닭이라는 것은 그 말부터 헛소리올시다. 어쨌거나 지금 이것을 버릴 수는 없는 것입니다. 만일 부족한 것이 있으면 잘되도록 할지언정 버릴 수는 없는 것이외다. 그 이유를 말하면 첫째로 역사적 관계입니다. 이 임시 정부는 '조선은 독립국임을 선언함' 한 종지 위에 건설한 것으로 우리의 생명은 없어질지언정 임시 정부는 없이할 수 없습니다. 둘째로 독립 운동의 방략상 될 수 없습니다. 8년 동안 있어 온 것이 지금 와서 없어진다 하면, 첫째 본국에 있는 인민들이 어떻게 생각하겠습니까. 외국에서도 역시 한국에 임시 정부가 있는 줄 다 알게 된 것인데 지금 없어진다 하면 세상 사람이 어떻게 생각하겠습니까. 아무리 하여도 이것을 버릴 수 없는 것입니다. 그런데 지금 임시 정부는 조그마한 농장 집세를 주지 못하고 국무령 할 사람이 없어서 그만 두었다 하면 이 어찌 우리의 죄가 아니겠습니까. 만일 이것이 없어진다 하면 우리는 세계적으로 민족적 타락을 받을 조건이 되겠습니다. 혁명 사업이 실패에 있고 곤란이 극심한 오늘에 이것을 유지할 수 없다 하나 우리가 힘써 유지하여 나간다 하면 이 다음에 큰 힘으로 해 갈 수 있을 기회가 있으려니와 만일 끊으면 우리의 생각을 끊는 것과 같습니다. 그러므로 불가불 유지하도록 하여야 하겠습니다.

나는 이번에 오스트레일리아에서 올 때에 배 안에서 중국 사람을 만났는데 그는 우리 임시 정부는 근래 형편이 어떠하냐고 묻습디다. 또 그는 말하기를 한국 임시 정부와 우리 국민 정부가 서로 연합하여 약소 민족을 압박하는 제국주의를 파괴하도록 하면 좋겠다고 합디다. 그뿐 아니라 만나는 사람마다 거개 임시 정부에 대한 문안을 합디다. 사실로 그러하거니와 환경도 그러하니 불가불 붙들어 가지 않으면 안 되겠습니다.

그런데 과거에는 우리가 임시 정부에 대한 책임심이 없어서 그렇게 하였습니다. 이승만 씨가 있든지 이상룡 씨가 있든지 박은식 씨가 있든지 임시 정부는 우리 것이라고 생각하지 못한 착오이외다. 정부 안에 있는 자연인은 설혹 부족하다 할지라도 그 책임은 개인에게 돌릴 것인데 우리는 그것을 정부에 돌리었습니다. 그래서 과거에 누구 누구 잘못한 것을 지금까지 정부에 미루는 고로 그 책임이 지금 있는 사람에게 덥쳐 씌워집니다. 그래서 임시 정부에서 무엇을 하였느냐고 합니다. 정부가 책임지는 것은 대외하여서 될 것이지 국내에서는 될 수 없습니다. 외국에서는 언제든지 국제상 책임은 어떤 내각에서 하였든지 정부에서 책임을 지되 국내의 책임은 잘못한 그 내각이 지고 정부는 그대로 신성하게 받들어 올립니다. 그러나 우리는 그렇지 않습니다. 어떻든 잘못된 사실이 있으면 그 사실뿐이요 그 자연인뿐 잘못이지 그렇다고 정부를 배척하는 것은 불가합니다. 이와 같은 정부가 잘못한 일이 있어서 그렇다는 것보다도 첫째 책임심이 없어서 그런 것이요, 둘째는 정부를 가벼이 여기는 까닭이외다. 그런즉 우리는 과거에 누가 있었든지 지금은 누가 있든지 장래는 누가 있게 되든지 말하지 말고 또 그 중에 누가 잘못하든지 말든지 정부는 아무쪼록 붙들어 가야 할 것입니다. 우리가 지금 정부가 저 지경에 있는 것을 보고 어떻게 해야겠다고 생각해 본 적이 있으면 왜 그렇게 되었겠습니까. 전에 우리는 정부에서 여간 집세를 주지 못할지라도 아무쪼록 숨기고 우리끼리 서로 힘써 주선하도록 하였습니다. 만일 외국 사람이 알게 되면 수치 되는 일이라고 그렇게 하였습니다. 그러나 지금은 이러한 사정을 왜놈이 다 압니다. 정부의 집세 못 주는 사정뿐 아니라 기타 사소한 것까지라도 다 압니다. 지난 일은 어떻든지 지났은즉 이제는 아무쪼록 잘 유지하도록 해야겠습니다.

그러면 임시 정부를 존재케 하는 데는 어떻게 할까? 첫째는 인물이 있어야 하겠고 둘째는 돈이 있어야 하겠습니다. 인물이 곤란하다면 혹은 말하기를 우리가 다 한인인데 국무령 할 사람이 없으랴. 없으면 아무라도 하지 하겠지마는 그렇지 않습니다. 과거에도 임시 정부 승인파, 불승인파가 있었는데 자연 인물은 승인파에서 선발할 수밖에 없었습니다. 그러므로 일파에서는 반대하고 일파에서는 붙들어 갈려니 오늘날은 몰락적 상태에 빠지게 된 것입니다. 그렇거든 대혁명당을 조직하자는 이 때에 한 국부에서만 인물을 선발할 수 없는 것은 사실이외다. 그러므로 쌍방을 협조할 만한 인물을 요구하게 되는 것이매 곤란하지 않을 수 없습니다. 그러나 사실은 사실대로 할 수 밖에 없는 것인즉 그렇게 되지 않는다고 낙심하고 말 것은 아닙니다. 할 수 있는 한도까지 하여 나가며 잘될 수 있는 기회를 짓도록 힘쓸 것입니다. 그런즉 누구나 해보려는 이가 있은즉 하게 하고 우리는 같이 힘써야 할 것입니다. 혹은 나에게 말하기를 그러면 왜 너는 정부를 유지하도록 취임하지 않고 그리하느냐 하겠지마는 나도 정부를 위하여 나가지 아니함이외다. 이는 자신의 문제인 까닭에 긴 말을 하지 아니합니다.

이러한 때에 진강 가 있는 홍진 씨가 정부의 생명을 지속하여 주기 위하여 나왔습니다. 그는 본래 어느 편에 가담한 적이 없고 제일 욕먹지 아니한 분입니다. 나는 일찍이 그의 말을 들은즉 그는 나의 말과 같이 국부적으로 하지 아니하고 앞으로 대단결을 지어서 나가야 한다고 합디다. 또 그는 우리의 대단결을 위하여 서적까지 만든 것이 있습니다. 과거에 우리는 편당이 있었고 그 편당에 간섭되지 않은 자 없었지마는 홍진 씨는 아무 간섭이 없었습니다. 그런데 그가 사양치 아니하고 나와 주는 것은 우리에게 얼마나 다행한지 다 말할 수 없습니다. 그래서 우리는 인물에 대한 한 문제를 덜었습니다. 아시는 분도 많으시겠지마는 그는 오늘 오후에 취임까지 하였습니다.

둘째로 돈을 요구하는 것은 첫째 집세도 주어야 하겠고, 그 나머지 비용도 써야 하겠습니다. 그런데 여러분 돈 어디서 납니까. 혹은 러시아에서 얻어다 쓰게 하자 광동 정부에서 얻어다 쓰게 하자 합니다. 왜 러시아 사람이나 광동 사람이 돈을 내겠습니까. 이것이 러시아 사람이나 광동 사람의 정부입니까. 이것이 대한 사람의 임시 정부이면 대한 사람이 돈을 바쳐야 할 것입니다. 과거에 이승만 씨를 고얀 놈 고얀 놈 하기만 하였지 정부를 위하여 단 돈 5원이나 내면서 그렇게 하였습니까. 이승만 씨가 비록 나폴레옹 같은 재능이 있은들 어떻게 하겠습니까. 그런즉 러시아 사람은 러시아 사람의 정부를 위하고 대한 사람은 대한 사람의 정부를 위하여 세납을 바치며 의무를 이행하여야 할 것입니다. 그런즉 나는 이에 대하여 더 긴 말을 하지 아니하려 합니다. 대한 사람의 정부는 대한 사람이 지키고 법에 의하여 인구세를 동맹하고 또 특별 담부로 1년에 1원 이상으로 몇 원이든지 각각 그 힘에 의하여 바치기로 맹약하여야 하겠습니다. 그러면 각 사람은 매년에 2원 이상의 부담을 하는 것이 되겠습니다. 혹시는 머리 둘 곳도 없는 사람도 있겠지마는 그렇다고 1년 내에 1, 2원의 금전 낼 만한 기회가 아주 없을 리는 만무한 것입니다. 지금 이것을 할 수 없다고 하면 그는 양심이 없어 그런 것이지 할 수 없는 것은 아니겠습니다. 그런즉 우리는 이처럼 맹약하고 실행하여 나가며 상해 이외에 남경과 만주와 미주로 이 취지를 선전도 하면 자연 향응될 것입니다. 혹시는 정부에 있는 자연인을 미워서 바치지 않는 이도 있겠지마는 하는 사람끼리라도 하여 나가면 운동 발전상 역시 큰 도움이 되겠습니다. 그리고 우리가 지금 홍진 씨를 국무령이라고 그를 표준할 것이 아닙니다. 나는 그이와 친하니까 내겠다, 나는 그이와 친하지 못하니까 내지 못하겠다 하지 말고 우리의 공동한 그릇을 붙들어 가야 하겠다는 뜻으로 미우나 고우나 바치어야 하겠습니다. 그러니까 정부에 있는 자연인을 문제 삼지 말고 정부 유지만 힘써야 하겠습니다. 혹시는 말하기를 아! 그러면 돈만 내고 정부에는 부적합한 사람이 들어가도 말을 말란 말이요 하고 질문하겠지마는 그 문제는 따로 갈라서 그것을 말하기를 원하는 사람끼리 딴 회를 조직하여 가지고 말 할 수 있습니다. 나는 전에도 누구에게 이런 말을 한 적이 있지마는 우리는 경제만 후원하고 정치 문제는 일절 간섭을 말자. 그러되 단독적으로 후원한다 하면 힘이 약한 까닭에 합동적으로 하자. 이런 취지로 우리는 한 회를 조직하되 정부에 있는 자연인의 합 · 불합도 말하지 말고 그 외에 일절 정치도 간섭치 말고 단순하게 하자. 그래서 우리는 한 당적 책임을 가지고 나가자. 이렇게 말하였습니다.

우리가 우리의 혁명 사업이 성공되도록 하는 데는 제일은 대혁명당을 조직하여야 하겠고 제2는 대혁명당이 조직되기까지 임시 정부를 어떻게든지 붙들어 가야 할 것이외다. 대혁명당이 조직되는 동시에 임시 정부보다 더 큰 어떤 조직체가 생기면 그 때에는 그만 둔다 할지라도 그것이 실현되기 전에는 자체의 내부로서 드러내놓고 임시 정부를 집어치운다 하면 우리의 운동은 부홍시킬 여지가 없이 되겠습니다. 그런즉 임시 정부를 붙들어 가는 것은 오늘날 우리들의 마땅히 할 책임으로 알고 일치 협력하여 대조직체가 실현되기까지 유지하여 가도록 하기를 바랍니다.

나는 오늘밤에 우리의 앞길을 밟아 나갈 것으로 일(一), 새로운 대혁명당을 조직할 필요를 말하였고 이(二), 지금 임시 정부를 유지할 필요와 방침을 말하였습니다.

그런데 잠깐 알고 싶어하는 것은 여러분의 뜻이 어떠한지 우리 임시 정부를 남에게 의뢰하지 말고 우리로서 유지하여 가도록 매년 2원 이상의 돈을 바칠 마음이 있는 이는 손을 들어 표하여 주시오.(전부 들더라) 감사합니다.

[1937년]

기독교인의 갈 길*

이것은 지난 10월 4일에 평양 감리교회 연합 예배로 남산현 교회에 집회되었을 때에 하신 말씀을 초록한 것입니다(문귀재 기자).

이번 집회에 와 달라고 보내신 청첩 중에 "말씀은 못 하더라도 한번 와서 얼굴만 뵈어 주어도 일반 교유는 감사를 마지않겠습니다". 한 이 구절을 읽고 참으로 평양성 중에서 부족한 이 사람을 성심으로 보기를 원하는구나 하고 도리어 황송하기 짝이 없었습니다. 나는 오늘 저녁 여러분을 대하여 간단히 말한다면 "나의 경애하는 동포들아 나아가자. 너도 나아가자. 오늘도 내일도 모레도 나아가자. 나아가지 않으면 죽는 것이오, 나아가면 산다" 이 같은 소리가 내 귀에 똑똑히 들리는 듯합니다. "너희들은 왜 슬퍼하느냐 나아가자. 나아가지 않으면 죽는다." 이런 소리가 내 귀에 똑똑히 들리는 듯합니다. "떨치고 나아가자. 나아가면 된다는 믿음으로 머뭇거리지 말고 나아가자. 우리의 처지를 생각하면 꼭 나아가야 한다." 나아간다 하는 말은 곧 옛 발자국에서 떠나서 새 발자국을 디디는 것이외다.

우리 조선 사람이 옛 발자국에서 떠나서 두려워 말고 새 발자국을 디디며 나아가자. 다시 말하면 옛 사람을 벗어 버리고 새 사람을 옷 입듯 하여 옛날 앙화 받던 그 자리에서 떠나서 나아가자? 우리는 스스로 자기를 혁신하여야 합니다. 기독교인의 나아가는 목적지는 천국이외다. 그러면 어떠한 길로 나아가야만 될까. 예수께서 말씀하시기를 "영생의 길은 좁고 험하다"고 했습니다. 다시 말하면 예수 그리스도인이 할 일이 무엇인가. 그리스도인은 거룩한 생활을 해야 될 것이오. 그 포부가 위대해야 할 것입니다. 그리스도인 된 자는 마땅히 이 죄악

---

* 전영택이 발간한 잡지, 《새사람》, 제1집(1937) 1월호에 게재된 것으로, 안창호 선생이 평양 감리교회 집회에서 말씀한 내용을 정리한 것이다.

세상을 구원하기 위하여 예수를 대장으로 삼고 용감스럽게 나서야 하겠습니다. 예수교인은 먼저 자기를 검토하여 양심의 안심을 얻지 아니하면 안 됩니다. 심령의 안심, 즉 구원의 자각을 얻은 다음에는 다시 남을 구하려는 생각을 가져야 하겠습니다. 이런 용기를 얻어 가지고 "내가 세상을 구원하리라" 하는 위대한 포부가 있어야 하겠다는 말이외다. 이러한 생각이 없으면 과연 예수교인이라 할 수 없습니다.

죄악에서 지성(至誠)으로 나아가야 합니다. 만 가지 고생은 죄악에서 나왔으니 우리는 먼저 죄악에서 옮겨서 지성으로 나아가야 합니다. 이것은 자기 가정으로부터 동리, 동리로부터 사회에까지 실행하여야 할 것이외다. 죄악이 무엇입니까? 그 수가 많지요. 간음, 도적, 시기, 원망, 비방이 모두 죄악이외다. 그러나 이 모든 죄악은 사랑하지 않는 데서 생깁니다. 그러면 지성의 골자는 무엇입니까? 예수께서 가라사대 "내가 너희에게 새 생명을 주노니 너희는 서로 사랑하라. 내가 너희를 사랑하듯 너희도 서로 사랑할지니라" 하셨거니와 〈신약〉 처음부터 〈묵시〉 마지막 장까지 전권의 골자는 곧 사랑이외다. 죄를 회개하라 함도 사랑하지 않는 데서 사랑으로 옮겨 나오라는 말이겠지요.

요새 들리는 말에 정통(正統), 비정통(非正統), 영적(靈的), 비영적(非靈的)하여 성경 주석을 각기 자기의 뜻대로 내어 가지고 자기의 주석과 같지 않으면 다른 사람의 주석을 비정통이라고 하고 다른 사람의 행동이 자기의 행동과 다르면 "저 사람은 비정통이다" 합니다. 서로 모해하기 위해서 이단(異端)이라 합니다. 여러분은 무엇으로 이 정통과 비정통을 판단하렵니까? 내 생각에는 사랑으로 하는 자는 곧 정통이요, 그렇지 않은 자는 제 아무리 주석을 신 · 구약을 통하여 수천 권을 내었댔자 (사랑이 없으면) 곧 비정통이요, 이단이외다.

요새에 동리 사람들이 내게 와서 "요나가 고래 배 속에 들어가서 사흘 동안이나 있다가 살아 나왔다 하니 이것이 참말입니까?" 하고 묻기에 이에 대하여 나는 "그런 사실을 묻지 마시오. 남을 내 몸같이 사랑하라, 사랑은 모든 율법을 폐한다 했으니 사랑이면 전부요. 이것이 하나님 앞에서 진리요, 정통이외다. 성경 문구를 가지고 말하고 이단이니 무어니 할 것이 아니라 사랑하고 안하는 것으로 판단할 것이외다." 하고 대답했습니다.

또 영적, 비영적은 무엇입니까? 어떤 목사의 설교하는 것을 듣고 어떤 부인이 말하기를 “그 목사는 설교할 때 목소리를 떨기도 하더구만. 참으로 신령하데……” 이런 것은 다 망상이외다. 하나님의 뜻대로 사는 것이 신령한 것이외다. 하나님의 뜻은 곧 사랑입니다. 하나님께서 예수를 이 세상에 보낸 것도 인생으로 하여금 불애(不愛)에서 애(愛)로 옮기기 위하여 하신 것이오, 예수의 33년의 생활도 인류를 죄에서 사랑으로 옮기려는 것이 목적이었습니다. 사랑에 화한 세계(愛化世界)를 만들려고 하는 것이 하나님의 목적이요, 또한 우리의 목적이외다.

맘에도, 얼굴에도, 행동에도 사랑을 표현하여 가정에서 식구를 대할 때나 동리에서 이웃 사람을 대할 때나 선한 사람이나 악한 사람이나 어떤 사람을 대하든지 사랑으로 하여야 우리의 목적이 이루어질 것이외다. 세상에서 내가 사랑할 만한 사람도 없고 나를 사랑하는 사람이 하나도 없다면 이 얼마나 쓸쓸한 생활이겠습니까? 불애의 세계를 보면 슬프나 애의 세계를 보면 기쁩니다. 우리를 통하여 구원을 받을 세상이 도리어 우리의 추태(醜態)를 보고 웃음거리를 삼는 것이 하나 둘이 아니니 기막히는 일이외다. 이것이 곧 사랑이 없는 까닭이외다. 바리새 교인을 위선자라고 책망한 것도 곧 사랑이 없음을 말한 것입니다. 말에나 행동에나 실천적 사랑이 없음을 보시고 예수께서 심히 책망하셨습니다. “보는 사람을 사랑하지 않고 어떻게 보이지 않는 하나님을 사랑할 것인가” 하는 것도 실천적 사랑을 말한 것이외다. 너의 믿음이 산을 옮긴다 하더라도 사랑이 없으면 무슨 소용이 있느냐 하신 것도 사랑의 절대성(絶對性)을 말한 것이외다. 예수께서 비유로 세상에 다시 와서 하실 일을 말씀하실 때에 “내가 나그네 되었을 때나 감옥에 갇혔을 때나 병들었을 때에 나를 대접한 자는 영생을 유업으로 얻을 것이나 그렇지 않은 자는 벌을 받으리라” 하신 이 말에 사람이 묻기를 “주여 어느 때에 그같이 병들고 감옥에 갇히고 나그네 되었을 때가 있었습니까” 이 때에 예수께서 대답하시기를 “소자를 대접함이 곧 나를 대접함이라” 했습니다. 이는 곧 실천적 사랑을 말함이외다. 예수 믿는 사람이 유치원이나 학교를 경영하면 이는 하나님의 일이 아니라고 하여 웃는 이가 많은 모양이나 이는 큰 잘못이외다. 어떤 곳에서든지 하나님의 사랑을 실천할 수 있는 것이 아닙니까? 교회에서 삼남수재(三南水災)에 구제를 하니까 그것은 하나님의 일이 아니라고 하여 웃는 자가 있었다고 하니 이는 과연 큰 잘못이외다. 우리의 살 길은 오직 사랑을 목표하고 나아가는 데 있습니다. 옛 자리에서 새 자리로, 옛 사람에서 새 사람으로 자기를 혁신해 나아가야 하겠습니다.

대개 역사를 통하여 보면 새로 흥하는 나라들은 모두 이전의 잘못을 통회하고 분내어 나아가는 데 있는 것입니다. "너의 마당을 깨끗이 쓸고 방도 깨끗이 쓸어라" 하고 나는 농촌 여러 젊은 사람들에게 가끔 말합니다. 조선 사람이 서로 이같이 하면 우리 살림이 얼마나 깨끗할까? 여러분 모두 선봉대(先鋒隊)가 되어 나아가야겠습니다. 남이 벌써 수십 보를 앞섰는데 어떻게 내가 따라 갈 수 있을까 낙심하지 말고 나아갑시다. 어떤 이들은 예배당으로 나아가기 싫을 때 공연히 목사와 전도사가 보기 싫어서 아니 나간다는 핑계로 거룩한 생활을 안 하려 합니다. 아무리 도덕인이라도 자기의 말한 도덕을 다 실행치 못하는 것이외다. 실행 못 했다고 낙심할 것도 없습니다. 인도하는 사람 가운데도 결함(缺陷)이 있지요. 그러나 그들 가운데 사랑을 가진 자도 있다는 것을 생각하고 기뻐하며 나아가야 하겠습니다. 독일은 일찍이 영국과 불란서의 압박을 몹시 받은 때도 있었습니다. 참으로 그들보다 수천 보나 뒤떨어졌습니다. 그러나 낙심하지 않고 그냥 나아갔으므로 오늘날 독일은 강국이 되었습니다. 예전에 백인(白人)은 일본을 몹시 천시(賤視)했습니다. 그러나 명치유신 후로 힘써 나아갔으므로 오늘날은 세계에 강한 나라가 되지 않았습니까. 인류는 진보합니다. 우리도 사람이니 진보 안 될 것이 무엇이오? 진보가 빠른 민족도 있고 더딘 민족도 있습니다. 덥거나 찬 지방에 사는 민족은 그 진보가 더디니 남양군도 같은 곳은 그 진보가 더디나 온대 지방은 진보가 빠르니 삼천리 반도는 진보가 빠른 곳이외다. 내가 본국에 돌아와 보니 첫째로 놀라운 것은 향학열(向學熱)이 성해서 봄이면 곳곳마다 입학난이요, 그리고 길거리에 씩씩하게 걸어다니는 청년들도 많고 공장에서 일하는 소리가 몹시 요란한 것입니다. 찬양대의 그 노래와 맵시가 30년 전보다 훨씬 낫고 대동강에 여름이면 모래찜, 겨울은 스케이팅 이것은 곧 보건 운동이외다. 아침이면 조기(早起)하여 달음박질 하는 것도 눈에 띄는 큰 자랑이요 우리 마라톤 선수 손기정 군이 올림픽에서 우승한 것은 더욱 큰 자랑이 아닙니까.

우리 그리스도교인은 민중의 선각자가 되어서 먼저 실천적 사랑의 생활을 하고 모든 방면에 나아가고 새로워져서 이 강산에 천국을 세우도록 나아갑시다.

6

일기
1920~1921년

도산의 일기는 두 종류가 발견되었다. 하나는 1902년 유학을 목적으로 처음 도미(渡美)했을 때의 것인데 6·25사변 때에 화로 소실되었다. 둘째는 1920년과 21년 상해 임시정부각원으로 있을 때의 것인데, 그 중 1920년 1월부터 8월까지와 1921년 1월·2월분이 보존되어 있다.

여기 수록한 것은 둘째 것이다. 되도록 원문대로 옮기기 위하여 국한문 그대로 두고 또 약간의 오자도 그대로 옮기기로 한다. 본래 구두점이 거의 없고 사이 떼기도 없으나 읽기에 편하도록 글월이나 글마다 사이를 한자씩 떼어 편집하였다.

도산이 1919년 5월, 임시 정부 내무총장으로 취임하였다가 동 9월 내각 개조로 노동국 총판이 되었는데, 이 일기는 총판 자리에 있을 때의 일이요, 정부에서 사퇴할 무렵까지다. 한직(閑職)인 총판으로 있으면서도 거의 주도적으로 관여하고 있는 것을 이 일기에서 역력히 볼 수 있다.

一九二〇年 一月

民國二年 一月十四日 水 晴·北風强烈

預定事項

一, 孫貞道病慰問. 二, 玉觀彬慈喪吊問. 三, 大陸報記者招待. 四, 國務會議出席. 五, 宣傳隊組織事로 軍·內 兩部와 協議. 六, 內務總長을 訪하야 內次案의 協議.

午前 十時頃에 李錫氏 來訪하다. 十一時에 孫貞道氏의 病을 慰問하고, 또 玉觀彬氏의 慈喪을 吊慰하다. 下午 一時에 大陸報記者 美人 에벤쯔氏를 그론쓰캐피에 招待하야 午餐을 나누면서 這間 우리의 일의 많이 贊成한 厚意를 謝하고,

또 歸美한 後에도 繼續贊助하라는 뜻을 表하고 二時에 氏와 같이 靑年會館公廳에 入하야 秘密히 談話할 새 余의 要求한 條件은 一, 佛英에 去하야 各 新聞·雜誌에 記載된 韓日에 關한 問題를 蒐集하야 每船便에 付送할 것. 二, 歐美政界와 民間에서 韓國의 動靜을 아는대로 通寄할 것. 三, 美國에 우리 外交員을 訪하야 宣傳方法을 말하며 贊助할 것. 四, 氏의 代로 우리의 宣傳일을 擔責할 美人을 紹介할 것. 五, 飛行機輸入할 方法인 바, 氏의 談이 歐美에 渡한 後 新聞·雜誌의 蒐集 等事 實行하고 歐美에서 韓國에 對한 情形探查도 可及的 施行하겠다 하고, 또 韓國外交員이 贊助는 盡力하겠고 自己를 代하야 宣傳할 人은 美人 혹과 똘트와 페퍼 三人을 紹介하고 飛行機輸入은 俄國을 交涉하라고 答한다. 作別하니 三時半이러라. 三時半에 李光洙氏가 來訪하야 獨立新聞社의 工人不足과 尤히 經濟困難으로 紙類까지 購入할 수 없어 停刊할 境遇라 함으로 政府에서 臨時補助金을 支發하야 爲先刊行을 繼續하고 永久維持策은 特別한 方法을 定하기로 하다. 李鳳淳女士 來訪하야 看護科에 速히 入學케 함을 要求함에 紅十字病院에는 太延될 것을 말하고, 大韓赤十字社에 看護隊養成時期를 待하야 隊員을 多數히 勸募하야 仝學케 함이 必要라 하다. 四時에 國務會에 出席하니 二點鍾의 遲參이 된지라 歐美委員團의 電報案件은 이미 決定되었고, 金奎植大使報告案을 協議할 새 尹海·高昌日 兩氏를 歐羅巴大使團에 參加 與否를 討議하다가 留案하다.

五時半에 國務總理의 招待로 永安公司晚餐會에 參하니 各團體及各地方代表와 民間의 年高·有力한 諸氏가 會集하야 各各 意見을 陳述할 새, 余는 同志者의 서로 愛護함과 形勢를 헤아려 今日의 不足한 形便을 즐기어 붙들고 進行하자 함과 政府에 意見을 많이 提出하야 달라는 뜻으로 말하다.

歐美에 歸하는 大陸報記者 에벤쯔에게 酬勞金 二百元을 支發하라고 外·財兩次長에 言함에 應諾하다.

獨立新聞刊行費를 補助케 하라고 尹顯振氏다려 秘書長 金立氏에게 말하야 應諾이 되다.

八時頃에 安定根氏를 逢하야 俄國에 派人事件을 明日 商議키로 約하다.

金弘叙氏와 共히 金鉉軾家를 尋訪하고 十二時頃에 歸하다.

本日 預定하였던 第五·第六의 件은 時間의 不足으로 實行 못하다.

一月十五日 木 晴

預定事項

一, 安定根氏와 面議. 二, 內務總長을 訪하야 次長案의 協議. 三, 宣傳隊組織事로 軍·內 兩部와 協議. 四, 政務協議會出席. 五, 飛行機에 關한 事로 外人을 交涉. 六, 體育學校承認問題로 工務局에 交涉. 七, 倫敦타임쓰記者를 尋訪. 八, 本國서 來한 女子에 對하야 修養同盟의 主旨를 說及. 九, 尹顯振 招待하는 晩餐會에 往參. 十, 鄭仁果氏를 宣傳隊主任이 되도록 國務院에 運動할 것.

八時半頃에 王三德氏 來訪하야 李鐸氏의 秘密運動事件을 말하고 同意를 要함에 相當한 時期를 待하라 하고, 또한 西間島內幕을 言하되 現今 勞働會會員이 六百名에 達하였은 즉 速히 此에 對하야 通信聯結하라 勸告함으로 承諾하다.

九時에 金蓮實女士 來訪함에 興士團의 目的과 方針을 言하고 女子界의 理象的 改造에 犧牲하라고 勸함에 氏는 그 뜻이 素有하였으나 進行方針을 不得하였노라 言하다. 後日 다시 討論하기로 하다.

安定根氏 來訪하야 俄國에 人員特派할 事를 商議할 새 安恭根氏로 協定하다.

黃鎭南氏로 代하야 에벤쯔氏를 祖送할 새 酬勞金 二百元을 送付하다.

十一時頃에 朴宣氏 來訪하야 興士團約法印刷를 中國人印刷所에서 刊印하기로 議定하다. 仝時에 鄭仁果氏 來訪하야 救濟會事件을 商議하고, 또 歐美及內地에 宣傳方針을 相議할 새 氏에게 宣傳隊主任되기를 勸함에 承諾하다.

十二時에 內務總長을 訪하야 今日 國務會議에는 內務次長을 確定하기로 商議하다.

黃鎭南氏로 하여금 美國人 某氏를 訪하야 飛行機에 關한 事로 面會하기를 請하야 明日 正午에 該事務室에서 商議하기로 하다.

體育學校承認을 爲하야 呂運亨氏를 法領事에 送하야 交涉케 하다.

午後 二時에 國務會議에 出席하야 諸事件을 議定하는 中, 內務次長案은 李圭洪氏로 轉任하다. 國內의 聯通制職員을 內務部特派員으로 하여금 選擇任命케 하다. 鄭仁果氏로 宣傳隊主任을 任키로 議決하다.

六時에 尹顯振氏의 招待로 先施公司晩餐會에 參하다.

八時頃에 李華淑女士를 請하야 興士團의 主義方針을 說明하고, 愛國婦人會로서 外國人과 內國人에게 兩方으로 專力 宣傳키를 勸하고 또 그 宣傳의 方法을 說及하다.

九時頃에 咸東哲氏 來訪하야 明日 發程하야 海港으로 向하노라고 함에 서로 告別하다.

林得山氏 來訪하야 南洋群島에 砲兵工廠 有無와 留學生派送의 能否를 問함에 南洋事情을 詳知하는 中國新聞記者에게 探問하기로 答하고 冒險宣傳隊組織할 事를 商議하며 氏다러 爲先 宣傳隊隊員이 되기를 勸함에 承諾하다.

十一時頃에 金醫師가 來하야 水治療法을 約二時間 分施하다.

타임쓰記者 尋訪은 時間이 不足함으로 未遂하다

一月十六日 金 晴·稍暖

預定事項

一, 飛行機大將訪問. 二, 政務會議出席. 三, 崔謹愚에게 青年修養에 關한 事를 相議. 四, 獨立新聞社에 政府의 補助金 送付키를 催促. 五, 西間島勞働會에 通信.

消化不良으로 胃痛이 稍有하다

十時頃에 李總理 來訪하야 俄國大將 포타프와 交涉할 事와 大統領 李承晩에 關한 事를 商議하다.

參考로 購키 爲한 書籍은 瑞典式療病體操, 體操上生理, 體育上之論理及實際, 師範學校新教科書論理學, 新體論理學講議, 師範學校教科書心理學, 心理學(楊保恒著), 教育學講議(蔣准喬著), 國民性之訓鍊, 人格修養法, 意志修養法, 歐美憲政眞相, 萬國比較政府議院之權限, 政法名詞票, 普通教育生理衛生學, 人種改良學, 德國富强之由來 合十七種이다.

十一時頃에 約二十分間 散步한 後 黃鎭南君과 더불어 飛行機大將 美人 ○○○氏를 該氏事務室에 尋訪하야 飛行機賣受와 技手雇用을 要求함에 飛行機賣受는 매우 困難하나 盡力周旋할 터이니 來月曜日 下午 八時에 該氏私宅에서 再會하기로 相約하다.

一時頃에 私住宅을 求租코져 約三十分間 周覽하다.

二時에 政務會議에 出席하야 李大統領에게 答電할 案을 議定하다.

秘書長 金立君에게 獨立新聞補助金請求書를 篤促하야 劉相奎君으로 하여금 李英烈君에게 送하다.

六時에 李國務總理가 天津益世報主筆 徐謙氏와 그 伯氏를 招待하는 晩餐會席上에서 韓·中의 合致로 日本의 侵略主義를 打滅하자 簡單히 言하다.

九時頃에 呂運亨君이 來訪하야 俄國過激波와 聯絡할 意見을 陳述하며 自己가 直接 行事할 意가 有하다 言하고, 또 昨日 囑托한 體育學校事로 法領事訪問한 事實을 回報曰 法領事가 極히 贊成 云云하다.

吳南喜女士 來訪하야 自己의 主義를 言하되 將來에 政治界에 獻身코자 云云故로 余가 答하되 우리 나라에는 아직 女子의 後援이 적으리니 寧히 敎育界에 獻身함이 可하다 云하다. 또 內地의 諸般事情을 詳述하며 自己의 同志가 約四十餘人이라 하다.

尹顯振君 來訪하야 大事進行方針을 爛議하고 財政策에 對하야 極히 困難한 것을 言하며, 美洲나 濠洲에 나아가 財政運動함이 如何할 것과 國內에 冒險하고 來往할 方針을 討하다가 一時頃에 就寢하다.

預定한 崔謹愚面會와 勞働會通信은 時間不足으로 未遂하다.

一月十七日 土 晴

預定事項

一, 自今日로 午後 九時半以後에는 面會를 謝絶. 二, 婦人會勸告할 事件을 起艸. 三, 故金敬喜女史逐悼會에 參席. 四, 愛國婦人會에 往하야 演說. 五, 黃鎭南君으로 하여금 倫敦타임쓰記者訪問. 六, 興士團事務室往訪. 七, 崔謹愚面會. 八, 勞働會에 通信.

十時頃에 李鍾郁君이 來訪하야 曰 當局에서 內地로부터 來하는 人에게 諸般不滿의 事가 有하다 有論인 즉, 此의 影響이 將後에 如何할런지 不測인 즉 善히 周處하라 云故로 應諾하다.

婦人會에 演說할 大意를 如下히 起草하다.(現下)

金炳鉉君이 來하야 洋五拾元을 貸去하다.

十一時頃에 興士團事務室을 往訪하야 그 修理 如何를 周察하다.

勞働會에 通信하다.

二時半에 民團事務室에서 開催한 故金敬喜女史逐悼會에 參席하다.

婦人會의 懇請으로 四時에 愛國婦人에 往하야 大韓愛國婦人會의 進行事件이란 題로 演說하다. 其略은,

純潔하고 熱烈한 大韓愛國女子諸位여! 당신네들이 今次 光復事業에 對하야 地位나 名譽나 또 무엇 다른 것을 希望치 아니하고 일의 적고 큰 것과 낫고 높은 것을 가리지 아니하고 다만 眞正한 愛國의 誠忠으로 努力하야 온 것을 밝히 압니다. 여러분은 더욱이 하나님의 能力을 依托하고 어떠한 어려움, 어떠한 괴로움, 어떠한 失敗를 當하든지 조금이라도 落心하지 말고 길이 참고 참고 견디고 견디어 目的을 到達하는 끝까지 나아가 大韓愛國女子의 眞正한 純潔과 熱烈한 것을 完全히 實行케 하여 大韓의 獨立이 完成케 함을 바라고, 이제 여러분의 밟아 行할 몇 가지 事件을 말씀하오니 參考하야 採用하시기를 비나이다.

一, 女子界의 聯絡. 國內國外에 在한 女子團體와 有力한 女子에게 通信 或 其他方法으로 聯絡하야 韓國女子로 하여금 今次 光復事業에 一致行動케 할 것.

二, 內部의 宣傳. 內外에 在한 男女同胞에게 通信하야 主義를 間斷 없이 宣傳함.

注意 : 獨立運動期間이 長遠하야질 것을 覺悟케 할 것.

臨時政府의 主義와 誠意를 諒解케 할 것.

獨立運動에 關하야 熱烈한 使役者의 事實을 알게 할 것.

各國에서 우리 民國에 對하야 同情하는 事實을 알게 할 것.

民間에 流行하는 謠言을 辯白하야 愚惑과 傷心이 없게 할 것.

國民皆兵 · 國民皆納 · 國民皆業 三大主義를 鼓吹할 것.

獨立運動에 關한 美言良語를 傳播할 것.

三, 政府에 服役. 臨時政府로서 事役을 命할 時에 可能한 者는 實行하야 國民의 模範이 되게 할 것.

四, 中國에 宣傳. 宣傳隊를 組織하야 中國의 名團體 · 禮拜堂 · 學校 等에 巡行하야 唱歌 · 演說 · 幻燈으로써 宣傳케 할 것.

五, 宣傳資料의 供給. 女子界에서 發生하는 宣傳할 資料를 調査하야 政府宣傳部에 供給할 것.

六, 勳勞者를 贊賞. 今次 光復事業에 勤勞가 特著한 人員을 調査하야 感謝狀과 紀念品 等을 送할 것.

七, 遺族의 慰勞. 今次 光復事業에 從事하다가 被害한 人員의 遺族을 調査하야 慰勞狀과 該家兒童에게 慰勞品을 送할 것.

八, 公役者招待. 間或 簡略한 茶菓를 陳設하고 公役者를 招待하야 感賀와 策勵의 意를 幷하야 表示할 것.

九, 赤十字社를 幇助. 赤十字社를 盡力하야 幇助하며 可能한 人員은 赤十字隊에 參加하야 看護法을 練習할 것.

十, 外國人을 贊賞. 外國人中에서 今次 我國獨立運動에 贊成하는 人員을 調査하야 感謝狀과 紀念品 等을 送할 것.

注意 : 女子들의 手造한 大韓國旗 · 大韓地圖繡畵 等과 其他 韓國産品을 用할 것.

十一, 皆納主義實施. 各 女子에게 何許한 財政이 收入하든지 먼저 二十分의 一 或 三十分의 一을 除하며 每日 炊飯時에 白米 若干을 除하야 此를 光復事業에 供獻케 할 것.

十二, 成績表의 記錄. 女子들은 各各 進行하는 事件을 婦人會에 報告하고 婦人會로서는 各人의 行事와 婦人會의 事業을 綜合 記錄하야 每日의 成績을 調査할 것.

六時頃에 崔謹愚君을 請하야 內部의 宣傳機關組織과 및 國民改造에 關한 問題로 說及하다.

尹顯振君이 來訪하야 新大韓新聞의 停廢策을 말하다.

金元慶女士 來訪하야 婦人會의 進行方針과 및 內地交通의 方便을 問함에 進行할 事件은 爲先 今日 余의 言한 바 十二條를 實踐進行함이 切要하고 內地交通은 政府의 交通機關을 依賴함이 如何하냐 答하다.

崔炳善君이 來訪하야 政府職員中의 一人이 敵探과 來往한 者가 有하다고 密告하다.

趙尙燮君이 來訪하야 來 三月一日에 示威運動擧行의 預定 與否를 叩함에 計劃

中이라고 答하다. 또 今次 運動은 今春 耶穌教查經會를 利用하자 하며, 金秉祚牧師로 하여금 다시 內地에 入하야 獨立運動을 主張하다가 被囚케 하자 하다.

十時半頃에 金醫士가 來하야 水治療를 約三十分間 施하다.

黃鎭南君을 未會故로 타임쓰記者訪問預定事는 未遂하다.

一月十八日 日 晴

預定事項

一, 李光洙尋訪. 二, 興士團事務室往訪. 三, 紅十字病院尋訪. 四, 禮拜堂에 往. 五, 隨暇하야 諸氏를 歷訪.

參考로 購키 爲한 書籍은 江間式心身鍛練法, 藤田式心身調和法, 靜坐三年, 康德人心能力論, 因是子靜坐法 合五冊이다.

十時頃에 黃鎭南君을 訪하야 咸鏡道와 全羅道의 獨立運動事況과 及 主謀者 被捕한 事를 美國에 宣傳하라 하다.

李光洙君을 訪하야 問病하고 興士團事務室을 訪하다.

十一時頃에 紅十字病院에 往하야 約一時間 水治療를 受하다.

二時에 禮拜堂에 往하였다가 三時頃에 李光洙君을 訪함에 室內가 寒冷한지라 故로 先施 公司에서 療養케 하기 爲하야 同行하다. 時에 朴宣氏가 來訪함으로 三人鼎坐하야 興士團約法을 校正하며 印刷할 것을 討論하다.

七時頃 徐弼淳君이 來訪함에 寒暄을 相問하다.

朴白庵君이 來訪하야 中國學生會와 聯絡을 取함이 中國의 有名한 人物과 聯絡함보다 有力하고, 또 中國에 對하야 新聞과 雜誌를 發行하자 하는 故로 新聞은 刊行치 말고 中國의 固有한 新聞을 利用하고 學生會聯絡과 雜誌刊行은 期於히 實施하겠노라 答하다.

林得山君을 請하야 目下 聚需할 問題가 有한 즉, 何許한 方法이든지 急速히 十萬元을 辦備키를 盡力하자 하다.

安定根君이 來訪하야 赤十字社診察所와 赤十字隊를 實施하기를 斷行 決定하였노라 함에 經濟困難한 此時에 前途를 헤아리지 아니하고 預先着手함이 不可하다 言하다.

玉觀彬君이 來訪하야 美人中에 飛行機를 賣하며, 또 自己가 親히 技手가 되겠노라 하는 者가 有하다 하야 余와 一次面會하기로 相約하다. 또 內地에 示威的으로 財金을 收聚하겠다 함으로 此는 아직 實施치 말라 하다.

金九君이 來訪하야 新大韓에 關한 問題로 國民大會를 開함이 如何하냐 함에 對하야 不可하다 答하다. 有志한 靑年으로 示威的 論責하겠다는 것을 만류하였노라고 言하다. 氏가 親히 誠意的으로 申氏와 其外의 有力히 協贊하는 幾人을 對하야 忠告해 써 覺醒을 圖하겠노라 함에 同意를 表하다.

孫斗煥·金甫淵 二君이 來訪하야 陸軍士學擴張에 關한 事를 問함에 對하야 一, 完全한 士官學生과 半士官學生과 國民軍 三種으로 區別하야 制度를 預備하고, 全部 人員을 網羅하야 三種中에 어느 것이든지 可能한대로 取擇케 하고 二, 强制徵兵을 勿行하고 一般國民에게 勸告하야 志願者가 多하게 하고, 募集方法은 第一次에는 平均히 勸告하고 第二次에는 定員登錄을 實施하라고 하다. 陸軍士學을 正式官立으로 하야 卒業한 後에는 參尉의 職을 受케 하라 함에 贊成하는 뜻을 表하다.

鄭愛卿·金蓮實 兩女士가 來하야 水治療를 施하겠노라 함에 固謝하고, 女子修養에 關한 것과 今次 運動에 女子들의 行할 바를 말하다.

預定하였던 書籍은 購入하다.

思慮의 煩雜으로 一時頃에 就寢하다.

一月十九日 月 晴

預定事項

一, 內部及外部宣傳隊 組織事項을 專門的으로 硏究하고 周旋할 일. 二, 尹顯振君을 請하야 施政方針實施案을 相議. 三, 李光洙君尋訪. 四, 政務協議會出席. 五, 崔謹愚와 宣傳隊組織事項을 相議.

朝起하야 昨日 購買한 書籍의 大意를 槪關하고 靜坐三年을 約五頁可量 讀하다.

申尙玩君이 來訪하야 內地佛敎靑年聯合會의 顧問員이 되기를 要請함으로 諾하다.

徐弼淳君이 來訪하야 內地로서 來한 朴亨模가 偵探인 것을 自己에게 말한 것은 轉告하며, 또 余의 身體와 일의 機密되기를 爲하야 注意하기를 懇托하다.

鄭仁果君이 來訪하야 來 禮拜日에 講道하기를 懇請하는 故로 應諾하다. 政府의 宣傳部를 獨立으로 設置하게 하라 言하다.

玉觀彬君이 來訪하야 飛行機技手를 速히 面會하라는 故로 今日을 過하야 面會時를 定하겠다 하다. 新大韓을 攻擊하기 爲하야 一種의 新聞을 刊行하겠다 함을 不可하다 하다.

金九君이 來訪하야 일, 즉 警務局長을 辭免하고 個人의 身分으로 新大韓主務者에게 忠告를 다하겠는데 此意를 內務總長에게 問議한 즉 新大韓은 不禁而自禁으로 廢止될 兆朕이 有하니 아직 그대로 放任 云하라 言하다.

黃鎭南君이 來訪함에 內地獨立運動의 事를 美國에 電報하라 催促하고, 또 飛行機大將을 尋訪하라 하다.

十一時半頃에 尹顯振君이 來訪하야 新大韓撤廢案을 國務會議에 提出하라 함에 對하야 不可하다 答하다. 施政方針을 相商議할 새 內部宣傳機關을 組織하고 其次에 外部宣傳機關을 組織하자 하다.

二時半에 政務會議에 出席하야 諸般事項을 協商 決議하고 施政方針을 討論할 새 內部宣傳機關을 急速히 組織하자 하야 可決되고 宣傳委員長으로 余가 被選되다. 다시 外部宣傳機關을 組織하자 하야 可決하고 組織方法은 留案하고 散會하니 五時半이러라.

七時頃에 李英烈君이 來訪하야 吳翼殷君이 曾히 獨立新聞에 專力 云云하는 것을 食言한다 하는 故로 余가 다시 勸告하겠노라 하다.

金蓮實女士 來訪하야 陸軍士學에 入學함이 如何하냐 問함으로 女子隊가 另히 設置가 되면 已어니와 男子와 同學함은 不可하다 答하다.

金聖謙君이 來訪하야 赤十字隊를 軍部에 隷屬케 함이 如何하냐 問함에 其意를 贊成하다.

徐弼淳君이 來訪하야 朴亨模를 다시 會見하였는데 氏의 言이 張斗徹의 行跡이 殊常하니 注意하라 하고, 또 哈爾濱으로부터 倭探 二人이 來하였다 하며 敵人의 主義는 一, 法領事에 私意로 要請하야 다시 政府를 解散케 하고 二, 萬若

私意로 되지 않으면 法國에 對하야 國際上 問題를 惹起키로 한다 하며, 또 重要人物에 對하야서는 意外의 陰險行動이 有할런지도 不知하겠다 하며, 尤히 先生에게 注意를 集中 云云이라 言하며, 余의 宿所는 隱秘케 하고 또 모든 事件의 密秘를 懇託하다.

李鳳順女士 來訪하야 陸軍士學에 入學할 뜻이 有하노라고 함에 爲先 紅十字病院에 入하야서 二週日以上 臨時看護員으로 있으면서 看護員에 對하야 爲不爲를 思한 後에 判斷하라 言하다.

九時頃에 李光洙君을 大東旅社에 尋訪하다.

金醫師가 來하야 約一時間 水治療를 受하다.

崔謹愚面會는 時間이 不足함으로 未遂하다.

一月二十日 火 晴

預定事項

一, 崔謹愚·金泰淵을 面會하야 宣傳隊組織事를 協議. 二, 金聲根을 請하야 俄領狀況을 問할 것. 三, 婦人會會長을 請하야 婦人會에 關한 事를 指導할 것. 四, 高一淸을 訪하야 問病.

九時半頃에 黃鎭南君이 來訪하야 飛行機大將을 訪問한 즉, 該氏의 言이 비룰빈 만리라로 電報하야 飛行機購買할 途의 有無를 探知하겠다 하며, 飛行機技手는 俄人中에서 求할 수 있다 言한다 하다. 어떠한 韓人이 俄國 포타프將軍에게 對하야 韓國臨時政府는 大韓人民의 不信任하는 機關이오, 呂運亨은 日人의 鷹犬이오, 李東輝는 無能力 無價値한 人物인 즉 臨時政府와는 關係를 하지 말라 하고, 俄領 國民議會는 國民 多數의 信任하는 機關이오, 또 其中에 큰 人物이 多하다고 하는 言을 포타프將軍이 呂運亨君에게 言하더라 하다.

孫永弼君이 來訪하야 前日 貸去한 百元을 一週日間 寬期를 要請함으로 諾하다. 新大韓의 論調는 우리 事業에 큰 障碍가 된다 言함으로 唯唯聽諸하다.

金聲根君이 來訪하야 俄領情形을 報導曰 哈爾濱에 在留하는 柳東說君은 中國紅衣賊과 聯絡하야 財政을 辦備하며, 擧事할 主義를 表示하고 炸彈事業에 同情을 많이 하더라 하며, 君이 曾往에는 上海에 來할 뜻이 없었으나 近間에는 몇 同志의 勸告에 依하야 一次 往還할 意思가 有한 듯하다 하며, 蘇王領·海蔘威 等地에서 國民議會를 復活시켜 臨時政府를 攻擊하기로 運動하다가 多數 有志人士의 反對로 未遂하였다 하며, 檀君教派가 臨時政府擁護할 意가 頗有하며 兼하야 先生에게 問하야 信賴할 意가 有하다 하며, 耶穌教牧師 金圭冕一派가 또 擁護主義가 多大하며 其以外 鄭在寬 等 某某 人士가 政府擁護主義가 切實하야 臨時政府應援會를 組織하기로 運動中이라 하며, 俄領 不平分子에서는 先生에게 對하야 臨時政府를 改造하야 俄領을 詐欺하였다 하며, 또 外交萬能을 主張하며 地方熱을 鼓吹한다고 甚言하는 者가 有하다 하고 君이 俄國式 炸彈法은 如意하게 調査하였노라 云하다.

玉觀彬君이 來訪하야 飛行機技手 面會할 時를 問함에 一二日間 더 기다리라고 하다.

十二時頃에 金九·韓松溪·楊濟時君 等이 來訪하다.

王三德君이 來訪하야 西間島事情을 報導曰 西間島 各團體는 서로 打協하야 臨時政府命令下에서 行動하려 한다 하며, 新興學校畢業生 三百名과 一個月後에 畢業할 生徒 一百名 合四百名은 生活의 途가 無하야 困難한 境遇인데 其生活費는 每月 五千元可量이 有해야 할 터인데 此를 臨時政府로서 求處하기를 바란다 하며, 西間島勞働會會徒가 五·六百名에 達하였는데 此가 獨立行動을 取함으로 統一의 一障碍가 된 則 勞働當局者가 速히 措處하야 주기를 望한다 하는 言이 間島韓族會 幹部職員 金東三의 通信이 有하다 云하는 故로 余答曰 내 個人의 意思나 政府의 意思나 西間島에 軍人養成과 新興學校救濟策을 誠心으로 盡力하려 하는 바라. 然이나 現今에는 政府의 財政이 支絀함으로 實行치 못하거니와 經濟의 力이 發展되는대로 곧 實行하리라 하고, 또 勞働會에 對하야는 已미 通信하였노라 하다.

午後 九時頃에 京城國民公會代表 徐世忠君(假名 李容默)이 來訪하야 本國의 事情을 陳述하되 國民公會는 國內 各團體의 第一 中心이 되는 秘密機關이라 하며, 또 行政總辦部는 政府를 代理하야 國內 各地方을 統率할 意로 成立된 者라 하고 國民會의 總裁는 李商在, 副總裁는 朴重華오, 梁起鐸君도 該機關에 參加하였다 하며, 行政總辦部 總辦은 金思默이라 하며, 以下 總辦部職員과 및 各

道總監은 國內有力한 人士를 網羅하였다 云云故로 余答曰 吾儕 今次 事業進行의 多部分이 秘密에 屬한 故로 域外에 在臨時政府와 國內의 各團體와 意見을 諒解하리만큼 疏通이 되지 못함으로 弊害되는 點이 不少한 中, 現今 內地에 置設된 機關이 政府의 施設한 바와는 法則上·制度上에 抵觸과 矛盾이 有하야 政府로서 此를 處理하기 困難케 되었다 하다.

一月二十一日 水 晴

預定事項

一, 李光洙問病. 二, 高一淸問病. 三, 國務院出席

朝起하야 各 新聞을 披閱하고, 靜坐三年을 四頁可量을 讀하다.

八時半頃에 李光洙君을 大東旅社에 訪하야 問病하다.

十時頃에 王三德君이 來訪하다.

金聲根君이 俄領으로부터 來한 李鎔君을 紹介하는지라 君이 俄領의 情形을 大綱 陳述하고, 余에게 主義方針을 問함에 對하야 俄領에서 軍事訓鍊及兵員募集할 것을 速히 實行하라 하며, 우리의 獨立戰爭에 關한 方針은 大統一的으로 結束하야 海外에서는 正式으로 開戰하고 國內에서는 奇襲的으로 突擊하야 進行하되 一進級·二進級·三進級의 多級으로 潛伏하야 最後 勝利하기까지 繼續持久하기를 準備하자 하다.

朴世榮君이 來하야 牙齒에 治療를 施하다.

李鍾郁君이 來訪하야 徐世忠君이 來함에 對하야 政府에서 如何한 意思를 持하였는가 問함에 此事를 國務院에서 秘密을 約束한 故로 泄言치 못하겠다 하다.

申尙玩君이 來訪하야 國內에 在한 僧侶로 하여금 軍隊를 編制하자 하며, 또 僧侶 白性基로 하여금 政府의 職員이 되게 하자 하는 故로 俱히 同意를 表하다.

一時頃에 李國務總理가 來訪하야 俄國 레닌政府에 派員할 事를 速히 決定하자 함에 同意를 表하다. 또 某가 俄 포타프將軍에게 가서 安昌浩는 美洲에서 李承晩·鄭漢卿으로 더불어 美國의 保護를 請할 새 그 請求書에 署名하고 나온 付美派오, 獨立思想이 無한 者니 서로 일을 關係하지 말라고 하는 말을 포타프가 韓亨權君에게 言하였다고 言함에 余도 如此한 言을 昨日 金立君에게

聞하였노라 하다. 張健相·金輿濟·黃鎭南君 等이 國務院에 提出한 宣傳部特設하자는 建議書 中에 自己를 無視한 言句가 有하다고 不平하야 辭職書를 提出하겠다 하다.

尹顯振君이 來訪하야 美州 宋鍾翊君에게 還償할 條大洋 一千五百元을 가져왔다 云하다.

孫斗煥·金甫淵君이 來訪하야 軍士應募勸告書와 軍人假名簿를 持來하야 此를 愛國婦人會에 托하야 婦人들로 하여금 各人을 尋訪 勸告하게 하라 要請함으로 諾하다.

三時頃에 呂運亨君이 來訪하야 余를 俄人에게 中傷시킨다는 言이 李總理의 言과 同一하고, 또 其外 中國人士들에게 中傷시키는 事 있다고 言하다. 呂氏에게 對하야 中國大使 陸徵祥이 明日 到滬한다 하니 面會할 途를 周旋하라 하다.

金甫淵에게 俄者 謄寫한 軍人應募勸告書를 다시 活字로 印刷하라고 勸告함에 君이 應諾하다.

四時頃에 高一淸君을 紅十字病院에 訪하야 問病하다.

朴賢煥君이 本國으로부터 近渡한 金容稷君을 紹介함으로 面會하다.

七時에 國務院에 出席하야 本國에서 來한 代表의 報告를 聽하다.

九時頃에 金醫師가 來하야 水治療를 約一時間 施하다.

一月二十二日 木 晴

預定事項

一, 安定根君을 請하야 俄國政府에 派員할 事를 討議. 二, 宣傳機關組織할 것을 預備. 三, 李光洙問病. 四, 國務院出席.

九時頃에 安定根君이 來訪함에 余日 恭根君을 速히 來到하야 俄國으로 出發케 하자 함에 安君의 答이 大事에 어찌 如此히 急急하시나이까 함에, 余日 一은 俄國 포타프將軍이 不久에 離滬할 터이니 그 發程前에 紹介를 得할 時機를 勿失할 것이오, 二는 俄領方面에서 部分的으로 交涉하리라 한 즉 우리가 先着手할 必要가 有하다 함에 君이 然하다 하고, 只今 德國外交가 必要한데 自己가 曾히 俄國에 捕虜되었던 德國將官을 優待한 結果로 深交한 이가 있고, 또 天主

敎 洪神父가 本是 德種이므로 德國의 有力한 人員들을 아는 이가 不少한지라 余가 德國에 往하면 洪神父가 應當 좋은 紹介가 有할 터이오, 또 舊誼가 有한 德將官들의 幇助가 有할 터이니 自己가 往하면 交涉上의 果績이 著有하리라 自信한다 하며, 自己의 從弟 鳳根君이 德語를 善操한 즉 帶同하는 것이 좋겠다 함으로 相當한 時期에 그대로 實施할 터이라 答하다.

金九君이 來訪하야 朴聖基와 會見한 始末을 報導하다.

李鳳順女士 來訪하야 紅十字病院에 入하지 못할 事情을 述하고 赤十字隊에 入學함에 如何를 問함으로 所意所之하라 하다.

尹顯振君이 來訪함에 飛行機購入經費를 速히 辦備하라 催促하고, 또 國務院 內情에 對하야 困難한 形便을 討議하다.

十時頃에 李光洙君을 大東旅社에 訪하야 其間所費를 淸算하고 同歸하다.

李華淑女士 來訪함에 婦人會로서 華盛頓·桑港에 通信하야 美國과 歐洲에서 우리 일에 贊助하는 外國人을 調査하야 오게 하고, 또 外人에게 通信할 書信用紙를 極上品으로 擇하야 印刷하라고 勸告하고, 兵員應募勸告書를 婦人會로서 擔任하고 配送하기를 要求한다 한 즉, 氏言이 先生이 直接 女子들에게 委托하는 것이 一層 有效하겠다 答하다.

金錫璜·尹顯振君이 靑年團趣旨書와 및 그 章程의 校正을 要함으로 來 土曜 下午 一時에 다시 會商하자 하다.

孫斗煥君이 來訪함에 軍人募集하는 布告書與軍人假名簿의 注意條件의 校正할 點을 말하고, 또 그 校正할 意見을 幷示하다.

午後 二時에 國務會議에 出席하야 外次 張健相君의 辭職書를 依願許免케 하고 鄭仁果君으로 新任케 議決하다. 其外 議決한 事項은 一, 俄國에 外交員密派할 事(決定人員 呂運亨·安恭根). 二, 京城國民公會建議案은 接受만 하고 京城에 一人을 特派하야 該案을 打協하기로 하다.

八時頃에 鄭濟亨君이 來訪하야 自己가 內務部使命으로 平安北道와 및 南道 같이 往還할 터인 즉 注意할 바를 叩問함으로 安東縣에 往하야서는 安秉瓚·金承萬君 等을 對하야 這間 政府로서 多種의 意外事가 發生하야 各樣 施設이 敏速치 못하며 隨하야 各地의 疏通이 圓活치 못하야 爲先 安東縣에 在留하는

同志들로 하여금 그 바라고 要求함에 滿足하게 함이 無함은 遺憾이라. 然이나 此는 不得已한 事故의 所致니 諒解하기를 바란다 하며, 또 此時를 當하야 서로 意思를 諒解하고 一致行動하는 것이 最急務인 즉, 安君 或 金君이 上海에 速히 來到하야 進行方針을 打協하기를 切望한다 하고, 若堅執不到하면 余가 親히 가기를 생각한다 하고 國內에 入하야는 某某 有力한 同志에게 말하되 一은 可信할 人員을 擇하야 道郡參事와 巡査及其他官僚에 參加하였다가 한 때의 大顚覆을 預備케 하고, 二는 勇敢한 青年으로 將來 奇襲的 行動을 取하기 爲하야 秘密結社케 하고, 三은 官公吏退職·納稅拒絶 等 事를 暗中에 宣傳하고, 四는 金貨 十萬元以上을 秘密히 辦送케 하고, 五는 安全하기 爲하야 過度한 謹愼主義로 活動 없는 地位에 立하지 말고 冒險的 處事를 힘쓰라 하고, 六은 內地에 聯絡과 金錢收合이 如意치 아니 하면 余가 親히 入國할 것을 預告하라 하다.

李鍾郁君이 來訪하야 徐世忠建議事件에 對하야 그 措處 如何를 問함에 該建議案은 接受만 하고 從速하야 相當한 人員을 本國에 派遣하야 다시 打協하기로 하였다 答하다.

朴世榮君이 來하야 牙齒에 施療하다.

金弘敍君이 來訪함에 興士團約法印刷하는 事를 다시 校正하라 勸告하다.

金錫璜君이 來訪함에 宣傳隊에 參加하야 內地에 活動하기를 要함에 君이 同意를 表하다.

金昌世君이 來하야 約一時間 水治療를 施하다.

一月二十三日 金 晴

預定事項

一, 崔謹愚君과 宣傳機關에 關한 事를 商議. 二, 愛國婦人會 國旗製造所를 尋訪할 것. 三, 銀行所에 交涉할 것. 四, 興士團事務所尋訪할 것. 五, 國民公會代表 徐世忠을 訪問.

五時에 起寢하야 靜坐三年을 五頁可量 披閱하다.

九時에 玉觀彬君이 來訪하야 本國에 送人하야 威脅的 行動으로 財政을 收集함이 如何하냐 함에 大不可라 하고, 또 爆彈으로 營造物을 破潰하며 敵探을

擊殺함이 如何하냐 함에 此等事를 輕擧하야 國內에 亂暴的 行이 發生하면 國民의 心理가 激發함보다 紊亂하야질 廢害가 있고, 또 外國人의 疑惑을 惹起할 念慮가 有하니 現時에는 不可하고 必要할 時期에는 當局으로부터 應當 施行할 바가 有하리라고 答하다.

安定根君이 來訪함에 國務院에서 恭根君으로 俄國密派外交員 擇定된 事를 말하고, 德國에 派員할 事는 後期에 實行하리라 하다.

崔謹愚君을 請하야 宣傳機關의 內容을 說明하고 參加하기를 勸함에 明日 或 再明日로 答하겠노라 하다.

李章化君이 來訪하다.

金醫師 來訪하야 滙豊銀行에 同往하야 美國으로 來電換金을 推尋하려 한 즉, 피취博士의 紹介를 要함으로 그리하겠노라 하다.

徐世忠君이 來訪하야 今夕에 本國으로 回程하겠노라 하기에 一次 意見을 交換키 爲하야 明日 發程하라 함에 諾하고 夕陽에 再會하기로 約하다.

鄭仁果君이 來訪함에 外務次長被任된 것을 말하고 外交方針과 宣傳計劃과 및 人員組織方法을 說明하다.

金聲根君이 來訪하야 俄領青年에게 送付할 褥와 衣服 等을 請求하기로 鄭仁果君을 更請하야 君의 要求를 應給하라 하야 金·鄭 兩君이 같이 救濟所로 往하게 하다.

三時頃에 婦人會에서 外國人에게 紀念品으로 用하기 爲하야 國旗製造所에 尋訪하다.

興士團團所를 尋訪하야 團友諸君을 對하야 宣傳隊를 組織하야 國內에 活動할 主義를 說明하다.

獨立新聞社를 尋訪하야 中國權君에게 外務部職員되기를 勸告하고, 朱耀翰君에게 金弘敍君을 도와 興士團約法 印刷校正하기를 要求함에 應諾하다.

昌餘里에 李柄璟君夫人을 訪問하다.

徐世忠君을 訪問함에 出他함으로 未晤하다.

呂運亨君이 來訪함에 昨日 國務會議에서 君이 俄國에 密派外交員으로 被選한 것을 말하고, 此를 絶對로 秘密을 守하라 하다.

七時에 徐世忠君이 來訪함에 上海臨時政府의 經歷과 與前途進行方針을 數時間에 亘하야 說明하고 內地로서 有力한 人員을 擇送하라고 하다.

一月二十四日 土 晴

預定事項

一, 黃鎭南君과 飛行機購入事를 商議. 二, 崔謹愚와 宣傳機關에 關한 事를 更議할 것. 三, 鄭愛卿女士에게 興士團에 對한 自覺 與否를 問할 것. 四, 尹顯振·金錫璜·孫貞道 三君과 靑年團에 關한 事를 商議할 것. 五, 來 禮拜日에 講道할 것을 預備.

九時頃에 黃鎭南君이 來訪하야 日 마일나答電 內開에 마일나에서 水上用 飛行機와 陸上用 飛行機를 能히 購入할 수 있다 云하다.

金世晙君이 來訪하야 北京情形을 報導하야 日 朴容萬·曺成煥·李光 三人이 다 한 處所에 留하는데 朴氏의 말은 수이 上海로 來한다 하고, 北京社會는 可觀이 別無하다 하며, 自己는 軍士訓鍊을 돕기 爲하야 西間島로 수이 往하겠다 함에 余가 軍人統一·兵員募集·軍士訓鍊·軍人의 元部軍務部를 充實케 할 것과 將來 中領의 作戰과 內地의 作戰에 關한 意思의 大槪를 들어 說明하다.

申尙玩君이 來訪하야 僧侶義勇隊編制案을 示하고 可否를 問하기로 同意를 表한 後에 軍務部에 가서 此를 批准하라고 勸告하다.

金錫璜·尹顯振·孫貞道 三君이 來하야 靑年團趣旨書와 章程을 議定할 새, 名稱은 義勇團이라 改하고 團內의 實行할 十條件을 添入하야 印刷하기로 議定하다.

孫斗煥君을 請하야 宣傳機關事務를 보라고 勸함에 承諾하다.

三時頃에 紅十字病院을 訪하야 美人 노불낸의 弟가 飛行機를 乘하는 技術如何를 金昌世君으로 하여금 노불낸에게 仔細히 問知케 하다.

五時頃에 心身이 疲勞하므로 休養키 爲하야 大同旅社에 往하다.

一月二十五日 日 夕曇

預定事項

一, 講道.

九時頃에 瑞康里에 來하다. 時에 金立君이 來訪하야 曰 國務院에서 決定한 俄國派員事件의 秘密이 벌써 發露되었다 하며, 그 根源은 軍務次長이 洪濤에게 말하고 洪이 또 俄領人側으로 傳播하야 此를 劉禮均君이 듣고 來報하였다 하고, 또 元世勳·南公善·洪濤 等 某某人이 俄領으로 代議士 六人을 오게 하며 北間島에서 온 代議士에게 同情者되기를 運動하야 議政會가 開하는 時에 李承晚大統領과 現任總長들을 다 갈고 朴容萬·盧伯麟을 中心하야 새로이 政府를 承認式으로 組織하기로 陰謀가 有하다 하다.

尹顯振君이 來訪하야 財政策이 末由하니 自己가 直接 本國에 往還하겠다 함으로 不可라 하고, 寧히 余가 直接 往還하는 것이 낫겠다고 말하다.

徐弼淳君이 來訪하야 李夫人 매리쓰의 招待하는 午餐會에 同行을 請함에 時間이 無함으로 謝絶하다.

二時頃에 禮拜堂에서 사랑이라는 問題를 講道하다.

四時에 鄭仁果君이 來訪하야 曰 南京大學校校長 美國人 뽀운氏가 二月頃에 北京을 經由하야 韓國과 日本을 다녀와서 美國으로 向할 預定인 즉 이 機會를 利用하야 美洲에 救濟員을 派遣하며, 또 內地宣教師와 聯絡할 길을 取하자 함에 可하다 하고, 明日 上午에 救濟會任員會를 開하야 此를 議定한 後에 南京에 交涉員을 派送케 하자 하다.

八時頃에 崔謹愚君이 來訪하야 曰 宣傳機關에 아직 參加하기 不能하다 答하다.

金九君이 奉天으로부터 來한 安州人 吳德仁君을 紹介하다. 民團에서 國民大會를 열고 警務局長에게 對하야 新大韓 禁止 못한 譴過를 彈劾할 內定이 有하니 辭職書를 預히 提出할 뜻이 有하다 함으로 此等 行動은 一種의 演劇으로 看做하고 우리의 天職을 끝까지 다함이 必要하니 動搖치 말라 하다.

尹顯振君이 來訪하야 本國에 往할 것을 許諾하라 하며, 또 平安道 等地에 紹介書를 하야 달라 함으로 不可라 하다.

金昌世君이 來訪하야 노불낸의 弟의 飛行機御術이 不充分하다고 答하다.

安定根君이 來訪하야 俄領에 畓田稅 得할 事件을 商議하다.

十時頃에 休養하기 爲하야 大東旅社로 往하다.

一月二十六日 月 曇·夜雨

預定事項

一, 救濟會任員會議. 二, 興士團團所尋訪. 三, 國務會議出席. 四, 孫斗煥君을 請하야 宣傳機關의 事를 商議할 것.

九時頃에 瑞康里에 來하다. 救濟會任員 韓松溪·徐丙浩·鄭仁果君 等 來함에 任員會를 開하고 左開事項을 議決하다.

一, 뽀운便에 本國敎會에 寄別하야 西洋宣敎師中으로 美國에 一人을 派遣하야 救濟金을 거두게 할 것.

二, 本國各敎會로써 美國本總會에 韓人救濟하라는 것을 電報케 할 것.

三, 今次 獨立運動으로 생긴 모든 慘狀畵本을 蒐集하야 美國에 送하야 幻燈을 만들어 各 禮拜堂에 다니며 보이게 할 것.

四, 피취牧師를 시켜서 韓國에 있는 윌취監督과 其他 有力한 宣敎師에게 慘狀을 當한 遺族救濟하기를 勸告케 할 것.

五, 鄭仁果君을 南京으로 派遣하야 뽀운校長과 交涉할 것.

金九君이 奉天으로부터 來한 平壤人 李應三君을 紹介하다.

王觀彬君이 來訪하야 日本人民에게 日本社會黨의 名義로 內亂煽動할 宣言書草案을 示함에 可하다 하고 印刷에 付하라 하다.

二時에 國務院에 出席하야 社會黨大會에 祝電할 것과 俄國派員에게 信任狀 줄 것과 俄國政府에 公函할 것과 三月一日에 國內國外에 祝賀式 行할 것과 또는 所謂 滿洲에 獨立運動한다는 鄭安立을 中國官憲과 團體와 新聞에 對하야 鄭某는 一個 狂人이니 推信할 바 없다고 通告할 것을 議定하고 學務次長人選案은 留案하다.

四時에 孫貞道君과 鄭愛卿·金蓮實 兩女士를 帶同하고 興士團團所를 尋訪할새 花草 四盆을 禮送하다.

九時頃에 國務總理 來訪하야 曰 俄國에 派員으로 選定한 呂運亨君을 보내면

俄領韓人의 人心을 收拾하기에 困難한 즉 停止하자 함에 다시 생각하자 하다.

孫斗煥君을 請하야 明日부터는 宣傳機關事務를 實施할 터인데 機關組織案을 起草하라 하다.

尹顯振君이 來訪하야 國務院內幕의 근심되는 일을 商議하고, 또 財政辦備할 策을 討論하다.

十一時頃에 金昌世君이 來하야 約一時間 水治療를 施하다.

一月二十七日 火 雲·夜雨

預定事項

一, 宣傳機關組織에 關한 事項. 二, 宣傳委員募集에 關한 事項. 三, 內務次長 李圭洪을 面會하야 宣傳에 關한 事項을 商議. 四, 李應三을 面會하야 炸彈隊에 關한 事를 商議. 五, 白永燁君을 請하야 西人財産家交涉의 事를 商議. 六, 金河源을 請하야 宣傳機關에 參加 與否를 問할 것. 七, 鮮于爀君을 訪하야 安東交通事項과 財政辦備事項을 商議. 八, 朴殷植君을 訪하야 中國人聯絡에 關한 事를 協議하고 또 先生의 用費를 補助할 것.

八時頃에 白永燁君을 請하야 昔者 우리에게 財政貸付하겠다 하던 西人의 氏名을 詳知하라 하다.

金河源君에게 宣傳機關에 參加하기를 勸함에 承諾하다.

金錫璜君이 來訪하야 義勇團章程印刷草本의 校閱을 請함으로 校閱하다. 今에 余가 緊急히 所需할 處가 有하니 君이 能히 幾許는 辦備할 自信이 有하냐 함에 自己가 本國에 往還하면 二萬元可量을 辦備할 自信이 有하다 함으로 余가 大洋 五萬元이 所要가 되는 바, 즉 本國에 入하야 힘대로 善히 求處하라 하다.

盧泰淵君이 來訪하야 自己 生活의 困狀을 陳함으로 二三日後에 十五元可量을 送付코져 하노라 하다.

高一淸君이 來訪하다.

呂運亨君이 來訪하야 曰 李光洙君과 같이 露行함이 좋겠다 함으로 不可라 하고, 또 呂君은 俄行을 停止하고 오스틀리아行이 어떠하냐 問함에 自己는 俄國에 行할 뜻이 많음을 말하다.

十時頃에 鮮于爀君을 訪하야 鮮于爀·趙相燮 兩君으로 더불어 安東交通部改設할 事를 討議할 새 確定한 結果를 得치 못하였다.

韓松溪君을 訪하야 安東交通事를 商議하고, 또 財政策을 討論할 새 君의 言이 金澈君을 本國으로 派遣케 하라 하다.

朴殷植君을 訪하야 老年에 苦勞됨을 慰하고 洋二十五元을 旅需에 補하라 하다.

獨立新聞社를 訪하니 朱耀翰君이 病留하였는데 囊橐이 空虛한지라 이에 洋五元을 贈하다.

李圭洪君이 來訪함에 大政方針에 關한 事를 討議하고, 또 宣傳機를 理想的으로 擴張하자고 하다.

孫斗煥君이 來訪함에 宣傳委員會組織할 條例를 起草하라 하고, 委員會所用物品을 國務院에 請求케 하라 하다.

金九君이 來訪하야 日 偵探의 嫌疑되는 某를 今夜에 取調하겠다 하기로 謹愼하라 하다.

吳義殷君이 來訪함에 本國에 入하야 財政辦備함을 勸하고 그 確定 與否를 深思한 후 回報하라 하다.

黃鎭南君 來訪하야 中國人 徐謙君을 交涉한 始末을 回報 日 要求한 두 件事가 如意치 않다 하다.

三時頃에 心身疲惱함으로 謝客留榻하다.

八時에 二新聞의 論調不一로 因하야 開催한 演說會에 往하야 簡明한 幾句言으로 新聞一事로 因하야 如此히 集會함이 不可하다고 力說하다. 身體의 疲困으로 趁歸하다.

尹顯振君이 來訪하야 前日의 問題를 繼續하야 日 自己가 內地에 一次 往還하게 하라 함으로 不可라 하다.(在上頁)

尹顯振君이 來訪하야 前題로 入國함을 許하라 함으로 不可하다 하다.

一月二十八日 水 雲

預定事項

一, 李裕弼을 面會하야 宣傳機關에 關한 일을 商議. 二, 黃鎭南을 面會.

八時에 白永燁君이 來訪함에 呂運亨君과 同히 俄行함에 如何하냐 함에 君이 承諾하다.

黃鎭南이 來訪함에 美人財産家 二人의 來歷을 探知하라 하였더니 來報曰 一人은 已히 渡美하였고, 一人은 不知하겠다 云하다.

國務總理 來訪하야 第二次의 呂君派俄事를 停止하자 함에 다시 生覺하자 하고 明 上午 十時에 王正延을 訪問하자 함에 承諾하다.

李甲秀君이 來訪함에 炸彈經營의 內容을 詳問하고 此를 政府의 要求하는 時期를 應하야 使用하라 하다.

李光洙·安定根 兩君이 來訪하다.

梁濬君이 來訪하야 安東交通部事를 相議하고 明朝에 再會하기로 하다.

林鉉君이 來訪하야 上海의 紛爭되는 것을 잘 調和하라 하다. 余曰 新大韓의 論調를 操心하야 紛爭이 起치 않게 하라 하다.

朴宣君이 來訪하다.

五時頃에 北方으로부터 新到한 金義善君을 訪問하야 東亞旅社에서 晩餐을 共히 하고 君의 宿所를 引導하다.

十時頃에 金昌世君이 來하야 約一時間 水治療를 施하다.

一月二十九日 木 雲

預定事項

一, 王正延訪問. 二, 梁濬君과 安東交通事를 商議. 三, 吳義根君을 面會. 四, 金義善君을 訪問. 五, 國務院에 出席. 六, 李光洙君의 入團問答. 七, 婦人會長을 面會.

八時頃에 梁濬君이 來訪하야 曰 先生이 余를 輕視하는 態가 有한 故로 自己의 마음이 恒常 섭섭하다 하고 어떠한 過失이 有하면 峻責하라 함에, 余曰 내가 信任할 뿐이지 別故가 없다 하다. 君이 曰 自今以後로 安東에 나아가서 交通에 從事할 새 더욱이 誠忠을 다하고, 또 先生을 늘 信賴할 터인 즉 每事를 善히 指導하라 言하다.

孫貞道君이 來訪함에 興士團入團問答式을 速히 行하라 하고, 北京에서 開催

하는 東洋宣教師總會에 往할 事를 商議하다.

李鍾郁君이 來訪하야 金嘉鎭君과 分居한 事와 및 生活困難함을 陳하고, 또 金嘉鎭君處所에 鄭丙朝·鮮于鎰 等 賊探이 來往한다 하다.

國務總理 來함에 이에 黃鎭南君을 帶同하고 王正延을 舊德華銀行에 訪하야 巴里에 在하였을 時에 우리의 일을 爲하야 多大히 幇助한 바를 謝하고 後日에 再會하기로 留約하다.

西伯利亞로 來한 美國探報員을 門所에서 面會하였는데 씨가 韓國의 事情 알기를 要求하며, 또 禮拜二日에 會餐하기를 請함에 諾하다.

國務總理와 共히 金羲善君을 東亞旅社에 訪하다.

金秉祚君이 來訪함에 曾히 余에게 囑하였던 大韓歷史起草件校閱은 忽忙으로 因하야 未遂하였다 하고, 但 歷史의 年代는 建國紀元을 用하야 統一케 하라 하다.

吳熙根君이 來訪함에 余가 君과 共히 入國함이 如何하냐 함에 自己가 先行하야 形勢를 觀望한 後 徐徐히 圖함이 可하다 하다.

金翰君이 來訪하야 入國함을 告함으로 官公吏退職케 함에 專心 注力하라 하다.

申尙玩君이 本國으로 新到한 朴老永·吳晩善·吳弼泳·任弼淳君 等을 紹介함으로 面會하고 曰 此地에 來하야 一般 觀察을 悲觀치 말고 樂觀하라 하다.

孫斗煥君이 來訪함에 宣傳에 關한 일과 修養同盟에 關한 일을 商議하다.

韓松溪君이 來訪하야 曰 財務部에서 自己를 請하였는데 金錢貸付를 要求할 듯하오니 如何함이 可하냐 함에 往하야 形便을 보아 마음대로 處斷하라 하다.

李光洙君이 來訪하야 曰 呂運亨君이 自己에게 對하야 俄國政府에 같이 가자 하는 일과 또 呂氏가 俄人과 交涉한 始末을 詳言하기로 余가 詳知치 못하는 것인 즉 그대는 絶對로 가지 말라 하다 하다.

劉基峻君이 來訪하야 曰 自己가 婚禮式을 行코져 하나, 그 아내될 이의 父親의 知舊는 先生外에 無人한 즉 主婚되기를 懇望하노라 하기로 今에 輕諾할 수 없은 즉, 新婦의 말을 直接 한 번 들은 後에 答하겠다 하다.

二時頃에 國務院에 出席하야 政務를 協議할 새 軍務次長 李春塾을 學務次長으로 轉任케 하기로 決定하고, 內務部 京城出張部設置案과 財務部印紙案及國花案을 討議하다가 留案하다.

七時頃에 李錫君이 來訪하야 曰 飛行機·航海術·工學을 學習키 爲하야 美國에 留學하고져 하는 이가 有한 즉, 渡美 一事를 善히 引導하야 달라 함으로 可及的 盡力 周施하겠다고 答하다.

孫斗煥君이 來訪하야 宣傳機關에 關한 일을 商議하다.

劉基峻君이 來訪하야 婚禮에 關한 일을 말하다.

興士團團友에게 團所에 會集하라고 通知하다.

八時頃에 團所에 往하야 李光洙君의 入團問答式을 行코져 할 새 美人 노불낸이 來訪하였다 함으로 歸家한 즉, 씨가 전과 十二篇을 贈送함으로 受하고 往者 去來條를 다 淸算한 後 卽時 團所에 來하야 問答禮를 行할 새 極히 滿足한 問答이 되다.

一月三十日 金 雲

預定事項

一, 國務院協議會出席. 二, 婦人會手工所往訪. 三, 吳德泳君을 面會. 四, 金義善君을 面會.

八時에 梁濾君이 來訪하야 安東에 速往할 것을 言하고 注意할 것을 問함으로 大綱 說及하고 서로 通信할 것을 相議하다.

李英烈君이 來訪하야 新聞社維持할 策이 無하다 告하기로 余가 또 襄助키를 用力하겠노라 하다.

金九君이 來訪하야 張斗徹 取調한 始末을 報曰 張이 終始 自白치 아니 하고, 오직 李承晩大統領의 密探으로 從事하였노라고 云하다.

崔明實女士 來訪하야 神聖한 精神으로 劉氏와 決婚할 決心이 有하냐 問함에 然하다 하다. 約婚한 始末을 聞함에 事實이 正當한 故로 主婚이라는 名義를 許諾하다.

李裕弼君이 來訪하야 宣傳機關의 事件을 商議하려 할 새 君을 內務次長으로 薦하였다가 落果함에 對하야 君은 極度의 不平으로 辭職하고 根本的 解決을 要求하겠다 하야 그러지 말라고 長時間 勸告호되 確應함이 無하다. 다시 宣傳機關에 關한 事를 말하고 宣傳委員會에 參加하기를 要求함에 承諾하다.

金錫璜君이 來訪하야 義勇團章程印刷章本을 다시 와 보이고 自己는 速히 入國하겠다 云하다. 余는 宣傳에 關한 事를 言하다.

玉觀彬君이 來訪하야 日 美國에 阿片을 密賣할 方針을 言하며 同意를 要함에 絶對不可라고 日 余의 主張하는 道德은 酒色雜技 等보다 人類의 害毒을 주는 詐欺的 行爲가 大罪惡으로 봄으로 何許한 點으로든지 此等事를 徹底하게 行치 않을 터이오, 또 君에게도 此를 勸하노라고 하다.

鄭愛卿·吳南姬 兩女士가 來訪함에 婦人會에서 製造하는 國旗를 美觀되도록 하며 針工을 바르게 하라 하고, 標本에 供하기 爲하야 國旗 一幅을 借與하다.

盧泰淵君이 來訪 日 何處售用으로 往할 터인데 家貰를 淸算치 못하였다 함으로 洋二十元을 贈送하다.

二時頃에 國務會議에 出席함에 定員이 못됨으로 開會치 못하고 非公式으로 漢城에 總辦部設置案을 爛議하고, 王正延招待案과 北京에 開催하는 東洋宣敎總會에 派員할 것을 商議하다.

孫斗煥君이 來訪함에 興士團의 關한 일을 說明하다.

王三德君이 來訪하야 日 西間島獨立黨員이 日人 二名을 砲殺한 故로 中·日巡警의 搜索이 甚함으로 西間島人士의 困難이 有하다 云하다.

申尙玩君이 來訪함에 宣傳機關의 內容을 說明하고 參加하기를 要함에 承諾하다.

吳德泳君이 來訪함에 臨時政府의 主義方針을 說明할 새 金義善君이 來訪함으로 中止하고 明日 再會하기로 留約하다.

林得山·金錫璜 兩君이 來訪하야 內支聯絡에 關한 事를 議論하자 함에 明日 再會하기로 하다.

劉基峻君이 來訪하야 婚禮請單草件을 示하기로 同意를 表하다.

金義善君이 來訪하야 十年前舊感과 및 伊來 積懷를 敍談한 後 今次 獨立運動의 過去와 現在를 말하고, 또 未來方針을 말함에 君이 此에 對하야 同感되노라고 言하다.

一月三十一日 土 雲·北風强·夕雨

預定事項

一, 金錫璜·林得山 兩君을 面會하야 宣傳事項을 商議할 것. 二, 吳德泳君을 面會하야 前議를 繼續할 것. 三, 赤十字看護隊開校式에 參觀하고 또 演說할 것. 四, 孫貞道의 北京東洋宣教總會에 陳述할 事件을 起草할 것. 五, 孫斗煥君을 面會하야 興士團及宣傳部에 關한 일을 商議할 것. 六, 李裕弼君을 面會하야 宣傳機關에 關한 事를 商議할 것.

林得山·金錫璜 兩君이 來訪함에 宣傳機關에 關한 事를 商論하고 參加하기를 勸함에 이에 承諾하다.

李總理 來訪曰 俄國에 密派員 韓亨權을 派送하였노라 하고, 呂運亨君은 絶對로 派送치 않겠노라 함으로, 余答曰 國務院에서 旣決事案을 獨單히 停止시킴이 不可하니 다시 國務院에 提議함은 可하다 하다.

玉成彬君이 來訪함에 美人飛行機家의 來歷을 詳報曰 該氏는 使機에 嫺熟하고 또 排日熱이 多하다 하며, 若該氏를 使用하라면 每朔 五百五十元을 支出해야 되겠다 하다. 余曰 余와 特別히 時間을 定하고 該氏와 面會하게 하라 하다.

孫斗煥君이 來訪함에 興士團의 內容을 詳細 說及하다.

黃鎭南君이 來訪曰 王正延이 日間 九江으로 向하는데 在滬時 所看事의 時間을 已爲排定 故로 우리의 招待事를 今番에는 未應하겠고 往還한 後에 赴應하겠노라 云하더라.

俄 포타프將軍을 明日에 招待코져 하니 該氏의 時間 有無를 往詢하라 하다.

吳熙根君이 來訪하야 入國할 事를 商議하다.

二時頃에 赤十字社看護隊開校式에 往하였다가 演說하니, 其略曰 우리 同志間에 當하는 慘狀과 우리 事業進行의 困難한 여러 가지 關係로 因하야 時로 不愈快한 感情을 禁키 難하나, 그 우리 前途의 成功할 것을 希望하면 足히 慰勞가 될지라. 우리가 成功할 希望이 確然한 것은 有進無退하면 勝利를 得하는 것은 今古에 바뀌지 않는 理致라. 그런데 吾族의 過去와 現在를 말하면 萬事가 無에서 有로 進하고 小에서 大로 至한 것은 明確한 事實이오 現狀이라. 然則 過去와 現在는 有進無退하였은 즉, 이 未來에도 過去와 現在같이 進而不止하면

勝利를 可期할지니 空然히 不愈快한 感情으로 興奮을 죽여 悲觀을 짓지 말며, 愈快하고 勇敢한 氣象으로 萬難이 當到하더라도 直進하여야 하겠다 하다.

四時頃에 孫貞道君家에서 孫貞道·尹顯振君 等의 義勇團發起會에 參席하야 義勇團施設에 關한 事를 商議하고, 余는 世人의 誤解를 受할 念慮가 有하니 發起會에 參加치 않겠노라 하다.

吳德泳君을 請邀하야 前議를 繼續코져 하였으나 出他不在함으로 未遂하다.

六時頃에 朴宣君이 來訪하다.

舊兩吳熙源·吳致殷及吳弼殷君에서 修函하다.

金義善君을 訪問하다.

尹顯振君이 來訪하야 時局에 關한 事로 夜闌토록 談論하다가 四時半頃에 就寢하야 思慮紛 云故로 安眠치 못하다.

一九二〇年 二月

二月一日 日 雨

預定事項

一, 二日間 休養키 爲하야 入院할 것. 二, 吳德泳君面會할 것.

吳德泳君을 面會코져 二次나 請邀하야도 在家치 않으므로 未遂하다.

八時頃에 金醫師 來하야 入院을 促하는 故로 午後에 入院하겠다 하다.

九時에 鄭仁果君 來訪하야 南京에 往還한 始末을 報導하야 日 南京大學校長 뽀운氏가 韓國을 爲하야 美國에 往하야 盡力 活動할 뜻을 말하고, 韓國 內地의 西人宣教師들과 每事를 面議하겠노라 云하더라 하고, 다시 外務部諸般施設에 關한 事를 商議하였는데 君日 孫斗煥君으로 秘書局長을 任하고 諸般事를 委하야 多少間 準備한 後에 就任하는 것이 似好이라 云하다.

片德烈君이 來訪하야 內地에 往還한 事를 報導할 새, 辭意가 不充分함으로 筆記하야 보내라 하다. 君이 安東交通部를 稱怨하기로 余 憤然하야 答日 氏들은 國家를 爲하야 非常히 努力하다가 洪局長은 病中에 被逮하야 死境을 難免이오, 其外 三氏는 無上의 慘酷한 惡刑을 受할 터이니 交通部員의 內容을 知하

는 이는 同情의 淚를 流할지언정 敢히 毁訾의 惡評을 加할 수 없다 하다.

羅昌憲·林昌俊 兩君이 來訪하야 本國의 情況을 報導할 際에 他客이 來訪함으로 後日 從容히 再會하기로 約束하다.

李鍾郁君이 來訪하야 曰 內務總長께서 自己다려 本國에 往還함으로 確定이 無하노라고 하다.

王觀彬君이 來訪하야 曰 某氏를 明日 下午 六時半 或 七時로 紅十字病院에서 面會케 하라고 함으로 諾하다.

李總理 來訪曰 俄國 포타프將軍을 今日 下午 七時半에 東亞旅社에 招待하야 晩餐을 饗케 하자 하다.

黃鎭南氏 來訪함으로 俄 포타프將軍을 招待키 爲하야 同往 準備하자 하고, 또 明日 下午 六時에 紅十字病院에서 面會하자 하다.

金大使 夫人에게 慰問으로 修函하고, 또 需洋幾許를 贈送하다.

二時頃에 紅十字病院에 入院하다.

七時半에 李總理로 더불어 俄 포타프將軍을 大東旅社에 招待하야 晩餐하다.

二月二日 月 朝雪

預定事項

一, 美國飛行機技手面會할 것.

午前에 北京에서 開催하는 東洋宣敎師會에 宣傳할 件(本國에 在留하는 西洋宣敎師에 對하야 우리의 事情, 美日關係(談話資料), 東洋宣敎師에게 對하야 演說할 것) 等을 起草할 새, 頭痛이 漸劇함으로 李光洙君을 邀하야 此次 吾族의 當한 慘狀과 및 敵人의 蠻行을 記錄하라 하고, 또 此를 今夜에 黃鎭南君과 더불어 英文으로 繙譯하야 付印하기를 囑하다.

孫貞道君이 來訪하야 北京宣敎師會에 往할 事를 商議하다.

鄭仁果君이 來訪曰 北京宣敎師會에 先生이 直接 往하라 勸하는 故로 余答曰 曾히 往코져 하였으나 國務總理 以外에 國務院 全體가 此에 對하야 贊成치 아니 함으로 遂意치 못하노라 하다.

五時頃에 美人飛行機技手를 面會할 새 黃鎭南君이 通譯하다. 余曰 우리를 爲

하야 일하야 주겠다는 뜻을 致謝하고, 우리를 爲하야 일하기를 作定하라 하다. 氏曰 只今 使役하는 機械廠에서 退職하면 三個月前 預告하기를 約束한 故로 只今 退職할 수는 없고 約一個月前은 預告해야 하겠다 하다.

二月三日 火 雲·寒

預定事項

一, 七時半에 美國探報員의 招待에 應할 것.

昨日보다 身體의 疲勞가 稍愈하다.

今日에 생각된 바는 支那에 對하야 注意할 것은 政界及民間有力者를 調査하야 通信으로써 覺醒을 일으키고, 韓·中親和의 誼를 敦篤케 하기 爲하야 爲先 通信上 必要로 通州에 住在하는 金澤榮先生을 邀請해야 되겠다는 생각이 더욱 간절하다.

下午 二時에 吳德淵君이 來訪함에 前日에 未果하였던 光復事業 進行方針을 繼續 說及함에 君이 同意를 極表하다. 또 興士團의 趣旨를 說明하고 入團하기를 勸한 즉, 즐거운 마음으로 承諾하다.

金九·孫斗煥 兩君이 來訪하야 軍人募集事를 周旋하라 함으로 諾하다.

李章夏君이 來訪하야 問病하다.

鄭愛卿·金蓮實·吳南喜 三女士 花盆 一座와 及果實을 持來하야 問病하다.

午後는 如昨히 頭痛과 및 心身이 疲勞되다.

七時半에 黃鎭南君을 帶同하고 에스타하우쓰에 美國新聞記者 招待에 應하야 晩餐한 後에 韓國事情을 들어 約二時間 說及하다.

二月四日 水 雪雨

預定事項

一, 權泰璀을 請하야 本國에 入하야 注意할 바를 說及할 것. 二, 婦人會에 往하야 軍士募集을 爲하야 用力하라 勸할 것. 三, 六時半에 興士團所에 往하야 安國衡君의 問答式을 行할 것.

九時頃에 瑞康里에 來하니 適히 吳德淵君이 來訪한지라, 이에 興士團約法을

贈하고 入興하기를 勸하다.

金義善君이 來訪함에 이에 柳東說君의 來信을 出示하고 曰 柳君을 上海로 來케 하야 軍事注重에 用力하자 함에 君도 同情을 表하고 自己도 另히 修函하야 請來하겠노라 하며 曰 自己가 軍務總長과 性格이 不合한 즉 軍務次長을 不願하노라. 寧히 參謀次長이 되어 柳東說君과 共事하겠노라 云하다.

李漢根君이 來訪하야 金翰君이 入國할 時의 留信을 來傳하다.

權泰瓘君이 來訪 故로 入國하는 目的을 問한 즉, 留學할 意가 有하야 學費를 辦備하기 爲하야 入國하는데 內務部에서 어떠한 使命이 有하다 하나, 何事인지는 不知하노라 하다. 余曰 君은 獨立運動期間에 留學의 意를 停止하고 光復事業에 專力하되 特히 宣傳隊에 參加하야 宣傳事業에 犧牲으로 從事하라 하고, 宣傳의 必要件을 들어 說明한 즉 如命施行하겠노라 云하다.

鄭愛卿女士 來訪함에 余曰 婦人界에서 軍事募集하는 佈告文을 普傳하고, 應募員登錄事를 擔任 施行하라 勸함에 自己는 如命施行하겠노라 云하다.

二時頃에 都寅權이 來訪曰 軍事에 關한 事를 速히 周旋하기를 切望云 故로 力이 及하는대로 幇助하겠노라 答하다.

金弘敍君이 來訪曰 中國人 徐謙氏 慈親喪을 當하였은 즉, 緋緞輓章으로 吊慰하라 함으로 所費를 與하고 如此히 行하라 하다.

孫斗煥君을 請하야 宣傳委員會條例를 校正하다.

○○頃에 頭痛이 劇甚함으로 休息하면서 金鼎穆君을 訪하야 君의 家族과 同히 讚頌歌 二章을 唱하고 歸하다.

婦人會長을 請함에 不在云 故로 預定事를 未遂하다.

八時頃에 興士團所에 往하야 安國衡君의 入團問答式을 行하고 問答이 滿足함으로 入團키로 하다.

本日 靜坐法을 施行하기를 幾日間 試驗하기로 하다.

二月五日 木 雨

預定事項

一, 婦人會에 往하야 軍士募集을 勸告할 것. 二, 金泰淵君을 面會. 三, 權泰瑢

君을 面會. 四, 國務會議에 出席.

十二時頃에 瑞康里에 來하니 孫斗煥君이 來訪한지라 興士團主義를 詳細 說明하다.

金泰淵君이 來訪曰 冒險團에서 炸彈을 準備할 터인데 經費가 無하야 三十元을 要求하는 故로 寄贈하기를 許諾하다.

申尙玩君이 來訪曰 玉觀彬君이 國內宣傳機關에 關한 事를 같이 經營하자 云하니, 不知커라 此事가 先生의 關係가 有하냐 問함으로 如此한 事 無하다고 答하고, 宣傳部에 關한 事로 明日 午後 一時에 再會하자 하다.

權泰瑢君이 來訪함에 內務部에서 速히 入國하라 하면 明日에 宣傳隊에 參加한 後에 再明日 發程하라 하다.

三時頃에 國務會議에 出席하니 備員이 못됨으로 開會치 못하고 非公式으로 軍士會議案과 軍務次長案 討議하다가 散會하다.

吳南喜女士가 來訪함에 興士團의 主義를 說明하다.

金永熙君이 來訪함에 宣傳部에 關한 事를 說明하다.

吳德淵君이 來訪함에 興士團主義를 說明하고 明日에 問答式을 行하라 함에 그렇게 하기로 承諾하다.

尹顯振君이 來訪하야 內務部長辭職案을 討議하고, 又曰 財務總長이 李東輝나 安昌浩를 推戴하고 青年內閣으로 改造함이 必要하다 云 故로 余曰 只今 會集한 五總長과 및 將來의 來此할 幾位가 中心이 되고 青年次長들이 團合하야 共事進行함이 가장 適合한 事라 하다.

愛國婦人會長을 訪하야 婦人會에서 軍人登錄事를 擔任 實行하라 勸한 즉, 答曰 婦人界에서 男子들이 女子側에 對하야 不好한 評判을 加함으로 女子들은 此等事에 從事할 意가 無하니 先生께서 親히 婦人會席上에서 勸告함이 可하다 云하다.

十時頃에 病院으로 歸하다.

二月六日 金 雲

預定事項

一, 宣傳委員을 召集하야 宣傳隊를 組織할 事. 二, 羅昌憲君을 面會하야 本國에 關한 事情을 問議할 것. 三, 崔東旿君을 面會하야 內務部參事辭職書를 問할 것. 四, 金義善君을 訪問. 五, 吳德淵의 入團式問答할 것.

十二時頃에 瑞康里에 來하다.

都寅權君이 來訪하야 軍人應募書分佈事 如何를 問하는 故로 婦人會長을 面會하야 軍士募集勸告文을 宣佈를 托한 즉, 該會長言이 日 一般 男子側에서 女子에 對하야 不好한 評判이 有함으로 女子側에서 如此한 事를 歡迎치 않는 바니 先生이 親히 一般 婦人에게 勸告하라 한 즉, 明日에 다시 婦人들에게 一次 勸告하겠노라 하다.

鮮于爀君이 來訪하야 洪盛益君의 遺史草稿를 出示하는 故로 李光洙君에게 修正을 請하라 하다.

一時頃에 孫斗煥 · 金泰淵 · 金錫璜 · 林得山 · 權泰瑢 諸君과 宣傳組織을 商議할 새, 多數의 意思가 各 個人이 直接으로 委員長의 命令을 受하야 進行함이 機密하겠고, 隊員間에 面知는 不可타 함으로 如斯히 結定하고 散會하다.

兪政根君 來訪하야 民團寄附金을 請求하는 故로 二元을 寄附하다.

金弘敍君이 來訪함에 中國人 徐謙(南政府 法務總長)氏 母親喪에 輓章을 送하라 하다.

權泰瑢君이 來訪함에 本國에 入하야 宣傳隊組織과 宣傳에 關한 事에 對하야 注意할 바를 說明하다.

李章夏君 來訪曰 外務部에서 自己를 書記로 일보라 한 즉, 其可否를 問하는 故로 如此히 하라 하다.

王三德 · 羅愚 兩君이 來訪하다.

金永熙君이 來訪함에 宣傳機關에 關한 事를 說明하고 參加하기를 勸告함으로 承諾하다.

七時頃에 興士團所에 往하야 吳德淵君의 入團問答式을 行하다.

二月七日 土 雨

預定事項

一, 國務院에 出席. 二, 婦人會訪問. 三, 金羲善君訪問.

九時頃에 金丙鉉·金九 二君이 來訪하다.

九時半頃에 金羲善을 訪問하다.

李總理 來訪하야 今日 國務會議에서 軍務次長案을 決議해야 하겠다 言하다.

黃鎭南·李章和·金九·高一清 等이 來訪하다.

玉觀彬君이 來訪曰 飛行技手가 速히 先生을 面會코자 한다 云하다.

國務會議에 出席하야 軍務次長을 金羲善君으로 選任되고, 故-洪盛益君遺族救卹金 四百元을 支拂키로 決議되다. 또 漢城總辦府事件을 討議하다가 留案하고 軍事研究會 召集하기로 決議하다.

婦人會에 往하야 軍事假名簿에 登錄하는 事 委托함에 婦人會에서 그대로 決定되다.

二月八日 日 雨

預定事項

一, 美國飛行技手面會. 二, 軍事研究會傍聽.

二時頃에 飛行技手 에드맨을 面會하야 우리 일에 從事를 請함에 氏가 承諾하다.

三時頃에 軍事研究會에 參席하야 傍聽할 새 軍事研究를 組織하다.

王三德·朴熙淑·羅愚 三君이 炸彈爆發로 因하야 法警廳에 被拘하였다 함을 黃鎭南君이 來報함으로, 이에 呂運亨·黃鎭南 二君으로 하여금 法警務官에게 交涉하야 無事케 하기를 要求함에, 警務官이 猶豫하고 炸彈이 爆發된 房에 留하던 人을 尋得하기를 願한다 云하다. 이에 李錫君을 面會하야 그 前後事實을 問한 즉, 自己가 搬移할 時에 或 藥品이 漏落되었다가 如此히 爆發된 듯하다 함으로 黃鎭南·鄭仁果 二君을 法警廳에 送하야 被拘된 三人은 全然 曖昧한 즉 放送하라 함에 곧 三君이 放送되다.

二月九日 月 晴

預定事項

一, 國務會議에 出席. 二, 興士團所에 往하야 劉日君의 入團問答式을 行할 것.

十二時頃에 瑞康里에 來함에 尹顯振君이 來訪하야 曰 內務總長의 辭職함을 挽留하라 함으로, 이에 李東寧君을 訪하야 國務會議에 出席을 勸告하고 同行하야 着席하다. 京城總辦府設置事案을 內務部로서 다시 編制하야 送하라 함과 臨時政府會計年度를 三月一日로 定함과 學務次長 李春塾君의 辭職書封還함과 內務部로서 內地에 秘密機關設置案을 內務總長에게 專任함과 議政院에 答辦키 爲하야 出席할 政府委員은 余及申奎植君의 選定됨과 勞働局의 勞働行政停止案의 通過한 等이 決議되다.

五時頃에 金河源君이 來訪함으로 宣傳機關에 關한 事와 및 興士團의 趣旨를 說明하다.

團所에 往하야 劉日君의 入團問答式을 行할 새 問答이 充分함으로 入團을 許하다.

二月十日 火 半晴半陰

預定事項

一, 團所에 往하여 問答할 人員을 指定할 것. 二, 金泰淵君을 面會할 것. 三, 金嘉鎭君尋訪할 것. 四, 羅昌憲招待할 것. 五, 金河源君面會할 것.

十一時에 瑞康里에 來함에 金泰淵君이 來訪曰 冒險團에서 本國에 派員하야 炸彈을 使用코져 한 즉 此에 對하야 余의 意思를 問함으로, 余曰 現今에 使用하는 것을 不可로 思하노라. 其理由는 幾個 炸彈으로써 敵人을 驅逐殲滅을 圖하자 함은 아니오, 但 人心을 激發시키자는 本意인데 現時에 不可타 함은 先히 國內에 聯絡機關을 秘密히 排置하고 冒險宣傳隊를 各地에 分派하야 主義를 宣傳하고, 又 交通・公債券發賣・財政運送 等 機關을 確固히 成立한 後에 使用하야 人心을 激發시키면 其時期를 利用하야 人心의 統一과 財政의 收合됨이 便宜하겠거니와 目下는 聯通部도 아직 各道에 다 設置가 못되었고 交通宣傳・財

政收合, 及財政運送 等 機關은 設置되지 못하야 經營中에 在한지라 如斯한 時에 炸彈의 聲이 轟然하야 敵의 戒嚴令이 徒甚하면 人心의 激發함보다 恐怖心만 多케 할 터이오, 잘못하면 亂暴的 行動이 起키도 易하고 戒嚴이 甚한 結果로 聯通制 · 財政收合 · 冒險 · 交通 · 財政運輸 等 機關施設이 不可能할 것이오, 又 現時政府에는 財政이 極難한 際에 內地로서 財金을 收運할 수 없고 聯絡이 杜絶하면 우리 事業의 維持가 困難할 터이오, 兼하야 炸彈이 爆發된 後에는 敵이 法國公領事에 交涉하야 上海臨時政府의 動搖가 生할런지도 不知할 바라. 無力한 政府로서 家貰와 如한 需用에 受窘하면서 動搖를 被하면 어찌 憂慮할 바 아니리오. 그럼으로 아직 炸彈을 使用치 말고 各種機關을 排置하야 國民에게 聯絡과 財政收合을 可能히 한 後에 使用함이 可할지라. 然故로 余는 炸彈以外의 다른 方法으로 人心을 喚起시키려고 秘密히 周旋하는 事가 有한데는 무엇이라고 아직 明言할 수 없노라고 하다. 君은 오직 唯唯라 할 뿐이라.

孫斗煥君에게 宣傳隊員의 通信及報告의 條例를 起草하라 하다.

金河源君이 來訪함에 興士團의 趣旨를 說明하다.

李裕弼君이 來訪하야 日 秘書局長을 辭任하겠노라 함에, 余日 秘書局에 다시 留任하거나 國務院 法制局長이 되었으면 좋겠다 한 즉, 君이 法制局長을 願치 않노라 하며 宣傳隊에 入하야 宣傳의 일하기를 願하노라 함으로, 余日 秘書局長으로 在任하고 宣傳隊에 來함은 可也로되 辭任하고 宣傳隊로 來하면 他의 큰 誤解가 되겠다고 答하다.

崔丙昇君이 來訪日 從近 入國코져 한 즉 如何한 使命이든지 有하면 使命하라 함으로 發程前에 다시 一次 來訪하라 하다.

鄭仁果君이 來訪하야 鮮于爀君의 外務部 秘書局長被任을 勸하라 함으로 諾하다.

安定根君이 來訪함에 興士團의 趣旨를 說明하고 興士約法 一卷을 與하다.

一時頃에 朴宣君이 來訪하다.

安定根君이 來訪하야 余의 內地에 入하겠다는 뜻을 挽勸하며 日 兄님이 上海에 在치 아니 하면 臨時政府의 諸般이 極難할지라. 君도 余가 政府에 無하면 政府에 傾向할 心이 無하노라 함에, 余答日 前者 余의 答書한 바와 如히 一은

內地情況을 直接 視察하면 大事進行方針의 如何히 할 것을 看破할 것. 二, 國內 有力한 人士들과 意見을 交換하며 聯絡을 取할 것. 三, 財政을 辦備할 것. 四, 慘狀中에 在한 國內 同胞를 親見하야 余의 마음이나마 慰勞할 것. 如此한 理由인 즉 挽留치 못하리라 하다.

李錫君이 來訪함에 修養方面에 關하야 說明하다.

五時頃에 羅昌憲君을 招待할 새 呂運亨·劉相奎 兩君과 共히 東亞旅社에서 晩餐하다.

呂運亨君이 來訪曰 노우트新聞記者가 余를 面會하기를 願한다 하다.

七時頃에 金興濟君의 入團式을 行할 새 問答이 充分함으로 入團을 許하다.

預定事項인 金嘉鎭君 尋訪은 時間으로 因하야 未遂하다.

二月十一日 水 晴

預定事項

一, 金純一面會. 二, 鮮于爀面會. 三, 團所에 往하야 問答式을 行할 것.

高一淸君이 來訪하야 曰 韓大成의 公債應募組合을 許諾하고 이에 回答하였노라 하다.

金純一君이 來訪하야 本國의 消息을 報導하고, 金炳烈君이 余에게 送하는 金貨 二百九十元을 傳하다.

鄭仁果君이 來訪하야 鮮于爀君의 外務部 秘書局長被任 勸告하는 것을 催促하다.

鄭愛卿·吳南熙·金蓮實 三女士 來訪함에 今夜에 問答式이 有한데 參席하라 하고, 女子中에 團友될 만한 資格이 有한 이 有하면 余에게 紹介하라 하고, 三女士는 女子團友中에 草創하는 몸이니 마음에 깊이 準備하야 女子界에 큰 模範이 되게 하라 하다.

午後 二時頃에 金聲根君이 來訪曰 今에 炸彈隊員을 入國시킬 터인 바 此旅費를 請求함으로 只今 行動함이 不可라 하고 拒絶하다.

尹顯振君이 來訪曰 只今 畿湖人士들이 先生에게 對하야 名譽와 勢를 獨占하고 獨立新聞을 私機關을 만든다고 大不平이 發生하며, 더욱이 某君 等은 露骨

的으로 島山은 地方熱로 化한 몸이라고 言하며, 慶尙道人士도 同一한 不平이 有하니 極히 注意하라고 함으로, 余答曰 余에게는 더 注意할 바가 無한 줄 思하노라 하다.

金九君이 來訪曰 敵探의 嫌疑를 受하는 張斗轍을 囚禁하였다가 釋放하였는데 張은 盟誓書를 署하고 政府에 誠忠을 盡하겠노라고 하였다 하다.

鮮于爀君이 來訪함에 外務部 秘書局長의 被任하기를 勸한 즉, 君이 答曰 威海衛 交通部施設의 責任을 負한 故로 不能하노라 함으로, 余曰 交通의 事는 他人에게 任하더라도 君은 外務部에서 辦事함이 適當하다 하니 君이 그대로 생각하야 보겠노라 하다.

金嘉鎭君을 尋訪하야 需條 五十元을 贈送하다.

七時頃에 團所에 往하야 朴賢煥君의 入團問答을 行할 새 充分함으로 許하다.

二月十二日 木 雲

預定事項

一, 本國으로부터 來한 趙宣弘君을 面會할 것. 二, 國務會議에 出席할 것. 三, 團所에 往하야 問答할 것.

本國으로부터 新到한 趙宣弘君이 來訪曰 京城內에 法官及辯護士들과 三萬名되는 侍天敎徒가 合하야 興和黨을 組織하고 政府를 擁護하며 金錢을 每朔 收納하기로 作定하였는데 先生에게 要求하는 것은 一, 先生이 該黨의 總裁로 許諾할 것. 二, 政府交通機關과 聯絡을 周旋할 것. 三, 金錢運輸機關을 指示할 것이라 함으로, 答曰 貴黨에서 余를 總裁로 推定하였다 함은 深히 惶感한 바라. 此를 承命할 뜻이 有하나 余가 不敢할 뿐더러 現今에 余가 如何한 政黨의 領首가 되는 것은 大局에 影響이 及할 터인 즉 許諾할 수 無하다 하고, 君이 國務總理以下 各總長을 尋訪하야 該黨의 組織한 內容을 告하고 顧問員이나 或贊成員이나 되기를 請하야 보라 하고, 交通機關의 事는 交通次長을 紹介하야 周旋할 터이오, 財政運輸機關은 財務次長을 紹介할 터이니 協商하라 하고, 尹顯振君을 邀하야 紹介하고 該團體와 聯絡하는 것을 余로 더불어 關係를 作치 말고 尹次長과 商議하야 上海政府와 精神上 聯絡이 密接케 하라 하다.

金亨均君이 來訪曰 自己가 廣東武官學校에 留學하러 往할 터인 바 旅費가 不足하야 襄助를 要함으로 多少間 襄助하리라 하다.

李錫君이 來訪함에 大韓의 根本的 獨立과 永久的 自由는 國民 各 個人이 完全한 資格을 作하고 信義的 團結을 成하며, 獨立自由할 만한 根本의 實力을 準備함에 在하다는 뜻으로 說明하니 君의 根本意思가 亦然하다 言하다.

二時頃에 國務會議에 出席하야 政務를 協議할 새 國務總理가 議政院에 提出할 案件을 提出하야 日 意를 得한 後 議政院에 提出케 하다. 軍務部로서 西間島·北間島·俄領 三區域에 司令部分置案을 提出함에 此를 退却하고 軍制를 編製하야 提出하라고 하다. 內務次長 李圭洪君의 辭職書를 封還하기로 하고 李章夏로 外務部參事, 鄭○○로 交通部參事를 任命하다. 余가 宣傳委員長辭職을 提議함에 不聽하는지라 이에 다시 辭職하기를 聲言하다.

五時頃에 盧○○君이 大東旅社에 國務員一同을 招待하는 晩餐會에 參席하다.

團所에 往하야 朱耀翰君의 入團式을 行할 새 그 自覺과 決心함이 充分함으로 入團키로 許하다. 金弘敍君을 連하야 問答할 새 所答이 糢糊함으로 더 豫備하라 하고 問答을 停止하다.

二月十三日 金 雲

預定事項

一, 趙宣弘君面會. 二, 趙宣弘君招待. 三, 申翼熙君面會. 四, 團所에 往하야 다시 金弘敍君問答할 것.

申斗湜君이 來訪함에 君에게 여러 가지로 時局에 關한 談話를 하고, 君에게 向하야 政府에 入하야 辦事하라 함에 아직 決定할 수 없다고 하다.

金鼎穆君이 來訪하야 北京에 向한 孫貞道君에서 安着하였다는 來信을 示하다.

申翼熙君이 來訪하야 自己가 法務次長을 辭職請願할 뜻을 말함에 辭任치 말라 勸告하되 終始不聽하며, 또 國務院의 融合치 못한 것을 恨하노라고 말하며 先生은 特別히 注意하야 주기를 望한다 함으로, 答曰 余는 무엇을 改善함으로 大局의 融和가 잘될 만한 條件을 찾으면 滿足할 터이나, 余가 才質의 不足한 것은 勿論이나 무엇이 余의 誤失된 事件이라고 아직 찾지 못함으로 憂慮하는 바이니 君은 事를 爲하고 余를 爲하여서 明히 言하라 함에, 君이 日 余는 先生을 잘 諒解하는 바 우리의 先輩 中에 誠忠이 가장 熱烈하고 臨事處事에 勇力이 過人한지라 무슨 過失을 말할 것이 없고, 다만 熱烈하고 勇氣 있음으로 因하야 他人이 貪權한다는 誤解를 受하게 되고, 또 도무지 없다고도 할 수 없는지라 함으로, 答日 余가 上海에 到着한 以後에 어떠한 事實이든지 個人의 權利나 地位나 名譽를 標準한 事實이 無하였나니 余는 大統領代理로 內務總長까지 다 내놓고 勞働總辦의 名義를 가지고 國務院에 出席하야 意思를 陳述하며, 그 以外에는 余의 能力이 及하는대로 使役하고 內外에 宣傳하는 事 뿐이니 무엇으로써 余를 向하야 權利를 貪한다 하는지 緣由를 不知하노라 함에, 君이 答日 先生이 每事를 周旋하되 內務에 關한 事는 內務에, 財務에 關한 事는 財務에, 外務에 關한 事는 外務에 紹介할 것이오, 直接 行使하는 事는 避하라 함에, 余日 余가 毫末이라도 他部의 權利를 貪하야 直接 行使한 事가 無하고 內務에 關한 事는 內務에 集中케 하고, 財務에 關한 事는 財務에, 軍事에 關한 事는 軍事에, 交通에 關한 事는 交通에 集中키 爲하야 內外人士에게 覺悟를 주기로 努力한 것 뿐이라 한 즉, 君이 日 例로 擧컨대 체크大將 가이따와 各國領事와 及其他新聞記者를 直接 面會하는 等 事라 함에, 余答日 國際上 外交에 關한 事면 余가 直接으로 交涉할 수도 없고 또 할 理도 없거니와 至若 個人上 交分으로 會晤하기를 要求하는데 어찌 拒絶할 수 있으리오. 此는 余가 要求한 바 아니오, 余가 曾히 오랫동안 上海에 在留함으로 外人들이 閣員中에 余를 尋하게 된 것이라. 然이나 余가 交涉하더라도 大小事를 自斷한 바 無하고, 總理와 外交當局者에게 告하야 한 使役者의 態度를 持하였을 뿐이로라고 答하다.

朴址朋君이 來訪함에 興士團의 趣旨를 說明함에 君이 그 切實한 바를 覺悟하고 參加하기를 決定하노라 하다.

金秉祚君이 來訪하야 君의 編纂한 歷史印刷事를 相議하야 政府名義로 印刷에 付키로 議定하다. 君日 上海에 孫某가 靑年들을 廣東軍事學校에 留學시키는 事를 知하냐 함에, 余日 傳說을 聞할 뿐이오, 裡面은 仔細히 知치 못하노라 함에, 君日 여러 靑年들이 自己에게 向하야 留學하러 往하는 것을 問함에 對하야 如何히 答함이 適合하겠냐 함에, 余日 何人이든지 靑年中의 一人을 先派하야 그 處 形便의 報告 如何를 接한 後에 決定케 하라 하다.

趙宣弘 來訪함에 이에 君의 要求에 依하야 共和黨과 侍天敎主 金龜庵에게 修函하야 君에게 交하고, 交通次長 金澈君을 紹介하야 交通에 關한 事를 約束케 하고 午後 五時에 晩餐을 共히 하자 相約하다.

崔昌植君이 來訪하야 日 民團에서 行할 三月一日 獨立宣言紀念式의 經費義捐을 請함으로 二十元을 寄附하기로 許諾하다.

李總理 來訪하야 時局에 對하야 憂慮하는 뜻으로 言하고, 余의 宣傳委員長을 辭任치 말라 懇勸함으로 余는 此를 辭任하는 것이 일에 有助하겠다 하다.

趙宣弘君을 招待하야 尹顯振·金澈 兩君과 共히 晩餐하다.

團所에 往하야 金弘敍君의 問答式을 行하고 入團을 許하기로 하다.

夜闌함으로 歸院치 못하고 瑞康里로 歸宿하다.

二月十四日 土 雲

預定事項

一, 病院에 往하야 治療를 受할 것. 二, 國務會議에 出席할 것. 三, 團所에 往하야 入團式을 行할 것.

九時頃에 崔丙昇君이 來訪하야 日 自己가 速히 入國하노라 함에 金翰君에게 一書를 傳信함을 托하다.

李梅李夫人이 來訪하야 洋三十元을 求貸함으로 이에 許하다.

尹顯振君이 來訪함에 余曰 宣傳機關을 排置하는 것이 急務인 바 余가 此를 任하야 行하면 自然 各部 行政에 干涉이 되겠고, 如此히 하면 濫權한다는 誤解로 內訌이 有할 듯하야 余는 不得已 辭免하거니와 相當한 適材를 擇任하야 速히 實施케 하자 하다.

鄭仁果君이 來訪하야 外務部事를 相議하다.

鄭蕙園女士 來訪하다.

二時頃에 國務會議에 出席하니 提案預定은 一, 漢城總辦府案. 二, 居留民團制案. 三, 公文式改正案. 四, 議會에 提出할 行政案. 五, 議會에 布告할 敎書案. 六, 軍司令部及武官學校例案. 七, 鄭濟亨報告에 依한 救弊案. 八, 交通總長人選案.

九, 憲法官制改正要求案인 바, 漢城總辦府事案은 內務部에서 起草한 바 無함으로 決議함이 無하고 二, 居留民團制는 財·交 兩部의 修正한 것이 不充分함으로 內務總長에게 다시 修正하야 提出하라 하고 三, 公文式改正案은 申翼熙·尹顯振 兩君에게 修正하라 하고 四, 議會에 提出할 行政案을 大綱 議定하고 五, 議會에 希告할 敎書案은 大統領의 親書가 됨으로 議決치 못하다. 余가 宣傳委員長의 辭職書를 提出함에 否決되다. 面會를 相約한 事가 有함으로 早退하다.

이에 團所에 往하야 셀분醫士를 面會하다.

七時頃에 團所에 往하야 預備團友로 入團한 劉日·朱耀翰·朴賢煥·金弘敍·金興濟 五君의 入團式을 行하다.

二月十五日 日 雲

預定事項

一, 飛行技手面會. 二, 團所尋訪. 三, 禮拜堂에…….

十一時頃에 高辰昊君을 請하야 興士團의 趣旨를 說明하다.

金羲善君을 訪하야 이에 同歸함에 君이 日 王觀彬을 偵探으로 嫌疑하야 平南選擧會에서 議員을 除去하기로 內定이 有하다 하니 如此한 嫌疑를 受한 事實이 有하냐 問함에, 余日 余는 如此한 事實을 不見하였고, 又 如此한 嫌疑가 有하다 함을 不信한다 하다.

李錫君이 來訪日 速히 自己가 俄領에 往하야 軍事上 聯絡을 取하겠노라 함에 余는 極히 贊同하다.

徐弼淳君이 來訪하야 朴炯謨의 來信과 및 朴君의 愛國金 五元을 幷히 傳하다.

王成彬君이 來訪함에 今日 西人 에드멘의 家에 同往하자 約束하다.

金淳一君이 來訪日 自己가 速히 入國하겠노라 하다.

金鍾郁君이 來訪日 速히 內地로 向하겠노라 하다.

七時頃에 飛行技手 美人 에드멘君을 王成彬君과 訪問함에 君은 從事하는 會社에 解雇하기를 預定하고 美國領事에 마일나 來往과 및 飛行機로 各國에 來往할 旅券을 得하였노라 함에 飛行機 購入할 飛機의 力量을 調査한 즉, 一百五十

마일 外에는 더 飛行할 수 없는 故로 此는 使用할 수 없고, 此보다 力量이 强大한 飛機를 購入할 途의 有無를 探知한 후에 確定할 터인 즉, 아직 會社에 解雇치 말라 하다.

君의 內外는 款曲히 茶菓를 勸進한다.

二時頃에 禮拜堂에 往하야 禮拜하다.

二月十六日 月 雲

預定事項

一, 崔承鳳面會. 二, 孫斗煥訪問. 三, 金聖基女士訪問. 四, 宣傳委員長辭職書提出. 五, 李奎瑞君의 入團問答.

李錫君이 來訪曰 金公緝君이 航海術을 學習코져 하니 此를 善히 指導하라 함으로 余 盡力하야 周旋하겠노라 하다.

金亨均이 來訪하야 廣東 往할 旅費를 請求함으로 洋二十五元을 寄贈하다.

崔承鳳君이 來訪함에 興士團의 趣旨를 說明하다.

孫斗煥君이 來訪함에 興士團에 入團할 것을 討議한 後에, 君이 曰 自己가 根本的 健全한 人格을 作成하는 根本은 公產主義를 實施하야 國民의 生活을 平均케 함에 在한 줄 知함으로 興士團의 助長的 人格健全은 緩慢하다고 生覺하노라 함에, 余曰 助長的으로 健全한 人格을 多少間 準備함이 無하면 君의 言하는 生活平等의 理想을 實行키 不能할지라. 君이 만일에 그러한 高尙한 主義가 有하면 同盟修練의 行爲로 速히 健全한 人格부터 準備함이 그 主義를 達함에 順序라 하노라 하다.

尹顯振君이 來訪曰 財務部에 財政의 受絀로 危急한 境遇에 處하였으니 速히 財政을 他處에서 取貸하야 달라 함으로 取貸할 만한 處가 生覺나지 아니 하나 用力하겠노라 하다.

金성기女士 來訪함에 余曰 內地에 入하야 女子界에 宣傳隊를 組織과 國民皆納同盟員 募集할 兩件을 說明함에 極히 可當타 하며, 明日이라도 發程을 命하면 卽實行하겠노라 하다.

金九君이 來訪曰 軍務部에서 警務局의 名義로 成薰의 家宅搜索에 對하야 自

己는 因責辭職하겠노라 함으로 留任하라고 勸告하되 堅報의 意를 表하다.

國務院에 宣傳委員長辭職書를 再次 提出하다.

二時頃에 朴賢煥君을 獨立新聞社에 訪함에 不在함으로 未會하고, 李光洙君과 興士團員募集 進行方針으로 討議하다.

七時頃에 團所에 往하야 李奎瑞君의 入團式으로 問答을 行하고 入團을 許하다.

二月十七日 火 雲

預定事項

一, 安定根君의 入團問答. 二, 黃鎭南으로 하여금 長距里의 航空機 有無를 探問할 것. 三, 崔東旿面會할 것.

十一時頃에 朴醫士 來하야 牙齒에 施術하다.

金亨均君이 來訪하야 日 從速히 廣東으로 出發하노라 하다.

崔東旿君이 來訪日 內地에 天道敎人들이 淸雨朝館이라는 政治機關을 組織하고 光復大事를 進行하기로 하였는데 將次 大勢를 成할지오, 向者에 先生의 要求하던 二十萬元金額은 將次에 辦備될 만한 希望도 有하다 言함에, 余日 機關組織됨을 極히 贊成하고, 또 二十萬元 使用하라는 秘密內容을 言하야 日 此는 飛行機를 利用하야 國內 人心을 激發케 하고, 又는 將來 國內의 大爆發을 促起하려 함이라 하다.

朴宣君이 來訪함에 余日 安定根君이 몸이 不便하야 問答을 行키 不能하다 하다.

尹顯振君이 來訪하야 다시 財政에 關한 事로 討議하다.

黃鎭南君이 來訪日 探問한 則 마일라에는 長距里 飛行機가 無하다 함으로, 余日 然則 今夕으로 飛行家 에드멘을 訪하야 大飛行機의 無한 것을 말하고, 社會에 解雇치 말고 後期를 待하라 言하라 하다.

林鉉及・李康熙君이 來訪하다.

金義善君이 來訪함에 孫永弼君이 武官學校에 留學周旋하는 事에 對하야 서로 衝突되는 것보다 善히 打協하야 聯絡을 取함이 有益하겠고, 또는 陸軍士學生들이 成薰의 家宅을 搜索하였다 하니 그러한 非法한 行動이 無케 하라고 하다. 君이 余다러 어찌하야 宣傳委員長을 辭職하냐 함으로 此理由는 自來로 華盛頓·北京方面의 人物들이 余에 對하야 所謂地方熱이니 野心이니 하는 誤解로 每事에 障碍가 多하였고, 現時 上海의 所謂不平分子도 亦是 余에 對하야 以上과 同한 感情이 有한지라, 余는 此를 不顧하고 每事를 執行하야 經過하였거니와 現今에는 國務院內幕에서 亦是 余다러 干涉한다, 貪權한다 하야 不平이 生하는지라 余가 此를 因하야 些少라도 反感의 心理로 辭職함은 아니오, 余가 前과 如히 進行하자면 마음대로 進行은 되지 못하고 內訌만 起할까 恐懼하야 幾時間 沈默한 態度로 自身의 修養을 힘쓰고져 함이라 하다.

二月十八日 水 雪

預定事項

一, 聖書講演會에 出席할 것.

鄭仁果君이 來訪曰 曾日 政府에서 使用하던 美人 랠쓰라는 人이 自己가 大韓臨時政府의 使命을 가지고 韓國에 往還한 後에 韓政府는 다시 如何한 關係를 不與한다고 大不平中에 在하고, 大陸報記者 페퍼도 亦是 不穩한 情이 有하다고 報導가 有하다 하니 此를 如何 措處함이 可하냐 함에, 余曰 此兩君에게 政府로서 相當한 人員이 往하야 這間 우리 政府에서 兩君에게 對하야 周到치 못한 바를 言하고, 또 그 理由를 說明하고 다시 聯絡을 取케 하라고 하다.

尹顯振君이 來訪함에 余曰 安東에서 政府에 送하는 金三千元이 피취牧師에 來하였기로 銀行에서 推尋하야 피취牧師에게 任置하였으니 推用하라 하다.

玉觀彬君이 來訪曰 世上이 余를 偵探이라 嫌疑함에 對하야 如何히 行動함이 可하냐 함에, 余曰 君에 對하야서 如此한 것은 社會의 程度가 幼穉하고 無情한 것을 慨歎하노라. 然이나 君은 罪가 社會에 在하다고 생각치 말고 自身에게 있다 하야 이 時期에 非常한 警醒으로 反省을 求함을 힘쓸지라. 君이 如此한 誤解를 取하는 것이 君의 才가 德보다 勝함으로 因함이니 自今爲始하야 淳實한 道德方面에 着意하라 하다. 君曰 自己는 代議士를 辭職하고 南京 等地로 往하야 修學함이 어떠하냐 함으로 可合하다 하다.

高辰昊君이 來訪함에 前日에 所言한 人格修養에 對하야 如何히 生覺하냐 함

에 可한 줄로 從前 知之 함에, 余又曰 知함이 重치 않고 實行할 만한 決心이 有한 것이 必要하다 하다.

朴賢煥君이 來訪曰 孫永弼의 周旋으로 廣東에 飛行機學習하려 하야 此의 可否를 問함으로, 余曰 虛實을 詳히 探詢하겠노라 하다.

呂運亨君이 來訪曰 先生이 余에게 對하야 不滿히 生覺하는 曲解가 一時에 有하였던 것을 來告하고, 自己는 生活의 困難과 이 社會를 悲觀함으로 議政院 代議士以下 各團體의 職任을 一一히 辭免하고 他處로 往하야 自由行動할 뜻을 決定하였음으로 此를 告하노라 함에, 余曰 余가 君에게 對하야 不滿히 生覺한 時가 曾無하고 君을 如一히 信愛하였고, 君이 또 余를 深히 信愛하는 것도 諒解하는 바니 兩人間에 些少한 關係로라도 感情이 無한 것은 明瞭하고, 但 君에게 參考의 材料로 與할 것은 二者니, 一은 君이 沈着한 方面에 勉勵할 것이오, 二는 規則的 生活하기를 注意할지라. 此兩者가 君의 缺點이라고 言하노라 하고, 또 君이 辭職出他에 對하야는 生活困難의 關係가 有하다 함에는 余가 如何히 言키 難하고, 至若 社會를 悲觀하야 스스로 動搖하는 것은 不可한지라 俄領에 派遣한 安恭根君이 來한 後에 君의 俄國派遣問題도 落着이 될지니 아직 沈默한 몸으로 있기를 望하노라 하다.

李春塾君이 來訪함에 學務次長의 辭職에 對하야 如此히 輕히 함도 不可하고, 일찍이 余와 預議도 無한 것도 섭섭히 생각하노라고 言한 즉, 君이 曰 預告치 않는 것은 不可하나 預告하면 甚히 挽留할까 懼하야 然하였노라 하다.

黃鎭南君이 來訪曰 飛行技手 에드멘을 訪하여 그대로 言하고서 後期를 待하게 하였노라 하다.

王觀彬君이 來訪曰 美國人을 使用하야 日本紙幣를 私鑄함이 如何하냐 함에, 余는 如此한 事는 生意도 아니 하노라 함에, 王君이 曰 此는 敵을 向하야 貽害를 하는 것인 즉 하는 것이 無理가 아닐 듯하다 함에, 余曰 余는 敵에게까지라도 詐欺的 行爲는 絶對로 할 뜻이 無하노라 하다.

朴醫士 來하야 牙齒에 施術하다.

申尙玩君이 來訪曰 今日 內地로 向하야 出發한다 함으로 入國하야 進行할 方針을 問한 즉, 君이 曰 一은 全國을 周遊하야 宣傳할 것이오, 二는 佛敎靑年

으로 義勇隊를 組織할 것이라고 하다. 余를 向하야 佛教青年會에 顧問을 許諾하고, 또 仝會長에게 修函함을 懇함으로 이에 許諾하고 修函하다.

李奉淳女士 來訪함에 紅十字病院 看護에 入學하게 된 것을 말하다.

李錫 · 金公緝 兩君이 來訪하야 金君의 航海學工夫할 것을 問함으로 余가 用力周旋하겠노라 하다. 次에 興士團主義를 說明함에 二君이 즐겨 듣다.

金純一君을 請하야 本國에 入하야 進行할 方針을 相議하다.

二月十九日 木 雲

預定事項

一, 國務院에 出席. 二, 團所에 往하야 劉相奎의 入團問答. 三, 金蓮實女士를 入院周旋.

金義善君이 來訪하야 余다려 宣傳委員長을 辭免치 말고 더우期에 熱心努力함이 可타고 勸함으로, 余答曰 余가 얼마동안 身과 心을 修養하기 爲하야서 平時보다 沈默을 取할 뿐이오, 只今도 每事를 不顧하는 것은 아니오. 至若 宣傳委員長하야는 그 職務가 各部에 干涉이 多함으로 不可不辭免코져 함이라고 하다.

崔東旿君이 來訪曰 飛行機에 關한 事로 財政을 辦備키 爲하야 內地 或 他方面에 發說된 事가 有한가 問함으로, 答曰 內地에 在한 余의 至交 兩人에게 言하였으나, 該兩君은 自身의 謹愼을 爲하야서도 絶對 秘密을 守할 터인 즉 他處에 泄秘될 理가 無한 줄로 知하노라 한 즉, 君이 稱善曰 然則 只今 天道教方面에 對하야 如此한 問題를 가지고 秘密히 要求하면 二十萬元以上 財金을 辦備할 만한 自信이 有한 바, 或 事前發說함으로 因하야 天道教方面에서 무히 知得하였으면 無靈하게 생각하야 用力이 少할까 念慮함으로 問하였노라 하며, 君이 曰 余가 此事를 責任하고 周旋하다가 失敗하는 時에는 他處에 運動하시려니와 現今間에는 誰某에게든지 要求치 말고 余에게 專任시키면 辦備할 道理가 有할까 하노라.

金蓮實女士를 引導하야 住院케 하고, 이에 治療를 受함으로 因하야 國務院에 出席치 못하다.

金弘敍君더러 中國政府 法務總長 徐謙君에게 廣東에 飛行航海及陸海軍學校

에 韓國學生을 派遣하야 留學可能 與否를 探詢하라 하였더니 卽來報曰 徐氏가 廣東政府에 叩問하는 電文을 草하야 與하더라 하다.

黃鎭南君이 來訪함에 徐謙君의 電報原文을 廣東으로 發하라 하다.

李錫君이 來訪함에 興士團趣旨를 擧하야 說明하다.

鄭愛卿女士 來訪하야 興士團入團에 備에 對하야 討議中, 李奉淳女士 來訪함에 來日曜日부터 紅十字病院 看護科에 入學하라 하다.

鄭仁果君이 來訪曰 外務部의 職員組織을 善히 周旋하라 함으로, 余曰 得人이 甚難하다. 君이 曰 中國人란 武君을 外務部宣傳員으로 用하겠다 云하다.

五時頃에 李裕弼君의 招待로 君의 宅에 往하니 趙尙燮 · 鮮于爀 · 金澈 · 高一淸 諸君이 齊合한지라 이에 晩餐을 共히 하다.

團所에 往하야 劉相奎君의 入團問答을 行코져 할 새 心疲身勞함으로 後日로 讓하다.

十一時頃에 尹顯振君이 來訪하야 時事를 論할 새 國務院內幕의 善히 融合치 못하는 것과 華盛頓과 北京에 在한 人物의 各各 分途進行하는 等에 關한 問題로 三時頃에 至토록 討議하고 安眠치 못하다.

二月二十日 金 雲

預定事項

一, 鄭尙彬面會. 二, 團所에 往하야 問答할 것.

金九君이 來訪함에 余曰 警務局長의 辭免을 封還하거든 留任하라 勸함에, 君이 曰 唯命皆從이겠으되 此는 聽치 못하겠노라 云하다.

片德烈君이 來訪하다.

金健亨君을 請하야 興士團의 趣旨를 說明하다.

鄭尙彬君을 請하야 興士團의 趣旨를 說明한 則, 弘前부터 如此한 意가 有하되 進方의 處를 未得하였더니 今에 先生의 言을 聞하고 더욱이 決心하노라 云云.

李鍾郁 · 金弘植 兩君이 來訪하다.

定根君이 來訪하야 曰 興士團의 諸般이 皆善이로되 오직 金弘敍君의 團友됨이 不可하야 甚히 憚하노라 함으로, 余曰 金君이 多少間 明晰치 못하고 自立的

生活에 不足한 等의 缺點이 有하나 本質이 混厚한 好人이니 深히 念慮말라고 言하다.

廉奉根君이 來訪曰 先生이 獨立新聞社에 關係가 有한 줄 知하고 二百元을 寄捐하였더니 다시 疑心스러운 말이 有함을 聞하니 何故냐 함에, 余曰 아무 疑心말고 以後에도 더욱 用力하야 襄助하라 하다.

李錫君이 來訪함에 興士團의 趣旨를 說明하다.

秦大均君의 招待로 五時頃에 君의 宅에 往하니 國務總理以外 各總長과 및 趙琬九·申翼熙·韓百源君 等이 先到한지라 이에 晩餐을 共히 하다.

二月二十一日 土 雨雪雹

預定事項

一, 金醫士訪問. 二, 林得山訪問. 三, 兪政奇訪問. 四, 崔昌植訪問.

十一時頃에 金醫士宅을 訪問하다.

崔昌植君을 訪하야 不在함으로 未會하다.

孫斗煥君이 來訪하다.

二時頃에 李總理·李內務總長·李財務總長이 來訪하야 時局에 關한 事로 長時間 討論할 새 內務總長은 病暇로 受由할 心이 有하노라 하고, 財務總長은 余를 向하야 曰 自己에게 對하야 如何한 誤解가 無한가 함으로, 余는 別로 誤解하는 바 無하고 現今事實이 國務院內幕이 如此하고는 到底히 革命事業을 進行키 不能하다고 生覺하노라 하다. 우리 國務員은 同心同德으로 同死生할 意志가 決確하야 東京에 在한 敵의 內閣을 向하야 奮鬪할 것이어늘 우리의 現狀은 華盛頓에 在한 人物·北京에 在한 人物·上海에 在한 人物이 各各 自家에서 互相抵抗하려 하고, 敵을 對함에는 勇氣가 없는 듯하니 然하고야 어찌 革命事業을 進行함을 期하리오. 余의 處地는 華盛頓과 北京과 新大韓派及內閣의 모든 不平이 此一介人이 中心된 것은 事實이라. 이럼으로 余는 幾時許間 沈默하야 世人으로 하여금 貪權한다, 野心이 有라는 等의 誤解를 除케 함이 우리 前途에 有益이 될까 하야 余가 本任인 勞働局總辦의 名義로 國務員된 職務以外에는 干涉할 뜻이 적을 뿐이로라 하다. 內·財 兩總長은 曰 先生外에 稱任이 無한 즉 宣傳委員長을 職免치 말고 留任하라고 勸하다.

鄭仁果君이 來訪하다.

二月二十二日 日 雲

預定事項

一, 林得山君等招待. 二, 金銖男面會. 三, 劉尙奎君의 入團問答.

九時頃에 金鼎穆君에게 本國에 往來하던 諸君을 招待코져 하는 바, 此의 設備를 托하다.

孫貞道君이 來訪하야 北京에 往還한 事를 細言하다.

黃學秀君이 來訪하야 日 三月一日에 宣戰布告코져 하는 自己의 意見을 議政院에 提議코져 한 즉 先生의 意見이 如何하냐 함에, 余曰 大不可라 하다. 君이 又曰 俄領·中領에 司令部排置案을 議政院에 提出하겠다 함으로, 此는 政府에서 所爲事이지 議政院에서는 關係가 無한 事라고 答하다.

金九君이 來訪曰 中國南方에 財政을 運動함이 如何하냐 함에 實驗하야 봄이 似好라 하다.

片德烈君이 來訪曰 自己는 每事에 先生을 依托하노니 如此히 信任하기를 望하노라 하다.

尹顯振君이 來訪하야 臨時政府를 改造하자고 提論하다.

崔承鳳君에 入團할 것을 討議하다.

吳定殷君이 來訪曰 吳翼殷君에게 三千元이 來한 中 二千元은 政府에 送할 條件이나, 君이 曾히 如何한 돈이 來하든지 自己의 回還을 待하라 하였으나 此를 皆 先生이 需用하라 함으로, 余가 此를 用함이 不可하니 政府에 送納하되 吳君에게 以函得諾함이 可하다.

中國 福州에서 士官學校를 了하고 中國軍隊參尉로 在한 金銖男君이 來訪曰 福州厦門 等地에서 財政을 運動하야 보겠노라 함으로 贊意를 表하다.

大東旅館에 本國에 宣傳及財政運動으로 來往하던 林得山·金純一 諸君 等을 招待하다.

七時頃에 劉相奎君의 入團問答을 行하고 入團키로 許諾하다.

二月二十三日 月 雲

預定事項

一, 國務會議出席. 二, 議政院開會參席. 三, 團所에 往하야 問答式行할 것.

金秉瑍君에게 美國旅費條 六百元을 支給하다.

金蓮實女士 來訪하다.

國務院에 出席함에 交通總長人選案과 兼攝案이 提出되었다가 實行되지 못하다.

崔炳善君이 來訪曰 虹口 日人 新聞社에 在하는 韓在根이라 하는 者의 行動이 殊常한 바, 今에 士學에 入學키를 運動中이니 注意하라고 密告하다.

朴址朋君이 來訪하야 興士團에 關하야 여러 가지로 問함으로 隨問說明하다.

二時頃에 議政院에 往하야 開會式을 參觀하다.

申斗湜君이 來訪하야 自己가 政府에 入하야 辦事할 뜻을 表함으로 余가 贊成하다.

韓松溪君이 來訪하야 五時頃에 自己宅으로 來함을 囑하다.

紅十字醫院에 往하야 金醫士宅을 訪問하고 盧正周君을 訪하야 慰病하다.

五時에 韓松溪君宅에 被招하야 晩餐하다.

七時頃에 團所에 往하야 朴址朋君의 問答을 行하고 入團을 許하기로 하다.

二月二十四日 火 晴

預定事項

一, 鄭尙彬君 問答式行할 것. 二, 柳炳基・金河源・林得山 諸君을 面會할 것.

冷水浴과 靜坐法을 今日부터 實行하다.

鄭仁果君이 來訪曰 外論에 美洲로부터 先生에게 二萬五千元이 來하였으나 此를 내어 놓지 아니 한다 한 즉 何故냐 問함으로, 余答曰 余가 君으로 더불어 議論하고 俄領에 稻田農作하기 爲하야 宋鍾翊君에게 美貨 萬元을 送하라 하였더니 宋君이 此를 電換으로 送한지라, 此를 滙豊銀行에 任置하고 安恭根君이 到滬한 後에 相議하야 今年으로 農作을 施實케 되면 該金을 需用하겠고 不然하면 還送할 터이오, 一分이라도 他方面에는 需用할 수 없나니 우리는 莫若한 同志間에도 財錢上에 信用을 確守함이 우리의 主義를 實踐함인 則, 他人의 是

是非非는 不顧할 바라 하다.

崔承鳳君에게 興士團의 趣旨를 說明하고 團所로 引導할 터이니 午後 一時에 再來하라고 하다.

玉觀彬君이 來訪曰 自己가 南京에 留學次로 明日 發程하노라 告別함으로, 余曰 某某 靑年들과 會晤하야 一次 敍情하고 登程함이 似好라 한 즉, 玉君의 言은 冷情한 社會에 會合할 意가 없노라 하다.

金鉄男君이 來訪하야 金九·林得山과 및 先生이 中國南方에 遊行하야 宣傳하며 財政을 運動할 問題로 討議中에, 그 一行中에 安定根君을 參加케 하고 林得山君을 除함이 似好할 듯하다.

李春塾君이 來訪하다.

林得山君이 來訪하야 義勇團에 關한 事를 相議하고 興士團에 入團預備를 勸告하다.

柳炳基君에게 興士團의 趣旨를 說明함에 君이 自心에 適合하다 하다.

金弘敍君 來訪하야 廣東으로서 徐謙에게 來한 答電을 示함에 其內開에 中國人의 守하는 同一한 規模로 韓人도 武官學武에 入學할 수 있다 하다.

安定根君이 來訪曰 自己는 金弘敍를 信키 難함으로 入團을 주저하노라 하다. 余答曰 此人이 明晰하지 아니 할 뿐이지 크게 疑心할 人은 아니라고 說明하다.

金九君이 來訪曰 崔承鳳君을 疑心의 人으로 見하였는 바 此人과 如何한 關係가 有한가 問함으로, 崔君은 本是 安息日敎人으로 金昌世醫師의 親信하는 바라. 아직 未成한 靑年으로 所說에 무슨 失手가 有하였는지는 不知하거니와 別로 疑心할 人은 아니라 한 즉, 君曰 然則 放心하겠노라 하다.

崔承鳳君과 團所에 往하야 隨喜케 하다. 金恒求·朴宣·鄭仁果·金秉瑛 四君으로 더불어 興士團理事部에 獻議案을 議定하니 一, 遠東에서는 入團金을 本國通用貨拾元으로 改定할 것. 二, 新入團員保證人에 對하야 一个年間 責任을 擔負케 할 것. 三, 同盟貯金部支部를 上海에 設置할 것. 四, 遠東에서 收合하는 慶賀金과 慰勞金은 遠東에 두고 遠東團友에게 需用케 할 것. 五, 新入團員을 診察하야 傳染疾이 無한 後에 入團케 할 것. 六, 朴宣君으로 臨時班長을 權定하였으니 理事部로서 正式 敍任할 것 等이다.

王三德君이 來訪하야 西間島近情을 告하다.

鄭尙彬君이 來하야 入團貸與를 要함으로 許하다.

七時에 團所에서 鄭尙彬君의 入團問答을 行할 새 不徹底한 點이 有함으로 明日 다시 問答키로 하다.

二月二十五日 水 晴

預定事項

一, 柳炳基·金用禎·車均祥君을 面會할 것. 二, 大陸報記者 페퍼君을 面會할 것. 三, 金復炯·金公緝君의 入團問答할 것.

李錫君이 來訪曰 自己가 興士團主義의 可한 바를 確悟하였고 그대로 實行할 뜻이 有하나, 但 以前에 如此한 主義로 共進하자는 同志者들이 有한데, 今에 該同志들과 如何한 議論이 無히 獨히 興士團에 入하는 것이 如何할까 하는 疑心이 有하노라 함으로, 余問曰 該同志들과 組織한 決事가 有한가 한 즉 無하다 하다. 余曰 然則 余의 生覺에는 君이 此에 先히 入團할 것은 同志者들과 言約한 것을 實踐하는 것이니 此地에 在한 同志에게는 君과 同히 實踐케 할 것이오, 遠距離에 在한 이는 將次 會晤하는 期會를 待하야 引導함이 可하다고. 또 如何間 些少한 拘束이라도 無한 確斷이 有한 後에 余에게 다시 말하라 하다.

崔東旿君이 青雨朝會에 送할 信件을 起草하야 來하고 此를 速히 寫送하기를 要하다.

金九君이 來訪曰 福州에 先生과 및 幾人 同行할 바, 自己가 同行하고 代身에 呂運亨君이 往하는 것이 尤好하겠다 하다.

黃鎭南을 帶同하고 大陸報記者 페퍼君을 訪問하야 그 間 우리 일에 努力한 바를 致謝하다. 君은 海外에 在한 韓人들의 統一치 못한 것을 痛論하다.

金用禎君이 來訪함에 入團問答할 것을 速히 行하라 하다.

尹林君이 來訪함에 修養에 關한 言으로 勸告하다.

鄭仁果君이 來訪하다.

盧成春君이 來訪하야 本國에 速히 入하겠다 함에 宣傳隊에 參加하라 함에 承諾하다.

李光洙君이 柳炳基君을 紹介함으로 君에 對하야 興士團의 趣旨를 說明한 즉, 君이 自己 마음에 適合하다 함으로 團所에 來하라 하다.

七時에 團所에 往하야 鄭尙彬君의 問答式을 了하야 入團을 許하고, 金復炯君의 入團을 問答할 새 不徹底한 點이 有함으로 明日 다시 問答키로 하다.

金公緝君의 問答은 時間이 無함으로 未行하다.

二月二十六日 木 雲雨

預定事項

一, 國務會에 出席. 二, 議政院에 參席. 三, 金恒求君에게 入團問答을 委任할 것. 四, 光復團代表 韓薰君의 招待에 應할 것. 五, 入團式을 行하고 講演會에 出席할 것.

白永燁君을 請하야 今日 下午에 鄭尙彬君을 訪하야 鄭君의 衣服을 買與하라고 銀十元을 送하다.

李總理 來訪하야 時局에 對한 不平을 多言하고, 自己가 責任을 擔負하고 此局을 한번 翻覆할 터이니 君은 現表치 말고 內로 同志를 隱結하였다가 우리 兩人이 일을 全當하야 終末까지 進行하자 하는지라, 余曰 우리 民族의 程度와 現時 群衆의 心理와 우리의 實力을 量한 즉, 如此하고는 곧 失敗를 當할 터인 즉 萬萬不可하고, 先生은 極히 注意하야 現局을 順潮로 支配하야 融和策을 講究함이 마땅한지라 先生 意見대로 行하야 成功할 것 같으면 余는 正面에 立하야 行하지, 先生에게 責任을 歸하고 後面에 立할 바 아니라 하다.

孫貞道君이 來訪曰 自己가 議政院議長을 辭免할 意가 有하다 함으로 輕히 判定하야 對答키 難하다 하다.

玉觀彬君이 來訪曰 그 間 旅費未備로 今夕에야 南京으로 向한다고 告辭하다.

金恒求君에게 金公緝·金復炯 兩君의 入團問答을 委托하다.

國務會議에 出席하야 議政院에 質問答辦할 것을 通過하고, 總理의 施政方針演說案을 通過하고, 法務總長 申奎植君의 辭職을 封還하고, 義和公의 安東交通部에 在하던 書類를 檢閱하다.

金醫士宅을 訪問하고 議政院에 參席하다.

車均祥君을 面會하고 興士團에 入團키를 言하다.

光復團代表 韓薰君이 政府閣員 總理以下 各總長及各次長을 招待하는 晩餐會를 大東旅社에 開하다. 參涉하였다가 團所 時間의 相値로 先歸하야 團所로 往하야 新히 問答한 六人의 入團式을 行하고, 李光洙君의 講演하는 席에 參하였다가 演畢에 諸團友와 同히 社會主義에 關한 바를 討論하다.

尹右山君이 來訪함에 君에게 前者 美洲로서 余에게 來한 金의 內情을 去二十四日 鄭仁果君에게 對하야 한 言과 同히 言한 즉, 君이 日 自己가 先聞하였고 또 外論이 盛沸騰한다 하다.(尙在記 昨日記事)

二月二十七日 金 雲

預定事項

一, 鄭愛卿 · 吳南熙 · 金蓮實 三女面會. 二, 怡隆洋行主人소저열君訪問. 三, 議政院에 參席. 四, 團所尋訪.

尹顯振君이 來訪日 現에 政府에 財政이 甚急한 境遇에 處하였은 즉, 美洲로 來한 萬元 中에서 幾許間 取用하자 함으로, 余答日 該金은 速히 還送할 터이오, 取貸하야 줄 權利가 無하다고 하다.

鄭愛卿 · 金蓮實 · 吳南熙 三女에게 對하야 入團問答을 速히 行하겠나 問함에 速히 行하겠다고 함에, 余日 君等이 此事를 行하는 것은 君의 一平生에 큰 關係를 作하는 것이오, 大韓女子界에 對하야 重한 責任을 持하는 것이니 深히 思量하야 먼저 뜻을 確定할 것이오, 무엇이든지 此에 對하야 拘碍되는 理由가 有하거든 余에게 從容히 來告하라 하고, 日間 私席에서 君의 自覺한 것을 알기 爲하야 大綱 問答을 行하자 함에 承諾하다.

都寅權君이 來訪日 自己의 實行하는 主義는 不良한 分子를 威力으로 除去하야 先生을 後援코져 함으로 過去에 他人에게 是非를 受하는 事 種種 有하였거니와 此後에도 此主義대로 進할 터이오. 爲先 今次 議政院內의 不善한 分子를 除去하겠노라 하는지라, 余日 民族의 程度가 高尙하고 實力이 充分하더라도 威力으로 壓制하는 事를 行하면 社會에 惡空氣가 充塞하야 亂暴한 破潰를 成하나니 現今 우리 民族은 程度가 幼稚하고 總機關에는 實力이 薄弱하야 精神上

으로나 物質上으로나 極히 空虛한지라 此際에 劇烈한 行動이 有하면 諸事가 瓦解될지니 現今에 注意할 바는 德義的 行動으로 社會의 活氣를 保存하야, 먼저 精神上 結合의 力을 備하고 此로 進하야 物質의 力을 具키를 計圖할지니 君은 極히 注意할 바라 하고, 또는 君이 余를 後援한다 하나 君이 如此히 單獨的 行動하는 것이 來終에는 精神上 責任이 余에게 及함으로 余에게 그 障碍가 되는 줄을 不知하느냐 하다.

李錫君이 來訪曰 興士團에 入團하기로 決定하였노라 함에, 이에 約法을 與하고 此를 仔細히 閱讀한 後에 再會하자 하다.

金亨均君이 來訪함에 余曰 李光洙君에게 如何한 言을 聞하였나 함에 君이 曰 興士團의 趣旨를 聞하고 入團코져 作定하였노라 하는지라, 余曰 然則 歸하야 興士團을 善히 研究한 後에 再會하자 하다.

金澈·鄭仁果 兩君이 來訪曰 소저열의 宿所를 아직 定치 못한 故로 다시 旅館을 定코져 하노라 하다. 余曰 余와 面會할 時間을 約束하고 通寄하라 하다.

劉相奎·金復炯 兩君에게 簡單한 訓諭를 주니, 其略曰 余가 東渡한 처음부터 兩君이 余를 도울 새 어떠한 秘密, 어떠한 事爲를 勿論하고 다같이 아는 바라. 兩君이 余를 도움이 어떠한 希望을 以하는 바 아니라, 余를 도움이 卽한 團事를 돕자고 努力하는 바 感謝하노라. 今에 余가 如何한 物質로써 與치는 못하나, 但 精神으로써 兩君에 與하겠노라. 兩君이 새 決心(入團을 指)을 가지고 修養하야 前進할 바, 余와 恒常 密接히 相會함으로 或 余의 不足한 것을 効할까 하노라. 余와 相從이 稍遠한 이는 余로 因하야 修養이 得中하나, 此와 反하야 密接히 相從함으로 余의 短處가 不無타기 難한 즉, 余의 短處에 對하야 極히 修養하는데 注意하라 하다.

一時半에 金東農을 訪問하고 議政院會議에 參席하였다가 金義善君과 同히 瑞康里로 歸하다.

吳正殷君이 來訪曰 吳翼殷의 二千元을 韓松溪에게 任置코져 하노라 함으로, 余曰 政府에 貸付하는 것이 如何한가 함에 君이 承諾하다.

金聖寄女士 來訪함에 興士團의 趣旨를 說明한 즉 極히 適合하다 하다.

李光洙君이 來訪하다.

朴宣君이 來訪하야 昨日 團所에 竊盜가 入하야 食床及茶具 等을 迺失하였다 告하다.

金聲根君이 來訪하다.

林得山君이 來訪하야 義勇隊及興士團에 關한 事로 相議하다.

金錫璜君이 來訪하야 義勇隊에 關한 事를 問議하다.

韓松溪君이 來訪曰 吳翼殷의 二千元條를 自己가 任置코져 함으로 政府의 財政 時急하니 不得不 此를 取하여야 하겠다 한 즉, 君曰 吳君의 것을 表示 아니하고 自己의 돈으로 千元可量 政府에 貸하겠노라 하다.

高永澤女士 來訪하야 自己가 目下受窘이 甚함으로 三十元만 取貸하기를 要함으로 如數히 貸與하다.

朴宣君이 來訪하였음으로 團所에 不往하다.

소저열君은 金澈君이 時間을 約束치 못함으로 未訪하다.

二月二十八日 土 晴

預定事項

一, 光復團代表韓薰君訪問. 二, 孫永弼訪問. 三, 소저열訪問. 四, 三月 一日寄付金을 送할 것. 五, 李總理에게 送金할 것.

尹林・李奉烈 兩君이 來訪하다. 李君이 自己 前途에 對하야 訓戒를 請함으로, 余曰 先히 確固한 意志를 立하고 修養에 專力하야 高尙한 品格을 作하며 一種以上의 專門智識을 備할 것이오, 또는 今次事業에 生命을 犧牲하기로 決心하라 하다.

吳正殷君이 來訪曰 吳翼殷의 二千元條를 已히 韓松溪에게 任置하였습니다 함으로, 余曰 無妨하다. 韓君이 이미 政府에 取付하기를 許諾하다 하다.

李鍾郁君이 來訪曰 內務部使命을 帶하고 從速하야 人國코져 하니 注意될 바를 생각하였다가 指示하기를 望하노라 하다.

孫斗煥君이 來訪하다.

朴殷植君이 來訪하야 需用支絀함을 말함으로 洋拾元을 呈送하다.

韓應華君에 興士團趣旨를 說明하다.

鄭仁果君이 來訪하야 今夕에 소저열君을 招待하자 함에 許諾하다.

二時頃에 議政院에 (國務總理施政方針演說預定日也) 往하니 適 議員未滿으로 流會되다. 이어 諸國務員과 同 法務總長 申奎植宅에 會함에, 余曰 우리 國務員들은 議政院에 對하야 一致하게 順潮로 應하지 些少라도 衝突이 生케 말게 하자 하다. 時에 衆言이 禮拜二日 議政院에는 他國務員으로 總理를 代하야 答辦케 하자 함에 衆議同一하다.

金羲善君이 來訪하다.

李總理 來訪하야 同히 소저열 招待會에 往하다.

尹顯振君이 來訪하야 晩餐會費가 無타 함으로 二十元을 取給하다.

이어 仝晩餐會에서 소저열君에게 韓國事情을 仔細 말함에, 君은 身을 내어놓고 끝까지 일하겠노라 하다.

十時頃에 北京路 禮拜堂에서 行하는 小兒演劇을 暫往하고 곧 尹顯振君을 訪한 즉, 君과 金立君이 共히 美洲로 來한 條로 急需에 應하자 함에, 余曰 不正當한 事이므로 絶對 履行치 못하겠노라 하다.

李總理에게 送金치 못하다.

二月二十九日 日 晴

預定事項

一, 金九・崔日君面會할 것. 二, 鄭・金・吳 三女士에게 入團問答을 準備시킬 것. 三, 禮拜堂에 往할 것. 四, 團所에 往할 것. 五, 金醫士宅尋訪할 것.

金九・崔一 兩君과 內地宣傳隊排置事를 討論하고 興士團의 趣旨를 說明하다.

鄭・金・吳 三女의 入團問答準備로 問答타가 時間의 促迫으로 中止하다.

金玉淵女士 來訪하다.

孫貞道君이 來訪하다.

崔承鳳君이 來訪曰 入團코져 하되 夕後時間을 陸士學에 受由가 念慮이라 함으로 余가 軍務次長에게 말하겠다 하다.

朴賢煥・金公緝 兩君이 來訪曰 廣東에 留學次로 從速發行함이 如何한가 함으로, 余曰 已往 決心이 有한 즉 速行함이 可하다 하다.

十二時頃에 鄭仁果君의 招待로 黃鎭君과 共히 大東旅社에 往하야 午餐하다.

李石君이 來訪하야 興士團에 入團하기로 決心하였노라 하다.

金建亨君에게 興士團趣旨를 說明하다.

金純一君이 來訪함에 우리 光復事業의 主義方針을 說明하다.

趙尙燮君이 來訪曰 自己가 中國人에게 公債券을 買하려 한 즉 如何하냐 함으로, 余 贊意로 答하다.

朴宣君이 來訪하다.

金恒求君이 來訪曰 速히 日本으로 發程코져 하노라 함으로, 余曰 此地에서 何次長으로 被任하야 共事함이 좋을 듯하다고 하다.

三時半에 團所에 往하였다가 金醫士宅을 訪問하다.

一九二〇年 三月

三月一日 月 雲·雨

預定事項

一, 政府의 獨立宣言紀念에 參席할 것. 三, 오림픽에서 行하는 紀念祝會에 參席할 것.

十時頃에 政府職員과 議員一仝이 會合하야 祝賀하는 明德里八號에 往하야 같이 祝賀하다.

鄭尙彬君이 來訪하야 推衣한 바를 謝하다.

羅昌憲君이 來訪하야 모든 不統一及不平에 關함을 言하다.

二時半頃에 오림픽戲院에 民團主催의 祝賀會에 往하니 定刻의 幾分이 已過하야 揭旗式을 行하는지라 序에 依하야 余가 數言으로 答辭하니, 其略曰 이 날이 어떠한 날이오? 우리 무리들의 言이 吾民族의 神聖한 日이라. 이 날이 正義와 平等으로 生하였음으로 天에 在한 上帝께서 合當한 日로써 許하셨고, 이 날이 무엇으로 말미암아 生하였나? 우리 二千萬이 한 소리로써 叫呼하야 大韓의 男子와 女子가 合同하야 作하였도다. 韓國으로는 忘코져 하야도 忘키 難하도다. 然而 우리가 十年間 奮鬪하야 來한 바라. 敵은 우리의 過去 一年의 일을

虛되게 하려고 하나, 우리는 이를 有効케 하려고 努力하고, 또 다 今에 世界萬國이 두 나라의 三月一日을 서로 爭하는 것을 크게 注目하는 바라. 敵의 奮鬪하는 바도 三月一日이오, 吾人의 奮鬪함도 三月一日이오, 世界의 注目하는 바도 또한 이 날을 爲함이라. 그런 故로 이 날은 큰 날이 된 所以라. 우리는 다만 昨年 三月一日에 가졌던 決心을 失치 맙시다. 그 時의 所持한 心이 何乎아? 其時에 吾民族의 心은 죽기로 決心하고 精神은 일하는 사람이 되고져 함이오, 우리가 爲事者에게는 그 人의 才識과 人格은 不問하고 父母보다 甚히 사랑하였소. 그 날의 決心은 敵이 强하고 우리의 弱한 것을 不懼하였나이다. 余 此席에서 他를 不言하고 曰 오직 昨年 三月一日의 精神을 係統한 즉, 우리의 目的을 成하겠나이다. 今日 우리의 大統領 李承晩博士와 國務總理 李東輝를 어깨에 떠매고, 저 日本의 嘉仁을 두고 싸움이 우리의 目標가 아니오? 二先生의 銅像을 獨立門前에 立해야 하겠소. 스스로 그 몸을 깍은 즉 死하나니 二領袖를 받들고 向前 進進하기를 吾人의 生覺할 바라 하노라 하다.

五時에 李總理의 招待한 晩餐에 應하다.

三月二日 火 雪

預定事項

一, 李裕弼面會할 것. 二, 議政院에 出席할 것. 三, 國務會에 出席할 것. 四, 入院할 것.

十時頃에 國務會에 往하야 議政院에 答辯委員을 內務總長으로 定하고, 宣傳部 副委員長 金澈 辭免함으로 李裕弼로 (余薦) 選定하다. 余가 宣傳部施設方針을 演說하다.

李裕弼君에게 宣傳部 副委員長被任됨을 言하고, 明日부터 宣傳에 關한 事에 着手하자 함에 諾하다.

孫斗煥君에게 李裕弼君과 共히 宣傳部의 事를 商議하라 하다.

朴宣君이 來訪曰 今日 入團問答할 人을 指定하라 하다.

議政院에 參席하야 政府質問事件에 對하야 補助答辯하다.

金聲根이 來訪曰 冒險團團員 三人이 携彈入國하였은 즉, 三月一日에 何等事

가 生하였으리라 하고, 또 冒險團으로서 咸鏡北道에 財金 二萬餘元을 得할 수 有한데 政府로서 信任狀을 交付하라 함으로 아직 對答치 못하겠고 財務當局과 商議하겠노라 하다. 君이 生活이 困難타 함으로 銀十元을 贈하다.

金錫璜君이 來訪曰 義勇團을 爲하야 努力襄助하라 하다.

李錫君이 來訪함에 今夕에 興士團團所에 一次往訪하라 하다.

金公緝君이 來訪하다.

崔東昨君이 來訪하였다가 時間이 適無함으로 會談치 못하다.

夕後에 紅十字病院에 入院하다.

三月三日 水 雲

預定事項

一, 受療. 二, 宣傳部事務를 着手. 三, 入團問答.

病院에서 受治療하다.

李錫君이 李世芳君을 紹介하다.

李光洙君이 來訪하야 呂運亨君의 山東 往還을 來言하다.

崔承鳳君이 來訪曰 鮮于銑이라는 人의 廣東 留學하고져 하는데, 先生이 擔保하라 함으로 不許하다.

韓應華君이 來訪曰 廣東에 留學코져 하노라 하다.

金亨均君이 來訪하야 廣東으로 出發하노라고 告別하다.

鄭仁果君이 來訪曰 速히 佛領事를 尋訪하라고 하고, 又曰 安東交通部에는 美國人 一人을 派送하기로 한다 하다.

劉禮均·吳泳善 兩君이 來訪曰 今에 俄領에 往하노라 함으로 宣傳委員을 任하고 宣傳에 關한 事를 說明하다.

李裕弼君이 來訪함에 宣傳部事를 商議하고 宣傳部規定을 起案하라 하다.

韓應華君이 來訪曰 今日은 發程치 못하고 再明月 出發하노라 하다.

呂運亨君이 來訪하야 山東에 往還 始末을 來告曰 山東에 在한 獨逸人及 愛爾蘭人이 吾人의 事에 對하야 曰 山東에 在한 勞働者와 馬賊 等을 利用할 것과 公債券을 自己商店에서 擔保하고 販賣할 것과 彩票에 參加하야 財政을 辦

備할 것을 말하더라 하다.

西間島代表 尹琦燮·李旭 兩君이 來訪하야 西島情狀 詳報하다.

七時에 團所에 往하야 白永燁君의 入團問答을 行할 새 未畢하다.

三月四日 木 晴 夕雲

預定事項

一, 受療. 二, 國務員에 出席. 三, 議政院에 出席, 四, 呂運亨訪問. 五, 團所에 往하야 問答할 것.

午前에 治療를 受하고 十一時頃에 國務會議에 出席하야 中·俄 兩領의 通信을 接한 즉 速히 動兵한다 하였고, 內務部 秘書局長 申斗湜과 同地方局長 崔東旿任命案에 通過하였고, 議政院에 出席하야 說明할 것은 政府委員에 任하였고, 尹顯振君의 政府委員辭免案을 封還하였고, 各部에 派送한 警護員을 撤廢케 하였고, 人口稅의 法律案을 通過하다.

崔東旿君이 來訪하야 入國하는 張敬順에게 內地宣傳隊組織事를 委托하고 張君에게 該主義를 說明하다.

朴宣君이 來訪하다.

金秉祚君이 來訪하야 美國에 在留하는 同胞의 事情을 問함으로 詳答하다.

金義善君이 百元을 請求하다.

呂運亨君을 訪問함에 出他한 故로 未會하다.

二時頃에 議政院에 參席하야 政府委員을 補助하야 答辯하다.

七時에 團所에 往하야 白永燁·孫貞道·柳榮 三君을 問答하고 入團을 許하다.

三月五日 金 晴

預定事項

一, 國務會에 出席. 二, 議政院에 參席. 三, 金義善君에게 送金. 四, 入團式及團友에 往할 것.

政府協議會에 出席하야 議政院에 關한 事를 協議하다.

金義善君에게 五十元을 送하다.

韓松溪君이 來訪하야 中國에 三十八年 在留하던 金鍾聲이라는 人을 紹介하고 中國에 宣傳할 主義精神을 善히 말하라 하다.

趙尙燮君이 來訪하다.

七時에 團所에 往하야 百永燁·孫貞道·柳榮 三君의 入團式을 行하고, 이에 繼續하야 地方團友會를 開하고 李光洙君의 講演이 有하다.

三月六日 土 晴

預定事項

一, 國務院에 出席. 二, 金澈君面會. 三, 李漢根面會. 四, 法務總長訪問. 五, 團所에 往하야 金用楨君의 入團問答할 것.

十一時에 國務會에 出席하야 軍務部參事 黃一淸 免職을 通過하고, 軍務部軍制編制案及武官學校章程을 通過하다.

金鍾聲君이 來訪함에 이에 中國人에 對하야 宣傳할 大旨를 說明하다.

黃鎭南君이 來訪曰 소저열君이 明下午 二時에 面會의 約束을 한다고 來傳하다.

車廷信君이 來訪曰 自己가 騎馬術을 工夫코져 하야 每朔 五元式 補助하야 주기를 請함으로 許하다.

崔東旿君과 張敬順君이 來訪하야 曰 張君이 告別次로 來辭하노라 함으로 이에 內地에 入하야 進行할 事를 說明하다.

金澈君이 來訪함에 興士團主義를 說明하다.

鄭仁果君이 來訪曰 速히 佛領事를 一次尋訪하기를 付托하다.

李甫民君이 來訪曰 日人이 上海에 在한 우리의 主要人物 七十餘를 逮捕한다 하며, 此는 工部局에서 辦事하는 某英人의 親戚의 所言이라 云云하다.

羅昌憲君이 來訪曰 自己의 同志 某氏가 京城으로부터 義州에 至하야 通信한 바, 그 內開에 倭總督府로서 暗殺黨 十人餘人을 上海에 密派하야 臨時政府의 重要人物을 暗殺케 하려 하였다 하며, 呂軍亨·張德秀 等과 黑幕이 有한 즉 呂를 卽速可殺이라 하고, 또 呂가 敵의 돈 二十萬元 賂物을 受하였다 하였으니 此에 對하야 先生이 如何히 思하냐 함으로, 答曰 虛無한 言이라. 呂君은 愛國者中의 一人인 것을 余가 擔保하노니 君이 該同志에게 通信하야 善히 諒解케

하라 함에 君이 唯諾하다.

七時에 團所에 往하야 金用楨君의 入團問答을 行할 새 糢糊한 點이 有함으로 다시 問答키로 하다.

三月七日 日 陰

預定事項

一, 소저열面會. 二, 金義善君을 面會하야 軍事를 議할 것. 三, 李裕弼君을 面會하야 宣傳을 議할 것. 四, 徐丙浩 · 金淳愛 兩君을 招待할 것.

金九 · 黃鎭南 · 鄭仁果君이 來訪하다.

李裕弼君과 宣傳部에 關한 事를 協議하다.

呂軍亨君이 來訪하야 山東에 往還한 事를 詳報하다.

下午 二時에 소저열君을 訪하야 우리 事業 將來를 爲하야 長時間 討論하다.

五時頃에 徐丙浩 · 金淳愛 兩君을 東亞旅社에 招待하야 晩餐하다.

時間이 無함으로 金義善君을 訪問치 못하다.

三月八日 月 陰

預定事項

一, 國務會에 出席할 것. 二, 金聖基女士를 面會할 것. 三, 議政院에 參席할 것. 四, 金用楨 · 金昌世君入團問答할 것. 五, 尹琦燮 · 李郁君招待할 것.

國務會議에 出席하야 居留民團規程을 通過하고 法務總長의 職願書를 三次 封還하다.

金恒求 · 尹右山 · 金鍾聲君이 來訪하다.

金公緝君이 來訪曰 自己가 美國에 留學할 意가 有하다 告하다.

高昌一君이 來訪하야 佛蘭西에 往還한 事를 言하다. 再明日 夕餐을 共히 하자 留約하다.

金九 · 崔一君이 來訪하다. 崔一君曰 金錫璜君이 內地에 入하는데 旅費 四百元만 支發하라 함으로, 余曰 不能하겠다 하다.

白永燁君이 來하야 二十元을 貸去하다.

議政院에 暫時間 參席하였다.

五時에 尹琦燮·李郁 兩君을 招待할 새 王三德·羅伍 兩君을 陪賓으로 請하야 晩餐하다.

七時에 團所에 往하야 金用楨·金昌世 兩君의 入團問答을 行하고 入團키로 許하다.

三月九日 火 夕雨

預定事項

一, 國務會에 出席. 二, 費牧師餞別會에 參席.

國務會에 出席함에 滿員이 못됨으로 開會치 못하다.

鄭仁果君이 來訪曰 費牧師에게 禮物로 送할 것이 如何한 物品이 好한가 함으로 紀念牌로써 함이 可하다 하다.

李매리婦人이 來訪하야 曰 渡美할 旅費 二百元을 請貸함에 不能하겠노라 하다.

七時에 團所에 往하야 田在淳君 入團問答할 새 糊模한 點이 有한 故로 明日 다시 問答키로 하다.

三月十日 水 雲

預定事項

一, 國務院에 出席. 二, 團所에 往할 것.

國務院에 出席하야 議政院에 關한 事를 協議하다.

李石君이 來訪曰 自己가 俄領으로 往코져 하던 意思를 變하야 西間島로 往코져 하노라 하다.

孫斗煥君이 來訪曰 宣傳部事를 來月曜日부터 시작하자 하다.

李매리夫人이 本國으로부터 新到한 張夫人을 引導하야 來訪하다.

尹顯振君이 來訪曰 南亨祐氏로 總長으로 敍任케 하야 外界의 反旗를 無케 하자 함에 生覺하자 하다.

李章夏·金愚濟 兩君이 來訪하다.

白鶴君이 來訪하다.

七時에 團所에 往하야 田在淳君의 問答을 了하야 入團키로 許하고, 李錫君의 入團問答을 行할 새 糊模한 點이 有함으로 明日 다시 問答키로 하다.

三月十一日 木 雨·雲

預定事項

一, 國務院에 出席. 二, 議政院에 出席. 三, 團所에 往할 것.

國務院에 出席하야 議政院에 關한 事를 協議하다.

金蓮實女士 來訪曰 自己가 南京 같은 等地에서 工夫할런지, 上海에 在하야 如何事에든지 助力하며 工夫할런지, 다시 入國하야 活動할런지 三者中의 其一을 指敎하라 함으로, 余曰 工夫하는 것이 可하다 하다.

金九君이 來訪함에 余曰 崔日君과 共히 速히 入團하기를 準備하라 함에, 君曰 崔日君은 一種以上의 學術을 學得하라는 것이 施行하기 難하다고 하다.

金成基女士 來訪함에 余曰 同留하는 李매리夫人이 興士團이 있다는 것을 知한다 하니 그 內容이 如何하더냐고 問한 즉, 女士曰 李夫人이 美洲에 團있는 것을 知하고 上海에 있을 듯한 疑問은 持하나 的確히 何處에 集會하는 것을 不知하더라 云하다.

朴魯英君이 來訪하다.

議政院에 參席하다.

七時에 團所에 往하야 金用楨·金昌世·田在淳·李錫 四君의 入團式을 行하다. 繼續하야 團友會가 開하니 此는 東方에서 처음 開催되는 地方會라. 李光洙君의 講演이 有하니 그 題는 興士團이란 무엇인가라.

三月十二日 金 晴

預定事項

一, 國務會에 出席. 二, 議政院에 參席.

國務院에 出席하야 議政院에 關한 事를 討議하다.

李裕弼君이 來訪하다.

韓松溪君이 來訪하야 金復의 書를 傳하며 曰 金復君이 陳炯明을 往訪하는데

先生과 相會하야 議論코저도 하고, 또 旅費도 幾許間 要求한다 하다.

尹顯振君이 來訪曰 政府의 組織體를 變動해야 되겠다 하며, 李承晩統領은 廢止하고 李東輝로 大統領으로 推戴한 后에 先生이 總理가 되어서 諸般을 總執해야만 大事를 運轉하겠고, 不然하고 現總理가 일을 붙들고는 지내 갈 道가 萬無하다 함으로, 余曰 大不可라. 此時期에 些毫라도 現狀을 變하면 크게 瓦解되겠고, 더욱이 余가 國務院의 首席에 坐하고는 行事키 難하다 하고 曰 余의 意思는 君과 鄭仁果·金立 等이 結心하고 相當한 靑年으로 次長이 되게 하야 次長諸君이 確固한 中堅力을 스스로 作하고, 또 總長 幾人은 또한 同心團結하야 國務總理를 잘 붙들고 나아가는 것이 唯一한 方針으로 생각하노라 하다.

呂運亨君이 來訪하다.

林得山君이 來訪曰 入國코저 하야 旅費를 請求함으로 辦備치 못하겠다 하다.

李英烈君이 來訪하야 銀四十元을 請求함으로 時在가 無하다 하다.

趙尙燮君이 來訪하다.

金鉉軾君이 來訪曰 自己가 美國에 往코져 한 즉, 紹介狀을 速히 寫하야 달라 함으로 諾하다.

孫永稷君이 來訪함에 南方에 留學生派送事를 問한 즉, 君曰 初往하야는 英·漢語와 拳術을 工夫하고, 次 或 航學術이나 飛行術과 陸軍學을 學習한다 하며, 其間 學生을 派送타가 軍務部의 是非가 有함으로 定止하였노라 하고, 派送人員의 定數는 二十人인데 十四人은 已送하고 六人을 尙今 派送치 못하였다 하는 故로 余曰 旣往하던 事인 즉 六人을 다시 送함이 如何하냐 한 즉, 君이 曰 先生이 責任을 負하겠다 하면 實行하겠노라 함으로 余 許하다.

李圭洪君이 來訪曰 國務院이 大段히 悲觀이라. 現狀이 如此하고는 일할 수 없다 하고, 又曰 大統領하고 勞働總辦의 責任이 同一하다고 하고 人物集中함에는 朴容萬을 此地에 來케 함이 可하거늘 政府에서는 此에 用力치 아니함이 不可라 하며, 政府가 速히 融合하야 內部가 鞏固하여야 하겠다 하다. 余曰 李博士와 余의 間에 衝突한 事가 無하고, 그이가 余에게 向하야 誤解를 가질 뿐이라. 余는 李博士와 政府와 相持함에 對하야 毫末의 責任을 不負할 것이라 하고, 又曰 空然히 悲觀치 말고 靑年次長 諸君이 中堅이 되어 總長들의 同心同德

으로 進行하기를 圖하면 就緖될 터이니 이에 專力하기를 望하노라 하다.

金公緝君이 來訪曰 孫永稷이라 하는 者를 信키 難타 함으로, 余曰 余亦不知하노니 이미 始作한 以上에 南方에 往하고져 하던 事를 試驗하라 하다.

吳南喜女士 來訪曰 六日夕에 鄭愛卿女士로 始作하야 入團問答하라 하다.

車利錫君이 來訪曰 自己 前途에 對하야 悲觀하는 意思를 表示함으로, 余曰 些少라도 悲觀치 말고 此時에 反省하야 修養하면 前途가 大開할 時가 有하리라 하다.

三月十三日 土 晴

預定事項

一, 國務院에 出席할 것. 二, 團所에 往하야 問答할 것.

金錫璜君이 來訪하야 本國에 入하야 宣傳隊組織할 事로 議論하다. 君이 入國할 旅費를 請求함으로 約一禮拜後에 辦備된다 하다.

鄭仁果君이 來訪曰 美領事를 訪한 즉, 美領事曰 君等이 美國에 入籍權은 無하였으나 六年以上 居住權을 持한 까닭에 特別한 旅行權을 得하야 가지고 來하였도다. 만일 美國外 地方에서 一年以上 逗留하면 該居住權이 消滅되는 바인 즉, 君들이 速히 美國에 返해야지 不然則 다시 返美키 難하다 하더라 하다. 鄭君이 曰 美洲國民會에서 旅費를 不送하니 還美할 意가 有하다 하며, 還하야 財政運動할 意가 有하다 함으로, 余曰 還美하는 것도 有益하나 外務部의 일 難處라고 하다.

七時에 團所에 往하야 鄭愛卿女士의 入團問答을 行할 새 所答이 滿足함으로 入團키로 許하다.

三月十四日 日 晴·雲

預定事項

一, 禮拜堂에 往할 것.

安定根君이 來訪曰 呂運亨君이 先生에게 對하야 不平한 意思를 懷하고 徐丙浩君과 合同하야 지내는 터인 바, 李光洙君이 呂氏를 極히 信任한 즉, 或 秘密이 漏할 念慮가 有하다 하다.

李錫君이 來訪하야 銀四・五十元可量 請貸함으로 現款이 無타 하다. 君이 日 俄領에 往하고자 하던 뜻을 變하야 西間島에 往하야 活動코져 하노라 함으로 余 贊成하다.

孫貞道君이 來訪하다.

李裕弼君이 來訪하야 宣傳部事를 相議하다.

二時에 禮拜堂에 往하다.

朴殷植君이 來訪曰 金復에게 旅費를 辦送하라 함으로 明日쯤 辦送하겠다 하다.

三月十五日 月 晴

預定事項

一, 國務院에 出席. 二, 議政院에 參席. 三, 團所에 往하야 問答할 것.

國務院에 出席하야 政務와 및 議政院의 事를 商議하고 余의 提出한 宣傳部規定案이 通過되다.

尹顯振君이 來訪曰 國務總理가 太히 混沌하야서 일을 收集하기가 茫然하다 하다.

郭炳奎君이 來訪曰 自己가 速히 俄領에 往코져 한 즉, 注意할 바를 指示하라 함으로 今日은 時間이 無하니 他日 相會키로 하다.

鄭仁果君이 來訪하야 다시 美洲로 往코져 하노라 함으로, 余曰 아직 隱忍하라 하다.

黃鎭南君이 來訪曰 美洲로 還去코져 하노라 함으로, 余曰 此處에 英語를 善操하는 人이 無하니 還去치 말라 하고, 又曰 君의 旅費가 不到하면 君의 旅費는 余가 代辦하겠다 하다.

金蓮實女士 來訪하다.

吳正殷君이 來訪曰 自己가 速히 美洲로 往코져 한 즉, 出發後 去來되는 것을 先生의 處로 하겠다 함으로 許하다.

金九・崔日 兩君이 來訪曰 金錫璜을 從速 治送하라 함으로 余가 旅費 百元을 支給하다.

安泰國(昨日來到)君이 來訪하야 互相敍懷하며 夕飯을 共히 하다.

金成基女士 來訪曰 自己가 入國前에 南京을 從速히 往還코져 하노라 하다.

朱賢則君이 來訪하야 談話하고져 할 새 適히 時間이 無함으로 再會하기로 하다.

金蓮實女士의 入團問答을 行할 새 未及한 點이 有한 故로 다시 問答키로 하다.

金復君에게 洋五十元을 送하다.

三月十六日 火 晴

預定事項

一, 國務院에 出席. 二, 議政院에 出席. 三, 團所에 往하야 問答할 것. 四, 安東吾君面會. 五, 金軍次를 面會할 것.

朴賢煥·金公緝 兩君이 來訪曰 孫氏를 難信할 人物인 즉, 空然히 向南함이 不可하다 함으로, 余曰已爲相約한 바니 實行하라 하고 旅行의 利益이라도 有하겠다 하다.

朱賢則君이 來訪曰 中國內地에 病院業을 施設하기로 生覺하는데 此를 實行할런지 或 他를 實行할런지 有益한 것으로 引導하라 함으로, 余曰 余는 病院施設에 同情을 表하나 아직은 內地에 入하야 宣傳隊組織하기를 望한다 함에 君이 此를 許하다.

議政院에 往하였다가 安泰國·金義善 兩君 同歸하야 俄領에 關한 事를 協議하니 그 方針의 槪略은 三段이니 一, 民事機關을 施設擴張하야 民心을 收拾하되 崔在亨 等 有力者에게 最高權力을 與할 것이오. 二, 軍事機關을 施設하되 柳東說君으로 最高權力을 掌握하야 軍事人物을 網羅케 할 것이오. 三, 俄國에 相當한 外交員을 派遣하야 俄國과 關係를 結할 것 等이라.

呂運亨君이 來訪曰 先生이 美人 밀나드를 訪見함이 好하겠다 함으로, 余曰 時間을 約束하고 通知하라 하다.

黃鎭南·鄭仁果 兩君이 來訪하다.

七時에 團所에 往하야 金蓮實女士의 入團問答을 了하고 入團키로 許하고, 吳南喜女士의 問答을 行할 새 未及한 點이 有함으로 다시 問答키로 하다.

午前 國務會議에 出席하야 議政院質問에 關한 事를 議協하다.

三月十七日 水 晴

預定事項

一, 國務院에 出席. 二, 議政院에 參席. 三, 安泰國君招待. 四, 安泰國君歡迎會에 參席. 五, 吳南喜女士의 問答할 것.

國務院에 出席하야 議政院의 事로 討議하다.

安定根君이 來訪曰 俄領에 事業을 着手코져 하는데 新聞事業을 自擔하고 始作함이 似好라 하다. 余曰 雖善이나 施設資本이 無하겠다 한 즉, 君曰 美洲로 來한 條中에서 半數를 新聞社營經에 充用하자 함으로, 余曰 非正當한 事인 즉 不可行이라 하다.

李裕弼君이 來訪하야 議政院에서 政府에 質問한 事件을 相議하다.

安泰國·金九 兩君과 俄領事를 할 새, 泰國君이 曰 議政을 解散케 하자고 內議하였노라 함에, 余曰 法律上·事實上 不可能한 事인 즉 生覺지도 말라 하다. 兩君과 共히 東亞旅社에서 晩餐하다.

李章夏君이 來訪하다.

吳南喜女士의 問答을 行할 새 氏가 頭痛으로 以하야 停止하다.

七時半時에 團所에 安泰國君의 歡迎會를 開하다.

三月十八日 木 雲

預定事項

一, 國務會에 出席. 二, 日誌記錄할 것. 三, 吳南喜女士의 問答을 할 것. 四, 入團式講演會에 參席할 것.

國務會에 出席하야 議政院質問案에 關한 事를 協議하고, 俄領에 關한 事를 協議하다가 未了하다.

金聖謙君이 來訪曰 俄領에 往還事에 對하야는 相當히 辯明하기로 作當한 것 預告하노라 하다. 余曰 該事에는 余가 負責하기로 自定하였으니 些少라도 念慮치 말라 하다.

黃鎭南·洪在衡 兩君이 來訪하다.

韓應華君이 來訪曰 南方에 留學次 往하노라 하고 告辭하다.

朴宣君·鄭仁果君이 來訪하야 共히 吳南喜女士의 問答을 行하야 合格됨으로 入團키로 許하다.

白永燁君이 來訪曰 身病으로 以하야 外務部에 三个月間 受由하야 南京 等地에 往하야 治療도 하며 工夫하겠노라 함으로, 余曰 療病함에 同情하노라 하고, 또 支那外交에는 스스로 責任을 負하라하다.

金德善君이 來訪曰 南方에 留學하러 往한 內容 詳知하냐 함에 未詳하노라 하다.

積日未記日誌를 記錄하다.

七時에 團所에 往하야 鄭愛卿·金蓮實·吳南喜 三女士의 入團式을 行하다. 八時에 講演例會를 開하고 情誼敦修란 問題로 講說하다.

三月十九日 金 雨

預定事項

一, 國務院에 出席. 二, 議政院에 參席.

國務院에 出席하야 北間島 軍政署代表 金星君을 會見할 새, 君이 國民會가 軍政署를 妨害한다는 事情을 陳하다.

鄭愛卿女士 來訪함에 昨日 入團한 것을 致賀하고 曰 더욱 心工을 많이 하야 將來 우리 團의 女子部의 事業進行할 것을 精神上으로 스스로 責任하고 그 方面으로 修養準備키를 勸告하다.

金恒永君이 來訪하야 日本에 往하야 進行의 注意할 바를 問함으로, 余曰 先에 人을 善察하야 各人의 心理를 了知하고, 또 各人으로 하여금 金君을 諒解케 한 後에 우리 同志될 만한 人에 對하야 우리의 主義를 宣傳하고, 其次에 資本家의 子侄들을 交涉하야 政府로 金錢을 辦送하도록 할 것이오, 其次는 政務上에 擔任할 適材가 有하거든 政府의 需用을 爲하야 此地에 勸送하라 하다.

金秉琠君이 來訪曰 自己旅費에 對하야 一百八十元을 더 支拂해야겠다 함으로 諾하다.

韓松溪君이 來訪曰 中國人側에 遊說하였던 金鍾聲君이 還하였다 하며, 該君에게 宣傳에 關한 文件을 艸하야 與하자 함으로 諾하다.

朴熙淑君이 來訪曰 自己가 製造한 炸彈을 安東에 送하였노라 하며, 또 그 殘餘品은 如何히 處置함이 可하냐 함으로 此地에 置하라 하다.

安泰國君이 來訪함에 余가 上海의 一般經過狀況을 詳言하다.

車廷信君이 來訪하야 騎馬術習學費를 請求함으로 銀十元을 贈하다.

鄭仁果君이 來訪하야 駐俄外交部規章制定을 託하다.

金九君이 來訪하다.

尹顯振君이 來訪曰 俄領問題로 因하야 先生의 責任이 有할 듯하다 하며, 又曰 平安道人中에서 某中國人이 來하야 此次 韓國革命의 首領이 如何한 人이냐 問함에, 先生・李光洙・孫貞道・金弘敍 等이라 하였다 함으로 外間의 異論이 多하다 云하다.

午後 二時에 議政院에 參席하다.

三月二十日 土 晴

預定事項

一, 國務院에 出席. 二, 李裕弼面會. 三, 國民團體育部開學式에 參席.

國務院에 出席하야 議政院의 質問案을 討議하다.

李裕弼君과 外交部駐俄委員規定을 制定하자 한 즉, 君이 起草하야 來하겠노라 하다.

金羲善君이 來訪曰 東路司令官을 國務院會에 通過시키라 함으로, 余曰 柳春郊에게 委任한 以上에는 柳春郊君이 專任하는 것이 合適하겠다 하다.

姜永漢君에게 修養에 關하야 말하다.

鄭仁果君이 來訪하야 外交部駐俄委員規定을 制定하자 함으로 李裕弼君에게 委托하야 起草케 하였다 하다.

午後 七時에 國民團體育部開學式에 往하야 祝辭하다.

三月二十一日 日 雲

預定事項

一, 金恒求君餞別會에 參席할 것. 二, 禮拜堂에 往할 것.

午前 十一時頃에 崔東旿君이 來訪하다.

午後 二時에 禮拜에 往하다.

玉成彬宅의 東吾君과 같이 被招하야 晩餐하다.

八時에 團所에서 金恒求君의 餞別會에 往參하다.

三月二十二日 月 雲

預定事項

一, 金恒求君餞送紀念撮影. 二, 金恒求君作別. 三, 國務會議出席. 四, 議政院에 出席하야 答辯할 것.

十二時 三十分에 團友一同이 ○○園에 合하야 金恒求君餞別紀念으로 撮影하다.

國務院에 出席하야 俄領事件答辯案을 討議하다.

安泰國君이 來訪함에 余가 출국할 情形을 言하다가 時間으로 因하야 未盡하다.

尹顯振君이 來訪曰 俄領問題에 對하야 其時當局하였던 人들이 負責辭職하자 함으로, 余曰 境遇는 然하나 일인 즉 重大함으로 難한 問題라 하다.

金恒求君이 來訪하야 作別하다.

崔日君이 來訪曰 入國코져 하니 그 旅費를 請함으로 諾하다.

議政院에 出席하야 俄領事件을 答辯하다.

三月二十三日 火 雲

預定事項

一, 國務院에 出席. 二, 議政院에 出席하야 答辯. 三, 崔東旿面會할 것.

國務院에 出席하야 北間島 軍政署代表 金星君을 請하야 該地情形을 陳述케 하다.

崔東旿君이 面會하고 青雨朝會에 送하는 書를 付하라 하다.

趙尙燮君이 來訪曰 中國內地에 從速히 公債를 賣하러 往코져 하는 바 先生

과 同往함이 似好하다 함으로, 余答曰 余가 至今 身病으로 受療하는 中이오, 또 受療了後에는 非律濱에 往還코져 하노라 하다.

安定根이 來訪曰 美洲의 來金事는 自己가 負責코져 할 터인 즉, 自己에 責任을 負與하기를 望云故로 余曰 此를 念慮치 말라. 余가 負責하리라 하다.

議政院에 出席하야 俄領國民議會事件으로 演說하다.

高一淸君이 來訪曰 今番光復運動에 吾平安道人은 樞要히 當道는 없고 오직 勞力할 뿐이오, 處下할 뿐이오, 出金할 뿐이라. 然而 先生까지 辭職코져 云하신다 함은 不可라 하다.

鄭仁果君이 來訪曰 今日 議政院에 往하야 演說한 것은 매우 快히 아노라 하다.

尹琦燮君이 來訪함에 上海臨政府의 所經을 大略 說明하다.

李鍾郁君이 來訪曰 從速 入國할 터이니 注意할 바를 敎示하라 함으로, 余曰 總辦府主張하는 人物을 視하야 眞正한 意思者들이면 그대로 施行케 하고, 不然則 通信하라 하다. 또 政府의 計劃을 叩함으로 計劃中의 一綱을 擧하야 言하다.

呂運亨·黃鎭南 兩君이 來訪曰 英人學術硏究會에 往 演說한 것을 말하며, 又曰 該會集한 一般이 大多히 同情하더라 云하다.

三月二十四日 水 雲

預定事項

一, 國務院에 出席할 것. 二, 講演會에 往할 것.

國務會에 出席하야 議政院議員 李裕弼 等의 質問案答辯을 討議하다.

金秉瑛君이 來訪함에 渡美旅費 一百四十元을 支給하고 曰 渡美하야 金恒求君의 錢을 取하야 卽時 余에게 送하게 하기로 宋鍾翊君에게 말하라 하다.

安泰國君이 來訪하다.

七時에 團所에 往하다. 鄭仁果君의 講演이 有한 後에 渡美하는 人에게 余 簡略한 注意를 말하다. 安國衡의 告別辭兼自己의 主義를 말하다.

余 此席에서 斷煙할 主義를 布明하다.

三月二十五日 木 雲

預定事項

一, 安泰國君面會할 것. 二, 美人밀나드를 尋訪할 것.

李裕弼君이 來訪함에 余日 此次 俄領問題에 對하야 余가 負責하고 辭職함이 어떠하냐 함에 君이 贊意를 表하다.

郭炳奎君이 來訪하야 政府의 主義方針을 問함으로 大略 說明하고, 또 俄領의 施設計劃을 言하다.

孫貞道君이 來訪하다.

安泰國君이 來訪함에 余日 先生이 安東縣에 往하는 것이 似好라 한 즉, 君日 安東에 往함으로 有益하겠다 하면 往하겠다 하다.

尹顯振·金澈·李圭洪 三君이 來訪함에 余의 辭職事를 討議한 즉, 李君은 日 今에 先生이 辭職하면 政府가 瓦解될 터인 즉 政府의 意思를 옮긴 後에 辭職함이 可타 하다.

呂運亨·黃鎭南과 같이 美國探報員 밀나드君을 訪하다. 우리 獨立運動에 關하야 善良한 意見을 求한 즉, 君日 少毫라도 輕動치 말고 內部를 善히 組織하고 오래 끌어 나아가다가 美日戰爭의 時期를 利用하야서 最後의 目的을 達하는 것이 可타 하다. 只今 韓人의 獨力으로 獨立戰爭한다는 것은 多數 生命을 犧牲할 뿐이오, 아무 効果가 無할 줄 生覺하노라. 韓國이 일어나 戰하면 美國이나 其他國의 援助하기를 企望치 말지라. 他國들이 各各 自國의 利害를 爲하야 戰하나, 오직 韓國뿐으로는 不爲할지라. 美日戰爭의 時期는 五年內에 在하다고 生覺하노라 하다.

三月二十六日 金 雲

預定事項

一, 國務院에 出席. 二, 國民團體育部夜學에 出席할 것.

午後 二時에 國務會議에 出席하다.

下午 七時三十分에 國民團體育部夜學課에 出席하다.

三月二十七日 土 雲

預定事項

一, 入院.

斷煙키 爲하야 下午에 入院하다.

三月二十八日 日 雲

孫貞道・鄭愛卿・吳南喜 三君이 來訪하다.

三月二十九日 月 雲

朴宣君이 來訪하야 銀五十元을 取去하다.

金恒信女士 來訪曰 高泳澤의 旅費가 美洲로부터 來할 터이나, 現에 旅費가 無함으로 此次 同行에 未參케 되겠는 故로 先生의 周旋을 望하노라 함으로 許諾하다.

三月三十日 火 雲

高泳澤女士 來訪함에 旅費條로 一百五十元을 支給하다. 宋君에게 轉交케 하다.

三月三十一日 水 雲

預定事項

一, 團所의 講演會에 參席할 것.

七時에 團所에 往하니 適 講演키로 預定한 이가 無함으로 余 簡略히 말한 바 一, 僞言치 않을 것. 우리가 一次 僞言함으로 因하야 우리 團의 一萬 가지 일이 다 毁潰될지라. 不得已한 境遇에는 不言하는 것이 可하니라. 他人의 知不知는 莫問하고 我의 良心이 僞라 認할 時는 不言할지라. 二, 修飾치 아니 할 것. 우리는 그 天然으로 나아갈 따름이니 꾸미지 않는 체 하는 것도 꾸미는 것이라. 다만 天然으로써 進할 뿐이니라. 俄・中 諸地의 人은 皆死人으로써 獨立을 運動하는도다. 우리가 今에 이와 같은 團으로 모임은 곧 再生을 圖함이로

다. 韓國人이 韓國人의 참말이 없는 줄로 認定하는도다. 그 外의 말할 것은 우리가 或 그 身의 周圍事情으로써 其 마음의 不快를 일으키는 者 多하외다. 經濟上·事業上·個人上, 又 交際上 스스로 不快를 生케 하는도다. 不快한 즉 精神이 混沌하고, 精神이 混沌한 즉 良心이 薄弱하야지느니라. 할 수 있는대로 前에 不快한 事가 不有하도록 注意합시다.

一九二〇年 四月

四月一日 木 雲

國務總理의 特請으로 國務會에 出席하야 俄領의 總辦部總辦은 崔在亨으로, 副總辦은 金致甫로 選定하고, 北間島 總辦部職員은 視察員을 派遣한 後 組織케 하기로 하다.

趙尙燮君이 來訪曰 中國內地에 公債募集事를 速히 施行키를 望하노라 하다.

四月二日 金 雲

渡美하는 金秉瑛·安國衡·劉日 三君이 來訪 作別하다.

安泰國先生이 感冒로 申江病院에 入院하였음으로 紅十字病院으로 移院케 하다.

崔日君이 來訪하야 曰 威海衛로 往하는 旅費 五十元을 請함으로 支拂하다.

尹琦燮·李震山 兩君을 訪問하다.

七時에 國民團體育部夜學課에 出席하다.

四月三日 土 雲

預定事項

一, 朴容萬君尋訪. 二, 朴容萬君招待한 晩餐會에 參席할 것.

午前에 朴容萬君을 一品香에 尋訪함에 出他함으로 未會하다.

孫貞道君을 尋訪하다.

團所를 尋訪하다.

六時에 朴容萬君의 招待한 晩餐會에 往하니 參席한 人이 約百人可量이라. 朴

君曰 自己는 軍事의 主義가 有함으로 外交의 일은 보지 못하겠다고 宣言하다.

四月四日 日 雲

預定事項

一, 李華淑女士面會.

預定事項인 李華淑女士 面會는 未遂하다.

四月五日 月 晴

預定事項

一, 國務會에 出席할 것. 二, 尹琦燮面會할 것.

國務會에 出席하야 俄領 金圭冕으로 財務官을, 劉贊永君으로 副財務官을 任命하고, 또 駐外財務官署官制를 通過하다.

尹琦燮君이 來訪함에 今次光復事業에 對한 政府의 主義와 并 余의 意思를 長久한 時間으로 說及하다.

郭敬君이 來訪曰 本國에 入하야 炸彈을 收入시킨 것과 人員을 指揮한 事實을 告하고 速히 物件을 帶하고 金元敬으로 더불어 入國하겠노라 하다.

金澈君이 來訪曰 明日 野外에 遊行하자 함으로 諾하다.

郭炳奎君이 來訪하다.

四月六日 火 晴

預定事項

一, 野外散步.

金澈・李光洙・其他諸君과 같이 龍華寺及젯스필公園에 遊行하고 四時頃에 團所로 歸하다.

四月七日 水 晴

預定事項

一, 朴錫洪面會. 二, 文昌範訪問.

午後 一時頃에 崔東旿君이 來訪曰 本國에 入하였던 素石과 又 一人이 從速來到한다 하며, 金錢은 限十萬元可量 運動이 되였다 云하다. 余曰 飛行機事로 余가 將次 菲律賓을 往還함직하다고 하다.

朴錫洪君에게 興士團의 主義를 說明한 즉 君이 大히 贊同하다. 今夕에 團所에 來하라 하다.

徐弼淳君이 來訪하야 取款을 請함으로 現에는 無하다 하다.

下午 二時에 文昌範君을 尋訪함에 出他한 故로 未會하다.

四月八日 木 晴

預定事項

一, 國務院에 出席. 二, 安定根入團問答.

國務院에 出席하야 政務를 協議할 새 中·俄 兩領視察을 軍務次長 金義善君을 派遣하게 하다.

下午 七時에 團所에 往하야 安定根의 入團을 問答을 하고 入團키로 許하다.

四月九日 金 晴

預定事項

一, 尹琦燮君을 面會할 것.

金義善君이 來訪하다.

朴泰河君이 來訪하야 請貸함으로 銀五元을 贈하다.

徐弼淳君에게 銀五元을 贈하다.

崔東旿君이 史料集을 請求함으로 一部를 送하다.

尹琦燮君이 來訪함으로 政府의 主義와 및 進行方針을 說明하다.

早朝 團所에 往하야 正坐會에 參하다.

李裕弼君을 尋訪함에 君 因病在床故로 治療費 二十元을 贈하다.

下午 八時半에 國民團體育部夜學課에 往하다.

四月十日 土 雨

趙尙燮君이 來訪曰 中國內地에 公債募集에 對하야 同行할 수 有하냐 問함으로, 余曰 余는 菲律賓과 安東에 往還코져 하는 中인 즉, 時間의 相値가 無해야만 同行이 或 될 수 있겠다고 하다.

四月十一日 日 雲

下午 二時에 禮拜堂에 往하다.

淸早에 團所에 往하야 靜坐會에 參하다.

下午 七時半에 東吾先生이 不幸하다.

四月十二日 月 雲

鄭仁果君이 來訪曰 興士團의 秘密이 顯露되었다 하며 曰 鮮于爀君이 曰 上海에 興士團이 有하다고 自己에게 言하였다 하며, 將來 團의 일이 널리 世上에 알게 될 時는 上海에서 團의 行事는 無하고 團을 紹介하야 美洲에 在한 團에 入團케 하였다고 朴宣君과 共히 責任을 負하겠노라 하다.

鮮于爀을 請하야 興士團에 關한 事를 問한 則, 徐丙浩君에게 聞하였노라 하다.

四月十三日 火 晴

預定事項

一, 行葬諸般에 關하야 協議할 것. 二, 入棺式行할 것.

午前에 金九君에게 斂衣製縫을 托하다.

故東吾先生의 舊知諸位를 請하야 行葬諸般을 議論하다.

鄭仁果君이 來訪曰 李石君이 工部局에 被捕하였다 急報함으로 卽時 呂運亨君으로 交涉케 하였더니, 呂君이 來報曰 이미 日本領事署交越되었다 하다.

吳翊殷君이 來訪曰 自己의 叔 熙源君과 및 兄이 合同하야 金貨 三萬元을 辦送할 計劃이라고 하다.

下午 五時에 入棺式을 行하다.

四月十四日 水 晴

下午 三時半에 發靷하야 靜安寺路公同墓地에 安窆하다.

下午 六時頃에 金復炯君에게 余의 動靜의 兩難한 것을 말하다. 余로 外交의 職에 在하라 하나 毁訾와 妬忌가 多한 社會에 應키도 難하고 不應키도 亦難하다 하고, 또 某氏가 發起코져 하던 政黨의 組織이 余를 忌하야 中止코져 한다 함을 말하다.

七時半에 團所講演會에 參하다.

四月十五日 木 雨

預定事項

一, 李鐸君面會.

朱賢則君이 來訪하야 本國에 往還한 事를 言하고 曰 國內 一般同胞가 至極히 先生을 信賴하는 바인 즉, 如何한 苦難이라도 冒하고 上海에서 耐過해야겠다 하다.

趙尙燮君이 來訪하야 다시 公債券發賣事를 말함으로, 余曰 該事로 因하야 白永燁君에게 數次 言하였으되 不聽한다 하다.

金九君이 來訪함에 余曰 아무래도 中堅되는 團體를 組織해야겠다고 하다.

吳翊殷君이 來訪曰 已往 政府에서 用하였던 條를 取하야 獨立新聞社에 寄付하는 것이 如何하냐 함에 贊意를 表하다.

金蓮實女士 來訪하다.

李鐸君이 來訪하야 自己의 弟의 事情을 言하며 曰 中國人이라 稱하고 다시 交涉하기를 望한다 하는 故로 이에 呂運亨君을 訪한 즉 君이 出他하였으므로 未會하다.

四月十六日 金 雲

預定事項

一, 國務院에 出席.

金九君이 來訪함에 다시 우리 事業의 中堅될 만한 團體를 言하다.

松溪君에게도 團體組織에 關하야 言하다.

玉觀彬君이 來訪함에 余가 修養에 關하야 勸告하다.

崔成奉君이 來訪하야 受絀함을 言하는 故로 銀五元을 贈하다.

林得山君이 來訪하야 曰 本國에 短銃隊와 및 炸彈隊를 設置코져 한 즉 如何하냐 함에, 余曰 軍務部主義下에서 行動하라 하다.

國務會에 未滿員이므로 開會치 못하다.

四月十七日 土 晴

預定事項

一, 尹琦燮·王三德·李震山面會할 것. 二, 玉成彬君面會할 것.

洪在衡君이 來訪曰 從速히 入團하고 出發하겠노라 하다.

林得山君이 來訪曰 入國하야 行動할 自己意思를 言하다.

尹琦燮·王三德·李震山 三君이 來訪하야 西間島에 對한 意見을 述할 새 一, 政府로서 政府에 派員할 것. 一, 平安南北道에 公債券發賣權을 西間島에 專委할 것. 一, 軍事會議를 速히 召集할 것. 以上 三條를 要求함으로, 余答曰 軍事會議는 勿論 速히 召集해야 되겠고, 西間島派員에 對하야도 同情이오. 公債發賣를 따로이 西間島에 떼어 주는 것은 難한 問題라 하고, 只今 國事에 對하야 有志한 이들이 한 部分에만 留意치 말고 全體에 對하야 研究하기를 望하며, 上海政府의 維持 與否가 外界와 內界에 對하야 큰 關係가 有한 것을 覺하고 此의 維持에 努力하기를 望하노라 하다.

鄭濟亨君이 來訪하야 本國에 往還事를 報하며 曰 內地同胞들이 政府에 對하야 希望且依賴하는 마음이 多하고 自行할 마음이 無하다 하다.

李鐸君이 來訪曰 西間島의 人心은 渙散되어 當局者가 憂慮中에 在하고, 經濟上 困難으로 進行이 茫然하다 하다. 君이 錫君의 出脫를 議論할 새, 一은 中國人이라 하야 運動하고, 二, 獄中에서 逃出케 하고, 外에 自働車로 接應할 것. 三, 二人 或 一人이 武器로 冒險行動을 取코져 한 즉 先生이 後에서 用力함을 請함으로 力의 及하는대로 應援하겠노라 하다.

朴承明君이 來訪하야 入國하노라 하고 告別하다.

韓昌東君이 日京으로부터 來하야 來訪하다.

李鐸君이 來訪曰 獄中에 通寄하는 事는 玉成彬君이 周旋해야 되겠고, 其後自働車準備를 如何히 할런지 不知云 故로 余가 周旋하겠노라 하다.

玉成彬君을 請하야 獄中의 通寄는 中國人을 잘 使用하고, 自働車로 應接하는 것은 美國人을 使用하라 하다.

車利錫君이 來訪함에 余曰 心을 安屯하고 잘 前進하라 하다.

四月十八日 日

預定事項

一, 治療를 受할 것. 二, 禮拜堂에 往할 것.

團所에 往하야 靜坐會에 參하고, 紅十字病院에 往하야 治療를 受하다.

郭炳奎君이 來訪曰 安東縣及本國까지 往還하겠노라 하고 告別하다.

李奉九君이 來訪하다.

玉成彬君이 來訪曰 昨夜事는 獄中에 寄別이 不善하야 未出하였으므로 未遂하였다 하다.

四月十九日 月 晴

豫定事項

一, 治療를 受할 것. 二, 國務院에 出席할 것. 三, 金嘉鎭君訪問할 것.

靜坐會에 參하고, 病院에 往하야 受療하다.

金嘉鎭君을 訪함에 君曰 大同團總部를 組織하노라 하다. 前者에 大同團幹部人物이 金數十萬元을 辦備하야 가지고 來하다가 太田에서 日警에게 被捕하였다 云하다.

國務院에 出席하야 北間島派送員을 安定根·李鐸 兩氏로 定하다. 西間島派送員은 桂奉禹로 定하다. 軍務部와 內務部에 參事 一人式 增員케 하고, 外務總長은 依願免官케 하고, 余로 하여금 署理하기로 決議되었으나 余는 絶對로 攝任치 아니 하기를 宣言하다. 西間島의 軍事·民事의 編制와 및 西間島軍政司約規의 校正을 內·財·軍 三部當局者가 西間島代表者와 協議規定케 하다.

崔東旿君이 金深國·金弘宣 二君 紹介하야 來訪하다.

崔君에 對하야 余가 安東往還의 意를 말하다.

羅昌憲君이 來訪하야 進行方針을 叩하는 故로 大綱 說明한 즉, 君이 同情을 表하다.

鄭仁果君이 來訪함에 李錫石裁判키 爲하야 速히 律師를 聘하라 하다. 洪在衡君의 條四十元을 受하야 洪君에게 還하다.

朴宣君이 來訪함에 銀行에서 百元을 推尋하야 二十五元은 春園의 膳費로, 二十五元은 君이 用케 하였더니 夕에 君이 餘額 五十元을 來하다.

四月二十日 火 晴

預定事項

一, 金立君問病할 것. 二, 半淞園에 往할 것.

早朝 團所靜坐會에 參하였다가 歸路에 金立君을 問病하다.

吳南喜君이 來訪하야 自己前途進行할 것을 未定故로 憂慮된다 하며, 또 本國에 入할 心인 多하다고 하다. 余曰 무엇이든지 學함에 用力하라 하다.

都寅權이 來訪曰 內地의 敵의 偵探討伐하기 爲하야 外國人에게 短銃을 購入하는데 該代價는 今日에 交하기로 預約하였으나, 財務部에는 方今에 應款이 無함으로 憂慮하는지라. 故로 余가 辦應하리라 하고, 海松洋行에서 銀四百元을 取하야 都君에게 交하고 該器는 安東에 留하는 金錫璜君에게로 送하라 하다.

劉振昊君이 來訪함에 東吾先生家族의 將來生活을 爲하야 의론하다.

李裕弼君이 來訪함에 余曰 余도 安東을 往할 터이니 君이 公債發賣委員으로 安東에 往하면 余와意思를 一致케 하고, 安東에 宣傳部를 擴張하고, 또 上海에 宣傳部組織을 實施하자 하고, 宣傳事業에 對하야는 余를 信賴치 말고 스스로 責任하고서 施行하라 하다.

李英烈君이 來訪曰 海松洋行에 往한 즉, 新聞社에 往하는 條가 先生이 取來하였다 함으로 新聞社條 二百五十七元五角中 二百五十七元은 銀行票로, 五角은 現金으로 交하다.

下午 二時頃에 鄭仁果·高一清·李裕弼·劉相奎·田在淳·金復炯君과 共히

半淞園에 春景을 探하고 歸路에 東亞旅社에 晩餐하다.

國民團體育部夜學課에 出席하다.

四月二十一日 水 晴

預定事項

一, 時局이 非常한 險惡한 境에 入하는 故로 收拾하기 爲하야 各總長들과 商議하야 內部를 結束하야 大同團結하기를 着手할 것. 二, 財務總長訪問할 것. 三, 財·內兩總長招待할 것.

李始榮君을 訪問하고 日 時局의 前途가 極히 險惡한 中에 在한 즉, 此에 對하야 善後策을 特別 講究하여야만 될 터이니 君의 意思는 如何하냐 問한 즉, 君日 余亦憂慮할 뿐이오, 良謀는 無하다 하며, 余다러 外務總長署理를 執讓치 말고 鄭仁果君으로 他部次長으로 轉任케 하고, 申翼熙君으로 外交次長으로 任하자 하는지라, 余日 이 安○○나 申翼熙는 爲先 病客으로 氣象부터 瘐沈하야 外人接對에 어울릴 수가 無한 즉, 寧히 外形의 血分이라도 豊裕한 鄭仁果君에게 繼續하는 것이 勝하겠다 하고 日 此는 小한 理由이고, 크게 言하면 歐美外交를 任한 李承晩·金奎植 諸君이 余에게 向하야 不好한 感情을 懷한 것은 事實인 바, 今에 余가 外交에 在하면 外交上 統一을 不遂할지니 어찌 進行할 수 有하리오. 又日 外交總長이 되고 아니 되는 것은 皆一小問題니 今日 正午에 內務總長과 및 君과 同히 合席하야 大局全體에 關하야 討議하자 함에 君이 善이라 하다.

鮮于薰君이 來訪함에 興士團의 趣旨를 說明코져 하였으나, 適 時間이 無함으로 未遂하다.

尹顯振君이 來訪함에 余日 今日 二總長을 請하야 現閣員 五人의 特殊한 盟約을 定하려고 着手하였노라. 此次의 事에 誠心用力하야 善히 進行되면 多幸이오, 不然하면 余는 國民에게 罪를 告하고 余의 身을 相當히 處置할 것을 講究할지니 此時에 余와 君은 非常한 誠力을 盡하야 五先輩의 結束되어 것과 其次는 靑年次長들의 結束되는 것과 其次는 各界各派의 有力人士가 結束되어 全部網羅할 것을 期於히 成功하도록 努力하자 한 즉, 君日 此가 成就될 希望이 無

한 즉 現閣을 變改할 外에 他策이 無하다고 하며 日 先生이 眞正 일을 爲하거든 國務總理가 되기로 生覺하고, 늙은이들의 갈 사람은 가고 寧히 靑年政府를 組織하야 일하다가 死하야도 기쁨으로 作定하라 하고, 不然하면 生亦 脫退할 터이오, 生 뿐 아니라 李圭洪 等 有志한 靑年의 意思가 同一하다고 하다. 余曰 如此히 하야 일이 成할 줄로만 보면 君이 言하기 前에 余가 事를 爲하야 先히 言할 수 有하다. 只今 우리 國民의 程度가 일의 是非와 人의 善否를 判斷치 못하고 所謂先輩가 조금 合하지만 아니 하였다 하면 全部가 悲觀·落望·不平으로 이만한 現狀같이라도 維持할 수 無하겠고, 對外하야서도 크게 信用을 墮落케 할지니 우리는 이미 會集한 人이 誠心誠力으로 合同하야 일하거늘 用力할 수 外에 無하다는 意로 懇勸한 즉, 君이 唯從하겠노라 하다.

金秉祚君이 來訪함에 余曰 宣傳部에 關한 事를 視務하기를 請하고, 또 部의 委員될 만한 人을 紹介하라 한 즉, 君이 許諾하다.

李東寧·李始榮君을 東亞旅社에 招待하야 午餐을 共하다. 余가 二君을 向하야 曰 우리 二千萬 民族은 우리 五人을 瞻仰하고 希望하는 바를 生覺하면 可憐하다고 하노라. 吾五人이 國民의 委托을 受하야 모인 後에 於事에 現著 成績이 無한 것은 姑捨하고 爲事하야 互相肝膽을 披開하고 誠意를 用함이 有하였는고? 半年以上을 優遊過之하야 國民을 欺하고, 또 自欺하는 中에 在하니 余는 此를 不願하노니 余는 個人處身問題를 判決코져 하노라 하다. 東寧君曰 우리의 過去는 誠然하였도다. 於世慚愧하노라 하다. 始榮君이 亦同一히 答하다. 余는 四位를 會한 後에 誠心誠力으로 對하야 同事하라고 思하고 또 行하였거니와 余의 觀察로는 東西內外가 余에게 對하야서 地方熱者와 野心家라 하야 行事하기가 困難한 中에 當身의 四人부터 余에게 向하야 如上한 生覺을 懷한 줄 知한 故로 動하라고 試타가는 動치 못하고 勞働總辦이라는 虛名을 가지고 無意味하게 時間을 送하자고 하니 幾個事間 非常한 苦痛에 在하노라 하다. 東寧君曰 余도 直言하면 如此한 誤解가 不無하였노라 하다. 始榮君曰 島山은 自雄心이 有하야서 他人이 如此하게 誤解하는 바가 有하다 하다. 余曰 二君이 何를 因하야 如此한 疑心을 抱하였는지 直言하면 余의 好參考가 되겠다고 한 즉, 東寧君曰 余가 驗한 바는 無한 즉 言할 條件은 無하고, 他言을 聞하였으므로 然

한가보다 思하게 된지라. 余曰 所聞을 盡信키는 難하나 可信할 者가 無有하면 不然할지니 所聞中 如何한 言이 有하냐 한 즉, 東寧君이 曰 聞言 太多하야 盡述키 難하고 甚至於 島山이 俄領에 在할 時에 西道青年을 會集하야 가지고 畿湖사람을 다 陷沒시켜 달라고 祈禱까지 하였다고 하는 幼稚한 謠詠까지 有하다. 然而 如此는 不信하나 有一可靠하는 言은 曾히 幾年間 西道에 周遊하면서 演說하기를 「너희 西道사람들 幾百年間 畿湖사람에게 賤待를 受한 것을 忿히 여기지 아니 하느냐. 此時에 起하야 畿湖사람을 翻覆치 못하면 無血한 動物이라」 하야 地方熱을 鼓吹하였다는데, 此는 地方熱이 有한 本意는 아니오, 一時에 青年을 喚起케 할려는 計策으로 用하였는지 未知라 하노라. 그것이 今日에 큰 禍根을 作하였도다. 然故로 島山은 大韓民族中 地方熱創造者의 責을 難免云하다. 始榮君曰 余도 思하기를 島山의 手段이 能히 如此한 事를 行하였으리라고 思하노라. 余曰 公衆에 演說은 姑捨하고 두어 사람을 向하여서라도 如此한 意思를 發表한 事가 全無하였노라. 余는 할 수 있는대로 正眞方面으로 進코져 하는 바 往往 手段說이 余에게 及하는 것은 異常한 것이라 하다. 東寧君曰 世人의 生覺은 도산의 手段은 普通手段이 아니오, 非常한 手段을 가졌으므로 그 手段에 入하면서도 手段인 줄 不知한다고 言하다. 余曰 世人이 如此히 思하면 余의 自體로는 正義를 標榜하지만 正義는 모르는 手段인 즉, 其名을 脫키를 希望키 難하니 可笑라 하다. 此席에서 余 一人의 身分을 言하는 것은 戲事 같으나 現局에 큰 關係되는 事인 즉, 二君이 眞意를 表示하야 言하는 것은 余에게 極慰된다 하다. 二君의 所思와 如히 地方熱이라든지 其他 生覺이 有하였으면 그것을 庸劣스럽게 掩護하지 아니 하고 한번 快하게 余가 過去 青年時代에는 如此하였거니와 今日부터는 不然하노라 宣言할 바라. 余는 少年時부터 地方熱이라는 데는 意思도 不及하였노라. 然而 余에게 地方熱의 罪를 몰아부치는 것, 其理由도 余가 詳知하나 余가 말치 아니 하노라 하다. 余曰 우리 民族의 普通人物은 姑捨하고 所謂引導者라고 하는 人物들의 頭腦를 觀察하면 口로는 日本을 排斥하고 自國을 獨立시키겠다 하지만은 事實內容은 玄海灘 건너 있는 日本政界人物들의 計劃과 行事를 審하야 此를 勝하라고 作戰計劃할 生覺은 敢히 不發하고, 但 墻裡에 無力하고 可憐한 處地에 在한 自己食口間에 誰가 一步라도 앞서면 驚動하야 爭하려고 作戰計劃하는 것 뿐이라 하다. 東寧君曰 島山의 生覺은 此後의 일을 우리가 어찌함이 可하냐 問함으로, 余答曰 우리의 事는 繼續과 持久하는 것이 主要點인데 繼續持久하려 하면 國民의 意思가 一致集中하야 同一한 步調로 버터야 될 터이라. 如此히 하려면 人心을 바로 支配하고 人心을 끌어야만 되겠는지라. 우리 總理・總長된 國務員 自體가 虛弱함으로 人心을 支配하고 끌 수 無하야 威靈이 日墮하고 人心이 漸離하야 不幾日에 自滅의 禍를 難逃일까 恐懼하노니, 然則 今日의 主要問題는 우리가 서로 合하고 길이 일하야 갈 希望이 無하면 各各 헤어지고 말 것이고, 不然하고 모여 가려고 하면 盡心으로 合同하야 五個人이 第一級 中堅을 세우고, 青年次長을 結合하야 第二級 中堅을 세우고, 各界 各派의 有力人士를 團合하야 第三級 中堅을 세워, 一級으로 三級까지 다시 合하야 共通한 中堅이 되어 가지고 國民 全部를 網羅하도록 非常한 努力을 許費하야 活動함이 可할 줄로 知하노라. 二君曰 우리가 벌써 如此하여서야 될 바라. 過去에는 어찌 하였든지 自今爲始하야 斷行하자 하고, 進行方針에 對하야 여러 가지로 討議하니 半日을 費하였도다. 明日에는 申奎植君을 請하야 말하야 四國務員의 意思가 一致한 後에 다시 總理에게 말하야 實行하기로 하고 散하다.

韓昌東君이 來訪하야 君의 意見書를 出示하고 前途方針을 叩함으로 大綱 說明하다. 君은 財政을 爲하야 用力하야 보겠다고 하다.

鄭仁果君이 來訪曰 李鐸君이 錫君事로 二人과 同히 短銃을 持하고 冒險的行動을 하겠다 云하다. 余曰 今次 時局收拾策 着手한 事에 對하야 努力을 同一히 取하자고 하다.

王成彬君이 來訪하야 李錫君의 事가 如何를 問함으로, 余曰 逃出하다가 다시 被捕하였다 하다.

金九君이 來하야 李石君의 事件을 言하다.

李鐸君이 來訪曰 錫이 逃出하게 하던 事는 失敗를 當하였은 즉, 最後手段을 用하야 보겠다 하다. 余曰 甚히 重難한 事인 즉 深思하야 보라 하다.

四月二十二日 木 晴

預定事項

一, 國務會에 出席할 것 二, 東吾先生追悼會에 參할 것.

淸早에 團所에 往하야 靜坐會에 參하다.

李裕弼君이 來訪하야 宣傳部職員을 組織하다.

金淳一·崔志化·金載德 三君이 來訪함에 余 우리 前途進行方針을 말하고 同靑年들은 政府에 絶對로 繼續하야 服從하야 誠忠을 盡하라 하다. 金淳一君과 宣傳部委員이 되라고 한 즉, 할 뜻이 無하노라 함으로 다시 相議하자 하다.

尹顯振이 來訪함에 余가 昨日 二總長과 談論한 結果를 말하고 曰 君은 特殊히 誠力을 다하라고 하다.

金弘敍君이 來訪함에 李錫君에 關한 事를 討議하다.

安定根君이 來訪하야 露領及北間島에 派往하야 行事할 것을 말하다.

二時 國務會에 出席하다.

七時半에 團所에 往하니 來到團員이 無多함으로 定刻外에 三十分可量 延하야 開하다. 金九君의 東吾先生의 略歷을 말한 後, 鄭仁果·李光洙君의 追悼詞가 有한 後 余의 簡略한 哀詞가 有하다. 時間이 無多함으로 講演例會는 未開하다.

四月二十三日 金 晴

預定事項

一, 受療할 것. 二, 三總長을 會合하야 時局收拾策을 講論할 것.

軍士夜課에 出席하다.

金九君이 來訪曰 李鐸이 六穴砲準備에 金이 不足하다 云하다. 余曰 此事를 不行하면 好라 하다. 君曰 陸軍士學에 不平이 起하니 都를 逐出커나 殺하거나 해야겠다고 하다.

李鐸君 來訪曰 錫君에 關한 事를 言하는 故로 如此히 行치 말라 하다.

鄭仁果君 來訪曰 美國으로 返할 뜻으로 國民會에 旅費를 請求할 電報를 草하야 가지고 來示하는 故로 더욱 耐過하야 일을 보아 하라 하니 君이 許하다.

財務總長의 招待로 內·法總長及余가 四馬路 嶺南樓에 會하야 再昨日 東亞旅

社에서 會議하던 旨를 가지고 法總長과 合하야 長時 討議하되 今次 此 의론은 우리 二千萬民族의 死活問題인 줄 알고 嚴重하게 定하자 하야 四人의 意思가 一致해야겠다 하고, 明日은 國務總理를 會同하고 討議하자 하고 散하다.

尹顯振君을 請하야 今日 四總長과 談論한 結果의 良好함을 言하고, 靑年들에게 速히 着手하라 하다.

金秉祚君을 請하야 宣傳部規定을 보이고 理事員이 되라고 勸함에 君이 許하다.

內地로부터 來한 鄭鳳善女士가 子 李泰換君과 共히 來訪하다.

姜大淵・金贊叔 兩君이 來訪하다. 金君曰 自己가 廣東政을 交涉하야 오던 것을 政府側에서 挾雜이라 하야 大困難을 受한 즉 後의 收拾을 잘하야 달라 함으로, 余曰 廣東政府에 交涉한 始末을 記錄하야 來하라 하다.

李東輝君을 訪問曰 國務員이 서로서로 秘密을 守하고, 서로 欺하야 團合되지 못한 것은 事實이라. 如此히 進行하면 畢竟 自滅할지니 總理 自身부터 큰 覺悟를 取할지니 事가 如此히 되는 것은 各總長이 均有其責이지만은 總理에게 尤在하니 總理는 各總長을 誠意와 公平으로 對하거나 不然하면 寧히 그만두는 것이 可타 하다. 今日 四總長과 談論한 大義를 擧하야 言한 즉, 君曰 應히 如此하여야 하겠다 하고, 在傍이던 金立君도 同情을 極表하다. 余曰 然則 君이 四人을 招待하야 盟約을 確立하라 함에 君이 許하다.

尹顯振君이 來訪함에 曰 時局收拾策을 繼續 의론하고 曰 此事가 成한 後에는 우리가 西間島와 및 內地까지라도 直接 冒險活動하자 하다.

吳翊殷이 來訪함에 余曰 速히 入團을 準備하라 하다. 君曰 先生의 旅費를 爲하야 自己家에 請求하겠다 한 故로 已往 用한 것도 有한 則 勿爲하라 하다.

夕後 國民團體能部夜學課에 參席하다.

明日 總理의 總長招待할 宴席預備를 爲하야 東亞旅社에 往하야 周備하다.

四月二十四日 土 雨

預定事項

一, 陸士學生會見할 것. 二, 金澈面會할 것. 三, 李總理招待에 參席할 것.

二十時에 李總理의 招待로 東亞旅社에 李總理・李東寧・李始榮・申奎植及余

會席하야 時局收拾策을 討論할 새 一, 總理·總長·總辦 五人의 中隔하였던 일을 다 풀고 非常한 盟約으로 結束하야 서로 信하고 愛함으로 五人間에는 秋毫의 秘密이 無하고, 且 五人의 秘密은 絶對로 外에 發露치 말며 서로 補佐하야 일을 進行케 하고 二, 次長과 秘書長으로 以上과 如히 非常한 盟約으로 結束을 作케 하고 三, 總理로부터 書記까지 全部 職員이 合하야 一俱樂部를 成立하고 互相親睦하야 處務上 意見을 交換하고 政治上 道德을 鼓吹하야 全部가 堅固하게 結束함으로 神聖한 政府를 組織케 할 것이오. 四, 政府職員과 各界 有力人士가 合同하야 中心이 된 後 全部를 網羅하야 革命黨 最大中心機關을 組織하자 함에 衆論이 齊符하야 同意를 各表하다.

陸士學生 張承祚·朴承文·張信國 三君을 請하야 日 陸軍士學學生들이 都寅權君에 對하야 不平心이 有함으로 都君을 退職케 한다는 言이 有하니 事實이냐 한 즉, 果然이라 하고 이미 都寅權을 걸어 軍務次長에게 呈請하였노라 하며, 該本文을 出示하는지라 閱之則重大事件은 아니오, 不過小節에 關한 것이라. 然故로 學生들이 輕擧에 稍涉하였다 하고 日 軍務次長이나 都寅權君이 好意를 表하면 君等도 如前히 好意로 나아가기를 深望하노라. 如此한 艱難한 境遇에 處한 우리 政府의 軍務部內에서 몇 개 못되는 軍務當局의 決裂이 生한다 하면 對內對外間에 大影響이 及할지니 深諒하라 하다.

韓昌東君이 來訪하야 日 財務部의 委員이 되어 內地에 入하야 金錢을 運動하겠다 함으로, 余日 財務部에서 已爲 委員을 各地에 置하였고, 或 不置한 處는 好績을 難期할 處 뿐이니 生念치 말라 하다.

金九君이 來訪함에 大同團結組織事項과 및 陸軍士學生의 衝突事로 商議하다.

鄭蕙園女士 來訪하다.

金澈君이 來訪함에 余日 政府의 結束과 民間의 革命黨 最大幹部組織할 것을 말하고, 此에 對하야 非常한 努力을 다하자 함에 君이 贊意를 極表하다.

金純一·金鼎穆·金載德 三君이 來訪하야 從速 入國하겠노라 하며, 注意事項을 問하는 故로 光復事業進行의 要領과 內情과 外勢에 關한 宣傳資料를 說明하다. 君들이 金錢을 收合키 爲하야 國內에 紹介書를 請함으로, 余日 財務當局 모르게 如此한 事를 行키 不可타 하니, 君日 此意로 財務部에 交涉하겠다 하다.

四月二十五日 日 雲

預定事項

一, 治療를 受할 것. 二, 禮拜堂에 往할 것. 三, 北京에 在한 南亨祐에게 電報할 것.

清早에 尹顯振君을 請하야 日 此次 大同團結함에 南亨祐君이 같이 行動함이 最好하니 곧 北京에 致電하야 速到를 請하라 한 즉, 君이 贊同曰 李總理의 命이 有하기를 要함으로 李總理에게 言及한 즉 總理 卽히 電報하라 하다.

團所에 往하야 靜坐會에 參하고, 病院에 往하야 治療를 受하다. 姜鳳孝君을 面會하다. 君은 金昌世君의 通信으로 余를 保護하고 侍從하기로 爲하야 來滬하였다 하다.

回路에 愛仁里 孫永弼君을 尋訪하다. 同住하는 金찬숙君은 親喪驚訃를 接하고 擗踊이 甚極하더라.

李裕弼君이 來訪함에 宣傳部에 關한 事와 및 大同團團結의 趣旨를 議論하고, 余曰 宣傳部의 事는 理事와 같이 責任하고 일하고, 余에게는 要求할 件만 請하라 하다. 君은 諾하고 明九時부터 視務하겠노라 하다.

李東輝君이 來訪하야 北京電報事로 論議하고, 尹顯振君을 請하야 國務總理와 및 尹顯振의 名으로 各기 打電케 하다.

韓松溪君이 來訪함에 政府의 結束과 國民大同團結하기로 한 것을 말하고, 興士團의 趣旨를 說明한 즉, 贊意를 極表하고 特別團友로 入團하겠노라 하다.

金鼎穆君이 來訪하야 飛行機學生의 寫眞을 傳撮하기를 請하는 故로 許하다.

金仁全君을 請하야 宣傳部 理事員이 되라 한 즉, 君은 다시 生覺하야 보겠다 하다. 時局現狀의 危難을 말하고, 國民의 團結과 政府의 非常한 結束을 說明한 즉 同情을 極表하다.

李春熟君이 來訪함에 時局現狀을 談論하고 有力한 人士가 非常히 結束하야 大同團結을 努力하자 한 즉, 君이 同意를 深表하다.

申翼熙君을 請하야 日 우리 畿湖와 西北人士 간에 地方熱이라는 愚想이 腦海에 印한 것을 打破하야 버리고, 오직 民族을 爲하야 大局全體를 同히 扶持하고 進行해야 될 것과 政府의 結束과 革命의 最大幹部 組織키로 한 것을 말한 즉 同

情을 極表하고, 日 余에게 向하야 어떠한 程度까지든지 信任하겠노라 하다.

午後 二時에 禮拜堂에 往하다.

四月二十六日 月 晴

預定事項

一, 金義善君尋訪할 것. 二, 國務院에 出席할 것. 三, 金泰淵面會할 것. 四, 林得山君入團問答할 것.

淸早에 團所靜坐會에 參席하고 回路에 鮮于薰君을 邂逅하야 團主旨에 對한 自覺 如何를 問한 즉, 熟慮한다 하다. 余日 今夕에 團所로 來하라 하다.

金立君을 問病하다.

金秉祚君이 來訪함에 宣傳部에 關한 事를 議論하고, 政府의 結束과 革命黨最大幹部 組織코져 하는 것을 말한 즉, 同情을 極表하며 日 此에 極히 努力하겠노라 하다.

住宅을 購租키 爲하야 나아갔다가 未遂하다.

陸軍學生調和키 爲하야 軍務部에 往한 즉, 金義善君이 이미 都寅權을 걸어 請願한 學生들에게 黜學書를 下하였는지라, 余 勸告하야 日 非常한 時機에 學生들을 撫摩함이 可하다 한 즉, 君日 紀律을 立하기 爲하야 不能하겠노라 하다.

張承祚·朴承文·廉奉根 三君에게 對하야 日 此次에 學生行動이 輕操에 涉하였다 하고, 다시 回心하기를 바라노라 하다.

金泰淵君을 請하야 革命黨最高機關 組織할 意를 言한 즉, 同意를 深表하다. 다시 興士團의 趣旨를 說明하고 約法을 與하다.

李圭洪君을 請하야 政府에서 非常한 結束을 作할 것과 革命黨最高機關 組織을 說明함에 同意를 極表하고, 且 此에 努力하겠노라 하다.

七時半에 團所에 往하야 李光洙君의 通常團友의 問答을 行함에 매우 滿足히 對答하다.

林得山君의 入團問答하다가 未了하다.

自團回路에 陸士學生勸諭하기 爲하야 學生處所에 往하야 學生이 讓步하고 繼續하야 工夫하라 하고, 且 此의 可否 如何를 明日 十一時에 回報하라 하다.

金昌世·姜鳳孝 兩君이 來訪하다.

今日 國務會는 未滿員이므로 開會치는 못하고, 但 非公式으로 討議한 것은 獨立團에 公函할 것, 起草를 決議케 하고 西間島에 送할 特派員에 對하야 與할 施設資料는 內·財·軍 三部에 起草하야 來하라 하다.

四月二十七日 火 晴

預定事項

一, 金純一·金鼎穆·金載德 三君을 面會할 것(入國에 對하야). 二, 金嘉鎭君을 面會할 것(大同團結을 爲하야). 三, 陸軍士學生面會할 것. 四, 洪鎭君尋訪할 것. 五, 徐丙浩君尋訪할 것. 六, 趙琬九君尋訪할 것. 七, 孫永弼尋訪할 것. 八, 特別國務院會에 出席할 것. 九, 宣傳部事務를 指導할 것. 十, 國民團體育部夜學課에 出席할 것

金鼎穆·金順一·金在德 三君이 來訪함에 本國에 入하야 宣傳隊組織할 것과 報告할 것과 且 信用을 絶對로 保守할 것을 말하다. 君等이 余의 寫眞을 今日로 要함으로 明日에 照像하겠다 하다.

陸士學生 張承祚君이 回報曰 學生 等이 先生의 勸喩를 不聽하고, 絶對로 自己의 主張을 立하겠다 하야 國務院에 訴願書를 提出한다 하다.

林得山君이 來訪함에 宣傳隊組織에 關한 事를 討議하다.

金嘉鎭君을 訪하야 大同團結의 問題로 言한 즉, 君이 同情을 深表하고 且 此에 極히 努力하겠노라 하다.

陸士學生을 訪하야 다시 上課하기를 勸하되 堅執하다.

洪鎭君을 請會코져 하였더니 不在함으로 未遂하다.

徐丙浩君을 訪하야 長時間 동안 感情을 和解하라 하고, 時局現狀과 前途進行할 바를 말하다.

孫永弼·金昌淑君을 訪問하다.

申奎植君을 訪하야 日 今次 團結事에 非常히 努力해야만 目的을 達할 바오, 다만 團結이라는 好名·好意만 有하면 不遂할지라 한 즉, 君이 亦然하다 하다.

宣傳部職員에게 宣傳할 資料와 主義方針을 言하고 楊濟時로 書記를 任케 하다.

國務會에 出席하야 軍務部編輯委員會法制를 通過하고, 交通部에서 提出한 交通支局分設案하고 西間島特派員에게는 別로 條件은 不委하고 但 慰問兼視察責任으로만 送케 하고, 訴願書를 提出한 陸士學生들을 非公式으로 召하야 國務總理가 勸喩케 하다.

趙琬九君 訪問預定은 時間이 不及으로 未遂하다.

姜大賢(天道敎人)君이 來訪曰 孔寅・孫永弼・金昌淑君 等의 廣東政府와 交涉한 것과 武官學生募集事의 始末을 言하는 內에 孔寅의 丈人되는 이가 南方의 國會議員이오, 且 有力한 人이라. 此人의 介紹로 南方軍政府와 國會議員들과 親合하야 幇助케 하고, 爲先 韓國靑年으로 士官을 工夫케 하였는데 申奎植・李東寧・李始榮 三君이 朴南坡를 密派하야 먼저 交涉한 人의 經過를 探査하고, 朴君이 孔君을 向하야 曰 余는 申君 等의 使命으로 來此였는데 그 宗旨는 只今 上海政局은 安島山의 勢力範圍에 左右하니 우리 南中人士는 協同하야 國事를 같이 하자는 意로 言한 즉, 孔君이 不可타고 反駁한지라, 朴君이 回還하야 어떻게 言하였는지 該三總長은 該君 等을 挾雜軍이라고 宣傳하야 不平이 多하여졌다 하는지라, 余曰 此가 다 中間浮說이지 三總長이 如此한 言을 하야 派人하기는 萬無하고, 또 그이들이 廣東에 去한 人에게 害를 加코져 한 意가 無한 줄로 知하노라 하다.

七時半에 國民團體育部夜學課에 出席하다.

四月二十八日 水 晴

預定事項

一, 趙琬九・洪鎭・孫永弼・崔昌植・尹顯振面會할 것. 二, 撮影할 것. 三, 紅十字病院尋訪할 것. 四, 林得山入團問答할 것. 五, 宣傳部職員任命할 것.

淸早에 冷水浴한 後에 團所에 往하야 靜坐會에 參하다.

九時頃에 王三德君이 來訪曰 自己가 北間島特派員으로 旣定되었던 바, 間島에 不往하겠다 하야 國務院內에서 不平이 有하다 하니 果然이냐 問함으로, 余曰 不平은 無하고 君이 不往하겠다 함으로 派送할 수 없다고 言할 뿐이라 하다. 君이 曰 如此한 事가 有한 즉, 私事로이 불러 말씀할 줄 信하였더니 아니

하심이 섭섭하다 하다. 余曰 果然 말코져 生覺하였던 中이라 하고, 間島에 派往하기를 勸하니 君이 往할 志가 有하다 하다.

鄭仁果를 尋訪하다.

趙琬九君을 請하야 大同團結의 趣旨를 說明하고, 所謂地方熱이라는 偶像을 除去해야 되겠다고 長時間 說及하다.

金順一·金在德君에 對하야 宣傳部의 必要와 宣傳의 主義條件을 말하다. 君等이 余의 寫眞을 本國에 入하기 爲하야 要求함으로 撮影하다. 金鼎穆 및 二君과 같이 午餐하다.

孫永弼君이 來訪함에 大同團結의 趣旨를 說明한 즉, 君이 贊成하되 自己는 政府와 關係를 아니 하고 따로 일할 뜻을 言하는지라, 余曰 그렇게 生覺치 말고 官民을 莫論하고 會合하야 일하자고 長時間 말하다.

張承祚君이 來訪함에 余曰 學生들이 如此히 行動치 말고 다시 上課하라 한 즉, 君이 曰 軍務次長이 다시 學生들을 召集하야 말씀한다 한 즉, 軍務次長에게 모든 學生에게 善히 融化되도록 言하게 하라고 請함으로 諾하다.

廉奉根·朴承文·張承祚 三君이 來訪曰 軍務次長이 學生 全部를 一齊召集한 것이 아니오, 其中 幾個人만 따로 召하야 言하였다고 此로 由하야 學生은 大不平이 되어 다시 融和될 希望이 無하다 함으로, 余曰 如此할 理가 無하리라고 卽時 軍務次長 金義善 訪하야 始末을 探한 즉, 君曰 學生을 全部 召하야 言하되 三人 或 二人式 召하야 言하려 하였던 것을 秘書局長이 그렇게 하였다 하는지라, 余曰 此로 不平이 生한다고 한다 言한 즉, 全部를 一齊召集하야 말하라 한 즉 君이 諾하다.

七時半에 團所에 往하야 林得山君의 問答을 行할 새 未及한 點이 有한 故로 다시 行키로 하다.

宣傳部職員을 金秉祚로 理事, 楊濟時로 書記를 任命키로 하다.

洪鎭君을 尋訪하야 不在하므로 未會하다.

預定事項 中 崔昌植·尹顯振·洪鎭 面會와 紅十字病院 尋訪할 것은 時間不及으로 未遂하다.

四月二十九日 木 雲

預定事項

一, 洪鎭·崔昌植·尹顯振·尹琦燮君等을 面會할 것(大同團結을 爲하야). 二, 寫眞館에 往見할 것. 三, 國務院에 出席할 것. 四, 紅十字病院尋訪할 것. 五, 團所에 往하야 入團誓約式行할 것.

淸早에 團所에 往하야 靜坐會에 參하다.

尹顯振君을 請하야 曰 今次 大同團結의 施設及維持함에 君이 正面에 出現하야 努力하기를 望한다 한 즉, 君曰 自己는 許多人의 關係로 勞多效少하겠다 하다.

金貞根君이 來訪함에 興士團의 主義를 說明하다.

寫眞館에 往하야 昨日 撮影한 것을 見하다.

洪鎭君을 訪하야 不在함으로 未會하고 回路에 交通部를 尋訪하다.

金在德君이 來訪함에 興士團의 主義를 說明하다.

朴賢煥·金公緝 兩君 自廣東還하야 來訪하다.

國務院에 出席하야 開議할 새 高一淸辭職願을 接受免任케 하고, 中國南政府議員 態鉞來 函에 孔寅의 挾雜을 言하였으되, 其內容은 孔氏가 作黨하야 自己家庭에 突入하야 自己의 妻를 毆打하였으니 此를 處辦하기를 切願한다 하였더라. 議事中 崔昌植君이 愛仁里 金聲根家에서 炸裂되었다 來報함으로 卽時 黃鎭南으로 佛工務局에 往探하라 하다. 此事로 以하야 崔君과 他事는 議論치 못하다. 이에 愛仁里에 往하야 情形을 觀한 즉 安南巡捕가 衖口에 多數히 守衛하야 金聲根家의 通行을 禁止하는지라 現跡은 未見하고 經過를 探問한 즉, 法警察部長은 足이 被傷되고 中國人警察은 頬이 被傷하였다 하며, 金君의 左右隣家의 墻도 破潰하였다 하며, 金君의 婦人과 兪政根母親과 中國下女 一人과 韓國男子 三人이 被捕되었다 하다.

紅十字病院에 往하야 治療를 受하다.

金元慶女士가 來訪하야 愛仁里事의 如何를 問함으로 經過해야만 知하겠다 하다.

玄楯·崔昌植 兩君이 來訪하야 愛仁里事의 如何를 問함으로 鄭·黃 兩君의 回報를 聽後에야 知하겠다 하다.

鮮于爀君을 面會코져 請하였더니 不在함으로 未遂하다.

黃鎭南君이 佛工務局에 往還하야 曰 工務局署長이 大憤慨하야 曰 吾人은 貴君等을 保護하는데 君等의 不注意함으로 如此한 事가 生하였도다. 君等과 또 우리의 일이 妨害가 된다 하고 被傷한 警察部長의 足은 斷할 貌樣이라 하다 云하다.

李總理가 來訪하야 愛仁里事件의 如何를 問하고 歸하다.

八時頃에 團所에 往하야 李光洙君의 誓約式이 有하다. 이어 講演會가 開함에 金昌世君이 安息教의 歷史로 講說하다.

回路에 朴殷植君을 尋訪하니 君이 曰 大同團에 寄稿를 請하는데 如何한 主旨로 作送함이 好할런지 未知하야 俄者 專訪하였다가 未晤하였다 하며 曰 財產平等論을 主唱함이 如何하냐 함으로, 余曰 現時에 吾民族에게 不合當하다 하고 다시 議論하기로 하다.

四月三十日 金 晴

預定事項

一, 愛仁里往訪할 것. 二, 佛領事尋訪할 것. 三, 宣傳部委員治送할 것. 四, 鮮于爀・朱賢則・崔東旿面會할 것. 五, 林得山慰問할 것. 六, 往靜坐會.

都寅權君이 來訪하야 愛仁里의 事況經過를 問하고, 又曰 自己는 勞而無功한한 處地에 在하야 恨하노라 함으로, 余勸之曰 反求諸己하야 人心調和에 努力하라 하다.

金聲根婦人을 訪하야 被捕되였던 狀況을 問하려 하야 愛仁里에 往하니 出他不在故로 該婦人을 面晤하였던 他女子에게 大略을 聞하고, 金弘植君의 家를 訪하고 慰勞하다.

高麗病院에 往하야 被傷된 林得山君을 慰問하다.

十時頃에 鄭仁果・黃鎭南 兩君을 帶同하고 佛領事를 訪하고 曰 昨日 愛仁里事가 매우 未安하다 하고, 此가 다 우리의 善히 不省한 結果로 如此한 事가 發生되야 貴警察部長이 被傷되았는지라 國務總理가 甚히 未安하야 余를 送함으로 來하였다고 하다. 佛領事曰 日本政府로서 曾히 法政府에 交涉이 多有한 故로 法政府로서는 本領事에게로 愼飭이 有하되 우리는 無事한 樣으로 報告하고

貴君 等을 極力保護를 盡하였으나 貴君 等이 스스로 如此한 事를 生케 하였으니 我莫助之라 하며, 警察部長의 受傷한 것은 該足을 斷케 한 즉 倍償金 一萬五千테일을 與하여야 할지라. 貴君 等이 補助하는 態度로 此額을 擔當하는 것이 可할 듯하다 하다. 余曰 매우 未安히 되었다 하고, 우리가 此後에는 非常한 注意를 盡할 터인 즉 此次事를 無事케 하라 한 즉, 領事曰 北京 法領使에게 電報하였으니 答電을 接한 後에 處理하겠다 하다. 余曰 被捕 三人은 다 無罪한 人인줄 知하노라. 君이 審查한 즉 詳知할지니 아무쪼록 日領事에 交越치 말고 直接 處辦하기를 望하노라 하니, 領事曰 自己는 如此할 心이 有하나 日領事署에서 韓人인줄 知하고 請交하면 不應키 難하다 함에, 余曰 故로 速히 處辦하면 問題가 아니 될 것 같다 하다. 領事曰 警察部長의 被傷事가 有한 바에 無事히 放送키는 難하다 하며, 當時에 巡捕가 三人을 逮捕한 것이 不幸되었다고 하다.

朱賢則·鮮于爀君이 來訪함에 光復事業의 進行方針과 革命黨 幹部組織을 說明하고, 이어서 興士團의 趣旨를 說明하니 兩君이 다 同情을 深表하다.

李東輝君이 來訪하야 法領事에 交涉을 問하는 故로 始末을 言하고, 서로 秘密을 守하자 하다.

李鐸氏가 金東湜君을 紹介하야 面會하다. 金君이 梁濾君의 所送하는 靑年聯合及安·金 諸氏의 故東吾先生賻金 三百八十元을 傳하다. 金君이 先去한 後에 李君에게 對하야 大同團結의 趣旨를 說明한 즉 同情을 深表하다. 君이 非常한 秘密事件을 告하다.

金羲善君이 來訪하야 愛仁里事件의 如何를 問하다.

尹顯根君이 來訪함에 余曰 此次 革命黨幹部組織에 正面에 出現하야 努力하라고 다시 勸한 즉, 君이 前日 態度로 堅執不應하다. 君이 曰 公債券을 販賣하기 爲하야 入國하는 金在德君에게 信任書를 付與하라 함으로 余諾하다.

高一清君이 來訪함에 政府의 結束과 革命幹部의 組織함을 言한 즉 贊意를 極表하다.

金在德君이 來訪함에 宣傳委員의 職務와 宣傳隊組織할 것을 들어 說明하다.

吳南喜女士 來訪하야 入國하노라 告別하다. 余曰 何往何住間에 四大精神을 離去치 말라 付託하고, 如此한 意로 幾行의 書를 寫與하다. 海州에 宣傳隊組織

事를 委하다.

崔東旿君이 金信國과 및 安東으로부터 還한 張敬順君을 帶同하고 來訪하다. 二君이 先去後 崔君에 對하야 革命黨幹部組織事를 言한 則 贊意를 極表하고, 且 此에 努力하겠노라 하다.

李裕弼君이 來訪하야 明日 安東으로 出發한다 하며 告別하다. 余曰 目下의 急한 宣傳部事務를 處辦하라 하다.

金鼎穆·金順一·金在德 三君에게 宣傳의 組織에 關한 事를 說明하다.

金公緝·朴賢煥·金亨均 三君이 來訪하야 廣東에서 經過 事情을 大綱 告하다.

孫永弼君이 來訪曰 廣東으로부터 來한 學生들은 無力接濟인 즉 三百元만 請辦함으로, 余曰 用力하겠다 하고, 後에 金貨 一萬八千元을 送하려고 專訪한 즉 孫君이 出他故로 未晤하다.

寫眞館에 往한 즉 尙今 未了한 故로 二張을 先取하야 一張은 吳南喜女士에게, 一張은 金在德君에게 送하다.

吳南喜女士와 및 三 金君을 作別키 爲하야 孫貞道君宅을 訪하다.

李裕弼君을 訪하야 作別하다.

一九二〇年 五月

五月一日 土 晴

預定事項

一, 金立君問病할 것. 二, 鄭仁果君으로 負傷한 法警察部長을 慰問케 할 것. 三, 孫求弼君을 面會하야 廣東으로 來한 學生들을 救濟케 할 것. 四, 尹琦燮·洪鎭·朴殷植君을 面會할 것. 五, 羅昌憲君面會할 것.

團所靜坐會에 參하였다가 歸路에 金立君 問病하다.

吉○○君(吉善宙 子)이 來訪하야 留美遊學할 뜻이 有하니 指導하기를 請함으로, 余曰 먼저 南京 等地에서 語學을 準備함이 如何하냐 하다.

張弼錫君이 來訪하야 廣東情形을 陳述하다.

韓松溪君이 來訪曰 金價가 日高하니 銀行預款을 換金하는 것이 似好라 하다.

朴殷植君이 來訪曰 儒教의 大同主義를 鼓吹하야 儒教의 思想을 變動시키는 것이 如何하냐 함에 余 贊成하다.

金明達君이 來訪하야 美國留學할 뜻을 말하다.

孫永弼君이 來訪함에 廣東으로 來한 學生을 接濟하라고 金百八十元을 與하다.

鄭仁果君 來訪함에 法工務局에 往하야 慰問하고, 또 法領事를 尋訪하라 하다.

林得山君이 來訪하야 愛仁里事로 自現하겠다 함을 制止하고 慰勞로 銀十元을 與하다.

高一淸君이 來訪하야 宣傳部預算案改正을 商議하다.

李鐸君이 來訪하야 自己에게 있는 危險物을 任置하였다 달라 함으로 諾하다.

李世芳君이 俄者 李鐸君의 所言한 危險物을 持來하다.

李總理 來訪하야 李始榮君의 草한 態鉞答信할 것을 出示하며 曰 內에 謝過하는 意가 有함으로 此를 不送하겠다 하는지라 余亦 同意하다.

危險物을 移置하기 爲하야 紅十字病院에 往하다. 本國으로부터 來한 安息教會監督 벗터피일君을 面會하야 談話하다.

羅昌憲君을 請하야 革命黨幹部組織할 趣旨를 長時間 說明한 즉, 君이 同情을 極表하다.

安定根君이 來訪曰 北間島와 俄領에 速히 向하야 出發하겠다 하는 故로 往하야 進行方針을 說明하고, 各團體의 首腦及有力者를 私會하야 먼저 그네의 意見들을 돌이킨 後에 서로 會合하야 民事는 居留民團으로, 軍事는 軍司令部로 分任케 하고, 卽時 通寄하고, 또 該地 有力人士로 하여금 今次 革命黨 幹部組織의 發起가 되게 하라고 하다.

金昌世・ 姜鳳鎬 兩君이 來訪하다.

鄭仁果君을 尋訪하였다가 不在故로 未會하다.

申奎植君을 尋訪하야 此次 團結事項을 談論할 새 同時에 金嘉鎭君이 來함으로 같이 協議하다.

李東寧・李始榮 兩君을 訪하야 此次 團結에 關하야 그 進行順序를 商議하다. 李始榮君을 對하야 曰 孫永弼君이 廣東事件으로 君에게 多少간 慍意한 것을 잘 永解케 하라 하다. 李東寧君曰 曾往 內務部調査表內에 天道教名譽損傷에 關

한 件이 記入된 것을 崔東旿君이 削除를 要求한다 云함으로 願하는대로 하라 하다.

五月二日 日 雲

預定事項

一, 紅十字病院에 往할 것. 二, 禮拜堂에 往할 것. 三, 崔炳善君面會할 것.

清早 團所에 往하야 靜坐會에 參하다.

崔昌植君을 請하야 午後 五時에 玄楯君 같이 面會하기를 約하다.

黃學洙・李河永君이 來訪하다.

寫眞館에 往하야 撮影한 後에 紅十字病院에 往하야 治療를 受하다.

午後 二時에 禮拜堂에 往하다.

紅十字病院에 往하야 金銀時勢를 問하다.

崔炳善君을 面會하야 虹口에 在한 敵探을 問하다.

五時에 玄楯・崔昌植 兩君을 大東旅社에 招待하야 晩餐을 共히 하고, 革命黨最高幹部組織할 趣旨를 長時間 說明하다.

五月三日 月 雲

預定事項

一, 國務會議에 出席할 것. 二, 尹琦燮・洪鎭・孫斗煥・鄭濟亨君面會할 것. 三, 朱耀翰君誓約問答할 것. 四, 法領事尋訪할 것.

清早에 團所靜坐會에 參하다.

金九君이 來訪하야 曰 愛仁里 金聲根家에 炸藥이 尙今 餘存하다 하니, 此를 處置치 아니 하면 受熱하야 다시 爆發할까 恐하다 함으로, 余曰 詳搜하야 處置하겠노라 하다.

鄭仁果君을 請하야 今午에 法領事를 尋訪하기로 하다.

林得山君을 請하야 愛仁里 金聲根家에 炸藥原料, 其分量, 藏置의 如何를 詳聞하다.

尹顯振君이 來訪하야 愛仁里 金聲根家의 餘存한 炸藥原料를 如何히 處置하

라 하다.

鄭仁果·黃鎭南 兩君을 帶同하고 法領事를 尋訪키로 하고, 먼저 被捕하였든 金弘植君을 愛仁里에 訪하야 審問經過를 詳問하고, 곧 法領事를 訪하야 厚意를 感謝하고 被傷한 警察部長의 治療經過如何를 問한 즉, 日 該警察部長은 足이 傷하야 病身이 될 터이니 다시 執事치 못하고 返國할지라. 法政府로서 將次 恩賜金을 與할지나 君等도 相當한 생각이 有해야 可한줄로 知하노라 하다. 余가 未安한 뜻을 盛道하고 우리의 誠意껏 生覺하겠노라 하다. 北京 法公使의 答電을 問한 즉, 答日 回報가 有하다 하고, 日 余가 前後事를 다 無事케 하였은 즉 念慮말고 以後에는 다시 如此한 事가 無케 確實 擔保하기를 望하노라 함으로, 余日 已往에도 注意하였거니와 以後로는 더욱이 注意하겠노라 하고, 愛仁里의 警備巡警을 解하야 平穩한 狀態를 復케 하라 한 즉 諾하다. 余日 該家內에 炸藥原料가 尙餘在하다 하니 此를 速히 處置치 아니 하면 再爆될 慮가 有하다 한 즉, 領事日 總巡 一人을 專派할테니 君이 使人하야 搜探 處置하게 하라 함으로 然하기로 留約하다.

回路에 寫眞館에 往하야 昨日 撮影한 良否를 見하다.

李奉九君이 來訪하다.

林得山·金泰淵君을 請하야 炸藥原料搜探함이 何人이 最詳且堪하냐 한 즉, 兩君이 共日 金聲根夫人이 的知하리라 하다.

紅十字病院에 往하야 治療를 受하고, 回路에 民團에서 擧行하는 檀祖御天祝賀會에 參하다.

國務院에 出席하니 適 未滿員이므로 非公式으로 今日 檀祖御天紀念節이므로 休業하기로 決議하다.

安定根君과 俄領으로부터 來한 恭根君이 來訪하다. 君이 俄領狀況을 報導曰 多數 韓人이 俄國軍隊에 參入하였는데 俄軍에서는 武器를 供與한다 하다. 二君과 및 兄嫂님이 明下午 五時에 晩餐하기로 約束하다.

佛總巡과 金聲根夫人과 같이 愛仁里에 往하야 餘存原料를 如干搜探하고, 明日 九時에 다시 畢하기를 約하다.

團所에 往하야 朱耀翰·朴賢煥 兩君의 誓約問答을 行할 새 余 心身이 困疲

함으로 中止하고 來水曜에 다시 問答키로 하다.

回路에 孫貞道君을 訪하다.

朴得山君을 請하여 今夕에 該藥原料의 取出한 分量을 말하고, 또 餘在한 分量 幾何를 묻다.

五月四日 火 晴

預定事項

一, 昨晩未畢한 愛仁里搜藥할 것.二, 國務會에 出席할 것. 三, 宣傳部事務處理할 것. 四, 安夫人及定根·恭根二君招待할 것. 五, 尹琦燮·洪鎭·鮮于爀·鄭濟亨·尹顯振面會할 것. 六, 軍事夜學에 出席할 것.

淸早에 團所에 往하야 靜坐會에 參하다.

九時에 愛仁里에 往하야 昨晩未畢한 炸藥搜探을 了케 하다.

回路에 金立君 問病하다.

金貞根君이 來訪함에 興士團趣旨를 說明하다.

徐弼淳君이 來訪하야 曰 明日 香港으로 出發한다 함으로 茶資로 銀十元을 贈送하다.

王三德君이 來訪曰 羅愚·金東湜 二君이 二日前에 出하야 尙今껏 縱跡이 無하다 하다.

金九君이 來訪하야 新韓靑年黨과 興士團의 關係를 言하다가 未畢하고 歸하다.

孫斗煥君이 來訪하야 韓松溪君의 會計條를 推去하다.

高一淸君이 來訪하야 余다러 中國學生聯合會에 往하야 演說하기를 請함으로 余가 許하다. 君又曰 財務次長을 美國에 派遣하야 써 財務에 關한 事를 整理케 하는 것이 好하겠다 하다.

尹顯振君이 來訪하야 曰 自己가 渡美하는 것이 如何하냐 함으로, 余曰 不必要라 하다.

崔東旿君이 來訪曰 天道教로부터 來한 人이 有한데 此人을 見할 時에 吾人의 大事가 不遠에 遂成할 뜻으로 明確히 말하기를 請하다. 君이 又曰 史料編纂을 閱한 즉 基督教에 關한 事는 盛道하였으나 天道教에 關하야는 不滿한 點이

多한 즉, 自己 天道敎에 關한 事績을 다시 記錄하야 來하겠다 함으로 余 贊意를 表하다.

國務會에 出席하야 財務部의 提出한 會計法을 通過하고, 態鉞의 來信案을 處理하고, 被傷한 法警察部長에게 慰金으로 銀一萬테일을 支出하기로 決하고, 廣東으로부터 來한 學生들이 困難한 境遇에 處하였음으로 補助로 洋百元을 支拂케 하다. 政府職員을 人選하다. 西間島에 公債募集權을 與하거나 安東縣 公債委員에게 北間島에 支發을 令命하거나 二案이 다 否決되다.

五時에 大東旅社에 安重根夫人과 定根·恭根君을 招待할 새 陪賓으로 李光洙·朴宣·吳翊殷·鄭仁果君을 招待하야 晩餐하다.

李鐸君이 來訪曰 安東縣에서 靑年을 選出하야 光復軍을 組織타가 此는 李總理가 自己의 前으로 秘密히 組成하기를 請하야 約束하였으나 總理는 忘置하고 實行이 無하다 함으로, 余曰 總理에게 言하야 軍務次長과 議論케 하야 軍事에 關한 일은 軍務部와 協調進行케 하라 하다. 然하면 余는 그때에 協助하겠노라 하다.

申斗湜君이 來訪하야 曰 內務部 秘書局長辭免할 意를 말함으로 余 挽留하다.

宣傳部事務를 指揮하다.

五月五日 水 雲

預定事項

一, 申斗湜·洪鎭·尹琦燮·鮮于爀·鄭濟亨·孫斗煥面會할 것. 二, 宣傳部事務指導할 것. 三, 團所에 往할 것.

淸早에 團所靜坐會에 參하다.

申斗湜君이 來訪함에 時局의 現狀과 未來의 進行方針을 談論하다. 君다러 上海를 離치 말고 政府에서 努力任事하라 勸함에 君이 唯諾하다.

柳振昊君(朴元)을 紹介하야 來訪하다.

朴宣君이 來訪曰 家事로써 歸國할 意가 有하다 함으로 余 贊意를 表하다.

鮮于爀君이 來曰 新韓靑年黨員으로 入國하는 것이 如何할까 하야 躊躇하였노라 함으로, 余曰 團의 目的과 主義가 우리 國民에게 絶對로 有益하다 認하면

諸般을 不顧하고 進할 것이오, 惟靑年黨員이므로 興士團의 員이 못된다 함은 不可하다 하다.

七時半에 團所에 往하야 朱耀翰·朴賢煥 二君의 通常團友入團問答을 行하다.

林得山·金聲根 二君이 來訪하다.

宣傳部事를 指導하다.

五月六日 木 晴

預定事項

一, 孫斗煥·崔東旿·尹琦燮·洪鎭·鄭濟亨面會할 것. 二, 孫永弼尋訪할 것. 三, 國務會에 出席할 것. 四, 團所에 往할 것.

淸早에 團所靜坐會에 參하다.

安定根君이 來訪하야 曰 俄領·北間島로 速히 往하겠다 하다. 余가 此次 光復事業의 進行 方針의 大體를 言하고, 俄·中領에 往하야 軍事의 適材는 軍事에, 民事의 適材는 民事에, 外交의 適材는 外交에 各其任能需用할 것을 第一用力하라 하다.

孫斗煥君이 來訪함에 時局에 關한 事를 談論타가 時間短促으로 未盡하다.

鄭仁果君이 宋鍾翊에게 천천히 送金하겠다고 電할 草를 示하다.

李總理 來訪하야 美洲의 事가 誤錯되는 것을 嘆息하야 言하다. 余 偕總理 往大同旅社 午餐할 새, 總理曰 西間島에 光復軍招募를 秘密히 한 것을 島山이 知하고 섭섭히 生覺할까 하노라 하다. 余 섭섭치 아니 하다고 하다. 總理曰 大事不成할 것을 말하고 李博士와 또 其他 總長들과 共事할 뜻이 無하니 見機하야 西間島로 順往하겠다 하는 故로, 余曰 日前 吾儕 五人의 言約을 極守하자 한즉, 總理曰 所言이 다 無用이라 하다.

孫永弼君을 訪하야 不在故로 未晤하다.

廣東으로부터 來한 學生 全部를 尋訪하야 慰問하다.

玄楯·金昌淑 兩君을 尋訪하다.

紅十字病院을 尋訪하다.

國務會에 出席하야 財務部에서 提出한 會計法案을 通過하다. 五月 中旬에 實

行키로 預定한 軍事會議의 準備가 緩晩함을 質問한 즉, 俄領에 散在한 軍事人物들을 尋하기 不能하야 遲延한다 하다. 西間島에 派遣할 杜鳳瑀君을 請하야 西間島에 往하야 進行策을 問한 즉, 政府에서 敎使하는대로만 하겠노라 하며, 自己는 往하야 情形을 直接 視察하고 施設할 것을 政府에 報하야 實施케 하겠노라 하다.

鮮于爀君을 請하야 團所로 同往하다. 朱耀翰·朴賢煥 兩君의 誓約式이 有한 後, 孫貞道君의 講演이 有하다.

五月七日 金 晴

豫定事項

一. 本國으로 來한 申肅(天道敎人)等面會할 것. 二, 孫斗煥·金義善·尹琦燮·洪鎭·鄭濟亨面會할 것.

淸早에 團所에 往하야 靜坐會에 參하다.

金九君이 來訪曰 靑年黨理事員으로 興士團에 入團하는 것이 關係가 有하다 함으로 余는 如何한 關係가 無하다 하다.

趙琬九君이 來訪曰 政府에서 廣東으로 來한 學生에게 救助金을 與한 것이 孔寅挾雜輩와 連絡한 態度니 不可하고, 孔氏가 申檉君을 毁하야 言하는데 其源을 調査하야 政府로서 相當히 處辦치 아니 하는 것은 疑惑이 生하노라 하는지라, 余曰 靑年들이 軍事의 目的으로 誰의 誘引을 受하였거나 善한 指導를 受하였거나 他方으로 來到하야 宿食을 未定하고 道路에 彷徨하는 것을 政府로서는 情恤하는 뜻으로 一時救濟할 뿐이오, 또 孔·申 兩氏가 不好한 感情이 有한 것은 私私로이 諒解와 悟를 生케 하려니와 公式上 政府名義로 處辦할 것은 아니라 하다.

李鐸君이 來訪曰 李總理에게 西間島 光復軍組織한 것을 말한 즉, 總理는 秘密히 自己와 結托하였던 事가 先生이 知함으로 섭섭히 生覺하더라 하고, 光復軍에 關한 事를 軍務部에 隷屬케 하고 總理와 自己와 軍務次長이 協議할 터인 바, 其內容과 進行을 先生이 軍務次長에게 預先 言及하기를 望한다 함으로 諾하다.

金義善君을 請하야 日 昨冬에 李鐸君이 鴨綠江沿岸에 冒險隊를 編成할 뜻이

有하야 總理와 議論한 즉, 總理께서 極히 贊同하야 曰 다른 總長이나 總辦한테까지도 말치 말고 오직 秘密히 自己에게 直屬케 하야 自己는 裡面에서 모든 것을 指揮하며 設備하겠노라 하였도다. 余는 그 當時에 그 內容은 知하였노라. 李鐸君이 이에 西間島에 往하야 自己의 同志와 獨立團首腦·青年團首腦들과 오래동안 議論한 結果로 各首腦人物이 聯合하야 冒險隊를 組織하되 그 名을 光復軍이라 하고, 此를 一个團體의 附屬한 性質을 具치 아니 하고 政府에 屬한 國家的 軍人이 되게 하자 하였고, 今次 鴨綠江沿岸에 敵偵을 擊殺한 것도 光復軍으로서 二十名을 派遣하야 한 事라. 李總理는 前後를 忘置하고 今日까지 不顧한지라 此事由를 余가 詳知하고 鐸君에게 言하기를, 總理에게 好意로 말씀하야 軍務部에 直屬케 하라 하였으니 君은 內地에 軍事行動을 取하라 하면 此機關을 忽諸치 말고 今日 李總理와 李鐸君을 面會하야 專任한 後에 李鐸君과 結束하야 該機關에 對하야는 信義가 有하게 進行하고, 李總理의 職權以外의 行使한 것은 言도 말고 또 介意도 말고 오직 前進할 것만 잘 生覺하라 하다. 君이 曰 余도 此事를 大綱 知하고 總理의 職權·制度上의 違한 것을 말하려고 별렀으나, 島山의 言을 聽하고 好意로 일을 專任하겠노라 하다. 今年內로 日人의 統治拒絶하는 行爲를 極力實施하자 相議하다.

本國으로부터 來한 申肅·申相泰君이 來訪함에, 余曰 余가 今次 光復事業進行의 大體를 擧하야 言하고, 飛行機購入키 爲하야 崔東旿君과 相論하고 天道教會內에 該款을 運動한 事 有하였노라는 事實을 言한 즉, 君曰 只今 天道教內에서 天道教를 犧牲하기로 作定하면 巨款을 籌備하려니와 不然코는 警戒가 極甚하야 不能하니라 云하다.

鄭仁果君이 來訪함에 美國國會議員이 東洋視察로 內渡함에 對하야 相當히 準備할 것을 研究하자 하다.

朴宣君이 來訪함에 滙豊銀行에 往하야 預款을 取來하기를 委하다.

金公緝君이 來訪曰 自己가 學生代表로 態鉞에게 往하였다가 말을 못하고 來한 事를 言하다.

金亨均君이 來訪하다.

金澈君을 請하야 曰 新韓青年黨 理事員으로써 興士團에 入團함에 躊躇타는

問題로 言하되, 興士團의 主旨가 우리 民族에게 絶對로 큰 關係가 有하다 認하면 如何한 것을 不顧하고 入團할지라. 우리 每事를 國家와 民族을 爲하야 進行할 뿐이라고 하다.

孫永弼君이 來訪曰 態鉞이가 韓人學生을 匪徒라고 報紙에 揭한데 對하야 우리는 衆議院長에게 辨白書를 送코져 起草하였노라 함으로, 余曰 此事를 行키 爲하야 우리가 떠드는 것은 우리에게 有害無益인 즉 沈默하고 있다가 孔寅君이 來滬한 後, 孔·態 兩人의 和解를 成케 하는 것이 可하다 하다. 또 君은 廣東事로 申奎植·李始榮 二君에 對한 感情을 풀고 每事에 協進하기를 望하노라 하다.

林得山君 生日晩餐에 往參하다.

足部 湯傷을 治療키 爲하야 紅十字病院에 往하였다가 金昌世君이 不在함으로 未遂하다.

金九君이 來訪曰 金健亨君의 父親이 自殺하였다는 報를 接하고 金君이 痛泣이 極甚한 中에 在하다 함으로 往하야 慰問하다.

五月八日 土 晴

預定事項

一, 齒科醫院에 往할 것. 二, 高麗醫院에 往하야 受傷足을 治療할 것. 三, 尹琦燮·洪鎭·鄭濟亨面會할 것. 四, 各總長尋訪할 것. 五, 宣傳部事務指導할 것.

淸早에 團所靜坐會에 參하다.

朴宣君과 같이 齒科醫師 朴榮世君을 訪하야 手術을 受하다. 回路에 高麗病院에 往하야 受傷한 足을 治療하다.

金聲根君이 來訪함에 그 間 意外의 事에 對하야 慰勞하고 銀十元을 贈하다.

吉鎭京君이 來訪하야 渡美할 事를 議論하고, 且 修養에 專心하라 하다.

李總理를 尋訪함에 不在故로 未會하다. 申奎植·李始榮·李東寧 三君을 尋訪하다.

尹琦燮君을 尋訪하다. 洪鎭은 出他故로 未晤하다.

李奉淳女士 來訪하다.

金弘敍君이 來訪하야 東吾先生葬儀時 所撮한 寫眞을 中國人 沈◯◯君에게 送코져 하야 要함으로 許하다.

鄭蕙園女士 來訪하다.

五月九日 日 晴

預定事項

一, 齒科醫院에 往하야 治療를 受할 것. 二, 王三德君面會할 것.

淸早에 靜坐會에 參하다.

李鐸君이 來訪함에 安東縣 光復軍의 進行方針을 商議하다.

王三德君이 來訪하야 余가 君에게 北間島에 往하야 進行할 것을 商議하고, 또 前途方針의 大體를 들어 말하다.

金藥山君이 來訪함에 炸彈使用을 單獨的으로 何時에나 紀律없이 使用치 말고, 軍事當局에 款屬하야 實力을 漸蓄하였다가 相當한 時에 大擧하기를 注意하라 하다.

本國으로부터 來한 金기만·金濙秀·金根植君이 來訪하다. 金根植君이 來時에 余의 本宅에 다녀왔노라 하며 曰 余의 老母의 氣節이 安寧하시고 家內에는 別故없이 다 平安하고 農作도 如意하다 云하다.

金弘敍君이 來訪하다.

金九君이 來訪하야 曰 新韓靑年黨員으로 興士團에 入團與否問題가 如何히 되었나 問함으로 아직 未知하노라 하다.

李總理를 尋訪하야 未晤하고, 申奎植·李東寧·李始榮 三君을 訪하야 美洲와 及大同團結에 關하야 議論하다.

五月十日 月 晴

預定事項

一, 李東寧·申奎植面會할 것. 二, 國務會에 出席할 것. 三, 金羲善面會할 것. 四, 申肅招待에 往할 것. 五, 團所에 往하야 林得山君入團問答할 것.

淸早에 團所에 往하야 靜坐會에 參하다.

李東寧君이 來訪曰 前日에 서로 議論한, 서로 結束하고 團合하자는 事가 잘 進行이 안 된다 하며 曰 只今 사람들이 當局者에 對하야 無能力하다고 不信任하는지라 우리가 自思하야도 果然 無能力하니 우리가 退去하는 것이 國家를 爲하야 마땅하고 우리 몸도 사랑하는 것이라 言하는 時에, 申奎植君이 入하는지라 申君도 曰 果然 退去가 宜하고 우리보다 優한 人物에게 任하는 것이 大事를 爲하는 道理라 하다. 余曰 우리의 進하고 退하는 것과 合하고 分하는 것이 우리 各 個人의 몸을 爲함이 아니오, 國家를 前提로 하고 事業을 表準함이라. 우리가 退去함으로 光復事業이 善進할 點이 有하면 어찌 躊躇하리오. 余의 觀察로는 吾族의 智力과 金力이 하도 缺乏하야 何誰가 任事하든지 特別한 良績을 現하기 不能할 것이오, 우리가 退去할 時에는 우리의 마음으로 某氏 某氏가 當局任事하여야 善就하겠다 할 人物이 有해야 하겠는 바, 余의 良心으로는 誰가 其人이라고 生覺됨이 無하도다. 우리를 對하야 無能力하다 批評할 수는 有하나 執行할 能力은 無하도다. 社會의 重堅되는 人物이 有하야 國家의 大事業을 스스로 責任하고 일의 計劃을 定한 後에 우리를 내버리고 他人을 需用할 形便이라도 好하겠지만은, 余의 觀察로는 事에 對한 觀念은 無하고 空然히 批評할 뿐이오, 일을 擔責한 主人된 人物은 보이지 아니 하는지라. 然則 우리가 散去하면 政府는 自然 없어질 것이오, 從하야 今次 運動이 最終을 告하는 日이라. 此를 知하고야 어찌 차마 退去하리오. 曾日에 吾 五人이 特殊한 盟約으로 結束하자 함은 우리 歷史에 重한 關係點이라 生覺하노라. 그 뜻을 不變하고 稱贊을 듣거나 毁訾를 듣거나, 敗하거나 成하거나 不顧하고 나아가는 것이 可하다 하다. 二君은 明確한 對答이 無하고 오직 걱정하다가 散하다.

李英烈君을 請하야 曰 余가 車利錫君을 달리 쓰고져 하니 印刷部에 큰 關係가 無하냐 問한 즉, 君曰 關係는 雖有이나 先生의 말씀대로 하겠노라 하다.

金義善·李鐸 兩君이 曾日 言約을 依하야 安東縣 光復軍事를 協議키 爲하야 來訪하다. 金君에게 對하야 軍事當局의 諸般進行計劃을 請聞한 즉, 君曰 余가 島山에게 對하야만 바로 말이지 世人이 아무리 戰鬪한다 떠들지마는 余는 此에 對하야 意思가 全無하노라. 우리가 무엇으로써 敢히 日本으로 戰鬪하리오. 余는 短砲와 炸彈으로 當今 敵의 官公使·偵探·警察署 等 破潰하는 것으로 일하기를 作定하였노라 하다. 余曰 然則 此를 卽實施코져 하느냐, 抑 相當한 準備를 기다리냐 한 즉, 答曰 準備 準備하야도 말뿐이므로 當場 實行코져 하노라. 余曰 그 使用할 人員은 幾何, 預算은 幾何냐 한 즉, 答曰 各郡에 平均 三人 以上을 算하되 深邃한 山谷 等地에는 使用치 아니 하고 要害의 地에 人員을 增加케 하고, 千名 可量의 冒險靑年을 採用하겠다 하다. 余曰 然則 어찌 當場 實施하리오. 砲一柄 代價를 七十元 可量으로 計하야도 千名을 供給할 千柄 代價가 七萬元이겠고, 每人의 經費가 平均 百元으로 算하여도 千名에 十萬元 可量이니, 此를 供給할 道理가 有하냐 한 즉, 答曰 然한지라. 然故로 辦備되는대로 經營하야 進行코져 하노라 하다. 余曰 君의 主義와 余의 主義는 同하나, 그 進行의 意思가 조금 差異가 된다 하다. 君이 問함으로 余曰 此次 光復事業은 참으로 大한 것인 줄 知하고 大規模로 進行할 計劃을 確定하고 成敗가 그 計劃에 依하야 進行키를 望하노라. 우리의 生覺을 一時의 不平的 行動으로 賣國賊을 殺한다, 偵探을 殺한다, 如此히 生覺치 말고, 일을 如何 如何히 進行하면 如何한 結果를 收하겠다는 表準이 有하여야 되겠도다. 우리 今次 運動의 大體를 擧하야 말하면 三段의 行爲를 取할지니, 一은 敵의 統治를 拒絶하는 行爲·二, 戰鬪 準備 行爲·三, 各國에 宣傳 交涉 行爲인 바, 一에 對하야 말하겠노라 하다. 短砲와 炸彈使用은 一時不平으로 無意味하게 使用하는 것은 不可라고 言하였거니와 우리 일은 日本의 統治를 絶對로 拒絶하야 敵이 統治의 力을 展할 수 없게 하도록 하는 것이 最重大한 것이라. 此를 重大하게 知하고 大計劃과 大規模로 實施할 것이니, 그 拒絶하는 行爲는 官公吏退職·納稅拒絶·訴訟拒絶 等의 事라. 此를 全國 國民으로 實行케 하기 爲하야 多方의 設計를 定하고 進行할지니 此를 一般國民이 絶對로 拒絶하는 時는 敵으로서는 絶對로 服從케 하기 爲하야 極段의 壓迫行動이 有할지라. 然則 炸彈과 및 使用할 人을 準備하였다가 敵의 最後 壓迫을 應하야 大暴動을 起함이 成功을 可期라. 然則 現時의 小數 部分的으로 炸彈을 使用함이 그것으로 統治拒絶의 效果를 難收하고, 敵이 此에 對하야 防禦策이 稠密하야 未來 大活動에 大障碍를 作할 뿐이니 現時에는 炸彈使用을 막으로 말고, 但 短砲로서 各要害地의 偵探 等을 討伐하야 光復에 從事하는 이의 來往의 便宜를 圖하고 人心의 多少 激發이 有케 하고, 且 未

來를 爲하야 準備實施할 것은 一, 陸上에 文字를 普及하야 統治拒絶의 主義를 稠密하게 注意하며 韓人官公吏에게 退職勸告를 無漏히 보게 할 것이오. 二, 飛行機로 宣傳하야 人心을 大激發케 할 것이오. 三, 深險한 森林中에 炸彈製造敞을 密置하고 우리 使用할 수를 依하야 製作케 하고 炸彈使用人을 軍人精神으로 編成하야 冒險性과 紀律을 養成할 것이라. 以上의 行爲를 實行하자면 巨額의 資金을 要할지라. 아무리 어렵더라도 此를 期於히 實施하려고 뜻을 堅定하고, 되도록 運動할 것이라. 此를 爲하야 余가 曾前부터 周旋하야 오는 것이 有하고 그것이 失敗되면 余가 直接 出動코져 하노라. 우리는 一年이 가거나 二年이 가거나 險夷를 不顧하고 斷定코 實行하기를 計圖할지라. 以上의 所言한 것이 곧 民國의 最大獨立戰爭이라 生覺하고 努力하고져 하노라 한 즉, 君이 極히 稱善하다. 余曰 우리 二人부터 此志를 不變하고 一致行動을 하자 하고, 此事業을 李鐸君에게 專委하야 이미 組成된 光復軍을 使用하기를 望하노라 하다.

鄭仁果君이 來訪曰 總長들의 覺悟가 尙今 圓滿치 못하야 前途가 險難하다 云하다.

顯振君이 來訪曰 畿湖人士들이 凡事의 行動이 地方的 性質로 나아가는 것이 多하다 하며, 李總理는 三總長에게 對하야 大不平을 抱하고 共事하기가 難하고 李承晩下에는 일할 뜻이 없다 하다 云하다.

國務院에 出席하야 政務를 協議할 새 西間島特派員 杜奉瑀辭免한 代에 趙尙燮이나 鮮于爀으로 派送케 하다.

東三省에 外交部設置案을 議論하다가 外務次長다러 組織하야 提出하라 委하다. 歐羅巴와 美洲에 外交委員部設置案을 討議하다가 大統領과 協議 實施키로 하다. 北間島 光復軍政司의 獻議書를 朗讀한 後에 此를 軍務部로 越交케 하다.

四時에 申肅君 招待로 一品香에 赴하야 晩餐하다.

七時半에 團所에 往하야 林得山君의 問答을 了하고, 吳翊殷君 問答하다가 未了의 點이 有한 故로 未畢하다.

五月十一日 火 雨

預定事項

一, 尹右山 · 車利錫 · 吳翊殷 · 申肅面會할 것. 二, 宋鼎頊招待할 것.

今朝에 靜坐會에 未參하다.

玄楯君이 來訪하야 洋百元만 請取故로 數日을 待하야 辦送하겠노라 하다. 君이 그 間은 李博士所送한 五百元으로 支過하였노라 하다.

尹顯振君이 來訪함에 余曰 李承晩博士가 財務總長에게 電한 內開에 玄楯으로 華盛頓 外交委員으로 擇定하였고, 渡美旅費 五百元을 換送한다 하였으니, 此에 對하야 어찌 할런지 李總理가 知하면 大不平이 生할지니 아직 此事를 發說치 말고 措置方法을 預思하라 한 즉, 君曰 또 걱정의 問題가 生하였다 하다.

林得山君이 來訪曰 今夕에 安東으로 出發하노라 함에, 余曰 君과 聯絡하는 冒險青年들을 部分으로 行動치 말게 하고, 安東光復軍과 合同하야 該機關의 指揮대로 行動케 하고, 軍事局長 都寅權君에게로부터 受한 短砲는 光復軍機關에 送交함이 合當하다 함에 君이 諾하다.

鄭仁果君이 來訪曰 李承晩 · 金奎植關係로 外交事業을 統一키 不能한지라, 只今 李始榮과 議論하야 玄楯을 招往하는 事로 말하야도 總理나 外交當局者는 알지도 못하니 每事에 如此히 하고 어찌 써 일하리오 하며 慨嘆하다.

李世芳(冒險隊員) 來訪하야 安東으로 向하노라고 辭別하다.

車利錫君을 請하야 宣傳理事로 일보기를 請한 즉 君이 諾하다.

吳翊殷君을 訪하야 曰 尹顯振君 來言이 高一清君이 安東으로 向한다는 理由는 君이 今 兄의 말을 傳하기를 高一清君을 安東으로 來케 하라 하야 出發한다 하니 此가 事實이냐 問한 즉, 君曰 虛無에 全屬한 事라. 自己 兄님이 需款을 辦送하더라도 先生에게나 自己에게 直接 滙送하지 他處로 以할 줄은 不信하노라 하다.

宋鼎頊을 請邀하야 伊來 君의 誠心任事한 것과 및 在病中이므로 慰勞하고, 大東旅社에 往하야 晩餐을 같이 하다.

申肅 · 崔東旿君이 來訪하다. 申君이 財政策에 對하야 曰 教內에서 거져 政府로 送한다 하고, 教人에게 收金만 하면 出納하기도 恐懼하는 故로 如意히 金力

을 辦備치도 못하고 人物들만 危險한 곳에 陷하겠도다. 더욱이 天道敎에 要求한 三十萬元의 巨款을 籌備하려면 秘密이 難한 故로 天道敎라는 것을 犧牲하기 前에는 될 수 없다. 然則 銀行이나 會社를 設立하야 株券의 名義로 收合함이 額數도 多하고 且 安全하겠다 云하는지라, 余曰 營業하자는 名義로 收合하야 光復事業에 用함은 國民을 欺함이니 到底히 難行하겠다 한 즉, 君曰 會社는 會社대로 營進하고, 政府에서는 債務를 得하게 하면 欺民하는 것이 아니라 하다. 余曰 然則 우리가 일할 때에 그 會社는 永遠 存在케 하야 營業을 進行하고 正當히 債權債務의 境遇로 財政을 去來하면 妥當할 듯하니 此事를 尹顯振君과 商議하야 進行케 하자 하다. 또 君에게 對하야 曰 우리 일 가운데 敵의 統治를 絶對로 拒絶하는 것이 第一 重要한 事라 하니 君도 또한 同情을 深表하다.

五月十二日 水 晴

預定事項

一, 尹顯振·申肅·鄭濟亨君面會할 것. 二, 宣傳部事務指導할 것. 三, 吳翊殷·車均祥君入團問答할 것.

淸早에 靜坐會에 往參하다.

尹顯振이 來訪함에 昨日 申肅君의 意見을 말하고, 會社의 名義로 財政을 鳩聚함이 如何하냐 한 즉, 君曰 進行이 매우 困難하겠으나 議論하야 實施케 하자 하다.

李鐸君이 來訪曰 現洋 三百元이 有하여야 緊用하겠다 함으로 余는 無한 뜻을 表하고 曰 光復軍中에서 相當한 人을 選하야 宣傳員을 任함이 如何하냐 하다.

崔東旿君을 訪하야 尹顯振君의 意思를 말하고 午後 一時에 申肅·尹顯振君과 같이 會商하자 하다.

一時에 尹顯振·申肅·崔東旿君과 會社設立의 事를 爛議한 結果, 資金總額은 二百萬元(每株 五十元)으로 定하고, 第一回 收入될 것을(四分의 一) 五十萬元으로 概算하고 그 半數는 申·崔 兩君이, 餘半數는 尹君과 余가 擔責하야 辦備하기로 하고 進行方法은 尹君다러 起草한 後에 四人이 再會 協進하기로 하다.

都寅權君이 來訪하야 軍事行動에 關하야 意見을 要求하는 故로 現今은 時間이 無하니 他時로 會晤하자 하다.

齒科醫院에 往하야 治療를 受하다.

鄭仁果·黃鎭南 兩君의 招待로 大東旅社에서 晩餐하다. 二君이 從屬히 渡美하겠다 함으로, 余曰 더욱 耐過하기를 注意하라 하고 挽留하다.

鄭濟亨君을 請하였으나 君이 不在故로 未會하다.

宣傳部事務를 指導하다.

七時半에 團所에 往하야 吳翊殷君問答을 行할 새, 適 心神이 疲勞함으로 中止하고 明下午에 다시 行하기로 하다.

五月十三日 木 晴

預定事項

一, 國務院에 出席. 二, 宣傳部事務指導. 三, 黃鎭南面會. 四, 尹顯振面會.

淸早 團所에 往하야 靜坐會에 參하다.

西間島로부터 來한 崔尙鳳君이 來訪曰 自己와 幾个 靑年이 炸彈行動에 關한 事로 來하였는데 先生의 高見을 願聞하노라 함으로, 余가 우리의 進行方針의 大體를 들어 말하고, 그런 事業을 單獨的으로 自意行事치 말고 國家的 軍人精神으로 政府方針에 依하되 此에 關하야 李鐸君의 指導下에서 行動하라 한 즉, 君曰 適當하게 生覺하노라 하다.

孫貞道君이 來訪함에 總理와 各總長과 各次長及秘書長의 搖動할 뜻이 有함으로 大局이 危境에 處하였다 하고 善後策을 講究하자 하다.

黃鎭南君이 來訪함에 興士團의 趣旨를 說明하고, 改造精神을 勉力하라 한 즉, 君은 入團할 決心이 有하다 言하다.

尹顯振君이 來訪曰 幾个 同志로 더불어 現統領을 倒하기로 決心하였는데, 此가 未遂되면 自退하겠노라 하다. 余曰 只今 此로 大效果를 難成이오, 大局이 破潰하야 消滅을 自促하는 것이니 如此한 論은 出口치도 말고 曾日 相約대로 內部의 結束을 堅固이 하야 大局을 收拾하자 하되 君이 堅執不聽하고 歸하다.

姜鳳孝君이 來訪曰 自己의 本意는 先生을 看護키 爲하야 遠來하였는데 新聞

社에서 任事함을 請하는데 對하야 未答하였으니 如何함이 可하냐 함으로, 余曰 新聞社에서 辦事하는 것이나 余를 看護하는 것이 다 余를 援助하는 것이라. 然而 新聞社에서 任事함이 余를 看護하는 것보다 더 助益이 되겠다 하고, 將次 朴宣君이 歸國하면 團所의 事를 任하게 하고자 하니 此를 議論後 兩者간 一을 取하라 하다.

李東輝君이 來訪曰 現統領을 갈아 없이 하자 하며 曰 不然한 즉 自己는 退去하겠다 함으로, 余曰 甚히 重大한 問題이니 輕忽히 生覺할 일이 아니라 하다.

呂運亨君이 來訪하야 南方에 往還한 事情을 言할 새 陳炯明은 革命을 再起하기 爲하야 大準備中이라 하다. 余曰 우리 民族 自體가 誠心誠力으로 團結하야 大勢를 扶去해야 되겠다 하고, 그 間 總理總長으로 더불어 大同團結에 注重하는 것을 말한 즉, 君曰 自己는 此가 期成되기를 不信하노라 하다.

尹顯振君을 訪하야 曰 現統領廢止는 大局을 誤케 하는 問題니 如此한 言은 出口치도 말고 遠東에서만 遠東의 形勢대로 國內의 日本統治拒絶하는 일을 專力하자 하되, 君曰 今夕 次長會議가 有할 터인데 絶對的으로 斷行하겠노라 하다. 余曰 諸君의 意思를 絶對로 主張하면 余는 別道가 無하고 스스로 退局할 而已라 하다.

國務會議는 未滿員이므로 開議치 못하다.

夕後에 團所에 往하다. 朱耀翰君의 싹이 보이는 大韓青年의 文化運動이라는 題로 講演하다. 朱君의 말 가운데 青年의 思想을 老人들은 干預치 말고 放任하야 所向대로 할 것이라는 意에 關하야 余 簡略히 青年은 青年의 意思, 老人은 老人의 意思를 發表하는 것은 同一한 自由意思라. 또는 主張 意見이 異하야 各執其一하는 것은 青年과 老人의 間에 限하야 在한 事가 아니오, 老人與老人, 青年與青年間에도 在한 事라. 此를 全혀 老人을 向하야 말함은 不可라 하다.

五月十四日 金 晴

預定事項

一, 各總長 · 金澈 · 金立 · 孫貞道訪問할 것. 二, 國民團夜學課에 出席.

清早에 靜坐會에 參하다.

玄楯君이 來訪하야 日 自己가 華盛頓으로 往하게 되었노라 하며 長時間 談話코져 한 즉, 時間의 有無를 問하는지라, 故日 只今 幾位 來訪客을 面會한 後 他處에 往하야 말하자 하고 待合室에서 企待하라 하다.

尹顯振君이 來訪함에 余日 大統領廢止問題는 提論치도 말고, 또 君等은 조금도 動搖치 말고 誠心誠力으로 大事를 扶進하자 한 즉, 君日 革命事業은 爲先 內部가 서로 信任하고 凝結하여야 되는 바, 現今 狀況으로는 光復事業을 進行할 수가 없으니 李博士派가 退去하거나 우리가 退去하거나 兩端간 解決을 作하기로 決心하였노라 하다. 余日 統領과 總長들은 形式으로 上位에 置하고 次長된 青年諸君이 一心團結하야 進行하면 目的을 可達하리라 한 즉, 君日 如此하고는 進行할 希望이 無하다 하다.

崔東旿君이 來訪日 會社組織事를 速定하고, 人員을 內地에 急派해야 되겠다 함으로 午後에 再會하자 하다.

玄楯君으로 東亞旅社에 往하야 談話할 새 君이 自己 渡美內情을 말하고 日 自己가 余에 對하야 根本 地方熱이나 野心이 有한 人으로 知하지 아니 하고 좋은 일군으로 知하야 왔지만은, 그 這間 幾位 總長이 自己에게 對하야 日 몇 번 잘 속았다고 다시는 見欺치 말라 云하도다. 自己도 近間에는 如是의 心이 有하였었노라. 余日 然則 疑心條件이 何이냐 한 즉, 答日 別條件은 無하고, 但 平安道人은 助與가 多하고 畿湖人은 如此히 함이 鮮少한 것을 보이더라 하는지라, 余日 余가 實力이 無함으로 何人이든지 助與한 것이 無하나, 畿湖人이 余에게 受助함이 一文이라도 多할 듯하다 하다. 君日 今에는 島山이 興士團을 組織하야 內外地에 宣傳하야 將來 大統領되기를 準備한다 云하다. 余日 何人이든지 獨立할 줄 確信하고 大統領을 準備한다면 好事일지라. 余는 當今 進行이 茫然하야서 將來 個人問題에는 生覺지도 못하노라 하다.

金若山君이 來訪日 自己가 從速 入國하노라 함으로, 余日 如斯히 部分的으로 冒險을 行動치 말고 그 冒險行動하는 最高機關에 連絡하야 適應時機에 大大的으로 行動하기를 企望하는 뜻으로 길게 說明한 즉, 君日 言雖切當하야 歎服不已하나 自己와 및 同志의 事情이 不許하노라 하다.

李總理와 金立君을 尋訪함에 李總理日 自己는 李博士와 一局에는 不立하기

로 決心하였노라. 諸次長들도 如是한 思想을 持한 것은 滿足히 同情하노라. 次長들은 設或 其志가 變하더라도 自己 個人은 絶對로 變치 아니 하겠노라 解言하다. 余曰 事가 하도 重大하니 輕忽히 하지 말고 한번 더 生覺하라 하다.

李始榮·李東寧 兩君을 訪問하고 日 時局이 漸漸 큰 危險한 中으로 入하니 救持의 策이 茫然하도다 하고, 또 今番 獨立運動에 이 安◯◯의 地方熱問題가 한 中心問題되니 스스로 悚懼함을 不禁하노라. 只今 畿湖人士들이 西道人士한테 부댓기어 難過이므로 自衛策으로 不可不 一偏黨을 作해야만 되겠다는 그런 論調로 人心을 眩惑케 하야 兩地 靑年으로 反目을 惹起하니 是는 自亡을 取하는 것이 아니냐 하다. 東寧君曰 誰가 如此히 佈言하느냐 함으로, 余曰 知名한 人士의 所言을 數次 得聞하였노라 하다 하고, 서로 將來를 爲하야 걱정하다가 散하다.

金澈君을 訪하야 問病하다.

孫貞道君을 訪하야 時局의 근심되는 것을 議論하고 絶對로 秘密을 守하라 하다.

金弘敍君을 請하야 南京旅行에 關하야 問議하다.

崔昌植君이 來訪하야 渡美케 된 事를 말하고 旅費를 請助함으로 籌辦키 難하다 하다.

申肅·崔東旿 兩君이 來訪曰 會社設立에 關한 事로 商議하다가 尹顯振君이 以事先歸함으로 明午에 다시 會商하기로 하다. 申君의 提議는 會社를 二로 分하야 自己는 自己所信하는 人으로, 先生은 先生의 所信하는 人으로 株金을 收集하자 함으로, 余曰 該意見을 贊하고 日 余의 念慮는 國民을 欺罔함이 될까 念慮라 하다.

諸次長의 運動하는 事와 會社設立의 事로 南京行을 定止하고 金弘敍로 하여금 白永燁君에게 因事未發이라 送電케 하다.

團所에 往訪하였다가 未訪하고 孫貞道君을 訪問함에 適 李總理 來하야 李博士排斥論을 張久히 痛論하다.

五月十五日 土 晴

預定事項

一, 崔東旿・申肅・尹顯振・其他天道教人을 招待하야 會社設立事를 商議할 것. 二, 各次長尋訪.

淸早에 靜坐會에 參하다.

尹顯振君을 訪問하야 昨日 崔東旿・申肅 兩君과 議論한 內容을 言하고, 今日 午正에는 期於히 會商 決定하자 하고 曰 此事를 如此히 行하다가 將來에 詐欺的 行爲가 되지 아니 할런지 問한 즉, 君曰 依例히 詐欺 行爲될 줄 알고 行할 바오, 또 將後에는 會社 全部를 없애지 아니 하면 안 되겠다 하는지라, 余曰 然則 余는 此를 直接 實行하기가 難하다 하고 再商하기로 하다.

昨日의 次長會議의 結果를 問한 즉, 君曰 次長과 秘書長이 聯盟하야 大統領 不信任案으로 總辭職하기로 決定하였다 하는지라, 余曰 君等이 大事를 크게 誤하는도다. 君等의 辭免書提出日은 卽 余의 亦退去의 日이라 하다

安恭根君이 來訪함에 俄 過激派與反過激派의 內容을 叩한 즉, 君이 大綱 說明하고 他日에 再會 詳言하기로 하다. 君曰 俄國外交에 對하야 相當한 人物이 往하여야 善就할지라. 俄領에도 그 適任人物이 無하고 上海로서 派送하자 하야도 無한지라 오직 余다러 直接 往하여야겠다 하는지라, 余曰 余도 如此히 生覺하는 點이 有하노라. 外交는 自己의 行할 目的을 確定하고 그 目的을 達할 必要條件을 가지고 交涉할 바이나, 吾人은 덮어 놓고 幇助하야 달라, 武器를 供給하라 할 뿐이라. 余는 他處로 往하여야 必要한 關係도 幾件이 有하고, 且 上海를 離하야도 不可할 關係도 多함으로 自煩할 뿐이라 하다. 이어서 團에 對하야 如何히 生覺하나냐 問한 즉, 君曰 自己心에 實로 適切히 生覺하나 實行에 對하야 難한 것을 覺하노라 하다.

金羲善君이 來訪하야 問余曰 前者 總理與總長及重要人物의 結束事가 如何하냐 함으로, 余曰 該事를 着手進行中이러니 近日에 秘書長과 次長이 大統領을 倒한다, 自己네가 退한다 하는 問題가 生함으로 難處中에 在하노라 한 즉, 君曰 島山이 曾 已知하였더랬다 하고 曰 昨日 次長들이 會議한 結果, 大統領을 出케 하거나 次長들이 退하거나 하기로 決議하였는데 自己도 亦是 同感決心하

였노라 하고 曰 島山의 大統領을 扶進하자, 總長들을 結束하자 하는 것은 一段理想뿐이오, 事實에는 不可能한지라 余는 此를 笑할 뿐이라 하는지라, 余曰 君이 稍益深究하면 余의 所思와 同一할 줄로 生覺하노라. 우리 民族의 程度와 實力 如何를 知하면 君等이 如此한 決心이 無할 줄 知하노라. 君等의 決心을 斷行하는 其日에는 一大波瀾이 生할 것이오, 그 時機를 應하야 日本은 內外에 對하야 惡宣傳을 極力하리니, 然할 時에 우리 國民의 程度로 退拙하겠나 奮勇하겠나. 仆蹶하야 全滅할 뿐이니 大統領의 稱不稱과 總長의 適不適이 何所用이리오. 吾等은 李也金也의 曰善曰否를 知하지만은 普通國民이야 何를 依支하야 知하리오. 君等의 生覺이 感情에 近하고 事에는 遠한가 生覺하노라 하다. 君曰 如此 念慮도 不無치는 아니라 하다 하며, 曰 今에 愛國金納上하는 것을 中間에서 橫領하는 것을 放任할 수 없다고 하는지라, 余曰 誰가 그러한 事實이 有하냐 한 즉, 君曰 孫貞道君이 北京宣教師會에 往하였을 때에 裵亨湜君便에 政府로 送하는 千元條를 孫君에게 委한 것을 不傳自用하였는지라, 此가 綻露할 뿐아니라 如此한 事가 多함으로 그 內容을 詳査中이라 하는지라, 余曰 孫君이 設或 如何한 失手가 有하다고 假定할지라도 그 後方에 君을 信仰하는 男女가 多하고, 且 歷史가 있는 한 사람인데 如此한 言이 世上에 流布되면 우리 運動에 大影響이 及할 뿐더러 孫君은 詐欺的 行爲는 아니 할 줄 余는 信하노라. 財政傳付하는 事에 或 糊模한 事가 有한지는 未知하겠노라. 君은 其內情을 詳知치도 못하고 他人을 輕히 定罪하는 것은 失手인 듯하니 從容하기를 望하노라 하다. 君曰 內情을 盡詳한다 하며 島山의 如此한 點은 不許하노라. 非者는 非하게, 是者는 是하게 對하여야 한다 하다.

韓松溪君이 來訪曰 曾往 政府에 四百元 取與하였더니 此를 自己의 名義로 하였는지 或 先生의 名義로 하였는지 問함으로, 余曰 君의 名義로 하였다 하다.

李鐸君이 來訪하야 炸彈에 關한 事를 議論하다.

申肅·崔東旿·尹顯振君을 大東旅社에 招待하야 午餐하다. (餘天道敎人은 未到하다.) 이에 樓上에 登하야 資金募集의 問題로 爛議하다가 決局 申君이 天道教의 事情을 依支하야 會社名義나 其他 何許方法으로든지 二十五萬元을, 尹君과 余도 亦可能한 方便을 依하야 何許方法으로든지 二十五萬元을 擔責할 것이

오, 此五十萬元을 盡收하야 가지고 營事하자 하면 時間이 太久함으로 從하야 人心은 墮落하고 部分的 妄動이 多生함으로 大事에 致誤될 念慮가 有한 즉, 一個月半 以內로 申·崔 二人이 五萬元을, 尹與余 二人이 五萬元을 擔負하고 辦備하기로 하고, 다시 余는 二萬元, 尹君은 三萬을 擔負키로 하다.

尹右山君이 來訪하야 今番 次長決議에 對하야 同意를 求함으로, 余曰 絶對로 同情할 수 없다 하다.

孫君의 事件으로 因하야 君을 二次 尋訪하였으되 未會하고 自疑컨대 該事가 金弘敍君과 關係가 有할 듯하야 金君을 請하야 孫氏가 愛國金橫領한 事가 有하다니 그 事實을 知하냐 한 즉, 知하노라 하며 俄者 金義善君言과 同한지라, 余曰 此問題를 君이 起하는 것이 아니냐 한 즉, 君曰 自己는 關係가 無하노라. 余曰 그 言을 不信하노라. 義理에도 不可하고 事體에도 穩當치 아니한 것을 드러낸 즉, 君曰 果然 孫君에 對하야 惱意가 有한 것을 말하는지라, 余曰 私事惱意報復을 爲하야 大事에 影響이 及하는 것을 不顧하며 兼하야 서로 盟約한 同志간에 罪의 有無를 同志로 더불어 먼저 解決한 後에 處事함이 可하거늘 惱意를 가지고 團外의 人으로 더불어 同志에 對하야 訾議를 함은 義理에 不適한 事이니, 此를 改하고 該問題에 關係된 人에게 從容하기를 爲하라 하다.

金義善君을 訪하야 孫貞道君에 關한 問題로 言할 새 此를 輕忽히 하야 떠들면 大影響이 有하겠고, 且 孫君이 該事實의 有無를 難知인 즉, 먼저 詳査한 後에 善後策을 議論하자 한 즉 君이 諾하다.

孫貞道君을 訪함에 適 來賓이 在席故로 말치 못하고, 團所에 往하야 李光洙·朴宣君에게 車均祥君入團問答할 것을 委하다.

各次長·秘書長의 會議하는 金澈君寓所를 訪한 즉, 尹顯振·鄭仁果·金澈·金義善·李圭洪·金立 六人이 着席하였더라. 余曰 諸君이 今次 大統領의 不信任案을 提出하는 內容은 余의 所料로는 四个의 條件이니, 一, 神聖한 獨立事業에 不神聖한 人物을 首位에 在함이 精神不可라 함이오. 二, 歐美의 外交를 誤케 하고 美洲社會를 分亂케 하고 遠東과 歐美의 外交를 統一치 못하게 하고 政令을 不一케 함으로 大事進行에 支障을 多生한다 함이오. 三, 現時 上海國務員이 信과 義로 結合치 못하야 革命幹部답게 정력을 뻗치어 일할 수 없은 즉

寧히 推飜하고 新히 造成하는 것이 進行에 有益하겠다 함이오. 四, 一年以上의 일 延遙하는데 良好한 成績은 別無하고 內外의 軋轢만 生하니 諸君의 各自 心理에 操悶不快하야 破潰하거나 退去하거나 兩者간 一을 取하겠다 함이라. 以上의 三條는 일을 表準함이오, 終一段은 感情을 表準한 것이라. 諸君이 如此히 生覺하는 것을 否하다 아니 하고 當然하다 할 點도 不無하다. 然이나 余는 此를 絶對로 反對하나니 卽 大事가 一朝에 消滅을 告할 것을 見함이라. 그 理由는 一, 統領이나 總長의 善不善은 諸君은 詳知하고 如此히 하는 것이 可하다 否하다 하는 것이 判定되나, 國民의 全部로는 此를 知치도 못하고, 但 大統領 李承晩은 高尙한 哲學博士이오, 威遜 統領과 同一知友라 하야 信仰心뿐이라. 然한데 今番에 此變動을 起하면 日本人은 內로 同胞에게, 外로 世界에 惡한 宣傳을 할 것이오, 또 同胞中 上海政府와 感情을 懷한 人士들은 機가 來하였다 하고 四起攻擊할지니 嗚呼 痛哉라. 上海에서는 大統領과 官位로 爭鬪만 한다 하야 筆과 舌로 攻擊하기를 極力할지라. 如此히 되면 全部 國民은 獨立幹部에 出立한 人物을 信任치 아니 하고 悲觀과 落望으로 倒하고 仆할 터인 즉, 如此히 말고 亡할 바에야 善하나 惡하나 大統領이 何關이리오. 우리는 現時 內部人物의 如干 잘못하는 事에는 눈을 감고 外情만 보아 나아갈 뿐이라. 君等은 神聖不神聖을 言하지만은 此는 一感情的 言論이오, 事實로 말하면 李承晩만 못한 人物이라도 推戴하고 獨立만 된다면 못할 바 아니라. 二, 過去에 우리가 政府를 組織한다, 委員制를 施行한다, 다시 次長制를 用한다, 또 政府를 改造한다, 또 就任不就任問題로 長時間을 消費하였고, 그 後로는 美洲와 上海間에 愛國金과 公債問題로 時間을 浪費하고 光復에 關한 實際事業은 進行함이 無하였음으로 人心은 困勞하고 일은 中絶될 慮가 有한 今日에 다시 此問題를 提出하면 此로 또한 長久 歲月을 消費하겠고 實際의 事는 施行치 못할지니 大事에 對하야 幾大한 影響이 有할 것을 可知할 것이오. 三, 對外하야 大問題가 될지니 諸君이 李承晩博士를 推倒한다 할지라도 李博士는 退去치 아니 하고 曰 上海의 所爲는 少數 惡輩의 行爲라 하고, 自己는 本國 漢城에서 二千萬의 民意로 推戴한 大統領이라고 國內에만 宣言할 바 아니라 各國에 같이 宣言할 것이라. 如此히 하면 自然히 政府는 二가 되고 우리의 決裂은 世界에 公布하야 外人의 同

情은 絶對로 希望이 斷絶될지니 深考할 바오. 四, 우리 國內 智識階級에 在한 人士들은 設或 李統領이 不可한 줄로 知하더라도 如此한 時機에 此問題를 起함은 우리가 惡意라 아니 하면 痴蠢하다 하야 排斥할 줄로 知하노라. 如此히 되면 今日 諸君의 所思는 다 空想이오, 大事를 誤케 하고 身까지 誤할지니 어찌 忍하야 行하리오. 然則 今에 그 適策은 大統領이 如干 過失이 有하더라도 美洲에 徐載弼以下 有力한 人士들과 서로 聯絡하야 大統領으로 하여금 일에 그릇침이 없도록 補助하게 하고, 또 只今 總理와 總長들의 不滿足한 點이 有하더라도 前日에 相約한 바와 如히 서로 結束하야 進行할 것이오. 今日 此席에 會集한 六人이 스스로 大事의 主人으로 責任하고 大小事를 協進하면 못할 것이 無하리라. 尤히 現時에 人心은 離散되고 分文의 財政이 無함으로 그저 있더라도 維持가 茫然한 바, 큰 波瀾의 變을 起하면 무슨 手段으로 일의 進行은 姑捨하고 스스로 立하야 耐過할 自信이 有한가 熟慮하라 함에, 諸君曰 우리가 다 詳聞하였으니 先歸하면 爛議하야 解決하겠다 함으로 乃歸하다.

孫貞道君을 訪하야 北京에 往하였을 時에 自國으로부터 送하는 金錢의 關係를 問한 즉, 君曰 其時에 北京에 來하였던 韓國牧師 三人이 自己의 用할 條라고 與하기로 受하야 가지고 外國宣敎師도 招待하고 또 旅費에 充用하고 歸하였더니, 今次 金기만君이 歸하야서 該條가 自己가 間接으로 收合한 愛國金條라 하며, 그 돈 出한 人들은 그 代에 公債를 要求한다 하기로, 余가 曰 그 時에 그이들이 明言하고 주기로 自己에게 來하는 條인 줄 知하였더니 今에 君의 言을 聞하고 그것이 愛國金임을 知하였노라. 余는 그것은 政府에 送하야 公債券으로 送하야 주겠노라 하며 曰 그렇게 疑心이 生할 줄은 不意하였노라 하다.

回路에 團所에 往하야 朴宣君에게 孫貞道君과 金弘敍君의 關係된 것을 詳言하고, 明日에 金君을 尋訪하야 勸勉하야 改悟케 하라 하다.

五月十六日 日 晴

預定事項

一, 紅十字病院에 往하야 受療할 것. 二, 禮拜堂에 往할 것. 三, 各總長·次長 尋訪할 것.

淸早 團所에 往하야 靜坐會에 參하다.

尹顯振君을 訪하야 昨日 次長과 秘書長의 會議한 結果를 問한 즉, 日 吾儕가 本意가 大統領不信任案으로 總辭職을 行하기로 同盟하였던 것이 先生이 不可라 力說한 結果, 金義善·鄭仁果 兩次長은 意思를 變改함으로 其外 四人만 辭職하기로 議決하였노라 하는지라, 余日 如此히 하야 現局이 敗裂하면 收拾策할 策이 無하니 大局을 爲하야 마음을 돌이키라 하되 堅執하고 絶對로 斷行하겠노라 하는지라, 余 다시 問日 더 生覺할 餘地가 無하냐 한 즉, 君日 더 말할 수 없노라 하는지라, 余日 然則 余는 前途에 對하야 希望이 中絶하니 余도 辭職書를 提出할 터이오, 또 此事件을 諸總長들과 商議하야 善後策을 講究코저 하노라 하다. 君은 日 今午後에 辭職書를 提出하겠노라 함으로 仍返하다.

王三德君이 來訪日 政府로서 西間島에 派員한다 함은 久已하였으나, 尙未派送故로 西間島에서 來한 代表者들은 不平이 多大하다 하며, 何時에 派送하냐 問함으로, 余日 桂奉瑀君으로 擇任하였다가 君이 辭任함으로 如此히 遲晩하니 從速히 適任을 選擇하야 派送하리라 하다.

鄭仁果君이 來訪함에 余日 今次 次長과 秘書長의 大統領不信任案을 提出하야 提出한대로 遂하야 政府를 改革한다 하야도 改革은 不成되고 大局을 破潰할 뿐이오, 次長들의 意思를 制止하면 總辭職을 한다 하다. 如此히 總辭職이 되는 日에는 또한 大局이 破潰되야 兩者간에 終局을 告하게 될 時機니 憂慮를 難狀이라. 只今 秘書長이 辭職하면 總理가 從하야 辭免할지오, 同時에 咸鏡道·俄領이 分離할지오, 尹顯振·李圭洪이 辭職하면 南亨佑가 亦從할지니 慶尙道 一帶와 關係가 斷絶될지오, 如此히 되면 李東寧·李始榮·申奎植 三總長은 局의 難을 避하야 退去할지니 畿湖 一帶와 關係가 斷絶될지오, 金義善이 辭職하고 單獨行動을 取한다 하면 西道靑年은 彷徨될 터이니, 此로 由하야 一般國民의 心理는 悲觀에 陷할 터인 즉, 此事를 如何히 處함이 可하냐 하고, 君다러 아무쪼록 總辭職書가 速히 提出되지 않토록 하게 注意하라 한 즉, 君이 如言用力하겠노라 하다.

李鐸君이 來訪함에 余가 時局의 艱難을 言하고 서로 信하는 人 間에도 非常한 結束을 作하야 永遠히 大局을 扶持해야겠다는 뜻으로 言하다.

尹顯振君이 來訪曰 自己 次長들의 하는 主意에 同情 與否를 問함으로, 余曰 우리 일이 如此히 되면 終局을 告하리라 하야 憂慮莫甚이로라 하다. 君曰 우리의 議論한 內幕을 諸閣員에게 言한다 하니 우리는 先生을 信하고 這間 諸般秘密을 盡告한 것을 先生이 暴露시키는 것은 우리의 信하던 바를 先生이 負함이 아니냐 함으로, 余曰 諸君이 此를 絶對로 實行하면 不幾時에 自現될지니 秘密保存의 餘地가 何有냐 하다. 又曰 諸君이 如此히 絶對로 堅執함에 對하야서는 余는 諸君을 不誠意者라 信하노라 하다. 君曰 서로 深信相過하던 바에 如此히 意思가 各異하야 相分하게 됨은 甚憾이라 하다.

鄭蕙園女士 來訪하다.

閔濟鎬君이 來訪하야 明德里 申總長의 寓하던 屋과 換住하자 함으로 諾하다.

孫貞道君이 來訪하다.

鄭仁果・金羲善・金立・金澈 諸君을 輪訪하야 昨日 次長과 秘書長의 議決한 것이 光復事業을 크게 그릇치는 理由를 長時間 說明하다.

禮拜堂에 暫往하다.

紅十字病院에 往하야 水治療를 受하다.

五月十七日 月 晴

預定事項

一, 國務會에 出席할 것. 二, 各次長尋訪할 것.

淸早에 團所에 往하야 靜坐會에 參하다.

李鐸・申斗湜君이 來訪함에 興士團의 主意를 說明하고, 또 우리 일의 大艱難한 中에 在한 것을 言하고 今日을 鑑하야 將來를 警戒하라 하다.

玄楯君이 來訪하야 曰 向者 所托條 百元을 速히 辦送하기를 請함으로 諾하다.

尹顯振・李圭洪 兩君을 訪하야 決議한 마음을 請回한 즉, 答曰 過慮를 말라 하며 急激한 行動은 아니 하겠노라 하다.

金立君을 訪하야 總辭職에 對하야 回心하기를 勸告한 즉, 亦是 尹・李 二君과 同一히 答하며 安心하라 하는지라.

金澈君을 訪하야 此次 次長會議한 總辭職에 對하야 深思하고 妄動치 말라

함에, 君이 注意하겠노라 하다.

金羲善君을 訪하야 昨日 次長會議의 結果를 叩한 즉, 君曰 今日로 總辭職을 提出하기로 決定하였다가 自己가 言하기를 大統領不信任案을 提出하야 政府를 改革키로 生覺하나, 繼하야 何誰로 選任하야 追後建設을 準備할 計劃이 有하냐 한 즉, 一人도 明答이 無하고 但 如此히 破潰만 하면 建設은 自然 된다 하는지라, 由此로 서로 意思가 衝突되다가 一步를 讓하야 辭職提出은 延期하고 華盛頓에 委員部解散과 財務官及外委員部設置案과 大統領으로 國務院을 經由치 아니 하고 敎令을 濫發치 말게 할 條件으로 國務會議에 提出하야 此가 決議되면 同事하겠고, 不然하고 否決되면 退去하기로 하였다 하더라.

李總理를 訪함에 總理曰 此次 秘書長과 次長의 意思를 同感하니 島山도 贊成하라 하며 曰 次長이나 秘書長의 意思는 變動되더라도 自己는 單獨으로 絶對로 行하겠노라 하다. 余曰 然則 大事를 우리의 手로 自亡케 하는 것인 즉 深深考慮하라 함에, 總理曰 李承晩 一人을 推倒하는데 무슨 念慮가 有하냐 하며 堅執不聽하다.

午後 一時에 政務協會에 出席하야 開議할 새 次長과 秘書長의 聯署하야 提出한 議案內開에 一, 華盛頓 委員部를 解散할 事. 二, 駐美外交委員部를 設置할 事. 三, 駐美財務官을 另置할 事. 四, 大統領은 國務院을 經由치 아니 하고 敎令을 濫發치 못할 事의 條件이더라. 對此하야 衆議가 多岐하고 且 張皇할 새 內務總長은 曰 此案이 雖善이나 實行이 問題라 하고, 財務總長도 同一한 意思로 言하다. 余曰 우리가 曩者에 總長들과 次長들이 서로 盟約하고 非常한 結束으로 合하야 다시 民間 有力者와 聯結하야 大業을 扶進하자 하였거늘 먼저 此를 成한 後에 光復事業의 前途方針을 다시 討議하야 確定하고, 그 定한 方針을 表準하야 華盛頓에 關한 事件이나 其他 諸般을 議論하는 것이 順序이오, 可否間 此問題를 먼저 討議하게 된 것은 遺感된다 하고, 今에 此問題는 留案하고 根本的에 나아가 深思하기를 望한다 한 즉, 尹顯振·李圭洪·金立 三君曰 此提議를 決定한 즉 同議하겠고, 不然則 退去하기로 公言하다. 余曰 如此한 事에 同盟的 進退를 取한다는 것은 深思치 안은 것이라고, 余의 絶對로 主張하는 바는 이번 獨立運動의 한 段落을 告하기까지 現局을 些少도 變動치 말고 內로

結束하야 實際의 일을 進行함이 可한지라. 曩者에 말한대로 우리는 먼저 非常한 結束을 作할 것이오, 此問題는 더 硏究할 必要가 有하나니 此條件을 斷定的으로 行하면 다시 華盛頓과 上海間에 決裂을 起할지라. 然故로 우리는 먼저 華府에 在한 大統領과 및 外交者에게 善한 諒解를 與하기를 用力하고, 諒解되는 時를 應하야 諸般을 善히 協定하자 하다. 總理도 次長과 秘書長의 議案을 贊同하다가 變動하야 現局을 維持하자 말하였고 留案하고 散議하다.

李東寧·李始榮君을 訪하야 時局이 如此히 危難하니 善後策이 在何냐 한 즉, 東寧君曰 일을 靑年들에게 任하고 우리는 退하야 民間에서 일하자 하는지라, 余曰 그이들이 任치도 아니 하겠거니와 任하야도 될 수 있나 한 즉, 東寧君이 曰 우리가 今日이나 明日로 辭職을 提出하면 模樣이 紛爭하는 것과 同하니 今次 次長의 提出한 議案을 決하야 次長들의 마음을 安頓시키고 其後에 우리가 辭職하되 諸位가 不聽하더라도 余는 單獨行動을 取하겠노라 하고, 李始榮君은 別로히 意思를 表示함이 無하다.

閔濟鎬君이 家屋事로서 以하야 來訪하다.

五月十八日 火

預定事項

一, 國務院에 出席. 二, 李敬夏·李○○·鄭濟亨會見. 三, 宣傳部事務指導할 것.

淸早에 團所에 往하야 靜坐會에 參하다.

李鐸君이 來訪曰 自己가 幾日間 靜處하였다가 安東을 向하야 出發하겠노라 하다.

安定根君이 來訪曰 從速히 北間島로 向하겠노라 하며 曰 自己는 政府의 使命으로 往하는데 國務總理는 秘密히 他事를 말함으로 雖往이나 凡事의 完善될 希望은 無하다 하다.

李敬夏兄弟를 請하야 興士團의 主義를 說明한 즉, 君等이 滿足한 心을 極表故로 來四日 講演會에 參席하라 하다.

金聲根君이 來訪曰 自己는 其間 落心이 되었던 바 自今爲始하야는 다시 奮勵하야 冒險行動에 從事하겠노라 하다.

尹顯振·李圭洪 兩君을 訪하야 現局改革코져 하는 意思를 請回한 즉, 二君은 그 意思를 堅執하다.

金澈君을 訪하야 現局을 搖動시킴이 不可타 한 즉, 君은 意思를 不決하고 猶豫 態度에 在하다.

金羲善君을 訪하야 次長會議에 關한 意思를 問한 즉, 自己는 絶對로 反對하고 그 行動하는 데서 脫退하였노라 하다.

國務例會에 出席하였다가 心과 身이 兼하야 疲勞함으로 早退하다. 繼하야 散議하였다 하다.

團所에 往하야 幾時間 偸閑而遊하다.

五月十九日 水 晴

預定事項

一, 鄭仁果·金九面會할 것. 二, 時事에 干涉을 別로 아니 하고 當局人物의 態度를 傍觀키로. 三, 車均祥·鮮于爀入團問答을 行할 것. 四, 宣傳部事務指導할 것.

淸早에 團所에 往하야 靜坐會에 參하다.

申斗湜君이 來訪함에 興士團의 趣旨를 說明한 즉, 君이 甚히 同情함으로 明夕 講演會에 參席하라 하다.

金弘敍君이 來訪曰 金奉九君이 從速 本國으로 入함에 內地에 寄別할 것이 無하냐 함으로 別無하다 하다.

金九君이 來訪하야 李丙憲取調始末을 詳言하다.

姜鳳孝君이 來訪하다.

鄭仁果君이 來訪함에 此次 次長들의 運動하는 것이 如何하냐 問한 즉, 答曰 自己네의 意思를 恒常 主張한다 云하다.

鮮于爀君이 來訪曰 故崔在亨君 等의 追悼會를 開催할 터인 바 如何히 함이 可하냐 함으로, 余曰 從便하라 하고 余는 말코자 아니 하노라. 但 個人 名義들로 開하게 되면 余의 名도 發起에 署하라 하다.

午後 一時半頃에 鄭愛卿女士와 같이 散步하다. 心身의 疲勞함으로 이어 團所

에 往하야 閑消하다.

七時半에 車均祥君 入團問答을 了하고 鮮于爀君의 問答을 始하였으나 夜深故로 讓後하다.

金弘敍君이 來訪하야 日 金기만君 等에게 孫貞道君에 對하야 財政問題로 誤解치 말라고 言하였다 하다.

五月二十日 木 雲

預定事項

一, 宣傳部事務를 指導할 것. 二, 鄭濟亨面會할 것. 三, 講演會에 出席하야 講演할 것.

淸早에 團所에 往하야 靜坐會에 參하다.

玉觀彬君이 來訪하야 日 自己가 渡美할 意가 有하다 함으로 余가 贊成하다.

金弘敍君이 來訪日 金봉도君을 安東으로 送하겠다 함으로, 余日 近間은 安東이 危險타 하니 派送치 말라 하다.

李東寧 · 李始榮 二君이 來訪하야 日 一은 此次 次長들의 要求하는 것을 條件대로 施行할 뜻이 有하고 二, 自己 二人은 辭職할 意를 堅定하였노라 하고 三, 現政府를 變動하야 보라 하는지라. 余日 一, 次長들의 要求條件을 應하야 行하면 華盛頓과 다시 決裂이 生할 터인 즉, 實地의 事는 進行치 못하고 內部의 決裂로 時間을 消費하다가 自破를 當할 터인 즉 恐懼할 바 아니냐? 二, 우리가 退去하면 政府라는 器는 없어질지니 如何間 保守해야 될 것이오. 三, 政府를 變動하면 如何한 方法으로 變하려 함인가 反問한 즉, 君等日 具體的 意思는 無하노라. 然則 抽象的 意思는 如何한가 한 즉, 答日 總理 · 總長의 席을 變換하는 것이 好하겠다 하다. 余日 換하자 하니 總理의 席에 就할 人이 誰가 有하냐 하니, 君等은 答이 無하고 다시 日 自己 二人은 至今 李總理와는 絶對로 同事할 수 없노라 하며 日 首揆에 在하야 同閣諸員을 모르게 陰謀하는 事가 種種하니 此後에 또 무슨 事件이 生할런지 危險스러운 故로 同事할 수 없고, 只今 우리가 退去하더라도 無條件으로 辭職할런지, 條件을 付하야 辭職할런지 此를 島山과 討議코져 하노라 하다. 余日 條件은 무슨 條件이 有하냐 한 즉,

君等曰 昨日에 專訪함도 重大問題로 以하야 來議코져 하였더랬노라 하며 曰 李總理가 獨히 韓亨健을 俄勞農政府에 派送할 時에 上海에 在한 政府는 民意로 組成된 것이 아니오, 日人과 서로 通하는 分子가 混合하였음으로 此는 信할 수 없는 것이오, 俄領에 政府를 新히 組織할 터인데 某也某也가 營爲하는 中에 李總理가 其中에 參加된지라 그 組織한 것을 韓亨健에게 付送하였다 하며 曰 如此한 事가 有한데 우리가 어찌 相對共事할 수 有한가 하다. 余曰 此는 到底히 難信할 言이라. 人되고야 어찌 如此한 事를 堪行하였을 리가 有할까? 무슨 確證이 有하냐 한 즉, 答曰 그 時 勞農政府에 送하는 書類를 俄 大將 포타프가 見하고 呂運亨·金甲洙 兩君에게 言하였다 하며 曰 포君이 從速히 上海에 來한다 하니 親面問疑하야도 知하리라. 우리가 生覺함에는 總理가 此事를 넉넉히 行할 爲人으로 知하노라 하다. 余曰 아직 此題는 發說치 말고 是否를 詳探할 것이오, 二君의 去就에 對한 일도 表示치 않키를 望하노라. 우리의 일의 前途는 하도 茫然하니 別의사를 말치 않겠노라 하다. 二君이 曰 우리도 輕先히 發表치 않겠노라 하고 今日 院議에 出席하기를 勸함으로, 余曰 우리의 일에 內容으로 서로 情을 通하야 意思가 和合한 後에 議論함은 可하거니와 只今에 나아가 말하야도 無益할 줄 知하고, 且 身與心이 困勞한 時에 參議하였다가 言辭上 誤錯만 生할까 念慮하야 到院치 못하겠노라 하다.

鄭濟亨君을 請하야 興士團의 主義를 說明한 즉, 同情을 甚表함으로 今夕 講演會에 參席하라 하다.

孫貞道君이 來訪曰 自己가 北京서 領金自用한 事를 暴擧하야 辯白코져 하노라 하는지라, 余曰 小數人이 知하는 것을 小數人에 對하야 諒解를 與할 것이오, 아무리 可하더라도 必要치 아니 하니 余가 該君들을 面會하야 諒解케 할 터이니 待하라 하다.

金九君이 來訪하야 李丙憲의 寫眞과 및 取調한 事實을 言하다.

尹顯振君이 來訪曰 自己들로 因하야 心慮를 過惱하시니 於心甚憫하다 하며, 今日 例議에 到하기를 請하며 曰 先生이 不到함으로 院에 무슨 波瀾이 生할런지 未知라 하는지라, 余曰 余의 生覺에는 別波瀾이 無하리라 하다. 君曰 二總長의 辭職說이 出함직하다 하는지라, 余曰 二總長과 言한 바 有하니 그럴 理가

無하다 하고, 余는 心身이 困惱故로 參議치 못하겠다 하다.

午後 七時半에 團所에 往하야 吳翊殷·車均祥·鮮于爀 入團式을 行하고 獨立運動에 關하야 라는 題로 講演하다.

五月二十一日 金 雨

預定事項

一, 朴宣君招待. 二, 朴宣君送別會에 參할 것.

淸早에 團所에 往하야 靜坐會에 參하다.

崔成奉君이 來訪하다.

明日 還國하는 朴宣君을 大東旅社에 招待하야 祖餞하다.

午後 三時에 團所에서 朴宣君送別會를 開할 새 먼저 團友諸君이 會坐하야 喜樂의 諸劇이 有한 後에 菓屬을 進하고 開會할 새 朴賢煥·鄭仁果 二君의 送別辭가 有한 後, 朴宣君의 別辭가 有하다. 余 簡略히 朴君의 修學을 爲하야 言하다.

金九君이 來訪曰 李丙憲을 如何히 措置함이 可하냐 問함으로, 余曰 別道理가 無한 줄로 知하노라 하다. 君曰 李가 來此하야 여러 가지로 政府에 對하야 言論함이 不好하더니 只今은 政府에 感動되어 政府를 爲하야 일할 心이 多하야졌다 하며, 一次 先生이 面會하는 것이 好한 줄 知하노라 하다. 余曰 自己가 願하면 面會하겠노라 하다.

呂運亨君이 來訪하야 故崔在亨·諸君追悼會에 追悼辭하기를 請함으로 그만두겠노라 하다.

朴宣君이 來訪하야 日 入國하야 團友募集할 方法을 討議하다.

五月二十二日 土 雲

預定事項

一, 追悼會에 參席할 것.

淸早에 團所에 往하야 靜坐會에 參하다.

崔成奉君을 宣傳員으로 內地에 派送하다

劉基峻君이 來訪曰 自己의 侄, 炳翼을 渡美하는데 旅費 二百元을 請取故로 應치 못하다.

李鐸君을 尋訪하다.

團所에 往하다(午後).

午後 八時에 民團事務室內에 開催한 故梁漢默·崔在亨及殉國諸烈의 追悼會에 參席하다.

吳翊殷君이 來訪曰 金健亨君이 日間에서 回心되었다 하다.

王三德·李震山 二君이 來訪함에 此次 光復事業의 進行한 要領을 說明하고 西·北間島에 往하야 그 主義를 宣傳하고 當事한 諸志士들의 意思를 一致케 하자 하다.

金九君이 來訪曰 李丙憲이가 速히 入國한다 하니 今夕으로 召來하야 面會함이 如何하냐 함으로, 余曰 心身이 大疲하니 面會할 수 없다 하다.

趙尙燮君이 來訪하야 西間島에 往하야 進行方法을 叩함으로, 曰 該地 形便이 韓族會 名稱下로 西間島 全部가 收攬될 것 같으면 該會로 政府에 隷屬한 民事機關을 作할 것이오, 若他團體들이 不應하면 居留民團制서 西間島 全部를 總括하게 하라 하다.

昨·今 兩日은 心身이 甚困하다

五月二十三日 日

預定事項

一, 尹琦燮·李震山·王三德·安定根·趙尙燮招待할 것. 二, 禮拜堂에 往할 것. 三, 講道할 것.

淸早에 團所에 往하야 靜坐會에 參하다.

心身이 太疲함으로 午前에 謝客臥床하다.

安恭根君이 來訪曰 總理가 여러 가지 陰謀하는 것이 甚히 疑心스러운지라 此를 如常放任코는 大事를 營進할 수 없은 즉, 善히 硏究하라 하다. 余曰 陰謀하더라도 別大事는 無할 터인 즉, 甚한 憂慮할 것은 없다 하다.

李總理 來訪曰 此次 次長與秘書長의 提案은 매우 善爲하는 事인 즉 該提議

案대로 實行하자 하는지라, 余曰 然則 大局이 決裂되야서 大波瀾이 生할 時에 余로서는 收拾할 自信이 無하다 하다.

十二時에 政府로서 西·北間島에 特派하는 安定根·尹琦燮·李震山·王三德·趙尙燮君을 大東旅社에 招待하야 午餐하다.

午後 七時半에 禮拜堂에 往하야…….

講道하다.

趙尙燮君이 來訪함에 西間島에 往하야 進行할 方針과 政府의 主義를 說明하다.

金世昌·姜胤鎬君이 來訪하다.

李東寧·李始榮君이 來訪함에 余曰 明日 例議에 次長과 秘書長의 提議案을 如何히 決議될 터이냐 한 즉, 君等曰 自己는 무엇이든지 總理의 意思대로 從하겟고, 此局을 脫退하기로 決心하엿노라 하며, 次長들의 提案은 實行하기로 이미 다 言하엿다 하다. 余曰 만일 如此히 되면 우리 일은 終局을 告함인 즉 좀 더 延拖하야 봄이 어떠하냐 한 즉, 答曰 延拖할래야 自己는 이미 可하다 하엿은 즉 다시 말할 수 없다 하다.

五月二十四日 月 晴

預定事項

一, 病院에 往하야 治療를 受할 것. 二, 金立·尹顯振面會할 것.

淸早에 團所에 往하야 靜坐會에 參하다.

玄楯君이 來訪하다.

金立君이 來訪함에 余曰 只今 次長과 秘書長의 提案대로 實行하면 우리 일은 破潰가 卽至하겟고, 또 此를 否決한다 하면 次長과 秘書長이 退去하야 大局이 紛亂할지라. 兩端間 如何하든지 우리의 大事는 終局을 告하겟다 하다. 君이 余다러 例議에 到하기 勸하되 余가 到院할 心이 無하다 하다

玄楯君의 招請으로 君宅에서 午餐.

紅十字病院에 往하야 治療를 受하다.

鄭仁果君이 來訪함에 次長及秘書長의 提案이 如何히 되엿느냐 問한 즉, 外交委員部解散·財務官另置·外交委員部設置의 三條를 決議하야 華盛頓府에 電致

하기로 하였다 하다.

七時半에 團所에 往하야 鄭尙彬君의 通常團友問答을 行할 새 糊模한 點이 有함으로 다시 問答하기로 하다.

尹顯振君을 訪하야 曰 政府에서 此次 次長과 秘書長의 提案을 可決하야 實行키로 함으로 華府와 上海의 缺裂을 復作케 되는 바, 余는 다시 如何라 말할 수 없으니 日間 上海를 떠나가겠노라 하다. 君曰 諸次長·秘書長이 다시 先生의 言을 願聞한다 하다. 余曰 今次에 外交委員解散·財務官另置·外交委員部設置 三條의 電이 美洲와 上海間에 다시 決裂을 生할 것이오, 그 決裂이 된 後에는 君等의 意思가 大統領을 推翻한다 하나 君等은 다만 空한 言論과 空한 文字로 遞할 줄을 아나 李承晩은 華盛頓에서 大韓民國의 大統領 노릇을 할 터이오, 上海에서 또 大統領을 推選할 터인 즉 그 結果가 大統領을 遞하는 것이 아니오, 大統領을 二로, 政府를 二로 作爲하는 것이라. 兩个 政府가 對峙하야 서로 爭持하면 對外하야서는 우리 民族의 信用이 斷絶할 것이오, 對內하야서는 人心이 墮落되고 各派의 分立이 生하야 收拾할 수 없고 難局을 成하야 自潰할 지오. 獨立運動에 出脚하였다는 引導者는 全部 信用을 失하야 此後의 事를 更營할 수 없이 되겠은 즉 此次 政府改革한다는 意思를 實行되는 日에는 우리의 일은 終局을 告하겠도다. 且 余가 力執堅爭하야 實行이 안 된다 하면 諸君이 또 退去할지니, 然則 다시 與하야 共事할 人員도 缺乏하거니와 遠東의 形勢가 또 痲亂하야 就緖할 餘地가 無할 터인 즉 此亦 終局을 告하는 것이라. 事勢 瞭然이 如此한데 收拾치 못하고, 決裂하는 事에 責任을 負하고 副署하기를 不願하는 故로 余는 離去하기로 하는 것이오. 또는 國家의 主任을 任하는 者가 自己 自身의 心理와 節介를 마땅히 守할 바라. 余로 言하면 自初로 今日까지 李大統領을 擁護하기를 絶對로 主倡하다가 只今에 李大統領 推翻하는데 參加하야 李大統領이 遞한 後에 繼續하야 當局하면 是此 國民을 欺罔하는 것이오, 信義上·節介上에 退去할 수 外에 없는지라. 如上의 言論으로 午前 三時가 至하도록 特別한 結論이 無하고 散하다.

五月二十五日 火 晴

預定事項

一, 李總理尋訪할 것. 二, 李東寧·李始榮訪問할 것. 三, 梁濃面會할 것.

淸早에 團所에 往하야 靜坐會에 參하다.

李總理·金立君을 訪하야 曰 次長의 提案을 實行키 爲하야 華府로 電한다니, 然則 該事를 斷行하겠냐 한 즉, 答曰 送電하기로 하였다 하는지라, 余曰 余는 此時局을 收拾할 自信이 無하니 當道하야서 無益이겠음으로 退去하겠노라 하다. 總理曰 余도 또한 退去하겠노라 하다.

金澈君을 訪하야 曰 時局收拾에 未能하야 慚愧함을 言하고 退去할 뜻을 表하다.

梁濃·高一淸君이 來訪하야 安東遭難의 詳情을 陳하야 曰 先生은 高一淸君이 來한다는 電을 接하고 十四日 夕에 鷄林에 到함으로 出迎키 爲하야 小汽船을 乘하고 鷄林에 登하였더니, 而已오 多數帆船에 敵警이 簇擁하고, 且 敵艦四隻이 示威하는지라 不得已 空櫃中에 高君과 同히 入하야 貨物箱으로 扮裝코 怡隆洋行으로 入하였다 하며 曰 此次의 事가 今番에 上海敵領으로 新義州에 電報하기를 不逞鮮人 五人이 出去한다 함으로 敵은 新義州·舊義州·安東 三處警官이 連結하야 活動하고, 且 奉天英領事에 交涉한 結果, 英領事가 소저열에게 韓人勿容이라는 電報가 未到하고 該事件으로 英領事가 不日來安한다 云하다. 由是로 敵領事가 怡隆洋行에 來하야 搜索을 强請하였으나 소저열의 强硬한 抗拒로 以하야 必竟 未遂하였으나 安東交局과 및 交通하는 渡江機關이 遭難되야 全部 中斷이 되었고, 또 敵은 이어 督府를 搜索한 結果, 咸錫殷은 銃傷, 安秉瓚·吳能祚·朴禮玉·梁允謨·金應七 五人이 被捕하였다 하며, 此는 中政府에 交涉하야 搜索하라 許함이라 하다. 又曰 此次에 諸般營進이 圓滿하야 著効自期이러니 遭難되었다 하다.

柳振昊君이 來訪曰 李丙憲이가 先生을 面會키 하였다니 何時로 約하였나 問하다. 余曰 李를 그대로 虛踈로이 放置할 人物이 아니니 相當한 措處가 有하여야겠다 하다.

鄭仁果君이 來訪하다.

李東寧·李始榮 二君을 訪하야 日 余가 總理와 總長에게 去意를 表하였더니 此가 問題되어 다시 議論이 始한다니 若諸氏가 讓步하는 時는 우리는 前日에 相約하였던 大同團結을 注重努力하자 한 즉, 東寧君日 自己는 何如間 退去하기로 堅決하였노라 하다.

六時半에 李總理의 招待에 應하야 大東旅社에서 晩餐하다. 總理日 島山의 俄者 告別의 言을 聞하고 如此히 되어서는 大局이 難維라 하야 該問題를 다시 討議하기로 한다 하다.

金義善君이 來訪하야 余에게 慰勞하는 말을 하고 日 次長들이 多小간 讓步하면 遷動치 않키를 生覺하라 하다. 余日 然하면 余가 어찌 遷動 與否를 言할 理가 有하리오. 次長들과 善히 協議하기를 바라노라 하다.

五月二十六日 水 雨

預定事項

一, 政務協議會에 出席할 것. 二, 梁濿·高一淸招待할 것.

淸早에 團所에 往하야 靜坐會에 參하다.

黃鎭南君이 來訪日 從速 渡美하려 하니 旅費의 辦備를 請함으로 余日 다시 기다리라 하다.

崔東旿君이 來訪日 自己가 西·北間島에 視察키 爲하야 往하니 每事를 申肅氏와 商議하라 하다.

鄭仁果君이 來訪함에 吳仁華來函을 出示하고 東省外交의 事를 議論할 새 李鐸君으로 東省外務委員長으로 選任케 하다. 君이 外交에 關하야 徐·呂 等의 部分的 行動과 및 張健相이 美國海軍部에 入한 後로 諸般宣傳하는 것을 甚惡케 하야 甚至於 上海臨時政府는 親日派가 混合하야 組成된 것이라고까지 하였다 하며 痛言하다.

高一淸君이 來訪하야 李裕弼君의 來函出示하는 內에 去十六日에 敵警 十七人中 警三四人이 督府所在地에 來襲하야 咸錫殷은 銃傷되고, 安秉瓚外 四人은 逮捕되었고, 李君은 安東來留中 時機를 更乘하야 內地에 公債券發行키를 着手하겠다 云云. 君日 此次에 靑年聯合會에서 短砲購入할 資金 七千元을 携來하였

는데 此를 財務部에 入잡은 後에 다시 支用하는 것이 如何하냐 함으로, 余曰 李鐸君에게 議論하야 보겠다 하다.

李鐸君이 來訪함에 高一淸君의 所言을 言한 즉, 君이 自己 마음에 合한다 하다. 余가 君에게 東省外務委員長으로 被任하라 하다.

金澈君의 招待로 大東旅社에 往하야 午餐하다.

政務協議를 開하고 重題를 解結한다 함으로 午後 二時에 到院하니, 李總理曰 臨時政務協議를 開한 理由는 島山이 他處로 往한다 함이 重大한 事인 故로 開하였다 하다. 華府에 送電할 案이 다시 發生하야 多少의 議論이 有하다. 余曰 華府와 決裂이 生하든지 次長들이 辭退하든지 兩端間의 일 다 全局을 亡케 하는 것이라고 長時間 痛論하였고, 우리가 本來 約束하기는 總·次長이 非常한 盟約으로 結束하야 死生을 同히 하야 大事에 臨하면 已어니와 不하면 國民에게 罪를 告하고 退하겠다고 總·次長 全數 會合한 席上에 公言한지라. 今日 諸君들은 그 約束을 無視하고 反하야 그 矛盾되는 內部의 決裂問題를 起하는 時, 余는 前日 公言에 依하야 退하는 것이 當然한 事라. 서로 不平한 뜻을 抱하고 散會할 時에 總理가 後院議에 到하기를 請하는 故로 余는 不參하겠다 言하다. 尹顯振君이 脫退함을 宣言함에 鄭仁果君이 이어 脫退하기를 宣言하다.

六時에 梁濤·高一淸 兩君을 大東旅社에 招待하야 晩餐하다.

五月二十七日 木 晴

預定事項

一, 團所에 往할 것. 二, 尹顯振·李圭洪面會할 것.

淸早에 靜坐會에 參하다.

尹顯振·李圭洪 二君을 訪하야 曰 君等의 主張하는 意見보다 余에게 時局에 對한 最圓滿한 明案이 有하니 此를 總·次長이 約束하는 그 席에서 題出하려던 것이라. 今日에 此를 詳言할지니 此에 對하야 同意하고 共事하자 하다. 우리 前途에 進行할 것은 國權光復을 爲하야 業務를 進行할 것이오, 業務를 進行키 爲하야 政務執行이 有할 것이라. 然而 過去는 不然하야 業務進行할 要領을 確立한 것이 없고, 從하야 政務執行이 되는 것은 一種 無意味한 行動에 不過하야 다 過去 所謂政務執行은 일을 表準하야 施設한 것이 아니오, 形式上 國家制度를 仿하야 官制를 置하였고, 그 官制를 依하야 部라 局이라 벌려 놓고 形式만 煩擧하게 하였을 뿐이므로 人員과 財政을 空然히 浪費하고 實効果는 無하였도다. 由是로 余는 總·次長이 非常한 盟約으로 結束을 作한 後는 余의 意思를 提出하야 業務進의 方針을 確立하고 政務執行하는 制度를 一新改革하려 하였는 바, 業務進行의 要領은 君에게 曾言하였거니와 政務執行方式에 對하야서는 今日과 如히 官廳的 精神으로 形式을 莫飾하고 眞個革命黨幹部的 精神으로 일을 表準하야 政務를 實施하되, 各部를 廢止하고 次長과 局長으로써 統一한 幹部의 事務員이 되고 그 個中에 總務 一人을 置하야 各課의 事務를 總攬하고 各課는 事를 隨하야 排置할 것이니, 爲先 財務部로 論하더라도 秘書局·主稅局·主計局·公債管理局·庶務局이니 多種類를 置할 것이 아니라 다만 事務員 幾人으로써 財政出納을 管理케 할 것이오, 如此히 各部의 事業이라는 것이 없고 共通한 一事務室을 만들어서 各種 庶務를 分課進行할 것이라. 如斯한 方式을 採用하면 總理와 總長은 部에 出席하야 部務執行하던 것은 廢止하고, 다만 國務會만 參席하야 國務에 關한 事만 議定케 할 터이니 國務院이라는 것이 곧 政府內의 議事部性質이 될 것이오, 國務員이라는 것은 한 議事員의 資格을 가지게 될 것이오, 從하야 次長會는 한 理事會가 될 터이오, 또 次長은 各課의 一課長의 資格이 될지라. 그리하야서 諸般政務執行에 關한 事와 人選에 關한 것운 次長會에서 決定하야 國務院의 承諾을 要求하야 實施케 하면 誠意와 能力있는 靑年들은 일을 責任하고 自由進行케 될 것이오, 總長들은 部務의 人選하는 責이 無하야지니, 서로 勢力을 貪한다, 陰謀를 圖한다는 誤解의 條件이 斷絶하야짐으로 精神上으로나 形式上으로나 爭鬪할 것이 無하야질지라. 如此히 하면 일 즉 組織하야 對內對外하야 頒布한 現狀은 保存할 뿐 不是라. 尤히 融合하야 羣衆의 瞻望信賴함이 日高하야질 터이오, 先輩들때문에 일 못하는데 하는 靑年들은 무엇이나 氣力껏 일을 進行할 수 있은 則, 此局을 現狀대로 維持하고 事業을 잘 進行하는 것이 圓滿한 謀計가 아니냐? 如此히 行하기 爲하야 次長이 會하되 次長 全數가 다 可하다 하는 人이면 會하고 不然하면 退去하거나 不受하야서 次長間에는 生死에 關한 말도 放心코 論하야 事를 議하며 行케 하고, 其下 局長·參事·書記하는 事務員은 亦是 少數가 될 터이니 그 少數人을 用하는 時에 次長 全部의 信하는 人을 擇하야 다시 一般政府職員의 反對가 없는 人을 使用하면 政府內에서 共事하는 人은 次長으로 書記까지 서로 信하고 許諾하는 人만 될 뿐인 즉, 自然 神聖한 革命黨幹部로 組成될지라. 此를 總長諸位에게 言한 즉 다 滿足한 뜻을 表하며 曰 如此히 하면 自己네도 脫退치 않겠다 한다고 此를 實施하기를 努力하고 現狀破潰主義를 버리라 함에, 尹君曰 自己의 意思에는 不合하노라. 余는 솔직하게 말하면 先生이 首揆에 在하야 우리를 統率하면 成敗間 일을 해 볼 수 있다는 希望을 가지고 現局을 破潰하려고 着手하였다가 只今은 失敗가 되었으니 余는 脫退할 것 外에 別策이 없노라 하며, 先生의 意思대로 政廳의 精神을 버리고 一種 事務所의 精神을 가지고 進行하자는 것이 好則好이나 總理될 그 人物이 有해야 될 바 아니냐 함으로, 余曰 余는 그 人이 有하노라. 何이냐 問함으로 君이 其人이라 한 즉, 君曰 自己는 能力不足으로 難堪이라. 此가 實總理인데 어찌 能하리오. 余曰 우리 일은 무엇이든지 다 圓滿한 것이 無한지라, 不圓滿한 此時機에 此事가 가장 圓滿하다 生覺하노라. 만일 君이 스스로 資格이 不足타 하면 現在 上海 人物中에 完全한 資格이 無하니 目下에는 아직 君이 此를 責任하고 國內國外에 가장 適材를 選任할 수도 有치 아니 하냐 하고 此를 斷行하자 한 즉, 君曰 이미 大統領을 彈劾하기로 하다가 다시 該大統領下에서 일하는 것이 不可하니 脫退할 수 外에 無策이므로 辭職書를 速히 提出하겠다 하는지라, 余曰 余의 要求를 爲하야 輕擧히 呈辭치 말고 다시 生覺하라 하다.

李總理 來訪曰 華府에 電送할 案은 保留케 하고 現局을 變動없이 일하야 보자 하는지라, 余曰 如此한 事가 國務會議席上에서는 成効를 難期이오, 內容으로 當道諸君과 善히 打協한 後에 院議는 다시 形式으로 通過할 것이라 한 즉, 總理曰 尹顯振君이 退去하는 同時에 金立君도 退去하기로 內定하였다 하는지라, 余曰 尹顯振君의 去意를 總理께서 善히 挽回하기로 用力하라 하다.

高一淸君이 來訪하야 中國 各省 學生代表會에 往하야 韓中의 携提條件으로 演說하기를 請함으로 明午前 八時로 約束하다.

李鐸君이 來訪함에 余曰 安東縣에서 短砲를 購入코져 한 求款을 佛工務局에

支與하는데 暫時 代用함이 如何하냐 한 즉, 君曰 砲를 運去키 爲하야 不近에 安東으로 來할 人이 有하니 該人이 來한 後에 議論함이 可하다 하다.

柳振昊君이 來訪하야 曰 李炳憲을 警務局長이 解送해야겠다 하야 이미 本國을 向하여 出發하였다 하다.

吳世德君이 來訪하다.

金立君을 訪하야 時局收拾策을 談話하다가 仍歸하야 다시 君을 請하야 尹顯振君에게 言하던 同一한 趣旨로 約三十分間 說明함에 君은 落心한 態度로 答曰 君은 아직 自己의 去就를 未定하였노라. 眞情으로 言하면 生活할 道가 茫然하니 上海에 在하야 무엇을 하기가 難하다 하는지라, 余曰 此가 果然 難題 아닌 것은 아니나, 然이나 먼저 現局이 瓦解될 것을 收拾한 後에 個身의 生覺을 함이 可하다 하다. 君曰 다시 尹君과 協商하겠노라 하다.

七時半에 團所에 往하야 金興濟·金公緝君의 誓約禮를 行하고, 李光洙君으로 臨時班長의 任을 執케 하다. 連日 困憊할 뿐 外라. 明早에 中國學生代表會에 往하야 演說하기로 約束하였으므로 早히 就寢키 爲하야 金醫士와 同歸하야 治療를 受하고 卽就床하다.

五月二十八日 金 晴

預定事項

一, 中國學生代表會에 往하야 演說할 것. 二, 金義善·李圭洪·申肅面會할 것. 三, 國務會에 出席할 것.

時間의 預定함이 有함으로 靜坐會에 未參하다.

八時에 黃鎭南君을 帶同하고 中國學生代表會에 往하야 演說하니 그 略은, 今의 韓中 兩國人은 排日을 中心삼고 萬事를 行할 時間이라. 排日에 對하야는 日本과 關係를 絶對로 反對할 것이오, 우리는 서로 協仝하야 血戰을 行할 것이라. 中國人士는 大韓의 獨立運動이 곧 中國의 獨立運動으로 對答할 것이라. 韓國에 對하야 仝力으로써 援助하야 주기를 바라노라 하다.

金義善君을 請하야 時局의 難觀을 말한 즉, 君이 曰 다 그렇게 退去하는 時는 先生이 總理의 責任을 가지고 大局을 扶持하라 하다. 余曰 그렇게 될 수 없다. 只今 尹顯振·金立이가 退去하려 함으로 局이 動할 時를 當하야 아주 破滅되고 何誰가 收拾하려도 不能이다 하다. 金기만·金朋濬·都寅權 等이 孫貞道가 北京에 往하였을 時에 本國으로 來한 牧師에게 千元을 受한 事를 詐欺的 行爲라 하니 該君 等을 召하야 諒解를 하게 하자 하고 午後에 再會키로 하다.

尹琦燮君과 및 西間島로 來한 金晳·文炳果 二君이 來訪하다.

國務院에 到하니 李總理가 私席에서 言하되 李大統領을 遞位하고 일하자 하더라. 而已오 開議하고 華府 電報案을 討論할 새 李總理는 不平의 言辭가 多하고, 또 總揆의 일을 不攝하겠다 하다가 送電하기로, 留案하기로 二者로 討議하다가 猶豫未決하다. 鄭外次의 辭職書를 封還하고 內務部參事 二人 辭職書를 通過하고, 宣傳部로서 官公吏退職勸諭文 發布할 것을 決定하고, 軍務部職員敍位案을 通過하고, 李大統領의 來函을 朗讀할 새, 內云 美國國會議員이 東洋示察키 爲하야 東渡하니 上海에 到着할 時에 招待할 것을 準備하라 하였고, 또 自己는 그 前에 上海로 來하기로 作定하였다 하였더라.

李圭洪君을 請하야 尹顯振君의 動靜을 問한 즉, 尹君이 辭職書를 作成한 것을 奪하였노라 하고, 如何間 大局의 緊辭한 것을 先生이 收拾하기만 信依하노라 하다. 余日 前途가 甚히 茫然하니 昨日에 言한 計劃대로 實行하기를 力하자 한 즉, 君日 該意思가 時局에 適則適이나 次長들이 此次에 政府를 改革하기로 運動하다가 돌아앉아 實權을 握한 즉 世人의 大誤解가 生할지니 此事를 進行키 不能하겠다 하다.

午頃에 鄭仁果·黃鎭南 兩君을 招待하야 午餐하다.

夕後에 孫貞道君을 訪하야 日 今夕에 君을 誤解하는 靑年들을 請하야 解惑케 하자 하고, 金羲善을 訪하야 孫君의 事件으로 午後 八時半에 該靑年들을 孫貞道君宅으로 會集케 하다.

八時半에 孫君宅에서 金기만·金朋濬·金鳳道·金弘敍·都寅權 諸君을 會集하야 孫君의 正當한 것을 辯白한 즉, 諸君은 다 諒解노라 하다.

申肅君을 訪하야 日 安東來報를 據한 즉, 政府로 納하는 三十萬元이 義州天道教에 有한데, 此를 納치 아니 한다 하야 衆論의 不平이 多하니 事實이냐 問한 즉 虛言이라 하다.

五月二十九日 土 晴

預定事項

一, 李圭洪・尹琦燮・劉基峻・鮮于薫・崔明實面會할 것. 二, 團所에 往할 것.

淸早에 團所에 往하야 靜坐會에 參하다.

李圭洪을 請하야 次長들의 會議結果가 如何히 되었나 한 즉, 君曰 極端으로는 行動치 아니 할 터이니 過히 念慮치 말라 하며, 自己는 從速히 還國하야 學問을 더 硏究하거나 實業을 從事하거나 하야 實力을 養成하겠노라. 余曰 只今 吾人中에 此光復事業에 對하야 責任的으로 主人이 없는 故로 每事를 進行하기가 實로 茫然하도다. 君부터 責任的 精神으로 끝까지 일하기를 生覺하라 하다.

劉基峻君이 來訪하야 自己의 侄, 丙翼이가 向美出發하는데 旅費의 不足됨이 一百三拾元可量인 故로 巴里에서 滯留하게 되겠다 함으로, 余曰 或 取할 곳이 有하면 周旋하겠노라 하다. 君이 今日 自己家에서 夕飡을 하기를 請함으로 諾하다.

渡美키 爲하야 巴里를 向하고 出發하는 李매리・李일氏夫人 白信七・李華淑・劉丙翼 諸女士를 尋訪하고 作別하다.

金弘敍君이 來訪함에 中國新聞에 宣傳資料를 言하다.

李鐸君이 來訪曰 光復軍의 秘密이 軍務部에서 綻露되니 甚히 憂慮라 하고, 先生이 光復軍總司令官이 되여야 善進되겠다고 軍務次長에게 言하였노라 하다.

玉觀彬君이 來訪하다.

張鵬君이 來訪曰 日本과 本國을 周遊한 荷蘭人 Dr. Chhen Stuart가 昨日에 到滬하야 韓國臨時政府의 主要人物을 面會코져 한다 하며, 且 該氏가 從速히 出發한다 하니, 日間 面會하라 함으로 諾하다.

鮮于薫君을 訪하야 劉丙翼의 旅費不足條를 請取한 즉, 君曰 二三日後에야 有하겠다 하다.

國務會에 出席하야 次長들의 提出案件을 討論하다가 決議를 未得하고 散議하다.

七時半에 團所에 往하다.

夕陽에 劉基振의 招待로 君의 家에 往하야 夕飡하다.

玄楯君의 訪하야 劉丙翼 旅費不足額을 代取하야 주다.

五月三十日 日 晴

預定事項

一, 禮拜堂에 往할 것. 二, 鄭仁果面會.

淸早에 團所에 往하야 靜坐會에 參하다.

申奎植君의 招待로 君의 寓所에 往하야 李東寧·李始榮 諸君과 同히 午餐한 後에 時局에 關한 問題로 長時間 討論할 새, 東寧君曰 大統領이나 總理를 다 없이 하고 일하야 봄이 如何하냐 하는지라, 余曰 此時間에 絶對로 現狀을 維持해야 된다 하다.

화란人 서트워트를 訪問키 爲하야 鄭仁果君을 二三次 訪問하였으되 未會하고 下後에 相晤하고 明日 尋訪하게 하다.

二時에 禮拜堂에 往하였다가 이어 團所를 訪問하다

五月三十一日 月 晴

預定事項

一, 國務會에 出席할 것. 二, 宣·勞員招待할 것. 三, 玉觀彬面會할 것. 四, 團所에 往하야 問答할 것.

淸早에 團所에 往하야 靜坐會에 參하다.

玉觀彬君을 請하야 曰 君이 如何한 女子와 特別한 關係가 有하다 하니 事實이냐 問한 즉, 有하다 하며, 自己는 今에 婚姻을 準備하노라 하다. 時에 金義善君이 來訪함으로 中止하다.

金義善君이 來訪하야 時局의 如何를 問함으로 前日보다 次長의 마음들 稍히 安頓된다 하다. 君曰 華府로서 李喜儆을 모스코政府에 特派로 送하는데 政府로 代表의 任命狀을 修與하기를 要求한다 하다. 余曰 國務院에 提言하는 것이 好하겠다 하다.

○振宇君이 來訪하다.

孫貞道君이 來訪曰…….

午頃에 宣傳部職員 金秉祚·車利錫·楊濟時와 勞働局의 劉相禹·田在淳·金復炯君 等을 大東旅社에 招待하야 午餐하다.

孫貞道君이 來訪하야 裵亨湜君이 自己에게 한 片紙(北京의 財款事로, 즉 孫君이 用하라는 書信)를 出示하다.

國務院에 到하야 開議하고 華府電報案을 다시 論議하고 次長會議의 結果를 問한 즉, 金立君曰 次長들이 讓步키로 決定하였다 하는지라. 然則 此問題는 다시 政務協議會를 召集하고 可決하기로 하다. 長伯縣代表로 來한 李東伯의 獻議書를 朗讀하니, 內開에 一, 居留民團을 設置할 것. 二, 交通局을 設置할 것. 三, 財務官을 置하야 財政을 徵集하야 該地軍事部에 充用케 할 것이더라. 此를 關係各部에 專委하야 李東伯과 協議케 하다

李大統領에게 電하야 모스코에 代表派送하는 與否를 問하고, 上海에서 이미 代表를 派送하였다는 것을 알게 하게 하다. 美議員 來東에 對하야 協議할 새, 余로 接對委員長을 選하고 準備케 하다. 國務院職員의 辭職案을 通過하다

徐丙浩君을 訪함에 君이 現狀의 全部 決裂된 것을 말하고, 美洲의 決裂은 先生이 渡하야만 妥協될지니 美洲에 往還하심이 可하고, 此處에는 李商在君을 邀來해야 되겠다 하는지라, 余曰 余는 此處를 離하거나 在하는 것이 모두 困難한 境에 在하다 하다.

七時半에 團所에 往하야 鄭尙斌君의 誓約問答을 行하고 通常團友로 許케 하다

一九二〇年 六月

六月一日 火 晴

預定事項

一, 鄭仁果·黃鎭南君을 面會하야 美來東議員接待에 關하야 商議할 것. 二, 軍事夜學에 出席할 것.

淸早에 團所에 往하야 靜坐會에 參하다

金澈君이 來訪함에 余曰 次長 互相간에 이미 意思衝突이 되고, 또 不平한 것이 多少에 有하였은 즉, 次長·秘書長 全數가 會合하야 情誼를 疎通하고 意思

를 融合한 後에 美議員東渡하는 問題로 善히 商議하라 한 즉, 君曰 如此히 善進치 아니 한다 하다.

李東伯君이 來訪함에 長白縣의 事情을 詳問한 즉, 君은 逐問하야 如下히 答하다. 長白縣은 奉省에 在하니 本國의 惠山鎭을 相對하고 柳河縣에서는 八百餘, 局子街에서는 六百里, 安東縣에서는 一千三百里, 吉林省에서는 八百里, 咸興에서는 五百里. 邦人은 約八千戶니, 農産은 粟・麥・薯・大麥・豆類・稷・玉屬・黍・稻・人蔘・大麻・蜜蜂・牛・馬・豕・鷄・杉林 等이오, 商業은 雜貨・魚鹽이오, 工業은 土器・木器 等이오. 團體는 進東實業會(主腦者 辛翼東・李東範・劉一憂)니 四二四五年에 發起하였고 目的은 實業・自治오, 會員數는 七十人이오, 會金은 每月 五十戔이라. 敵의 壓迫으로 四二五六年 解散을 當하다. 官話硏究會(入籍人 一同)는 四二四八年에 發起하니 目的은 入籍人自治・敎育奬勵오, 外人交涉設立學校오, 會員은 七十餘戶니, 百二十餘人 可量이오, 會金은 每年 六元 合四百元이오, 所立官話學校는 敎師 三人, 畢業生 十五人, 在學生 四十人이오, 四二四八年에 設立하였고, 此를 四二五二年에서 第一正蒙學校로 讓渡하다. 基督敎新興學校(敎會所管)는 四二四八年에 設立, 敎師 二人, 畢業生 四人, 在學生 三十五人이오, 第一正蒙學校는 四二五二年에 設立, 生徒는 四十名이오, 敎師는 二人이오. 第二・三・四・五・六・七・八의 正蒙校가 有함. 各校에 敎師 一人, 生徒는 平均 二十人 以上이오, 經費는 官民이 半分擔當함. 育英學校는 四二四八年에 設立, 敎師 一人, 學生 二十人, 畢業生 十人, 經費는 學父兄의 義捐이오. 長白縣에 居留民의 領袖는 李殷卿이니, 年五四오, 端川人이라. 漢學家로 耶穌敎長老오, 八年前에 來住함. 軍備團은 四二五二年 八月 四日에 發起하니, 發起人은 李殷卿・李東白・金燦・尹秉庸・姜鍊相・金宗基・金基禹이오, 目的은 軍事籌備니 一, 炸彈準備(現五十個). 二, 未來戰鬪準備. 三, 內地潛入爆動이오, 職員은 團長은 李殷卿이오, 總務 李東白, 書記長 尹秉庸, 書記員 金基禹・金宗基, 財務務長 金壯煥, 員 姜鍊相・李憲, 參議長 金燦, 員에 廉學模・尹秉庸이오, 周察部長 朴東珪, 員은 多數오, 周察區를 分置함. 通信部長 李秉律, 員 金大鉉・李承在・李晋浩오, 團員은 一百八十八人이오, 財政은 同胞의 義捐이니, 收入金 二千五百元이오, 支出 上仝. 右團은 獨立團 長白總支團의 後身이라 하

더라.

張鵬氏 來訪하야 荷蘭人 面會하였나 問함으로 昨日 荷蘭領事館에 往問한 즉, 該氏가 無하다 함으로 未晤하였다 하다.

李鐸君이 來訪曰 池仲振君이 將次 入來할 터이니 購機할 七千元條를 아직 他處에 用치 말고 協議하기를 望하노라 하다.

申肅君이 來訪曰 前者에 約束한대로 該款辦備를 實行하냐 問함으로, 余曰 安東이 遭難하였음으로 余와 尹顯振君도 派人치 못하야 實行치 못하노라 한 즉, 君曰 自己亦 派人은 하였으나 如意할런지 未知하겠고, 只今 國內에서 政府로서 飛行機 六十台를 使用하라고 資金 三百萬元를 募集한다는 說이 浪藉하니 何故로 秘密이 發露되였나 하는지라, 余曰 政府로서는 그와 같은 飛行計劃은 없었으니 政府側으로 發說된 事가 아니겠고, 財政을 募集하는 靑年輩中에서 手段的으로 말한 것이 傳播된 듯하다 하다. 君曰 西間島 等地에서는 內地에 派人하야 流言하기를 政府에서는 空然히 多數人만 會集하야 金錢만 消費하고, 西間島에서는 血戰을 籌備하노니 金錢을 政府에 納치 말고 西間島에 納하라 함으로 天道教內에서도 疑惑됨이 多하다 하는지라, 余曰 우리의 일은 凡百에 進行이 困難할 것은 當然한 事라. 然이나 우리 幾人은 何許한 障碍가 有하야도 耐過하자 하다.

鄭仁果・黃鎭南・李光洙・朱耀翰 諸君이 來訪함에 美議員東洋視察團에 對하야 籌備할 것을 協議하다.

梁濬君이 安東으로 來한 池仲振君을 紹介하다.

安恭根君이 來訪曰 李喜儆君이 모스코로 來한다는 말을 總理가 問하니 先生이 總理에게 言하였나 함으로, 余曰 言한 바 無하다 하다.

六月二日 水 晴

預定事項

一, 그 間 次長・秘書長 간에 서로 個人 간에 不平한 意思를 諒解키 爲하야 尹顯振・金立・金澈君을 訪問할 것. 二, 次長・秘書長을 招待하야 서로 意思衝突되었던 것은 融合할 것. 三, 徐丙浩夫人의 到滬함에 訪問할 것.

早朝에 團所에 往하야 靜坐會에 參하다.

這間 次長들이 서로 裂決되어 頗히 不平하던 것이 余가 極端의 行爲를 主張함으로 모두 安頓되고 柔化되었다 함을 金立君에게서 始聞하다.

淸早에 團所에 往하야 靜坐會에 參하다.

李鐸君이 來訪함에 安東 等地 危險한 中에서 苦勞하다가 到滬한 諸君을 一次招待코져 하니 招待할 만한 이를 알게 하라 하다.

李英植君이 來訪함에 內地宣傳隊員이 되라고 한 즉 君이 諾하다.

高一淸君이 來訪하야 安秉瓚 等 諸氏 救出할 것을 商議하다.

金立君을 訪하야 今日에 次長들과 會集하야 그 간 서로 隔膜이 生하였던 것을 諒解케 하고, 또 時事를 議論하자 하다.

金澈 · 尹顯振 · 金羲善 諸君을 訪하야 今日에 次長과 秘書長이 會集하야 時事를 討議하자 하다.

徐丙浩君을 訪問하다.

四時에 團所에 往하야 朴址朋의 常通團友問答을 行하다가 未了하다.

六時에 次長과 秘書長(尹顯振 · 鄭仁果 · 金羲善 · 李圭洪 · 金澈 · 金立)을 大東旅社에 招待하야 晩餐을 進하고 時事를 議할 새, 余曰 그 간 諸君들의 政府改造案을 期成하고져 하던 意思는 斷念하고, 此次 美議員東渡에 對하야 非常히 準備하였다가 非常히 活動하자 한 즉, 滿座 다 同意를 表하되, 두어 사람은 協洽한 態度가 無한 듯하더라.

鄭仁果君이 來하야 美議員東渡에 對한 事로 討議하다.

李鐸君이 來訪하야 明日 招待할 諸君名을 말하다.

六月三日 木 晴

預定事項

一, 安東으로 到한 諸氏를 招待할 것. 二, 國務會에 出席할 것. 三, 梁漢羅面會할 것. 四, 團友會에 出席할 것.

淸早에 團所에 往하야 靜坐會에 參하다.

紅十字病院을 往訪하다.

李鐸君이 安東으로 到한 諸氏를 紹介하니, 池應震·李仁爀·林得山·金圭亨·張雲鶴이라. 이어 東亞旅社 中榮館으로 待招하다.

黃鎭南君이 來訪하야 自己의 所負가 三百元이니 此를 代償하기 望한다 하다.

二時에 國務例議에 到하니 中南政府 淸錢의 來函을 讀하는지라 內開에 自己가 國會議員들과 合席하야 議事하는 際에, 曾에 廣東에 往하였던 韓國學生들이 突入하야 毆打하였다 하였더라. 此에 對하야 書面과 또 派人하야 慰勞케 하기로 하다. 各部의 事務를 減少하자 李總理의 提議가 有하야 討議하다가 未決하고, 美議員視察團에 對하야 籌備方針을 討議하다가 如何한 結案이 無하고 散議하다.

梁漢羅君을 面會하야 興士團의 主義를 說明한 즉, 君이 同意를 深表하다.

七時半에 團所에 往하야 鄭尙彬君의 誓約式이 有한 後에 이어 第三回 地方團友會를 開하다. 春園君의 興士團 理事部長의 宣布文을 朗讀한 後에 報告紙의 注意件을 말하다. 余가 興士發展에 關하야 講演할 새 時間이 促迫함으로 大槪만 말하다.

六月四日 金 晴

預定事項

一, 次長·秘書長을 面會하야 此次 美議員東渡의 機에 經營進行할 것을 議論할 것. 二, 申肅尋訪. 三, 各總長尋訪할 것.

淸早에 團所에 往하야 靜坐會에 參하다

李鐸君이 來訪曰 安東來款 七千元條를 政府로서 留用하려면 先生이 池應振君과 協議하라 하며, 池君에게 言하야도 不聽한다 하는지라, 余曰 余가 言하겠으나 强勸할 뜻은 없다 하다.

車轅輿君이 來訪함에 宣傳員이 되라고 한 즉 君이 許하다. 이어 興士團의 趣旨를 大綱 說明하고, 다시 李光洙를 面晤하야 詳聞하라 하다.

金基萬·金奉道 兩君이 來訪曰 孫貞道君이 該事에 對하야 政府에서 公債券이나 愛國金受領證을 得하야 送하면 好矣로되, 君이 不爲한 즉 先生이 勸하기를 望한다 하는지라, 余曰 君等이 直接 該君에게 言하라 하고 曰 然이나 孫君

이 其事를 當爲할 義務가 有하다고는 生覺치 말라 하다.

美銀行에서 請한 故로 鄭仁果君과 同往한 즉, 美貨 四百元이 來한지라 所送人의 另信이 無함으로 何人에게 來함을 不知하고 推尋하야 該銀行에 預金하다.

次長·秘書長을 面會하야 此次 美議員東洋視察에 對하야 準備할 것을 籌到하자 한 즉, 或은 應하고 或은 只今 時局에 關한 條件을 解決키 前에는 出席치 못하겠다 하더라.

議員東洋視察에 對하야 討論하려고 各總長을 訪問한 즉, 該事件으로 會集하려 해도 會할 수 없다고 하다.

申肅君을 尋訪하고 此次 美議員東渡에 對하야 時機를 逸치 말고 同히 勉力하자 하다.

六月五日 土 晴

預定事項

一, 愛國婦人會에 往하야 演說할 것. 二, 籌備委員會를 召集會議할 것.

淸早에 團所에 往하야 靜坐會에 參하다.

柳振昊君이 來訪하야 曰 警務局에서 使用할 家屋이 無하니 李英烈에게 言하야 얻은 家屋을 速히 使用케 하라 하다. 君曰 强盜에 關한 者를 皆逮捕하겠다 함으로, 余曰 一回에 行함이 不可하니 後事의 堪當이 難하다 하다.

高一淸君이 來訪曰 白永燁君을 寬甸에 派往할 수 有하냐 함으로 派往하도록 하자 하다.

李鐸君이 來訪曰 該七千元條로 池仲振君에게 言한 즉 不聽하니, 先生이 親히 言하라 하다. 余曰 此次 美議員視察團이 本國에 到着할 時에 歡迎의 意를 表키 爲하야 宣傳員을 多數히 使用코져 하니 安東에 在한 君의 部下靑年을 使用할 수 有하냐 한 즉, 自己가 安東에 往하면 可能하겠다고 하다.

李圭洪君이 來訪曰 自己는 今日 對美議員籌備委員會에 出席치 못하겠노라 하며, 只今 時局問題가 解決되기 前에는…….

午後 二時에 愛國婦人會에 往하야 ○○○題로 演說하다.

三時半으로 籌備委員會를 召集하였으나, 來到者는 二人뿐이므로 開議치 못하다.

白永燁君이 來訪曰 寬甸派往에 對하야 確定이 姑難한 즉 다시 生覺하겠노라 하다.

尹顯振君이 來訪曰 다시 自己가 此次에 絶對로 辭職하겠노라 하며, 自己의 意思는 現局을 如此히 두고는 營事키 難하고 一次 變動할 터이니 該方式은, 第一案은 李大統領을 遞하고 誠齊로 大統領, 先生으로 總理로 責任內閣을 組織할 것이오, 第二案은 李大統領을 遞하고 先生으로 大統領, 誠齊로 副統領, 李東寧으로 總理, 如此히 責任內閣을 組織코져 하노라. 李承晩大統領・李東輝總理로는 成事가 萬難하다 하는지라, 余曰 일을 如此히 하려 하면 該目的도 未達하고 大局만 破裂될 터인 즉 深思할 바오. 또 君이 絶對로 辭職을 主張하면 李圭洪・金立도 從하야 辭職할 터이오. 또 總理도 떠나게 될 터이니 此事가 終局을 告함이라. 余는 事가 至此하는 同時는 余 個人의 去就에도 確實히 作定하겠노라 하다.

今日 ○○○로 移寓하다.

六月六日 日 晴

預定事項

一, 禮拜堂에 往할 것.

淸早에 團所에 往하야 靜坐會에 參하다.

午頃에 韓松溪君이 來訪하야 時事를 談論할 새 此次 美議員東渡에 對하야 需款이 多大할지나 籌辦이 無策하니 可慨의 事오, 또 該議員을 迎接키 爲하야 余가 가는 데까지 前往해야겠고, 該議員이 上海에서는 二日間 逗留함으로 時間이 促함으로 前往해야 할 것이오(一週間 該地에서 留함), 또 此處에도 在해야겠고, 또 需款籌辦을 爲하야 內地에도 入하야겟는되 三事를 一時에 行키는 難하니 甚悶하다 하다.

二時 禮拜堂에 往하다.

六月七日 月 晴

預定事項

一, 尹顯振·李圭洪·白永燁·池應振·李春塾·金聲根·吳翊殷面會할 것. 二, 國務院에 到할 것.

淸早에 團所에 往하야 靜坐會에 參하다.

白永燁君 來訪曰 安秉瓚事件으로 政府의 命令으로 寬甸縣에 派往하겠노라 하다.

尹顯振·李圭洪 兩君을 面會하고 曰 今日 簡短히 言할 것은 這間 政府改革案으로 多議하였은 즉 長言치 않고, 現在 美視察團東渡하는 機를 際하야 前問題는 中止하고 視察團에 對하야만 誠心專注하야 準備하자 한 즉, 君等曰 視察團에 對한 準備와 政府改革의 事를 幷行하야도 無妨한 줄로 知하노라 하며, 又曰 諸總長들도 余等과 如히 現狀改革할 意가 有하니 先生은 可否間 靜默하기를 바란다 하다.

白永燁君이 來訪曰 自己가 速히 南京으로 向하겠으며, 且 來往旅費與衣服準備할 것은 辦給하야 달라 하다.

王觀彬君이 來訪하다

金聲根君이 來訪함에 余曰 君이 鄭桓範과 內容의 關係가 有하다 하니 事實이냐 問한 즉, 事實이 無하다 하다.

吳翊殷君이 來訪함에 余曰 君이 速히 本國에 入하기를 企하노라 함에 君이 應하다.

池仲振君이 來訪함에 余曰 安東靑年團의 短砲購資 七千元을 佛工務局에 償與하는데 暫時 補用하려 하니 如此함이 安東에 對하야 別障碍가 無하면 許하라 한 즉, 自己가 熟히 生覺하겠노라 하다.

黃鎭南君이 來訪曰 自己의 所負를 辦償하기를 請하다

李鐸君이 來訪함에 余曰 君이 宣傳部의 事를 任하고 安東에 往하야 君의 同志인 靑年들을 使用함이 好하겠다고 한 즉, 君이 應하다.

李春塾君이 來訪曰 自己가 本國으로 入코져 하노라 하며, 此는 他人에게는 絶對로 不言하겠노라하다. 余曰 君이 入國하게 되면 相論할 바 時間이 稍久할지니 夕頃에 從容히 再會하기로 約束하다.

高一淸君이 來訪曰 安秉瓚事件으로 白永燁을 寬甸에 速派할 것을 議論하다.

大東旅社에서 李春塾과 夕餐하다. 本國에 何事로 入하냐 한 즉, 君曰 此處에서는 可事할 事 無한 故로 入國하야 何에든지 營進코져 하고, 또는 財政을 運動하겠노라 하다. 余曰 君이 此次에 入國하면 美視察團東渡에 對하야 一般同胞에게 準備케 하였다가 其時에 歡迎의 態度를 表하야 示威運動을 行케 하고, 또는 官公吏退職·納稅拒絶·訴訟拒絶 等을 實顯케 하려 하니 此等事에 盡力하기를 望하노라 托하다.

國務會에 出席하니 李圭洪·尹顯振·金澈·金立君 等이 大統領不信任案으로 聯盟하야 辭職書를 提出한지라 此에 對하야 可否間에 討議를 못하고 散會하다.

六月八日 火 晴

預定事項

一, 李東寧·李始榮面會할 것.

淸早에 團所靜坐會에 出席하다.

李東寧·李始榮君이 來訪曰 此局을 아무리 하야도 毁하여야만 될 理由를 言하며, 且 余다러 首揆에 在하야 일을 籌進하자 하는지라, 余가 不可함을 力說하고 曰 外로는 現狀을 維持하고 內로는 進行을 善히 할지오. 且 余는 絶對로 總理의 任은 不受하겠다 하다.

鄭仁果·黃鎭南·申肅君 等이 來訪하다.

六月九日 水 晴

預定事項

一, 李東伯·金萬謙招待할 것. 二, 聯盟呈辭한 各次長과 秘書長을 訪問할 것. 三, 高一淸·韓松溪·鄭仁果·金秉祚·梁濾·鮮于爀面會할 것.

淸早에 團所에 往하야 靜坐會에 參하다.

朴殷植君이 來訪曰 獨立運動史는 이미 草橋가 了한지라 付梓하려고 政府에 所資를 請하되 如何의 消息이 無하니 此를 採篤하기를 請하다.

金弘敍君이 來訪하야 宣傳資料를 來示하다.

金立君이 來訪曰 速히 美視察團에 對하야 籌備委員會를 開하라 하는지라, 余曰 諸君들은 大統領不信任案으로 呈辭한 바 體面上 共히 議事함이 不可하고, 또 얼은 諸君들과 共히 進行하야겟는되 甚히 憂慮된다 하다.

韓鎭敎·高一淸·鄭仁果·金秉祚·梁濾君 等을 面會하고 此次 次長·秘書長의 聯盟辭職案에 對하야 討議하고 善後方針을 말하다.

聯盟提辭한 各次長·秘書長을 尋訪하고 此擧가 大局의 告終임을 다시 말하고, 이미 提出한 辭職書는 各其 作消하라 한 즉 모두 應하다.

李東白君이 來訪曰 明日 長白縣으로 出發하겠노라 하다.

李東白·金立·李圭洪君을 大東旅社에 招待하야 午餐하다.

團所에 往하였다가 四時頃에 端康理에 來한 즉, 鄭桓範事件으로 警務局拘禁한 姜○○을 奪去키 爲하야 三十餘名이 作黨하야 內務部에 到하야 亂暴한 行動을 하고, 且 次長 李圭洪及其他職員은 亂打까지 하였다 하며, 此事件으로 因하야 臨時院議가 有하다 함으로 國務院에 到한 즉 이미 散議한지라 이에 內務總長을 訪하야 經過事實을 詳聞하다. 財務總長은 曰 此次事를 極端的으로 嚴懲해야겠다 하다. 軍務部에서는 士官學生을 非常召集하야 亂徒를 逮捕하려 한다 하다. 時에 尹琦燮君이 來하야 曰 亂暴輩를 速히 逮捕하야 嚴治해야겠다고 하는지라, 余曰 今日 此時로 逮捕한다 하면 逮捕하려는 士官學生들은 心理上 强한 不平이 有하겠고, 亂行한 靑年들은 防禦할 强한 行爲가 有할지라. 兩方의 强한 不平이 衝突되면 必竟 如何한 結果를 生하야 政府에게까지 影響이 有할 念慮가 有한 즉, 今日은 逮捕치 말고 追後로 詳査하야 悔改할 人은 悔改시키게 하고, 定코 變할 수 없는 少數人에게만 相當한 處置를 할 것이라 하다. 이에 歸하야 李圭洪을 訪問하고 軍務次長에게로 아직 士官學生을 出動치 말고 余의 面會를 기다리라 하였더니, 黃學洙君이 來曰 時急하니 비록 面議할 意見이라도 自己에게로 回報하야 面傳케 하기를 바란다 하는지라, 余曰 不可不面談할 것이오, 傳言할 수 없다 하다.

申肅君이 來訪하야 今日 靑年들의 亂行事實을 問함으로 果然이라 하다.

金九·李鐸君이 來訪함에 此次 亂行한 靑年에게 對하야 措處方便을 議論할

새 急速히 말고 뒤로 措處할 만한 人에만 對하야 如何히 할 方便을 思하는 것이 可하다 하다.

李東白君이 來訪함에 余曰 該處에(卽長白) 有한 炸彈은 아직 使用치 말고, 以後 政府의 命이 有할 時에 各地 冒險隊가 一時에 起動하게 하라 한 즉 應하다.

金義善君을 訪하야 士官學生 出動을 力勸하야 中止하라 한 즉, 君이 仍從하다.

六月十日 木 晴

預定事項

一, 金甫淵面會할 것. 二, 團所에 往할 것. 三, 各總長尋訪.

淸早에 團所에 往하야 靜坐會에 參하다

意外에 昨晨에 亂行한 靑年들을 逮捕하였다는 報를 聞하고, 金甫淵을 請하야 事實의 內容을 聞하다.

總理 · 總長들을 訪問하고 時局整頓할 問題로 討議하다.

國務院에 到한 즉, 大統領不信任案으로 聯盟辭職을 提出하였던 各次長과 秘書長은 提出하였던 辭職書를 無條件으로 作消하였다 하다. 余가 曰 今에 被捕한 亂行靑年을 速히 放送하자 한 즉, 幾位는 各曰 覺悟가 生하야 自白하기까지 기다리자 하는지라.

亂行靑年逮捕人 等을 訪하야 被捕靑年들을 毆打치 말라 하다.

七時半에 團所에 往하야 孫貞道 · 朴址朋 兩君의 誓約式이 有하다. 이어 講演會를 開할 새 余가 時局에 關한 題로 余가 昨年 抵滬 以後에 經過와 및 今에 現狀으로 講演하다.

六月十一日 金 雨

預定事項

一, 金甫淵 · 孫斗煥面會할 것. 二, 內務總長尋訪할 것.

淸早에 團所에 往하야 靜坐會에 參하다.

金弘敍君이 來訪하야 宣傳에 關하야 來商하다.

鮮于爀君이 來訪曰 昨日 民團에서 上海知名人士들이 會議하야 此次 亂輩逮捕事件은 上海 全部가 負責하기로 하였다 하다.

車均敞君이 來訪曰 美國에 渡하기 爲하야 來十九日에 佛蘭西로 向하야 出發하겠노라 하는지라, 余曰 發程前에 入團問答을 行함이 如何하냐 한 즉 그리하겠노라 하다.

高一淸君이 來訪하야 寬甸縣知事에게 送函草件(爲誠庵事件)을 示하다.

金甫淵·孫斗煥君을 請하야 曰 政府에서 被捕한 亂行靑年들을 釋放코져 하고, 또 君等도 任意로 人을 逮捕 毆打하였은 즉 此亦 非適法 行爲라. 政府에서 召하야 譴責하겠다 한 즉, 君等曰 此는 如此히 受責하겠으나 아직 取調를 未了하였은 즉, 今日로 放釋치 말고 幾日을 再廷함이 如何하냐 하는지라, 余曰 今午後에 取調를 了하고 七時半에 放送하게 하자 하다.

이에 內務總長을 訪하야 今日을 不逾하고 被捕靑年들을 放送하자 하고, 放送하되 逮捕한 人과 被捕한 人 兩方을 共召하야 諭하자 한 즉, 君이 善하다 하다. 此事로 以하야 臨時院議를 開하려다가 非公式으로 個人間의 同意를 得하기로 하고, 總理와 財·法 諸君의 同意를 得한 結果, 七時半에 說諭放送하다.

李英烈君이 來하야 洋百元을 取去하다.

金東旭·金澈君이 來訪하다.

六月十二日 土 晴

預定事項

一, 李東寧·李始榮訪問. 二, 事務室搬移.

淸早에 團所에 往하야 靜坐會에 參하다.

李東寧·李始榮君을 訪問하고 政府의 維持하기 難한 것을 言하고, 政務進行은 極端의 消極的 主義를 取하자 하다. 時에 鐵血團에서 不穩文字를 刊布하였는데, 內容은 現政府를 破潰하고 改造하고 暗殺하겠다는 뜻이더라. 鄭桓範連累者逮捕와 및 其後 多數人 逮捕毆打한 事는 島山이 部下를 命하야 써 南中人을 撲滅하려고 하였다는 是非가 有하다고 財務總長이 言하는지라, 余가 笑할 뿐이다.

吳興里 前法務部 設置하였던 곳으로 搬移하였다가 不潔 且 電燈의 設備가 無함으로 다시 瑞康里로 搬移하다.

六月十三日 日 晴

預定事項

一, 羅昌憲 · 金基濟慰問할 것. 二, 池仲振面會할 것.

淸早에 團所에 往하야 靜坐會에 參하다.

金九君이 來訪하야 時局에 關하야 討論하다.

池仲振君이 來訪함에 光復事業에 進行方針을 說明하다. 李鐸氏로 東省外交委員長을 任할 터인데, 安東에 出하야 諸靑年들의 意思를 博得케 하라 하다.

久病에 在하던 金九 · 金泰淵君을 大東旅社에 招待하야 慰勞하다.

林得山君이 來訪曰 本國으로 來한 靑年 張海林 · 鄭錫海 · 金秉炯 三人을 興士團 團友될 만하다 紹介하다.

柳振昊君에게 蚊帳을 製하기를 托하다.

多日 內務部에서 暴行한 事로 被捕되어 毆打를 受하고 入院治療하는 羅昌憲 · 金基濟君을 訪한 즉 君等은 良心으로 悔改하노라 하다. 慰勞로 食品을 送하다.

六月十四日 月 雲

預定事項

一, 國務院에 出席. 二, 張海林 · 鄭錫海 · 金奎炯面會할 것. 三, 申肅君尋訪할 것.

淸早에 團所에 往하야 靜坐會에 參하다.

玉觀彬君이 金○○君을 紹介하야 面會하다.

張海林 · 鄭錫海 · 金奎炯 三君이 來訪함에 自身修養과 民族改造의 旨로 說明하다.

李鐸君이 來訪하야 吳希峰君을 紹介하야 말하며 曰 南道의 宣傳員으로 用함이 如何하냐 하다.

李總理 來訪하다.

院議에 到하야 內務部職員任命을 准하고, 明日로 政務協議會를 開하기로 決議하고, 淸鐵이 吾韓人에 對하야 不平한 說과 愛仁里 韓人學生事件(亂暴靑年)의 報告를 듣다.

李鐸·羅愚·吳希峰君이 來訪하다. 吳君을 明早에 再會키로 約하고 吳·羅 二君은 先歸하다. 李鐸君曰 只今 北京에 在한 朴容萬 等 某某人이 一邊으로 上海의 不平輩와 廣東에 孔仁과 其他 外方에 在한 者와 連絡하야 上海政府를 轉覆하려 하는데 尤히 重心으로는 先生을 表準한다 하며, 이 안에 朴贊翊(南坡)은 密히 連絡者오, 且 申奎植氏의 最信任하는 心腹이라. 只今 그 不平分子中에 短砲 預備한 것이 三十餘柄이라 하며 稍히 操心하기를 勸하다. 君이 又曰 如此히 先生에게 對하야 長久한 時間으로 加害하라 하다가 至今하야는 極端的 主義까지 行코져 하니 幾時間 上海를 離하야 外方에 留하다가 此局의 變動이 落着을 告한 後에 返하는 것이 可하겠다 하는지라, 余曰 現今에는 違한 事 多하야 離키도 難하다 하다.

張海林君이 來訪함에 興士團의 趣旨를 說明하다.

七時半에 團所에 往하야 車均敝君의 入團問答을 行하다 未了하다.

六月十五日 火 雨

預定事項

一, 申肅·韓松溪訪問. 二, 政務協議會에 出席. 三, 團所에 往하야 問答할 것.

淸早에 團所에 往하야 靜坐會에 參하다.

白庵君이 來訪曰 所着한 獨立運動史가 已爲完稿되였는데 印費를 政府로서 支撥케 하게 하고, 또 自己의 夏衣를 購送하라 함으로 俱諾하다.

吳希峰君이 來訪함에 宣傳에 關한 方針을 言하고 宣傳員으로 被任하라 함에 君이 應하다.

尹顯振君이 來訪曰 自己가 秘密히 安東縣에 往還할 터인데 此를 知하는 者는 三人뿐이라 하다.

崔秉善君이 來訪曰 玉觀彬君이 今에 作妾한 것과 또 日人의 家에 種種 來往이 有하니 注意하라 하다.

獨立團代表 金承學君이 來訪하다.

金承學·李鐸君이 來訪하야 獨立團의 進行方針을 討議하다가 時間이 不足함으로 明午에 再商키로 約하다.

朴用武君이 來訪曰 電車會社의 韓人查票人 等이 俱樂部를 組織하려 하니 目的과 方法을 如何히 할 것을 請問함으로, 余曰 目的은 信用保存·情誼敦修·勤儉儲蓄·患難相救 四條로 定하고, 機關은 部長·書記·財務의 若干의 職員으로 視務케 하고, 또 委員 若干人을 選하야 俱樂部를 成立케 하라 하다.

政務協議會 出席하야 總理以下 次長까지 非常히 結束을 作할 것과 政府進行의 方式을 改造하자는 問題로 討論하다가 明日로 다시 會議키로 하다.

韓松溪君을 訪하였다가 未會하다.

金貞根君 問答하려다가 保證人이 無함으로 未行하다.

六月十六日 水 晴

預定事項

一, 羅昌憲訪問. 二, 金承學招待할 것. 三, 政務協議會에 出席할 것. 四, 團所에 往하야 問答할 것.

淸早에 團所에 往하야 靜坐會에 參하다.

鄭仁果君이 來訪曰 自己 從速히 渡美하겠노라 함으로 然則 速行하게 하라 하다.

李鐸君이 來訪하야 宣傳部事를 商議하다.

金昌義君이 來訪하다.

羅昌憲·金基濟를 申江病院에 訪한 즉, 二君曰 今에 政府로서 士官學士로 하여금 鐵血團의 餘在分子를 逮捕하고, 또 中國人을 使用하야 暗殺케 한다 하야 極烈한 中에 陷하였으니 兩方을 共히 慰諭하라 하는지라, 余曰 政府에서는 如何한 事가 無하며, 且 余가 該青年 等을 會晤하면 諒解를 與할 수 有하나 相晤할 수가 無하다 하다. 君等을 水治療를 受키 爲하야 紅十字病院으로 移住케 하다.

李英植君이 宣傳部事로 來訪하다.

金承學·李鐸君을 大東旅社에 招待하야 午餐하다. 光復事業의 進行方針을 說

明하고, 獨立團과 靑年團이 聯合하야 光復軍이 되게 하라 함에 金君 滿足한 意를 表하다.

政務協會에 出席하니 華府에서 來한 李大統領 電에 하였으되, 俄國에 密使는 何人을 送하였냐 問함과 歐美外交에 關한 事는 自己를 不知케 하고는 行치 말라 하였는지라. 此에 對하야 大統領에게 事實을 告하고 歐美外交에 一致行動케 하자 覆電하려 하였더니 總理는 大統領과 一切 交涉을 斷切하겠다 하는지라, 余曰 政體上에 如此히 하면 大不可라 하다.

紅十字病院에 往하야 羅·金 二君을 移住케 하다.

七時半에 團所에 往하야 李景華君 問答을 行하다가 未了하다.

六月十七日 木 晴

預定事項

一, 各總長尋訪. 二, 金昌義面會. 三, 視察團籌備에 關하야 商義. 四, 鄭仁果面會. 五, 講演會에 出席.

淸早에 團所에 往하야 靜坐會에 參하다.

朴殷植君이 來訪하야 編纂한 獨立運動史를 出示하다.

柳振昊君을 請하야 曰 申江病院에서 治療하는 羅昌憲·金基濟 二人을 紅十字病院으로 移住코져 하니 此를 內務總長에게 問議하야 보라 하다.

林得山君이 來訪曰 自己가 從速히 入國하겠노라 하다.

柳振昊君이 來報曰 內務總長에게 羅·金移住事를 問議한 즉 同意하더라 하다.

崔承鳳君이 來訪하다.

李鐸君이 來訪曰 宣傳에 關한 事를 安東靑年聯合會 宣傳員 崔志化君을 請하야 商議하라 하다.

鄭仁果君이 來訪함에 美議員團에 對하야 商議하다.

呂運亨君이 來訪하야 北京 往還한 事를 言하야 曰 페퍼를 會見而 君이 우리에 多少 感情이 有하며, 此次 美視察團에 對하야 致書할 것을 作함은 時間이 無함으로 未能하겠고, 或 將來를 爲하야 韓國에 入하야 다시 一書를 著述할 뜻이 有하다 하더라 云.

韓松溪君이 來訪하야 請貸함으로 現款이 無하다 하다.

各總長을 輪訪하다.

美議員視察團에 對하야 非公式으로 討議하다.

七時半에 團所에 往하니 朴賢煥君의 健全人格이란 題로 講演하다.

六月十八日 金 雨

預定事項

一, 對美議員視察團籌備會.

淸早에 團所에 往하야 靜坐會에 參하다.

對美議員視察團 籌備委員會를 國務院에서 召集 討議 結果가 如下히 結議하다.

一, 愛國婦人會名義로 國旗及書信을 送할 것(禮物品이니 上海에 到着할 同時에).

二, 內地에서는 示威運動兼歡迎을 表示케 할 것.

三, 上海에 在留하는 居留民團에서 歡迎할 것(到滬時에 但 民團에 問議할 것).

四, 非律賓에 政府로서 人員을 特派할 것(三人).

五, 美國에서 我同胞中에 隨員으로 定할 것은 美洲에 在留하는 韓人에게 電報하야 決定할 것.

六, 內外地 勿論하고 聯名하야 陳情書를 提出할 것.

七, 非律賓에 特派員은 余가 被選되고 隨員 二人은 自辟할 것.

國務總理께서 大統領不信하는 理由로 한 辭職書를 各部總長에게 送한지라. 이에 各總長과 合議하야 善後策을 講究하다.

李總理를 訪하야 辭職書 作消하라 勸告한 즉 强硬히 拒絶하다.

高一淸·玉觀彬 二君이 來訪曰 李總理를 聲討하고 免職시키자 하는지라, 余가 曰 絶對로 不可를 力說하고, 且 當場에 큰 險惡을 生케 하게 하는 事라 하다.

夕後에 各部職員을 國務院에 召集시키고, 此次 總理辭職案에 對하야 愼重한 態度를 取하야 囂嘩치 말고 如前執務하라 하다.

六月十九日 土 雨

預定事項

一, 婦人會尋訪할 것.

淸早에 團所에 往하야 靜坐會에 參하다.

李東寧君이 來訪曰 如何間 先生이 總揆에 在하야 일을 繼續 進行하자 하는지라, 余가 絶對로 拒絶하다.

李始榮君을 訪한 즉, 東寧君과 同히 同一한 言辭로 曰 大局을 顧하야 余다더 總揆에 出任하라 하는지라, 余曰 此는 大局을 爲함이 아니오, 大局을 亡케 함이니 決코 不行하겠노라 하다.

李圭洪君이 來訪曰 余가 大統領이 되고 李東寧君이 總理가 되기로 作定하고 大事를 進行하자 하는지라, 余曰 然則 敗亡함을 立告함이니 生意도 말고, 且 如此한 言만 流布되어도 大害가 된다 하다.

愛國婦人會를 訪하야 諸女士다러 李總理께 往하야 辭案撤回를 勸告하라 하다.

六月二十日 日 雨

預定事項

一, 各總長尋訪. 二, 東吾先生墓所에 往할 것. 三, 崔志化面會할 것.

淸早에 團所에 往하야 靜坐會에 參하다.

各總長을 尋訪하야 曰 此次 總理로 하여금 辭職을 撤回하도록 吾儕가 誠意를 盡할 것이오, 만일 該目的을 未達하면 新人物을 請邀하야 中心으로 選推함이 可하되 李商在君이 適合하겠다고 하다. 君等曰 만일 李君이 不出하는 境遇에는 如何히 하겠느냐?. 余曰 然則 寧히 西間島에 在한 李相龍君이라도 請함이 可하겠다 하다.

金復炯君다러 政府職員中 同意인 諸人과 商議하야 總理에게 辭職을 勸回하라 하다.

午後에 李鐸·金弘敍·劉相奎·田在淳·金復炯 諸君 같이 東吾先生墓所를 尋訪하고, 團所를 經하야 歸하다.

崔志化君을 請하야 安東靑年團聯合會의 宣傳部와 政府의 地方宣傳部와 合一

함이 如何하냐 한 즉, 君이 善하다 하다.

金義善君이 來訪하야 總理辭職案에 對하야 여러 가지로 收拾策을 討議하다.

六月二十一日 月 晴

預定事項

一, 李東寧面會할 것. 二, 團所에 往하야 李景華問答할 것.

清早에 團所에 往하야 靜坐會에 參하다.

李東寧君이 來訪曰 政府의 位置를 非律賓으로 移轉하자 하는지라. 李總理가 退去한 故로 內部와 外患이 더욱 危難할지라. 非律賓으로 移轉하되 議政院 全部를 同往해야겠는지라. 然則 先生이 此次 非律賓에 往하야 示察團에 關한 以外, 此에 對하야 運動하야 보라 하는지라, 余曰 此次에 非律賓에 往하면 不時의 備로 該總督府에 交涉하겠다고 曰 只今 此를 行하면 經濟가 不許하고, 또는 人心의 影響이 多大할지니 由是로 大事의 打擊이 될지니 不可하다 하다.

鄭仁果君이 來訪曰 非律賓에 出發할 것을 準備하겠다고 하다.

李鐸君이 來訪함에 崔志化를 面晤한 始末을 言하다. 君과 宣傳部理事員이 되라고 言한 즉 君이 許하다. 院에서 非公式으로 時局에 關하야 會議하고, 金立君다러 此次에 大事를 貽誤함이 至大하다 하다.

夕後에 團所에 往하야 李景華君 問答하다가 未了하다.

呂運亨・鮮于爀君을 訪하야 總理의 事로 民團에서 集會하겠다는 것을 行치 말라 하다.

六月二十二日 火 晴

預定事項

一, 團所에 往할 것. 二, 今日 下午로 明日까지 休養키로.

清早에 團所에 往하야 靜坐會에 參하다.

金立君을 訪하야 曰 君이 上海에 初到時 卽 俄領에서 行하던 마음을 悔改하고 中心으로 此局을 扶持하겠노라고 余에게 屢言하지 아니 하였나? 如此할 心으로 已爲 政府에 獻身하였으면 成敗間 終局까지 耐過할지니 中途에 如是히

反意의 行動을 하는 것은 곧 不義하다고 할지니 君이 再三思之하고 此局을 敗潰치 말라 한 즉, 君曰 此次 總理의 事는 總理가 自作行動함이지 自己와는 相關이 無하다 하는지라, 余曰 余는 此言을 不信하노라 하다.

各總長을 訪하야 時局의 意思를 叩한 즉, 다 李總理 出케 하자는 意를 가졌더라. 余曰 此時間에는 誰가 可하든 否하든 간에 서로 扶持하고 現狀을 維持해야겠다 하다.

六月二十三日 水 晴

預定事項

一, 靜養.

淸早에 團所에 往하야 靜坐會에 參하다.

李鐸君이 來訪曰 李總理가 過激派를 秘密히 組織하야 나아가는 中, 上海에 在한 過激派人物과 團結을 已成하였고, 李總理와 金立 二人이 申斗湜君다러 入黨하라고 屢次 勸하니 該內幕을 知키 爲하야 申君으로 入黨케 함이 如何하냐 問하는지라, 余曰 申君은 修養할 靑年인데 自己가 徹底한 過激主義가 有하야 入黨함은 可어니와 無意한 것을 他人의 內情이나 知키 爲하야 入黨한다 함은 亦是 巧邪한 行動에 近한 것이니, 余는 靑年의 心理上 關係로 그러한 事는 肯爲치 아니 하노라 하다.

(二十二日事)

夜十一時半에 吳翊殷君이 申斗湜君의 信書를 傳하는지라. 開見則 李總理가 明早 六時에 他處로 出發한다 하니, 明六時內로 各總長들과 議論하야 處理하는 것이 如何하냐 한지라.

卽起床하야 李總理를 訪하야 먼저 金立君을 面會한 則, 君曰 總理께서 明六時에 威海衛로 往한다 하며, 俄者 總理께서 作別하려고 先生에게 往하였다가 出他하였으므로 未晤하였다 云云하며 曰 此次에 往함은 職을 辭하고 往함이 아니오, 總理께서 다른 總長에게 言하기를 余는 暫時 休養하고 歸할 터이니 此는 職을 辭함이 아니오, 그 欠故한 期間에 國務總理의 事務代理를 內總長이 攝任하라 한 즉 諸總長들도 如此한 즉 可하다 한지라. 事가 如是히 圓滿하게 되였은 즉 아무 念慮 말라 하는지라, 余曰 總理께서 如斯한 意思로 往하는 바에는 一船便을 遲滯하야 政府에 直接 나와 人心을 收拾한 後에 出發하는 것이 合當하다 한 즉, 君曰 已爲 出發하기로 作定하였은 즉 變改할 수 없고, 諸總長들과 이미 議定하엿슨 즉 圓滿하게 되였다고 하는지라. 時에 總理가 就寢하였다 起床하야 言하는 바 金君의 言과 同一한지라, 余曰 一船便을 遲滯하야 散亂하였던 人心을 收拾한 後 往還함이 可하다 한 즉, 總理曰 各總長·次長·民間의 各團體의 首腦者를 請하야 暫時 休養하고 往還하겠노라 하였으니 如何한 念慮가 없다고 하는지라, 余가 곧 出하야 內·財 兩總長을 訪하려 한 즉, 夜深하야 衖場門이 已鎖된지라 故로 歸所하다.

六月二十三日

淸早에 內·財·法 三總長을 訪하야 李總理와 會談한 結果를 得聞하고, 內·法 兩總長으로 더불어 李總理를 餞別하러 船碼頭에 出한 즉, 總理曰 自己는 性情이 急하야 此次의 事는 一大 觸感的으로 된 것이라고 自己는 總理의 任 帶하고 있을 터이오, 二週日 以上 休養하고 歸할 터이니 아무 念慮말고 政府를 前보다 尤히 團束하야 善히 進行하라 하며, 自己가 威海衛 있는 동안에 英人과 잘 交涉하겠노라 하는지라, 余曰 君이 이미 船頭까지 出하였는데 此一言이 無效한 줄은 明知하나 言하노니 君이 일을 表準하면 只今이라도 回還하야 人心을 收拾함이 可하도다. 君은 如此한 好意로 出發하지만은 一般의 心理는 誤解함으로 以하야 大事에 貽害가 多大할지라 한 즉, 君曰 余가 다시 回還할 수는 없고 威海衛 가서라도 內外 各地에 修函하야 써 誤解를 풀게 할지니 君等도 同一한 뜻으로 修函하야 暫時 休養하고 歸한다 하라 하는지라, 余曰 然則 君이 直接으로 此意를 新聞에 廣布하는 것이 良好하겠다 한 즉, 君이 亦贊曰 如何히 揭登하는 것이 可하나 討論할 새 그 言은 無才無能한 余로서 總理의 任에 在함은 國民의 希望을 저버리기가 難하야 受任 以來로 局은 難하고 身은 病이 有하야 一般國民의 希望을 報答하기 不能함으로 다른 堅能에게 맡기라고 辭職할 뜻까지 有하였으나, 一班 同志가 다 言하기를 余만한 人이라도 局에서 離하면 大事에 影響이 至大하겠다 하며, 余亦 死而後而已할 뜻이 有함으로 扶病하고라도 如前히 職務를 盡할 터이오, 暫時 病을 休養하며 兼하야 政務의 所關事로 以하야 山東方面에 暫時 往還할 터이온 즉, 余가 暫時 離此함으로 如何의 疑惑을 하지 말고, 諸君은 더욱 誠忠을 盡하야 不似한 余도 더불어 끝까지 國事에 努力하기로 定하고 作別하다.

劉基峻君을 請하야 總理와 同行하는 張海林君에게 託하야 總理의 事情을 잘 通信케 하라 하다.

李圭洪君을 面會하야 日 總理와 昨夜에 會談과 및 今早에 作別한 事를 말하고 日 君이 金立君을 善히 勸하야 今此 總理의 所言한 바가 다시 食言되지 않게 하라 하다.

下午에 李總理 離滬後 進行事를 爲하야 政務協議會를 開할 새 未滿員이므로 開會치 못하고 非公式으로 討議할 時에, 金立君이 言曰 李總理 言대로 新聞에 揭載함은 不可하도다. 自己가 知하기는 李承晩博士가 大統領을 내놓고 去하기 前에는 總理는 決코 返치 아니 할 터이니 新聞에 揭하였다가는 世上에 다시 한 笑柄이 되겠다고 하더라.

紅十字病院에 往하야 羅昌憲을 訪하고, 黃學善을 請하야 前過를 改悔하고 內務總長과 警務局長에게 謝罪하고 如前히 安頓하고 지내라 하고, 君뿐 아니라 其他 靑年들도 잘 勸하라 하고, 余가 一次 面會하기를 願한다 하다. 君曰 眞情을 告하는 바, 우리들이 多般으로 疑心點이 有한 中에 先生께서 暗殺黨 二十名을 月給을 與하여서 置하고 우리들을 殺할 場所와 埋할 處所까지 備置하고 殺하려 한다 하며, 又는 中國刺客 幾名을 買하야 暗殺하려 한다는 言을 可信處로 聞하고 우리 靑年들이 生㤼함으로 不出하는 것이 아니라 우리도 相當한 準備를 해야겠다 하야 至今껏 不出하였노라 하다. 羅君曰 如此한 謠言은 信치 말라. 自己가 紅十字病院에 入할 時에 幾人이 來言하기를 該病院은 安氏의 親한 病院인 즉 如何한 危毒을 加할런지 不知하겠다고 하는 것을 强入하였다 하다. 余曰 君等 靑年들이 常識이 無한 人이지 或 政治家中에 極惡한 野心家라 하야도 自己하고 對立한 大人物中에 勢力이나 手段으로 制禦할 수 없는데 或 暗殺하는 事가 有한지 無名한 靑年에게 어찌 暗殺行爲가 有하리오. 余는 諸君과 如한 未成한 靑年은 姑捨하고 어떠한 人物이든지 公同一致하는 것을 努力하는 것을 君等이 目擊할 수 없더냐? 然한 즉 安心하고 出하야 지내라 하다.

今日 國務院으로 事務室을 移하다.

六月二十四日 木 晴

預定事項

一, 黃學善 · 鄭恒範面會할 것. 二, 國務會에 出席할 것. 三, 韓松溪面會할 것.

淸早에 團所에 往하야 靜坐會에 參하다.

黃學善君이 來訪함에 昨日을 繼續하야 如常히 나와 지내라 勸하다.

紅十字病院에 往하야 鄭恒範君을 請하야 여러 가지로 互論한 즉, 自己는 毫些라도 過失한 것이 없고 政府에게 잘못하였다고 稱寃하며, 今次 自己 同志들은 捕縛 毆打한 事는 皆 先生의 嗾使한 事로 知하노라 함으로 여러 가지로 互論하다.

國務會를 開할 새 內務總長더러 首席에 臨하라 勸한 즉 君이 堅執不肯하는지라. 故로 長時間 論難하다가 終當에는 升席하야 開會하다. 李統領에게 到滬하라고 致電키로 決議하다. 金立君이 發言曰 總理께서 此次에 療病하러 往하노라 하고, 出發하며 總理의 職을 留任한다 함은 諸總長들이 李大統領問題를 會議 解決하라는 一時 權道로 言할 뿐이오, 그 實內容은 總理의 任을 辭免하고 去한 것이라고 하는지라, 諸總長與次長은 齊曰 然則 總理가 諸總長을 欺한 것이 아니냐 함으로, 余曰 吾人이 總理의 直接所言을 準信할 것이지 間接의 意思는 信할 바 아니라 하다. 時에 獨立新聞社를 封鎖한다는 言을 接하고 呂運亨君을 帶同하고 佛領事를 訪한 즉, 曰 該新聞은 曾히 前領事時에 廢鎖한 것이니 日本領事가 該社址를 持來하야 曰 如何한 故로 繼刊케 하냐 함으로 不得已廢鎖시키게 되었다 하더라.

七時半에 團所에 往하야 李景夏 · 車均敞 入團式을 行하고 余가 過去 吾族의 指導者의 失策이라는 題로 講演할 새, 適 九時에 美州에 向하야 佛蘭西로 出發하는 李景夏 · 車均敞 兩君의 時間關係로 簡略히 講演하다.

韓松溪君을 訪하야 曰 美洲로서 農業經營의 資本으로 來此한 萬元을 本處에 電商하야 政府에 借用케 하면 急需에 應은 되겠으나, 美貨로 本位를 삼게 되겠으니 利害關係가 不少하게 되겠으므로 有意未遂하노라 한 즉, 君曰 今에 工務局條件이 至急한 時에 利害를 較計할 수 없은 즉 自己가 財總과 商議하겠노라 하다.

六月二十五日 金 晴

預定事項

一, 李鐸君面會. 二, 尹顯振君訪問할 것.

淸早에 團所에 往하야 靜坐會에 參하다.

李英烈君이 來訪曰 新聞社와 印刷機械와 其他를 他租界로 搬往하라 하니 如何則可하냐 하는지라, 余曰 印刷物을 外國人으로 所有主를 삼음이 可하다 하니 卽往하야 如此히 周處하겠노라 하다.

都寅權君이 來訪曰 財務部의 要求에 依하야 軍務部로서 短砲를 購하야 平壤으로 輸送케 한다 하다.

李鐸君을 請하야 曰 內地에 武器로 示威하는 것은 軍務部로서 安東縣 光復軍에 專任키로 議定인 바, 今에 都寅權君의 言을 聞한 즉 財務部로서 軍務部에 依托하야 武器를 輸送키로 한다니 知하냐 한 즉, 君曰 知하노라 하는지라. 이에 軍務次長을 訪하야 아무쪼록 일이 統一키로 用力하라 하다.

黃鎭南君이 來訪하야 曰 渡美하겠노라 하며 旅費를 請辦하는지라, 余曰 아직 忍過하라 하다.

韓松溪君이 來訪曰 美洲條로 財務總長에게 言한 즉, 不可不該條를 借用해야겠다 하더라 하는지라, 余曰 然則 利害問題를 言하였나 한 즉 未言하였노라 하는지라, 余曰 다시 此를 問議하라 하다.

金承萬·李鐸 兩君을 大東旅社에 招待하야 午餐한 後에 政府로서 安東에 對한 施設方針을 商議할 새 一, 獨立團과 靑年團聯合會가 다시 合一하야 政府를 援助케 할 事. 二, 該團體內의 冒險靑年으로는 另集하야 軍務部에 直屬한 光復軍營을 組織할 事. 三, 曾往에 獨立團에서 民治하던 區域을 內務部에 直屬한 民團을 組織할 事. 四, 靑年團이나 獨立團은 直接으로 金錢을 收集치 말고 督辦部 財務司에서 收集하야 財政收入이 統一케 할 事. 五, 靑年團과 獨立團의

收集된 金錢은 全數 財務部에 納入케 할 事. 六, 曾往 靑年團에서 收集한 金錢은 政府에 直納한 것과 同一한 것으로 該出金人에게 認定할 事. 七, 上海로서 多數 團結을 合하야 大同團結을 作하는 것을 究硏할 事.

安東으로 歸한 尹顯振君을 訪問하다.

六月二十六日 土 晴

預定事項

一, 韓松溪君尋訪할 것. 二, 尹顯振面會할 것.

淸早에 團所에 往하야 靜坐會에 參하다.

韓松溪君을 訪한 즉, 君曰 財務總長에게 該款의 利害를 言한 즉 利害로는 쓸 수 없고, 테일 本位로 還用하자 言함으로 該條는 島山이 直接으로 貸與할 權이 無하고, 但 政府의 要求로 本處에 致電할 而已인 則 只今에 現存한 테일 本位로는 貸用할 수 없을 듯하다 하고 歸하였노라 하다.

尹顯振君이 來訪曰 安東에 往還事를 詳言曰 自己가 請하였던 慶尙道 某氏가 來하였는지라 內地에一般情形을 聞한 즉,

一, 一般의 心理狀態가 新思潮가 漸漸 膨張하고 過激社會主義를 抱한 靑年이 多하고 二, 經濟恐荒이 極度에 達하야 現金融通이 杜絶하였다 하고 三, 一般人心이 上海에 臨時政府가 있다는 것으로 因하야 將來 希望이 多大하고 獨立運動의 存廢가 政府名義存廢에 在하다 하고 四, 內地에 大問題는 安昌浩가 큰 關係人物이 되었다고, 內地人心은 安○○이 無하고는 안 되겠다는 言이 大輿論이고, 然而 地方熱과 野心으로 因하야 衝突을 惹生하는 故로 大局을 貽誤한다니 此가 事實에 確係이냐 問하더라 하다. 該氏에게 對하야 光復事業의 方針을 曾者 先生의 所言대로 詳言하였노라 하더라.

六月二十七日 日 晴

預定事項

一, 安東으로 到滬한 諸君을 請見할 것. 二, 安恭根君尋訪.

淸早에 團所에 往하야 靜坐會에 參하다.

安東으로 來到한 青年들을 召하야, 一은 光復事業의 前送方針, 二는 安東에서 青年들이 단결하야 進行할 것을 말하다.

安恭根君이 來訪함에 適 時間이 無함으로 未談하고, 午後에 君의 寓所를 訪한 즉, 君曰 此次 總理가 威海衛로 往한 內容을 知하냐? 其中에 極秘의 內容이 有하니 此次에 總理가 通辯으로 帶同한 青年은 君의 舍侄과 宿히 同窓의 友로 極其親切한데 該青年이 自己 侄에게 秘言하기를, 此次 總理가 自己를 帶同하고 威海衛로 往함은 北間島에서 旅費오기를 기다려 모스코바로 가기로 作定하고 出發하였고, 此는 又 極히 秘密이라 云하더라 하며, 又曰 已往 總理가 모스코바에 送한 韓亨健 等에게 勞農政府를 組織中이라는 語句가 有하고, 曾日 포타프가 言하기를 李東輝가 秘密히 勞農政府를 組織하였다는 言이 虛說이 아닌 듯하다 하다.

六月二十八日 月 晴

預定事項

一, 黃一清・李鍾春・李東寧・尹顯振面會할 것. 二, 國務會에 出席할 것. 三, 團所에 往하야 柳榮君問答할 것.

清早에 團所에 往하야 靜坐會에 參하다.

慶尙道 交通局으로 來한 ○○○君이 來訪曰 自己가 安東에 派人하고, 又는 自己의 所負가 有한 즉 洋百元만 請取하는지라, 余曰 現款이 無하니 逐後用力하겠다고 하다.

金萬永君이 來訪曰 自己가 政府를 爲하야 身命을 犧牲하겠노라고 屢言故로 李鐸君에게 紹介하야 任用케 하다.

西間島로부터 來한 李鍾春君이 來訪曰 自己의 主見은 本國에 敵總督府에 韓人官吏를 利用하야 稅納을 增加시키며, 又 其他方法으로 資本家를 苦롭게 하야 排日心을 增上케 하는 것이 如何하냐 問하는 故로, 余曰 如此히 할 道가 有하면 已어니와 可能치 못할 듯하다 하다.

黃一清이 曾히 請款한 書가 有한 故로 請하야 曰 現金이 無한 것을 言하고 急한 用이라도 補用하라고 五元을 贈하고 追後 力의 及하는대로 周旋하겠다 하다.

金弘敍君이 來訪曰 咸鏡道로 來한 渡美靑年 二人이 先生을 面會코저 한다 함으로 同來하라 하다.

黃鎭南君이 來訪曰 財務總長을 訪한 즉, 美洲來款을 先生에게 請借한 즉 四千元 損害를 補充하라 하니 個人의 私事에도 急한 時에는 그렇게 할 수 없거든 急한 公事에 如此히 하니 公益을 顧하는 人이라 할 수 없다고 大怒云하는지라, 余曰 余는 損害를 補充하라고 言함이 아니오, 但 本處에 打電하라면 應할 뿐이겠다고 하다.

金九君이 來訪曰 安東獨立團代表 金承學君의 要求에 應하야 短砲를 購入할새 言與事의 差異가 生함으로 金君이 大疑惑과 大不平이 하야 困難한 事하다 하다.

李鐸君이 來訪함에 近者에 金承學君의 心理가 如何하냐 한 즉, 前日에 比하야 稍히 安頓되였으나 疑惑과 不平은 如常히 存在하다 하다. 善後策은 短砲價 六百十五元을 金君에게 還送하여야 無事하겠다고 하다.

李英烈君이 來訪함에 曰 君이 財務部와 金錢關係로 衝突된 事가 有하냐 問한 즉 然하다 하는지라, 余曰 每事에 感情的으로 말라고 勸하다.

鄭仁果君이 來訪曰 渡美船便에 自己의 一坐를 得할 수 有하니 從速히 出發하겠노라 하다.

金弘敍君이 渡美하는 二靑年 李龍淳·韓秀龍 兩君을 紹介 來訪하는지라, 將來를 爲하야 意志를 確立하라고 勸勉하다.

尹顯振君이 來訪曰 美洲來款에 對하야 如何히 하냐 함으로, 余曰 該錢主에게 電商하야 政府에 借用케 하려 하였더니 財務總長이 不願云하니 할 수 없다고 한 즉, 君曰 此가 一大是非의 問題가 되었다 하며, 財務總長의 不平說을 自己에게 言하니 그 左右에 在한 人이 또 不好한 問題가 發生하리라 하는지라, 余曰 莫可奈何라 하다.

國務會議는 未滿員이므로 開議치 못하다.

李東寧君이 來訪함에 余曰 總理가 絶代로 脫退하는 同時에는 君이 代理로 局을 扶持해야겠다 한 즉, 君은 絶對로 力辭하겠노라 함으로 此로 論談이 長久

하였고, 政府로서 工務局에 與할 條가 急한 故로 美洲에서 曾者 農業의 營資로 余에게 送하야 銀行에 任置한 萬元이 有였는데 韓松溪君이 財務總長과 議論하고 該款을 借用키 爲하야 本處에 電問하야 달라 함으로 余가 電報는 하겠지만은 此後에는 美貨萬元을 與할 것인 즉 政府로서 三千元以上 損害를 受하겠다 하였더니 財務總長은 未成年한 靑年들을 對하야 事實外의 言으로 余가 四千餘元을 내라고 한다니 該事件으로 余와 財務總長과 直接面議도 없이 如何 理由로 然하는지 不知하니 君이 그 意思를 知하냐 한 즉 不知하노라 하다. 또 우리 民族은 改造해야지 如此하고는 成事치 못하겠다고 하다.

尹顯振君을 訪하야 安恭根君에게 聞한 李總理의 陰謀事件을 言하고, 總理가 如此히 모스코바에 往하니 內外의 大勢가 크게 決裂하야 收拾할 餘地가 無할 터인 즉, 金立君을 善誘하야 速히 總理가 歸還하도록 運動하라 한 즉, 君曰 此가 또 우리 局中에 一大問題라고, 自己는 能力이 及하는대로 運動하겠노라 하다.

七時半에 團所에 往하야 柳葉君 入團問答을 行할 새 未了하다.

六月二十九日 火 晴

預定事項

一, 鄭仁果君面會할 것. 二, 金公緝君事로 團友간에 會商할 것. 三, 財・法兩總長問病할 것.

淸早에 團所에 往하야 靜坐會에 參하다.

鄭仁果君이 來訪함에 此次 美議員團東渡의 際에 遠東에 在한 各外交官을 交涉할 必要가 有하니 먼저 各處에 總督及公領을 調査하야 書面으로 우리의 事情을 報知케 하라 하니 君이 應諾하다. 또 吉林에 吳德林・吳仁華 兩君에게 東省外交部設置의 遲延되는 理由로 通信하라 하다.

都寅權君이 來訪曰 金九君이 安東獨立團 短砲購買에 關係하였다가 失策된 故로 個人의 信用과 및 政府의 威信에 大關係가 되였은 즉 該人에게 該金을 還與하는 外에 他道가 無하나, 目下 政府에는 現款이 無하니 奈何則可냐 함으로, 余亦 別策이 無하다 하다.

李鐸君이 來訪曰 安東機關이 政府와 聯合하는 바에 財金을 直接 收入케 하

는 것이 如何하냐 함으로, 余曰 此는 制度上·事實上에 不可하니 財政은 財務司에 收合하야 財政統一할 必要가 有하다 하다. 光復軍營을 置하면 軍營內에 參謀部와 宣傳部 兩部를 加設키로 相協하다.

林得山君이 來訪曰 奉天에 宣傳員으로 使用할 人을 紹介하고, 自己는 入國하야 財金을 辦備하야 幻燈을 組織하야 가지고 渡美하야 宣傳兼資金을 辦備하려 하노라 하는지라, 余曰 如此事에 아무쪼록 正當한 行爲를 取하며, 且 余의 名義는 干涉되지 않키로 하라 하다.

安秉瓚君이 午頃에 到着되야 來訪하다. 이에 韓松溪君다러 一品香旅社에 幾日간 姑留하게 하고 다시 入院케 하라 하다.

李始榮·申奎植 兩君을 問病하다.

金公緝君이 廣東으로 出發한 後에 信息이 頓絶故로 이에 諸友와 會議한 結果로 派人하기로 決議되야 金弘敍君이 被任되고 一人은 金君과 班長과 協議하야 選定키로 하다.

申斗湜君이 來訪日 李總理 出發前夜에 總理의 秘密結社로 組織된 過激黨員들이 餞別會를 開하였는데 該席上에서도 모스코바로 向할 뜻을 表示하였다 하니 總理는 다시 回還치 아니 하리라 하다.

六月三十日 水 陰

預定事項

一, 仁成學校進級式에 參觀할 것. 二, 安秉瓚君尋訪할 것. 三, 申肅君尋訪할 것. 四, 李奎瑞君問答할 것.

淸早에 團所에 往하야 靜坐會에 參하다.

金弘敍君이 來訪曰 廣東에 往하면 中國人 一名을 帶同함이 如何하냐 하는지라, 余曰 極可하다 하다.

李鐸·申斗湜君이 來訪하야 金公緝事로 派人키로 定였나? 余曰 金弘敍君으로 定하고 中國人 一名을 帶同케 하기로 作定하였다 하다.

申肅君을 訪하야 美議員視察團東渡에 對하야 籌備할 것을 商議하다.

尹顯振·李圭洪 兩君을 訪問하고, 沐浴한 後에 仁成學校進級式에 往參하다.

安秉瓚君이 來訪하다.

吳喜峰君이 來訪曰 速히 入國케 하라 함으로 宣傳部理事와 商議하라 하다.

黃鎭南君이 來訪하야 渡美할 心이 有하다 하다.

團所에 往하야 李奎瑞君의 誓約問答을 行하다가 安秉瓚君과 九時에 相會키로 約한 故로 李光洙君 다려 終了케 하고, 一品香에 安君을 訪한 즉, 高一清·金承萬·黃鎭南·李鐸 諸君이 在席한지라. 高君은 余에게 黃君이 渡美치 못하게 托하다. 美洲來款을 借用하겠다는 事로 誤解됨을 言하다. 高君曰 尹顯振君과 商議하야 該款을 多少의 損害를 受하더라도 借用키로 하였다 하더라. 安君과는 他日 相會하기를 留約하다.

一九二〇年 七月

七月一日 木 雨

預定事項

一, 國務會議에 出席. 二, 國務會議를 開議키 爲하야 各總·次長을 輪訪할 것. 三, 安秉瓚尋訪. 四, 劉基峻宅尋訪할 것. 五, 團所에 往할 것.

淸早에 團所에 往하야 靜坐會에 參하다.

黃鎭南君이 來訪曰 渡美하기 爲하야 輪船房子를 得하였노라 하는지라, 余가 款曲히 挽留하되 君이 明答이 無하다.

吳熙峰君이 來訪하다.

各總長과 次長들을 訪하야 今日 會議에 出席하기를 勸하고, 若不得已한 境遇이면은 代理로라도 參席하라 하였더니 定刻에 다 出席한지라 이에 開議할 새, 敵犬討伐費로 金一萬三千元을 支發키로 決議하고, 東三省 外交委員長을 李鐸으로, 委員은 吳德林으로 任命키로 通過하다. 李東寧君으로 總理의 事務代理를 하기를 동의한 즉, 君은 絶對로 代攝치 않겠다 하다.

李鐸君을 請하야 曰 某言이 良好한 短砲를 購入할 處가 有하니 此를 商議하라 하다.

尹顯振君을 訪하야 本國에 宣傳할 것을 討議하다.

申肅君을 訪하다.

七時半에 團所에 往하야 李奎瑞·柳榮 二君의 誓約式이 有한 後에 이어 地方團友會를 開하다. 余가 興士團發展策이라는 題로 講演하다.

七月二日 金 晴

預定事項

一, 安秉瓚·劉基峻尋訪할 것. 二, 財務總長問病할 것. 三, 美議員團에 贈할 國旗를 依托하야 製作케 할 것. 四, 下午七時半에 籌備委員會召集할 것.

清早에 團所에 往하야 靜坐會에 參하다.

李光洙君이 來訪함에 美議員團에 送하는 글과 및 國內에 送하는 글을 修正하고 다시 더 修正키로 約束하다.

金弘敍君이 來訪하야 金公緝君事로 廣東에 電報할 것을 議論하고, 다시 詳探한 後에 電報키로 하다.

安秉瓚·金承萬·金承學 諸君을 訪問하다.

李鐸·金承萬君에게 東三省 外交委員長을 李鐸君으로, 南滿洲 居留民團總辦을 趙秉準으로 任命케 할 것을 相論하야 君이 다 同意하다.

劉基峻宅을 訪問하다.

李始榮·李東寧君을 訪問하다. 始寧君의 病은 比前差癒하더다.

國旗製造키 爲하야 金弘敍君다러 化學으로 染色하는 處를 探問하라 하다.

韓松溪君을 面會함에 君曰 李錫君과 同히 囚禁되었던 某君이 來到하는 바 錫君은 一次도 惡刑을 當한 事 無하고 끝까지 無罪하다고 辯明하였다고 速히 檢查局으로 越去하리라 하더라 云云.

朱耀翰君다러 朴賢煥君을 訪하야 金公緝君의 消息을 探查하라 하였더니, 朱君이 來報曰 金君으로부터 書信과 通常報告가 來하였는데 其外에 別事實의 말한 것을 無하다 云云.

尹顯振·金立 等 諸君이 安東青年聯合會에서 曾往에 民間에서 收集한 財金을 政府로서 該出金人에게 此를 政府에 納入한 것과 同示하노라는 證明을 하야 달라는 要求는 無理한 즉 實行할 수 없다고 하는지라, 余曰 該團體에서 일찍이 民間에서 收金한 것과 또 籌備한 事를 全部 政府로서 引繼하는 同時에는 該財政에 對하야 政府에게 責任지는 것이 大히 無理하다고 할 수 없겠고, 또 現今 多部分은 政府에 對하야 反旗를 드는데 首를 垂하고 指揮를 受하겠다는 青年獨立 兩團을 다시 分立케 하니 不利함이 莫大하니 該要求를 應從하고 그 機關을 隷囑케 하야 大業을 籌進함이 得策이라 한 즉, 該君 等日 青年團에서 援區하는 態가 有하니 此後에도 如此한 弊가 有할까 恐하노라 하다.

李光洙君이 來訪日 鄭尙彬君이 過失에 犯한 事가 有하다 하는지라, 余日 此事를 知하는 團友들과만 秘議하야 措處하기로 하라 하다.

午後 七時半에 國務院內에서 對美議員視察團籌備委員會를 召集하고 視察團에 送할 文과 및 內地 一般에게 送할 文을 通過하다.

七月三日 土 陰

預定事項

一, 婦人會長을 面會하야 婦人會名義로 視察團에 送할 文과 또 禮物로 送할 國旗製造할 것을 商議할 것. 二, 浴沐後에 休養할 것. 三, 團所에 往하야 問答할 것.

淸早에 團所에 往하야 靜坐會에 參하다.

金元慶女士 來訪함에 此次 美議員團 到滬時에 愛國婦人會의 名義로 小本의 國旗를 禮送할 터이니, 此에 關한 費用은 政府로서 辦給할지라 하고 國旗製造하는 處를 尋探하라 하다.

金弘敍君이 金公緝君의 來信을 來示하다.

鄭仁果君 來訪日 一美國醫學士가 吾國事를 爲하야 歐美로 往來하며 幇助하겠다 하니 如何히 言해야 可하겠나 問하는지라, 余日 우리의 經濟困難中에 在한 것을 直言하고 君과 如히 出力하겠다 하는데, 經濟力의 不足으로 未遂하니 甚히 遺憾이라 하라 하다.

李鐸君을 請하야 政府職員中 意思가 安東青年團에서 曾者에 民間에 收金한 것을 政府로서 負責키不願하는 뜻이 有하니 君이 兩方의 意思를 善히 疎通하게 하야 安東縣과 政府間에 決裂이 無케 하라 하다.

金甫淵家에서 黃鎭南君을 面晤함에 君이 再明日 發程하야 渡美하겠노라 함으로 多方으로 譊諭하야 挽留한 즉 留滬하겠노라 하는지라 該旅行券을 余가 持來하다.

午後에 團所에 往하야 休養하다.

鄭濟亨 · 金貞根君의 入團問答을 行하려 하다가 診察로 以하야 時間이 短促됨으로 未行하다.

七月四日 日 晴

預定事項

一, 禮拜堂에 往할 것.

淸早에 團所에 往하야 靜坐會에 參하다.

本國으로부터 來한 金錫璜君이 來訪曰 義勇團이 大擴張이 되어 團員이 千餘名에 至한지라 政府의 命만 有하면 卽起하야 暴動하게 되었다 하는지라, 余曰 內地에 關하야 軍事的 行動은 政府로서 李鐸君과 關係를 作하였으니 此次의 事로 李鐸君과 相協關係한 後에 入國하라 한 즉, 君曰 自己는 孫貞道나 余의 直接 命令을 受하지 該君의 指揮는 奉할 意가 無하다 함으로 그 覺悟를 與키 爲하야 長時間 說明하다.

夕에 劉基峻君宅의 招待로 夕餐에 參하다.

李鐸君을 面會하야 金錫璜君의 籌備한 事와 및 그 心理를 言하고 善히 交涉하라 하다. 君曰 安東으로부터 此次 入來한 人이 速히 自己를 安東으로 向하라 하니 만일 往한 즉 此處事가 未成될지니 如何함이 可하냐 하는지라, 余曰 아직 出發치 말라 하고 余가 該君 等을 面談하겠노라 하다.

七月五日 月 晴

預定事項

一, 國旗製造키 爲하야 染色所를 探問할 것. 二, 李鐸君을 面會하야 內地義勇團事를 妥協할 것. 三, 玉成彬家招待에 應할 것. 四, 金錫璜 · 安秉瓚 · 金承萬 · 李始榮 · 申肅君尋訪할 것.

淸早에 團所에 往하야 靜坐會에 參하다.

李鐸君이 來訪함에 金錫璜君이 義勇團事를 單獨으로 行動할 心이 多하니 善히 妥協하야 政府指揮下에 聽從케 하라 하다. 君曰 安東方面의 人心이 漸漸 離散함으로 安東來諸同志들이 余다러 今 船에 出去하라 함으로 發程키로 하였노라 하는지라, 余曰 政府와 安東 兩方의 妥協함이 君이 아니면 難善이니 中止하라 한 즉, 君曰 自思亦如是로되 諸同志의 決議인 즉 中止키 難하다 하는지라, 余曰 余가 該氏 等을 面晤하고 相議하리라 하다.

金弘敍君이 來訪曰 某中國人便으로 聞한 즉, 今 法界에서 法領事와 工務局主催로 糧食恐荒을 救濟키 爲하야 各資本家를 網羅하야 米穀貿易社를 組織하는바 株金은 每株에 三萬테일이라. 寶康里에 住하는 韓人이 一株를 參加하였다 하며 曰 貴國 獨立運動에 需款이 多艱할지니 貴國人이 如此한 巨額을 該會社에 投하는 것이 吾中國 貧民에게는 多幸이나 貴國의 事에는 防害될 듯하야서 通寄하노라 하며, 其氏名은 不知하노라 云하며 曰 自己 生覺에 申肅인 듯하다 하더라.

金千敏君이 來訪曰 自己는 美國이나 中國에 留學하겠노라 하다. 余가 美國에 關한 事情을 詳言하고 靑年修養에 關하야 勸勉하다.

鄭仁果君이 來訪曰 自己가 아무리 하야도 美洲에 渡하겠노라 하다.

安恭根君이 來訪하야 定根君의 來信을 傳하다.

朱賢則·金文熙·康濟河 諸君이 來訪하다. 朱君은 金承萬·安秉瓚君에게 對하야 不平을 抱하고 金·康君은 池仲振君이 武器購入하러 來滬하야 速還치 아니 함이 不平되야 自己 等 幾個人은 團結하고 單獨 行動으로 武器를 購買하러 來하였다 하다. 余가 統一할 것을 言할 새 安東縣에 有志한 重要階級의 人士들이 確固한 中堅을 作하야 上으로 領首를 絶對 擁護하고, 下로 各般 人物을 統御하야 써 大同一致를 形成하라는 뜻을 長時間 說明하다.

王成彬君宅 午餐에 參하였다가 安秉瓚·金承萬·吳學洙 三君을 面會하야 政府와 安東機關의 妥協을 爲하야 李鐸君을 安東으로 派送치 말라 한 즉, 聽應하고 代에 池仲振·吳學洙 二君을 今船便에 派送키로 決定되다. 二君 出發前 一次 面晤키로 하다.

池·吳 二君이 來訪함에 前途進行方針을 詳言하고, 二君의 意思를 問한 즉

同感이라 하는지라. 다시 安東에 領首 一人을 推戴하야 中堅을 確立케 하라 力勸하다.

申肅君을 訪問하다.

義勇團職員會에 參席하야 時間이 不足함으로 長久히 議論치 못하고 金錫璜君의 報告를 聽컨대, 義勇團을 組織한 것은 平壤에 五百人, 京城에 百餘人, 黃海道 等 各處를 合하야 千餘人이라. 該人들의 願하는 바는 速히 武機를 購入하야 賊犬을 撲滅하며, 且 突起하야 戰爭이라도 할 뜻이 有하다 云云. 余曰 如何間 義勇團이 政府에서 置한 光復軍의 統率下에서 行動하면 可하거니와 其範圍外에서 自由로 行動한다면 大事를 妨害하는 것이니, 만일 自由 行動만 力執하면 余는 脫退할 수 外에 他途가 없다 하다.

金錫璜君다려 武機를 私私로이 購入치 말고 李鐸君과 圓滿히 妥協하야 一船便을 待하야 入國하라 하다.

金弘敍君에게 國旗製造할 것을 付托하고, 鄭仁果·黃鎭南 二君과 西人의 染色하는 處를 探問하라 하다.

國務會에서 曾히 大統領을 來滬하라고 電한 答電을 接한 즉, 좀 기다리오. 호롤노 李承晩이라 하였더라.

七月六日 火 晴

預定事項

一, 政府로서 安東으로 來한 諸氏 招待하는데 參할 것.

淸早에 團所에 往하야 靜坐會에 參하다.

朴殷植君이 來訪曰 金復君이 返申而 君이 禮物한 筆筒은 陳炯明書床上에 置한 것을 島山에게 送키 爲하야 要求하야 送한 것이라 하며, 金君이 島山에게 對하야 가장 人格을 許諾하나니 將來에 共事하라고 하는지라, 余曰 一次 面會코져 하노라 한 즉 君과 同訪하자 하다.

尹顯振君이 訪하야 曰 財務總長과 議論하고 美洲條 金貨萬元을 貸用키로 하였으니 곧 電報하라 함으로 이에 黃鎭南君으로 하여금 宋鍾郁君에게 電報하야 政府에 貸付하라고 하다.

政府로서 安東으로 來한 金承晩·安秉瓚·金承學·李鐸君 等을 大東旅社에 招待하는 晩餐會에 參하다.

七月七日 水 雨

預定事項

一, 美領事尋訪할 것. 二, 財務總長訪問할 것.

淸早에 團所에 往하야 靜坐會에 參하다.

非律賓의 旅行券을 要求하러 黃鎭南을 帶同하고 美領事를 訪한 즉, 旅券을 取級하던 職員은 出他하였으므로 不知하나, 曾往의 旅券을 持來하면 다시 旅行券을 付與하다 함으로 다시 下午에 面會를 約하고 歸하야 英大陸報를 閱한 즉, 議員團이 日本과 上海에 先到하고 마닐나는 追後에 往한다 登載되였으므로 如此하면 非島에 前往할 必要가 無하다 하야, 이에 黃鎭南君으로 하여금 議員團이 何處로 來하는지 그 的確한 것을 美領事館에 往하야 探問하라 하다.

李始榮君을 訪한 즉 君의 病狀은 比前大減하다. 余曰 院에 到한 電報의 意思를 見한 즉 來此하는 듯하다 한 즉, 君曰 來한 즉 如何하냐 하는지라, 余曰 來하면 總理와 大統領이 善히 融合을 圖할 外에 別策이 없다 하다. 君曰 金立君이 昨宵에 來訪하야 여러 가지로 談論하는 中에 大統領이 來한 後에 總理가 好意로 지낼 것은 多少의 自信이 有하나, 畿湖와 西道는 絶對 融合할 수 없은 즉 大統領과 安島山 間에는 아주 合할 수 없다고 云하더라 하다.

紅十字病院을 訪하야 會計條를 淸算하다.

七月八日 木 雨

預定事項

一, 國務會議에 出席할 것. 二, 美議員團에 與할 陳情書印刷와 謡譯케 할 것. 三, 金承萬·金承學招待에 參할 것. 四, 團所에 往할 것.

淸早에 團所에 往하야 靜坐會에 參하다.

韓松溪君을 訪하야 曰 美洲條를 該答電前에 用하게 되니 答電이 有하기까지는 君이 負責인 것을 말하고 金昌世君에게 該條를 推來하라 하다.

吳熙峰君이 來訪함에 本國에 入하야 宣傳할 것을 討論하다.

李鐸君이 來訪함에 義勇團에 關하야 討論할 새 此를 必히 光復軍營에 付屬케 하라 하고, 今에 美議員團來東을 際하야 內地에 宣傳을 失機함이 不可하니 余가 直接 安東에 出去할 意가 有하다 하니, 君이 從速히 出去하야 派人 入國케 할지니 勿去하라 하다.

金立君이 李總理께서 國務會에 送하는 書를 出示함에 그 內云, 自己는 如何하야도 總理로 留任치아니 하리니 遞任하야 달라 하였더라.

金九君이 來訪曰 鐵血團이 今日부터 始하야 政府職員을 路上에서 逢變을 준다 하니 注意하라고 此輩를 一齊히 逮捕하야 嚴治함이 如何하냐 함으로, 余曰 如此 傳說을 信之亦難이오, 設或 事實이라 하야도 撫摩策을 用할지니 嚴酷手段을 行한다면 더욱이 害로울 뿐이라 하다.

尹顯振君을 訪하야 美洲에 打電한 것을 말하고 該條를 用케 하다.

內地에 宣傳키 爲하야 山東省에 在한 洪承漢牧師에게 電報하야 歸國 與否를 問하고 相議事가 有하니 幾日을 延待하야 出發하라 하다.

議員團에 送할 陳情書를 印制케 하고, 黃鎭南다러 英文으로 翻譯하라 하다.

國務會議는 未滿員이므로 明上午 九時에 非常會議를 開하기로 하다.

六時에 青年團聯合會代表 金承萬, 獨立團代表 金承學 招待에 赴하니 政府 一般職員과 各團代表者 合하야 約七十餘人이 參席하였더라. 安秉瓚君이 安東 二團體를 代表하야 禮辭가 有한 後에 余가 答辭로 統一의 主旨로 簡明히 말하다.

此宴會로 由하야 講演會의 定刻 約四十分 遲參이 되다. 時에 李光洙君이 登壇하야 罪의 값이라는 題로 講演하다. 講演이 了한 後에 李君의 高尚한 言論을 注意하라 하고, 또 今夕에 遲參된 理由를 말하다.

七月九日 金 雲

預定事項

一, 國務院會에 出席할 것. 二, 金復君尋訪할 것. 三, 韓松溪君面會할 것.

清早에 團所에 往하야 靜坐會에 參하다

九時에 國務會議를 開할 새 一, 暑中休期는 七月十二日로 九月十日까지, 執

務時間은 午前 九時로 正午까지 하기로, 李圭洪을 派送하야 李總理를 歸任케 하기로 議決되고, 內務部參事任命이 通過되고, 政府 各職員에게 月捧 二十元씩 與키로 提論이 有하다가 留案하다.

朴殷植君이 來訪하야 金復君의 內容을 大綱 言하다.

韓松溪君을 請하야 金昌世君에게 往하야 該條를 推尋하야 五千테일로 換하야 財務部에 交하라 하다.

柳振昊君이 來訪曰 奉天에 宣傳員을 派하였냐 問함으로 無하다 하고, 其詳細는 宣傳部職員에게 問하라 하다.

朴殷植君으로 더불어 金復君을 訪하야 大東旅社에 招待하야 午餐할 새, 君曰 鐵血團人中 金德이가 自己에게 來往하는데 政府府職員을 路上에서 逢着하는대로 毆打하겠다 云하니 政府로서 該青年들을 善히 撫摩하라 하는지라, 余曰 不平의 表準點된 政府는 撫摩키 難하니 第三者인 民間의 有力者가 撫摩해야만 安頓되리라 하다. 君曰 自己가 포타프·呂運亨과 같이 陳炯明을 訪하고 서로 約束한 事는 네닌政府에 要求하야 西伯利亞의 地帶를 借得하야 韓人으로 軍營을 組織하야 六師團을 養成하야서 將來에 中國軍人과 合同하야 北京政府를 轉覆하고 後에는 韓國의 獨立을 完成케 하기로 하고, 且 將來 韓國이 獨立하더라도 外로서 軍人을 携入해야만 國家를 維持하지 兵權의 實力이 無하고는 國家를 統治치 못하리라. 陳炯明과 約束한 中에 島山의 意思를 不聽하고 先生으로 하여금 總主管하게 말이 되었다 하며, 포타프가 此로 以하야 모스코바에 往하였는데 該處에서 地帶의 許諾이 되야 施設이 되는 時는 先生이 往하야 指揮해야겠다고 하는지라, 余曰 此事가 善히 成功되리라고 크게 信치 말라. 第一, 吾族이 耆戰性이 없고 尤히 他國 革命을 爲하야 戰鬪하기로 參加키는 萬無하고 第二, 俄過激派와 支那南方陳派가 다 實力이 空虛하니 六師團養成이 空想 뿐이지 事實이 못될 듯하고 第三, 韓人의 幾師團軍人이라도 西伯利亞에 募集한다 하면 日本軍隊가 入擊할지니 該根據 維持가 是難이오. 第四, 吾族의 性質이 서로 服從치 아니 함으로 吾人이 統御할 수가 없고 第五, 우리가 過激派와 連絡하되 잘못 行使하면 世界의 同情을 失하게 될지라 하니, 君曰 武器는 俄政府에서 擔當하고, 金錢은 陳炯明과 過激黨이 合하야 擔當할 터이오, 地帶는 日本軍

隊가 能히 侵犯치 못할 地를 擇할지오, 統御는 先生같은 이가 兵權을 握하고 道德과 權威로 統御하라 하는지라, 余曰 余는 絶對로 此를 任할 수 없다 하고, 其事에 成敗間 試驗은 하야 보라. 此를 柳東說先生과 商議함이 最適하겠다 하다.

七月十日 土 晴

預定事項

一, 李鐸君面會할 것. 二, 佛領事尋訪할 것.

淸早에 團所에 往하야 靜坐會에 參加하다.

李鐸君이 來訪하야 光復軍制草案을 出示하며 此에 關하야 討議하다.

鄭仁果君이 來訪하야 曾히 國旗製造할 處를 探하라 하였더니 其染色할 處를 來告하다.

高一淸君이 曰 曩者 佛警察署에 被炸된 總巡慰藉金 五千테일 持來하야 交送하기를 請하다.

李圭洪君이 來訪曰 內務總長이 鐵血團關係로 以하야 因責辭職하겠다 하니 自己가 먼저 因責辭職하겠노라 하는지라, 余曰 因責할 理由가 無한데 因責하야 辭職한다 하면 其時의 일은 政府에게로 責任을 歸하는 것이니 辭職치 말라 하다.

國務總理의 名義로 修信하야 가지고 鄭仁果·黃鎭南君을 帶同하고 佛領事를 訪하야 被傷된 總巡에게 五千테일을 慰藉金으로 送하노라 한 즉, 佛領事曰 送코져 한 즉 直接으로 送하지 自己는 關係가 없노라 하고 曰 獨立新聞을 封鎖한 것은 內心에 未安하나 避할 수 없는 것이므로 封鎖하였고, 且 該新聞은 獨立에 關한 것만은 아니오, 社會主義를 宣傳하니 더욱이 許諾할 수 없고 以後에도 다시는 刊行치 않게 하라 하다.

七月十一日 日 晴

預定事項

一, 講道할 것.

清早參靜坐會.

午後 二時에 禮拜堂에 往하야 人生의 最高目的이 무엇이냐는 題로 講道하다.

(補遺件) 李圭洪·尹顯振·金立君 等을 面會하고 余가 脫局할 理由를 言할새, 現在와 將來를 幷하야 思量하기를 反復하되 余가 脫局하는 것이 大事에 裨益이 多할지라. 其理由는 現在에 吾人은 金錢·人材·兵力 諸般의 實力이 極히 空虛한 中에 人心이나 集中하야 誠意的으로 一致進行하여야 되겠거늘 只今에 人心 集中이 茫然한지라. 人心 集中이 못되는 源因을 考見하건대 여러 가지가 有하다 하겠지만은 그 中 큰 關係는 ○○○의 問題가 現今에 北京의 人士들이 上海臨時政府에 對하야 不平을 抱하고 合應치 아니 하는 것도 余가 在局한 故오, 우리의 大元前되는 大統領과 및 其下 一般이 融合치 못하는 것도 余가 在局한 故오, 俄領·中領의 多少 不平派가 政府에 不服함도 余가 在局한 故오, 國內 京城方面에서 上海政府에 對하야 疑心을 多懷함도 亦 余가 在局한 故라. 余 一人이 在局함이 如此히 人心이 集中치 못함은 余의 罪의 有無는 莫論하고 悚懼함을 마지 아니 하고 余가 退去하는 것이 其中 適策인 줄 知하고, 未來를 觀하면 設或 바깥 周圍의 誤解와 攻擊이 有하다 하더라도 大統領 以下 閣員及次長들이 融合하야 內部가 鞏固하면 艱難한 中에서라도 進行할 希望이 有하겠거니와 現今에는 各各 精神上으로 分裂한 中에 在한지라, 余가 分裂 아니 되고 一致 行動하기를 爲하야 誠心 努力하였으나, 此가 皆 無効에 歸하고 不久하야 各各 離散할 狀態에 在한지라, 離散하는 其時에 何誰이든지 一部分에서 政府를 扶持하고 進行할 터인데 余가 扶持하게 되면 助與할 人은 全無하고 妨害할 人만 有할지니 政府의 維持가 末由하겠고, 만일 余가 局外에 處하고 他人 誰某이든지 局을 맡으면 余가 能히 後援할 自信이 有하노라. 然故로 余가 在局하면 政府 維持가 못되겠고, 余가 局外에 在하면 局을 可히 維持하겠다는 觀察에서 如此 生覺이 有함이오, 些少라도 余 個人의 苦樂을 表準한 것은 아니로라 함에, 君等曰 先生의 言도 無理한 것은 아니라. 然이나 先生이 離局하면 其後에 先生에게 對한 惡評은 止할 것이 아니라 하는지라, 余曰 此는 余亦 詳知하노라. 然이나 그 誤解와 惡評의 影響은 余 個人에게 止할 뿐이라. 個人에게 有害함은 些少의 問題라. 余가 獨히 坐局하야서 今日 以上의 誤解와 惡評을 受하면

그 影響이 政府에 及하는 故로 大事를 貽誤함이라. 故로 局外에 在함이 有益하겠다 함이라. 또 余가 退局함으로 人心의 眩惑과 落望하는 害도 有할 줄 知하노라. 然이나 其 害로움과 全機關을 없이 하는 害를 比較하면 甚히 輕한지라. 우리 前途進行方針에 對하야 積極과 消極 兩方으로 進行함이 可하니, 積極으로 言하면 日本의 統治를 拒絶하며 戰鬪를 籌備하며, 列國의 同情을 惹引하야 明年이나 來明年으로 速히 獨立을 完成하기로 期하고 進할 것이오, 消極으로 言하면 此政府를 永久히 維持하야 五年이고 六年이고 十年 以上이 되어도 海外의 二百餘萬 人口를 統一하야 獨立完成의 時期까지 僑民을 統治하고 獨立運動을 繼續 進行할 것이니, 如此히 消極方面으로 進行함에는 此臨時政府를 官廳的制度로 進行치 말고, 且 立法機關을 上海에 設置할 必要가 없고 一年에 一次式各區域의 代表者가 直接으로 來하야 法律을 制定 增減하며 職員을 改選하는 것이 適當한지라. 曾往에 屢言과 如히 一個團體의 機關事務室體制로 組織하고, 美·中·俄 各地에 地方團體를 設置하고 該僑民에게 稅納을 輕히 定하야 該收入으로 地方團體費에 幾何를 充用할 것과 中央團體費에 幾何를 充用할 것을 定하야 海外僑民의 納稅하는 것으로 政府를 永遠히 維持할 것을 確定하고, 먼저 말한 積極的 行動은 對內對外間에 다른 手段方法으로 確定하야 活動을 試驗할 것이라. 然則 海外僑民을 統一하야 政府를 維持케 하는 것이 消極的 進行이라 云하지만은 우리의 形勢로는 가장 重要한 問題라. 此에 不注意하고 現時狀態와 같이 여름여름 지내다가는 積極 進行도 失敗를 當하고 政府維持問題도 末由할 터인데 海外僑民을 統一하야 政府維持라는 此件에 非常히 努力을 盡할 必要가 有하도다. 然而 余가 局에 在하고는 俄領이나 中領이나 美領이나 統一될 길이 絶無할 것이 明若觀火라. 三大 外領에 所謂首領者라 하는 人物들은 余의 個人을 害롭기 爲하야 余가 在한 中央最高機關을 破潰코야 말지니 余가 局에 在함은 國民에게 害毒을 與함과 同하다. 余가 局에 關係가 없고 中·俄·美 三大 外領에 自由로 活動하면 政府機關을 誰가 任持하든지 永久히 保存케 할 希望이 有하노라. 君等이 此를 聞하고 曰 甚히 重難한 問題이니 指一斷言할 수는 없으나 先生이 退局한다 하면 안 되겠다는 生覺이 有하다 하다.

七月十二日 月 晴

預定事項

一, 朴賢煥面會할 것. 二, 國務會議에 出席할 것. 三, 黃鎭南·權振旲面會할 것. 四, 金弘敍君問答할 것.

淸早에 團所에 往하야 靜坐會에 參하다.

都寅權君이 來訪하야 光復軍營規程草案을 言하다.

李圭洪君이 來訪曰 自己가 國務總理에게 歸還케 하러 往하는데 歸還한 後의 方針을 請問하는지라, 余曰 只今 此現狀에 對하야 特別한 確案이 없고, 但 歸還한 後에 서로 善히 融合하야 前進할 것이라 하다.

朴仁國(自北間島來人)이 來訪하다.

朴賢煥君이 來訪하야 金公緝君의 返申을 報하다. 君다러 今日부터 宣傳部에 示務하라 한 즉 君이 諾하다.

柳振旲君을 請하야 國旗製造할 資料를 買하러 同往하자 約束하다.

金貞根君이 來訪曰 安東吾先生墓所에 세멘도로 修裝하자 하는지라, 余曰 將次 碑石을 樹立할 터이니 세멘도로 할 必要가 없고 아직은 花草와 黃沙로 修裝하라 하다.

黃鎭南君을 請하야 美議員團이 非島로 來하는 與否를 探問하라 하였더니, 卽來報曰 아직 美人 피취博士가 來치 아니 함으로 不知하겠다 하다.

鄭仁果君이 來訪하다.

午前 十一時 國務會議를 開할 새 軍務部로부터 光復軍營編制案을 提出한지라 此에 對하야 異論이 多하다가 決義함이 없이 다시 明日 九時에 會議키로 하고 散議하다. 이어 對美議員團籌備委員會를 開하고 議決한 것은 一, 陳情書에 各道의 代表者 三人以上의 名을 署하야 各議員에게 送할것. 二, 國內의 大韓女子의 名으로 各議員에게 陳情書를 送할 것. 三, 國務總理의 名義로 各議員에게 致書할 것. 四, 議政院과 協議하야 院長의 名義로 各議員에게 致書할 것.

金立君이 來訪하야 將來事의 如何히 進할 것을 問하는지라, 余曰 余亦 確案이 無하나, 然이나 企望하는 바는 總理께서 歸來하야 國務總理의 任을 攝하고, 若心身이 疲勞할 時는 外方에 往하야 休養케 하고, 事務代理는 李東寧君으로

攝理케 하야 異議 없이 獨立을 完成하기까지 大韓民國 臨時政府 國務總理 李東輝라는 名이 變치 않고 進行하기를 바라고, 政府는 官廳의 性質을 다 打破하고 한 團體機關의 性質로 改造하야 有志한 青年 幾人이 死生을 같이 할 뜻으로 凡事를 分擔하야 나아가기를 望할 뿐이라 한 즉, 君曰 總理께서 歸한다 하더라도 李承晩君과는 同閣치 아니 할지오. 但 總理의 뜻은 모스코바에 往하려 한다 하는지라, 余曰 總理가 모스코바로 往하는 것은 國家와 總理 個人 兩方에 害가 三이 有하니 一, 大韓民國 國務總理이던 李東輝가 모스코바에 往하야 李寧政府와 善히 握手한다 하더라도 俄過激派의 一部分의 同情은 得하거니와 此로 因하야 世界 列國의 同情은 全失할 터이니 우리 國家의 大害오. 二, 總理가 裏面에 在하고 前面으로 人員을 派送 交涉하면 世界의 直接 關係도 적고 俄國에 對하야서도 効果가 有하려니와 直接 總理가 正面에 出現한 즉 俄人의 心理도 未諳하고, 且 일에 對한 計劃도 不足하야 俄人의 尊崇을 博得하기 어려워 일과 個人 兩方의 大害오. 三, 李東輝가 政府에서 脫退하야서 모스코바로 往하였다 하면 國民의 精神이 分散하야 統一集中에 大障碍를 與할 것이라 한 즉, 君曰 果然 先生의 言이 可하다 하며 日 李總理를 在此케 하고, 自己가 直接 모스코바에 往할 뜻이 有하노라 하는지라, 余曰 君이 往하면 總理를 補佐할 後繼者가 無하다 하고, 現狀과 將來를 顧하건대 余가 局外에 處하야서 行動하는 것이 有益할 줄로 知하노라 한 즉, 君曰 先生이 離局하면 艱難한 事 尤多하겠다 하는지라, 余曰 余가 離局하는 것이 現今과 將來에 有益할 것을 長久히 曾言하였다 하다.

金甫淵·柳振昊君을 帶同하고 國旗製料를 買하러 往하다.

七時半에 金弘敍君 通常團友問答을 行하려 하였으나 國務會議로 以하야 定刻이 已經한지라, 이에 團所를 訪하고 留日俱樂部主催로 申翼熙君의 講演을 聽하다. 題는 新思潮를 論하야 大韓人의 進路를 定함이더라.

七月十三日 火 晴

預定事項

一, 國務會에 出席할 것. 二, 黃鎭南·呂運弘面會. 三, 金弘敍君通常團友問答

할 것.

淸早에 團所에 往하야 靜坐會에 參하다.

黃鎭南君을 請하야 美議員團의 來하는 路序를 詳探하라 하다. 君曰 呂運弘君의 言을 據하건대 美洲에 李承晩部下에 在한 同胞들이 先生에게 對하야 惡感이 多하다 하다.

金公緝君이 來訪하다.

金澈君이 來訪曰 安東縣에 黃鎭南君을 派送할 뜻을 言하는 故로, 余曰 余가 黃君을 帶同하고 非律賓에 往케 되겠다 하다.

朴仁國君을 宣傳員을 採用하려다가 資格이 無함으로 中止하다.

呂運弘君이 來訪하야 徐載弼君의 美議員團에 對한 意見을 傳하는데 一, 該議員團을 請하야 宴會할 것. 二, 國旗를 製하야 禮物로 送할 것. 三, 內地에서 歡迎의 意로 示威運動을 行하게 할 것이더라. 君이 美洲 同胞의 事情을 言하야 曰 財政은 收合키 難하고 人心은 極度로 惡化하야졌고 偏黨熱이 甚하며, 多數의 人은 先生에게 對하야 不平이 甚하니 其條件은 先生이 上海에 到하야 皇帝노릇을 하고, 且 將來 皇帝를 堅固케 하려고 李大統領을 妨害한다 하며, 個中에 先生에게 極端의 行動까지 하겠다 하는 人도 多하다 云하다.

李喜儆君이 來訪하다.

國務會議에서 安東光復軍編制案을 討議할 새 議論이 層出하야 決案치 못하고 散議하다.

七時半에 金弘敍君의 通常團友問答을 行할 새 終了치 못하다.

七月十四日 水 晴

預定事項

一, 韓松溪·尹右山面會할 것. 二, 國務會에 出席할 것. 三, 美領事訪問할 것.

淸早에 團所에 往하야 靜坐會에 參하다.

韓松溪君을 請하야 曰 美洲答電에 該款을 곧 還送케 하라 하였으니 如何則可하냐 하다.

黃鎭南君을 請하야 非律賓旅行券을 爲하야 帶同하고 美國領事를 訪함에 明

日로 再會키로 留約하다.

尹右山君을 請하야 美洲答電을 言하고 如何則 可냐 한 즉, 君曰 外國人에게 送金한다 하고 不送함이 甚難한 事라 하는지라, 余曰 二个月間 契約으로 如何한 財金이 入手하는대로 還報케 하기로 하고 貸用하자 하다.

國務會議 出席하니 未滿員이므로 開會치 못하다.

國旗製造할 것을 各處에 周旋하다.

光復軍營을 安東에 設置함에 對하야 政府의 實權을 余가 安東으로 移去한다 하야 當道 某某 諸君의 大誤解를 余가 受하다.

七月十五日 木 雨

預定事項

一, 國務會에 出席할 것. 二, 美領事訪問할 것. 三, 團所에 往할 것.

淸早에 團所에 往하야 靜坐會에 參하다.

玉觀彬君이 來訪曰 金錢을 運動키 爲하야 本國에 入하겠다 하는지라, 余曰 君이 往해야 別効果가 無하리라 하다.

國務會에 出席하야 安東縣光復軍營編制案을 討議하다가 別로 決議됨이 無하다.

黃鎭南을 帶同하고 美領事를 訪하야 非律賓旅行券을 請求한 즉, 美國政府에 電問하야 不然코는 攬行치 못하겠다 하다.

七時半에 團所에 往하야 車轅輿·金貞根 兩君의 入團式이 有한 後에 朱耀翰君의 敎育이라는 題로 講演이 有하다.

七月十六日 金 雨

預定事項

一, 國務會에 出席할 것. 二, 佛巡警(被傷)訪問. 三, 申肅·呂運弘·孫貞道·李喜儆面會할 것.

淸早에 團所에 往하야 靜坐會에 參하다.

李鐸君이 來訪하야 安東驚報 此次出去人 吳學洙·池仲震 等 十三人이 被逮

되고 其他 物品도 幷히 被奪되었다 하고, 又曰 金承學君이 政府에 對하야 크게 不平을 抱하였다 云하다.

國務會議를 開하고 安東光復軍營의 問答을 討議할 새 其名을 別動隊라고 改하자고 提議되었다가 此에 對하야 衆論이 各出하더니 다시 光復軍이라 하게 되고, 그 編制案에 對하야는 籌備院이라는 것은 削除하고 다시 光復軍司令部로 起草하야 提出하라 하다.

李光洙君이 女子의 名義로 美視察團에 送할 書의 脫稿를 來示하다.

徐丙浩君이 議政院을 代表하야 政府의 政務를 調查하러 來하였노라 하는지라, 余曰 勞働局은 停務中인 즉 調查할 것이 無하겠다 하다.

朴仁國君이 來하야 請助함으로 時間이 迫하야 會談치 못하다.

鄭仁果·黃鎭南 兩君을 帶同하고 被傷된 佛巡警을 訪하야 慰藉金으로 五千테일을 與하려 한 즉, 君曰 警務官에게 言하야 警務官이 受하라 하면 受하겠노라 하며 謝하더라.

呂運弘君을 訪하야 美國의 事情을 聞하고 時局을 討議할 새, 君曰 自己가 上海에 到하여 여러 가지 謠詠을 聞하였노라 하다.

李喜儆君을 請하야 俄國에 往하는 것과 時局을 討議할 새, 華盛頓에 駐在하는 俄大使가 自己다러 俄政府에 往하라 함으로 出發하였는데, 今에 政府側에서 反對한다 하니 아직 如何한 것을 稍待하야 行하려 하노라 하다.

申肅君이 請見하는 故로 往訪한 즉, 君曰 天道教의 歷史와 理想과 又는 孫秉熙의 歷史와 人物을 英文으로 翻譯하야 此次 美議員視察團에게 送하야 廣히 紹介하려 하노라 하는지라, 余曰 此가 無意味한 事니 如此한다고 天道教나 國家의 兩方에 別裨益이 無할지라. 만일 國家를 主體로 하고 各宗教를 紹介하는 同時에, 天道教도 또는 各人物을 紹介하는 同時에 孫秉熙도 紹介하면 可하거니와 不然코 天道教나 孫秉熙를 紹介하려 하면 第一 他人의 異常한 生覺이 有하겠다 하니 君은 無意味히 唯唯할 뿐이다.

孫貞道君을 訪問한 즉 君曰 尹顯振君을 面會한 즉 尹君이 辭職할 뜻이 有하다 하며, 此次 安東縣事件으로 以하야 自己에게 誤解가 有함이 섭섭하다 하며, 또 先生이 自己(孫 自稱)에게 對하야 感情이 有하다는 言과 先生이 尹 自己도

不信한다는 뜻으로 言하다 하다.

鄭仁果君이 來訪曰 金立君이 自己에게 對하야 眞情을 露하야 言하노라 하는 言에, 李總理께서 李承晩이나 其外 各總長을 싫어하는 것이 아니오, 其實은 第一 島山을 싫어한다 하고, 또 島山과 合하기만 하면 天下事를 不能할 것이 無할 줄로 知한다 하고, 此次 安東縣事件에 對하야는 自己는 大疑心을 懷함은 嶋山이 一大黨을 組織하야 大局을 推翻할까 恐懼하야 中夜에 不寐하노라 云하더라 하다.

家信을 接한 즉 必立이가 右手가 傷하야 約六週間 受療해야 癒하겠다 云하다.

七月十七日 土 雲

預定事項

一, 尹顯振訪問할 것. 二, 安東으로 來한 人訪問할 것. 三, 視察團에 關하야 籌備할 것.

淸早에 團所에 往하야 靜坐會에 參하다.

李圭洪君이 來訪하야 自己 辭職할 뜻을 말하다.

吳熙峰君이 來訪하다.

金九君이 來訪하다.

金澈君이 來訪曰 安東縣에 英語를 通하는 人을 派住케 하겠다 하고, 又 自己는 新히 交通을 開設키 爲하야 煙台와 俚島 等地에 往還하겠다 하다.

李英烈君이 請함으로 訪한 즉 一書를 出示하며 曰 此는 秘書長 金立君이 李總理에게 送하는 一私信이니 此로 寫할 時에 院秘書 吳仁錫君이 窺見한 즉 大局에 關係된 事가 有한 듯하고, 且 每日 修信함이 甚히 殊常함으로 疑訝하던 中이라. 이에 付郵하라 함을 開見한 즉 事件이 非常히 重大하고, 且 危險하다 하는지라. 이에 接見 즉 俄人에게 秘히 借款運動과 總理께서 上海政府를 脫離하야 莫斯科로 往하시는 等 時局에 對하야 甚히 險難한 事件이더라. 이에 金復炯君다려 謄抄케 하고 本件은 李英烈君에게 還送케 하고, 又 李君다려 秘密을 嚴守하라 하다.

尹顯振君을 訪하야 余의 去就와 時局의 問題로 夜一時에 至토록 討議하다.

李裕弼君을 訪하야 安東縣 光復軍營事案을 討議할 새, 意思가 서로 合致하다.

七月十八日 日 晴

預定事項

一, 美議員團에 關하야 籌備할 것. 二, 金·鮮·徐諸氏面會할 것.

淸早에 團所에 往하야 靜坐會에 參하다.

李光洙君을 大東旅社에 訪하다.

車利錫君과 같이 美議員團에 禮送할 物品을 準備하다.

金秉祚·鮮于爀·徐丙浩·梁濾·金泰淵·李元益·韓鎭教 諸君을 海松洋行으로 請하야 時局收拾策과 余의 去就에 關한 問題로 長時間 討議하다.

七月十九日 月 雲

預定事項

一, 國務會에 出席할 것. 二, 內務總長尋訪할 것. 三, 李裕弼面會할 것.

淸早에 團所에 往하야 靜坐會에 參하다.

金弘敍君이 來訪曰 北方에 公債券販買키 爲하야 往하노라 하며 告別하다.

王觀彬君이 來訪曰 自己가 他處에 往하야 何事를 營하고져 하니 旅費 八十元만 請辦하노라 하다.

金九君이 來訪하다.

李裕弼君이 來訪曰 光復軍編制案에 對하야 籌備院을 置함이 可하거늘 政府에서 此를 許치 아니함은 不合理라 하다.

金仁根君이 來訪하다.

金義善君이 來訪하야 光復軍에 關한 事를 討議하다.

李裕弼君이 來訪하야 다시 光復軍에 關하야 討議할 새 該編制案을 稍히 修正하기 爲하야 金義善君에게 在한 草件을 送하게 하다.

黃鎭南君이 來訪曰 返美코져 함을 問하는지라, 余가 可否를 遽答키 難하니 스스로 熟思하라 한 즉, 先生이 不許한다 하야 不平이 頗甚하더라.

國務會議는 滿員이 못됨으로 開議치 못하다.

李東寧君을 訪하다.

李始榮君이 請함으로 往한 즉, 君이 北京을 往遠코져 하노니 그 事件은 朴容萬君이 內外地에 遠東司令部를 組織하는데 此로 自己 伯氏宅에서 籌劃하는 故로 如何間 自己 伯氏宅에서는 聚議치 못하게 해야겠다 하야 十餘日 爲限하고 往遠하겠다 하는지라, 余는 余의 離局할 뜻을 表示하다.

七月二十日 火 晴

預定事項

一, 安秉瓚·金承萬訪問할 것. 二, 東吾先生墓所尋訪할 것. 三, 製旗監示할 것.

淸早에 團所에 往하야 靜坐會에 參하다.

安秉瓚·金承萬君을 紅十字病院에 尋訪하야 金羲善·李鐸 四君으로 더불어 光復軍에 關하야 討議할 새 余는 政府의 施設대로 依從하고 些少도 固執치 말라는 意를 表言하고, 金羲善君曰 若籌備院을 削除하게 되면 政府에 隷치 말고 民間事業으로 進함이 可하다고 多少의 反對의 意가 有하고, 安·金 兩君은 余의 意思와 如히 政府施設下에 服從 뿐이라고 하다. 余가 離局할 理由를 長時間 討論하고 余가 脫退하면 余의 後繼는 誠庵君이 可하고, 余가 局外에 在하면 新建設에 對하야 多少의 周旋의 希望이 有하다 하다. 이에 諸君으로 더불어 東吾先生의 墓所를 尋訪하다. 墳墓를 修理키 爲하야 守墓人에게 修理費를 與하다. 金承萬君의 招待로 東亞酒樓에서 午餐後에 三時頃에 歸所하였다가 다시 國旗製造하는 것을 監示하다.

七月二十一日 水 雲

預定事項

一, 吳仁錫·車轅輿面會. 二, 尹顯振訪問. 三, 安秉瓚·金承萬訪問.

淸早에 團所에 往하야 靜坐會에 參하다.

車轅輿君이 來訪하야 入國進行할 것을 商議하다.

吳仁錫君을 請하야 金立君의 書信事에 對하야 秘密을 嚴守하라 하다.

鄭仁果君이 來訪함에 金立君의 私信의 秘密謀劃하는 事를 言하다.

李鐸君이 來訪하야 內地에 宣傳과 安東의 光復軍事로 相議하다.

金公緝君이 來訪함에 美議員團에 與할 陳情書를 持하고 入京함이 如何냐 問한 즉, 君은 以前 十三道幹部任員이므로 逮捕命令中에 在함으로 入國치 못하겠다 하다.

慶尙道에 宣傳員으로 派送하는 吳熙峰君에게 旅費로 洋六十五元을 支發하였더니 君이 人에게 語하기를, 財務部에서는 嶺南宣傳旅費로 四百元을 支拂하였는데 宣傳部로서는 다 私有하고 六十元만 與하였다고 한다고 李鐸君과 및 金秉祚君이 來言하는지라, 余가 如此事가 有하면 尹顯振君에서 出하였으리라 하야 君을 訪하야 該事實을 言하고 內地에 派往하는 宣傳員으로 하여금 誤解를 抱하고 入하면 惡影響이 至大할지니 君이 善히 諒解케 하라 하다. 君이 甚히 赧然하여 日 逢하는대로 說明하겠노라 하다.

李光洙君이 來訪하야 日 金立君의 陰劃을 光明하게 世上에 現露하겠다 함으로, 余 不可함을 說明한 즉 君이 解結策을 問하는지라, 余日 尹顯振·李圭洪·金澈 諸君으로 더불어 協議하야 解決을 作함이 良好하겠으나, 余가 直接 此內容을 言함이 可할런지 判定치 못한 故로 아직 말치 못하였노라 한 즉, 君이 往하야 議論하겠노라 하다. 余日 言하면 먼저 絶對 秘密을 約束하라 하다.

尹顯振君을 訪한 즉 君이 李光洙君에게 聞한 事實을 言하고, 自己가 曖昧히 干連되었다 하야 金立君에게 詰하겠다 함으로, 余日 아직 말치 말고 金立君의 意如何한가 함과 또 解結策을 議論하려 하다가 未畢하고 午後에 再會키로 하다.

午後에 다시 尹顯振君을 訪한 즉, 李圭洪氏가 벌써 金立君에게 言하였다 하며, 此等事를 自己 二人에게 먼저 알게 아니한 것을 나무라더라. 余日 金立君이 已知하였더라도 掩蔽하야 두고 好善한 諒解가 有하기를 바란 것이라 하다.

金羲善·安秉瓚君 等이 余의 去就問題를 言하겠다 하야 紅十字病院으로 請하였으므로 三時頃에 訪한 즉, 金羲善·鄭仁果君은 來到치 아니 하였으므로 長時間 기다리다가 李鐸·安秉瓚·金承萬君으로 더불어 談論할 새 余가 離局하고 安秉瓚君으로 後繼케 하기로 見機實行하자 하다.

車輳輿君에게 梁起鐸君에게 送하는 書信을 付하고 入京하는 方法을 議論하려고 李裕弼君을 四處로 尋하되 未會하다. 이에 張德櫓君을 請하야 書類付送方法을 討議할 새 京城에 來往하는 汽車의 雇人을 使用하던 것이 有하야 李鍾郁君에게로 連絡되었다 하는지라, 余曰 然則 書類의 一部는 鐵道機關으로 李鍾郁君에게로 送하야 傳케 하고, 一部는 車君이 直接 帶去케 하기로 하다.

吳熙峰君을 訪問하야 君의 誤解한 바를 說明하고 洋五十元을 더 주다.

韓松溪君이 來訪曰 美洲條 萬弗中에서 政府에서 五千테일을 已用而餘額도 또 用하겠다 한다 함으로 그리하라 하다.

七月二十二日 木 晴

預定事項

一, 徐丙浩面會. 二, 國務會에 出席. 三, 制旗監示.

淸早에 團所에 往하야 靜坐會에 參할 것.

呂運弘君이 來訪曰 美議員團이 今到만일나 而一週後에 香港에 到하야 二日間 逗留한다는데 前往함이 如何할런지 西洋人士便에 問하는 것이 如何하냐 함으로 그리하라 하다.

朴殷植君이 來訪曰 孔仁君이 中國人에게로 收集한 金을 獨占하야 挾雜이 殆甚하니 此를 政府나 團體로서 中國人側에 交涉하야 該款을 充公하는 것이 可하겠다 하는지라, 余曰 中國人들이 이미 孔仁을 信用하야 關係하는 時에 團體나 個人이 反對하는 뜻으로 中人에게 交涉함은 不可하고, 吾人을 幇助하는 中國人士를 善히 交涉한 後 그 事件을 公번되게 措處함이 可하다 하다.

徐丙浩君이 來訪曰 今의 政府를 改造해야 할 形勢니 先生이 總揆의 位에 在하고 進行하기로 하자 多般으로 言하는지라, 余曰 此는 絶對 不可라 하다.

李元益君이 來訪曰 金立君의 書信事件을 言하며 曰 此를 公擧하야 相當한 處置을 해야겠다 하는지라, 余는 此를 不可하다 하다. 君曰 此事件을 知하는 人들이 今午後 四時에 劉基峻家에 會하야 討議코져 하니 先生이 그 時에 參席하기를 願하노라 하다.

金昌淑君이 來訪하야 孔仁君에 關하야 朴殷植君의 言과 同한 事理로 余다러

措處함을 請하는지라, 余曰 余奚以措處리오. 若君等이 孔氏를 疑心한 즉 該事件을 個人行動으로 하지 말고 團體의 行動으로 審査케 하라 하다.

呂運弘君이 來訪曰 議員團事로 피취牧師를 訪한 즉, 香港에 前往하더라도 會晤키 難하고, 또 如何히 되면 此處에서도 難會케 되리니 前往할 必要가 無한 즉 此地에서 君이 周旋하겠노라 云하다 하다.

國務會議는 未滿員이므로 開議치 못하다.

國旗製造하는 것을 監視하고, 또 此를 製造키 爲하야 上海의 裁縫所 十餘處를 尋問하다.

四時에 劉基峻君宅을 訪한 즉, 李光洙·李元益·金興濟·吳仁錫·劉基峻·金復炯君 等이 會集하야 金立君의 書信事件을 言할 새 或은 此를 暴擧하야 措處케 하자는 意思가 有한지라, 余가 不可함을 力說하고 秘密을 嚴守한 後에 妥協을 善히 하는 것이 可하다 한 즉 諸意 다 贊同하다.

七時半에 團所에 往하야 余의 去就에 關하야 言하다.

金興濟君曰 自己가 國務院의 일과 및 外務部 일까지 辭免코져 하니 어찌하면 可하냐 하는지라, 余曰 不可하니 誠意로 繼續하라 하니, 君曰 外務次長이 出發하면 繼任할 人이 無하고 自己 뿐 아니라 外務部職員 全部가 다 辭職할 意가 有하다 하는지라, 余曰 鄭外次가 가더라도 君等은 繼續하야 誠意的으로 辦事함이 可하다 하다.

七月二十三日 金 晴

預定事項

一, 金立·尹顯振·李光洙面會. 二, 臨時國務會議에 出席. 三, 制旗監示. 四, 黃鎭南君다려 愛國婦人會로서 議員團에 與할 書를 起草할 것. 五, 高一淸·李裕弼面會할 것.

淸早에 團所에 往하야 靜坐會에 參하다.

午頃에 金立·尹顯振·李圭洪·李光洙君을 招待하야 發現된 金立君의 李總理에게 送한 書函事件에 關하야 密議 妥協할 새 金君은 余에게 對하야 誤解한 過를 謝하는지라, 余는 此에 對하야 크게 각오하라 勸勉하고, 또 過事의 事는

如何間 다 忘置하고 前途를 爲하야 善히 合意 進行하자 하다.

國旗製造하는 것을 監示하다.

黃鎭南君더러 愛國婦人會名義로 美議員團에 送致할 書를 起草하라 하다.

高一淸·李裕弼君은 面會치 못하다.

七月二十四日 土 晴

預定事項

一, 高一淸·金九·李裕弼面會할 것. 二, 內務總長尋訪할 것.

淸早에 團所에 往하야 靜坐會에 參하다.

李元益君이 來訪曰 金立君이 自己의 密信押收事實을 已知하였다 하니 該信을 折開한 人은 具世吾니 具君이 該責을 當負할지니 如何하냐 하는지라, 余曰 聞之則 具君은 人에게 使한 바 되어 開하였다 하니 何人이든지 開見할 뜻으로 押收케 한 人이 負責함이 可하니 君과 吳仁錫君이 共히 負責하거나 二君이 相議하야 一人이 負責함이 可하겠다 한 즉, 君曰 自己네가 負責하는 同時에는 此事를 公開하야 金立의 罪를 聲討하겠노라 하는지라, 余曰 然하면 大局에 貽害함이니 誰某든지 押收한 人은 自己의 自由의 思로, 國務院에 退함이 可하겠다 하다.

金仁根君이 來訪曰 自己가 本國으로부터 來할 時에 崔在學君이 自己便에 先生에게 付書하려다가 携帶가 不便하야 口傳하려고 하더라 하며 曰 崔在學君이 自己의 同志者를 糾合하야 東亞株式會社를 發起하야 進行이 善히 되는데 資金總額은 百萬元으로 期하고 每株 一百元으로 每回 二十五元式 四回로 分하야 出金케 하는데, 此는 實業을 目的함이 아니오, 政府로 送하려고 하는 것이니 先生과 聯絡 進하기를 望하며, 또 公債券이라도 買할 수 有하니 此라도 委任키를 願한다 云하더라 하다.

黃鎭南君에게 美委員團에 送할 書 起草에 注意할 것을 言하다.

內總長이 來訪曰 此次 會議에는 政府의 事件을 歸正하자 하는지라 余亦 應唯한 즉, 君曰 自己의 意思는 全數가 다 退去하는 것이 可하다 하는지라, 余曰 全退한 즉 奈何리오. 誰某에게든지 後任하야 政府라는 公器를 維持케 함이 可

하다 하고 午後에 再會키로 하다.

呂運弘君이 來訪曰 美議員團을 歡迎키 爲하야 美國各團體로서 委員 九人을 選하야 歡迎을 籌備한다 하는지라, 余曰 該委員 等을 交涉하야 政府로서 便宜를 얻게 하자 하다.

十二時에 金九·高一淸·李裕弼君을 招待하야 午餐하며 時局에 關한 것을 討論하고 余의 離局하는 것이 於事是益이겠다고 言하다. 또 該君 等이 金立君의 密信事件을 他處로부터 聞하였노라고 言하는지라. 이에 時局과 余의 去就의 件은 決定한 것이 없고 金立의 事는 默過키로 하다.

製旗하는 것을 往하야 監示하다.

內總長을 訪하야 長時間 談論할 새 余의 主張은 總理를 모셔다가 前狀을 回復하고 靑年中堅을 善히 組織케 할 것이오, 不然則 他人에게 注目을 不受하는 君이 摠揆에 在하고 靑年中堅을 作하야 內로 善히 團合하고, 余는 局外에서 善히 擁護하자 한 즉, 君曰 此 二計가 皆 不可하고 島山을 總理로 責任內閣을 組織하면 自己도 從하야 血誠을 輸盡하겠으나, 不然한 즉 退去하고 新人에게(指靑年) 任하자 하다. 此等 問題로 夜闌토록 討論하다.

七月二十五日 日 晴

預定事項

一, 尹顯振·李東寧訪問할 것.

淸早에 團所에 往하야 靜坐會에 參하다.

尹顯振君을 訪하야 曰 明月曜의 國務例議는 아무쪼록 하야도 開하고 急速히 處理할 安東縣光復軍編制案과 總理代理를 選定을 할 것이니 總理代理는 李東寧君으로 選定키로 하되 若君이 堅辭不肯하면 各總長이 總理를 代理하야 輪次로 結裁케 하기로 하다.

李東寧君을 訪하야 尹顯振에게 言한 바와 同한 趣旨를 言하다. 君이 李始榮君의 北京에 往한 內容을 更言曰 朴容萬君이 此政府를 害롭게 하려고 自己의 機關을 另立키 爲하야 陰謀하는 事實이 有한지라. 故로 李始榮君은 自己 伯氏는 此에 干涉치 아니 케 하기 爲하야 往하였는데, 伯氏가 聽從치 아니 하면 自

己 伯氏와 分路하겠다 하며 甚히 痛忿한 마음으로 出發하였다 하다.

七月二十六日 月 晴

預定事項

大, 國務會에 出席할 것. 二, 籌備에 關한 (刺繡·製旗·議政院에서와 愛國婦人會에서 送할 草稿를 打字케 할 것과 大韓女子各個의 名議로 全國에 보내기를 周旋) 諸事를 親督할 것. 三, 申檉君招待에 赴할 것.

淸早에 團所에 往하야 靜坐하다.

申檉君 招待에 因擾未參하다. 余가 政府代表로 美議員團을 香港까지 前往接應키 爲하야 韓松溪君에게 洋千元을 貸取하고 高一淸君다려 行裝을 收拾하라 하고 各總長及次長을 輪訪 作別하다.

呂運亨·呂運弘 兩君다려 船便을 周旋하라 하다.

鄭仁果君을 訪하야 余의 出發後에 余의 所幹諸務를 代理하라 하고, 呂運亨·呂運弘·李喜儆君으로 迎接委員을 삼아 合同하야 美議員團을 接待하라 하고, 且 禮物贈送을 맡아 하라 하다.

李裕弼君을 訪하야 香港出發을 言하고, 鄭仁果君과 責任하야 凡務를 辦理하라 하다.

張德櫓君을 請하야 本國에 書類(陳情書·大韓女子全體陳情書) 送付할 方法을 討議하야 本國에 付하다.

金立을 晤하야 總理의 速還케 하도록 하라 하다.

籌備에 關한 一切를 監視하다.

七月二十七日 火 晴

預定事項

一, 香港出發.

九時에 黃鎭南君을 帶同하고 太古洋行汽船綏陽을 搭乘하고 香港을 向할 새 適 一等座는 無함으로 官艙 二座를 定하다.

鄭仁果·孫貞道·高一淸·車利錫·金復炯·劉相奎·田在淳·李裕弼 諸君이

埠頭에 出餞하다.

七月二十八日 水

七月二十九日 木

七月三十日 金

七月三十一日 土

預定事項

一, 美領事尋訪.

○○時에 香港에 到着하야 大東旅社에 入하다. 時에 風暴雨惡하야 近方 各航路가 中斷하였다 하더라.

○○時에 美領事를 訪하야 美議員團의 到着期를 問한 則, 八月 初四日에 到하야 當日에 廣州로 向하며, 香港에 上陸後에는 各處에 遊回할 터이니 面會할 時間을 得키 難할지라. 오직 良策은 該船中에 入하야 面會를 請하라 하더라.

一九二〇年 八月

八月一日 日

預定事項

一, 向廣東.

朝後에 到廣東하야 東亞酒樓에 投하다.

當地 美領事 버홀스(Leo A. Berghalz)를 訪한 즉, 適 日曜이므로 到署치 아니 한지라, 이에 書面으로 面會를 請한 즉 私邸로 請하야 極히 特殊히 對優하더라. 美議員團이 廣州에 到着할 時에 面會를 周族하라 한 즉, 答日 極力 周旋할지니 該團到着期를 前하야 廣州에 來住하라 하며, 이어서 韓國獨立에 關한

問題로 約一時半間 討論而 氏는 昨年 韓國總領事로 在任時에 漢城獨立運動의 始末을 詳細 目覩하고 非常한 感動을 得하야 힘써 도와 美政府에 眞情한 事實을 報告하고, 또 報紙에 有力히 宣傳될 것도 揭載하였었고, 尙今까지도 韓國의 事情을 調査하야 美政府에 繼續 報告中이며, 今年九·十月頃에 自己가 本國에 返할 時에 韓國을 爲하야 많이 宣傳하겠노라 하더라. 自己가 韓國을 離하야 中國에 轉任될 時에 在韓美宣敎師들이 自己에게 言하기를, 獨立運動費를 收集하야 上海로 送하려 하되 無路可遂라. 約百萬元可量 收合하면 君이 帶去하겠나 함으로 樂而許諾이러니, 然이나 日人의 戒嚴으로 收合이 如意치 못하야 未遂하였고, 中國에 來任한 後에 中國資産家를 勸하야 韓國內 土地를 買收하고 該代價는 上海韓國臨時政府로 送하려 周旋한 즉, 中國資産家들이 잘 應치 아니 하야 此亦 未遂하였노라 하더라. 余 將來 韓人의 進行方針을 爲하야 君의 意思를 問한 즉, 君이 答曰 一은 宣傳을 有理하게 하야 世界의 同情을 多得하도록 務할 것이니, 宣傳에는 虛言이나 誇張을 切勿하고 眞正한 事實로만 하라 하며, 曾히 上海方面에서 各國에 宣傳하기를 漢城에서 一日에 三千名이 被殺하였고 數萬名이 被捕하였다는 說, 又 强姦 等 說이 其實은 아닌 바, 宣傳은 如此히 하야 瞬時間 人의 心을 驚動케 하나 各國에서 各其眞正한 公領事의 報告를 接할 時는 前의 宣傳을 不信用할 뿐 外라 同情이 落할지며, 二는 戰爭을 主張하거나 暴行하는 等 事로 多數의 人命을 殺傷케 하는 것이 日本에는 別害가 없고 韓國獨立에는 別効가 없을지라. 然則 此等事는 勿行하고 事를 智慧롭게 하되 今의 君 等의 境遇를 依하야 最必要한 것은 日本 國內에 社會主義를 宣傳하야 內亂을 促起하며 俄國과 連絡하야 日本에 害로울 行動을 取하라. 日本에서 大內亂이 起하는 同時는 韓國의 獨立이 成功되리라 하다. 余曰 君의 言이 참 可하도다. 余 等이 亦如此 進行中이라. 凡事가 經濟困難으로 實現이 못되어 難處하노라 한 즉, 君曰 自己亦 詳知하노라 하며 曰 美國으로부터 在韓美宣敎師에게 送하는 金額이 每年에 百萬元可量이니 韓國內에서 韓人들이 此額數를 各敎師에게 收與하고 該金을 上海臨時政府에서 用함이 好하겠다 하는지라, 余曰 日本人의 取締가 甚함으로 國內에서 宣敎師에게 百萬元을 收送키는 難하겠다 하고 曰 힘써 周旋하야 每年 百萬元式 外債를 繼續하야 五年間만 得하면

余는 成功할 自信이 有하노라 하다. 余 又日 至今 吾人이 俄國과 內容으로 握手하야 日本을 抵抗하고자 하나 此가 世界에 一誤解를 起할까 念慮하노라 하니, 君日 今日 韓人이 俄國과 握手한다 하면 事情에 그럴 듯하다 하더라. 余日 君의 周旋으로 中國南方에 有力人物을 聯結하야 排日行動을 一致케 하라 한즉, 君答日 余는 中國人을 不信하노라. 中國人은 個人이나 또는 地方觀念 뿐이라. 自國 興廢도 猶不關이어든 況韓國乎아라 하다.

八月二日 月

預定事項

一, 返香港.

朝後에 香港에 返하다. 是日 英紙에 하였으되 菲島와 香港間에 颶風이 大作하야 船路가 斷絶한 故로 美議員團은 預定한 行程을 改하야 香港을 不經하고 上海로 直向하였다 하다. 이에 上海政府에 電하되, 美議員團은 이곳에 머물지 아니 하오. 余는 汽船 Andrele Bal으로 木曜日 떠나오.

八月三日 火

預定事項

一, 電美洲.

美洲 宋鍾翊君에게 曾히 政府에 萬元貸付하라 한 것은 不得已한 事故로 貴回答前에 貸付하였노라 電하다.

八月四日 水

預定事項

一, 李鍾九君尋訪.

李鍾九君을 尋訪함에 崔正益·徐弼淳 兩君은 日昨에 上海를 向하야 出發하였다 하며, 日領事館에서 自己에게 二次나 來하야 日 先生과 金九·鄭仁果·黃鎭南君이 汽船綏陽으로 香港에 來하였다 하며 住所를 探問하더라 하다.

八月五日 木

預定事項

一, 離香港.

午正에 法船 Andrele를 搭乘하고 香港을 離하야 上海로 向하다.

八月六日 金

八月七日 土

八月八日 日

八月九日 月

下午 六時頃에 上海 黃浦碼頭에 安抵하니 鄭仁果・孫貞道・金弘敍・白永燁・李光洙 以外 諸君이 埠頭에 出迎하다.

孫貞道君宅에서 夕餐하다. 金復炯君이 其間 經過狀況을 來告하다. 中에 密信事로 金立君은 間者 各總長과 및 其他 有力人士에게 涕泣하며 前罪를 悔悟하노라 하며 自今以後로는 誠忠을 다하겠노라 하며 余의 歸還을 企待하노라 하였다 하더라.

八月十日 火 晴

預定事項

一, 國務會에 出席. 二, 美議員團을 會晤키 爲하야 北京에 往할 것을 議할 것.

淸早에 團所에 往하야 靜坐하다.

安恭根・吉珍京・李裕弼・高一淸・宋秉祚 諸君이 來訪하다.

各總理及次長을 訪하야 香港往還事를 言하다.

金承學君의 招待로 大東旅社에서 午餐하다.

國務會議에 出席하야 香港往還을 報告하다. 鄭外次의 委員部報告가 有하다. 安東光復軍職員을 任命하다.

各總長及次長·秘書長을 輪訪하야 美議員團을 會晤키 爲하야 北京에 往할 것을 議論하야 다 同意를 得하다.

宣傳部職員의 報告를 聽하고 庶務를 指揮하다.

黃鎭南·白永燁君을 請하야 北京 同往할 것을 約束하다.

韓松溪君이 旅費로 大洋千元을 取貸하다.

下午 十一時 車로 出發하려고 停車場에 到하니 三分不及으로 未果하고 東亞旅社에 投宿하다.

八月十一日 水 晴

預定事項

上午 七時發車로 南京을 向하야 出發하다.

八月十二日 木

預定事項

○○時에 南京에 到하다. 布哇로서 來한 日人探報員인 美人 맨더선을 逢하다.

黃鎭南君을 美國 前北京大使 우렌취君에게 送하야 北京서 面會키를 約束하다. 君의 言을 依하건대 議員團이 韓國에 入하야 二三日間 留하리라 하는 故로 臨時政府에 如左히 電하다. 議員團이 本國서 三日間 留하오. 示威運動不可不.

○○時에 南京을 向하야 天津으로 向하다.

八月十三日 金

預定事項

一, 張伯苓面會.

○○時에 天津에 到하다. 時에 中國司長 馮玉祥의 部下團長 張之江을 車中에서 逢하야 保護를 받다.

金基晶君의 指導로 Hotel Astorhouse에 入하다.

○○時에 天津南開學校를 訪하야 張伯苓博士를 面晤하고 一, 韓中이 合同하야 日本을 抵制할 것. 二, 中領에 在한 韓國青年教育에 關한 事로 長時間 懇談

하다.

八月十四日 土

預定事項

一, 向北京出發.

○○時 天津을 離하야 ○○時에 北京에 到하야 六國飯店에 入하다.

午後 美議員團이 入京하였다 하다.

八月十五日 日

預定事項

一, 大陸報記者面會. 二, 議員團에게 面會請求.

大陸報記者 페퍼(Peffer N.)君을 訪問하다. 君曰 韓國 東亞日報記者 張德俊君의 來京을 言하고, 又曰 今에 韓國은 示威運動을 行하야 無用히 生命을 犧牲치 말라. 다시 示威運動이 無하더라도 韓人의 獨立思想이 有한 것은 世界가 明知하는 바라. 今에 運動進行方針은 一, 宣傳을 周密 且 善케 할 것. 二, 俄人과 聯絡하야 日本을 抵抗하되 亘久耐進하라 하며, 美議員團은 人을 紹介치 말고 直接 尋訪함이 有力하겠다 하더라.

美國下議院 外交委員長 포터(S. Y. Porter)君에게 편지로 面會를 請하였더니 諾하다.

八月十六日 月

預定事項

一, 美議員團訪問.

呂運亨 · 黃鎭南 · 張德俊君으로 더불어 포터君을 訪問하다. 君은 書記로 하여금 談話하는 것을 速記法으로 筆記하다. 余曰 貴國이 素히 吾韓을 同情하야 道德과 文化의 助與가 多大하였고, 또 此次 吾人 獨立運動에도 極盡히 襄助하야 至今까지 用力함을 知하고 感謝하는 同時에 今番의 貴國一行이 遠東에 來하야 實地로 東洋의 關係와 日本의 行爲와 韓人의 情狀을 目覩하고 吾人을 襄助할

것이 더욱 기뻐하노라 하고, 吾人의 獨立資格이 有한 것과 日人 宣傳의 虛僞와 日人이 韓人의 敎育과 生活에 障碍하는 實情을 言할 새, 君은 敎育에 障碍하는 것과 生活困難與東洋拓殖會의 內容을 詳聞하는 故로 具詳答하다. 余又曰 吾韓獨立運動을 俄人으로 더불어 抗日하고자 하는 바, 或 世界가 吾人을 疑心할까 하노라 하고, 또는 中國으로 더불어 大大的으로 日本을 抗拒할 것을 言하다. 君曰 自己의 此行이 公式이 아니오 私行이라. 故로 所答이 公式이 아니오 私答이노라. 自己는 韓國事에 極히 贊助할지오. 自己 一人 뿐 아니라 美人들이 此情을 詳知하면 亦極表同情이리라 하며, 自己는 今日 談話한 것을 歸國하야 國會에 提出하겠다 하며 韓國의 憲法과 및 日人의 不法行爲를 더 記錄하야 달라 하더라. 이에 作別하고 歸하야 黃鎭南君다러 韓國憲法을 翻譯하고 또 韓日關係와 日人의 不法行爲를 記鐸하야 포君에게 送케 하다.

八月十七日 火

預定事項

一, 美議員團尋訪.

呂運亨·黃鎭南君을 帶同하고 美議員團長 스몰(J. H. Small)君을 訪하야 昨日 포君과 言한 것과 彷似히 言하고, 우리는 自治나 委任統治를 不願하고 오직 獨立을 要求하노라. 吾韓人이 根本獨立할 뜻이 有하야 恒常 時機를 窺하는 際에 今次 歌美戰亂時에 威逸遜統領의 民族自決과 民主主義 提唱을 値하야 此時가 吾人의 獨立할 時라 하야 徒手奮起하야 多數한 生命을 犧牲하며 至今까지 美國은 거짓이 아니오, 참 正義와 人道를 爲하는 줄 知하고 우리에게 最後까지 同情하리라 하다. 君曰 自己는 韓國의 事를 極히 同情하고, 且 確히 日人의 奸惡을 知하노라. 自己네들이 韓人拯濟策을 硏究함이며 此次 東渡團員의 共通意思가 韓人에게 同情하노라. 然이나 當身네의 前進할 路는 難하고 또 難하니 最後까지 耐過하라 하며, 返國하야 此事情을 自國과 및 그 外에 힘써 宣傳하겠노라 하며, 一行이 布哇·菲律賓·上海·北京 等地에서 貴國人을 반가이 面會하였도다. 然이나 吾等이 韓境에 一入하면 日本政府의 客이 되는 故로 至今같이 貴國人士를 面會키 難할지니 如是한 時에 吾等이 마음이 今日보다 變

하였다고 思諒치 않기를 懇念하노라 하더라.

午後에 白永燁君을 帶同하고 北京大學校長 蔡元培君을 訪問하다. 余曰 君의 生覺에 將來 如何히 하여야 東洋時局이 善히 解決되리라 하냐 한 즉, 君曰 俄羅斯의 社會主義가 中·韓·日에 共通普及하는 日에야 完全한 解決이 有하리라 하노라 하는지라, 余曰 余亦 如此히 되기를 希望하노라 하고 曰 此를 如此히 되기를 天爲에 放任치 말고 君과 및 韓·中·俄의 有志人士가 組織的으로 機關을 成立하고 運動하는 것이 可치 아니 하냐 한 즉, 自己亦 滿足히 生覺하노라 하다. 余又曰 中領에 在한 韓國青年의 教育을 直接으로 하려 하면 經濟力도 不足하려니와 日人의 干涉으로 如意치 못하니 中國의 有志人士가 東三省方面 韓人教育 施實에 用力하기를 企望하노라 한 즉, 君答曰 極力 周旋하겠노라 하다.

八月十八日 水

預定事項

一, 美議員團訪問.

美國下議員 베어(W. S. Vare)君을 訪하다. 君은 適히 女息의 慘喪을 當하였더라. 自己에게 할 말은 스몰君에게 代身하야 말하라 하더라.

下議員 듸여(L. G. Dyer)君을 訪하고 吾人事情을 大綱 말하니, 君曰 自己는 이미 넉넉히 다 알고 同情하는 바라 하더라.

八月十九日 木

預定事項

一, 美議員團訪問.

下議員 캠불(Y. E. Campbell)·하디(Repus Hardy) 兩君을 訪問하야 吾人의 事情을 포君에 言한 바와 同히 言하고, 우리의 實力이 薄弱하야 日人을 抵抗하기에 難한 것은 非不知하나 今日에 運動을 아니 하면 將來 日人이 우리의 教育과 生活에 障碍를 尤甚히 하야 우리로 하여금 殘滅케 하고야 말지라. 故로 우리는 起하야 死이냐 獨立이냐 二者中에 其一을 求하노라 하다. 캠불君·하디君을 向하야 曰 長論할 必要가 無하고 速히 日本을 向하야 釁端을 起

하야 開戰할 수 外에 無策이라 하고, 다시 余를 向하야 答하야 日 吾儕는 韓國事情을 如此히 詳知치 못하였노라. 吾儕가 歸國하야 어디까지든지 韓國을 爲하야 用力하겠노라 하다.

午後에 美國 前北京大使 우랜취(Paul Reinsch)君을 訪問하야 日 君은 曾히 東洋에 久歷하였도다. 日人의 如何와 東洋全體事情을 瞭然 可知일 바, 吾人의 事를 如何히 進行함이 有益할런지 該方針을 願聞하노라 한 즉, 答日 貴國의 事는 먼저 獨立을 要치 말고 自治를 要함이 事의 順序라. 容易히 成功될 듯하다 하는지라, 余日 우리의 一般國民이 自治를 不願할 뿐 아니라 設或 自治가 된다 하더라도 日人의 政策이 自治를 形式에 付할 뿐이오, 實狀은 前의 手段일지니 自治가 奚用이리오. 尤히 吾人은 昨年 三月一日에 獨立을 世界에 宣言하고 臨時政府를 成立하였으니 前으로 더욱 進할지언정 後로 退할 수 없도다. 然則 우리는 自治는 勿論이고 委任統治라도 要求함이 不可하다 하니, 君日 果然然하다 하며, 余의 主義를 問하는 故로 余日 將次 中·俄를 聯合하야 日本으로 더불어 大大的 解決을 作하노라 함에, 君日 自己亦 該意思에 贊同하노라 하다.

八月二十日 金

預定事項

一, 美議員尋訪.

呂運亨·黃鎭南君을 帶同하고 上議員 하리쓰君(W. S. Harris)를 訪하야 簡短히 談話하다. 君日 自己가 忽忙하야 長時間 談話치 못함을 憾하노라. 然而나 余의 同情은 極盡한 줄 知하라 하더라.

下議員 加洲出選 오스본(H. Z. Osborng)君을 訪問하고 포君에게와 如히 言한 즉, 君은 排日說을 熱烈히 主張하며 日 韓國의 獨立은 第一美國에 有益함이라. 若韓國이 獨立치 못하면 美國에 害가 될지라. 故로 自己 國을 助하는 마음으로도 韓國의 獨立을 贊助하겠노라 하며, 君은 極懇한 衷心과 熱情으로써 言하더라.

下議員 굿도쓸(L. B. Goodasll)君을 訪問함에 君 適히 行裝을 收束하면서 迎接하더라. 이에 簡略히 吾人의 事情을 言한 즉, 君日 自己는 韓人에게 對하

야 眞心으로 同情하노라 하다.

下議員 허스멘(H. S. Hersam)君을 訪問하야 吾人의 事情을 略陳한 즉, 君은 熱情을 다하야 日 余는 眞情으로써 韓國을 救援할 心이 有하노라. 非但 余 뿐 아니라 余의 親友中에도 亦多하나, 오직 그 救援할 方法을 未知하야 悶罔하노라 할새 些毫라도 形式에 出함이 아니오, 오직 그 眞情인 뜻이 顔色에 現하더라. 余曰 爲先 君은 歸國하야 貴國에서 大韓獨立 承認과 臨時政府 承認을 用力하기를 企하노라. 此가 承認後에는 其外는 吾人이 責任하고 나아가겠노라 하다.

下議員 모리쓰(J. M. Moris)君을 訪問하야 簡略히 談話한 則, 君曰 吾美國은 完全히 正義와 人道로써 用力하리니 如此히 信하기를 企望하노라 하더다.

一九二一年 二月

二月三日 木 雪·極寒

預定事項

一, 李裕弼面會. 二, 國務會議出席. 三, 盧總長訪問.

朝起하야 早課인 冷水浴과 靜坐를 行하고 明德里事務室에 來하다.

朴鎭宇君이 來訪하야 秋汀先生의 子 永喜君留學事를 討議할 새 余가 九江으로 送할 뜻을 말하다. 君曰 忠淸道 財産家의 子 靑年 朴某가 閔在鎬·尹某 等 震壇側人에게 被欺하야 數千元을 見奪하고, 일찍이 自己의 아들 守重의 因緣으로 今에 自己의 家에 來留하는지라 爲人이 甚히 端正하니 團에 引導하기를 바란다 하는지라 明日 午前에 來케 하라 하다.

姜泳翰君이 來訪함에 洋五元을 與하다. 君과 金善亮·金炳玉 三人에게 團의 主義를 繼續 說明하고, 明日 下午 二時에 團所에 往하야 春園先生을 會見하라 하다.

金基萬君에게 團의 主義를 大綱 說明하다.

李裕弼君을 請하야 時局에 對한 如何한 意思가 有하냐 問한 즉 別意思가 無하노라 하는지라, 余曰 다시 政府의 秘書長될 뜻이 없나 한 즉 無하다 하는지라, 余曰 今에 國民大會를 開한다 하니 此에 參加하야 여러 사람을 操縱함이

如何하나 한 즉, 君曰 然할 自信이 無하노라 하다. 君이 余다러 局에 退하야 있다가 다시 總理로 일하는 것이 好하겠다 하다. 君曰 出刊된 獨立運動血史를 美洲에 送하야 賣하려 하면 何處로 送함이 便하겠나 함으로 太白書館으로 送하라 하다.

下午 二時에 院에 到하다. 趙重九·鮮于爀君이 來請 面會曰 北京 中國 某大團體의 代表者 二人이 上海의 臨時政府와 携提하야 日本對待策의 將來를 籌備하며 韓國의 獨立運動을 後援하기 爲하야 來滬하였는데 當局의 主要人物과 面會하려 한다 하며, 又 明日에는 馮玉祥의 代表者가 臨時政府의 重要人物을 會見하려고 來한다 하는지라, 余曰 何何人을 面會케 하였나 한 즉, 對曰 呂運亨·朱賢則·其他 新韓靑年黨員中 幾人을 面會케 하였다 하며, 然한 즉 該會席上에 余가 來參키를 望하노라 하는지라, 余曰 今에 對答키 難하다 하다. 鮮于君曰 今은 會議時間인 즉 다시 會見하자 함으로 夕後 七時로 約束하다.

許奎君이 來訪한 故로 美洲 楊淳鎭君으로부터 送金한다는 書는 來到하였으나 換票는 來치 아니 하였다 하고, 金復炯에게 該書信을 推見하라 하다.

院例會를 開하고 協議할 새 秘書長 吳永善이 辭職을 通過되고 秘書 金興濟로 臨時代辦케 하다. 總理人選問題로 長時間 討論할 새 余다러 總理離告說이 多하다가 余가 堅執不應함으로 未決留案하고 閉會하다.

六時에 吳永善君이 來訪하야 曰 大局을 如何히 해야 整頓하겠나 함으로, 余는 特別한 道理가 無하다 하고, 急先方針은 政府의 相當한 人物이 莫斯科에 往하야 列寧과 握手하고, 다시 俄領에 在한 韓人共産黨主腦人物을 聯結하면 朴容萬·元世勳 等의 運動하는 일이 無効케 할 수가 有하다 하다. 君曰 先生이 곧 總理로 就任하야 일해야겠다 하는지라, 余曰 今에 余가 總理로 就任한 즉 局에 大不利益을 與할지니 到底히 할 수 없다 하다.

趙重九·鮮于爀 二君이 來訪曰 某代表에 對하야 呂運亨이나 其他人을 面會할 것을 余의 뜻대로 作定하라 함으로, 余曰 吳佩孚·馮玉祥이나 北京側에서 來한 人과 臨時政府와 關係가 有하다 하는 秘密을 發露되면 現時의 일에 損害도 되려니와 將來 中國 重要人物이 우리의 秘密不守로 因하야 信任치 아니 할지니, 然則 未來에까지 中國과 携手하는데 大妨害가 되리라. 然則 多數의 人이

知할 必要와 干涉할 바가 아니니, 다만 外務次長에게 紹介하야 議論케 하고 君等과 余라도 干涉치 아니 하는 것이 當然하다 한 즉, 趙君曰 申氏가 비록 外交次長이나 自己가 信任하는 바 無한 즉 知케 할 必要가 無하고, 先生이 直接 關係하기를 望한다 하는 故로, 余曰 余는 然할 수가 없다고 하고 曰 其人의 資格이 如何하든지 外交當軸者가 外交를 作함이 可하지 勞働局總辦이 外交를 作함은 不可한지라. 우리 革命事業은 各各 自己의 權限과 職務를 正當히 하야 他人의 權限을 侵犯하거나 私黨的 陰謀가 없게 할지라 하다. 然하되 鮮于·趙 二君이 終是不應하는지라, 余曰 然則 明日 該君을 暫時 面會하야 來滬한 性質을 知한 後에 個人과 關係를 作하야 當然할지 公府와 關係를 作하야 當然할지, 若該氏 等이 政府와 關係코자 하면 不得已 外交當局者와 協議케 해야겠다 하고 明午前 十時에 會見키로 하다.

宋秉祚君을 會見하려 請하야 不在함으로 未遂하다.

盧伯麟君을 訪하다. 金義善·李鐸·羅愚 諸君이 在席하더라. 李·羅 二君은 先往함에 金君이 自己의 經過事況을 盧君에게 言한 後에 茶室에 往하야 飮茶小憩後 다시 盧君의 宿所에 歸하야 余가 余의 進行策의 要領을 말하다. 一은 政府維持策이니, 此를 維持할 經濟力을 調查하며 內地財產家에게 金錢을 運動하는 것과 俄黨과 美財本家의 援助와 其他 俄·中領僑民에게 金錢運動은 다 希望에 付할 뿐이오, 到底히 信할 바 無한지라. 然則 現時의 金力 辦出될 處는 오직 美領에 在한 勞働同胞外에 無한지라. 在美勞働同胞의 數를 量한 즉 一年에 三萬五千딸라 外에는 辦出키 難한지라. 如此한 額數의 金錢으로 政府를 維持하려면 政府 本機關을 極端으로 縮少하야 聯合事務制를 用하야 一個 小規模의 事務所를 構成하고, 從하야 附屬各機關의 支撑치 못할 것은 撤廢하고 華府의 委員部와 巴里의 宣傳部 等을 縮少하는 것이 可하고, 其後 希望하던 金錢이 多少間 入手되면 政府로서 直接 開拓其他營業에 着手하야 스스로 金力을 辦備해야 할지라. 獨立 完成이 明年 或 來明年에 在하다면 已어니와 不然하야 十年或 二十年을 維持할려면 如此히 하여야 可할지라. 二는 事業進行策이니, 現時政府維持策에는 消極的 行動을 取하고, 事業進行策은 積極 行動을 取할지라. 其順序는 1. 國民을 募集하야 政府에 民藉하고 納稅·徵兵·法律에 服從하는

人民이 月과 歲로 增加되어 國民의 組織體를 成立할 것이오. 2. 志願兵을 募集하고 應募된 兵士에게 營業을 奬勵하야 屯田制와 如히 軍事機關을 編成하야 우리 獨立戰爭時에 適應한 數가 되도록 할 것이오. 3. 士官을 養成할지니 如此히 國民·軍士·將士를 養함이 內部의 實力準備의 中心이라. 如此히 하는 同時에 俄 莫斯科와 交涉하고 中國 排日督軍 各個人과 握手하야 韓·中·俄 三國이 秘密結合을 成하고 聯盟의 最高 機關을 韓·中·俄 三國代表者로 組成하야 軍事行動에 對하야 三國이 다 最高機關의 命令을 聽從하게 할지라. 此如히 聯盟이 作成되면 金錢과 武力이 自然 有無가 相通되어 武裝과 軍需에 協贊을 多得할지오, 三國이 같이 日本에 過激主義와 民主主義를 宣傳하야 日本의 內亂을 促起할 것이오, 美日의 釁端을 促하야 決裂을 作하고 日本國內에 內亂을 起케 하고, 三國은 聯合하야 日本을 攻擊하면 日本이 財하고야 말지라. 如此히 하면 우리의 獨立 完成은 毫些의 疑心이 無한지라. 此가 卽 余의 今次 獨立運動策의 主眼이라. 此中에 急히 行할 事가 有二하니 一, 莫斯科에 相當한 人物을 派送하야 俄政府와 握手하고, 從하야 俄領에 在한 韓人共産黨과 妥合할 것. 二, 獨立運動에 參加하였던 多數 靑年을 收容하야 現時의 不平을 防禦하며 後日의 大用을 預備할 것이라. 只今의 論案인 大暴動運動은 愚昧한 事로 知하고 絶對反對한다 하니, 君은 此主眼에 對하야 絶對로 同感하노라 하다. 繼續하야 上海의 過去를 말하다가 翌日 午前 二時에 各歸하다.

二月四日 金 晴

預定事項

一, 錢寶鈞面會. 二, 聯席會議에 出席. 三, 盧伯麟尋訪.

李英烈君이 來訪한지라 君다러 政府敗潰運動하는데 參加치 말라 한 즉, 君이 然하겠다 하며 大統領과 盧總長에게 新聞補助를 請하겠다 함으로 試驗하야 보라 하다.

錢寶鈞面會를 爲하야 金弘敍君을 請하다.

玄基台君이 來訪하야 曰 上海에서 自己를 疑心하는 人이 有하니 先生이 事情을 詳知하는 바이니 此에 對하야 注意하야 달라 함으로 아무 염려 말라 하다. 또 君이 商業에 從事할 뜻이 有하다 함으로 朴鎭宇·鮮于薰 二君에게 紹介하다.

李鐸君이 西間島로 來한 ○○○·○○○·○○○ 三人을 帶同하고 來하야 介紹하다.

十時頃에 趙重九·鮮于爀 二君이 面會키로 한 中國人 錢寶鈞을 介紹하다. 錢君은 本來 清朝時代官僚오, 至今은 軍人基督青年會를 主幹하는 바, 中國軍界의 有力人物이라. 現總統府顧問 李統球의 囑托으로 來하였더라. 李君의 뜻이 韓國獨立黨을 後援하며 韓國과 携提하야 日本對待策을 準備하려 하는지라. 故로 上海臨時政府의 主要人物과 會議한 後에 代表 一人을 李에게 派遣하야 約束을 定하고 進行하기를 望한다 하는지라, 余가 甚히 感謝의 뜻을 表하고 曰 中·韓兩國間에 如此한 事가 已有하였어야 할 바, 至今껏 未有인 것이 遺感하는 바라 하다.

申翼熙君이 來訪曰 期於히 摠揆를 堅執力辭치 말고 就任하라 하며, 又 自己는 前日의 그릇된 것을 悔改하고 自至으로는 誠忠으로 擁護하겠노라 하다. 余曰 今에 余가 摠揆에 나아가면 局의 有害할 줄을 知하니 絶對로 受任치 못하겠다는 뜻으로 長時 討論하다.

下午 二時에 聯席會議에 出席하야 總理人選案을 討議하다가 結果를 不得하고 留案하다. 政府의 進行方針을 速히 定하자 하고 散會하다.

夕後에 鮮于爀君이 來訪하야 같이 趙重九君을 尋訪하니, 朱賢則·李光洙·李成泰 三君이 在席하더라. 鮮·趙 二君다려 北京으로 來한 錢某事를 外次에게 紹介하야 關係를 作케 해야 可하겠다 한 즉, 兩君이 다 同議를 表하다. 又 馮玉祥의 代表로 來하는 廖君도 亦如此히 外部에 關係케 하기로 하고 明日 夕에 招待키로 하다.

盧伯麟君을 東亞旅社에 訪하니 時에 安秉瓚·都寅權 二君이 在席하더라. 安君다려 曰 君이 政府敗潰運動의 先鋒의 態度를 取함은 甚히 不可한 事이라. 今에 東西에 있던 統領과 總長이 集合하야 議論하는 時에 李東輝君의 退局한 것을 大遺憾이나 民間에 處한 이들은 이미 기대하던 人物이 會集한 以上에 서로 議論한 下回를 待하야 幇助를 하든지 攻擊을 함이 宜當하거늘, 只今에 攻擊을

加함은 道理가 아니며, 又況 君은 日昨까지 閣議에 參與하던 人으로 其內幕을 暴露하며 非難을 加하는 것은 義理와 體面에 合當치 아니 하다 하니, 君이 日 此局을 그냥 放任하면은 아니 될지니 故로 改革은 不可不해야 할 것을 知하노라 하고 再晤하자 하고 散하다.

二月五日 土 晴

預定事項

一, 講演會에 參할 것. 二, 聯席會議에 出席. 三, 錢·廖招待會에 參할 것.

九時에 朴炳愚君이 來訪하다. 君은 忠淸道財産家의 子弟로 上海에 來한지 九个月인 바, 不良青年에게 損害를 受한 人이라. 前道를 善히 引導하야 달라 함으로 速히 相當한 學校에 入하야 修學하고, 且 以後로는 親友交遊를 善擇하라 하다.

金基萬君에게 團의 主議를 說明한 즉, 君이 同情을 極表하는 故로 下午 二時半에 團所로 來하라 하다.

姜鍾柄君이 來訪함에 今에는 巴黎나 美洲를 往하기가 難한 즉, 已往의 渡美하려던 뜻은 斷念하고 速히 學校에 入하야 修學하고 中國에 入籍하야 一年 或 二年後에 美洲로 往함이 可하겠다 하다.

白始準女士가 來訪하다. 忽忙함으로 暫時 面會하다.

申翼熙君을 請하야 錢某의 來한 事와 馮玉祥代表의 來한 事를 言하고 今夕에 招待하자 하다.

團所에 往하야 今日에 聯席會議가 有함으로 此講演會席에 未參하겠다 하고 곧 院으로 到하다. 聯席會議를 開하고 制度變更案을 議論하려 할 새 該本問題는 提及치도 아니 하고, 여러 가지로 討論하다가 來月에 各其 制度變更案을 作成하야 提出하자 하다가 此亦 結議되지 못하다. 余가 提議하기를 議事順序를 改定하야 政府維持策과 事業進行策의 두 主眼을 立하고 維持策의 各項을 討議하야 段落을 告한 後에 進行策의 各項을 討議하자 함에 此亦 未決되다.

申翼熙君이 來訪하야 今 五時半에 錢·廖 二君을 大東旅社에서 招待하니 該時 參席하기를 請함으로 諾하다.

尹顯振君이 來訪曰 自己는 現局을 悲觀하노니 大統領이 公席에서는 先生다러 總理를 勸告하지만은 余를 對하야는 誰가 總理되는 것이 適好하냐 問하기로 島山先生이 最合하다 한 즉 不可라 하고, 李石吾가 適合하다는 뜻을 表示하는지라. 그네들이 誠心으로 先生을 勸出하려 하여도 들을런지 하는 此時에, 內容으로는 排斥하면서 거짓으로 勸告하니 局이 如此하고야 어찌 일이 되리오. 余亦 辭意가 有하니 어찌함이 合宜하냐 하는지라, 余曰 聯席會議가 終結하기까지 沈默하고 있으라 하다. 君이 余다러 時局에 對한 別計策이 無하냐 함으로, 余曰 特別한 計策은 없으나 現時의 救濟策으로 말하면은 急速히 莫斯科에 相當한 人物을 派送하야 列寧와 密切하게 携手하고, 다시 俄黨의 介紹로 俄領에 在한 韓人共産黨人物들과 妥合하면 現時의 某某人의 政府反對運動도 水泡에 歸할지라. 然後에 政府維持策을 立하야 上海에는 從容히 事務員 小數를 置하여 記錄存案과 通信에 關한 事를 處理하며, 內部의 統一과 外界의 宣傳에 從事케 하고, 盧伯麟·柳東說君 等을 俄領에 送하야 軍事機關을 施設하고 戰鬪를 籌備할 것이오. 余에게는 美國에 送하야 美國財産家에게 金錢을 運動케하거나 不然則 遠東 各地에 散在한 不平한 靑年收容하는 一事를 委할 것이오. 金奎植君은 다시 歐美에 送하야 宣傳事業을 擔任케 할 것이오. 其外의 相當한 人物은 支那外交를 專門케 할 것이라. 如此히 諸般進行策을 定한 後 相當한 適材를 各地에 分派하야 活動케 하고, 上海에는 小數 人員이 有하야 政府機關을 保有하야 가는 것이 第一適策이라 한 즉, 君曰 此에 甚히 同感이라 하며, 此亦 速히 歸正이 나지 아니 하니 어쩌리오 하더라.

五時半에 大東旅社에 往하니 申翼熙君이 主席에 錢寶鈞·廖登衢(馮玉祥代表)·趙重九·金弘敍 諸君이 着席하였더라. 兩方의 서로 懇親의 뜻을 말하다가 回路에 盧伯麟君을 訪問하다.

二月六日 日 晴

預定事項

一, 白始準面會. 二, 金奎植面會.

午前 九時頃에 張日鉉君이 來訪曰 自己가 三育大學에 入學하겠다 함으로 贊

同하다.

白始準女士가 來訪함에 興士團의 主義를 說明한 즉, 切實하게 悟覺하였노라 함으로 約法을 與하다.

李圭洪君이 來訪曰 自己의 辭職書가 封還되지 않게 用力하라 하며, 時局策을 問함으로 大綱 한 意思를 말하다.

金奎植君의 招待로 大東旅社에서 午餐하며 前日을 繼續하야 談話할 새 時局에 對하야 余의 意思를 問하는지라, 余曰 只今이라도 政府內에서 일을 爲하는 誠意로 進行策을 速斷하고 나아가면 大困難은 없을 줄 知하노라 하다. 君曰 總理正任問題에 對하야 어찌 生覺하냐 함으로, 余曰 正任總理를 내기 어려우면 臨時代理總理로 일만 하면 그만이지 正任總理 選不選이 일에 少毫도 關係 없다 하다. 君曰 國民代表會라 北京이라 四面外圍에서 政府敗壞運動하는데 對하야 如何하겠나 하는지라, 余曰 그이들에게 直接으로 干涉하야서는 濟事策이 別無한지라 明日이라도 速히 莫斯科에 相當한 人員을 派遣하야 列寧와 握手하야 韓·中·俄 三國의 聯盟할 主義를 立하고 此를 基因하야 俄領에 在한 韓人共産黨主腦者들과 握手하면 北京·上海 等地의 敗潰運動하는 人物들은 活動할 勇氣가 없어질지라. 其次 列寧과 握手한 後에 盧佰麟·柳東說 等으로 軍事의 中堅을 組織하야 俄領에 軍事機關을 置하고 軍法을 嚴立하야 大韓人民中에서 違法하는 者는 重刑에 處하야 軍律的 紀綱을 立하면 內部의 勢가 鎭整할지오. 現在 獨立運動에 參加하였던 多數 不平青年들을 거두어 訓練하야 內部의 中堅을 삼으면 또한 少數 惡輩들은 活動할 餘地가 없어질지라. 然則 우리 獨立運動의 一根本問題는 不平한 青年들을 收容하는 것이오, 時刻으로 急한 問題는 莫斯科에 相當한 適材人物을 選派하는 것이라 한 즉, 君曰 自己의 意思와 同感된다 하더라. 余曰 다시 今者所言을 重復하야 此次 獨立運動의 具體的 意思를 言하겠노라. 우리의 主眼點은 一은 政府持續策이오. 二는 事業進行策이라. 政府持續策에 對하야 一曰, 經濟니 俄領이나 美洲方面에 財政을 運動하는 것과 內地財産家에 運動하는 것은 다 希望에 付한 것이오, 現時에 오직 可恃할 金力은 少數 僑美勞働者에서 밖에 없나니 現時 政府持續에 對한 經濟는 僑美勞働者를 待할 수 外에 없는 바오. 二曰, 政府의 事務制度를 簡便하게 組織할 것이니 現

時와 如히 各部를 排置하고 少數의 收入되는 經濟로는 支撑할 道가 末由한지라. 然則 各部를 다 廢止하고 聯合事務制를 用하야 人員을 縮少하고 事務를 簡便케 할 것이오. 三曰, 政府에 所屬한 華盛頓委員部·巴里宣傳部·其他交通支局·光復軍營을 詳查하야 廢止할 者는 廢止하고 存在할 者는 存在하되 亦是 縮少하야 經費를 省略케 할 것이오. 四曰, 後日에 希望하던 財政中에서 多少의 收入이 有하면 政府로서 直接 開坧事業·其他營業에 着手하야 生產케 할 것이라. 以上과 같이 하면 現政府의 生命을 이을 것이오, 우리의 獨立運動이 十年 二十年이라도 亘進할 수가 有하니 此가 政府持續策의 大綱이라 生覺하는 바오. 事業進行策을 言하면 一, 民籍을 實施하야 納稅·兵役과 法律服從의 義務를 다 하는 國民을 募進하고, 從하야 此를 統治하는 機關을 施設할 것이오. 二, 志願兵을 募集하고 此를 屯田制와 如히 應募된 軍人에게 職業을 奬勵하며 規律있게 編成하야 서로 聯絡이 有케 할 것이오. 三, 有爲한 青年을 訓鍊하야 士官의 資格을 養成할 것이라. 우리가 부르짖는 實力이라는 것은 以上 三種이 中心되는 바라. 其次에는 俄羅斯에 對하야는 莫斯科를 表準하고, 中國에 對하야는 各省 排日督軍을 表準하야 韓·中·俄 三國이 日本에 對한 聯盟을 立하고, 三國이 聯合한 最高機關을 組織하야 日本에 對한 軍事行爲는 三國이 다 最高機關의 命令을 服從케 할지니, 如此히 하면 俄羅斯나 中國에 있는 바는 우리의 있는 바가 되고, 우리의 있는 바는 中·俄에 있는 바가 되어 自然 有無의 相通이 될지라. 然則 우리에게 이미 人民과 軍士와 將士가 있고, 三國의 聯盟結果로 從하야 武裝과 軍需品이 有하야 日本을 對敵할만한 自信力이 完全할 것이오. 其次에는 三國이 聯合하야 日本에 民主主義와 過激主義를 宣傳하야 內亂을 促起할 것이오. 又 何如한 手段으로든지 美日戰爭을 促進케 할 수가 有할지라. 日本의 內亂이 起하고 美日의 釁端이 生하고 三國의 聯合한 힘으로 攻入하면 日本은 敗하고야 말 터이니 우리의 獨立은 完成할 것이 無疑한지라. 其次에 付屬으로 말할 것은 內地의 大敗壞라는 것은 絶對로 反對하노라 하니, 君亦 同情하노라 하기로 더 說明치 아니 하겠노라 하고, 前者 말한 不平青年 收容하는 것이 一大事件으로 生覺하는 것이라 하다. 君曰 現制度에 對하야 大統領은 執政官總裁로 하고, 總理는 없이 하고, 總長은 部長으로, 部長 以下 職員은 部員

이 通稱함이 如何하냐 하는지라, 余曰 其名詞에 對하야는 아무 關念을 아니 하노라. 余는 只今의 虛名은 그대로 두고 內部의 일만 形勢에 適應하게 進行함이 可한 바라. 또 多大數의 意思가 君言과 같다 하면은 余는 反對도 아니 하겠노라 하다. 君이 前日의 談話를 繼續하야 曰 自己가 遠東에 在할 時에 余가 地方熱이 多하다 함으로 其時에는 信치 아니 하였으나, 그 後 大多數가 然하다 하고, 또 西道靑年을 對하야 五百年寃讎를 갚자는 演說을 하였다 하는 言을 聞하고 疑心하였으며, 美州에 在할 時에 여러 가지 傳說을 聞하고 誤解하였노라. 그 誤解는 鄭仁果를 國際聯盟會에 代表로 派遣한다는 말과 華盛頓에서 政府로 送하는 어떤 電報는 깔고 내어 놓치 않는다는 말이며, 또 公債券을 李博士에게 委任하고 國民會다러 愛國金을 收合하라 한 것과 李博士에게 公債券을 委任하고 다른 財務官을 任命하겠다고 國民會에 電報한 그런 일 等에 關하야 誤解하며, 또 一時는 어떤 地方에 가면 興士團友가 歡迎을 하고 어떤 地方에 가면 興士團友가 冷待하는 것을 볼 때에 興士團에서 일을 잘못하는 것으로 生覺하노라 하다. 余曰 旣往 地方熱 云云은 一種의 謠說을 造作하야 然할 뿐이지 그 西道靑年에게 地方熱을 鼓吹하야 본 때는 없었다고 하고, 其次에 余의 本國에서 지낸 經歷을 말하면 余의 進行한 事 中에 新民會에 關하야서는 中央의 中心人物이 李東寧 · 全德基가 되고, 西北과 南中으로 同志를 募集할 時에 西道에는 安泰國 · 崔光玉이가 中心이 되야 同志를 多得하였고, 南中 中心人物들은 四道보다 同志를 얻는 數가 少하였을 뿐이라. 此는 些少도 異常할 바 無하다. 西道人民의 性格이 好動的인 듯하야 耶穌教나 天主教나 天道教 等을 全國에 宣傳하되 惟獨 西道에 發展이 特多하니 新民會도 亦此等 境遇로 生覺하노라. 余가 用心하기를 西道人을 多入하고 南道人을 少入하겠다 한 것이 아니라. 然이나 世上이 如此한 것으로 誤解하는도다. 또 余가 海外에서 지낸 동안에 何時에든지 西道의 勢力을 擴張하겠다는 意思나 態度를 가진 事實은 全無하도다. 君曰 自己는 그 問題에 對하야 明確히 諒解하노라 하더라.

二月七日 月

預定事項

一, 廖登衢面會. 二, 聯席會議出席.

安恭根君이 來訪하다.

馮玉祥의 派來한 廖登衢君이 來訪하다. 君은 福建人이오, 曾히 三个의 武官學校를 畢業하였다 하더라. 自己가 韓國獨立이 中國에 對하야 크게 關係있는 것을 알고 自己의 몸을 供하야 軍事敎育이나 財政運動이나 中國에 宣傳하는 일 三方面中에 무엇이든지 心力껏 襄助하겠노라 하다. 余曰 今의 우리 獨立運動에 對하야 事爲의 各般이 多하나, 其中 最重要한 者는 獨立運動에 參加하였다가 外地로 나온 多數 青年을 收養할 것이라. 余의 意思는 크게 學校를 辦設하고, 半日은 勞働하고 半日은 敎育을 受케 함이니 此를 爲하야 君이 菲律賓·南洋羣島 等地로 財政을 運動하여 볼 수 있나 한 즉 試驗해 보겠노라 하다. 余曰 前日에 말한 바, 馮玉祥軍隊에 韓國青年을 編入하야 軍事를 實習케 한다 하는 일은 余의 意思로는 定止가 似好이라. 理由 一은 韓國青年과 中國軍人과 飮食·居處·其他 習慣上 差異로 兩方의 衝突이 生하면 兩國間 感情에 不利益할 것이오. 二, 우리 青年들 修養에 對하야는 物質上 訓練보다도 精神上 訓練이 더 必要하되 言語를 不通하고 心理를 不解함으로 中國敎官으로서는 精神訓練을 與하기에 困難하고 三, 多少의 韓國青年이 中國軍隊에 編入하면 秘密이 發露되어 日政府로 北政府에 交涉하야 中·日 國際上 問題가 生할런지도 不知라. 然則 馮玉祥·吳佩孚 兩君도 우리의 將來 學校施設에 對하야 幇助하는 것이 有益할 듯하다 하니, 君曰 果然 然하다 하고 曰 自己가 山東을 往還한 後에 어떤 韓國同志와 같이 南洋羣島로 往하라 하면 諾從하겠노라 하고 散會하다.

午後 二時에 聯席會가 開議될 새 金學務總長이 昨日所言의 制度變更案을 提出하다. 余 提議하기를 大統領以下 各部總長·總辦의 名稱은 如前히 하고, 事務의 簡便과 人員 縮少키 爲하야 各部局을 聯合하고 委員 若干人과 委員長 一人을 置하야 事務를 執行할 일, 但 本案이 議院通過를 經키 前에는 當分間에는 此案에 記載된 制度를 模彷하야 次長以下의 諸名稱을 使用치 않고 爲先 一體參事로 하되, 그 中 一人의 主任을 置하야 如前히 各部 事務를 執行케 할 일, 討議하다가 金學總及余의 提案과 前日 李總理·安秉瓚·申圭植·南亨祐 諸案과 같이 合하야 次回 聯席會議에 討議키로 決定되다.

二月八日 火

預定事項

一, 朱賢則面會.

朱賢則君을 請하야 車敬信女士의 病症을 問한 즉, 只今 試驗中 늑막炎인지 確實히 執症을 못하였노라 하다. 如何間 病勢가 尋常치 아니 한 즉 速히 入院하야 治療하도록 하자 하다.

崔東旿君이 來訪曰 自己는 政府를 敗潰하려 함이 아니오, 擁護하려는 主義인 즉 先生이 誤解하면 甚히 抑寃하노라는 뜻으로 長時干 말하다. 余答曰 過去事는 如何하였든지 將來事를 우리 獨立運動을 爲하야 善就할 方策을 講究하라 하다.

金九君이 來訪曰 國民代表籌備會人 等에게 中傷策을 用함이 如何하냐 하는지라, 余曰 그이들을 好感的으로 回心케 하는 것이 有益하겠다 하고, 할 수 있는대로 靑年 中으로 不平的 行動이 있지 않기를 望한다 하다.

二月九日 水 晴

預定事項

一, 聯席會出席.

李鐸君이 來訪한지라 余曰 余가 上海에 初到時에 君等이 新民會를 復興시켜 政治的 團結을 屢屢히 言할 時에, 余는 大同一致하는데 妨害가 되겠다고 拒絶하야 왔는데, 今日에 와서 본 즉 그것이 또한 遺憾이라. 如此히 아무 基臺가 없고서는 일을 扶去할 道理가 全無하도다. 至今이라도 極少數의 政治的 結社를 成立하야 艱難相濟함이 如何할까 하는 生覺 뿐이오, 決定은 없으니 君이 此에 對하야 生覺하야 보라 한 즉, 君曰 只今 如此한 것을 置치 아니 하면 不平分子가 日로 增加하야 將來는 더욱 困難中에 至할까 念慮하노라. 余曰 余가 決定的이 아니라 한 것은 此亦 進行이 잘 될런지 疑問이라 하다. 君曰 大統領이 召하기로 往謁한 즉, 何人으로 總理함이 可하냐 問하기로 李東寧君이 可하다 하다.

吳永善君이 來訪曰 李東輝君이 廣東에서 來한 片紙의 말을 하며, 余다러 速

히 總理에 나아가 일을 進行하라 勸告하라 하였다 하다.

李基彰君이 來訪하야 馮玉祥軍隊에 韓國靑年을 編入하겠다 함과 廖登衢의 韓國獨立運動에 後援하겠다 하는 말을 하는지라, 余가 廖氏에게 言하던 뜻으로 말하다.

下午 二時 聯席會가 開議되다. 李東輝君의 提案은 採用치 않기로 決議되다. 余가 安秉瓚君의 提案을 無期限으로 留案하기로 動議하야 問可否하야 不決되다.

二月十日 木

預定事項

一, 大統領尋訪. 二, 聯席會議出席. 三, 李盛泰君問答.

吉鎭吉君이 來訪함에 吉仁永으로부터 美金 貳百元 來到한 것을 말하고 學費에 充用하라 하다.

姜泳翰君 來訪하야 自己의 進行할 것을 問함으로 中國에 入籍하고 中國 어떤 學校에서 工夫하다가 將來 美洲가기로 運動하라 하다.

大統領을 尋訪한 즉, 余다러 總理就任을 勸하는지라, 余曰 局에 利로움이 없겠으므로 할 수 없다 하다.

時에 金奎植君이 來訪하야 白○君을 同訪하기를 請하는지라 이에 白○君을 訪하니, 白○ · 孫永稷 · 金振宇 三君이 在席하였더라. 余曰 此次 國民代表會籌備하는 이들이 文字를 그와 같이 써서 言論이 稍히 過度하여졌도다. 우리 일을 우리가 서로 意思를 善히 疎通하야 好感的으로 進行하여야 될 바, 事가 如此히 됨은 甚히 不幸으로 生覺하노라. 只今이라도 以後에 行할 善後策을 서로 善爲協進하는 것이 可하겠다고 言하는 際에, 孫 · 金 二君이 曰 自己는 다 政府擁護派오, 決코 敗潰主義를 가지지 아니 하였다 하더라. 金奎植君은 奮激하야 여러 가지 말로 怒責하고 先歸하다. 余는 留坐하야 그이들을 慰勞하고 歸하다.

下午 二時 聯席會議에 出席치 못하다. 申圭植君의 提出案이 可決된 故로 南亨祐 · 金奎植及余의 提案은 否決로 看做케 하기로 可決하다. 可決된 申案을 主體로 하야 具體的 案을 作成키 爲하야 金奎植 · 申圭植及余 三人이 起草委員으

로 被選되다.

朴淳玉·李成泰 二君 問答을 行하다가 未畢하다.

二月十二日 金

預定事項

一, 李裕弼面會.

金善亮君이 來訪曰 自己가 神學을 工夫코자 하니 自己에게 合當하나 問하는지라, 余曰 君의 心에 眞正으로 願하면 工夫하라 하다.

李敎淡君이 來訪하다.

李裕弼君이 來訪함에 制度變改에 關한 事를 討議하고 此를 起草하라 하다.

金弘敍君이 來訪曰 李統球의 代表 錢寶鈞君이 從速히 離滬한다 하니 如何하겠나 함으로 君과 面會時間을 預定하라 하다.

車敬信女士를 引導하야 紅十字病院에 入院케 하다.

二月十二日 土

預定事項

一, 申圭植·金奎植尋訪. 二, 錢寶鈞面會.

金弘敍君이 來訪하다.

下午 二時 臨時國務會議에 未參하다. 盧伯麟君의 政府 全體 名義로 『우리의 獨立事業에 軍人과 金錢이 必要하도다. 然이나 自覺的 義務心인 軍人과 自覺的 義務心인 金錢이 必要하다』는 뜻으로 內地에 宣佈文할 提案이 可決되다. 申翼熙君의 提出한 巴里委員部 存廢問題를 討議타 後會期에 討議키로 하다.

夕後에 錢寶鈞이 團所로 來訪하야 中·韓 兩國이 서로 合同할 것을 말하고, 君이 速히 李統球에게 代表를 派送하라 하더라.

二月十三日 日

預定事項

一, 申圭植·金奎植尋訪.

李光洙君의 紹介로 前東亞日報 文藝部長으로 있던 留日學生 晋學文君을 面會하야 獨立運動에 關한 問題와 社會現狀에 對하야 長時干 談論하다.

下午에 團所에서 孫貞道·李光洙 二君으로 더불어 政局에 關하야 長時間 談論하다.

八時頃에 制度變更起草委員 申圭植·金奎植及余 三人이 申宅에 會하야 該問題로 討議할 새 서로 意思 不同함으로 決定치 못하고 余의 起草한 左記案을 提出키로 하다. 制度變更案 一, 各部의 事務를 聯合하야 一個事務所로 組織할 일. 二, 次長及秘書長 以下의 各職員을 參事員으로 改稱할 일. 三, 各種의 事務는 그 性質을 隨하야 局課로 分掌할 일. 四, 參事員中으로 參事員長과 副參事員長 各一人을 指定할 일. 五, 參事員長은 事務의 性質을 隨하야 國務總理와 各部 總長의 指揮를 承하야 事務를 總轄監督할 일. 六, 副參事員長은 參事員長을 輔佐하되 參事員長이 有故할 時는 그 職務를 代理할 일. 七, 各局에 參事員中으로 主任 一人을 置하고, 또 各課에 事務를 二人 以上이 擔任을 要할 時는 該課에 主任 一人을 置할 일.

二月十四日 月 晴

預定事項

一, 聯席會議出席. 二, 大統領·盧伯麟尋訪 三, 玄正柱君問答.

午前에 大統領을 尋訪하야 長時間 談話하다.(그 時 談話한 記事는 後에)

盧伯麟君을 尋訪하야 時局에 關한 事로 長時間 談話하다.

下午 二時 聯席會에 出席하다. 余는 余 個人의 具體的 議案(制度變改)을 提出하다. 이어 申圭植君은 此制度變改를 大統領으로부터 全部 變更하자는 뜻의 案이 提出되다. 金奎植君 提議한 局部變改의 議案이 可決되다. 즉 局部變更이라 함은 現制度下에서 局部를 變更하되 各部及勞局은 如前히 置하고, 但 各部及勞局內에 局所的 變更을 加함을 云함으로 例하면, 各部의 次長·局長·參事·書記를 總히 一名稱 一階級으로 變更하기 可能하다는 뜻으로 解釋함. 余와 및 申案은 決議 없었고, 다시 新選한 起草委員 盧伯麟·金奎植·申翼熙 三君에 參考에 供케 하기로 하다.

下午 七時半에 玄正柱君 問答타가 未畢하다.

二月十五日 火 晴

預定事項

一, 大統領尋訪. 二, 黃鎭南招待.

金九君이 來訪하야 共產黨의 大會召集하는 文字를 出示하며 余다려 速히 總理로 就任하야 일을 進行케 하라 하는지라, 余가 總理로 나아가면 아니 될 理由를 詳陳한 즉 君이 그러하겠다 하더라.

安秉瓚君이 來訪함에 時局이 漸漸 險惡하야지니 善後策을 잘 講究해야겠다는 뜻으로 서로 討議하다.

朴炳斗君이 來訪하야 河南中國軍事學校로 往하노라 하다.

廉鳳根君이 來訪하다.

大統領을 尋訪하다.

黃鎭南君을 招待하야 晩餐을 같이 하고, 不日 渡美케 됨으로 紀念品으로 銅瓶 一坐를 贈하다.

盧伯麟君을 尋訪하다.

二月十六日 水

預定事項

金公緝君이 來訪曰 自己가 上海에서 勞働이라도 하며 有한 것이 如何하냐 問하는지라, 余曰 探問하야 合意處가 有하면 그리하는 것도 可하다 하다.

韓相魯君을 團으로 引導하야 送하다.

王成彬君이 來訪曰 明日 大統領閣下를 招待하려 하니 이 말씀을 하시고 같이 參席하기를 請함으로 諾하다.

李光洙君이 來訪曰 京城으로부터 許英肅이가 來到한다 하며 出迎하러 往하노라 하다.

二月十七日 木 晴

預定事項

一, 金善亮君問答.

李東寧·李始榮·申翼熙 三君이 來訪하야 同一한 言으로 余다려 總理가 되라 勸하는지라, 余答曰 余가 總理에 나아갈 만한 自信이 有하면 讓치 아니 할지나 自信이 없으므로 할 수 없다 한 즉, 三君曰 自信이 何無하나? 自己 三人이 力補할지니 하는지라, 余曰 余가 余의 資格을 不信하고, 且 君等이 力佐한다는 것을 亦不信하노라. 余가 來滬한지 于今 二年間이라. 처음 上海에 到着時에 余에게 地方熱이니 野心家이니 하는 非難이 極度에 達하였도다. 多幸히 그 誤解를 풀어 人心이 多少의 收拾이 되었도다. 그 後 君等이 上海에 來한 後로 余의 境遇는 海內 海外를 勿論하고 地方熱로 勢力을 爭鬪한다는 惡宣傳이 普及하야 外圍의 人心을 收拾할 餘地가 無한 此時라. 如此히 된 것은 다 當身네가 當身네 心腹으로 惡宣傳된 것이 事實이라. 君等이 來滬 後에 誠齋를 내보내고 余가 總理해야 된다 함이 于今껏 繼續하였도다. 一便으로는 總理되라 勸하고, 一便으로는 惡宣傳을 하였도다. 然故로 今에도 不信하겠노라. 余가 如此히 말함은 余 個人을 爲하야 感情的으로 發함이 아니라 如此히 艱難한 境遇에 處하야 서로 크게 覺悟할 必要가 有함으로 말함이라. 君等이 曰 過去는 如何하였든지 此後로서는 잘하여 가기를 決心하고 余가 責任을 負하라 하는지라, 余曰 此言은 信聽치 아니 하노라. 余다려 總理하라고 勸함이 二十餘日이라. 其間 畿湖靑年이 來到함에 亦惡宣傳이 繼續되었도다. 至今 何人이든지 總理가 되면 外圍의 人心을 善히 收拾해야 할지니 一便으로 惡宣傳을 하면 收拾은 못되고 일은 亡코 말겠도다 하니, 君等曰 然則 如何가 可하냐 하는지라, 余曰 只今 總理選任키로 애쓰지 말고 代理總理로 일을 進行하야 가면서 君等과 余가 크케 覺悟하야 서로 사랑하고 서로 杜護함으로 互相의 疑心이 浸釋되고 서로 信함이 有하도록 用力할 수 外에 없다 하다.

夕後에 金善亮君 問答하다가 未畢하다.

二月十八日 金

預定事項

一, 聯席會議出席. 二, 軍務總長歡迎會에 參席할 것.

下午 二時에 聯席會議를 開함에 制度變更 新任委員이 提出한 變更案 各部의 次長·局長·參事·書記 等을 廢止하고 一切 參事員 若干을 置하자는 案이 通過되다. 聯席會議는 停止하고 國務會議로서 議事키로 하다.

金澈君이 來訪曰 自己가 辭職할 뜻이 有하다 하는지라, 余曰 隨意로 하라 하다.

盧伯麟君 歡迎會에 參席하다.

李光洙·許英肅君을 訪하다. 二人이 같이 本國으로 갈 뜻을 말하는지라, 余曰 今에 鴨綠江을 渡하는 것은 敵에게 降書를 提納함이니 絶對 不可오, 君等 兩個人 前程에 大禍를 作하는 것이라. 速斷的으로 行치 말고 冷情한 態度로 良心의 支配를 받아 行하라 하다.

二月十九日 土 晴

預定事項

一, 講演會에 參席할 것.

下午 二時에 金麟奎 講演會에 參席하다.

二月二十日 日 晴

二月二十一日 月 晴

預定事項

一, 國務會에 出席할 것.

金勳·○○○·朴秉愚·嚴恒燮君 等이 前後 來訪하다.

下午 二時 國務會에 出席하다. 外交策을 定키 爲하야 外交委員을 選擧하자 하는지라, 余曰 먼저 獨立運動의 主眼을 立하고 外交策은 그 後에 定하자 提議하였으나 否決되고, 外交委員으로 盧伯麟·金奎植·申翼熙·余 四人이 被選되다.

二月二十二日 火

預定事項

一, 羅容均面會할 것.

沈大燮·李星澤君이 來訪하다.

北京 申○○의 紹介書를 持한 文時煥君이 來訪하다.

羅容均을 請하야 興士團의 主義를 말하다.

二月二十三日 水

預定事項

一, 外交委員會參席. 二, 國務會議參席.

午前 九時에 外交委員會를 明德里事務室에 開하다. 盧伯麟君이 提議하기를, 自己는 俄領으로 往하고 金奎植君은 倫敦으로 往하는 것이 好하겠다 하는지라, 余曰 俄로 往하든지 英으로 往하든지 먼저 우리의 일의 進行할 範圍를 定하야 가지고 그 後에 人을 對하야 交涉할지라. 俄에는 어떠한 主義로, 英에는 어떠한 主義로 말할 것을 定하자 한 즉, 盧·申 二君은 只今에 此를 定키 難하다 하는지라, 余曰 日本이 東亞에 對한 計策과 韓國에 對한 事實을 數字的으로 調査하야 감이 可하겠다 한 즉, 盧君曰 俄·英人이 우리보다 더 仔細히 知한 즉 必要가 없다 하다. 或은 此를 定하자 定치 말자는 뜻으로 討論이 多하다가 決定이 없었고 散會하다.

下午 二時에 國務會에 出席하야 華盛頓委員部 規程修正案을 討議하다가 外交委員會에 任하야 決定케 하다. 金奎植君曰 華府에서 지내던 事와 滬府에서 지내던 過去의 事를 仔細히 말한 後에 다시 修正함이 可하다 하다. 余曰 前日의 事는 말할 것 없고 以後의 事만 進行함이 可하다 한 즉, 大統領이 前日의 事를 다 說明하자 하며, 自己가 委任統治請願하던 始末을 다 明言하며 自己는 그때 中央總會長에게 問議한 事도 없고, 또 中央總會長이 如何한 言이 없었다. 但 其時 韓國問題가 美國新報上에는 記載가 없는 까닭으로 如此한 것이라도 하야서 新聞材料라도 作하려 하였노라. 故로 此를 爲하야 余는 辭職하겠노라. 또 그 동안 執政官總裁라 大統領이라 한 關係를 말하다. 華盛頓 外交委員部 財

政檢閱委員을 李始榮氏로 選任하다.

二月二十四日 木

預定事項

午前에 赴俄하는 中國人 ○○○君이 來訪하다. 君曰 中國南方政府에서 俄政府와 聯絡하야 留學生 幾百名을 俄國으로 派送키로 約束하였다 하더라.

金秉祚君이 來訪曰 禮拜堂을 新케 擴張키 爲하야 三十元式 損出人 十人을 募集하였는데 余가 其中에 募集되었다 하더라.

貴州 講華學堂을 畢한 金弘日君이 來訪하다.

呂運弘君이 來訪하다.

金弘敍君이 來訪曰 中國人 崔通約君을 會見한 즉, 君의 言이 中國 働動者를 每年 二千人式 十五年間에 二萬人을 美國으로 送하게 되었다 하며, 此는 新領統 哈定君이 하는 바라 하더라 하는지라, 余曰 然則 余와 崔君을 面會하야 韓國勞働者도 參加하야 渡美케 함이 有할런지 明日 午頃 該氏와 面會하기로 約束하라 하다.

夕後에 尹琦燮 · 金勳 二君 歡迎會에 參觀하다.

二月二十五日 金

預定事項

一, 車均祥面會. 二, 國務會議出席.

午前에 廉鳳根 · 權畯 · 李基溶 · 許○○ · 車○○君이 來訪하다.

車均祥君을 請하야 車敬信女士의 病院費로 洋八十五元을 送하다.

尹顯振君이 來訪曰 金立 · 金奎植 二人이 서로 合同하야 局을 扶持함이 如何하냐고 하는지라, 余曰 余는 願치 아니 하노라 하다.

十二時에 崔通約君을 大東旅社에 招待하야 午餐을 하다. 中國 勞働者 渡美하는데 韓國 勞働者를 參加하야 渡美케 함이 如何하냐 한 즉, 君이 主張하는 人에게 問議한 後에 回報하겠노라 하다.

下午 二時 國務會議를 開할 새 上海政府 臨時會計檢查員을 選任하야 一切

會計를 檢査하기로 議決되고 來會議에 人選키로 하다.

李英熙君이 九江으로 出發하다.

夕後에 李東寧君을 自宅에 問病하다. 君曰 大統領이 辭職事를 議論도 없이 國務會에 突然히 宣言함은 不可히 되었도다. 追後에 得聞한 즉, 何許人이 往하야 辭職을 勸告까지 하였다 하며, 李承晩氏가 責任을 負하고 辭職함은 大不可라. 바로 逐出하면 被逐하지 하며 余다러 意思를 問하는지라, 余曰 大統領이 辭職하면 夏·美에서 一分의 財政도 辦送되지 아니 할 터인 즉 此가 問題라 하다.

二月二十六日 土

預定事項

一, 國務會議에 出席.

下午 二時 國務會議에 出席하다. 會計檢査委員은 趙尙燮·李喜儆 兩氏로 選任하다. 財務部에서 提出한 預算案을 接受하고 金奎植·南亨祐 二君으로 預算委員을 選定하다.

二月二十七日 日

身甚疲勞하야 竟日臥床하다.

夕後에 外交委員會를 永安公司 盧君의 處所에 會集할 새 金奎植·申圭植君이 來到하고 申翼熙君은 不到하였더라. 盧君이 曰 李大統領 聲討文을 頒布하겠다 함으로 今에 聲討하노라고 떠들면 於內於外에 不好한 景光이 有하겠는 故로 好意로 解決하기 爲하야 아직 該聲討文을 頒布치 않고 大統領을 訪하야 前者의 委任統治의 問題로 外面에서 聲討한다 떠든 즉, 그냥 大統領位에 坐하였다가는 不好한 景光을 當하고 逐出하야 局을 瓦解하고 俄領과는 永遠한 決裂을 作할지니 當身이 自發的으로 辭職을 提出하고, 다시 李東輝와 握手하야 獨立運動을 繼續 進行케 하자 한 즉, 大統領의 言이 自己도 그렇게 生覺하였노라 하며 그렇게 하겠노라. 如此한 約束이 有하였는데 是日 國務會議에서 辭職을 宣言하였고, 그 次回 國務會議에는 出席치 아니 한 故로 辭職을 手續하는 줄로

知하고 金奎植君과 같이 李大統領을 訪하야 大統領의 나아가는 方式과 또 나아간 後 서로 일할 方式을 問한 즉, 大統領 말이 余가 만일 辭職하게 되면 余가 무슨 일에 關係하리오. 余가 出하면 少數의 人의 言으로 出할 바 아니오, 國民大會나 國務院이나 議政院에서 彈劾을 하면 그 後에야 出하겠다 하는지라. 故로 余(盧)曰 大統領의 뜻이 夜間에 變하였도다. 然則 余는 君과 같이 일할 수 없으니 余의 單獨으로 行動하겠다 하였노라 하더라. 金奎植君曰 聲討文 뿐 아니라 國民代表會로서 美國政府에 李大統領이 委員統治請願案을 電報하야 取消하겠다 하는 것을 말라고 挽留하였노라. 그런 즉 大統領이 말없이 退局하기로 自己亦 말하더니, 今에 大統領이 誤解한다 하는지라, 余曰 余는 桂園의 意思에 同意되지 아니 하노라. 此時에 大統領이 動搖되면 對內 對外에 人心이 墜落이 되겠고, 또는 美·布 兩地에서 財政이 辦送되지 아니 함으로 滬府는 關門되겠다 한 즉, 盧君曰 大統領이 그냥 있으면 聲討文이 頒布되고 電報가 華府에 往하야 此等事가 繼續되면 人心의 墜落이 尤甚하겠고, 俄領妥協은 絶對로 希望이 없어져 分裂이 될 터인 즉, 우리 獨立運動에 俄領을 除하면 何를 依하야 進行하리오. 大統領이 비록 此에 在하니 美·布에서 財政을 動치 아니 할지오, 또 設或 李承晩君이 在此한 것이 好하다 하더라도 來終에는 逐出될지니 何故로 하면 委任統治請願한 罪過를 擧言하면 所答이 無하도다. 그 行한 事를 論하면 閔元植보다 優함이 無하다. 余亦 如此한 人을 事하라고 軍士에게 精神을 與할 수 없다. 그러나 余는 일을 爲하고 自己 個人을 爲하야 말하였는데 聽從치 아니 하니 余는 余의 單獨 行動하겠노라 하더라. 그 後에 申翼熙君이 來到하다. 金奎植君이 日 이미 外面에서 李大統領을 攻擊하기로 始作하고 自己가 亦辭職한다고 宣言하였으니 今에는 出할 수 外에 없다 하다. 然則 李統領의 出하는데 善後策을 講究하자 하는지라, 盧君曰 李統領이 好意로 辭職하면 李承晩·李東輝·徐載弼 三君으로 政府顧問員을 삼는 것이 好하겠다 하는지라, 余曰 萬一에 李承晩君이 好意로 出한다 하면은 余도 亦連帶責任으로 辭職하겠다. 李統領이 出할 同時에는 徐載弼·李承晩·李東輝·余 四人이 顧問이 되어 가지고 俄領의 軍事는 盧君이 往하야 任하고, 歐美의 外交는 金奎植君이 往하야 任하고, 其餘 總長이나 顧問員은 名義는 變하였으나 一席에서 일을 進行하였으면 好하겠으나 他人과 大統領의 意思는 不知하겠다 하다. 申圭植君曰 李·安 二君이 退局하면 그 部下들이 反感을 起함으로 局이 亂하야지겠다 하는지라, 余曰 部下도 없으려니와 設或 有하다 하더라도 李·安이 眞正 好意로 出하야 大事를 扶去하면은 그 部下가 誤解치 아니 하리라. 다시 他總長들과 合席 討議하자 하다.

二月二十八日 月

預定事項

一, 李鐸·尹顯振·金九 諸君面會할 것. 二, 議政院開院式에 參할 것.

午前 李鐸君이 來訪함에 此間 局內事情의 難한 裡幕이 有하다 하고, 余의 生覺에는 李大統領이 말을 聽從하면 余까지 出하야 二年間의 宿題를 解決하고 俄領과 妥合한 後에 軍事와 外交 行動을 積極으로 進行하고, 上海에는 政府의 名義만 扶하고 教育·實業·團結 三方面으로 專力하였으면 好하겠다 하고, 또 우리의 土臺가 何도 없어 이와 같이 搖動이 되니 政治的 團結을 發起하면 好할 듯하도다. 그 團結의 主義는 國民皆納·皆兵·皆業 三事를 實施하게 함이라. 然이나 此亦 善히 進行될런지 余心에 信念이 잘 되지 아니 하노라 하다.

尹顯振君이 來訪함에 李鐸에게와 同一한 主義로 말하다.

金九·李裕弼君이 來訪함에 亦同一한 主義로 말하다.

下午 二時에 第八回 議政院開院式에 參席하다. 式이 終한 後에 國務院에 到하야 國務會議時間을 議政院 開會期間에는 每會期를 午前으로 改定하다. 大統領 動搖問題를 討論하다가 決果 없었다. 李東寧君이 病臥한 즉 夕後에 李宅에서 會議하기로 하다.

夕後 李東寧君宅에 會集 議論할 새 李始榮·申圭植·李東寧君은 表示한 意思 없고, 申翼熙君은 大統領이 出하는 것이 不可하다 하고, 盧佰麟·金奎植 二君은 出하는 것이 可하다 하고, 南亨祐君은 制度를 變改하자는 뜻으로 말하고, 余는 前言한 뜻을 表하다.

一九二一年 三月

三月一日 火

午前 十時에 議政院內에 開한 國慶祝賀會에 參하다. 午後 二時에 올림픽戲場內에서 開한 祝賀會에 參하다.

三月二日 水 雨

預定事項

7

서한

도산의 서한은 동지들에게 보낸 것과 가족들에게 보낸 것으로 대별할 수 있다. 동지들에게 보낸 서한은 주요한의 초판에 두 편이 수록되었고, 이번에 홍언에게 보낸 편지를 추가하였다.

가족에게 보낸 서한은 범양사 판《안도산전서》(1990)에 수록된 것을 여기에 그대로 전재하였다. 이 서한은 이만근 엮음《도산여록》(島山餘錄)(1986)에서 인용되었던 것이다.

그 후, 가족에게 보낸 편지가 많이 발견되어 최근 출판된《나의사랑 혜련에게》(박재섭 · 김형찬 편저, 소화, 1999)에 120여편의 가족에게 보낸 서한이 망라되어 실렸다.

[동지에게 보낸 편지]

신한민보 주필 홍언(洪焉)에게 보낸 편지(1918년)*

작별 이후로 일찍 문후치 아니하였고 수차 편지를 읽고도 지금껏 답장치 못하였사오니 폐일언(蔽一言)하고 참으로 나태함을 지각하와 황송함을 이를 데 없습니다. 선생께서 다시 민보(신한민보－편집자)의 주임이 되심은 사회에 큰 다행이오며 근간 기력이 어떠하시온지 염려되옵나이다. 소군(昭君, 강영소－편집자)의 근황이 어떠하온지 원컨대 아뢰옵나이다.

저는 묵(墨:멕시코－편집자)에 도착한 후 초기에는 갈빈도라(부질류, 膚疾類)에 걸려 멕시코 수도, 베라크루스, 콰사팔코스, 푸론테라 등지에서는 병을

* 도산이 1918년 멕시코 한인사회를 돌아보고 신한민보 주필인 홍언에게 보낸 편지이다. 멕시코에서 도산의 행적은 물론 당시 멕시코 한인들의 실정을 전해주고 있는 귀중한 자료이다.

무릅쓰고 다니었고 메리다에 와서 차도가 있사오나 다시 부스럼증과 치통, 두통 등으로 좀 괴롭게 지내 오므로 머리를 쓰기가 좀 어렵소이다. 이번 여행에 특별히 민보에 두터운 소개가 앞길을 많이 열어 주었으므로 각처 지방 사람에게 환영도 많이 받았고 동포를 인도함에도 효과가 매우 컸나이다. 제가 이 곳에서 경과한 것을 저의 서투른 문사로는 전달키 불능하오니 악수하는 그 날에 상세히 서술하기로 하고 대강을 앙달(仰達)하옵는데,

1. 인구 : 재멕시코의 동포수가 700명 가량인바, 이 곳 유카탄에 500명 가량 중에 장정이 300명 가량이고, 그 나머지는 혹 20, 혹 30, 혹 45인씩 각처에 산재하였나이다.

2. 단체 : 4년 전 미국 한인 사회가 방불하여 힘쓰는 자는 소수요, 서로 사이가 벌어진(冷落)자가 많아 작년에 이르기까지는 유지하기 어려울 염려가 있어 소수 인사가 제가 오기를 청하기로 주선하였더이다.

3. 종교 : 예수교회가 7년 전에는 매우 번성하여 10에 8,9인이 교인이더니 근래에는 매우 미약하여 교우가 20인에 미만하외다.

4. 교육 : 동포들이 각 농장에 산재한데 어느 곳이든지 한 곳에서 1년 이상을 머물기 어려우므로 촌장(村庄)에는 학교를 설치키 불능하고 메리다 시내에 국어학교, 즉 해동학교(海東學校)를 설립하고 각처에서 아동을 유학시키거나 저마다 학비를 판출하기 어려워 모인 생도가 합하여 12명인데, 교사가 불완전하여 교육이 매우 유치하고 멕시코 학교에서 공부하는 사람은 도무지 없으므로 노동자의 막치기 하등어(下等語) 하는 사람들은 간간 있으나 중등어(中等語) 통역 하나도 전무하고, 쉬운 통신하나 담임할 이가 없나이다.

5. 생활 : 동포가 14년 전 처음 멕시코로 건너오던 당시와 비하여는 지금이 많이 진보되었소이다. 일찍이 갈 때에는 유카탄 토복(행주 치마)을 두르고 살다가 지금은 문명한 의복에 미반육찬(米飯肉饌)으로 마차, 자동차를 타고 다니더이다. 생활의 근원은 시내에서 상업하는 것은 5처인데 혹 성공하고, 혹 실패하되 보통으로 보면 상항(桑港, 샌프란시스코－편집자), 삭도(朔都, 세크라멘토－편집자), 나성(羅省, 로스앤젤리스－편집자) 등지의 동포 생활보다는 10배 낫고, 싸촌에서 십장(什長) 보면서 부업으로 장사하여 이를 모아 생활이 여족

(餘足)한 이도 간혹 있소이다. 그러나 이는 극소수이고 다수로 말하면 가시밭(荊棘) 중에서 일우일악(日又日惡) 노동하기를 13년이 지났으되 한 푼도 없이 채무자 생활을 하더이다.

이 곳 유카탄 근본적 생활을 비교하여 말하면 금점(金店)판과 같소이다. 어저귀 일종 이외에는 농산물과 제조품이 없으므로 어저귀 방매가 잘되면 재정 유통이 농비(濃肥)하고 그렇지 않으면 생활이 따라 곤란한데, 우리 동포의 생활 상태는 유목 시대와 방불한지라, 일정한 주택이 없소. 또 일정한 영업이 없소. 일정한 방향이 없소. 동에서 몇 달 서에서 몇 달 부대와 궤짝을 짊어지고 사방으로 일거월래(日去月來) 돌아다니다 보니 고역(苦役)에 약간 남은 돈푼은 떠돌아다니는 비용(浮還費)으로 다 소모하고, 다시 채무자가 되는지라. 이 곳 노동 형편 또한 아니 돌아 다닐 수는 없이 되었더이다. 가주(加州, 캘리포니아－편집자)에서처럼 농작 같은 것을 하려 하여도 토품(土品)이 석탄질로 되고 또 처처에 판석(板石)이 깔리고 관개(灌漑)가 적당치 못하여 어저귀 외에는 다른 농작은 할 수 없는 곳이외다. 그런즉 이 곳 동포의 과거가 고달픈 생활이거니와 또한 래두(來頭) 13년을 다시 지나더라도 더 나은 형편이 없고 연령은 점점 높아 가시 아래(荊下)에 원혼을 만들 뿐이외다. 그러나마 이 노동 생활도 장구치 못할 것은 어저귀는 당년 수확하는 농사가 아니오, 6, 7년 재배한 후에 수확하는 고로 한편으로 장성한 것을 수확하며 한편으로 또 재배하여 농작을 계속하는 것이거늘 연말로 이 나라에 혁명으로 인하여 장성한 것만 족쳐 수출할 뿐이고 새로이 심는 것은 전무한즉, 어저귀의 생명이 3년 혹은 4년 후면 다할지라. 이 어저귀 생명이 다하는 그 날에 또한 어저귀 생활을 의뢰하던 우리 동포의 생명은 어찌 될는지 예언키 어려우외다. 그런즉 다른 생업은 없고 다른 지방으로 옮겨 가려 한들 저마다 로비[路費, 선비(배삯) 같은 것－편집자]가 있다고 못할지라. 유카탄 재류 동포의 과거도 가련커니와 미래가 더욱 위험하외다.

슬프다. 아형(我兄)이오. 우리들의 생활상 문제가 어찌 유카탄뿐이리오. 근래 구주전(歐州戰, 제1차 세계대전－편집자)시 관계로 가주(加州)에 있는 몇 사람의 농작에 큰 이익이 있다 하나 미국, 하와이, 중국, 러시아 각 지방에 재류하는 전체 동포의 생활이 역시 가련(可憐)치 아니한가. 뜨거운 눈물을 금하기 어려움이외다.

이 곳 멕시코 동포들이 누차 합자하여 실업을 경영하다가 번번이 실패하였더이다. 먼저 김제선(金濟善) 씨 등의 발기로 합자하던 친목회는 자본을 모으다가 업(業)에 착수도 아니하여 보고 재정은 흐지부지 없어지므로 사회가 크게 불신용되었고, 또 방화중(邦化重) 씨 등의 주창으로 합자한 한묵실업회사(韓墨實業會社)는 사업이라고 시작하였다가 중간에 자본을 건몰(乾沒)하므로 심도 아니 보고 없어졌고, 작년에 이성국(李成國) 씨 등이 발기한 합자 상업 일심동맹단(合資商業一心同盟團)은 7000원(멕시코화) 자본을 가지고 식물 상점을 내었다가 사무장의 부정한 행위로 재정이 결축(缺縮)되어 또한 와해가 되어 작년 제가 이 곳에 왔을 때 해산하기로 시작하여 아직 결말이 나지 아니하였소이다. 또 김기창(金基昶) 씨 등이 발기하여 주금(株金)을 모집하던 것은 이성국 씨가 합자가 실패되는 영향으로 중지하고 있다가 제와 상의되어 다른 방침으로 합자하기로 정하고 그것은 시행하지 않았소이다.

6. 풍습 : 이 곳 우리 동포들의 풍습은 비한비묵(非韓非墨)에 유카탄 한인의 특성이 있습니다. 주택이 없이 유목시대 생활을 하다 보니 자연 손례적(損禮的) 행동이 많으나 비교적 조국의 구속(舊俗)을 많이 지키고, 남자는 통칭 형님, 여자는 매(妹)씨요 주색잡기(酒色雜技) 3종은 다 버리는 것이 없으되 혼인(婚姻)은 보통 6, 7세에 약혼하였다가 12, 13세에 성례하는데, 소위 데릴 사위, 민며느리 등으로 인하여 뒤숭숭한 폐단이 많았더이다.

또한 노동상에 농주를 속여 일하는 사람, 역인(役人) 되어 주마 하고 임금을 미리 지급받아 가지고 도주하는 패류(悖類)가 비일비재이고 연말로 어저귀 따는 데 속이는 폐가 한 습관이 되어 각 농주가 불신용할 뿐더러 이 곳 멕시코 신문에 한인은 적성적(賊性的) 인종이란 악명예가 누차 게재되었더이다. 그러나 이 곳 우리 동포가 결코 음적교사(陰譎巧邪)한 습성이 있어 그러한 것이 아니요 본시 순수한 성품이 있는데, 다만 무식하고 고식지계(姑息之計)만 아는 고로 이같이 된 것이라, 일조에 노동상 배척을 당하면 생명이 위험할 줄을 생각지 못하였더이다.

재멕시코 각인 사회를 통틀어 말하면 황방우(黃邦雨) 군의 노력한 결과로 단체와 교회가 일어나 흑암(黑暗)한 동포가 문명한 광선이 비치어 초창 시대에는 열심히 불 일어나듯 하다가, 점차 타락하였소. 교회 이 곳과 사회 이 곳에서 인도자로 자처하던 사람들이 모두가 지조를 잃고 신의를 잃어 실망하였소. 지도를 받는 지위에 있던 동포는 따라 낙심되었더이다. 여차한 중 미주에서도 일차 돌아보지 않고 다른 인도자 역시 별무(別無)하였으니 사회가 어찌 유지하며 발전 할 수 있으리오. 소위 종자를 뿌린 후 다시 서배(鋤培)치 아니한 것과 같이 되었는지라, 이러한 중 사회가 이만큼 유지해 온 것은 백지(百志)한 소수 형제가 항심 노력한 결과요, 또한 〈신한민보〉의 지도한 은택이옵니다.

학교도 없고 서적도 없고 변호사도 없고 강사도 없고 전도사도 없는 이 한인 천지에 오직 일폭(一幅) 민보가 이것을 모두 대신하였더이다. 신문의 공효가 이처럼 다대함과 보필가(報筆家)의 책임이 얼마큼 중한 것을 이 곳에 와서 더욱 깨달았소이다. 이 곳 동포의 민보 사랑하는 특별한 정이 다른 지방 우리 동포보다는 백배 간절함은 신문을 때로 고대하며 논설부터 광고까지 한 자를 빼놓지 않고 보아 기억하며, 또한 동해수부(東海水夫, 홍언－편집자)를 어찌 사랑하는지 사진이라도 한 번 보기를 원하기로 세크라멘토 대회 기념 촬영 중에 동해수부의 초상을 보이면서 이 어른이라 한데, 다투어 성명이 누구이냐 물어 숨기지 않고 민보 주필 홍씨라 한즉, 여러 가지 말로 찬양하더이다. 제가 이 곳에 와 동포를 인도하는데 미주에서 예정하였던 저금 조합과 국어학교 확장과 메리다에 상점을 세워 각양 물품을 각 농장에 용달(用達)하기로 하였던 3건은 실시치 못하였소이다.

저금 조합은 금융 기관이 없으니 실행이 불능하고 국어학교는 졸지에 일으켜 확장하더라도 생활력의 영향으로 무너지겠는 고로 실시치 않고 장래를 예비코 나아가게 하였고, 메리다 상점은 몇 가지 합당치 못한 이유가 있으니, 1은 동포가 이 곳에 장구히 거유치 못할 것, 2는 금융 기관이 없어 많은 자본을 적치(積置)키 불능한 것, 3은 세(稅)가 10배 증가되어 업(業)을 유지키 어려운 것, 4는 선차(船車) 교통이 민속치 못하여 물품을 임의로 운송치 못한 까닭으로 정지하였고, 저간 인도하는 문제점은 8조건이니, 1은 국민회의 의무를 평균히 담부(擔負)하여 권리를 같이 할 것, 2는 재멕시코 동포가 통일 단결하여 공익상에 일치 협력할 것, 3은 노동신용보존칙(勞動信用保存則)을 설행(設行)할 것, 4는 국민회 법강(法綱)을 엄립(嚴立)할 것, 5는 해동학교 확장을 준비하며 법률과를 전문키 위하여 멕시코 수도에 공비(公費) 학생 1인을 파견케 할 것, 6은 혼인의 폐습을 개량할 것, 7은 음주와 잡기를 금단할 것, 8은 멕시코 서북 방면에 토지를 매수하여 우리의 부락을 설립하고 농업으로 기초를 정하고 교육과 상업을 점차 발전키 위하여 합자를 실시할 것. 이상 8조 조건으로 권도(勸導)하오매 오늘까지 반항(返抗)하는 동포는 없고 10에 6, 7은 즐거이 따르며 그 나머지는 법종(法從)하여 하여간 일치하는 모양 같소이다.

이 나라의 기후는 한온난삼대(寒溫暖三帶) 기후가 두루 있고 토지는 비옥함과 척박함이 함께 있는지라, 이 가운데 기후와 토품이 적당한 곳을 택하여 매수하여 가지고 농작하면 우리 동포의 장래 발전이 미국, 하와이보다 배승(倍勝)하겠소이다.

미국과 하와이는 토가(土價)가 비싼데 이 곳은 싸고 농산물의 소출은 미국, 하와이보다 배로 많고, 역인(役人)의 그 임금도 미국, 하와이보다 매우 싸고 농산물 방매로 말하여도 미국, 하와이는 점간인(店間人)의 농락이 많은데, 이 곳은 시장에 직접 출매케 되니 다만 설비시 농구와 기계가만 미국, 하와이보다 좀 많이 들겠고 그 나머지는 모두 미국, 하와이보다 편의(便宜)하는 중, 더욱이 미주는 황인(黃人)에게 토지 매득권이 없는 곳이 많은데, 이 곳은 또한 그런 관계도 없소이다. 이러므로 태평양 연안 미국 접경에 토지를 사기로 합자를 실시하온 바 응모 주수(應募株數)가 2000여주(매주 미화 10원)라.

이 일을 시작한 후에 불행히 어저귀 수출이 덜 되어 재정이 공황(恐慌)하고 노동이 부실하므로 수금하는 데 영향이 적지 아니한지라. 그러나 동포의 성력은 한 푼도 퇴축(退縮)치 아니하므로, 지금 모집된 금액이 미화 8000여 원 가량이라. 응주(應株)한 것을 필수(畢收)하자면 1년 이상 시간을 비(費)하여야 하겠사오니 그 때까지 있을 수는 없고, 미화 5만원 이상만 되는 날까지 기다려 회환(回還)하였다가 올 겨울 혹 명년 봄에 다시 올 생각이온데 아마 5월 망간(望間)으로나 이 곳서 발정(發程)할 듯 하오이다.

토지를 사서 농사한다 하는 것이 말은 쉬우나 사실은 매우 어려운 것이, 상당한 위치에 상당한 토질을 택함도 쉬운 것이 아니요, 매수 자본과 설구비(設俱費)도 거대 자본을 요구하며 장차 동포를 이주할 것도 쉽지 못할 일이라. 그러나 재멕시코 우리들의 정세는 금일에 이런 일을 만들어 주지 아니하면 2, 3년 후는 후회 막급(後悔莫及)의 한탄뿐이겠는 고로 부득이 일을 시작하였는데, 재열(才劣)한 창호의 폐력으로 할 수는 없고 여러 방면에 협조가 있어야 되겠는데, 이 곳에서 김기창군이 헌신적으로 힘을 쓰고 있으나 장래 농장 설비 등에는 김군도 미국 경작식(耕作式)에는 경험이 없사오매, 재미 우리 동포 중 농업에 경험이 많은 동포가 나서야만 되겠는데, 구하기가 좀 어려울 듯하오이다. 자본으로 말하면 미화 7만 원만 되더라도 부족되는 것은 미주에서 더 모집하여 가지고 소규모로 착수하여 장차 확장할 터이니 하여간 목적을 달성할 줄로 자신하나이다.

금번 이 일이 우리의 실업 발전주의와 재멕시코 우리들의 구제책을 겸하였사오니 창호의 힘자라는 데까지는 마음을 다하려 하나이다. 금차 재정 모집을 이곳 미 실업회사로 합동케 하였으니 1은 이미 실시한 실업 기관의 실력을 확장하여 우리 민족중 일개 재단(財團)이라도 속히 공고(鞏固)케 하여 장래 대발전을 희망함이오. 2는 이 나라 안에서는 수입된 금액을 보관시킬 곳이 전무하여 북미사(北美社, 북미실업주식회사－편집자)와 합동하여야 보관상 안전함을 위함이오. 3은 거대한 일을 이곳에 있는 동포에게만 담임시키는 것보다 미국과 멕시코 동포가 병력하여 자본 성립과 농작 시설에 편의를 위함이라.

또한 이 곳에 있는 동포는 어저귀 따는 데만 전력하여 온 고로 농작에는 재미동포에게 배워야 하겠소이다. 또한 금년 내로 북사(北社) 자본이 3만 원 이상 성립되기를 희망하나이다. 경과한 일을 간단히 말하려 하였다가 아형(홍언－편집자)을 대하여 말씀하므로 자연 이처럼 길어졌소이다. 조사(助詞)가 많이 잘못되었지마는 사실은 유의하여 보시고 2만 이상이 수합이 되었다는 기별이 있기 전까지는 신문에 아무 말씀도 내지 마소서. 선생이 제를 송별하실 때 부탁하신 바, 지내는 사실을 자상(仔詳)히 기록하여 보내라 하신 것을 금일까지 잊지 않고 일기 모양으로 하여 앙정(仰呈)하려 하였다가 저간(這間) 종종 치통 두통이 함께 발병하여 쓸 수도 없었을 뿐더러 신문상에 미리 떠드는 것이 마음에 싫어 더욱이 고달(告達)치 아니하였소이다. 너그러이 용서하시고 신문에 일삼지 마시기를 바라옵나이다.

이 곳 우리들 계에 주뇌적(主腦的) 인사는 김기창(金基昶), 이근영(李根英) 양군인데 중간 양군 사이에 오해가 있어 충돌이 있었는데 지금은 확실히 조화가 되오니 재멕시코 우리들의 전도 진행에 큰 다행이외다. 김기창 군은 중심이 견고하고 한언(罕言)하며 일에 임하여 용용(容容)하고 처사(處事)에 민첩하나이다.

앙탁(仰托)하온 바는 미주 동정과 포와(佈哇:하와이—편집자) 동정을 한번 자세히 말씀해 주시오. 환미하기 전에 미리 생각할 것이 있을까 함이외다. 또한 북사를 자금위습(自今爲拾)하여는 세상으로 좀 알게 하소서. 지금 실업을 세운다고 하지마는 임의 성립된 기관 중 비교적 가장 자본금이 온고(穩固)하고 집무자가 그 중 충실(忠實)하다 할지라. 다시 성립할지라도 이보다 많은 자본을 갑자기 만들기 어려울 뿐더러 또한 그보다 나은 인원을 얻기도 매우 어려울까 하나이다. 또한 우리가 하늘과 땅에 맹서(盟誓)하고 세운 정신적 기관을 위하여 전보다 성력을 좀더 베푸사 우리의 주의가 하루라도 더 일찍 퍼지게 하소서.

선생이시여, 세인 중 나를 가리켜 모단모사(某團某社; 흥사단, 북미실업주식회사—편집자)는 자기가 창립한 것이니까 기어이 세력을 기르려는 야심이라고 하는 이가 있지만은 제(弟)는 나와 너의 창립을 분간함도 아니요 차와 피를 분별함도 아니라, 다만 국가를 전게(前揭)로 삼아서 이렇게 하여야 국가 장래에 유리하겠다는 자각(自覺)의 일념(一念)뿐이외다. 국민회를 창도한 자 중 제(弟)도 하나이므로 공고적 기관이 있어야 하겠다 함이오. 흥사단도 발기자 중 제 역시 일인이라, 오인(吾人)의 생활력을 증진케 하여야 하겠다 함이오.

북사(北社: 북미실업주식회사—편집인)의 내력을 말하면 최초에 이범진(李範晉) 공이 국민회에 기부한 3500원을 가지고 국민회 실부(實部) 기본금을 세우되 동포에게 20만 원 이상 자본을 거두게 하였다가 그 돈의 본수(本數) 이상 없어진 고로 그것을 실행치 못하였고, 그 정신을 그냥 가지고 다른 방법으로 실업 기관을 세워서 장래 생활을 기어이 증진케 하자 하여 북사(北社)를 발기할 시에 모모 유지 인사가 먼저 동일한 사상으로 진행하여 사회 전부가 일심케 하자고 군게 약속하되 국시(國是)를 세우자 하였소이다.

처음 시작할 때에 응모자 다수가 모여 진흥할 희망이 있더니 불행히 스택턴 감자 농사가 실패됨으로 여의치 못하였는지라. 그러나 창호는 여러 인사들과 약조한 것을 저버리지 못하여 그대로 성력(誠力)껏 지켜 그것을 오늘까지 붙들어 왔소이다.

그 간 철약(鐵約)하였던 인사 중 저간(這間) 글로나 말로나 일을 돕지는 못할망정 도리어 방해하는 이도 있었지만 그래도 소수의 동지가 이 주의를 변치 않고 힘써 6년간 생명을 보존하여 왔으니 이것도 당초에 창호의 사유적(私有的)으로 된 것이 아니요, 소위 인도자 제군의 공의(公議)으로 사회상 공통한 기관을 만들고자 한 것이 아니오이까.

또한 흥사단 문제로 또 말씀하자면 너무 장황하겠는 고로 그만 두거니와 누구든지 제(第)의 지금 하여 가는 주의가 국가 장래에 방해가 될 것을 밝혀 가르쳐 주면, 곧 버리고 그보다 낫다고 하는 것을 취하여 행하겠소이다. 제는 다만 국가로 전체를 삼나니 선생께서는 북사를 소개(紹介)하고 아니하는 것을 민족 장래를 표준하시와 택하소서. 제가 이같이 말씀하옵는 것은 편지를 쓰다가 창호의 평생에 지내온 모든 것의 감상이 일어나기로 그대로 씀이외다.

건국 기원 4251년(1918년) 4월 27일 안창호

동지 제위(諸位)에게(1921년)*

단우 안창호는 미(美) · 묵(墨) · 포(布)에 재류하는 흥사단 단우 여러분 동지에게 이 글을 올리옵나니, 나의 깊이 믿고 사랑하는 동지 제군이여, 제군을 작별한 지 어언간 3년의 시간이 되었습니다. 이제 다시 만나 정회를 풀고자 함에 서로 간절함이 일반인 줄 아옵니다. 내가 여러분을 대하여 다른 말씀 쓰기 전에 먼저 한 가지 자복할 것이 있습니다. 일전에 이사장 송종익 군에게 답장할 때에

* 도산이 동지들에게 공개 서한을 보낸 것이 1921~1927 두 차례 있는데, 그 중 첫번 것만이 전하여 오는데 이를 수록한다. 둘째번 것에 이른바 "밥을 먹어도 혁명을 위해 잠을 자도 혁명을 위해"라는 구절이 있어 일본 관헌이 동우회 사건으로 그 회원들을 기소할 때에 유력한 증거물로 사용된 것이다.

도 이 뜻으로 자복을 표하였거니와, 일반 동지 제군에게도 자복 아니치 못할 것은 이것이외다. 그것은 내가 원도에 온 지 3년 동안 본 단체에 대하여서나 동지 각 개인에게 대하여 통신을 아니한 것이외다. 세상 사람들은 흔히 오해하여 말하기를 안창호는 흥사단 기관과 각 동지에게 비밀히 연통하여 무슨 음모 운동을 한다고 하나, 나는 3년간 정치 문제는 고사하고 본단에 관한 일이나 동지들의 안부에 관한 일에 일절 서신의 거래가 없었을 뿐더러 여러 동지 중에서 2, 3차, 혹 4, 5차 보내는 편지를 받고도, 더욱이 어떤 동지는 특별한 사건으로 물음에 대하여도 일체 답장이 없었으니, 이것이 내가 동지에게 대한 신과 의리에 어기는 허물을 지은 것이외다. 나는 이에 대하여 충심으로 자각하고 아울러 여러분 앞에서 자복하는 바이외다. 이것은 내가 마땅히 고쳐야 할 악습 가운데 하나이다. 그러나 40년 동안 굳은 악습으로 제2천성이 되다시피하여 잘 고쳐질는지 장담하기는 어렵습니다. 나는 이 허물에 대하여 여러분 동지 앞에 용서 얻기를 감히 바라지 못하고 오직 책망하여 주심을 기다릴 뿐이올시다. 동시에 우리 동지 중에는 나와 같은 폐습이 없기를 심히 바라는 바이외다. 다못 나의 한 가지 말한 핑곗거리는 이것이외다. 내가 상해에 와 있는 동안에 아침으로 저녁까지 찾아오는 손은 항상 별로 그치지 아니하여 필요한 사람이나 필요치 않는 사람을 물론하고 일일이 응접치 아니할 수 없으며, 또는 모이는 데 참섭(參涉)하고 필요한 곳에 심방하고 본즉 자연 밤이 깊어지는지라, 원동에 급한 관계로 통신할 것을 대강 한 후에 나머지 시간을 여러분에게 쓰려 한즉 피곤한 가운데 더욱 본래 통신상 게으른 습관까지 있어 오랫동안 내가 여러분 동지에게 신의를 어기게 되었다 함이외다.

이제 내가 오래간만에 여러분을 향하여 붓을 들매, 쓰고 싶은 말도 많고 또는 써야 될 말도 많으나 내가 이에 간절히 부탁하는 바는 이것이외다.

"여러분은 힘을 기르소서, 힘을 기르소서." 이 말씀이외다.

독립 운동에 대하여 어떻게 생각하십니까. 과거 여러 해 동안 국내의 일반 동포가 일어나 옥에 갇히며, 매를 맞으며, 욕을 보며, 붉은 피를 흘리며, 목숨을 끊어 가면서 독립 운동한 것을 보면 이는 참으로 우리 생각 밖에 매우 장쾌하다 하겠습니다. 그같이 운동을 한 당시에 곧 독립을 얻지 못하였다 하더라도 우리는 조금도 후회할 것이 없습니다. 그같이 운동한 까닭으로 앞날에 큰 열매가 있을 것을 우리는 믿습니다. 또 이 독립 운동이 시작된 후로 해외에 거류하는 우리 교민들이 구차한 가운데서도 이 운동을 위하여 많은 재정을 허비하고 생명을 희생하여 온 것도 매우 감사할 일이외다. 이같이 함으로 특별한 성적이 없다고 후회할 것이 아니라, 이같이 싸운 결과가 어느 날에든지 갚음이 있을 줄 믿습니다.

그러면 장후(將後)의 독립 운동은 어떻게 될까. 이것이 우리의 깊이 생각할 문제외다. 과거에 독립 운동할 때에는 우리 동포 중에 많은 수효가 구주 평화 회의와 국제 연맹에서 무슨 좋은 문제가 생길까 하고 바라본 것이 사실입니다. 이것이 잘하였든지 못 하였든지 그것은 딴 문제고, 여하간 우리가 평화 회의와 국제 연맹회를 바라던 것은 오늘은 다 지나간 꿈이 되고 말았습니다. 그런즉 이후로는 무엇을 바라고 독립 운동을 계속할까, 혹은 아 · 일 전쟁으로 좋은 기회가 생길까, 혹은 미 · 일 전쟁이 생겨 좋은 결과가 생길까 하여 바라보는 이가 없지 아니한 모양이나, 이것이 또한 평화 회의와 국제 연맹을 바라봄과 무엇이 다를까. 일본의 실력은 충실하고 우리의 실력은 극히 빈약하니 제국의 혼란과 세계의 시운을 이용하고자 함이 없지 아니할 것이나, 이것만 믿고 바란다고 하면 어찌 독립할 자격이 되며, 독립 운동을 한다고 칭할 수 있을까.

여러분 동지여, 나는 여러분이 이 점에 대하여 명확한 자각을 가지시기를 바랍니다.

그러면 무엇을 믿고 바랄까. 우리가 믿고 바랄 바는 오직 '우리의 힘'이외다. 독립이란 본뜻이 내가 내 힘을 믿고 내가 내 힘을 의지하여 삶을 이름이요. 이 반대로 남의 힘만 믿고 남의 힘을 의지하여 사는 것을 노예라 하오니, 만일 우리가 이름으로는 독립 운동을 한다 하고 사실로는 다른 나라들의 관계만 쳐다보고 기다린다 하면 이는 독립 운동의 정신에 크게 모순이 되지 아니합니까.

우리가 설혹 외국의 관계나 세계의 시운을 이용한다 하더라도 그것을 이용할 만한 힘이 있은 후에야 가히 이용치 아니하리까. 내가 일찍 여러 번 말하기를, 참배나무에는 참배가 열리고 돌배나무에는 돌배가 열리는 것처럼 독립할 자격이 있는 민족에게는 독립국의 열매가 있고 노예 될 만한 자격이 있는 민족에게는 망국의 열매가 있다고 하였습니다. 독립할 자격이라는 것은 곧 독립할 만한 힘이 있음을 이름이외다. 세상 만사에 작고 큰 것을 막론하고 일의 성공이라는 것은 곧 힘의 열매입니다. 힘이 작으면 성공이 작고, 힘이 크면 성공이 크고, 힘이 없으면 죽고, 힘이 있으면 사는 것이 하늘이 정한 원리요 원칙이외다. 얼른 쉽게 작은 예를 들어 말하면, 작은 농장 하나를 경영하려 하더라도 그 농장을 시설하고 관리할 만한 힘이 있은 후에야 그 농장 사업을 실시하고, 하루에 몇 환을 버는 노동이라도 그 노동을 감당할 만한 힘이 있은 후에야 노동을 실행치 아니합니까. 그런 고로 천사만려(千思萬慮)하여 보아도 우리의 독립을 위하여 믿고 바랄 바는 오직 우리의 '힘' 뿐이외다.

나의 믿고 사랑하는 여러 동지 여러분은 이에 대하여 무슨 의심과 주저가 있습니까. 그러나 아직도 우리 민족 가운데 많은 수효는 그 관념이 '나의 힘' 이라는 데 집착되지 못하고 한갓 요행과 우연을 바라보고, 한번 떠들기나 하면 독립이 될까, 혹은 권총질이나 투탄질이나 하면 독립이 될까 하고 어름어름한 가운데서 호도(糊塗)하고 시간을 보내며 방황하는 것을 보면 참으로 가석하기 한이 없습니다. 일찍이 깨달음을 가진 우리 홍사단우 동지 제원은 우리의 힘을 믿고 일하는 정신을 실현하여 방황하는 다수 동포에게 큰 모범을 지읍시다.

여러분 동지여, 우리 무리가 본래 우리의 힘이 부족하므로 망국의 화를 받았고, 또한 우리의 힘이 부족하므로 광복의 사업을 실현키 불능함을 깊이 깨닫고 힘을 준비하기로 서로 평생에 몸을 허락하여 단결하였나니, 그런즉 우리는 근본부터 힘을 믿는 무리요, 힘이 부족한 것을 한하던 우리외다. 더욱 우리는 이번 독립 운동이 시작된 이후로 우리의 힘이 부족함을 한층 더 절실하게 깨닫지 아니하였습니까.

우리는 우리 무리의 금전의 힘, 지식의 힘, 도덕의 힘, 단결의 힘, 또는 인도자라 하는 이들의 자격, 일반 사회의 중류 이상 자처하는 이들의 인격의 힘이 어떻게 말할 수 없다는 것을 다 밝히 깨달아 아는 우리가 아닙니까. 혹은 이번에 이것을 밝히 보고 상심하고 비관을 품는 자도 있으나 그러나 우리는 결코 상심하거나 비관할 것이 아니라 오직 우리의 근본 깨달은 것을 더 깨닫게 하며 우리의 근본 결심한 것을 더 굳게 결심할 것뿐이외다. 우리가 한층 더 깨달은 생각으로 힘을 준비함에 더욱 충성을 함으로써 우리 민족을 사랑하며 국가를 사랑하는 도를 이룰 것이외다.

힘을 준비함에는 별한 새 주의와 새 방법을 연구할 것이 없습니다. 다못 우리의 근본 정한 주의와 방침을 관철할 것뿐이외다.

개인 개인의 힘이 있기 위하여 건전한 인격을 지으며, 각 개인이 독립하지 아니하고 집합하여 큰 힘을 발휘하기 위하여 신성한 단결을 이루자고 합시다.

각 개인의 건전한 인격을 이루기 위하여 4대 정신과 3대 육을 수련하자고 합시다.

속이거나 거짓말하지 아니하고 진실하여 '신용의 자본'을 동맹 저축합시다. 한 가지 이상의 학술이나 기능을 학수하여 전문 직업을 감당할 만한 '지식의 자본'을 동맹 저축합시다.

각기 수입에서 10분지 2 이상을 저금하여 적어도 10원 이상의 '금전의 자본'을 동맹 저축합시다.

이 주의와 이 방침이 곧 우리의 '힘'을 예비하는 정경이요 순서이외다. 그러므로 힘을 준비함에 충성과 노력을 다한다 함은 곧 이 위에 말한 이것에 대하여 충성과 능력을 다함을 이름이외다.

내가 여러분 동지를 떠난 지 여러 해 동안 내가 직접 여러분을 대하지 못한 그동안에 과연 여러분이 얼마나 나아가며 물러갔는지, 또는 얼마나 뜨거우며 식었는지 알지 못하거니와, 우리가 단결한 지 여러 해 동안에 물론 우리가 스스로 돌아봄에 부족함이 적지 아니하나, 그러나 다른 단체와 다른 사람에 비교하면 그만큼 크게 퇴보하지 아니하고 꾸준하게 이어 온 것을 보면 감사하지 않을 수 없습니다.

내가 이왕에도 누누이 말씀하였거니와, 사람이라는 것은 늘 올라만 가는 것이 아니라 가다가 간혹 떨어지는 때도 있나니 떨어짐을 깨닫는 때에 다시 올라가며 식음을 깨닫는 때에 다시 덥게 하는 것이 위로 향하고 앞으로 나아가는 도외다. 그러므로 여러분이 과거에는 올라갔든지 내려갔든지 더웠든지 찼든지 이는 이미 지나간 것이라 말할 것 없고, 다못이 앞으로 더욱 나가고 더욱 뜨거워지기를 꾀할 것뿐이외다.

우리의 불쌍한 조국의 동포들은 참으로 힘을 예비하는 인물을 바라고 기다립니다. 우리는 '배우자' 고 한 그 작정, '옳은 사람 되자' 고 한 그 작정을 잊지 맙시다. 잊었거던 다시 생각합시다. 결심을 더욱 강하게 합시다.

'대한 민족을 참으로 건질 자는 우리 무리다' 라고 나는 확신합니다.

우리는 3 · 1 운동이 시작된 후에 우리 동포의 결점도 많이 보았으나 또한 그 장점도 많이 보았습니다. 우리 민족이 빠짐없이 죽음을 무릅쓰고 크게 일어나는 것을 보면 우리 동포의 원기가 어떠하며, 정신이 어떠하며, 애국심이 어떠한 것을 잘 알겠습니다. 만일 이번에 우리에게 그같이 크게 일어나는 국민을 통어(統御)할 중견력이 있고, 그 국민이 요구하는 일을 분업하여 맡을 인재가 있고, 또는 금전력이 있었던들 우리의 운동은 크게 성공을 하였을 것이외다. 그러므로 나는 우리 민족의 장래에 대하여 큰 소망을 가집니다. 나는 우리의 본질에 대하여 조금도 비관을 품지 아니합니다. 이에 통어할 만한 그 힘만 있으면 우리는 넉넉히 대사업을 성취할 민족이라고 굳게 믿습니다.

그러므로 우리의 급선무는 중견의 힘을 짓기 위하여 더욱 앞으로 ××에 우리의 주의를 발전하여 동지를 모집하여 교육과 실업을 장려하여 앞날에 큰일을 감당할 만한 확고한 토대를 세움에 있습니다. 우리는 일찍 우리가 세워 놓은 발전책이 착착 실현되기 위하여 더욱 시간과 정력을 다할 것이외다. 또한 이리하려면 우리는 우선 미주에 있는 흥사단 본부의 힘의 기초를 더욱 견고케 하지 아니하면 아니 될 것이외다. [註 = ××이라고 함은 '원동' 또는 '국내' 라고 해석되는바, 당시의 사정으로 명서(明書)하지 아니한듯 함-편집자]

사랑하는 동지 여러분이여, 이 때가 어름어름할 때가 아니외다. 독심을 품고 기어이 우리 불쌍한 대한 사람을 건지기 위하여 비상한 노력을 다할 때외다. 나는 이제부터 전일보다 더욱 의지의 힘을 강고케 하여 세상이야 비웃든지 칭찬하든지, 돕든지, 해하든지, 좋아하든지, 미워하든지, 믿든지 의심하든지, 다 불고하고 이것이 우리 민족을 건지는 데 합당한 것이라고 깨달으면 그것을 붙들고 끝까지 나가려 합니다. 옳은 것으로 깨달은 것은 이롭거나 해롭거나, 성하거나 망하거나 그냥 꾸준히 붙들고 나가는 것이 나의 천직이요 본직일 줄 압니다.

동지 제위여, 우리 앞에는 순경보다 역경이 많습니다. 쉬운 것보다 순한 것보다 어렵고 급한 것이 많습니다. 대한 민족을 건지려고 큰 뜻을 세운 우리 무리는 이것 저것에 방황하지 말고 오직 우리의 자각으로 세운 주의를 끝까지 붙들고 나갈 것뿐이외다. 다시 부탁하노니 여러분 동지는 부지런히 배워서 각각 자기의 인격을 견실케 합시다. 서로서로 사랑하고 동정하여 단결력을 더욱 견고케 합시다. 한 분이라도 개인을 본위하지 말고 모든 것을 오직 우리의 홍사단을 본위로 합시다.

배우는 것도 홍사단을 위하여, 돈을 버는 것도 홍사단을 위하여 합시다. 이 때는 특별히 희생적 정신을 요구하는 때이외다. 이리하여 우리의 홍사단은 홍사단을 본위로 하지 말고 우리의 국가와 민족을 본위로 합시다. 우리 홍사단의 동지를 모집하여 단원의 수를 증가케 하는 것도 국가와 민족을 위하여, 홍사단의 경제력을 충실케 하는 것도 국가와 민족을 위하여, 홍사단의 사업이 발전하는 것도 국가와 민족을 위하여, 홍사단의 세력의 확대함을 요구함도 국가와 민족을 위하여, 즉 홍사단은 무엇을 하든지 온전히 국가와 민족을 중심으로 하여 희생적 인물이 집합한 단결로써 국가와 민족을 향하여 희생합시다.

아! 여러분 동지여, 내가 붓을 이에 그치거니와, 우리는 우리의 힘을 믿고 우리의 힘을 바라고 우리의 힘을 기릅시다. 오늘의 우리의 힘이 없음을 한하지만 말고 힘만 있으면 성공할 줄을 깊이 깨닫고, 적으면 적은 대로 많으면 많은 대로 우리에게 있는 마음과 있는 뜻과 있는 힘을 다하여 노력합시다. 오늘에 가장 힘 많다고 자랑하는 그 민족들의 근본을 돌아보면 본래 하늘에서 그 힘을 가지고 온 것은 아니외다. 없는 가운데서, 적은 가운데서 기르고 또 길러서 그와 같이 힘이 있는 지경에 이른 것이외다. 그러므로 우리 무리는 힘을 기르기 위하여 노력하다가 속히 쉽게 되지 않는다고 조금도 주저하지 말고 낙심하지 말 것이외다. 오직 대한 민족의 생명은 힘을 기르며 못 기름에 달린 줄을 깊이 자각하고 굳은 결심으로 나아갈 뿐이외다. 꾸준히 나아갈 뿐이외다.

1921년 7월 18일 동지 안창호 거수

한승곤(韓承坤) · 장리욱(張利郁) 양위 선생(兩位先生)께 *

금일까지 일차 상함(上函)치 아니한 것은 너무도 잘못하였으니 아무 핑계할 말 없이 사과할 뿐이옵니다. 서축(書軸)을 들춰 보니 양위(兩位)께 보내려고 얼마씩 쓰다가 둔 편지는 여러 번입니다. 제가 상해에 5월 7일경에 도착하여 당시 상해 형편을 보온즉 그 간 서로 공격하는 속사물(速寫物)은 분비하였고 권투(拳鬪)·봉투(棒鬪)에 총질까지 수차 발생되어 인심은 악화가 심하였고, 사회는 3분 5열에 극히 혼란하여졌으니 옛날에 보던 상해와는 딴판이 되었습니다. 동시에 임시 정부는 명의의 존속도 난제가 되었는데 의정원에서는 최후 방침으로 제(第)를 국무령으로 선거하였더이다. 제는 기정한 주지대로 국무 총령의 건을 사절하였고, 정국이 그와 같이 된 것을 차마 도외시할 수 없으므로 사방을 접흡(接洽)하여 상해 일부라도 공동 협의로 내각을 새로 조성하여 정부를 존속케 하려고 어디든지 통신 한 장을 하지 못하고 수월간 이에만 전문 노력하였으나 이동녕씨 파가 끝까지 불응하고 기타 인사들은 난국을 기피하므로 여의치 못하였고, 매우 곤란에 처하였다가 홍진(洪震) 씨를 국무령으로 선거하여 몇몇 사람을 모두어 겨우 내각을 조각하였으니 정부 명의는 존속케 되었습니다. 이것이 원만치 못하나 현시 처지로서는 도리어 다행이라 하겠습니다. 제가 상해에서 많은 시일을 소비하고 남경에 가서 동명학원에 관한 일을 처리하고 그 부근 토지를 시찰키 위하여 지방 여행을 하다가 복염에 다닌 결과로 좀 앓았고 지금은 나았으나 그냥 피곤하여 편지 같은 것을 쓰기도 용이치 않습니다. 북경과 동삼성에 여행키 위하여 명일에 기선으로 발정할 예정입니다. 이제 몇 가지 중요한 사항을 들어 아래에 앙진(仰陳)하옵나니,

1. 원동 단우. 원동 단우 내부에 저간 상해 정치 분규시기에 다소의 주장이 다름을 따라 정의상 격리도 있었고 신입 단우 이범홍 등의 반복적 행동이 있으므로 내부의 곤란은 물론이고 외면에까지 홍사단 불통일 혹 내홍(內訌)이란 비판까지 받게 된 불행에 처하였습니다. 제가 그 곳에 도착한 이후에 여러 동지들에게 권고함도 있었거니와, 지식 계급에 있는 동지들이 서로 사소의 맞지 아니함이 있다 하더라도 동지 된 대의와 본단의 이해를 위하여 내부의 결속을 굳게

---

* 이 편지는 도산이 미주 방문을 마치고 다시 중국으로 가서 만주 시찰을 떠나기 직전에 남경(?)에서 미주 홍사단 본부로 보낸 사함(私函)이다. 당시 한승곤(韓承坤)은 홍사단 본부 이사부장(理事部長)으로, 장리욱(張利郁)은 서무원 사무장(事務長)으로 재임하였다.

하여야 된다는 자동적 이해로 다시 협흡(協洽)하였사오니 다행이옵고, 이범홍(李範洪) 등은 근간에 침체한 상태에 있으므로 아직 두고 장차 보아서 조처하려 합니다.

남경에는 그 간 차리석 선생이 단무를 위하여 계속 노력하였으나 성격상 인화력이 결핍하고, 따라서 다시 초마장에 다닌 결과와 선우혁 군의 자수적 태도뿐으로 인하여 단의 발전은 별로 없었습니다.

2. 원동 위원부. 원동 위원부 위원 중 손정식(孫貞植) 목사는 길림에 가서 있음이 오래였고, 이규서(李圭瑞) 군은 귀국한 지 오래였으므로 이상 양위가 위원부와 관계가 끊어짐이 오래였고, 다만 차리석 군의 위원장 대판 명의로 형세상 단독 행사케 되었으니 매우 불만하게 되었나이다. 이제 의사부로서 새로 위원을 임명하여 원동위 원부를 급속히 개조하여야 되겠습니다. 제의 생각대로 몇 분을 소개하오니 자량(自諒)하여 행하옵소서. 안병조 · 주요섭 · 조상섭 · 이유필 · 현정주 5군을 소개하옵니다. 우와 같이 위원부가 개조되오면 위치는 상해로 다시 이전되겠사옵고, 그리 되면 상해 지방 단소와 연합하여 유지케 할까 합니다.

3. 동명학원. 본 학원은 연래로 내지의 흉년으로 인하여 중국 유학생이 감소되는 동시에 중국의 정란으로 인하여 특별히 남경은 상해에 비하여서도 학생수가 감소되었습니다. 이러므로 학생의 총수는 20명 내외가 되므로 학비금이 몇 푼 되지 않는 때에 선우혁 선생은 학원을 간단(間斷)시키지 않는다고 굳센 성의를 계속하여 온 결과 건축금의 전수(全數)가 다 소비되었고 건축하려고 다소 예비하였던 목재는 그냥 쌓여 있으니 매우 애석히 되었습니다. 금년에 와서 학원을 아주 폐지하려다가 몇 가지의 이유로써 그냥 계속하자 한바, 제가 여러 번 말하여 학교의 반급을 줄이고 교사를 줄이며 간략한 경비로 존속시키자 하였습니다. 몇 가지 이유라고 한 것은 작년도에 선우훈 군이 내지에 들어가 동명학원 기부금 허락받은 것이 1만여 원이고, 정인과(鄭仁果) 군의 다소의 약속한 것이 있었는데 얼마를 더 계속해 가면서 그 기부금의 수합결과를 보자 함이요, 2. 지금 동명학원을 폐지하였다 하면 우리들의 경영하는 다른 사업에 영향을 많이 줄 터인즉 얼마를 계속하여 가다가 우리의 경영하는 근거지가 성립되는

동시에 학원을 옮기는 형식으로라도 존속시키는 것이 체면상 실제상 이익이 되겠다 함이외다. 그러나 금년 추기까지 시험하여 그냥 생도의 수가 영성하면 부득불 폐지할 수밖에 없습니다. 지금에 유지할 것은 생도의 학비금 부족액이 중화(中貨) 300여 원이온데 우리 동지들이 매우 생활상 곤란에 처하였지만 동서가 합하여 이것을 판비하여야 되겠습니다.

지나간 수년 동안 부족액을 보충하여 유지하여 온 것은 생활이 극도로 곤란에 처한 원동 단우들이 후원금을 모집하여 썼고, 더욱이 구차한 학생들이 기부금을 모아서 유지하여 왔습니다. 미주에 있는 동지들이 학원을 둠에 대하여 가라 부라 논하는 이가 있지마는 이미 본단의 공결로 시작하였고, 진행하여 오는 이상에는 어렵더라도 불가불 도와 주어야 중간의 곤란과 창피를 면하겠습니다. 선우훈 군이 학원에 선당(先當)한 돈이 불소(不少)하고 제(第)도 벌써 여비중에서 100여 원을 들여놓았습니다.

4. 《동광》 잡지. 우리 기관 잡지는 간행한다는 선전이 국내 국외에 있는 지가 오래였는데 너무 오랫동안 실행이 없으면 본단 신위에 큰 영향이 있겠고 아무 것도 하는 것이 없으므로 국내 동지들부터 심력이 떨어지게 되므로 주요한 군 등이 일신의 이해를 희생하고 시작하였습니다. 그런데 우리 잡지가 간행된 뒤에 국내 · 국외에 다수의 환영자가 생기오니 이것이 본단의 다행이옵니다. 우리는 비상한 성력을 다하여 시작한 이 잡지를 확장하여야 하겠습니다. 잡지에 관하여 고할 말씀 세 가지옵니다.

① 《동광》 잡지는 흥사단과 수양 동맹회 양 기관이 합작하는 경우이온데 이 잡지에 관한 양 기관 대표가 있어서 잡지 사업을 관리케 하여야 하겠습니다. 그런즉 이사부에서는 원동 위원부에나 또는 개인 제에게나 잡지 관리자의 명목으로 위임하여 사무를 적법적 처리케 하소서.

② 일찍 잡지 간행 시작하기 전에 제가 주장하기를, 본국에서 상당한 기금을 세운 후에 미주 이사부에서 잡지 적립금을 보내어 양방의 돈으로 기본금을 충실히 한 후에 간행케 하자고 하였거니와, 지금에는 이미 간행을 시작한 터이온바 한 호라도 간단시키지 않고 발전케 하기를 꾀할 뿐입니다. 그러므로 이사부에서는 급속히 잡지를 위하여 예산한 금액 전부를 본국으로 직송하여 경제상

구애를 받지 않게 하옵소서. 얼마를 계속 간행하면 본국에서도 상당한 돈이 생길 모양입니다.

③ 이사부에서 특별히 성의를 다하여 잡지 간행에 필요한 참고 서적과 잡지 등을 동광사로 보내어 주시고, 재미 지식급 동지들이 지금 모양으로 등한시하지 말고 특별히 좋은 기사를 많이 만들어 보내어 잡지 내용을 더욱 충실케 하여야 하겠습니다. 기사함에는 빈 논리보다는 과학상 실론을 주중(注重)하기를 바랍니다.

5. 근거지와 토지. 금차 남경 부근을 여러 날 시찰하여본 바, 적당한 지점을 더러 보았습니다. 그러나 북방 여행을 하여 여러 곳을 살피어 본 후에 비교로 그 중 나은 것을 택정하겠습니다. 지점을 택하여 착수만 하오면 국내 국외간에 거취(居聚)할 사람들이 많이 생기어 양호한 성적을 거둘 희망이 많습니다. 토지는 금번 동삼성 여행시에 상당한 위치를 택하려 하옵니다. 만주에 계신 친구들의 통신을 접하온 바 좋은 곳이 많다 하오며, 우리의 동지 이택 씨가 작년에 500원 주고 산 토지에 200원 지세를 받으오니, 이것만 보더라도 이익이 큰 것을 알겠고, 동삼성은 한인이 접촉할 수 없는 것처럼 신문상에 많이 기재되었으나 실상 내용은 곳곳마다 그런 것은 아닙니다. 일찍 크게 타격받던 김병조 목사가 전도하는 구역 흥경현(興京縣) 등에서 교회 · 학교를 금지하여 농작권을 금지하므로 한때 인심이 크게 소요되었으나 그것이 중국 관청에서 직접 한 것이 아니요 중간 협잡배의 소위가 발각되어 지금은 그 지방이 무사 · 안온합니다. 고할 말씀은 단에서 지발하는 금액과 동지들의 합자한 금액의 전수를 급속히 부송하소서. 지금 미화의 가격이 최고이므로 미화 1원에 중화(中貨) 2원 이상이 되오니 이 기회를 잃지 않아야 되겠습니다. 개인 합자 중에서 이두성조(李斗星條) 미화 500원은 이두성에게로 보내어 주시고 기여 전수(其餘全數)를 보내시되 그 명부까지 보내어 주소서. 또는 법리에 맞는 행위를 이루기 위하여 제에게 거생지 시설과 토지에 관한 일을 전임하는 공결을 지어 맡기시기를 바라나이다.

일찍 제가 미주에 있을 때에 누누이 말씀드렸거니와, 우리가 혁명 시대에 처하여 혁명 운동을 불가불 해야 되겠고, 혁명 운동을 하려면 수양 기관 이외에 특별한 혁명 기관이 있어야 되겠습니다.

그러므로 우리는 장차 전 민족으로 더불어 통일적 운동을 진행할 때 독립당을 건설하자는 것이 우리의 목표이온데, 이것을 달하려 하여도 먼저 기초적 결합체가 있어야 할 것이라, 그러므로 우선 국내나 원동이나 미주를 물론하고 우리와 의사를 소통하기에 가능한 사람은 있는 대로 다 모아서 대단결을 이루고 그 단체의 주동으로 일보를 더 나아가 통일적 대독립당을 건설하여야 하겠습니다. 제가 금차 만주 여행에도 이것을 위함이오니, 이것이 원동에서 실현될 때에는 미주에서도 다수의 당원을 모집하여야 하겠습니다. 원동의 모든 사정과 기타 모든 사건을 더 세세히 말씀코자 하오나 말이 너무 길어지므로 그만 그치옵니다.

4259(1926)년 8월 2일 안창호

[가족에게 보낸 편지]

해삼위(블라디보스톡)에서 이혜련 여사에게 보내 온 도산의 편지 *

〈편지 1〉

그동안에 보낸 편지는 서실이 없이 다 반가히 보았고 그대가 홀로 어린 것을 데리고 가사에 곤란한 것을 생각하고 애석히 여기나이다. 그 간에 집안 식구가 다 화평한 복락을 누리며 친구들의 정의도 친밀하여 외로운 한탄이나 없는지요. 나는 항상 평안하고 본집 어머님과 동생을 다 반가이 보았는데 집안이 다 평안하나 본집 작은 계집아이가 죽었고 등지터집과 셩시집이 다 평안하외다. 내가 평양에 가면 매부네 집에서 유하고 서울에 오면 김필순 씨 댁에서 유하는

---

* 이 자료는 도산이 1910년 8월 29일 일본의 강제 병합, 즉 경술국치가 있기 전에 국내를 떠나 애국지사들과 청도회담을 주도한 후, 중국을 떠나 러시아 블라디보스톡으로 갔을 당시, 부인 이혜련 여사에게 보낸 편지들이다. 도산은 블라디보스톡에 도착한 이래 근 7개월간 연해주 일대와 만주 목릉현을 돌아보고 1911년 봄에 시베리아 철도로 블다디보스톡을 떠나 치타를 들러 모스크바, 독일의 베를린을 거쳐 다시 뱃길로 영국 런던을 돌아 미국 1911년 9월 2일 뉴욕항에 도착하였다.

데 그 부인과 매씨까지 나를 매우 사랑하여 공대가 지극하오니 감사함을 마지하나이다. 금일은 서울서만 유하나이다. 내가 미국으로 속히 돌아갈 뜻은 간절하나 본 나라 형세는 날로 그릇되는데 과연 볼일이 많고 또 친구들이 만류하여 오래 있다가 가라고 하오니 반년 후에 나갈 듯하외다. 내가 고국에 나왔다가 고국이 망하는 것을 보고 나 혼자 잘살려고 고국을 버리고 가는 것은 인정에 차마 못할 일이라. 그러므로 아직은 떠날 수 없으니 그대도 고국을 사랑하는 마음이 응당 있을 터이니 과히 기다리지 말고 나의 보는 일이나 잘되기를 후원하시오. 또 나의 이 육신 몸을 믿지 말고 내가 혹 나라일 위하다가 위태한 데 들어갈지라도 놀라지 마시오. 자우가 자기 나라를 위하여 일하는 것은 당연 직분이거늘 어찌 그 일신만 돌아보리오. 그대는 사욕만 생각지 말고 큰 의리를 생각할지어라.

1910년 2월~3월경

〈편지 2〉

해삼위로 한 편지는 아직 못 보았고 청도로 한 편지는 받아보았소이다.

내가 벌써 해삼위로 가서 미국으로 곧 가려 하였더니 저간 청국서 볼일이 있어 못 가고 또 한 달 전에 상해에서 아라사(러시아—편집자) 배를 타고 해삼위로 가다가 그 배로 일본을 들어간다 하기로 자리가 없어 중도에 내리고 또 일주일 전에 연태(煙台)서 배를 타고 떠났다가 청도까지 와서 또 내렸고, 닷새날 후에는 청도에서 배를 타고 해삼위로 바로 가겠소이다.

나는 해삼위로 가서 곧 미국으로 가려고 작정하였는데, 친구들은 속히 가서는 해삼위 일이 안 되겠다고들 만류하나이다. 내 생각에는 미국으로 가서 몸도 조리하며 또 영어공부를 좀더 하면서 우리 둘이 이같이 뇌동이라도 하여서 살림할 준비를 하여 가지고 다시 동편으로 와서 본국이나 해삼위에서 일하고자 하노라.

그 곳 삼촌 양위와 또 외삼촌 댁내가 평안하오이까. 다시는 해삼위로 답장하면 받아보겠소이다. 또 형수께서 상항(샌프란시스코—편집자)으로 가셨다는 말이 신문에 있으니 무슨 곡절인지 매우 궁금하외다.

1910년 8월 10일 안창호

〈 편지 3〉

나는 한 열흘 전에 이 해삼위까지 평안히 왔소이다. 청도로 한 편지와 해삼위로 한 편지를 다 보았소이다. 형수께 편지 못한 것은 신문을 본즉 상항으로 가셨다는 말이 있는데 어디 계신지를 몰라서 한번 상항회관으로 편지하였소이다. 받아보셨는지 편지가 없는 고로 내역 궁금하오이다. 이번에는 동봉하여 보내니 그대가 전하시오. 들어갈 기한을 지금 작정치 못하겠으나 가기는 확실히 가겠소이다.

1910년 9월 4일 안창호

이하에 수록한 편지는 미국에서 발행된 〈NEW LIFE〉(미국의 교포들을 위한 교양지 한글판) 1984년 3월호(통권 제75호), 4월호(통권 제76호)에서 옮긴 것이다. 도산의 자녀들이 독립기념관에 기증할 도산의 유품을 정리하다가 150통의 편지 중 가족에게 보낸 것 일부를 공개한 것으로, 이만근이 엮은 《도산여록(島山餘錄)》에서 국내 최초로 소개되었다. 그리고 이 편지들은 범양사판 《안도산전서》 중권에 전재하였다.

서울에서 나를 사랑하는 혜련에게

나는 비록 자주 편지를 아니하나 집안 소식을 알고자 하는 욕심이 간절하던 차에 그대의 편지를 받아 보니 얼마나 위로가 되나이다. 그 동안에 그대는 몸도 괴로웁거니와 마음도 편치 않고 답답할 때가 많았을 터이지요.

지금 시대가 부부간 안락을 누릴 때가 못 되었사오니 그대는 생각을 널리 하고 뜻을 활발히 하여 염려치 말고 안심하고 공연히 적은 뜻을 이루지 못한다고 극탄하여 몸과 마음이 고생한 땅에 오래 머물지 않기를 간절히 바라나이다. 이런 말로 권면하는 것이 도리어 염치없는 듯하나 그러나 나는 결단코 방탕한 남자가 되어 집을 잊고 아니 돌아가는 자는 아니니라. 세상이 다 늘 웃고 처자가 원망하더라도 나의 붙잡은 일을 차마 버릴 수 없소이다. 그런즉 나만 사랑치 않고 나라를 사랑하는 그대는 나를 나라 일하라고 원방에 보낸 셈으로 치고 스스로 위로받기를 원하나이다. 나의 사랑 필립(Philip)도 잘 있으며 마음의 덕성이 자라 '품행이 아름다운지' 한번 보았으면 하나이다.

내가 주관하는 평양 대성학교에 학도가 120명 가량인데 재미가 있소이다. 명년 3월에 일본에 있는 장응진 씨가 졸업하고 본국에 돌아오거든 학교 일을 맡기고 미국으로 가려 하니 명년 여름이나 가을에 가게 될 듯하외다. 성(형)네 집이 다 평안하고 간단한 것은 할 모양이요. 극성이도 내가 학비를 대어 주어서 측량을 졸업하였소이다. 나는 지금 서울에 있는데 일가 내려갈 터이외다. 이후에 내게 편지를 하려거든 평양 대성학교로 편지를 하소서. 상수구 밖으로 하면 편지를 먼저 떼어 보는 것을 매우 좋아하지 아니하나이다. 내가 항상 잠은 학교에서 자고 밥은 장대재 누이 집에서 먹나이다. 학교 집은 관찰부 동켠 옆 언덕에 있소이다. 그대도 할 수 있는 대로 짬짬이 공부도 하였으면 좋겠소이다. 내 병은 전보다 좀 낫소이다.

4241년(1908년) 11월 20일 안창호

멕시코 메리다에서 가족들을 그리며

편지를 반가이 보았고 아이들의 사진을 다 잘 보았사옵고 집 생각이 일층 더 나옵니다. 아이들 사진이 다 있는데 필립의 사진이 없으니 섭섭하오이다. 필립은 그 사이에 더 컸을 테지요. 내가 저간 주식금 거둔 것이 1만 7000여 원인데 2만 원은 채우고 떠나기 위하여 여지껏 머무는데 이 달 그믐과 내달 초순에는 그 수효가 될 듯하온데 5월 초 9일을 지나서 배편이 있는 대로 떠날 터이니 자연 5월 20일께 떠나게 되겠소이다. 지금은 음식 먹는 처소를 옮기었으므로 전보다 매우 편리하오이다. 나는 전번에 이를 하나 뽑은 후에 또 다른 이들이 늘 아프고 곁들여 두통이 일어나므로 무엇을 생각하거나 책을 보거나 글씨를 쓰기가 어렵고 그렇게 하면 더 아픈 고로 못하겠더이다. 지금은 약찜하여 좀 나은데 이따금씩 쏘나이다. 이러므로 먹기도 성가시외다. 어떤 날은 집 생각이 너무 일어나서 클클하여 곧 떠나고 싶소이다. 이 곳에는 물건 값은 그냥 비싸고 어저귀 실은 잘 팔리지 아니하므로 돈이 귀하여 백성들이 살기 어려워 종종 난리를 일으켜서 싸우는데 북방은 좀 혁명이 성하여 사람들이 내왕하기 어렵다고 하나이다. 내가 떠나더라도 북방에 혁명이 그냥 성하면 속히 가지 못할까 하나이다. 요즈음은 필선이가 국문을 좀 배우는지요. 매일 15분 동안씩 두 번씩 가르쳐 보기를 시험하여 보소서. 이 곳에는 일기가 더웁고 모기가 많소이다. 그러나 과하지 아니하니 꽤 견디겠소이다. 망고라는 실과가 많이 나는데 맛이 좋소이다.

4251년(1918) 4월 23일 안창호

상해에서 우리 국민의 단결력 부족을 탓하며

김관홍 군의 편지를 보고 집안 소식을 자세히 알고 필선이 컸다고 하는 말도 보았소이다. 내 몸은 좀 건강하고 요즈음에는 일도 많고 근심도 많습니다. 우리 민족의 지식, 금전, 단결의 능력이 너무도 부족한 가운데 큰일을 지으려 하니 앞이 막막할 때가 많소이다. 당신은 필립, 필선, 수산, 수라를 공부시키어 앞날에 국가를 위하여 일을 잘하게 하시오. 당신도 YKA(흥사단)를 위하여 충성과 노력을 다하소서. 나는 당신이 내 편지 보기에 몸이나 마음이 괴로울 줄로 생각지 않고 이같이 편지합니다. 내가 괴로움을 염려 말고 편지를 자주 하시오. 차대석 군과 그 부인이 다 평안하오이까. 차리석 군과 나와 같이 평안히 있습니다.

4253년(1920) 5월 18일 창호

상해에서 내 한 몸은 오직 국가와 민족을 위해

나의 사랑하는 혜련,

나는 오늘 좀 짬이 있기로 혜련한테 편지를 쓰려고 붓을 듭니다. 평시에도 당신에게 향하는 생각이 많았지만 붓을 드는 이 시간에 생각이 더욱 많소이다. 나를 사랑하고 내게 충성을 다하는 내 혜련한테 나는 멀리 와서 편지까지 자주 하지 아니하여 혜련의 마음을 위로는 고사하고 도리어 괴롭게 하니 참으로 아니되었소이다. 그러나 엽서라도 자주 하겠나이다. 혜련이 여러 달 동안에 편지를 끊고 김창세 군한테까지 아니하니 매우 민망하외다. 몸이 편치 아니한가, 편치 아니한들 그같이 오래 편지 아니할까 하는 마음입니다. 나는 편지를 아니 하나 혜련이야 어찌 그럴까 하나이다. 나의 사랑하는 필립, 필선, 수산, 수라가 매우 보고 싶으외다. 이것들이 다 잘 있는지요. 어떤 때는 다 데려와도 좋겠다 하는 생각까지 불난 듯하나 사정이 그렇지 못해서 참소이다.

내가 당신을 멀리 떠나는 것은 나 한 몸의 무엇을 위함이 아니요. 오직 국가와 민족의 관계임을 당신은 잘 아는 바니 당신은 네 아이를 데리고 스스로 위로하여 지내소서. 나는 달반 전에 몸이 편치 아니하여 홍십자 병원에서 치료를 받다가 지금은 나왔소이다. 병으로 신체가 쇠약하고 노력이 약하여 일하기가 어려웠소이다. 지금은 많이 나았소이다. 나는 필립의 이모 신실에게 극진한 사랑을 받소이다. 신실은 천성이 착하고 꾸미는 것을 모르고 다만 근본 성질대로 일할 만치 신실되고 충성됩니다. 꾀라고는 너무 없소이다. 그러한 이가 나를 아버지 이상으로 믿고 사랑합니다. 신실의 사랑을 받으므로 위로도 되고 편하여 혜련의 생각이 자꾸 납니다. 김 의사 창세 군은 홍사단에 입단하였고 나를 극히 위로로 보호하나이다. 신실은 완고하여 집을 잘 다스릴 줄 모르다가 홍사단 단우회에 가서 집안에 대한 강변과 내 권면을 듣고는 정성을 다하여 집안 살림하고 제도와 규모를 고치고 집과 모든 것을 정결하게 합니다. 나도 기쁘거니와 창세군이 대단히 기뻐하나이다. 신실이가 내 말을 당신보다 몇 배 더 잘 들어요. 신실이가 내 말을 잘 들을 때에 옛날 내가 당신한테 무심한 말을 좀 하면 당신은 잘 듣지 아니하고 입을 삐쭉하면서 "나는 생기기를 그렇게 생겨서요" 하던 것이 생각나서 혼자 속으로 웃었소이다.

내가 이왕에 내무 총장과 국무 총리 대리로 있을 때에 자연 여러 직원과 같이 복잡하게 지내었거니와 근간에 미미한 형편은 이러합니다. 부엌까지 다섯 간 되는 집에 한 방은 내 침방으로 쓰고 한 방은 나를 주야에 같이 있어서 도와 주는 유상규 군의 침방으로 쓰고 한 방은 내 사무실로 쓰고 밑층 한 방은 응접실 및 사무실로 쓰는데 서기는 김복형 군이오. 내가 상해에 왔을 때부터 내 서기로 늘 도와 주었소이다. 또 심부름하고 보호하는 이는 전재순 군이오. 이 외도 처음부터 오늘까지 충성을 다하나이다. 그런즉 나는 진실로 세 청년과 같이 관청 겸 가정을 이루고 지내고 밥은 밥하여서 파는 한국 집에서 갖다가 먹는데 맞은편 집인 고로 식지는 않소이다. 그 집에서 정성을 다하는 모양이외다. 밥값은 매달 12원인데 혹 더 줍니다.

내 혜련, 나는 집에 한번 다니라도 올 뜻이 종종 있소이다. 나를 사랑하는 혜련은 몸의 형편과 아이들의 사정과 사진 같이 다 자세히 보내 주면 멀리 있는 자의 위로가 되겠소이다.

민국 2년(1920) 4월 22일 도산

남경에서 원동에 사업 근거지를 세우며

나의 사랑 혜련,

또 다른 편으로 오는 편지를 받아 집안 소식을 대강 아옵니다. 내가 자주 편지할 뜻은 간절하나 다른 친구들께는 편지를 못 하면서 집에만 편지하기는 미안하고 여러 곳을 다하자니 과연 쓸 만한 시간도 없고 어떤 때는 쓸 힘도 없으므로 자주 편지를 못하였나이다. 너그럽게 생각하는 혜련은 잘 양해하여 주소서. 그동안은 어찌 지나었나이까. 아이들의 심리는 어떠하여 가며 신체는 어떠합니까. 나는 금년 여름과 가을, 겨울은 중북방에서 지나었나이다. 혜련이 잘 아는바 내가 집으로 돌아가고자 하는 뜻이야 때때로 불일 듯 하는 것을 참 억제하기 어렵소이다. 그러나 이 부족한 사람이 우리 국민에게 빚진 것이 많은데 원동에 왔다가 우리 국민을 위하여 아무 기초도 세우지 못하고 공연히 집으로 돌아가는 것은 차마 못하여 이처럼 못 갑니다. 지금에야 나는 일찍 경영하던 원동의 우리 사업 근거지를 하나 세우려고 각처에 토지 형편을 살피며 그 일을 이룸에 같이 힘쓸 동지를 구하는 것으로 시간을 쓰는 중이외다. 몇 달 동안 산과 들로 돌아다닌 결과 지금은 기후와 산천과 토지가 좋은 곳을 하나 보았는데 과연 살 만한 곳인지 더 조사하나이다. 중국촌 여행에는 자고 먹는 것이 매우 괴롭소이다. 지금 시작한 것을 기초라도 잡아 놓고야 집으로 갈 터이니 빨리 간다 해야 금년 여름 후로 되겠소이다.

혜련은 일찍 나를 위하여 고생을 잘 참은 지가 여러 십 년이라 나를 끝까지 사랑하며 또는 우리 민족을 위하여 고생을 더 참고 견디어 주소서. 내 몸이 초겨울에는 좀 낫더니 요즈음에는 불편한 여행을 두어 번 하였더니 다시 어렵소이다. 내일 이른 아침에도 여행하겠는데 밤이 깊은 고로 더 쓰지 아니합니다.

당신의 사랑 4257년(1924) 1월 13일

북경에서 능력의 부족함을 느끼며

나의 사랑 혜련,

그동안 얼마나 고생하니까. 나는 이 달 7일에 상해를 떠나서 이 달 11일에 북경에 왔고 내일은 만주로 향하여 가겠나이다. 그동안에 늘 분주히 지냄으로 속히 답장을 못하였나이다.

나는 자식들에 대하여 내가 할 의무를 못 하는 때문에 심리의 고통이 떠나지 아니하며 또 미주에 있는 여러 친구의 신세를 너무 지게 되는 것이 황송합니다. 이런 바에는 나라 일이나 죽기로 힘을 다하려고 하나 능력이 부족함을 한합니다. 내 몸은 금년 여름에 무더운 때에 여행을 많이 한 결과로 퍽 약하여졌다가 지금은 좀 낫습니다. 당신한테 태기가 있는 것을 아이들한테 편지하려고 하였으나 내역 무어라고 말할는지 하도 염치가 없어 못 썼나이다. 당신은 괴로움을 더하게 되었으니 멀리 있어서 미안합니다. 아이 이름은 남자이면 '필영'이라고 하고 여자이면 '수경'이라 하는 것이 좋을 듯합니다. 만일 당신의 뜻에 합당치 아니하면 마음대로 지어 주소서. 김창세 박사는 북경에서 반가이 만나서 이야기를 많이 하였나이다. 나는 편지를 자주 못 하나 용서하고 당신은 내게 편지를 자주 주시오.

4259년(1926) 9월 21일 당신의 사랑

상해에서 오직 혁명을 위해 최후로 목숨까지 희생을 각오

나의 사랑하는 아내.

당신이 친수로 써 보낸 편지를 받아 읽으니 반가운 생각이 있는 동시에 슬픈 마음도 많습니다. 나는 남편의 직분, 아비의 직분을 다하지 못하여 아내와 자식들을 고생시키는 것을 생각하면 마음이 심히 괴롭습니다. 필선까지 공부를 못 한다니 더욱이 괴롭고 부끄럽소이다. 나는 당신을 무엇으로 위로할는지 생각이 막연합니다. 내가 일찍 우리 민족에게 몸을 바치고 일하노라고 집을 돌아보지 아니하였으나 민족에게 크게 공헌한 것이 없으니 두루 생각할수록 죄송한 것뿐입니다. 그렇다고 이제 하던 일을 버리고 집을 돌아볼 수 없는 것은 당신도 잘 이해할 줄 믿습니다.

내가 일찍 모든 것을 희생하고 우리 민족을 위하여 일하기로 작정한 지 오래였고 가정의 행복을 희생한 지 오래였을 뿐더러 당신도 우리 민족을 위하여 희생을 당하는 바이라 임의 혁명을 위하여 모든 것을 희생하기로 작정하고 오랫동안 희생을 달게 여기어 온 바에 이제 어떤 고통을 받든지 어찌 원망할 것이 있으리오. 나는 더욱이 여러 동지와 동포에게 빚진 것이 많고 지금은 늙었으니 집이나 무엇이나 사사한 일을 돌아볼 여지가 없고 오직 혁명을 위하여 최후로 목숨까지 희생할 것을 재촉할 것뿐입니다. 고생중에 있는 당신을 대하여는 고생을 더 받으라 할 것뿐입니다.

당신은 아이들에게까지도 혁명의 정신을 넣어주기를 힘쓰소서. 금년 안으로 미주에 건너가려고 하나 아직은 시간을 확정하기 어렵습니다. 나의 몸은 좀 쇠약하나 특별한 병은 없으니 염려 마소서! 김박사 아이들은 홍역을 합니다.

4265년(1932) 1월 16일도산

체포된 상해에서 부인을 위로하며

나의 사랑하는 아내, 혜련

내가 일평생에 당신에게 위로와 기쁨을 준 적이 없었고 이제 느즈막에 와서 근심과 슬픔의 재료를 주게 되오니 당신을 대하여 미안함이 끝이 없습니다. 당신뿐 아니라 당신 이외에 나를 위하여 우려하는 여러분을 향하여 더욱 미안합니다. 그러나 과히 근심하지 마소서. 나와 같은 길에서 걸어 가다가 나보다 먼저 철창 밑에서 고생한 사람이 얼마입니까. 이제 내가 이만큼 고생을 받는다고 특별히 슬퍼하고 탓할 것이 무엇입니까. 다만 나의 과거를 돌아보건대 무엇을 한다는 것이 모두 위명뿐이었고 실제로는 아무것도 이룬 것이 없이 공연히 여러 사람에게 근심만 끼치게 되었으니 이것을 위하여는 스스로 부끄러워하고 스스로 책망함을 마지 아니합니다. 그러나 당신은 당신의 남편이 살인이나 강도범으로 이 경우에 처하지 아니한 것만을 생각하고 스스로 위로하심을 바라옵니다.

필립의 부탁을 받고 와서 방문하는 미국 영사도 만나 보았고 당신의 단식하지 말라고 권고한 전보도 받았습니다. 그 전보를 받고 당신의 지극한 사랑을 비상히 느끼었습니다. 당신의 부탁이 없더라도 내가 그러한 이치에 어긋나는 행동을 할 뜻이 없는 바이고 당신의 부탁을 또 존중할 터이니 조금도 염려하지 마시오. 앞으로 내 자신에 관한 모든 것을 자연에 맡기고 스스로 안심하기를 공부하여 이 시간으로써 수양하는 시간을 지으려고 합니다. 장차 조선에 돌아가서는 어떠한 형편을 당할는지 모르거니와 이 곳에 온 후에는 한 번도 체형을 받은 일이 없을 뿐더러 무례한 말도 들은 일이 없고 도리어 너그러운 대접을 받았습니다. 이 곳에서 특별히 치과의사를 청하여 이를 고쳐 주었고 담배도 특별히 허락하여서 하루 세 번씩 식후에 담배를 피웠습니다. 그 밖에도 편의를 주었습니다. 이 곳 간수들이 다 친절히 대접하며 동정합니다. 이즈음에 내가 날마다 지나는 과정은 대개 아침마다 세수하고 방을 소제한 후에 20분 동안 동맹 운동을 하고 30분씩 세 번 정좌하고 그 날에 보는 독서와 실내 산보 등으로 시간을 보냅니다.

이제 앞으로도 나의 지내는 형편을 정직하게 기록하여 보낼 터이니 신문상이나 바깥 소문을 듣고 놀라지 마시오. 당신께 부탁할 말씀은 나를 위하여는 조금도 염려하지 말고 필립과 영호와 의논하여 필선으로 하여금 완전한 전문 지식을 가지도록 공부하게 하시오. 아이들을 너무 구속하지 말고 자유를 많이 주시오. 잘못하면 자식들이 덧나기 쉽습니다. 사업을 경영하고 모은 돈은 헤치거나 달리 소비하는 데로 쓰지 말고 기정한 방침대로 사업에 쓰게 하소서. 중국돈 60원을 정실에게 보내어 취하여 쓴 돈을 물게 하고, 치과 의사의 치료비를 정실이가 기별할 터인데 만일 집에 돈이 부족하면 송군(송종익)한테 말씀하시오. 이만 그칩니다.

(1932) 5월 27일 당신의 남편

대전 형무소에서 가족들에게

나의 사랑하는 아내 혜련,

(수산이가 이선생께 편지한 말을 듣고 기뻐하였다고 하시오)

당신이 경성 서대문 형무소로 두 번 보낸 편지를 다 반가히 받아 보았나이다. 이 형무소의 법규가 두 달에 한 번씩 편지하는 법인데 다른 곳에 편지하는 때에는 당신한테는 편지를 보내지 못하게 됩니다. 이왕에도 말하였거니와 내가 평생에 당신에게 기쁨과 위안을 줌이 없었고 이제 늘그막에 와서는 근심과 슬픔을 주게 되오니 불안한 마음을 측량할 수 없습니다. 더욱이 가사와 아이들에 대한 모든 시름을 늘 혼자 맞게 하니 미안하고 미안합니다. 내가 조용한 곳에 홀로 있어 평소에 그릇한 여러 가지 허물을 생각하고 한탄하는 중에 남편의 직분과 아비의 직분을 다하지 못한 것이 또한 스스로 책망하는 조건입니다. 또는 당신 이외에 미국에 체류하는 여러 친구와 동포들이 나를 동정하여 걱정들 하심에 대하여 황송하옵니다.

그 간에 집안에 별고 없으며 삼촌 댁과 영호 동생 부부와 아이들이 편안하고 친구들이 다 태평합니까. 여러 곳에 각각 편지하지 못하니 당신이 대신 문안하여 주소서. 차군과 에더 혼인에 대하여 기뻐 축하하옵니다. 아주머님이 정목사 편에 미화 10불(조선 돈으로 40원) 보내신 것을 감사하다고 말씀하여 주시오. 나는 경성 서대문 형무소에 있을 때에는 지난 겨울 특별히 추울 때에 얼마 동안 추위에 곤란을 다소 받았으나 다른 괴로움을 받은 것은 별로 없었는데 지난 3월 28일에 이 대전 형무소로 이전하여 온 후로 더욱 평안히 지내오니 나를 위하여 근심하지 마시오.

유숙하는 감방도 매우 정결하고 광선과 공기가 잘 통하며 음식도 비록 간단하나 매우 정결하고 매끼 삼시로 더운 햅밥을 주니 위생에 합당하고 구미에도 맞아서 잘 먹습니다. 또는 경성이나 이 곳에서 다 아직 괴로운 별 사건을 당함이 없었나이다. 당신의 개성이 본래 겁내 하지 않고 담대한바 내가 이 경우에 처한 것을 위하여 근심하지 말고 모든 것을 자연에 맡기고 집안일을 돌아보며 아이들을 교양하는 데 수고하는 것으로 낙을 삼으시오. 당신이 만일 수심하는 빛을 띠고 있다면 집안에 화기가 없어지고 따라서 아이들의 신체 발육과 정신 발달에 큰 영향을 줄 터이니 내게 관한 모든 것은 아주 없어진 양으로 일소하여 버리고 가정에 유쾌한 공기와 아이들의 활발한 기상을 만들기에 주의하시오. 당신이 30여 년 전, 즉 청년 시대에 샌프란시스코로 파인스트리트 일인 보딩하우스에서 나의 장래를 예언한 것을 기억합니까. 또는 팔구 년 전에 미주에서 작별할 때에 이번 작별은 무슨 작별이라고 말씀한 것을 기억하겠지요. 그런즉 당신은 그리 놀라거나 슬퍼하거나 할 것이 없이 마음으로 자녀들을 교양함에 전심하소서. 내 친구 중 나보다 먼저 세상을 작별하고 간 사람이 있다면 얼마입니까.

옥에서 목숨을 멈춘다 하여도 한할 것이 없습니다. 나는 나의 장래는 자연에 맡기고 다만 평소에 지은 죄과를 참회하고 심신을 새로이 단련하여서 옥에 있거나 밖에 있거나 어디서든지 남아 있는 짧은 시간을 오직 화평한 마음으로 지내려고 스스로 준비하고 힘씁니다. 당신께 몇 가지 말씀할 것은,

일(一). 아이들 혼인에 대하여는 필선은 아직 문제가 안 될 것이고 수산과 수라의 혼인이 염려입니다. 미주 우리 사회에 혼인의 문이 넓지 못한바 실제로 혼처를 구하기 곤란할 것입니다. 그러나 그 형세에 맡길 수밖에 없습니다. 당신의 감독하는 밑에서 저희들이 자유로 선택할 터인데 아이들에게 선택할 지식을 먼저 지도하여 주시오. 특별한 사람을 구할 것이 없고 직분을 존중히 하고 직업을 사랑하는 근실한 사람이면 만족할 줄 아시오. 그 중에 필립의 혼기가 너무 늦은 것은 유감입니다. 그러나 임의로 늦어진 바에 좀더 기다리는 것이 좋을 듯합니다. 내가 만일 죽지 않고 나가게 되면 내가 나가서 주선하는 것이 나을까 함이외다. 나의 나갈 형기가 1936년 11월 6일인즉 앞으로 3년 5개월이 남았나이다. 3년 시간이 잠깐 갈 터이니 기다림이 좋을까 합니다.

일(一). 집안 생활에 대하여는 본래도 곤란한데 지금 특별히 불경기의 시기에 처하여 여북 곤란하리오. 그러나 이것도 평생을 받아 오는 바 견디는 힘이 다른 사람들보다 나을 것입니다. 다만 주의할 것은 필영이를 제한 외에 네 아이는 무엇을 하든지, 거리에 나가 신문지를 팔더라도 죄다 일 전씩의 벌이라도 버는 일을 실행케 하고 이 불경시 시기를 이용하여 절약을 공부하게 하시오.

일(一). 필립이가 장사를 못 하고 남에게 고용되는 바에 할 수 있으면 그 곳 포드 자동차 회사에 상당한 직을 얻어서 일하는 것이 좋을 듯합니다. 이것은 장래에 동양으로 건너와 살 경우에는 동양에 있는 그 회사의 일을 얻어 가지고 와서 살기에 용이할까 함이외다. 그 애의 삼촌 두성 군은 매일 5원씩 받고 포드 회사에서 일하므로 돈을 저축하면서 잘 지냅니다.

일(一). 윤진오 군이 필립과 같이 무슨 영업을 하기 위하여 자본을 보내라 하였는데 그것을 시행치 못한 것이 미안합니다. 그러나 지금 미국 돈과 동양 돈이 엄청나게 가계가 되는 때에 있어서 동양에 있던 돈을 미국으로 가져가면 여간

한 큰 손실이 아니니 그 돈은 아주 없어진 셈치고 기다려서 미국과 동양에 경제 융통의 형세가 원상대로 된 뒤에 이러나저러나 하여야 하겠고 또 그 돈에 대하여는 추호도 염려하지 마시오.

일(一). 필선의 수학을 원조하신 단소 여러분께 감사한 뜻을 대신 말씀하시고 저금 동맹을 다시 실행하기로 힘쓰기를 원한다고 하소서.

나중으로 당신께 다시 하옵는 말씀은 인생이란 것이 본래 장생 불사하는 물건이 아니고 누구나 한번 났다가 한번 죽는 바요, 또 사는 동안이 매우 적은 것이오. 내나 당신이 다 인생의 하나로서 세상에 와 있는 동안 잘 지내거나 못 지내거나 삶의 시간이 거의 다 지나갔고 이제는 남은 것이 많지 못합니다. 이 위에도 말하였거니와 나는 나의 지나간 역사의 그릇된 자취를 더듬어 보고 양심의 책망을 받으므로 비상한 고통을 때때로 받았습니다. 그러나 그것이 다 지나갔으니 후회 막급으로 생각하여도 별 도리가 없습니다. 그런즉 지나간 모든 것을 다 끊어 보내어 버리고 오직 살아 있는 짧은 시간을 어떻게 다 보낼까 함이외다. 옛날 그릇된 자취를 다시 아니 밟겠다는 결심은 물론이지마는 새로 밟아갈 것이 무엇일까 함이외다. 아무 별 것이 없고 오직 사랑뿐입니다.

사랑, 이것이 인생의 밟아 나갈 최고 진리입니다. 인생의 모든 행복은 인류간의 화평에서 나오고 화평은 사랑에서 나오는 때문입니다. 우리가 실지로 경험하여 본바 어떤 가정이나 그 가족들이 서로 사랑하면 화평하고 화목한 가정은 행복의 가정입니다. 그와 같이 사랑이 있는 사회는 화평의 행복을 누립니다. '사랑'을 최고 진리로 믿고 사랑을 실행하는 사람의 사랑으로 인하여 가정이나 사회의 화평이 행복이 촉진될 것은 물론이거니와 가정보다 먼저 사회보다 먼저 사랑을 믿고 사랑을 품고 사랑을 행하는 그 사람 자신의 마음이 비상한 화평중에 있으므로 남이 헤아리지 못할 무상한 행복을 받을 것입니다. 그런즉 내나 당신이 앞날에 있는 시간에 우리들이 어떤 곳에, 어떤 경우에 있든지 우리의 마음이 완전히 화평에 이르도록 '사랑'을 믿고 행하십시다. 내가 이처럼 고요함을 공부할 생각만 하자는 동시에 이것을 당신에게 선물로 줄 마음이 있어서 '사랑' 두 글자를 보내오니 당신은 당신의 사랑하는 남편이 옥중에서 보내는 선물을 받으소서. 이것을 받아 가지고 우선 집안 자녀들을 평일보다 특별히 사랑하는 화평의 기분으로 대하며 삼촌댁과 사촌 집 친족들이며 그 밖에 친구들한테 평시의 감정을 쓸어 버리고 오직 사랑으로 대하기를 시험하소서. 효과가 곧 날 것입니다. 그리하여 어떤 사람에게든지 자비의 정신을 품고 대하기를 공부하여 보소서.

말이 너무 길어지므로 그만 줄입니다. 아이들에게도 자주 편지하고자 하나 형편이 허락하지 아니합니다. 아이들 보고 싶은 마음은 평시보다 더욱 간절합니다. 그 중 필영이 생각이 더 많습니다.

1933년 6월 1일 당신의 남편

옥중에서 가정의 생활 방법을 알려 주며……

나의 사랑하는 아내 혜련,

2월 23일에 부친 당신의 편지를 반가히 받아 읽었나이다. 아이들이 그처럼 병 없이 잘 자라며 공부의 성적들이 다 양호하고 행실이 다 선량하니 마음의 위로를 가지나이다. 다만 당신이 혼자서 무거운 짐을 짊어지고 나아가는 것을 생각하고 항상 미안한 뜻이 없지 못합니다. 그런데 당신의 편지에 골몰하고 분주하다는 구절을 읽을 때에는 더욱 마음의 찔리는 고통을 금할 수 없습니다. 이것은 당신이 홀로 곤란을 무릅쓰고 아이들을 키우기에 애쓰는 것을 애석히 여기는 동시에 내가 나의 직분과 책임을 다하지 못한 것을 스스로 책망하는 때문입니다. 그러나 나의 과거를 돌아보면 무엇 무엇을 한다고 하였으나 오늘에 와서 실제로 거둔 것이 없음을 볼 때 때때로 일어나는 자탄과 자책의 고통을 스스로 억제하기가 어렵습니다마는 당신의 고생한 것은 하나도 헛된 땅에 떨어지지 않고 참스러이 거두게 되었으니 당신은 곤란중에서라도 위로와 기쁨을 가지소서.

내가 지난 2월에 은사로 1년 감형을 받은 소식을 이미 듣고 기뻐하였을 줄 믿나이다. 내가 가장 견디기 어려워하는 추위는 다 지나갔고 양춘의 따스한 바람이 불어오므로 평안한 행복을 누리나이다. 앞으로 한 추위만 무사히 보내면 되겠으니 서로 만날 시간이 멀지 아니합니다. 맥결이는 김봉성 군과 3월 1일에 결혼식을 올리고 지난달 중순에 나한테 왔다가 갔나이다. 여러 집이 다 평안하다고 합니다. 수산이가 대학을 마친 후에 상당한 곳에 혼인하면 좋겠으나 중대한 혼인은 억지로 못할 것이니 그것은 자기 자유에 맡기고 과히 근심하지 마시오. 다만 혼인의 시기를 넘기면 앞에 곤란이 있을 것과 너무 높은 인격자를 희망하지 말고 직분을 존중히 하고 직업을 즐거워하여 자립 자존할 능력과 사회에 보상할 덕량이 있는 한 평범한 사람을 택하는 것이 가한 뜻으로 늘 지도하여 주시오. 내가 나간 후에 그 때 혼인을 위하여 많이 주의하겠나이다.

우강(송종익)께 특별히 몇 말씀 전하여 주시오.

1. 내 집 아이들에 대하여 항상 물질과 정신을 아울러 허비하여 거두어 주는 은혜를 얼마나 감사하다고 할는지 보답할 길이 막연하다고 하고,

2. 우강의 지금 하여 가는 상업에 별 손해 없고 다소라도 이익이 있으면 아직 동하지 말고 그냥 붙들고 나가기를 바란다고 하고,

3. 상해 은행에 입체한 돈은 언제든지 돈 가계가 전날과 같아지기 전에는 천동하지 말기를 바란다고 하고,

4. 필립이가 비록 개성상 맞지 않는 점이 있으나 너그러이 용납하고 잘 지도하여 프루트 스탠드(채소상)를 하더라도 한 상업자의 자격을 가지게 하고, 할 수 있으면 우강과 동사하는 형식을 가지게 되면 좋겠다고 하고,

5. 미국에서 낡은 자동차를 사서 원동에 옮기어 수리하여 파는 상업이 매우 유리하다고 생각하니 이것을 실제로 조사 연구하기를 바란다고 하고,

6. 중왕에 곽군의 주창하던 소다 워터 제조 문제를 심상시할 것이 아니라 상당히 연구할 가치가 있다고 생각하니 이 점을 특별히 유의하여 연구하기를 바란다고 하고(제조창 시설 방법과 자본이 얼마나 될 것),

7. 남미주에 재래 동양 의약을 발전시킬 희망이 있을는지 홍군에게 알아 보기를 바란다고 하시오. 오스트리아에서는 동양의 약으로 업을 잘하는 동양 사람을 보았나이다.

편지가 너무 길어지는 고로 그만 그치렵니다. 미주에 있는 여러분들한테 불경기에 곤란을 받음으로 낙심하지 말고 경제 방면에 더욱 분투하기를 바랍니다. 이것을 떠나서 무엇을 생각하는 것은 바람잡이와 같은 것을 잊지 아니하여야 할 것이라고 말씀하시오.

당신에게는 전날에 말한 바와 같이 사랑과 덕망을 확충하므로 항상 화평한

행복을 누리기를 바라나이다.

4월 9일 당신의 남편 안창호

출옥 후 일제의 감시 속에서도 교육과 농촌 운동을 잊지 않으며

나의 사랑하는 아내 혜련,

당신이 수산, 수라, 필영을 데리고 나를 찾아온다는 필립의 전보를 갑자기 받고 이것이 꿈인가 생시인가 하고 형언할 수 없는 느낌을 금할 수 없었나이다. 오랫동안 그립던 당신을 만날 것도 반가우려니와 나의 사랑하는 딸들과 어린 필영을 볼 것을 생각하고 더욱 기뻐하였나이다. 그 전보를 읽어 보고 또 읽어 보면서 처음에는 기뻐할 뿐이었고 얼마 후에는 당신과 아이들이 조선에 돌아온 후에 장차 어찌할까 하는 고려가 생기는 데 속히 판단할 수 없는 고로 편지로써 의논하려고 작정하고 기다리라는 전보를 보내었나이다. 당신과 아이들이 조선에 들어와야 될 것으로 말하면 사회에 유익한 일을 해야 할 것이오. 둘째는 수산, 수라가 조선에 와서 많은 남자 중에서 배필을 선택하게 할 것이오. 셋째는 필영이 하나는 동방에서 교육을 받게 할 것이요, 넷째는 당신의 나이 점점 많아 가는데 생활비가 적게 드는 조선에서 안녕한 가정 생활을 하다가 여년을 마치는 것이 좋을 것입니다. 이것들보다도 나와 당신이 이름은 부부라고 하나 일평생에 가장 단락의 생활을 하여 보지 못하였는데 이제 늘그막에나마 아이들을 데리고 한 집에 모이어 고락을 같이하여 보는 것이 중정에 막을 수 없는 원입니다. 내가 이따금 친구들하고 말할 때에 나는 늙어 가면서 아내가 지어 주는 음식이 맛이 더 있다고 말하였거니와 과연 당신의 손으로 지어 주는 밥을 먹고 싶은 생각이 간절합니다. 그런데 고려할 것은 무엇인고,

첫째는 생활 문제요, 둘째는 특수한 환경 문제입니다. 생활 문제로 말하면 당신이 잘 아는 바 내가 직업으로 아무 생산하는 것이 없고 친구들의 도움으로 지내는데 내가 귀국한 후에 여러 친구들이 많이 동정하여 혹은 차표를 사서 주는데 분수에 맞게 2등차를 타고 편안히 다니고 혹은 여비로 용비로 두터이 주어서 매우 편안히 살아갑니다. 그러나 다음에는 한갓 불평을 가지게 됩니다. 그것은 내가 무엇이건대 이렇게 남들에게 과도한 동정을 받는가, 내가 무엇을 하였

기에 이렇게 하는가 하고 양심의 가책을 받게 됩니다. 지금 내 일신만이 남을 의뢰하여 지내는 것도 불가한데 지금 내가 자력으로 살아갈 방도를 세우지 못한 이 때에 당신과 아이들이 조선에 들어오며 내 가족 생활까지 남을 의뢰하게 될 터이니 이것을 감당할 수 없는 것이라 하여서 당신이 오려 함을 고려하게 된 것이오. 또는 필립이가 수입이 많아졌으므로 여비를 관비하고 장래 생활비까지라도 자기가 책임을 지겠다는 생각을 가지고 당신이 귀국하게 하는 듯합니다. 만일 그렇다면 필립이 부모를 위하는 성의는 고마우나 그 수입은 일시적이요, 근거 있는 생산은 아니니 그것을 믿고 조선에서 살림을 차리는 것은 안전하다고 할 수가 없습니다.

환경 문제로 말하면 내가 이미 조선에 와진 바에는 다시 외국으로 나아가지 않고 조선 농촌에 조용히 들어앉아서 원예, 축산, 양어 등 사업 중에서 합당한 것을 선택하여 스스로 살아갈 업을 지어 가면서 주위에 있는 농민들의 생활 개선을 권장하며 청년을 모아 직업 교육을 시키어 가면서 세월을 보낼까 하였더니 근래에 관변측으로 흘러나오는 말을 들으면 내가 그들에게 찾아다니면서 굴복한다는 태도를 가지지 아니한다는 이유로서 나로 하여금 조선에서 좋은 직업 교육 기타 무엇이든지 일을 도무지 못하게 할 작정이라 하고 내가 출옥 이후 1년 반이나 넘도록 아무것도 아니하고 다만 정양만 하고 침묵하게 있었건마는 그네들은 주목을 심히 하여 나의 오고가는 것과 일반 행동을 조사하는 것은 물론이거니와 나를 찾아오는 사람들까지 붙들고 무례히 조사하고 강연하는 것을 금하며 환영하는 것까지도 금하는 모양입니다. 내가 이러한 환경에 처하여서 모든 것을 하겠다고 관변에 구구히 다니면서 아첨하는 태도는 취할 수 없고 그러지 아니하면 아무것도 못하고 의미 없는 시간을 보낼 터이니 장차 어찌할까 하고 앞길을 결정하기가 곤란합니다. 이처럼 주목을 받고 있는바 혹 특별한 경우에는 내 신세가 다시 어찌될는지 예측하기 어렵습니다. 나의 환경이 이러하여 나의 뜻을 결정하지 못한 이 때에 당신을 들어오라고 하기가 미안합니다. 당신과 아이들을 보고 싶은 정도 간절하고 한번 단란한 가정 생활도 하여 보고 싶은 생각이 없지 아니하나 내 처지와 환경이 이러한 이상에 굿굿하여 각종 단란 문제는 아예 끊어 버리고 끝까지 독신 생활로 몸을 그냥 가부답게 하여 가지고 형편을 보아 이리저리 굴다가 세상을 마치는 것이 적당치 아니할까 합니다.

앞으로 조선 형편을 더 살피고 하고 싶은 일 중에 더러 시험하여 소일감이나 생기고 한 가족이 살아갈 만한 안전한 사업이 준비가 된다면 그 때에 서로 모이는 것이 가하거니와 오늘의 경우에 있어서는 차라리 만나고 싶은 정을 억제하는 것이 낫지 않을까 합니다. 조선 안에 있는 친구들 중에서 혹은 속히 외국으로도 나아가라고 권하고 혹은 조선에 영류하여 여생을 편안히 지내라고도 합니다. 나를 산간에서 조용히 정양하라고 두 친구가 태평동 뒤 내동(이용선 군의 고향) 위에 대보산 송태라는 산지를 샀고 몇 친구들이 적은 집 네 칸 가량을 지어 주는데 한 월여가 되면 다 필역이 될 듯합니다. 이 곳은 아무 수입이 없는 곳이라 한때 수양이나 하지, 상주하며 살 곳은 못 됩니다. 장차 농촌에 가서 무슨 생산 사업이나 혹 농촌 운동을 하라며 후원할 뜻을 가지는 이도 다소 있기는 있습니다마는 이 위에 말한 바와 같이 난관되는 형편이 있어서 곤란합니다. 그러나 앞으로 금년 겨울까지는 더 지나보려고 합니다. 다른 사정도 알려 주려 하다가 편지가 너무 길어지므로 훗번으로 미루고 그만 둡니다. 당신이 내 편지를 보고 다시 생각하여서 의견을 곧 알려주시오. 당신의 편지를 본 후에 나도 더 생각하려고 합니다.

8월 7일 안창호

제2차, 3차 전보도 받았습니다.

홍콩에서 스스로 좋은 사람이 되기를

나의 사랑하는 아들 필립,

어머님의 편지를 본즉 네가 넘어져 팔이 상하였다 하니 매우 놀랍고 걱정된다. 네 팔이 곧 낫는대로 내게 알리어 달라. 네가 소학교에서 중학교 1반을 마친 것을 기뻐하노라. 나는 평안하고 이번 미국에서 동양에 놀러 나온 미국 상의원과 하의원을 만나려고 홍콩에 왔다가 그들이 이 곳에 오지 아니하므로 만나지 못하고 수히 상해로 돌아가겠노라. 내 아들 필립아, 이왕에도 말하였거니와 너는 나이 점점 많고 키가 자라고 몸이 굵어지니 전날 나이 어리고 몸이 적을 때보다 스스로 좋은 사람 되기를 힘쓸 줄 아노라. 내 눈으로 네가 스스로 좋은 사람 되려고 힘쓰는 모양을 매우 보고 싶다.

너의 근본 성품이 속이지 않고 거짓말 아니하고 진실하니 이런 때문에 다른 사람들보다 좋은 사람 되기가 쉬우리라고 생각한다. 좋은 사람 됨에는 진실하고 깨끗한 것이 첫째임이라. 너는 스스로를 부지런한 것과 어려운 것을 잘 견디는 것을 연습하여라. 네가 책을 부지런히 보느냐. 쉬지 말고 보아라. 그러나 아무 책이나 마구 보지 말고 특별히 좋은 책을 택하여 보아라.

좋은 사람 되는 법이 좋은 친구를 잘 가리어 두며 좋은 책을 잘 가리어 보는 두 가지가 매우 요긴하니라. 두 종류로 책을 택하여라. 첫째는 좋은 사람들의 사적과 인격을 수양하는 데 관한 책은 좋은 책이오. 둘째는 네가 목적하고 배우고 지식을 돕는 데 관한 책이니라. 이 두 가지 성질을 표준하여 책을 보고 한국글과 책을 잘 익히어라. 내가 주는 말을 네가 즐거운 마음으로 받을 줄 믿노라.

네 아버지 중국 홍콩에서

서울 구치소에서

필립에게,

네가 어머님을 모시어 동생들을 데리고 잘 있느냐. 네가 나를 대신하여 집안을 위하여 힘쓴 것을 고맙게 생각하는 것은 다 말할 수 없다. 금년에는 꼭 집에 가서 너를 도우려고 하였더니 불행히 이와 같이 됨으로 뜻을 달하지 못하였다. 나는 평안하고 밖에서 들여 주는 의복과 음식이 다 만족하니 근심하지 마라. 어머님이 보낸 귤을 잘 먹었다고 말씀드리어라. 피터 식구가 다 평안히 가서 자리를 잘 정하였느냐.

11월 8일부 경성부 현저동 101번지 안창호

가정을 잘 돌보도록

나의 사랑하는 딸 수산,

네 형 맥결이가 나를 위하여 애도 많이 쓰고 나한테 다니기에 시간과 돈도 많이 썼다. 네가 편지로 고마운 뜻을 표하여라.

구월 오일 네가 보낸 편지를 반가히 받아서 자세히 보고 기뻐하였다. 내가 너를 품에 안아서 재워 주던 것이 어제 같은데 지금에는 네가 대학생이요. 영레이디가 되었고, 수라의 토요 댄스를 보던 것이 어제와 같은데 지금은 중학을 마치고 대학으로 가게 되었으니 참 세월이 빨리 달아난 것을 깨닫겠다.

나의 사랑하는 딸 수산, 수라, 너희들이 공부를 잘하며 품행이 아름답고 어머님께 효성이 있고 동생들과 우애하여 항상 어머님으로 기쁘게 하니 내가 비록 옥중에 있을지라도 너희들을 생각하고 기쁨을 가진단다. 네 오라버니 필립이도 대학에 다니는 것을 좋게 생각하고 필선이가 그처럼 공부에 힘쓰고 특별히 어머님을 항상 도와 드린다니 참 기쁘단다. 필영이가 그같이 활발하게 장난을 잘한다니 매우 기쁘단다. 다만 우리 집 앞 언덕 위에는 어두워서는 다니지 말며 연약한 나무에는 자주 오르지 말라고 하여라. 나는 별고 없고 이왕에 한 날에 한 번씩 밖에 나가서 운동하였는데 얼마 전부터는 매일 오전과 오후로 두 번씩 운동하니 매우 좋으며 매 예배육일에 유성기 소리도 듣는다.

내가 옥에서 나아갈 날이 명년 십일 월 십팔 일이다. 네가 사범과를 택하였으니 그 중에 가정에 관한 것을 특별히 주의하여 연구하기를 바란다. 너는 대학을 마친 후에 조선에 나와서 일하여야 할 터인데 조선에 개량할 것이 많은 중 가정생활의 개량이 매우 필요하다. 우리 집 앞 언덕길이 전과 같으냐 혹 고치었느냐, 연못에 연꽃이 남아 있느냐. 또 토란나무는? 너희들이 매우 바쁘지만 뜰을 깨끗하게 거두고 화초를 잘 길러라. 이것도 아름다움을 사랑하는 좋은 습관을 양성하는 한 과정이다.

10월 1일 너의 아버지

8

도산 선생 신문기

도산 선생 신문기 두 편을 게재한다.

전편은 도산이 1932년 4월 중국 상해에서 일본 경찰에게 체포되어 서울로 압송된 후, 치안 유지법 위반죄로 4년 역을 언도받을 때까지의 심문 기록 중에서 조서 부분의 일부이다. 뒤에 실린 신문기는 동우회 사건으로 체포되기 하루 전 증인으로 신문에 응한 내용이다.

第1회 심문(1932년 9월 5일)*

치안 유지법 위반　피고인　안창호
경성지방법원 예심판사 증촌문웅
동(同)　　　서기 풍강유길

문 · 씨명 연령 신분 직업 주거 및 본적 여하?

답 · 성명 안창호, 나이는 55세, 주거지는 상해 불계(佛界) 하비로(霞飛路) 101농(弄) 30호

출생지 평안남도 강서군 초리면 봉우리

문 · 작위 훈장 기장이 있으며 연금 은급을 받고 공무원의 직에 있었는가?

---

* 이 기록은 1948년 당시 검찰 총장 이인의 호의로 검찰청 기록고에서 찾아내 그 중 중요한 부분을 홍사단 《단보》 1949년 1월호부터 6회에 걸쳐 연재하였다가 박현환 편 《속편 도산 안창호》(삼협문화사, 1954) 및 주요한 편 《안도산 전집》(삼중당, 1963)에 나누어 수록된 것이다. 이 귀중한 기록의 나머지 부분은 6 · 25 동란 때 소실되었다. (일설에는 북한 내무 서원에게 압수당하였다고도 함).

답 · 없다.

문 · 지금까지 형벌에 처하였던 일은 없는가?

답 · 없다.

(판사는 본건 피고 사건을 말하고 이 사건에 대하여 진술한 바의 유무를 물음에 선생은 진술할 것이 있으나 심문에 응하여 그 때 그 때 응답하겠노라 대답하였다.)

생애의 개략

문 · 교육 정도 여하?

답 · 8세부터 13세까지 출생지 소재의 사숙에서 한문을 수학하고,
14세부터 16세까지 김현진에게 유학을 배우고,
17세 때에 경성에 올라가 예수교 장로교 원두우 학교에 입학하여 19세에 동교를 졸업하고,
23세 때에 미국 상항 공립 소학교에 입학하여 24세 때에 동교 2학년을 수업하고,
25세로부터 26세까지 로스앤젤리스에 있는 기독교 경영의 신학 강습소에서 영어와 성경의 교수를 받았다.

문 · 어떤 종교를 신앙하는가?

답 · 기독교 장로파의 신도다.

문 · 재산 정도 여하?

답 · '로스앤젤리스'에 약 3000달러의 재산이 있다.

문 · 가정 상황 여하?

답 · 선고 안흥국은 본인 7세 때 사망하고 모친은 약 3년 전에 사망하고 장형과 누님은 생존하였으나 차형은 약 30년 전에 사망하다. 가처 이혜련(49) 밖에 장남 필립(28) 차남 필선(20) 3남 필영(7) 장녀 수산(18) 차녀 수라(16) 5인 자녀가 로스앤젤리스에 있어 장남이 경영하는 식료품상의 수입으로 생활하고 있다.

문 · 6인 가족은 목하 무엇을 하고 있는가?

답 · 장남은 중학 졸업 후 식료품상을 하고 차남은 전문 학교 재학중이며 3남은 유치원에 다니고 장녀와 차녀는 여학교에 재학중이요 처는 가사를 볼 뿐이다.

문 · 피고인은 이혜련과 언제 결혼하였는가?

답 · 본인의 22세 때이다.

문 · 피고인의 처는 이치환의 딸로 어떤 학교에서 교사 노릇한 사실이 없는가?

답 · 결혼 전 경성 어떤 기독교 학교에 재학하였으나 결혼 직전에 퇴학하고 집에 돌아갔다.

문 · 피고인은 상해에서 어떻게 하여 생활하고 있는가?

답 · 장남에게 연 400달러 정도의 송금을 받아 생활하고 있다.

문 · 미화 400달러는 일화 약 800원에 해당하는데 그것만으로도 생활비 및 기타 경비에 부족하지 않았는가?

답 · 중국에는 물가가 천하여 집세와 식사에 1개월 25원이면 족하고 다른 운동을 위하여 지방 여행할 때에는 홍사단원과 동지에게 연금(捐金)을 받아 지변한다.

문 · 가족과 별거하여 어떻게 생활하는가?

답 · 불편이 없지 않으나 활동상 부득이 한 일이라 생각한다.

문 · 홍사단과 동지에게서 얼마나 보조를 받고 있는가?

답 · 5원, 10원 그 때 형편대로 융통하여 쓰니까 그 액은 미상하다

문 · 미국에서 상업상 이윤은 어떠한가?

답 · 2000달러 내지 3000달러의 수입이 있다 한다.

문 · 그러면 어떻게 하겠다는 구체적인 방침이 서 있지 않는가?

답 · 장남은 현재대로 상업을 시키고 차남은 개성에 적응한 전문가가 되게 하려 하고 3남도 장래 대학까지는 시키려고 생각하며 장녀와 차녀는 학교 졸업 후 적당한 곳에 출가시킬 생각이다.

문 · 피고인의 부모는 무엇을 하였는가?

답 · 부친은 농업하는 한편 사숙 훈학을 하고 있었는데 사망 전 7, 8년간은

중풍으로 인하여 누워 지냈다.

도미 전 경력

문 · 피고인의 도미하기 전까지의 경력 여하?

답 · 17세 때에 단신으로 상경하여 당시 정동에 있는 원두우 학교의 보통반에 입학하여 동반을 졸업하고, 특별반에 들어가 19세 때에 졸업하고, 20세 때에 충군 애국을 '모토'로 하는 독립 협회가 생기므로 이에 가입하여 동회 평양 지부에 가 있다가 뒤에 동 협회가 해산되므로 자연 이에서 손을 떼고, 21세 때에 평안남도 강서군 동진면 고일리에 돌아가 점진학교를 설립하고 1년간 이를 경영하다가, 22세 때에 이를 타인에게 위양하고 당시 본인이 착수하고 있던 하천 매축 공사도 반쯤 준공하였으므로 이를 가형에게 양도하고 미국에 유학할 목적으로 그 후에 상경하여 지금의 처와 결혼하고 미국에 건너갔다.

문 · 독립 협회는 언제 누가 어떤 목적으로 설립한 것인가?

답 · 일청 전쟁 후 대한이 중국에서 떠나 완전한 독립국이 되었을 때 경성에서 윤치호 · 서재필 · 이완용 · 안경수 등이 충군 애국을 '모토'로 하여 조직한 것이다.

문 · 동 협회는 어떤 활동을 하였는가?

답 · 처음에는 대한 독립의 영원 유지를 위하여 활동하다가 그 후 아라사가 충남 아산만을 조차하려는 교섭이 있자 정부에서는 이 교섭에 응하려는 지향이 있으므로 맹렬히 이 반대 운동을 하고 또 한국을 입헌 정체로 할양으로 전제 정부의 반대 운동을 하여 오다가 약 1년 반 후에 해산령을 받고 간부 일동이 거의 다 체포되었으나 본인은 연소한 고로 이를 면했다.

문 · 피고인이 동 협회 평양 지부장이 아니었던가?

답 · 아니다.

문 · 점진학교는 어떤 목적으로 설립하였던 것인가?

답 · 그 때 당지에 교육 기관이 없으므로 이를 설립했다.

문 · 피고인은 그 후 서울에 와서 사립 세브란스 병원에 근무한 일이 있었는가?

답 · 그런 일은 없고 본인의 친척 김필순이가 동 병원에 취직하여 있던바 그 주택이 동 병원 구내에 있으므로 동가에 기류한 일이 있다.

문 · 피고인은 어떤 목적으로 미국에 유학하였던가?

답 · 미국에서 교육학을 연구하고 돌아와 국내에서 교육 사업에 종사하려는 생각과 기독교의 오의를 연구하려고 도미하였던 것이다.

문 · 조선은 당시 전제 정치이므로 미국을 동경하여 미국에 갔던 것이 아닌가?

답 · 그런 것은 아니다.

문 · 피고인이 특히 미국을 택하여 유학한 이유는 무엇인가?

답 · 그 때 본인은 기독교에 관계하여 미국 선교사에 지인이 있은 것과 본인은 무산자이므로 고학하지 않으면 안 될 사정인바 이에는 미국이 가장 적당하다고 생각하였으므로 미국을 택하였던 것이다.

문 · 민리아는 어떠한 관계의 사람이었는가?

답 · 그 사람은 본인이 통학하던 원두우 학교의 교장이요 또 미국 선교사이므로 동인의 주선으로 본인이 도미하였던 것이다.

도미 후(渡美後)

문 · 도미 후 어찌하였는가?

답 · 상항에 도착한바 원한국(元韓國)에 왔던 당시 이민국 의사 다울과 건강진찰증서로 알게 되어 그 사람 집에 고용되어 소제하는 일을 맡아 하다가 그 후에는 다른 미국인 가정에 고인(雇人)이 되었다.

문 · 상항 재류 중 어떻게 하여 공부하였는가?

답 · 미국인 가정에서 일하여 주면서 동지 소재 공립 소학교에서 2년간 수학하다가 로스앤젤리스로 이주하였다.

문 · 로스앤젤리스로 이주한 이유는 무엇인가?

답 · 동지는 기후가 좋을 뿐더러 고학하기에 적당한 까닭이다.

문 · 동지에서 어떠한 생활을 하였는가?

답 · 본인은 당지 미국인의 가정에 고인이 되고 처는 동지 중국인 경영의 학교에 통학하였다.

문 · 피고인이 공립 협회를 설립한 목적은 무엇인가?

답 · 본인이 처음 상항에 거주할 당시 동지에는 한인 약 20명이 있었는데 이들 한인의 친목을 도모하기 위하여 친목회를 조직했다. 그 후 본인이 로스앤젤리스로 이주한 후에는 미령 하와이의 다수의 한인 노동자가 도항하여 왔는데 그들은 거의 다 무교육자들이어서 어디서나 추태를 부리고 있다가 그들이 차차 미국 본토로 건너오므로 그들을 교육 지도하지 않으면 한인의 일대 치욕사(恥辱事)가 자주 생기는바, 당지 한인 중에서 본인을 선발하여 그들을 교도하라 하므로 본인의 처는 당지에 두고 단신으로 상항에 가서 동지 객주 한인들과 상의한 결과 종래에 있던 친목회를 고쳐 공립 협회라 칭하고 당지 한인 노동자를 지도 교육하게 되었던 것이다.

문 · 동 협회의 목적 여하?

답 · 가주에 있는 노동자를 지도 교육함이 그 목적이다.

문 · 동 협회의 기관지를 발간한 일이 없었던가?

답 · 동 협회의 기관지로《공립 신보》를 발행하였다.

문 · 피고인이 우기의 노동자 지도 교육의 임에 당한 이후의 생활 상황은 어떠하였는가?

답 · 처가 통학하고 있던 중국인 경영의 학교는 자혜 사업(慈惠事業)이므로 월 5달러이면 수학할 수 있었고 또 이것을 내지 못하여도 공부할 수 있었으며 본인은 일용 노동(日傭勞動)을 하는 데다가 본인을 선발한 로스앤젤리스 거주 동포에게서 원조를 받았다.

문 · 그런 상태는 언제까지 계속하였는가?

답 · 약 6년 계속하였다.

문 · 피고인이 그런 사업에 종사하고는 유학의 초지를 관철키 불능할 터인데 여하?

답 · 그렇기는 하나 앞에서 말한 바와 같이 노동자를 구하자면 누구든지 희생적으로 교육 지도의 임을 담당치 않으면 안 되겠으므로 처음 이를 담당할 때 숙고한 후 결의하고 이것을 담당하였다.

문 · 공립 협회는 그 후 대한인 국민회라 개칭하였는가?

답 · 설립 3년 후 대한인 국민회라 개칭하였다.

문 · 그를 대한인 국민회라 개칭함은 무슨 이유인가?

답 · 종래 미국 본토에 대동 보국회가 있었고 또 하와이에 고정회가 있었는데 모두 공립 협회와 동일한 목적을 가지고 있었다. 이들 단체가 병합하여 대한인 국민회라 개칭한 것이니 역시 교육 사업을 장려하여 한국 민족의 복리 증진을 목적한 것이다.

문 · 어떤 사업을 하여 왔던가?

답 · 〈신한민보〉를 발행하고 각지에 학교를 설립하여 한인 자체를 교육하며 또 새로 미국으로 건너오는 한인의 편의를 도모하였다.

문 · 그와 같이 개칭한 후 그 회장이 되지 않았는가?

답 · 본인은 1906년에 귀국하였는데, 그 후에 개칭되었고 1911년에 재차 도미하여 1912년에 동 회의 총회장이 되었다.

문 · 동 회의 기관 여하?

답 · 지방회, 지방 총회, 중앙 총회가 있다.

문 · 피고인은 명치 38년(1905년) 8월 22일 일한 양국간에 5개조로 설립된 보호 조약이 체결된 것을 알았던가?

답 · 알았다.

귀국 후(歸國後)

문 · 피고인이 명치 38년중 귀국하였던 사실이 있는가?

답 · 앞에서 말한 바와 같이 1906년 초에 귀국하였던 사실이 있다.

문 · 귀국한 사정 여하?

답 · 당시 공립 협회는 융성하였다. 동 회 내에서 해외에 있는 한인은 비약적으로 발전하고 있는데 이를 그대로 방치하면 안 될 것이니 본국의 국시에 의하여 본국에 거주하는 유지들과 서로 제휴하여 한인의 해외 발전책을 강구하여야 하겠다는 논이 생겼다. 그럼에는 일본국에서는 여하한 국시하에 여하한 사업을 하는가를 시찰할 필요가 있다 하여 결국 본인이 동회 대표자로 시찰을 하기 위하여 귀국하게 되었다.

문 · 그런 것이 아니라 당시 미국 재류 조선인간에 한국이 보호 조약에 의하여 일본의 보호국이 되었으므로 그 조약을 반대하여 물정이 소연하므로 피고인이 공립 협회를 대표하여 한국 본토와 해외 재주 한인이 서로 제휴하여 보호 조약에 반대 여론을 환기할 목적하에 귀국함이 아니었던가?

답 · 당시 보호 조약 체결에 대하여 미주 거주 한인 간에는 이를 반대하여 사정이 소연함은 사실이었다. 공립 협회나 본인 개인도 위 조약을 반대하였으므로 본인 의향으로도 전술과 같은 사정 시찰 겸 조약에 대한 본국의 세론을 조사하여 보려던 즈음에 공립 협회를 대표하여 귀국하게 되므로 해내 해외의 한인이 호상 제휴하여 반대 여론을 환기할 필요도 있다고 생각하였다.

문 · 그런 목적하에 귀국하여 여하한 행동을 취하였던가?

답 · 귀국하였으나 별로 이렇다 할 국시도 없고 또 지도 기관으로 자강회가 있었으나 이것 또한 한인 지도의 임에 당하여 있지 않으므로 동지나 친우가 본인에게 도미치 말고 본국에 남아서 우리 동지와 같이 대성학교, 신민회, 청년 학우회 등을 설립하고 각지를 유세하여 동포의 자립 자존 정신보급에 노력하였다.

문 · 자강회는 언제 누가 어떤 목적하에 조직한 것인가?

답 · 앞에서 말한 바와 같이 공립 협회가 해산된 후 동 협회에 있던 남궁억 외 수명이 대한 민족의 자립 자존 정신 보급을 위하여 조직한 것이다.

문 · 그 자강회는 일본과 한국 간에 체결된 전기 보호 조약에 대하여 반대한 것이 아닌가?

답 · 표면으로 반대 행동을 취하지 않았으나 내실은 반대 의견을 가지고 있었다.

문 · 그 자강회가 보호 조약에 반대하였고 또 공립 협회가 반대하였은즉 피고인이 공립 협회를 대표하여 귀국하여 자강회와 악수하고 이 조약에 반대하려는 임무를 띠고 귀국한 것이 아닌가?

답 · 그런 것은 아니다. 앞에서 말한 바와 같이 공립 협회나 본인 개인이나 그 조약에는 반대나 자강회가 이에 반대 의견을 가지고 안 가짐은 본인이 미국을 떠날 때는 모르고 귀국 후 비로소 동 회가 이에 반대함을 알았다.

문 · 피고인이 미국 출발에 제하여 귀국 후 국내에서 활동할 수가 있으면 국내에서 활동할 각오로 귀국한 것이 아닌가?

답 · 그런 것은 아니다. 앞에서 말한 바와 같이 귀국 후에 동지와 우인에게 권고를 받아 비로소 국내에 있을 결심을 하였다.

문 · 피고인이 전술의 신민회 등을 설립하기까지는 어떤 행동을 하였는가?

답 · 지방을 순회 유설하여 대한 민족의 자립 자존 정신을 고취하였다.

문 · 여하한 동기에 의하여 지방을 순회 유세하였는가?

답 · 귀국 후 한국이 전기와 같이 일본과 보호 조약을 체결하여 일본의 보호국이 됨은 한국이 일본에 비하여 역량이 부족하기 때문이니 이대로 방임하면 한국은 일본의 침략을 받아 병탄되어 버리리라고 생각한 까닭이다.

문 · 피고인은 자강회에 입회하여 동 회원으로 우와 여히 지방 유설에 종사함이 아닌가?

답 · 그런 것은 아니다. 본인 개인으로 유세한 것이다.

문 · 대한 협회는 언제 어떤 사람들이 어떤 목적으로 조직한 것인가?

답 · 본인이 귀국한 후 오래지 않아 자강회의 남궁권, 천도교의 권동진, 오세창, 기타 김가진, 윤공정 등의 자강회와 동일 목적으로 조직하였다.

문 · 동회는 어떤 활동을 하고 있었는가?

답 · 각별한 활동은 없었으나 기관지로 〈대한신문〉을 발간하였다.

문 · 신민회는 언제 어떤 목적으로 누구들이 조직한 것인가?

답 · 본인이 귀국한 이듬해에 대한 민족의 자립 자존 정신을 보급시킬 목적으로 경성에서 이갑, 유동열, 이동휘, 전덕기, 이동녕, 양기탁 등과 같이 조직하였다.

문 · 동 회는 피고인이 중심이 되어 조직된 것이었던가?

답 · 아니다. 양기탁이 중심 되어 조직되었다.

문 · 동 회의 역원 여하?

답 · 양기탁이 총감독, 이동녕이 총서기, 전덕기가 재무, 본인이 집행원이다.

문 · 집행원의 직책 여하?

답 · 신입자의 자격 검사가 그 책무이다.

문 · 동 회의 지부가 있었는가?

답 · 각지에 있었다.

문 · 회원은 얼마나 되었는가?

답 · 본인이 미국으로 출발할 때는 약 300명 있었다.

문 · 동 회는 비밀결사였는가?

답 · 비밀 결사였다.

문 · 동 회에서는 여하한 활동을 하였는가?

답 · 평양에 대성학교를 설립하고 경성과 평양에 서점을 경영하고 평양 마산동에 자기 회사를 설치하고 학교 없는 지방에는 학교를 창설하고 민족 지도를 위하여는 지방 순회 강연을 행하였다.

문 · 대성학교의 여하?

답 · 중등 정도의 학교니 동교에는 중등 정도의 농업 강습소가 부설되어 있었다.

문 · 피고인이 동교 교장이었던가?

답 · 교장 대리에 있었다.

문 · 교장은 누구였던가?

답 · 윤치호이다.

문 · 동인은 신민회원이었던가?

답 · 신민회원은 아니었으나 적당한 인물이었으므로 동교 교장이 되었다.

문 · 평양에 동교를 설립한 이유 여하?

답 · 경성에는 자금을 얻을 길이 없고 또 경성에는 교육 기관이 있었으나 평양에는 이런 종류의 학교가 없을 뿐더러 또 자금을 얻기에 편리하므로 평양에 설립하였다.

문 · 그 후 동교는 여하히 되었는가?

답 · 설립 후 6년 후에 폐쇄되었다. 본인은 도미로 인하여 동교에는 3년간 밖에 관계치 못했다.

문 · 어떤 사정으로 폐쇄되었는가?

답 · 일한 합병 후에 신민회가 사내 총독 암살 음모의 혐의를 받아 신민회 대성학교 등의 간부 전부가 검거되므로 자연 궤멸되었다.

문 · 자기 회사를 평양 마산동에 설립 경영한 목적 여하?

답 · 대한 민족의 실력 양성을 위하여 실업을 장려함이 목적이요, 특히 평양에 설립한 것은 그곳에는 도토(陶土)가 풍부한 까닭이다.

문 · 서점을 경영한 목적 여하?

답 · 교육 사업 보급과 신민회의 사무를 연락함이니 점차 전국 각지에 서점을 설립할 예정이었다.

문 · 그런 활동 기금은 어떻게 염출하였는가?

답 · 대성학교 농업 강습소와 지방 유세 비용은 지방 유지의 기부로 자기 회사는 주식으로 판비하였다.

문 · 신민회를 비밀 결사로 한 이유 여하?

답 · 당시 인민의 정도가 유치하여 이를 표면 단체로 하면 사회의 반감을 사서 방해를 받을 것이요 또 입회 희망자를 전부 참가시키면 어떠한 인물이 섞이는지도 모르고 따라서 동 회의 진목적을 달성하기 불가능할지며 또 동 회는 정치적이므로 대한 민족의 자립 자존을 목적으로 하므로 총감부에게 해산을 당하여서는 안 되겠는 고로 실력이 생길 때까지는 비밀 결사로 두는 것이 필요한 까닭이다.

문 · 신민회는 전술과 여한 활동을 하여 조선 민족의 실력이 생기면 무력으로써 일을 도모하려고 조직한 것이 아니었는가?

답 · 그 근본이 될 실력을 양성함에는 상당한 세월을 요하므로 그 실력이 생긴 때에 무력으로써 일을 도모하든가 혹은 정치적으로 일을 도모하든 가정할 심산이었고 미리 그런 설문과 같은 목적하에 조직한 것은 아니다.

문 · 신민회에는 위에서 진술한 밖에 회장, 부회장, 평의원, 총감부원 등의 직제와 기관이 있지 않았던가?

답 · 전술한 밖에 의사원과 각도에 총감, 각군에 군감이 있어 상하 연락을 취하였다.

문 · 의사원의 임무 여하?

답 · 일종의 입법 기관이니 의사원은 각도에서 선정하였으나 그 인수는 상세히 모르겠다.

문 · 동 회의 사업으로 간도에 무관학교를 설립하고 청년에게 군사 교육을 베풀려 하던 계획이 있었는가?

답 · 그런 계획은 없다.

문 · 보호 조약의 임에 당하였던 통감과 한국 정부원 등을 암살하여 한국은 일본에 복종치 않는다는 의사를 내외에 표시하고 또 세계 각국의 동정을 구할 목적으로 신민회를 설립한 것이 아니었던가?

답 · 아니다.

문 · 동 회의 전성 시대에는 회원이 20만 명에 달하였다는데?

답 · 아니다. 본인이 미국에서 귀국할 때 대한 국민회가 되어 본부가 미국에 있고 지부가 하와이, 멕시코, 만주리(치타) 등지에 있어 일시 회원이 수만 명에 달한때가 있었는데 그의 오인이 아닌가 생각한다.

문 · 이승훈 일명 이인환을 아는가?

답 · 이승훈은 아나 이인환은 모른다.

문 · 동인도 신민회에 관계가 있었는가?

답 · 관계 있다.

문 · 어떤 회 일을 하고 있었는가?

답 · 신민회를 대표하여 마산동 자기 회사를 경영하였고 교육 방면으로는 정주에 오산학교를 경영하였다.

문 · 안정근의 실형 안중근을 아는가?

답 · 안다.

문 · 안중근은 신민회원이 아니었는가?

답 · 아니다.

문 · 미국에서 이재명을 알았는가?

답 · 안다. 동인은 당시 미국에서 노동에 종사하였다.

문 · 당시 동인은 이등 통감을 암살하려고 계획하고 있었는가?

답 · 이등 암살을 계획하고 있었다.

문 · 동인이 그런 계획을 하고 있는 것을 피고인은 어떻게 알았는가?

답 · 동인이 본인보다 뒤에 귀국하여 본인을 방문하고 자기는 한국의 원수인 이등 통감을 암살할 결심으로 귀국하였노라 하여 알았다.

문 · 명치 42년(1909년 12월 2일) 이재명이 경성에서 이완용을 암살하려다 미수한 사실이 있는가?

답 · 뒤에 듣고 알았다.

문 · 당시에 피고인은 어디 있었는가?

답 · 헌병대에 구금되어 있었다.

문 · 전명운, 장인환 등을 아는가?

답 · 안다.

문 · 그들은 모두 공립 협회원이었는가?

답 · 전명운은 공립 협회 회원이었고 장인환은 대동 보국 회원이었다고 생각한다.

문 · 명치 41년(1908년 3월 23일)에 한국 외교 고문이던 스티븐스가 오클랜드 정거장에서 전기 양명(兩名)에게 사살된 사실을 아는가?

답 · 당시 본인은 귀국하여 있었으므로 그 점은 모른다.

망명 전후(亡命前後)

문 · 피고인은 이등 통감과 회견한 일이 있는가?

답 · 있다.

문 · 회견 내용은 무엇이었나?

답 · 이등 통감이 본인에게 대하여 2차 초청이 있어 회견했다. 회견 석상에서 이등 씨가 말하되, "그대의 연설은 이 연설집(일인이 모집한 것)에 의하여 잘 알고 있다. 그대는 열렬한 애국자이니 나는 일본인이지만 그대의 조선을 사랑하는 애국열을 충분히 알고 있다. 나는 일본 유신 공로자의 일인으로서 조선도 훌륭한 나라를 만들려고 생각하고 있은즉 흉금을 열고 말하자" 하므로 나는 이등 씨에게 대하여 "만일 일본이 한국을 위한다면, 한국 자주 독립을 허용한다면 일본은 어찌하여 한인으로 한국의 독립을 위하여 활동하는 자이면 조금도 가차없이 그들을 체포하여 투옥하는가, 이것이 한국을 위하여 주는 것인가"하고 불평을 술한즉 이등은 이것은 자기의 생각을 이해하지 못하는 하부의 자들이 잘못하는 일이라고 한다…….

문 · 그 후 피고인이 지나를 경유하여 재차 도미한 내용 여하?

답 · 이등 통감이 하얼빈에서 안중근에게 암살되자 본인은 그 사건의 혐의로 일본 헌병대에 구류되었다가 약 3개월 후에 석방된즉 일본은 한국에 대하여 일사 백사가 모두 무단적이어서 사회의 공기는 일변하였다. 당시에 정운복, 최석하 등이 위주하여 서북인으로써 일 정당을 조직하여 기호파에 대비하였다가 상대할 능력이 생기거든 일본에 반항하여 자립을 도하자 하며 본인에게 입당을 권하였다. 이에 대하여 본인은 지금에 기호파니 서북파니 하여 파벌을 운운함은 상스럽지 않은 일이다. 또 일본은 그런 가면적 복종을 간파치 못할 것이 아니니 바로 정정 당당한 행동을 취함은 가하거니와 그런 가면적 행동에는 찬성할 수 없다고 거절한다. 최석하는 입당을 권고하던 나머지에 "그대가 입당을 불응하면 신변이 위험할지 모를 터이니 숙고하라" 하므로 본인은 국내에서 활동할 것을 단념하고 망명을 결의하였다.

문 · 피고인은 망명할 때에 먼저 누구와 같이 어디로 갔는가?

답 · 정영도와 같이 북경으로 갔다.

문 · 어떤 목적으로 동인을 동반하여 북경으로 갔는가?

답 · 조선을 출발할 때 본인의 심산은 만주의 황무지를 개척하여 농장을 경영하며 재만 한인을 지도하여 실력을 양성하려고 하였다. 이 계획을 실현함에는 먼저 당시 북경에 재주(在住)하는 유동열, 이갑, 김희선 등과 상의할 필요가 있어 북경으로 갔다.

문 · 자금을 휴대하였던가?

답 · 휴대했다.

문 · 얼마였는가?

답 · 기억이 미상하나 3만 원 내지 5만 원이니 이는 이종호의 출자이다.

문 · 계획대로 되었는가?

답 · 여의치 못했다. 북경에 간즉 전기 제인(諸人)이 청도에 가 있으므로 당지로 가서 만주의 농지 개척을 제의했다. 그런데 유동열, 김희선은 자금을 신문과 잡지 경영에 쓰자 하고 본인과 이갑은 예정 계획대로 농지 개척에 쓰자 하여 양자의 의견 불일치로 실행에 이르지 못했다.

문 · 북경으로 간 것은 국내에서는 활동이 불가능하므로 해외로 나가 국내와 연락을 취하여 조선 민족의 독립을 도하기 위하여 활동할 심산이 아니었던가?

답 · 전술과 여히 만족의 황지를 개척하여 한인을 이주케 하고 그 농촌을 지도하여서 한족의 자립 자존을 도할 심산이었다.

문 · 기후(其後)는 여하히 되었는가?

답 · 청도 회담이 결렬됨에 이갑이 해삼위로 가 연해주와 만주의 상황을 시찰하고 좌우로 결정하자 하므로 일동은 해로로 해삼위로 갔다.

문 · 해삼위로 간 후에는?

답 · 거기에서도 본인과 이갑은 의연히 농지 개척에 주력하여 그곳 한족의 생활 안정을 얻으며 독립 운동의 투사를 양성함이 한족의 미래 운동에 유조할 것을 역설하였으나 타 2인은 만주에서 속히 한족 군인을 양성하여 일을 꾸미자 주장하므로 우복 의견이 불일치하여 유동열, 김희선 양인은 만주를 거쳐 연대로 갔다가 일본 관헌에게 체포되고 이갑은 해삼위에 체재하고 본인은 (선생은 이 때 극도의 비관을 가지다) 정영도와 같이 시베리아를 경유하여 막기과, 런던, 뉴욕 등지를 거쳐 로스앤젤리스로 돌아갔다.

문 · 피고인이 조선을 떠남이 언제인가?

답 · 1910년(명치 43년) 봄이다.

문 · 해삼위로 간 것은 언제인가?

답 · 동년 9월경이다.

문 · 피고인은 일한 합병된 것을 어디서 들었는가?

답 · 해삼위에서 듣고 실망 낙담하다.

문 · 해삼위를 출발한 것은 언제인가?

답 · 1911년 봄이다.

홍사단 조직(省略)

구주 대전 후(歐洲大戰後)

문 · 구주 전란의 종말경 1918년 1월 18일 미국 대통령 윌슨이 자국 의회에 대하여 소위 평화강령 14조를 제시한 것을 알았는가?

답 · 알았다.

문 · 그 강령 중 제5조에 "각국의 식민지에 관한 요구를 공평하게 조절할 것. 차를 시행함에는 동시에 식민지 인민의 이익을 존중할 것"이란 소위 민족 자결의 원칙을 주장한 조항이 있는 것도 알았는가?

답 · 알았다.

문 · 그 결과 미국 주재 조선인에게 어떠한 충동을 주었는가?

답 · 우와 여히 미 대통령 윌슨이 우 민족 자결의 선언을 하기 때문에 미국 주재 한인은 조선 독립의 기회가 왔다, 이 기회를 잃지 말고 우리 조선 민족은 강화 회의에 조선 독립을 진정할 것이라는 의논이 크게 일어났다.

문 · 그 결과 어떠한 방법을 취하였는가?

답 · 대한인 국민회 중앙 총회 간부와 그 간부가 지명한 인사가 상항에 모여 동회 위원회를 열고 그 석상에서 주로 본인의 제안(파리 평화 회의에 대표를 파견하여 조선 독립을 탄원함도 좋을 것이나 그리함에는 다액의 비용이 요할지니 차라리 독립 청원서를 작성하여 제출하면 재미 동지들의 부담도 적어지고 효과는 대차가 없으리니 청원서를 제출함이 가하다)에 기하여 강화 회의에 청원서를 제출하기로 하고 그 방법으로는 이승만, 정한경, 민찬호 3인을 선출하여 워싱턴에 보내어 동소에서 청원서를 작성하여 강화 회의에 제출하기로 했다. 그 결과 동년 12월경에 동인 등은 워싱턴에서 청원서를 작성하여 강화 회의에 제출했다. 그리고 익년인 1919년 3월 1일 조선 국내에서 조선 독립 만세 운동이 발발함에 재미 한인은 미주 일대에 한하여 조선의 독립 운동을 선전하고 또 전기 3명의 대표자를 파리 강화 회의에 파견하기로 했다. 상해에서는 조선의 독립을 도하자면 국내 국외에 있는 한인의 통일을 기하여야 할 터이니 재미 동포 중에서도 그 대표자를 상해로 보내어 달라 하여 대한인 국민회에서는 본인을 그 대표로 선출하므로 본인은 정인과, 황진남을 수행원으로 동반하여 상해로 갔다.

문 · 피고인은 사기지차전(事機至此前)에 조선 독립은 아직 그 시기가 아니라고 허기(虛氣)에 부동하는 조선인을 억제한 일이 있었는가?

답 · 그렇다. 강화 회의가 파리에서 열리게 되자 재미 한인간에는 차제에 한인은 조선 독립을 도할 것이라고 하고 발기하였으나 본인의 소견으로는 세계 전쟁은 비록 종국을 고하였다 하더라도 전승국 측에서는 조선 독립의 필요를 인식치 아니하며 또 조선 자체로 보더라도 경제적 현상 이하 모든 정세가 아직 독립의 기가 성숙지 못하였다 생각하므로 '구주 전란 강화 회의와 아등'이라 제한 반대 의견을 술한 문서 수백 매를 인쇄하여 재미 한인 교포에게 나누어 주었다.

문 · 그 문서의 내용 여하?

답 · 지금의 재외 동포를 위시하여 일반 한인이 독립을 희망하고 분기함은 착오다. 왜 그러냐, 조선을 공평한 안목으로 보아 오늘 우리의 자력으로 능히 일본을 배척하고 완전히 독립할 수가 있는가. 반드시 타국의 힘, 즉 국제적 원조를 얻지 않으면 독립을 성취할 수 없을 것이다. 남의 힘을 빈다면 어느 나라가 우리에게 원조를 줄까. 제일로 미국을 꼽을 수 밖에 없다. 만일 미국이 조선 독립에 용훼(容喙)하면 어찌될까. 일본이 반드시 창을 내대어 가로막을 것이다. 그렇게 되면 미국은 대전 직후에 또 일본과 전쟁까지 하여서라도 조선 독립을 원조하지 않을 터이니 자연 조선 문제에서는 손을 떼게 될 것이다. 만일 미국이 이에 손을 뗀다면 누가 이에 간섭할 것이냐. 없을 것이다. 지금의 무계획한 홍분은 한갓 한인 자신의 손실을 초래할 뿐이니 자중하여야 한다 함이다.

문 · 어떤 점으로 보아 미국이 국제적으로 제1원조의 임(任)에 당하리라 생각하였는가?

답 · 그것은 미국은 일본과 항상 태평양상의 이익을 위해 경쟁하고 있으므로 미국으로는 일본 국력이 확대하여 감을 좋아 아니한다. 따라서 조선이 일본과 분열하여 독립한다면 그만큼 일본 국력의 감퇴를 도하기 위하여서는 조선 독립을 원조하리라 생각한 까닭이다.

문 · 파리 강화 회의에는 어떤 내용의 청원서를 제출한다 하였는가?

답 · 전술과 여히 3인의 대표자를 선출하였으나 3인은 많다 하여 후에 민찬호는 대표를 취소하고 외 2인이 워싱턴에 가서 당지에서 동인 등의 자유 의사에 기하여 청원서를 작성하기로 하였는데…….

동우회 사건 증인 신문 조서(1937년 6월 27일)*

이광수 등에 대한 치안 유지법 위반 피의 사건에 관하여 1937년 6월 27일 경성 종로 경찰서에서 사법 경찰리(吏) 경기도 순사 김태식을 입회시켜 신문했던 바 다음과 같다.

---

* 이 조서는 1937년 6월 29일자로 일제의 경기 경찰부장이 경무 국장과 경성 지방 법원 검사정 앞으로 보낸 문서 '동우회 관계자 검거에 관한 건' 중에서 〈별지1〉로 첨부된 것이다. 출전 : 국회도서관, ≪항일독립운동관계 도산 안창호 자료집 〈Ⅰ〉(조선총독부 경무국소장 비밀문서)≫, 1998, 220~225쪽.

문 · 주거, 직업, 연령은 어떠한가.

답 · 주거는 평안남도 대동군 대보면 대평내리 송태. 직업은 무직, 성명은 안창호, 별명은 도산, 만 60세입니다.
(여기에서 형사 소송법 제186조 제1항에 기재한 자인가 아닌가를 묻고 그에 해당함을 인정, 증인으로 신문하겠다는 요지를 고했음.)

문 · 증인은 흥사단을 조직했는가.

답 · 약 27~28년 전 내가 미국에서 흥사단을 조직했으며, 1922년 봄 무렵에는 상해에서 흥사단 원동 위원부를 조직했습니다.

문 · 흥사단의 주의와 목적은 어떠한가.

답 · 흥사단은 약 27~28년 전 내가 미국에서 조직했던 것이며 수양 단체로서 결성했던 것입니다. 다시 말하면 수양을 해서 민족을 개선하려고 한 것입니다. 그러나 단순한 민족 개선이 아니고 그 내용은 조선 민족의 인구 증산, 부력 증진, 지위 향상, 조선 독립, 기타 일체의 행복과 번영 등 다섯 가지 목적으로 조직했습니다만 1919년경부터는 단체의 목적이 조선 독립을 최고 유일의 것으로 삼았던 것입니다. 그 후 단군연호 4262년(1929) 2월 모든 흥사단원에 대하여 흥사단이 한국의 국권을 회복하기 위한 혁명 단체임을 선언했기에 흥사단은 조선 독립을 목적으로 한 혁명단체로 된 것입니다.

문 · 선언은 어떤 방법으로 전달했는가.

답 · 미국 거주 흥사단원에게는 문서로 선포하고, 상해 거주 흥사단원에게는 강연 등을 통해서 조선 독립을 목적으로 한 단체임을 선포하여 모든 단원에게 주지시켰습니다.

문 · 선언한 문서 내용은 이와 같은가.(여기에서 '미국에 재류하는 동지 여러분께'라고 표제한 운동 방침을 읽어 주고 본서의 말미에 첨부했음.)

답 · 그와 같습니다.

문 · 상해에서 선포한 내용은 어떠한가.

답 · 미국 재류의 동지들에게 보낸 문서와 동일한 것은 흥사단원에게 강연하여 철저히 주지시켰습니다.

문 · 이 선포문을 발표하기 이전에도 홍사단원에 대하여 홍사단이 조선 독립의 기초 공작을 목적으로 한다는 것을 인식시킨 일은 없는가.

답 · 방금 선포문을 읽어 주기에 기억이 납니다. 그 선포문에 기재한 대로 홍사단은 수양 단체가 아니라 조선 독립을 목적으로 한 단체였으므로 입단문답시는 반드시 조선 독립을 목적으로 한 혁명 투사 양성의 단체임을 인식시켰던 것입니다.

문 · 약법에는 조선 독립의 단체임을 명기하지 않고 있지 않은가.

답 · 약법은 추상적이기 때문에 입단 문서 또는 전술한 바와 같은 선포문을 발표하여 혁명 단체임을 인식시키고 있었습니다.

문 · 홍사단의 약법은 이와 같은 것인가.

(이 때 홍사단 약법을 읽어 주고 말미에 첨부하였음.)

답 · 틀림없습니다.

문 · 이 약법 제2조 가운데 "우리 민족의 전도대업의 기초를 준비한다"라고 하는 글귀를 무어라고 설명하면서 단원을 입단시켰는가.

답 · 우리 민족의 대업이란 글귀는 선포문의 내용에도 설명하고 있듯 조선 민족의 독립의 대업이며, 기초를 준비한다는 것은 조선 독립의 기초를 준비하는 것이라고 설명하면서 단원을 입단시켰습니다.

문 · 홍사단의 약법 제3조 이하에 기재한 것과 같은 수단과 방법으로 조선이 독립할 수 있다고 생각하고 홍사단을 조직하여 그 운동을 계속했는가.

답 · 그렇습니다. 홍사단이 한 걸음 한 걸음 실력을 양성 강화하는 것은 한 걸음 한 걸음 조선 독립에 접근시키는 것이며, 끝내는 조선을 완전히 독립시킬 수 있다고 생각하여 홍사단을 조직하고 그 운동을 계속했습니다.

문 · 그렇다면 증인이 입단시킨 홍사단원은 조선 독립을 목적으로 한 이른바 혁명 단체임을 알고 있는가.

답 · 숙지하고 있을 겁니다.

문 · 김항주, 이광수, 박현환, 주요한 등에 대하여 조선으로 돌아가서 홍사단을 조직하라고 지령한 사실이 있는가.

답 · 상해에서 김항주, 이광수, 박현환, 주요한과 누차 홍사단의 독립 강화책에 관해 협의한 결과, 상해나 미국과 같이 조선인이 적은 지방에서 운동하느니보다 조선에서 조선인 대중에게 적극적으로 공작하여 조직을 만들 필요가 있다고 하는 의견이 일치되어 나도 그들에게 조선 내에서 홍사단을 조직할 것을 부탁한 사실이 있습니다.

문 · 그 후 김항주, 박현환, 이광수, 주요한은 조선으로 돌아가서 홍사단을 조직했는가.

답 · 1920년 10월경 김항주는 북경으로 건너가서 그 곳에 거주하는 조선인 유억겸, 백관수 외 1~2명을 홍사단원으로 모집했다는 것을 인편으로 보고받았습니다. 그 후 1921년 5월경 김항주는 경성으로 돌아가서 이광수와 행동을 같이하게 되었으며, 이광수는 1921년 3월경 경성으로 돌아가서 1922년 3월경 경성에서 홍사단의 조직을 준비했고, 박현환은 이광수보다 조금 앞서 상해로부터 돌아와 이광수의 홍사단 조직에 합류했으며, 1922년 3월경 김항주, 이광수, 박현환 등 3인이 중심이 되어 수양 동맹회란 명칭을 붙여서 홍사단을 경성에 조직했다는 것을 인편으로 조선으로부터 보고를 받았습니다.

문 · 홍사단과 수양 동맹회를 피의자는 똑같이 취급했는가.

답 · 그렇습니다. 수양 동맹회 회원이 홍사단원으로 입단하는 경우 모두 입단문답을 하지 않기로 했습니다.

문 · 해외의 홍사단원이 조선 내에 잠입했을 경우 조선의 홍사단인 수양 동맹회, 수양동우회, 동우회 등에 무조건 가입시키고 또 조선에서 수양 동맹회, 수양동우회, 동우회 등의 회원인 자가 상해 또는 미국으로 건너갔을 경우 홍사단원으로 인정하고 무조건 가입시키는 방침을 금년까지 지속하고 있는가.

답 · 그렇습니다. 이번에 검거되었을 때까지 그 방침을 지속했습니다만 최근에 와서는 홍사단과 동우회의 관계를 끊으려 하고 있습니다.

문 · 어째서 관계를 끊으려고 했는가.

답 · 동우회가 검거될 위험이 있었기 때문입니다.

상기 본인에게 읽어 준바 상위 없다고 진술하며 서명, 지문날인했음.

공술자 : 안창호

1937년 6월 27일

종로경찰서

사법 경찰관 조선총독부 경기도 경부보(警部補) 제하칠랑(齊賀七郎, 사이가 시치로)

입회인 · 사법경찰리(吏) 조선총독부 경기도 순사 김태식(金泰植)

9

기타

大韓新民會趣旨書*

……무릇 數百年 以來 世界는 새로이 열리어 人智 또한 새롭다. 政治는 새 政治, 法律도 새 法律, 教育도 새 教育, 工藝도 새 工藝. 電車輛艦도 새롭고 電砲兩丸의 戰術도 새롭다. 兩球大陸의 新技術은 날을 다투며 四面海洋의 新法이 나날히 渡來한다.

이 때를 當하여 우리는 아직도 夢에 취하여 잠꼬대만 지껄이고 있으며 우로 官紳은 權勢를 다투어 賄賂를 貪하고 아래로 人民은 迂腐하야 名利에만 爭趨하니 政令은 虛設의 偶像이요, 法文은 廢棄되어 古紙化하여 因循姑息의 一句는 前後相傳의 心法이요, 虛僞浮詐의 四字는 朝野에 통하는 律令이 되다.

士者의 崇尙은 只히 空文뿐이오 實際가 無하며, 工商諸家는 詐術에 힘써 政治·文化, 凡百의 諸藝가 退步치 않음이 없어 (古代) 神農의 쟁기가 今에도 尙히 耕田의 器가 되며 高麗의 磁器는 絶種의 寶를 作하니, 此- 進化의 天演公例에 相反되어 古代를 追想하면 도리어 羨艷의 情을 難禁이라.

不幸히 本朝 中葉以來로 黨派의 論이 起하여 談笑로 相對하는 中, 白刃이 忽起하며 一字의 瑕疵를 尋索하여 投獄의 累를 惹起하니, 艾夷斬戮이 無所不至라. 此- 馴習이 되여 擧世가 서로 警戒하여 口를 畏하고 文을 畏하여 默默함으로써 聖이라 하고 昏昏함으로써 賢이라 하여 談論이 時局에 及치 못하고 事를 當하매, 只히 彌縫에 止하며 官長에 對하여 阿諂의 風을 成하며 朋友를 遭하면

---

* 신민회 취지서와 장정은 도산선생이 1906년 말에서 1907년 초에 걸쳐 공립협회의 동지들과 미국에서 작성했던 것으로 보인다. 매우 어색한 표현이 많은 것은 일제의 기밀문서 속에 일단 일본식 문장으로 번역되었던 것을 다시 옮긴 때문이다. 본 글은 출전 : 국사편찬위원회 편, 《韓國獨立運動史》, (제1권, 資料篇, 1968, pp.1024 -1029)에 수록된 원문을 그대로 수록하되, 철자법에 맞게 고친 것이다.

諧謔으로 時日을 虛送하니 風俗은 腐敗하고 秩序는 紊亂하여 東方禮義의 國 云云이나 其 價値의 墜落함은 이미 오래니, 어찌 슬프지 않은가. 人心世道가 이와 같이 低下됨에 따라 其中에서 進步된 兩件이 있으니, 一은 壓制의 虛談이오, 二는 依賴의 劣性이 이것이라.

壓制와 依賴는 恒常 相支하여 竝行하는 것이니 이로 因하여 常民은 반드시 士族에게 依賴하지 않으면 同族을 壓制치 못하며, 士族은 반드시 守令에게 依賴하지 않으면 常民을 壓制치 못하며, 守令은 반드시 巨室에 依賴하지 않으면 士族을 壓制치 못하며, 巨室 역시 强權에 依賴하지 않으면 全國을 壓制키 不能하게 되니, 그러므로 此便에 屈伏할지라도 彼方에 가서 뽐내며 此便에서는 屈辱을 受하나 彼邊에 가서는 榮譽를 自誇하니 奴性은 이미 慣習이 되고 惡念은 벌써 成癖이 되어 他國 있음은 알되 我國 있음은 모르며 一身의 存在는 알되 同胞 있음을 知치 못하여 東方에 一强敵 있으면 我 또한 再拜하며 西方에 一强敵 있으면 我 또한 參拜하여 我를 牛, 馬와 같이 取扱하여도 오로지 唯唯樂從하여 年老하고 手段이 爛熟하여 頑悖이 더욱 甚해져 恒常 그 心中에 以謂하기를, 白首·頹齡에 餘生이 幾何며 黃泉他日에 榮辱을 誰- 向之랴. 我의 戀戀한 바는 妻子이며 我의 關心事는 衣食뿐이라, 但 我의 總理大臣 內務大臣의 椅子만 確乎不動이면 我에게 要求하는 四千載의 産業도 雙手로써 捧呈하며 但 我의 一級月捧 二級月捧의 食料만 依舊하다면 我에게 要求하는 三千里의 田土도 一口에 應諾하여 隣邦과 結託하여 援助를 삼으니 我 다시 무엇을 憂慮하며, 地位가 泰山같이 鞏固하였으니 我- 다시 무엇을 念慮하랴.

그러나 我國民의 腦髓 忽然히 열리고 動作이 忽然히 靈明하여져서 吾苛政을 反對하면 吾- 將次 어찌하며 無道에 抗拒하면 吾- 將次 어찌하랴. 是- 다못 我의 畏懼하는 바이므로 言論이 조금만 激하면 此를 法網에다 驅迫하고 行事가 조금만 奇拔하면 此를 陷穽에 陷入하여 智慧를 杜塞하고 生氣를 剝奪하니 我의 十數年 過去史를 回顧하여 그렇지 않은 바 있는가…….

日露의 戰 砲聲이 아직 그치지 않고 馬關의 約 墨痕이 아직 마르기 前에 外交權이 一朝에 東渡하고 政府 席次에는 外人이 竝座하여 軍警 法度 個個히 引繼하고 鑛森土地는 寸寸히 割讓되다.

슬프다 同胞여! 아는가 모르는가. 꿈을 깨었는가. 數坪의 茅屋도 나의 집이 아니며 數畝의 山田도 나의 土가 아니며 門前의 桑柘도 나의 草木이 아니며 洞口의 殊流도 나의 澗水가 아니다. 내몸이 죽어서 묻힐 땅이 없으며 나의 子孫이 자라서 居할 室이 없으니 눈을 들어 하늘을 仰視함에 能히 落淚를 禁하며 劍을 拔하여 地를 斫함에 能히 躍動함을 抑制하랴. 言이 이에 及함에 我 二千萬同胞 旣往에 失機함과 將來의 慟嘆함을 不禁하여 眼淚가 謗泥하고 腔血이 踴躍하는 도다.(중략).

噫라! 이 나라는 내 나라인데, 我- 欲死면 이 나라를 어디다 버려 두며 我- 險隱코저 할진대 何人에게 委託할 것인가. 男兒의 閑坐함은 上帝의 憎之하는 바이라, 어찌 一時的 悲憤으로써 憤然 自決을 圖하며, 또한 厭世의 悲觀으로써 浩然長歸할 바이랴. 그러므로 今日 我輩의 前路는 오직 爲國하는 것뿐이라.

爲國이란 어떻게 하는 거냐? 亂으로 因하야 治함을 알며 亡을 推測하여 存함을 앎이니, 前車의 覆은 後轍의 警戒할 바이라. 我- 昔日로부터 自新치 못하여 惡樹惡果를 今日에 收케 되었으나 今日 진실로 能히 自新할진대 善樹善果를 他日에 거둘지라. 오늘 爲國하는 길은 亦是 自新일 뿐이니라.

自新은 어떻게 하느냐. 舊夢을 連續커든 一鼓로써 喚醒하며 舊習이 연綿커든 一刀로써 快斷하여 今日今時로부터 새로이 盟誓하되, 我는 一身을 不顧하고 이 나라를 維新하기를 目的한다. 我는 一家를 不顧하고 우리 人民을 維新하기를 責任으로 한다. 一念이 此 維新에 在하며 一夢이 此 維新에 在하고 一言一動이 此 維新에 在하여 此 血誠을 抱하고 踴躍前進한다면 及其也에는 維新의 日이 有할진저.(중략)

本人 等은 國民의 一分子로서 海外에 漂泊한지 이에 多年, 바라건대 學問聞見의 中, 得한 바로써 國民의 責任을 酬함으로써 國民의 天職을 行코저 한다. 半夜風雲에 天地 飜覆하여 父母 故鄕을 찾을 바이 없도다. 狐가 죽을 제 머리를 丘에 얹고 故鄕을 思慕한다고 하거든 俯仰乾坤에 하물며 人으로서랴.

東方으로부터 오는 惡信은 귀뿌리(耳卒)를 놀라게 하며 異域의 光陰은 流水와 共히 催促하니 安坐코자 하되 참을 수 없고, 徒死코자 하되 無益이라. 이에 위로 天地神明에 質하고 아래로 同胞兄弟에게 謀하여 드디어 一會를 美國 加州

河邊省에서 發起하니 其名을 大韓新民會라 하다.

新民會는 무엇을 爲하여 일어남이뇨? 民習의 頑腐에 新思想이 是急하며 民習의 愚迷에 新教育이 是急하며 熱心의 冷却에 新提唱이 是急하며 元氣의 耗敗에 新袖養이 是急하며 道德의 墮落에 新倫理- 是急하며 文化의 衰退에 新學術이 是急하며 實業의 凋悴에 新模範이 是急하며 政治의 敗腐에 新改革이 是急이라. 千滄萬孔에 新을 待치 않은 바 없도다.

支離한 劫夢에 한사람도 新을 願치 않는 이 없도다. 汲汲함이여, 오늘의 維新, 一日不急新이면 이는 我國이 一層 地獄에 陷이라. 今日 新키 不能하며 明日 新키 不能하여 畢竟 萬劫의 地獄에 陷入하여 人種은 滅絶하고 國家는 丘墟가 되고 말 것이니, 此時에 至하여 噬臍의 嘆을 發한들 奈何리오. 그러므로 吾輩는 마당히 寢을 忘하고 餐을 廢하여 所述할 바는 이 維新이다. 心을 嘔하고 血을 竭하여 實行할 것은 此- 維新이라.(중략).

凡 我 韓人은 內外를 莫論하고 統一聯合으로써 其進路를 定하고 獨立自由로써 其目的을 세움이니, 此- 新民會의 發願하는 바며 新民會의 懷抱하는 所以이니, 略言하면 오직 新精神을 喚醒하여 新團體를 組織한 後 新國을 建設할 뿐이다.

嗚呼, 天道- 新치 않으면 萬物이 生치 못하며, 人事- 新치 않으면 萬事 이루지 못하나니, 我- 寤寐 間에 잊지 못하는 大韓이여. 我- 死生 間에 버릴 수 없는 大韓이여. 我- 民이 새롭지 않으면 雖- 我 大韓을 사랑하며, 我- 民이 새롭지 않으면 雖- 我 大韓을 保護하겠는가.

來하라, 我 大韓 新民이여, 我 大韓 新民이여. 荊棘險阻에도 有進無退할 것이요, 造次顚沛에도 前趨後繼에도 本會를 爲하여 獻身할지어다. 本會는 國民의 一新團體임으로서 本會에 獻身하는 者, 卽 本國에 獻身함이라.(중략).

過去 四千載 舊韓國의 末年 亡國鬼를 作하려는가. 將來 億萬世 新韓國의 初年 興國民을 作하려는가. 何를 버리고 何를 取하며 어느 것을 버리고 어느 것을 따르려 하는가.

來하라, 我 大韓 新民이여.

大韓新民會通用章程

大韓新民會通用章程

제1장 회명 및 위치

제1절 본회의 명칭은 大韓新民會로 함.

제2절 본회의 中央總會所는 미국 가주(캘리포니아-편집자) 하변성에 置함.

제2장 목적 및 방법

제1절 본회의 목적은 우리 대한의 부패한 사상과 관습을 혁신하여 국민을 유신케 하며 衰頹한 교육과 산업을 개량하여 사업을 維新케 하며 維新한 국민이 통일연합하여 維新한 자유문명국을 성립케 함.

제2절 본회 목적의 실행 방법은 아래와 같음.

1조 各所에 勸諭員을 파견하야 勸諭文을 전파하며 인민의 정신을 警醒케 할 일.

2조 신문 잡지 및 서적을 간행하여 인민의 지식을 계발케 할 일.

3조 精美한 학교를 건설하여 인재를 양성할 일.

4조 각처 학교의 교육방침을 지도할 일.

5조 생략

6조 실업가에 권고하여 영업방침을 지도할 일.

7조 본회에 합자로 實業場을 설립하여 실업계의 모범을 만들 일.

8조 본회는 海內海外를 막론하고 애국심이 있는 동포로써 일체 단합할 일.

9조 회원이 산재한 각 구역에 연합기관을 분치하여 교통방편을 오로지 힘쓸 일.

10조 실력을 확장하여 국체를 완전케 할 일.

제3장 役員 及 職務 (以下 생략)

〈서문〉

*叙(乙支文德傳)

無涯生 申采浩 乙支文德一册을 著하여 余에게 袖示하거늘 余가 此를 受讀하고 然曰 乙支公의 豊功偉烈로 此著가 今始有하니 是가 可悲可愧할 者로다. 余가 海外各國에 旅行한즉 其國英雄의 劒을 揮한 處에 幾千百人이 謳歌하며 血을 流한 處에 幾千萬人이 蹈舞하여 身이 有한 者는 其身을 英雄에게 獻하며 才가 有한 者는 其才를 英雄에게 獻하며 學問이 有한 者는 其學問을 英雄에게 獻하여 一國이 英雄을 먀하고 同進하는 故로 英雄이 輩出하여 華盛頓(워싱턴—편집자) 以後에 許多華盛頓이 有하며 拿破倫(나폴레옹—편집자) 以後에 許多拿破倫이 有함이거늘 嗚平 我乙支公은 二千年後에 今日에 至하여 此著가 乃始有하니 是가 可悲可愧할 者가 아닌가. 盖余가 乙支公의 故鄕에서 生長한 故로 幼時부터 我祖國英雄에 乙支交德이 有함을 己知하였으나 巍巍한 石多山에는 老岩이 無語하며 茫茫한 大同江에는 伉碑가 不出하고 遺氓故老에게 問한즉 當時事를 能談하는 者 無하며 本國史를 閱한즉 公의 遺蹟이 草草十餘行에 不過하는지라. 慨惜을 不勝이더니 今君의 此著는 搜採가 旣廣하고 論斷이 又精하여

* 이 글은 신채호 저 《을지문덕(乙支文德)》(일대동 4천재 제일대위인) 1908년 5월 3일 광학서포간 서(敍)임.

二千年 以後의 筆로 二千年 以前人物의 精神이 發露케 하였으니 已往에 此著가 無함은 雖是可愧나 君의 苦情健筆은 其○○欽이로다. 雖然이나 著者가 此로 讀者의 樽前茶後에 談柄을 資코자 함이 아니라 祖國의 名譽歷史를 擧하여 卑劣者를 譽醒함이어. 讀者의 螢牕蠹床에 文潮를 發코자 함이 아니라 先民의 偉大事業을 贊하여 國民의 英雄崇拜心을 鼓吹함이며 抑又二千年前의 風雲戰爭을 閒坐歌詠코자 함이 아니라 熱誠的 冒險的의 古人往跡을 描畵하여 二千年後 第二乙支文德을 喚起함이니 凡我讀者는 恒常 此意로 此著를 讀할지어다. 島山 安昌浩는 叙하노라.

무한한 감동

—옛날 항해 바다에서 장산곶을 떠날 때와 방불—

내가 5월 29일에 떠나기로 기한을 정하니 메리다 동포는 27일에 전별회를 열었다. 이 날 각 농장에서 다수의 동포가 모여 와서 이별을 고하며 단체와 개인의 명의로 각기 예물을 주니 이것은 실상 사랑으로 부치는 물건이라 기념 사진이 가장 많고 멕시코 토산으로 일용에 요긴한 것이며, 또 어떤 이는 내 몸에 가진 물건을 바꾸기를 청하니 나 안창호가 멕시코에 와서 우리 동포에게 무엇을 주었느냐고 스스로 물어 보았노라. 이 날부터 밤을 새우며 재멕 동포의 구제책을 말하다가 예정한 29일 상호 11시에 이르러 메리다에서 기차를 탔는데 재류 동포 전체 남녀 노유가 정거장에 나와서 손을 잡고 섭섭히 돌아가며 그 중 30여 인 남녀 동포는 차를 같이 타고 푸로그리스 항까지 따라와서 뱃머리에서 작별하는데 눈물을 머금고 수건을 흔들며 아끼는 정은 어떠하더라도 형언키 어려우니 창호가 푸로그리스 항에서 유카탄 동포를 작별한 이상한 정은 평생에 잊지 못하나니 옛날 황해에서 당산곶을 떠날 때에 감동된 것과 방불토다(1918년 9월 12일자).

닻줄 감는 소리는 우둥우둥하고 기적은 연방 불어내요. 소륜선을 타고 배에 올랐던 사람들이 연연한 정을 못 이겨 잡았던 손을 겨우 놓으며 그 충만한 가운

* 이 글은 도산 선생이 멕시코를 다녀와서 〈신한민보〉 기자와의 대담을 동지(同誌) 1918년 9월 12일자, 9월 19일, 10월 3일자에 실은 것이다.

데 분분히 주는 말이 “무사히 미국에 가셨다가 속히 돌아오시기를 바라오” 하는 것이 나를 멕시코에 있는 사람으로 여기며, 또 “우리를 잘 인도하여 주세요…… 언제쯤 다시 오시게 될까요?” 하는 것은 나를 미국에 있는 사람으로 여김이라. 이 때 나는 멕시코에도 정이 깊고 미국에도 또한 정이 깊어 떠나기도 어렵고 아니 떠나기도 어려웠노라. 살뜰히 감동되는 마음이 넘어 어색하여 겨우 묻는 말을 대답하고 여러 동포를 재촉하여 뭍으로 돌려 보낸 후에 배 난간에 의지하여 슬피 돌아간 동포들을 바라보니 십리 평사에 점점 멀어지는 사람이 오히려 수건을 흔들어 보이더라. 아무가 이 지경을 당하더라도 그 마음이 반드시 슬플지라. 재멕 동포의 붙어 있는 멕시코가 미국과 같을 지경이면 당일 내 마음이 그다지 슬프지 아니하겠노라.

5월 31일 베라쿠르스 항에 도착하여 동포를 찾으니 이 곳에 있는 사람은 겨우 7~8인이라 그 생활을 보건대 한 사람은 식물 상점이요, 그 나머지는 모두 추임 떡 장사를 하니 그 생활이 매우 곤란한 모양이라. 창호를 만족히 대접지 못함을 크게 한하며 부인 한 분은 상자 속에 깊이 간직하였던 멕시코 대은전 5원을 내어 예물로 주는지라, 내 어찌 이것을 받을 리가 있으리오. 여러 번 사양하다가 1원을 받고 4원을 도로 내어 주며 문득 생각하니 그 소유를 다 들어 주고자 함이 가히 느끼리로다.

거기서 사흘을 묵고 6월 3일에 탐피코 시에 도착하니 이 곳에 있는 동포는 남녀 전부가 20여 명이요, 그 생활은 거의 다 얼음물 상점이라 김익주 씨는 얼음물 상점의 2층의 정각(亭閣)을 아름답게 건축하여 시가의 색칠을 더하매 이 곳 시민들이 다 한 번 이 정각에 오르기를 원하더라. 들으니 이 정각을 처음 열 때에 시내 관상과 귀부인, 신사가 구름같이 모였다. 탐피코 시회는 특히 음악대를 보내어 여흥을 돋구었고 나중에 기념 사진을 박기에 이르러 정부 관리들이 친히 태극 기장을 붙들고 시민들은 일시에 손을 들어 ‘미바 라 코레아’(MIVA LA COREA)를 부르니 번역하면 곧 대한 국민 만세라. 이후 도시에 한인의 영예가 자못 자자하였더라. 이 곳에서 여러 날 묵으며 동포를 대하여 우선 국민회에 충성을 다할 것과 재류 부락의 풍습을 개량할 것과 또 실업에 일치 합력할 여러 가지 문제를 들어 의사를 소통하니 대개 여러 동포는 우리 국민회에 충성할 것을 다하기로 간담을 헤쳐 허락하고 곧 경찰소를 조직하였으며, 실업 회사에 대하여서는 남년 20인이 한 사람도 빠지지 아니하고 다 같이 고본(股本)을 던져 2000여 원을 담당하더라. 3~4일 탐피코에 주류하는 동안에 마음이 자못 유쾌하여 거의 나그네가 된 회포를 잊기도 하다가 6월 7일 몬테리로 향하는 길에 오를 때 재류 동포들이 섭섭한 정을 이기지 못하여 버선 · 수건 등 예물을 주며, 어린 처녀들은 각각 한 줌의 꽃을 묶어 가지고 와서 젖어버서 말은 못 하고 해죽이 웃기만 하며 받기를 기다리는 지라 내가 그 꽃을 받아들고 매우 감사하다고 여러 번 말하니 이 어린 아해들이 자기 부모를 쳐다보고 다시 나를 쳐다보더라(1918년 9월 19일).

그 날 (6월 7일)에 떠나서 몬테리 지방에 도착한즉 동포 이운룡 씨가 자동차를 가지고 나와서 반가이 맞아 만찬을 대접하는데 미리 음악을 준비하였다가 식탁에 들어 앉기를 기다려 주악을 명하니 유량한 음악 소리는 가히 들을 만하거니와 우리의 처지로는 이것이 너무 과하다고 이윽히 생각함도 없지 아니하였노라. 이 곳에는 이운룡 씨와 이준혁 씨의 두 가정이 있는데 이운룡 씨는 슬튠업을 가졌고 이준혁 씨는 안경포를 열었더라. 멕시코의 안경포는 고등 사업이라 자본이 1만 원 이상이요 또 사교를 잘하여 멕시코인의 상류 사회와 교의가 돈독하여 상당 대접을 받은 이로서 그 영업이 더욱 번창하더라. 듣건대 이준혁 씨는 몇 해 전에 미국인 안경포에서 고용할 때 안경 제조술을 배워 가지고 나와 처음 200원 자본을 가지고 안경포를 시작한 것이 지금 1만 원 이상의 큰 자본을 만들었으니 그 정심의력을 가히 공경할 만하더라. 이준혁 씨는 주의를 가진 사람이라 우리 동포 사이에 남의 말이 많고 트집이 많은 것을 밝히 아는 고로 남 모르게 은근히 교육과 실업을 힘써 우리 민족의 실력을 기르기로 뜻을 정함이 있다고 하더니 두어 시간 담화에 피차 간담을 헤쳐 의견을 교환함으로 많은 흥미를 얻었노라.

그 이튿날에 곧 떠나려 하였다가 양 씨의 간곡한 만류를 거절하기 어려워 하루를 묵고 6월 9일에 몬테리를 떠나는데 이준혁 씨는 자기 손으로 친히 안경을 만들어 기념물로 기증하고 또 차표를 공급하더라.

6월 15일에 묵경에 도착하여 동포의 정형을 보니 작년에 지날 때와 별로 다름이 없으나 그동안 자동차업과 캔디 상점 두어 곳이 더 생겼으니 실업 방면으로 진보가 된 모양이고 서, 이 양씨는 일시 감정으로 피차 알력이 있었으니 이것이 동포 정의상에 매우 유감된 일이라. 그러나 다시 화목을 권함에 양방이 혐의를 풀고 서로 손을 잡음까지 보았으니 만일 서씨가 다시 언약을 배반하고 이치 밖에 야로할 것이면 이는 곡한 것이 오직 서씨에게 있는 것이라 하노라.

나는 입경 사건을 위하여 묵경(멕시코 수도 멕시코시티)에 주재한 미국 영사와 여러 차례 교섭하노라고 자연 공일이 되어 18일 동안 두류(逗溜)하다가 6월 28일 묵경을 떠나는데 묵경 동포는 작년에 지날 때와 같이 진전 열애를 다하여 예물을 기증하며 실업 회사에 대하여 거액의 고본을 던지는 이가 많더라. 내가 묵경을 떠나며 문득 생각하니 이 곳 재멕 동포들이 이 곳이 재멕 동포의 거류지와 마지막이니 대개 묵경 동포의 전송은 재멕 동포의 최후의 전송이라고 할 수 있는 것이니 1년 정들인 일을 번드쳐 생각하여 이윽히 느낌을 금치 못하였노라.

6월 29일 와라하에 와서 농작의 토지 형편을 살피기 위하여 며칠 동안 주류하고 7월 7일에 만사니오 항에 와서 배편을 기다리느라고 수일 지체하고 7월 10일에 거기서 배를 타고 동 13일 마사틀란에 와서 북경의 편지를 기다리며 토지 탐험을 위하여 10여 일을 주유하였노라. 내가 이번 길에 토지를 살핌은 재멕 동포의 장래에 큰 관계가 있는 일이라, 장차 소상히 말하려니와 지금 우선 간단히 말하면 메리다 동포의 구제책은 이 때로부터 가합한 농작지로 옮김을 미리 준비하여야 다른 날 다수 동포의 환난을 막을 것이로다.

동 23일에 마사틀란을 떠나서 손노라 수부 에로모시요에 와서 미국으로 건너올 찻간을 기다리는데 이 곳은 교통이 편리치 못한 곳이라 20여 일 체류하는 동안에 여비가 떨어지고 몸도 피곤하여 지내기가 못내 곤란하더니 다행히 이 곳에서 양찬관 영업을 가진 동포들이 친근히 공궤(供饋)함을 입어 연로에 신음하던 병을 완전히 치료하여 가지고 에로모시요를 떠나 당일로 손노라 노갈래스에 도착하였노라.

미, 멕 양진의 대격전 풍운이 번복, 이 날에 입경이 요행

나는 일로 평안에 아무 장애 없이 미국을 향하여 갈네스에 이르니 이는 곧 미 · 멕 양국의 국경이라 일찍이 입경을 위하여 북경에 있을 때에 미국 영사와 교섭함이 있었지마는 전시중 간검이 엄밀할 때에 나라 없는 나 같은 사람을 장애 없이 지경을 넘어가게 할 것은 아무래도 믿을 수 없는 일이라. 그래서 모든 문빙과 소개서를 가지고 먼저 미국 영사를 심방하여 입국을 염원하고 1 주일간 두류하며 모든 교섭을 마치니 미국 관원들이 격의에 관후히 대접하여 장애 없이 입경을 허락하는지라. 8월 27일 상오 11시에 미국 노갈래스로 건너와 여관을 정하고 볼 일이 있어 다시 멕시코 손노라로 건너갔다가 오후 3시 30분 가량에 미국 노갈래스로 돌아와서 바로 여관으로 들어가서 서늘한 곳을 찾아 옷깃을 헤치고 앉아 1년 여행 끝에 찰향(察鄕)이 점점 가까워 오는 것을 생각하는데 홀연 포성이 진동하니 이는 8월 27일 전보에 펴들어 전하던 미 · 멕 국경의 대격전이다.

이후에 생각하니 내가 미국 노갈래스로 돌아온 지 30분 후 4시경에 생긴 일이니 당일 내가 만일 멕시코 노갈래스에 30분 동안을 더 지체하였더라면 오늘 미국에 편안히 돌아왔을지 스스로 믿을 수 없는 일이로다. 이 때에 나는 뜻밖에 총소리를 듣고 급히 옷깃을 여미고 방문 밖으로 나서니 함성이 천지를 진동하며 여관 속이 물끓듯 하더라. 나도 또한 여러 사람을 따라 여관 제1층 누상으로 올라가서 양방의 격전의 진상을 내려다보니 대개 미 · 멕 국경은 노갈래스 시가의 길 중심을 획정하여 길 이편은 미국이요, 저편은 멕시코라 미국 군사는 여관을 의지하여 전후에 모여 서서 사격을 행하고 멕시코 군사는 자기 국경의 상점과 목책을 의지하여 사격을 계속하는데 양방 군사의 수효는 약 100여 명 가량이다. 한참 사격을 행할 때에는 피차 승부를 모르고 오직 장령 지휘 아래 탄환을 뽑아 치며 연무가 창천하고 점점 피상자들이 생겨 피를 흘리며 땅에 거꾸러지더라. 그러나 양방 군대는 이로써 예기가 조금도 꺾이지 않고 일변 사상자를 옮겨 내며 일변 포격을 계속하는데 미국 소대장 한 사람은 다리에 총을 맞아 피를 흘리면서 여관 앞에 서서 그 부하병을 지휘하는지라, 나는 그 용기를 보고 크게 흠탄함을 말지 아니하였노라.

당시 내가 들어 있던 여관은 정거장에 있는 부릭우 호텔이니 벽돌로 견고히 건축한 집이라. 그런 고로 미국 군사는 이 집을 의지하여 격전을 행하였고, 싸움을 구경하는 우리도 또한 안전함을 얻었노라.

대개 이 전쟁은 일시 국경 진수군(鎭戍軍)의 혼단으로 생긴 것이라 약 한 시간의 포격을 시험하고 양방이 싸움을 정지하였으며 그 후 사정은 양국 정부와 교섭의 결과로 일 없이 해결되므로 당일 노갈래스의 풍운은 한번 걷힌 후에 다시 무슨 변화가 없었으니 이것이 실로 양국 국경을 위하여 다행한 일이라.

나는 그 날을 지나서 28일 상오 3시 에에스피 화차를 타고 29일 상오 11시에 나성에 도착하니 이 날이 정히 국치 제8년 기념일이라. 태평양 연안 재류 동포들이 응당 이 날을 다 같이 지킬 것이라 그 의견과 어떠한고?

이상은 재멕 동포의 중앙 총회장을 전송할 때의 진정 열애를 기록한 것이라 우리가 듣고자 하는 재멕 동포의 생활 상태와 선후책에 이르러는 다시 기회를 얻어 일반 동포의 일침을 공급코자 하노라(1918년 10월 3일자).

參考文獻

1. 책으로 발행된 것

《島山 安昌浩》

李光洙 著, 島山安昌浩先生紀念事業會 발행, 國漢文 原著 1947년 初版, 한글판 1953년 初版.

《續編 島山 安昌浩》

朴賢煥 著, 島山安昌浩先生紀念事業會 판권 소유, 三協文化社 발행, 1956년.

興士團本部 편찬, 大成文化社 발행, 1955년.

《韓國獨立運動史》

愛國同志後援會 편찬 · 발행, 1955년.

《在美韓人五十年史》

김원용 著, 미국 캘리포니아 김호 발행, 1959년.

《民族의 受難(百五人事件眞相)》

鮮于燻 著, 太極書館 발행, 1948년.

《韓國史 年表》

震檀學會 편찬, 乙酉文化史 발행, 1959년.

《李光洙全集》 제13권

李光洙 著, 三中堂 발행, 1962년.

〈島山 安昌浩〉 재수록, 그밖에 특히 〈나의 告白〉중 '己未年과 나'〈人生의 香氣〉 중 '島山의 人格과 舞臺' · '西伯利亞의 李甲', 〈一事一言〉 중 '生의 原理' · '自己凝視'.

《李光洙全集》 제14권

同上,

특히 短篇 중〈無名氏傳〉, 隨筆 중 〈上海의 二年間〉 · 〈거짓말〉 · 〈北京

호텔과 寬城子의 밤〉·〈多難한 半生의 過程〉.

《李光洙全集》 제17권

同上,

특히 〈民族改造論〉·〈少年에게〉·〈朝鮮民族의 三基礎事業〉·〈六堂 崔南善論〉·〈在滿洲의 島山 安昌浩〉·〈앓는 秋汀〉·〈團結工夫〉·〈基礎의 準備〉·〈힘의 再認識〉·〈卒業하는 兄弟여 姉妹여〉·〈個人의 日常生活革新〉·〈解說〉.

《李光洙全集》 제4권

同上, 1963년 발행.

小說 〈先導者〉 全文 收錄.

《白凡逸誌》

金九 著, 國士院 발행, 1947년.

《새문안 교회 70년사》

새문안 교회 편찬 · 발행, 1958년.

《興士團運動》

興士團本部 편찬, 大成文化社 발행, 1955년.

특히 참고되는 부분—

제1장 興士團은 무엇인가

제2장 島山先生의 遺訓에서

제3장 1절 同友會受難記

제6장 마음의 糧食

제7장 入團節次

2. 新聞 · 雜誌, 小冊子 等

《三千萬의 誓願》

宋鍾翊 述, 興士團本部 간행, 1946년.

《興士團運動》에 重出함.

《島山 安昌浩 略傳》

島山紀念事業會 발행, 1953년, 부산에서.

《韓國革命奮鬪史略》

旅湘韓人追悼安島山先生大會籌備處 偏印, 1938년(大韓民國 20), 중국에서.

《興士團 團報》

1948년 1월~7월, 興士團 國內委員部 발행(서울).

1948년 8월~1950년 1월, 興士團本部 발행(서울).

1952년 1월~1953년 7월, 興士團本部 발행(부산).

《興士團 公函》

1954년 3월~1961년 4월, 興士團理事部 발행(서울).

《東亞日報》

1924년, 1925년도분, 서울 東亞日報社 발행.

《東光》

1926년 5월~1927년 8월, 서울 東光社 발행.

1931년 1월~1933년 1월, 同上.

《開闢》

1921년 11월~1922년 5월, 서울開闢社 발행.

3. 求得하지 못한 資料

《東光》

1932년 6월호 所載 〈安島山論〉(李光洙), 원고채 압수됨.

《新韓民報》

미국 샌프란시스코 발행,

특히 1909년 2월 10일 창간호로부터 1925년까지.

《共立新報》

미국 샌프란시스코에서 발행. 특히 1905년 11월 10일 창간호로부터

1909년 까지.

〈裁判記錄〉

1932년 6월, 京畿道 警察部 安昌浩取調書.

1932년 9월, 京城地方檢事局 安昌浩取調記錄.

1932년 9월 이후, 京城地方法院 安昌浩豫審調書(그 일부의 번역문이 본서에 수록되고 또 일부는《속편 도산 안창호》에 수록됨).

1932년 12월, 京城地方法院 安昌浩公判記錄 및 判決文.

1937년 6월~9월, 京城 鍾路警察署, 興士團事件(治安維持法 違反)取調書.

1937년 12월, 興士團事件 京城地方檢事局 取調書.

《漢城風雲과 志士》(日本語)—간행자 미상.

《朝鮮民族運動年鑑》(日本語)—上海, 日本總領事館 발행.

도산 선생 연보

연 대	나이	사 항	비 고
1878	0	11월 9일 평남 강서군 초리면 7리 鳳翔島(도롱섬)에서 安敎晋의 3남으로 태어남. 아버지는 빈농의 선비로 당 27세, 어머니 黃氏는 당 32세, 형은 致浩.	
1884	6	平壤 大同江面 國水塘으로 移居. 가정에서 2년간 漢文修學. 妹氏 信浩 태어남.	● 甲申政變 ● 漢城條約
1886	8	한문 서당에서 수학하는 한편 열다섯살 때까지 목동생활. 이 무렵 1890년을 전후 황해도 九月山을 漫遊.	● 梨花學堂 창설
1889	11	父親 별세	
1890	12	平壤 南釜山面 魯南里로 이거. 한문서당에서 黃海道 安岳 출신 청년 선각자인 연상의 畢大殷과 교류.	● 咸昌民亂 발생
1894	16	상경하여 西部大貞洞 소재 救世學堂(일명 원두우학교)에 보통과 입학. 이 예수교 계통의 보통학교에서 공부하며 예수교 장로회 입교. 畢大殷을 신앙으로 인도함.	● 東學革命 ● 2월 金玉均 上海에서 暗殺 ● 6월 甲午更張 ● 7월 淸日戰爭
1896	18	구세학당 졸업후 조교 생활. 고향으로 돌아왔을 때 祖父의 주선으로 前訓長 李錫觀의 長女 李惠鍊(당 13	● 2월 俄館播遷 ● 4월 徐載弼《獨立新聞》창간 ● 7월 獨立協會 결성 ● 11월 독립문 건립

		세)과 일방적인 약혼이 되었음을 알고 파혼을 주장하나 관철되지 않음.	
1897 光武 1	19	동생 信浩와 약혼녀 혜련을 데리고 상경하여 이들을 貞信여학교에 입학시킴. 독립협회에 가입. 동회가 萬民共同會로 발전함에 따라 畢大殷 등과 平壤에서 同 關西支部를 발기. 여름에 평양감사 趙民熙 등 수백군중이 참집한 평양 快哉亭에서 만민공동회를 개최하고 첫 熱辯. 18條의 快哉와 18條의 不快를 열거하며 민중의 새로운 自覺을 호소함.	● 京仁鐵道起工 ● 10월 國號를 大韓帝國으로 함
1898	20	11월 서울 鐘街에서 열린 만민공동회에서 7大臣을 탄핵하고 6개조의 政治革新案 건의.	● 11월 皇國協會가 萬民共同會 습격
1899	21	江西郡 東津洞 岩化里에 漸進學校 설립(이 초등학교는 한국인이 설립된 사학의 효시요 남녀공학의 최초임). 河川埋築工事로 황무지 개간사업에 종사.	● 독립협회 해산 ● 阿片戰爭
1902	24	김마리아 外叔 金允五 주선, 밀러 목사 주례로 서울 濟衆院(세브란스)에서 이혜련과 결혼 후 다음날 부부 동반으로 인천항을 출발, 동경에서 1주일을 체류한 후 도미의 길에 오름. 하와이 근해에서 雅號를 島山으로 함. 10월 14일 샌프란시스코에 도착. 家庭 고용인으로	● 시베리아鐵道 完工 ● 5월 서울 開城間 電話開設 ● 8월 國歌 선정

		淸掃하는 일 등 勞使에 종사하며 美國 소학교에 통학.	
1903	25	샌프란시스코에서 캘리포니아주 로스앤젤리스 근교 河邊(리버어사이드)으로 移居. 아내를 學校에 보냄. 9월 23일 재미 교포의 단결과 계몽을 위해 한인친목회 조직, 회장에 피선됨.	● 皇城基督敎 靑年會 발족
1904	26	基督敎 경영의 神學講習所에서 영어와 신학 수업.	● 露日戰爭
1905	27	4월 5일 한인친목회를 발전시켜 共立協會 창립, 초대 회장이 됨. 11월 공립협회 회관 건립. 11월 20일 순한글판 《공립신보》발행. 장남 必立 태어남.	● 乙巳保護條約 체결
1906	28	샌프란시스코에 대지진이 일어나 패시픽 가에 있는 공립협회 회관이 불타 오클란드에 임시 본부 설치(이듬해 돌아옴).	● 3월 初代統監 伊藤博文 着任
1907 隆熙 1	29	동경을 거쳐 還國. 동경 체류 중 한국인 유학생 단체인 太極學會에서 애국 웅변으로 청중을 감격케 함. 귀국 후 서울에서 李甲 등과 비밀결사 新民會 창립. 평양에 大成학교 설립을 비롯하여, 평양·서울·대구에 太極書館을 두고, 평양 마산동 磁器회사 설립. 伊藤博文과 회견하고 소위 '安島山 內閣'의 조	● 1월 京鄕各地에서 國債報償 운동 전개 ● 6월 海牙密使 사건 ● 8월 丁未7條約

		각을 일축함.	
1908	30	교육에 몰두하는 한편 京鄉各處를 巡行하며 遊說 國民組織化運動 전개.	● 각 지방서 抗日 武裝 봉기
1909	31	국내 최초의 청년 운동 단체인 青年學友會 창설. 六堂 崔南善이 中央總務로 島山을 도와 실무 담당. 安重根의사 사건으로 서울 용산헌병대에 수감되었다가 두 달 만에 석방됨.	● 10월 29일 安重根의사 하얼빈驛에서 伊藤博文 暗殺
1910	32	總督府의 內閣 조직 제의를 다시금 일축하고 4월 7일 幸州를 출발, 국외 망명의 길을 떠남. 이때 '去國歌'를 남김. 李甲등과 威海衛 · 北京 · 青島 거쳐 上海 · 블라디보스톡 등지 流浪. 山東省 青島에서 독립 운동자들과 합동하고 청도회담을 개최했으나 그 결과는 암담.	● 庚戌合邦 ● 安岳事件 발단
1911	33	北滿 密山縣에 武官學校를 세울 계획이 여의치 못해 러시아 · 독일 · 영국 등을 거쳐 渡美 망명. 가족과 재회. 秋汀 李甲이 위독하여 500달러의 치료비 보냄.	
1912	34	11월 샌프란시스코에서 해외 지방총회를 망라한 大韓人國民會(Korean National Association) 中央總會 조직, 초대회장에 선임됨. 한편 민족운동의 핵심체로서 민족성 부흥	● 소위 105인 사건 검거 선풍

		운동을 위한 청년 엘리트 단체의 필요성을 절감하고 河邊(리버어사이드)에서 로스앤젤리스로 와서 첫 동지 宋鍾翊과 興士團 약법을 상의하고 정원도 · 하상옥 · 강영소 등 세 동지를 얻은 후 홍사단 조직에 착수. 《공립신보》를 《신한민보》로 改題 속간. 次男 必鮮 태어남.	
1913	35	青年學友會 후신으로 興士團 창립. 발기인은 전국 8道를 대표하는 25인의 동지로 함.	● 윌슨, 미국 대통령에 취임
1914	36	國民會가 캘리포니아 주지사로부터 정식 사단법인 인가를 받음. 로스앤젤리스로 가족과 함께 移居.	● 세계 제1차 대전 발발
1915	37	국민회 중앙총회장 재선임. 장녀 繡山 태어남.	
1917	39	송종익 · 임준기 등과 함께 北美實業株式會社 설립. 주로 하와이 · 멕시코 · 쿠바 등지를 다니며 홍사단 조직 운동 강화. 次女 秀羅태어남.	● 뉴욕서 세계 약소민족 대표 회의 개최 ● 러시아 혁명
1919	41	파리 강화회의에 국민대표를 보내어 한국문제를 제의하려고 노력하다가 3 · 1운동의 발발로 상해로 건너가 상해 임시정부 內務總長에 취임. 국무총리 대리. 聯通制 독립운동 방략 제창. 임시정부 기관지 《獨立》 발간. 내각 개편으로 국무위원 勞動局 總辦이 됨.	● 中國 5 · 4 運動 ● 姜宇奎의사 齋藤實 총독 암살 기도

1920	42	상해 臨政을 강화하여 독립 운동중심 세력의 統合에 주력하는 한편 興士團 遠東委員部를 설치. 미국 국회 의원 동양시찰단 일행을 북경에서 맞아 한국 독립 협조를 호소함.	● 국내 민간 신문「朝鮮日報」·「東亞日報」창간. ● 青山里大捷, 柳寬順 殉國 ● 印度의 간디反英운동 개시
1921	43	임시정부 세력 통일을 위하여 노력했으나 실효를 거두지 못하고 引責辭任. 상해에서 國民代表會 발기.	● 하와이 太平洋會議에 徐載弼·李承晩 참석
1922	44	서울에 修養同盟會, 평양에 同友俱樂部 발족을 지시. 국민회 분쟁 격화, 하와이 지방 총회를 해체하고 하와이 한인 교민단 조직됨.	● 金奎植이 모스크바 極東無産者會議에 한국 대표로 참석.
1923	45	봄에 상해에서 국민대표회 개최, 동 부회장이 됨. 그러나 同會가 改造派와 創造派로 대립되어 결렬되자 大獨立黨 결성과 독립운동 근거지인 理想村 건설 계획 수립.	● 金相玉의사 投彈 殉國 ● 土耳其 케말파샤大統領 취임. ● 일본 관동 대지진
1924	46	北中國 滿洲 방면을 시찰 여행하며 理想村 후보지 탐사. 南京에 東明學院을 설립.	● '同胞에게 告하는 글' 작성.
1926	48	美洲에서 다시 中國으로 건너가 가을부터 滿洲 吉林省 일대를 답사하며 理想村 사업 추진.	●《東光》誌 창간 ● 6·10 만세 사건
1927	49	吉林에서 군사 행동 단체의 통일과 大獨立黨의 결성을 토의중 동지 200여 명과 함께 중국 경찰에 감금되었다가 중국내 사회 여론이 비등하여 20일 만에 석방.	● 民族 單一戰線 新幹會 조직

1928	50	李東寧 · 李始榮 · 金九 등과 상해에서 韓國獨立黨 결성. 大公主義 제창.	
1931	53	만주사변으로 만주에서의 理想村 계획을 단념하고 南京서 토지 매수.	● 萬寶山 사건 ● 滿洲事變
1932	54	일본의 중국 본토 침략 정책에 따라 독립운동 근거지의 건설 계획을 재검토 중 4월 29일 尹奉吉義士의 上海 虹口 爆彈事件으로 이날 오후 프랑스 관헌에 피체되어 日警에 인도됨. 6월 7일 仁川에 호송되어 서울로 압송, 4년 실형을 받고 서대문 감옥 · 대전 감옥에서 복역.	● 上海事變
1935	57	2월 대전 감옥에서 2년 반 만에 가출옥, 지방 순회 후 平南 大寶山 松苔 山莊에 은거.	
1937	59	6월 28일 同友會 사건으로 興士團 동지들과 함께 日警에 被逮. 11월 1일 서대문형무소 수감. 12월 24일 신병으로 보석 출감.	
1938	60	3월 10일 자정. 京城大學 부속 병원에서 肝硬化症으로 逝去. 망우리에 安葬됨.	
1947		島山安昌浩記念事業會 창립.	
1948		서울에서 10주기 추도식 거행	
1955		망우리 묘소에 새로이 묘비 건립	
1962		建國功勞勳章 受領(3 · 1절).	
1963		서울에서 25주기 추모식 거행(미	

		국의 미망인과 아들 필영 참석)	
1969		부인 이혜련 여사 미국 로스앤젤리스에서 별세(4월 21일).	
1973		11월 10일 島山 95회 생신과 홍사단 창단 60주년을 맞아 官民의 정성으로 서울 강남에 島山公園을 조성하고, 망우리 공동 묘지의 島山 유해와 미국의 이혜련 여사의 유해를 移·安葬함.	
1978		9월 27일 도산 탄신 100주년 기념대회를 서울 세종문화회관에서 성대히 거행.	
1988		3월 10일 도산 서거 50주기 추모식을 서울 류관순 기념관에서 거행. 5월 6일부터 15일까지 도산 유품 및 사진 전시회를 도산회관(홍사단 본부)에서 가짐.	
1997		3월 10일 도산 서거 59주기 추모식전에서 거족적으로 도산기념관을 도산공원 안에 건립하기로 결의하고 추진위원회를 구성하여 12월 23일 기공식을 가짐.	
1998		11월 9일 도산 탄신 120주년을 맞아 '도산 안창호 기념관'을 완공, 개관함.	
2000		《도산안창호전집》 전 14권과 부록 1권 간행.	
2003		홍사단 창립 90주년을 맞아 서울	

		도산공원에 새로운 도산 선생 동상 제막.	
2012		도산의 일대기를 다룬 SBS 다큐멘터리 〈그대는 나라를 사랑하는가〉 방영.	
2013		홍사단 창립 100주년을 맞아 서울 대학로에 도산 안창호 선생 흉상 및 어록비 제막.	
2013		도산이 대전형무소에서 제작한 지승공예품(그릇 9점, 그릇 뚜껑 1점, 바구니 1점) 최초 공개.	
2015		3월 10일 도산공원에서 도산 안창호 선생 순국 77주기 추모식 거행.	

증보판 安島山全書

2015년 7월 13일 초판 2쇄 발행

편저자 주 요 한
발행인 이 윤 배

발행처 홍사단
서울시 종로구 대학로 122
전화 02-743-2511 팩스 02-743-2515
www.yka.or.kr
등 록 1983년 6월 10일 제300-1983-1호

ISBN 978-89-88930-33-5 03990